NARUTO

MASSIV VOL.23

AF649596

DER ENTSCHEIDUNGSKAMPF

MASASHI KISHIMOTO

CARLSEN MANGA!

NARUTO CHARACTERS

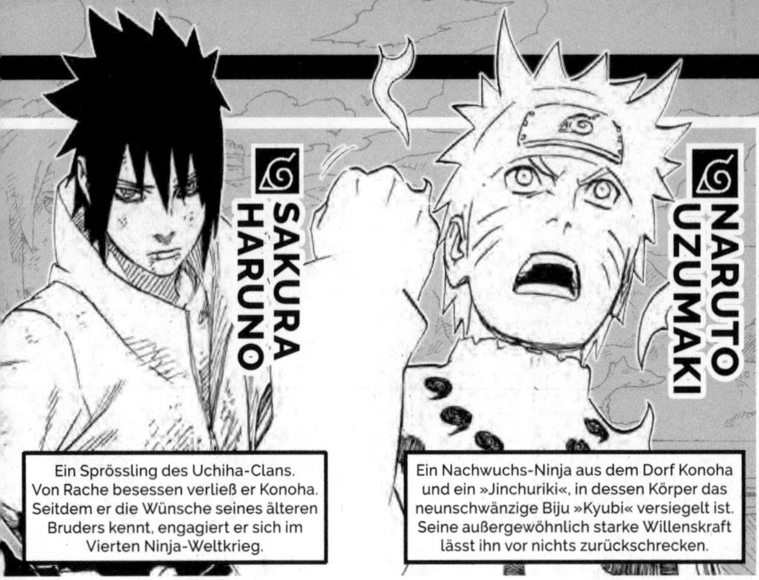

NARUTO UZUMAKI

Ein Nachwuchs-Ninja aus dem Dorf Konoha und ein »Jinchuriki«, in dessen Körper das neunschwänzige Biju »Kyubi« versiegelt ist. Seine außergewöhnlich starke Willenskraft lässt ihn vor nichts zurückschrecken.

SAKURA HARUNO

Ein Sprössling des Uchiha-Clans. Von Rache besessen verließ er Konoha. Seitdem er die Wünsche seines älteren Bruders kennt, engagiert er sich im Vierten Ninja-Weltkrieg.

DIE FRÜHEREN HOKAGE

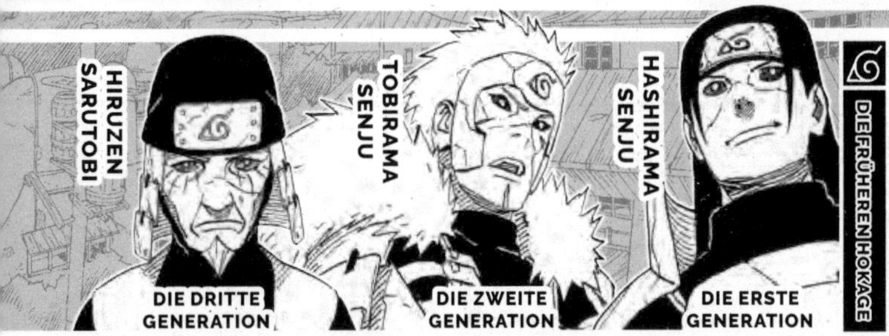

HASHIRAMA SENJU – DIE ERSTE GENERATION

TOBIRAMA SENJU – DIE ZWEITE GENERATION

HIRUZEN SARUTOBI – DIE DRITTE GENERATION

STORY

1

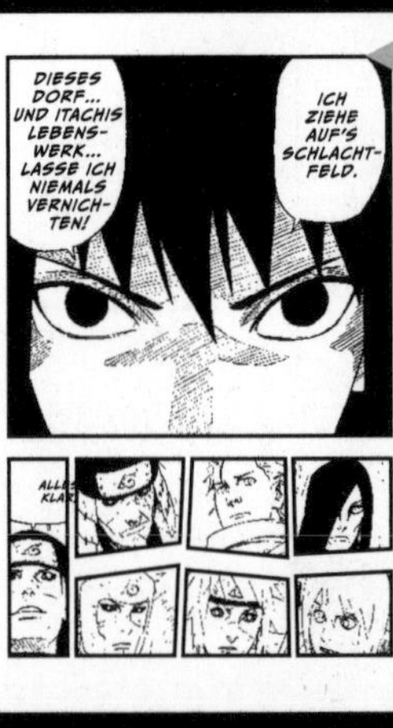

Was bedeutet mir das Dorf...? Wer sind die Ninja?

Sasuke findet seine Antwort!

»Ein Hokage zu werden, der alle früheren Hokages übertrifft« – für diesen Traum gibt Naruto alles. Zusammen mit Sasuke und Sakura und weiteren Kameraden trainiert und kämpft er und so wird aus dem ehemaligen Tunichtgut ein richtiger Ninja. Dann geht Sasuke, besessen von der Rache an seinem großen Bruder, zu Orochimaru, um stark zu werden.

Zweieinhalb Jahre später – Naruto nimmt als durchtrainierter Ninja volle Fahrt auf! Seine Kameraden im Dorf zählen immer mehr auf ihn. Da erscheint die Verbrecherorganisation Akatsuki und erschüttert die Ninja-Welt. Schließlich bricht der Vierte Ninja-Weltkrieg aus...! Der Endkampf beginnt, der über die Zukunft der Ninja-Welt entscheidet!!

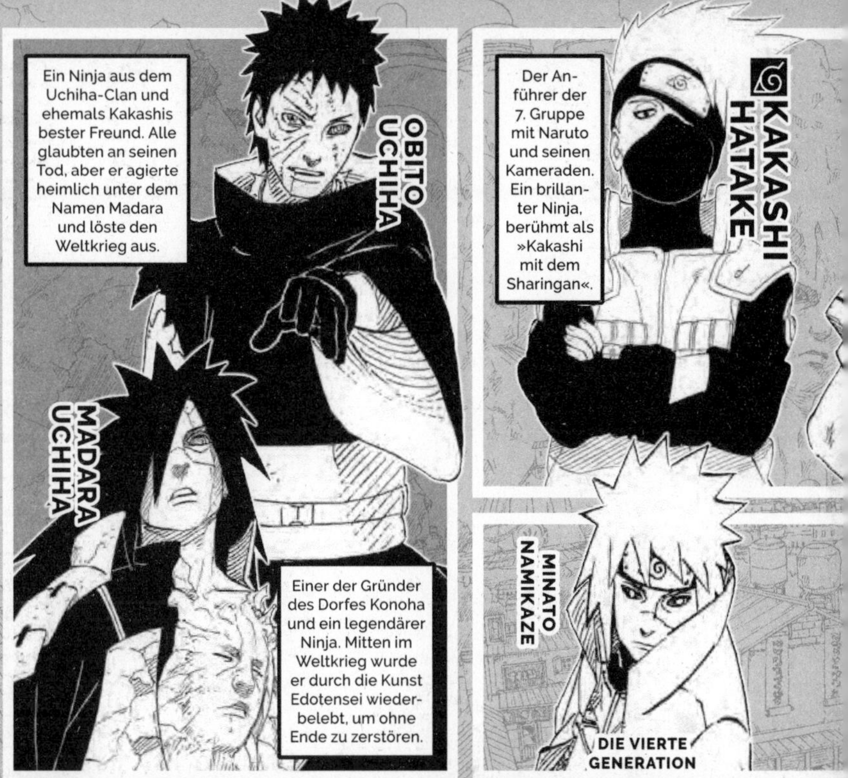

Die früheren Hokage kämpfen gegen Madara und das Jubi. Durch Sasukes Einsatz gewinnen Naruto und seine Kameraden die Oberhand! Unterdessen verwandelt sich Obito in Jubis Jinchuriki...!

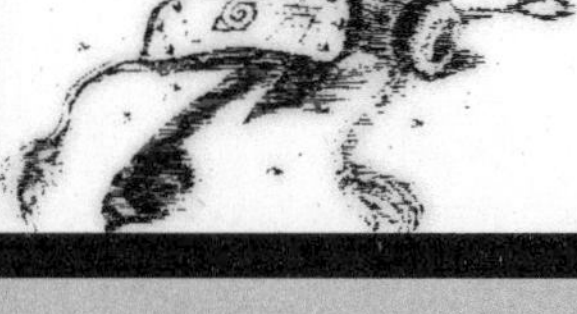

Während die Kriegslage sich rasch ändert, stehen sich Kakashi und Obito gegenüber! Kakashi kann Obito nicht zur Aufgabe überreden. Am Ende eines heftigen Kampfes durchschlägt Kakashi Obitos Brust, aber kurz vor seinem Tod schließt Obito ein Fingerzeichen und wird zu Jubis Jinchuriki!

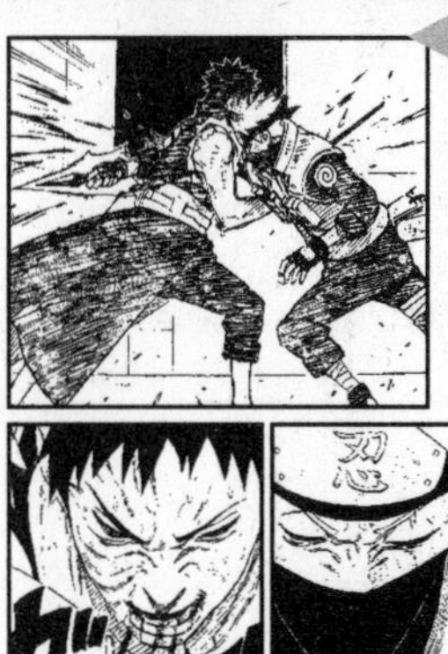

2

Kakashi versucht, seinen in Verzweiflung geratenen Freund aufzuhalten!

Sasuke lässt Orochimaru mit dessen Kunst Edotensei die früheren Hokage wiederbeleben und erfährt von ihnen die Geschichte der Gründung von Konoha. Das Dorf ist der Beweis der Existenz des Uchiha-Clans. Sasuke will Konoha mit eigener Kraft verändern. Um es nicht im Krieg zu verlieren, zieht Sasuke aufs Schlachtfeld, wo auch Naruto kämpft!

NARUTO

672 SEITEN MASSIV 100% NARUTO

INHALT

638. Kapitel: Jubis Jinchuriki: Obito

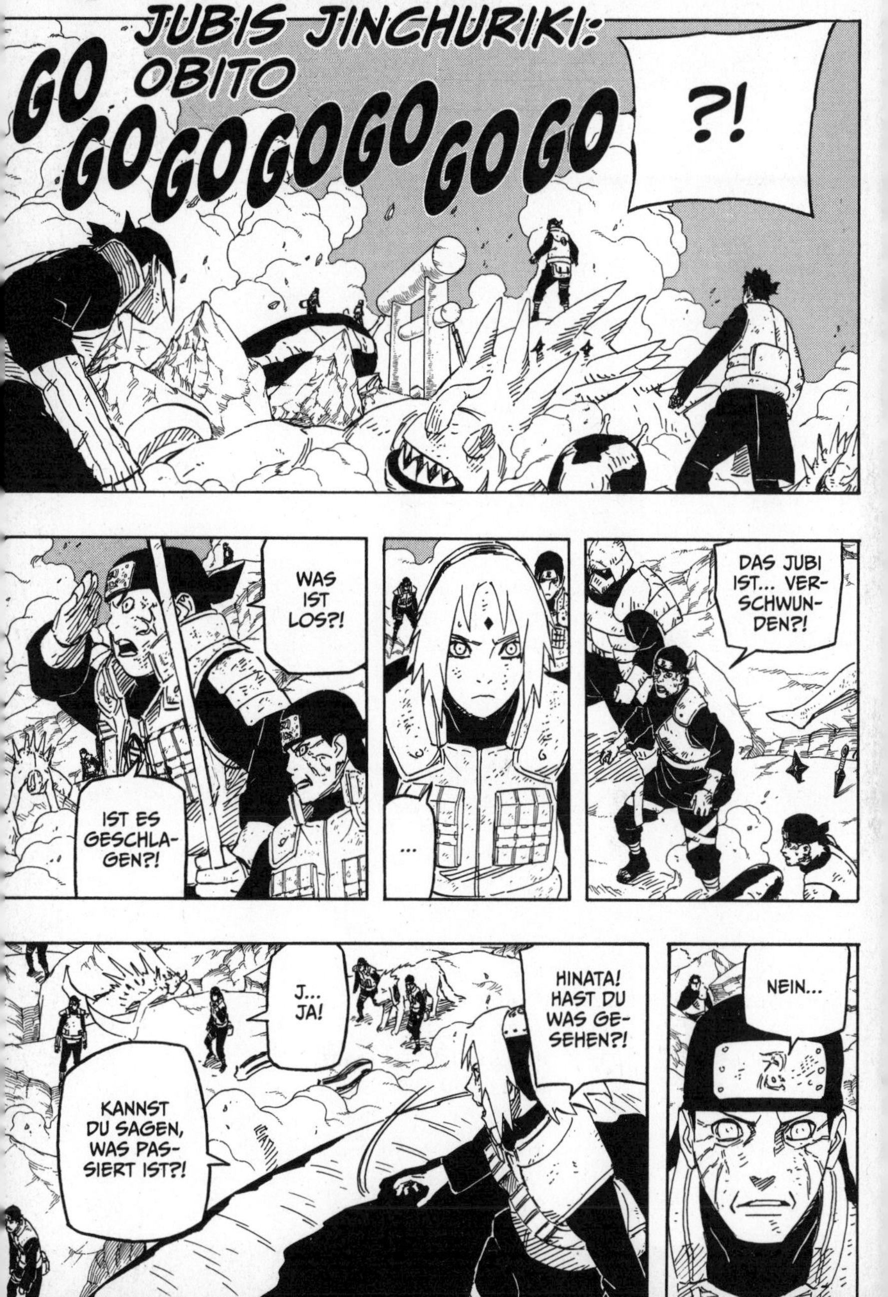

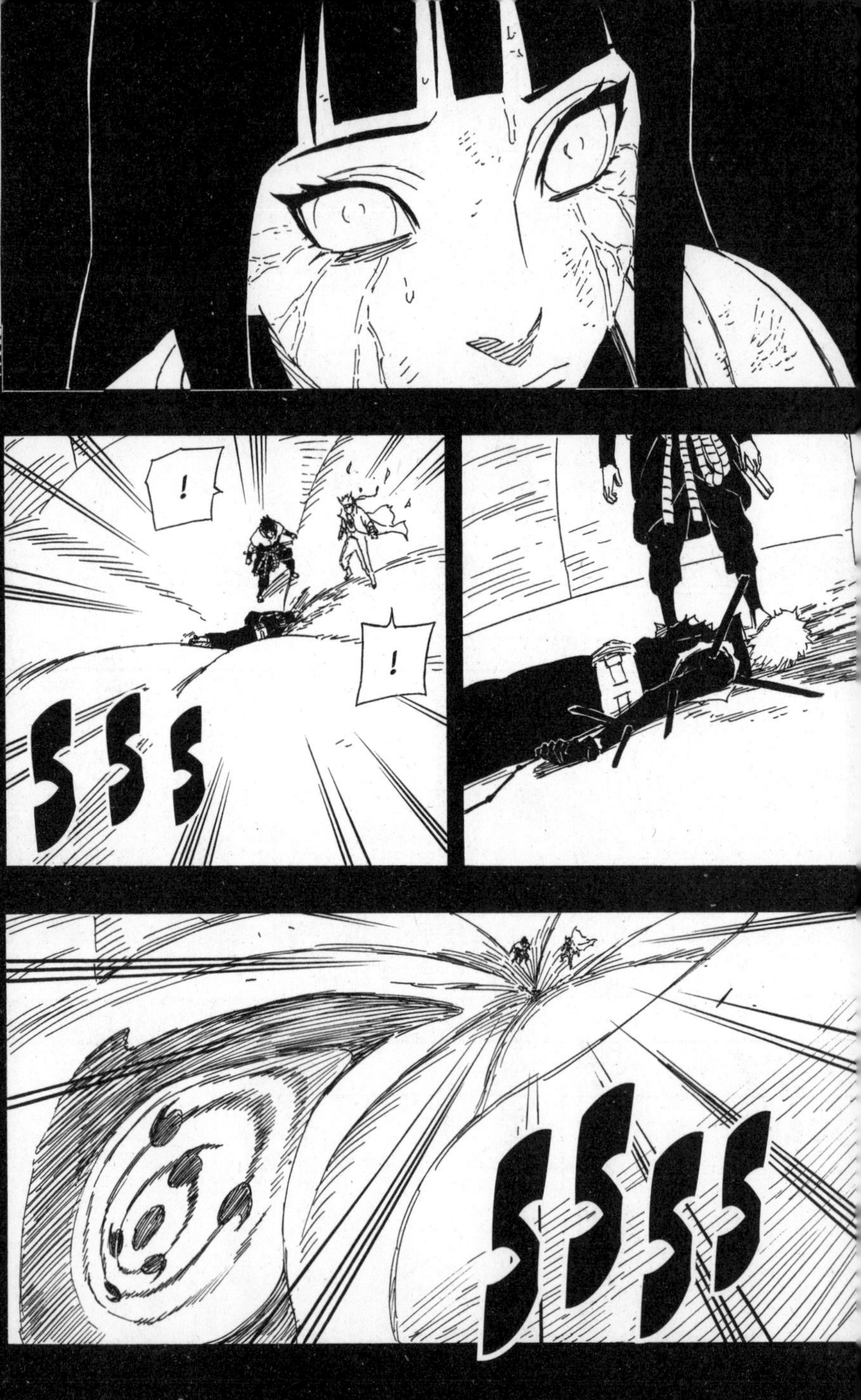
!
!
SSS
SSSS

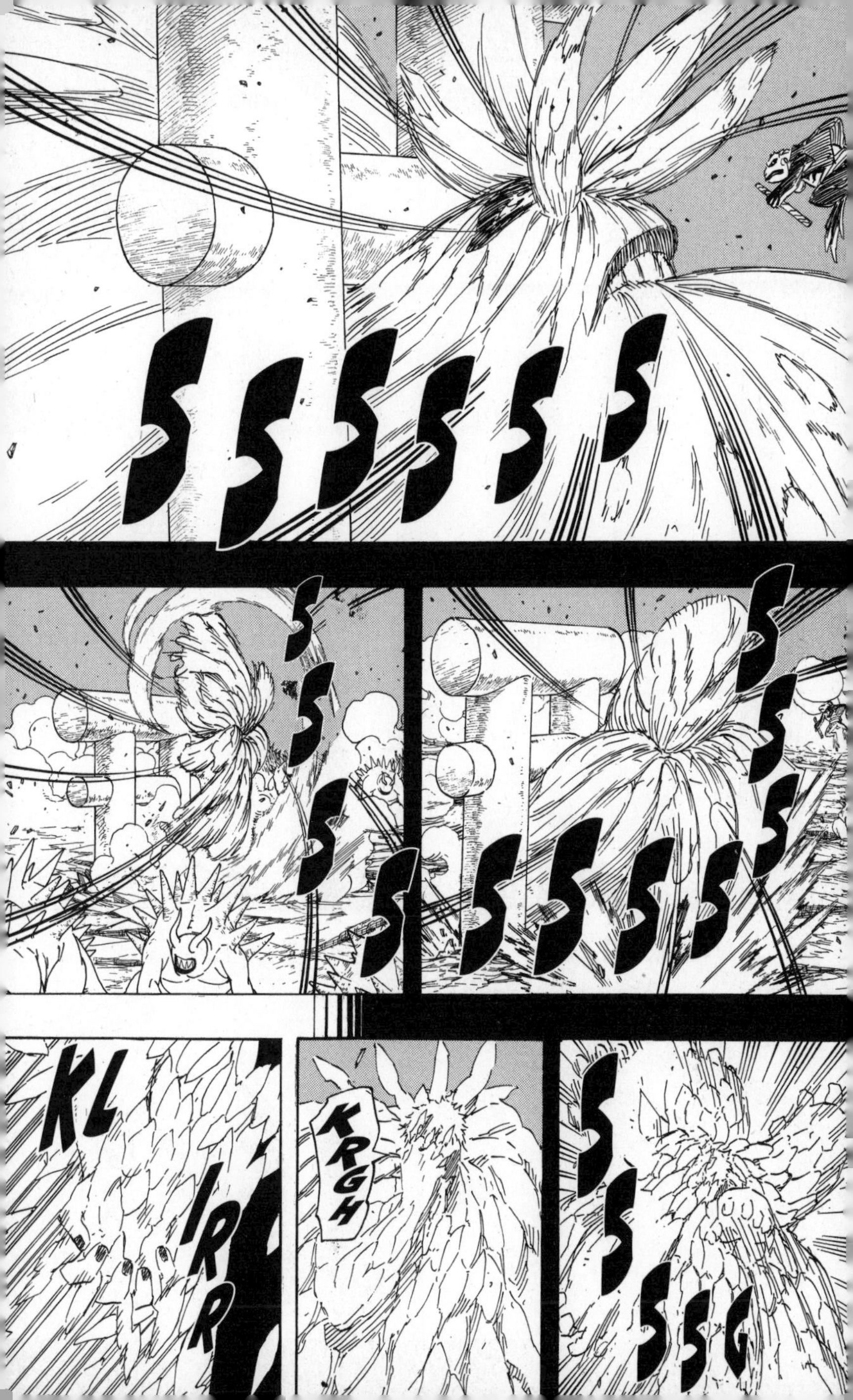

SSSSSS
SSSSSSSS
SSSS
SSSSG
KRGH
KLIRR

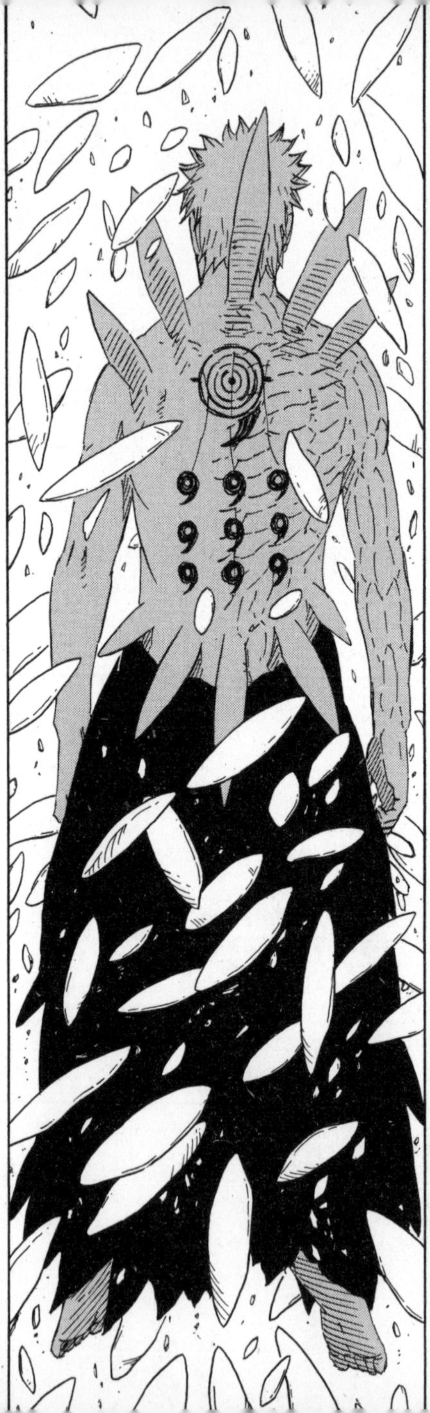
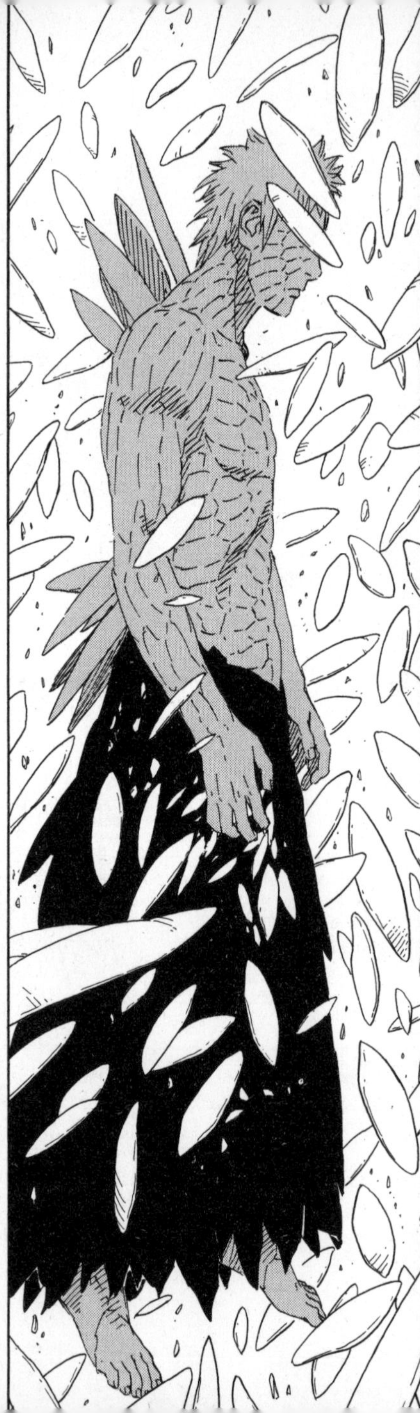

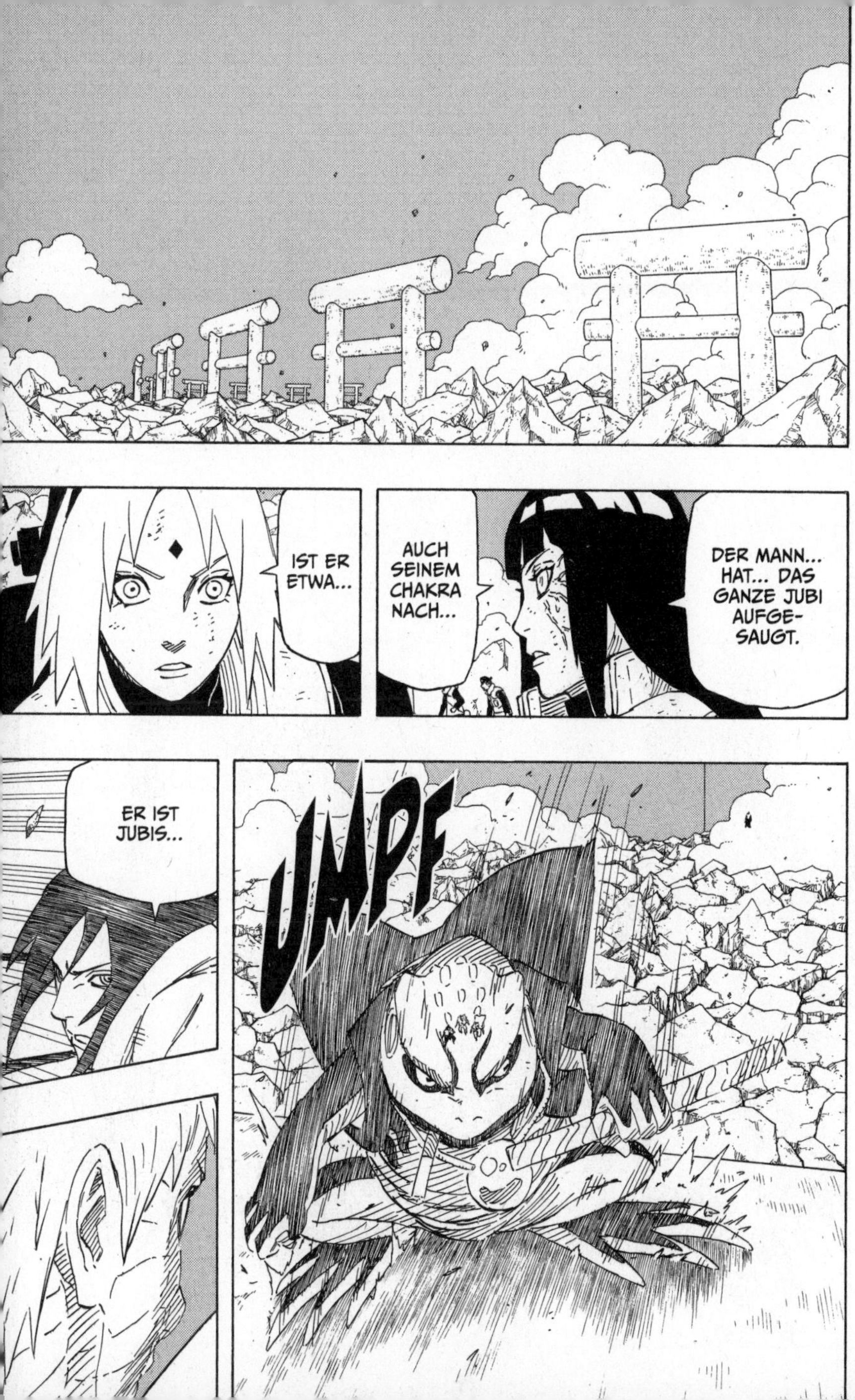
DER MANN... HAT... DAS GANZE JUBI AUFGE-SAUGT.
AUCH SEINEM CHAKRA NACH...
IST ER ETWA...
WMPF
ER IST JUBIS...

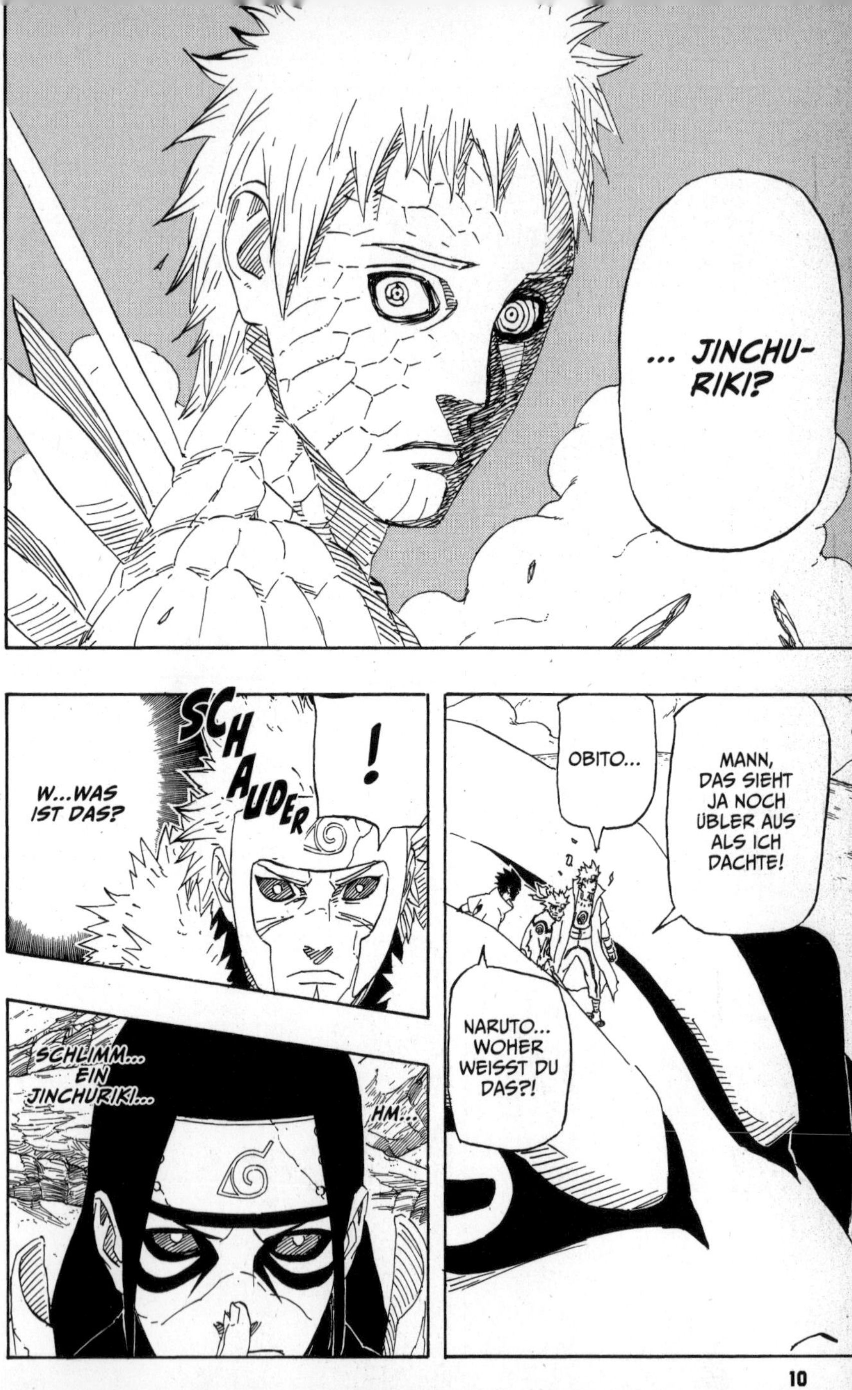

... JINCHU-RIKI?
MANN, DAS SIEHT JA NOCH ÜBLER AUS ALS ICH DACHTE!
OBITO...
NARUTO... WOHER WEISST DU DAS?!
SCHAUDER
!
W...WAS IST DAS?
HM...
SCHLIMM... EIN JINCHURIKI...

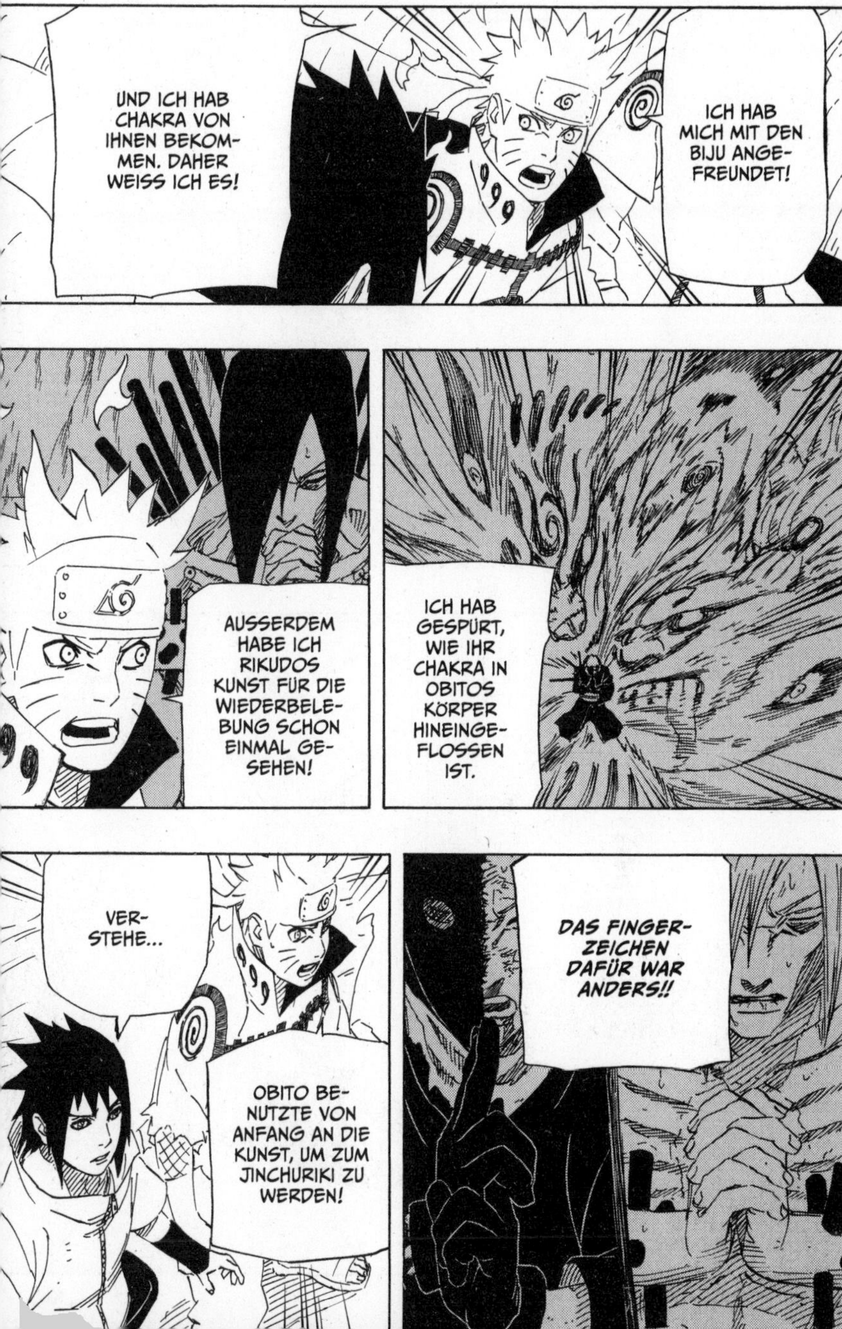
ICH HAB MICH MIT DEN BIJU ANGEFREUNDET!
UND ICH HAB CHAKRA VON IHNEN BEKOMMEN. DAHER WEISS ICH ES!
ICH HAB GESPÜRT, WIE IHR CHAKRA IN OBITOS KÖRPER HINEINGEFLOSSEN IST.
AUSSERDEM HABE ICH RIKUDOS KUNST FÜR DIE WIEDERBELEBUNG SCHON EINMAL GESEHEN!
DAS FINGERZEICHEN DAFÜR WAR ANDERS!!
VERSTEHE...
OBITO BENUTZTE VON ANFANG AN DIE KUNST, UM ZUM JINCHURIKI ZU WERDEN!

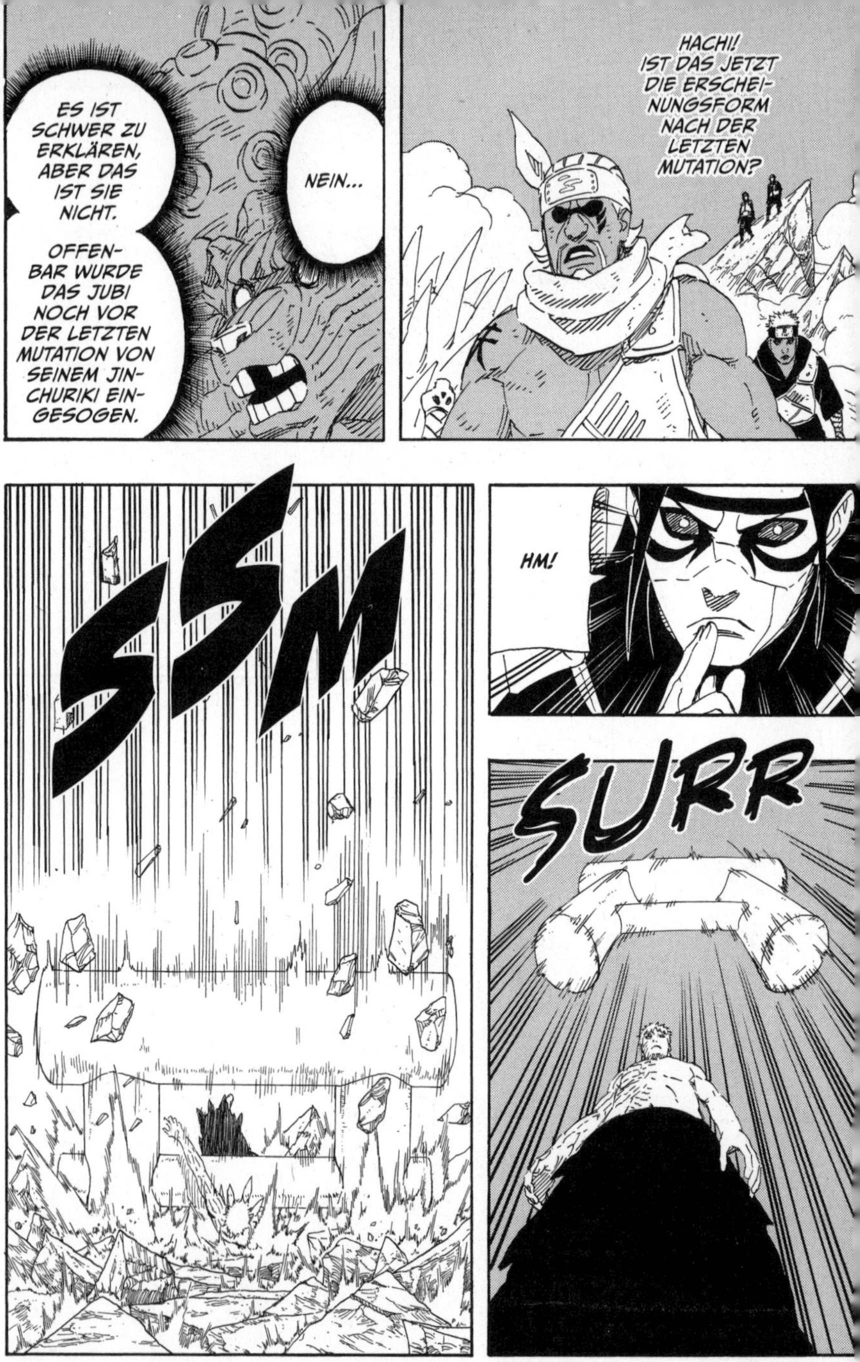
HACHI! IST DAS JETZT DIE ERSCHEI-NUNGSFORM NACH DER LETZTEN MUTATION?
NEIN...
ES IST SCHWER ZU ERKLÄREN, ABER DAS IST SIE NICHT.
OFFEN-BAR WURDE DAS JUBI NOCH VOR DER LETZTEN MUTATION VON SEINEM JIN-CHURIKI EIN-GESOGEN.
HM!
SSM
SURR

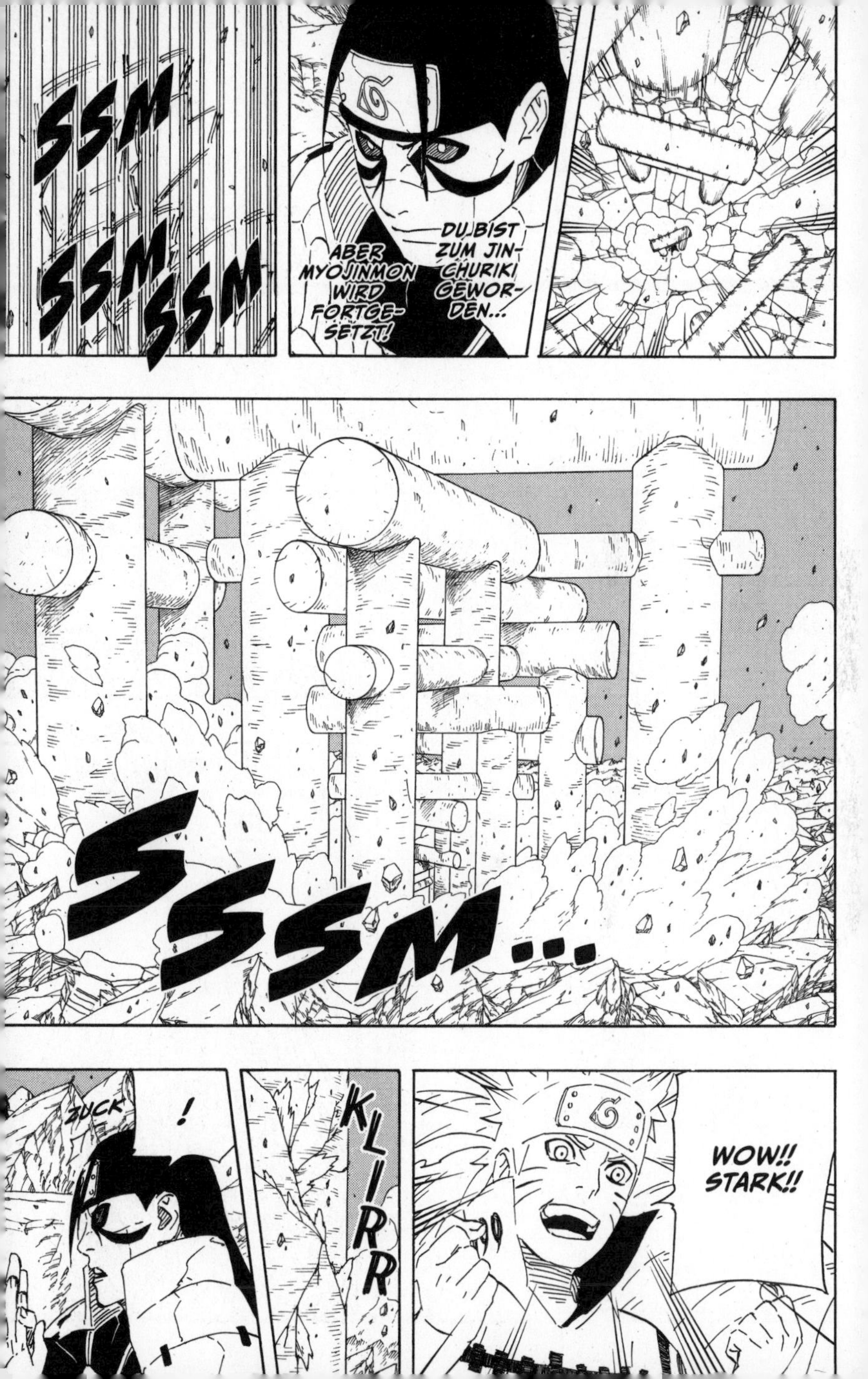
DU BIST ZUM JIN-CHURIKI GEWOR-DEN...
ABER MYOJINMON WIRD FORTGE-SETZT!
SSM
SSM
SSM
SSSM...
WOW!! STARK!!
KLIRR
ZUCK
!

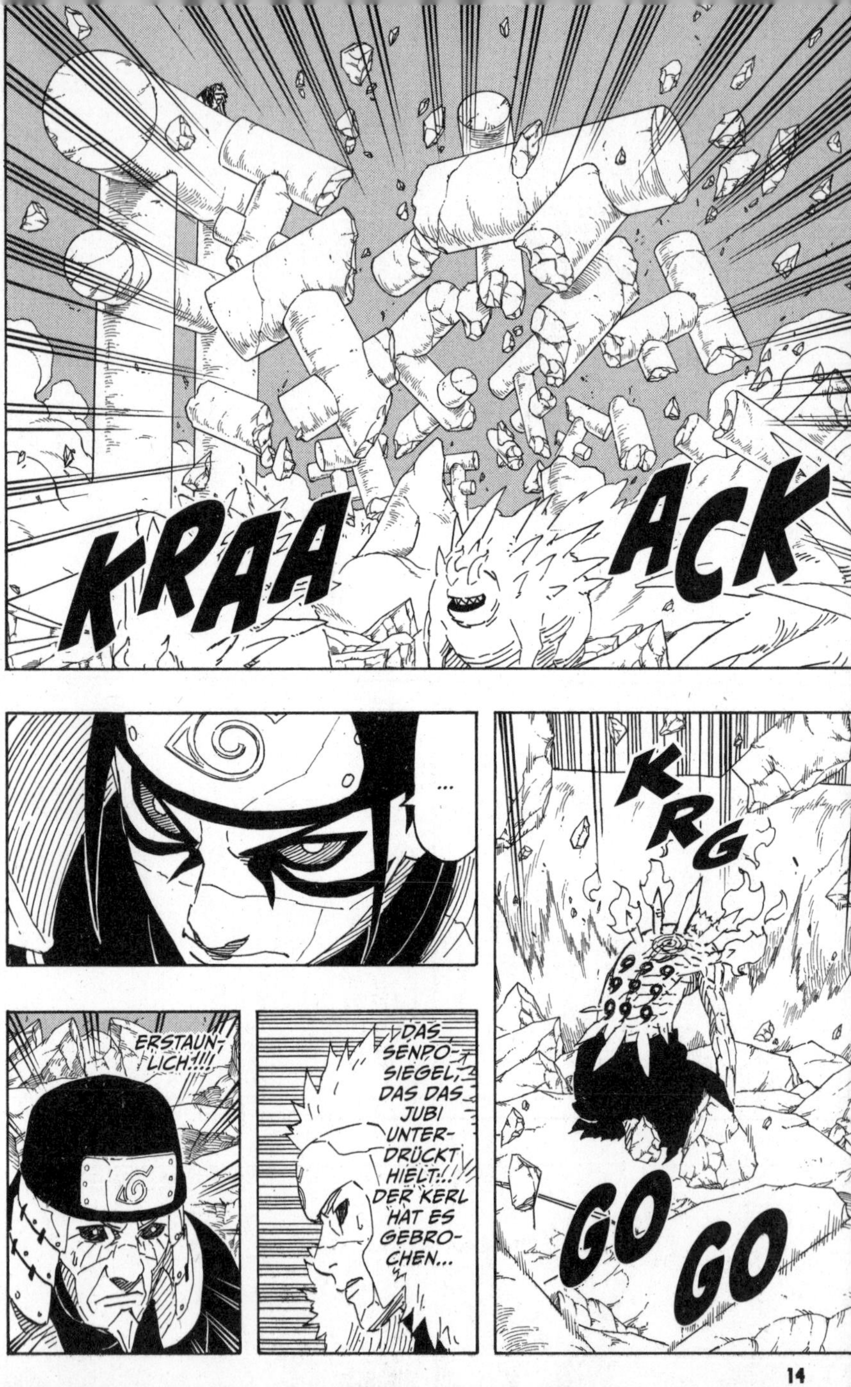
KRAA
ACK
KRG
GO GO
...
DAS SENPO-SIEGEL, DAS DAS JUBI UNTERDRÜCKT HIELT...! DER KERL HAT ES GEBROCHEN...
ERSTAUN-LICH...!!!

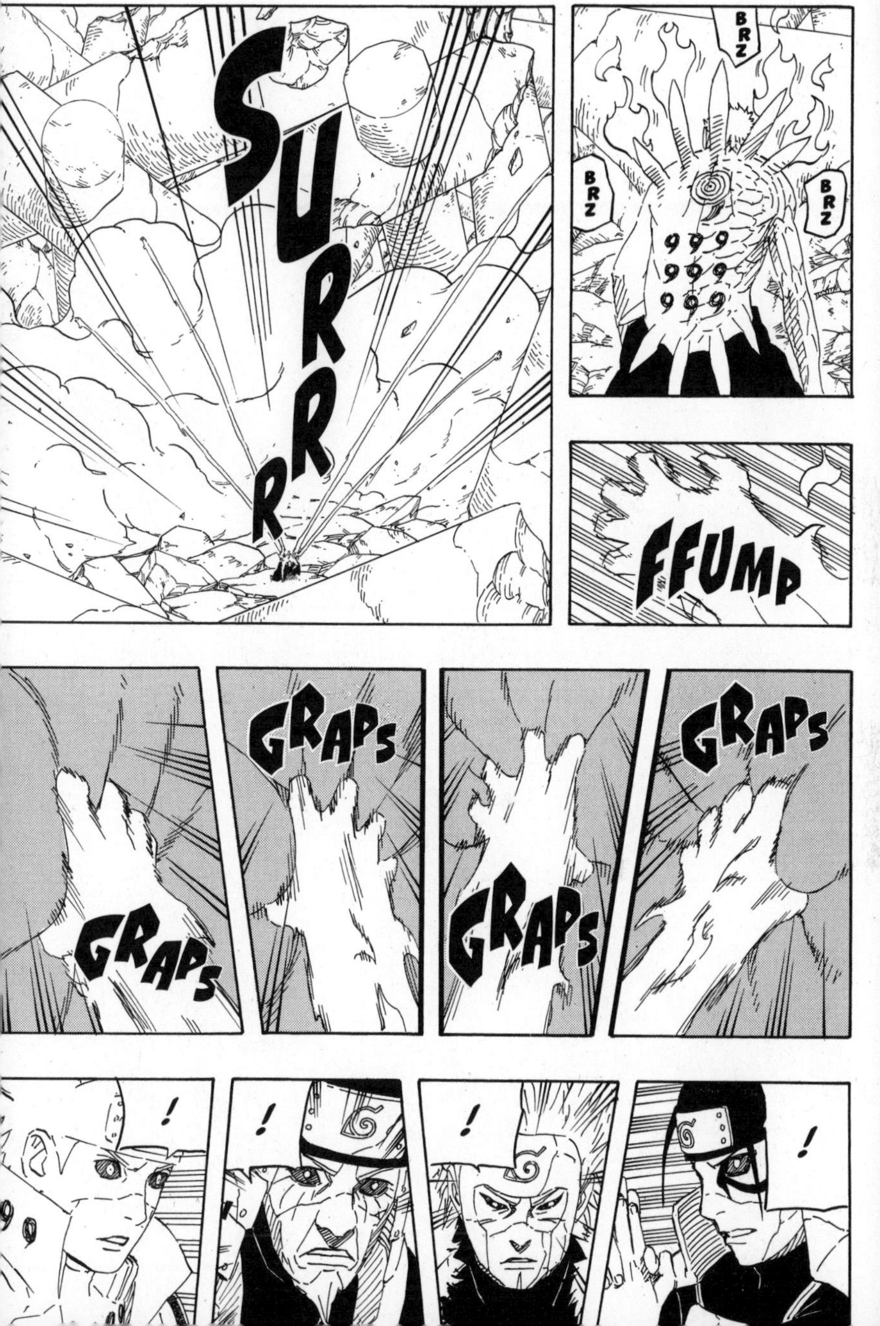
BRZ
BRZ
BRZ
SURRR
FFUMP
GRAPS
GRAPS
GRAPS
GRAPS
!
!
!
!

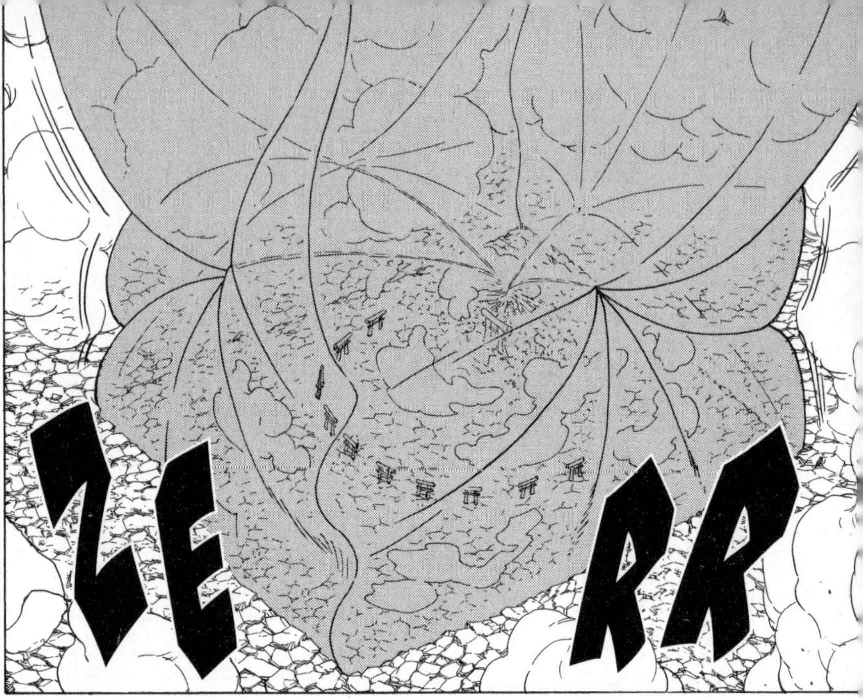
ZERR

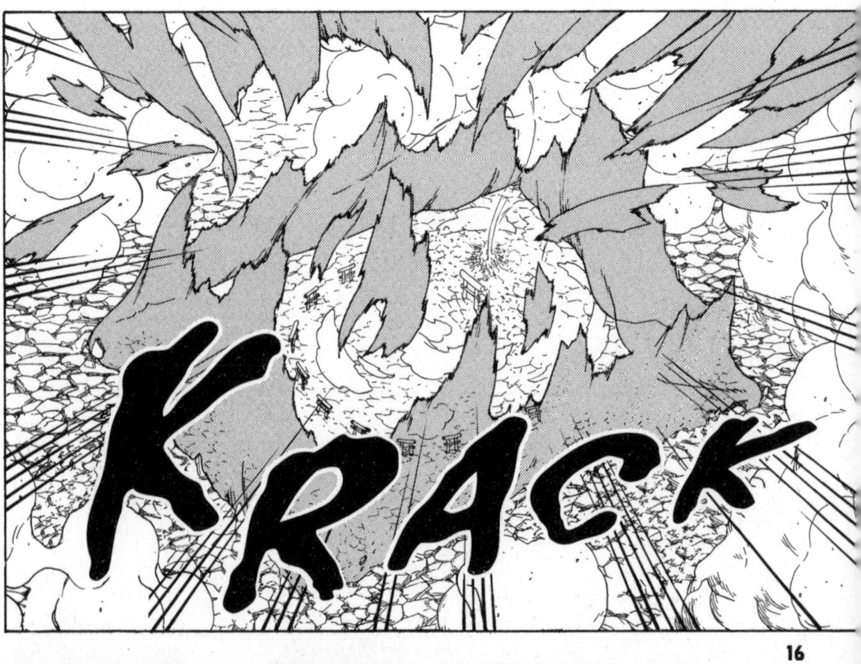
KRACK

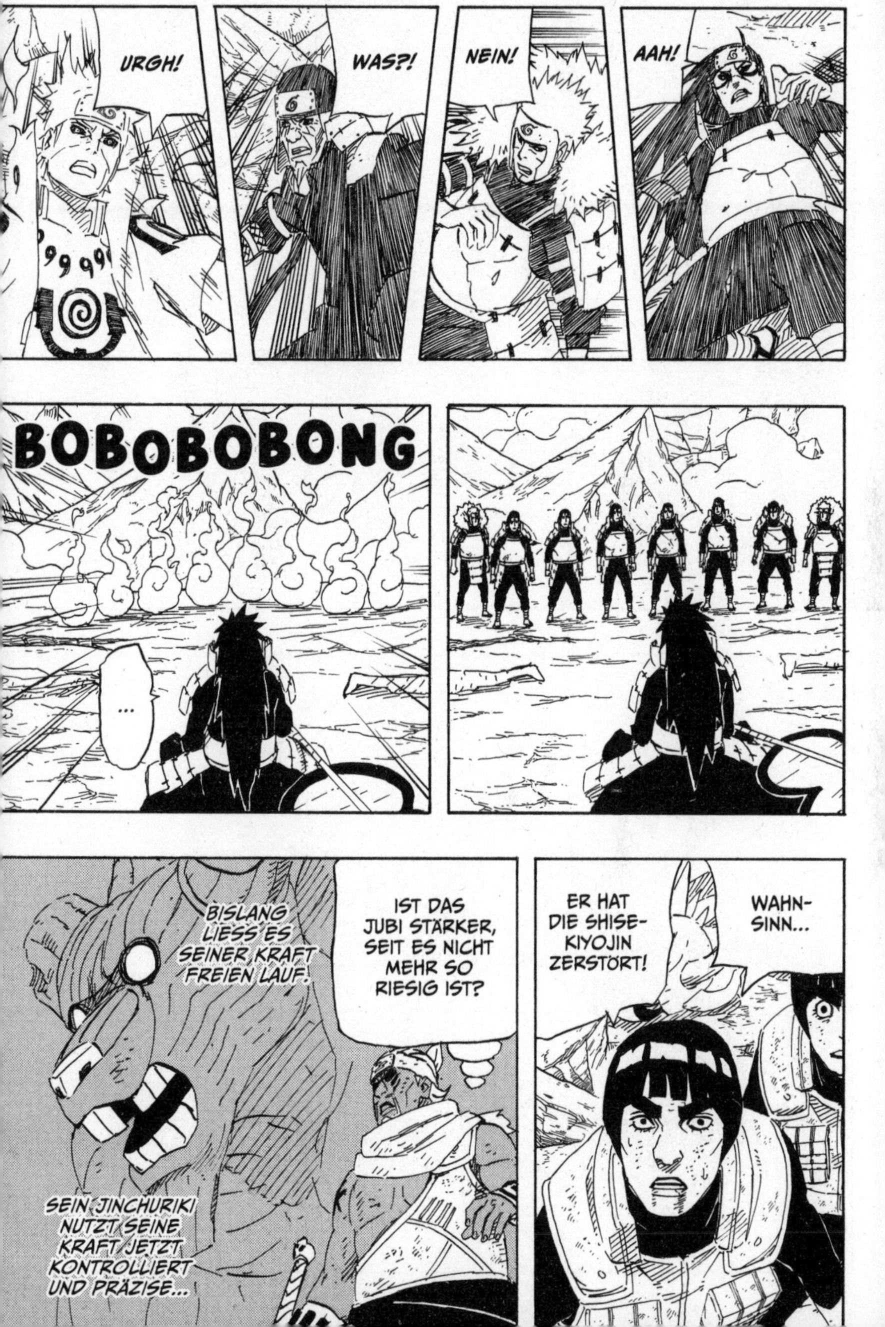
URGH!
WAS?!
NEIN!
AAH!
BOBOBOBONG
...
BISLANG LIESS ES SEINER KRAFT FREIEN LAUF.
SEIN JINCHURIKI NUTZT SEINE KRAFT JETZT KONTROLLIERT UND PRÄZISE...
IST DAS JUBI STÄRKER, SEIT ES NICHT MEHR SO RIESIG IST?
WAHN-SINN...
ER HAT DIE SHISE-KIYOJIN ZERSTÖRT!

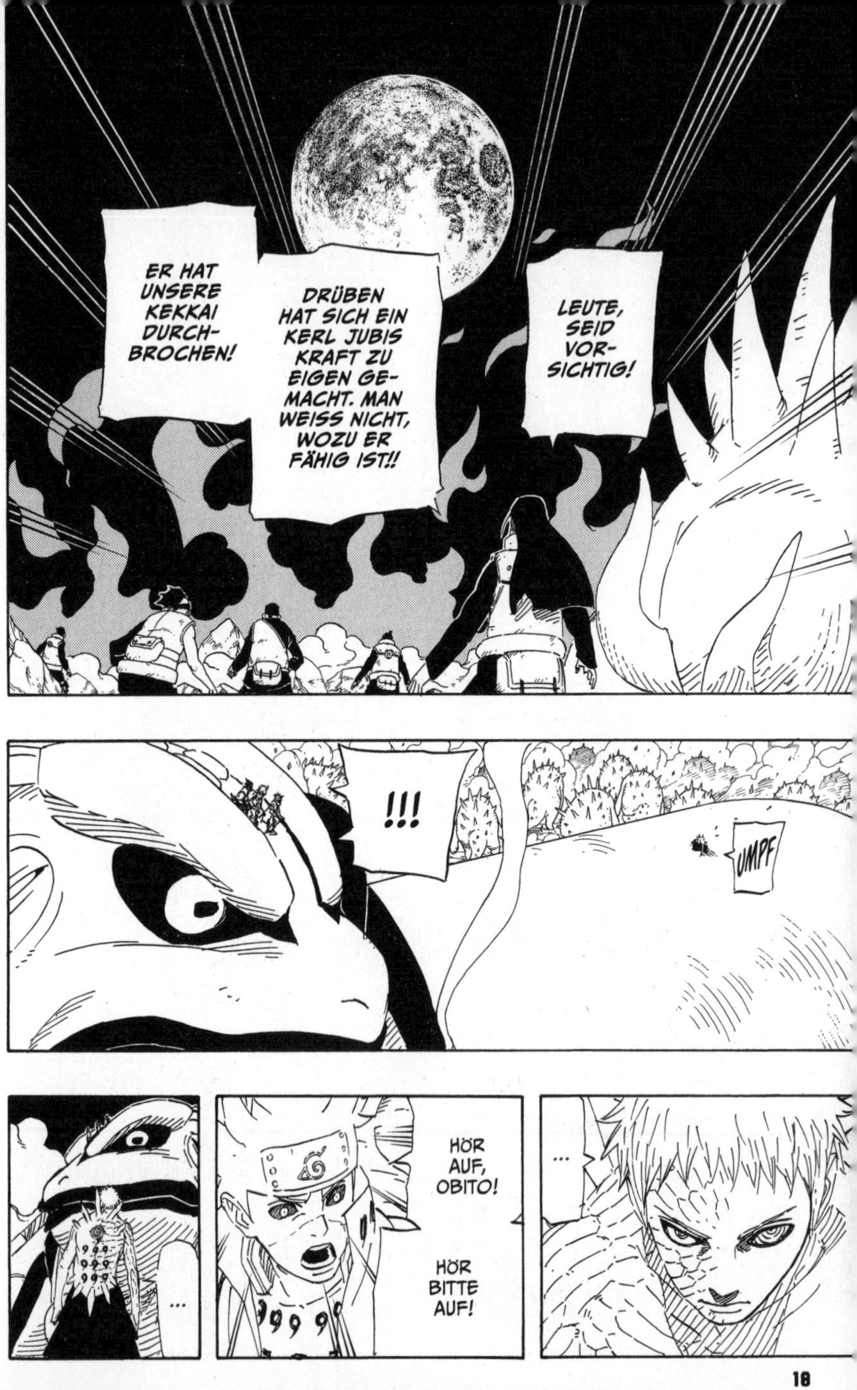

LEUTE, SEID VORSICHTIG!
DRÜBEN HAT SICH EIN KERL JUBIS KRAFT ZU EIGEN GEMACHT. MAN WEISS NICHT, WOZU ER FÄHIG IST!!
ER HAT UNSERE KEKKAI DURCHBROCHEN!
UMPF
!!!
...
HÖR AUF, OBITO!
HÖR BITTE AUF!
...

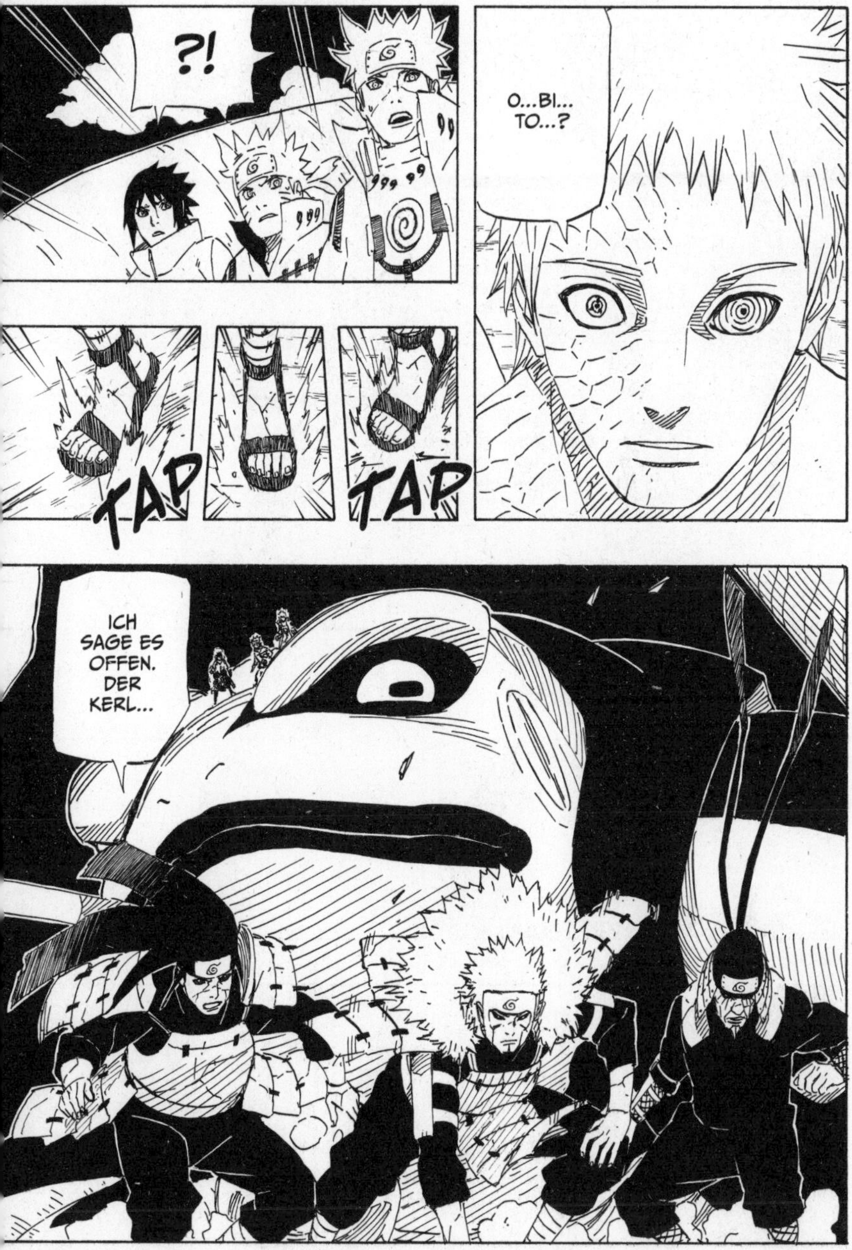
O...BI...
TO...?
?!
TAP
TAP
ICH SAGE ES OFFEN. DER KERL...

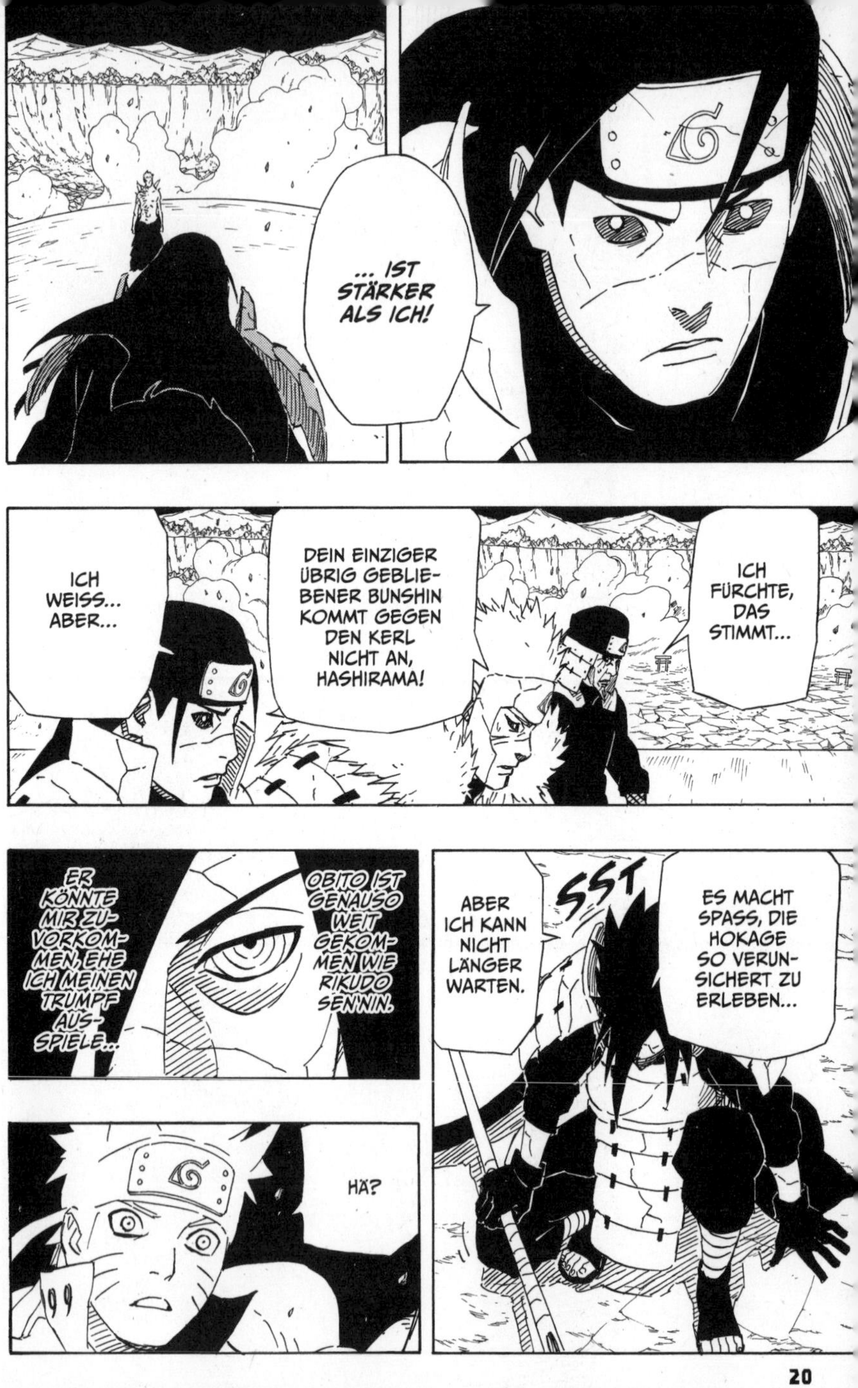

... IST STÄRKER ALS ICH!
ICH FÜRCHTE, DAS STIMMT...
DEIN EINZIGER ÜBRIG GEBLIE-BENER BUNSHIN KOMMT GEGEN DEN KERL NICHT AN, HASHIRAMA!
ICH WEISS... ABER...
ES MACHT SPASS, DIE HOKAGE SO VERUN-SICHERT ZU ERLEBEN...
SST
ABER ICH KANN NICHT LÄNGER WARTEN.
OBITO IST GENAUSO WEIT GEKOM-MEN WIE RIKUDO SEN'NIN.
ER KÖNNTE MIR ZU-VORKOM-MEN, EHE ICH MEINEN TRUMPF AUS-SPIELE...
HÄ?

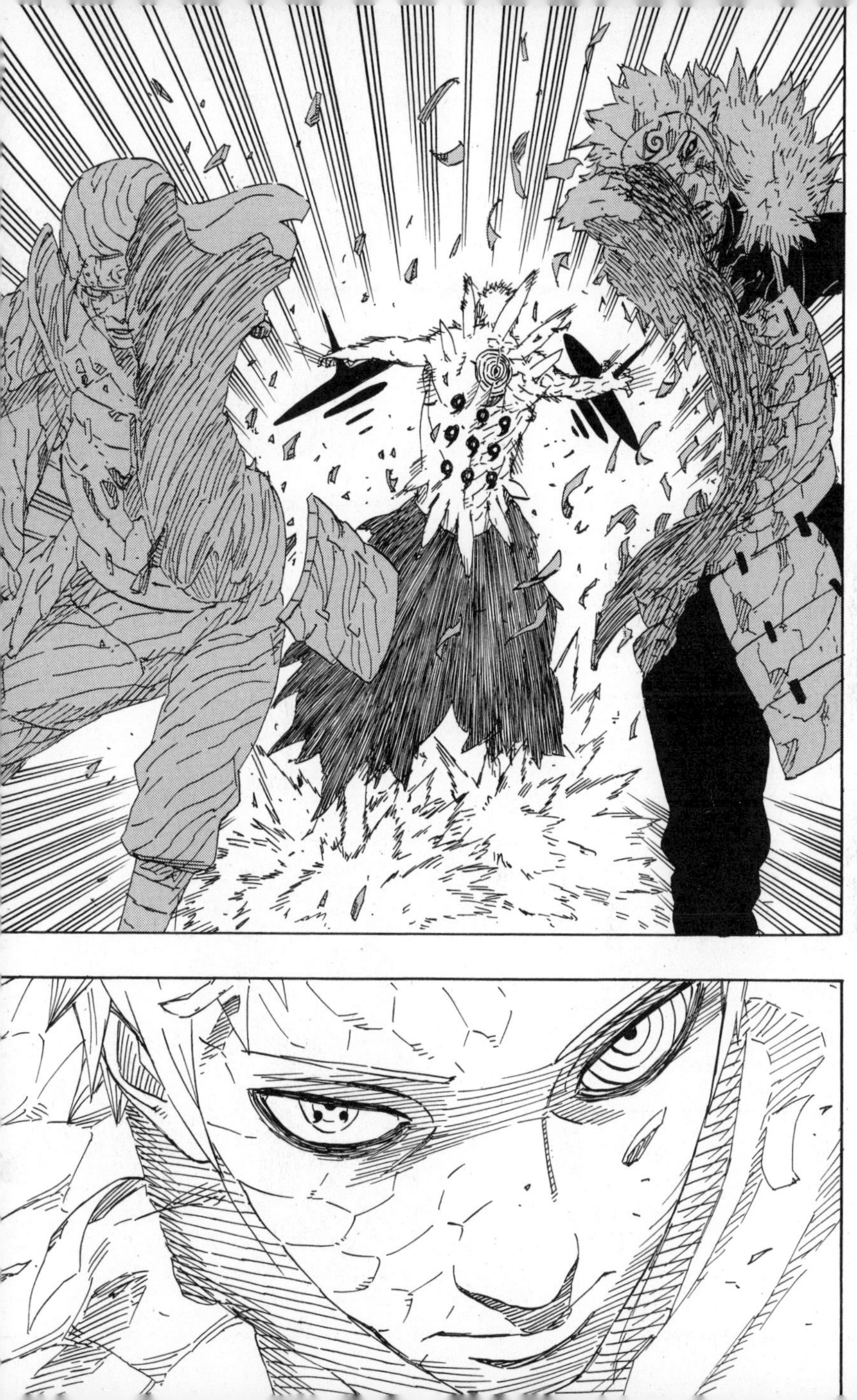

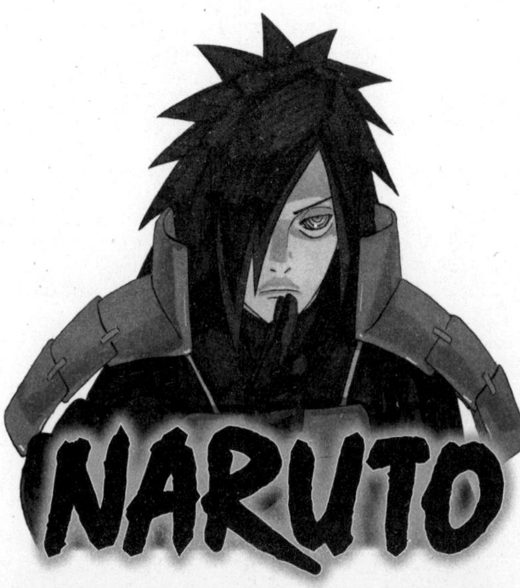
NARUTO

639. Kapitel: Angriff

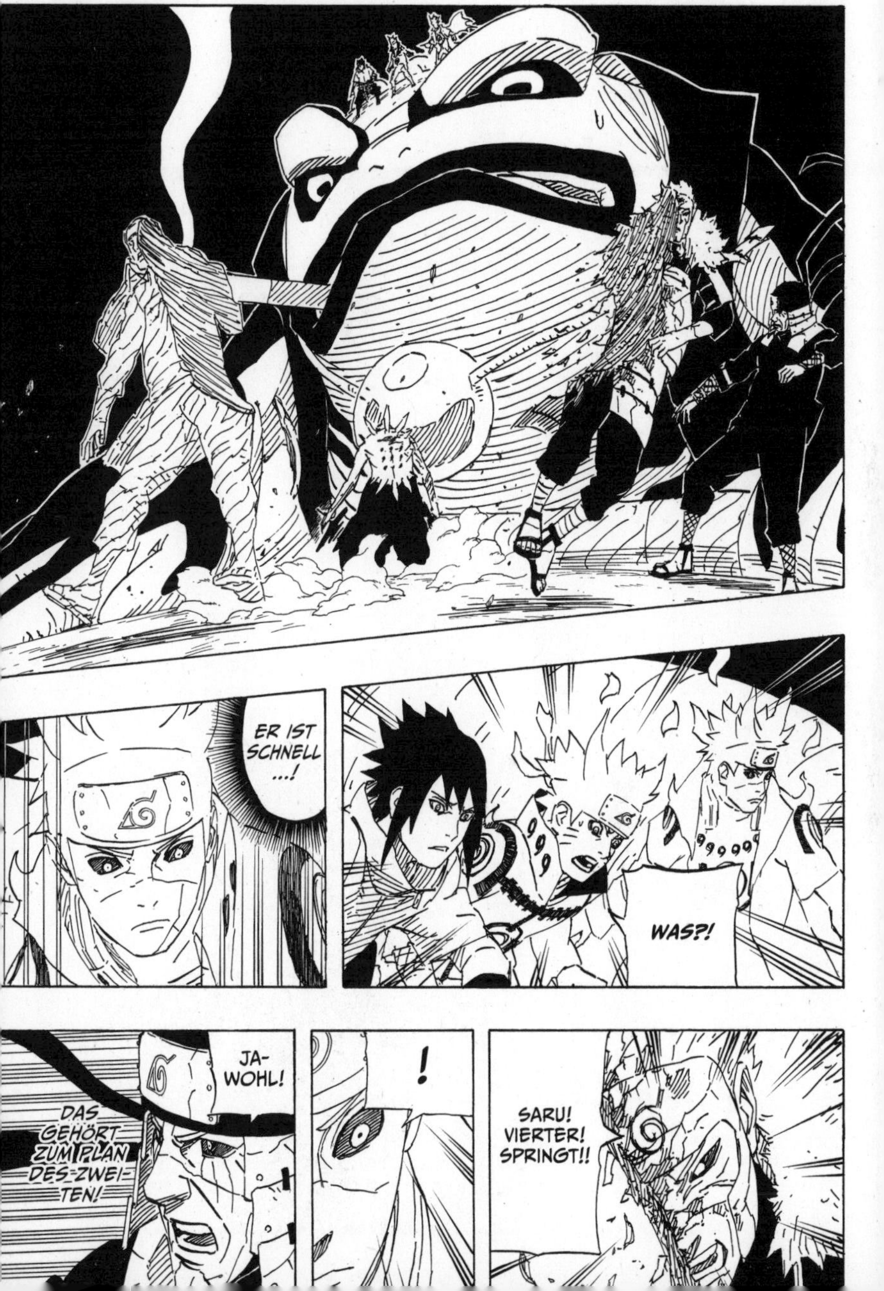

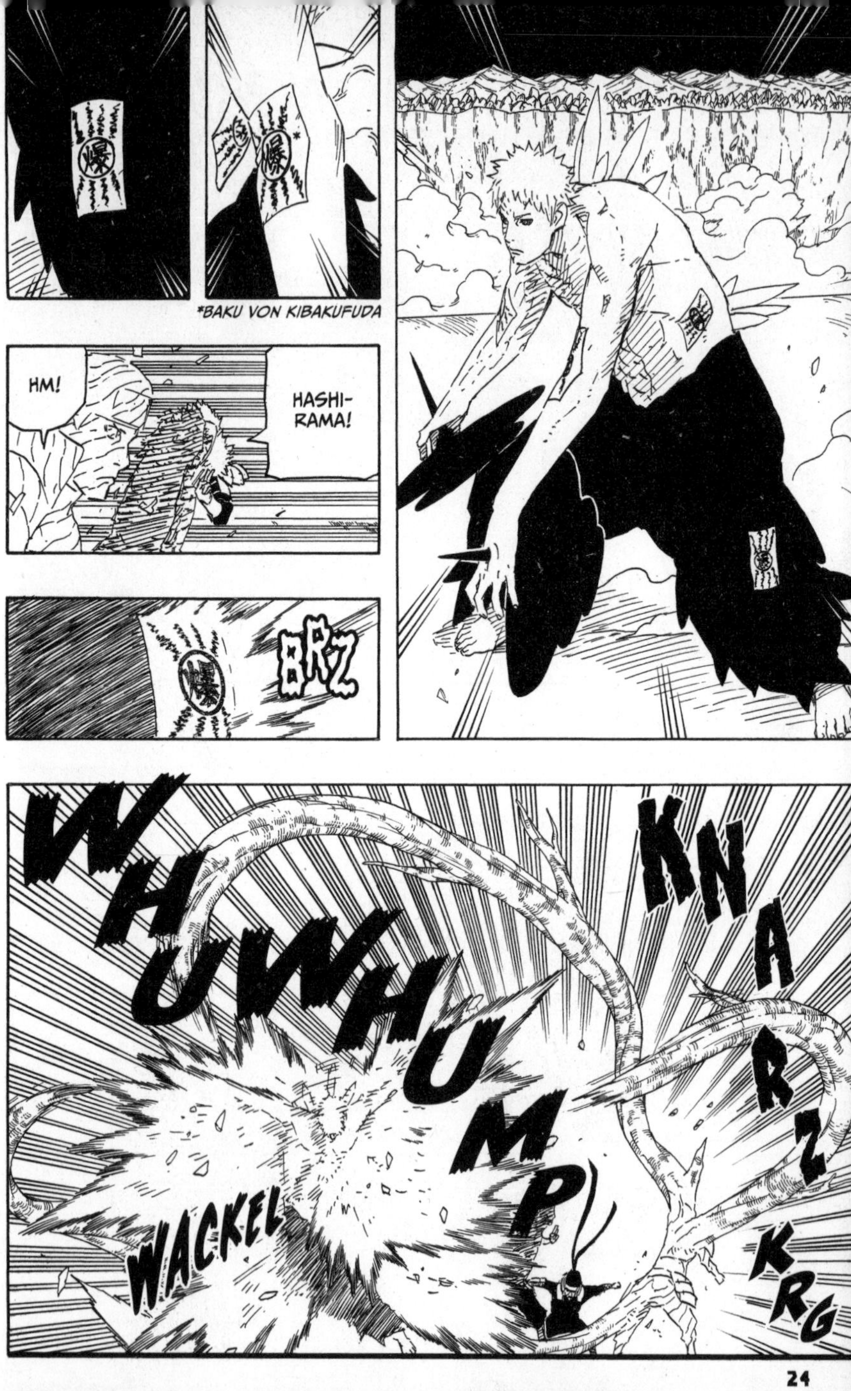
*BAKU VON KIBAKUFUDA
HASHI-RAMA!
HM!
BRZ
KNARZ
WHUWHUMP
WACKEL
KRG

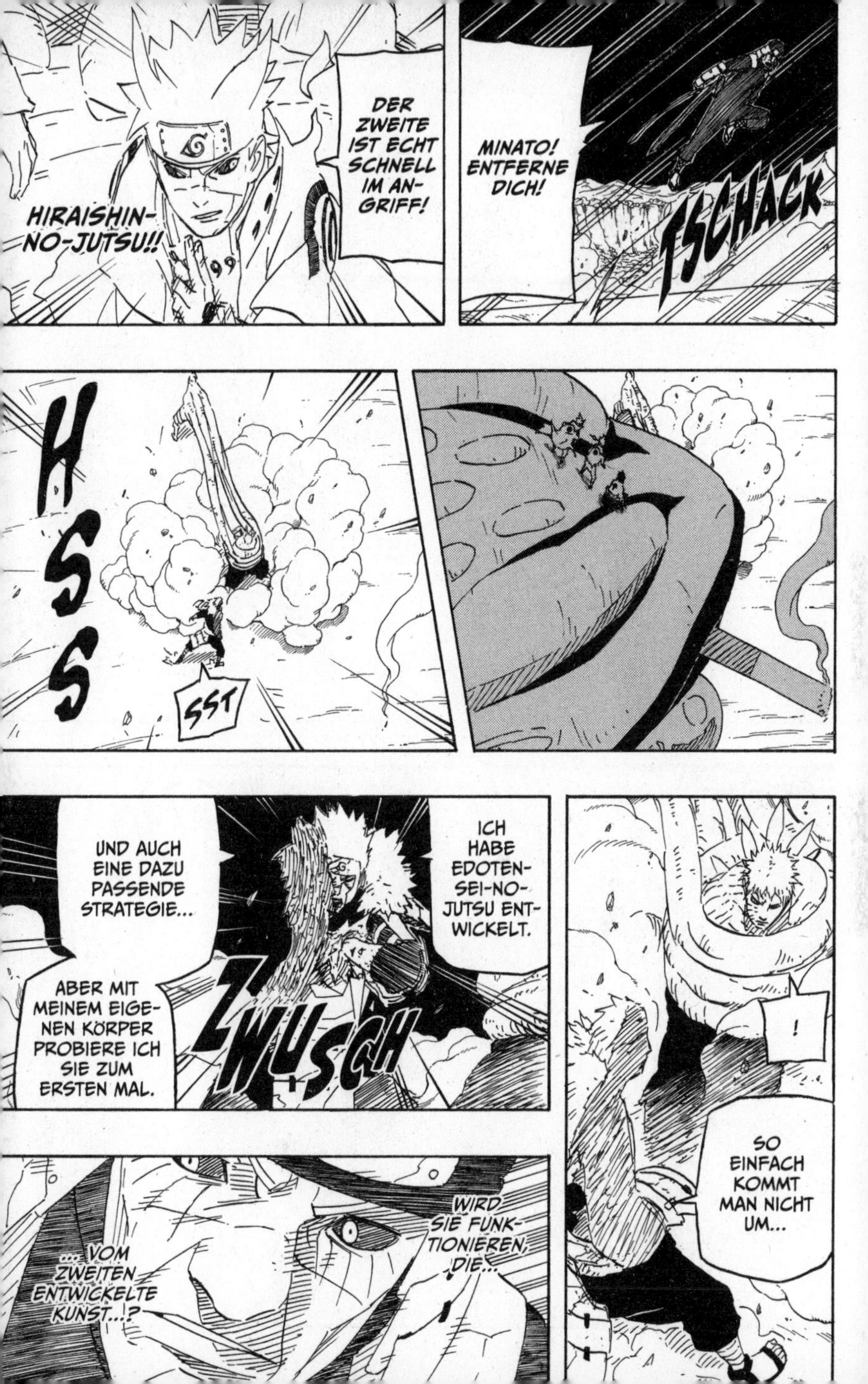
MINATO! ENTFERNE DICH!
TSCHACK
DER ZWEITE IST ECHT SCHNELL IM AN-GRIFF!
HIRAISHIN-NO-JUTSU!!
HSSS
SST
ICH HABE EDOTEN-SEI-NO-JUTSU ENT-WICKELT.
UND AUCH EINE DAZU PASSENDE STRATEGIE...
ABER MIT MEINEM EIGE-NEN KÖRPER PROBIERE ICH SIE ZUM ERSTEN MAL.
ZWUSCH
!
SO EINFACH KOMMT MAN NICHT UM...
WIRD SIE FUNK-TIONIEREN, DIE...
... VOM ZWEITEN ENTWICKELTE KUNST...?

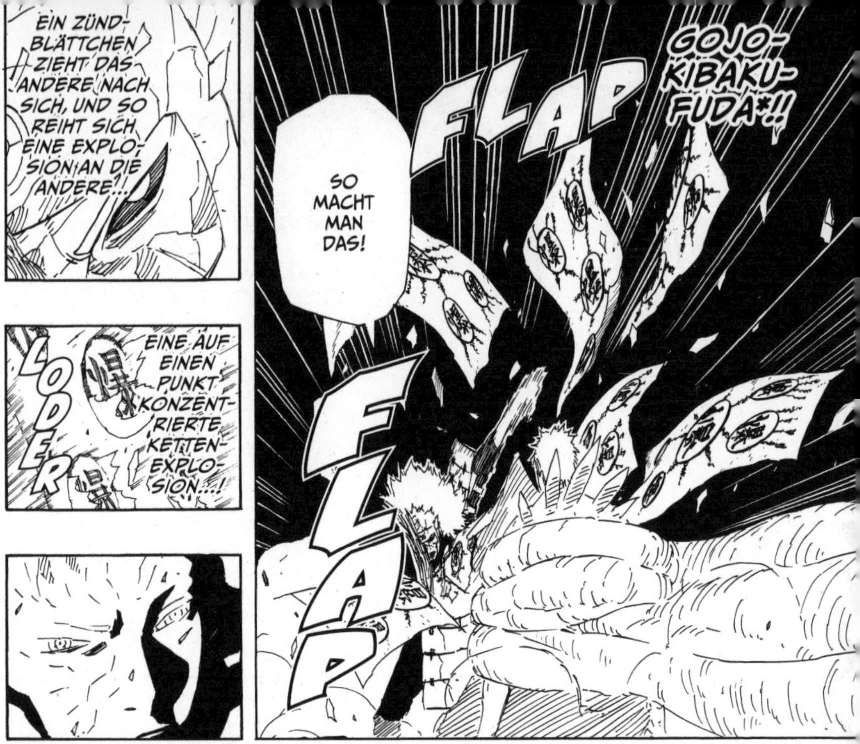

*GO = GEGENSEITIG/MITEINANDER, JO = MULTIPLIZIEREN

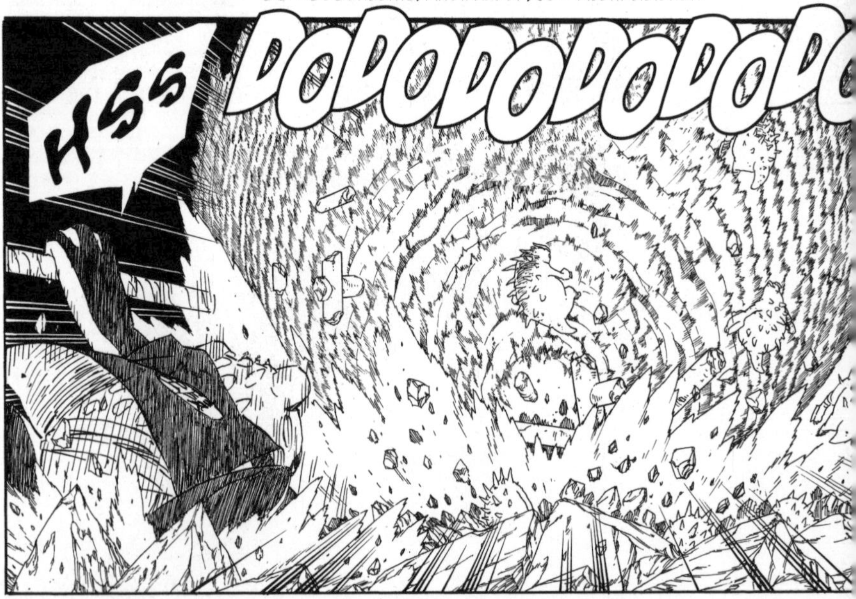

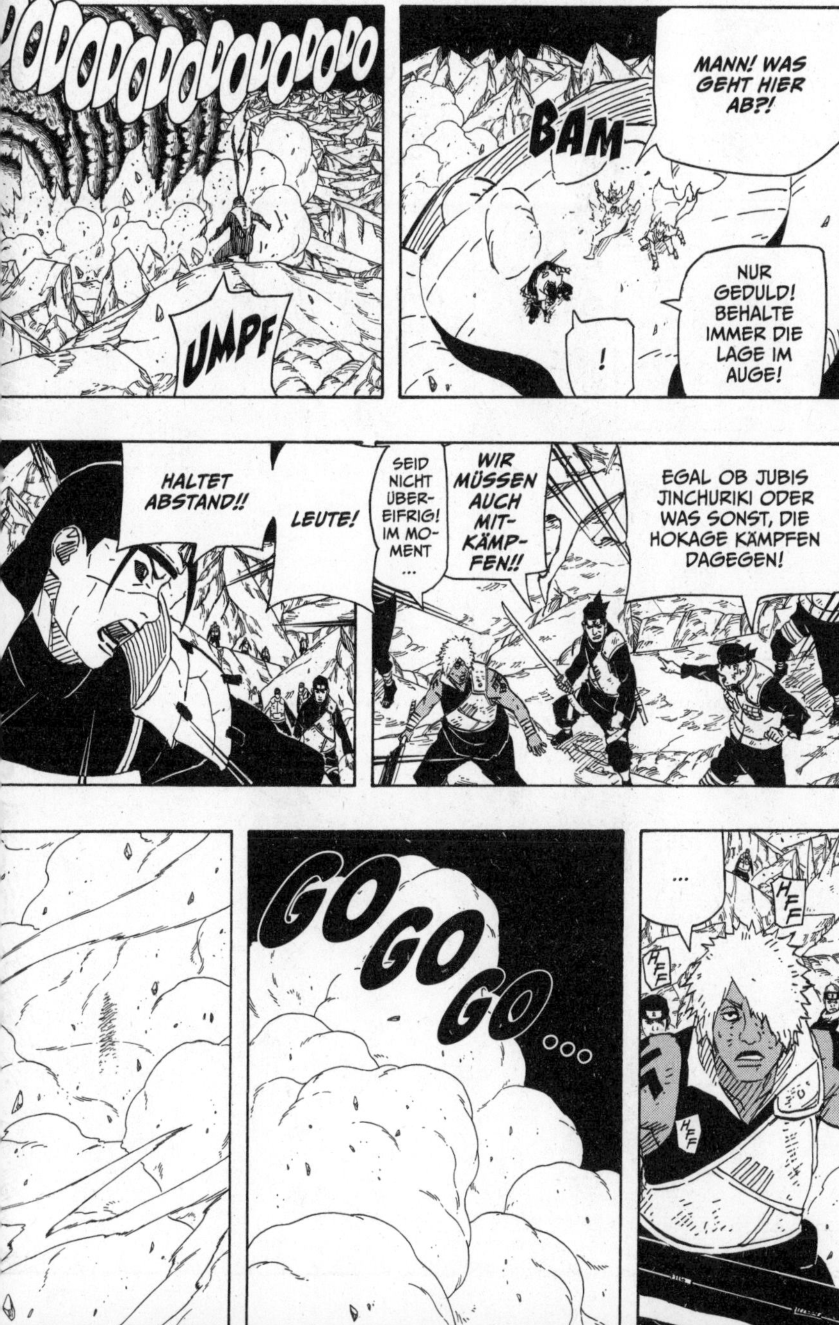
MANN! WAS GEHT HIER AB?!
BAM
NUR GEDULD! BEHALTE IMMER DIE LAGE IM AUGE!
!
DODODODODODODODODO
UMPF
EGAL OB JUBIS JINCHURIKI ODER WAS SONST, DIE HOKAGE KÄMPFEN DAGEGEN!
WIR MÜSSEN AUCH MIT-KÄMPFEN!!
SEID NICHT ÜBER-EIFRIG! IM MO-MENT …
LEUTE!
HALTET ABSTAND!!
…
HFF
HFF
HFF
GOGOGOGO…

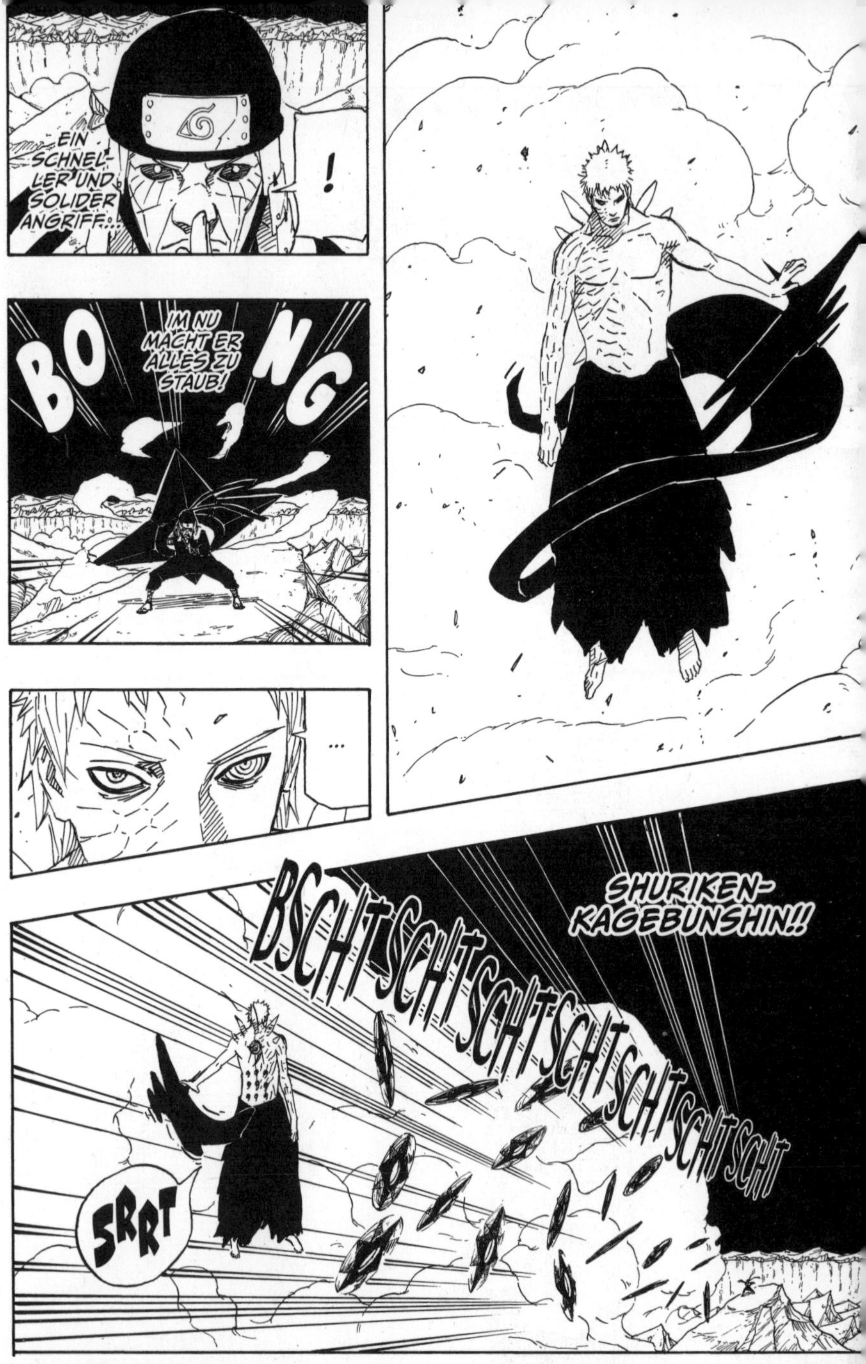
EIN SCHNELLER UND SOLIDER ANGRIFF ...
!
BONG
IM NU MACHT ER ALLES ZU STAUB!
...
SHURIKEN-KAGEBUNSHIN!!
BSCHIT SCHIT SCHIT SCHIT SCHIT SCHIT SCHIT
SRRT

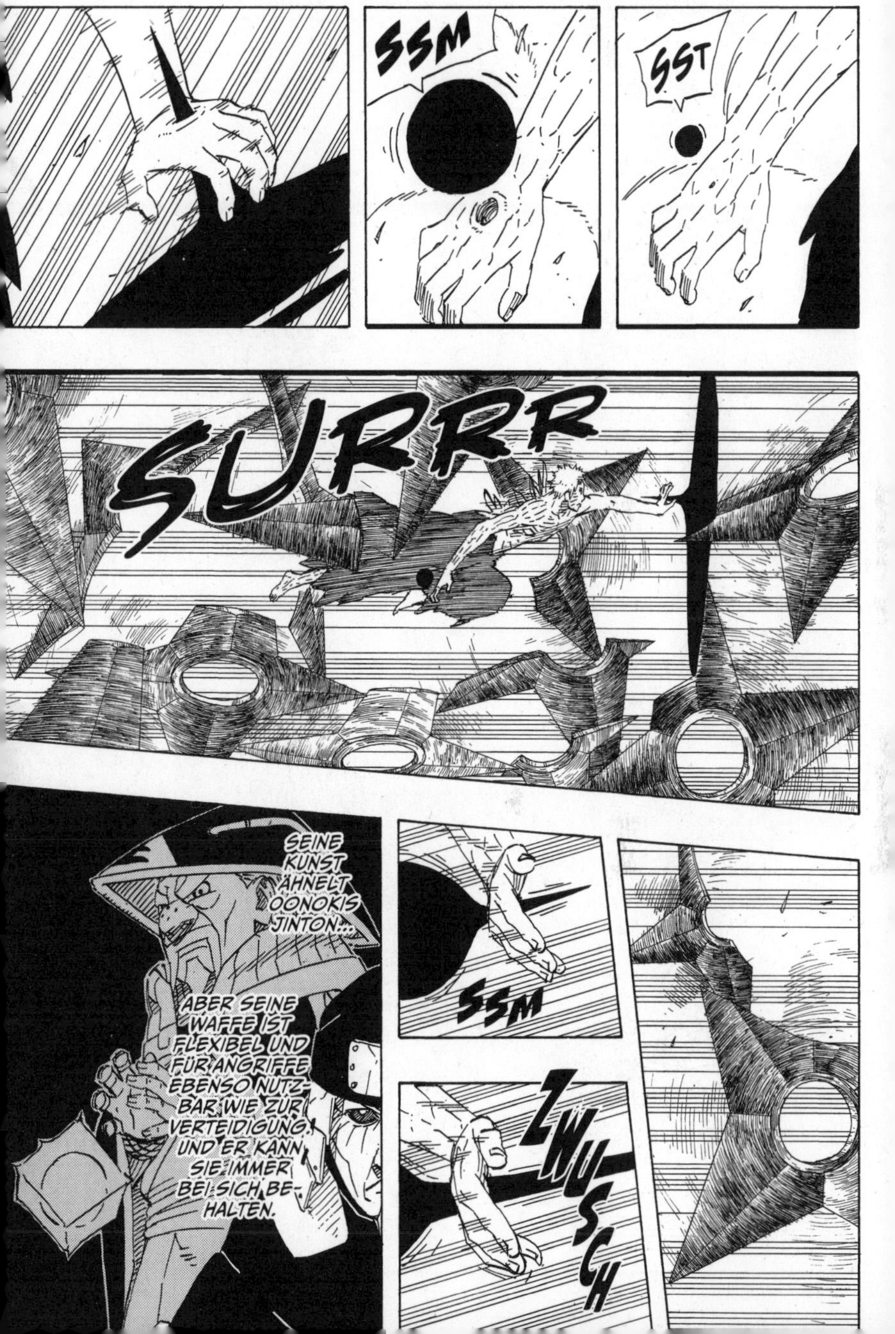
SST
SSM
SURRR
SSM
ZWUSCH
SEINE KUNST ÄHNELT OONOKIS JINTON...
ABER SEINE WAFFE IST FLEXIBEL UND FÜR ANGRIFFE EBENSO NUTZBAR WIE ZUR VERTEIDIGUNG. UND ER KANN SIE IMMER BEI SICH BEHALTEN.

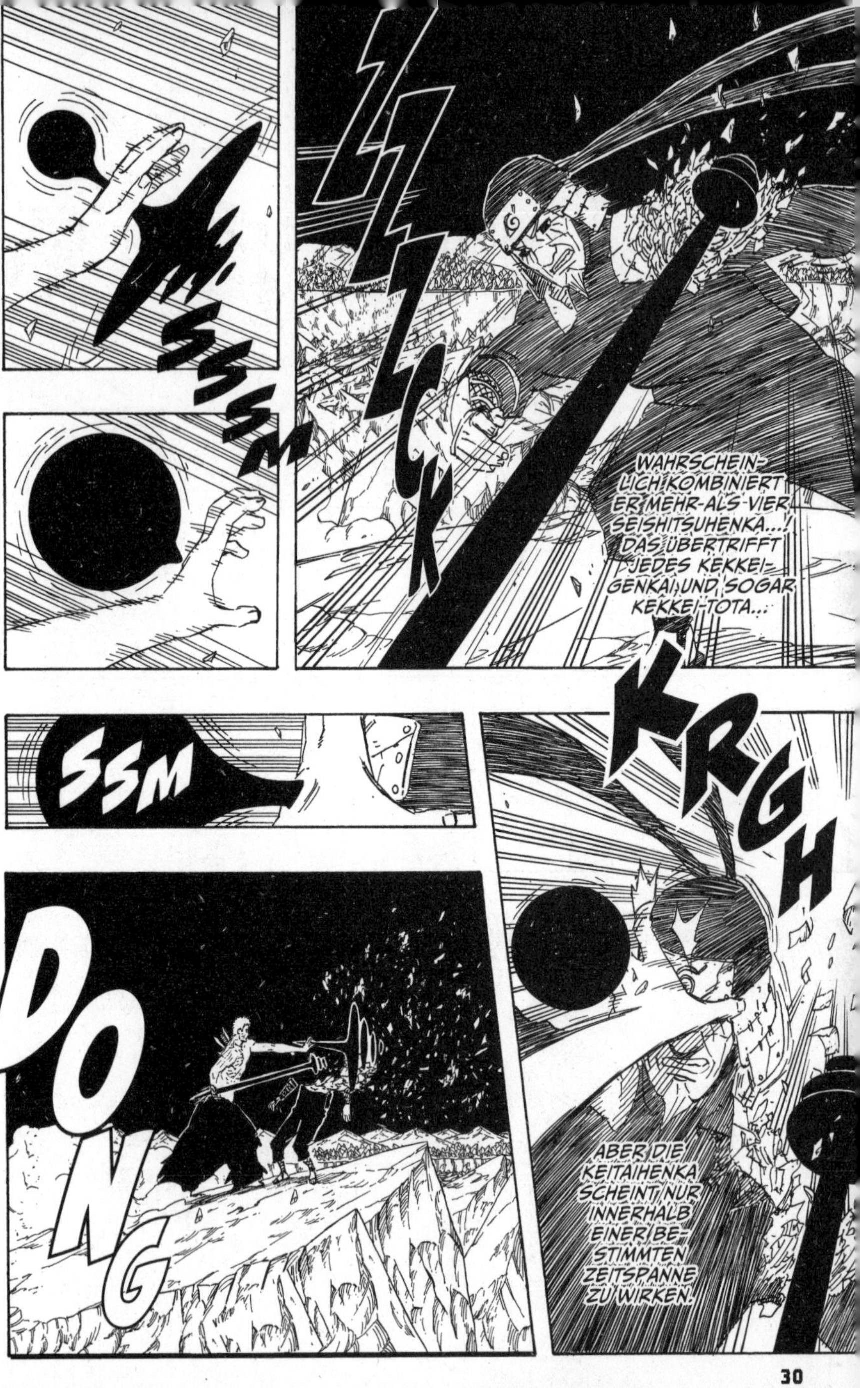

ZZZLICK
SSSSM
WAHRSCHEIN-
LICH KOMBINIERT
ER MEHR ALS VIER
SEISHITSUHENKA...!
DAS ÜBERTRIFFT
JEDES KEKKEI-
GENKAI UND SOGAR
KEKKEI-TOTA...
SSM
KRGH
DONG
ABER DIE
KEITAIHENKA
SCHEINT NUR
INNERHALB
EINER BE-
STIMMTEN
ZEITSPANNE
ZU WIRKEN.

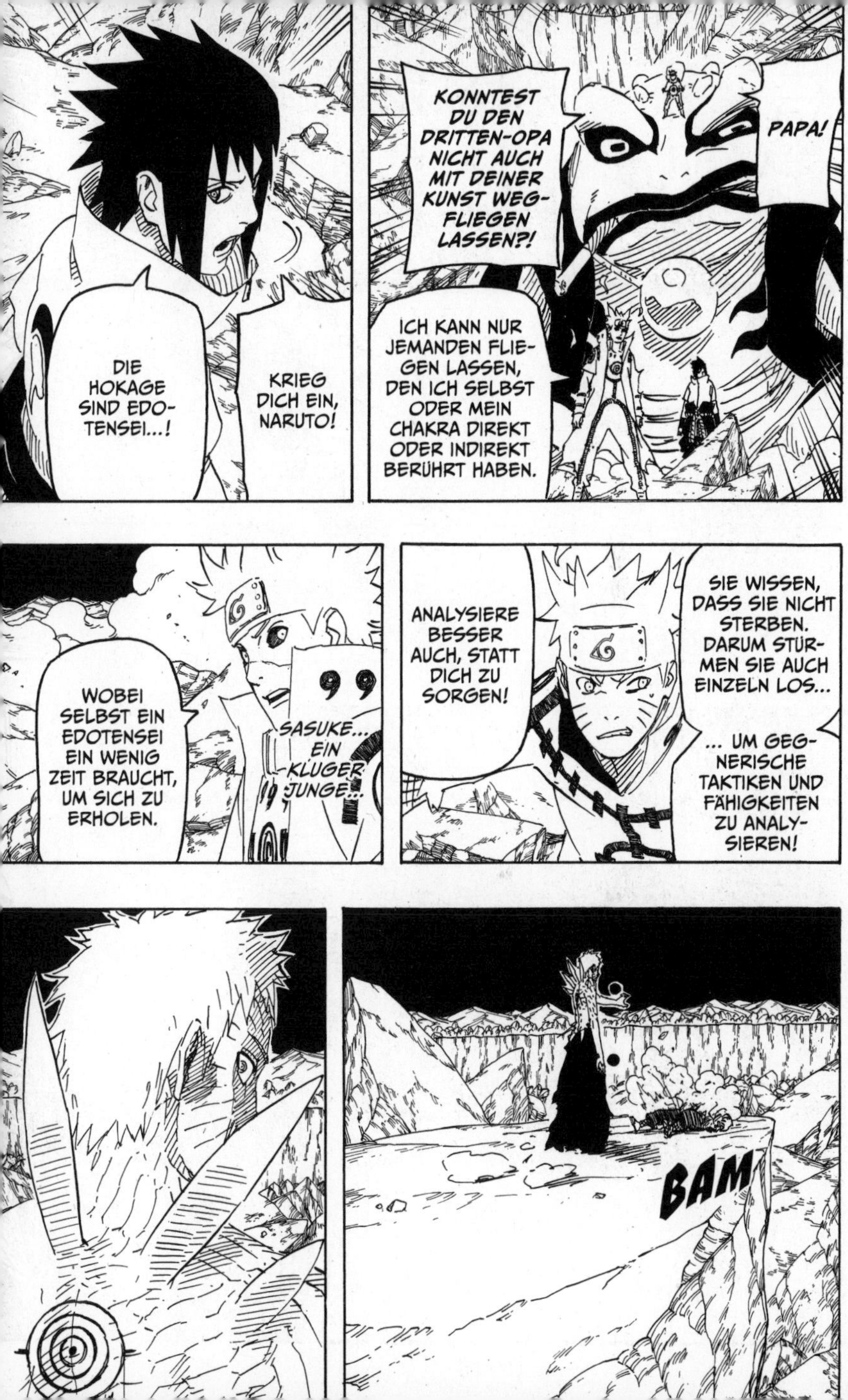
PAPA!
KONNTEST DU DEN DRITTEN-OPA NICHT AUCH MIT DEINER KUNST WEGFLIEGEN LASSEN?!
ICH KANN NUR JEMANDEN FLIEGEN LASSEN, DEN ICH SELBST ODER MEIN CHAKRA DIREKT ODER INDIREKT BERÜHRT HABEN.
KRIEG DICH EIN, NARUTO!
DIE HOKAGE SIND EDOTENSEI...!
SIE WISSEN, DASS SIE NICHT STERBEN. DARUM STÜRMEN SIE AUCH EINZELN LOS...
... UM GEGNERISCHE TAKTIKEN UND FÄHIGKEITEN ZU ANALYSIEREN!
ANALYSIERE BESSER AUCH, STATT DICH ZU SORGEN!
SASUKE... EIN KLUGER JUNGE...
WOBEI SELBST EIN EDOTENSEI EIN WENIG ZEIT BRAUCHT, UM SICH ZU ERHOLEN.
BAM

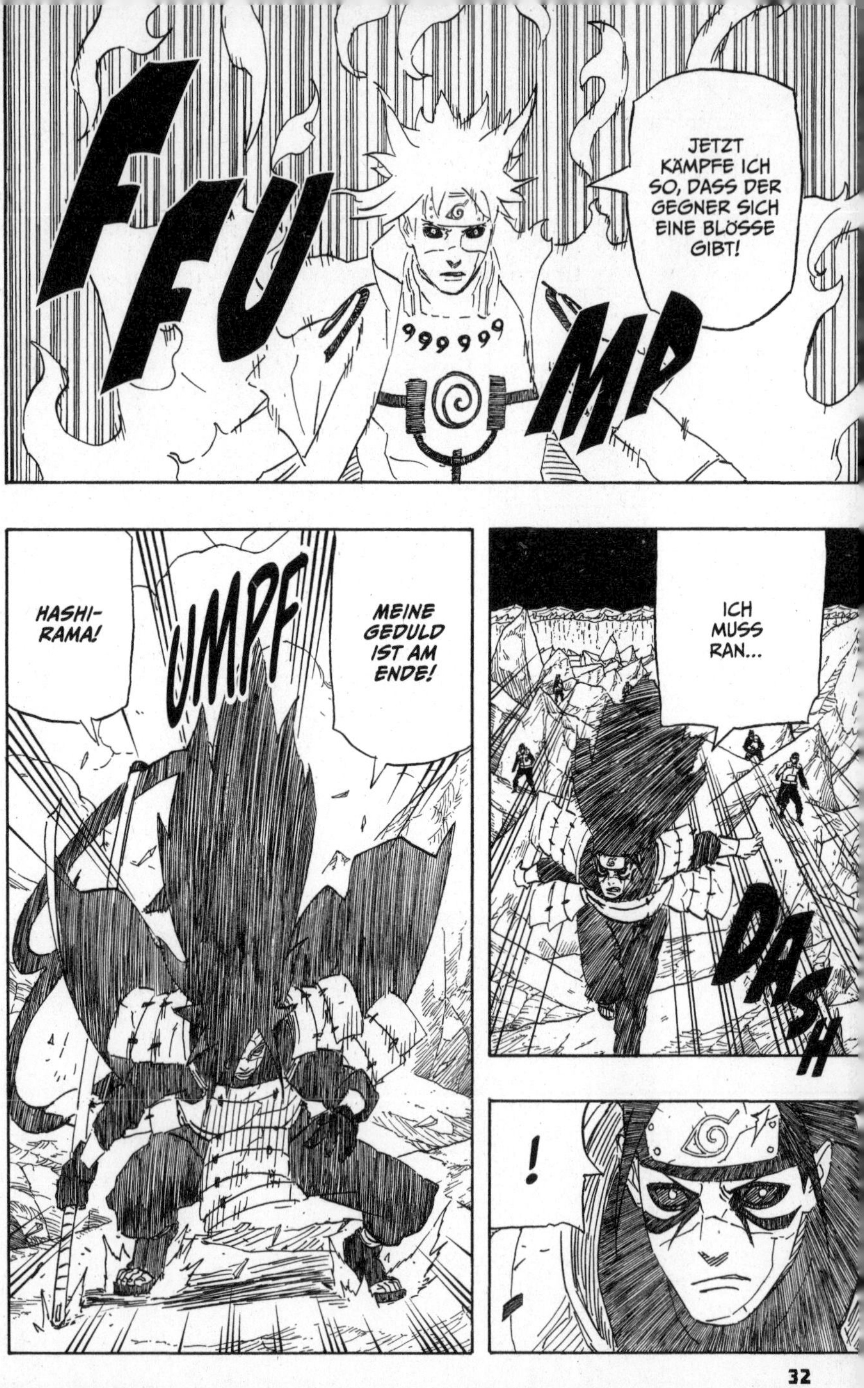
JETZT KÄMPFE ICH SO, DASS DER GEGNER SICH EINE BLÖSSE GIBT!
FFUMP
ICH MUSS RAN...
DASH
MEINE GEDULD IST AM ENDE!
UMPF
HASHI-RAMA!
!

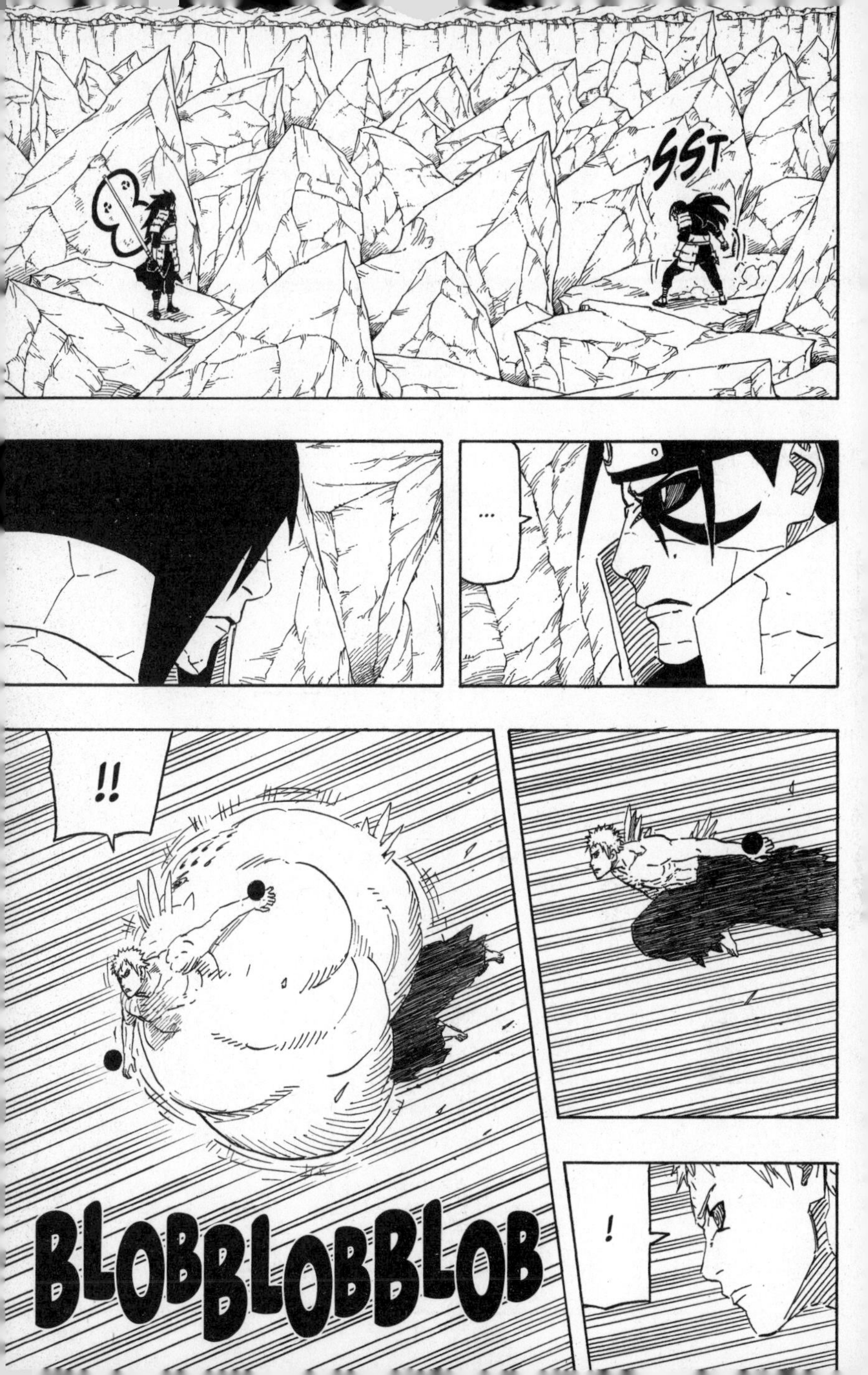
SST
...
!!
BLOBBLOBBLOB
!

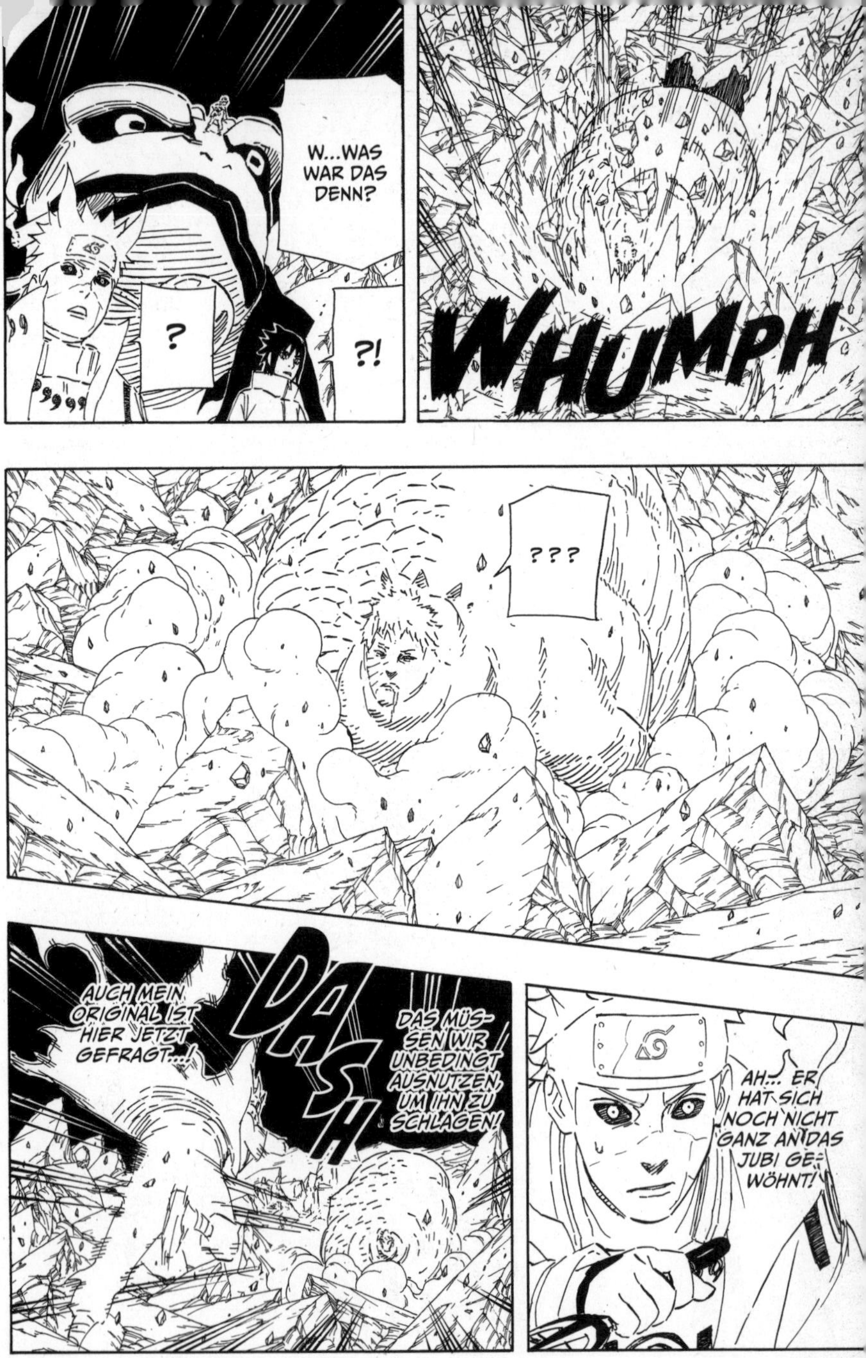

WHUMPH
W...WAS
WAR DAS
DENN?
?!
?
???
AH... ER
HAT SICH
NOCH NICHT
GANZ AN DAS
JUBI GE-
WÖHNT!
DAS MÜS-
SEN WIR
UNBEDINGT
AUSNUTZEN,
UM IHN ZU
SCHLAGEN!
DASH
AUCH MEIN
ORIGINAL IST
HIER JETZT
GEFRAGT...!

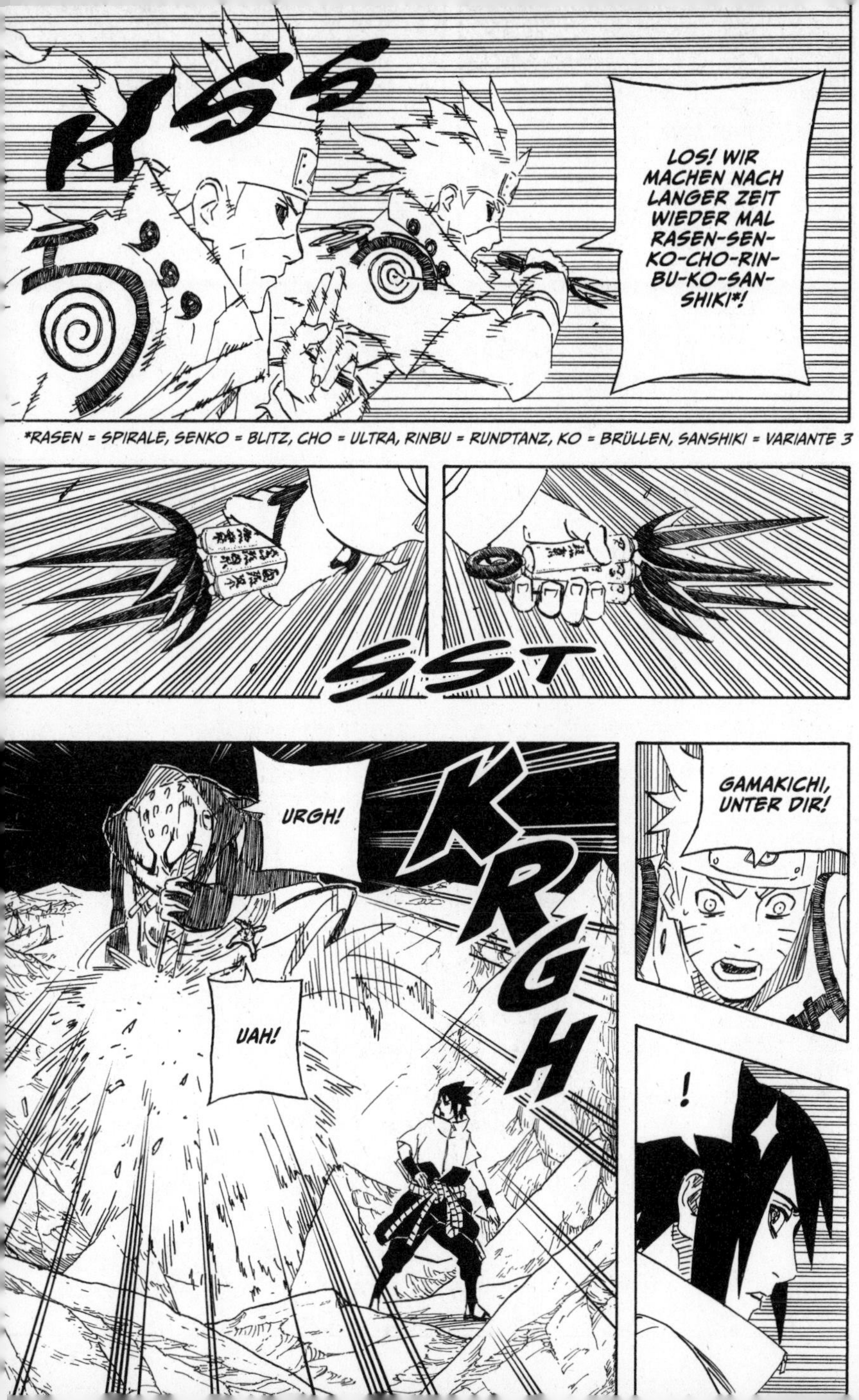
HSS
LOS! WIR MACHEN NACH LANGER ZEIT WIEDER MAL RASEN-SEN-KO-CHO-RIN-BU-KO-SAN-SHIKI*!
*RASEN = SPIRALE, SENKO = BLITZ, CHO = ULTRA, RINBU = RUNDTANZ, KO = BRÜLLEN, SANSHIKI = VARIANTE 3
SST
GAMAKICHI, UNTER DIR!
!
KRGH
URGH!
UAH!

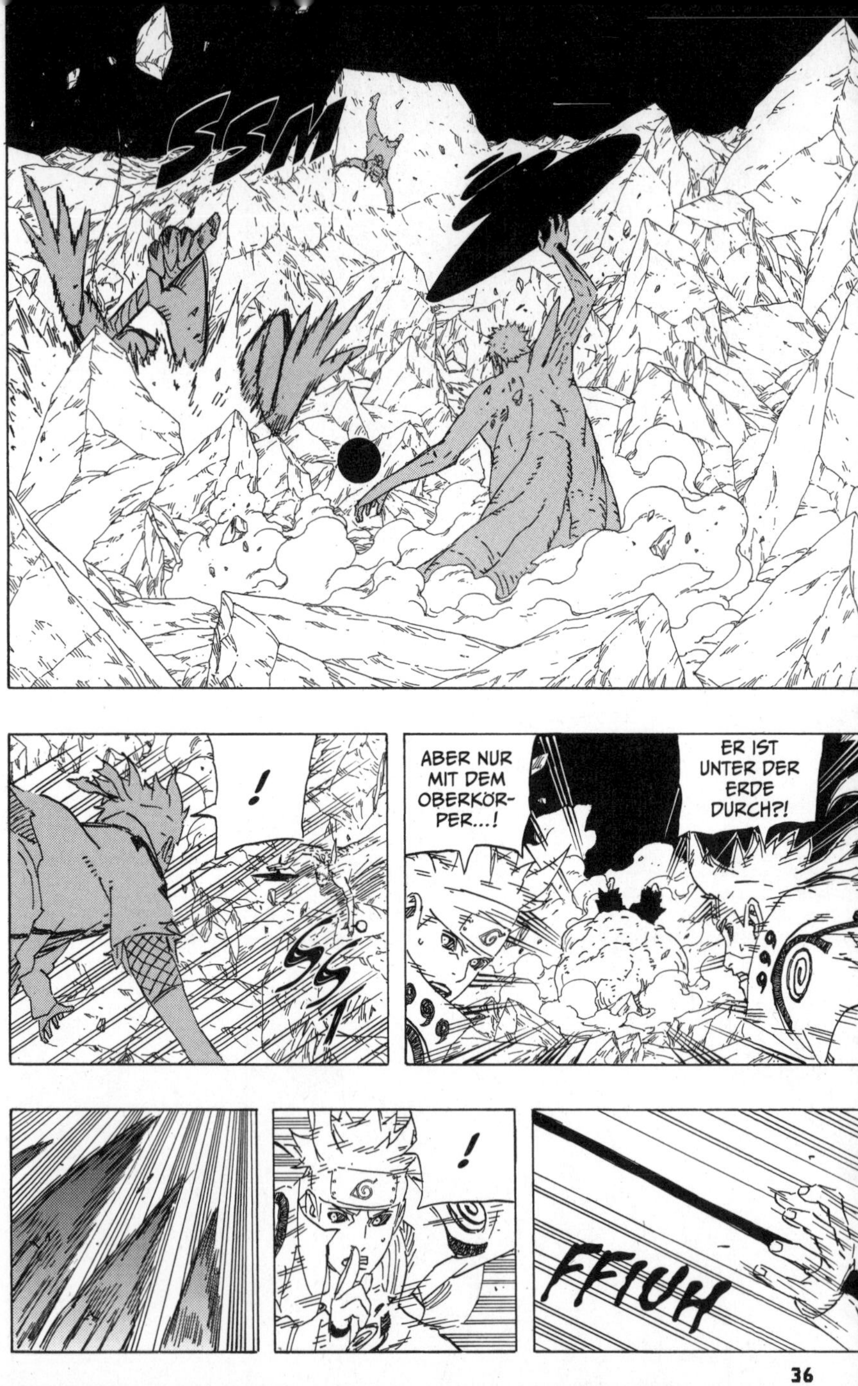
SSM
!
ER IST UNTER DER ERDE DURCH?!
ABER NUR MIT DEM OBERKÖR-PER...!
SS
!
FFIUH

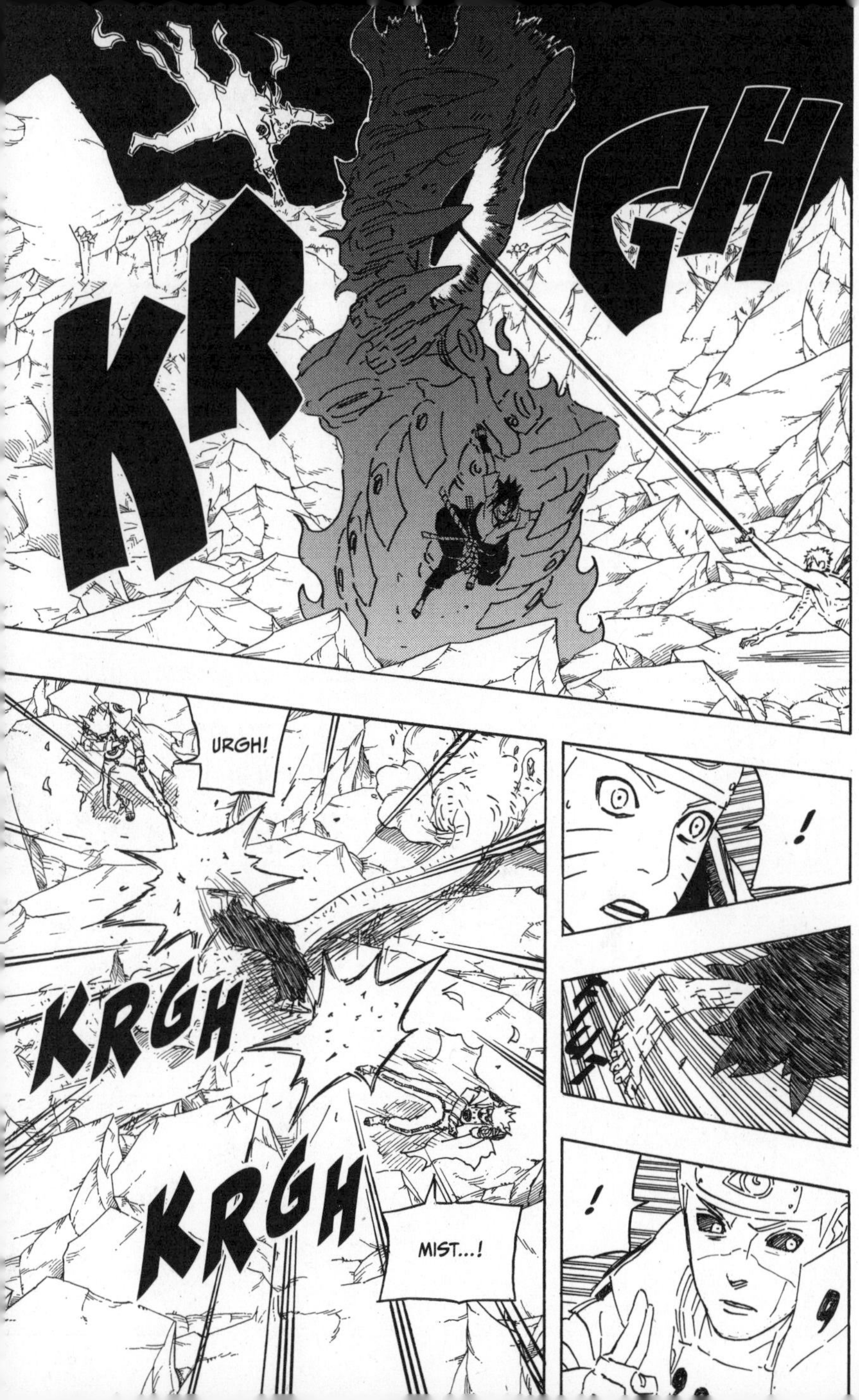
KRAGH
URGH!
!
KRGH
KRGH
MIST...!
!

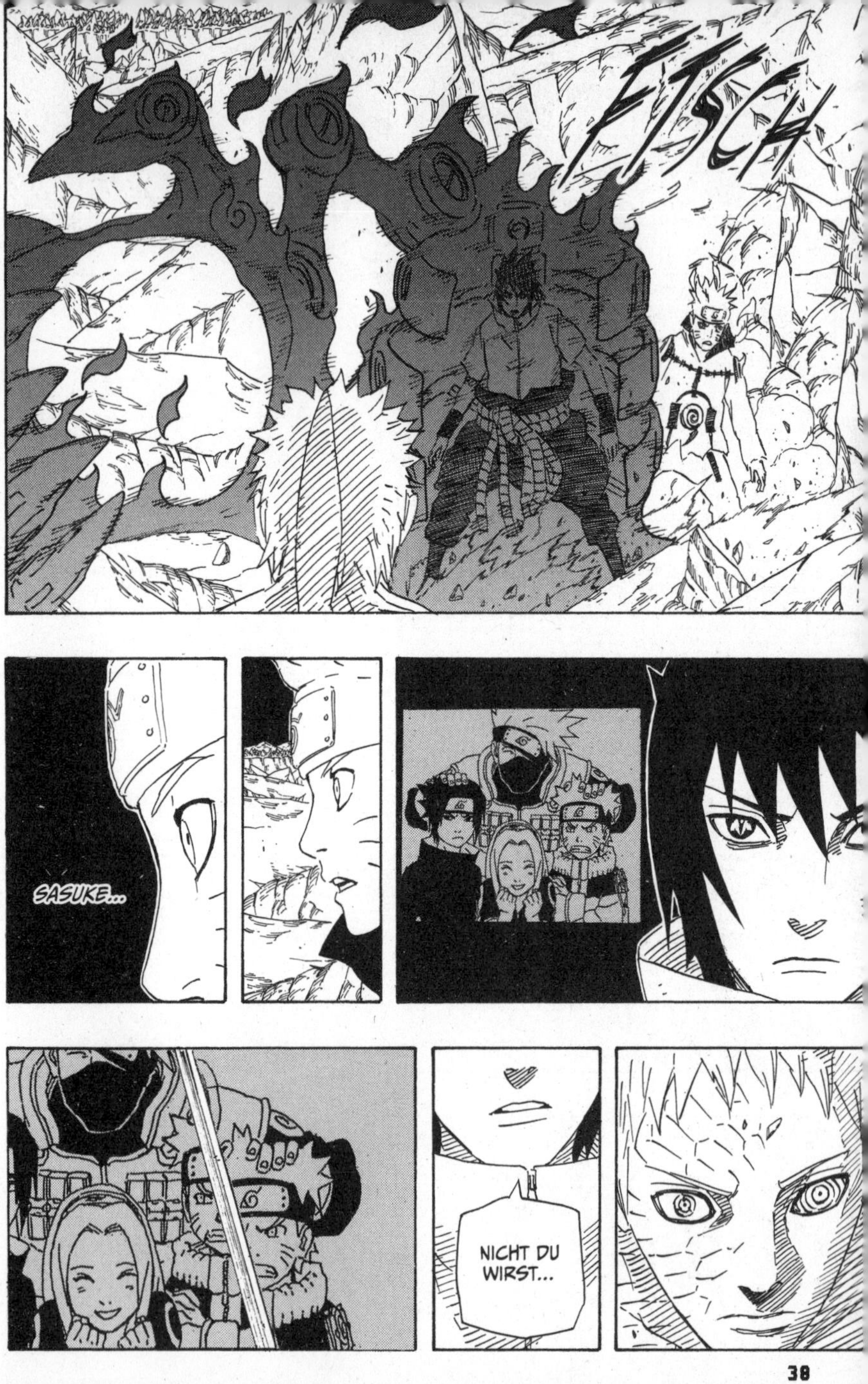
FTSCH
SASUKE...
NICHT DU
WIRST...

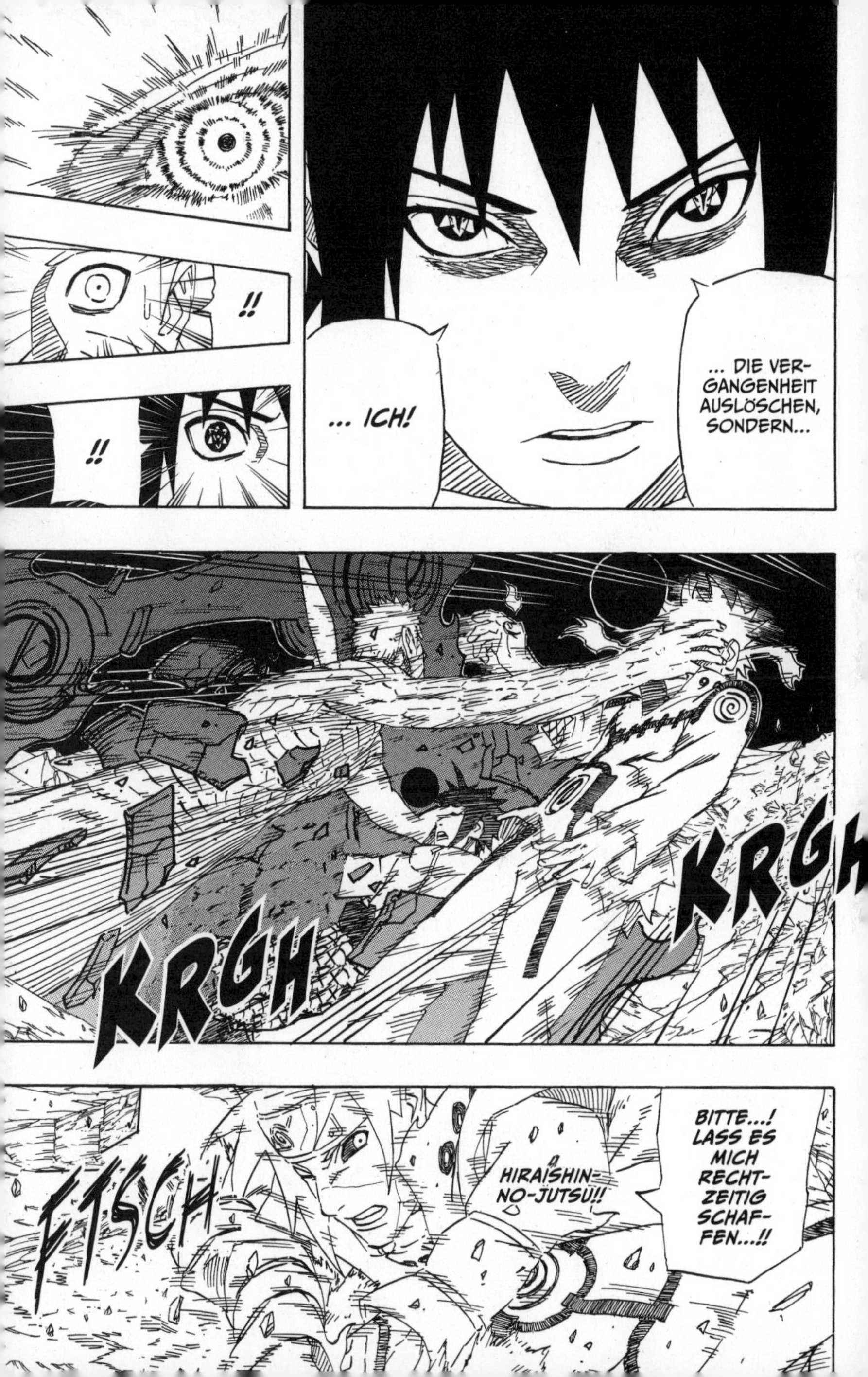
... DIE VERGANGENHEIT AUSLÖSCHEN, SONDERN...
... ICH!
!!
!!
KRGH
KRGH
BITTE...! LASS ES MICH RECHTZEITIG SCHAFFEN...!!
HIRAISHIN-NO-JUTSU!!
FTSCH

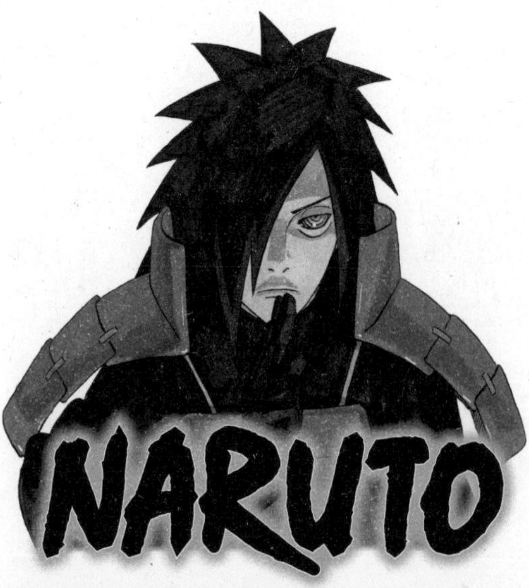
NARUTO

640. Kapitel: Endlich

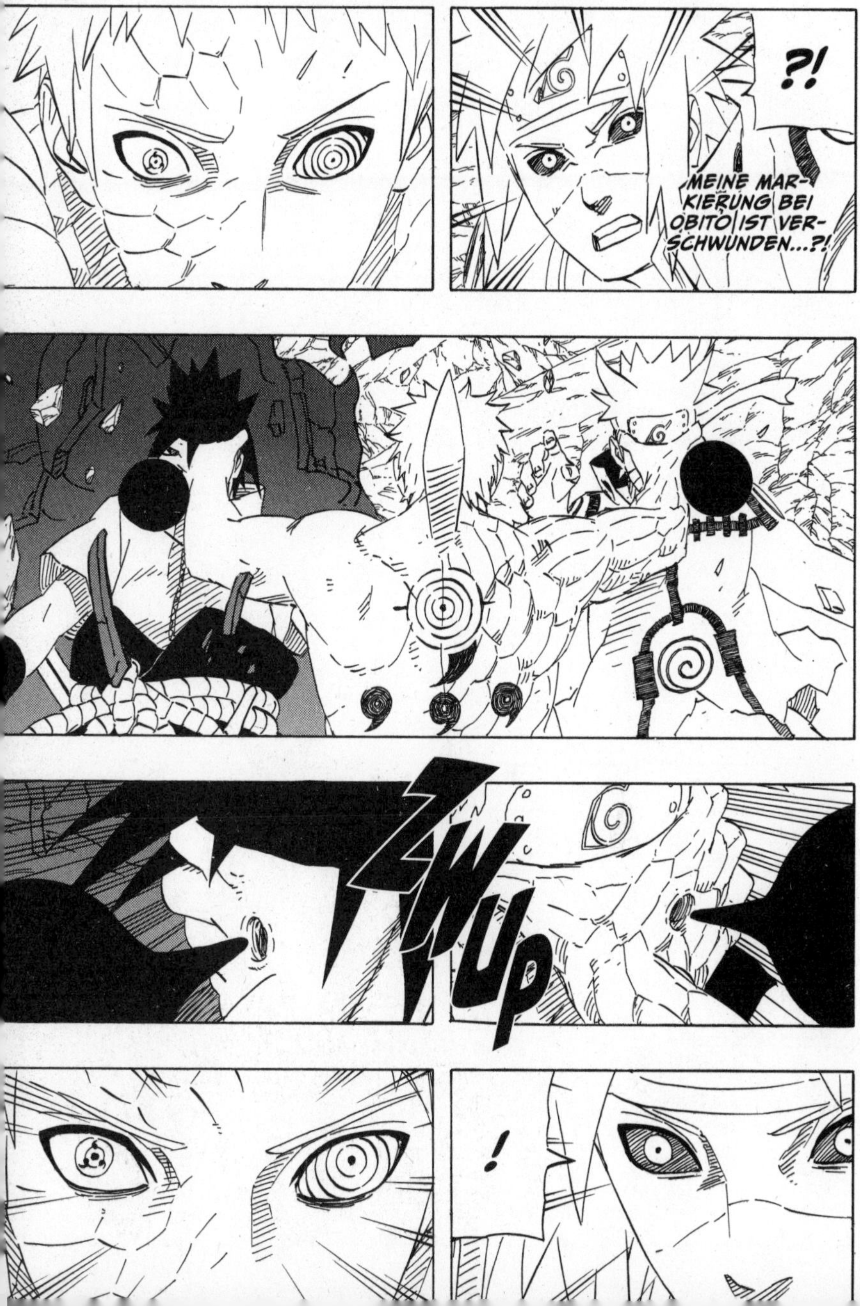

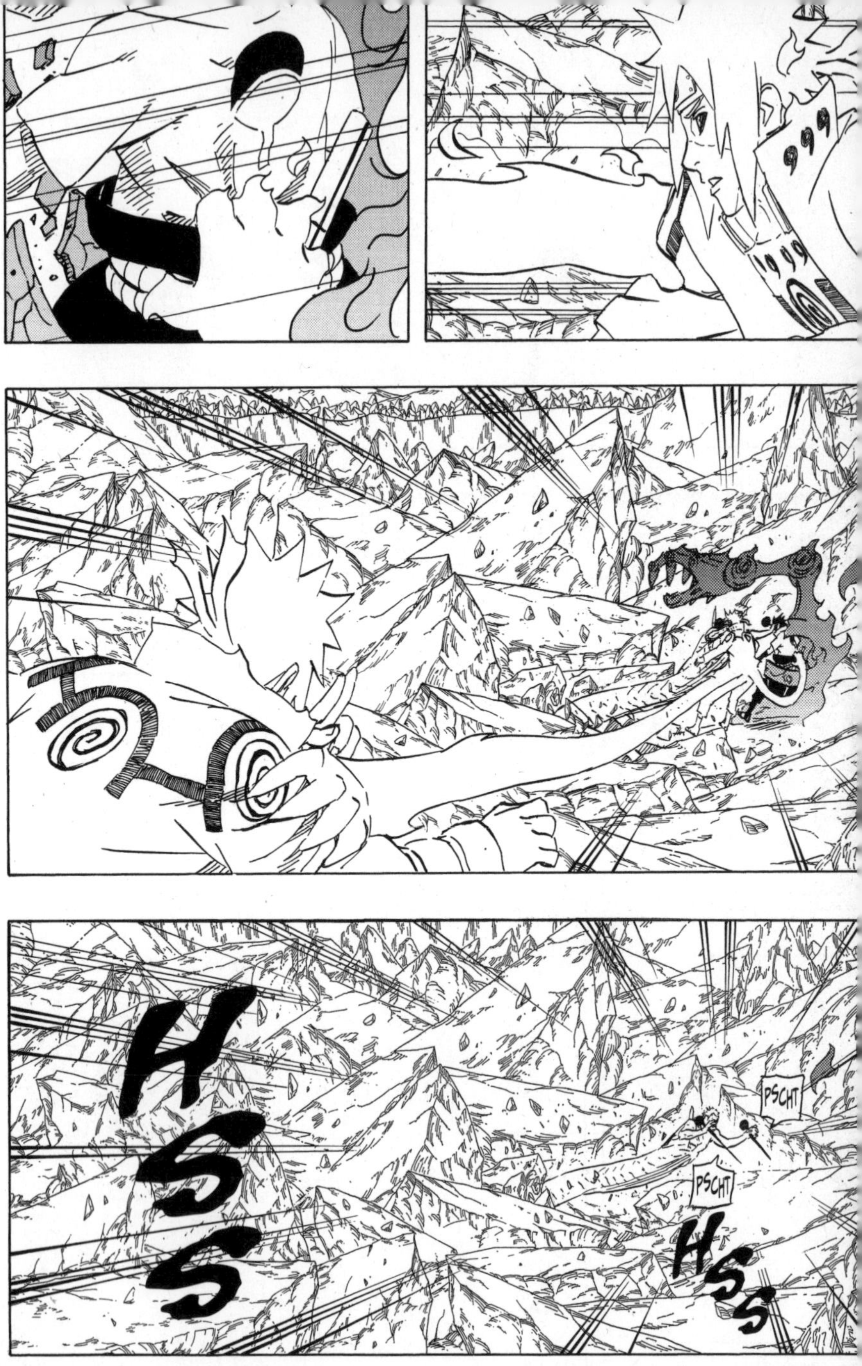
HSS
PSCHT
PSCHT
HSS

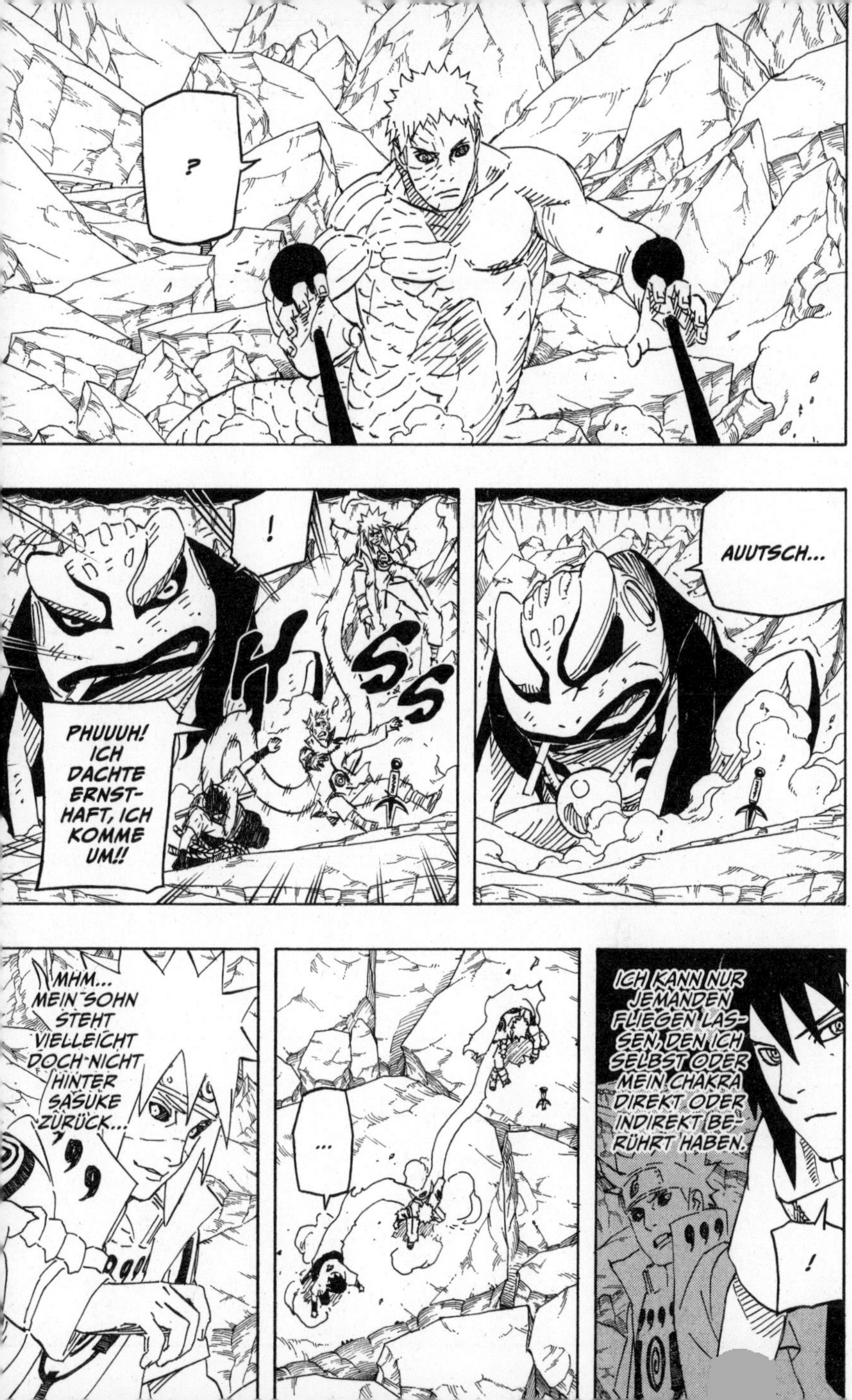
?
AUUTSCH...
!
HSSS
PHUUUH! ICH DACHTE ERNST-HAFT, ICH KOMME UM!!
ICH KANN NUR JEMANDEN FLIEGEN LAS-SEN, DEN ICH SELBST ODER MEIN CHAKRA DIREKT ODER INDIREKT BE-RÜHRT HABEN.
!
...
MHM... MEIN SOHN STEHT VIELLEICHT DOCH NICHT HINTER SASUKE ZURÜCK...

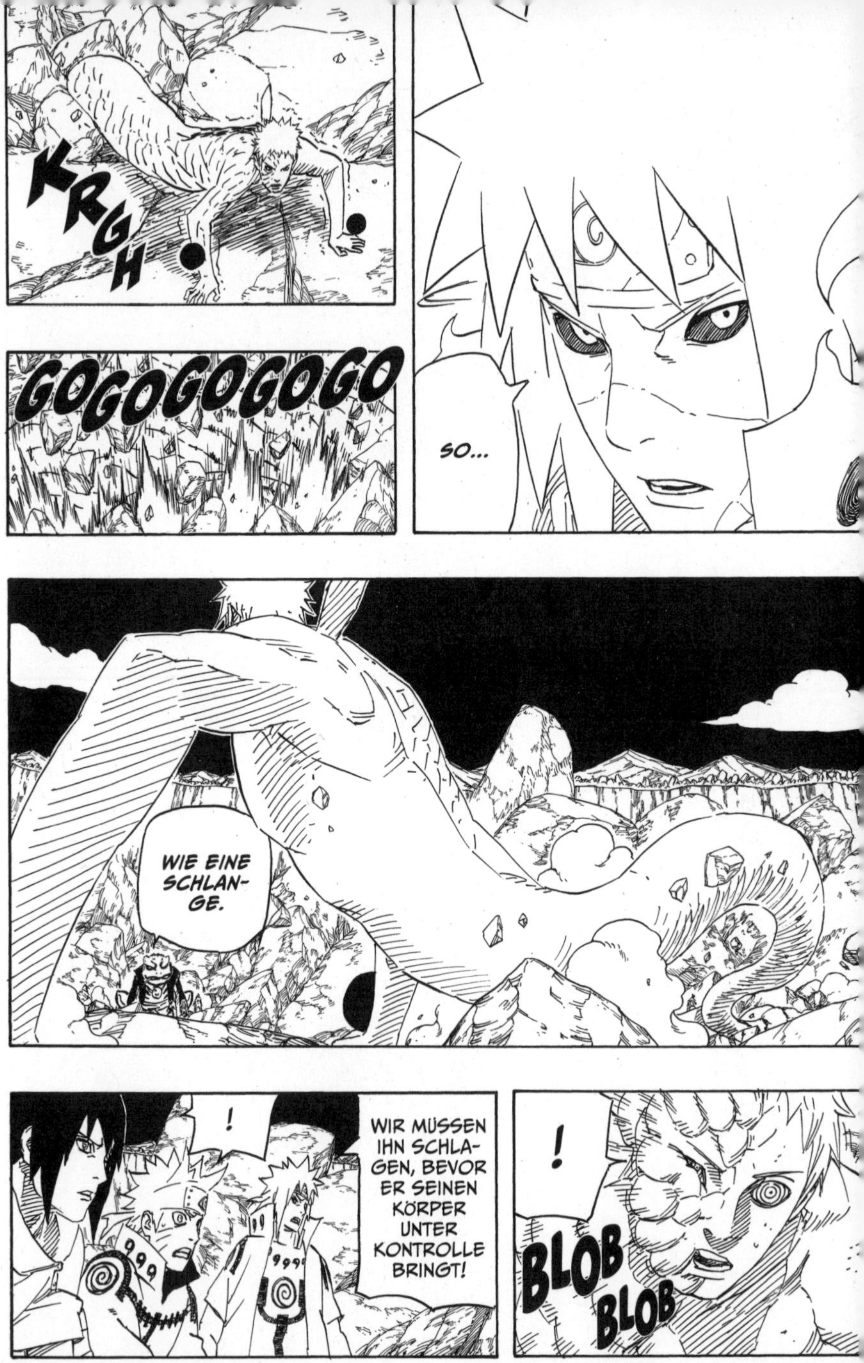
KRGH
SO...
GOGOGOGOGO
WIE EINE SCHLANGE.
BLOB BLOB
!
WIR MÜSSEN IHN SCHLAGEN, BEVOR ER SEINEN KÖRPER UNTER KONTROLLE BRINGT!
!

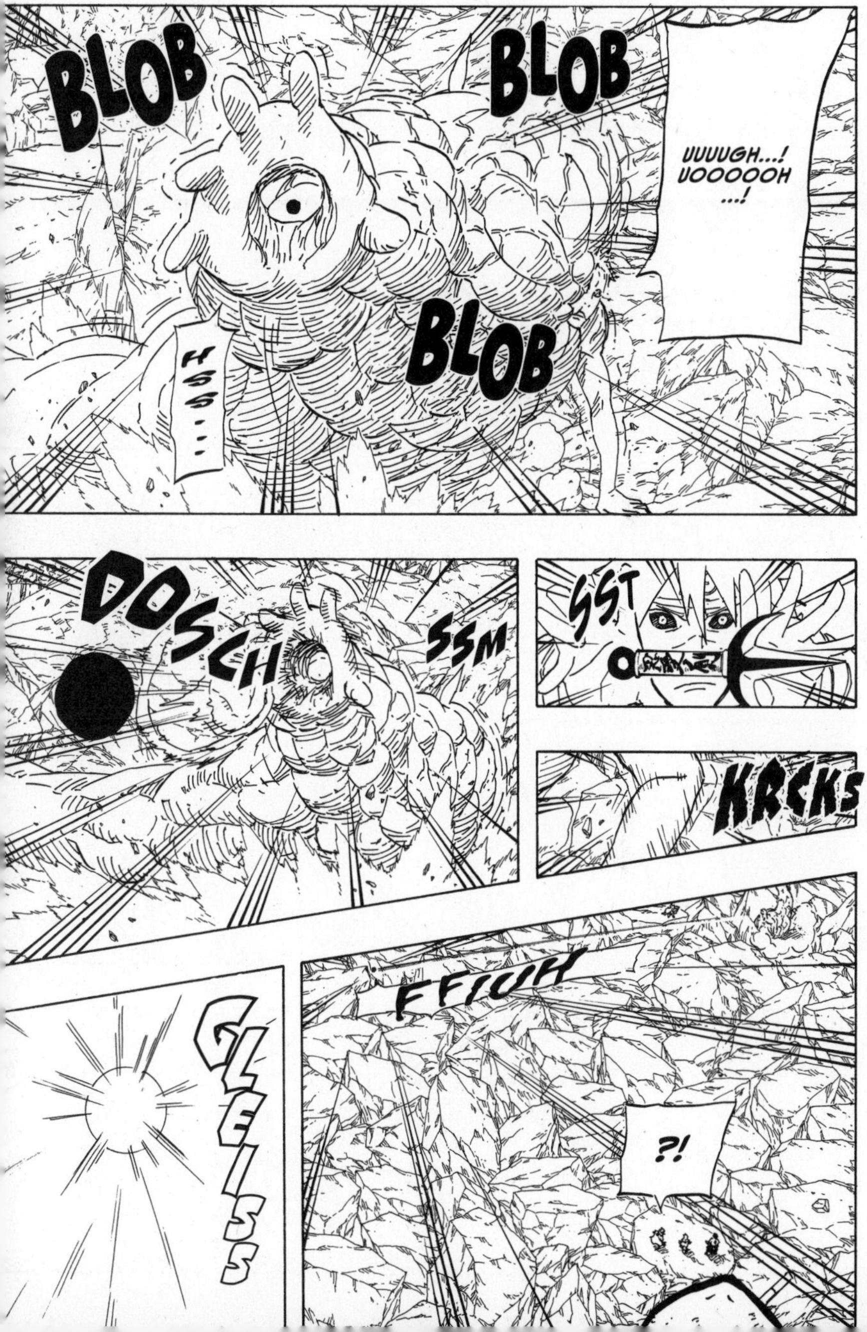
UUUUGH...!
UOOOOOH
...!
BLOB
BLOB
HSS...
BLOB
SST
SSM
DOSCH
KRCKS
FFIUH
GLEISS
?!

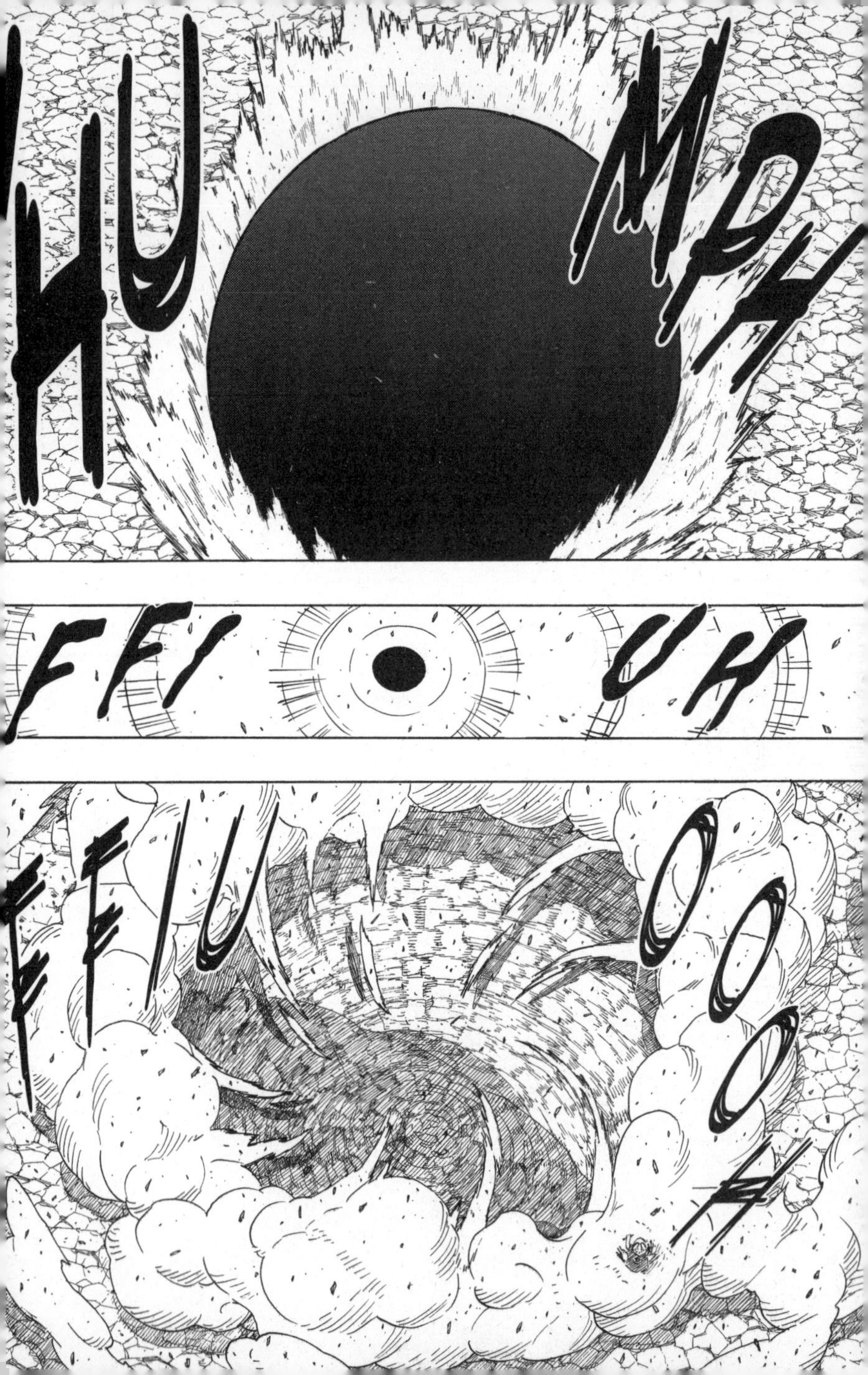
HU
MPH
FFI
UH
FFIU
OOOH

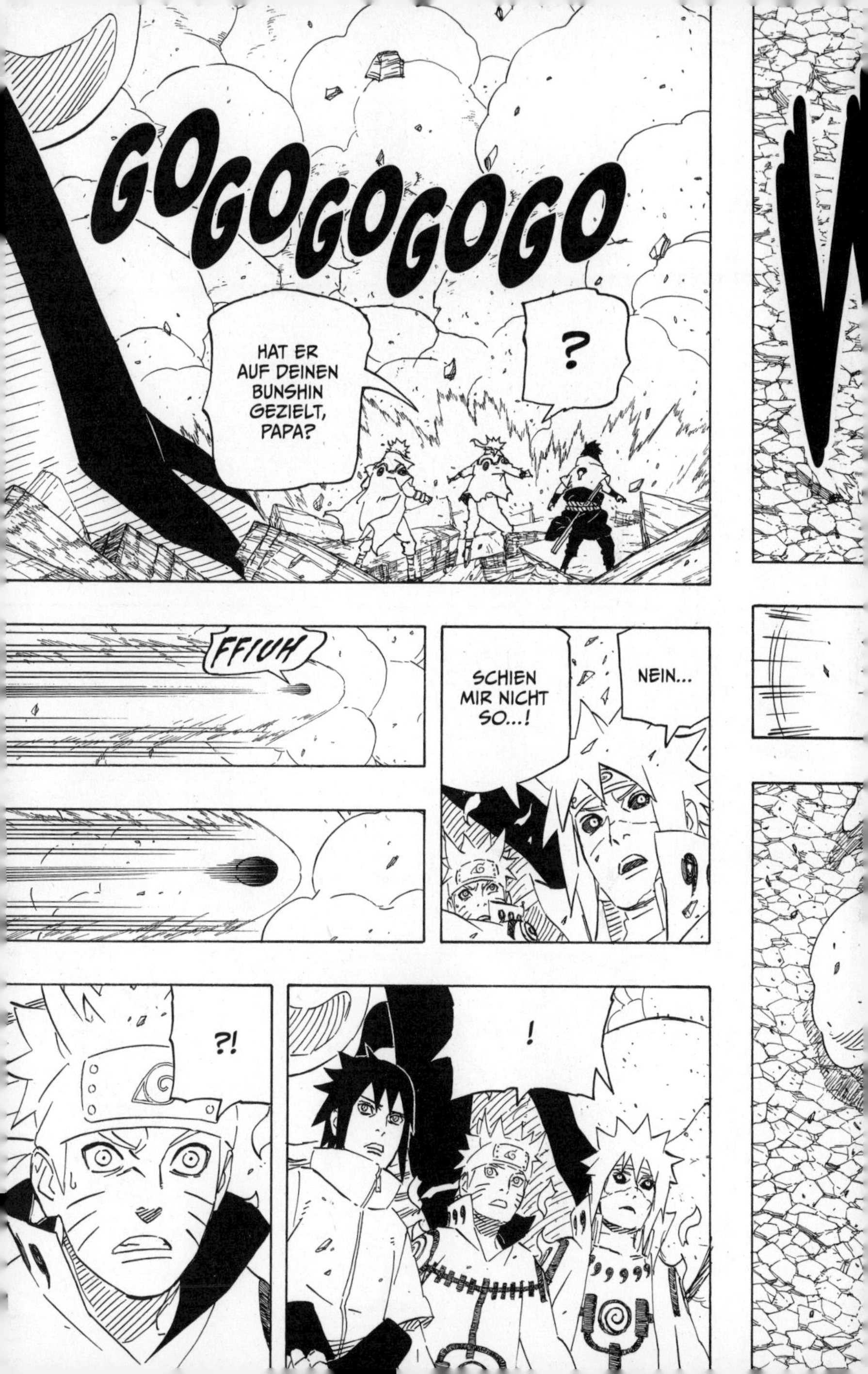
GOGOGOGOGOGO
?
HAT ER AUF DEINEN BUNSHIN GEZIELT, PAPA?
NEIN...
SCHIEN MIR NICHT SO...!
FFIUH
!
?!

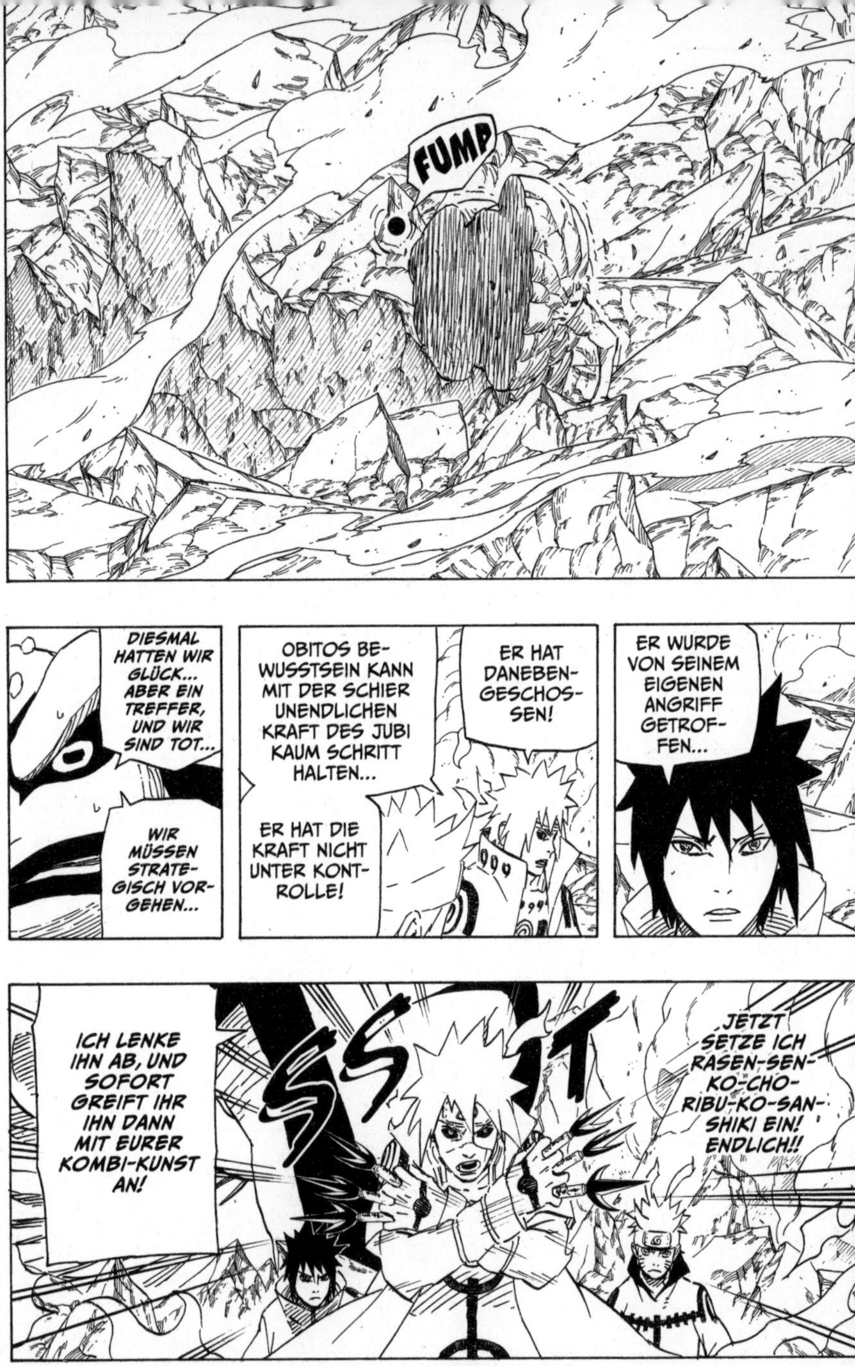
FUMP
ER WURDE VON SEINEM EIGENEN ANGRIFF GETROFFEN...
ER HAT DANEBENGESCHOSSEN!
OBITOS BEWUSSTSEIN KANN MIT DER SCHIER UNENDLICHEN KRAFT DES JUBI KAUM SCHRITT HALTEN...
ER HAT DIE KRAFT NICHT UNTER KONTROLLE!
DIESMAL HATTEN WIR GLÜCK... ABER EIN TREFFER, UND WIR SIND TOT...
WIR MÜSSEN STRATEGISCH VORGEHEN...
JETZT SETZE ICH RASEN-SENKO-CHO-RIBU-KO-SANSHIKI EIN! ENDLICH!!
SSST
ICH LENKE IHN AB, UND SOFORT GREIFT IHR IHN DANN MIT EURER KOMBI-KUNST AN!

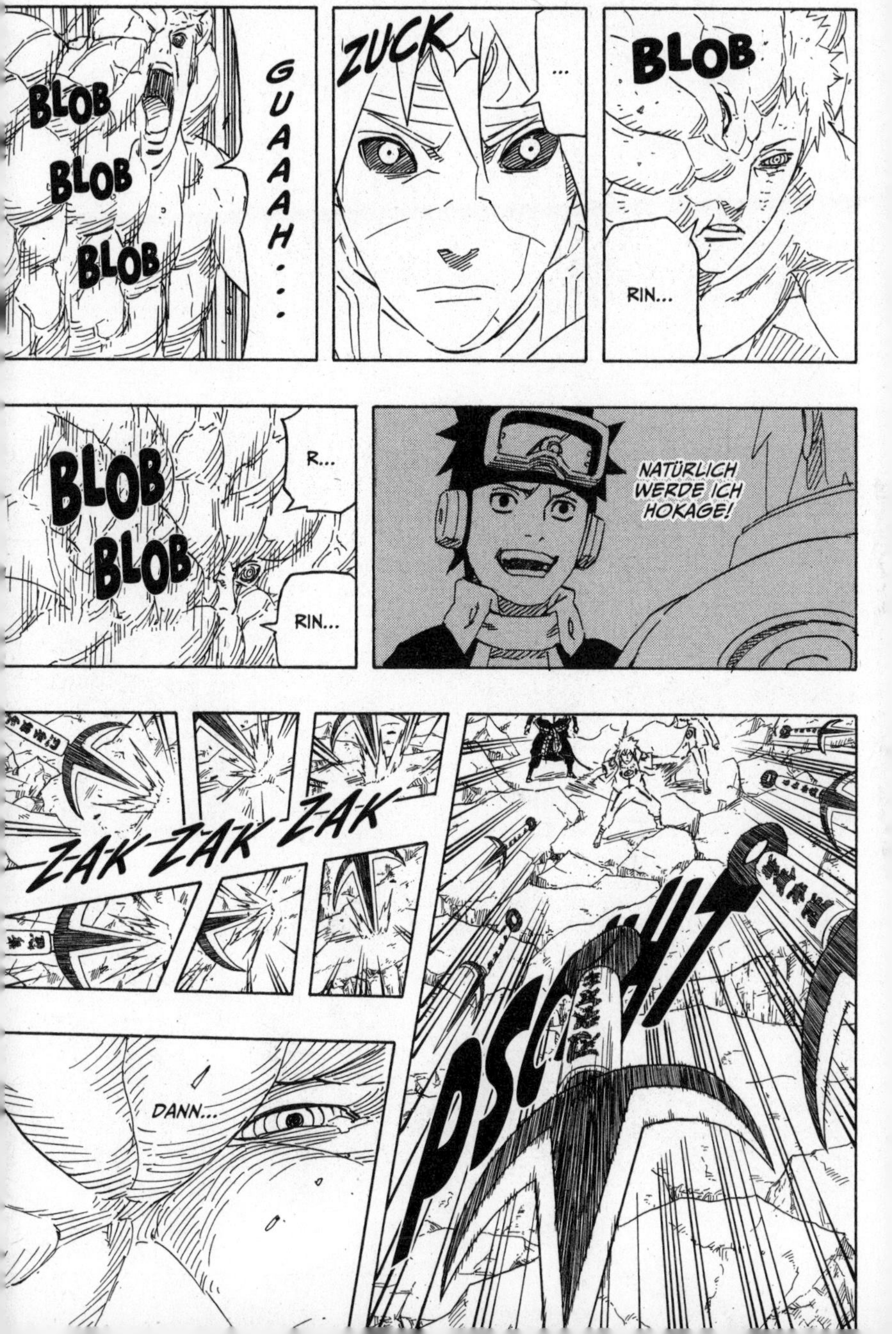
BLOB
RIN...
ZUCK
...
GUAAAAH...
BLOB
BLOB
BLOB
NATÜRLICH WERDE ICH HOKAGE!
R...
RIN...
BLOB
BLOB
ZAK ZAK ZAK
PSCHHT
DANN...

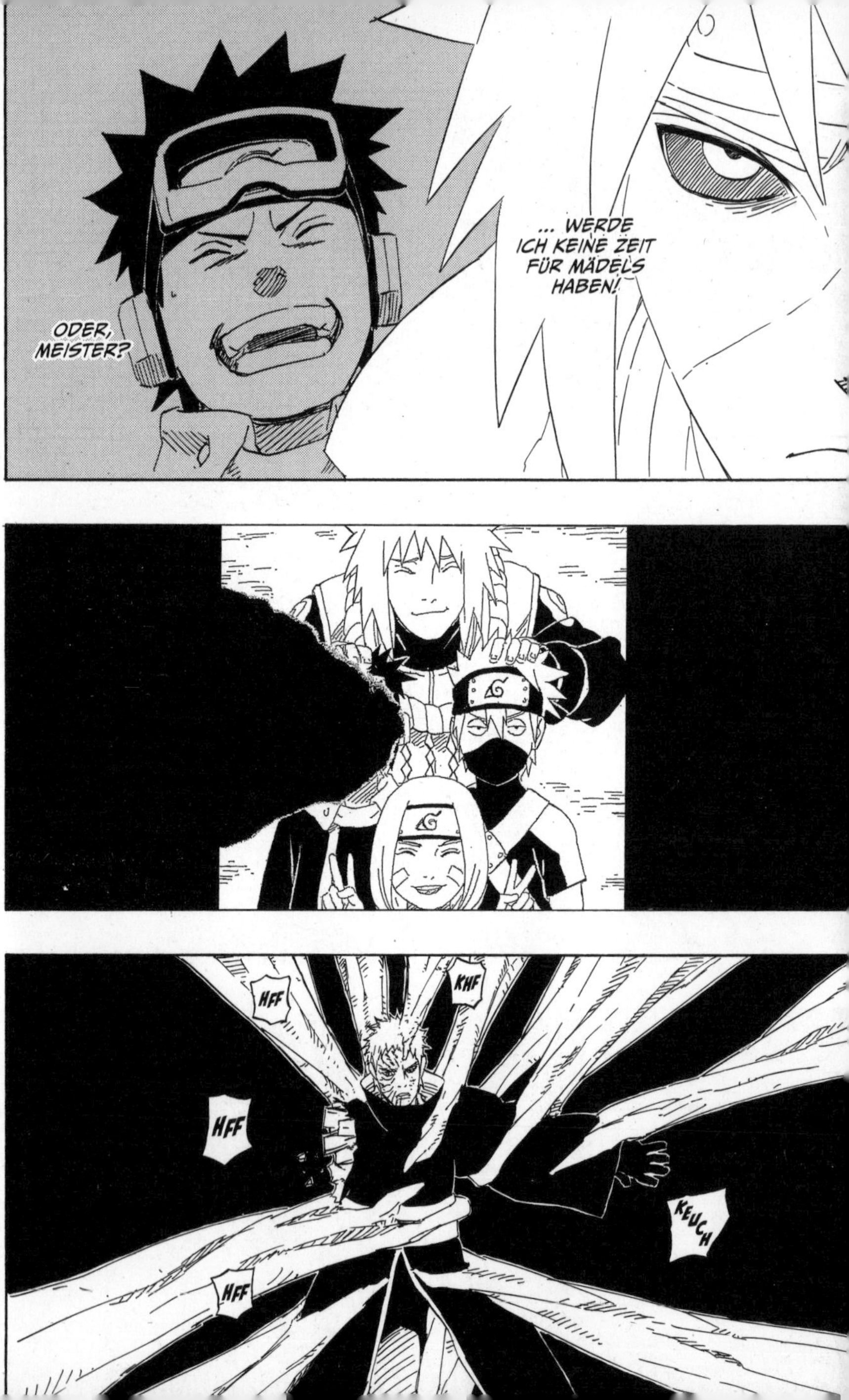
... WERDE ICH KEINE ZEIT FÜR MÄDELS HABEN!
ODER, MEISTER?
KHF
HFF
HFF
KEUCH
HFF

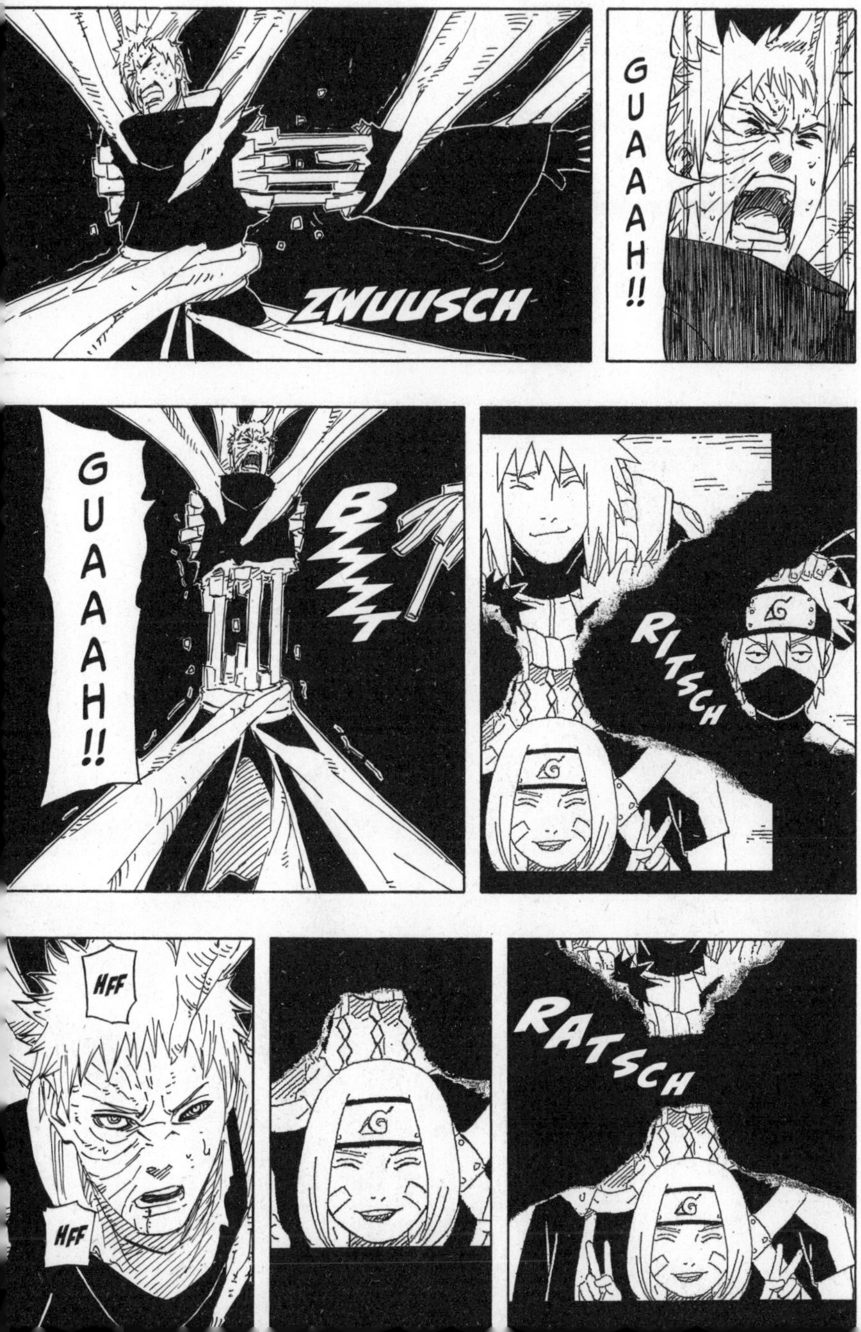
GUAAAAH!!
ZWUUSCH
RITSCH
BZZZZT
GUAAAAH!!
RATSCH
HFF
HFF

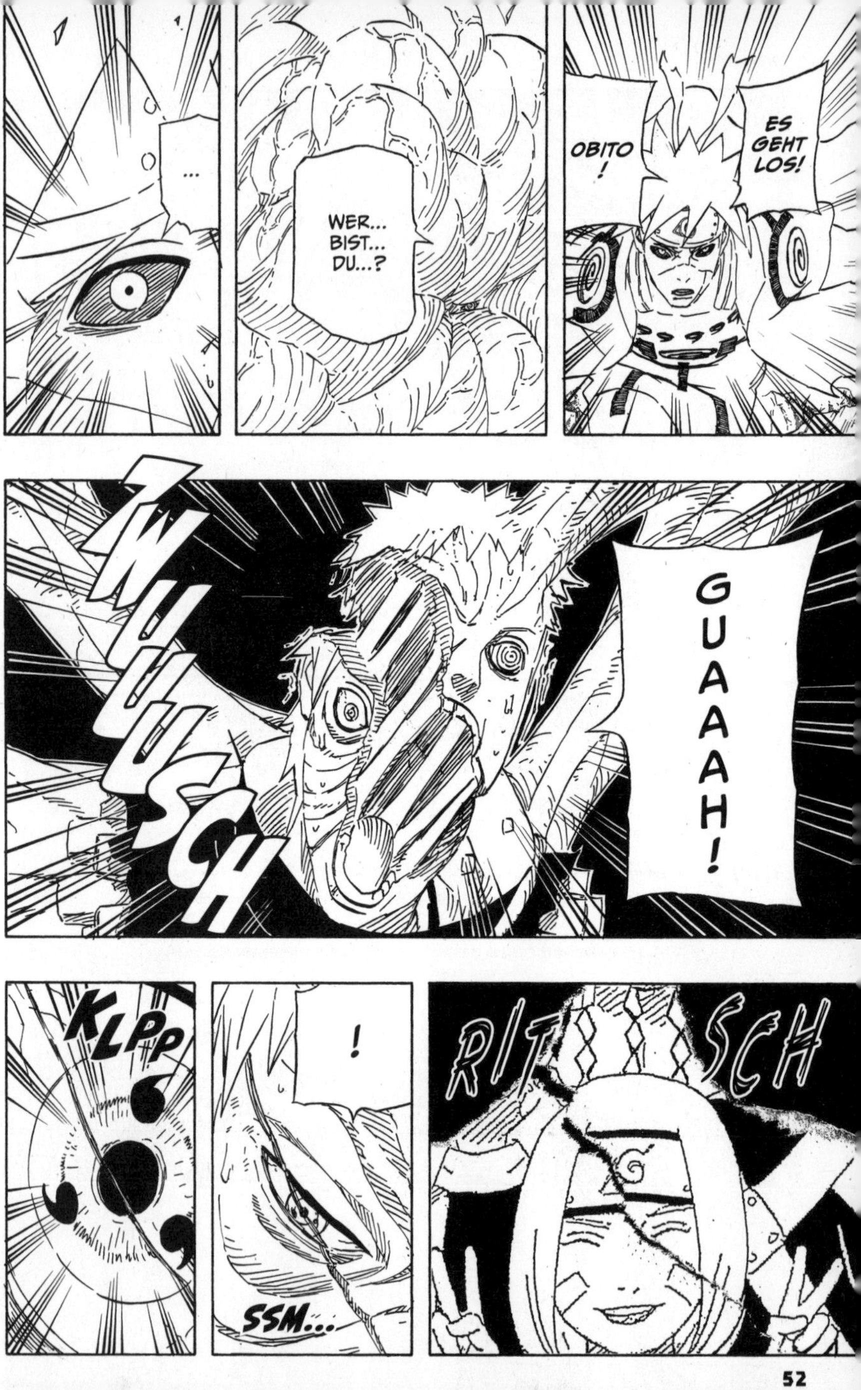
ES GEHT LOS!
OBITO!
WER... BIST... DU...?
...
GUAAAH!
ZWUUUSCH
RITSCH
!
SSM...
KLPP

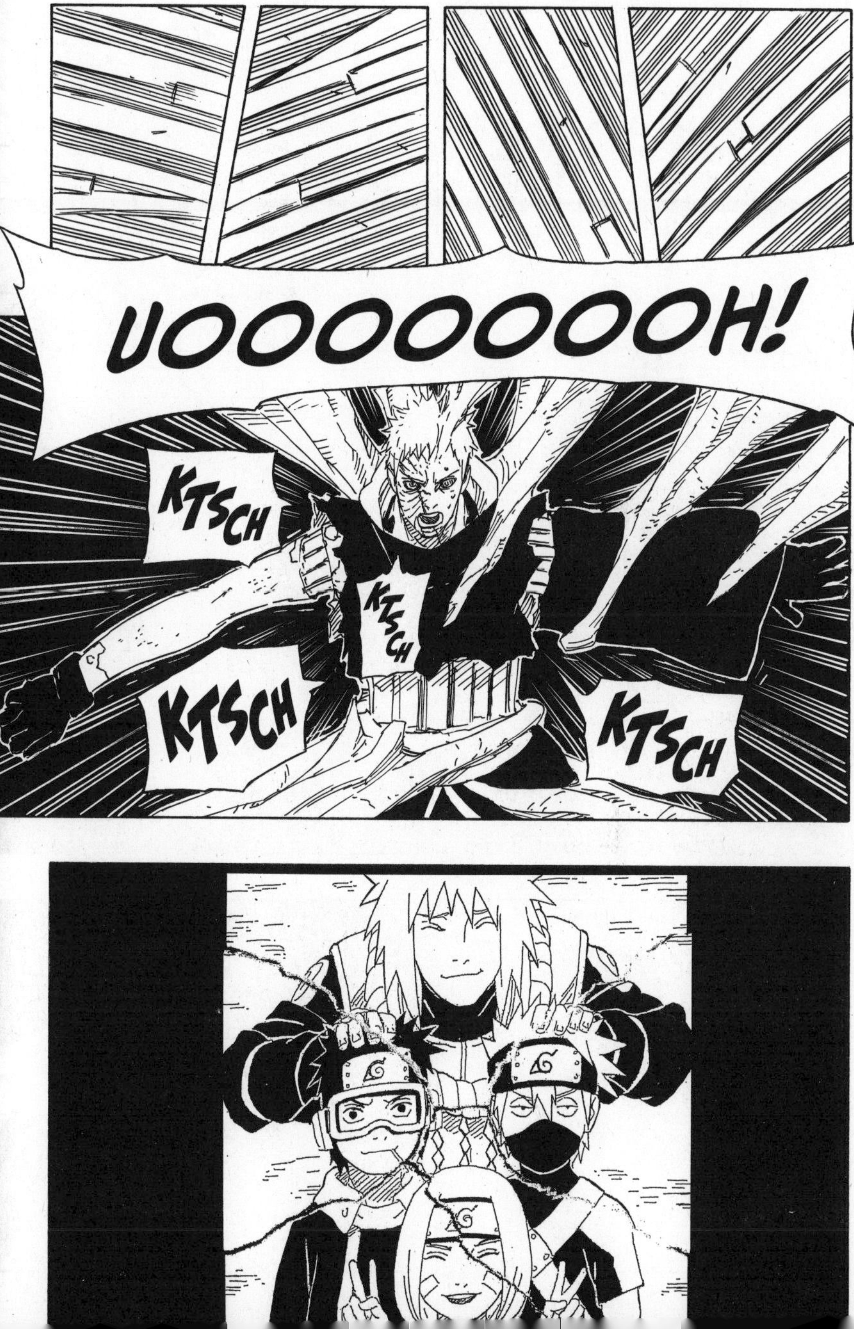

UOOOOOOOH!
KTSCH
KTSCH
KTSCH
KTSCH

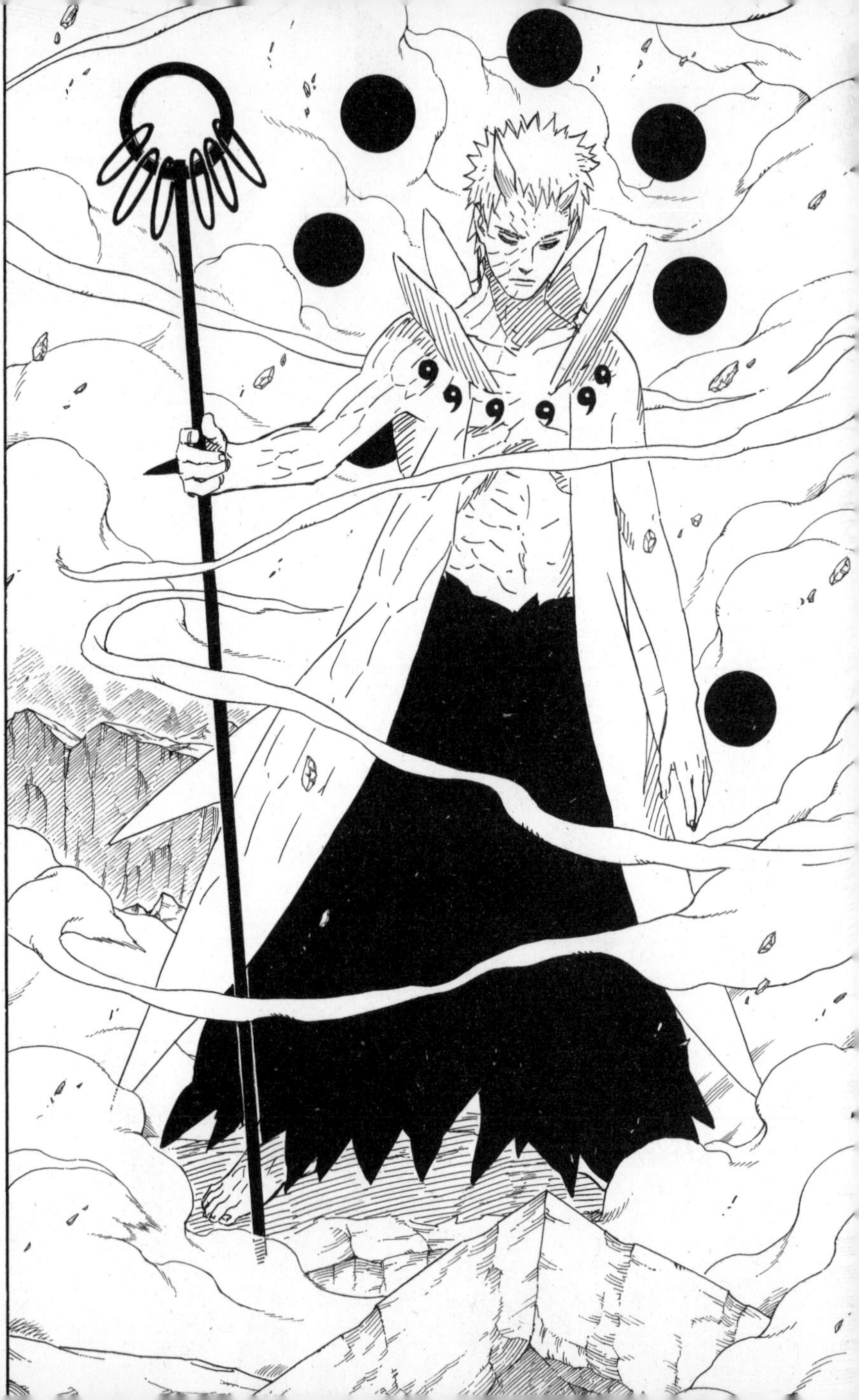

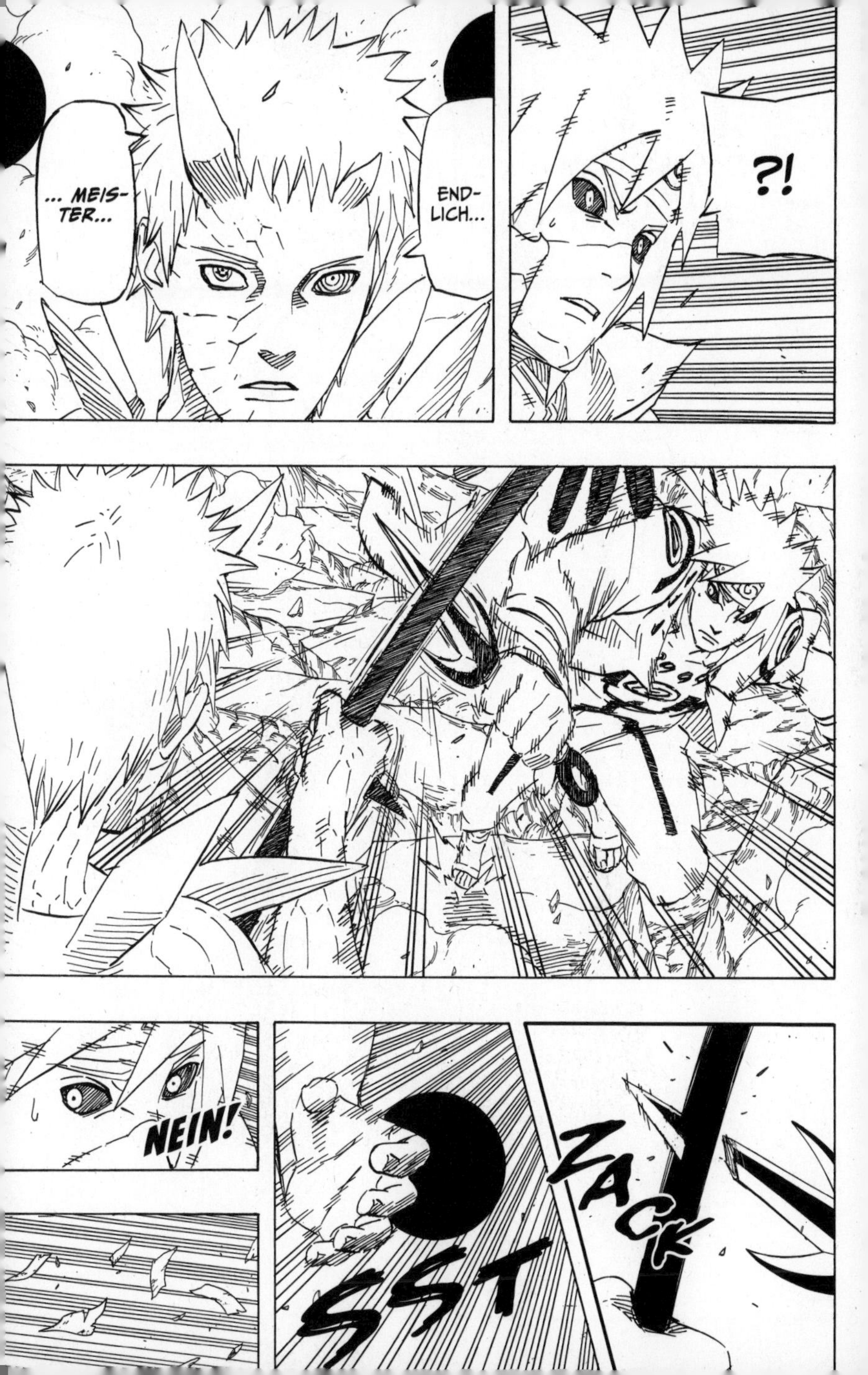
?!
ENDLICH...
... MEISTER...
NEIN!
ZACK
SST

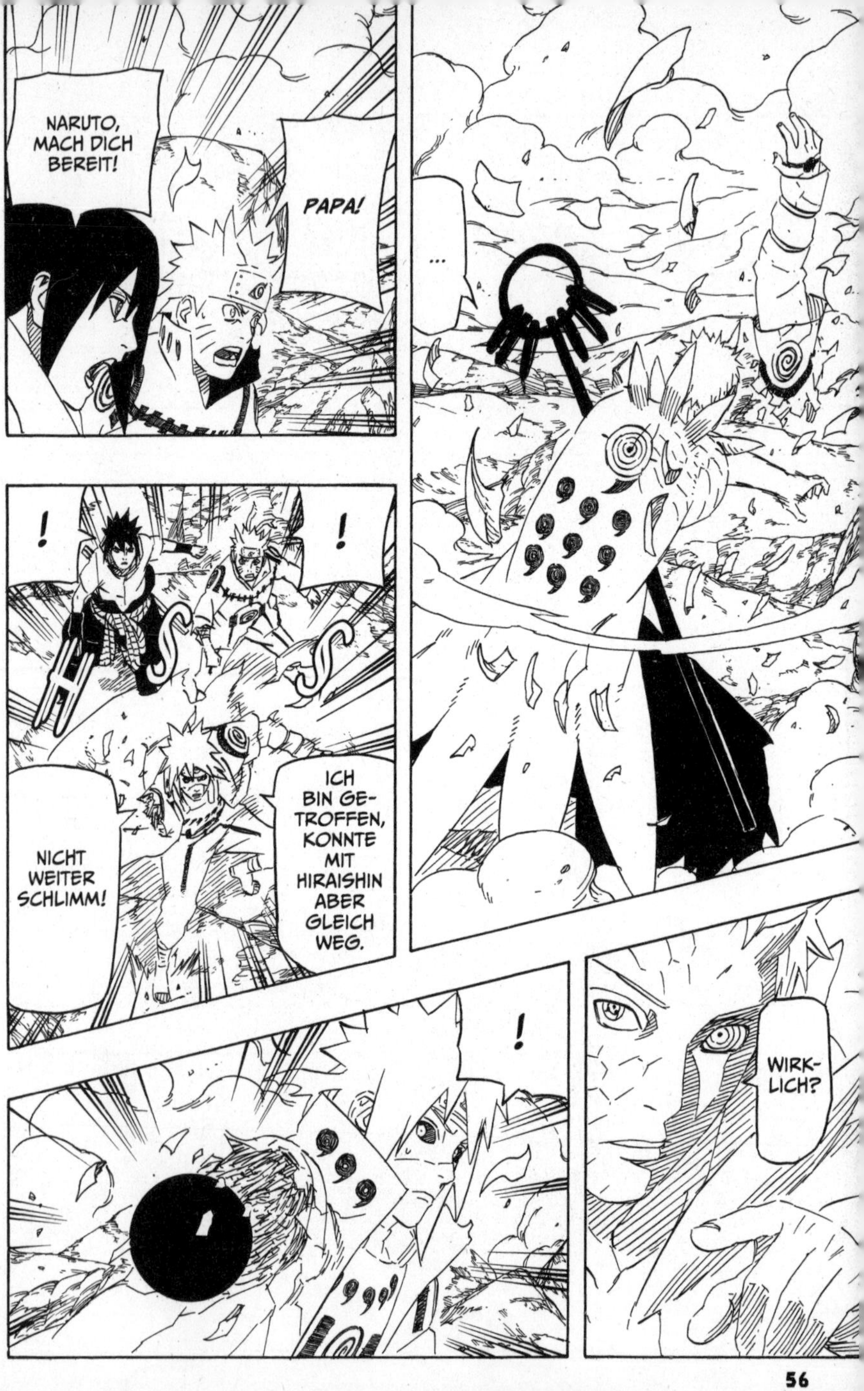
PAPA!
NARUTO, MACH DICH BEREIT!
...
!
!
ICH BIN GETROFFEN, KONNTE MIT HIRAISHIN ABER GLEICH WEG.
NICHT WEITER SCHLIMM!
WIRKLICH?
!

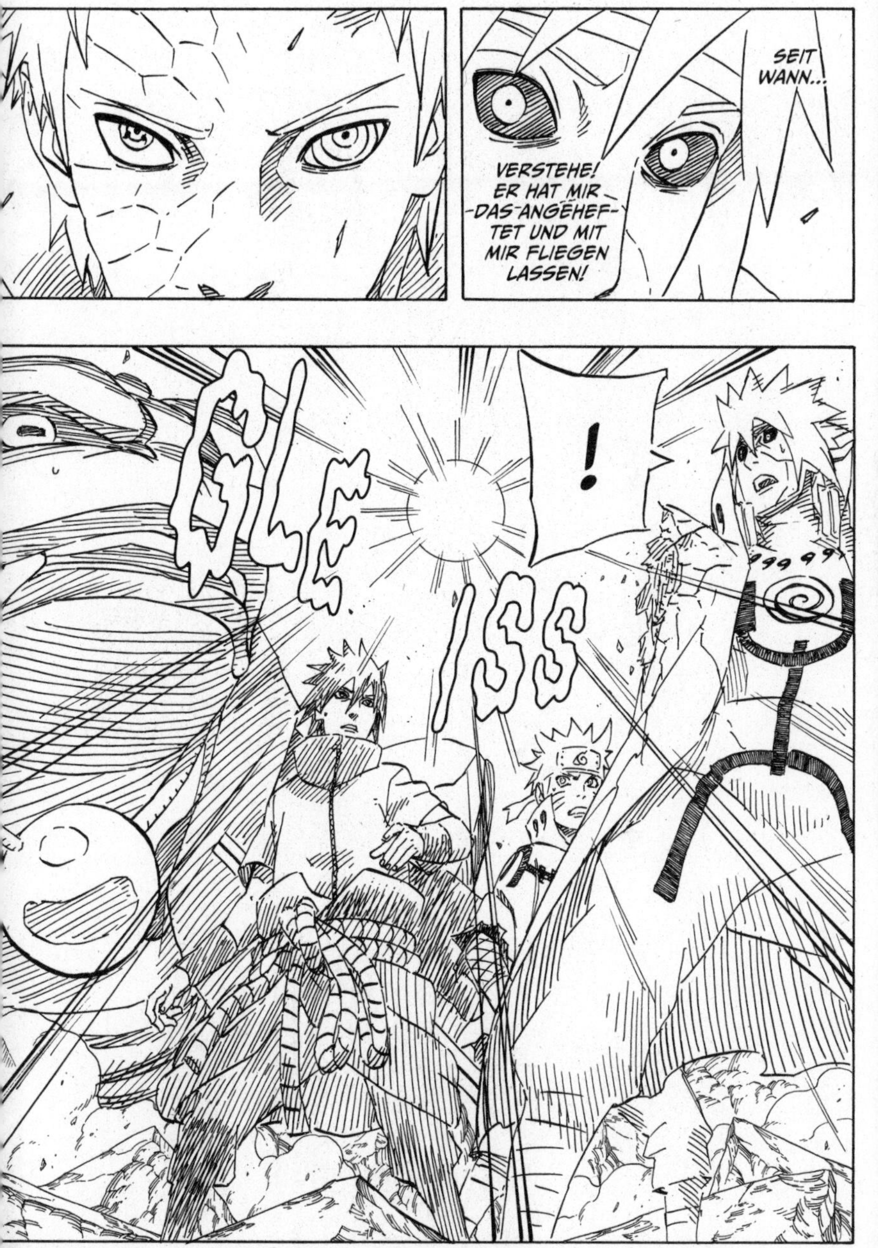
SEIT WANN...
VERSTEHE! ER HAT MIR DAS ANGEHEFTET UND MIT MIR FLIEGEN LASSEN!
!
GLEISS

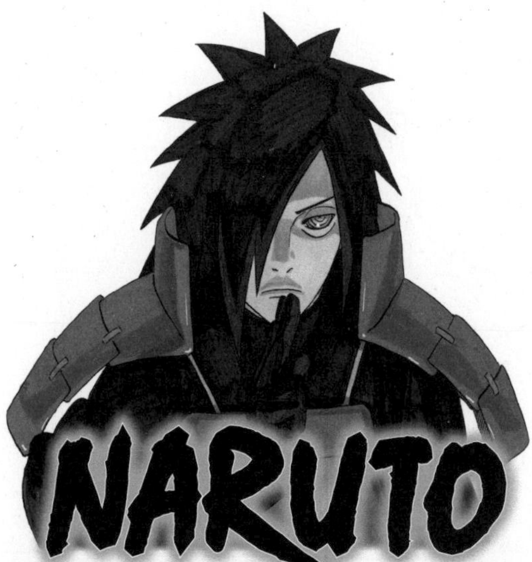
NARUTO

641. Kapitel: Ihr über-nehmt die Hauptrolle!

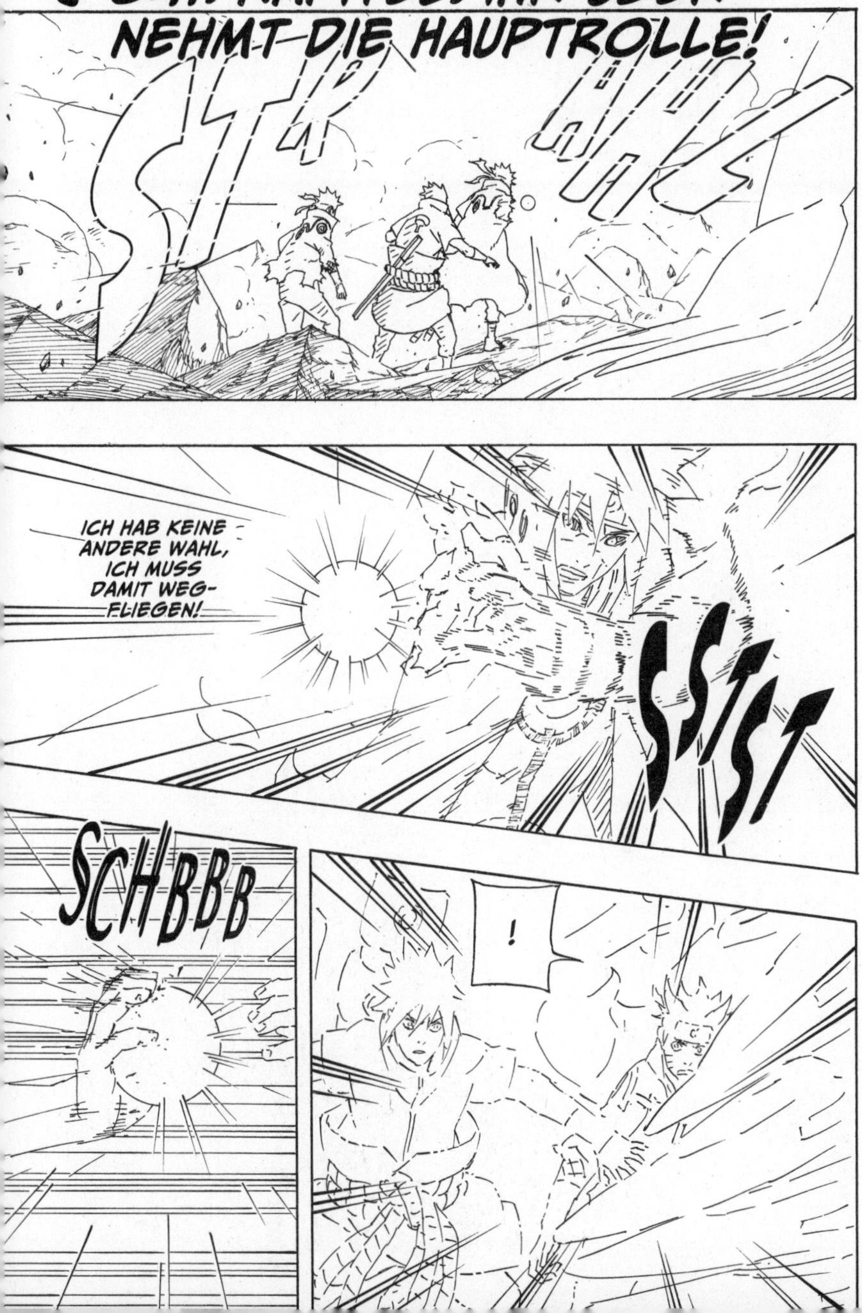

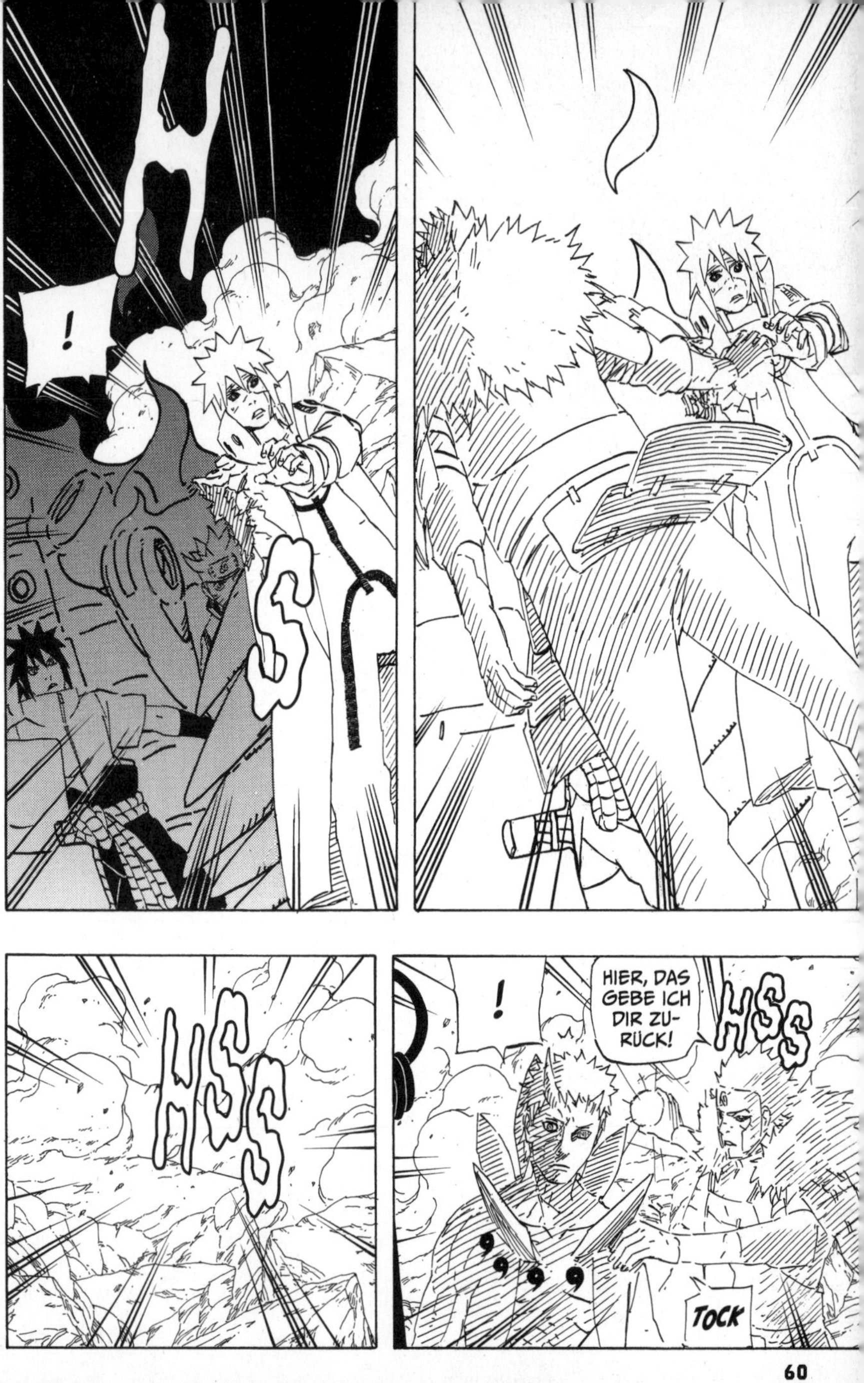
!
S
!
HIER, DAS GEBE ICH DIR ZURÜCK!
HSS
TOCK
HSS

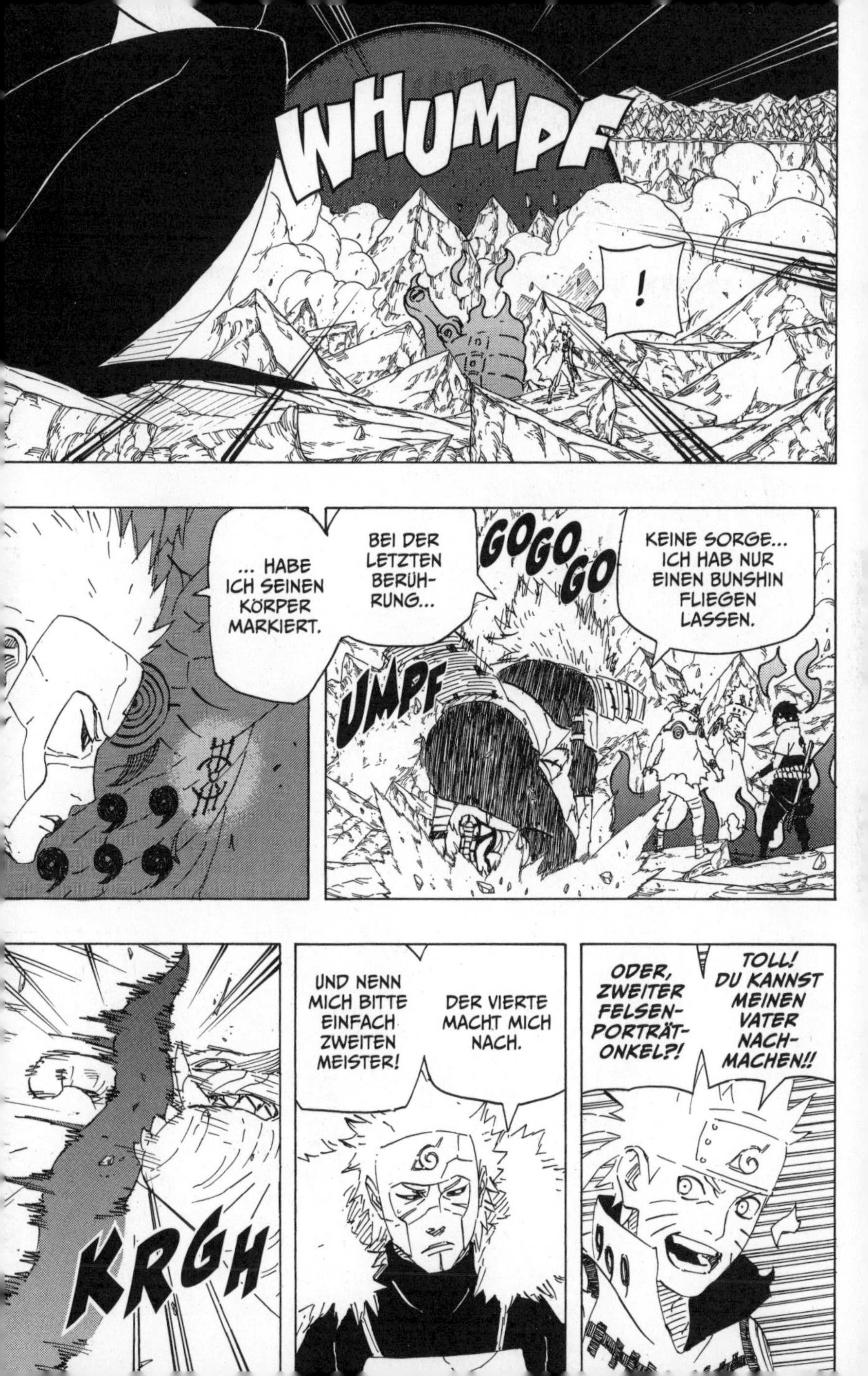
WHUMPF
!
KEINE SORGE... ICH HAB NUR EINEN BUNSHIN FLIEGEN LASSEN.
GOGOGO
UMPF
BEI DER LETZTEN BERÜH-RUNG...
... HABE ICH SEINEN KÖRPER MARKIERT.
TOLL! DU KANNST MEINEN VATER NACH-MACHEN!!
ODER, ZWEITER FELSEN-PORTRÄT-ONKEL?!
DER VIERTE MACHT MICH NACH.
UND NENN MICH BITTE EINFACH ZWEITEN MEISTER!
KRGH

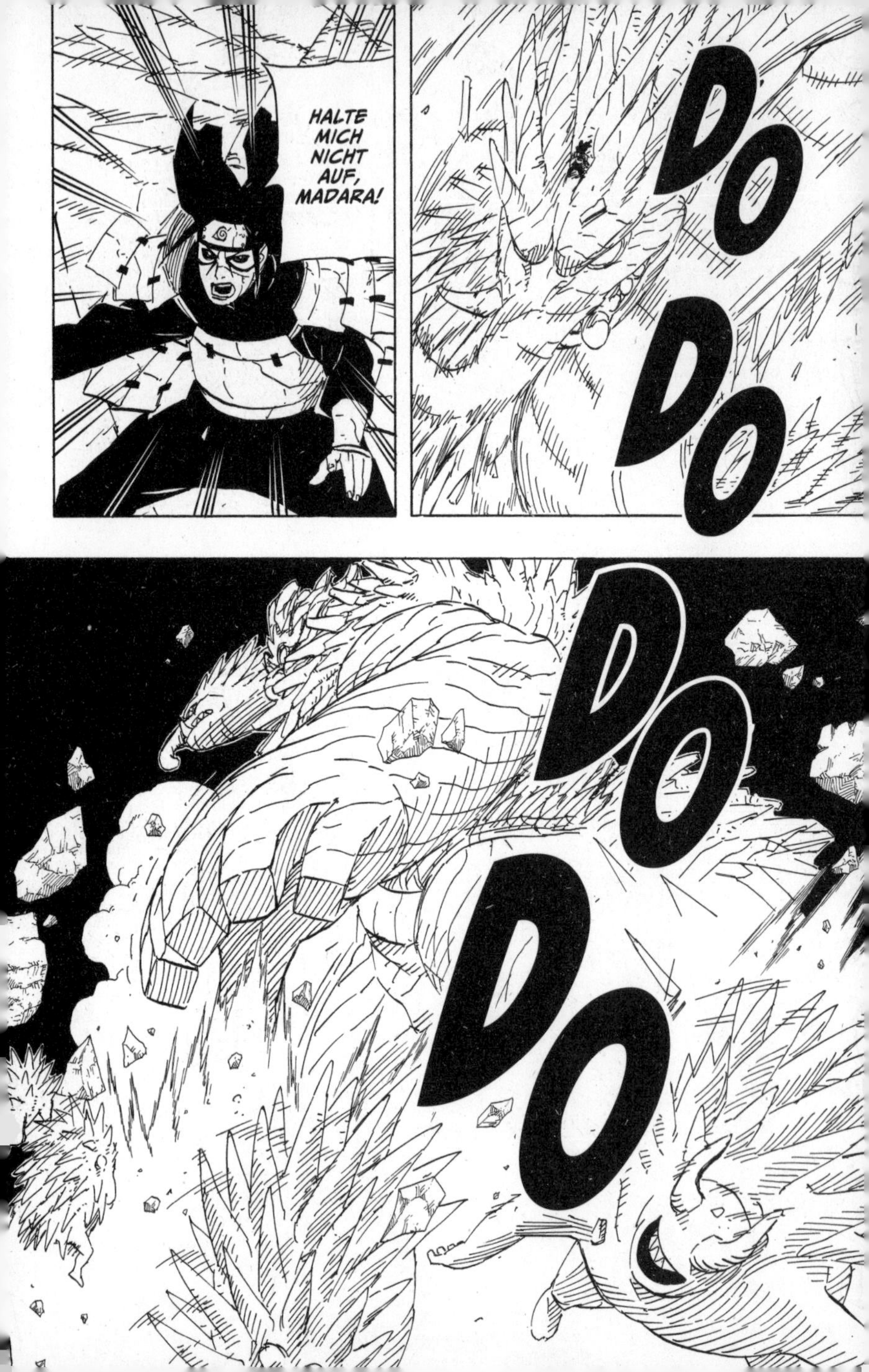
HALTE MICH NICHT AUF, MADARA!
DO DO
DO DO
DO DO
DO DO

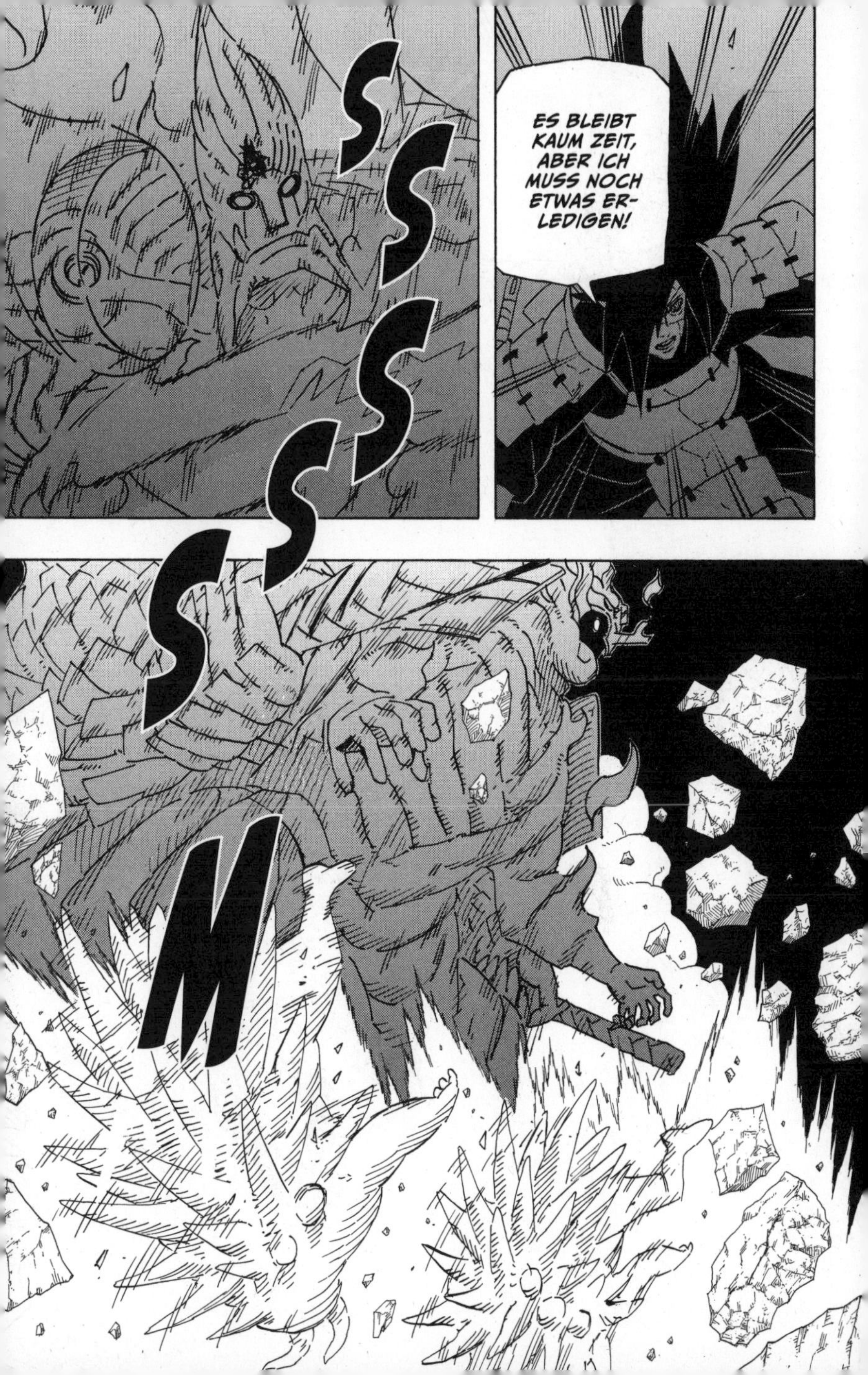
ES BLEIBT KAUM ZEIT, ABER ICH MUSS NOCH ETWAS ER-LEDIGEN!
SSSSSSM

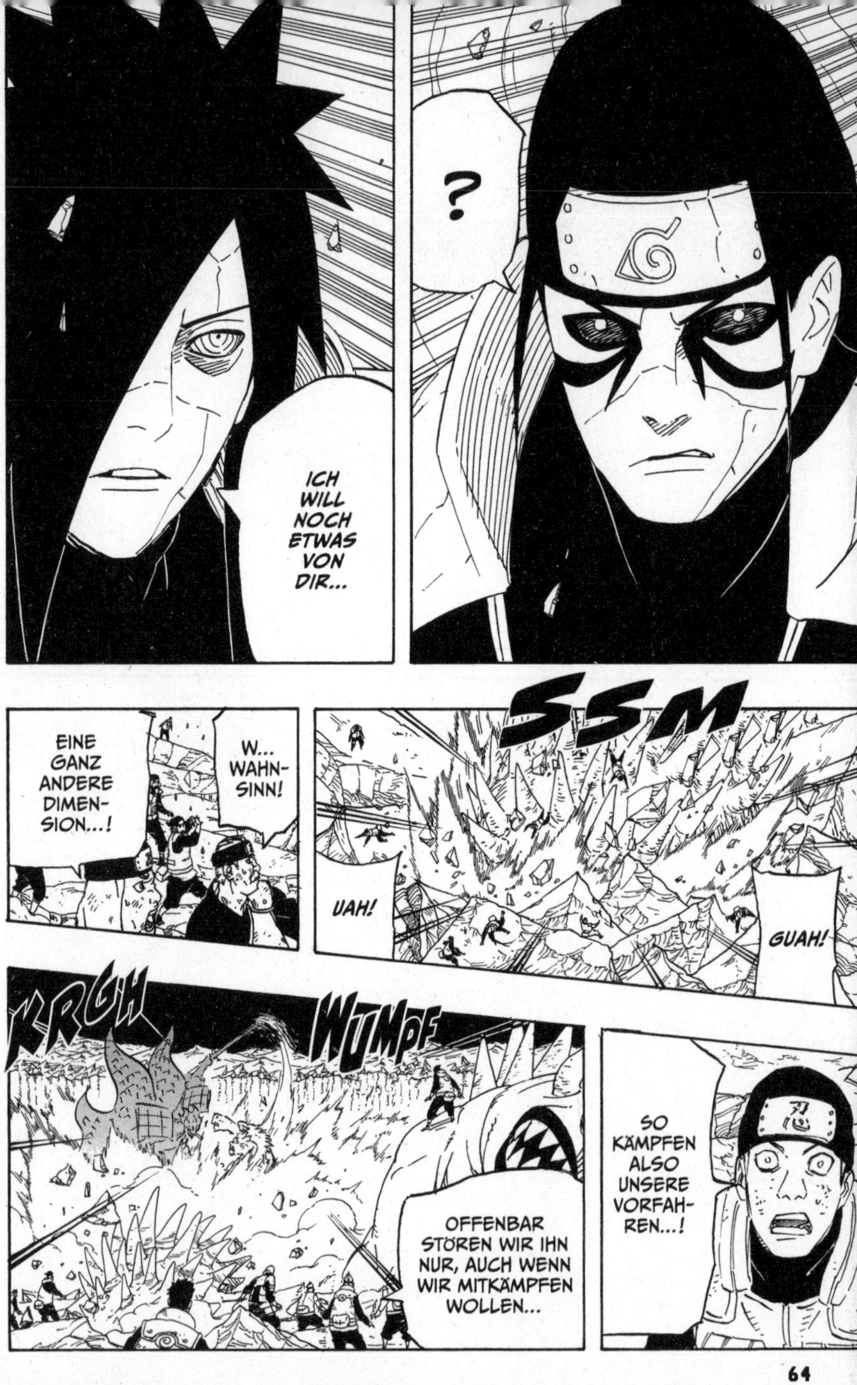
?
ICH WILL NOCH ETWAS VON DIR...
SSM
UAH!
GUAH!
W... WAHNSINN!
EINE GANZ ANDERE DIMENSION...!
SO KÄMPFEN ALSO UNSERE VORFAHREN...!
WUMPF
KRGH
OFFENBAR STÖREN WIR IHN NUR, AUCH WENN WIR MITKÄMPFEN WOLLEN...

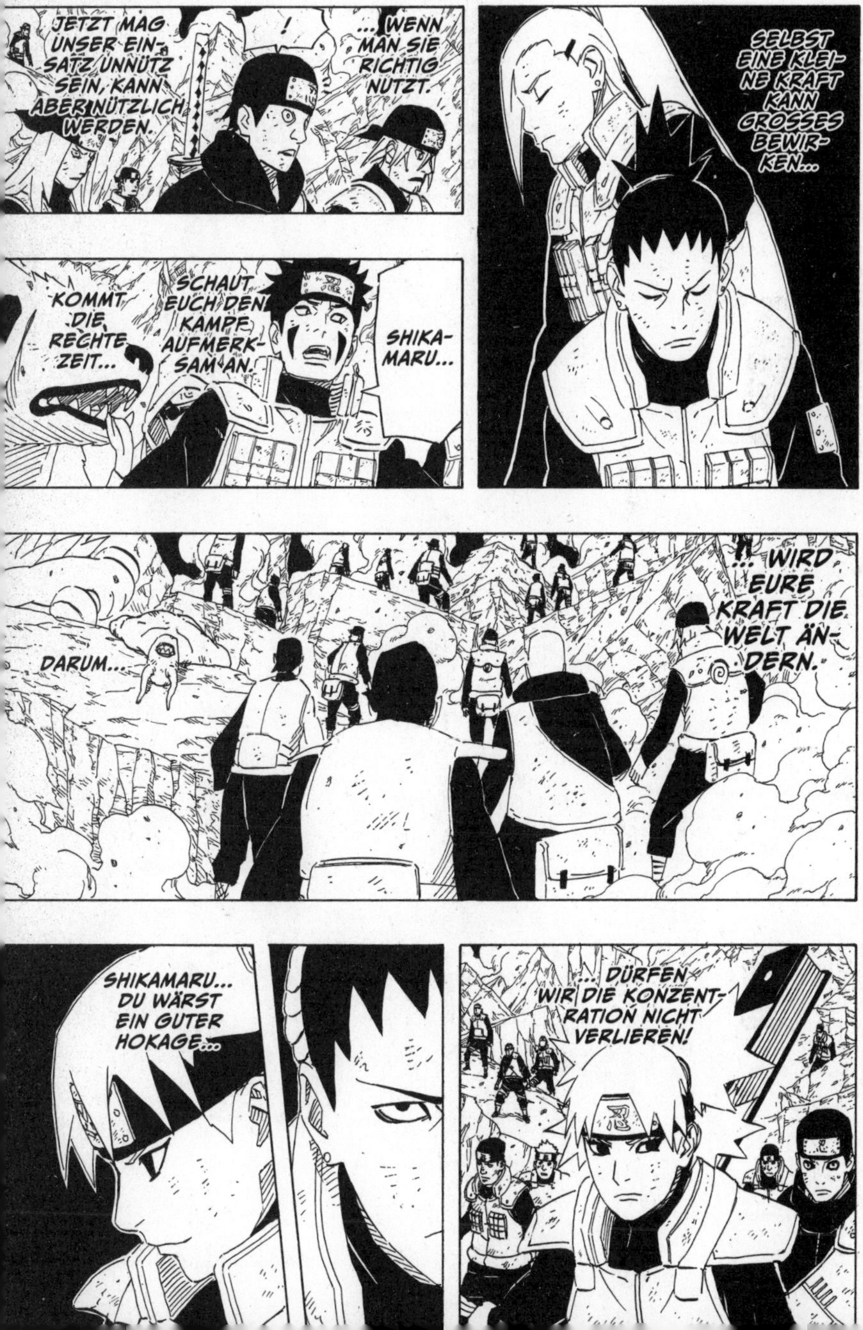
SELBST EINE KLEINE KRAFT KANN GROSSES BEWIRKEN...
JETZT MAG UNSER EINSATZ UNNÜTZ SEIN, KANN ABER NÜTZLICH WERDEN
!
... WENN MAN SIE RICHTIG NUTZT.
SHIKAMARU...
SCHAUT EUCH DEN KAMPF AUFMERKSAM AN.
KOMMT DIE RECHTE ZEIT...
... WIRD EURE KRAFT DIE WELT ÄNDERN.
DARUM...
... DÜRFEN WIR DIE KONZENTRATION NICHT VERLIEREN!
SHIKAMARU... DU WÄRST EIN GUTER HOKAGE...

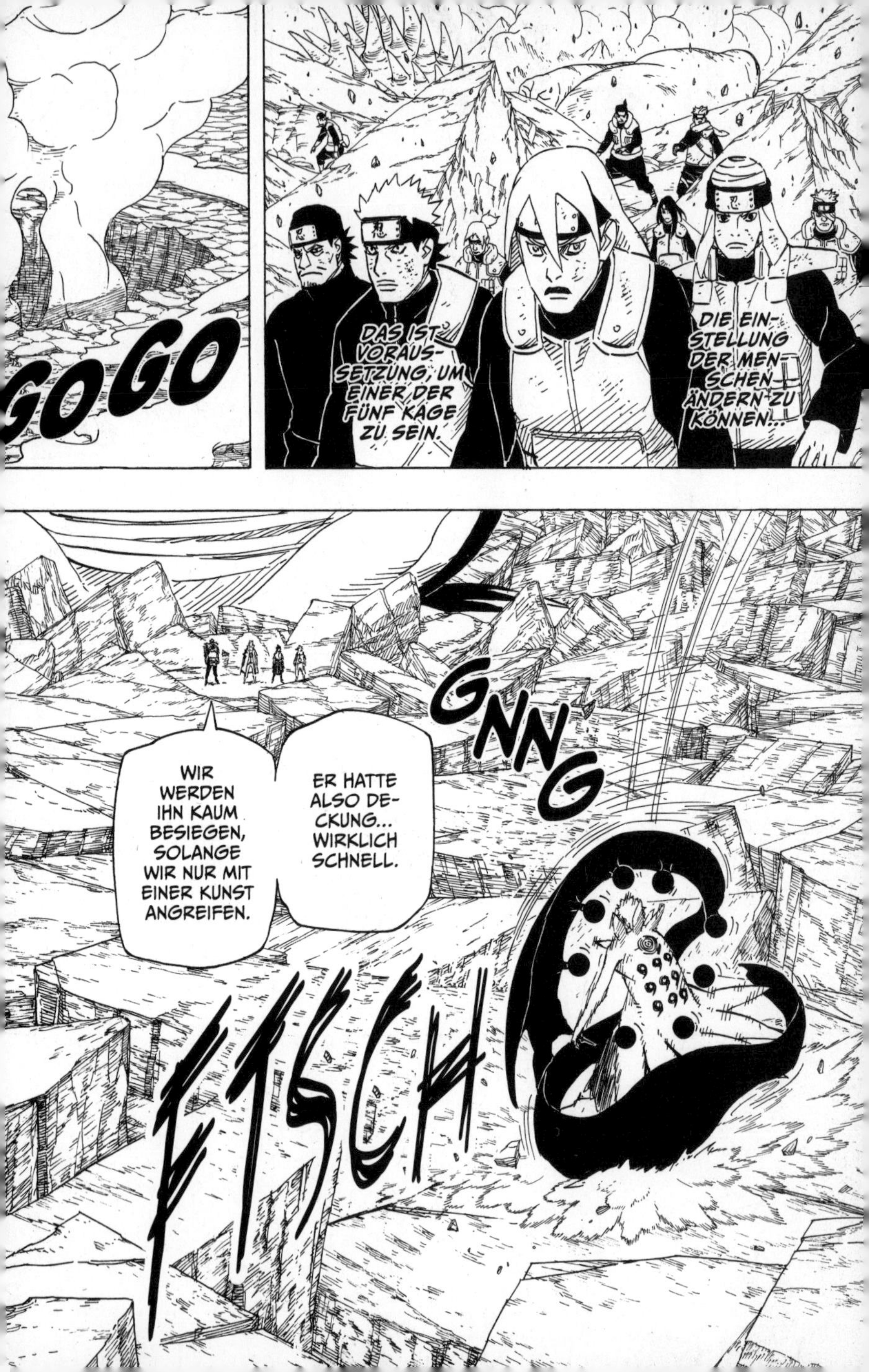
DIE EIN-STELLUNG DER MEN-SCHEN ÄNDERN ZU KÖNNEN...
DAS IST VORAUS-SETZUNG, UM EINER DER FÜNF KAGE ZU SEIN.
GOGO
GNNG
ER HATTE ALSO DE-CKUNG... WIRKLICH SCHNELL.
WIR WERDEN IHN KAUM BESIEGEN, SOLANGE WIR NUR MIT EINER KUNST ANGREIFEN.
FETSCH

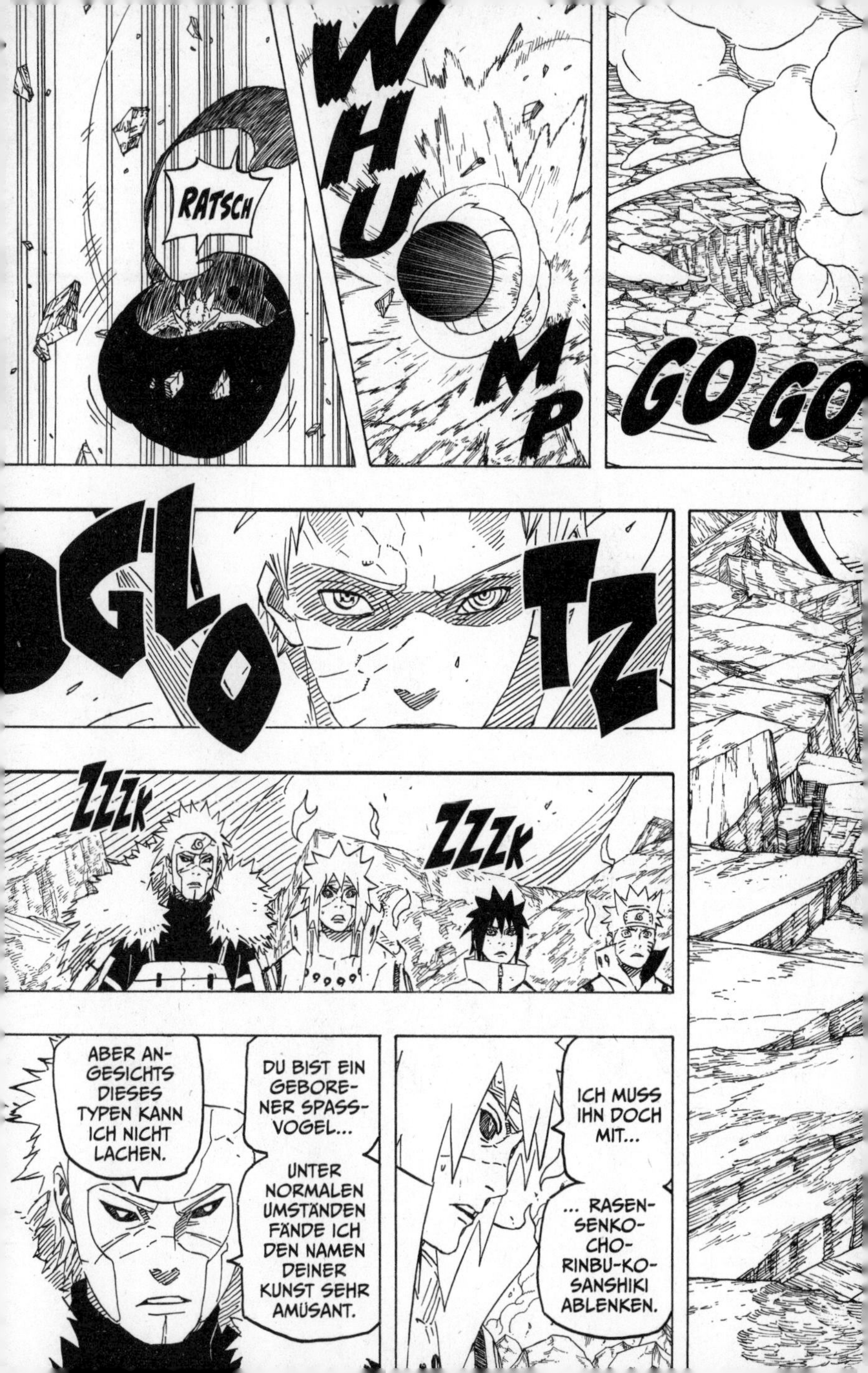
GOGOGO
WHUMP
RATSCH
GLOTZ
ZZZK
ZZZK
ICH MUSS IHN DOCH MIT...
... RASEN-SENKO-CHO-RINBU-KO-SANSHIKI ABLENKEN.
DU BIST EIN GEBORENER SPASSVOGEL...
UNTER NORMALEN UMSTÄNDEN FÄNDE ICH DEN NAMEN DEINER KUNST SEHR AMÜSANT.
ABER ANGESICHTS DIESES TYPEN KANN ICH NICHT LACHEN.

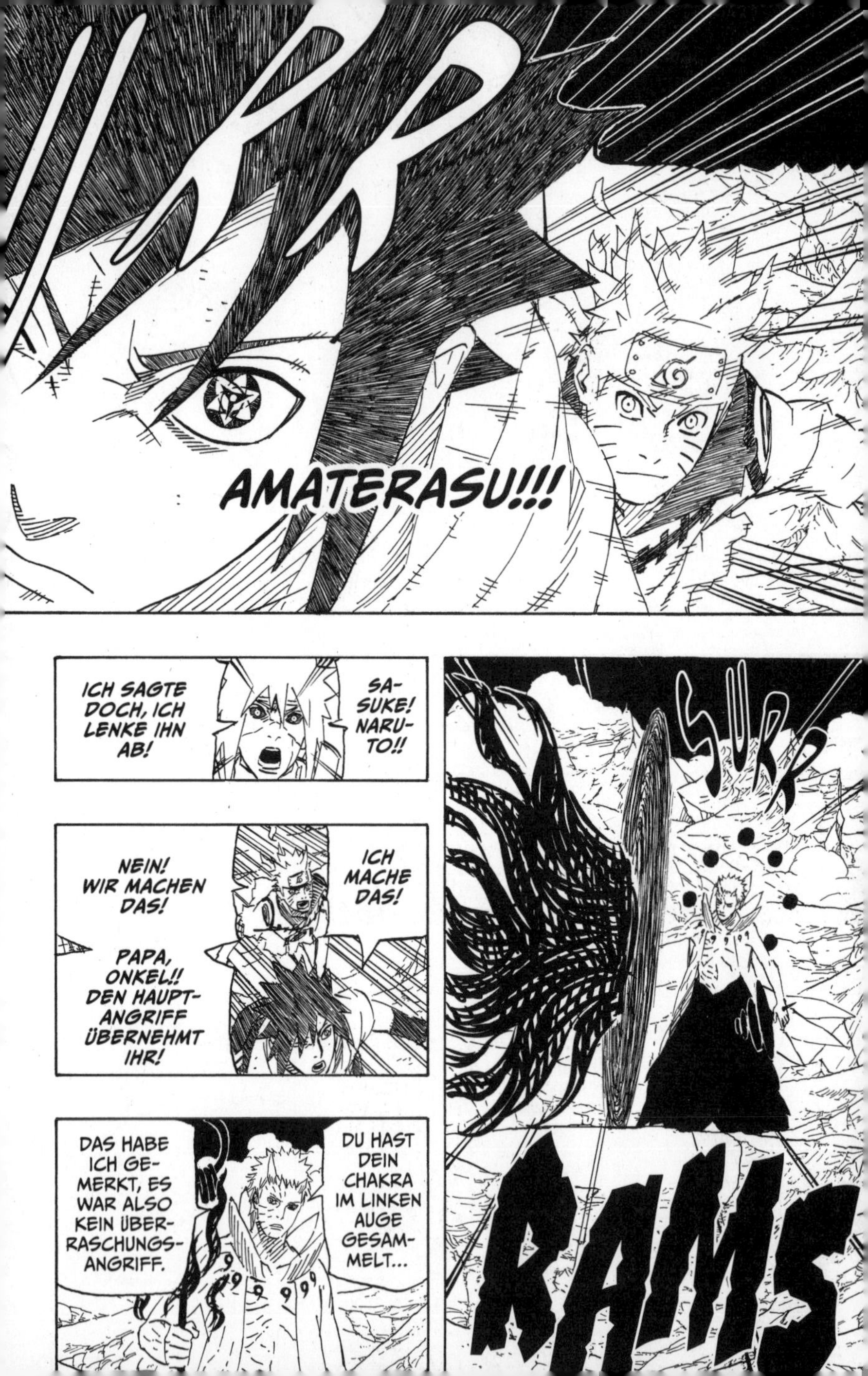
AMATERASU!!!
SURR
RAMS
SA-SUKE! NARU-TO!!
ICH SAGTE DOCH, ICH LENKE IHN AB!
ICH MACHE DAS!
NEIN! WIR MACHEN DAS!
PAPA, ONKEL!! DEN HAUPT-ANGRIFF ÜBERNEHMT IHR!
DU HAST DEIN CHAKRA IM LINKEN AUGE GESAM-MELT...
DAS HABE ICH GE-MERKT, ES WAR ALSO KEIN ÜBER-RASCHUNGS-ANGRIFF.

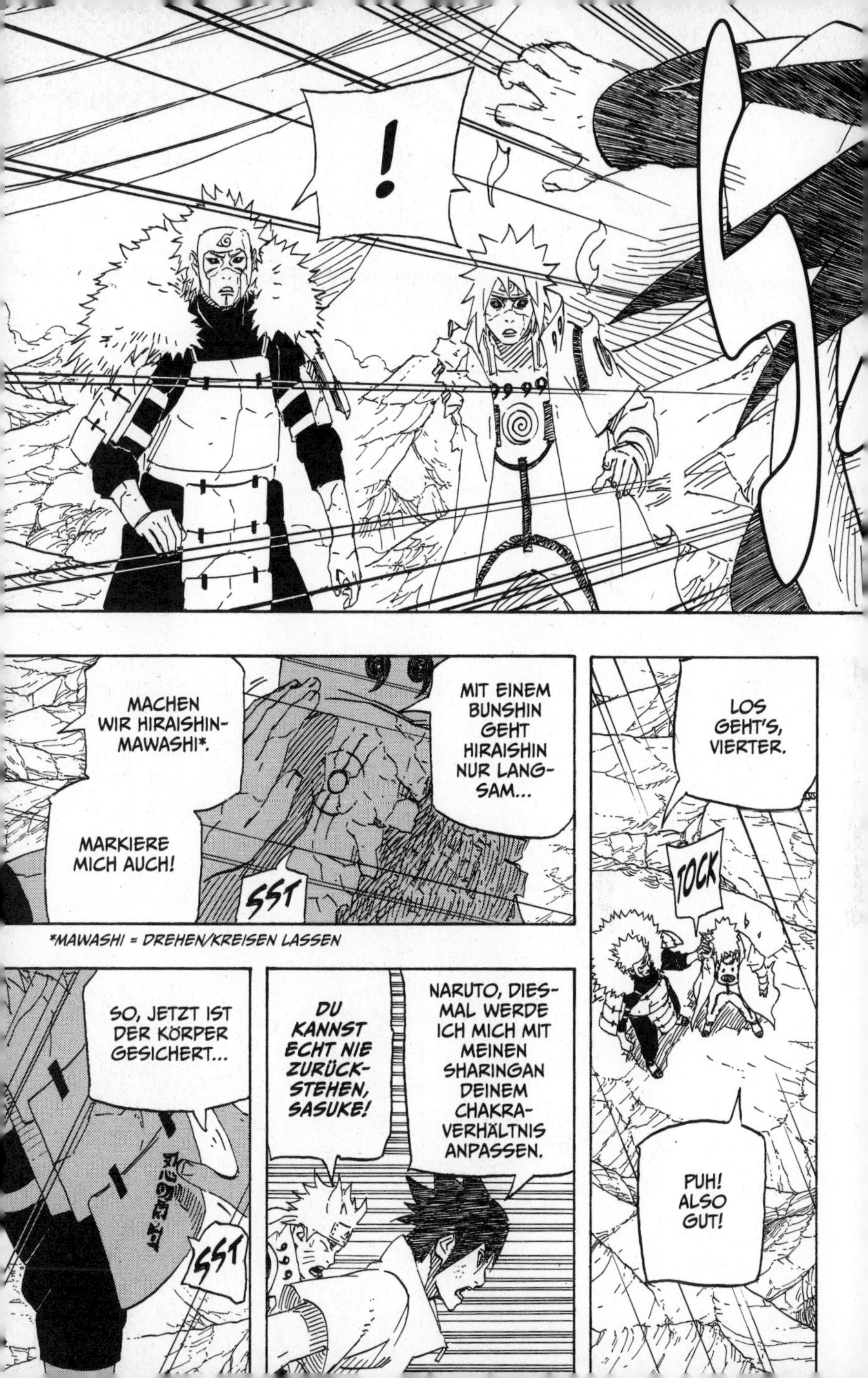

*MAWASHI = DREHEN/KREISEN LASSEN

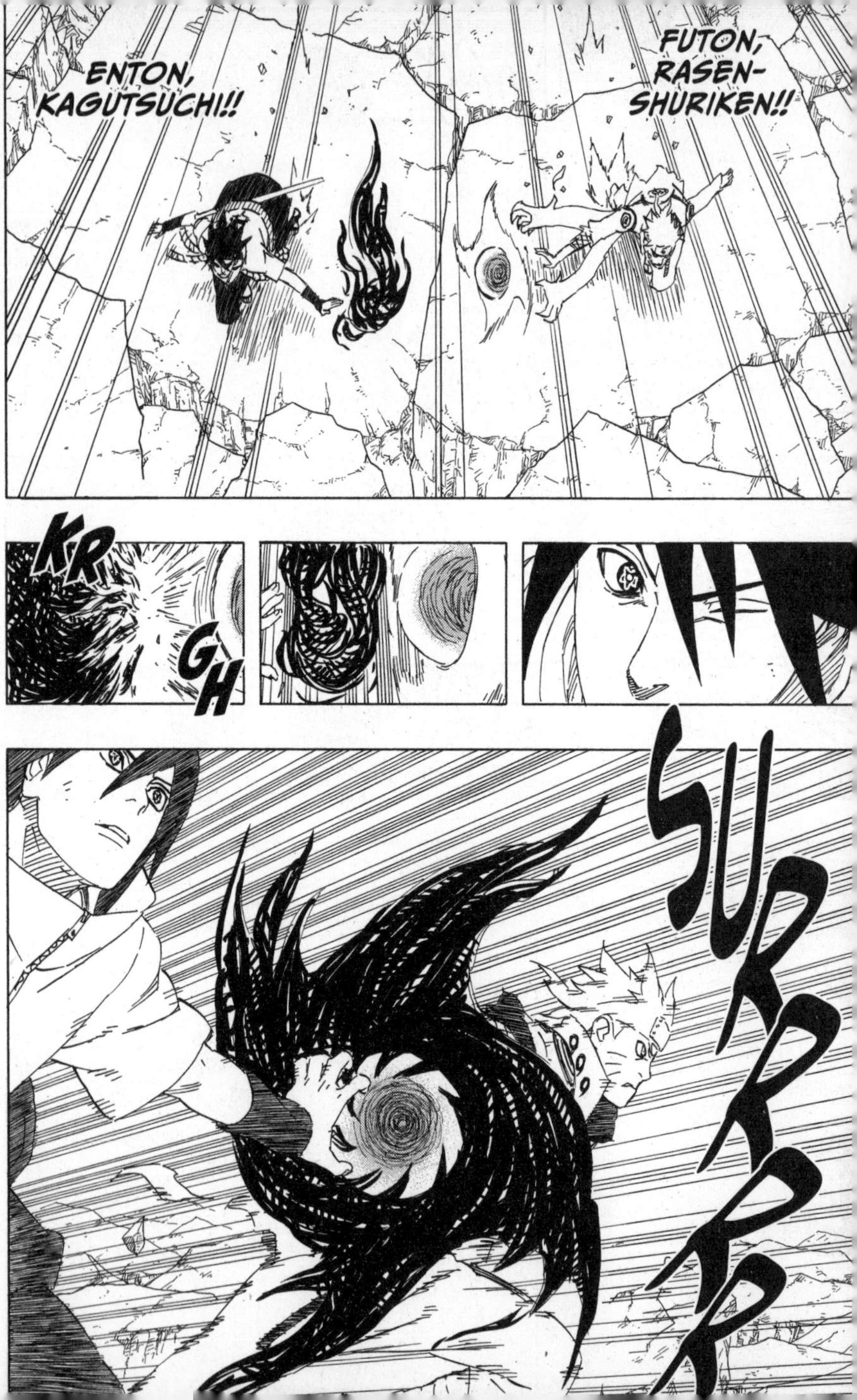
FUTON, RASEN-SHURIKEN!!
ENTON, KAGUTSUCHI!!
KR
GH
SURRRR

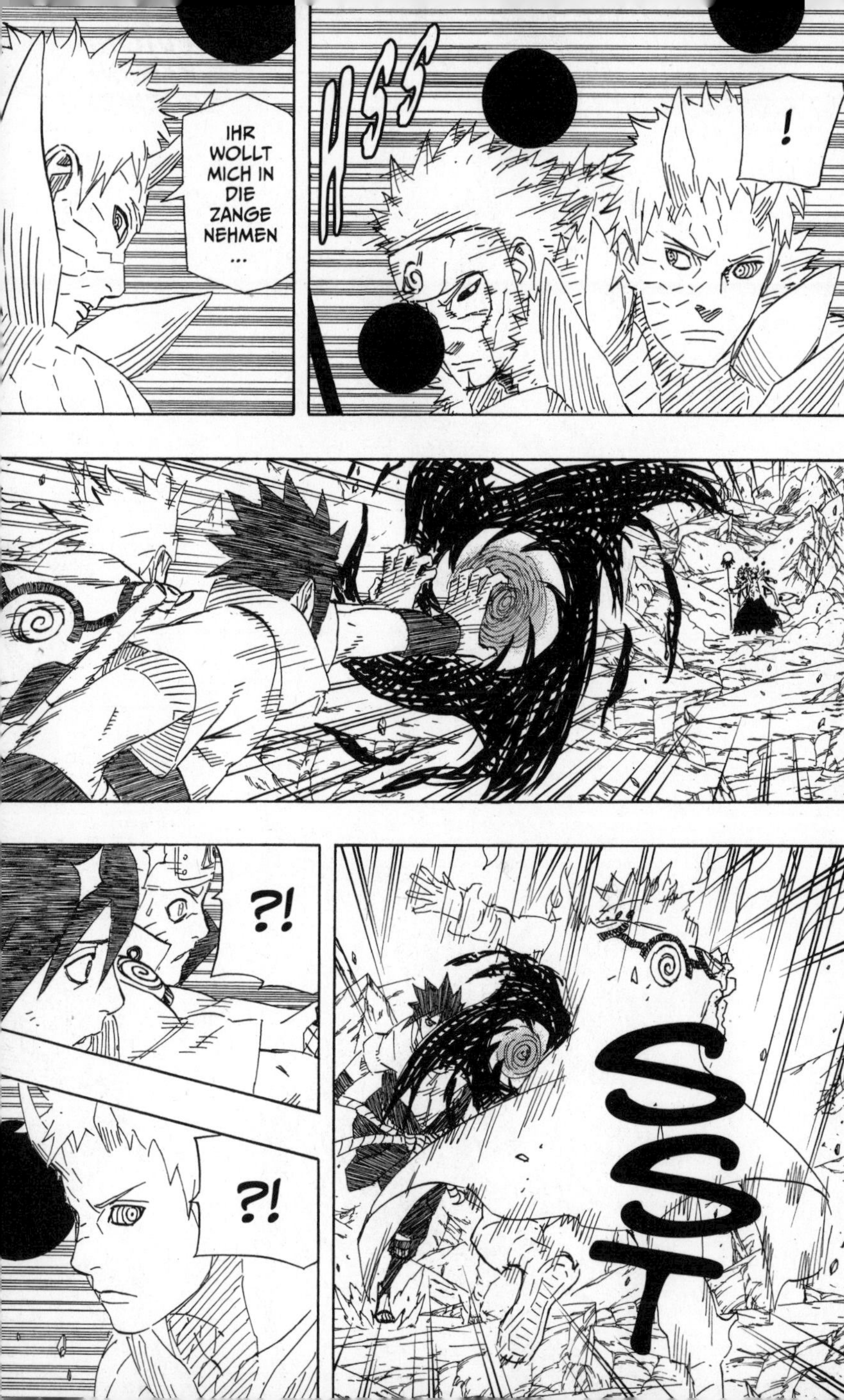

HSS
!
IHR WOLLT MICH IN DIE ZANGE NEHMEN ...
?!
?!
SST

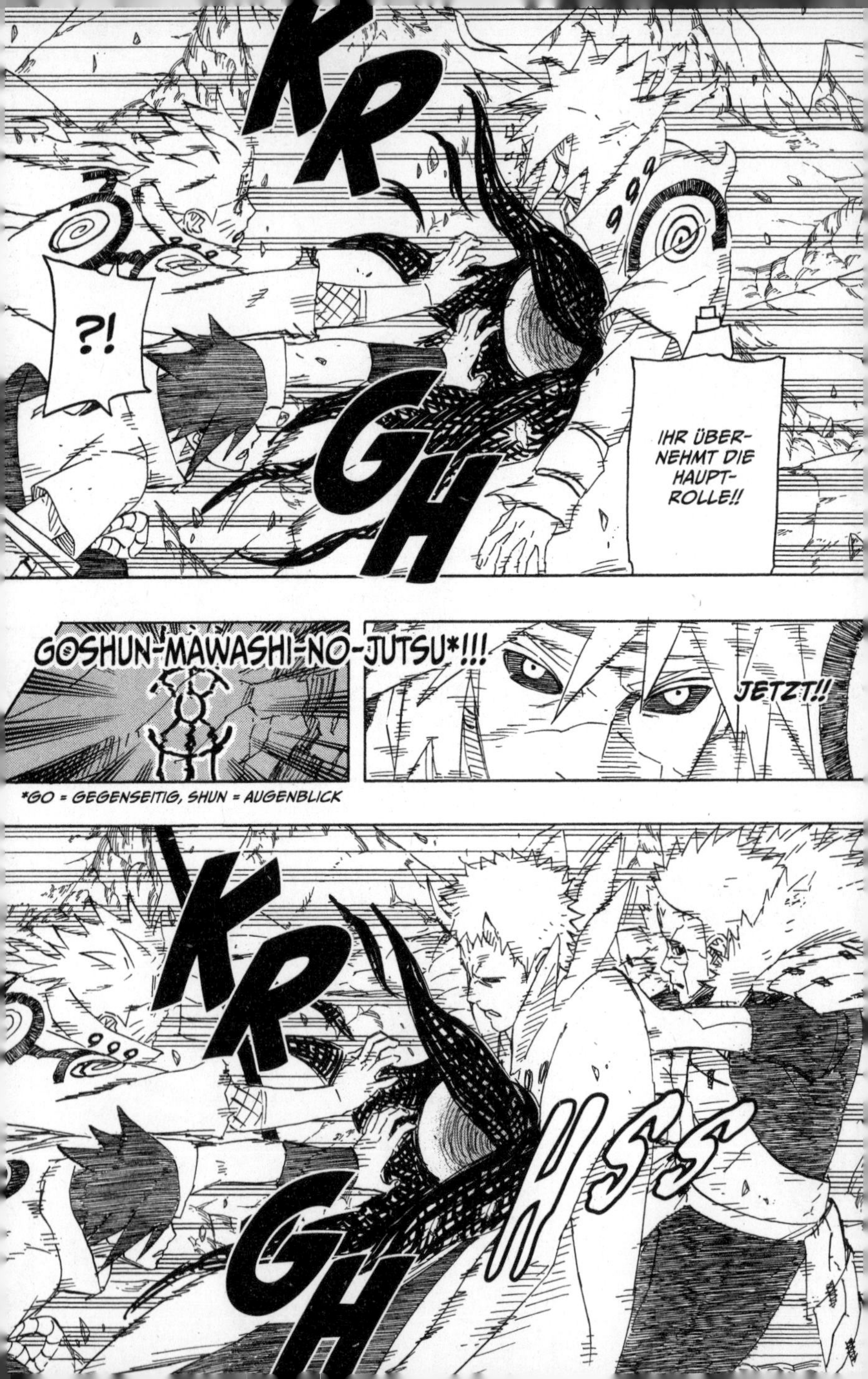

*GO = GEGENSEITIG, SHUN = AUGENBLICK

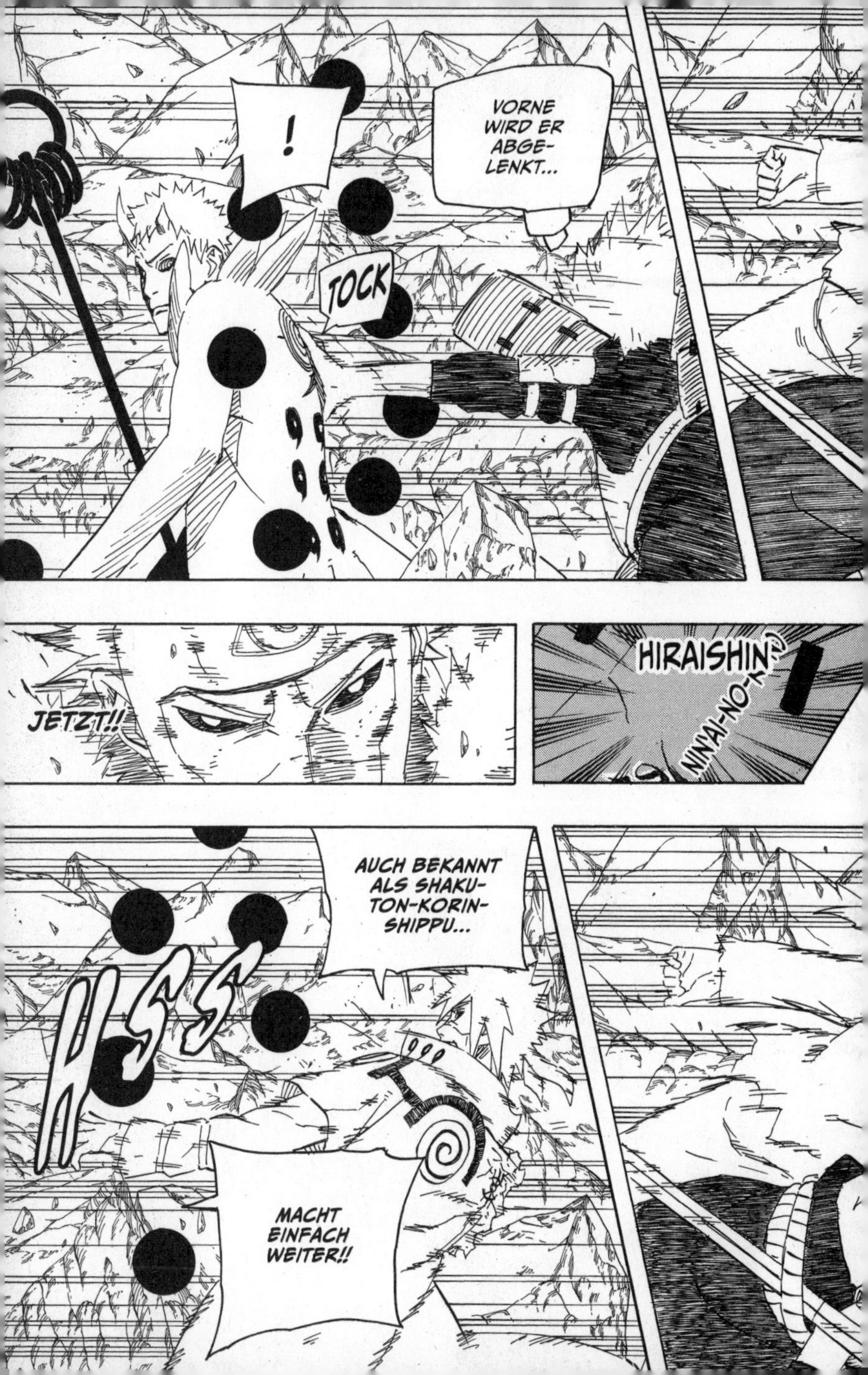
VORNE WIRD ER ABGE-LENKT...
!
TOCK
HIRAISHIN-NINJAI-NO-...
JETZT!!
AUCH BEKANNT ALS SHAKU-TON-KORIN-SHIPPU...
HSSS
MACHT EINFACH WEITER!!

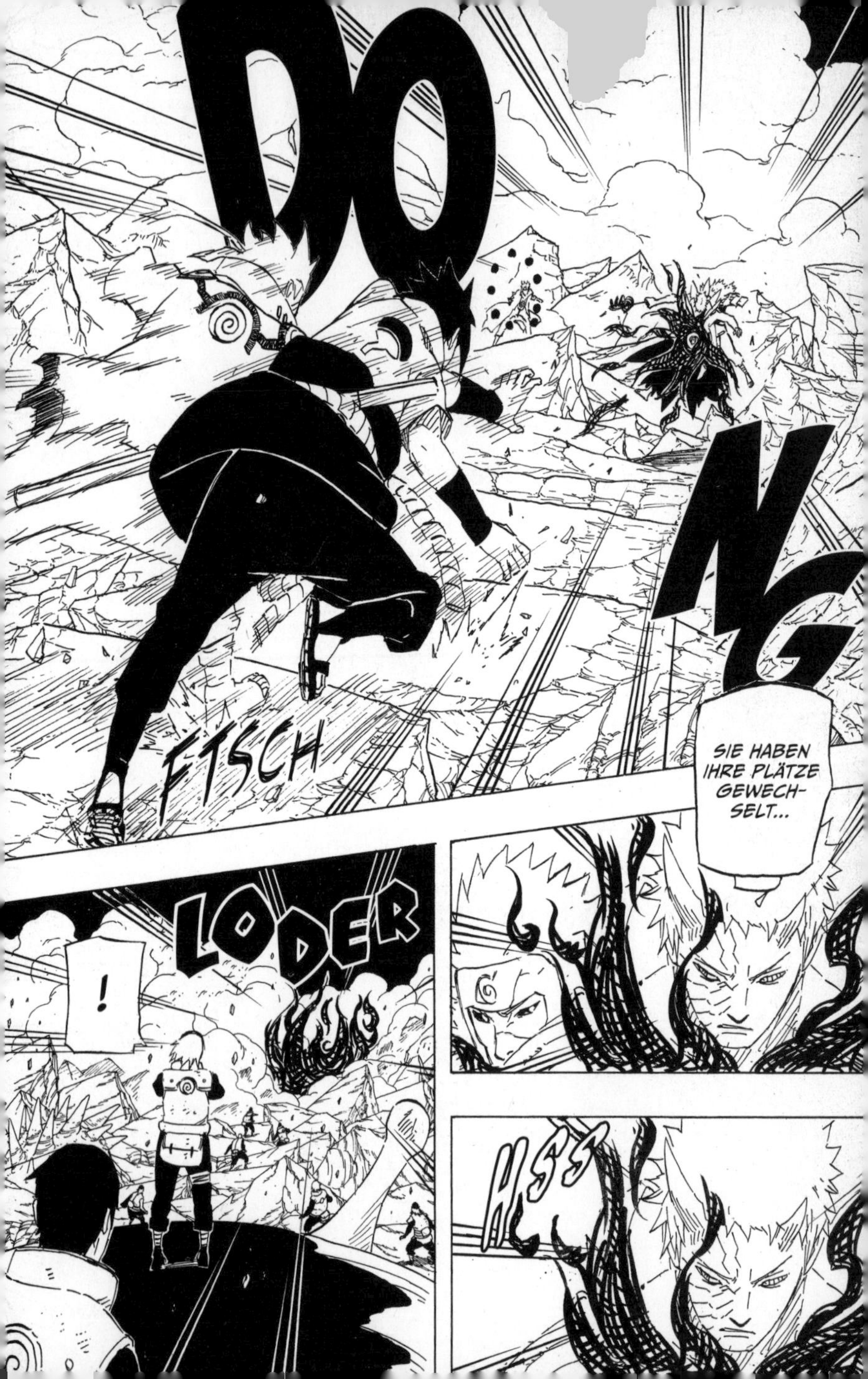
DO
NG
FTSCH
SIE HABEN IHRE PLÄTZE GEWECH-SELT...
LODER
!
HSS

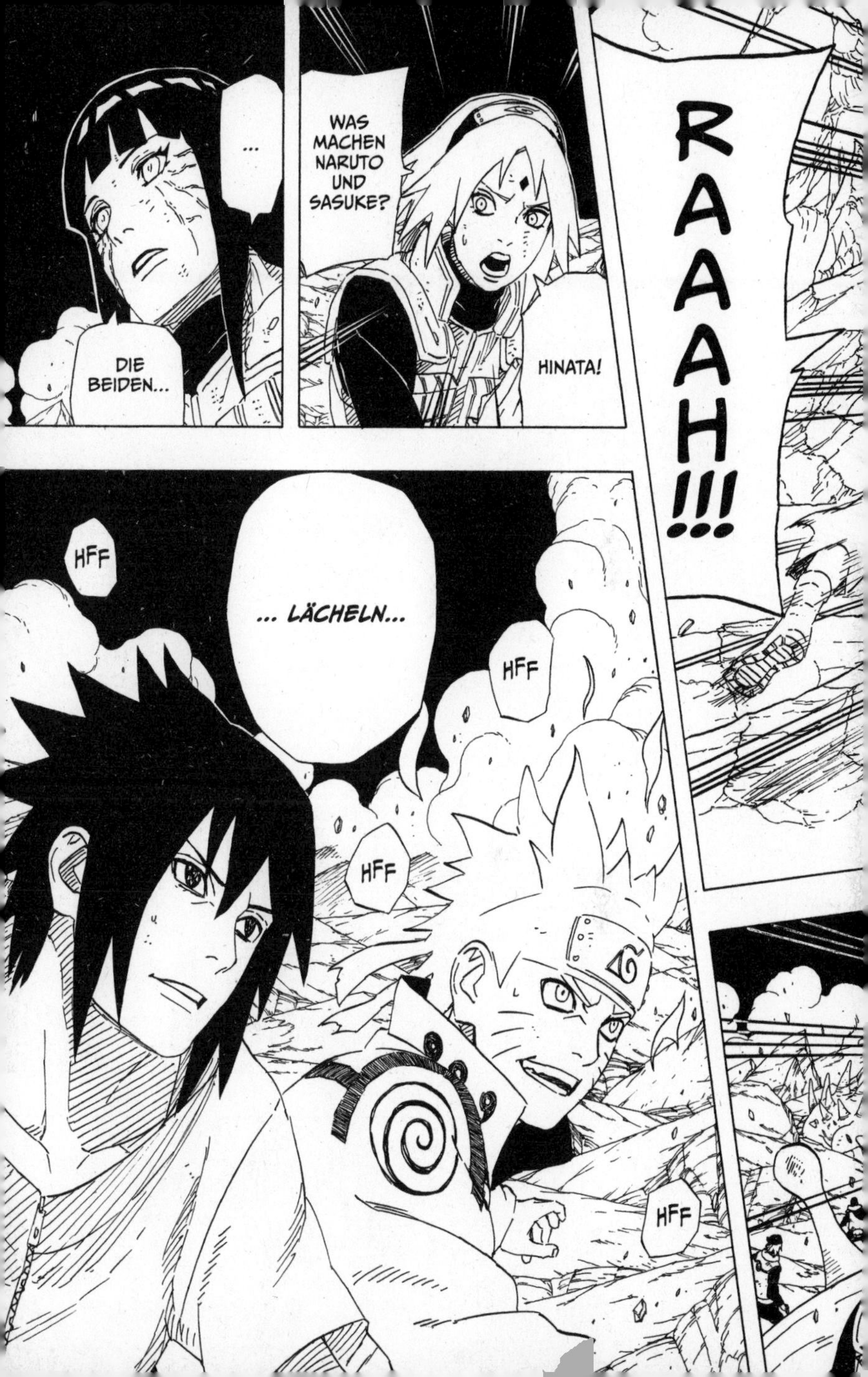
RAAAH!!!
WAS MACHEN NARUTO UND SASUKE?
HINATA!
...
DIE BEIDEN...
HFF
... LÄCHELN...
HFF
HFF
HFF

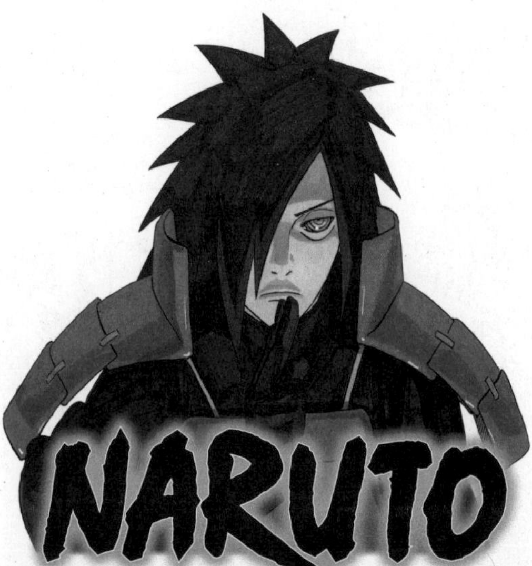
NARUTO

642. Kapitel: Der Durchbruch

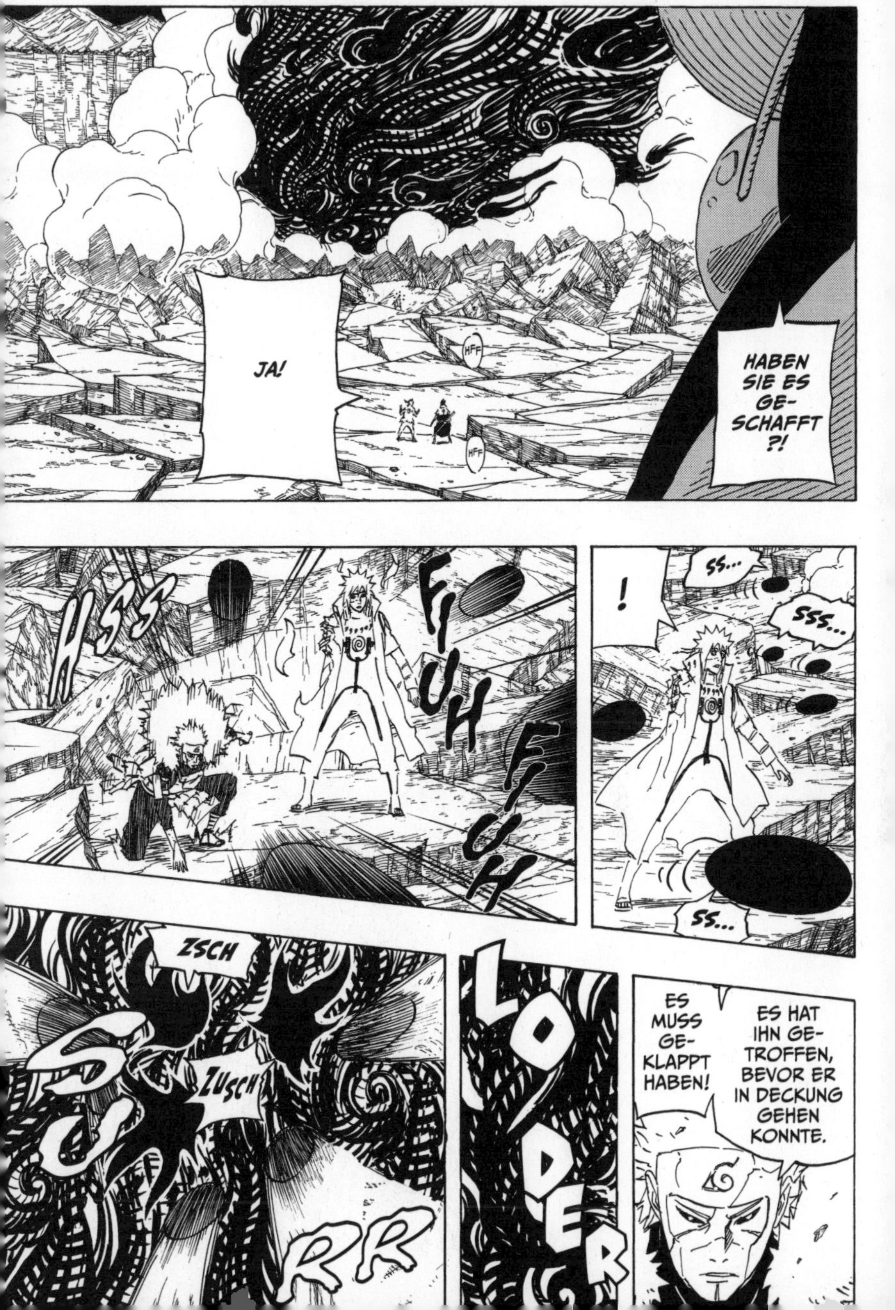

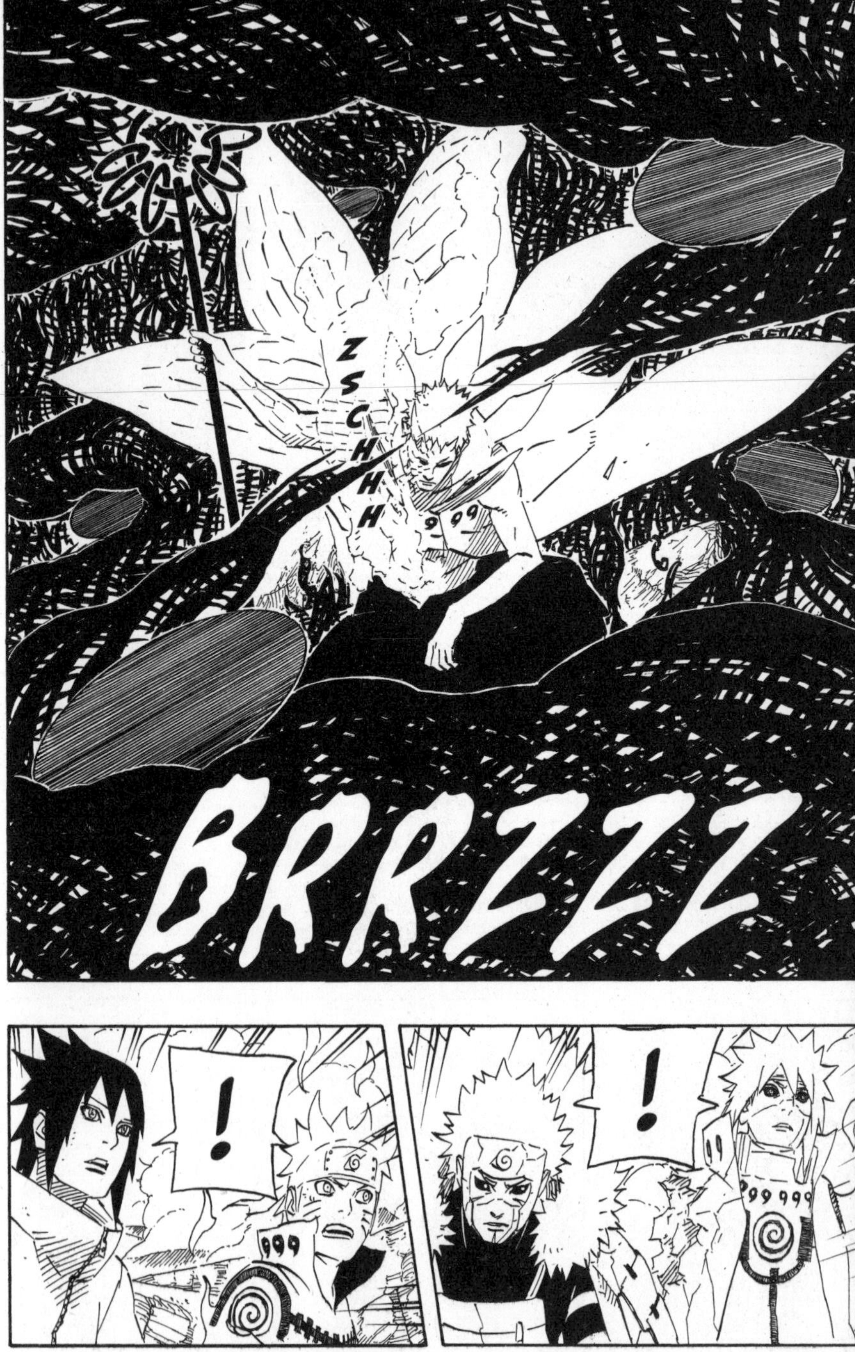
ZSCHHHH
BRRZZZ
!
!

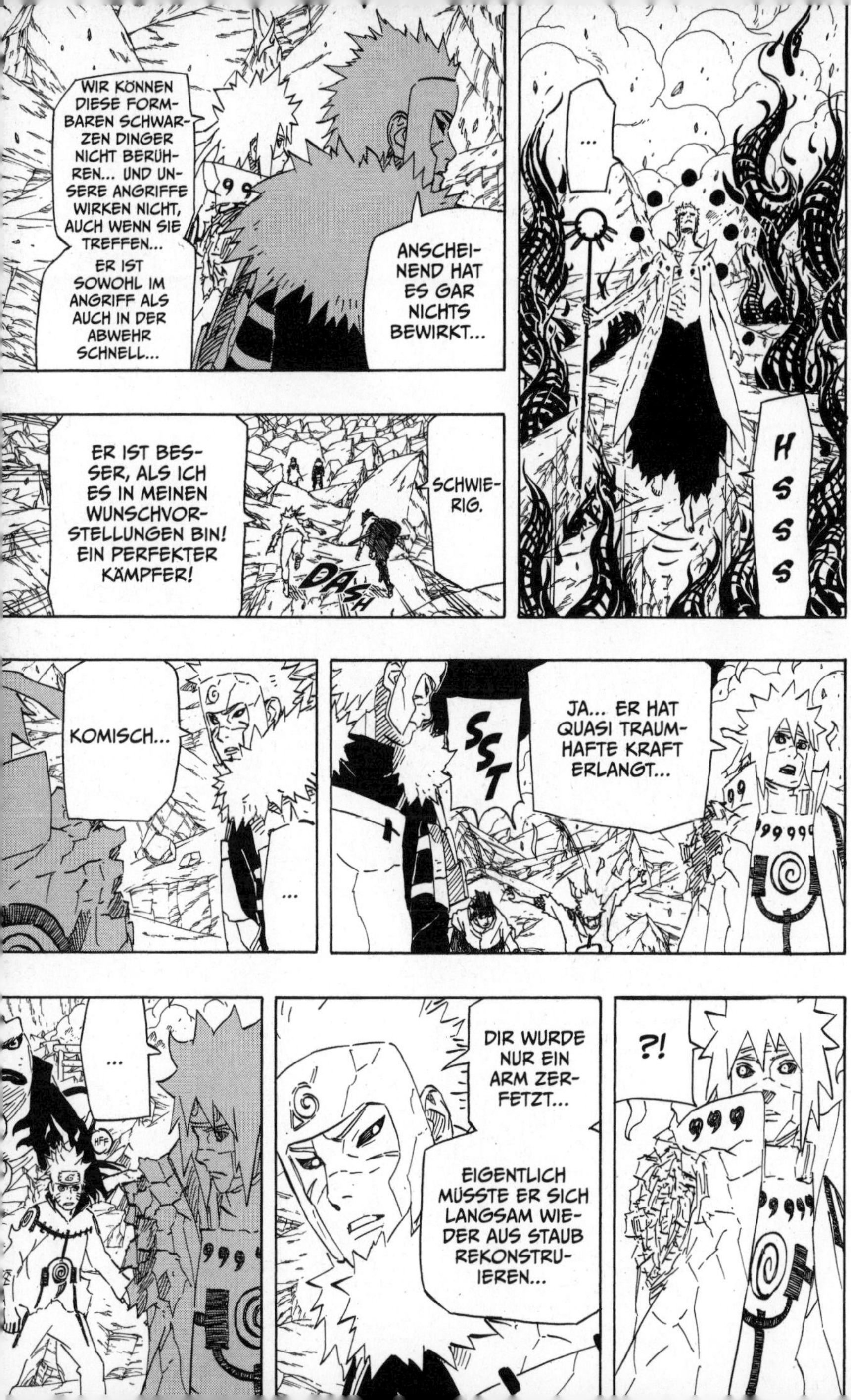
...
HSSS
ANSCHEINEND HAT ES GAR NICHTS BEWIRKT...
WIR KÖNNEN DIESE FORMBAREN SCHWARZEN DINGER NICHT BERÜHREN... UND UNSERE ANGRIFFE WIRKEN NICHT, AUCH WENN SIE TREFFEN...
ER IST SOWOHL IM ANGRIFF ALS AUCH IN DER ABWEHR SCHNELL...
SCHWIERIG.
ER IST BESSER, ALS ICH ES IN MEINEN WUNSCHVORSTELLUNGEN BIN! EIN PERFEKTER KÄMPFER!
DASH
JA... ER HAT QUASI TRAUMHAFTE KRAFT ERLANGT...
SST
KOMISCH...
...
?!
DIR WURDE NUR EIN ARM ZERFETZT...
EIGENTLICH MÜSSTE ER SICH LANGSAM WIEDER AUS STAUB REKONSTRUIEREN...
...
HFF

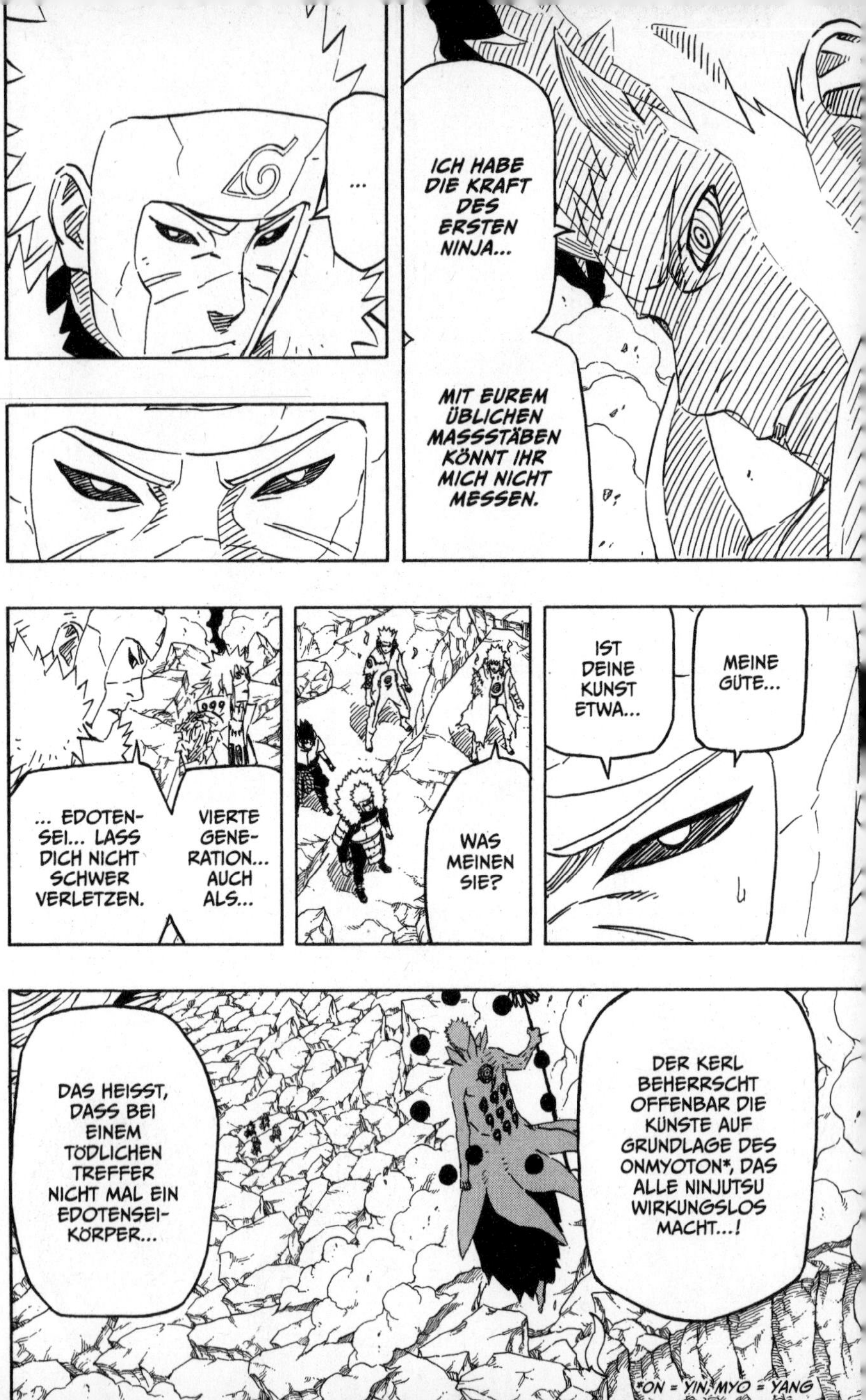

*ON = YIN, MYO = YANG

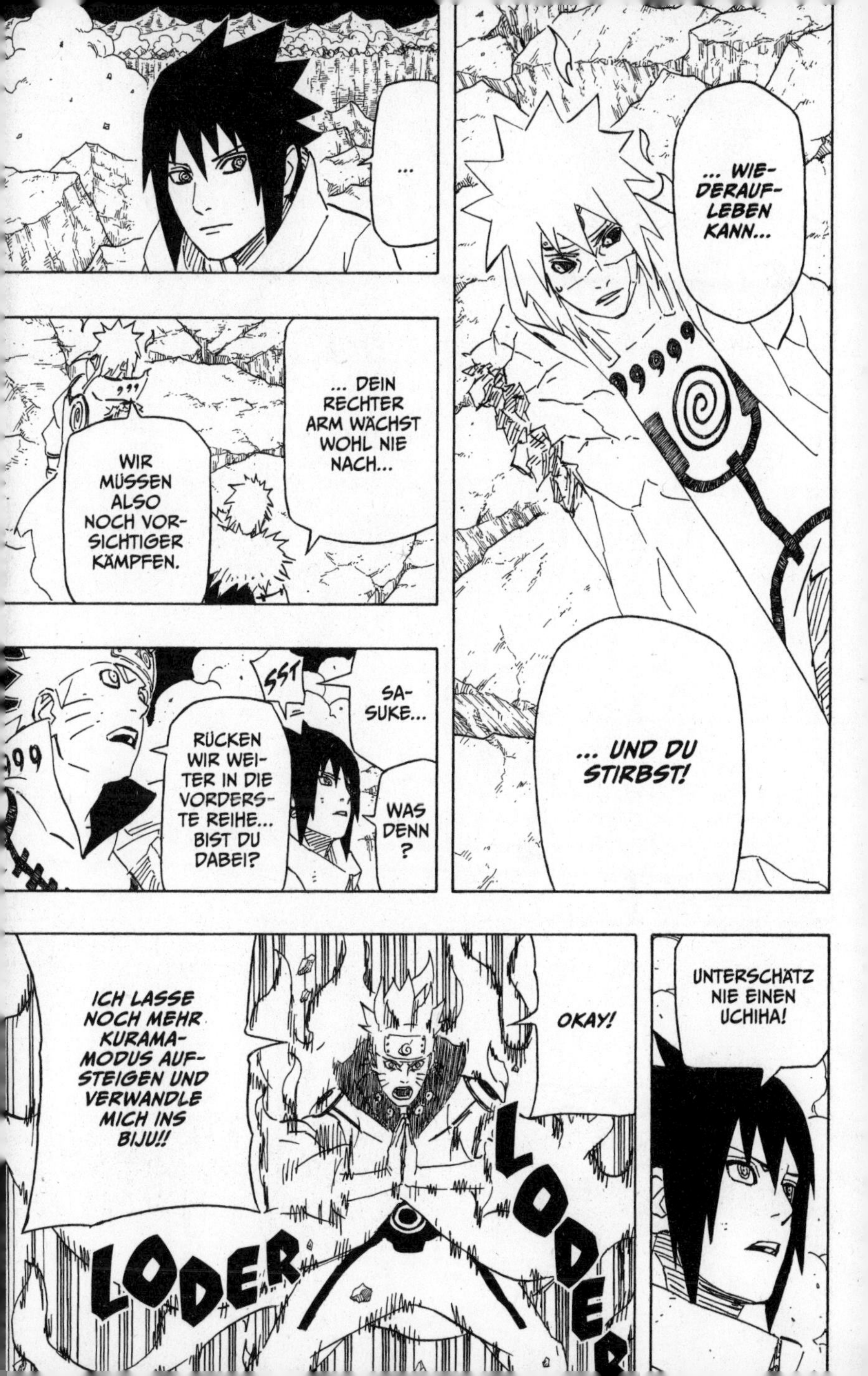
... WIE-DERAUF-LEBEN KANN...
...
... DEIN RECHTER ARM WÄCHST WOHL NIE NACH...
WIR MÜSSEN ALSO NOCH VOR-SICHTIGER KÄMPFEN.
... UND DU STIRBST!
SA-SUKE...
SST
WAS DENN?
RÜCKEN WIR WEI-TER IN DIE VORDERS-TE REIHE... BIST DU DABEI?
UNTERSCHÄTZ NIE EINEN UCHIHA!
OKAY!
ICH LASSE NOCH MEHR KURAMA-MODUS AUF-STEIGEN UND VERWANDLE MICH INS BIJU!!
LODER
LODER

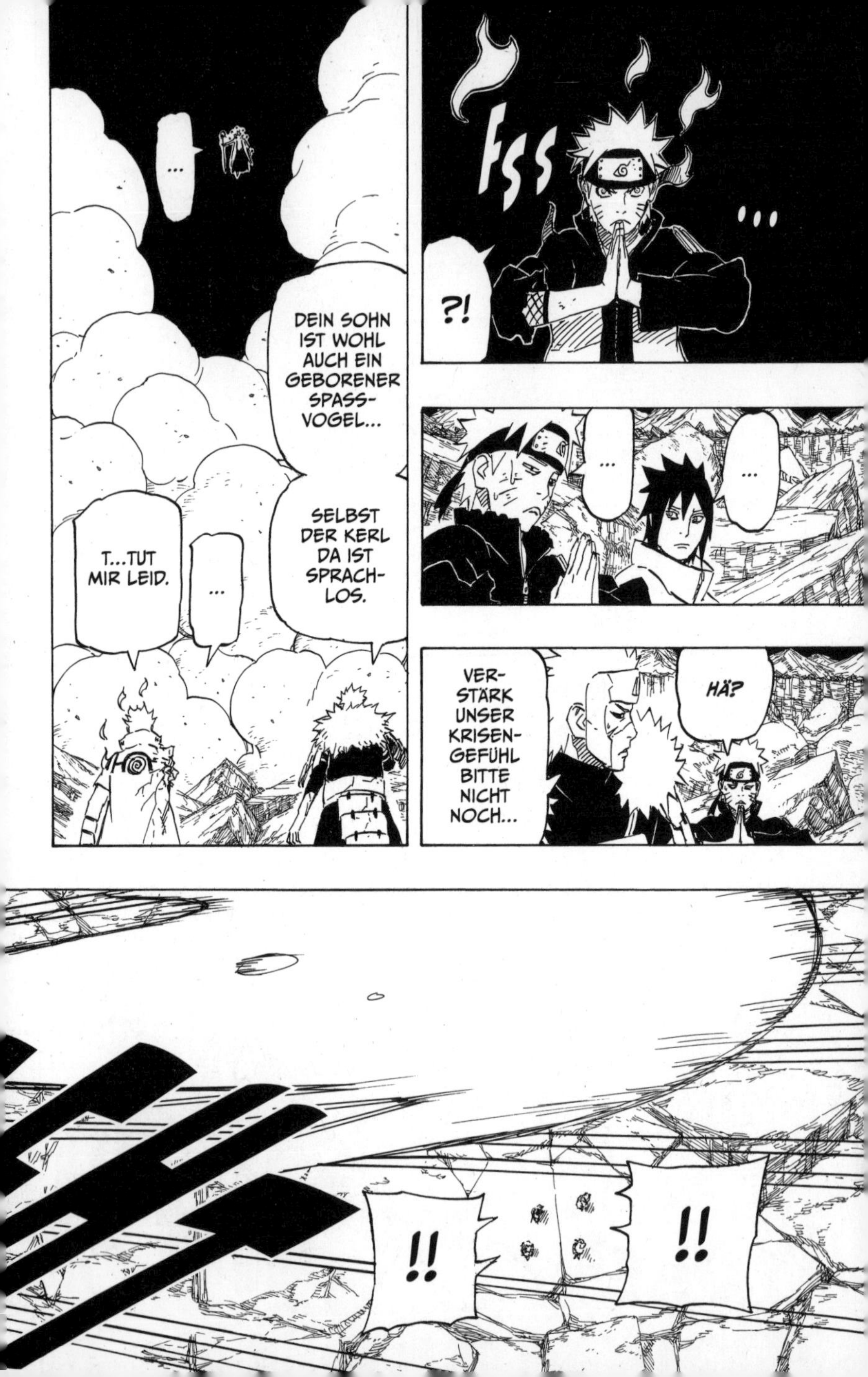
Fss
...
?!
...
Dein Sohn ist wohl auch ein geborener Spass-vogel...
Selbst der Kerl da ist sprach-los.
...
T...Tut mir Leid.
...
...
Hä?
Ver-stärk unser Krisen-gefühl bitte nicht noch...
!!
!!

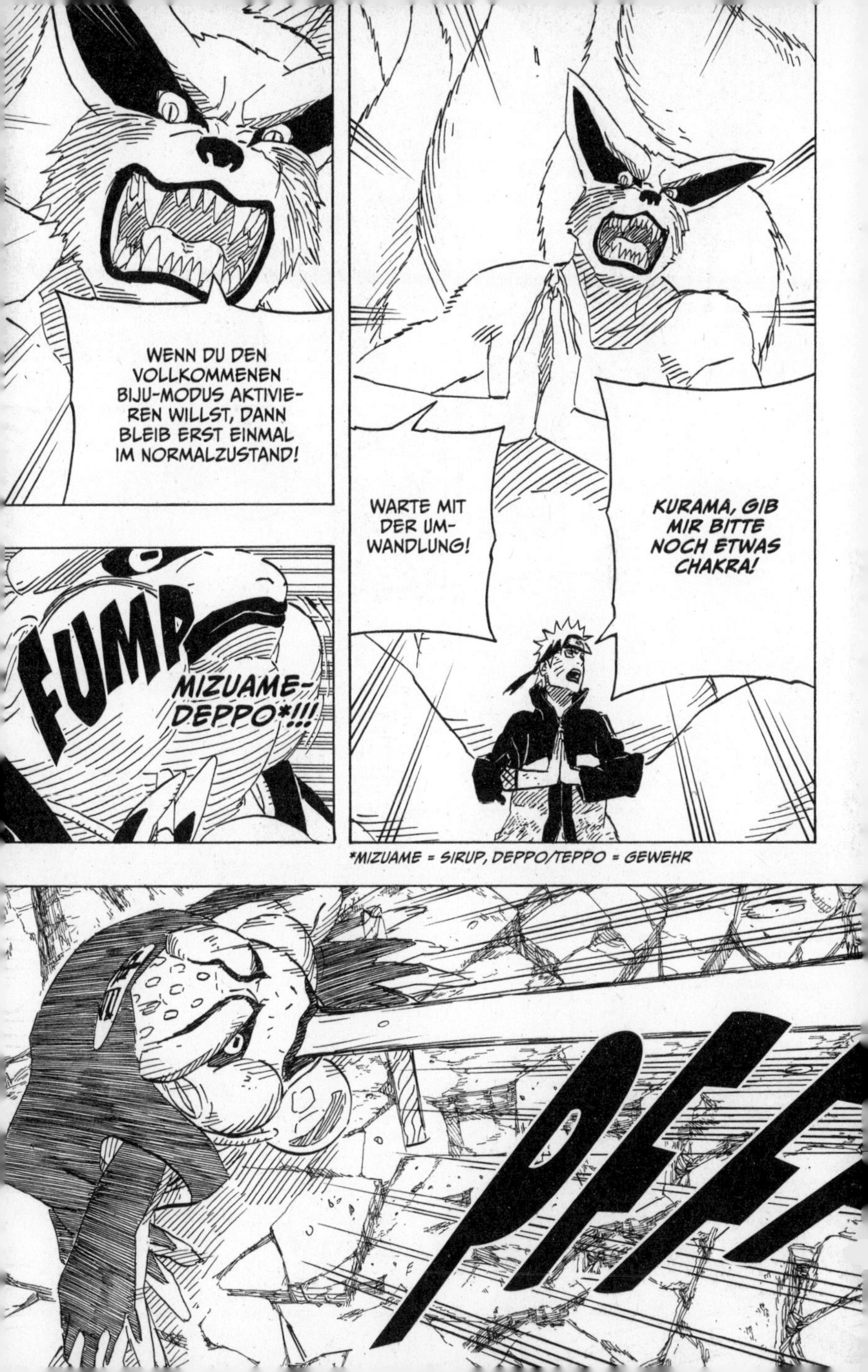
KURAMA, GIB MIR BITTE NOCH ETWAS CHAKRA!
WARTE MIT DER UMWANDLUNG!
WENN DU DEN VOLLKOMMENEN BIJU-MODUS AKTIVIEREN WILLST, DANN BLEIB ERST EINMAL IM NORMALZUSTAND!
FUMP
MIZUAME-DEPPO*!!!
*MIZUAME = SIRUP, DEPPO/TEPPO = GEWEHR

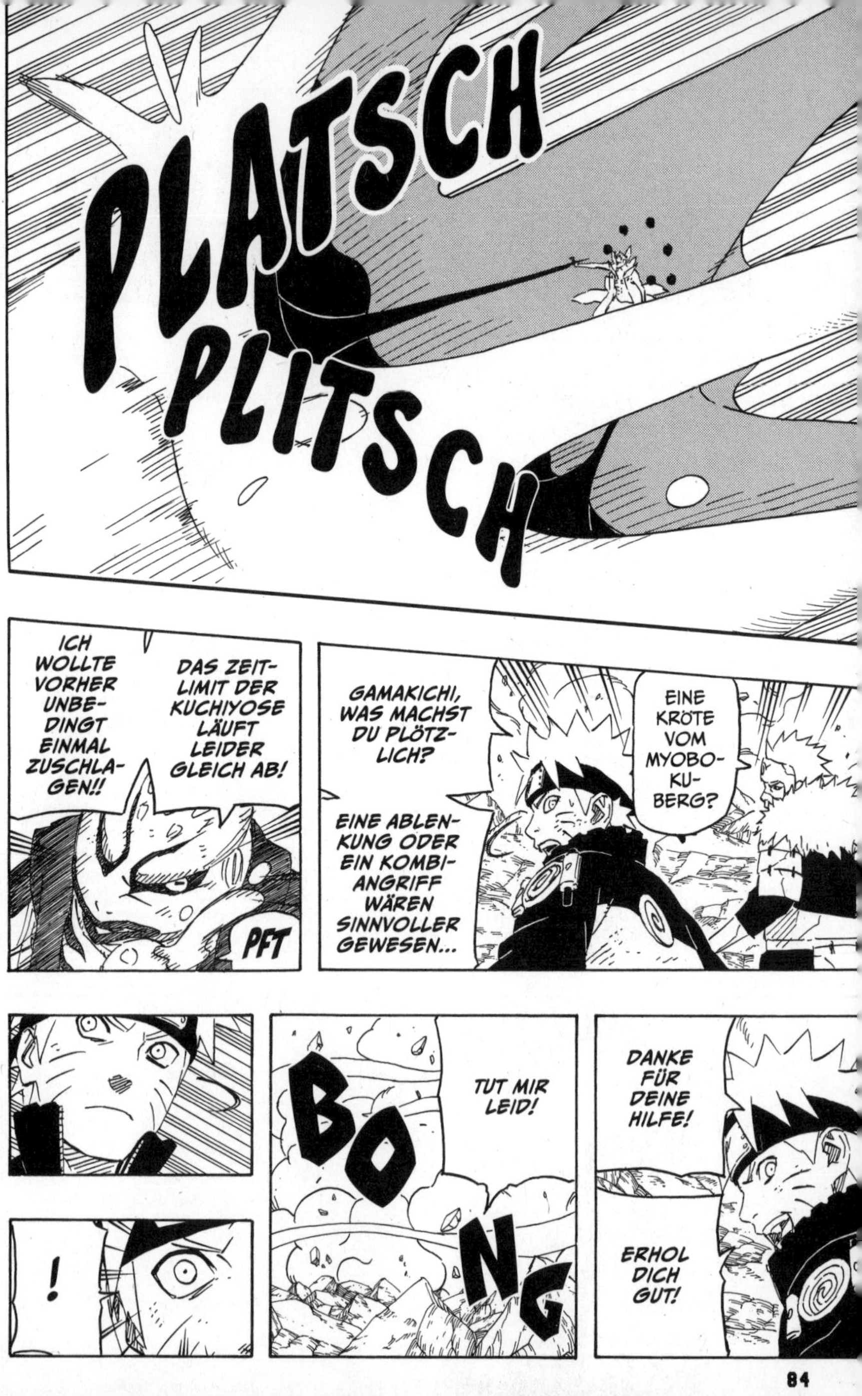
PLATSCH
PLITSCH
DAS ZEIT-LIMIT DER KUCHIYOSE LÄUFT LEIDER GLEICH AB!
ICH WOLLTE VORHER UNBEDINGT EINMAL ZUSCHLAGEN!!
PFT
EINE KRÖTE VOM MYOBOKU-BERG?
GAMAKICHI, WAS MACHST DU PLÖTZLICH?
EINE ABLENKUNG ODER EIN KOMBI-ANGRIFF WÄREN SINNVOLLER GEWESEN...
DANKE FÜR DEINE HILFE!
ERHOL DICH GUT!
TUT MIR LEID!
BONG
!

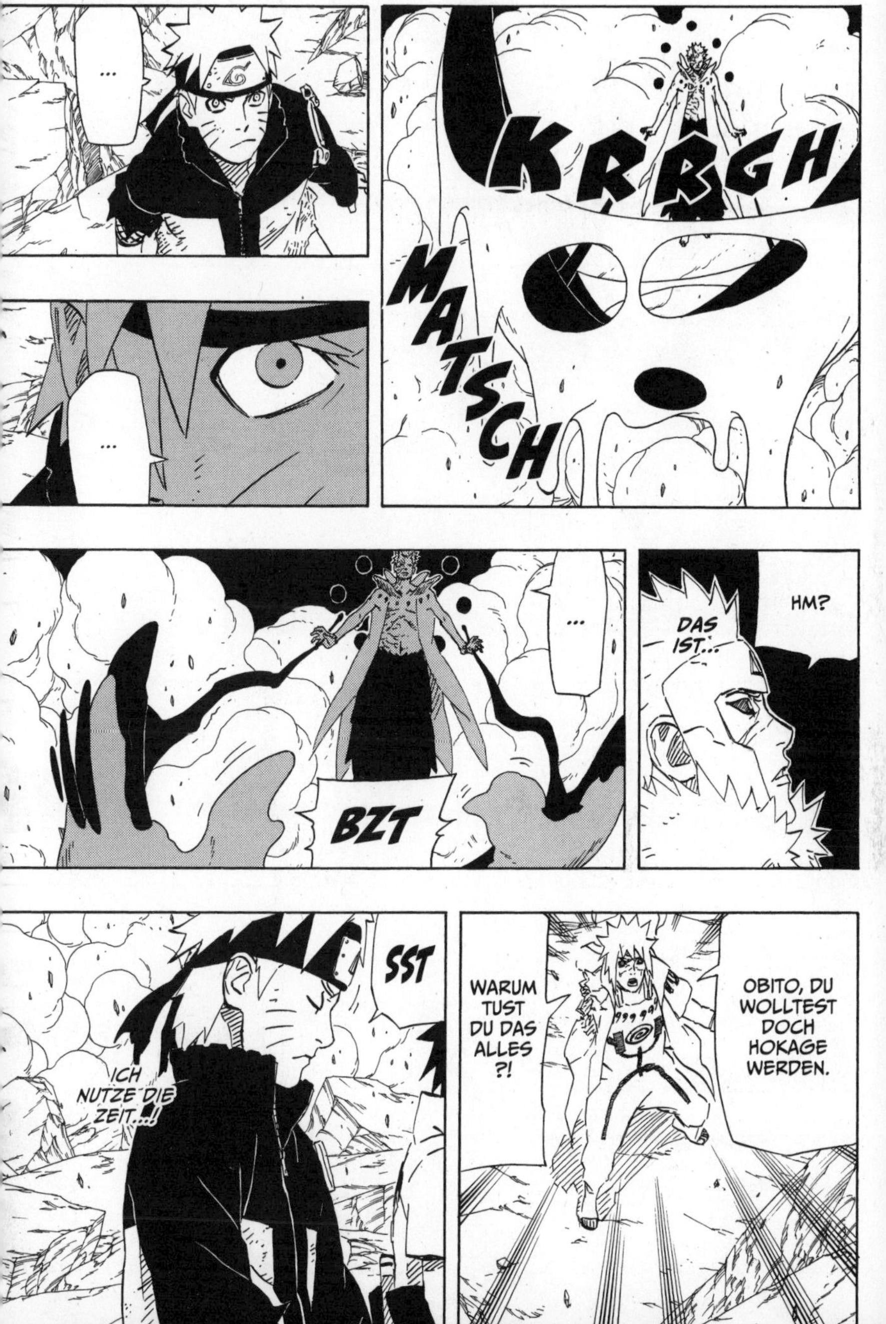
KRRGH
MATSCH
...
...
HM?
DAS IST...
...
BZT
OBITO, DU WOLLTEST DOCH HOKAGE WERDEN.
WARUM TUST DU DAS ALLES?!
SST
ICH NUTZE DIE ZEIT...!

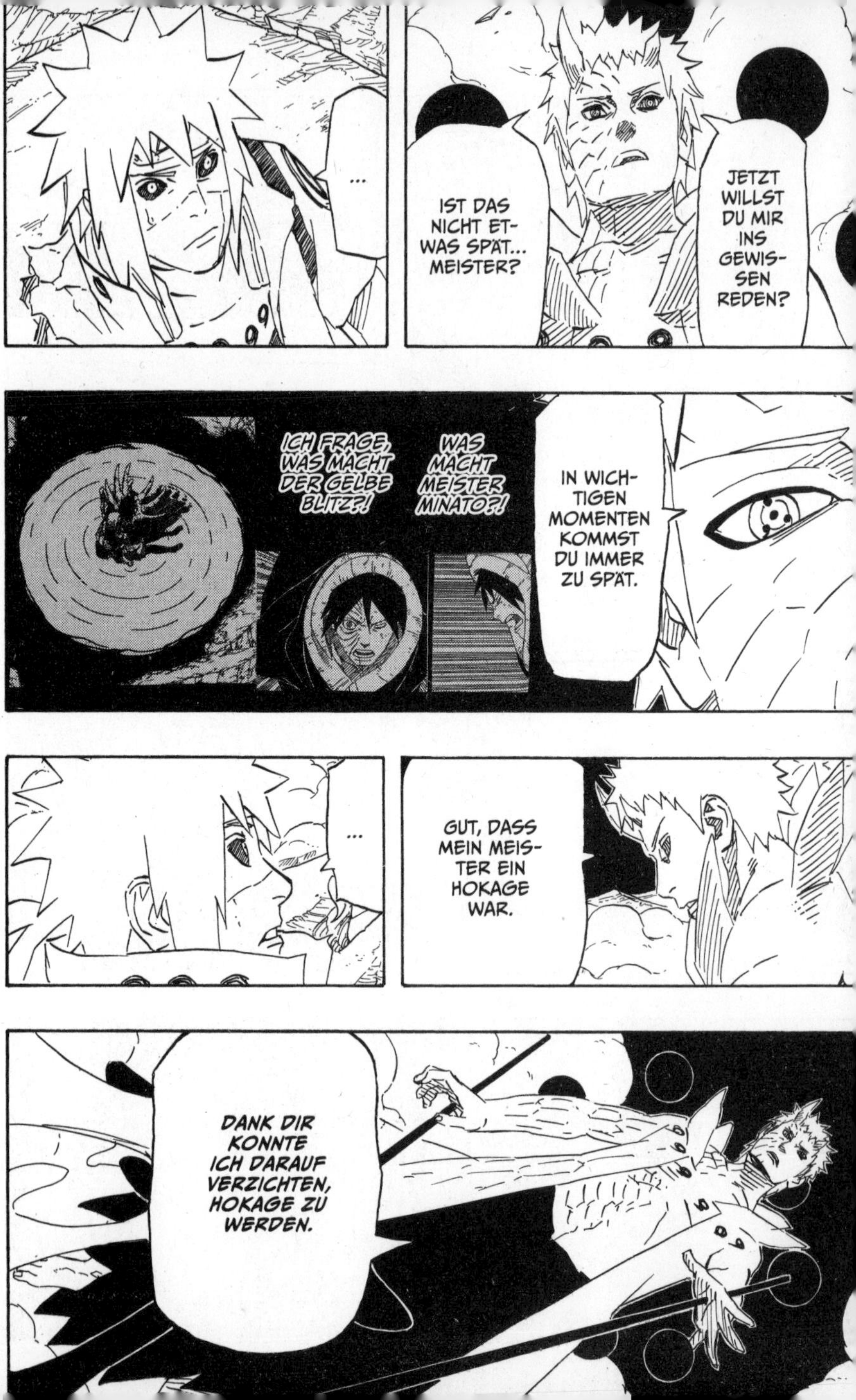

JETZT WILLST DU MIR INS GEWISSEN REDEN?
IST DAS NICHT ETWAS SPÄT... MEISTER?
...
IN WICHTIGEN MOMENTEN KOMMST DU IMMER ZU SPÄT.
WAS MACHT MEISTER MINATO?!
ICH FRAGE, WAS MACHT DER GELBE BLITZ?!
GUT, DASS MEIN MEISTER EIN HOKAGE WAR.
...
DANK DIR KONNTE ICH DARAUF VERZICHTEN, HOKAGE ZU WERDEN.

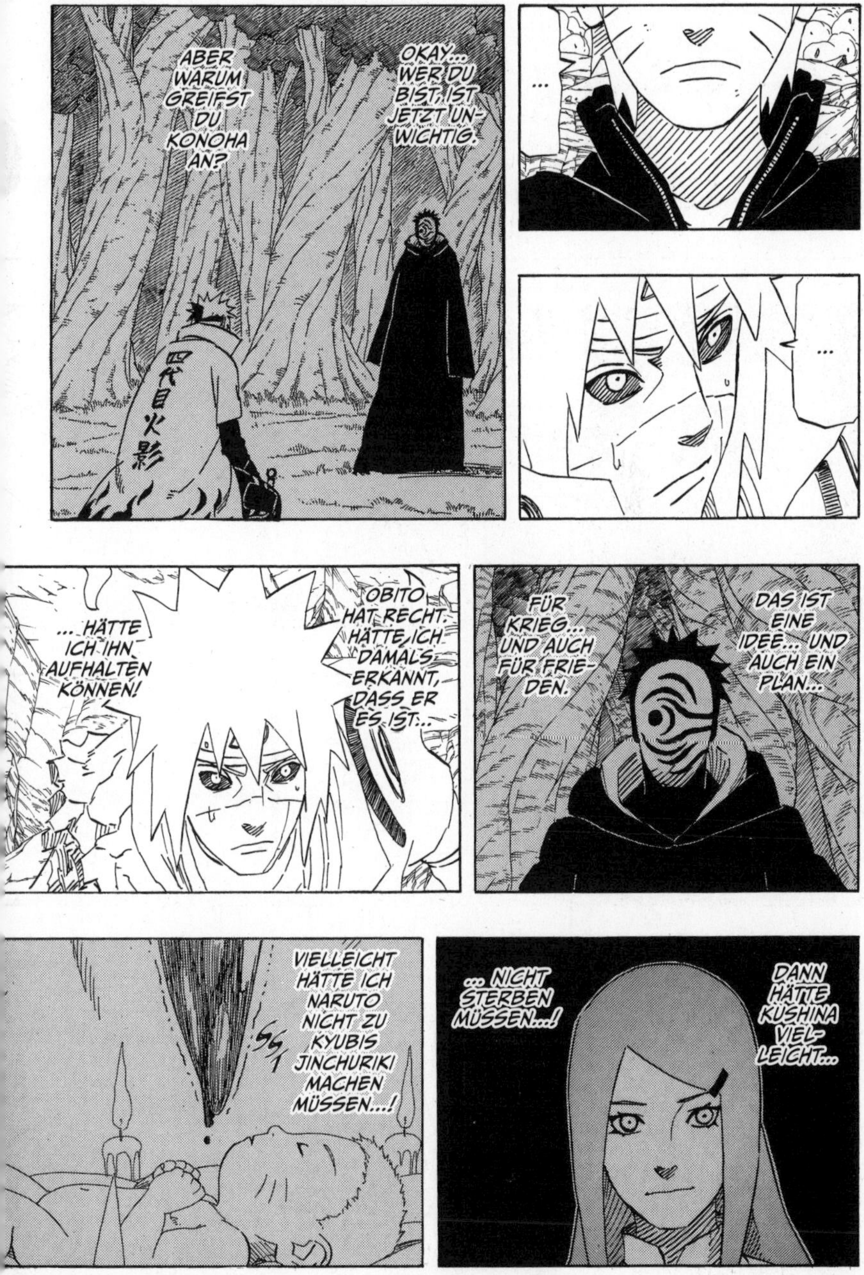
...
OKAY... WER DU BIST, IST JETZT UNWICHTIG.
ABER WARUM GREIFST DU KONOHA AN?
...
DAS IST EINE IDEE... UND AUCH EIN PLAN...
FÜR KRIEG... UND AUCH FÜR FRIEDEN.
OBITO HAT RECHT. HÄTTE ICH DAMALS ERKANNT, DASS ER ES IST...
... HÄTTE ICH IHN AUFHALTEN KÖNNEN!
DANN HÄTTE KUSHINA VIELLEICHT...
... NICHT STERBEN MÜSSEN...!
VIELLEICHT HÄTTE ICH NARUTO NICHT ZU KYUBIS JINCHURIKI MACHEN MÜSSEN...!

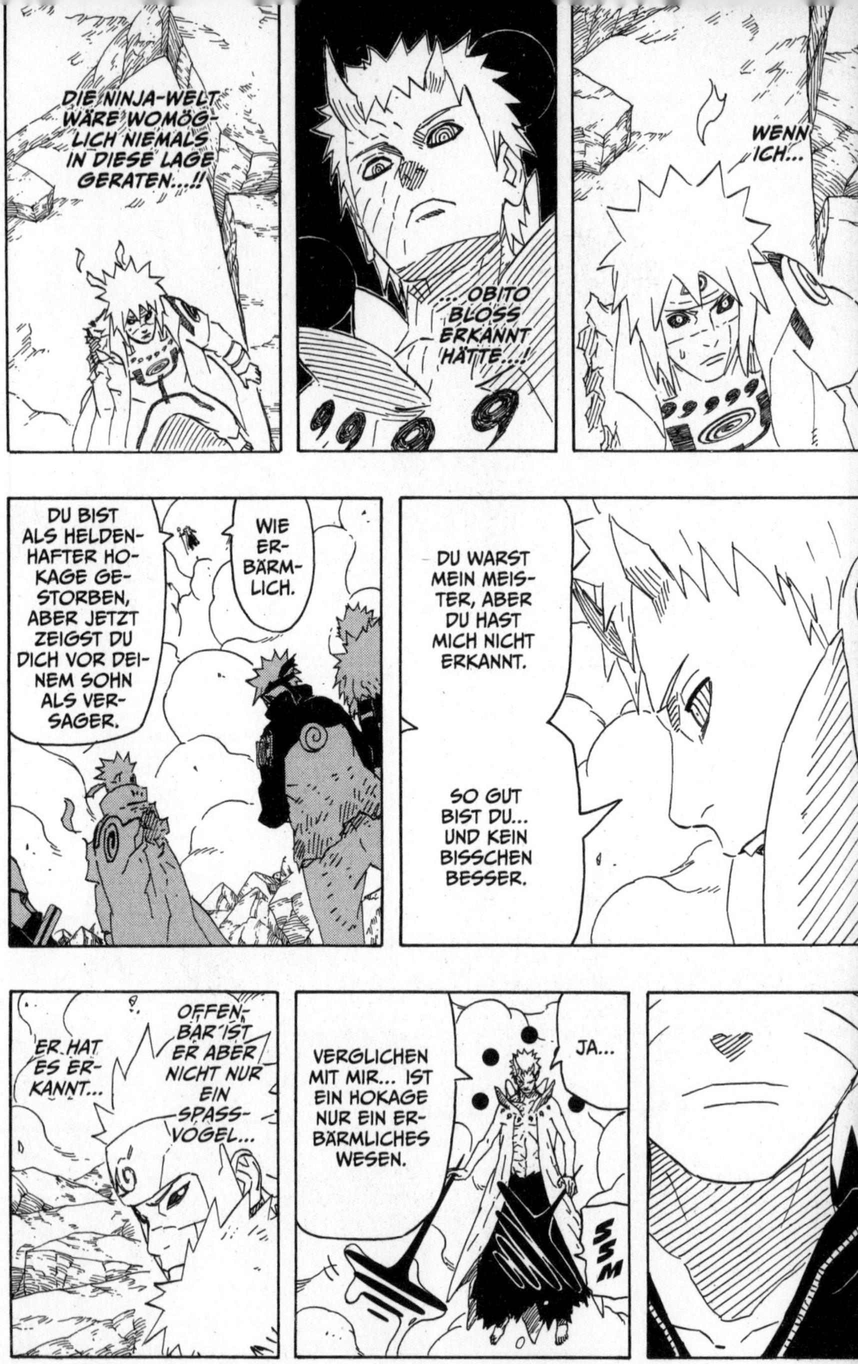
WENN ICH...
...OBITO BLOSS ERKANNT HÄTTE...!
DIE NINJA-WELT WÄRE WOMÖGLICH NIEMALS IN DIESE LAGE GERATEN...!!
DU WARST MEIN MEISTER, ABER DU HAST MICH NICHT ERKANNT.
SO GUT BIST DU... UND KEIN BISSCHEN BESSER.
WIE ERBÄRMLICH.
DU BIST ALS HELDENHAFTER HOKAGE GESTORBEN, ABER JETZT ZEIGST DU DICH VOR DEINEM SOHN ALS VERSAGER.
JA...
VERGLICHEN MIT MIR... IST EIN HOKAGE NUR EIN ERBÄRMLICHES WESEN.
SSM
OFFENBAR IST ER ABER NICHT NUR EIN SPASSVOGEL...
ER HAT ES ERKANNT...

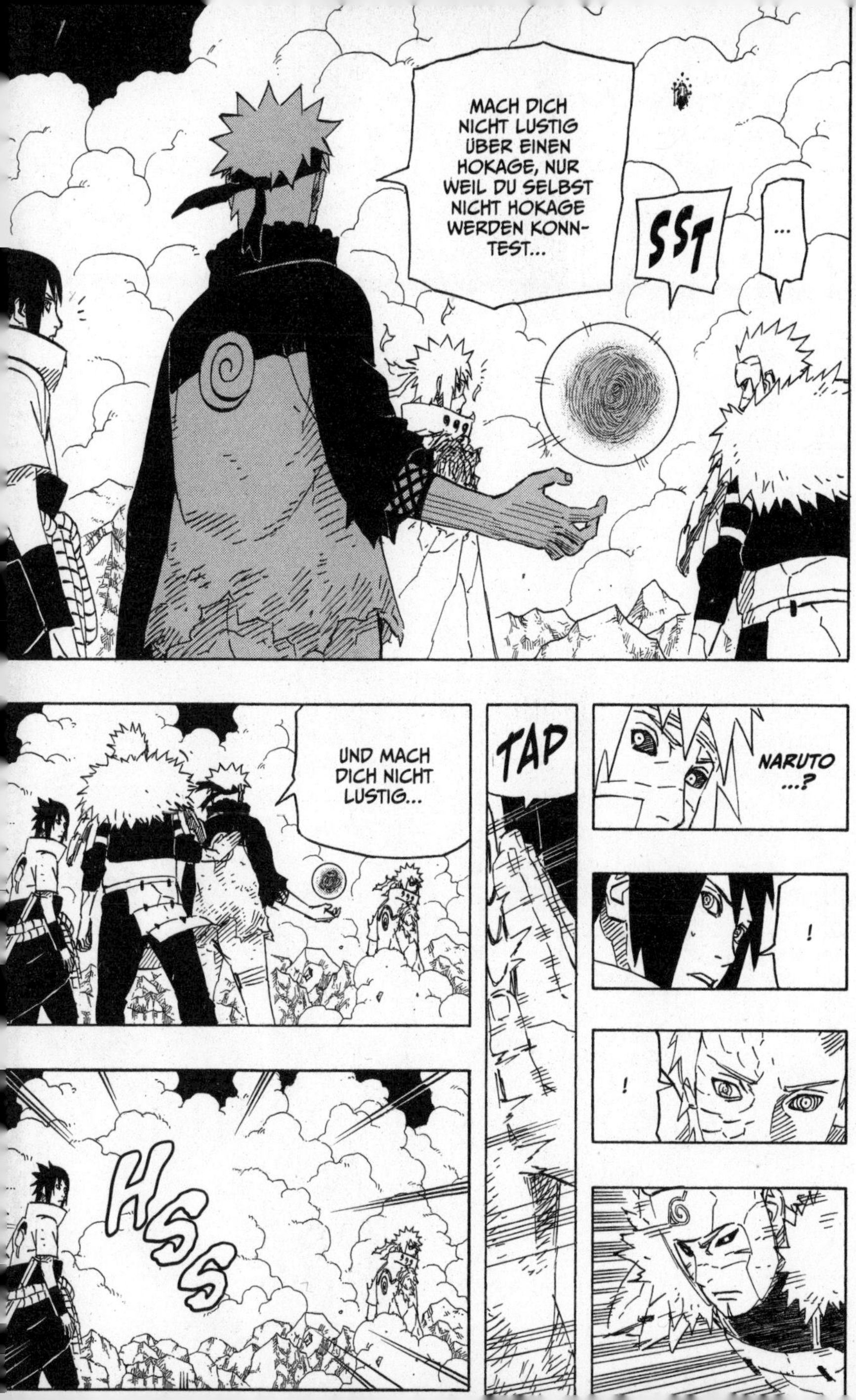

...
SST
MACH DICH NICHT LUSTIG ÜBER EINEN HOKAGE, NUR WEIL DU SELBST NICHT HOKAGE WERDEN KONN-TEST...
NARUTO ...?
TAP
UND MACH DICH NICHT LUSTIG...
!
!
HSS

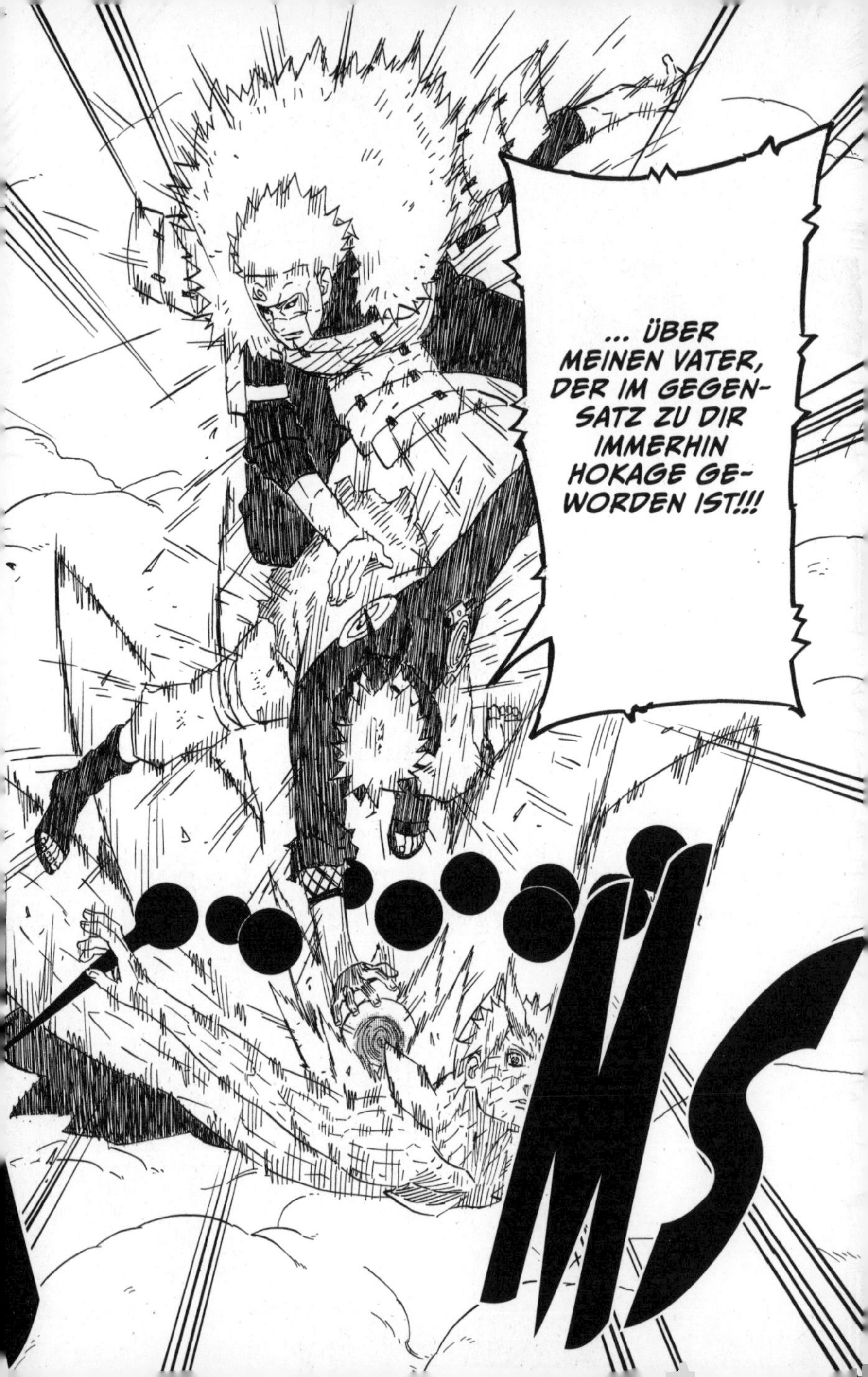
... ÜBER MEINEN VATER, DER IM GEGENSATZ ZU DIR IMMERHIN HOKAGE GEWORDEN IST!!!

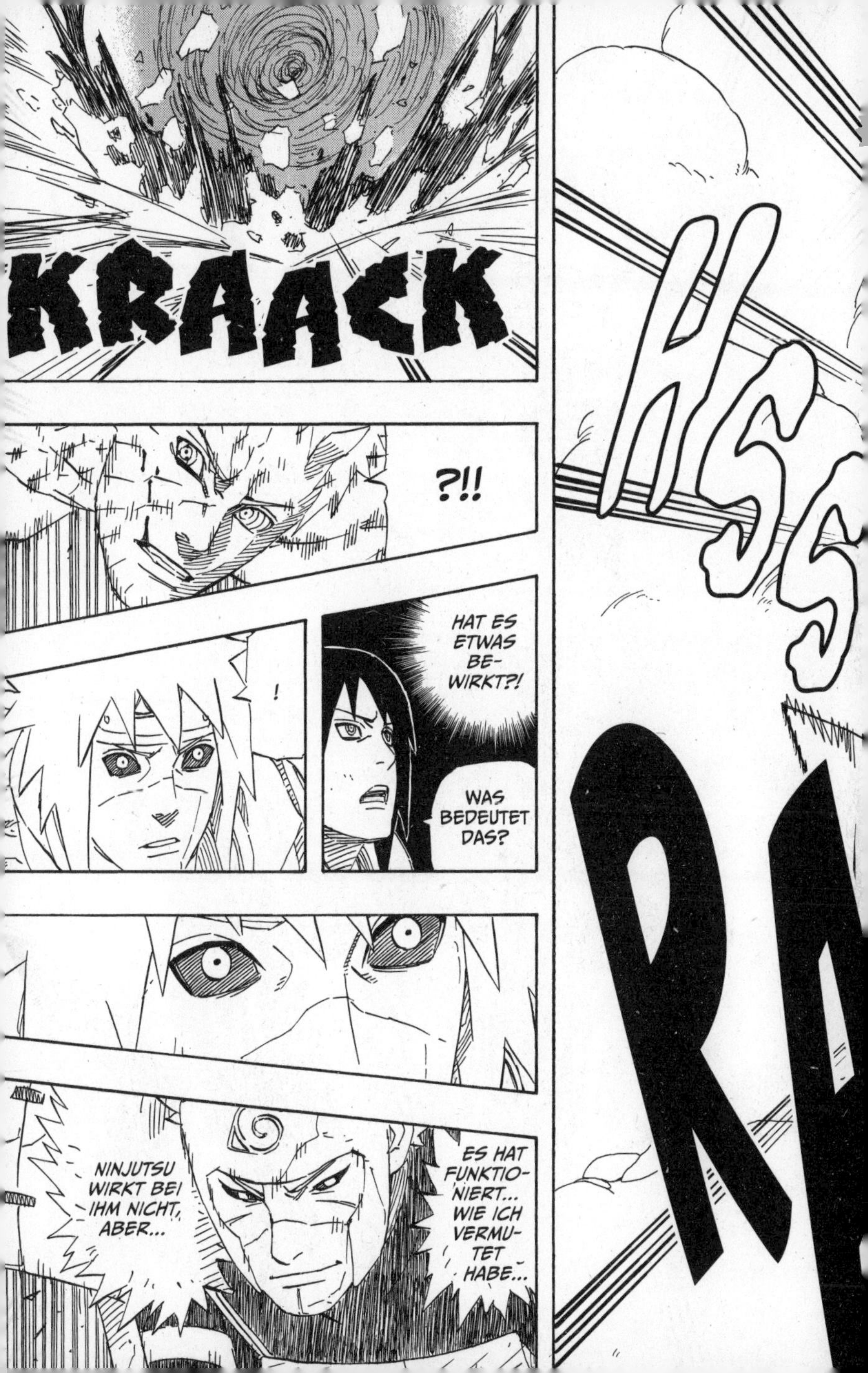
HSS
RA
KRAACK
?!!
HAT ES ETWAS BE-WIRKT?!
WAS BEDEUTET DAS?
!
ES HAT FUNKTIO-NIERT... WIE ICH VERMU-TET HABE...
NINJUTSU WIRKT BEI IHM NICHT, ABER...

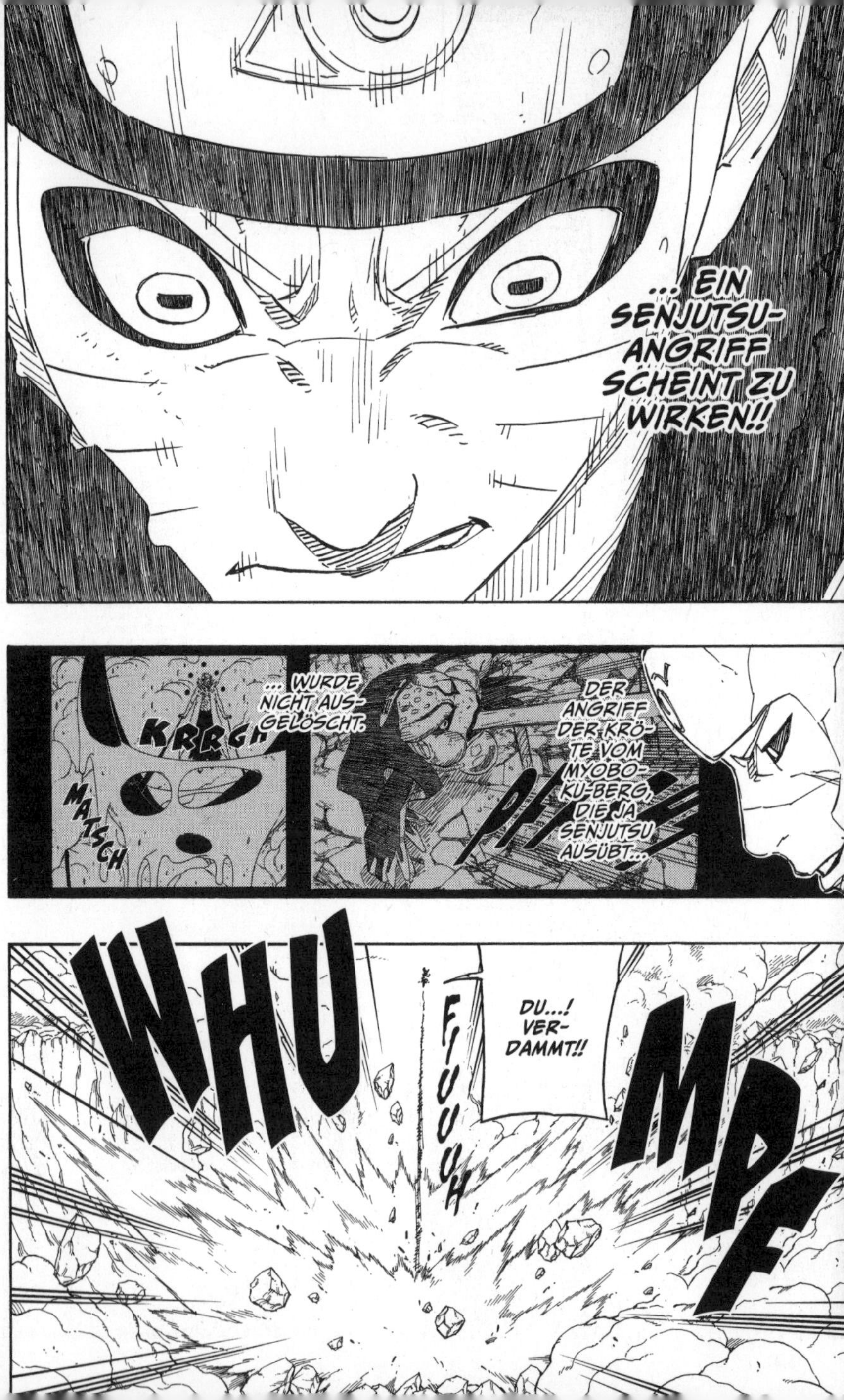
... EIN SENJUTSU-ANGRIFF SCHEINT ZU WIRKEN!!
DER ANGRIFF DER KRÖTE VOM MYOBOKU-BERG, DIE JA SENJUTSU AUSÜBT...
... WURDE NICHT AUSGELÖSCHT.
KRRRGH
MATSCH
DU...! VERDAMMT!!
FIUUUH
WHUMPF

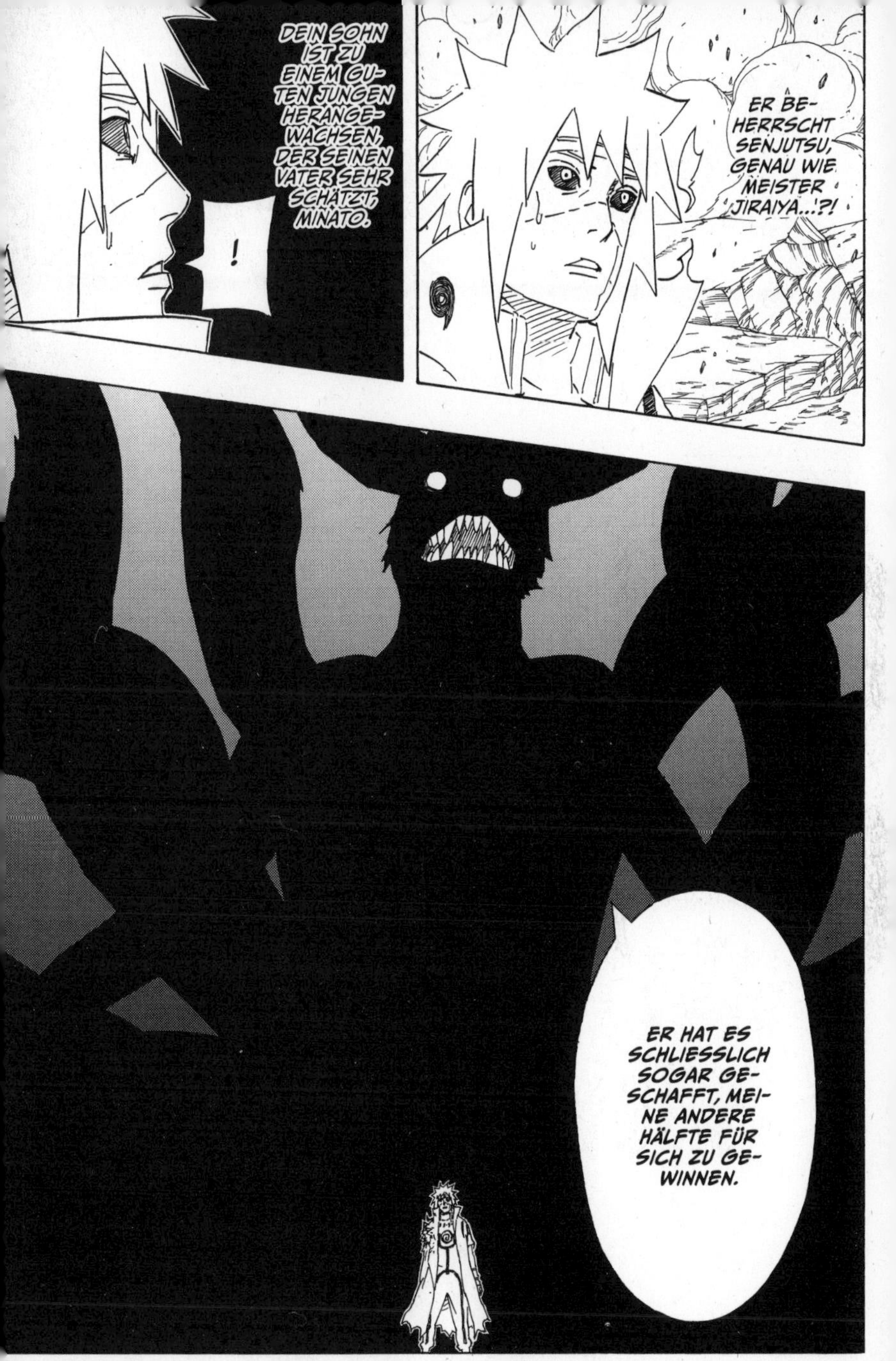
ER BEHERRSCHT SENJUTSU, GENAU WIE MEISTER JIRAIYA...!?!
DEIN SOHN IST ZU EINEM GUTEN JUNGEN HERANGEWACHSEN, DER SEINEN VATER SEHR SCHÄTZT, MINATO.
!
ER HAT ES SCHLIESSLICH SOGAR GESCHAFFT, MEINE ANDERE HÄLFTE FÜR SICH ZU GEWINNEN.

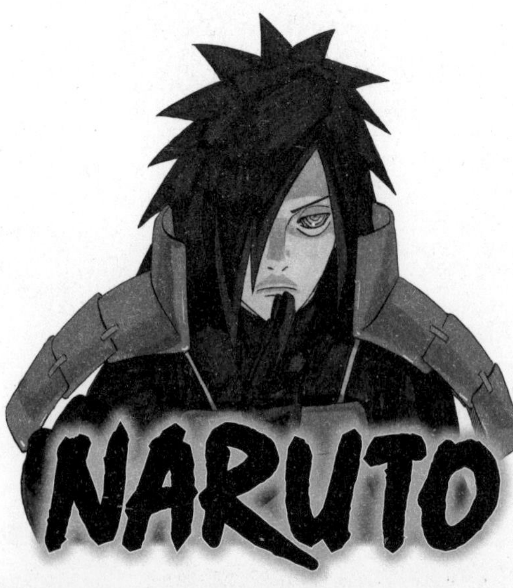
NARUTO

643. Kapitel: Vereinte Fäuste

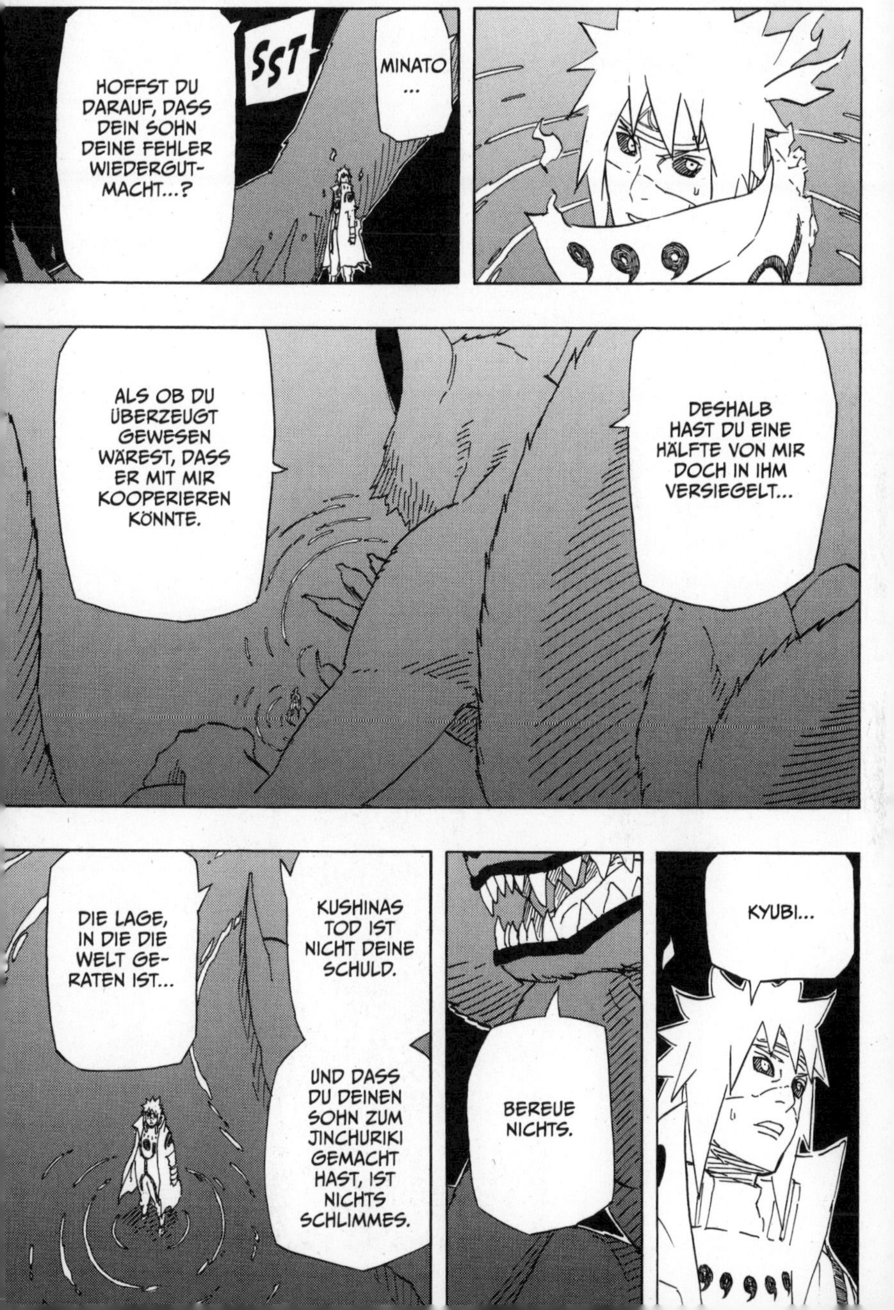

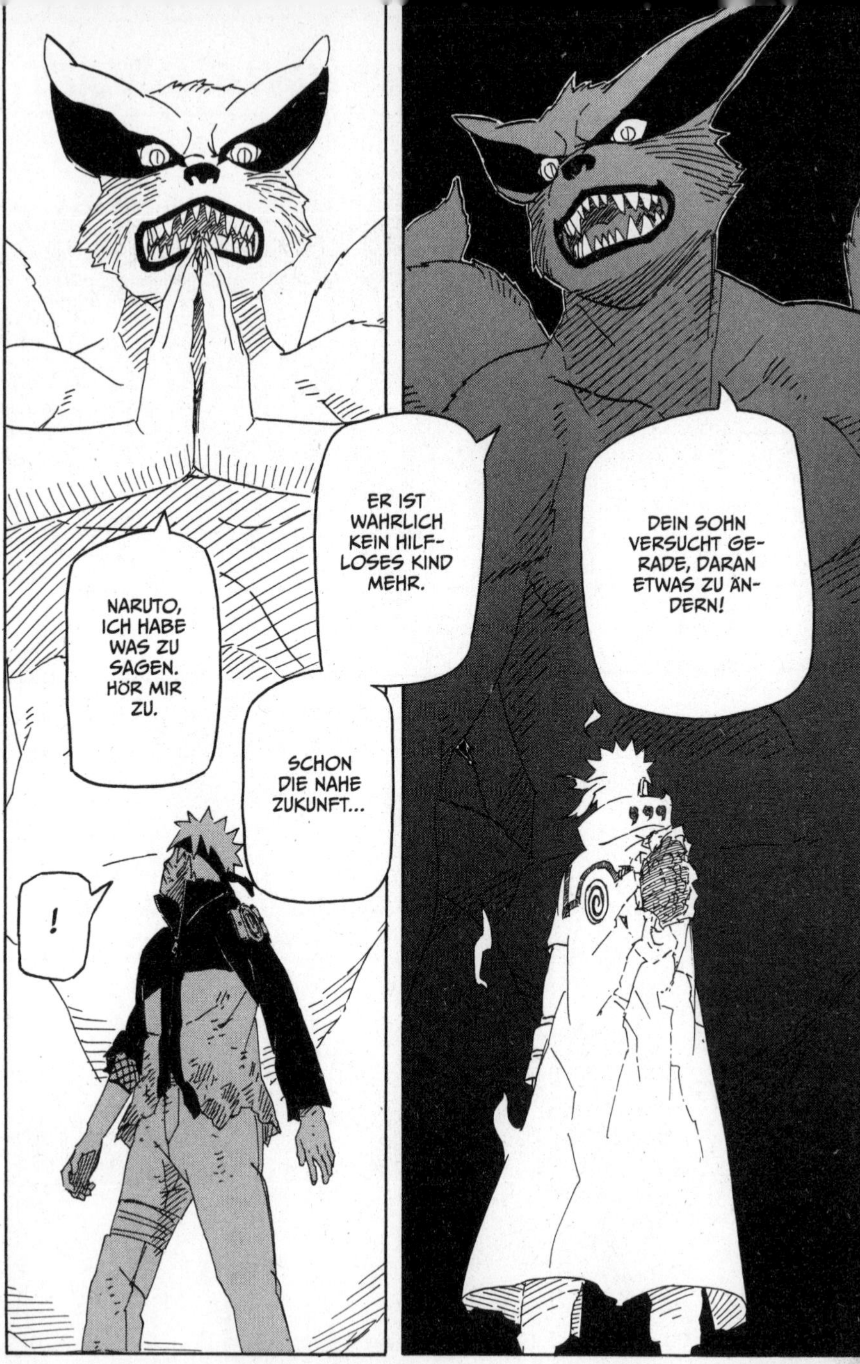
DEIN SOHN VERSUCHT GERADE, DARAN ETWAS ZU ÄNDERN!
ER IST WAHRLICH KEIN HILFLOSES KIND MEHR.
NARUTO, ICH HABE WAS ZU SAGEN. HÖR MIR ZU.
SCHON DIE NAHE ZUKUNFT...
!

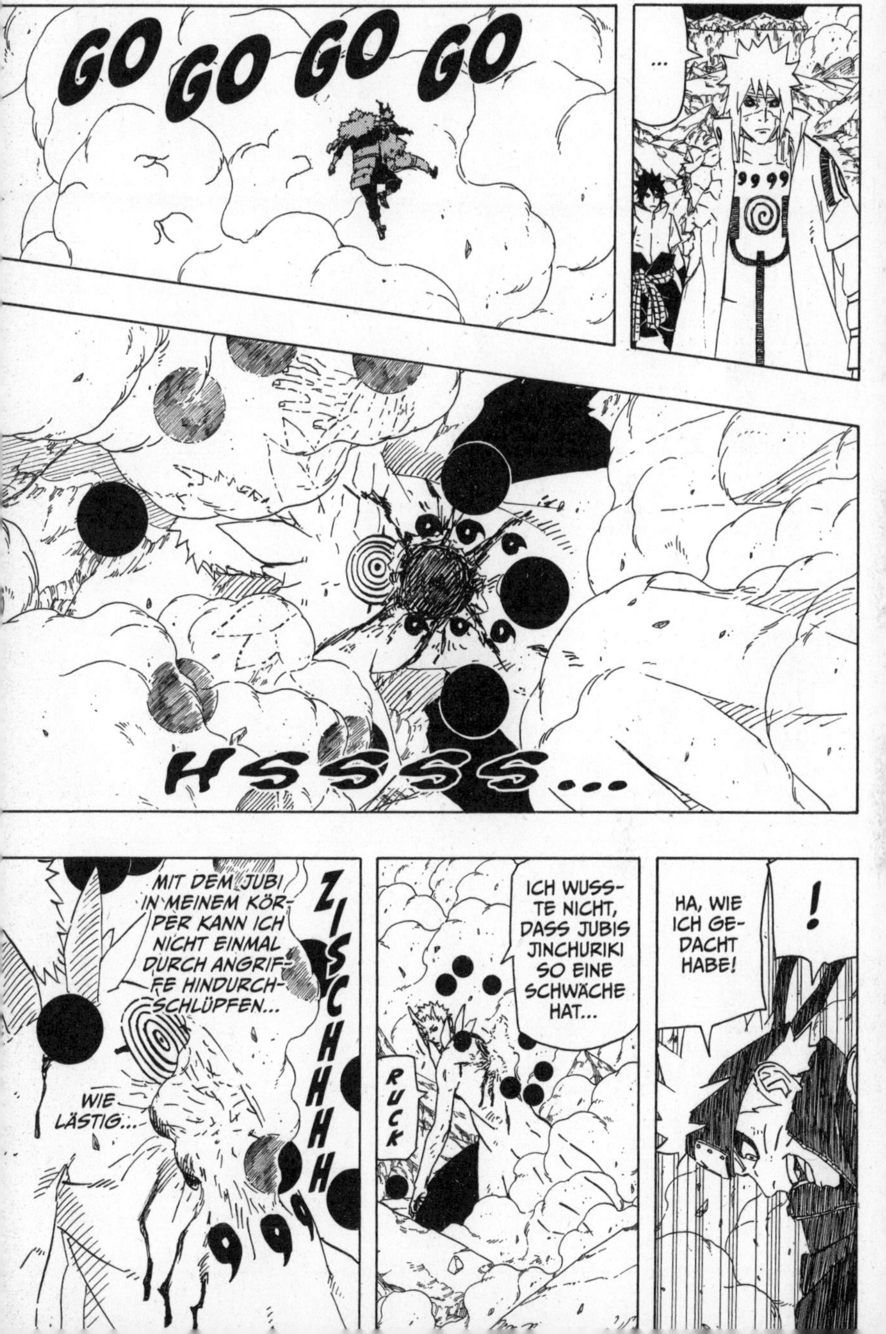
...
GO GO GO GO GO
HSSSS...
!
HA, WIE ICH GEDACHT HABE!
ICH WUSSTE NICHT, DASS JUBIS JINCHURIKI SO EINE SCHWÄCHE HAT...
RUCK
ZISCHHHHH
MIT DEM JUBI IN MEINEM KÖRPER KANN ICH NICHT EINMAL DURCH ANGRIFFE HINDURCHSCHLÜPFEN...
WIE LÄSTIG...

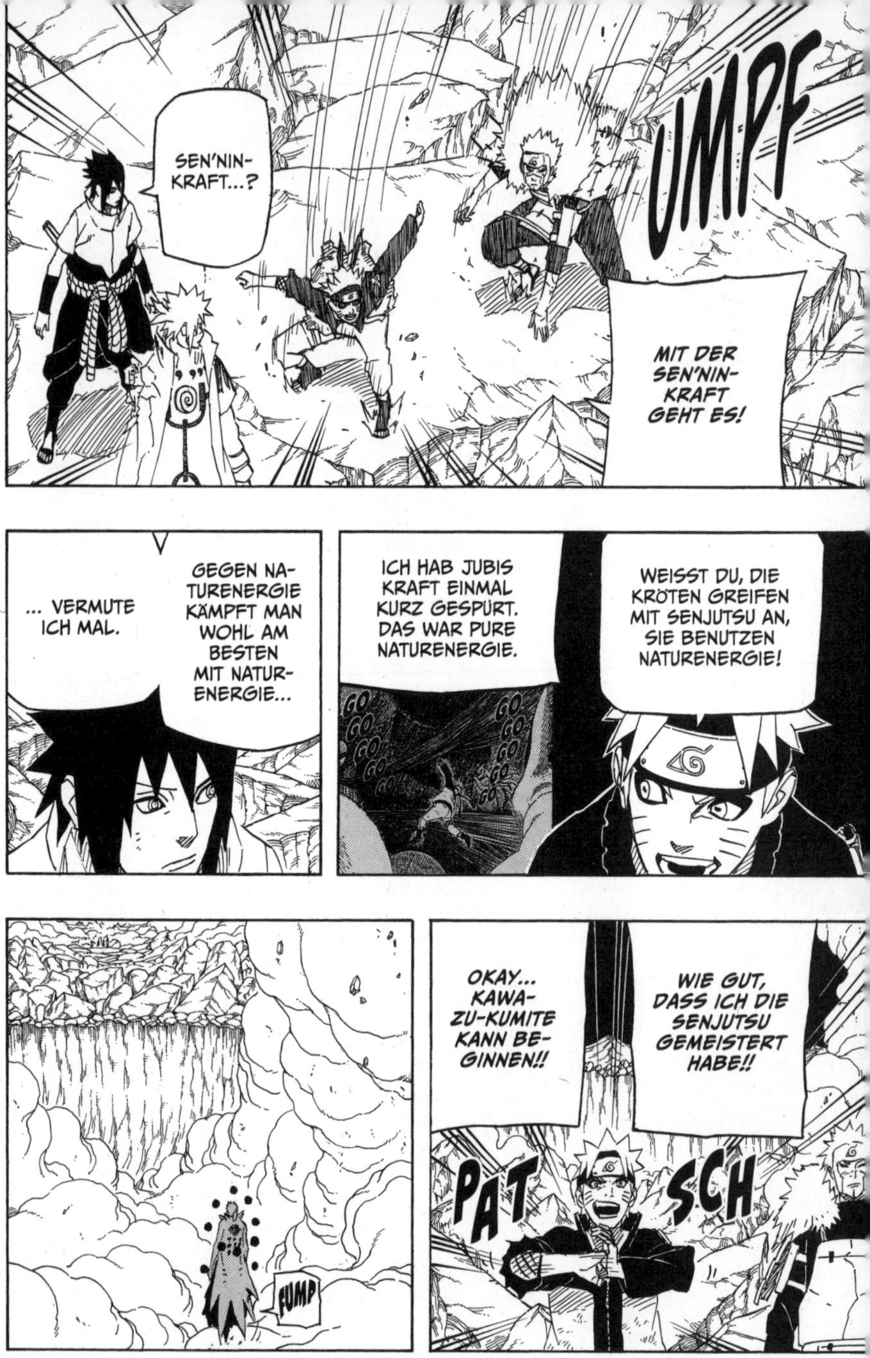
UMPF
MIT DER SEN'NIN-KRAFT GEHT ES!
SEN'NIN-KRAFT...?
WEISST DU, DIE KRÖTEN GREIFEN MIT SENJUTSU AN, SIE BENUTZEN NATURENERGIE!
ICH HAB JUBIS KRAFT EINMAL KURZ GESPÜRT. DAS WAR PURE NATURENERGIE.
GO GO GO GO GO
GEGEN NATURENERGIE KÄMPFT MAN WOHL AM BESTEN MIT NATURENERGIE...
... VERMUTE ICH MAL.
WIE GUT, DASS ICH DIE SENJUTSU GEMEISTERT HABE!!
OKAY... KAWAZU-KUMITE KANN BEGINNEN!!
PATSCH
FUMP

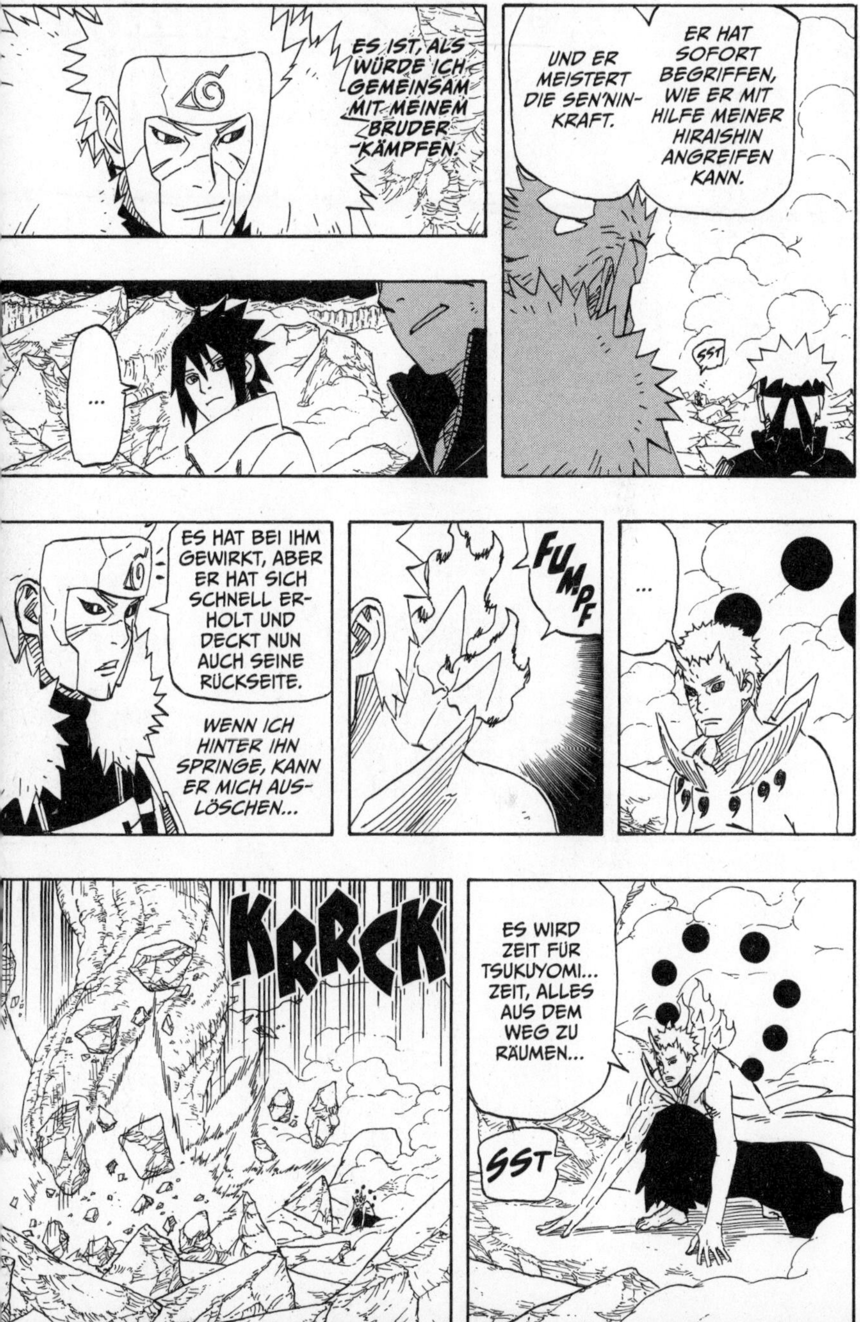

ER HAT SOFORT BEGRIFFEN, WIE ER MIT HILFE MEINER HIRAISHIN ANGREIFEN KANN.
UND ER MEISTERT DIE SEN'NIN-KRAFT.
SST
ES IST, ALS WÜRDE ICH GEMEINSAM MIT MEINEM BRUDER KÄMPFEN.
...
...
FUMPF
ES HAT BEI IHM GEWIRKT, ABER ER HAT SICH SCHNELL ERHOLT UND DECKT NUN AUCH SEINE RÜCKSEITE.
WENN ICH HINTER IHN SPRINGE, KANN ER MICH AUSLÖSCHEN...
ES WIRD ZEIT FÜR TSUKUYOMI... ZEIT, ALLES AUS DEM WEG ZU RÄUMEN...
SST
KRRCK

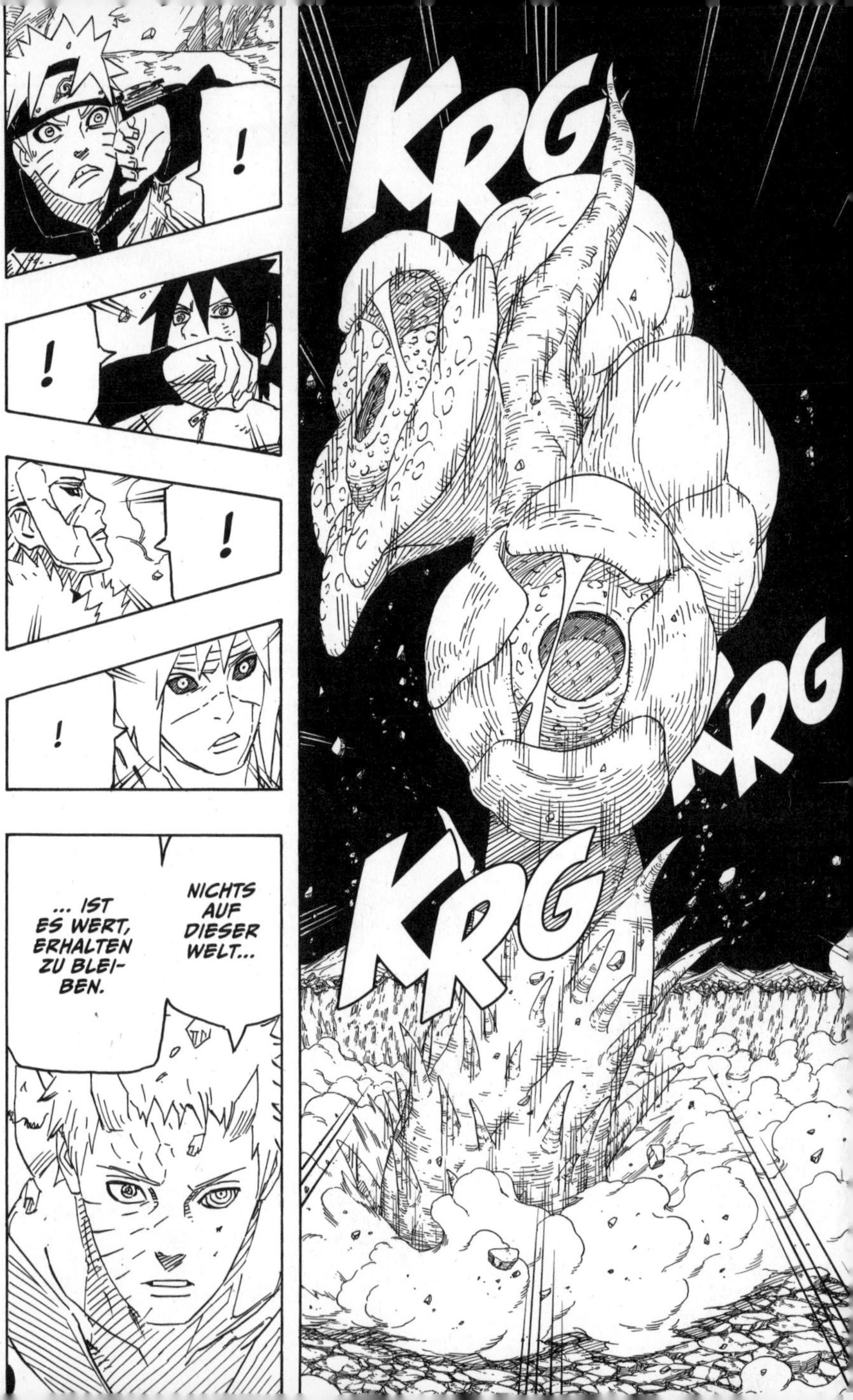
!
!
!
!
KRG
KRG
KRG
NICHTS AUF DIESER WELT...
... IST ES WERT, ERHALTEN ZU BLEI-BEN.

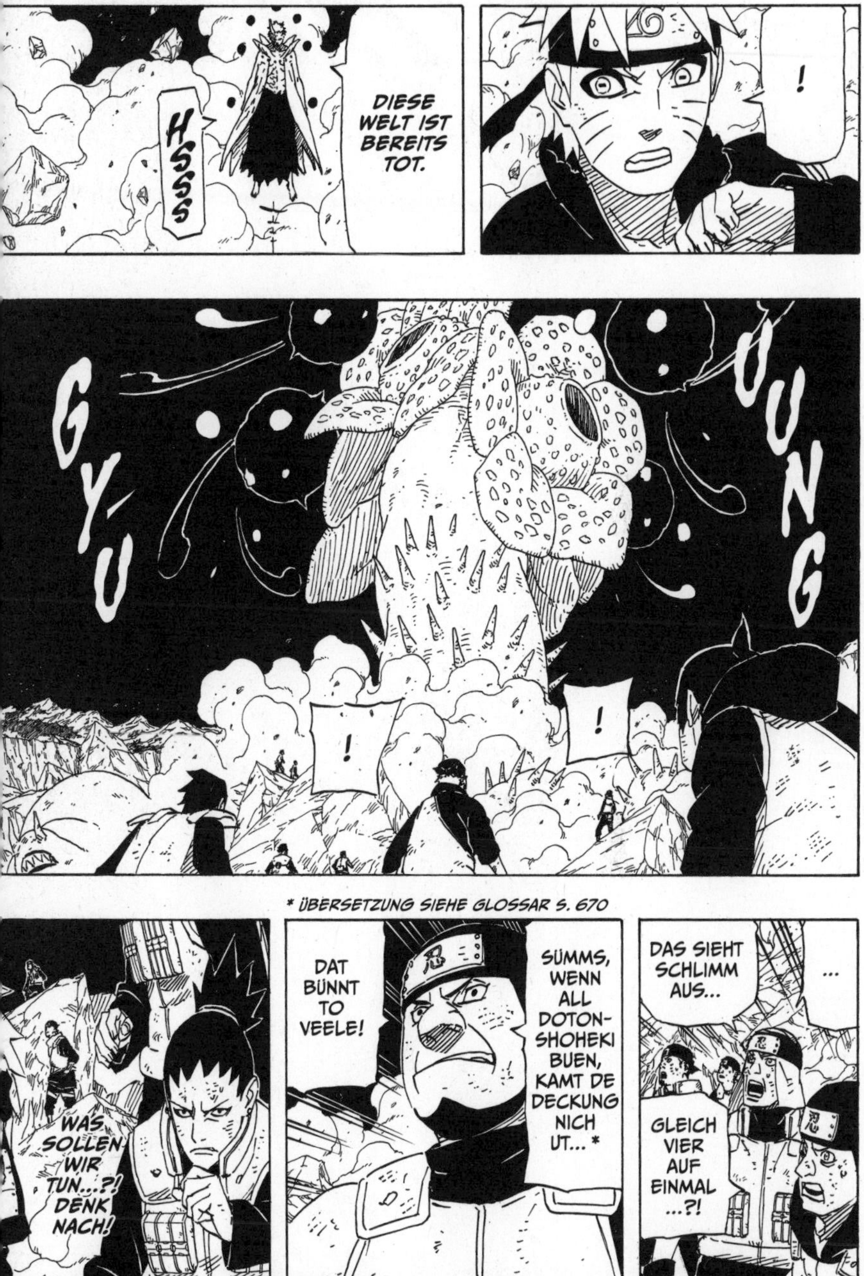

* ÜBERSETZUNG SIEHE GLOSSAR S. 670

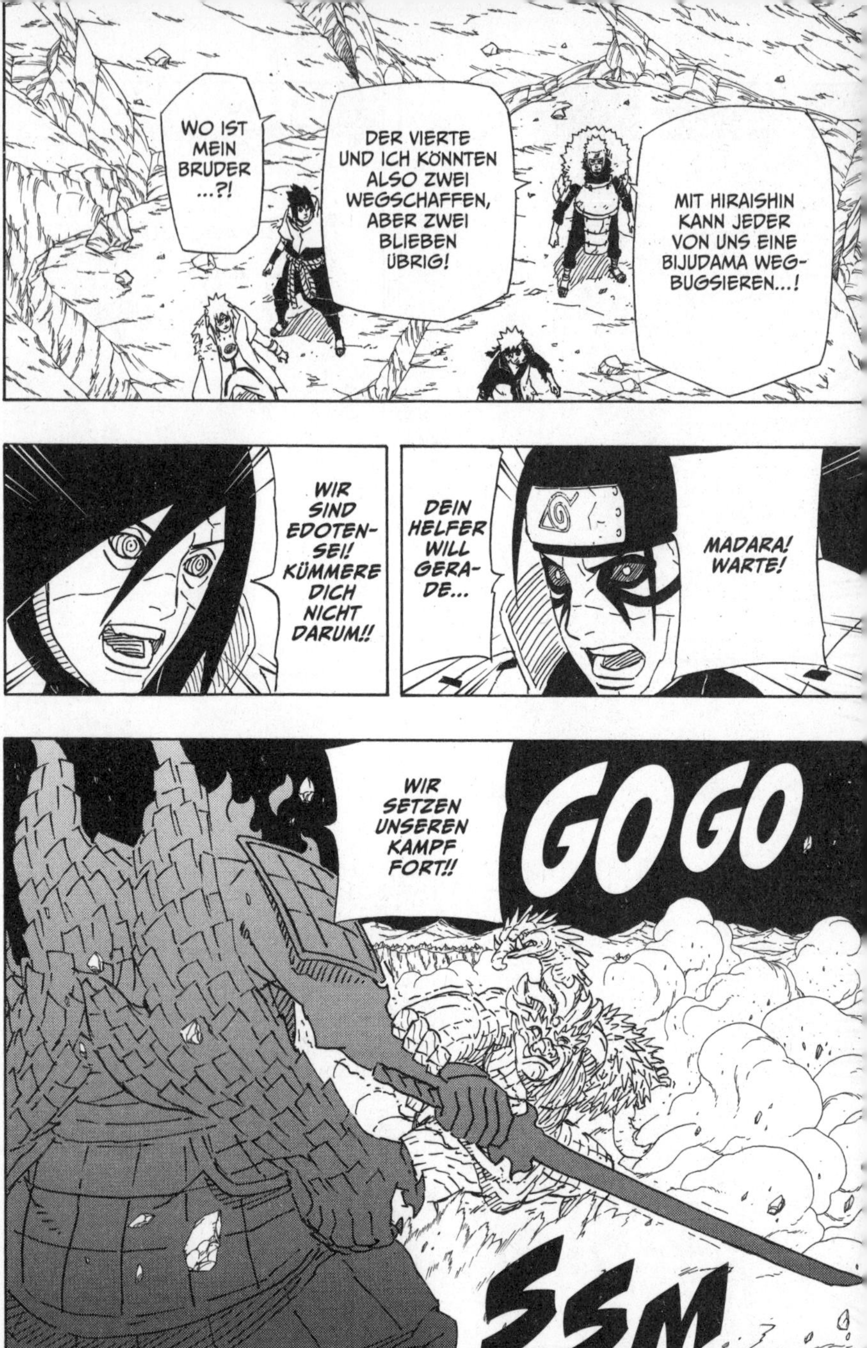
MIT HIRAISHIN KANN JEDER VON UNS EINE BIJUDAMA WEGBUGSIEREN...!
DER VIERTE UND ICH KÖNNTEN ALSO ZWEI WEGSCHAFFEN, ABER ZWEI BLIEBEN ÜBRIG!
WO IST MEIN BRUDER ...?!
MADARA! WARTE!
DEIN HELFER WILL GERADE...
WIR SIND EDOTENSEI! KÜMMERE DICH NICHT DARUM!!
GOGO
WIR SETZEN UNSEREN KAMPF FORT!!
SSM

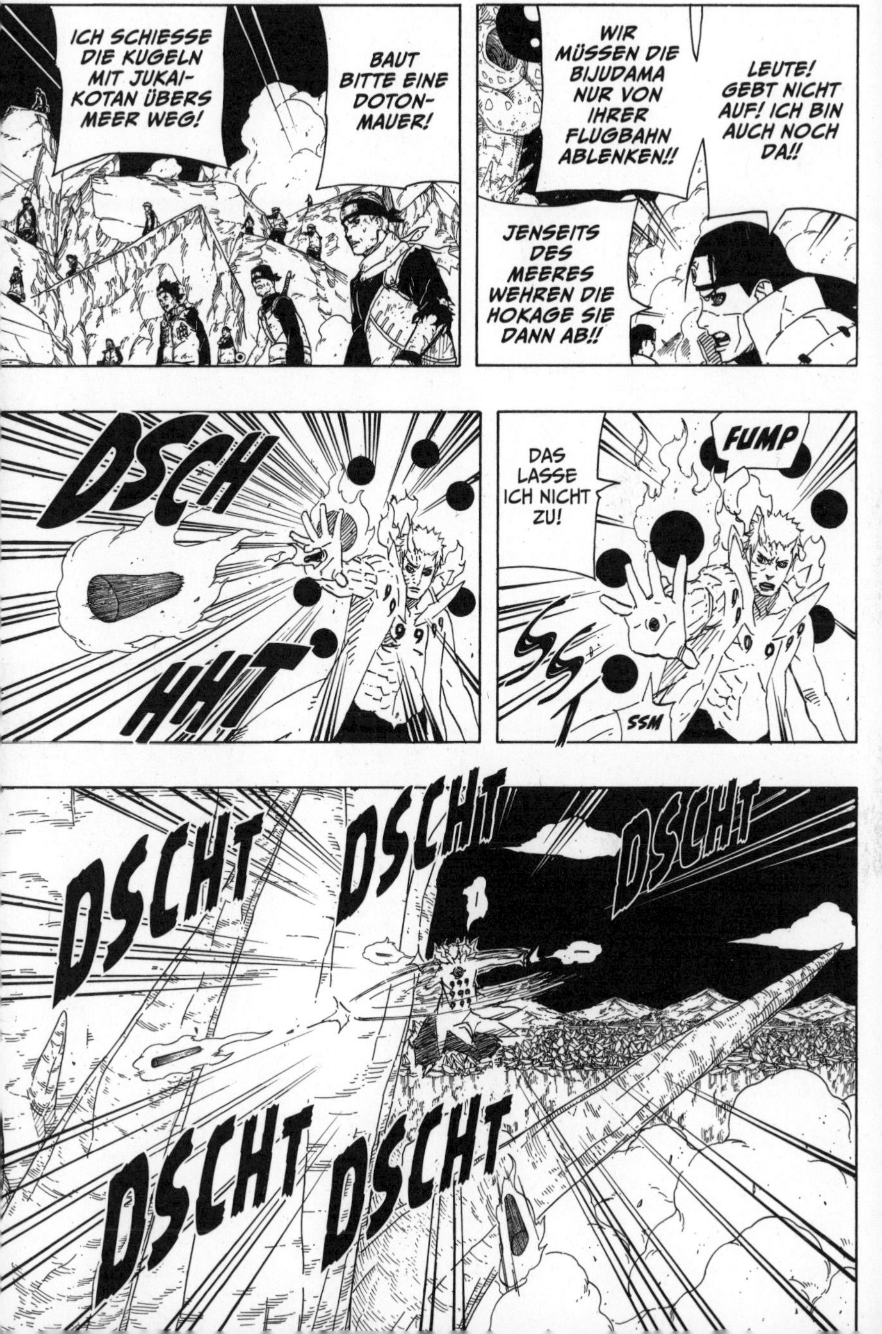
LEUTE! GEBT NICHT AUF! ICH BIN AUCH NOCH DA!!
WIR MÜSSEN DIE BIJUDAMA NUR VON IHRER FLUGBAHN ABLENKEN!!
JENSEITS DES MEERES WEHREN DIE HOKAGE SIE DANN AB!!
BAUT BITTE EINE DOTON-MAUER!
ICH SCHIESSE DIE KUGELN MIT JUKAI-KOTAN ÜBERS MEER WEG!
FUMP
DAS LASSE ICH NICHT ZU!
SSM
DSCH
HHT
DSCHT
DSCHT
DSCHT
DSCHT
DSCHT

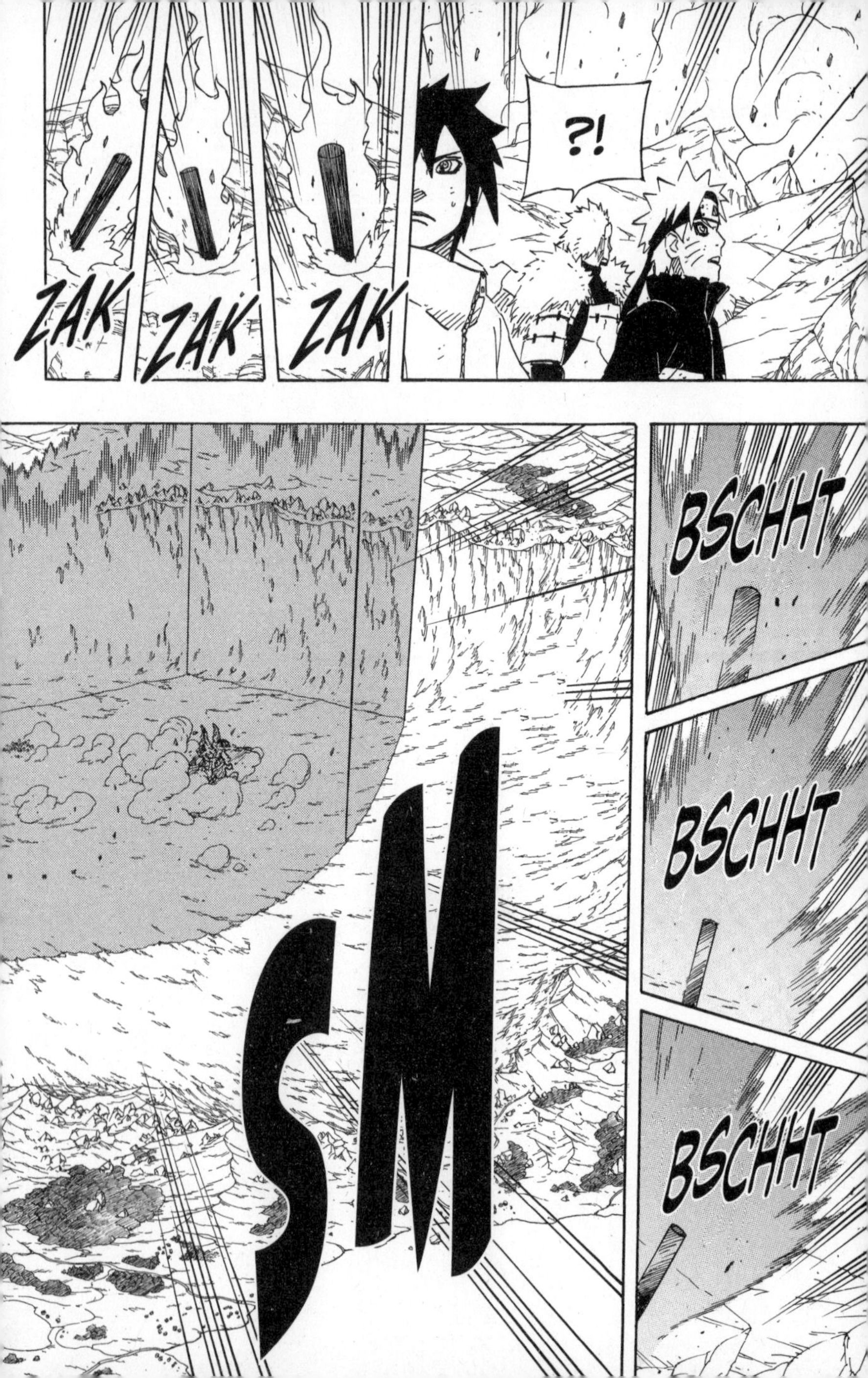

?!
ZAK
ZAK
ZAK
BSCHHT
BSCHHT
BSCHHT
SM

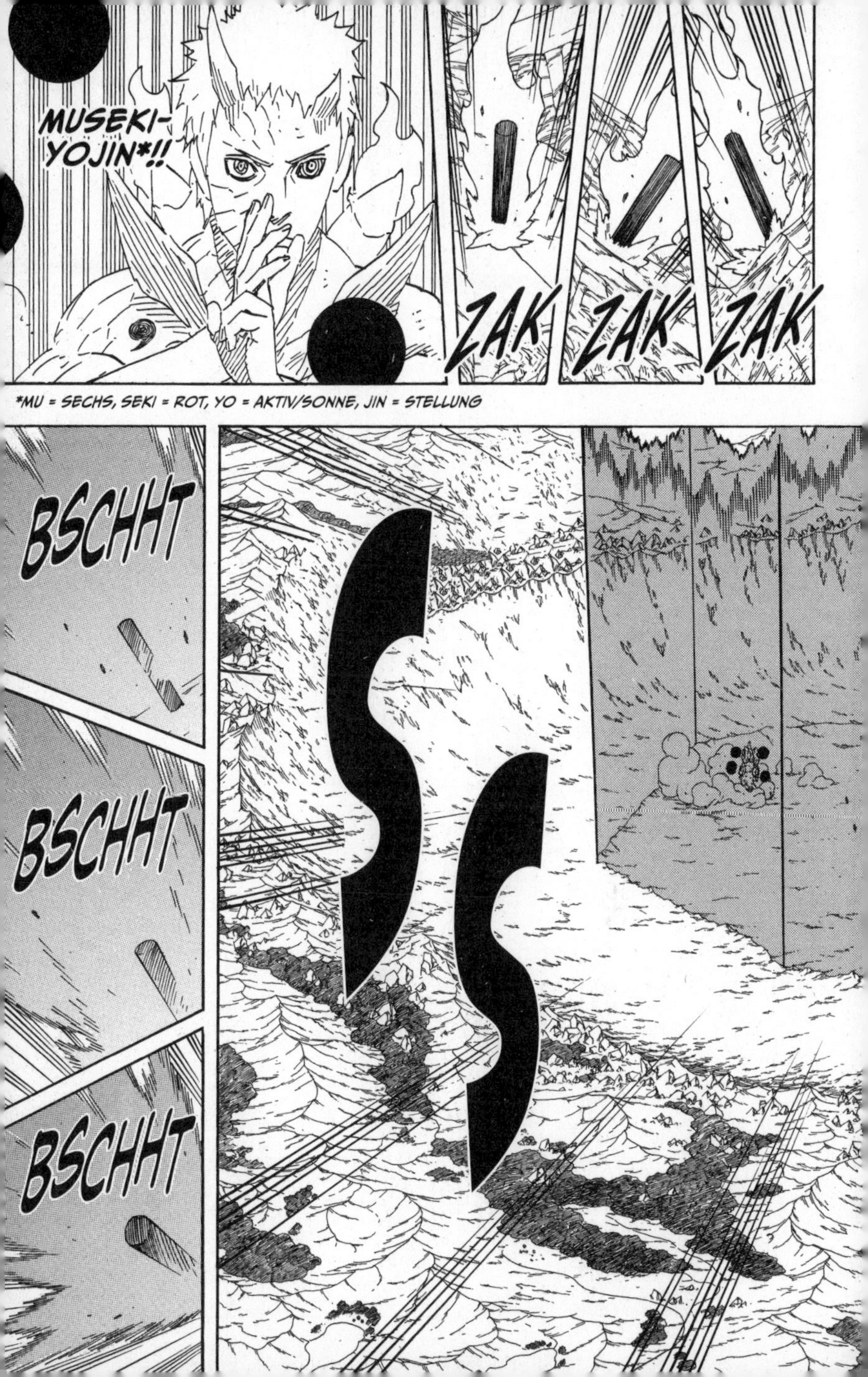
MUSEKI-YOJIN*!!
ZAK
ZAK
ZAK
*MU = SECHS, SEKI = ROT, YO = AKTIV/SONNE, JIN = STELLUNG
BSCHHT
BSCHHT
BSCHHT

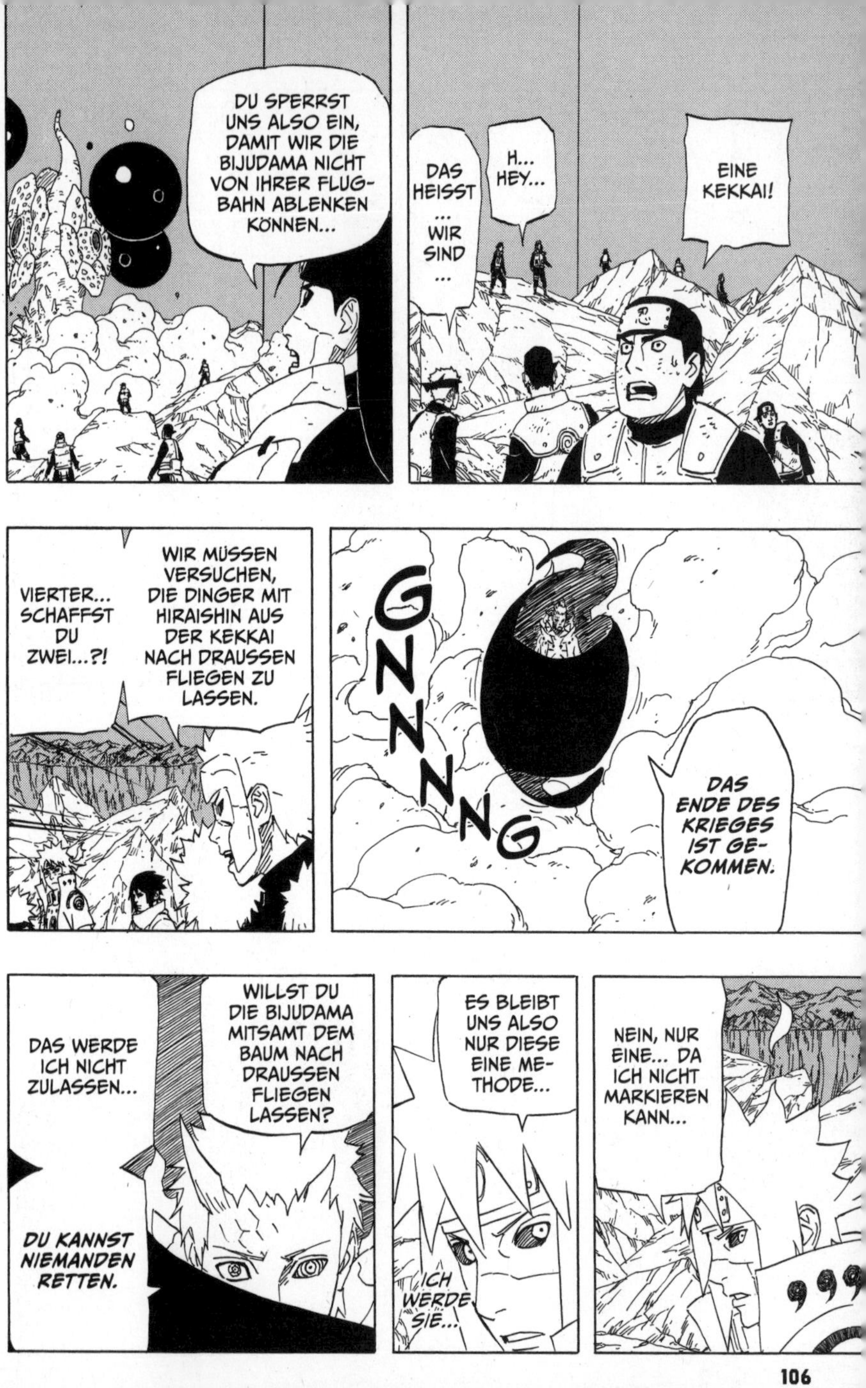

EINE KEKKAI!
H... HEY...
DAS HEISST ... WIR SIND ...
DU SPERRST UNS ALSO EIN, DAMIT WIR DIE BIJUDAMA NICHT VON IHRER FLUGBAHN ABLENKEN KÖNNEN...
DAS ENDE DES KRIEGES IST GEKOMMEN.
GNNNG
WIR MÜSSEN VERSUCHEN, DIE DINGER MIT HIRAISHIN AUS DER KEKKAI NACH DRAUSSEN FLIEGEN ZU LASSEN.
VIERTER... SCHAFFST DU ZWEI...?!
NEIN, NUR EINE... DA ICH NICHT MARKIEREN KANN...
ES BLEIBT UNS ALSO NUR DIESE EINE METHODE...
ICH WERDE SIE...
WILLST DU DIE BIJUDAMA MITSAMT DEM BAUM NACH DRAUSSEN FLIEGEN LASSEN?
DAS WERDE ICH NICHT ZULASSEN...
DU KANNST NIEMANDEN RETTEN.

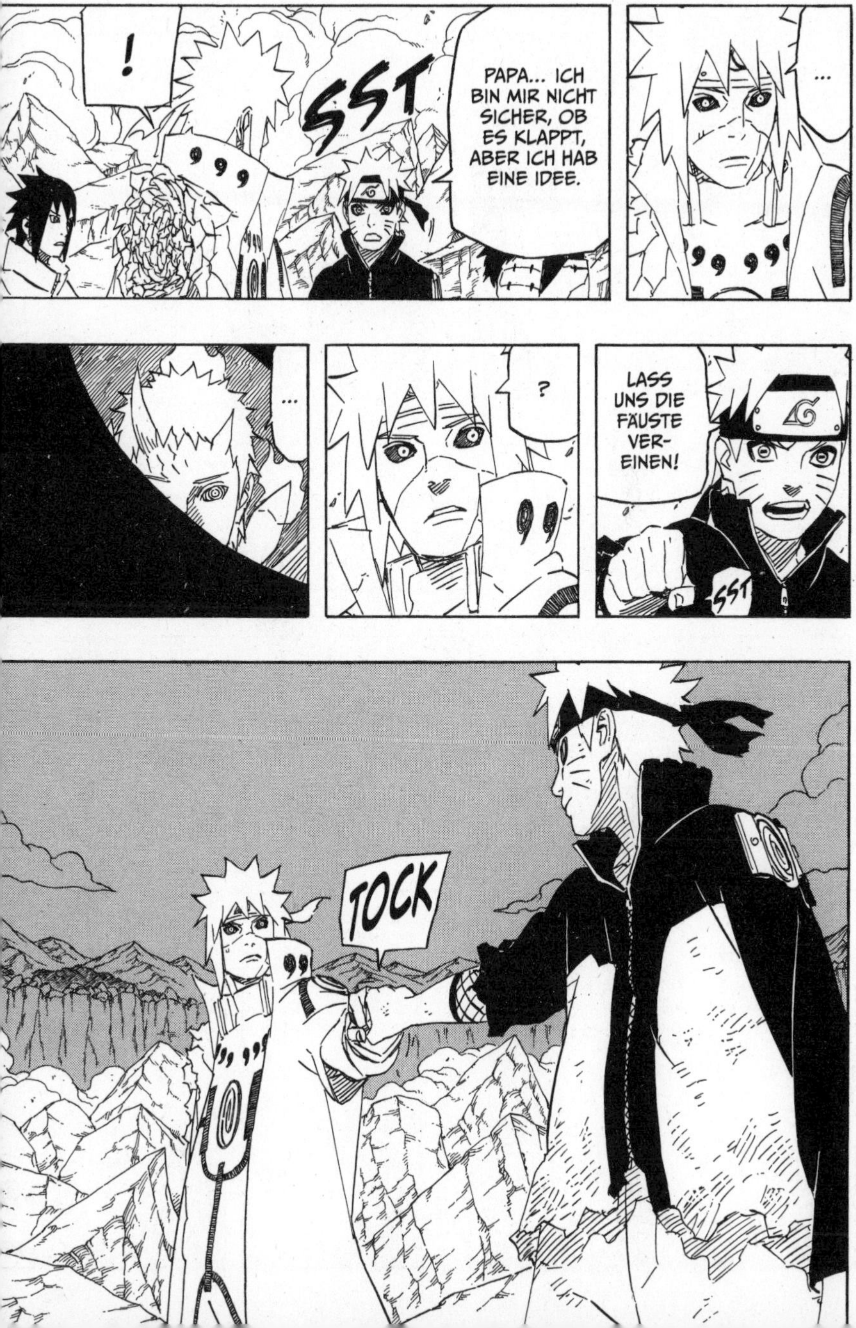

...
PAPA... ICH BIN MIR NICHT SICHER, OB ES KLAPPT, ABER ICH HAB EINE IDEE.
SST
!
LASS UNS DIE FÄUSTE VER-EINEN!
SST
?
...
TOCK

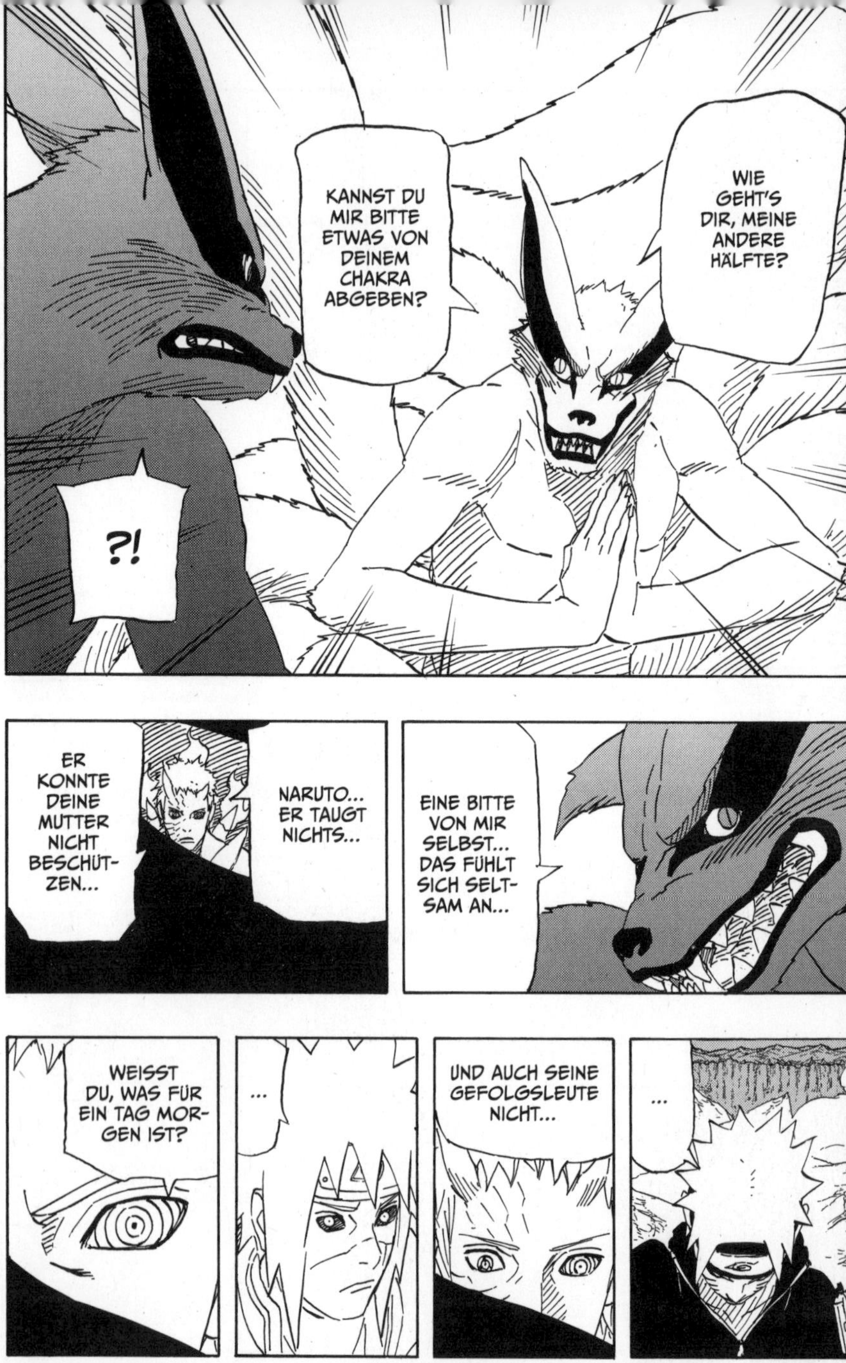
WIE GEHT'S DIR, MEINE ANDERE HÄLFTE?
KANNST DU MIR BITTE ETWAS VON DEINEM CHAKRA ABGEBEN?
?!
EINE BITTE VON MIR SELBST... DAS FÜHLT SICH SELTSAM AN...
NARUTO... ER TAUGT NICHTS...
ER KONNTE DEINE MUTTER NICHT BESCHÜTZEN...
...
UND AUCH SEINE GEFOLGSLEUTE NICHT...
...
WEISST DU, WAS FÜR EIN TAG MORGEN IST?

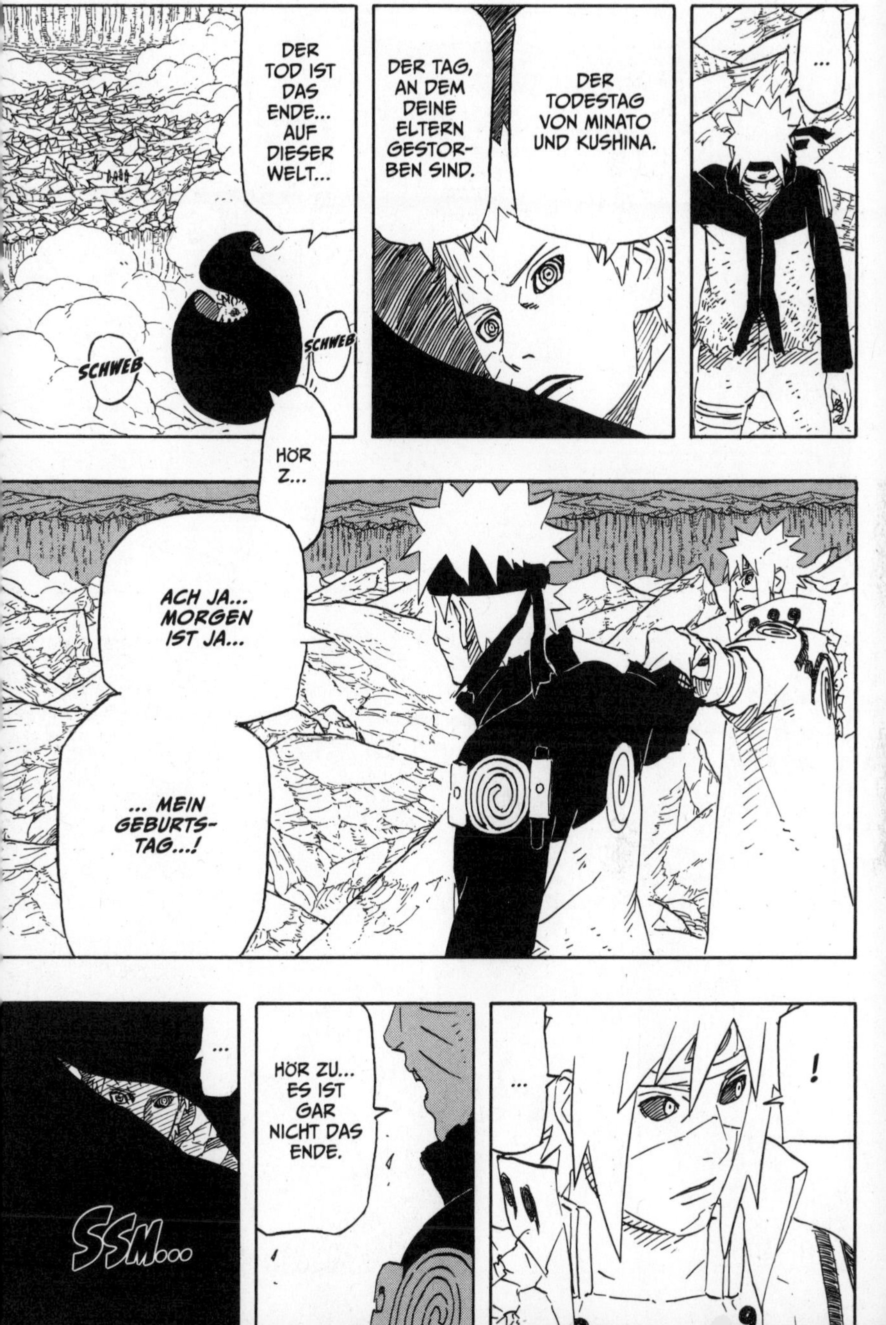
...
DER TODESTAG VON MINATO UND KUSHINA.
DER TAG, AN DEM DEINE ELTERN GESTORBEN SIND.
DER TOD IST DAS ENDE... AUF DIESER WELT...
SCHWEB
SCHWEB
HÖR Z...
ACH JA... MORGEN IST JA...
... MEIN GEBURTSTAG...!
!
...
HÖR ZU... ES IST GAR NICHT DAS ENDE.
...
SSM...

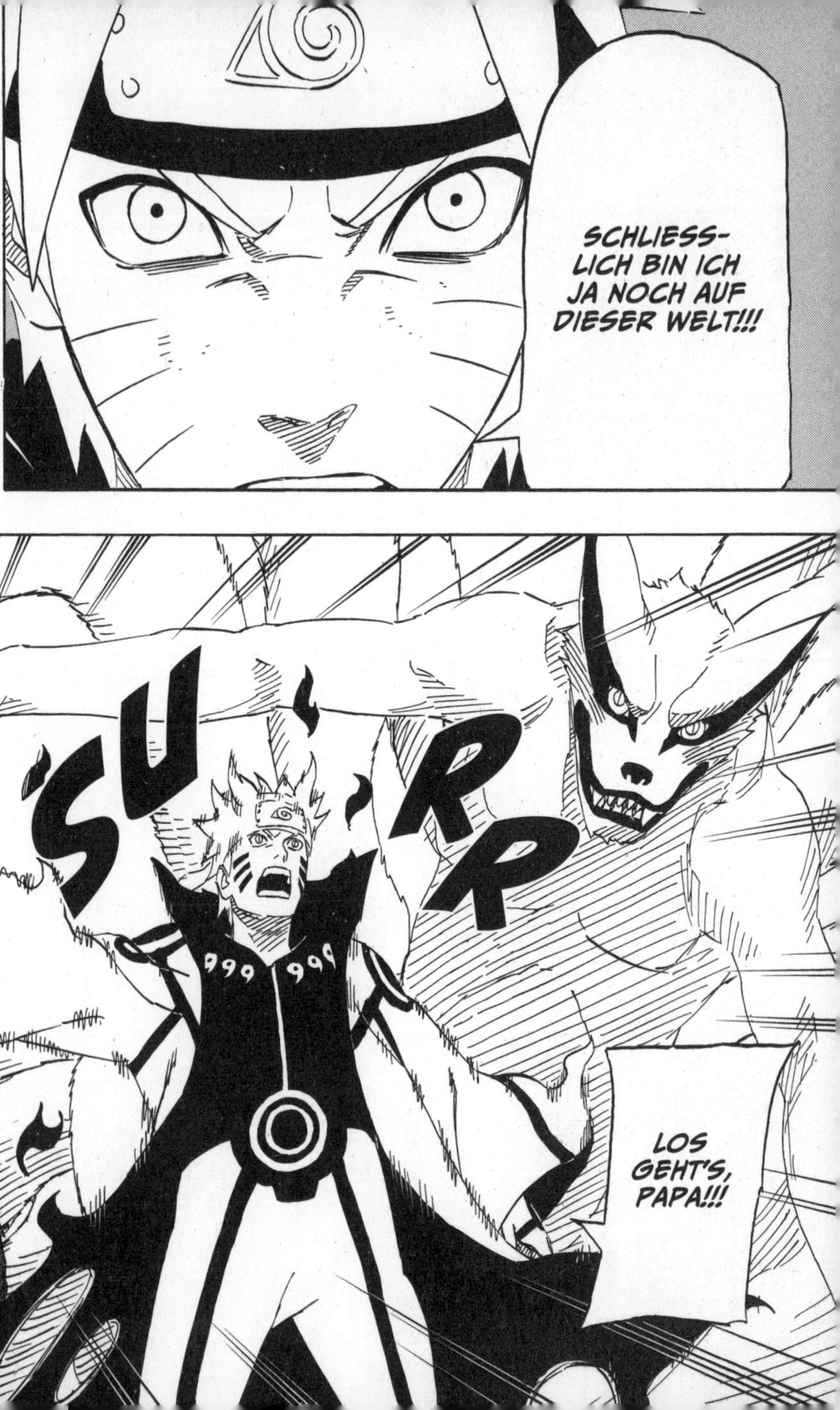
SCHLIESS-
LICH BIN ICH
JA NOCH AUF
DIESER WELT!!!
SURR
LOS
GEHT'S,
PAPA!!!

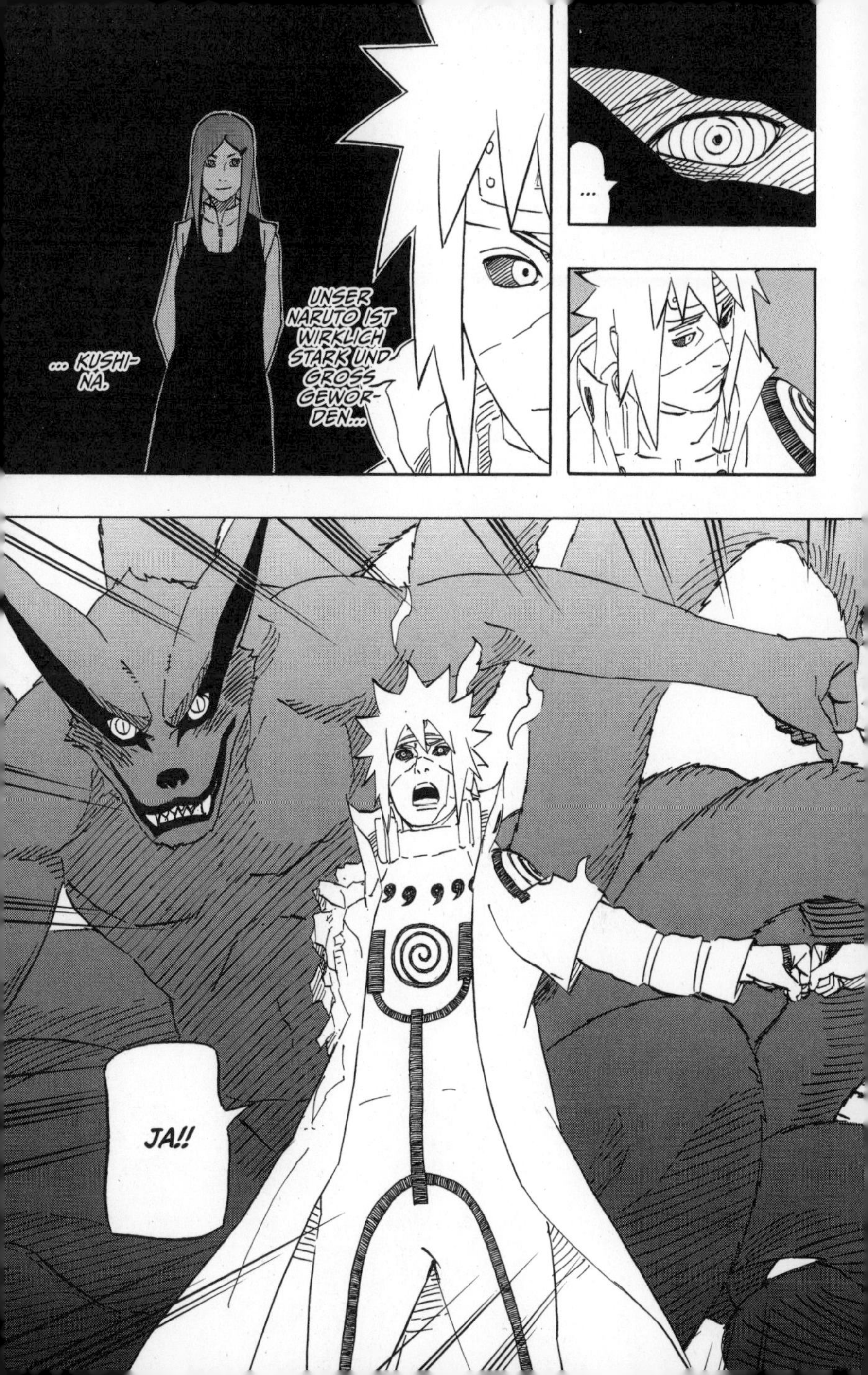
...
UNSER NARUTO IST WIRKLICH STARK UND GROSS GEWORDEN...
... KUSHI-NA.
JA!!

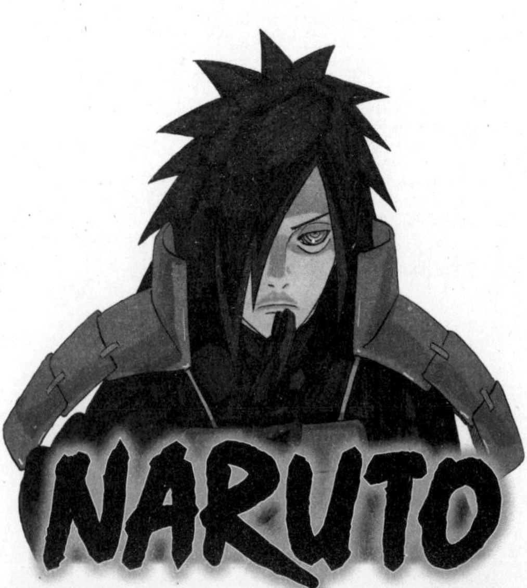
NARUTO

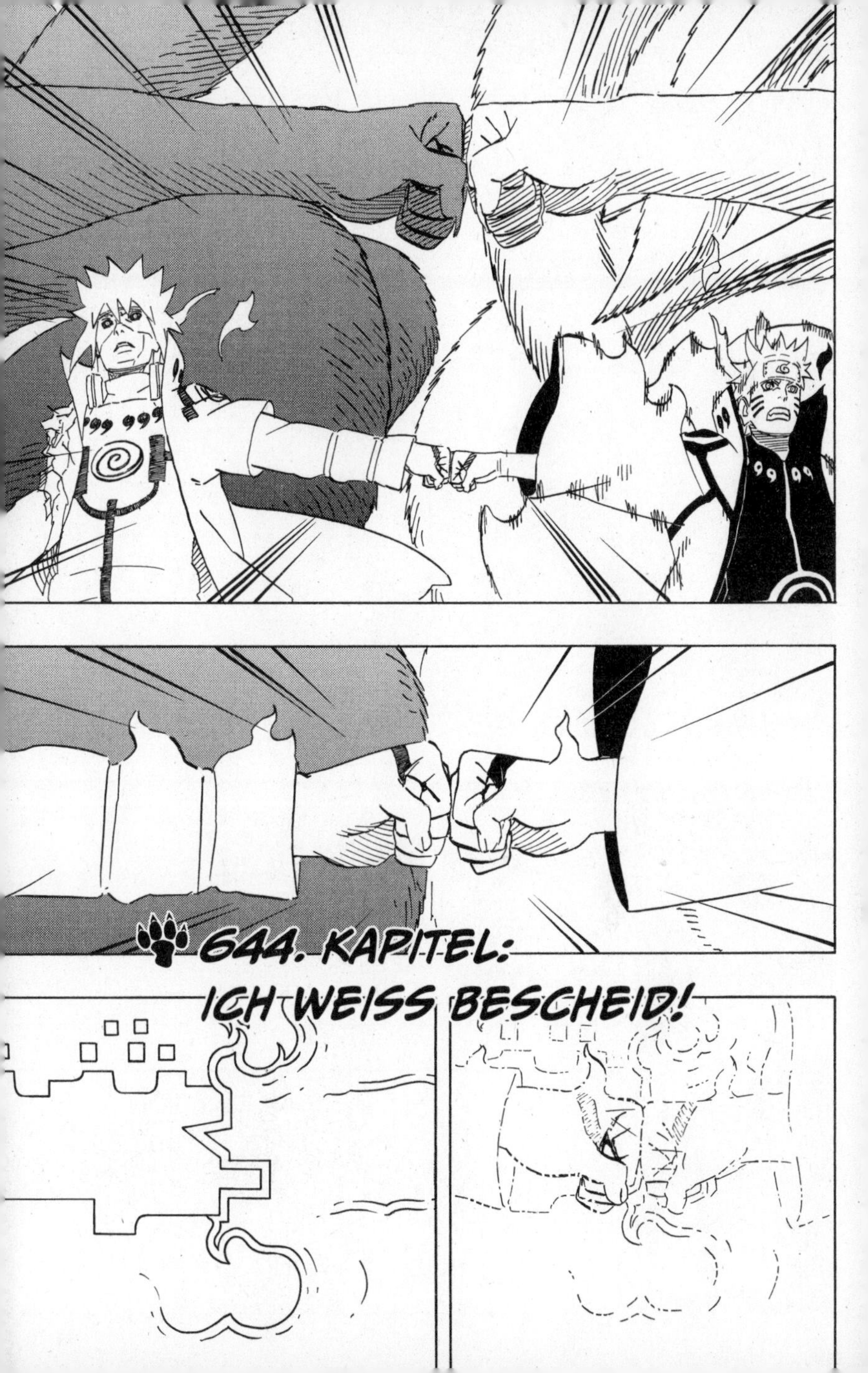
644. KAPITEL:
ICH WEISS BESCHEID!

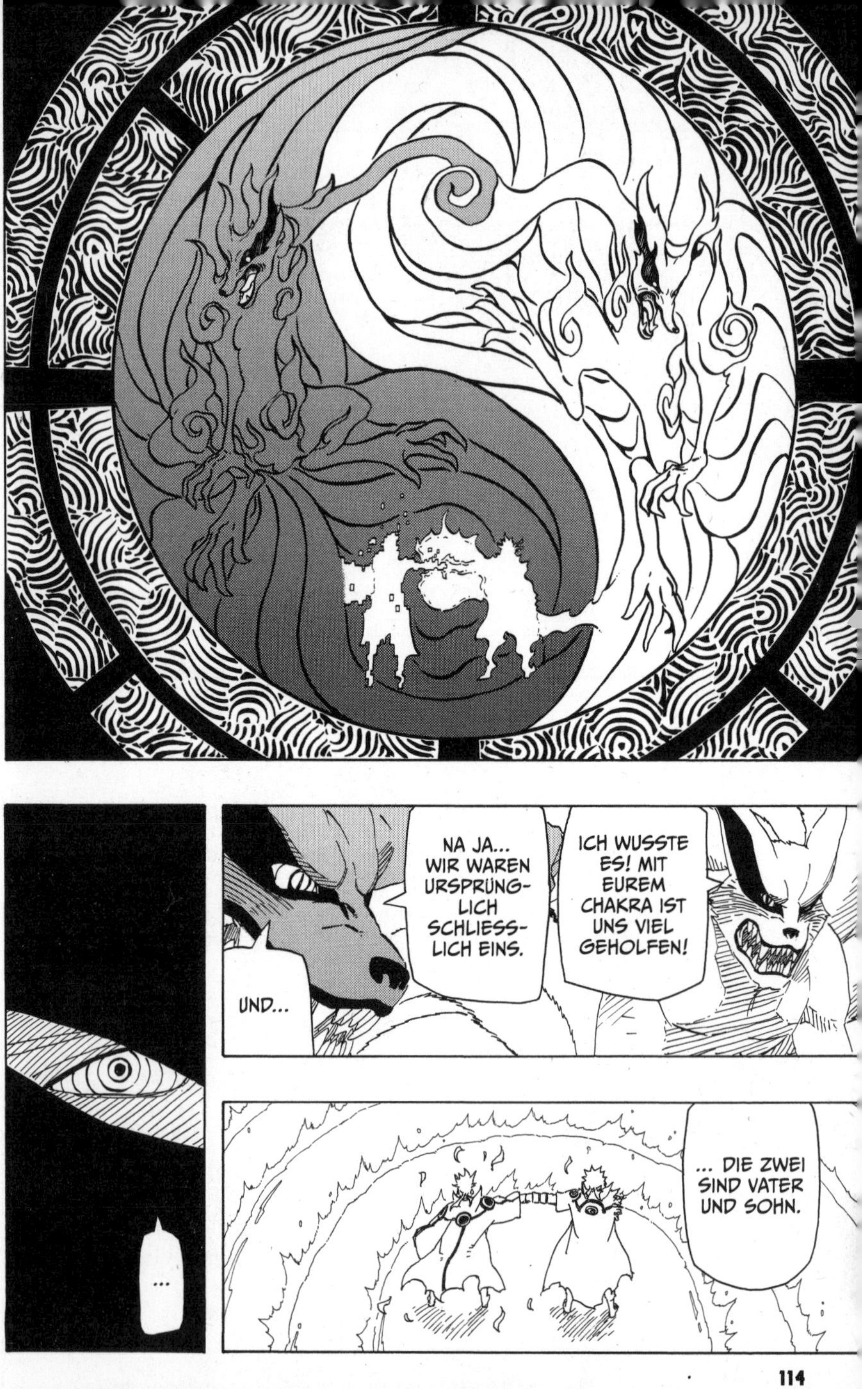

NA JA... WIR WAREN URSPRÜNGLICH SCHLIESSLICH EINS.
ICH WUSSTE ES! MIT EUREM CHAKRA IST UNS VIEL GEHOLFEN!
UND...
...
... DIE ZWEI SIND VATER UND SOHN.

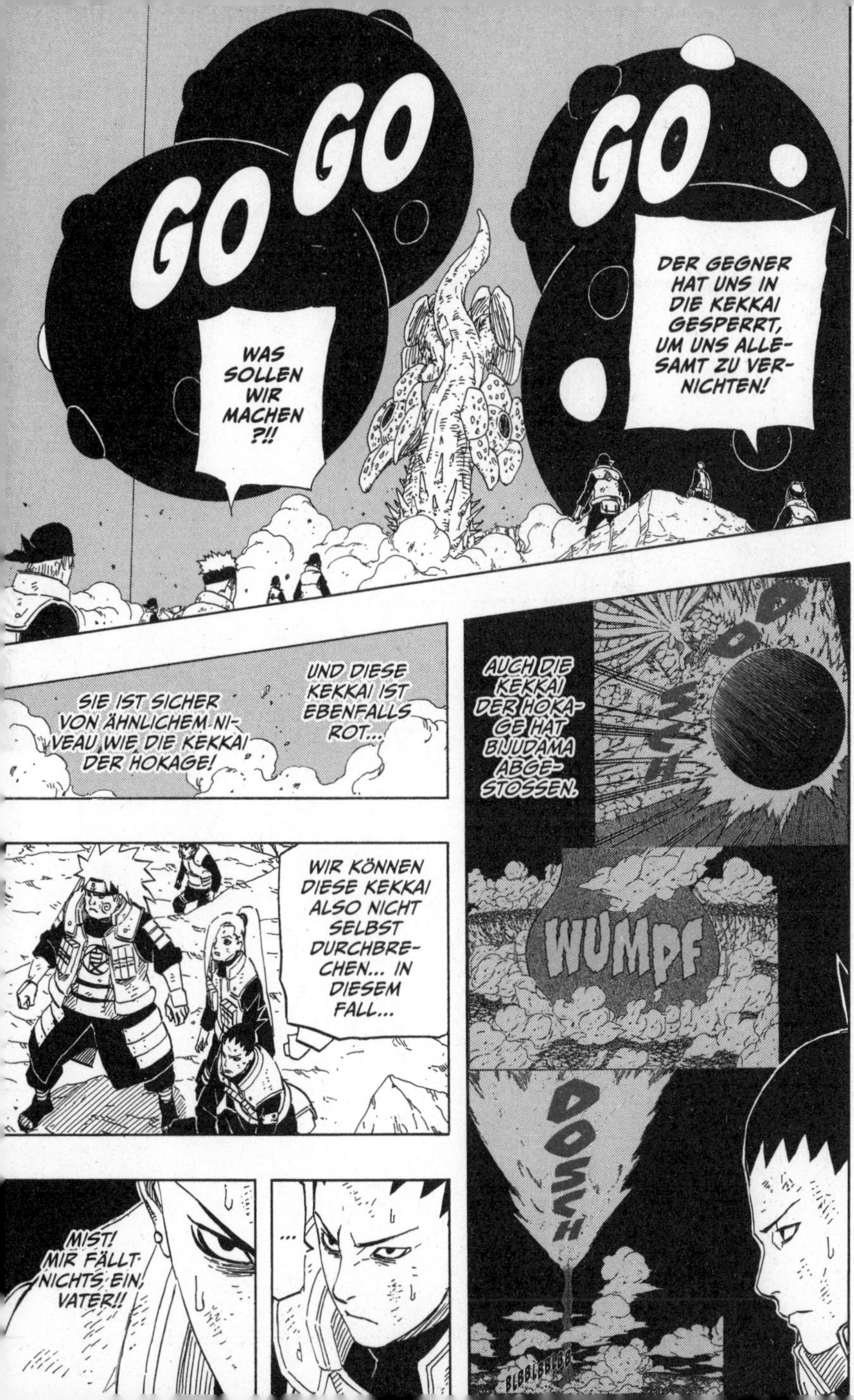
GO GO GO
DER GEGNER HAT UNS IN DIE KEKKAI GESPERRT, UM UNS ALLESAMT ZU VERNICHTEN!
WAS SOLLEN WIR MACHEN ?!!
AUCH DIE KEKKAI DER HOKAGE HAT BIJUDAMA ABGESTOSSEN.
DOOSCH
UND DIESE KEKKAI IST EBENFALLS ROT...
SIE IST SICHER VON ÄHNLICHEM NIVEAU WIE DIE KEKKAI DER HOKAGE!
WUMPF
WIR KÖNNEN DIESE KEKKAI ALSO NICHT SELBST DURCHBRECHEN... IN DIESEM FALL...
DOOSCH
BLBBLBBLBB
...
MIST! MIR FÄLLT NICHTS EIN, VATER!!

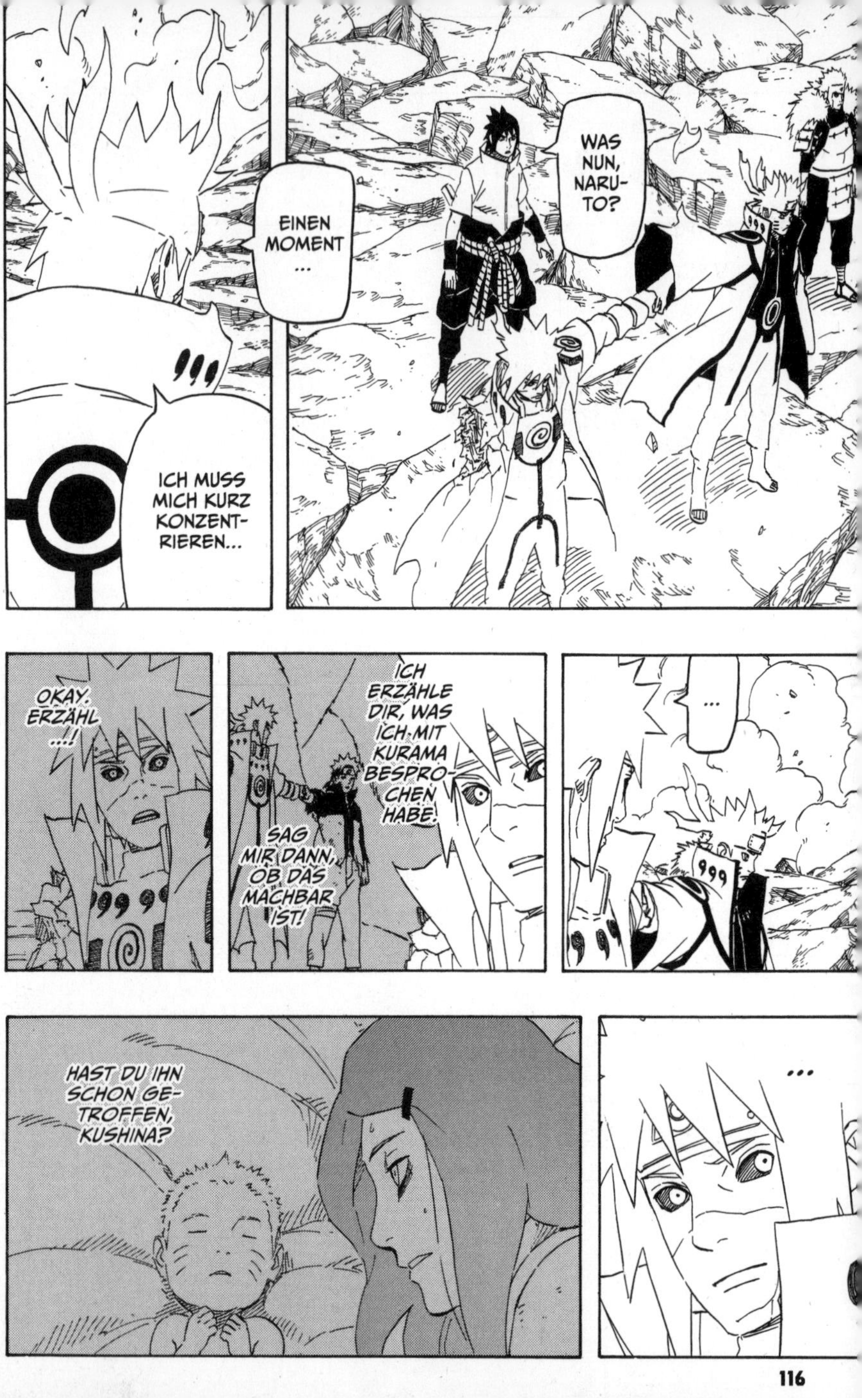
WAS NUN, NARU-TO?
EINEN MOMENT ...
ICH MUSS MICH KURZ KONZENT-RIEREN...
...
ICH ERZÄHLE DIR, WAS ICH MIT KURAMA BESPRO-CHEN HABE!
SAG MIR DANN, OB DAS MACHBAR IST!
OKAY. ERZÄHL ...!
...
HAST DU IHN SCHON GE-TROFFEN, KUSHINA?

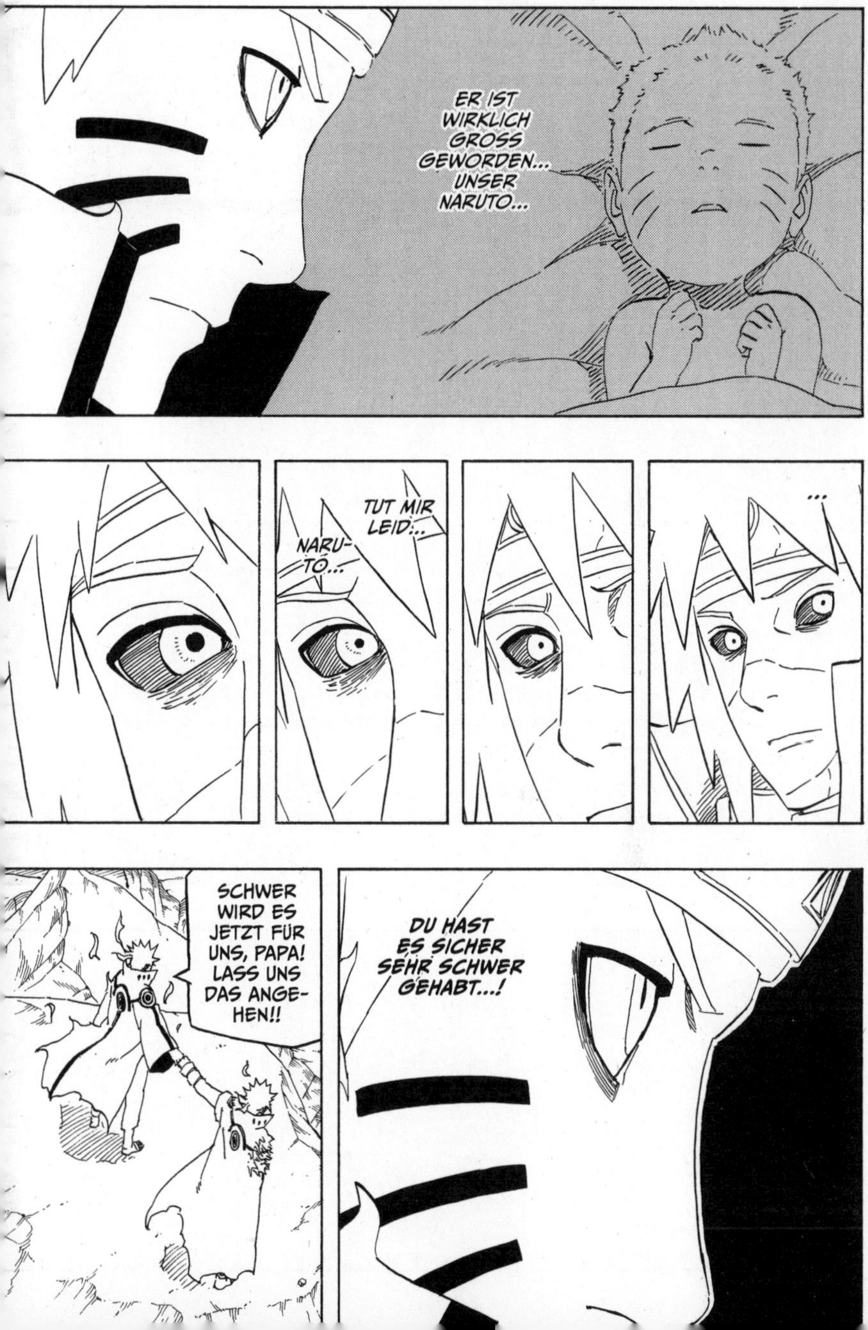
ER IST WIRKLICH GROSS GEWORDEN... UNSER NARUTO...
...
TUT MIR LEID...
NARU-TO...
DU HAST ES SICHER SEHR SCHWER GEHABT...!
SCHWER WIRD ES JETZT FÜR UNS, PAPA! LASS UNS DAS ANGE-HEN!!

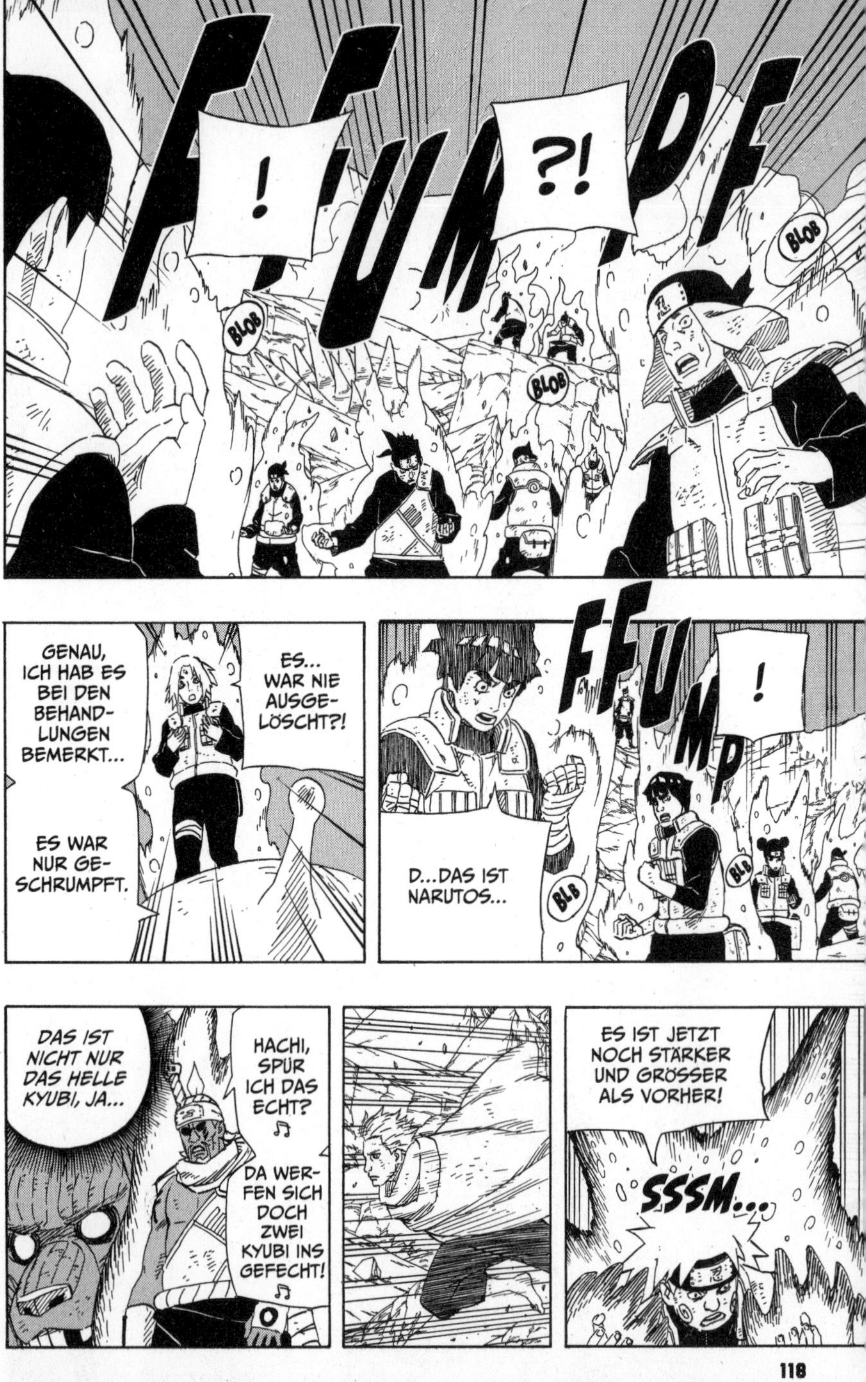
FFUMPF
?!
!
BLOB
BLOB
BLOB
FFUMP
!
D...DAS IST NARUTOS...
BLB
BLB
ES... WAR NIE AUSGE-LÖSCHT?!
GENAU, ICH HAB ES BEI DEN BEHAND-LUNGEN BEMERKT...
ES WAR NUR GE-SCHRUMPFT.
ES IST JETZT NOCH STÄRKER UND GRÖSSER ALS VORHER!
SSSM...
HACHI, SPÜR ICH DAS ECHT? ♫
DA WER-FEN SICH DOCH ZWEI KYUBI INS GEFECHT! ♫
DAS IST NICHT NUR DAS HELLE KYUBI, JA...

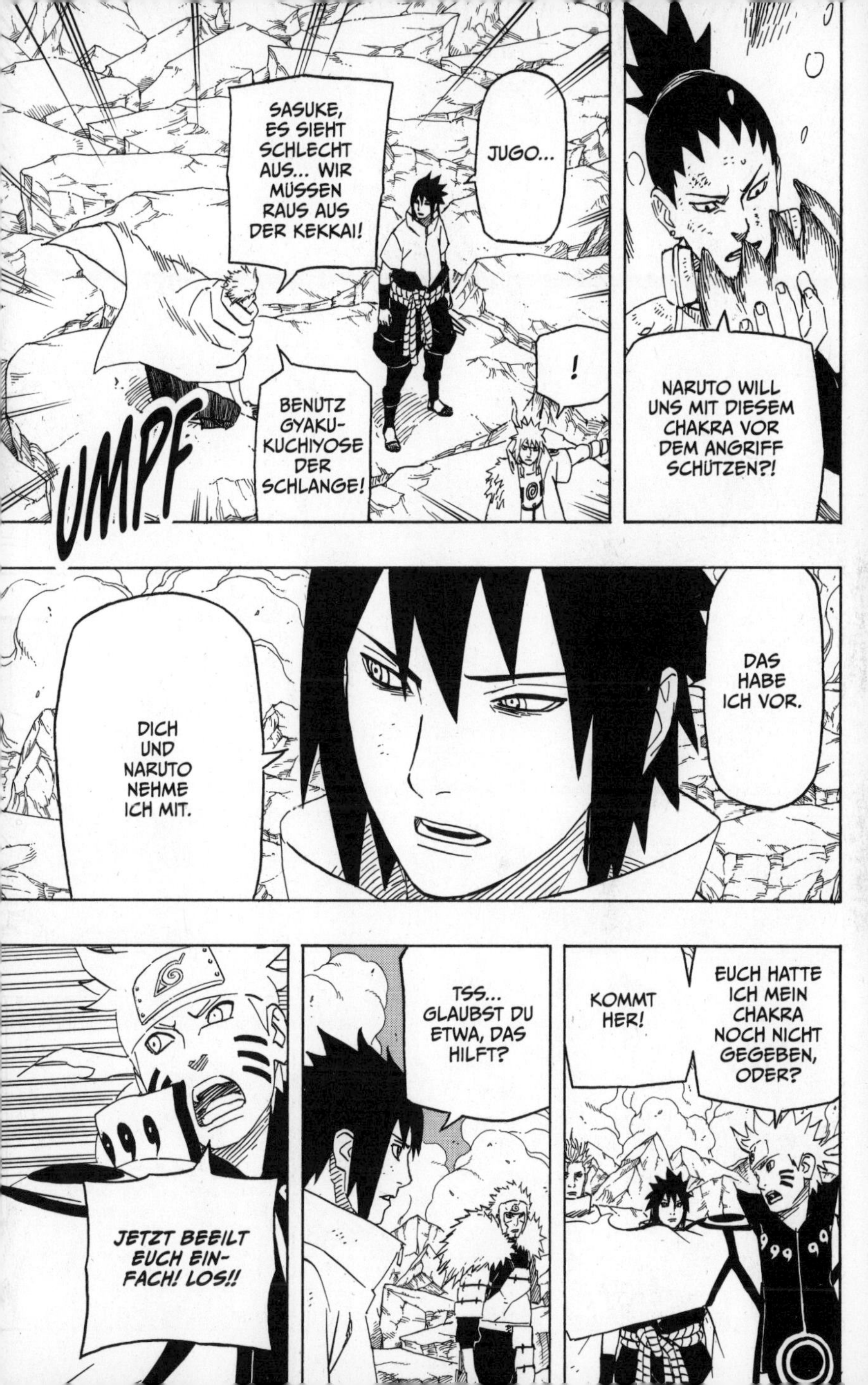
JUGO...
SASUKE, ES SIEHT SCHLECHT AUS... WIR MÜSSEN RAUS AUS DER KEKKAI!
!
BENUTZ GYAKU-KUCHIYOSE DER SCHLANGE!
UMPF
NARUTO WILL UNS MIT DIESEM CHAKRA VOR DEM ANGRIFF SCHÜTZEN?!
DAS HABE ICH VOR.
DICH UND NARUTO NEHME ICH MIT.
EUCH HATTE ICH MEIN CHAKRA NOCH NICHT GEGEBEN, ODER?
KOMMT HER!
TSS... GLAUBST DU ETWA, DAS HILFT?
JETZT BEEILT EUCH EIN-FACH! LOS!!

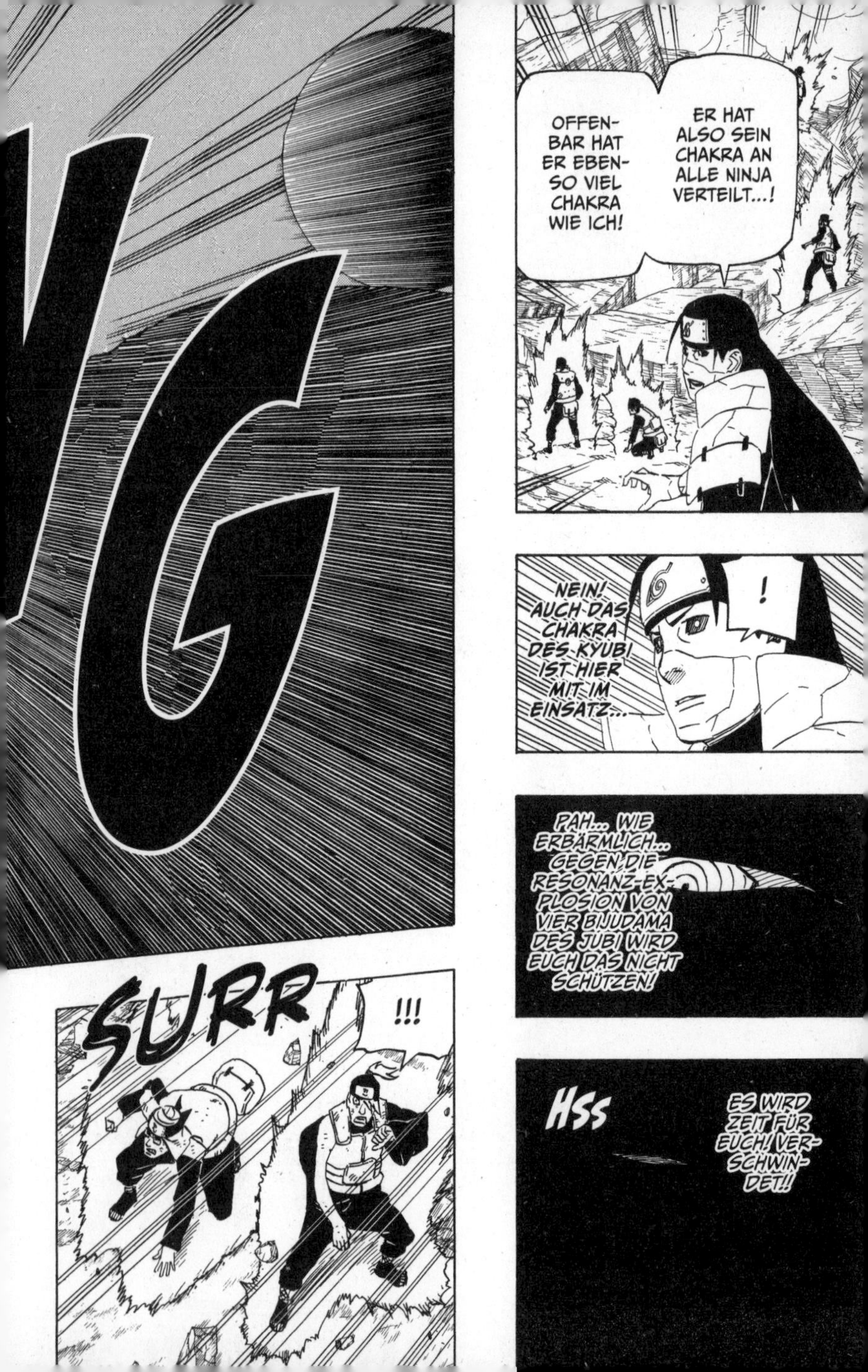
ER HAT ALSO SEIN CHAKRA AN ALLE NINJA VERTEILT...!
OFFENBAR HAT ER EBENSO VIEL CHAKRA WIE ICH!
!
NEIN! AUCH DAS CHAKRA DES KYUBI IST HIER MIT IM EINSATZ...
PAH... WIE ERBÄRMLICH... GEGEN DIE RESONANZ-EXPLOSION VON VIER BIJUDAMA DES JUBI WIRD EUCH DAS NICHT SCHÜTZEN!
HSS
ES WIRD ZEIT FÜR EUCH! VERSCHWINDET!!
SURR
!!!

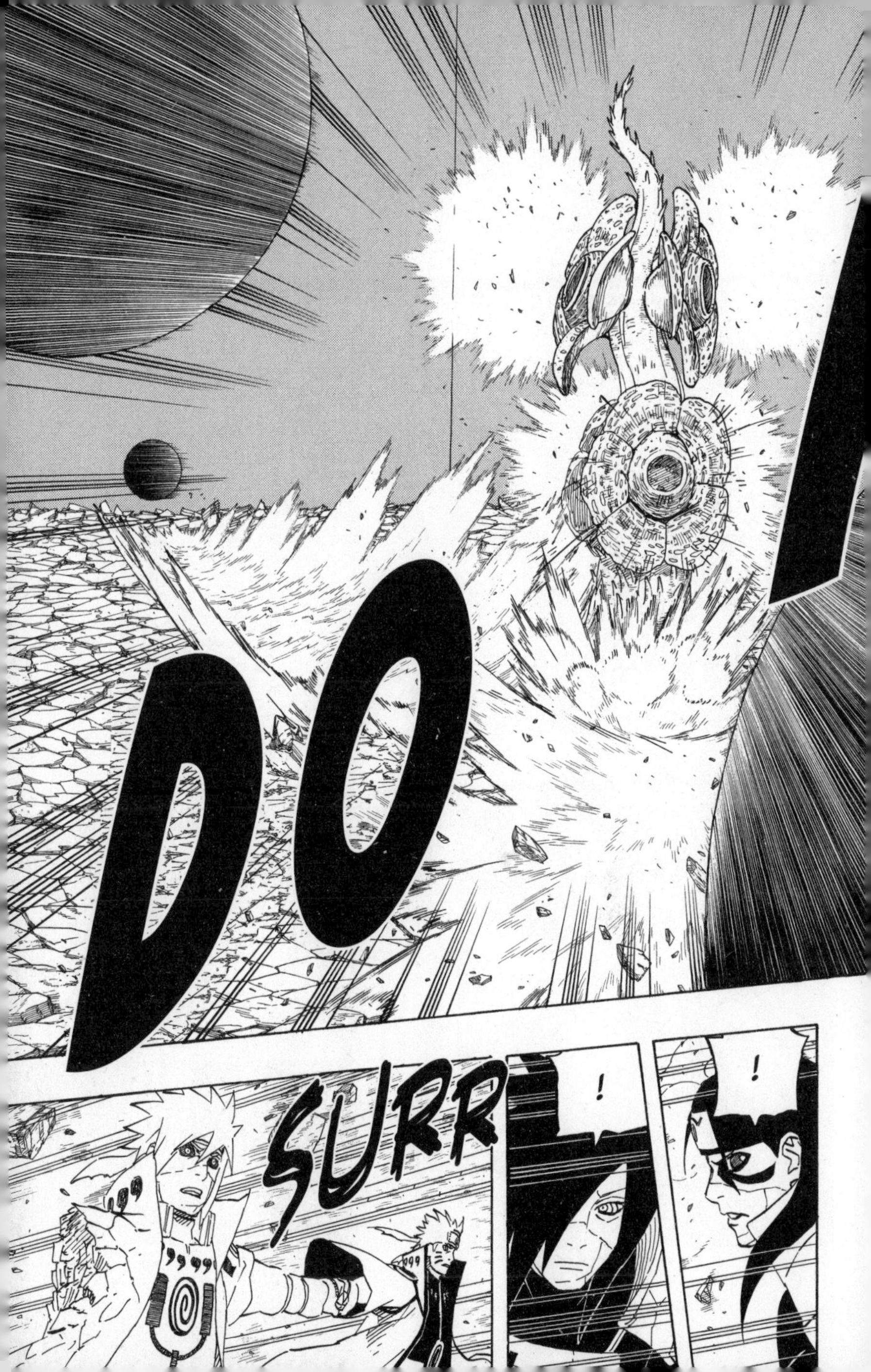
DOO!
SURR
!
!

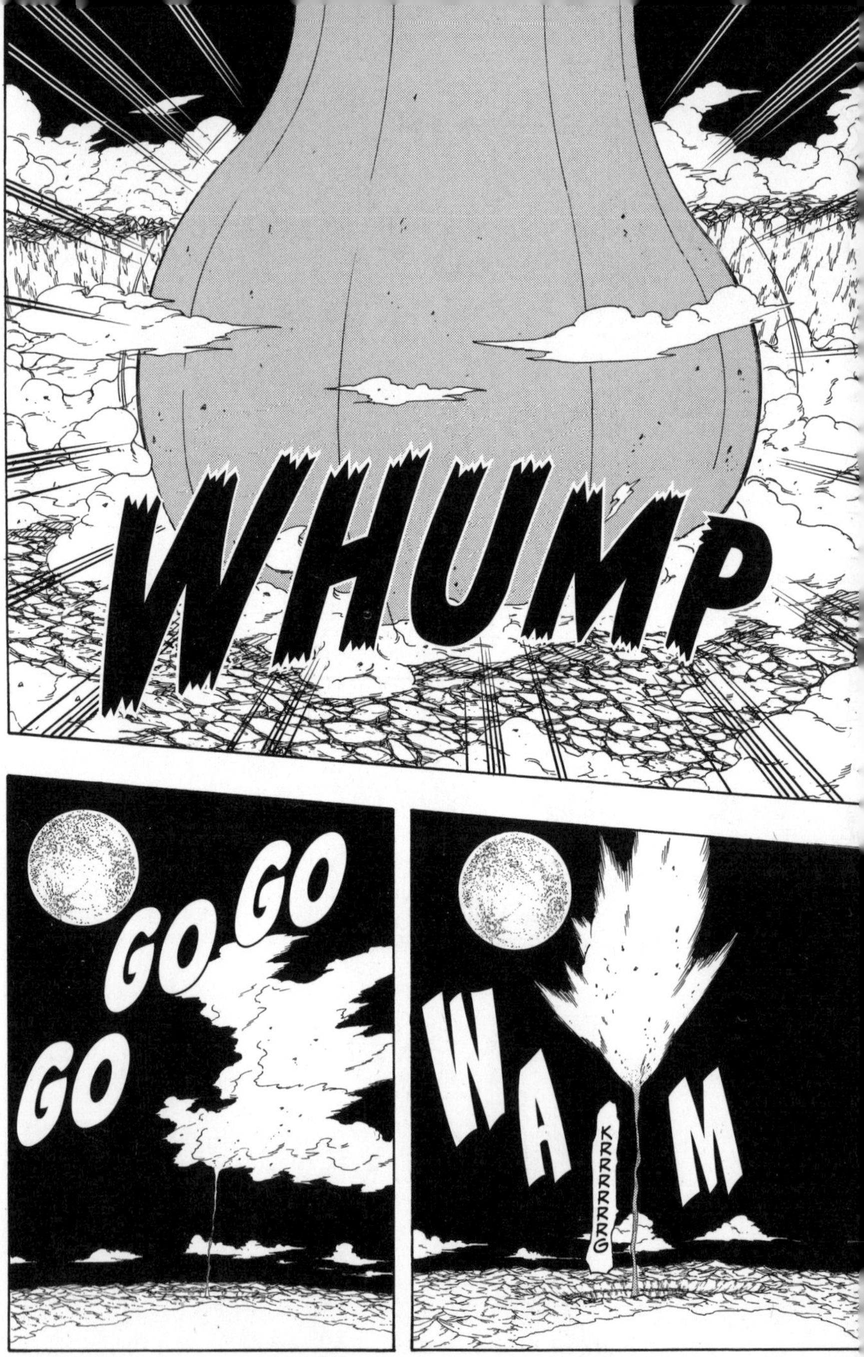
WHUMP
GO GO GO GO
WAM
KRRRRRRG

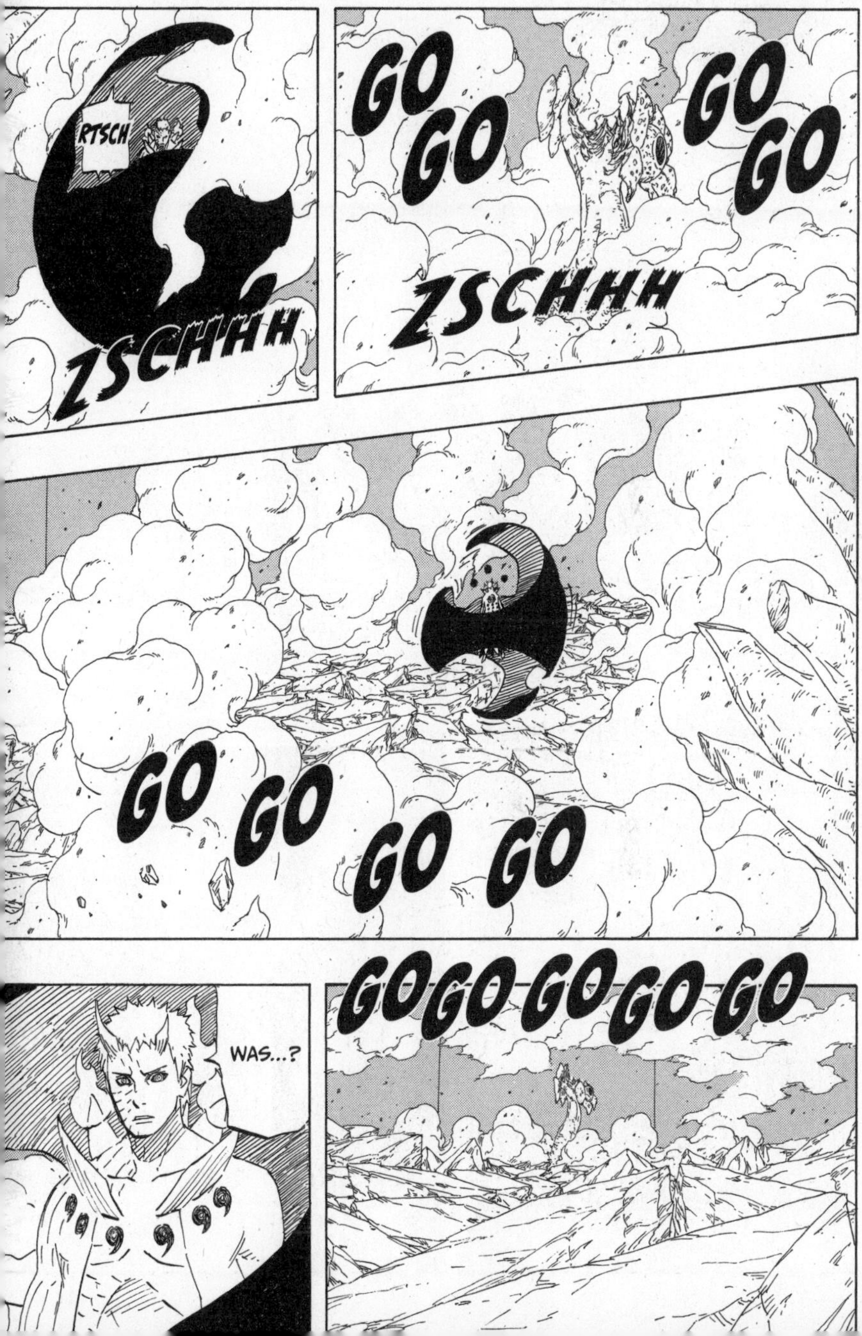
GO GO GO GO
ZSCHHH
RTSCH
ZSCHHH
GO GO GO GO
GO GO GO GO GO GO GO
WAS...?

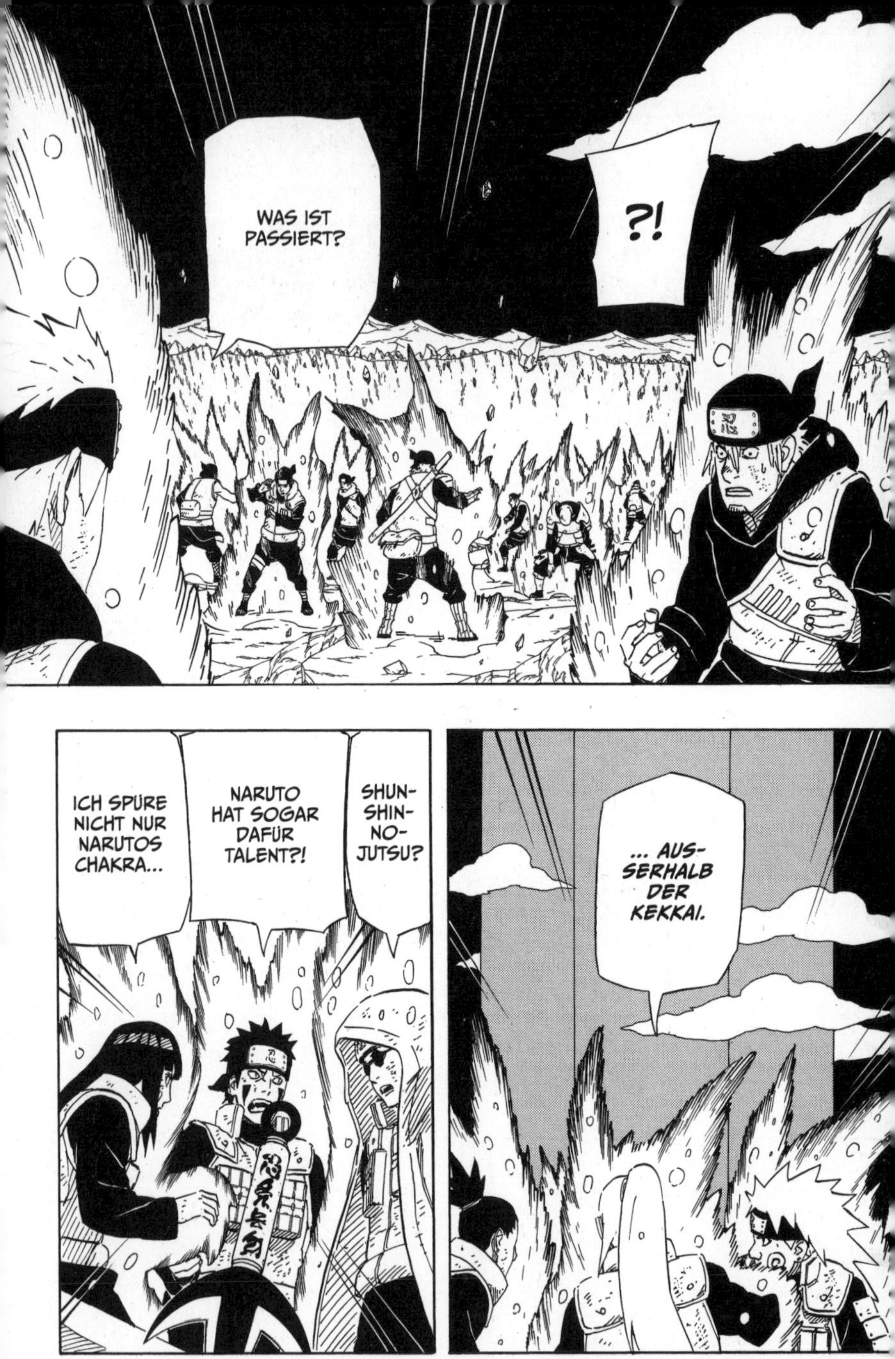
?!
WAS IST PASSIERT?
SHUNSHIN-NO-JUTSU?
NARUTO HAT SOGAR DAFÜR TALENT?!
ICH SPÜRE NICHT NUR NARUTOS CHAKRA...
... AUSSERHALB DER KEKKAI.

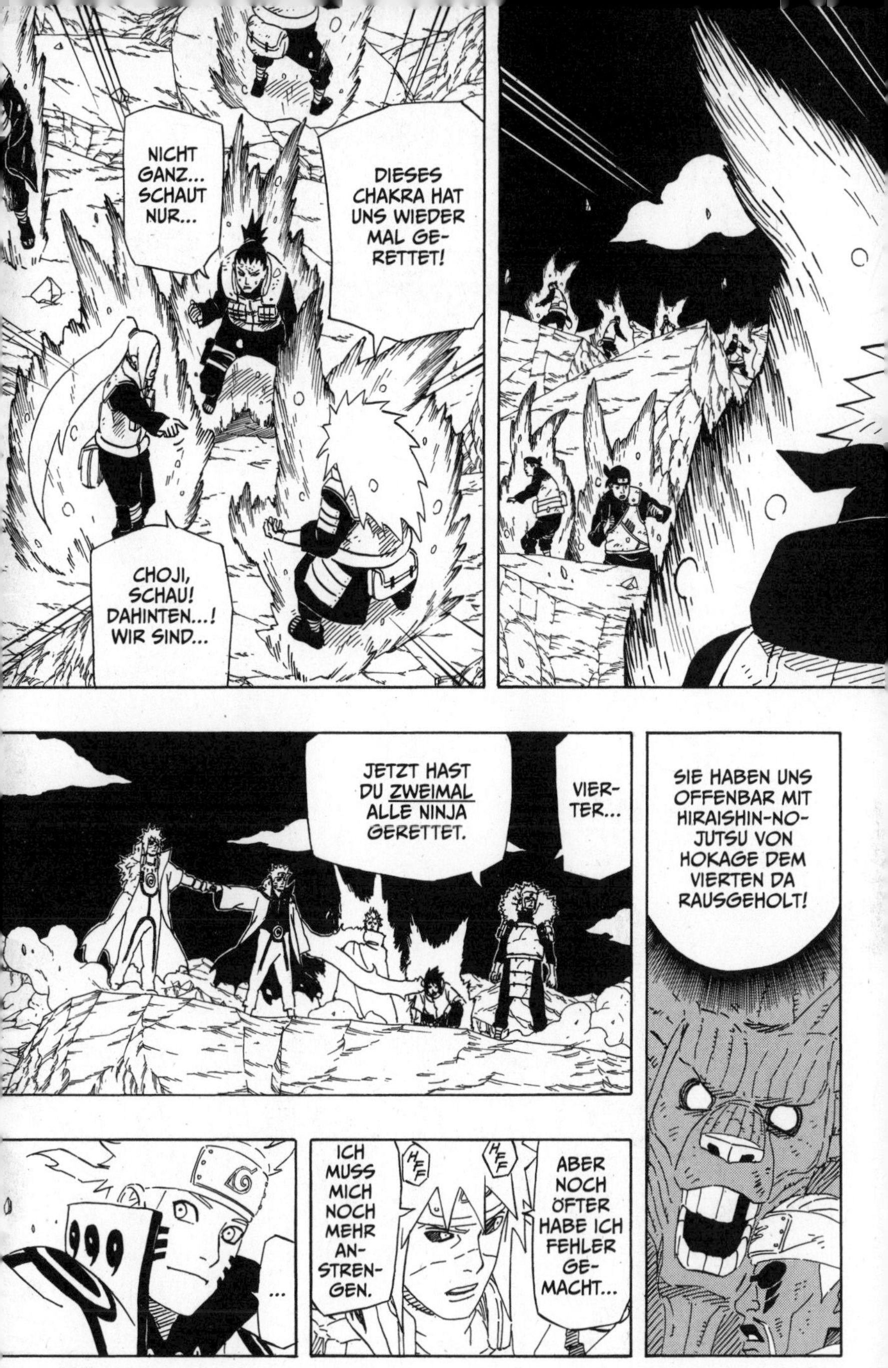
DIESES CHAKRA HAT UNS WIEDER MAL GERETTET!
NICHT GANZ... SCHAUT NUR...
CHOJI, SCHAU! DAHINTEN...! WIR SIND...
SIE HABEN UNS OFFENBAR MIT HIRAISHIN-NO-JUTSU VON HOKAGE DEM VIERTEN DA RAUSGEHOLT!
VIERTER...
JETZT HAST DU ZWEIMAL ALLE NINJA GERETTET.
ABER NOCH ÖFTER HABE ICH FEHLER GEMACHT...
HFF
HFF
ICH MUSS MICH NOCH MEHR ANSTRENGEN.
...

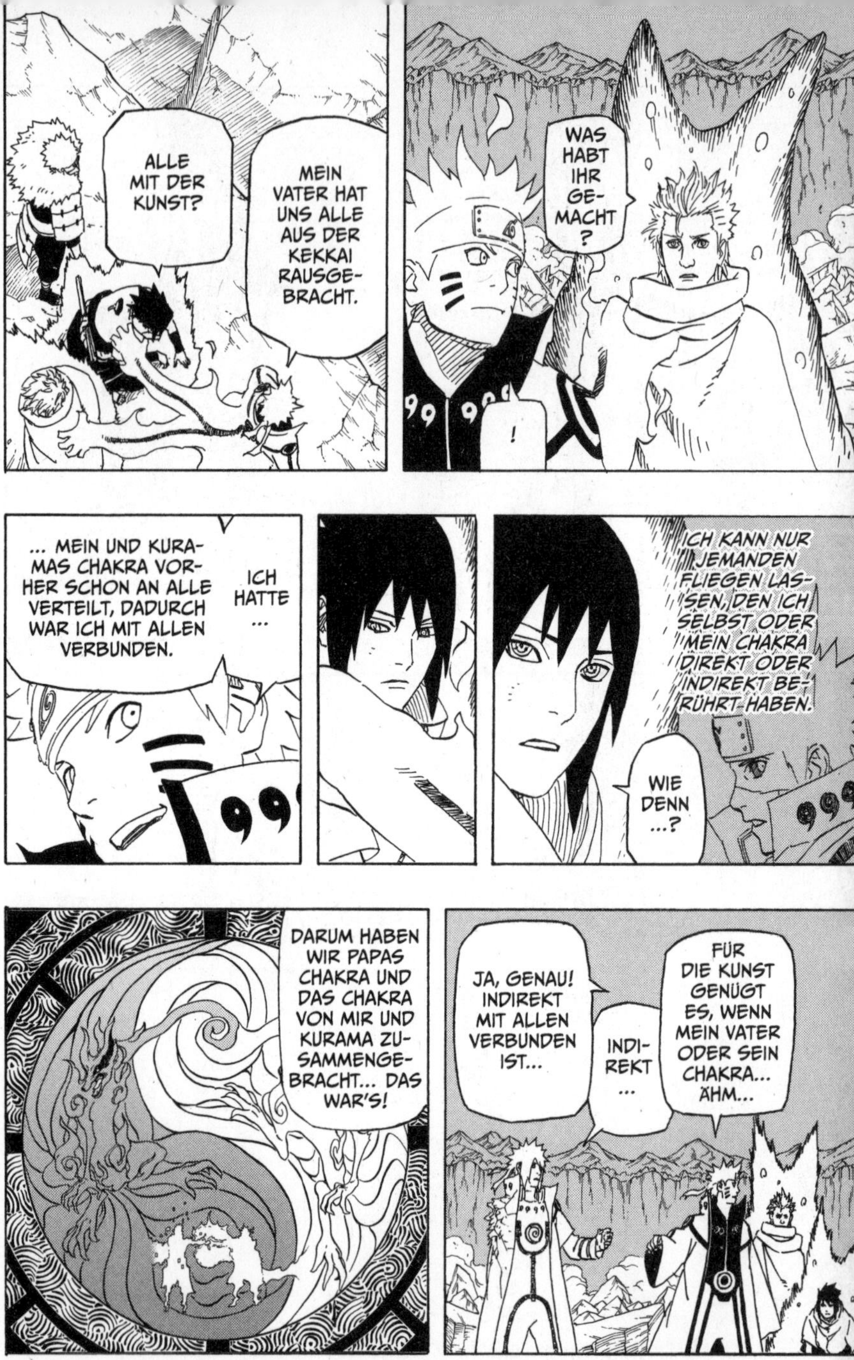
WAS HABT IHR GEMACHT?
!
MEIN VATER HAT UNS ALLE AUS DER KEKKAI RAUSGEBRACHT.
ALLE MIT DER KUNST?
ICH KANN NUR JEMANDEN FLIEGEN LASSEN, DEN ICH SELBST ODER MEIN CHAKRA DIREKT ODER INDIREKT BERÜHRT HABEN.
WIE DENN ...?
ICH HATTE ...
... MEIN UND KURAMAS CHAKRA VORHER SCHON AN ALLE VERTEILT, DADURCH WAR ICH MIT ALLEN VERBUNDEN.
FÜR DIE KUNST GENÜGT ES, WENN MEIN VATER ODER SEIN CHAKRA... ÄHM...
INDIREKT ...
JA, GENAU! INDIREKT MIT ALLEN VERBUNDEN IST...
DARUM HABEN WIR PAPAS CHAKRA UND DAS CHAKRA VON MIR UND KURAMA ZUSAMMENGEBRACHT... DAS WAR'S!

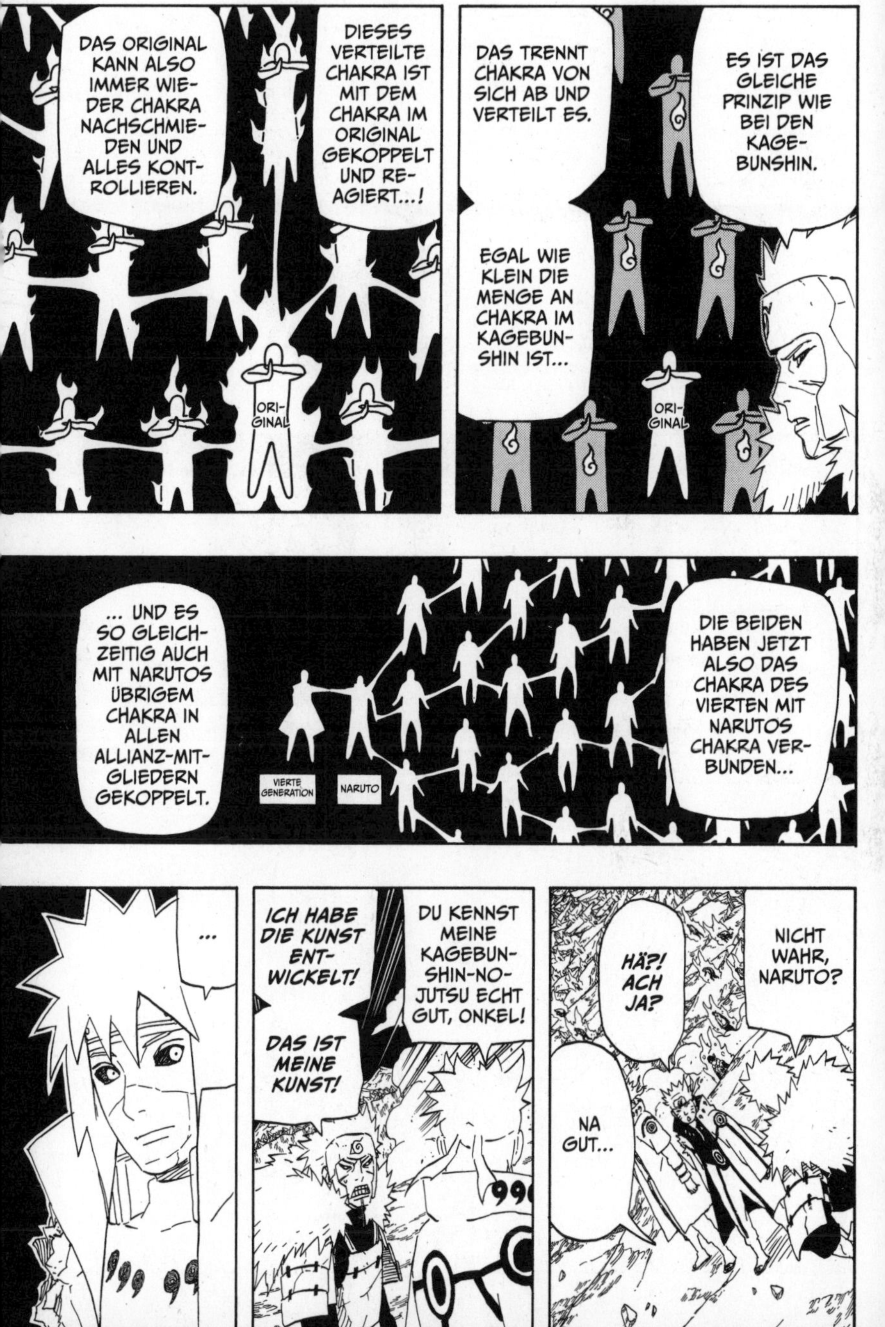
ES IST DAS GLEICHE PRINZIP WIE BEI DEN KAGEBUNSHIN.
DAS TRENNT CHAKRA VON SICH AB UND VERTEILT ES.
EGAL WIE KLEIN DIE MENGE AN CHAKRA IM KAGEBUNSHIN IST...
ORIGINAL
DIESES VERTEILTE CHAKRA IST MIT DEM CHAKRA IM ORIGINAL GEKOPPELT UND REAGIERT...!
DAS ORIGINAL KANN ALSO IMMER WIEDER CHAKRA NACHSCHMIEDEN UND ALLES KONTROLLIEREN.
ORIGINAL
DIE BEIDEN HABEN JETZT ALSO DAS CHAKRA DES VIERTEN MIT NARUTOS CHAKRA VERBUNDEN...
... UND ES SO GLEICHZEITIG AUCH MIT NARUTOS ÜBRIGEM CHAKRA IN ALLEN ALLIANZ-MITGLIEDERN GEKOPPELT.
NARUTO
VIERTE GENERATION
NICHT WAHR, NARUTO?
HÄ?! ACH JA?
NA GUT...
DU KENNST MEINE KAGEBUNSHIN-NO-JUTSU ECHT GUT, ONKEL!
ICH HABE DIE KUNST ENTWICKELT!
DAS IST MEINE KUNST!
...

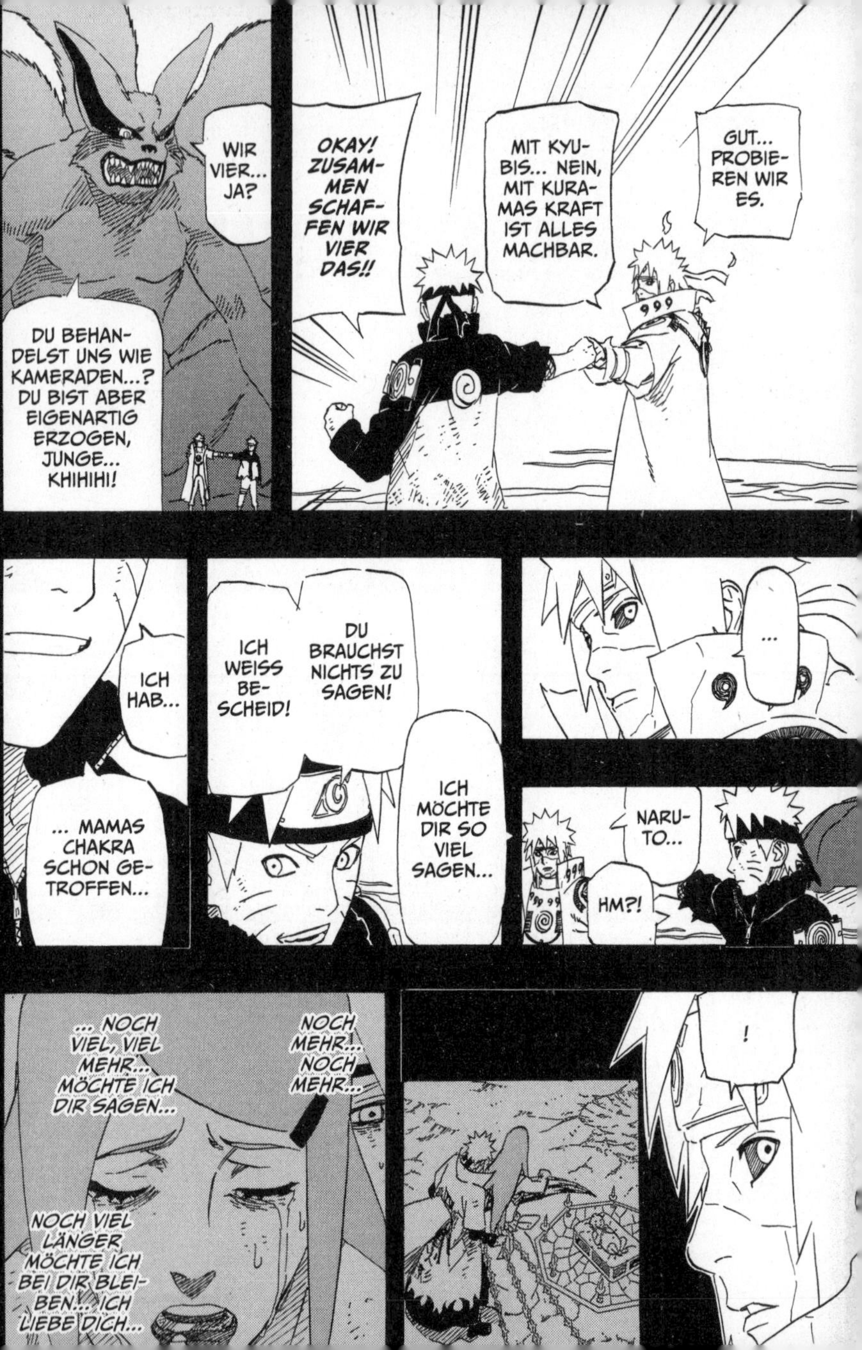
GUT... PROBIEREN WIR ES.
MIT KYUBIS... NEIN, MIT KURAMAS KRAFT IST ALLES MACHBAR.
OKAY! ZUSAMMEN SCHAFFEN WIR VIER DAS!!
WIR VIER... JA?
DU BEHANDELST UNS WIE KAMERADEN...? DU BIST ABER EIGENARTIG ERZOGEN, JUNGE... KHIHIHI!
...
NARUTO...
HM?!
ICH MÖCHTE DIR SO VIEL SAGEN...
DU BRAUCHST NICHTS ZU SAGEN!
ICH WEISS BESCHEID!
ICH HAB...
... MAMAS CHAKRA SCHON GETROFFEN...
!
NOCH MEHR... NOCH MEHR...
... NOCH VIEL, VIEL MEHR... MÖCHTE ICH DIR SAGEN...
NOCH VIEL LÄNGER MÖCHTE ICH BEI DIR BLEIBEN... ICH LIEBE DICH...

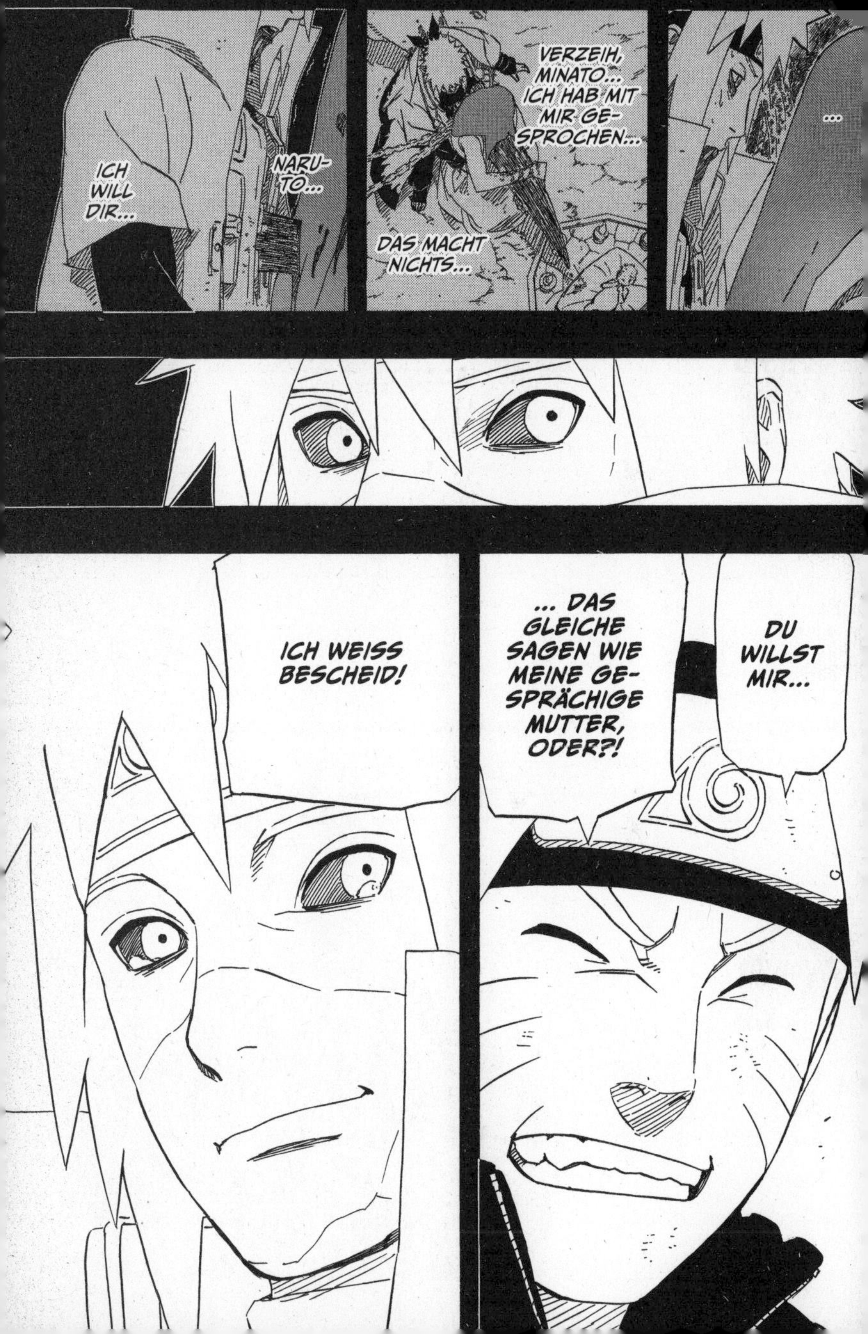
...
VERZEIH, MINATO... ICH HAB MIT MIR GE-SPROCHEN...
DAS MACHT NICHTS...
NARU-TO...
ICH WILL DIR...
DU WILLST MIR...
... DAS GLEICHE SAGEN WIE MEINE GE-SPRÄCHIGE MUTTER, ODER?!
ICH WEISS BESCHEID!

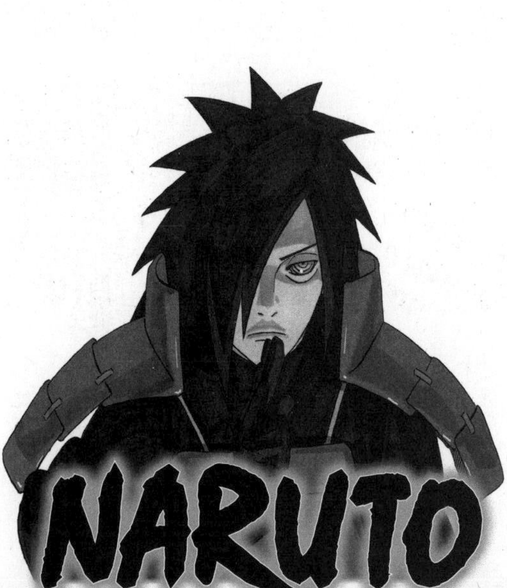
NARUTO

645. Kapitel: Zwei Kräfte

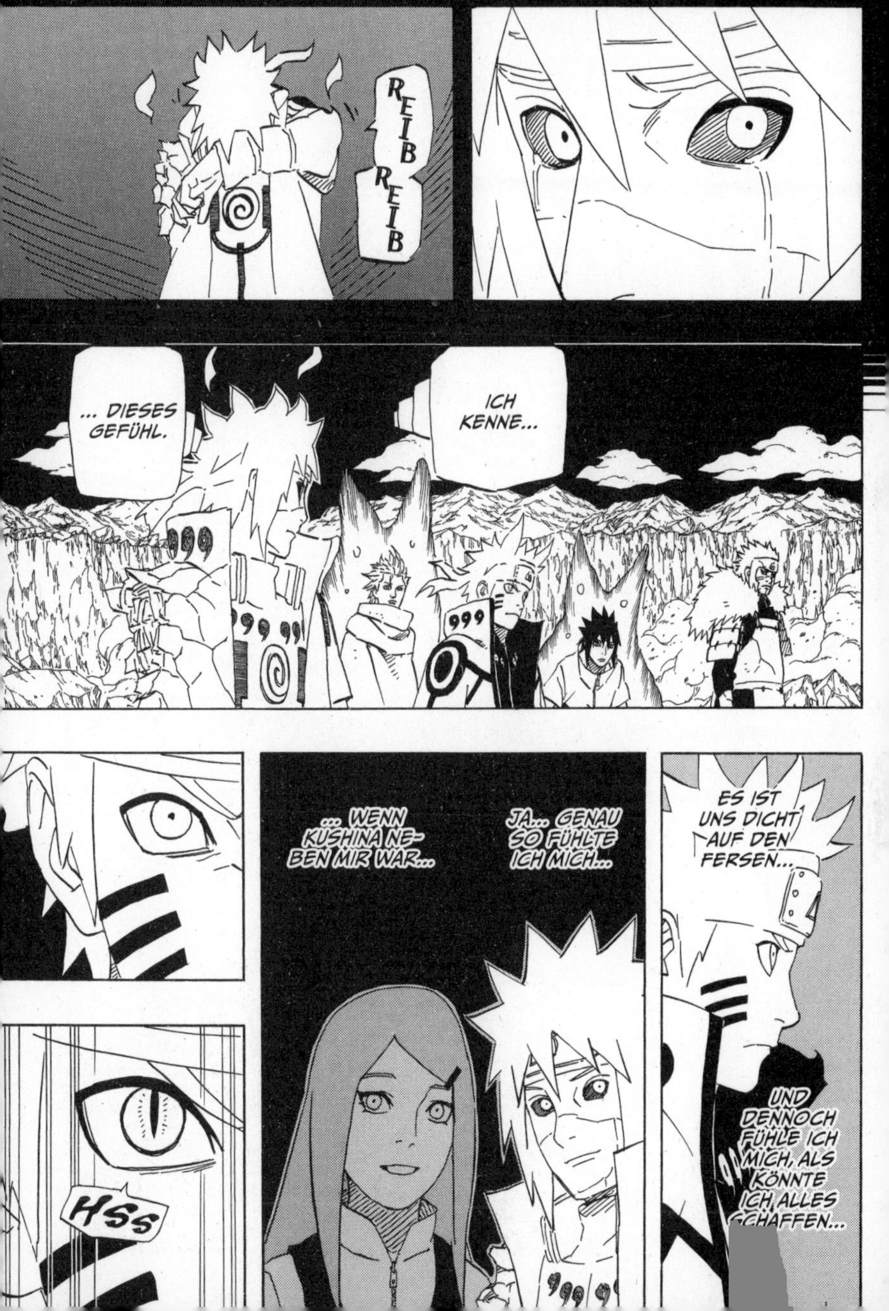

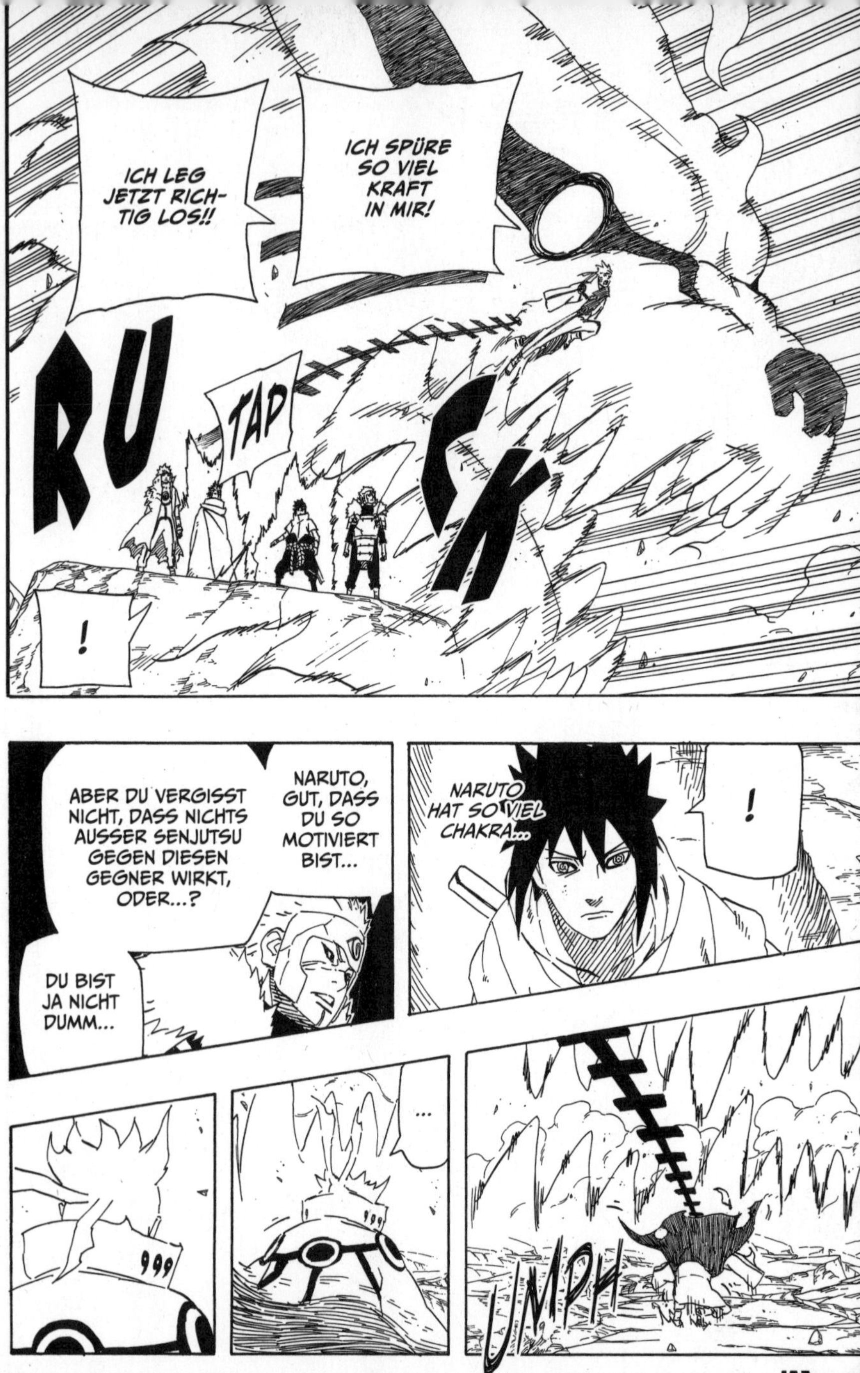
ICH SPÜRE SO VIEL KRAFT IN MIR!
ICH LEG JETZT RICHTIG LOS!!
RU
CK
TAP
!
NARUTO HAT SO VIEL CHAKRA...
!
NARUTO, GUT, DASS DU SO MOTIVIERT BIST...
ABER DU VERGISST NICHT, DASS NICHTS AUSSER SENJUTSU GEGEN DIESEN GEGNER WIRKT, ODER...?
DU BIST JA NICHT DUMM...
UMPH
...

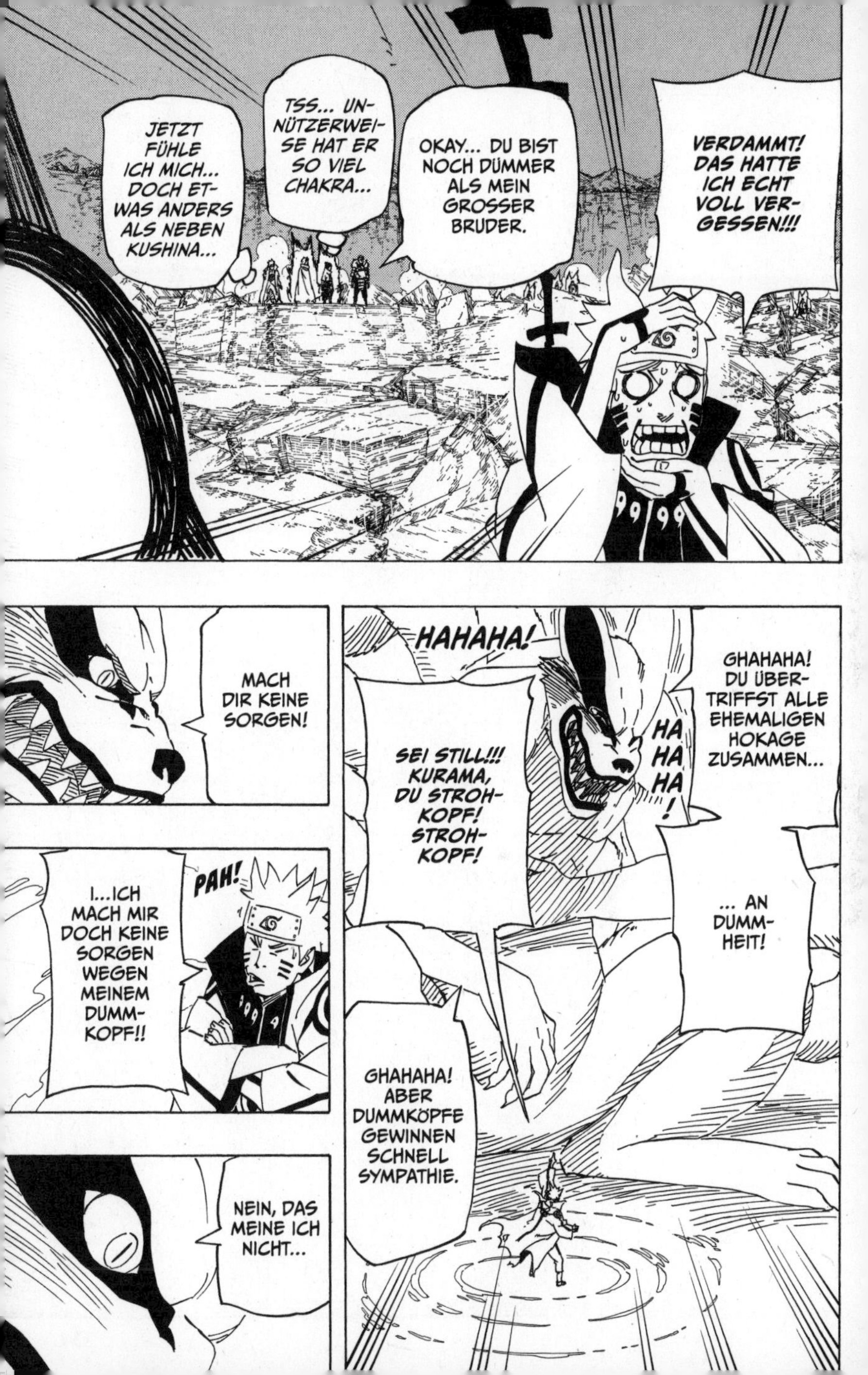
VERDAMMT! DAS HATTE ICH ECHT VOLL VERGESSEN!!!
OKAY... DU BIST NOCH DÜMMER ALS MEIN GROSSER BRUDER.
TSS... UNNÜTZERWEISE HAT ER SO VIEL CHAKRA...
JETZT FÜHLE ICH MICH... DOCH ETWAS ANDERS ALS NEBEN KUSHINA...
HAHAHA!
GHAHAHA! DU ÜBERTRIFFST ALLE EHEMALIGEN HOKAGE ZUSAMMEN...
HA HA HA!
SEI STILL!!! KURAMA, DU STROHKOPF! STROHKOPF!
... AN DUMMHEIT!
GHAHAHA! ABER DUMMKÖPFE GEWINNEN SCHNELL SYMPATHIE.
MACH DIR KEINE SORGEN!
PAH!
I...ICH MACH MIR DOCH KEINE SORGEN WEGEN MEINEM DUMMKOPF!!
NEIN, DAS MEINE ICH NICHT...

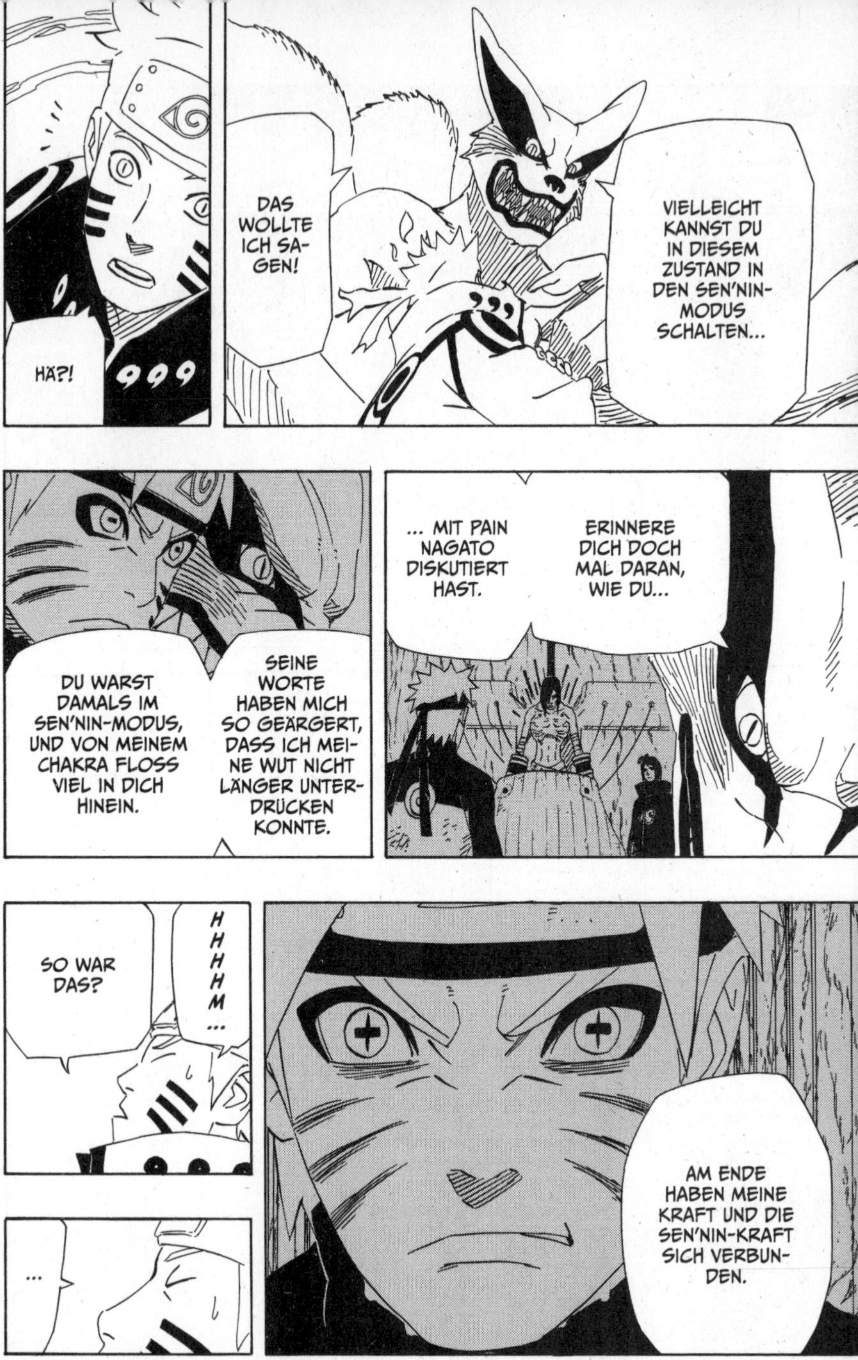
VIELLEICHT KANNST DU IN DIESEM ZUSTAND IN DEN SEN'NIN-MODUS SCHALTEN...
DAS WOLLTE ICH SAGEN!
HÄ?!
ERINNERE DICH DOCH MAL DARAN, WIE DU...
... MIT PAIN NAGATO DISKUTIERT HAST.
SEINE WORTE HABEN MICH SO GEÄRGERT, DASS ICH MEINE WUT NICHT LÄNGER UNTERDRÜCKEN KONNTE.
DU WARST DAMALS IM SEN'NIN-MODUS, UND VON MEINEM CHAKRA FLOSS VIEL IN DICH HINEIN.
AM ENDE HABEN MEINE KRAFT UND DIE SEN'NIN-KRAFT SICH VERBUNDEN.
HHHHM...
SO WAR DAS?
...

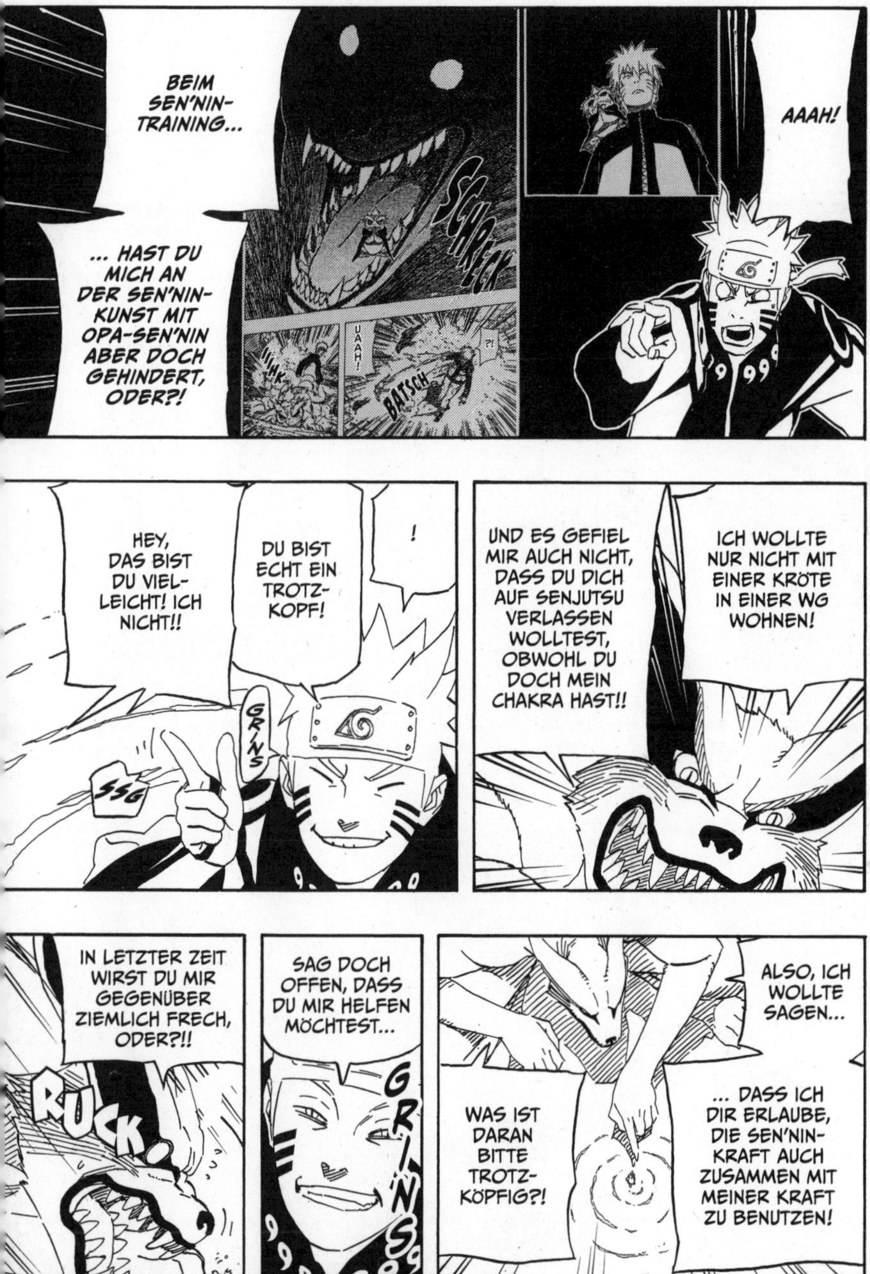
AAAH!
BEIM SEN'NIN-TRAINING...
SCHRECK
... HAST DU MICH AN DER SEN'NIN-KUNST MIT OPA-SEN'NIN ABER DOCH GEHINDERT, ODER?!
?!
UAAH!
BATSCH
IIHK
ICH WOLLTE NUR NICHT MIT EINER KRÖTE IN EINER WG WOHNEN!
UND ES GEFIEL MIR AUCH NICHT, DASS DU DICH AUF SENJUTSU VERLASSEN WOLLTEST, OBWOHL DU DOCH MEIN CHAKRA HAST!!
!
DU BIST ECHT EIN TROTZ-KOPF!
HEY, DAS BIST DU VIEL-LEICHT! ICH NICHT!!
GRINS
SSG
ALSO, ICH WOLLTE SAGEN...
... DASS ICH DIR ERLAUBE, DIE SEN'NIN-KRAFT AUCH ZUSAMMEN MIT MEINER KRAFT ZU BENUTZEN!
WAS IST DARAN BITTE TROTZ-KÖPFIG?!
SAG DOCH OFFEN, DASS DU MIR HELFEN MÖCHTEST...
GRINS
IN LETZTER ZEIT WIRST DU MIR GEGENÜBER ZIEMLICH FRECH, ODER?!!
RUCK

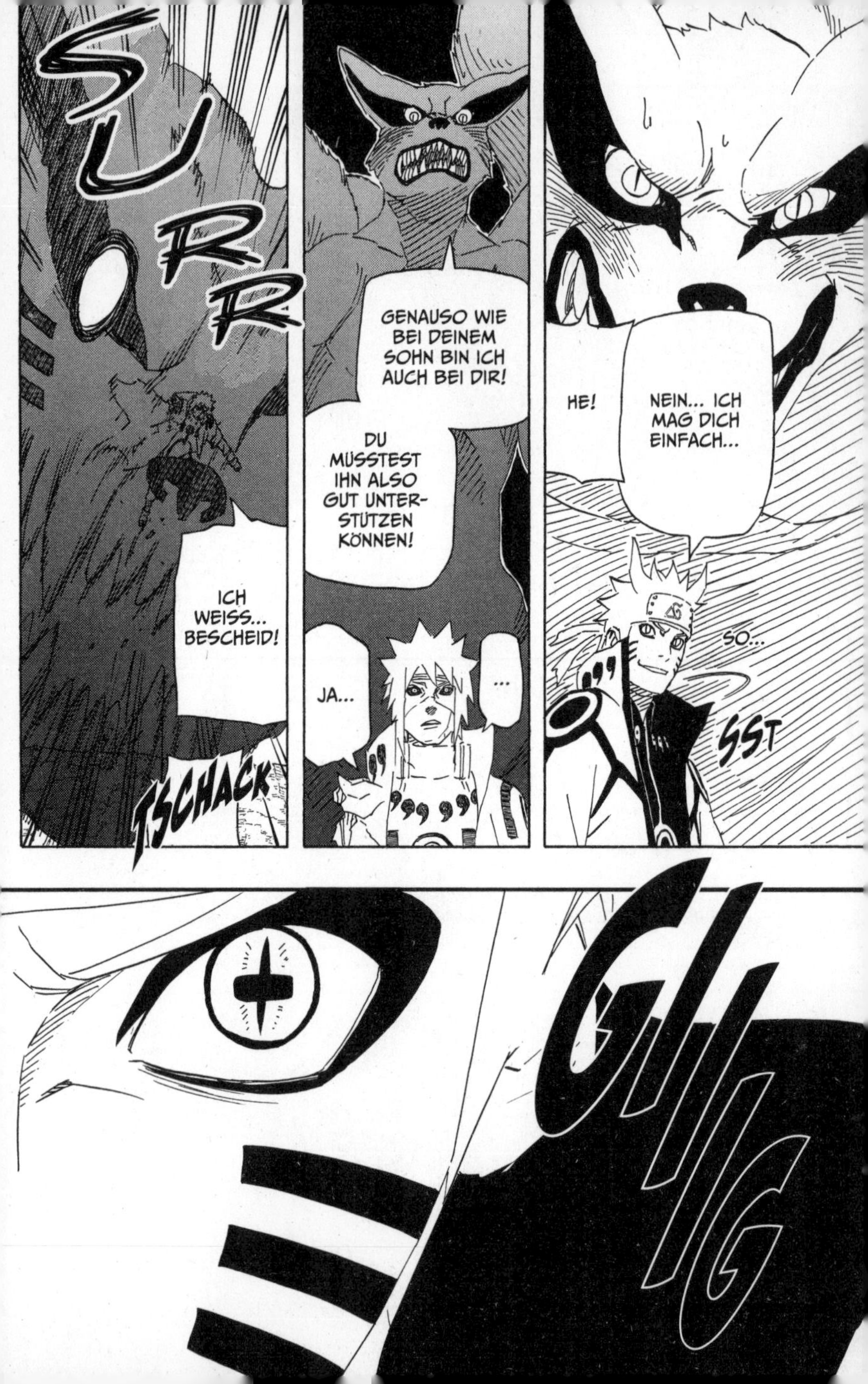

NEIN... ICH MAG DICH EINFACH...
HE!
SO...
SST
GENAUSO WIE BEI DEINEM SOHN BIN ICH AUCH BEI DIR!
DU MÜSSTEST IHN ALSO GUT UNTERSTÜTZEN KÖNNEN!
...
JA...
SURR
ICH WEISS... BESCHEID!
TSCHACK
GIIG

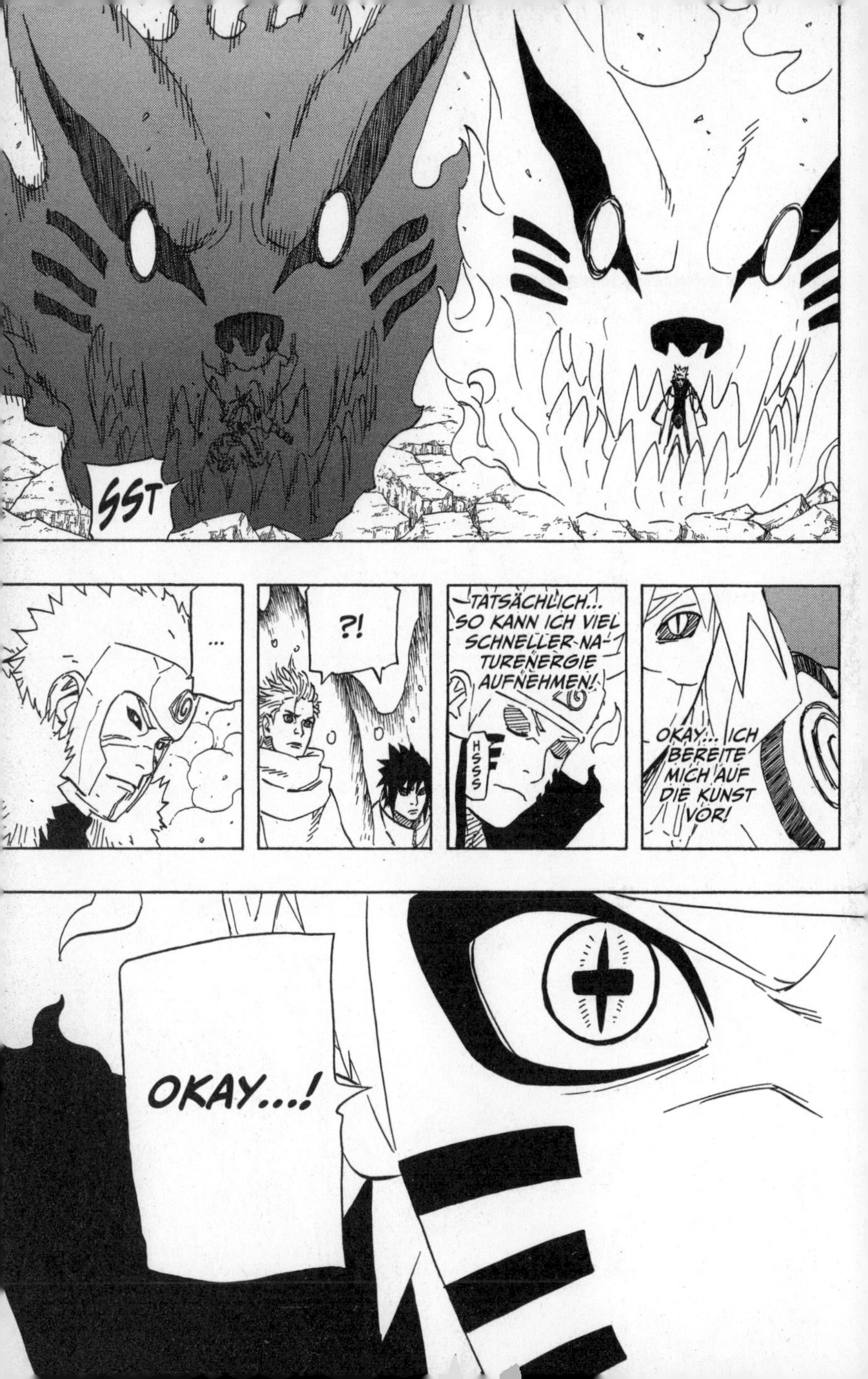
SST
...
?!
TATSÄCHLICH... SO KANN ICH VIEL SCHNELLER NATURENERGIE AUFNEHMEN!
HSSS
OKAY... ICH BEREITE MICH AUF DIE KUNST VOR!
OKAY...!

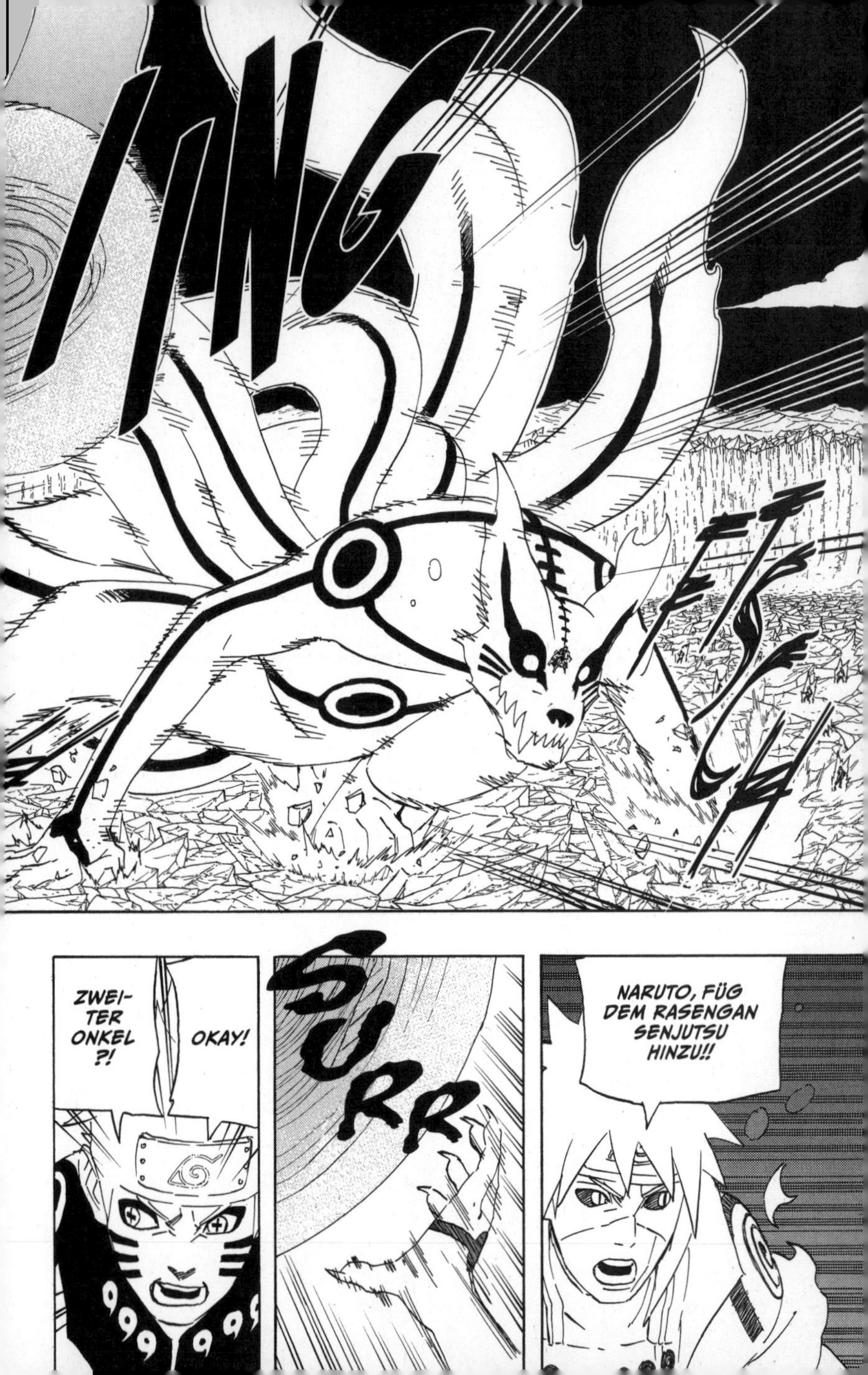
NARUTO, FÜG DEM RASENGAN SENJUTSU HINZU!!
SURR
OKAY!
ZWEI-TER ONKEL ?!

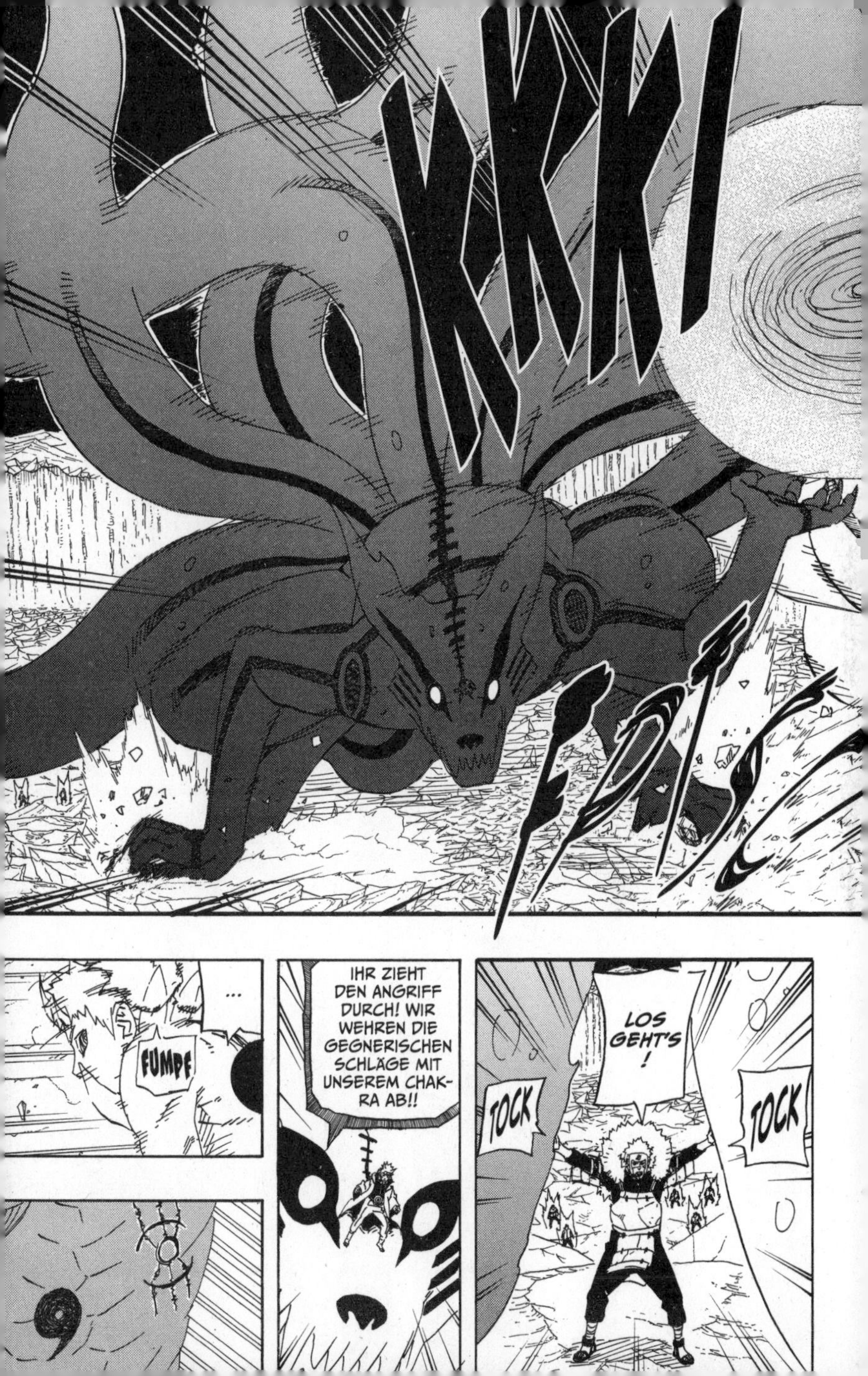
LOS GEHT'S!
TOCK
TOCK
IHR ZIEHT DEN ANGRIFF DURCH! WIR WEHREN DIE GEGNERISCHEN SCHLÄGE MIT UNSEREM CHAKRA AB!!
...
FUMPF

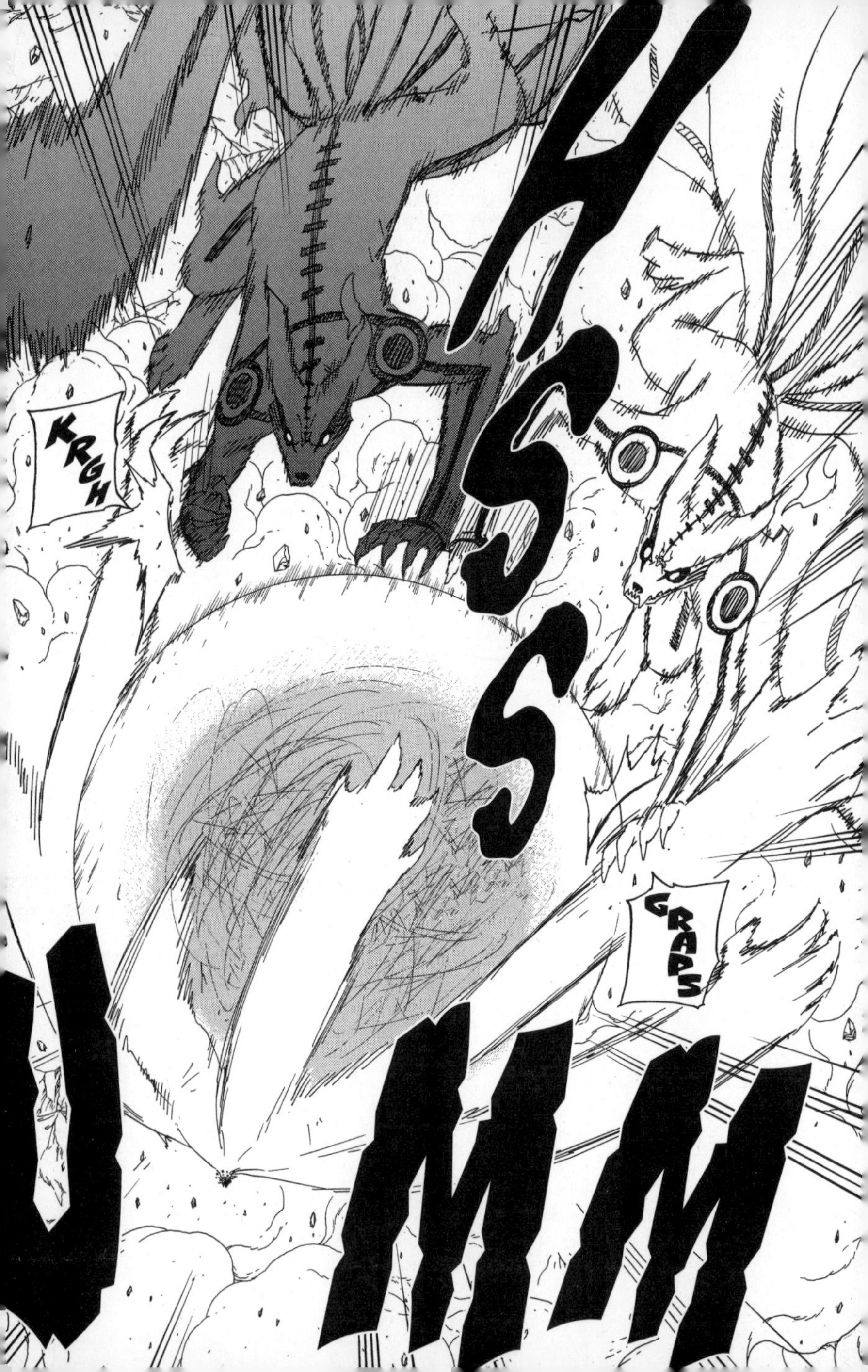
KRGH
HISSS
GRAPS
UMM

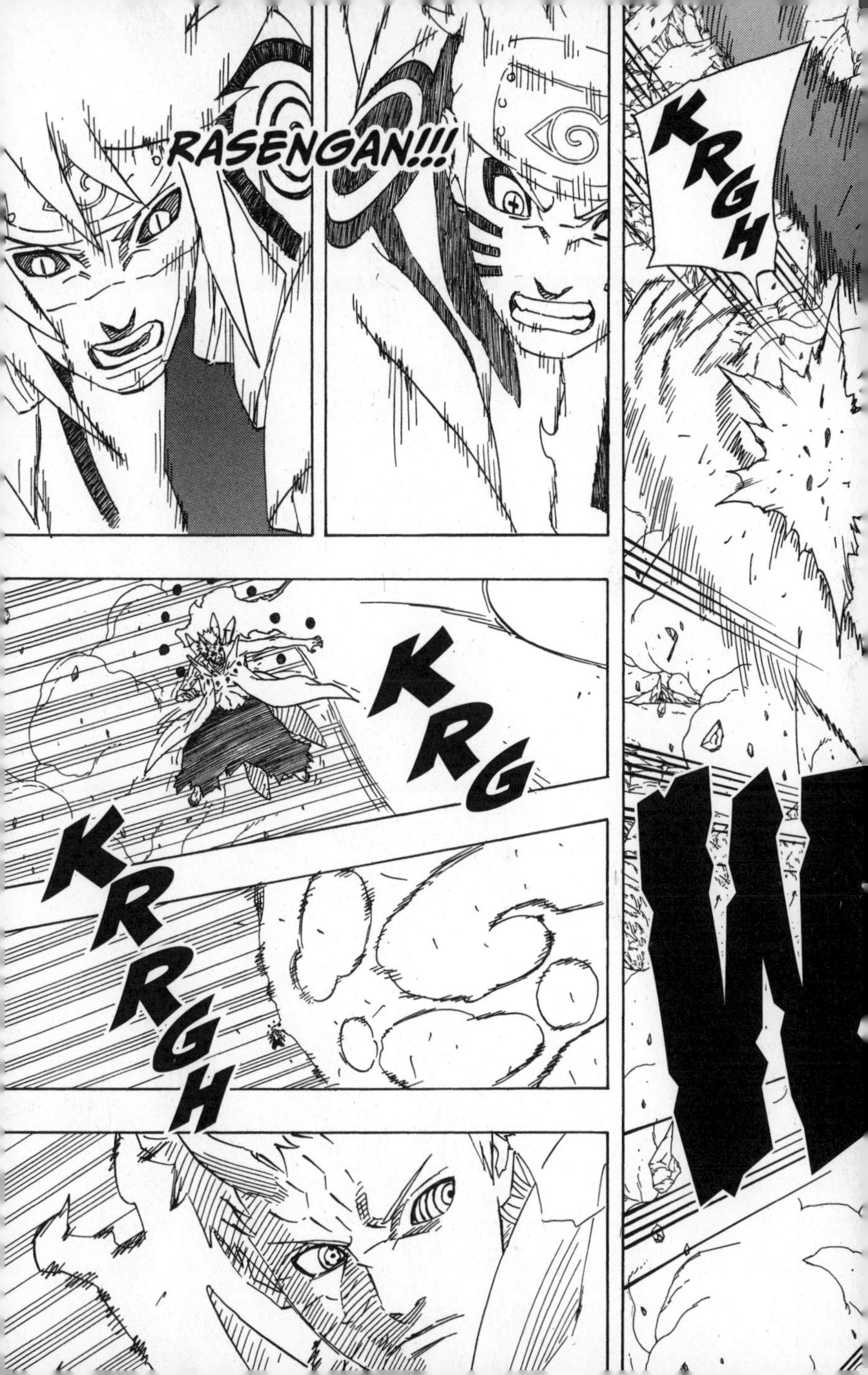
KRGH
RASENGAN!!!
KRG
KRRRGH

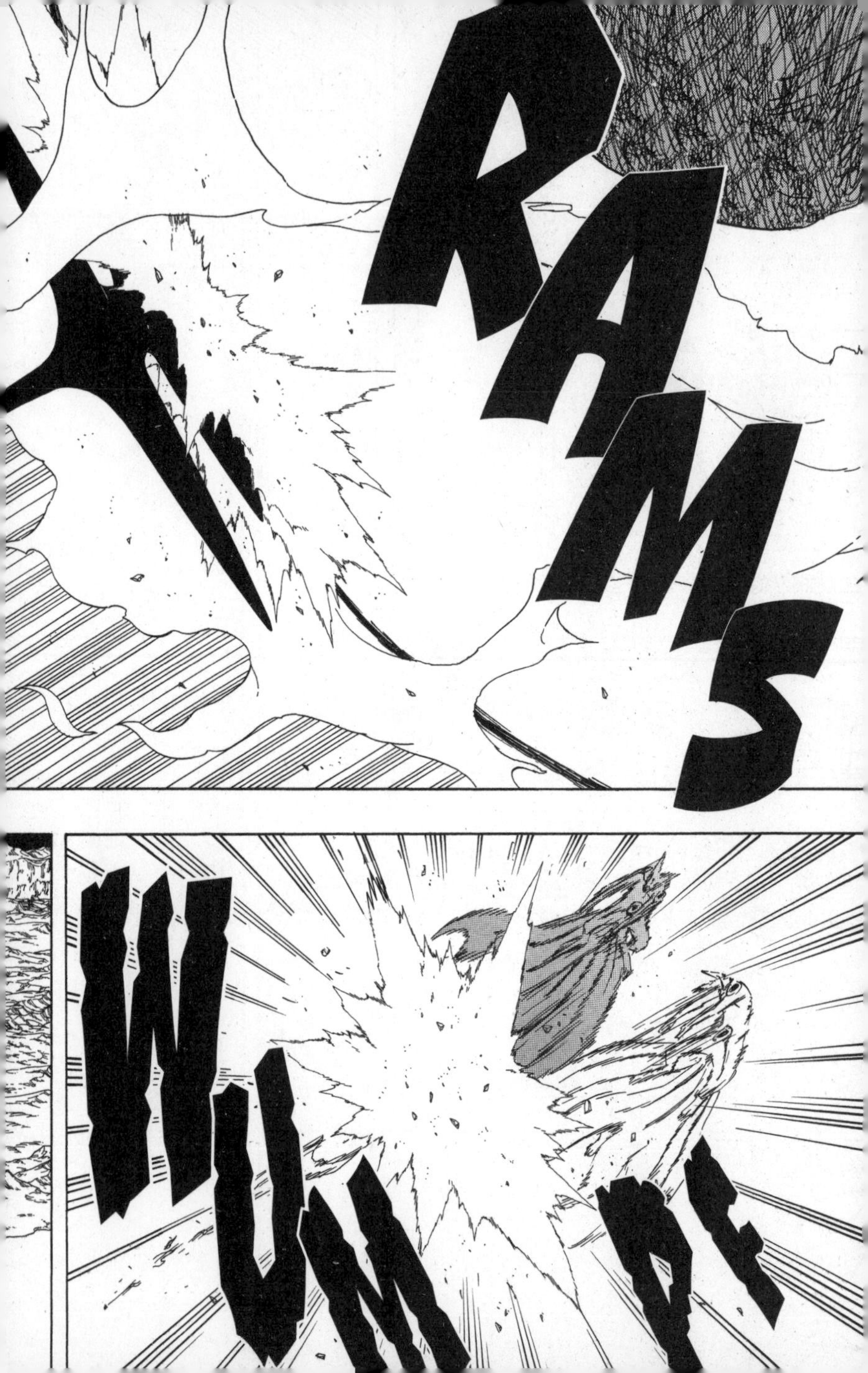
RAMMS
WUMPF

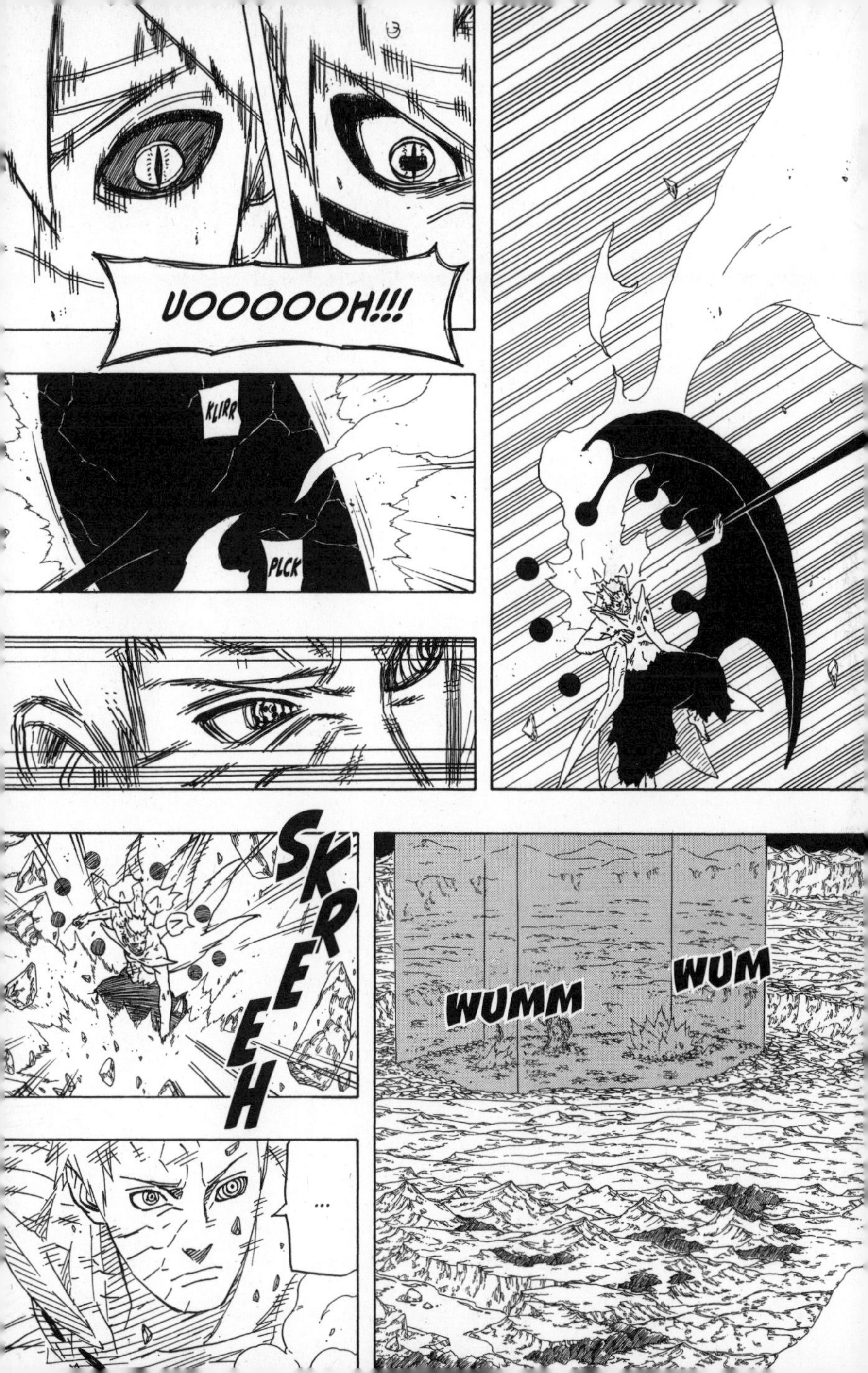
UOOOOOH!!!
KLIRR
PLCK
SKREEEH
WUM
WUMM
...

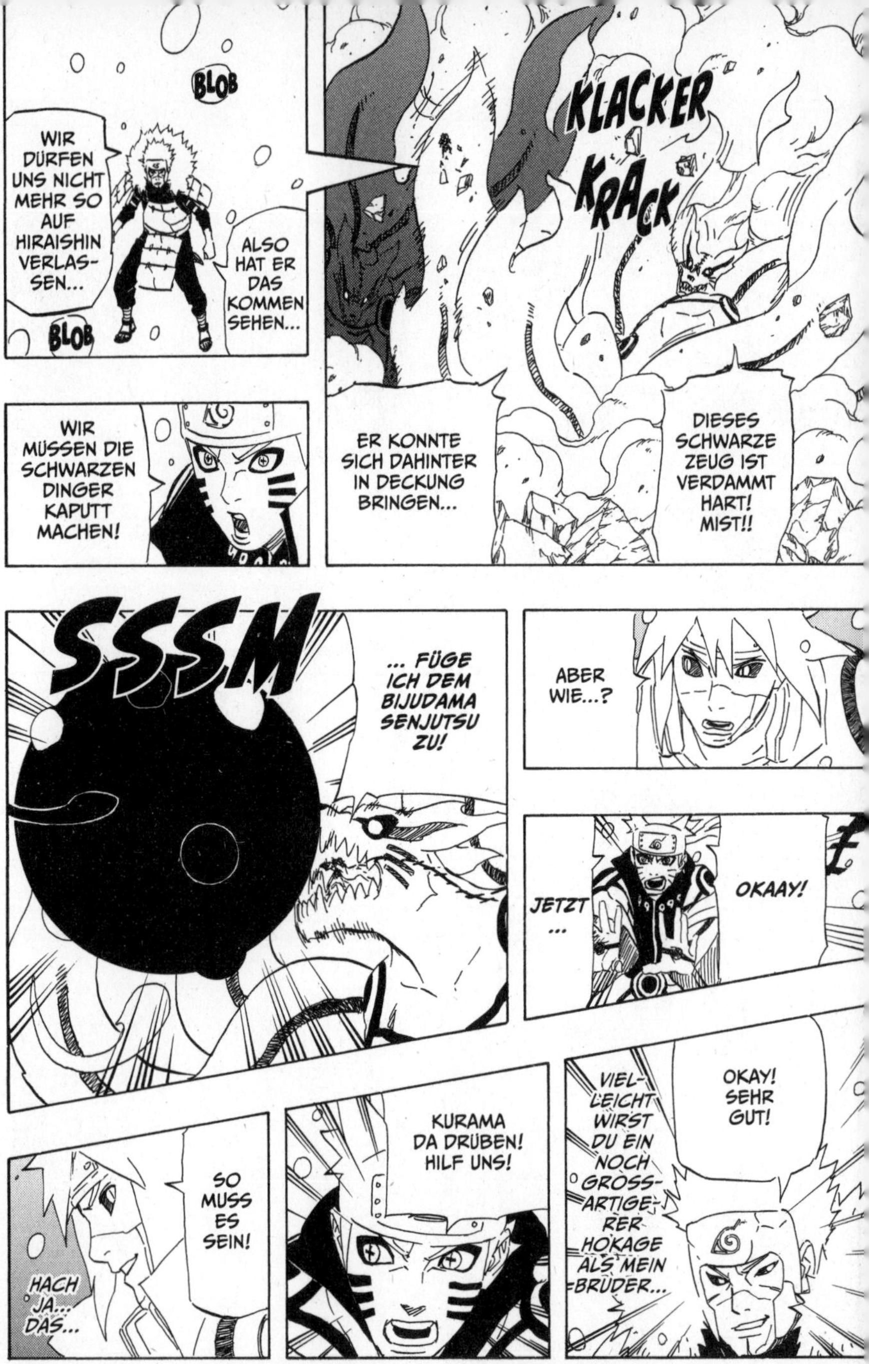

KLACKER
KRACK
DIESES SCHWARZE ZEUG IST VERDAMMT HART! MIST!!
ER KONNTE SICH DAHINTER IN DECKUNG BRINGEN...
ALSO HAT ER DAS KOMMEN SEHEN...
BLOB
WIR DÜRFEN UNS NICHT MEHR SO AUF HIRAISHIN VERLASSEN...
BLOB
WIR MÜSSEN DIE SCHWARZEN DINGER KAPUTT MACHEN!
ABER WIE...?
OKAAY!
JETZT ...
... FÜGE ICH DEM BIJUDAMA SENJUTSU ZU!
SSSM
OKAY! SEHR GUT!
VIELLEICHT WIRST DU EIN NOCH GROSSARTIGERER HOKAGE ALS MEIN BRUDER...
KURAMA DA DRÜBEN! HILF UNS!
SO MUSS ES SEIN!
HACH JA... DAS...

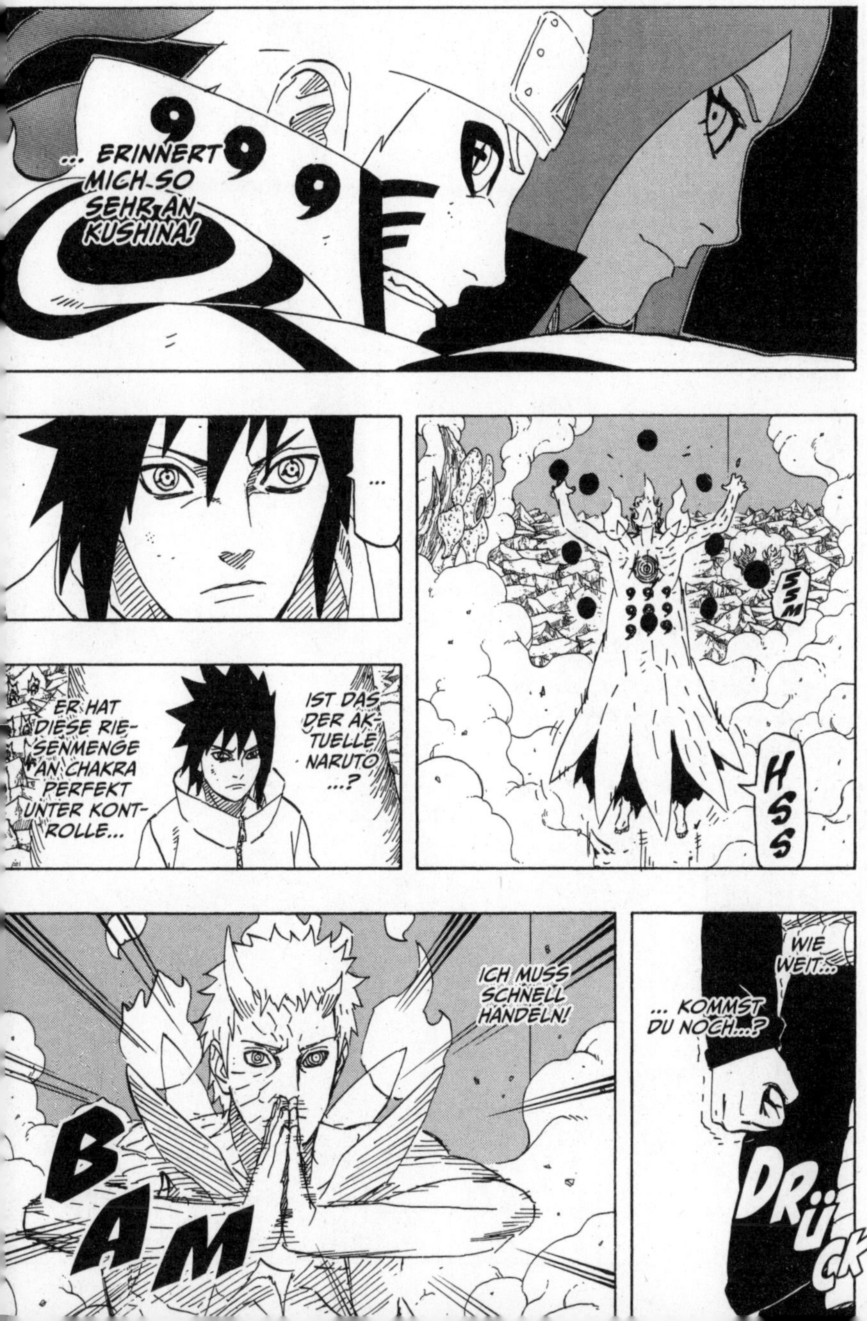
... ERINNERT MICH SO SEHR AN KUSHINA!
...
SSM
HSS
IST DAS DER AKTUELLE NARUTO ...?
ER HAT DIESE RIESENMENGE AN CHAKRA PERFEKT UNTER KONTROLLE...
WIE WEIT...
... KOMMST DU NOCH...?
DRÜCK
ICH MUSS SCHNELL HANDELN!
BAM

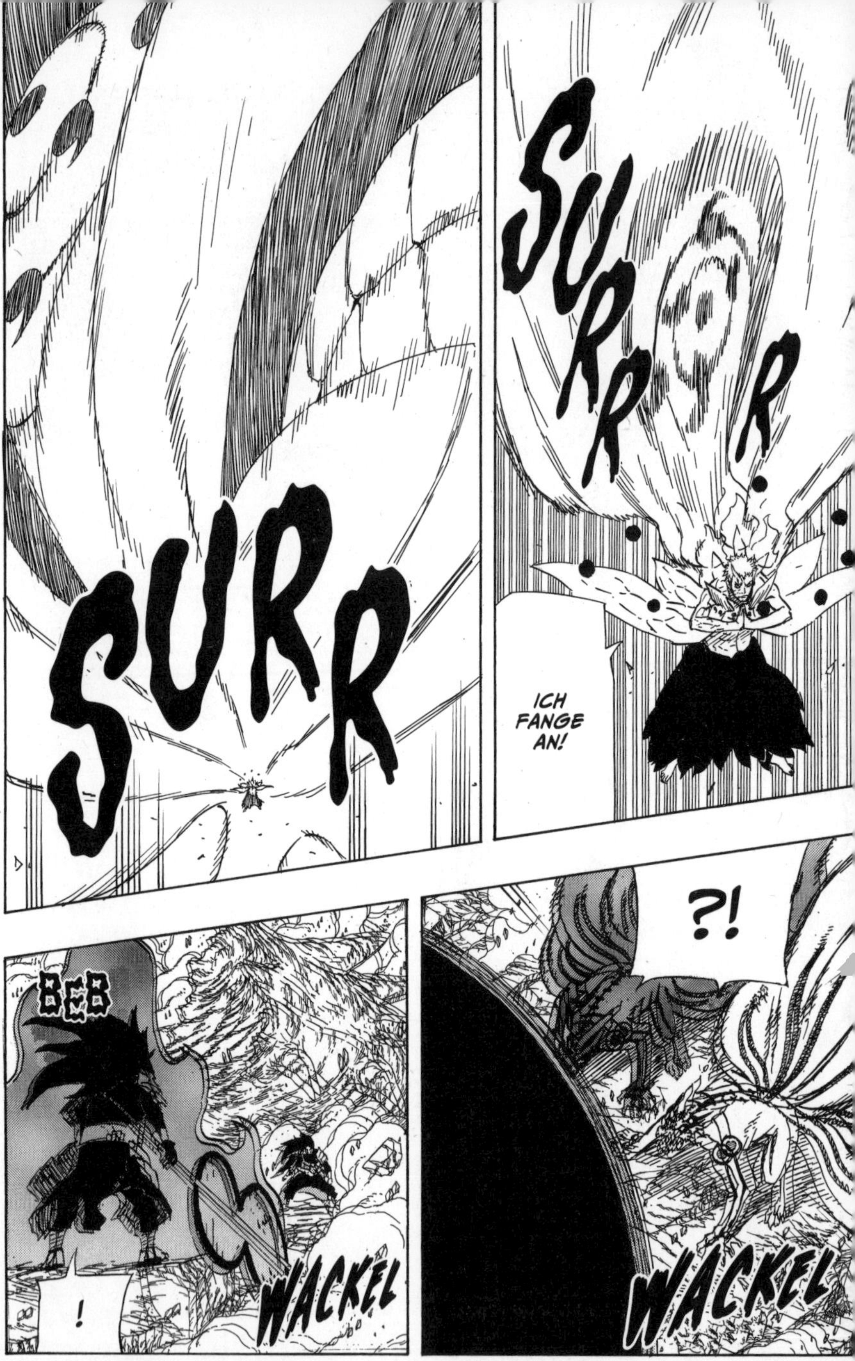

SURR
R
ICH FANGE AN!
SURR
?!
WACKEL
BEB
!
WACKEL

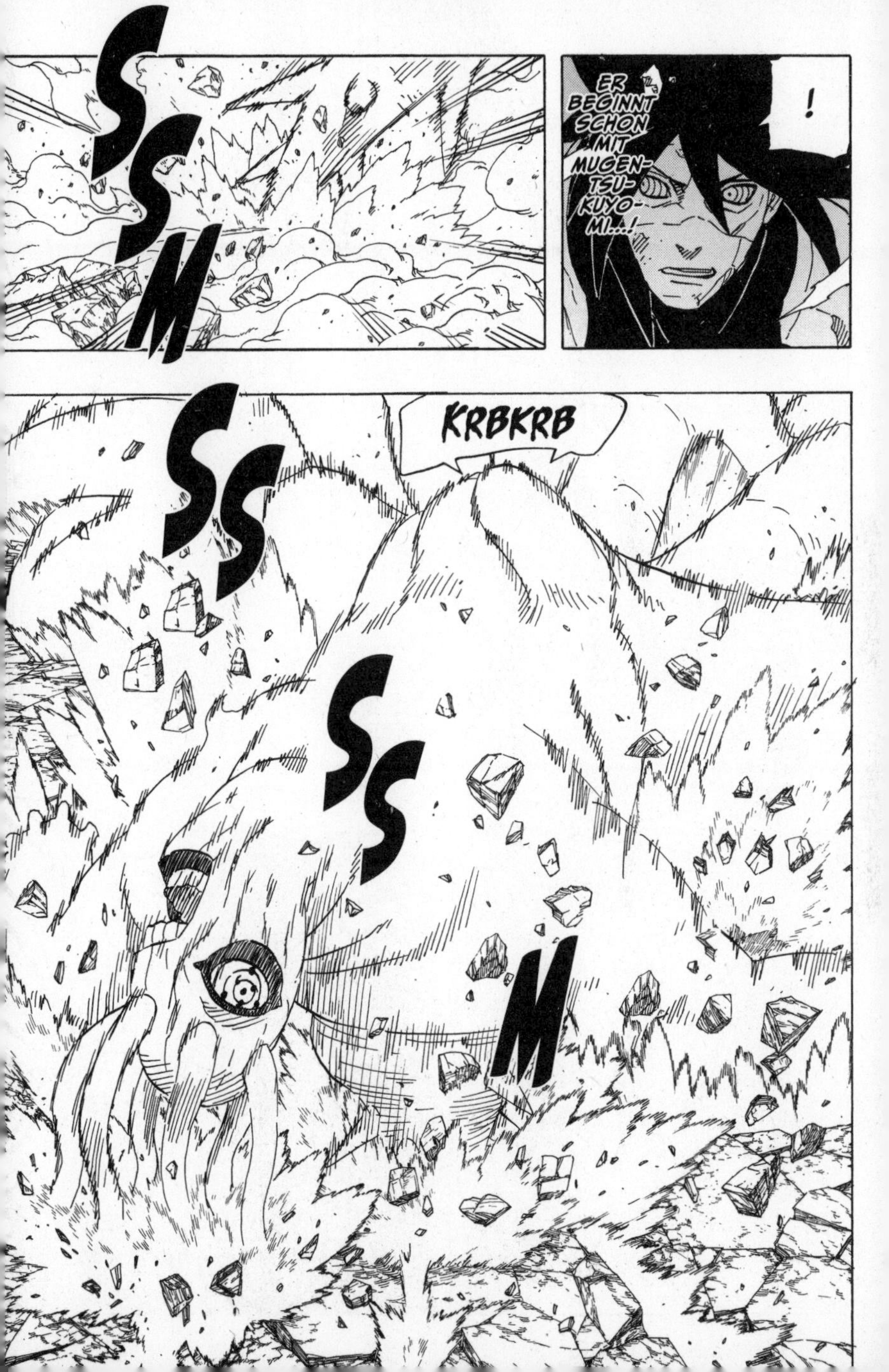
!
ER BEGINNT SCHON MIT MUGEN-TSU-KUYO-MI...!
SSM
KRBKRB
SS
SS
M

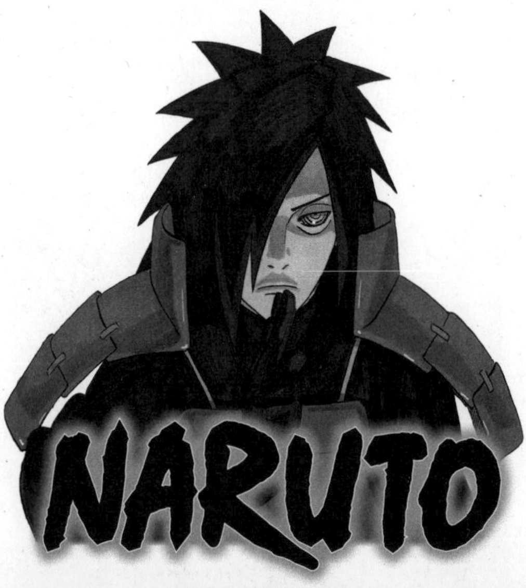
NARUTO

646. Kapitel: Der Gottesbaum

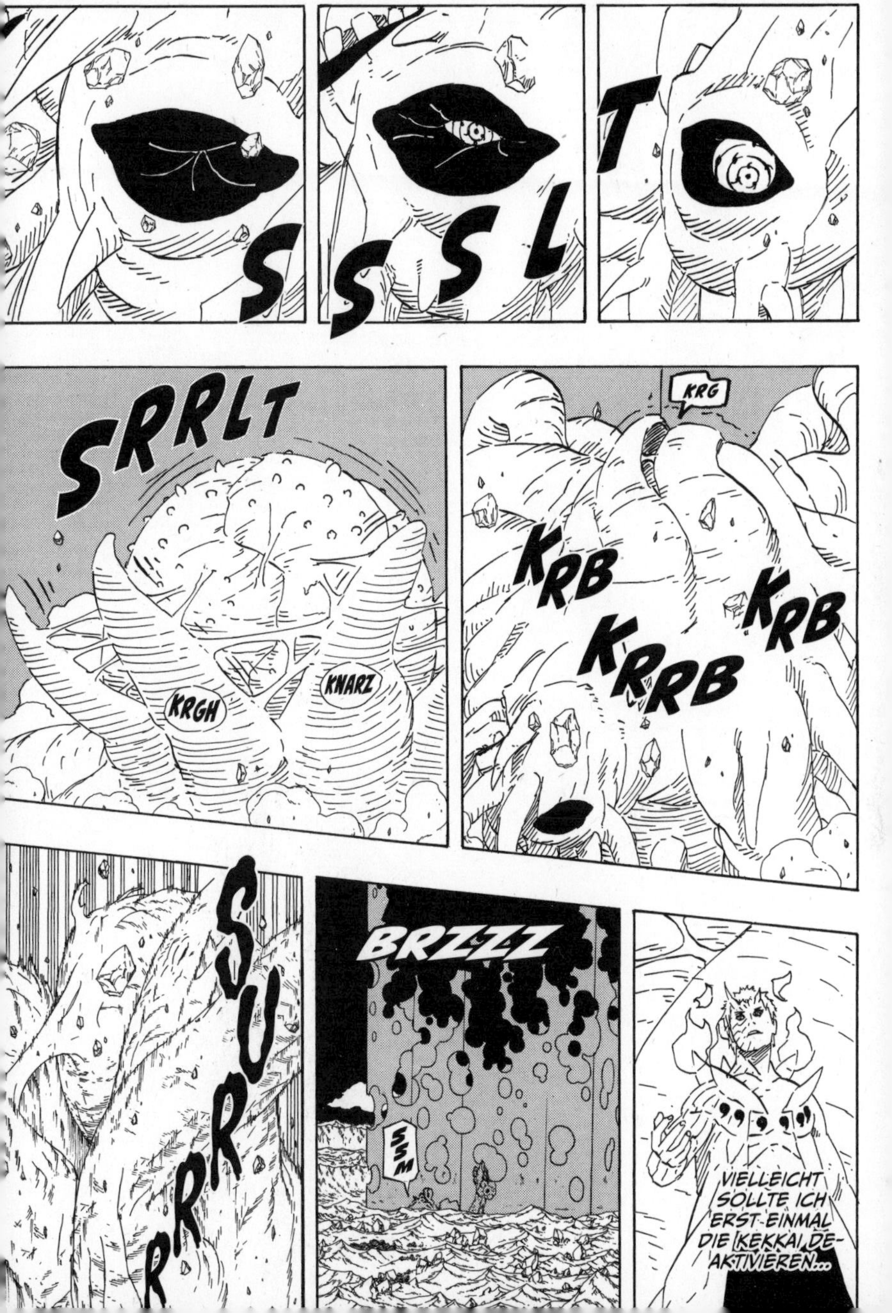

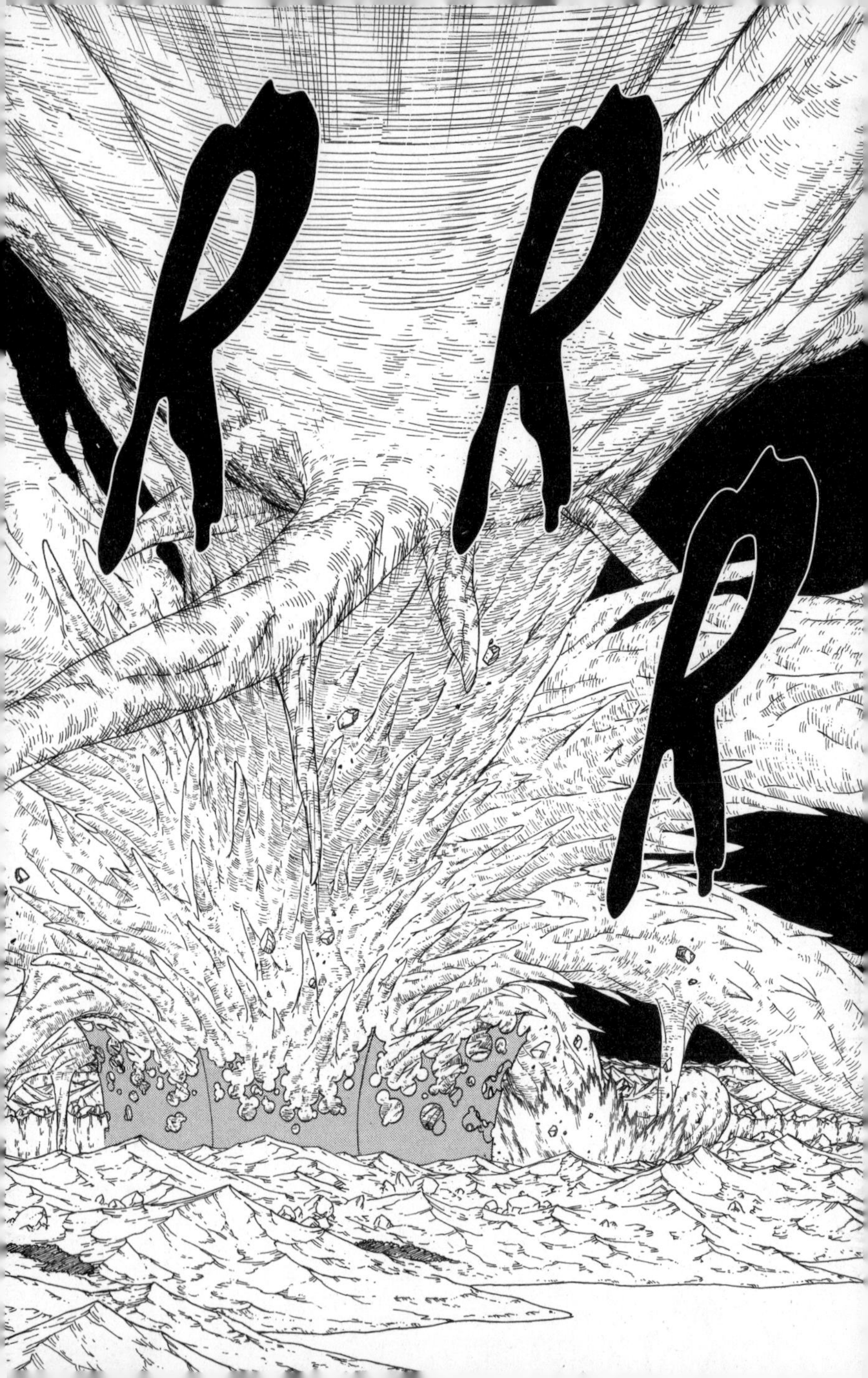
RRR

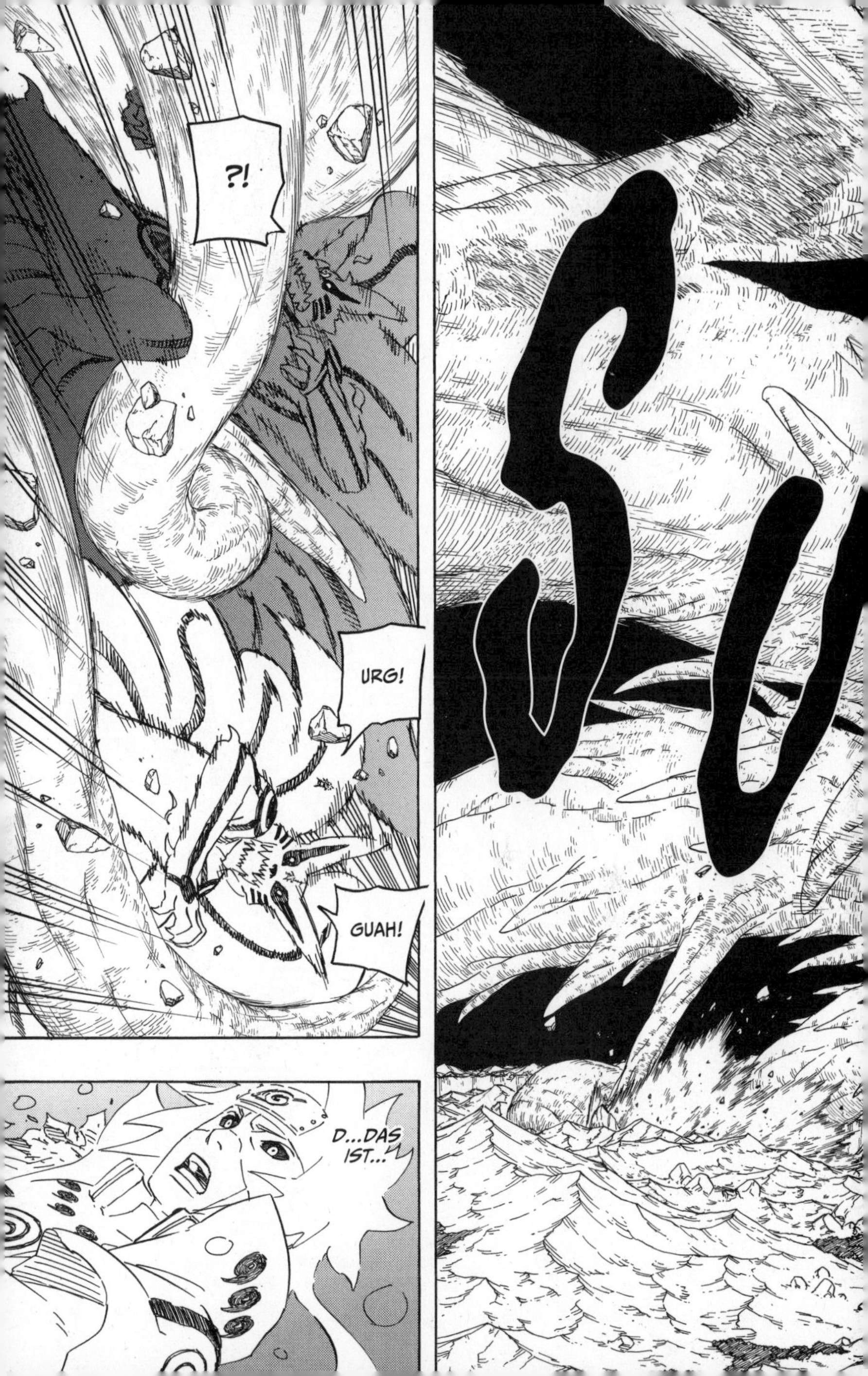
SU
?!
URG!
GUAH!
D...DAS IST...

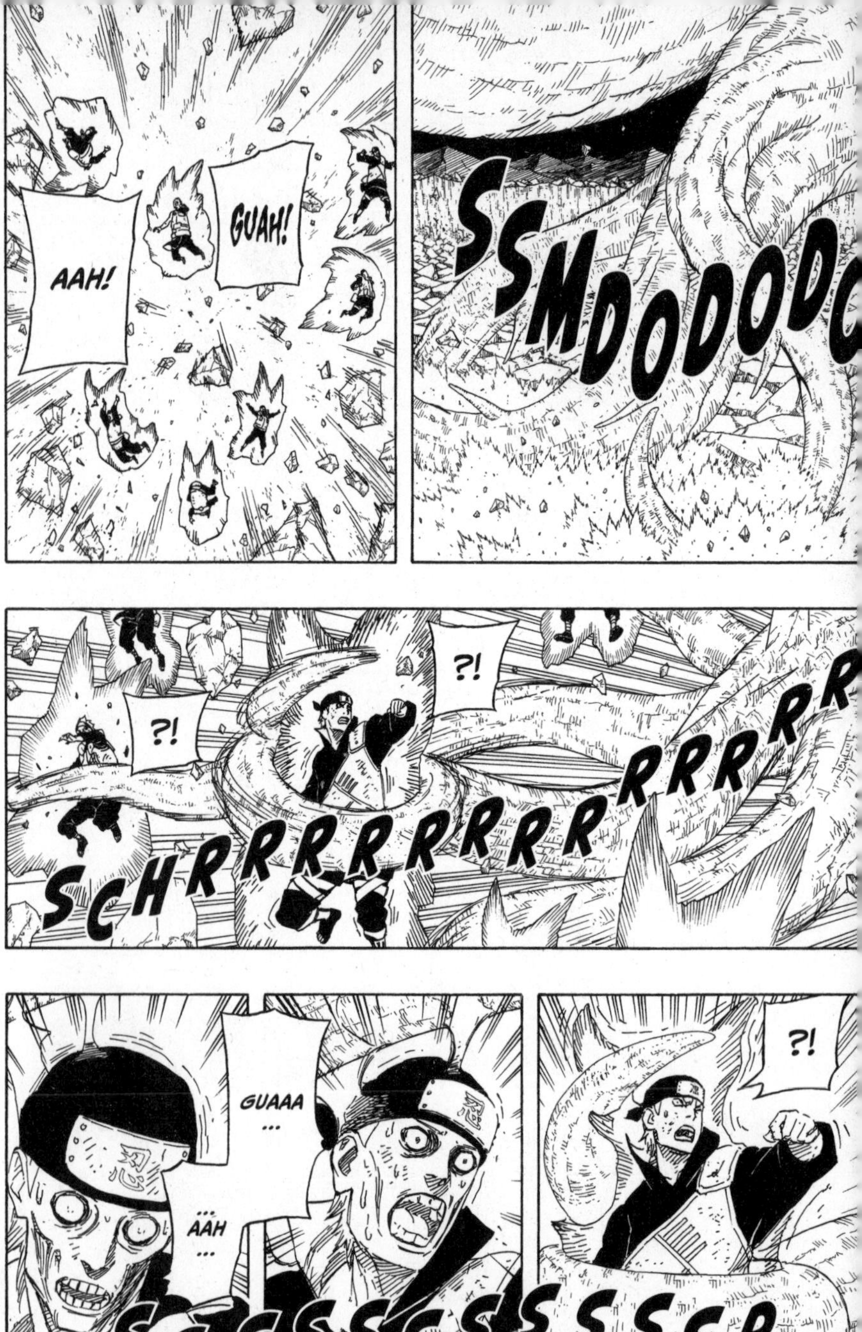
SSMDODODO
GUAH!
AAH!
?!
?!
SCHRRRRRRRRRRRRRR
?!
GUAAA …
… ÄÄH …
SSSSSSSSSSSSP…

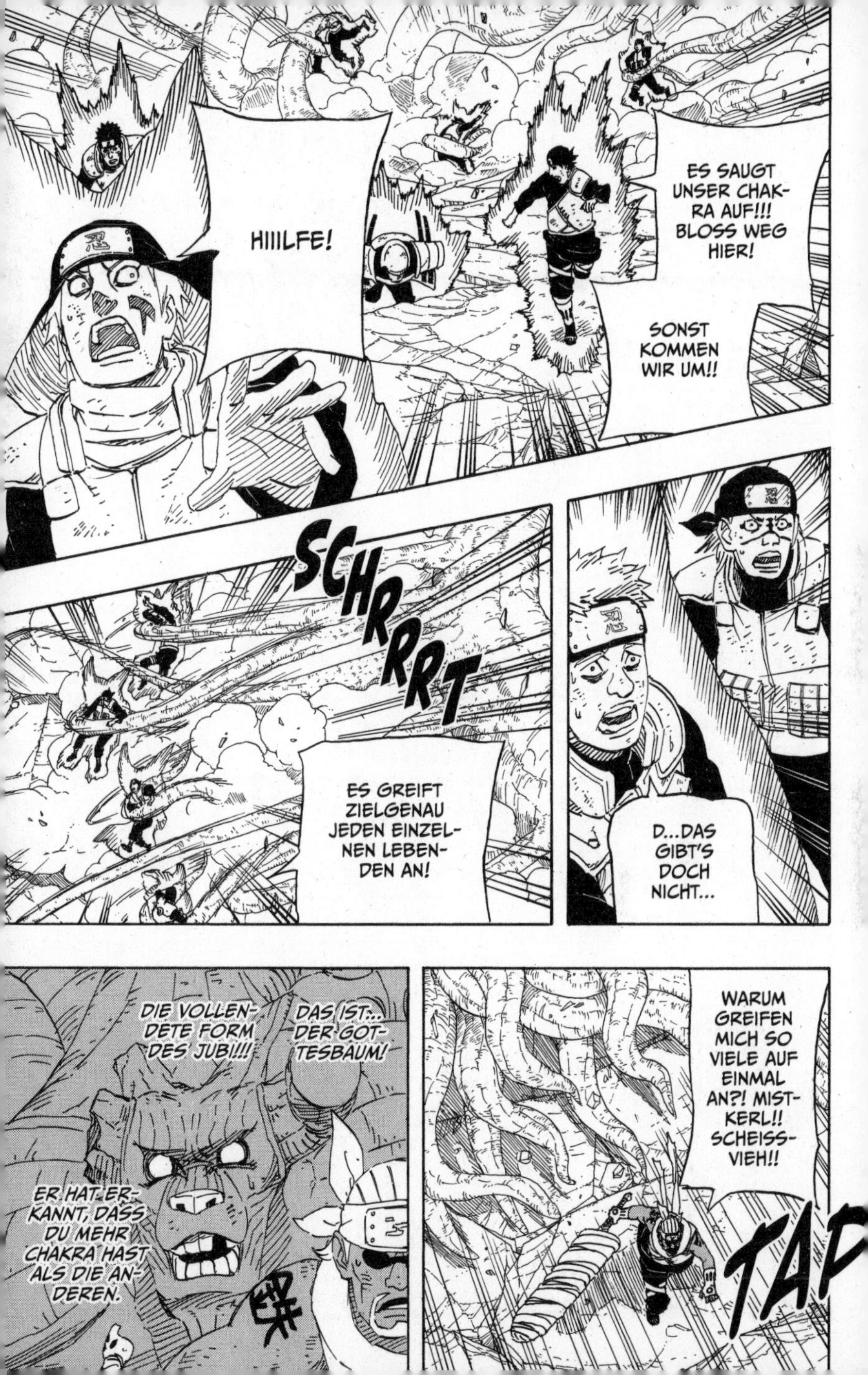
ES SAUGT UNSER CHAKRA AUF!!! BLOSS WEG HIER!
SONST KOMMEN WIR UM!!
HIIILFE!
D...DAS GIBT'S DOCH NICHT...
SCHRRRT
ES GREIFT ZIELGENAU JEDEN EINZELNEN LEBENDEN AN!
WARUM GREIFEN MICH SO VIELE AUF EINMAL AN?! MISTKERL!! SCHEISSVIEH!!
TAP
DAS IST... DER GOTTESBAUM!
DIE VOLLENDETE FORM DES JUBI!!!
ER HAT ERKANNT, DASS DU MEHR CHAKRA HAST ALS DIE ANDEREN.

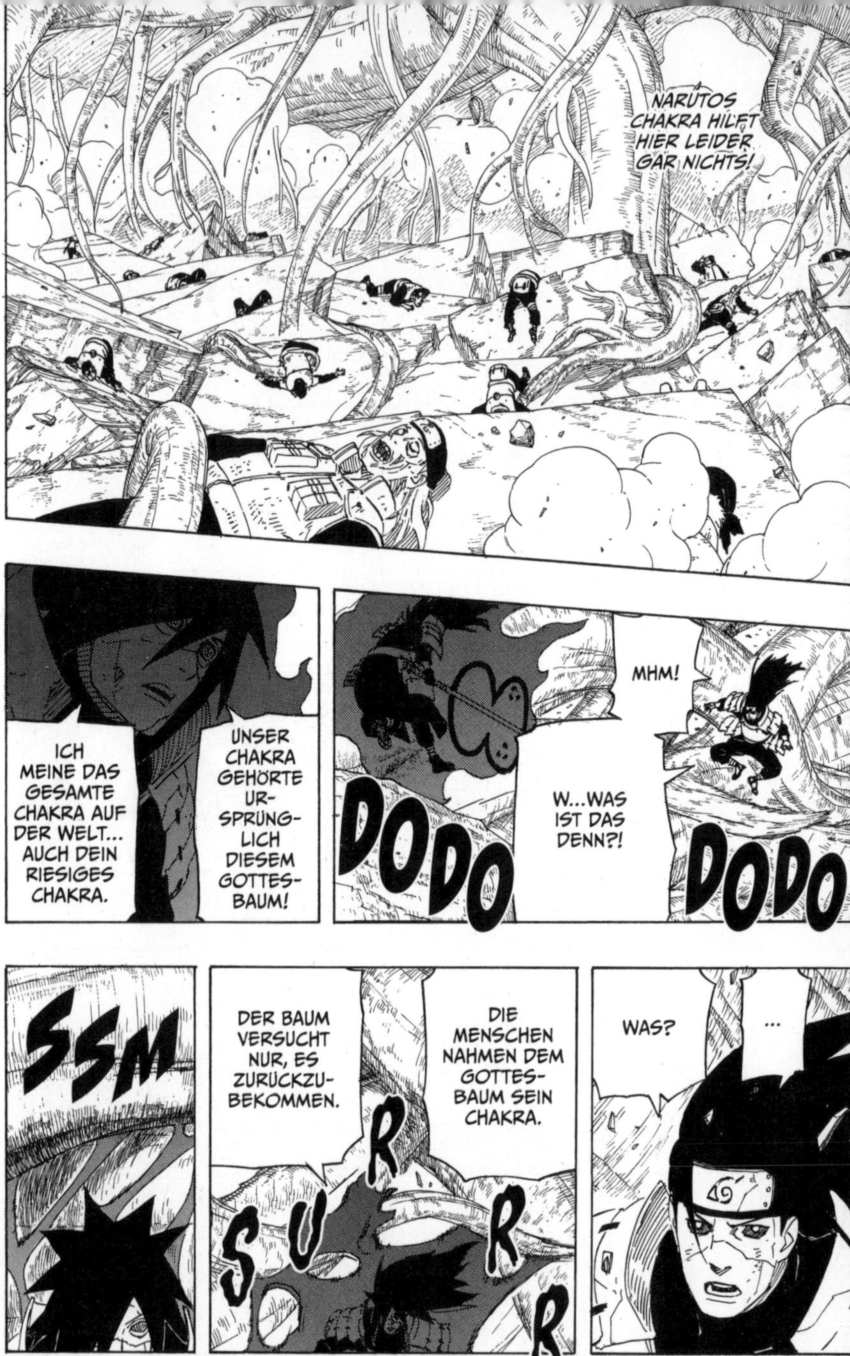
NARUTOS CHAKRA HILFT HIER LEIDER GAR NICHTS!
MHM!
W...WAS IST DAS DENN?!
DODO
DODO
UNSER CHAKRA GEHÖRTE UR-SPRÜNGLICH DIESEM GOTTESBAUM!
ICH MEINE DAS GESAMTE CHAKRA AUF DER WELT... AUCH DEIN RIESIGES CHAKRA.
...
WAS?
DIE MENSCHEN NAHMEN DEM GOTTESBAUM SEIN CHAKRA.
DER BAUM VERSUCHT NUR, ES ZURÜCKZUBEKOMMEN.
SURRR
SSM

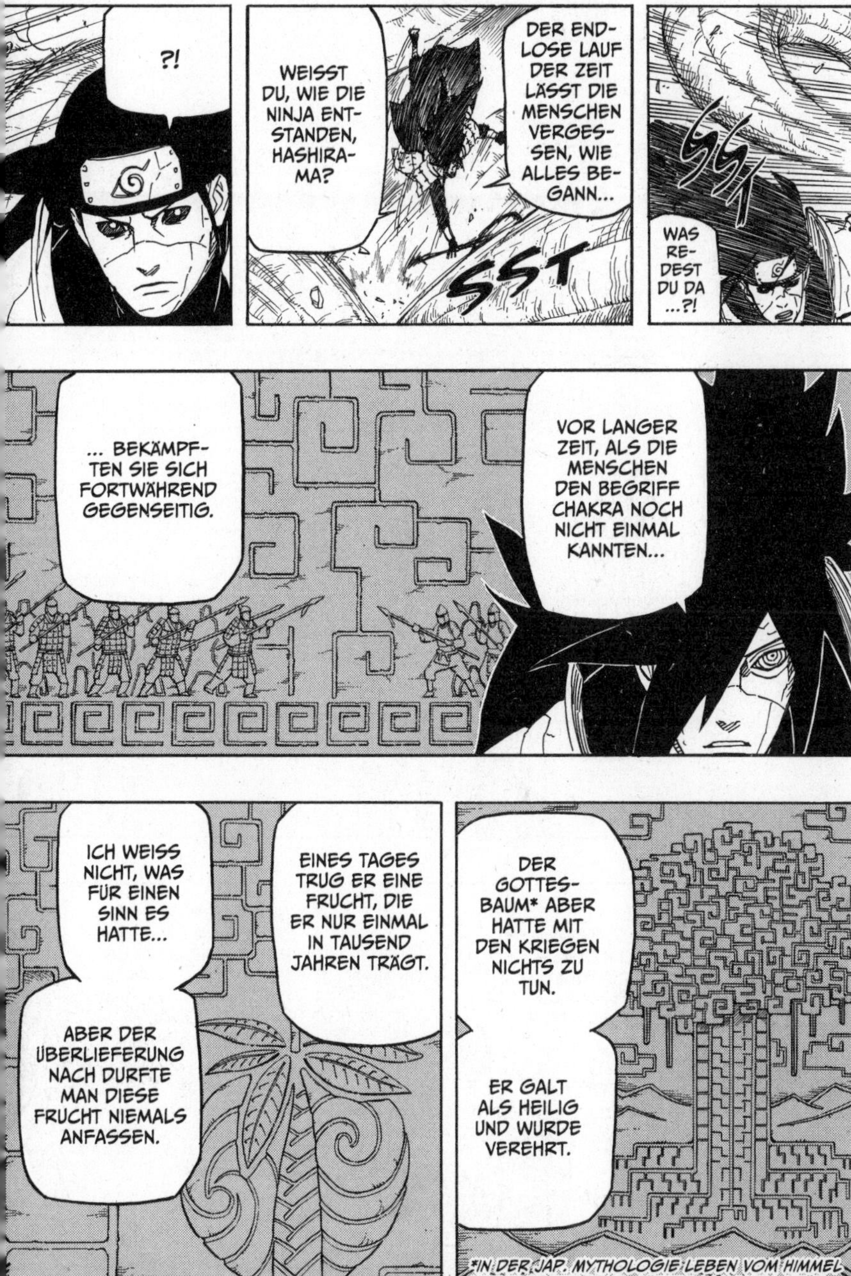

*IN DER JAP. MYTHOLOGIE LEBEN VOM HIMMEL HERABGESTIEGENE GÖTTER IN HOHEN, KRÄFTIGEN BÄUMEN ODER PFEILERN.

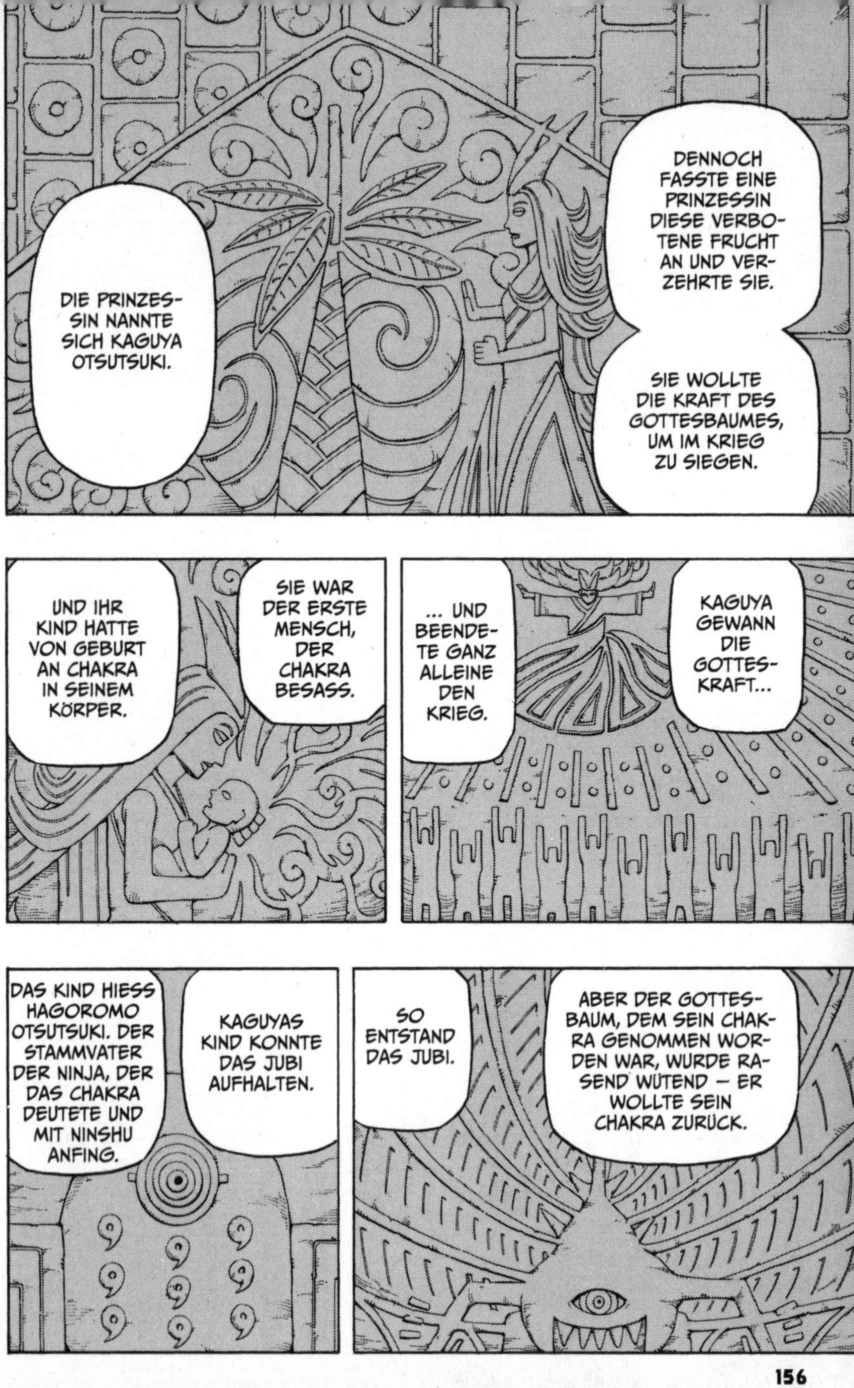
DENNOCH FASSTE EINE PRINZESSIN DIESE VERBOTENE FRUCHT AN UND VERZEHRTE SIE.
SIE WOLLTE DIE KRAFT DES GOTTESBAUMES, UM IM KRIEG ZU SIEGEN.
DIE PRINZESSIN NANNTE SICH KAGUYA OTSUTSUKI.
KAGUYA GEWANN DIE GOTTESKRAFT...
... UND BEENDETE GANZ ALLEINE DEN KRIEG.
SIE WAR DER ERSTE MENSCH, DER CHAKRA BESASS.
UND IHR KIND HATTE VON GEBURT AN CHAKRA IN SEINEM KÖRPER.
ABER DER GOTTESBAUM, DEM SEIN CHAKRA GENOMMEN WORDEN WAR, WURDE RASEND WÜTEND – ER WOLLTE SEIN CHAKRA ZURÜCK.
SO ENTSTAND DAS JUBI.
KAGUYAS KIND KONNTE DAS JUBI AUFHALTEN.
DAS KIND HIESS HAGOROMO OTSUTSUKI. DER STAMMVATER DER NINJA, DER DAS CHAKRA DEUTETE UND MIT NINSHU ANFING.

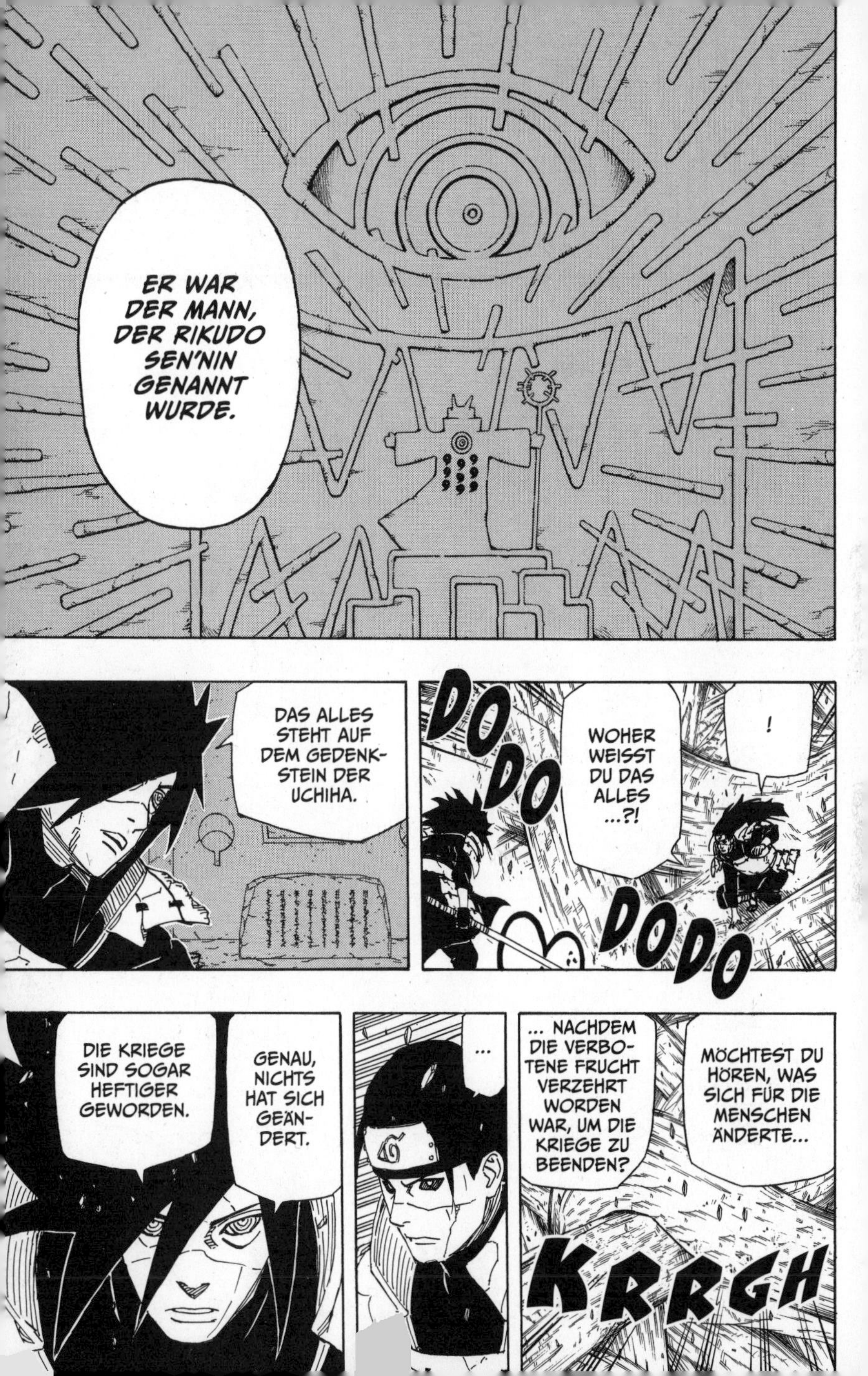
ER WAR DER MANN, DER RIKUDO SEN'NIN GENANNT WURDE.
!
WOHER WEISST DU DAS ALLES ...?!
DODO
DODO
DAS ALLES STEHT AUF DEM GEDENK-STEIN DER UCHIHA.
MÖCHTEST DU HÖREN, WAS SICH FÜR DIE MENSCHEN ÄNDERTE...
... NACHDEM DIE VERBO-TENE FRUCHT VERZEHRT WORDEN WAR, UM DIE KRIEGE ZU BEENDEN?
KRRGH
...
GENAU, NICHTS HAT SICH GEÄN-DERT.
DIE KRIEGE SIND SOGAR HEFTIGER GEWORDEN.

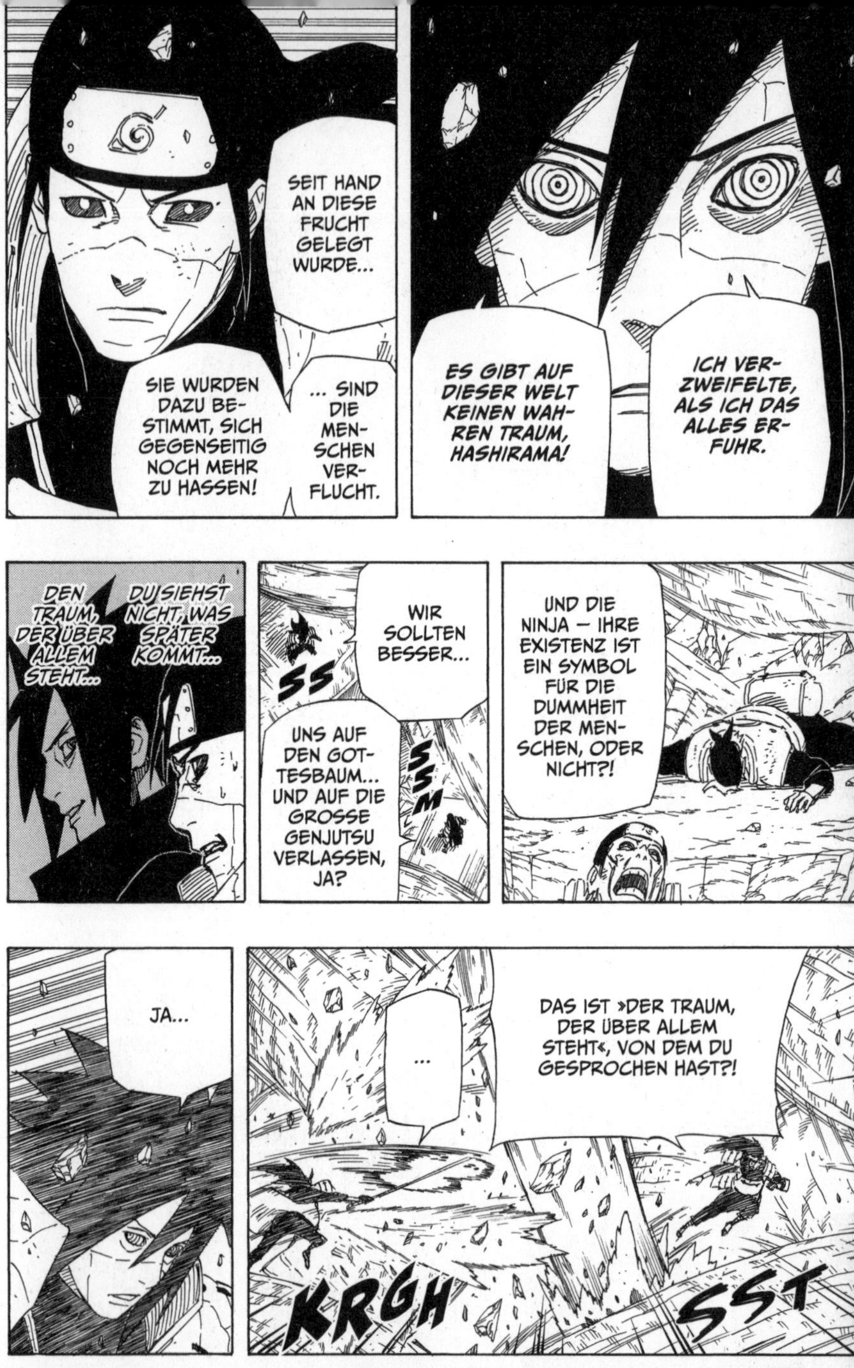

ICH VERZWEIFELTE, ALS ICH DAS ALLES ERFUHR.
ES GIBT AUF DIESER WELT KEINEN WAHREN TRAUM, HASHIRAMA!
SEIT HAND AN DIESE FRUCHT GELEGT WURDE...
... SIND DIE MENSCHEN VERFLUCHT.
SIE WURDEN DAZU BESTIMMT, SICH GEGENSEITIG NOCH MEHR ZU HASSEN!
UND DIE NINJA – IHRE EXISTENZ IST EIN SYMBOL FÜR DIE DUMMHEIT DER MENSCHEN, ODER NICHT?!
WIR SOLLTEN BESSER...
SS
UNS AUF DEN GOTTESBAUM... UND AUF DIE GROSSE GENJUTSU VERLASSEN, JA?
SSM
DU SIEHST NICHT, WAS SPÄTER KOMMT...
DEN TRAUM, DER ÜBER ALLEM STEHT...
DAS IST »DER TRAUM, DER ÜBER ALLEM STEHT«, VON DEM DU GESPROCHEN HAST?!
SST
...
KRGH
JA...

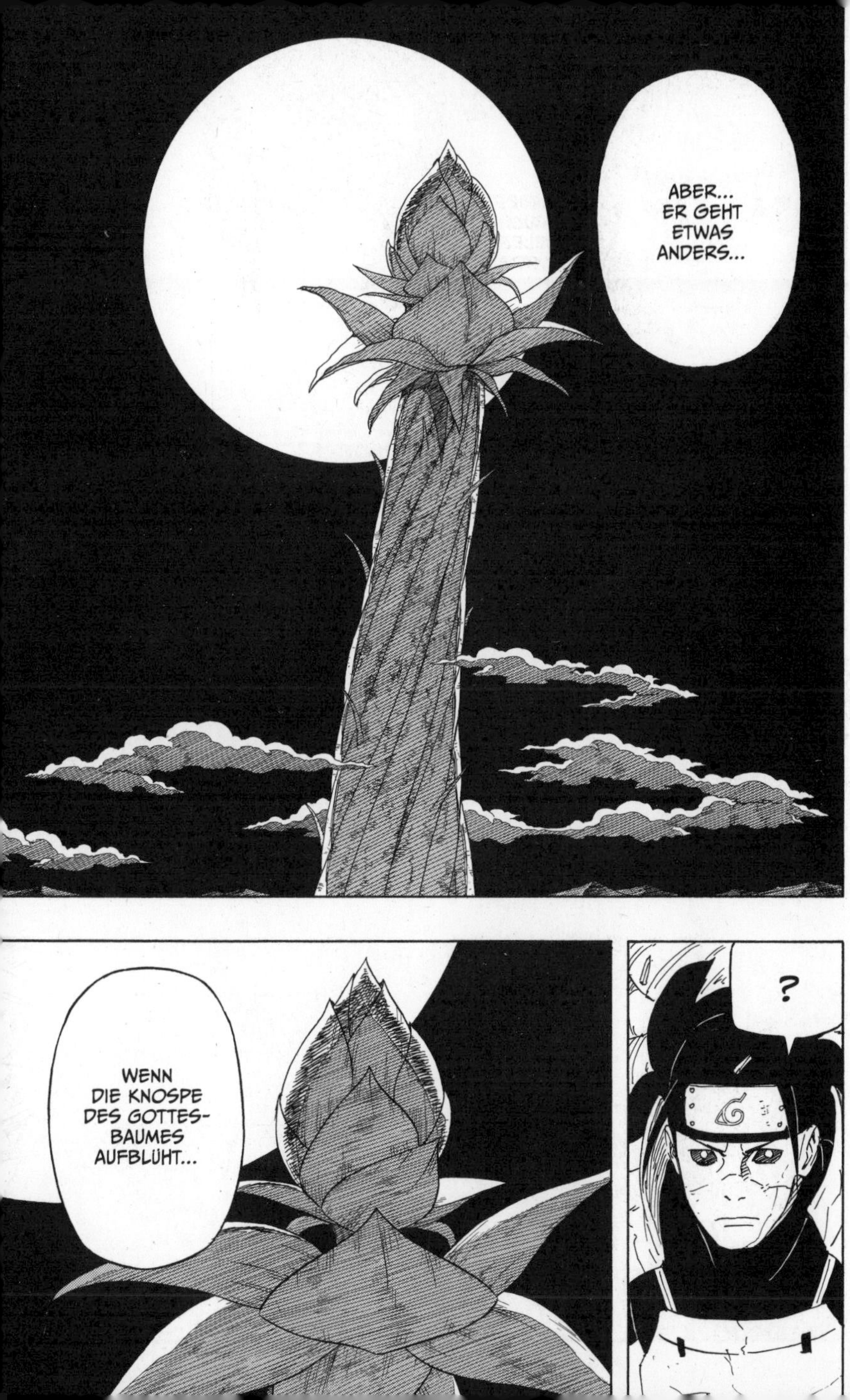
ABER... ER GEHT ETWAS ANDERS...
?
WENN DIE KNOSPE DES GOTTES-BAUMES AUFBLÜHT...

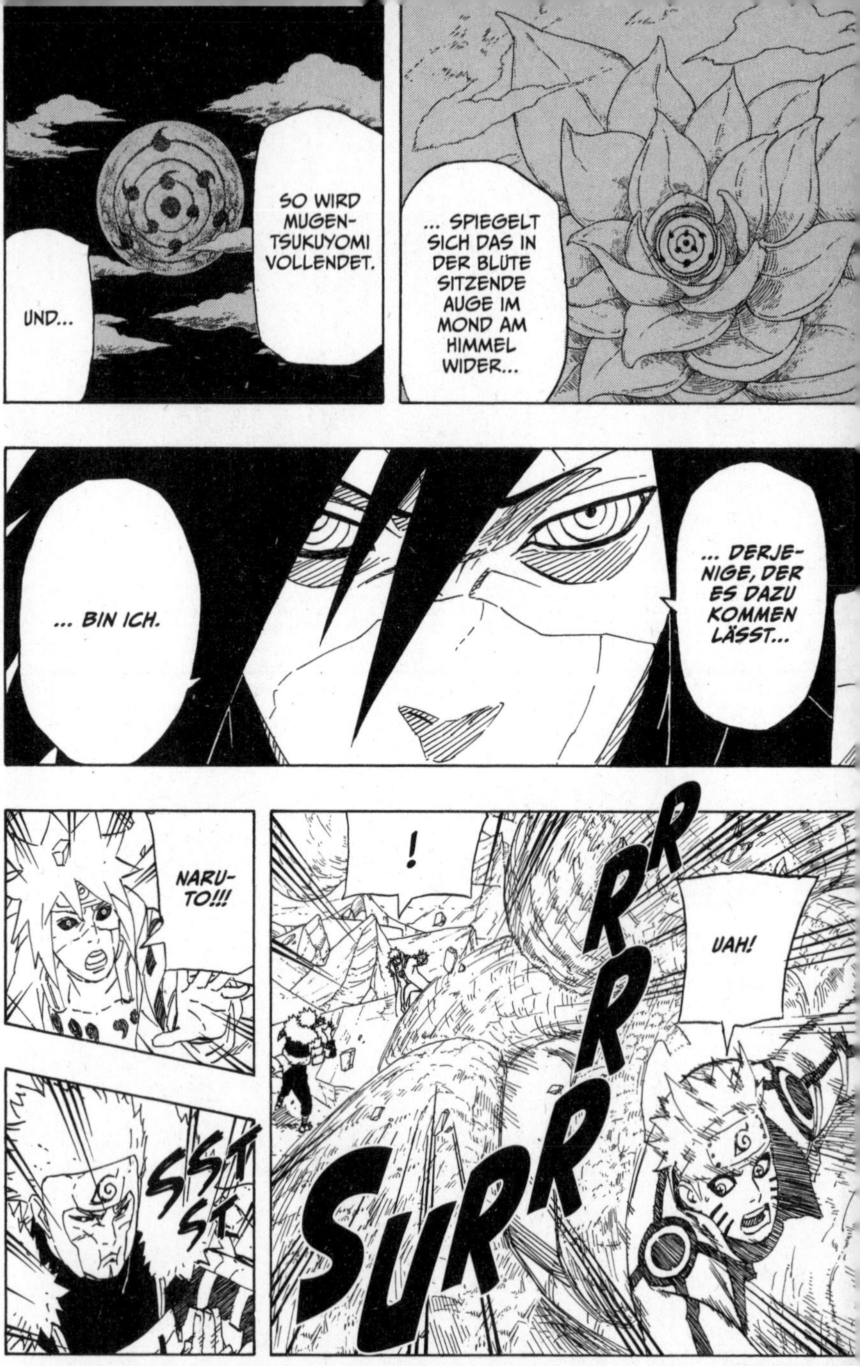

... SPIEGELT SICH DAS IN DER BLÜTE SITZENDE AUGE IM MOND AM HIMMEL WIDER...
SO WIRD MUGEN-TSUKUYOMI VOLLENDET.
UND...
... DERJE-NIGE, DER ES DAZU KOMMEN LÄSST...
... BIN ICH.
!
UAH!
SURRRRR
NARU-TO!!!
SSST SST

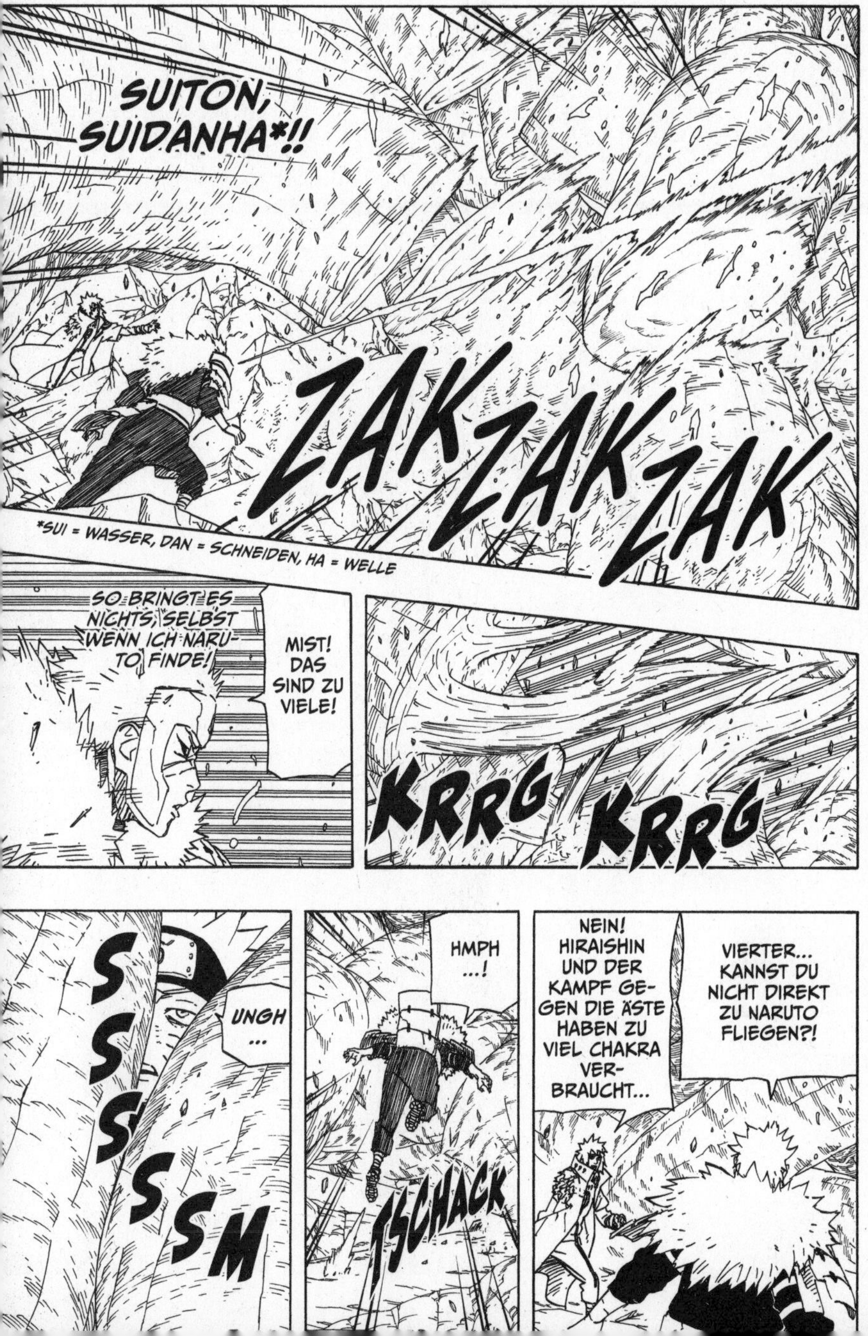
SUITON, SUIDANHA*!!
ZAK ZAK ZAK
*SUI = WASSER, DAN = SCHNEIDEN, HA = WELLE
KRRG KRRG
MIST! DAS SIND ZU VIELE!
SO BRINGT ES NICHTS, SELBST WENN ICH NARUTO FINDE!
VIERTER... KANNST DU NICHT DIREKT ZU NARUTO FLIEGEN?!
NEIN! HIRAISHIN UND DER KAMPF GEGEN DIE ÄSTE HABEN ZU VIEL CHAKRA VERBRAUCHT...
HMPH ...!
TSCHACK
UNGH ...
SSSSSM

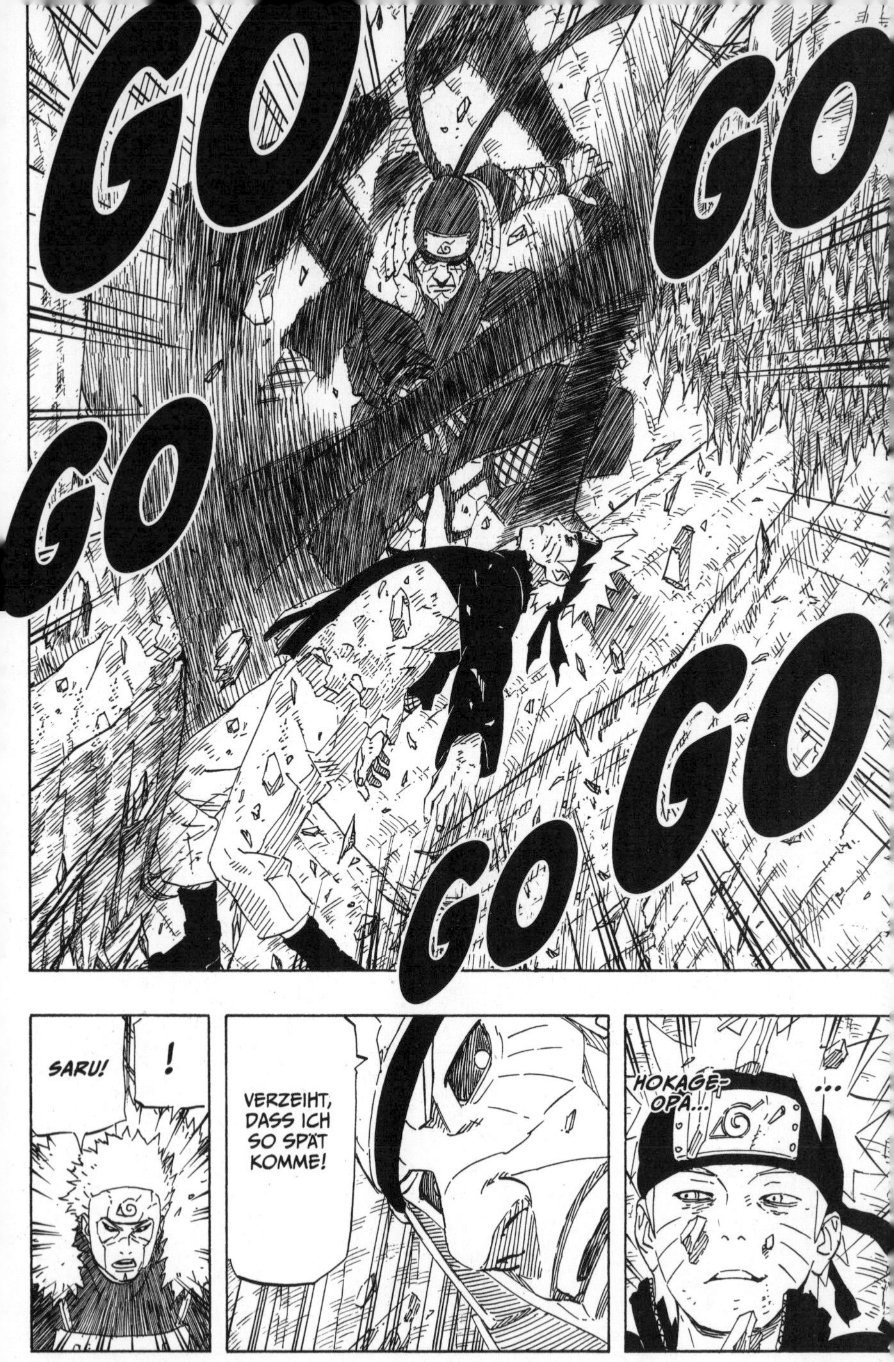
GO
GO
GO
GO
GO
HOKAGE-OPA...
...
VERZEIHT, DASS ICH SO SPÄT KOMME!
!
SARU!

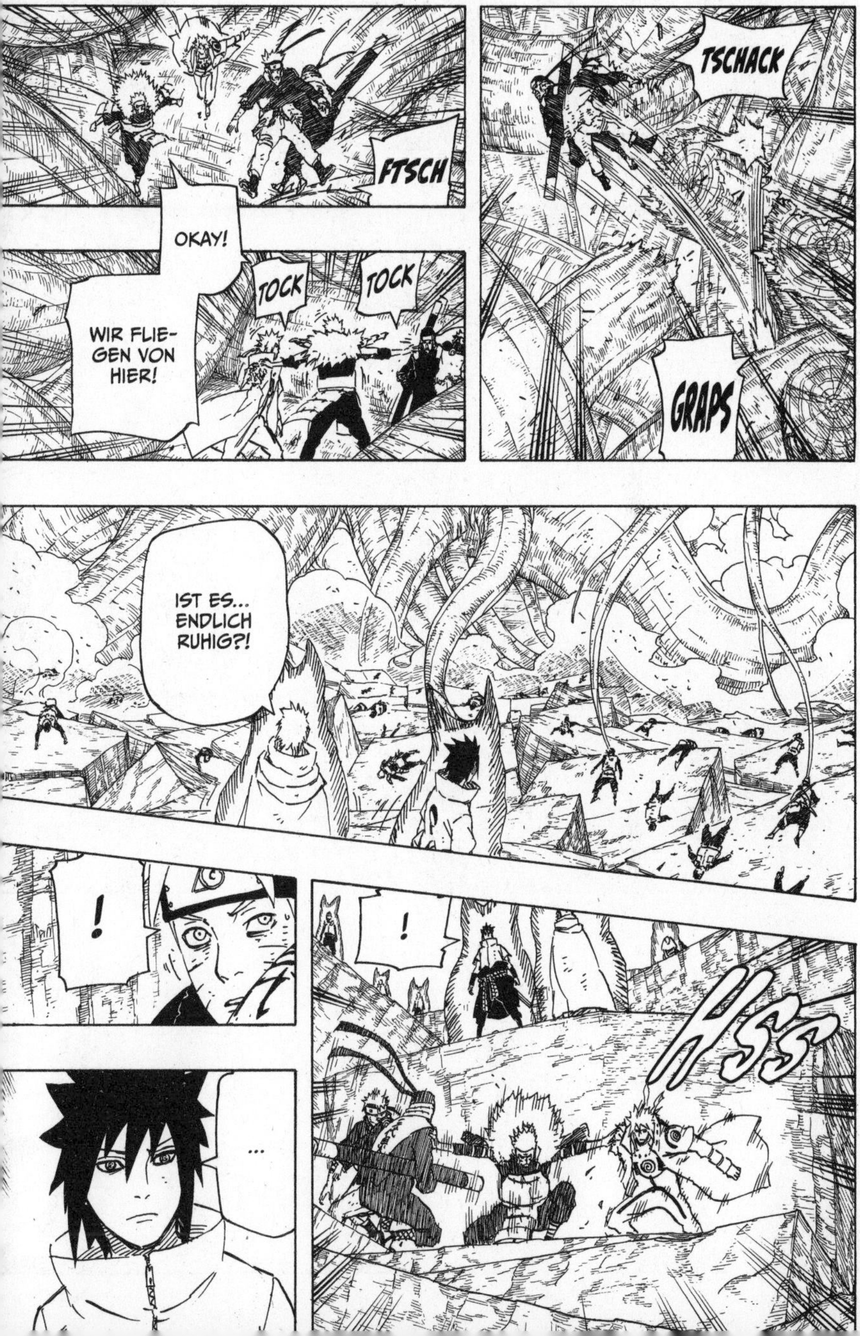
TSCHACK
GRAPS
FTSCH
OKAY!
TOCK
TOCK
WIR FLIEGEN VON HIER!
IST ES... ENDLICH RUHIG?!
!
!
HSS
...

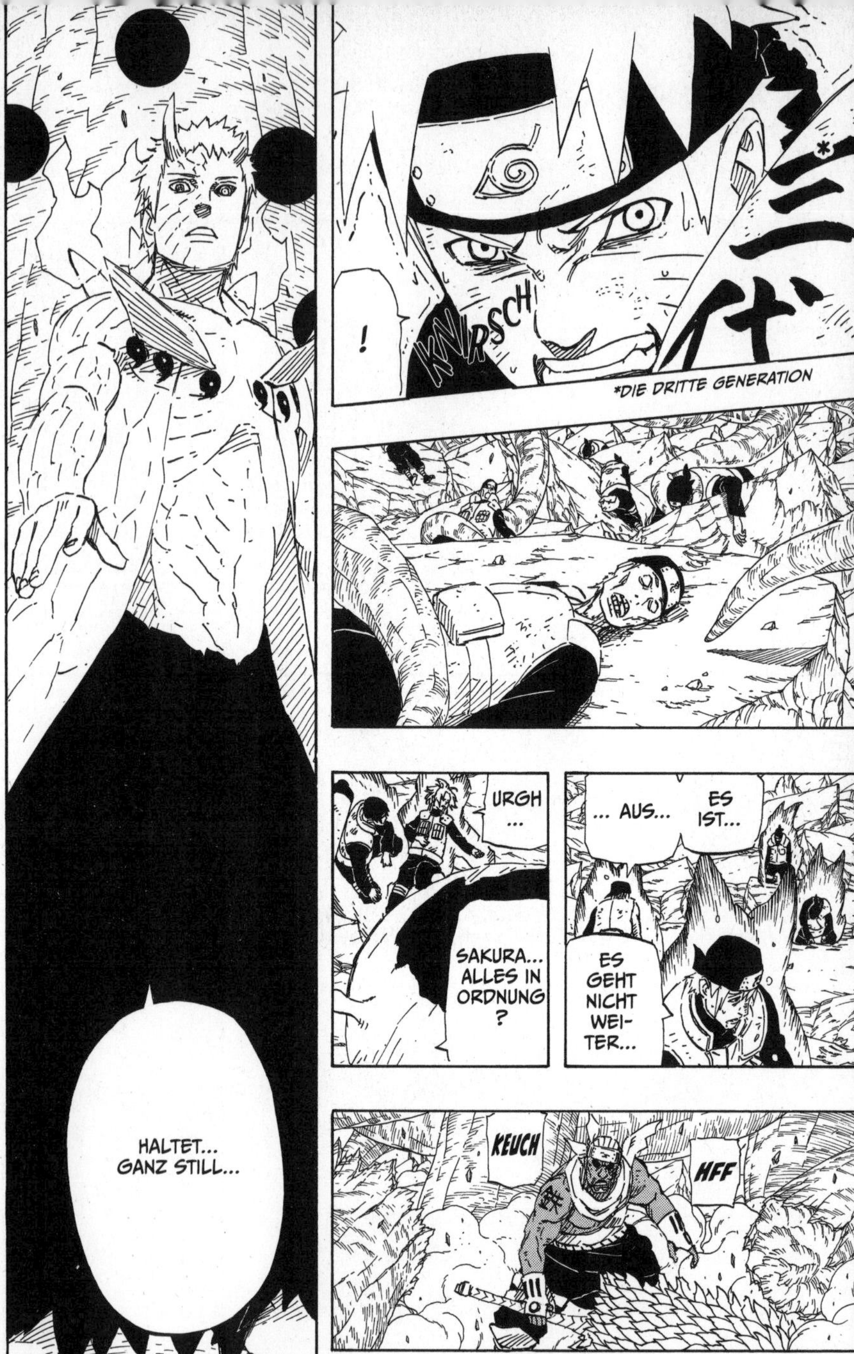

KNIRSCH
!
*DIE DRITTE GENERATION
ES IST...
... AUS...
ES GEHT NICHT WEI-TER...
URGH ...
SAKURA... ALLES IN ORDNUNG ?
HFF
KEUCH
HALTET... GANZ STILL...

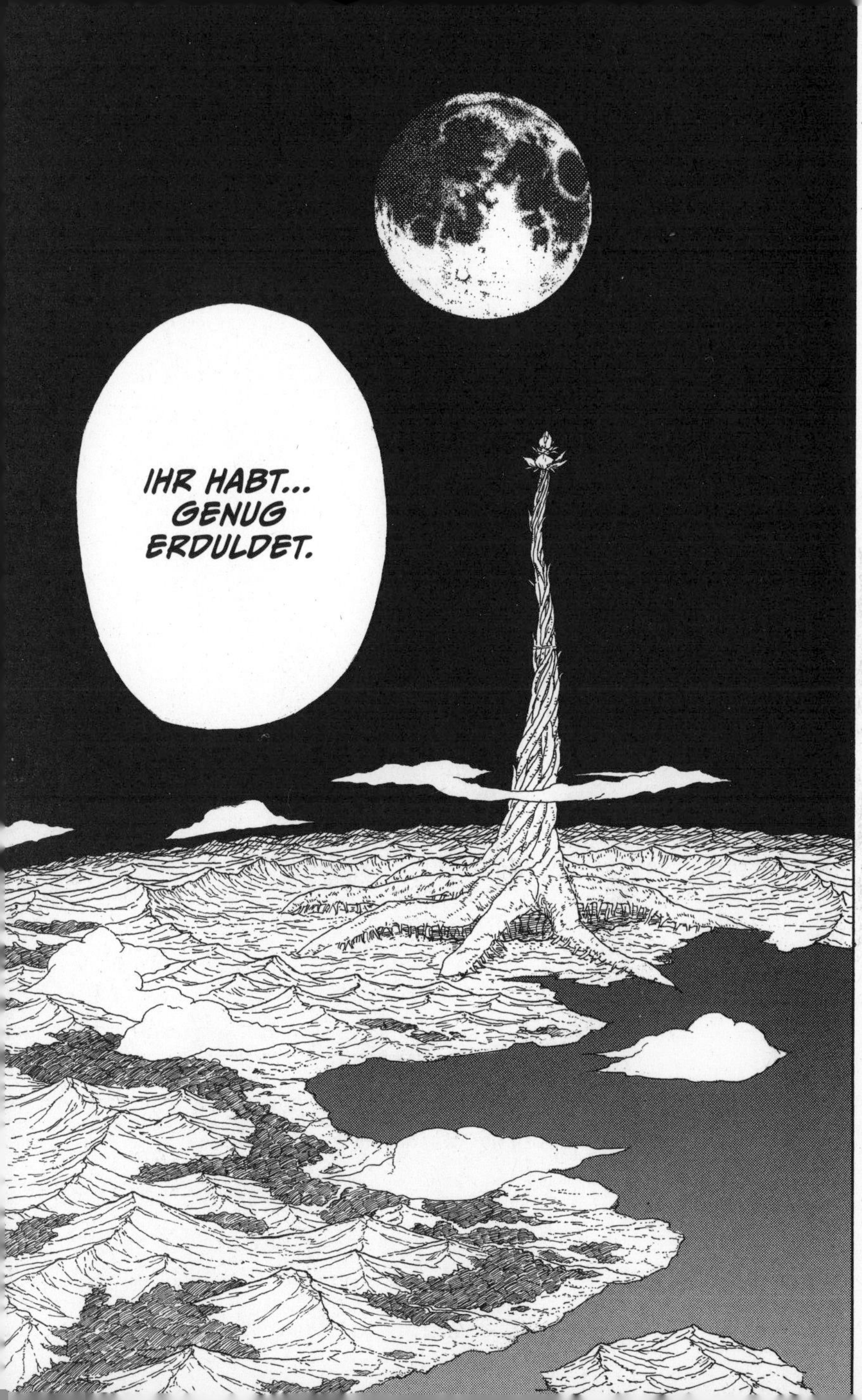
IHR HABT... GENUG ERDULDET.

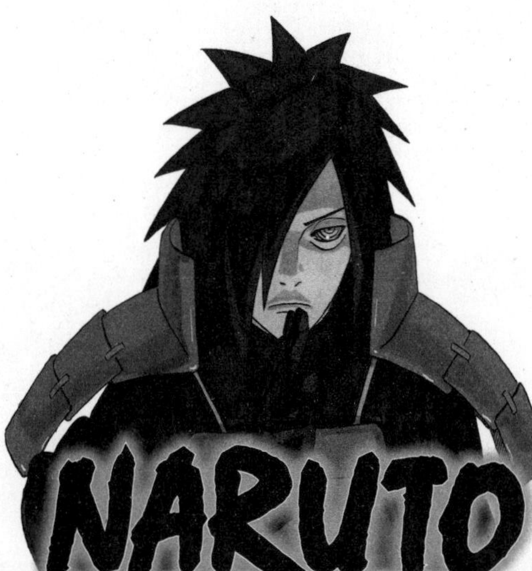
NARUTO

647. Kapitel: Reue

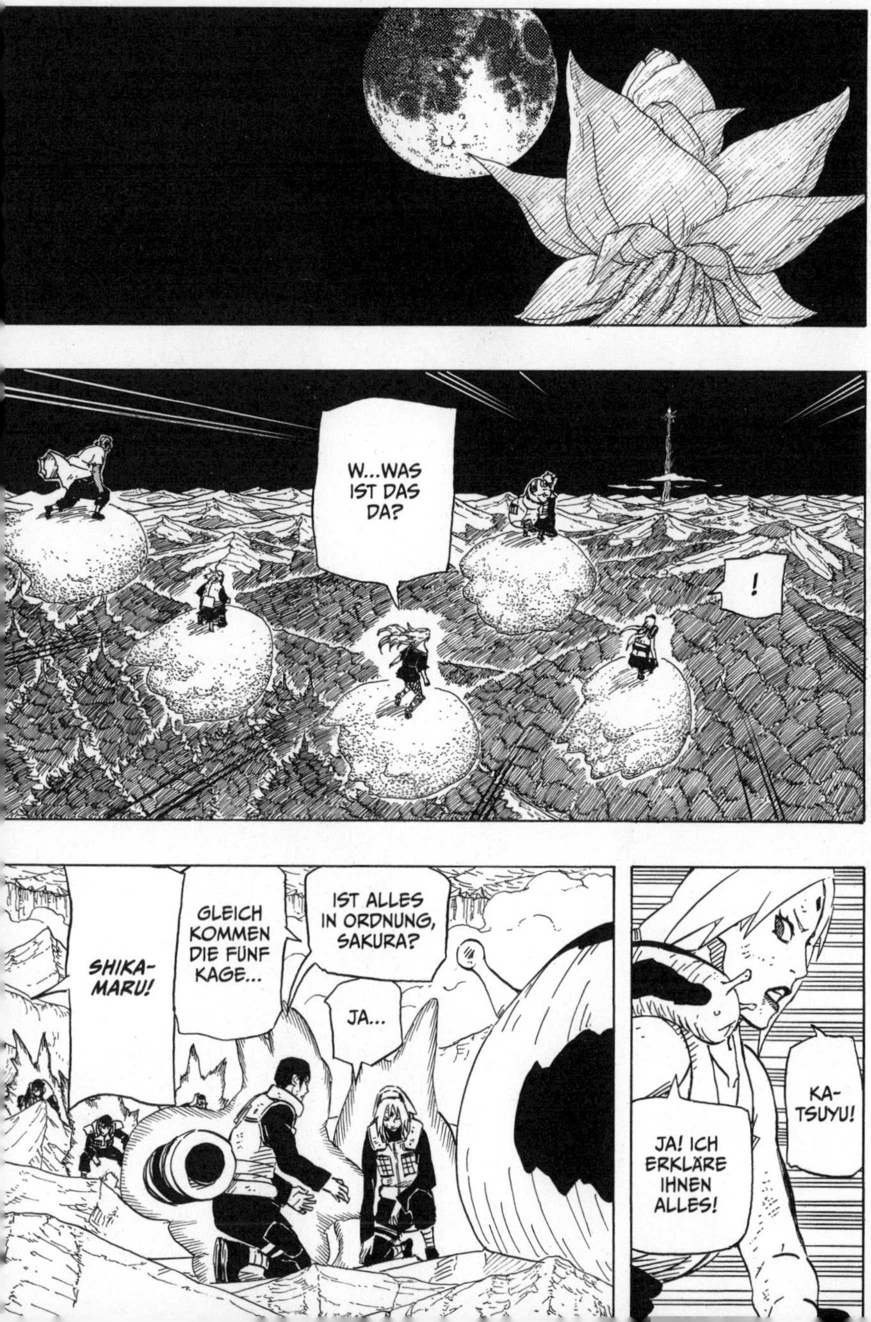

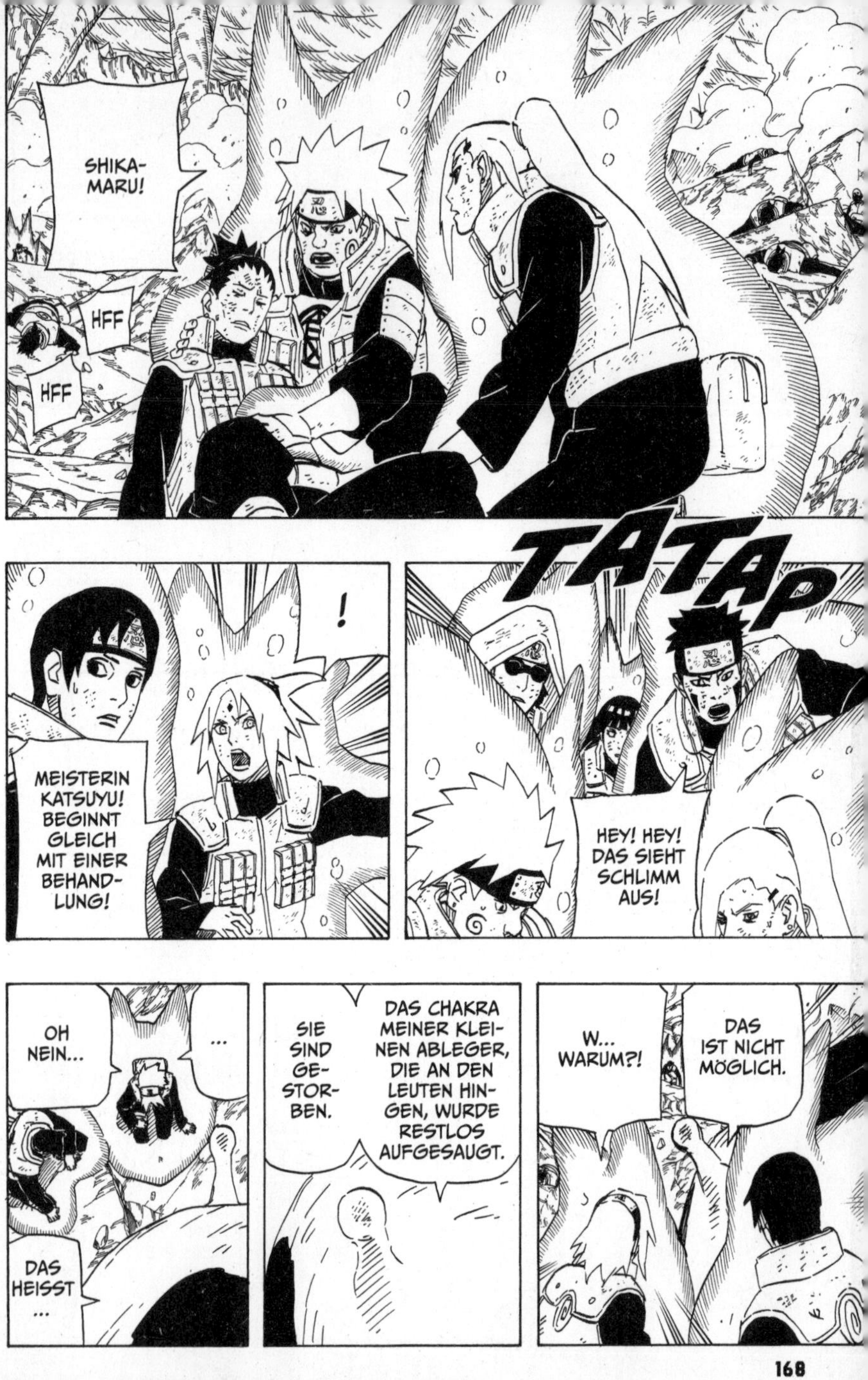

SHIKA-MARU!
HFF
HFF
TATAP
HEY! HEY! DAS SIEHT SCHLIMM AUS!
!
MEISTERIN KATSUYU! BEGINNT GLEICH MIT EINER BEHAND-LUNG!
DAS IST NICHT MÖGLICH.
W... WARUM?!
DAS CHAKRA MEINER KLEI-NEN ABLEGER, DIE AN DEN LEUTEN HIN-GEN, WURDE RESTLOS AUFGESAUGT.
SIE SIND GE-STOR-BEN.
...
OH NEIN...
DAS HEISST ...

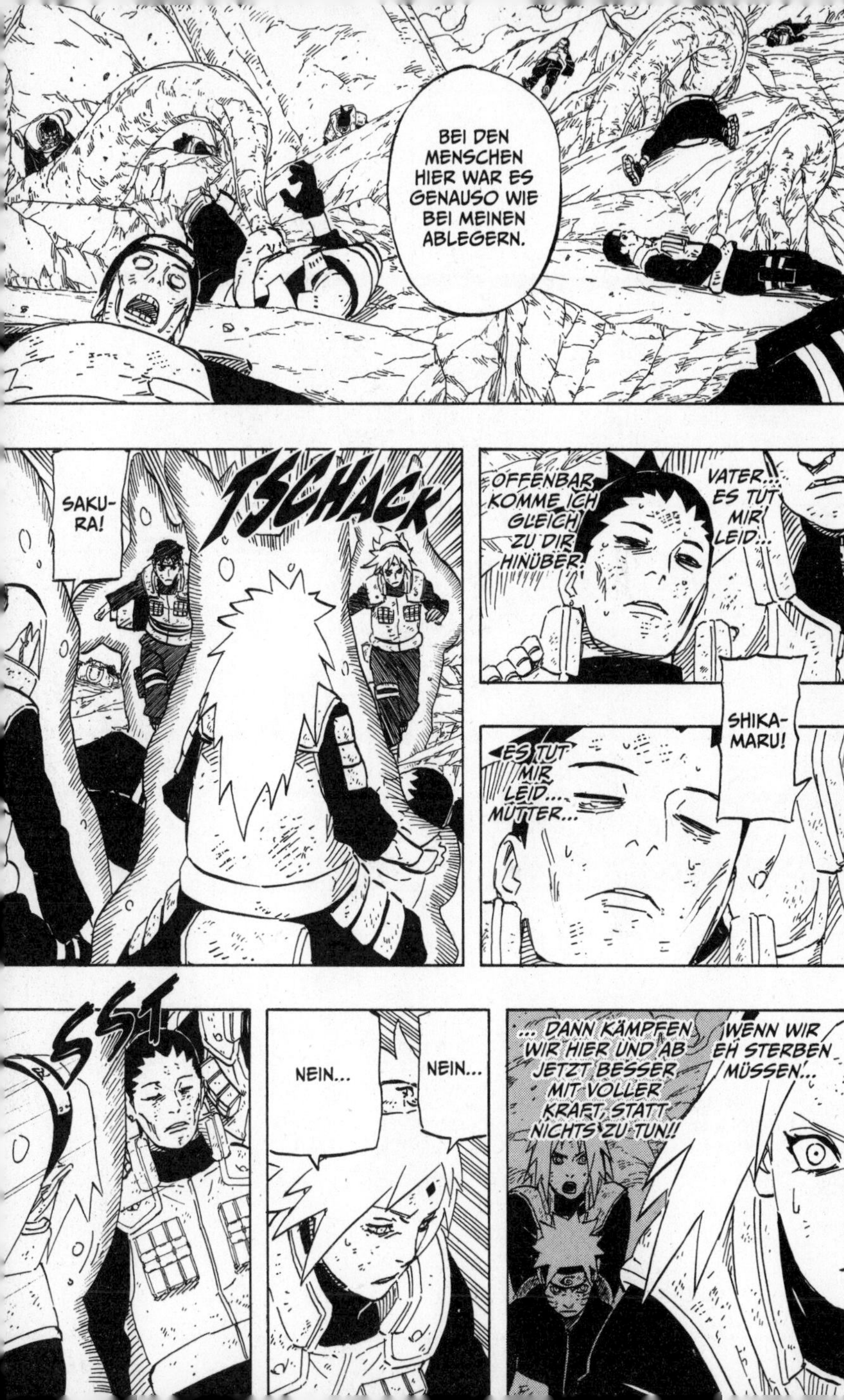
BEI DEN MENSCHEN HIER WAR ES GENAUSO WIE BEI MEINEN ABLEGERN.
VATER... ES TUT MIR LEID...
OFFENBAR KOMME ICH GLEICH ZU DIR HINÜBER.
TSCHACK
SAKU-RA!
SHIKA-MARU!
ES TUT MIR LEID... MUTTER...
WENN WIR EH STERBEN MÜSSEN...
... DANN KÄMPFEN WIR HIER UND AB JETZT BESSER MIT VOLLER KRAFT, STATT NICHTS ZU TUN!!
NEIN...
NEIN...
SST

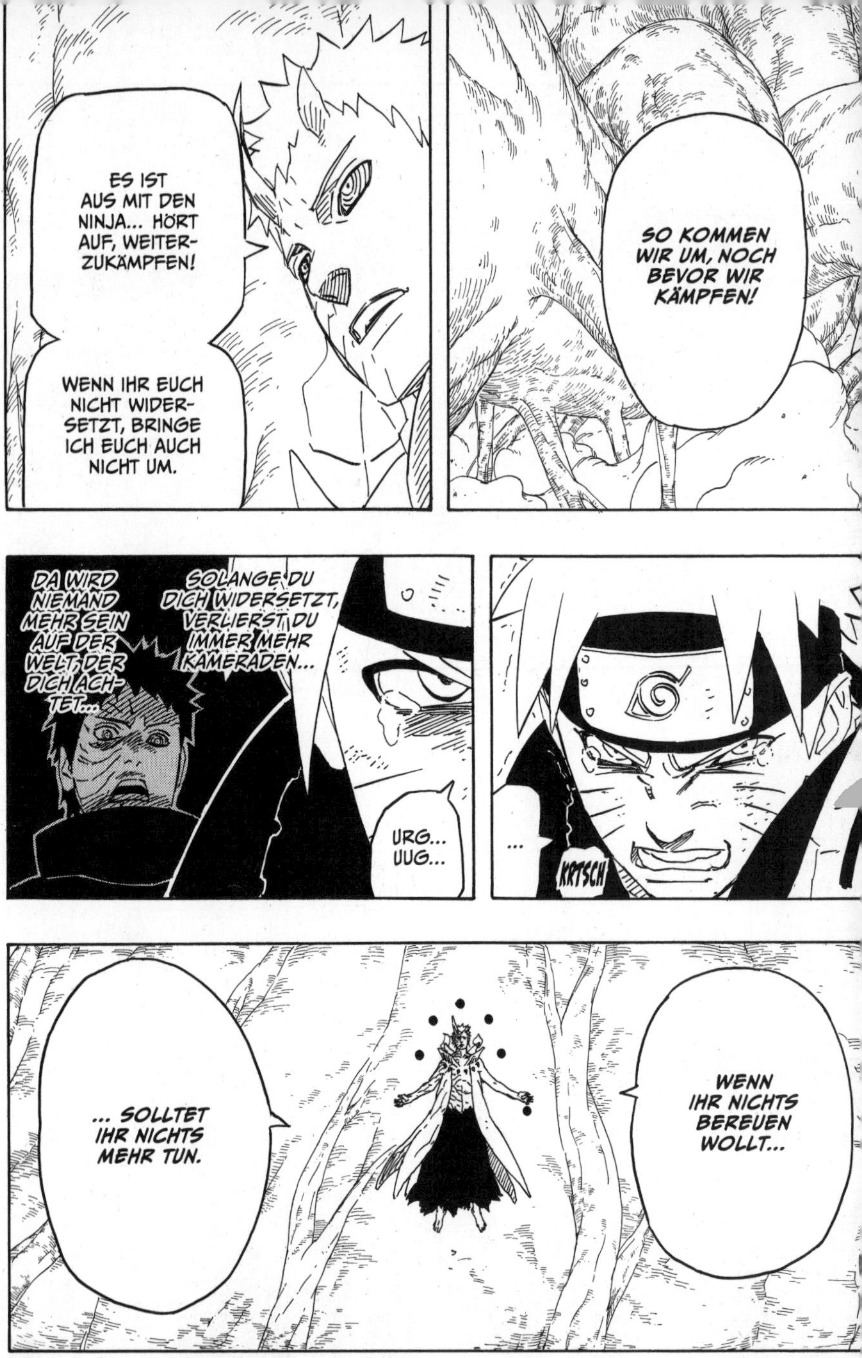
SO KOMMEN WIR UM, NOCH BEVOR WIR KÄMPFEN!
ES IST AUS MIT DEN NINJA... HÖRT AUF, WEITERZUKÄMPFEN!
WENN IHR EUCH NICHT WIDERSETZT, BRINGE ICH EUCH AUCH NICHT UM.
...
KRTSCH
URG... UUG...
SOLANGE DU DICH WIDERSETZT, VERLIERST DU IMMER MEHR KAMERADEN...
DA WIRD NIEMAND MEHR SEIN AUF DER WELT, DER DICH ACHTET...
WENN IHR NICHTS BEREUEN WOLLT...
... SOLLTET IHR NICHTS MEHR TUN.

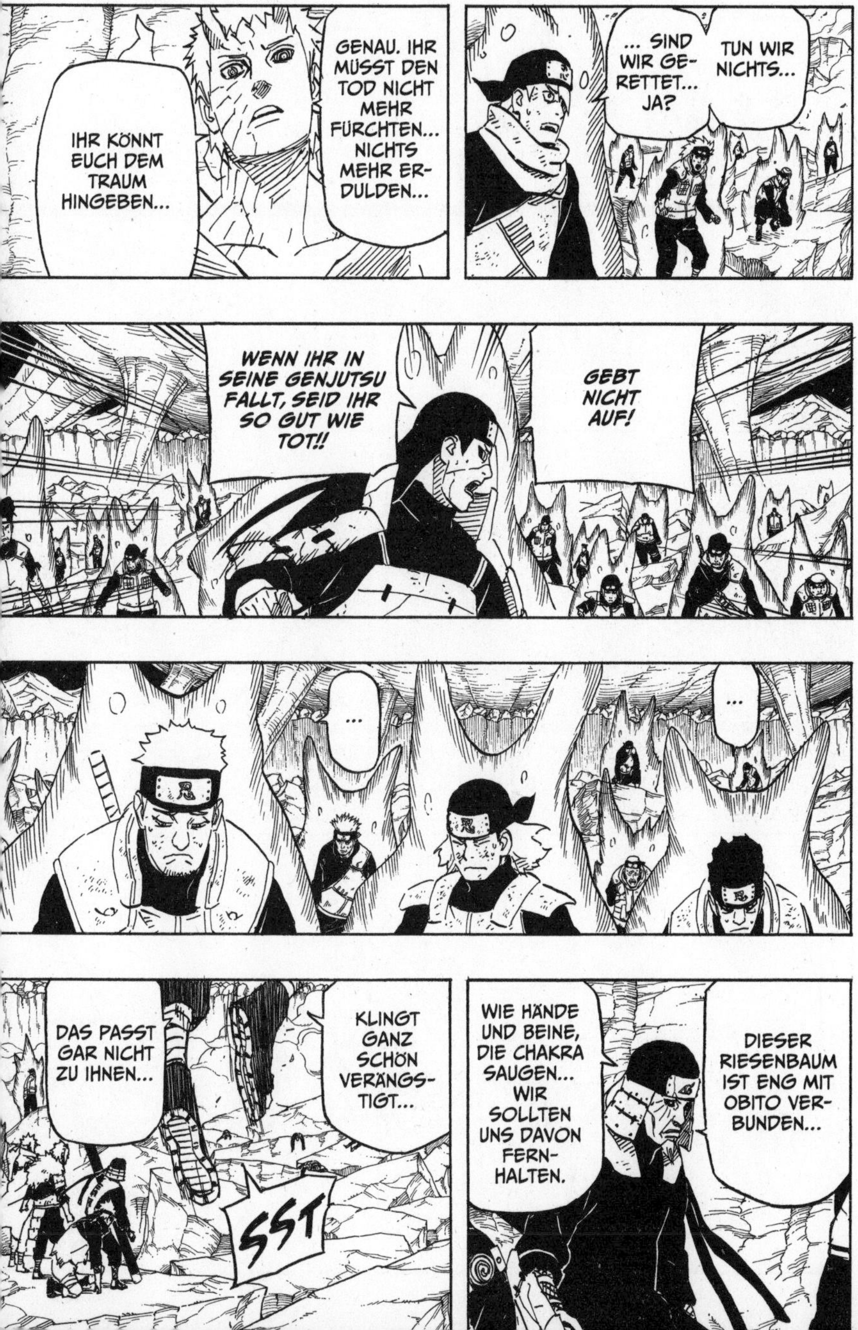
GENAU. IHR MÜSST DEN TOD NICHT MEHR FÜRCHTEN... NICHTS MEHR ERDULDEN...
IHR KÖNNT EUCH DEM TRAUM HINGEBEN...
TUN WIR NICHTS...
... SIND WIR GERETTET... JA?
GEBT NICHT AUF!
WENN IHR IN SEINE GENJUTSU FALLT, SEID IHR SO GUT WIE TOT!!
...
...
DIESER RIESENBAUM IST ENG MIT OBITO VERBUNDEN...
WIE HÄNDE UND BEINE, DIE CHAKRA SAUGEN... WIR SOLLTEN UNS DAVON FERNHALTEN.
KLINGT GANZ SCHÖN VERÄNGSTIGT...
DAS PASST GAR NICHT ZU IHNEN...
SST

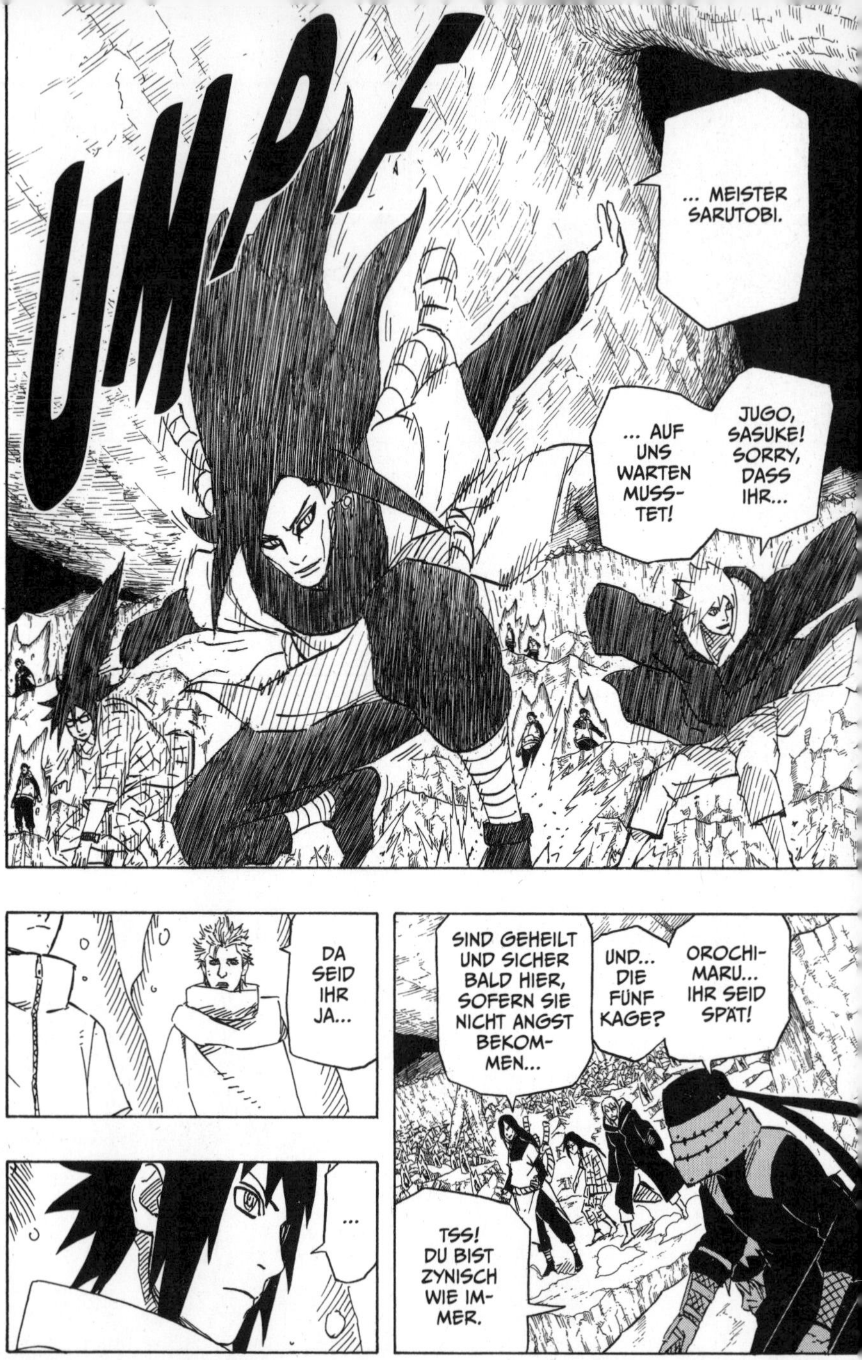

... MEISTER SARUTOBI.
JUGO, SASUKE! SORRY, DASS IHR...
... AUF UNS WARTEN MUSS-TET!
UMPF
OROCHI-MARU... IHR SEID SPÄT!
UND... DIE FÜNF KAGE?
SIND GEHEILT UND SICHER BALD HIER, SOFERN SIE NICHT ANGST BEKOM-MEN...
TSS! DU BIST ZYNISCH WIE IM-MER.
DA SEID IHR JA...
...

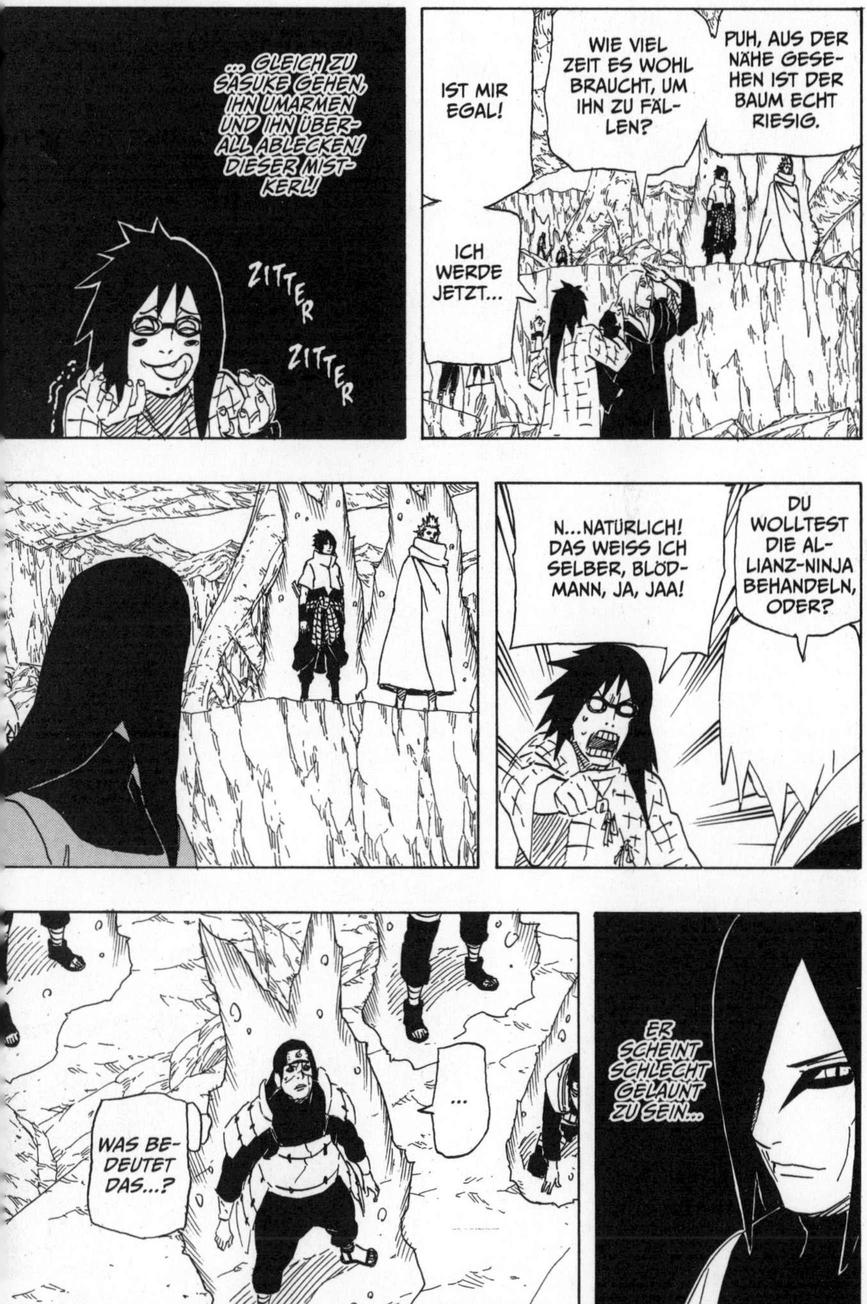
PUH, AUS DER NÄHE GESEHEN IST DER BAUM ECHT RIESIG.
WIE VIEL ZEIT ES WOHL BRAUCHT, UM IHN ZU FÄLLEN?
IST MIR EGAL!
ICH WERDE JETZT...
... GLEICH ZU SASUKE GEHEN, IHN UMARMEN UND IHN ÜBERALL ABLECKEN! DIESER MISTKERL!
ZITTER
ZITTER
DU WOLLTEST DIE ALLIANZ-NINJA BEHANDELN, ODER?
N...NATÜRLICH! DAS WEISS ICH SELBER, BLÖDMANN, JA, JAA!
ER SCHEINT SCHLECHT GELAUNT ZU SEIN...
...
WAS BEDEUTET DAS...?

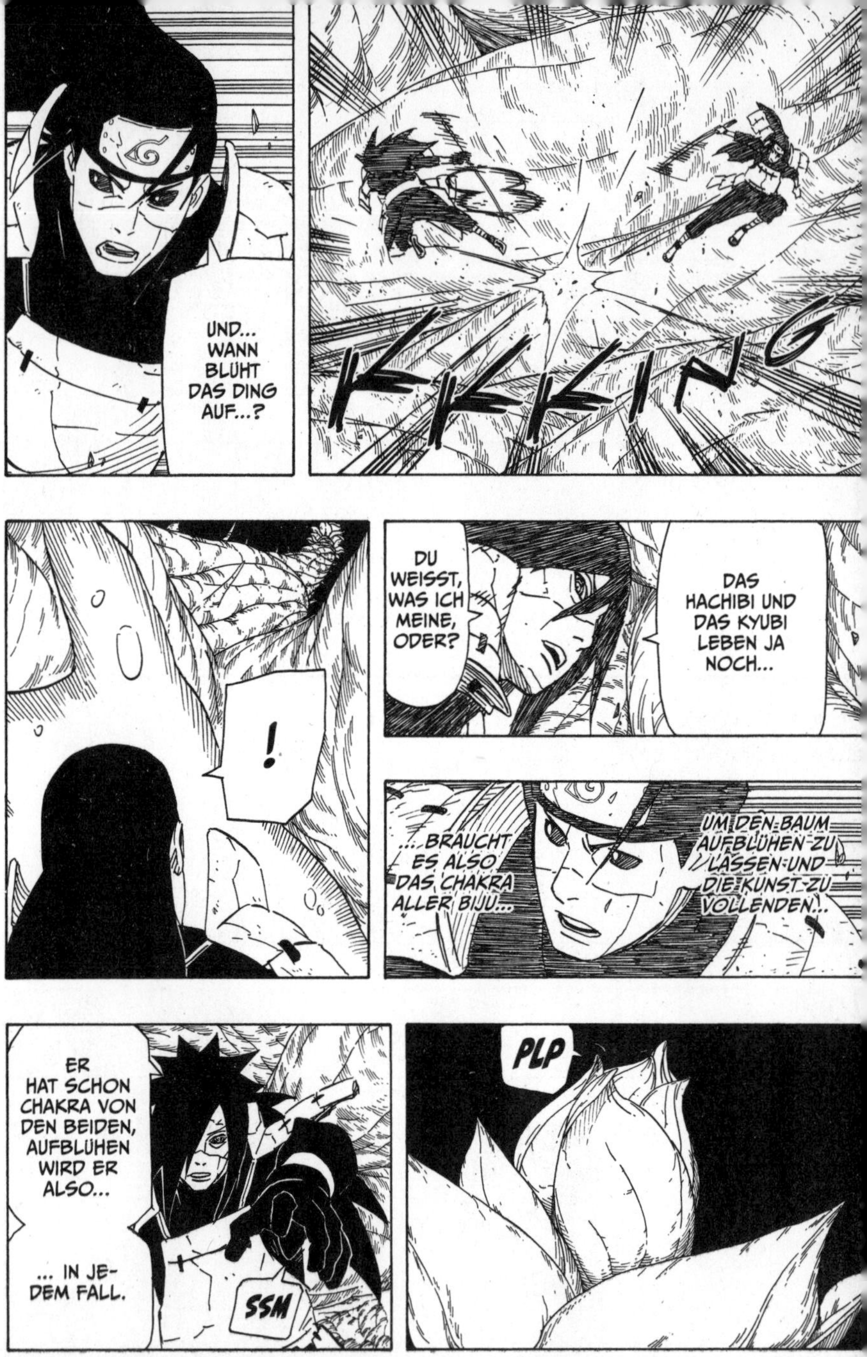
KKKING
UND... WANN BLÜHT DAS DING AUF...?
DAS HACHIBI UND DAS KYUBI LEBEN JA NOCH...
DU WEISST, WAS ICH MEINE, ODER?
UM DEN BAUM AUFBLÜHEN ZU LASSEN UND DIE KUNST ZU VOLLENDEN...
... BRAUCHT ES ALSO DAS CHAKRA ALLER BIJU...
!
PLP
ER HAT SCHON CHAKRA VON DEN BEIDEN, AUFBLÜHEN WIRD ER ALSO...
... IN JEDEM FALL.
SSM

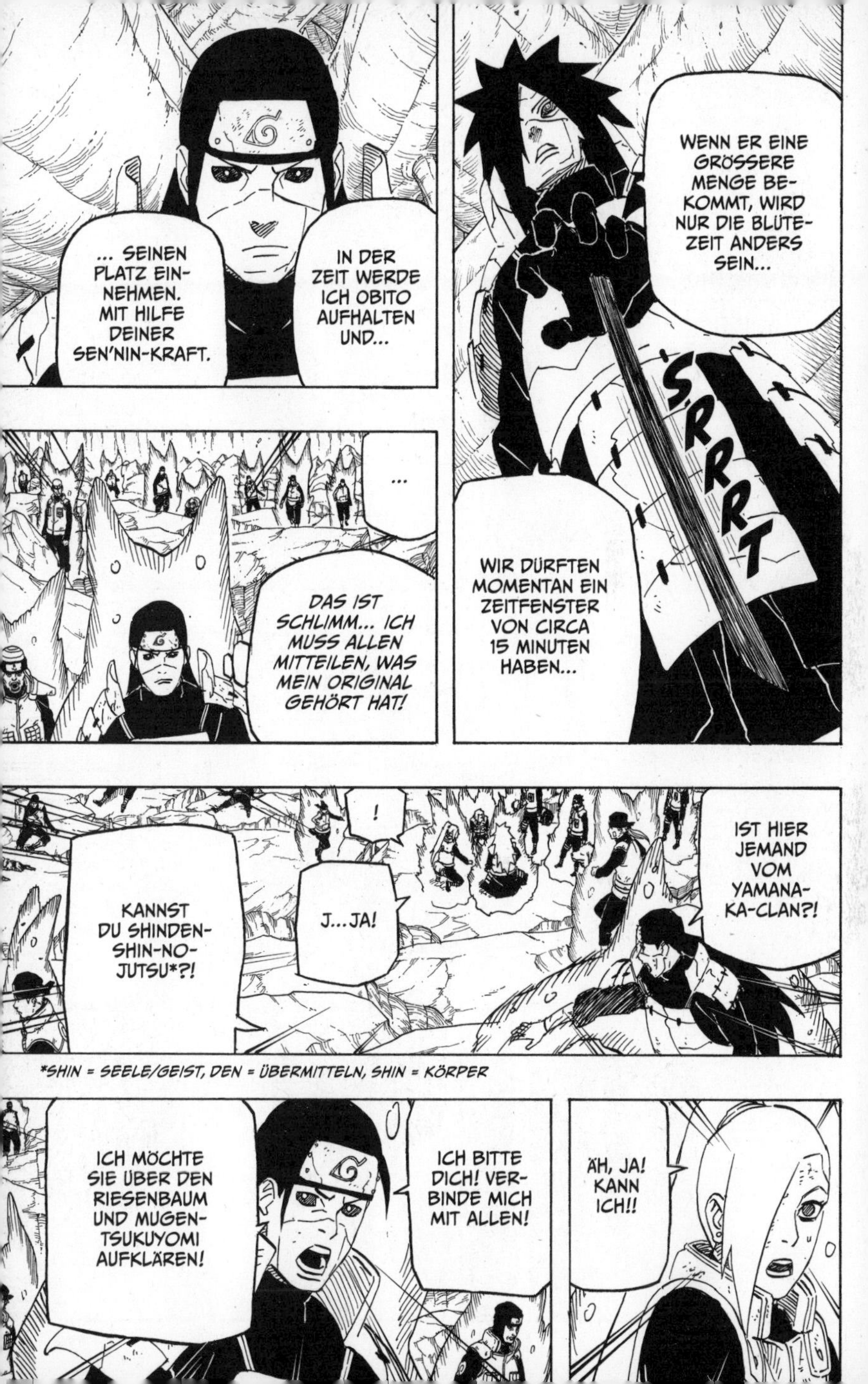

*SHIN = SEELE/GEIST, DEN = ÜBERMITTELN, SHIN = KÖRPER

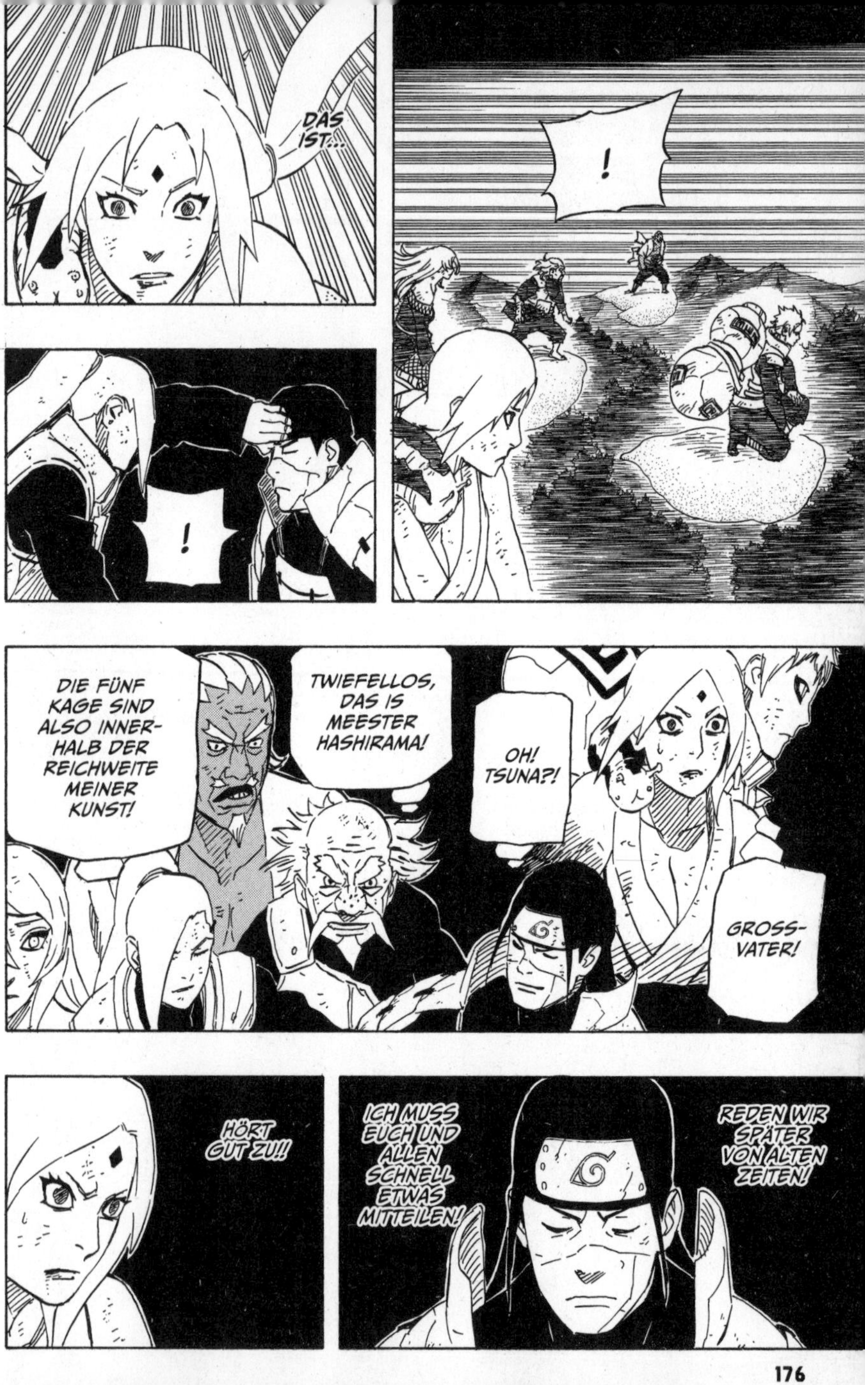

!
DAS IST...
!
GROSS-VATER!
OH! TSUNA?!
TWIEFELLOS, DAS IS MEESTER HASHIRAMA!
DIE FÜNF KAGE SIND ALSO INNER-HALB DER REICHWEITE MEINER KUNST!
REDEN WIR SPÄTER VON ALTEN ZEITEN!
ICH MUSS EUCH UND ALLEN SCHNELL ETWAS MITTEILEN!
HÖRT GUT ZU!!

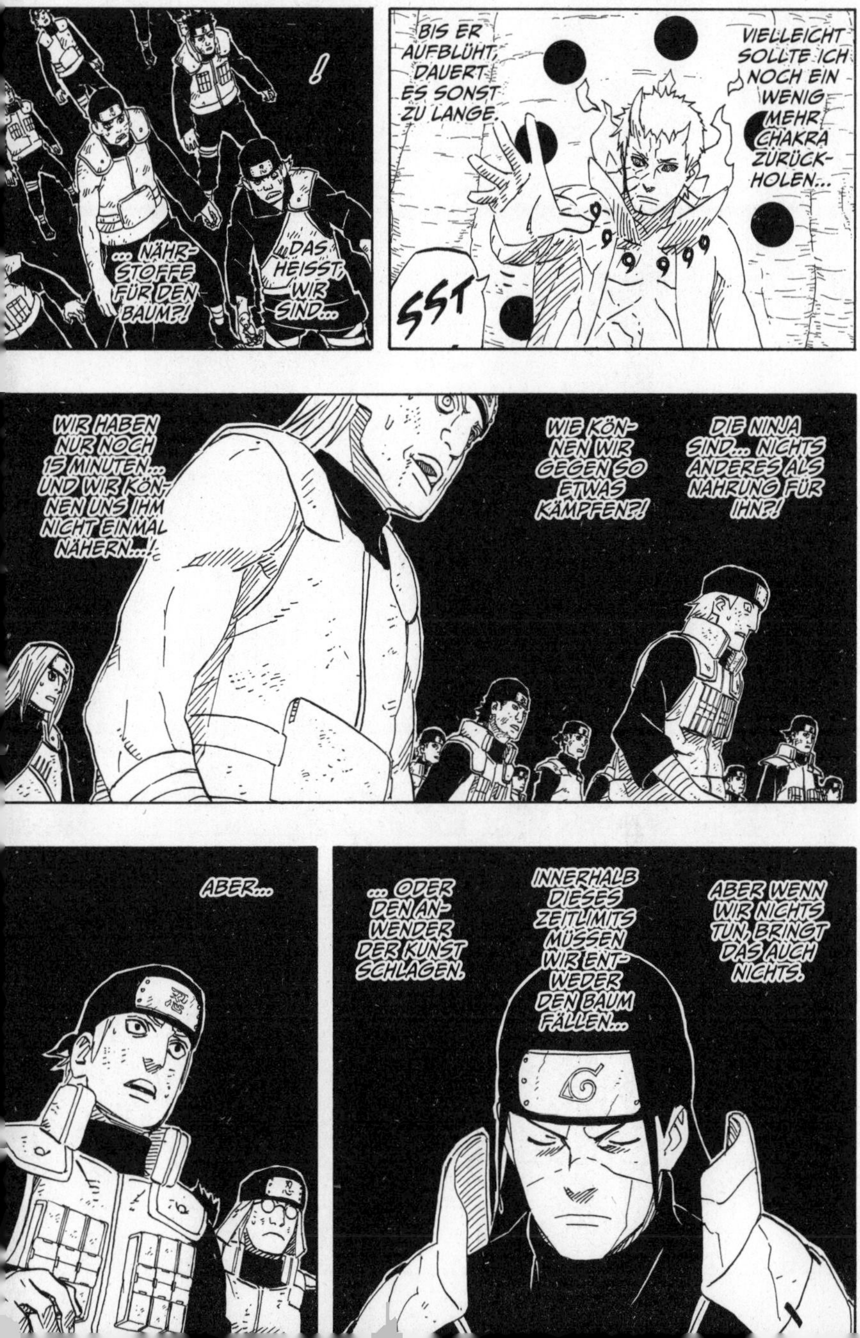
VIELLEICHT SOLLTE ICH NOCH EIN WENIG MEHR CHAKRA ZURÜCKHOLEN...
BIS ER AUFBLÜHT, DAUERT ES SONST ZU LANGE.
SST
!
DAS HEISST, WIR SIND...
... NÄHRSTOFFE FÜR DEN BAUM?!
DIE NINJA SIND... NICHTS ANDERES ALS NAHRUNG FÜR IHN?!
WIE KÖNNEN WIR GEGEN SO ETWAS KÄMPFEN?!
WIR HABEN NUR NOCH 15 MINUTEN... UND WIR KÖNNEN UNS IHM NICHT EINMAL NÄHERN...!
ABER WENN WIR NICHTS TUN, BRINGT DAS AUCH NICHTS.
INNERHALB DIESES ZEITLIMITS MÜSSEN WIR ENTWEDER DEN BAUM FÄLLEN...
... ODER DEN ANWENDER DER KUNST SCHLAGEN.
ABER...

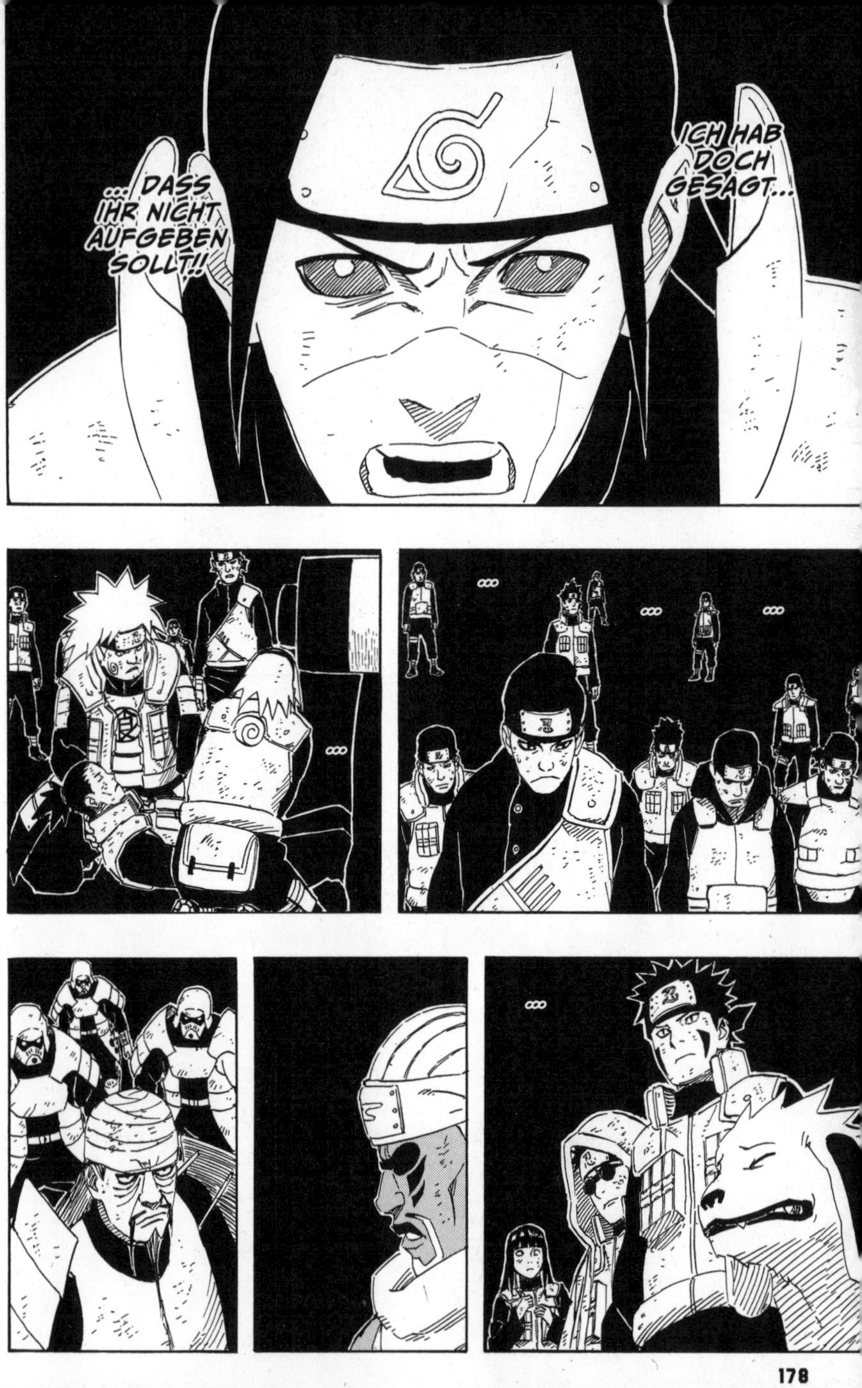
ICH HAB DOCH GESAGT...
... DASS IHR NICHT AUFGEBEN SOLLT!!
...
...
...
...
...

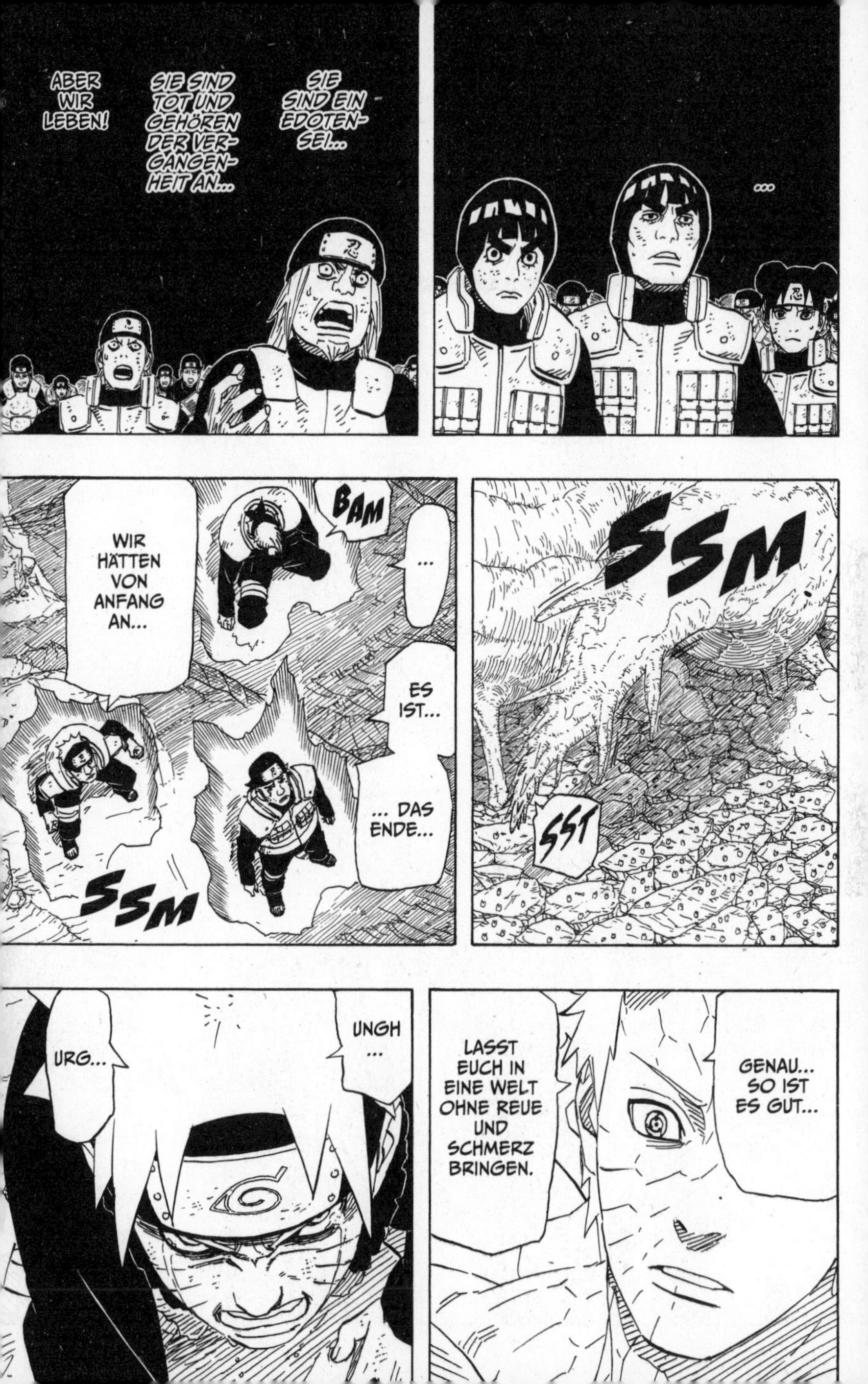
...
SIE SIND EIN EDOTENSEI...
SIE SIND TOT UND GEHÖREN DER VERGANGENHEIT AN...
ABER WIR LEBEN!
SSM
SST
BAM
...
ES IST...
... DAS ENDE...
WIR HÄTTEN VON ANFANG AN...
SSM
GENAU... SO IST ES GUT...
LASST EUCH IN EINE WELT OHNE REUE UND SCHMERZ BRINGEN.
UNGH ...
URG...

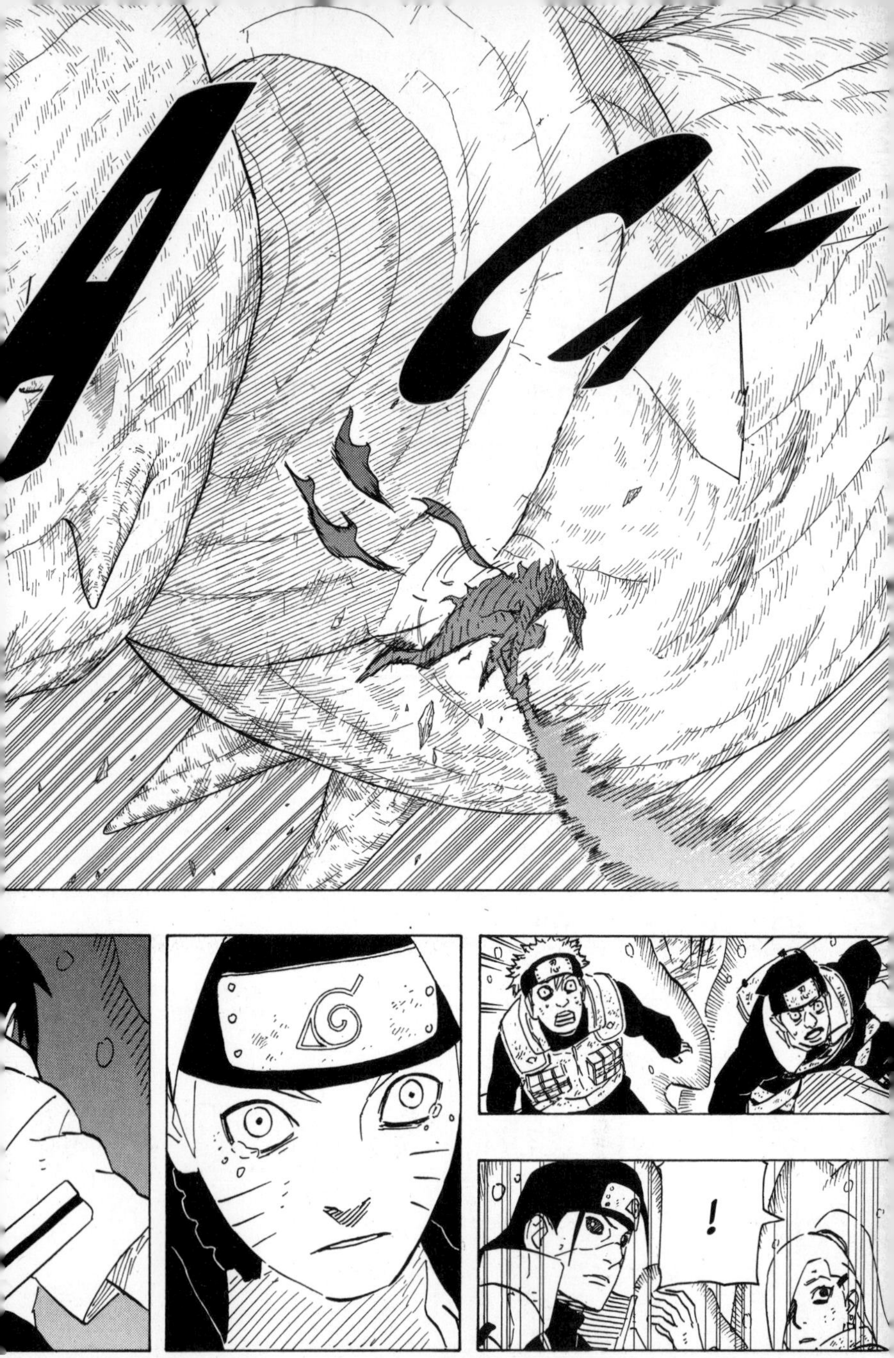
AACK
!

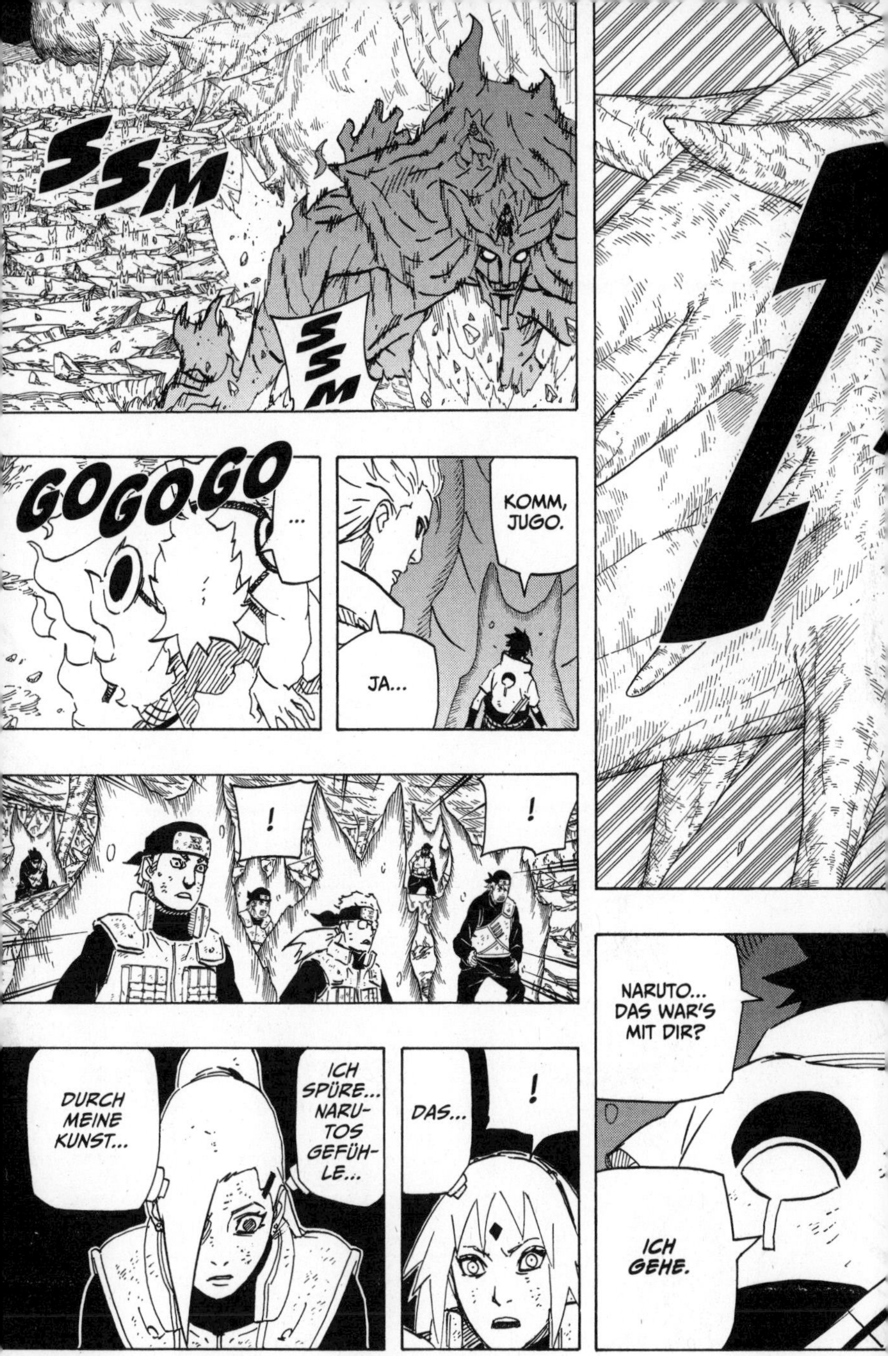
SSM
SSM
KOMM, JUGO.
JA…
GOGOGO
…
!
!
NARUTO… DAS WAR'S MIT DIR?
ICH GEHE.
!
DAS…
ICH SPÜRE… NARUTOS GEFÜHLE…
DURCH MEINE KUNST…

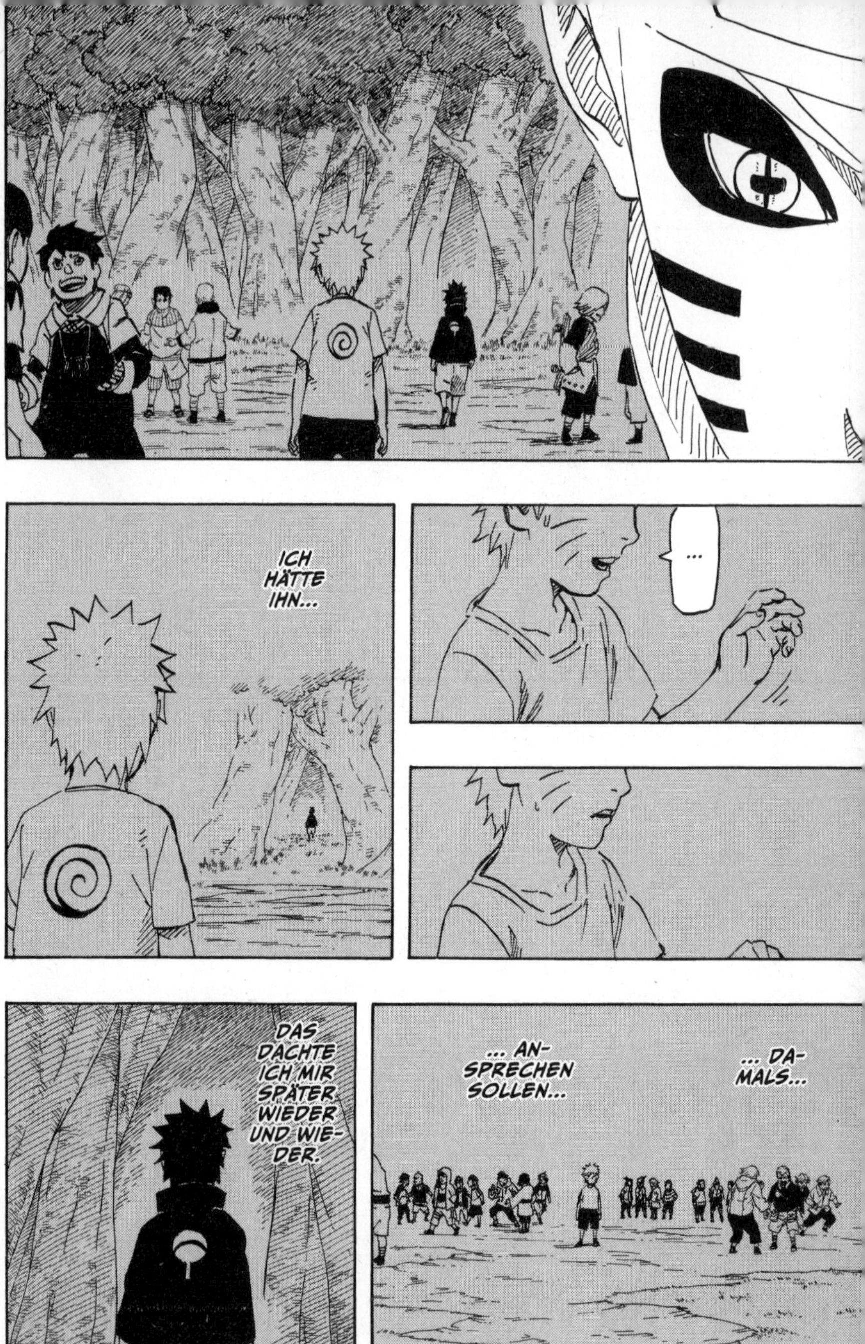
ICH HÄTTE IHN...
...
... AN-SPRECHEN SOLLEN...
... DA-MALS...
DAS DACHTE ICH MIR SPÄTER WIEDER UND WIE-DER.

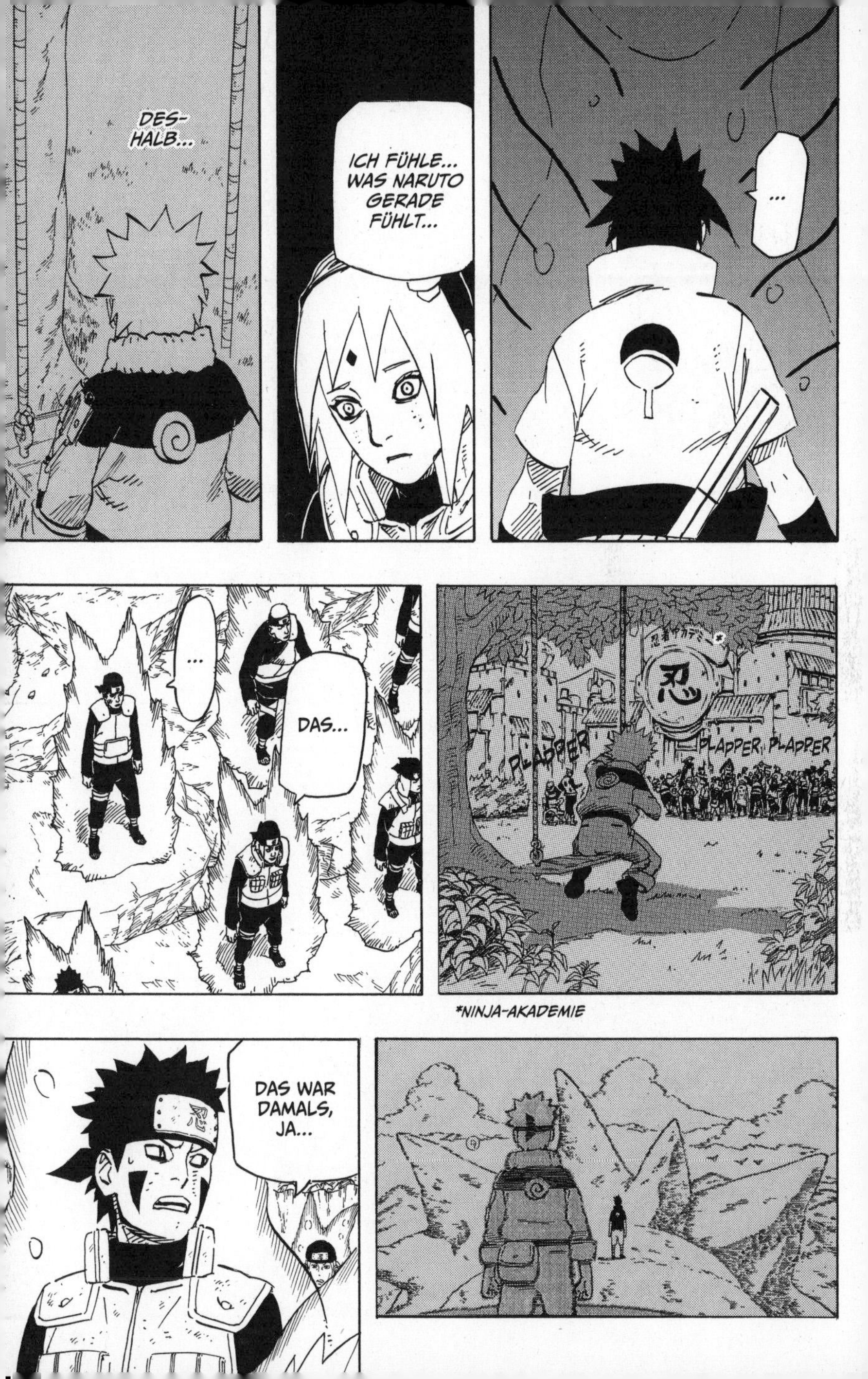

*NINJA-AKADEMIE

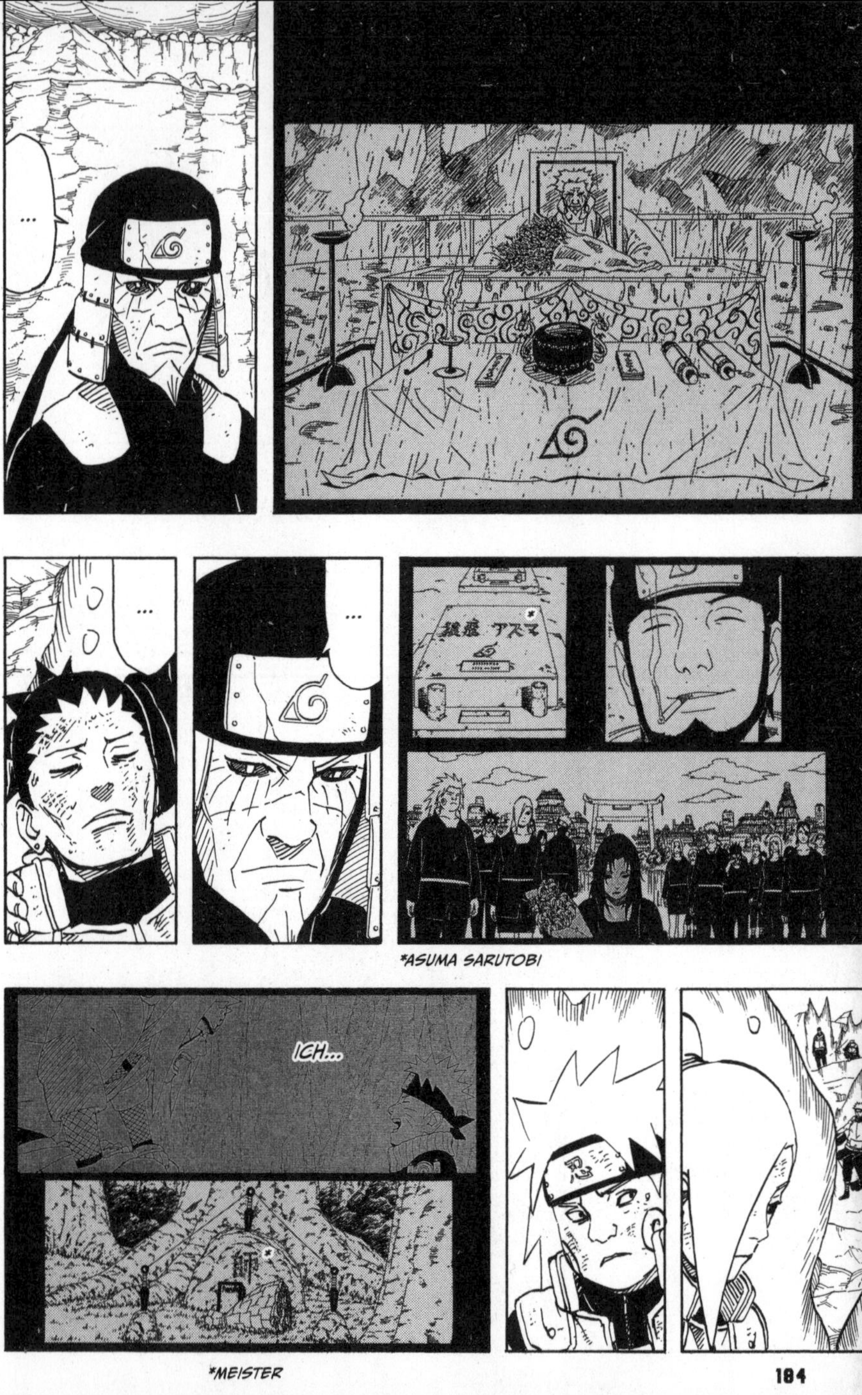

*ASUMA SARUTOBI

*MEISTER

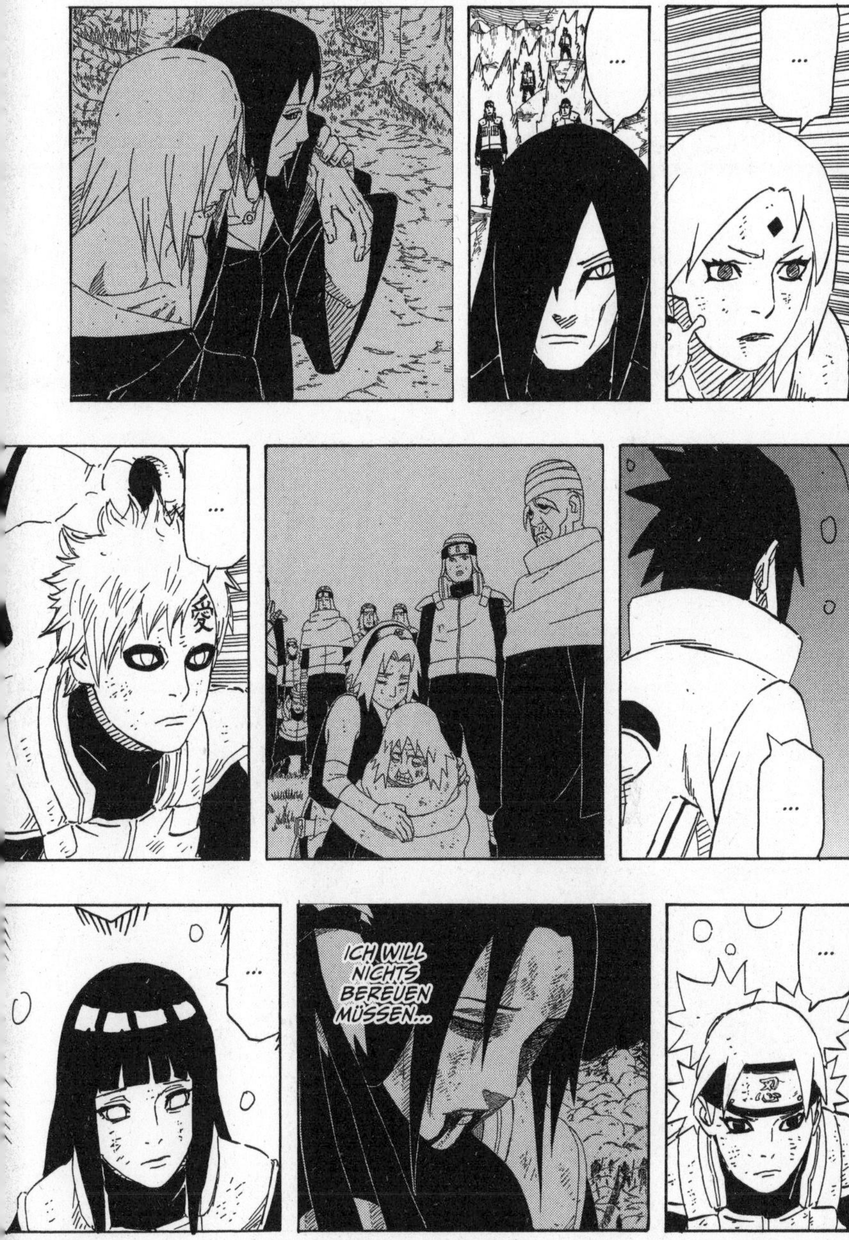
...
...
...
...
...
...
ICH WILL NICHTS BEREUEN MÜSSEN...
...

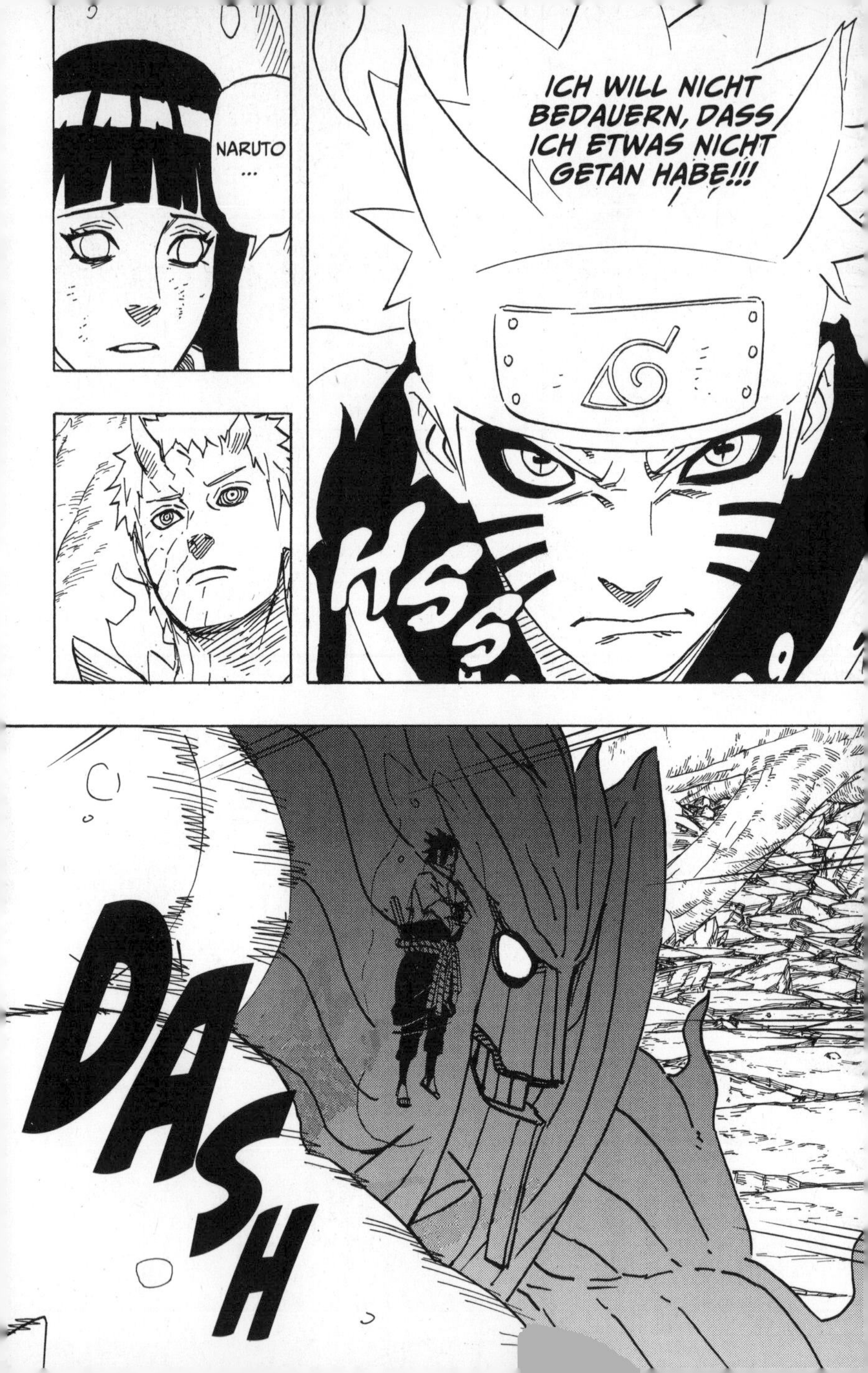
ICH WILL NICHT BEDAUERN, DASS ICH ETWAS NICHT GETAN HABE!!!
HSS
NARUTO …
DASH

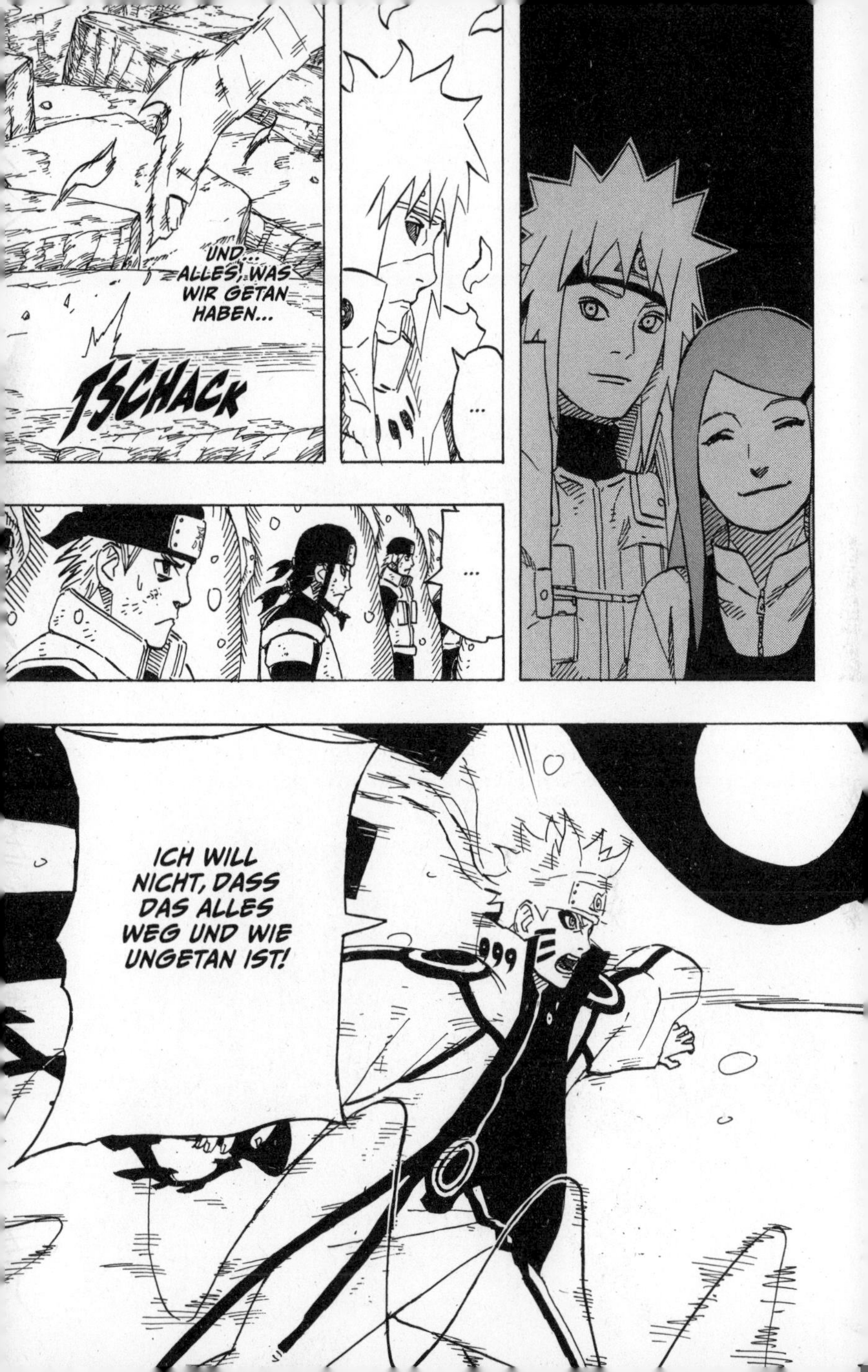
...
UND... ALLES, WAS WIR GETAN HABEN...
TSCHACK
...
ICH WILL NICHT, DASS DAS ALLES WEG UND WIE UNGETAN IST!

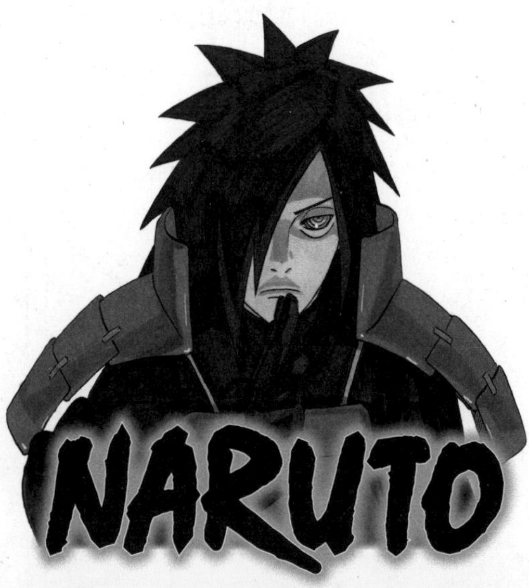
NARUTO

648. KAPITEL: DER TRAUM DER NINJA

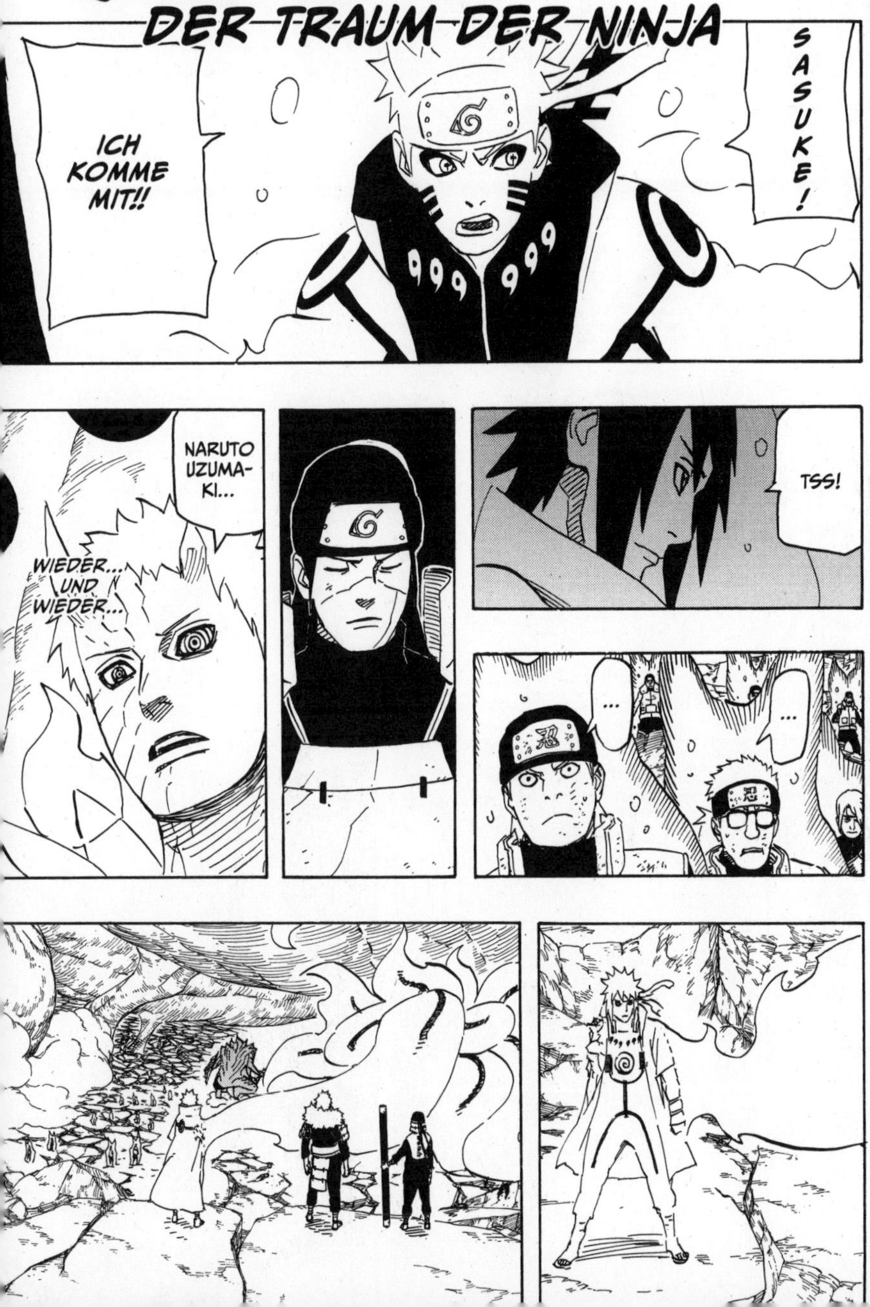

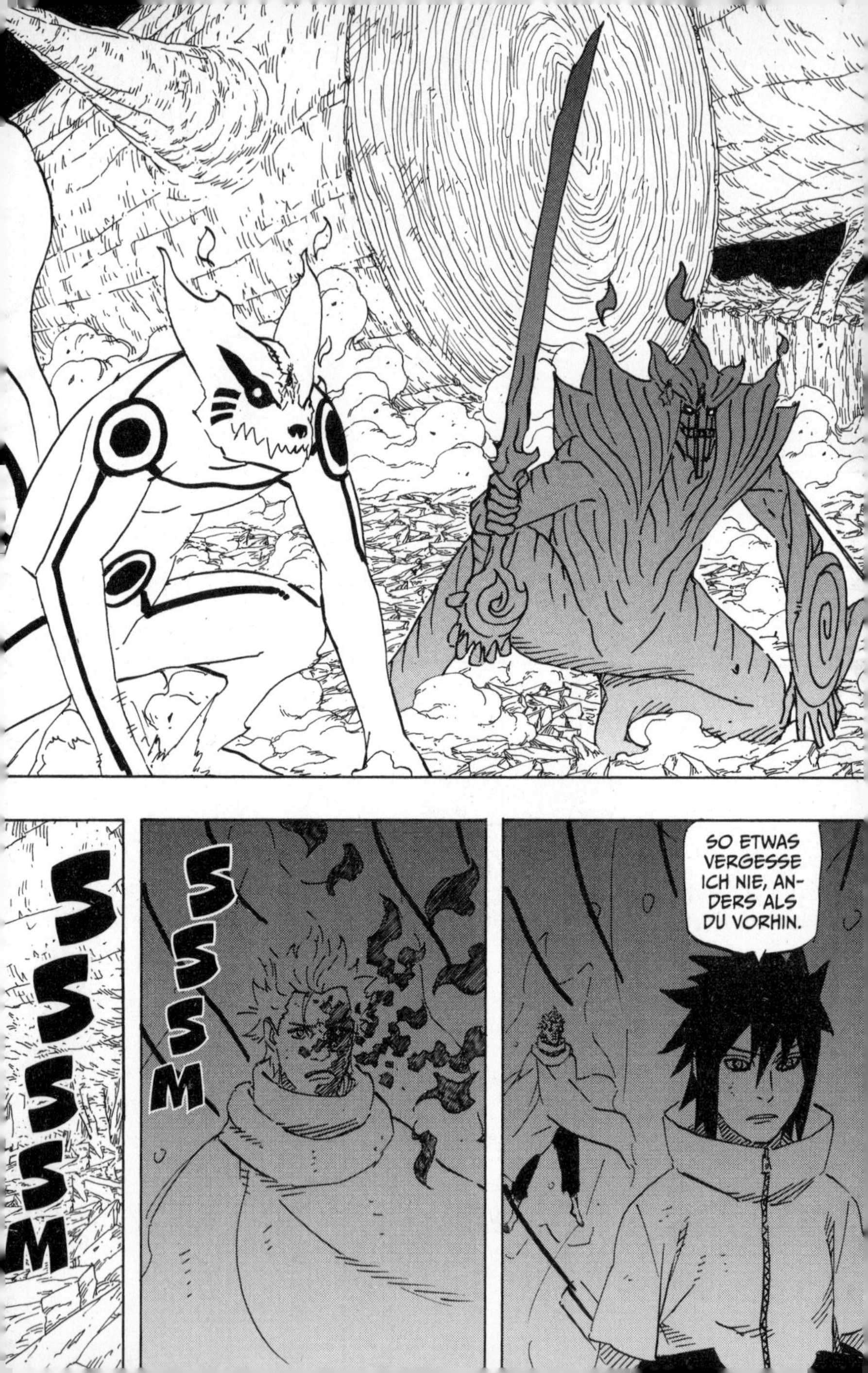
SSSSM
SSSM
SO ETWAS VERGESSE ICH NIE, ANDERS ALS DU VORHIN.

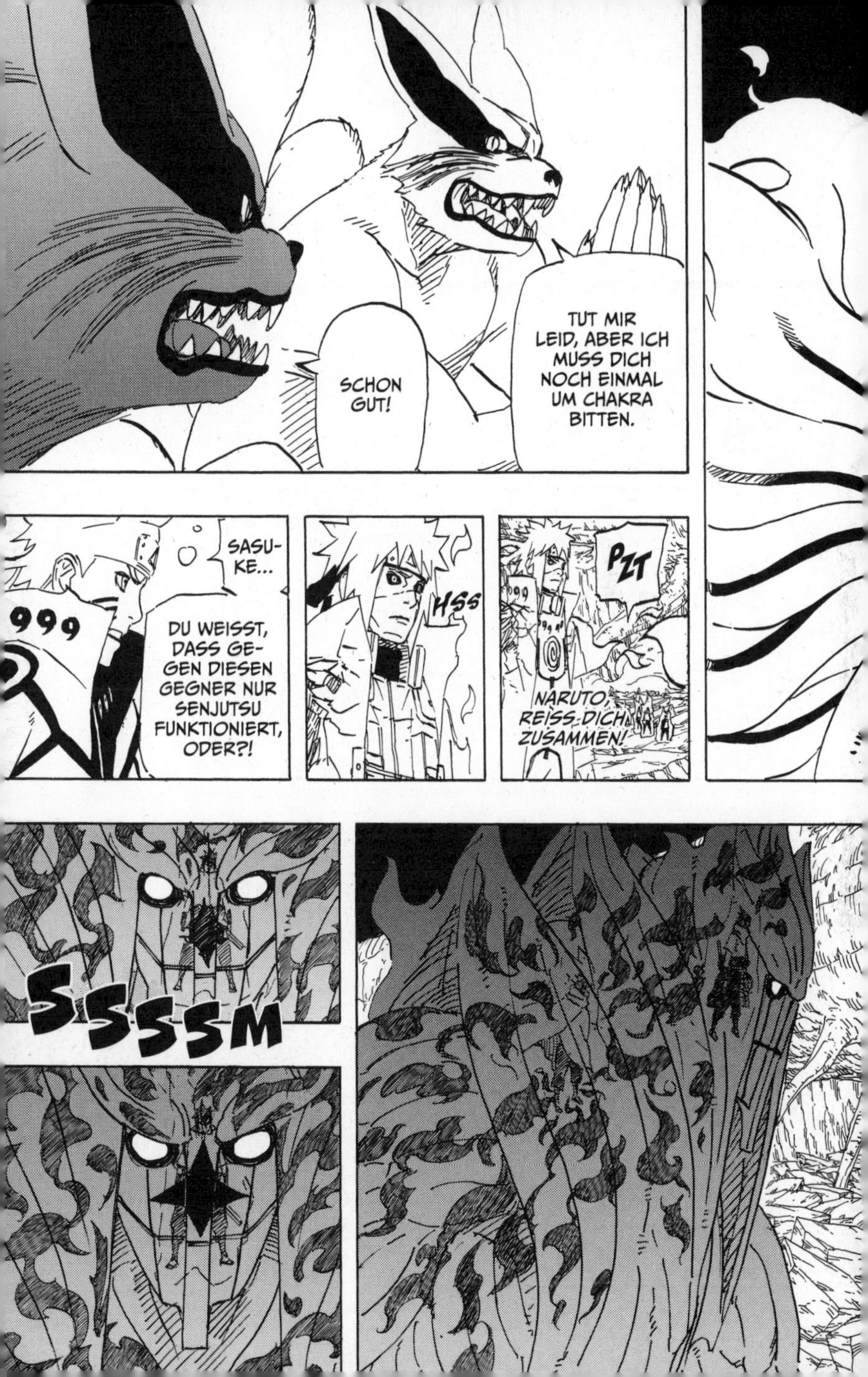

TUT MIR LEID, ABER ICH MUSS DICH NOCH EINMAL UM CHAKRA BITTEN.
SCHON GUT!
PZT
NARUTO, REISS DICH ZUSAMMEN!
HSS
SASUKE...
DU WEISST, DASS GEGEN DIESEN GEGNER NUR SENJUTSU FUNKTIONIERT, ODER?!
SSSSM

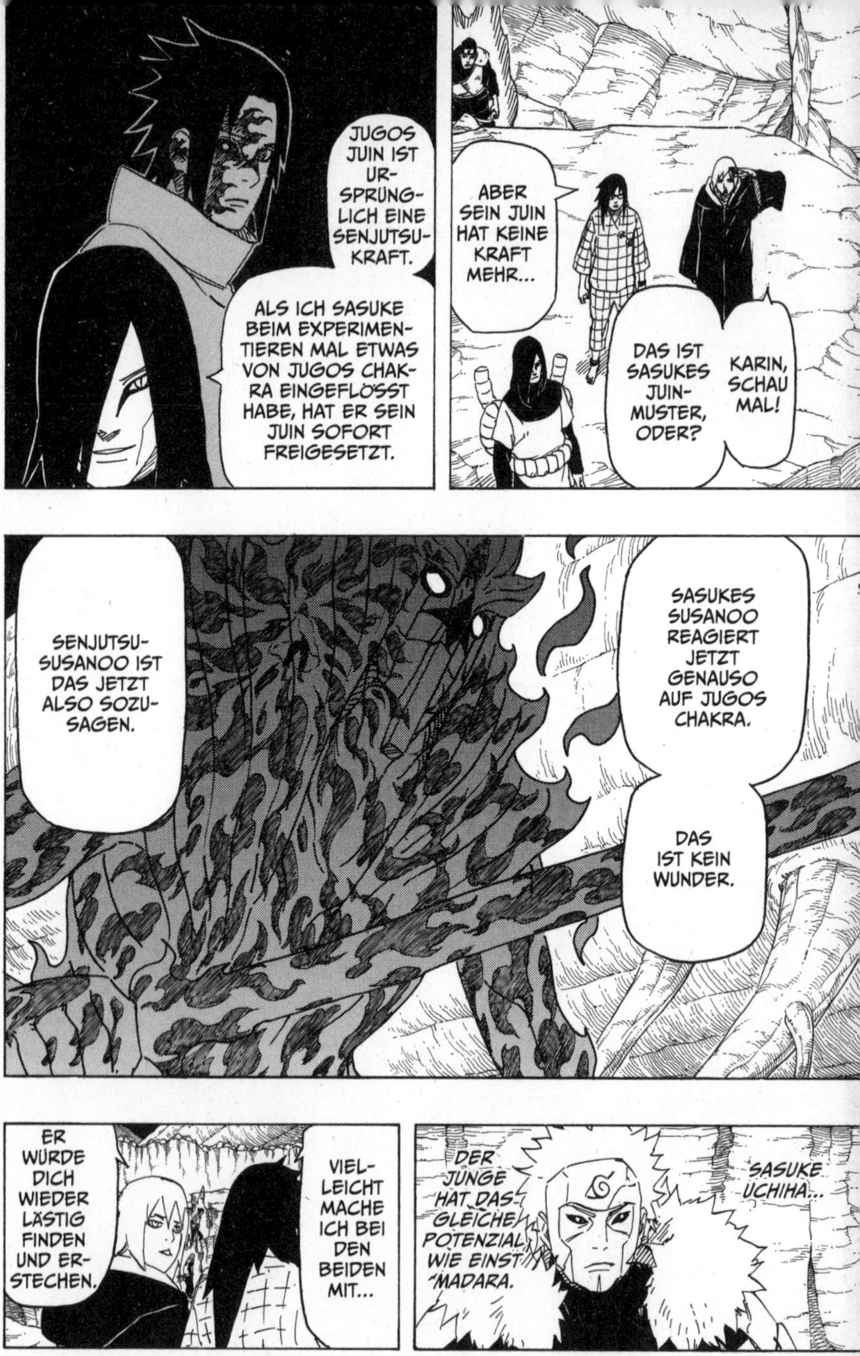
KARIN, SCHAU MAL!
DAS IST SASUKES JUIN-MUSTER, ODER?
ABER SEIN JUIN HAT KEINE KRAFT MEHR...
JUGOS JUIN IST URSPRÜNGLICH EINE SENJUTSU-KRAFT.
ALS ICH SASUKE BEIM EXPERIMENTIEREN MAL ETWAS VON JUGOS CHAKRA EINGEFLÖSST HABE, HAT ER SEIN JUIN SOFORT FREIGESETZT.
SASUKES SUSANOO REAGIERT JETZT GENAUSO AUF JUGOS CHAKRA.
DAS IST KEIN WUNDER.
SENJUTSU-SUSANOO IST DAS JETZT ALSO SOZUSAGEN.
SASUKE UCHIHA...
DER JUNGE HAT DAS GLEICHE POTENZIAL WIE EINST MADARA.
VIELLEICHT MACHE ICH BEI DEN BEIDEN MIT...
ER WÜRDE DICH WIEDER LÄSTIG FINDEN UND ERSTECHEN.

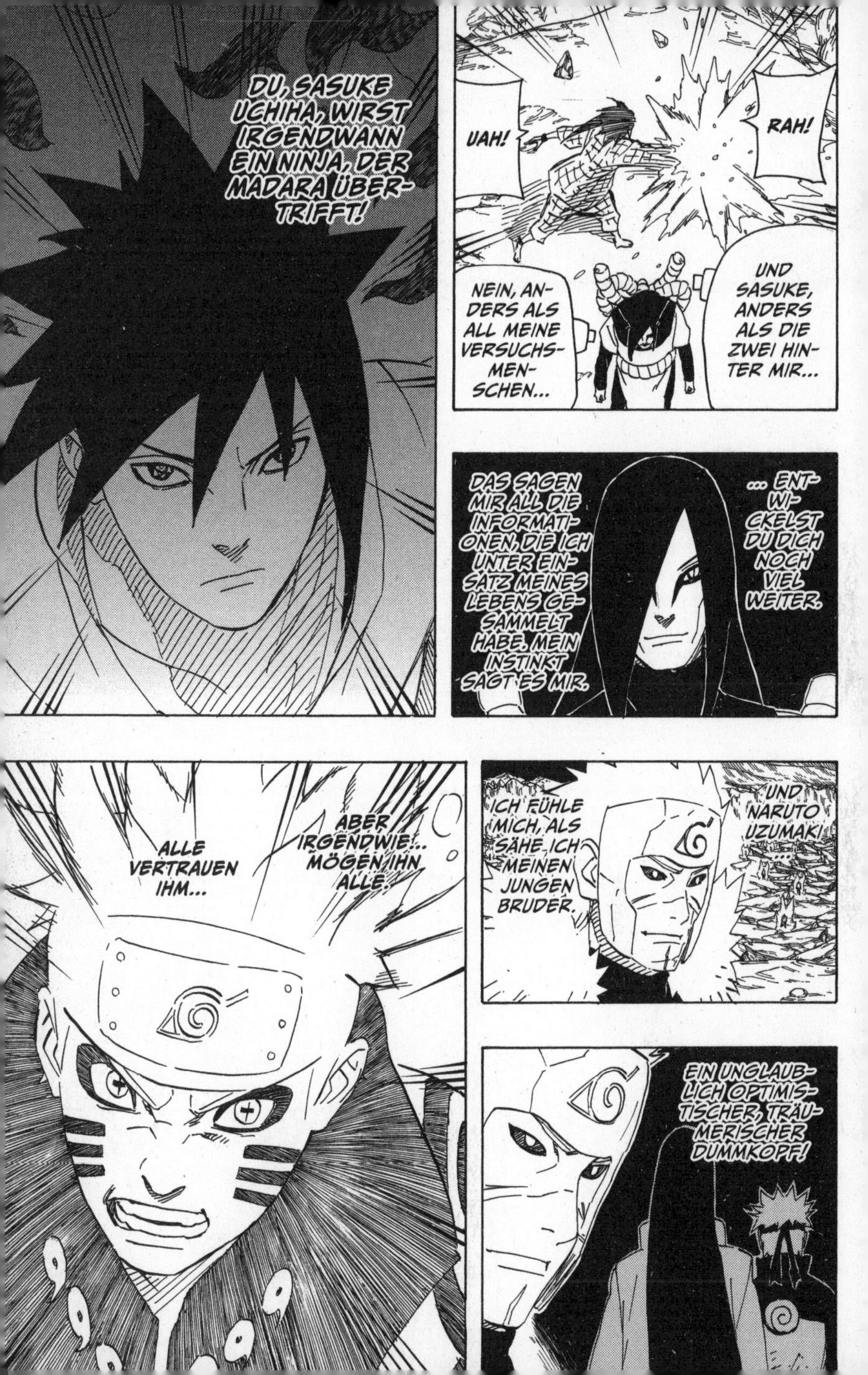
RAH!
UAH!
UND SASUKE, ANDERS ALS DIE ZWEI HINTER MIR...
NEIN, ANDERS ALS ALL MEINE VERSUCHSMENSCHEN...
... ENTWICKELST DU DICH NOCH VIEL WEITER.
DAS SAGEN MIR ALL DIE INFORMATIONEN, DIE ICH UNTER EINSATZ MEINES LEBENS GESAMMELT HABE. MEIN INSTINKT SAGT ES MIR.
DU, SASUKE UCHIHA, WIRST IRGENDWANN EIN NINJA, DER MADARA ÜBERTRIFFT!
UND NARUTO UZUMAKI...
ICH FÜHLE MICH, ALS SÄHE ICH MEINEN JUNGEN BRUDER.
EIN UNGLAUBLICH OPTIMISTISCHER, TRÄUMERISCHER DUMMKOPF!
ABER IRGENDWIE... MÖGEN IHN ALLE.
ALLE VERTRAUEN IHM...

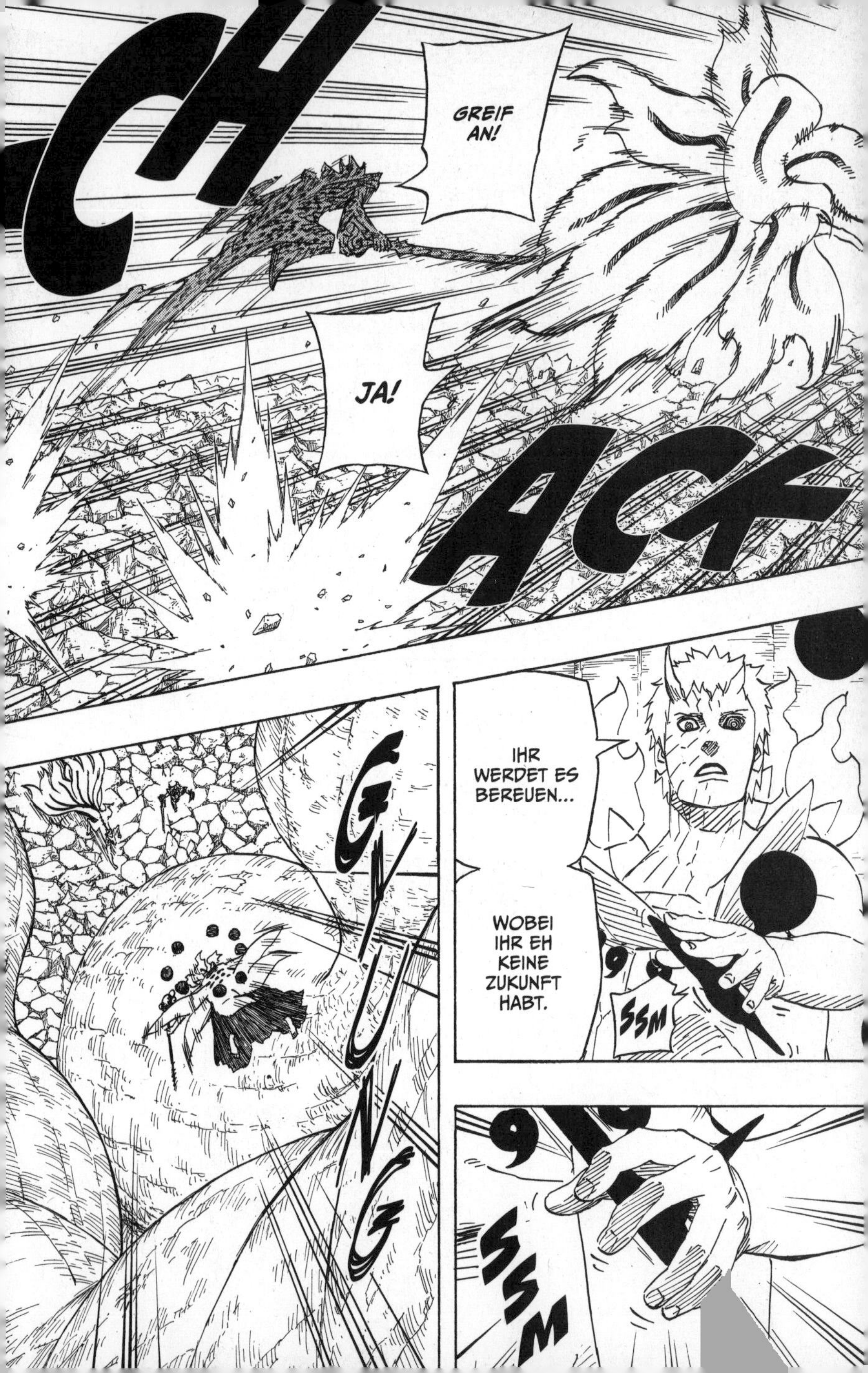

GREIF AN!
CH
JA!
ACK
IHR WERDET ES BEREUEN...
WOBEI IHR EH KEINE ZUKUNFT HABT.
SSM
GZUNG
SSM

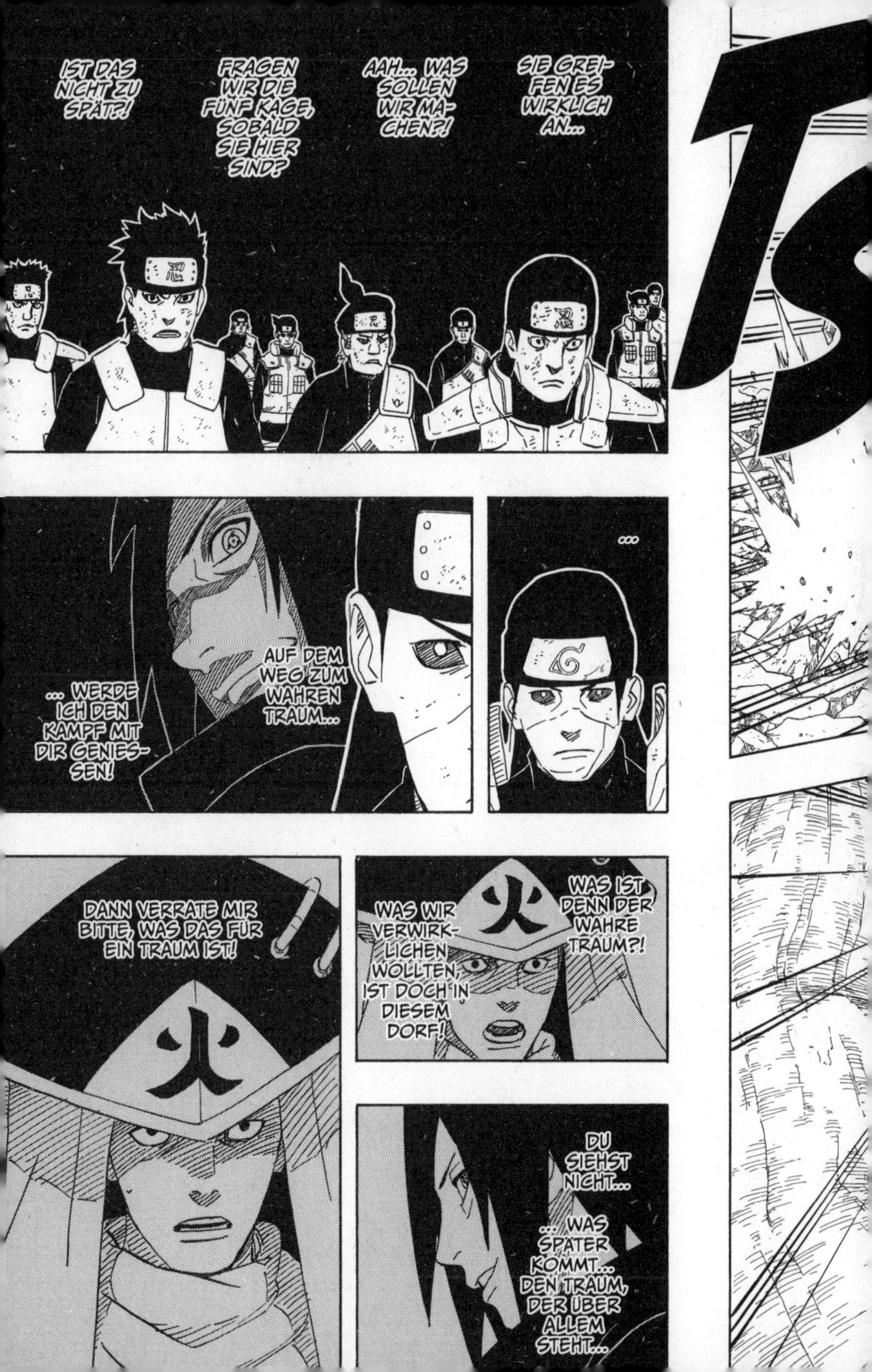
SIE GREIFEN ES WIRKLICH AN...
AAH... WAS SOLLEN WIR MACHEN?!
FRAGEN WIR DIE FÜNF KAGE, SOBALD SIE HIER SIND?
IST DAS NICHT ZU SPÄT?!
...
AUF DEM WEG ZUM WAHREN TRAUM...
... WERDE ICH DEN KAMPF MIT DIR GENIESSEN!
WAS IST DENN DER WAHRE TRAUM?!
WAS WIR VERWIRKLICHEN WOLLTEN, IST DOCH IN DIESEM DORF!
DANN VERRATE MIR BITTE, WAS DAS FÜR EIN TRAUM IST!
DU SIEHST NICHT...
... WAS SPÄTER KOMMT... DEN TRAUM, DER ÜBER ALLEM STEHT...

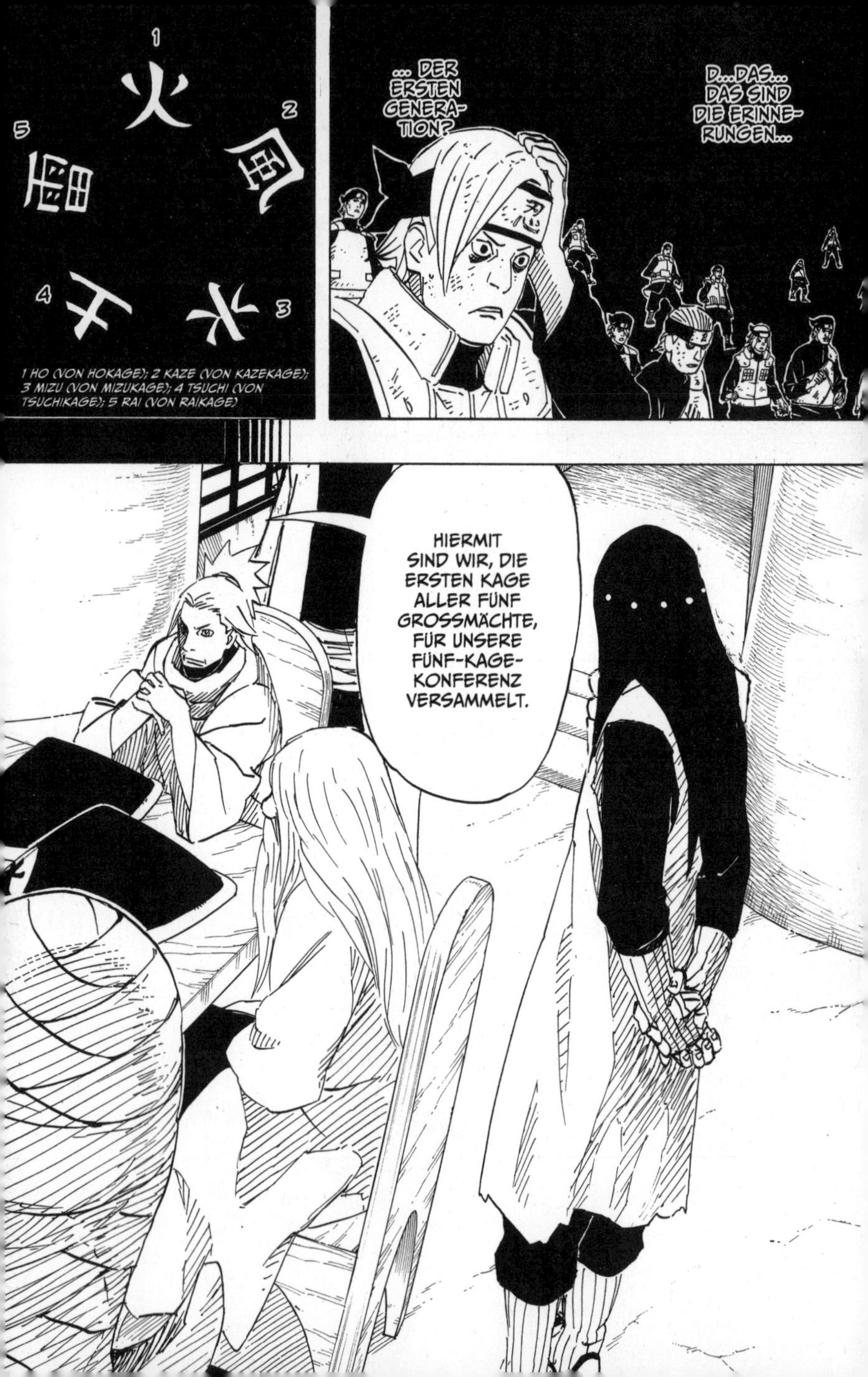
D...DAS... DAS SIND DIE ERINNE-RUNGEN...
... DER ERSTEN GENERA-TION?
1 火
2 風
3 水
4 土
5 雷
1 HO (VON HOKAGE); 2 KAZE (VON KAZEKAGE); 3 MIZU (VON MIZUKAGE); 4 TSUCHI (VON TSUCHIKAGE); 5 RAI (VON RAIKAGE)
HIERMIT SIND WIR, DIE ERSTEN KAGE ALLER FÜNF GROSSMÄCHTE, FÜR UNSERE FÜNF-KAGE-KONFERENZ VERSAMMELT.

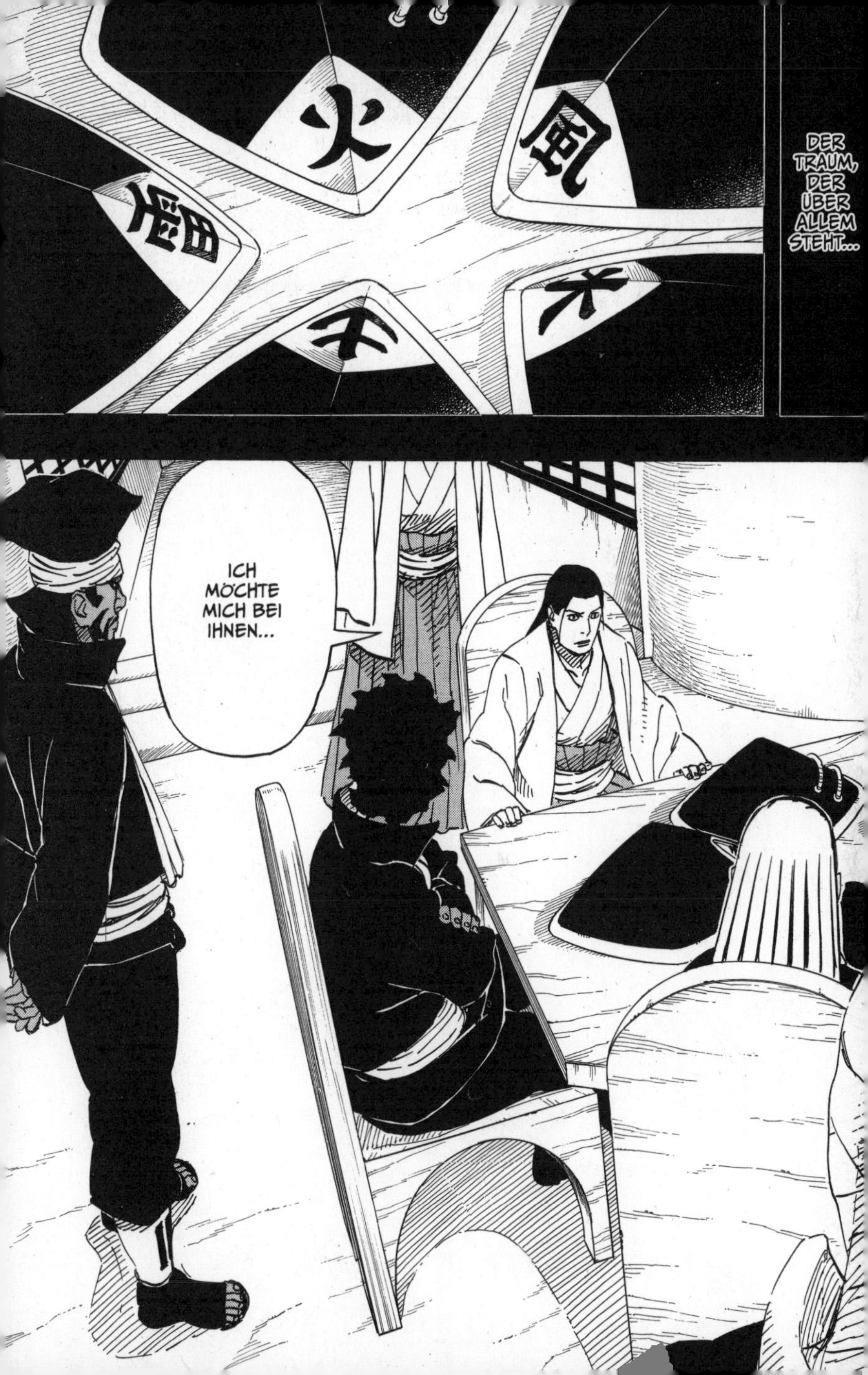
DER TRAUM, DER ÜBER ALLEM STEHT…
ICH MÖCHTE MICH BEI IHNEN…

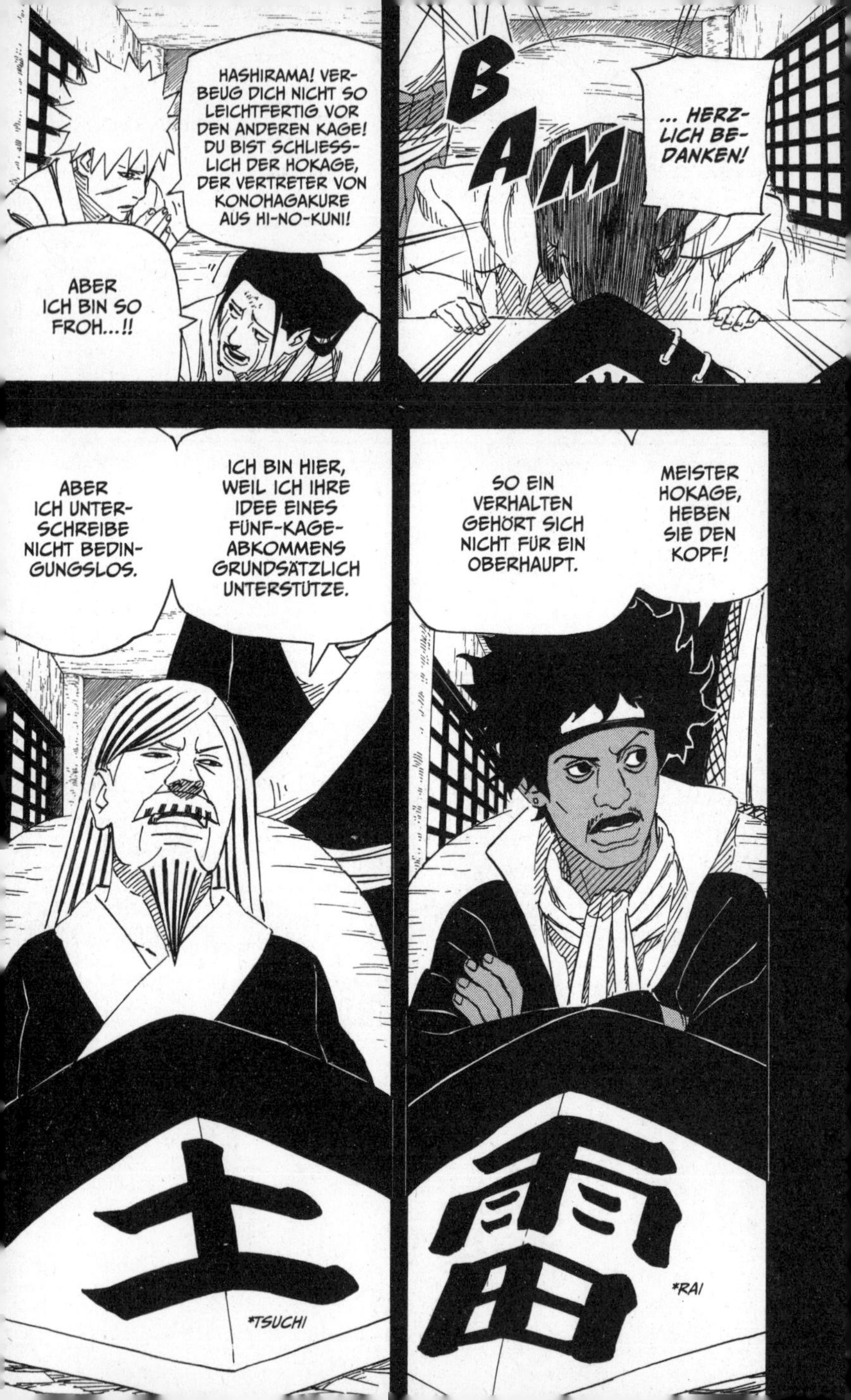
BAM
... HERZLICH BEDANKEN!
HASHIRAMA! VERBEUG DICH NICHT SO LEICHTFERTIG VOR DEN ANDEREN KAGE! DU BIST SCHLIESSLICH DER HOKAGE, DER VERTRETER VON KONOHAGAKURE AUS HI-NO-KUNI!
ABER ICH BIN SO FROH...!!
MEISTER HOKAGE, HEBEN SIE DEN KOPF!
SO EIN VERHALTEN GEHÖRT SICH NICHT FÜR EIN OBERHAUPT.
雷
*RAI
ICH BIN HIER, WEIL ICH IHRE IDEE EINES FÜNF-KAGE-ABKOMMENS GRUNDSÄTZLICH UNTERSTÜTZE.
ABER ICH UNTERSCHREIBE NICHT BEDINGUNGSLOS.
土
*TSUCHI

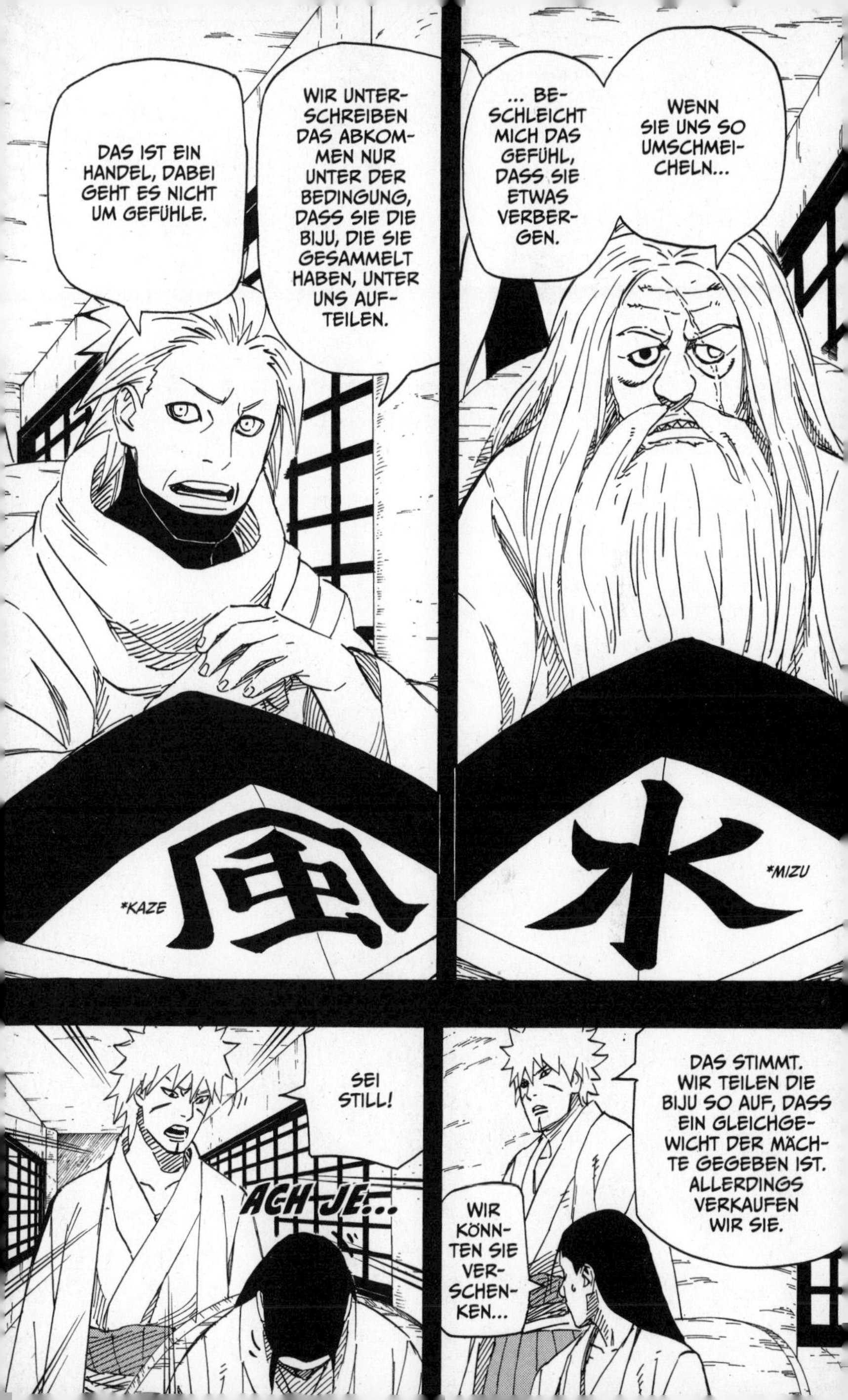
WENN SIE UNS SO UMSCHMEICHELN...
... BESCHLEICHT MICH DAS GEFÜHL, DASS SIE ETWAS VERBERGEN.
*MIZU
WIR UNTERSCHREIBEN DAS ABKOMMEN NUR UNTER DER BEDINGUNG, DASS SIE DIE BIJU, DIE SIE GESAMMELT HABEN, UNTER UNS AUFTEILEN.
DAS IST EIN HANDEL, DABEI GEHT ES NICHT UM GEFÜHLE.
*KAZE
DAS STIMMT. WIR TEILEN DIE BIJU SO AUF, DASS EIN GLEICHGEWICHT DER MÄCHTE GEGEBEN IST. ALLERDINGS VERKAUFEN WIR SIE.
WIR KÖNNTEN SIE VERSCHENKEN...
SEI STILL!
ACH JE...

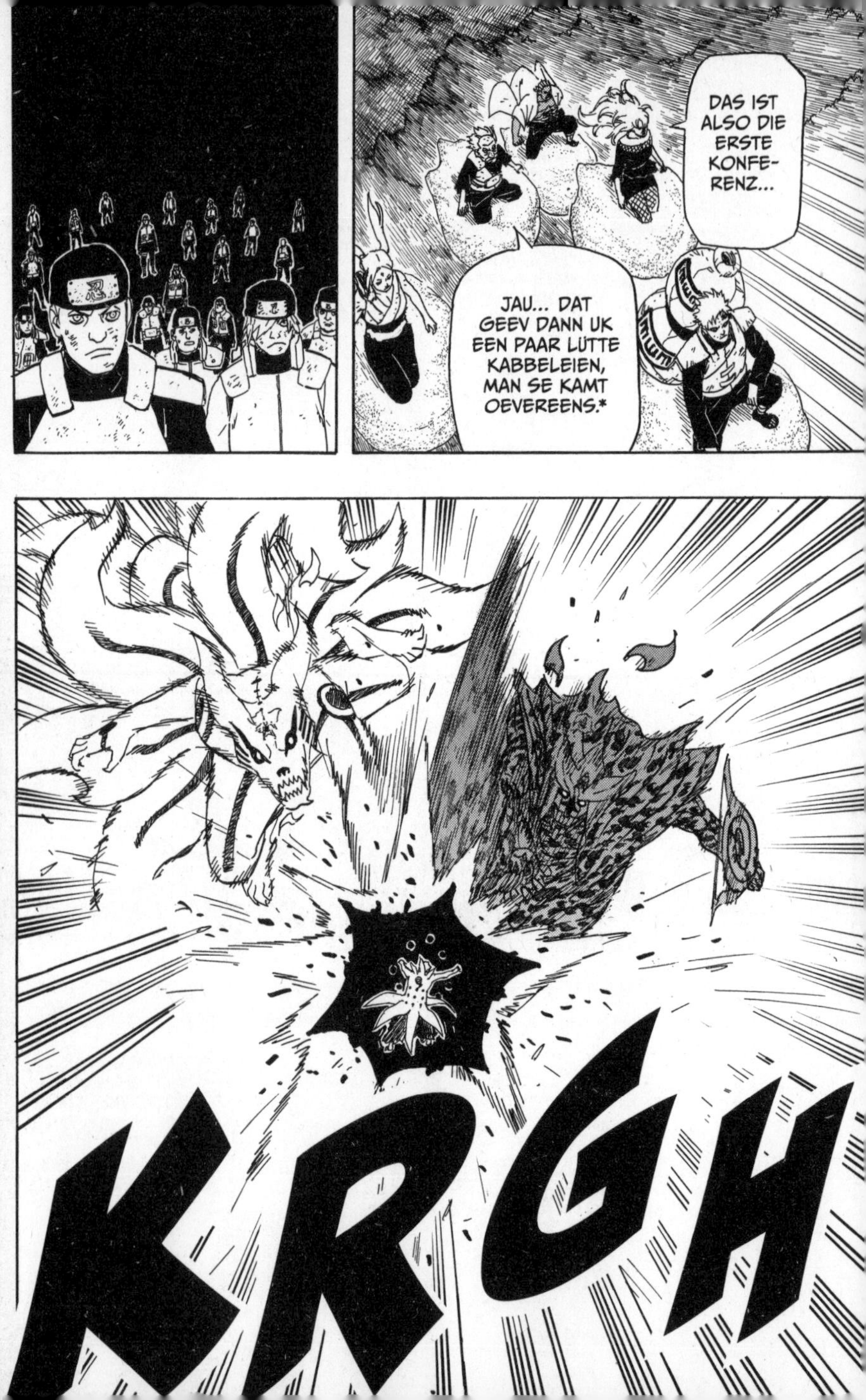
DAS IST ALSO DIE ERSTE KONFE-RENZ...
JAU... DAT GEEV DANN UK EEN PAAR LÜTTE KABBELEIEN, MAN SE KAMT OEVEREENS.*
KRGH

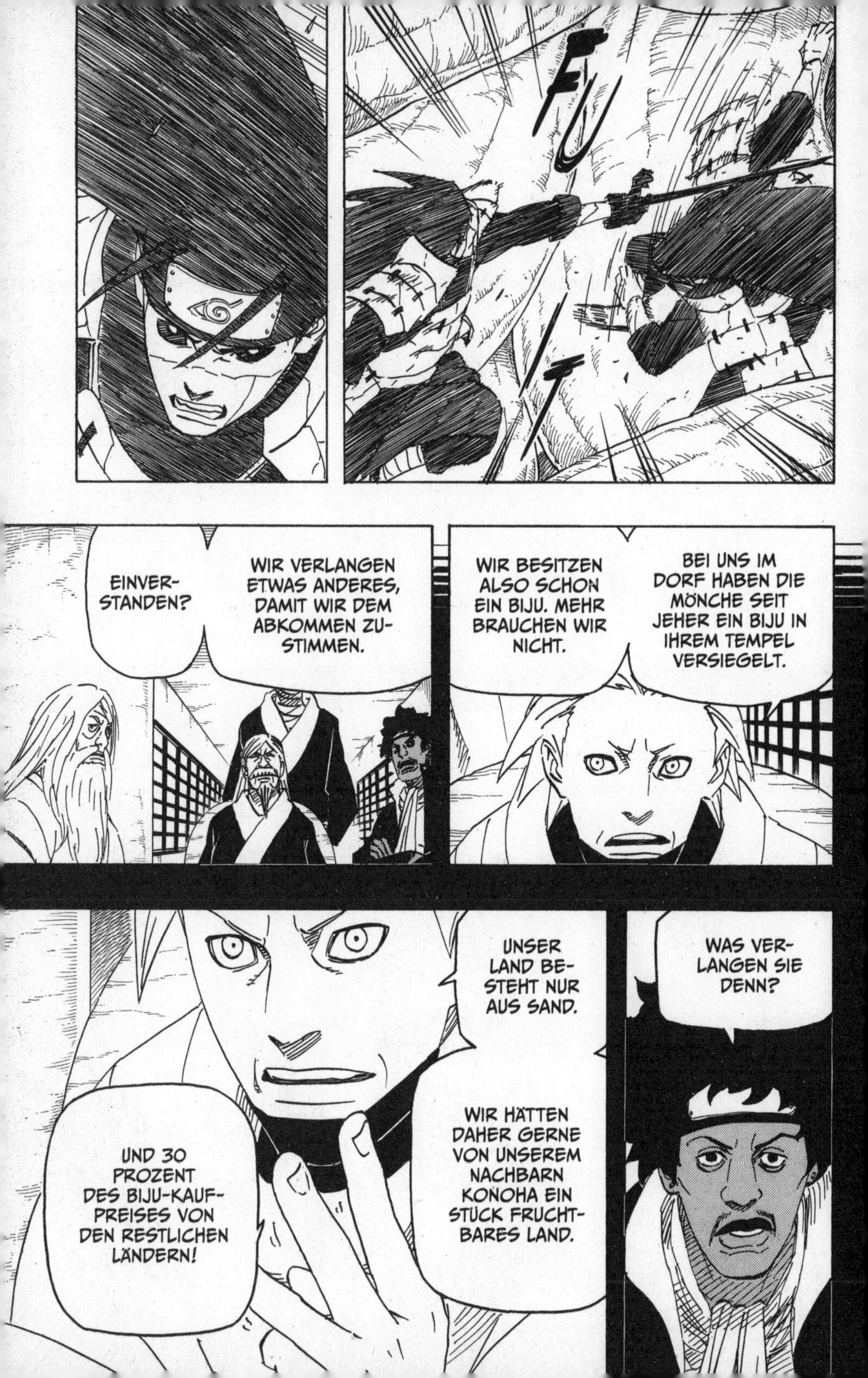
FU
BEI UNS IM DORF HABEN DIE MÖNCHE SEIT JEHER EIN BIJU IN IHREM TEMPEL VERSIEGELT.
WIR BESITZEN ALSO SCHON EIN BIJU. MEHR BRAUCHEN WIR NICHT.
WIR VERLANGEN ETWAS ANDERES, DAMIT WIR DEM ABKOMMEN ZUSTIMMEN.
EINVERSTANDEN?
WAS VERLANGEN SIE DENN?
UNSER LAND BESTEHT NUR AUS SAND.
WIR HÄTTEN DAHER GERNE VON UNSEREM NACHBARN KONOHA EIN STÜCK FRUCHTBARES LAND.
UND 30 PROZENT DES BIJU-KAUFPREISES VON DEN RESTLICHEN LÄNDERN!

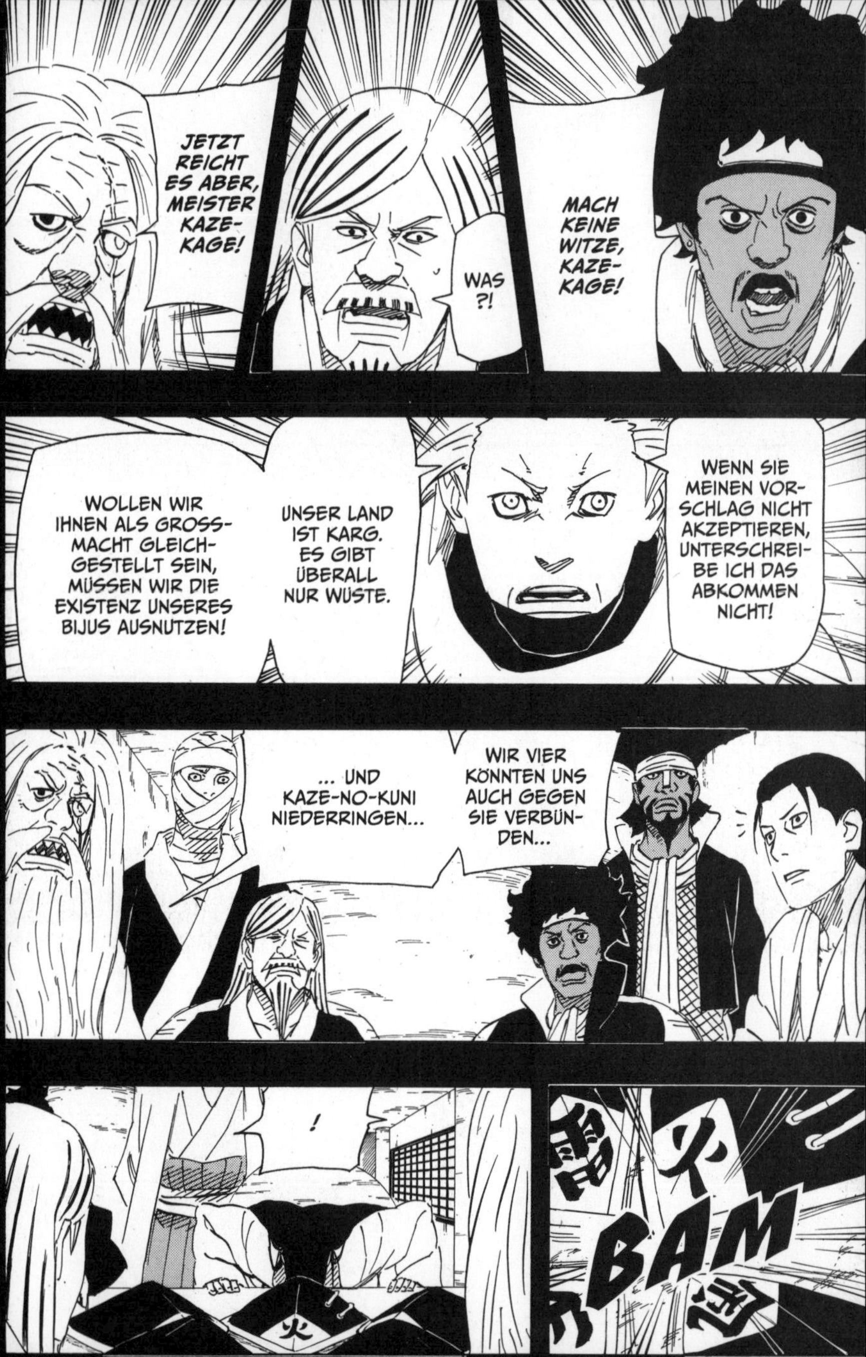
MACH KEINE WITZE, KAZE-KAGE!
WAS ?!
JETZT REICHT ES ABER, MEISTER KAZE-KAGE!
WENN SIE MEINEN VOR-SCHLAG NICHT AKZEPTIEREN, UNTERSCHREI-BE ICH DAS ABKOMMEN NICHT!
UNSER LAND IST KARG. ES GIBT ÜBERALL NUR WÜSTE.
WOLLEN WIR IHNEN ALS GROSS-MACHT GLEICH-GESTELLT SEIN, MÜSSEN WIR DIE EXISTENZ UNSERES BIJUS AUSNUTZEN!
WIR VIER KÖNNTEN UNS AUCH GEGEN SIE VERBÜN-DEN...
... UND KAZE-NO-KUNI NIEDERRINGEN...
BAM
!

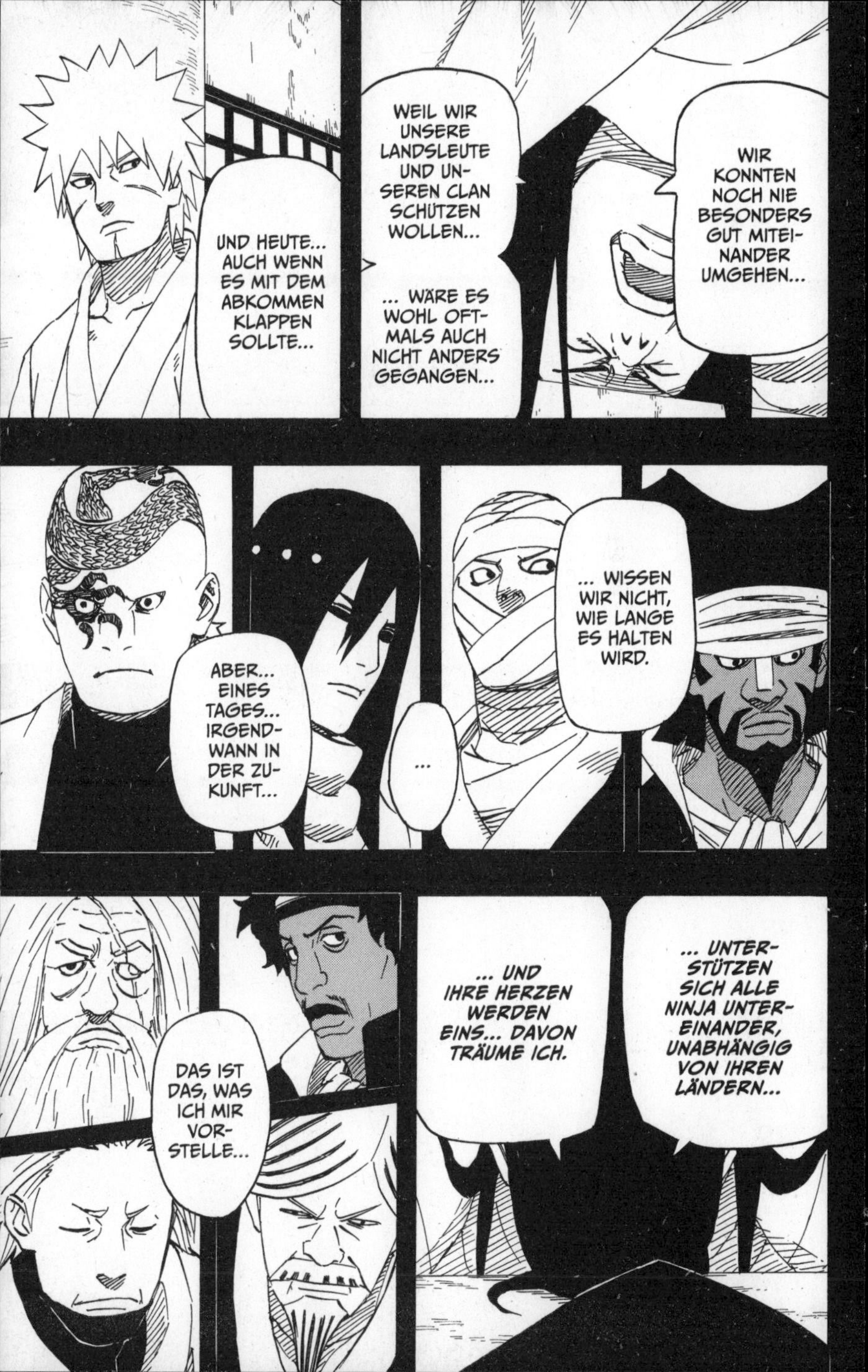
WIR KONNTEN NOCH NIE BESONDERS GUT MITEINANDER UMGEHEN...
WEIL WIR UNSERE LANDSLEUTE UND UNSEREN CLAN SCHÜTZEN WOLLEN...
... WÄRE ES WOHL OFTMALS AUCH NICHT ANDERS GEGANGEN...
UND HEUTE... AUCH WENN ES MIT DEM ABKOMMEN KLAPPEN SOLLTE...
... WISSEN WIR NICHT, WIE LANGE ES HALTEN WIRD.
...
ABER... EINES TAGES... IRGENDWANN IN DER ZUKUNFT...
... UNTERSTÜTZEN SICH ALLE NINJA UNTEREINANDER, UNABHÄNGIG VON IHREN LÄNDERN...
... UND IHRE HERZEN WERDEN EINS... DAVON TRÄUME ICH.
DAS IST DAS, WAS ICH MIR VORSTELLE...

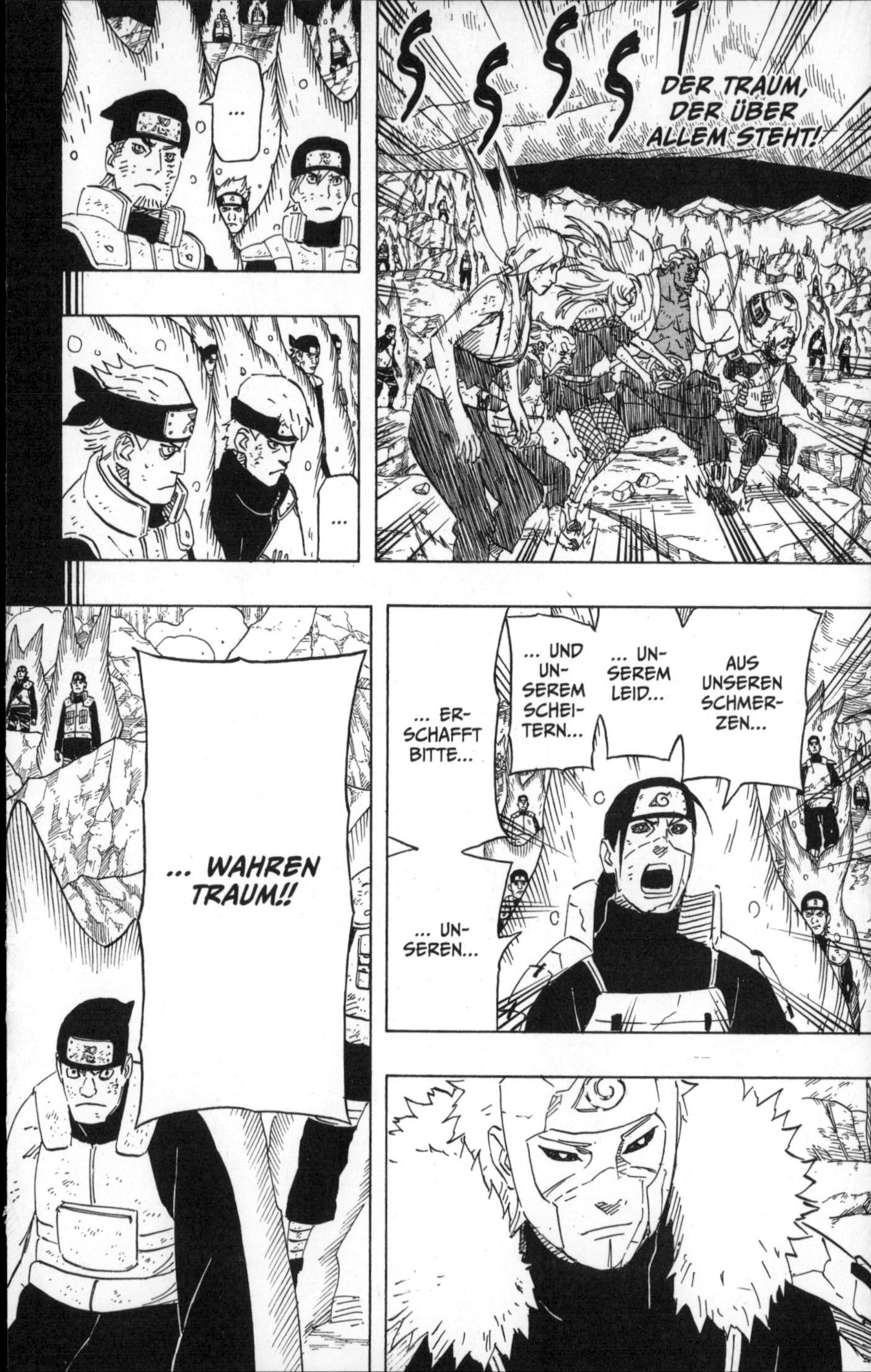

DER TRAUM, DER ÜBER ALLEM STEHT!
...
...
AUS UNSEREN SCHMER-ZEN...
... UN-SEREM LEID...
... UND UN-SEREM SCHEI-TERN...
... ER-SCHAFFT BITTE...
... UN-SEREN...
... WAHREN TRAUM!!

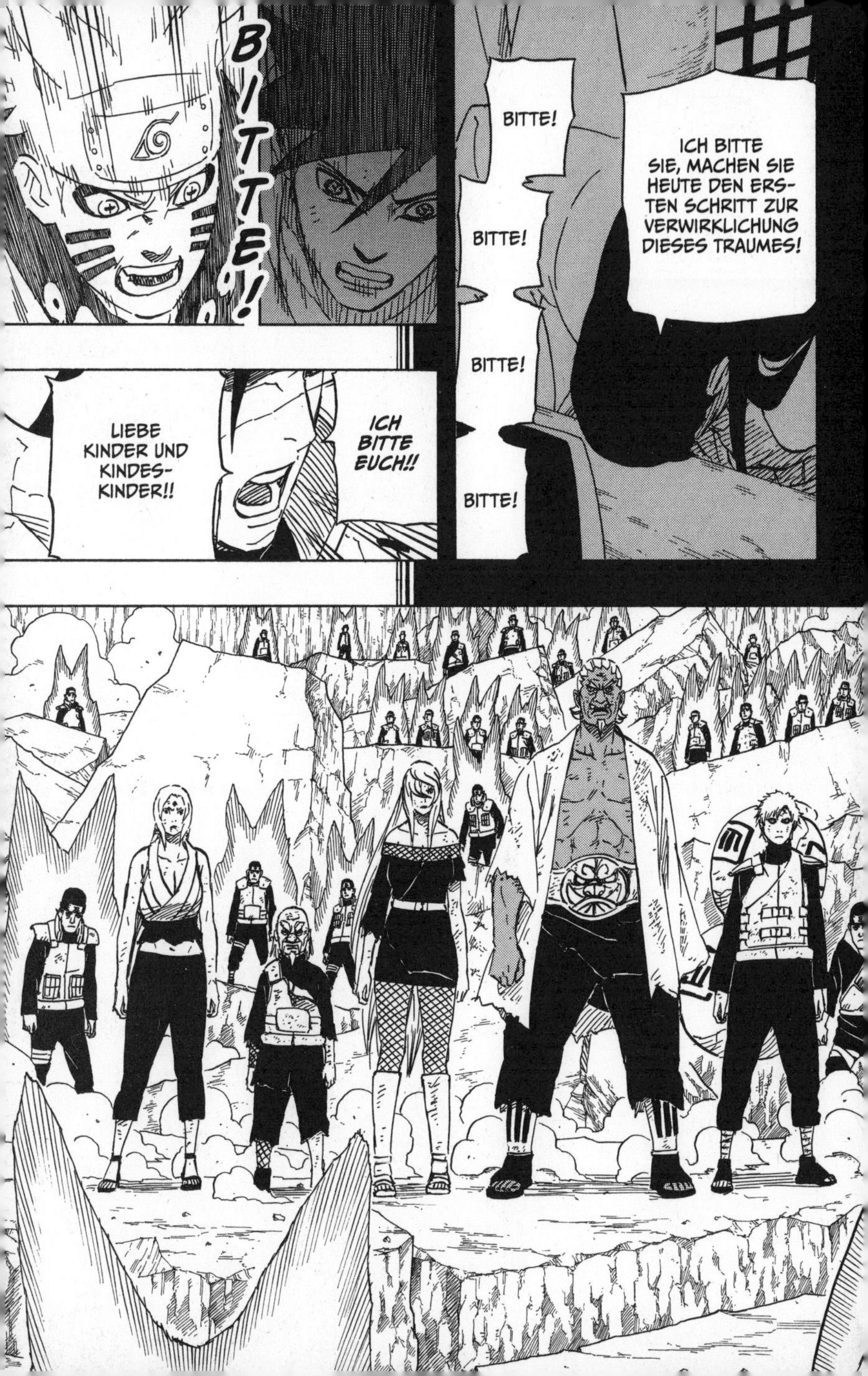
ICH BITTE SIE, MACHEN SIE HEUTE DEN ERSTEN SCHRITT ZUR VERWIRKLICHUNG DIESES TRAUMES!
BITTE!
BITTE!
BITTE!
BITTE!
BITTE!
ICH BITTE EUCH!!
LIEBE KINDER UND KINDESKINDER!!

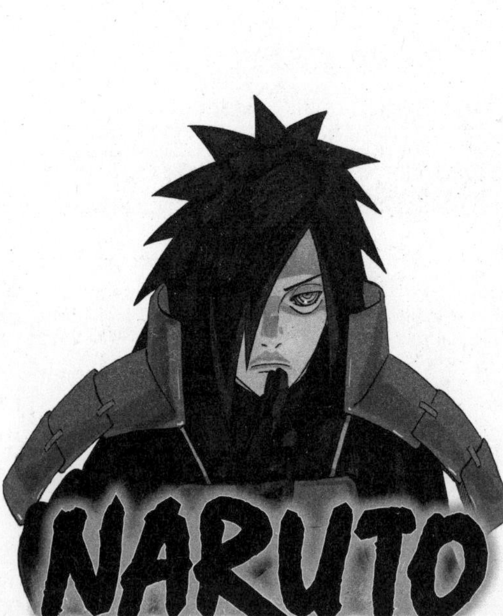
NARUTO

649. Kapitel: Der Wille der Ninja

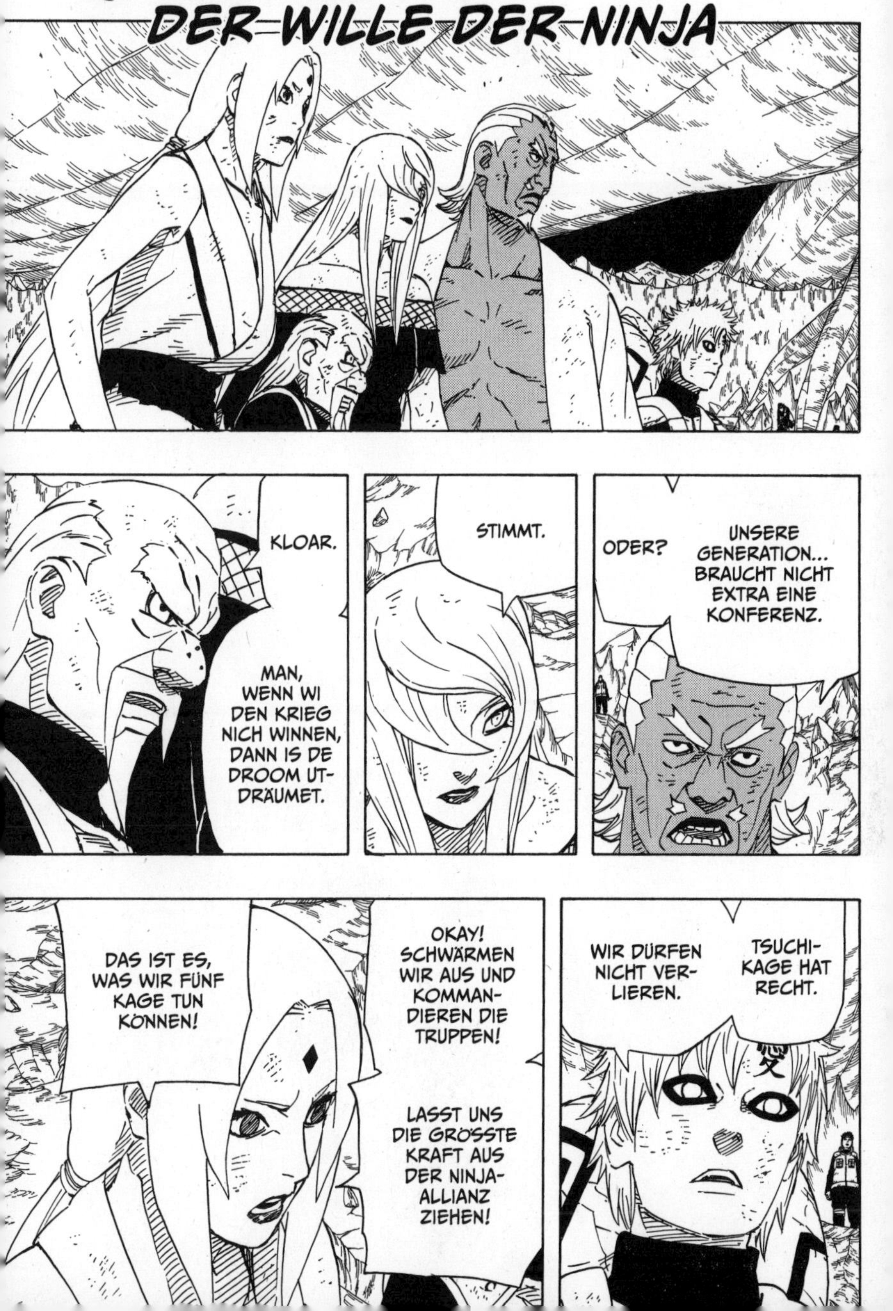

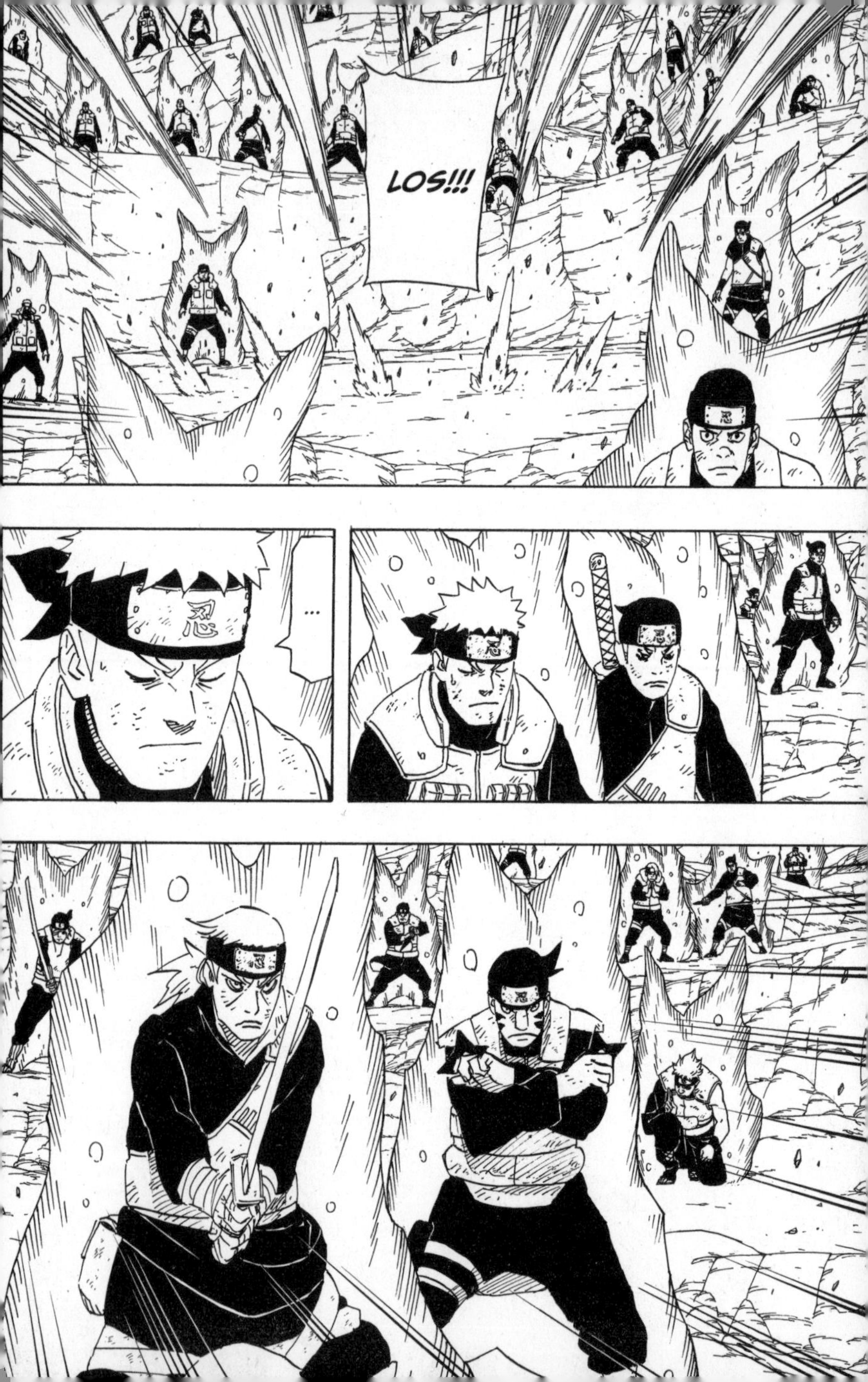
LOS!!!
...

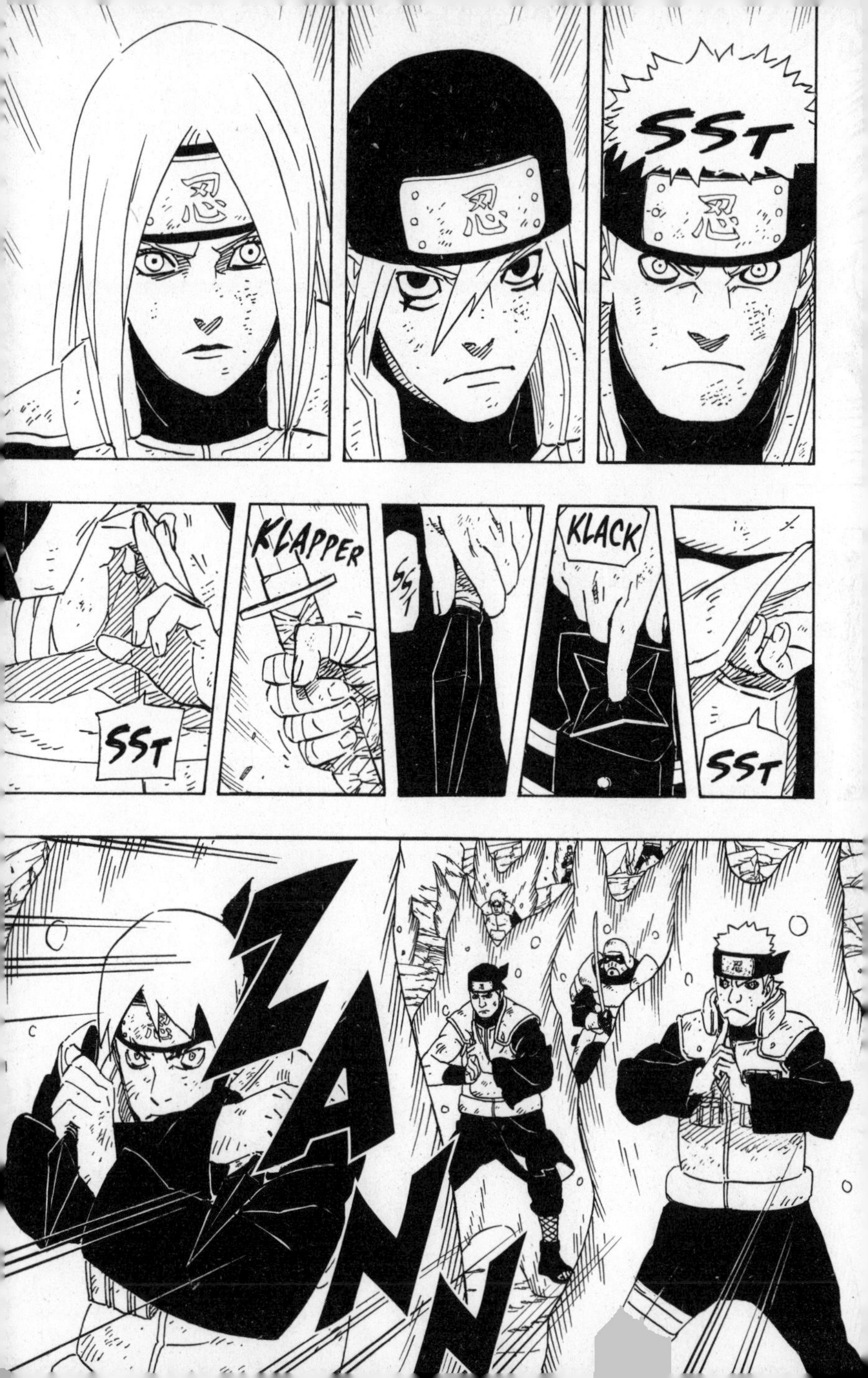

SST
SST
KLACK
SST
KLAPPER
SST

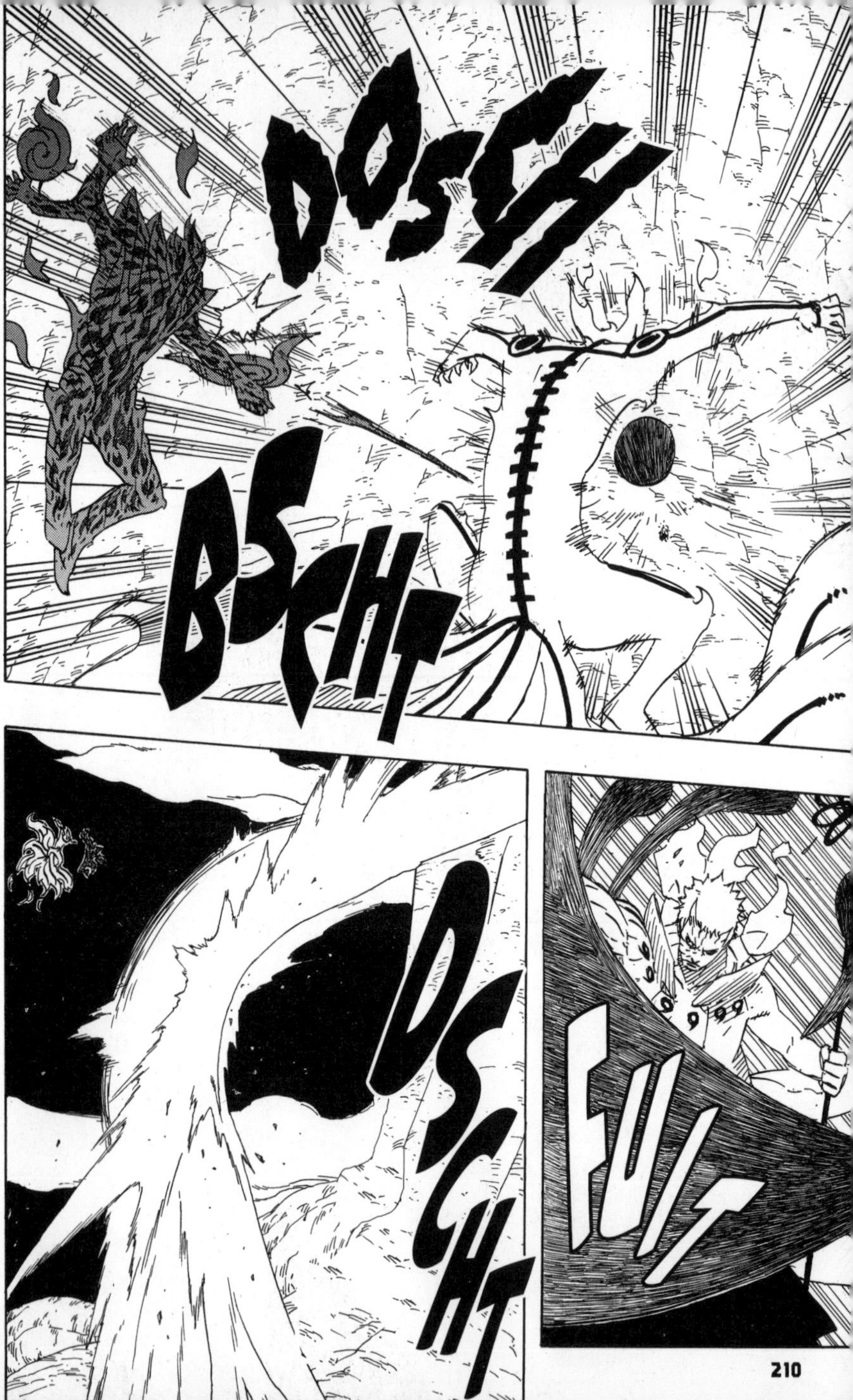
DOSCH
BSCHT
FUIT
DSCHT

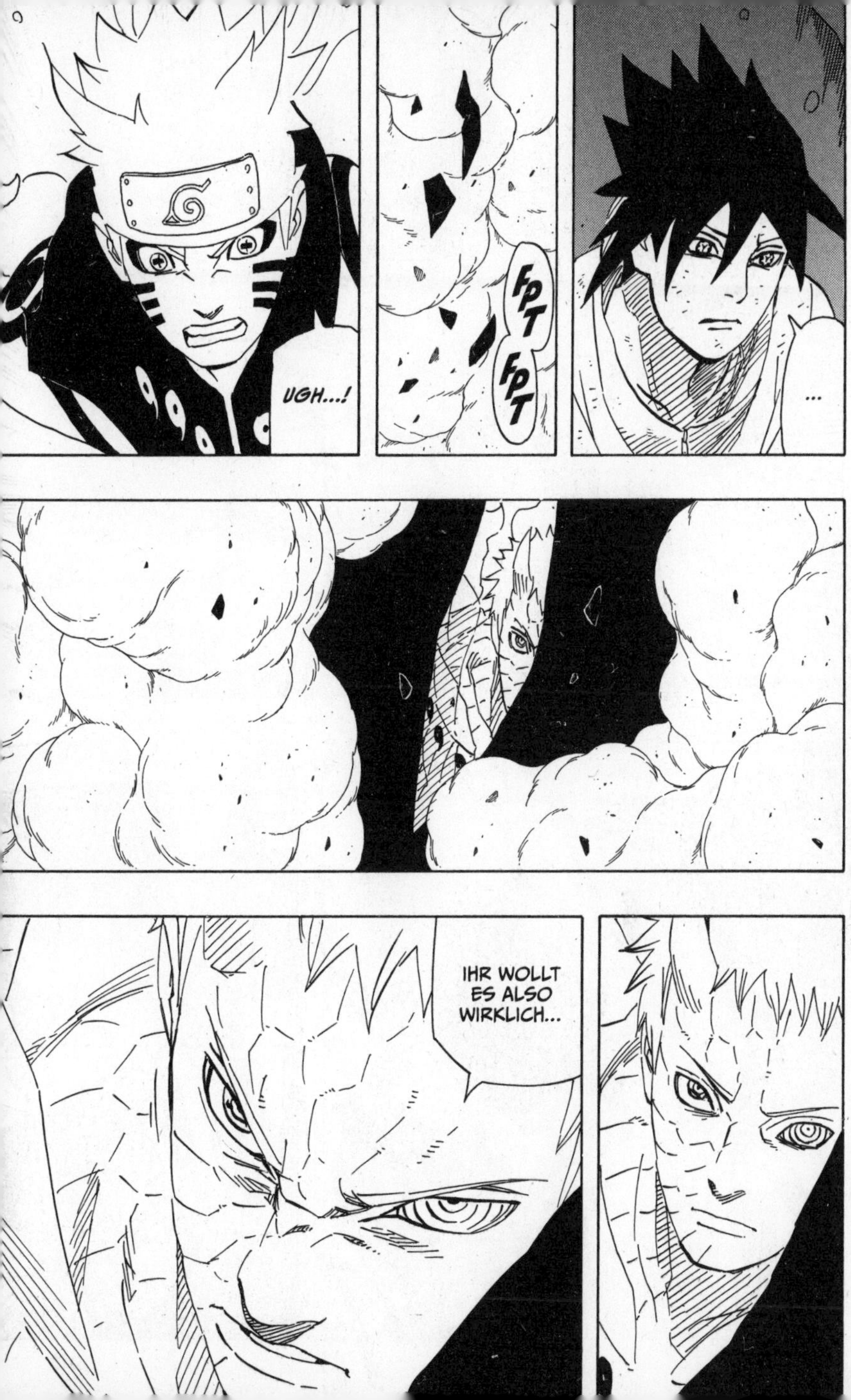
...
FPT FPT
UGH...!
IHR WOLLT ES ALSO WIRKLICH...

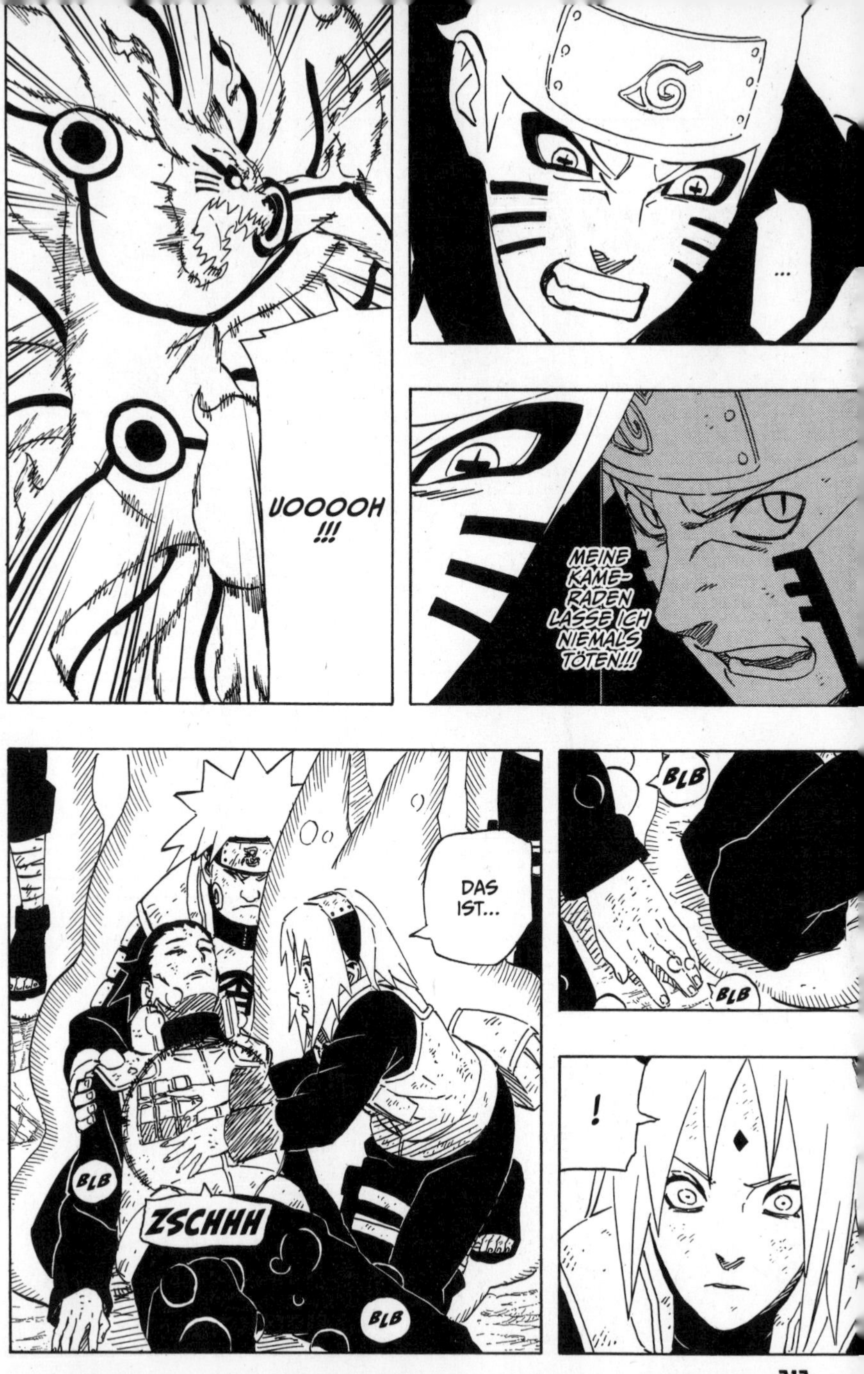
...
UOOOOH
!!!
MEINE KAMERADEN LASSE ICH NIEMALS TÖTEN!!!
BLB
BLB
DAS IST...
BLB
ZSCHHH
BLB
!

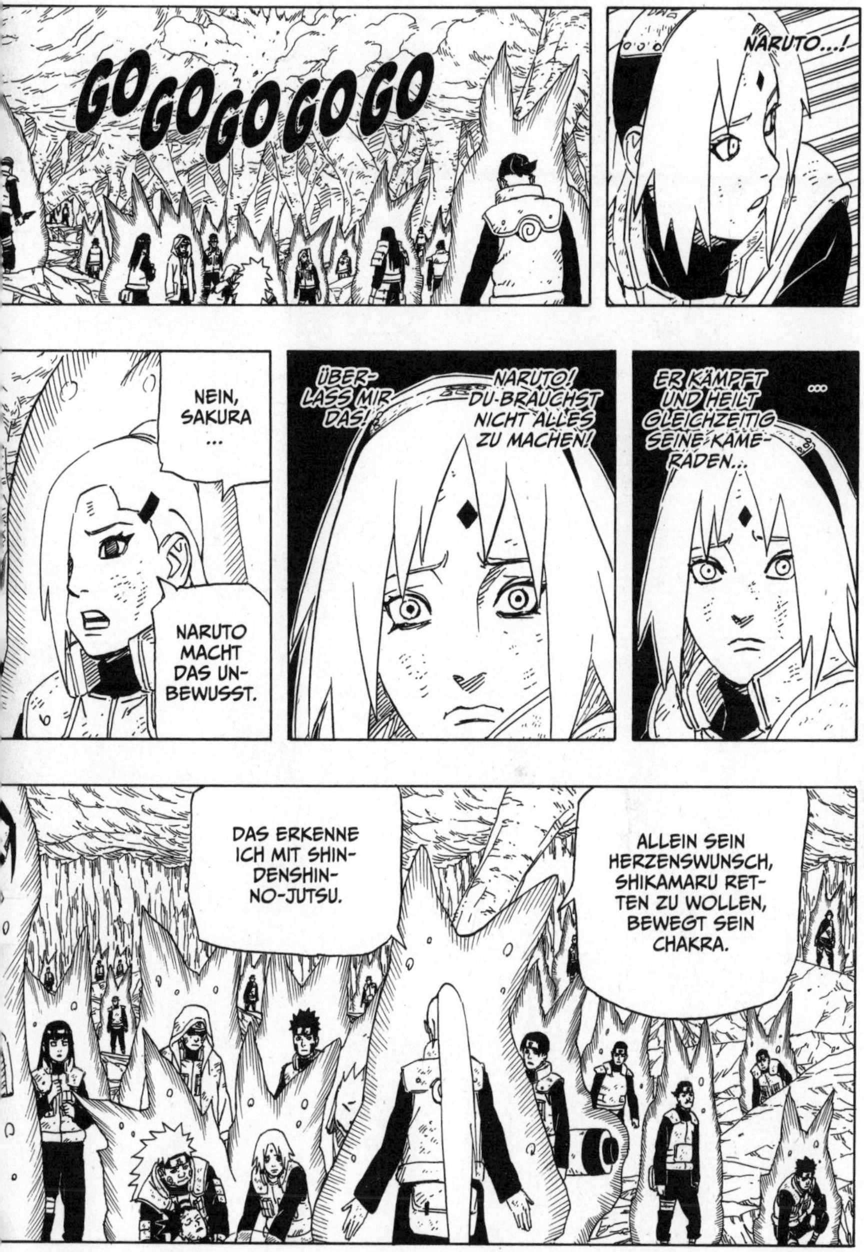
NARUTO...!
GO GO GO GO GO GO
...
ER KÄMPFT UND HEILT GLEICHZEITIG SEINE KAMERADEN...
NARUTO! DU BRAUCHST NICHT ALLES ZU MACHEN!
ÜBERLASS MIR DAS!
NEIN, SAKURA ...
NARUTO MACHT DAS UNBEWUSST.
DAS ERKENNE ICH MIT SHINDENSHIN-NO-JUTSU.
ALLEIN SEIN HERZENSWUNSCH, SHIKAMARU RETTEN ZU WOLLEN, BEWEGT SEIN CHAKRA.

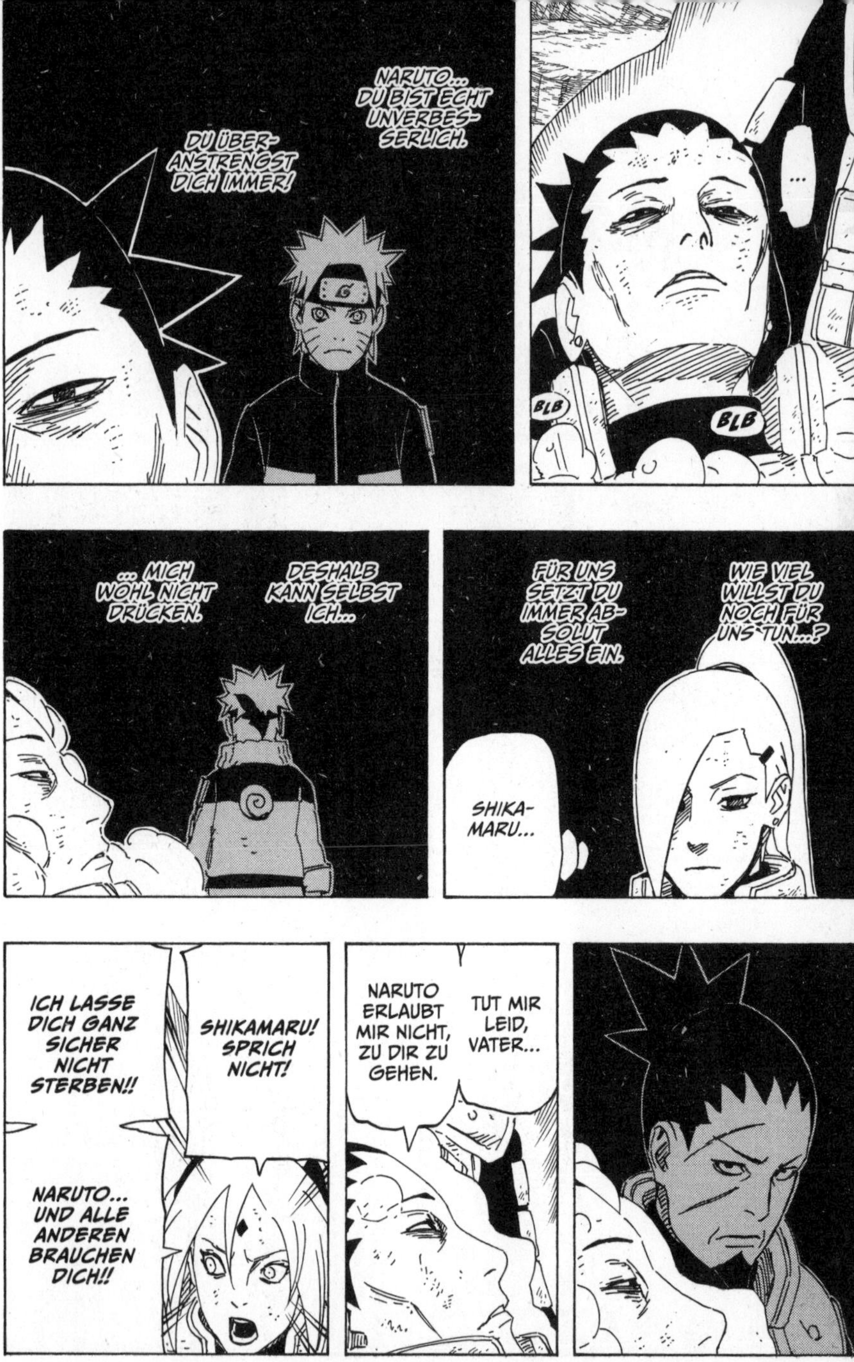
...
BLB
BLB
NARUTO... DU BIST ECHT UNVERBES-SERLICH.
DU ÜBER-ANSTRENGST DICH IMMER!
WIE VIEL WILLST DU NOCH FÜR UNS TUN...?
FÜR UNS SETZT DU IMMER AB-SOLUT ALLES EIN.
SHIKA-MARU...
DESHALB KANN SELBST ICH...
... MICH WOHL NICHT DRÜCKEN.
TUT MIR LEID, VATER...
NARUTO ERLAUBT MIR NICHT, ZU DIR ZU GEHEN.
SHIKAMARU! SPRICH NICHT!
ICH LASSE DICH GANZ SICHER NICHT STERBEN!!
NARUTO... UND ALLE ANDEREN BRAUCHEN DICH!!

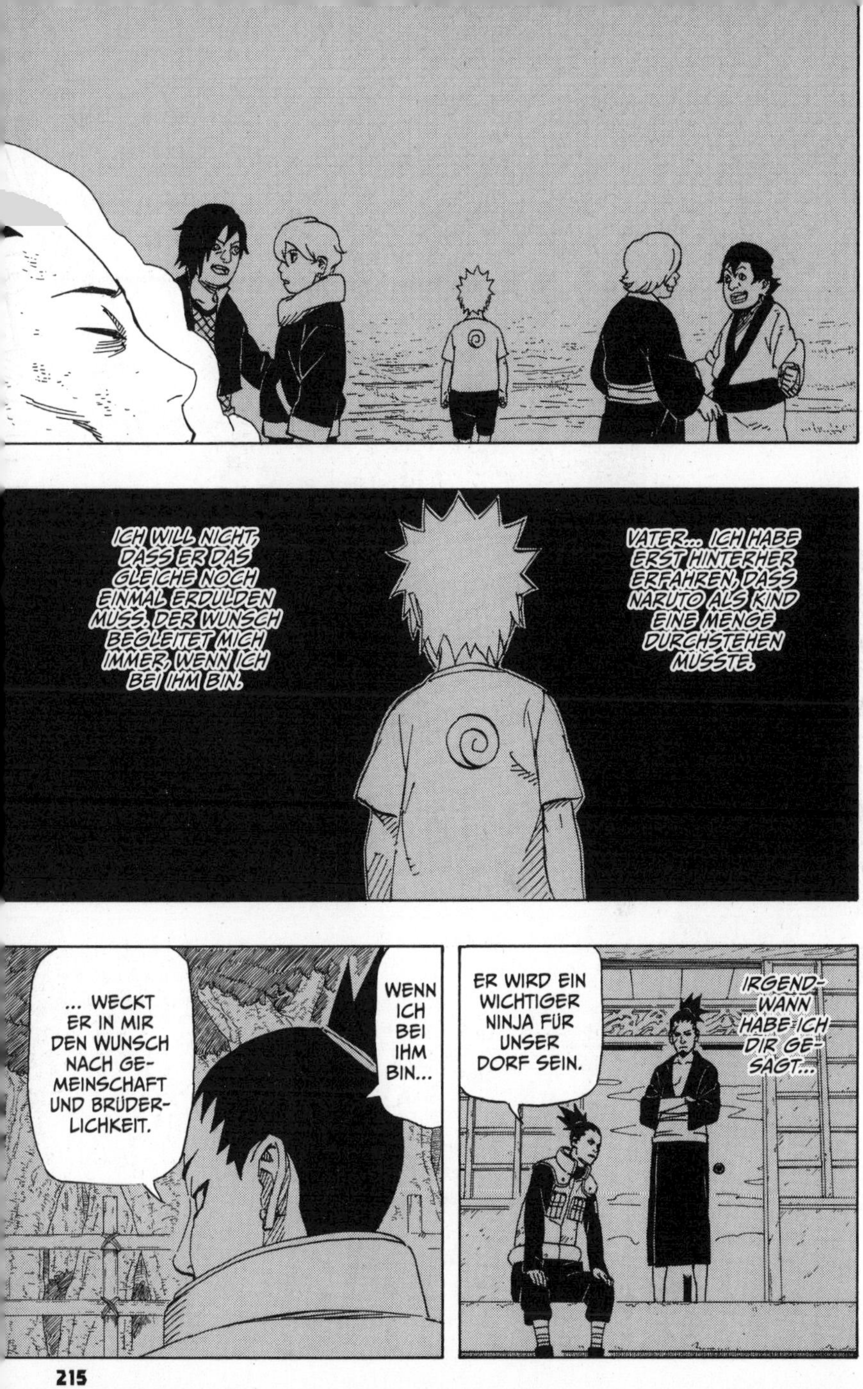
VATER... ICH HABE ERST HINTERHER ERFAHREN, DASS NARUTO ALS KIND EINE MENGE DURCHSTEHEN MUSSTE.
ICH WILL NICHT, DASS ER DAS GLEICHE NOCH EINMAL ERDULDEN MUSS. DER WUNSCH BEGLEITET MICH IMMER, WENN ICH BEI IHM BIN.
IRGEND-WANN HABE ICH DIR GE-SAGT...
ER WIRD EIN WICHTIGER NINJA FÜR UNSER DORF SEIN.
WENN ICH BEI IHM BIN...
... WECKT ER IN MIR DEN WUNSCH NACH GE-MEINSCHAFT UND BRÜDER-LICHKEIT.

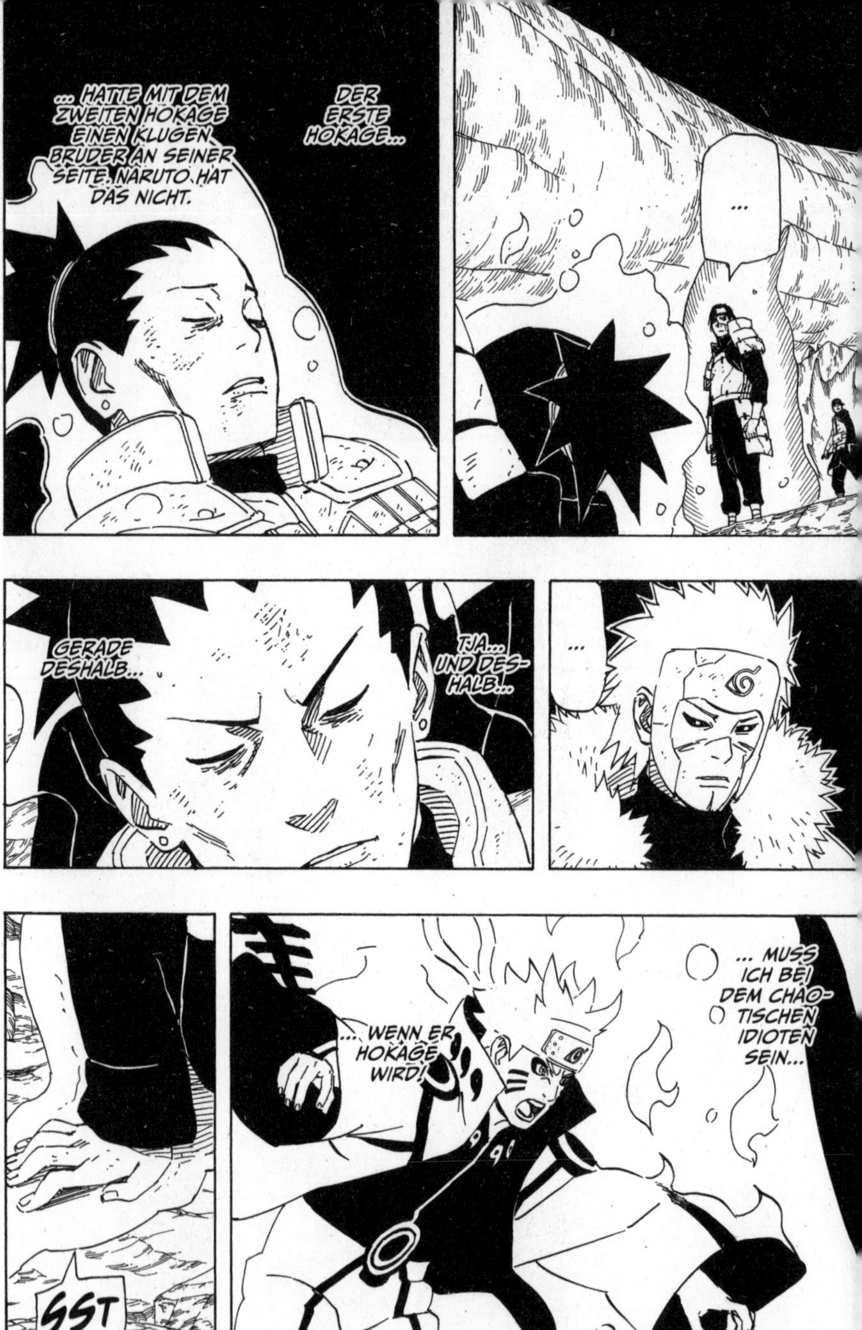

DER ERSTE HOKAGE...
... HATTE MIT DEM ZWEITEN HOKAGE EINEN KLUGEN BRUDER AN SEINER SEITE. NARUTO HAT DAS NICHT.
...
...
TJA... UND DESHALB...
GERADE DESHALB...
... MUSS ICH BEI DEM CHAOTISCHEN IDIOTEN SEIN...
... WENN ER HOKAGE WIRD!
SST

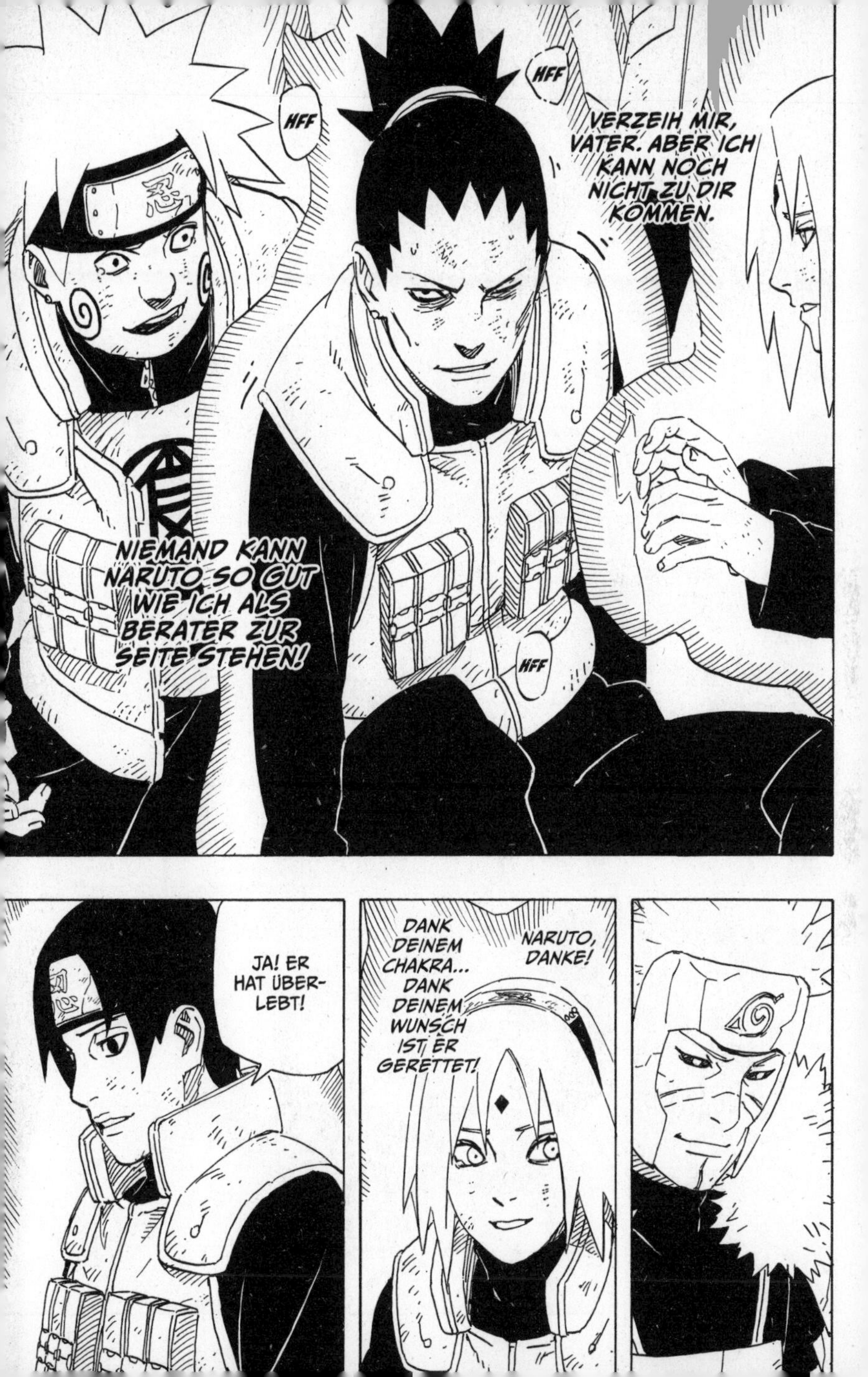

HFF
VERZEIH MIR, VATER. ABER ICH KANN NOCH NICHT ZU DIR KOMMEN.
HFF
NIEMAND KANN NARUTO SO GUT WIE ICH ALS BERATER ZUR SEITE STEHEN!
HFF
NARUTO, DANKE!
DANK DEINEM CHAKRA... DANK DEINEM WUNSCH IST ER GERETTET!
JA! ER HAT ÜBERLEBT!

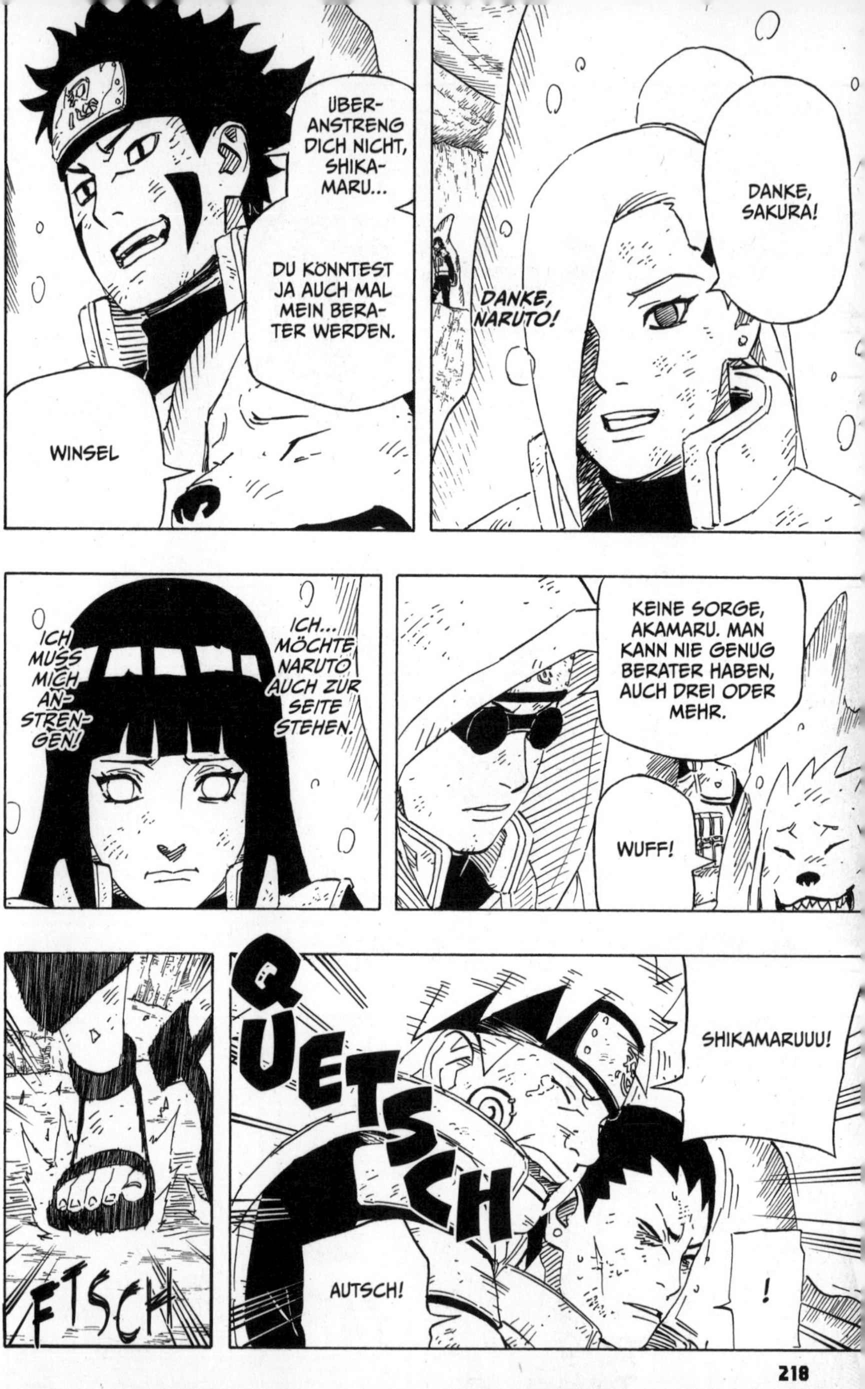
DANKE, SAKURA!
DANKE, NARUTO!
ÜBER-ANSTRENG DICH NICHT, SHIKA-MARU...
DU KÖNNTEST JA AUCH MAL MEIN BERA-TER WERDEN.
WINSEL
KEINE SORGE, AKAMARU. MAN KANN NIE GENUG BERATER HABEN, AUCH DREI ODER MEHR.
WUFF!
ICH... MÖCHTE NARUTO AUCH ZUR SEITE STEHEN.
ICH MUSS MICH AN-STREN-GEN!
SHIKAMARUUU!
QUETSCH
!
AUTSCH!
FTSCH

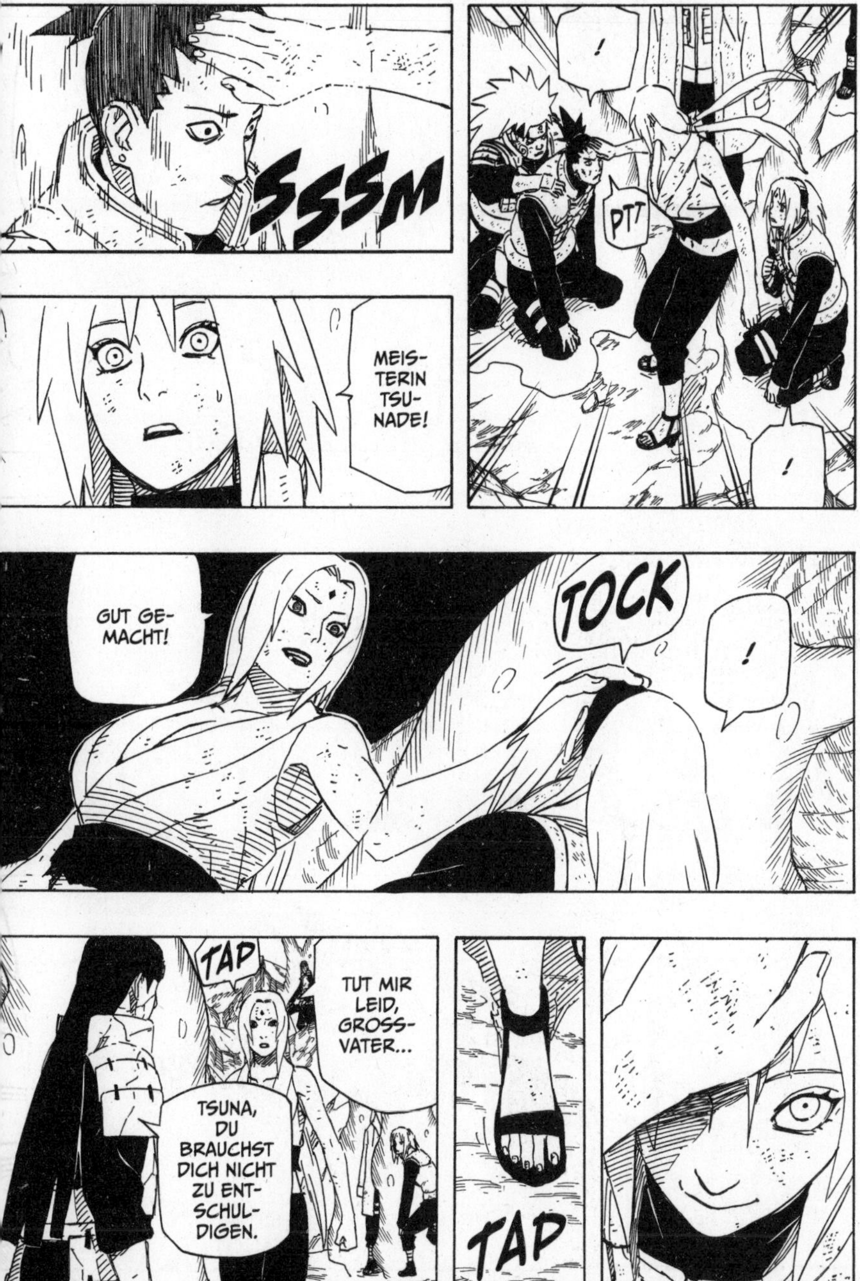

!
PTT
SSSM
!
MEISTERIN TSUNADE!
!
TOCK
GUT GEMACHT!
TUT MIR LEID, GROSSVATER...
TAP
TSUNA, DU BRAUCHST DICH NICHT ZU ENTSCHULDIGEN.
TAP

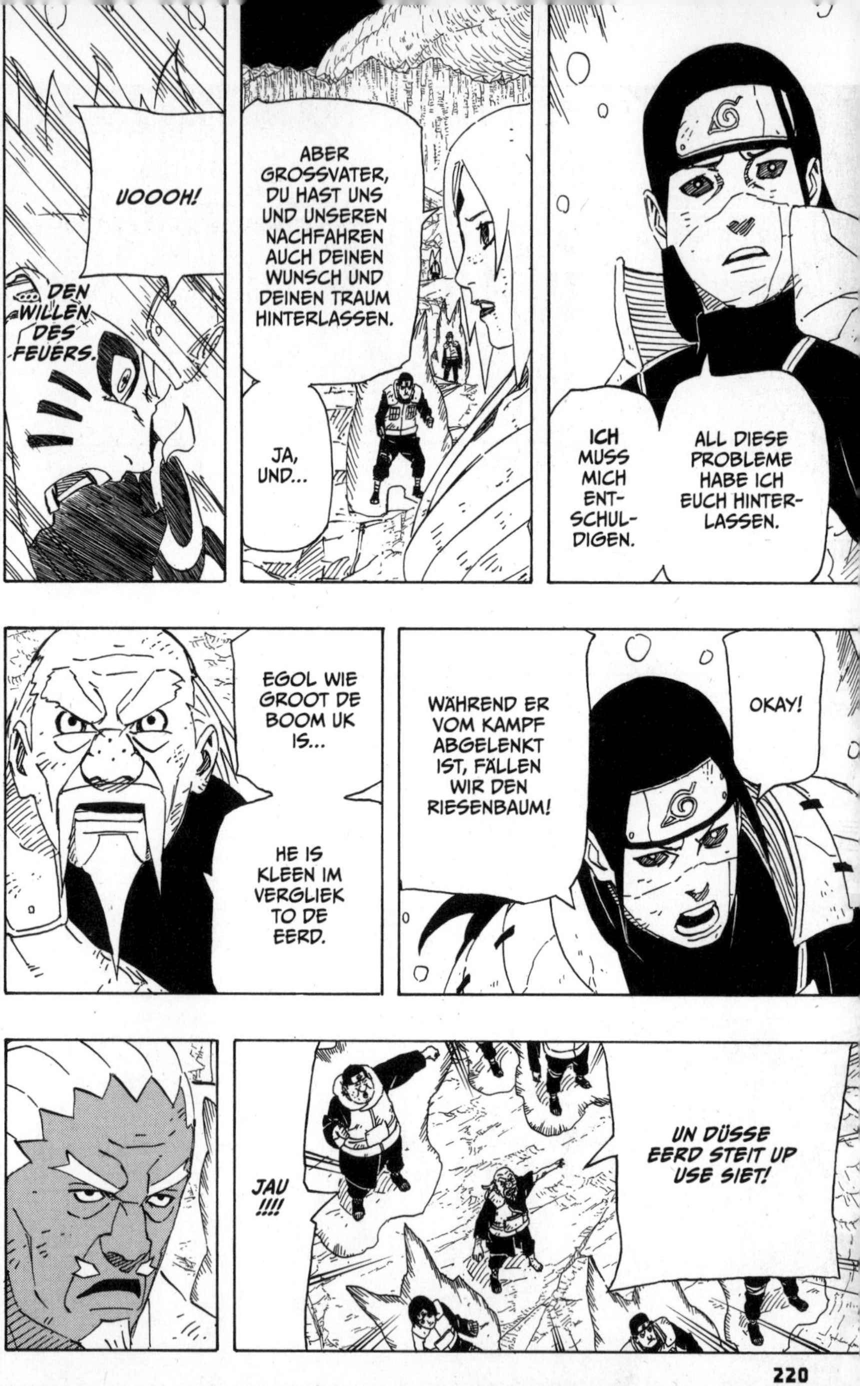
ALL DIESE PROBLEME HABE ICH EUCH HINTER-LASSEN.
ICH MUSS MICH ENT-SCHUL-DIGEN.
ABER GROSSVATER, DU HAST UNS UND UNSEREN NACHFAHREN AUCH DEINEN WUNSCH UND DEINEN TRAUM HINTERLASSEN.
JA, UND...
UOOOH!
DEN WILLEN DES FEUERS.
OKAY!
WÄHREND ER VOM KAMPF ABGELENKT IST, FÄLLEN WIR DEN RIESENBAUM!
EGOL WIE GROOT DE BOOM UK IS...
HE IS KLEEN IM VERGLIEK TO DE EERD.
UN DÜSSE EERD STEIT UP USE SIET!
JAU !!!!

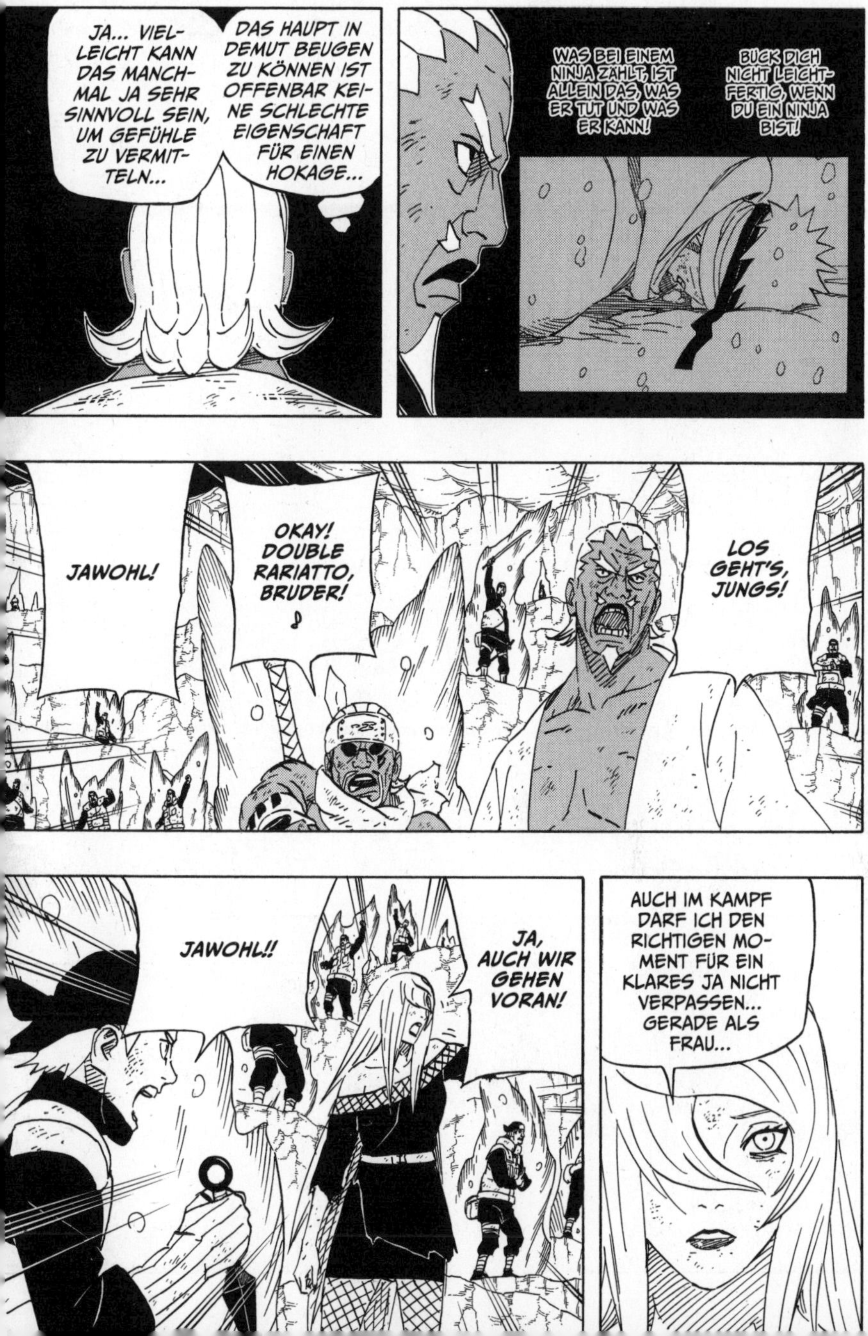
DAS HAUPT IN DEMUT BEUGEN ZU KÖNNEN IST OFFENBAR KEINE SCHLECHTE EIGENSCHAFT FÜR EINEN HOKAGE...
JA... VIELLEICHT KANN DAS MANCHMAL JA SEHR SINNVOLL SEIN, UM GEFÜHLE ZU VERMITTELN...
BÜCK DICH NICHT LEICHTFERTIG, WENN DU EIN NINJA BIST!
WAS BEI EINEM NINJA ZÄHLT, IST ALLEIN DAS, WAS ER TUT UND WAS ER KANN!
LOS GEHT'S, JUNGS!
OKAY! DOUBLE RARIATTO, BRUDER! ♪
JAWOHL!
AUCH IM KAMPF DARF ICH DEN RICHTIGEN MOMENT FÜR EIN KLARES JA NICHT VERPASSEN... GERADE ALS FRAU...
JA, AUCH WIR GEHEN VORAN!
JAWOHL!!

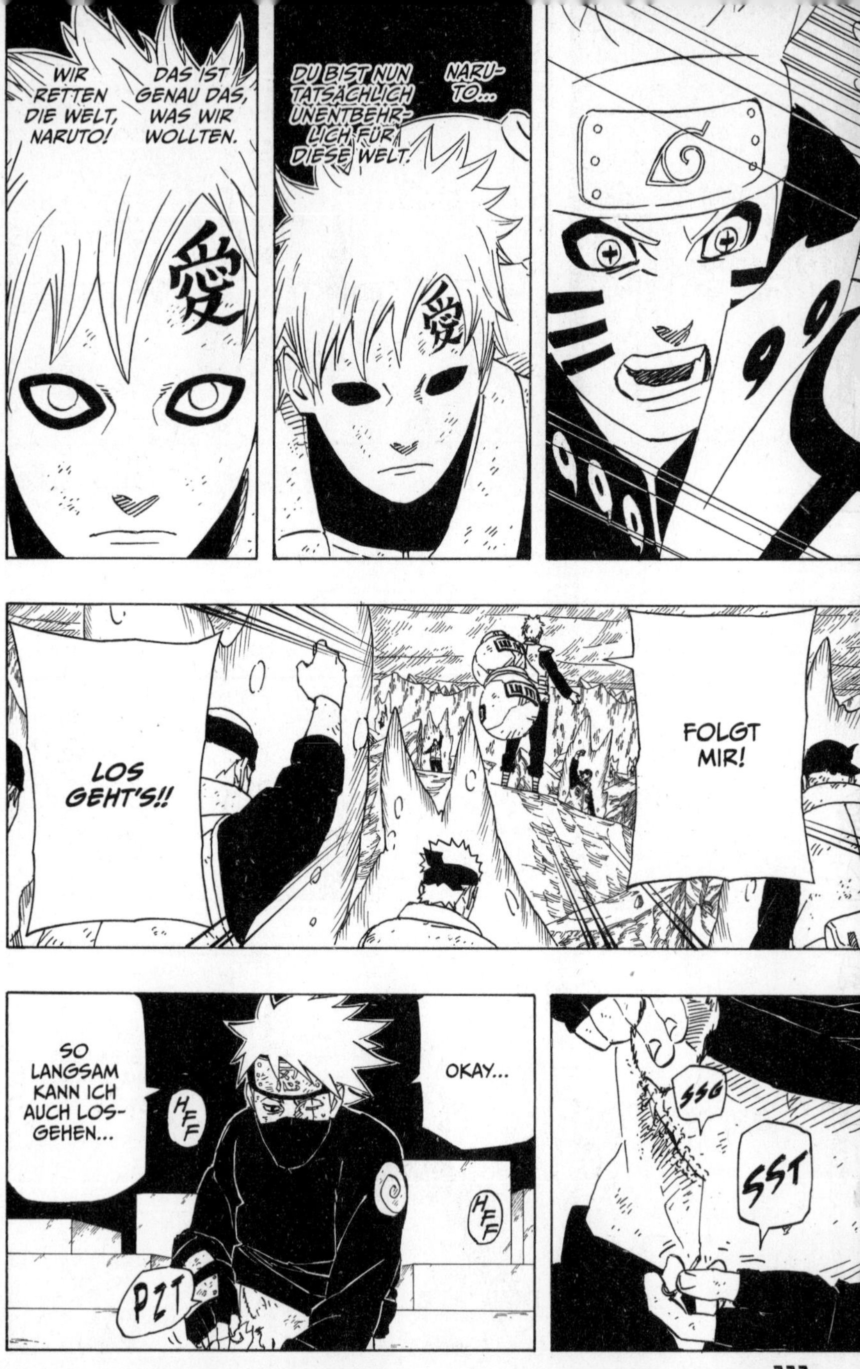
NARU-TO...
DU BIST NUN TATSÄCHLICH UNENTBEHR-LICH FÜR DIESE WELT.
DAS IST GENAU DAS, WAS WIR WOLLTEN.
WIR RETTEN DIE WELT, NARUTO!
FOLGT MIR!
LOS GEHT'S!!
SSG
SST
OKAY...
SO LANGSAM KANN ICH AUCH LOS-GEHEN...
HFF
HFF
PZT

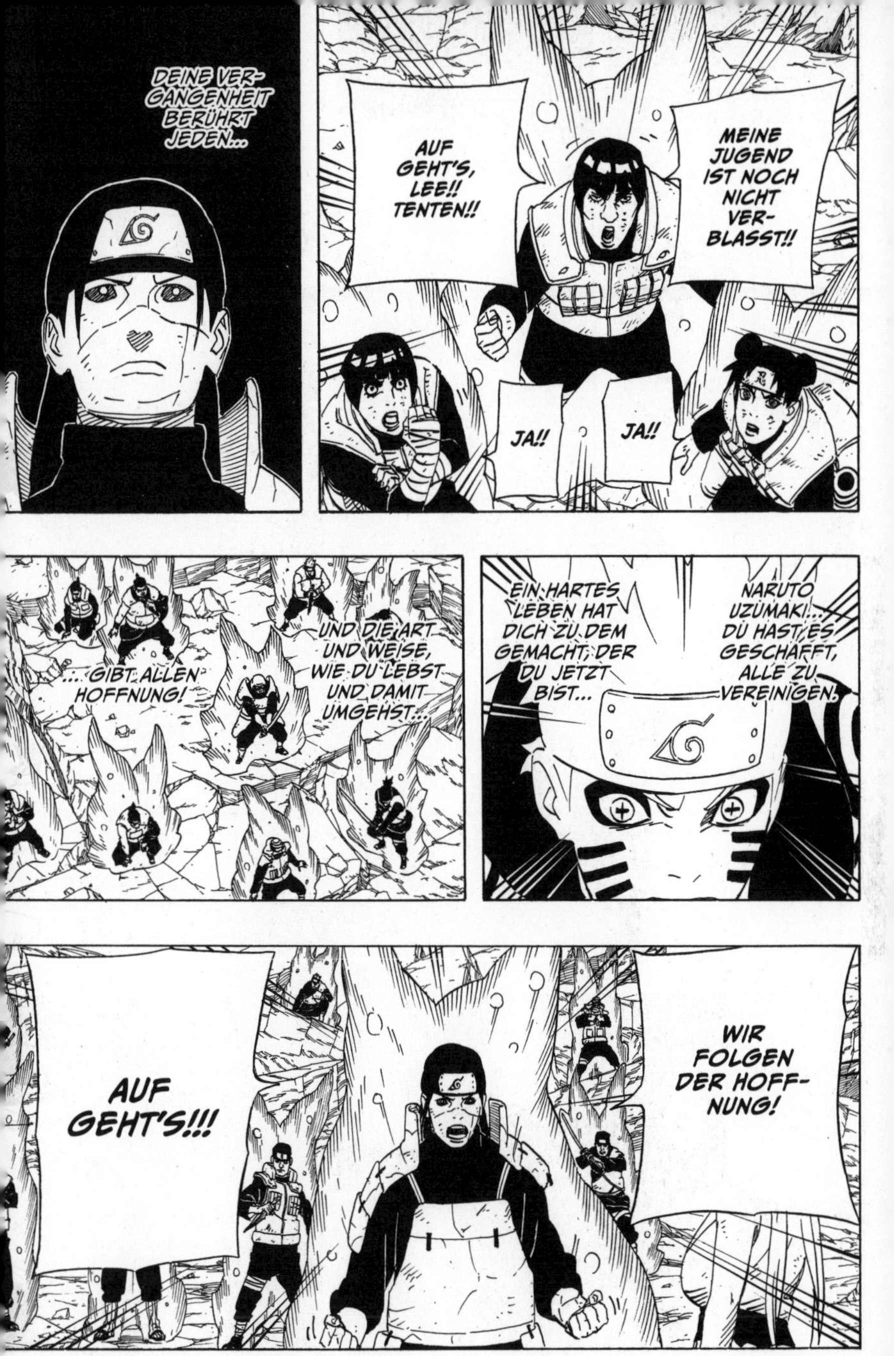
MEINE JUGEND IST NOCH NICHT VERBLASST!!
AUF GEHT'S, LEE!! TENTEN!!
JA!!
JA!!
DEINE VERGANGENHEIT BERÜHRT JEDEN…
NARUTO UZUMAKI… DU HAST ES GESCHAFFT, ALLE ZU VEREINIGEN.
EIN HARTES LEBEN HAT DICH ZU DEM GEMACHT, DER DU JETZT BIST…
UND DIE ART UND WEISE, WIE DU LEBST UND DAMIT UMGEHST…
… GIBT ALLEN HOFFNUNG!
WIR FOLGEN DER HOFFNUNG!
AUF GEHT'S!!!

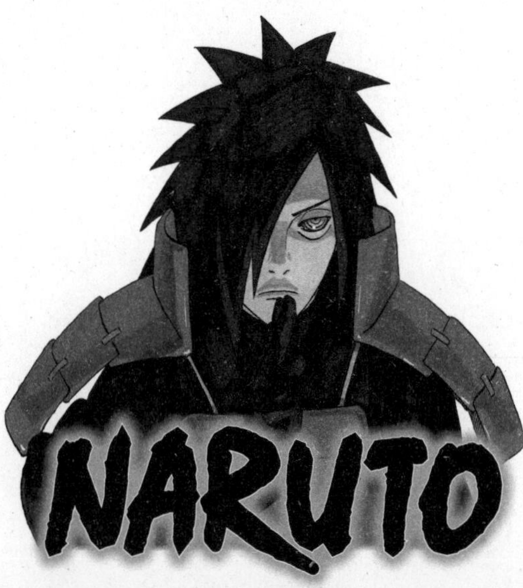
NARUTO

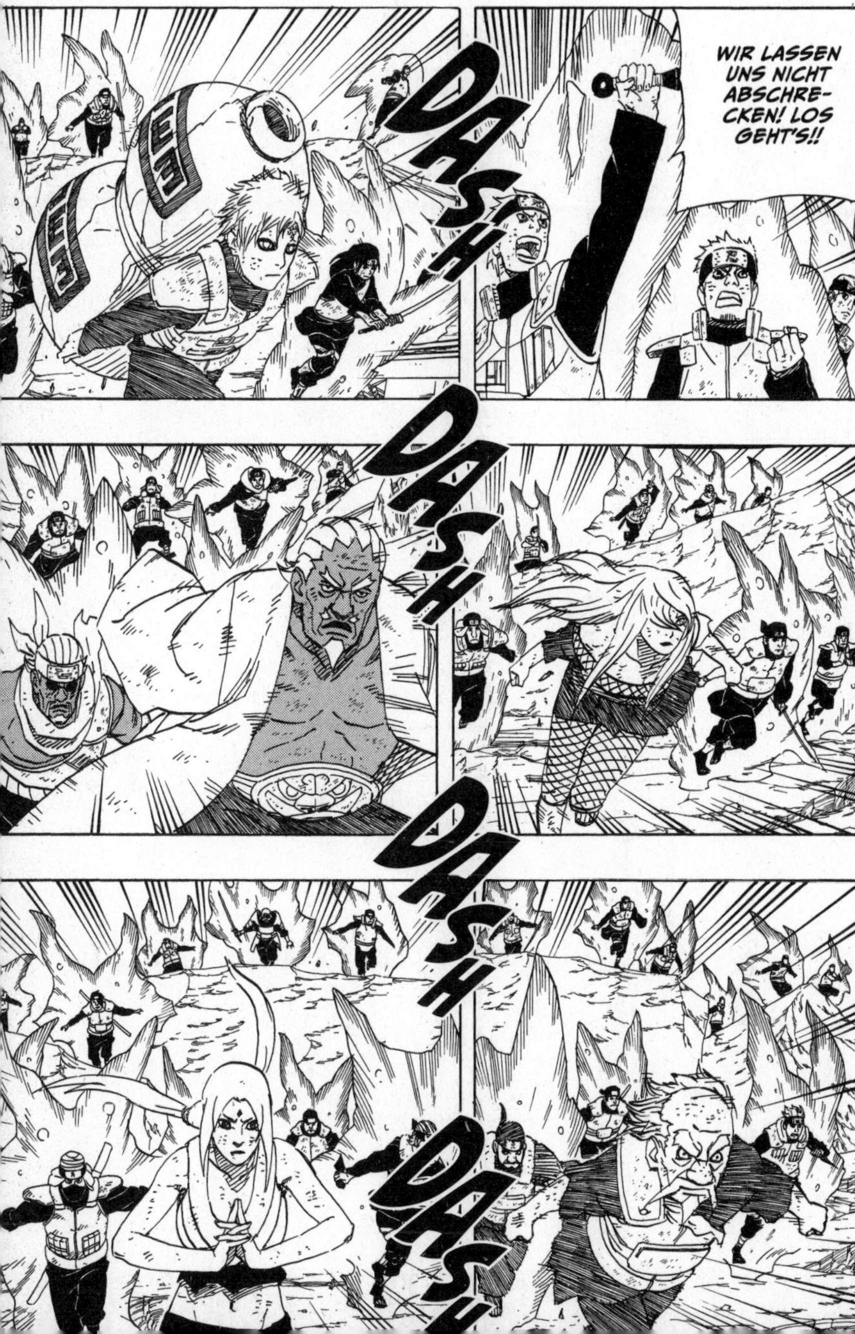
WIR LASSEN UNS NICHT ABSCHRECKEN! LOS GEHT'S!!
DASH
DASH
DASH
DASH

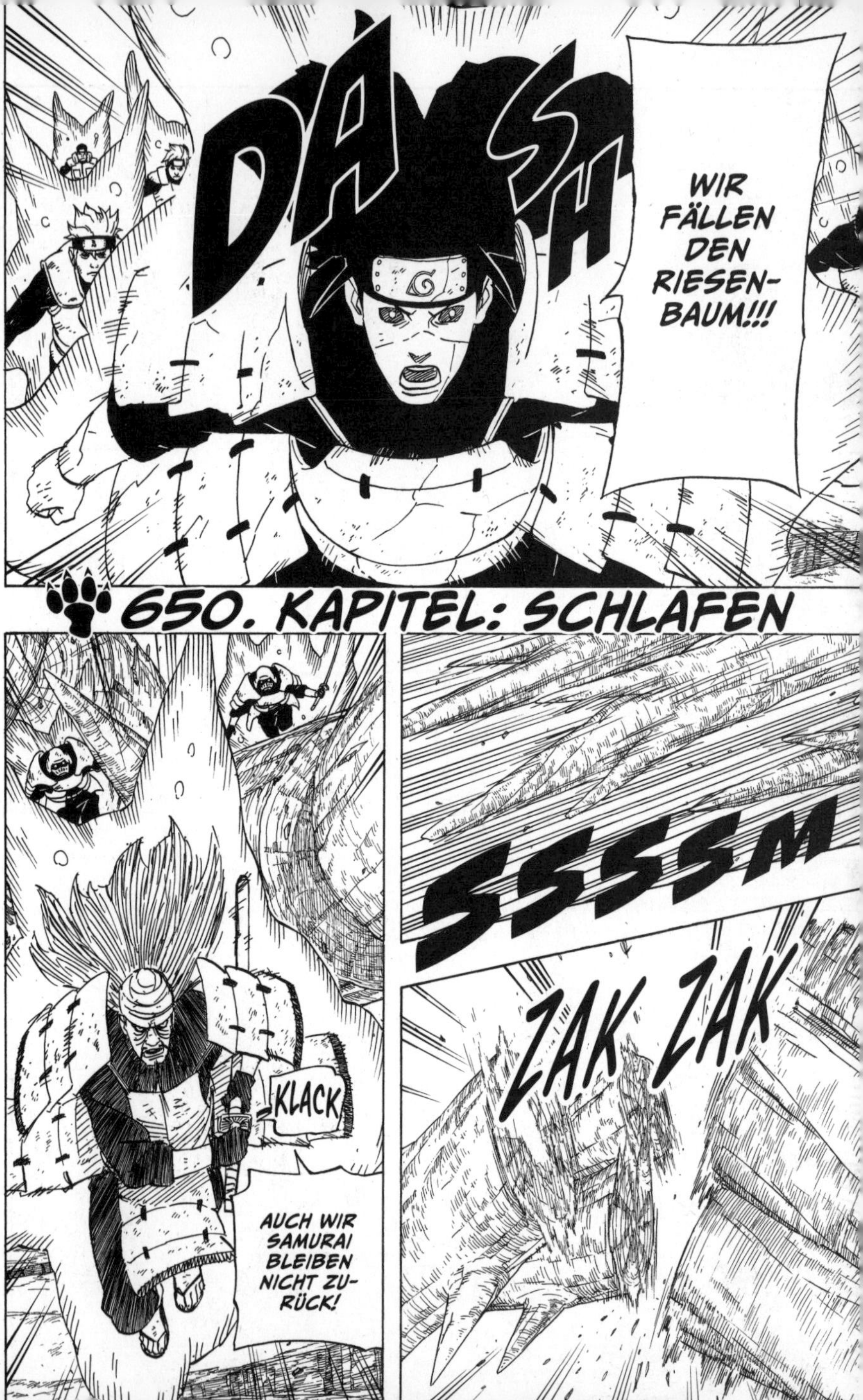
WIR FÄLLEN DEN RIESEN-BAUM!!!
DASH
650. KAPITEL: SCHLAFEN
SSSSM
ZAK ZAK
KLACK
AUCH WIR SAMURAI BLEIBEN NICHT ZU-RÜCK!

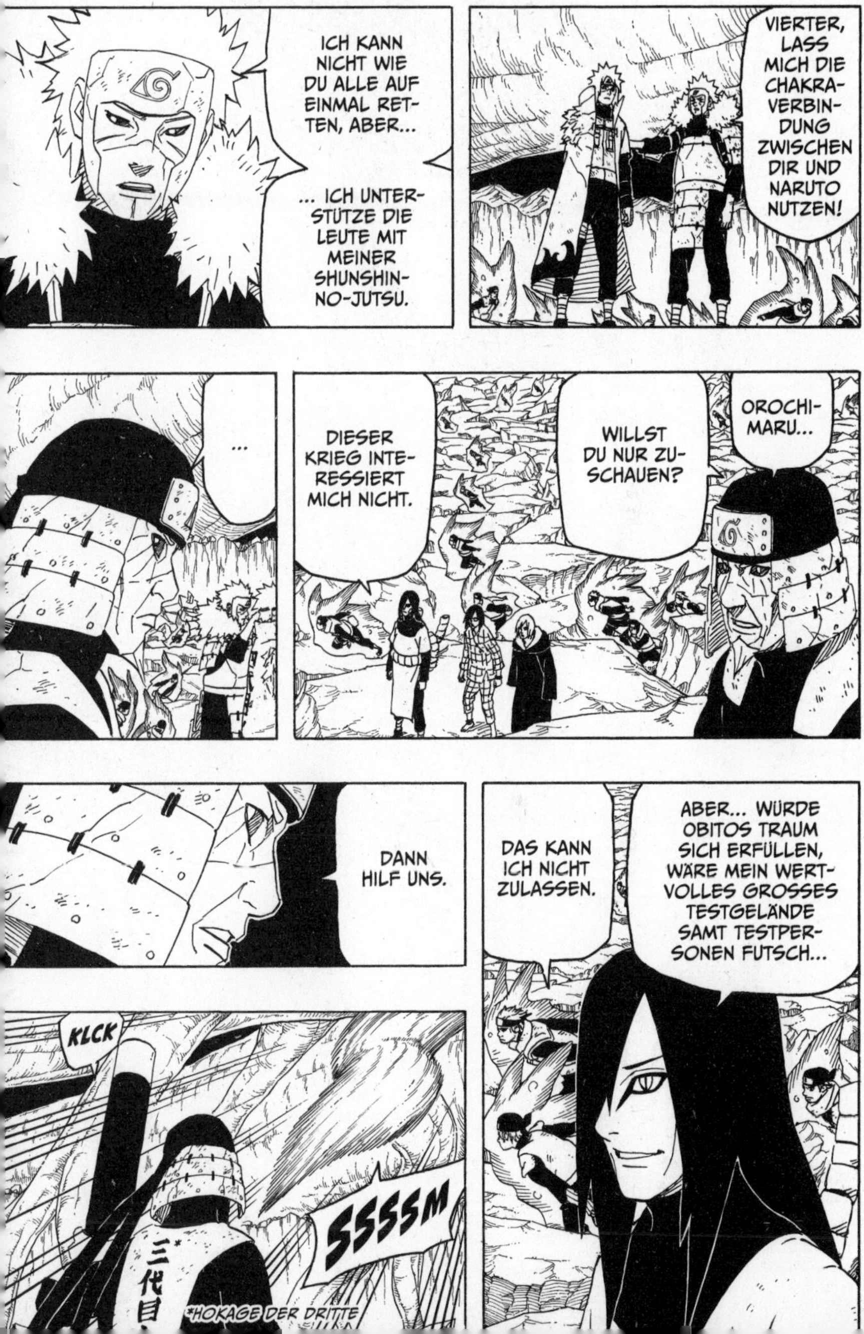
VIERTER, LASS MICH DIE CHAKRA-VERBINDUNG ZWISCHEN DIR UND NARUTO NUTZEN!
ICH KANN NICHT WIE DU ALLE AUF EINMAL RETTEN, ABER...
... ICH UNTERSTÜTZE DIE LEUTE MIT MEINER SHUNSHIN-NO-JUTSU.
OROCHIMARU...
WILLST DU NUR ZUSCHAUEN?
DIESER KRIEG INTERESSIERT MICH NICHT.
...
ABER... WÜRDE OBITOS TRAUM SICH ERFÜLLEN, WÄRE MEIN WERTVOLLES GROSSES TESTGELÄNDE SAMT TESTPERSONEN FUTSCH...
DAS KANN ICH NICHT ZULASSEN.
DANN HILF UNS.
KLCK
三代目*
SSSSM
*HOKAGE DER DRITTE

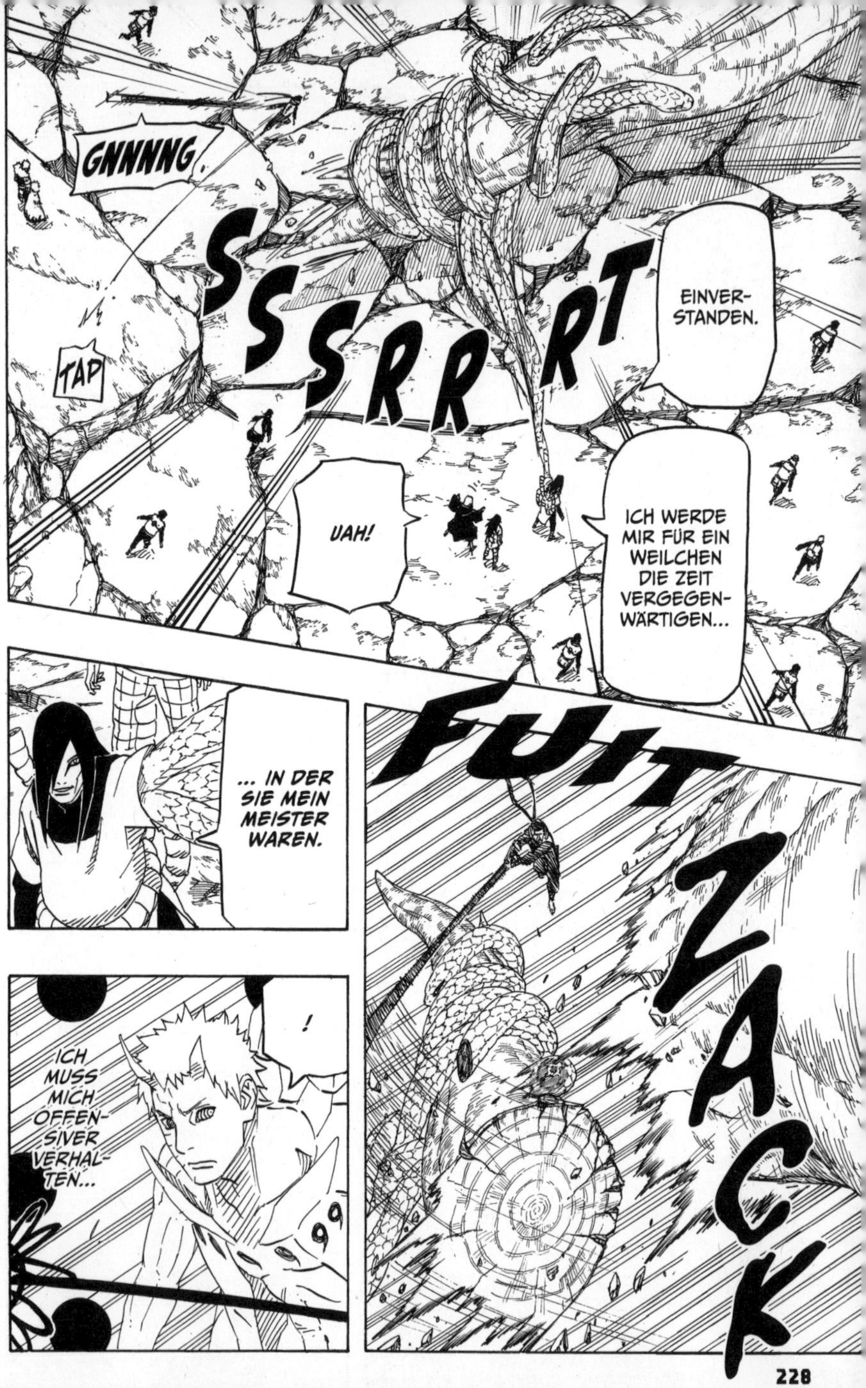
GNNNG
SSSRRRT
TAP
EINVER-STANDEN.
ICH WERDE MIR FÜR EIN WEILCHEN DIE ZEIT VERGEGEN-WÄRTIGEN...
UAH!
FUIT
... IN DER SIE MEIN MEISTER WAREN.
ZACK
!
ICH MUSS MICH OFFEN-SIVER VERHAL-TEN...

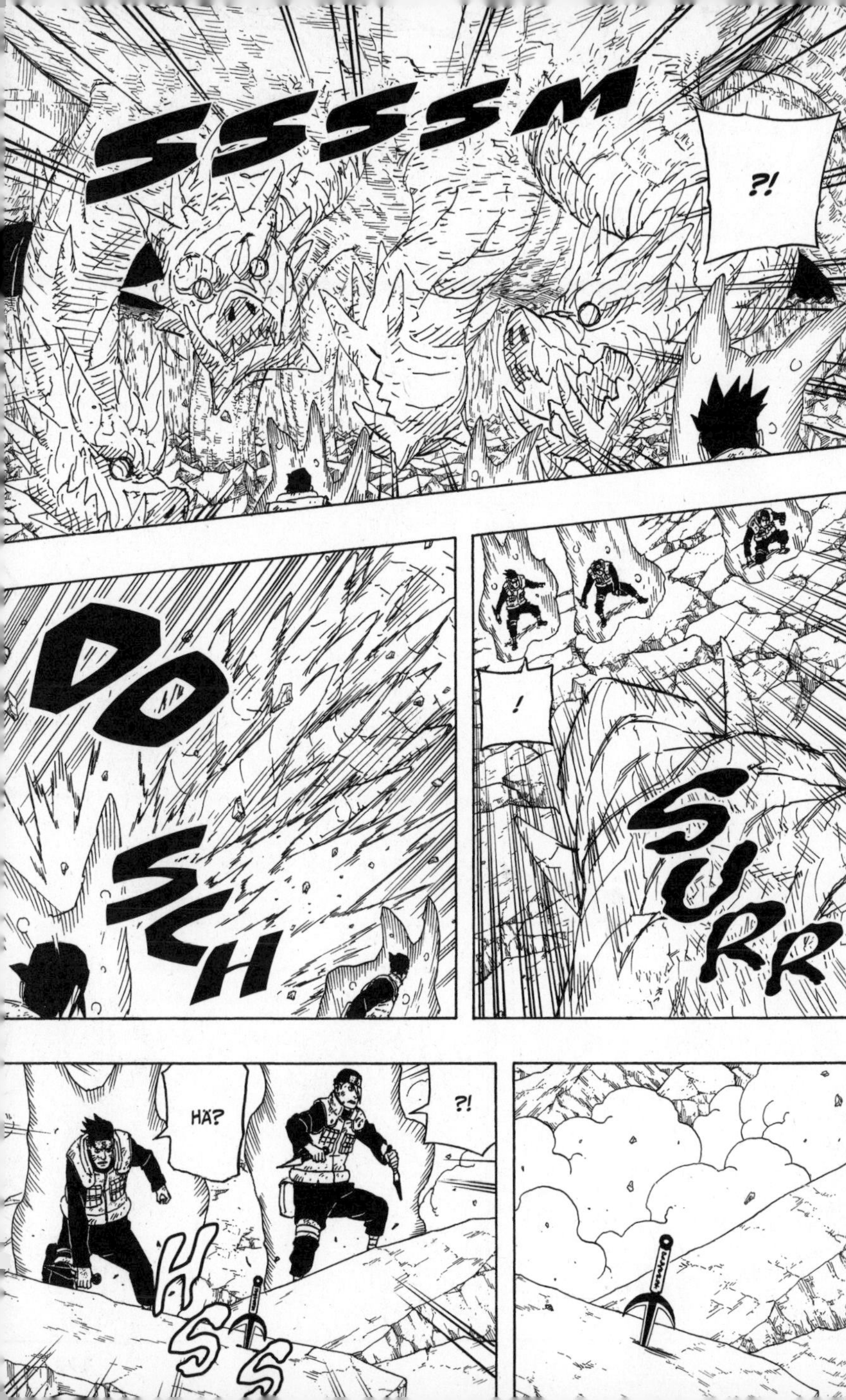
SSSSM
?!
!
SURR
DOSCH
?!
HÄ?
HSSS

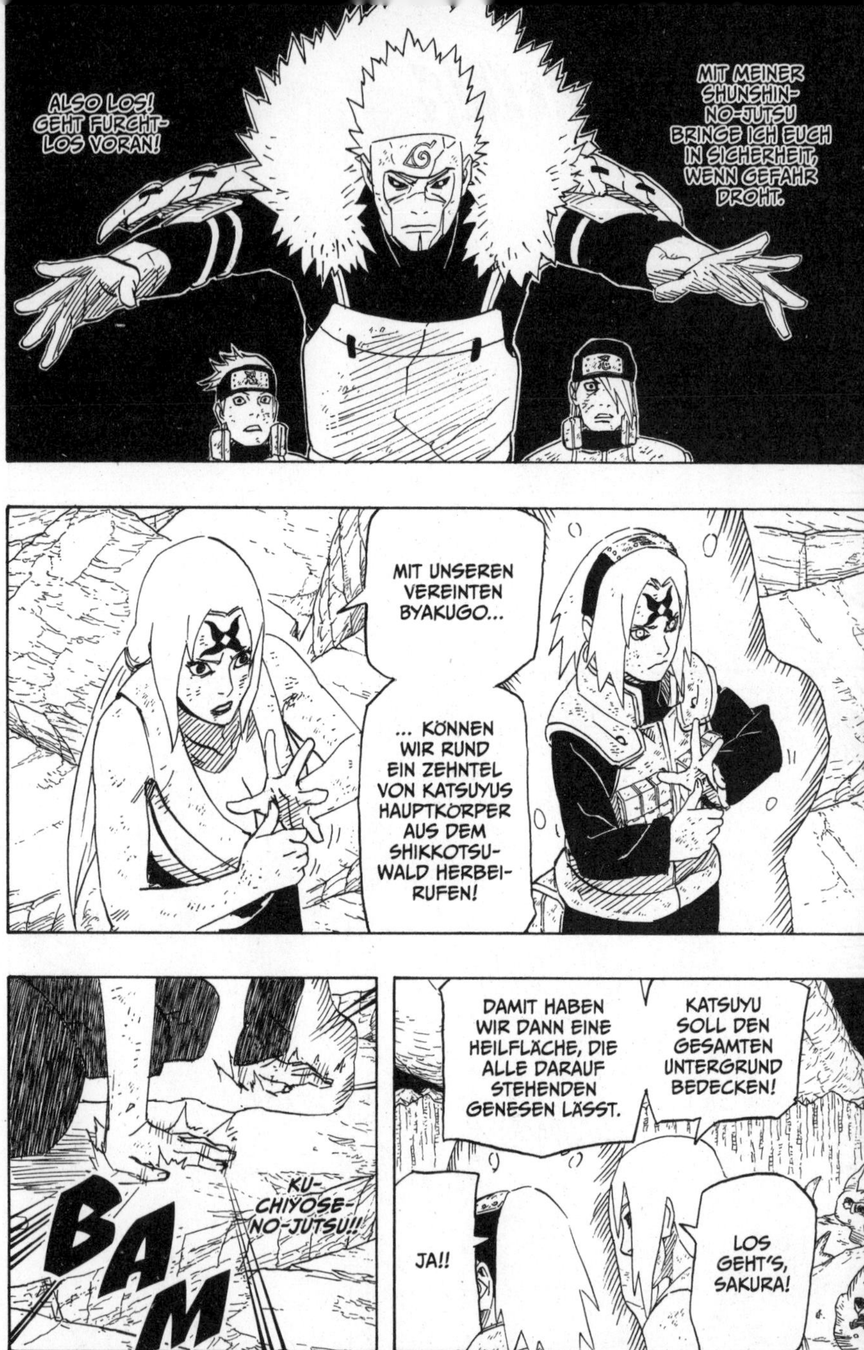
MIT MEINER SHUNSHIN-NO-JUTSU BRINGE ICH EUCH IN SICHERHEIT, WENN GEFAHR DROHT.
ALSO LOS! GEHT FURCHTLOS VORAN!
MIT UNSEREN VEREINTEN BYAKUGO...
... KÖNNEN WIR RUND EIN ZEHNTEL VON KATSUYUS HAUPTKÖRPER AUS DEM SHIKKOTSUWALD HERBEIRUFEN!
KATSUYU SOLL DEN GESAMTEN UNTERGRUND BEDECKEN!
DAMIT HABEN WIR DANN EINE HEILFLÄCHE, DIE ALLE DARAUF STEHENDEN GENESEN LÄSST.
LOS GEHT'S, SAKURA!
JA!!
KUCHIYOSE-NO-JUTSU!!
BAM

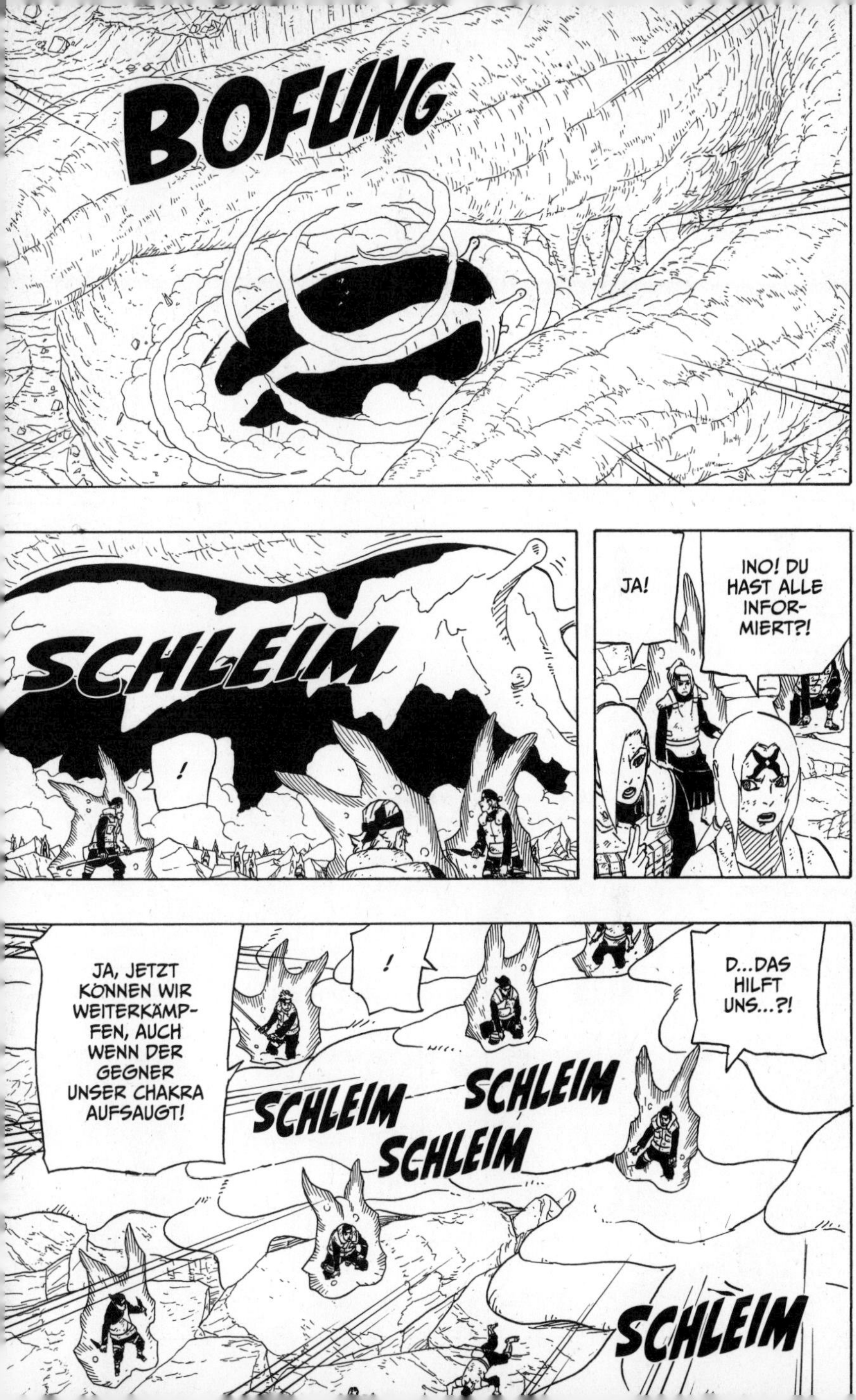
BOFUNG
SCHLEIM
!
INO! DU HAST ALLE INFORMIERT?!
JA!
D...DAS HILFT UNS...?!
!
JA, JETZT KÖNNEN WIR WEITERKÄMPFEN, AUCH WENN DER GEGNER UNSER CHAKRA AUFSAUGT!
SCHLEIM
SCHLEIM
SCHLEIM
SCHLEIM

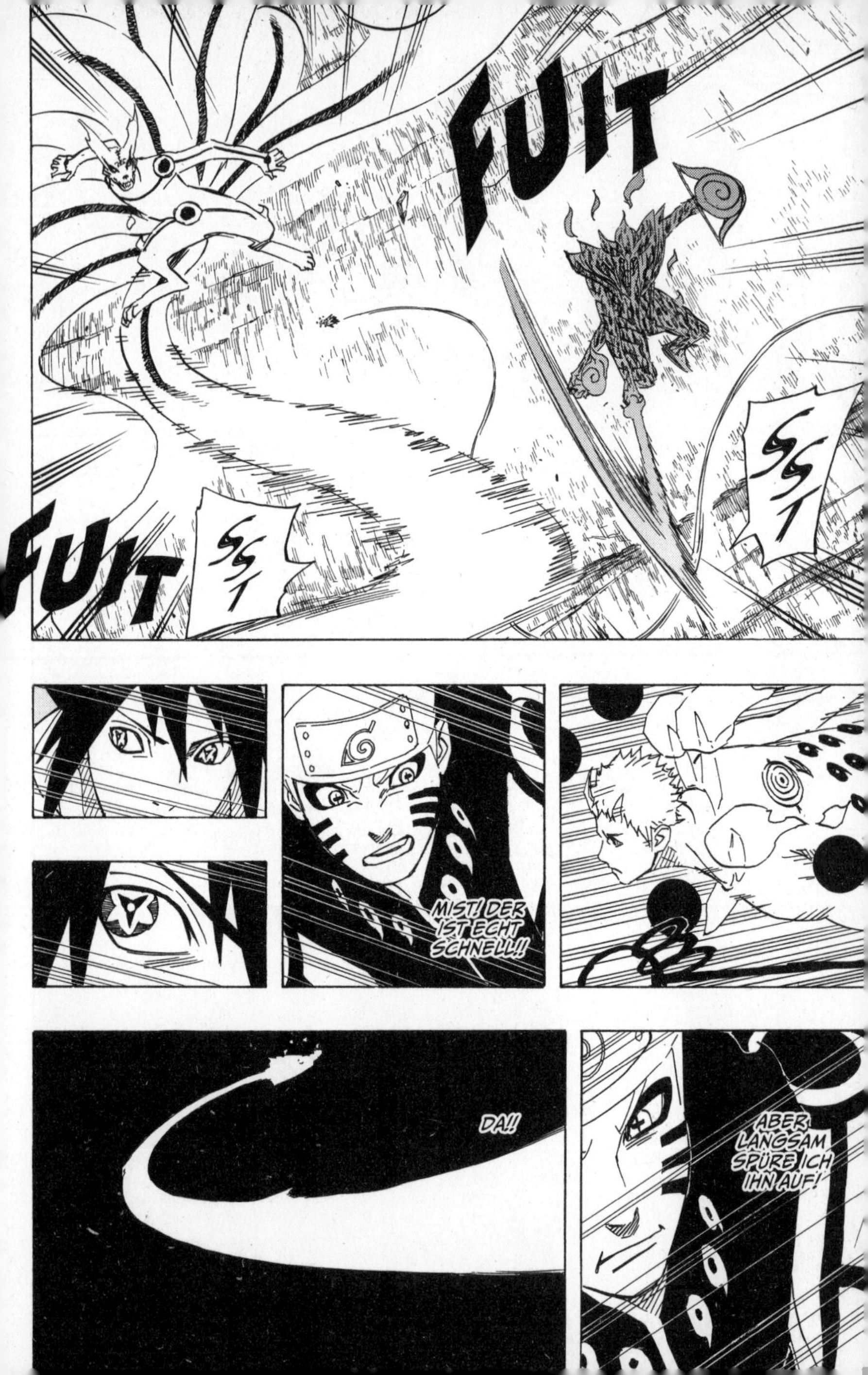
FUIT
SS
FUIT
SS
MIST! DER IST ECHT SCHNELL!!
DA!!
ABER LANGSAM SPÜRE ICH IHN AUF!

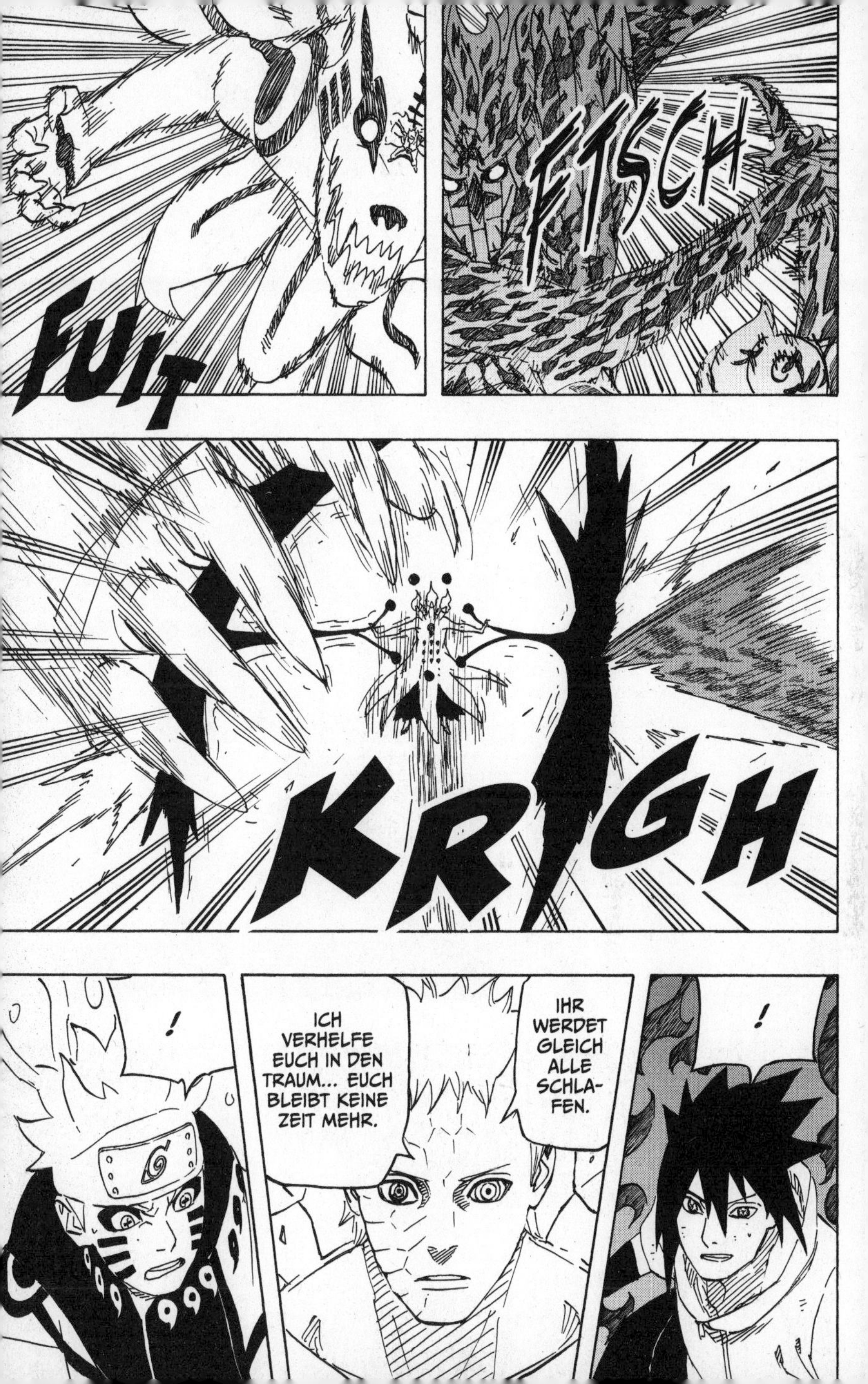
FTSCH
FUIT
KRIGH
!
ICH VERHELFE EUCH IN DEN TRAUM... EUCH BLEIBT KEINE ZEIT MEHR.
IHR WERDET GLEICH ALLE SCHLA-FEN.
!

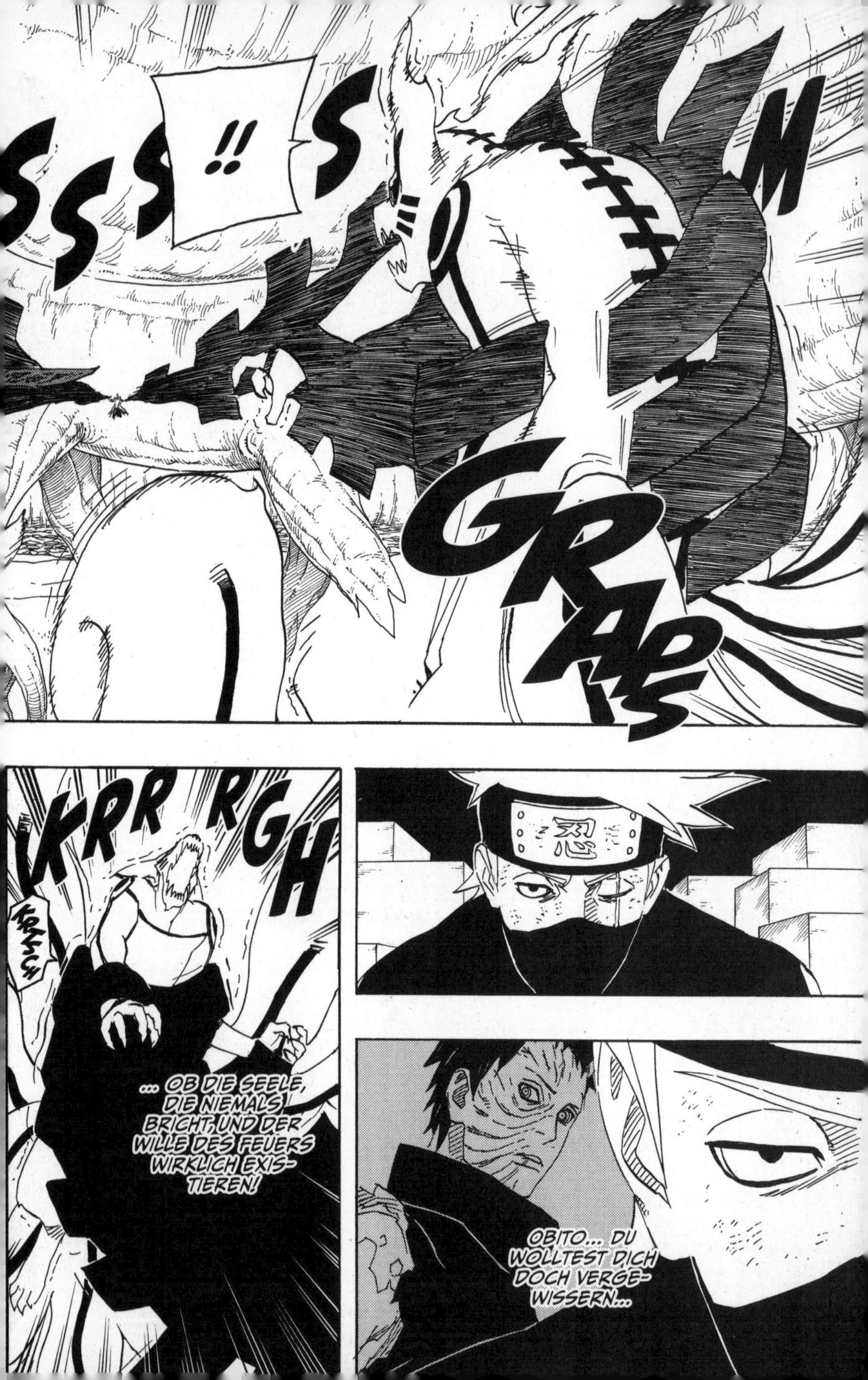
SSSSM
!!
GRAPS
OBITO... DU WOLLTEST DICH DOCH VERGE-WISSERN...
KRRRRGH
KRASCH
... OB DIE SEELE, DIE NIEMALS BRICHT, UND DER WILLE DES FEUERS WIRKLICH EXIS-TIEREN!

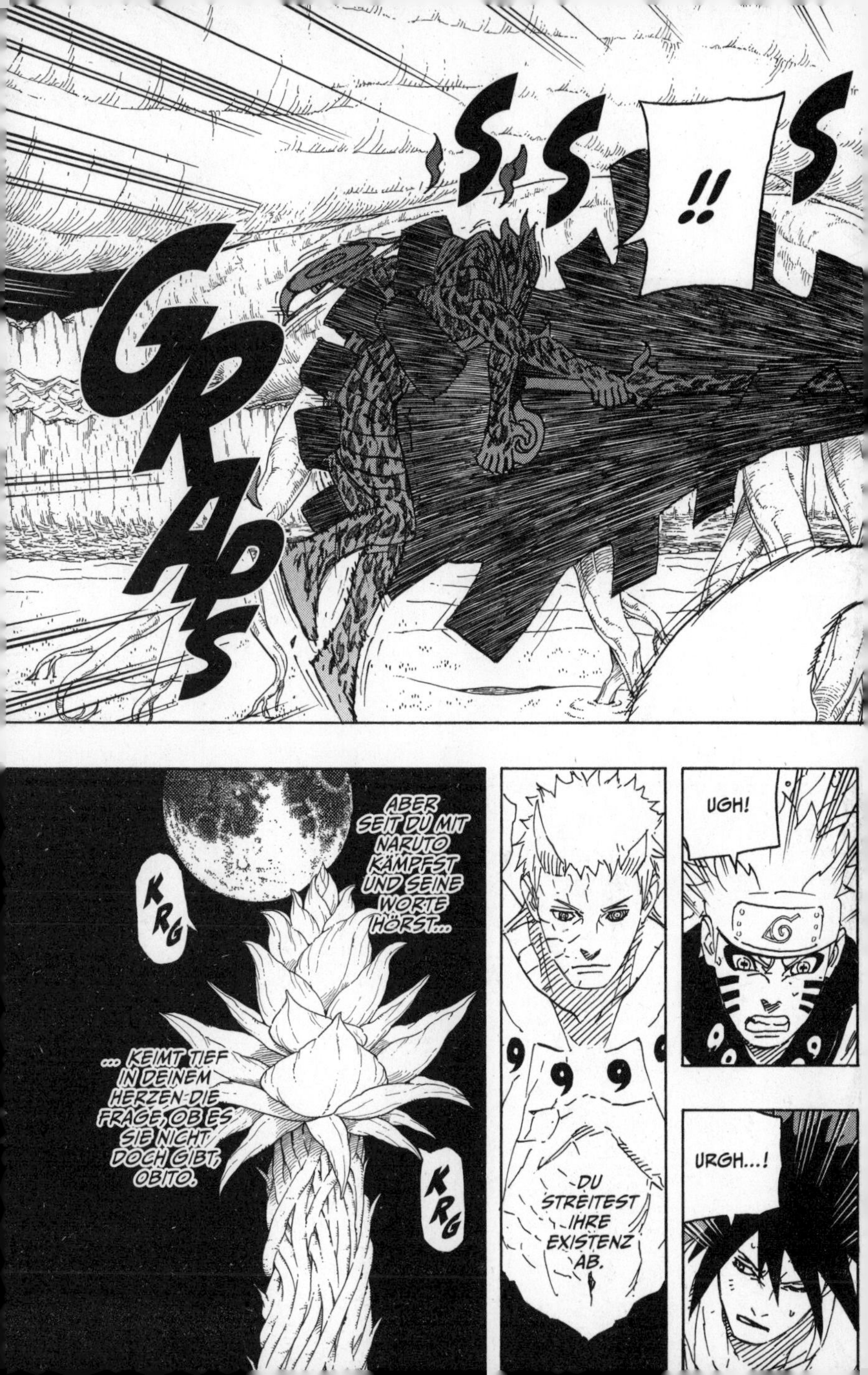
!!
GRAPS
UGH!
DU STREITEST IHRE EXISTENZ AB.
URGH...!
ABER SEIT DU MIT NARUTO KÄMPFST UND SEINE WORTE HÖRST...
KRG
... KEIMT TIEF IN DEINEM HERZEN DIE FRAGE, OB ES SIE NICHT DOCH GIBT, OBITO.
KRG

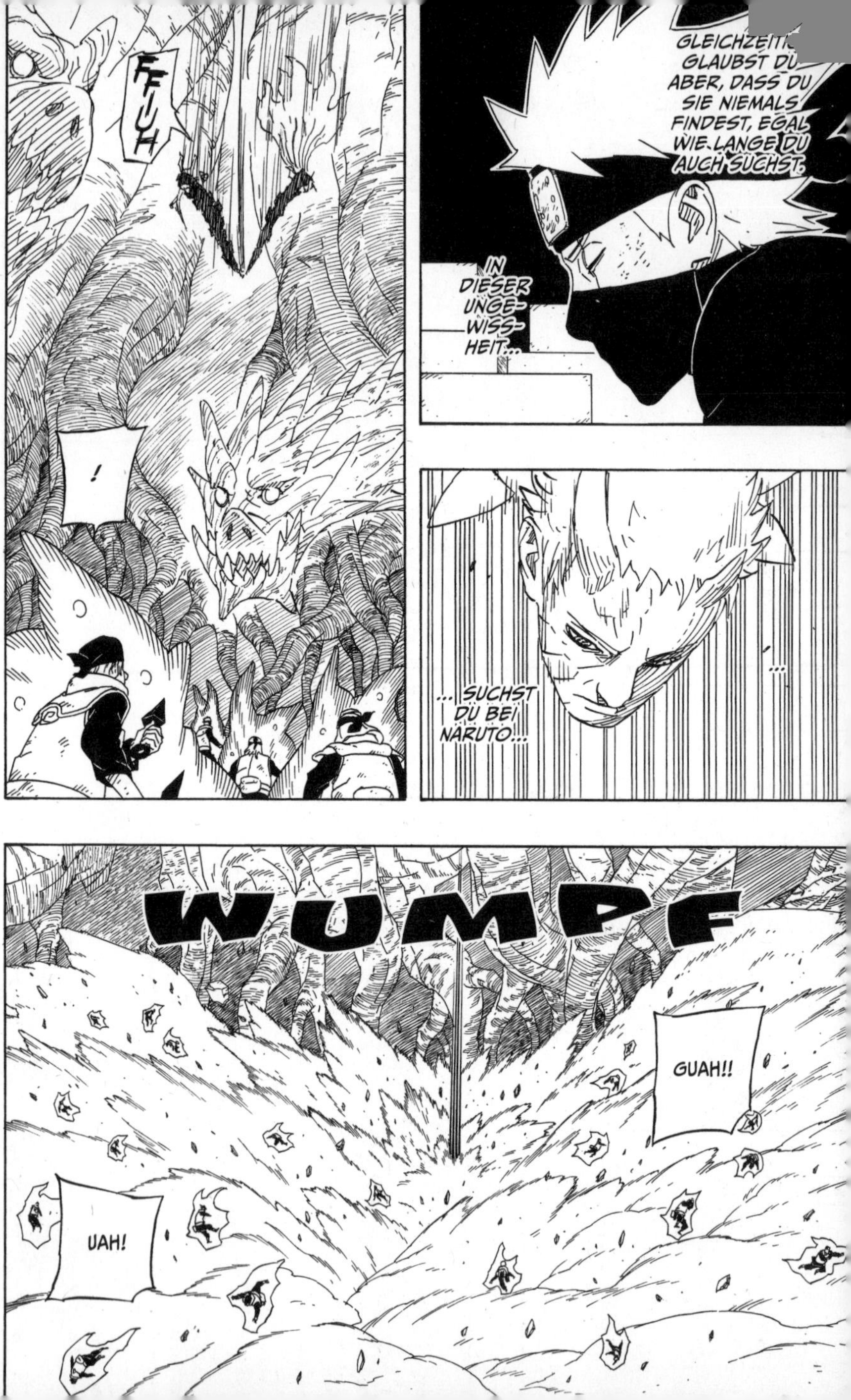
GLEICHZEITIG GLAUBST DU ABER, DASS DU SIE NIEMALS FINDEST, EGAL WIE LANGE DU AUCH SUCHST.
IN DIESER UNGE-WISS-HEIT ...
... SUCHST DU BEI NARUTO ...
...
FFIUH
!
WUMPF
GUAH!!
UAH!

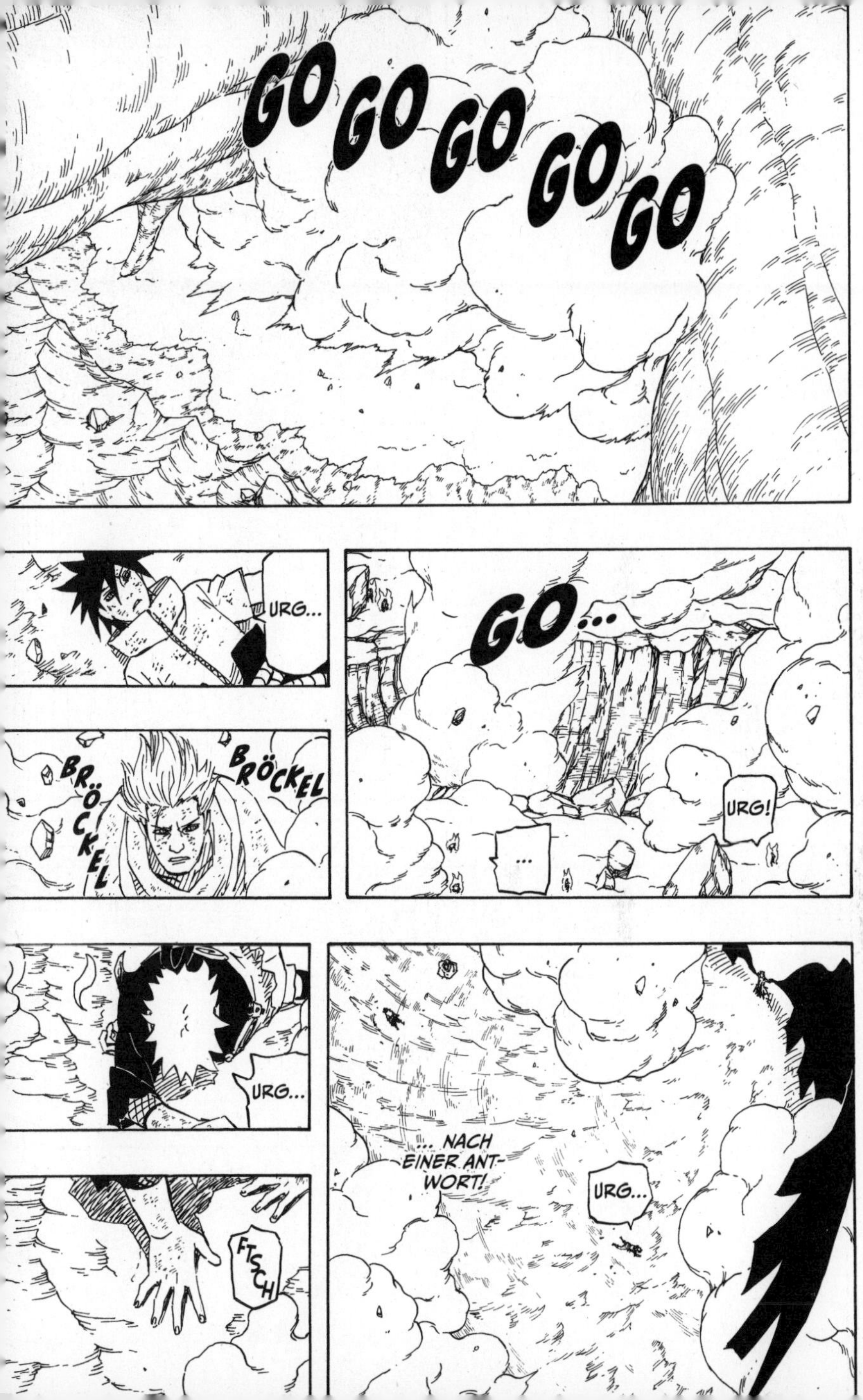
GO GO GO GO GO
GO...
URG!
...
URG...
BRÖCKEL
BRÖCKEL
... NACH EINER ANT-WORT!
URG...
URG...
FTSCH

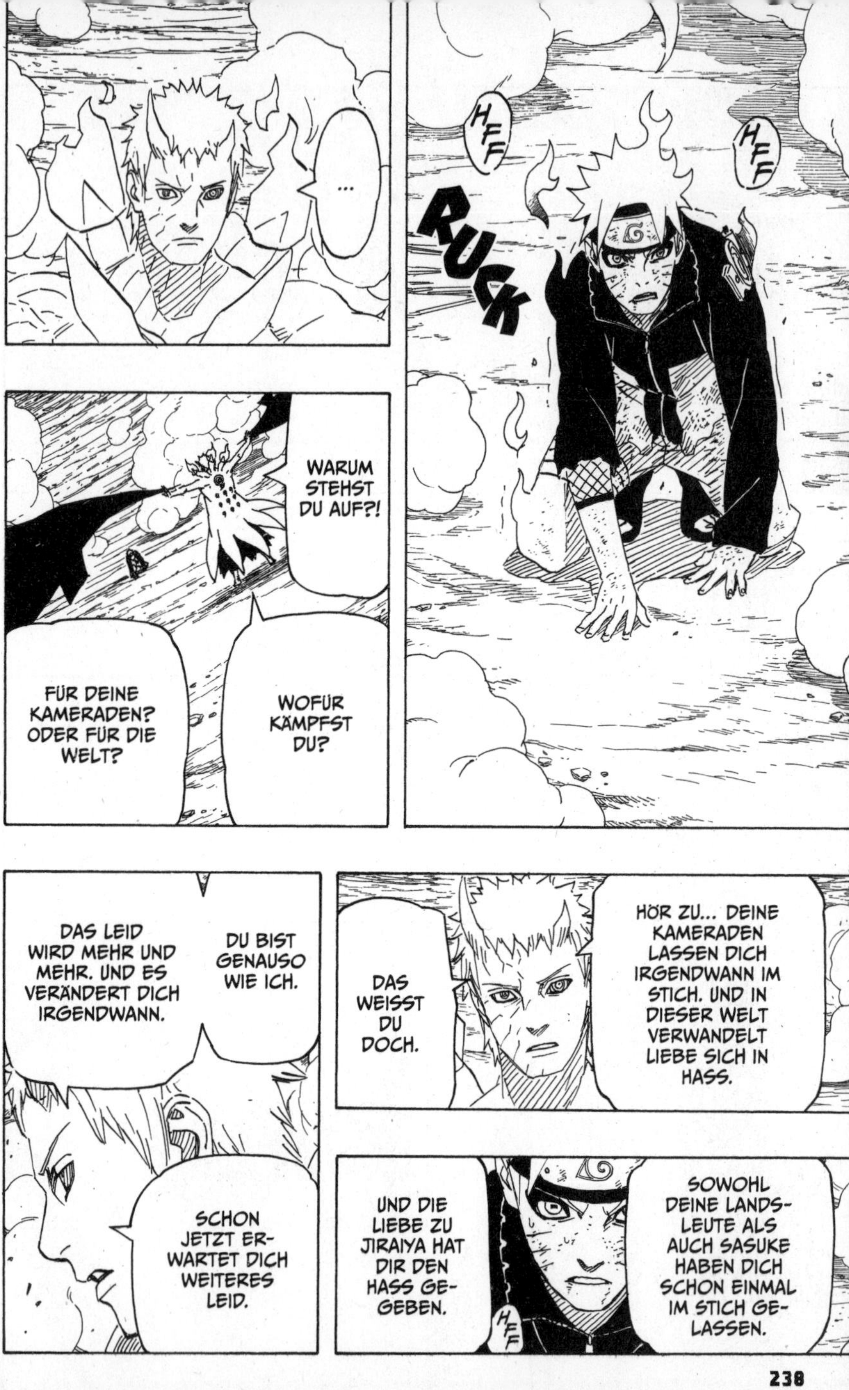
HFF
HFF
RUCK
...
WARUM STEHST DU AUF?!
WOFÜR KÄMPFST DU?
FÜR DEINE KAMERADEN? ODER FÜR DIE WELT?
HÖR ZU... DEINE KAMERADEN LASSEN DICH IRGENDWANN IM STICH. UND IN DIESER WELT VERWANDELT LIEBE SICH IN HASS.
DAS WEISST DU DOCH.
DU BIST GENAUSO WIE ICH.
DAS LEID WIRD MEHR UND MEHR. UND ES VERÄNDERT DICH IRGENDWANN.
SOWOHL DEINE LANDS-LEUTE ALS AUCH SASUKE HABEN DICH SCHON EINMAL IM STICH GE-LASSEN.
UND DIE LIEBE ZU JIRAIYA HAT DIR DEN HASS GE-GEBEN.
HFF
SCHON JETZT ER-WARTET DICH WEITERES LEID.

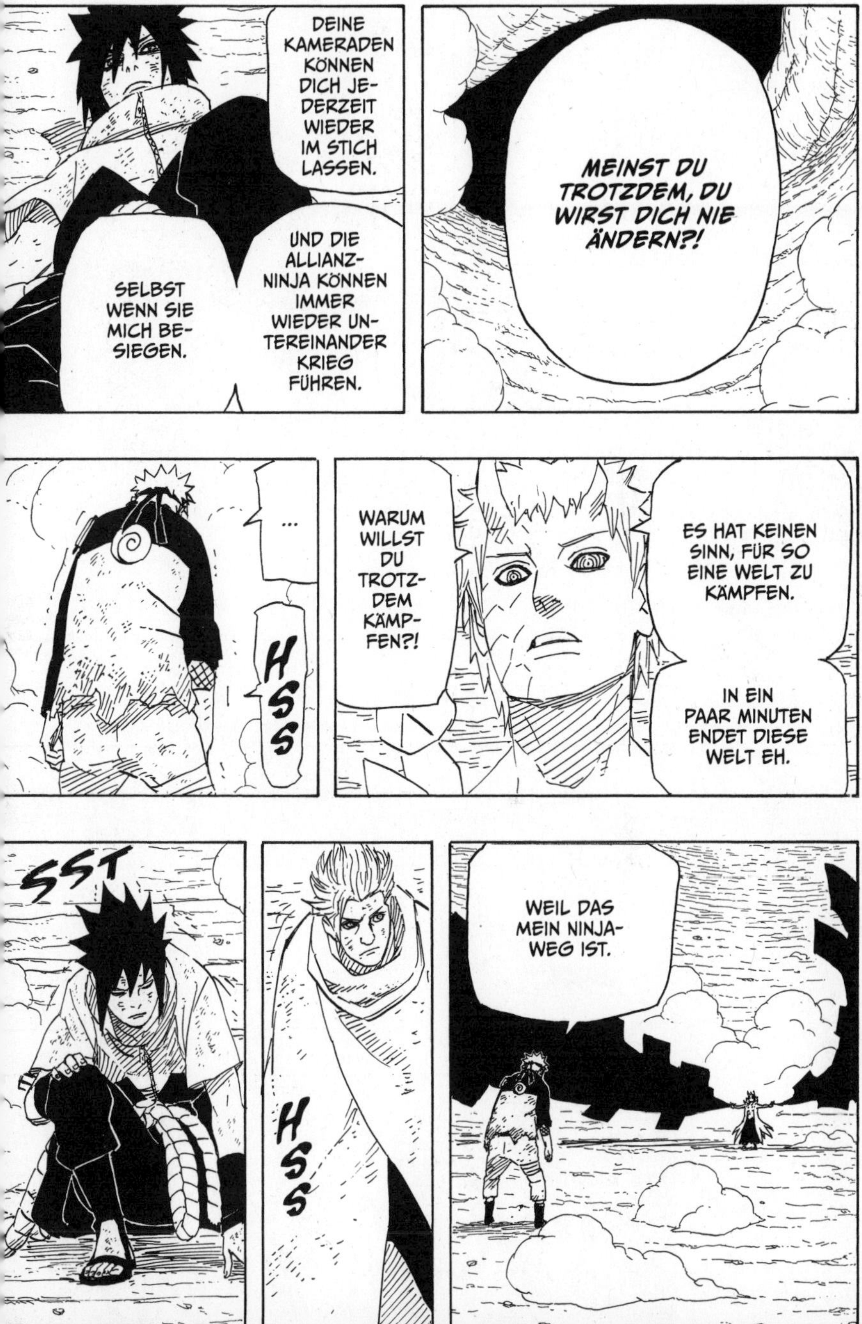
MEINST DU TROTZDEM, DU WIRST DICH NIE ÄNDERN?!
DEINE KAMERADEN KÖNNEN DICH JEDERZEIT WIEDER IM STICH LASSEN.
UND DIE ALLIANZNINJA KÖNNEN IMMER WIEDER UNTEREINANDER KRIEG FÜHREN.
SELBST WENN SIE MICH BESIEGEN.
ES HAT KEINEN SINN, FÜR SO EINE WELT ZU KÄMPFEN.
IN EIN PAAR MINUTEN ENDET DIESE WELT EH.
WARUM WILLST DU TROTZDEM KÄMPFEN?!
...
HSS
WEIL DAS MEIN NINJAWEG IST.
HSS
SST

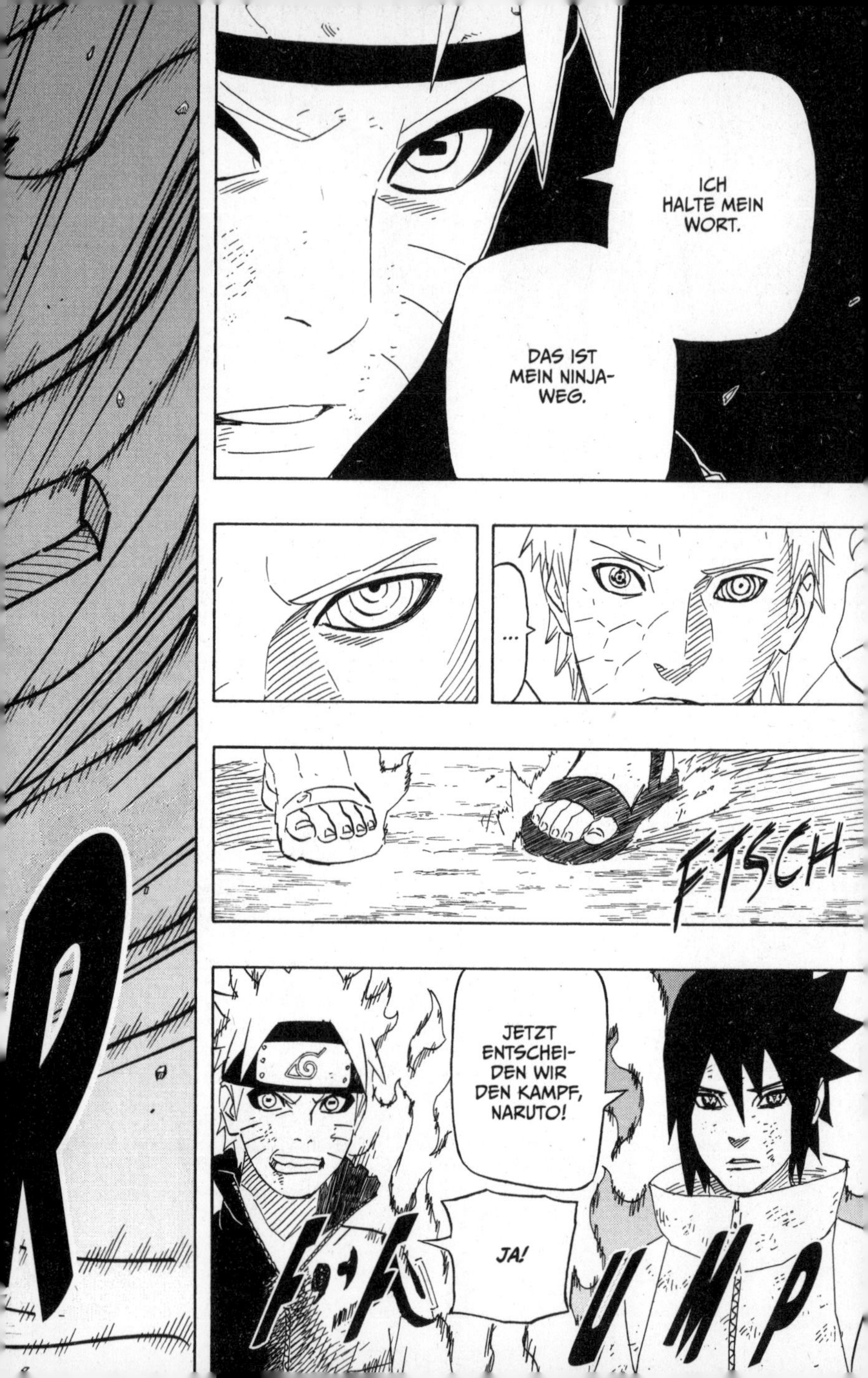
ICH HALTE MEIN WORT.
DAS IST MEIN NINJA-WEG.
...
FTSCH
JETZT ENTSCHEI-DEN WIR DEN KAMPF, NARUTO!
JA!

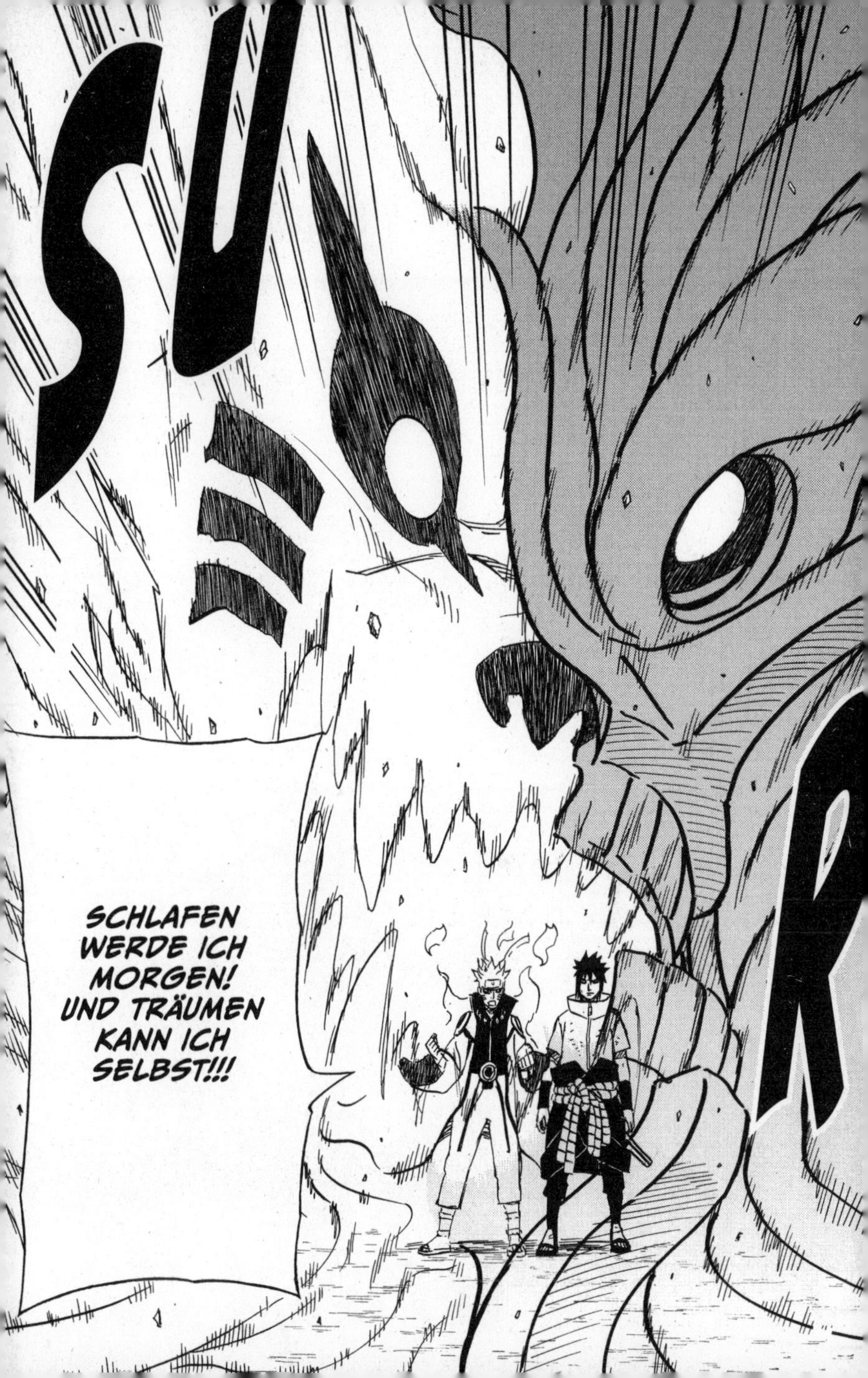
SCHLAFEN WERDE ICH MORGEN! UND TRÄUMEN KANN ICH SELBST!!!
SU
R

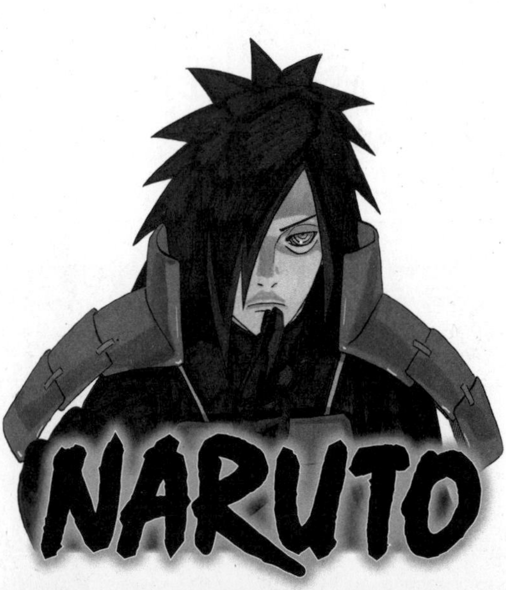
NARUTO

651. Kapitel: Was es füllt

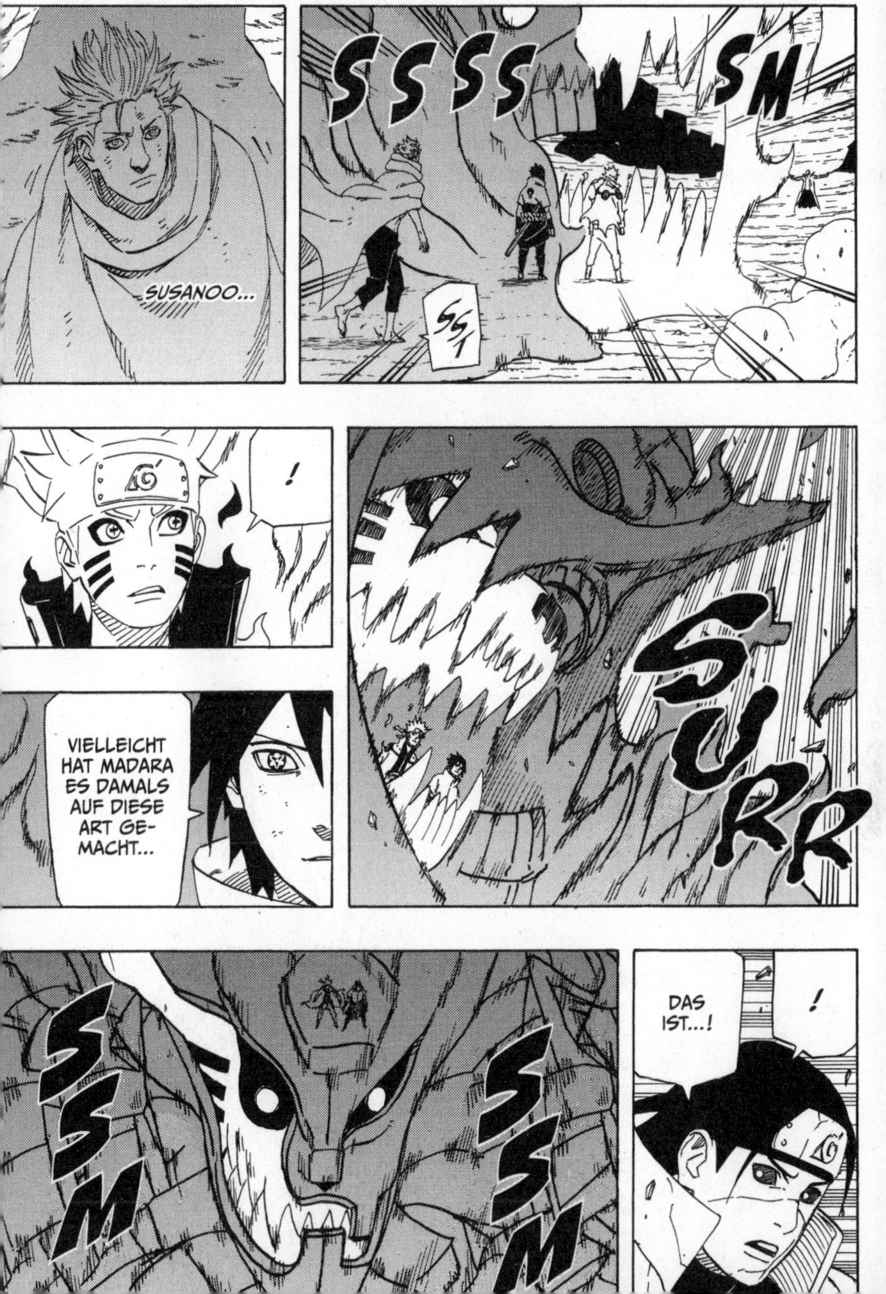

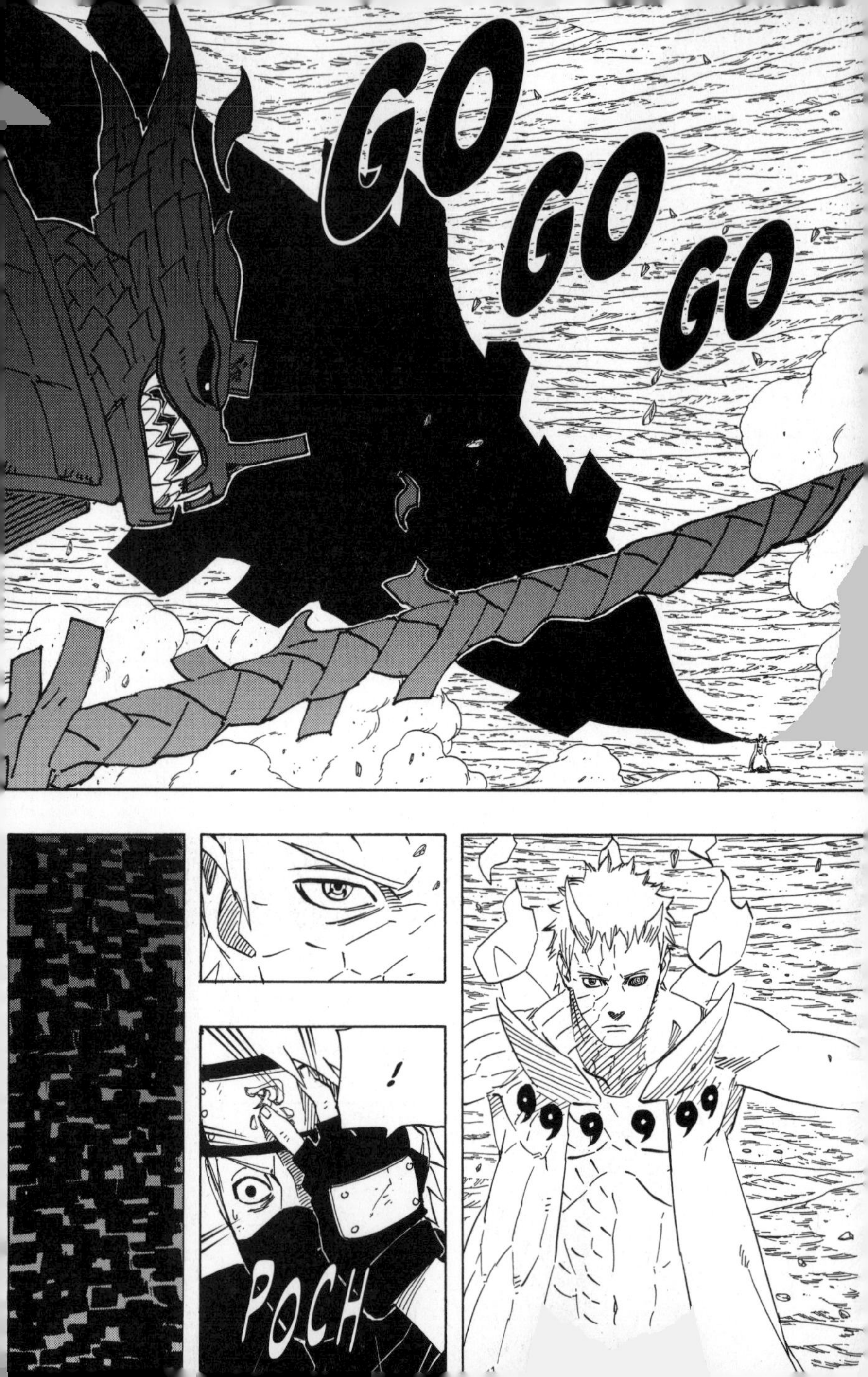

GO GO GO GO
!
POCH

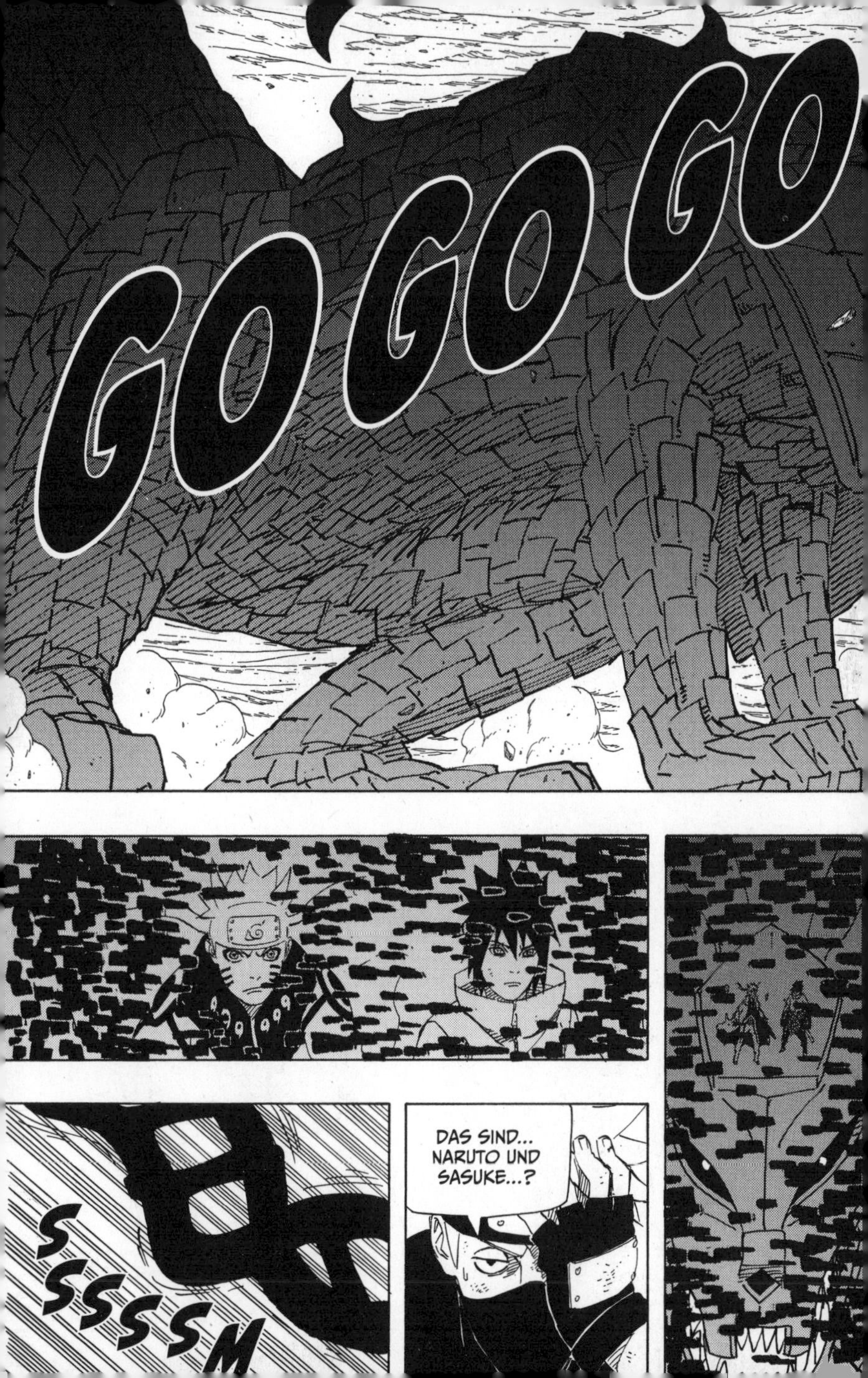
GO GO GO GO
DAS SIND... NARUTO UND SASUKE...?
SSSSSM

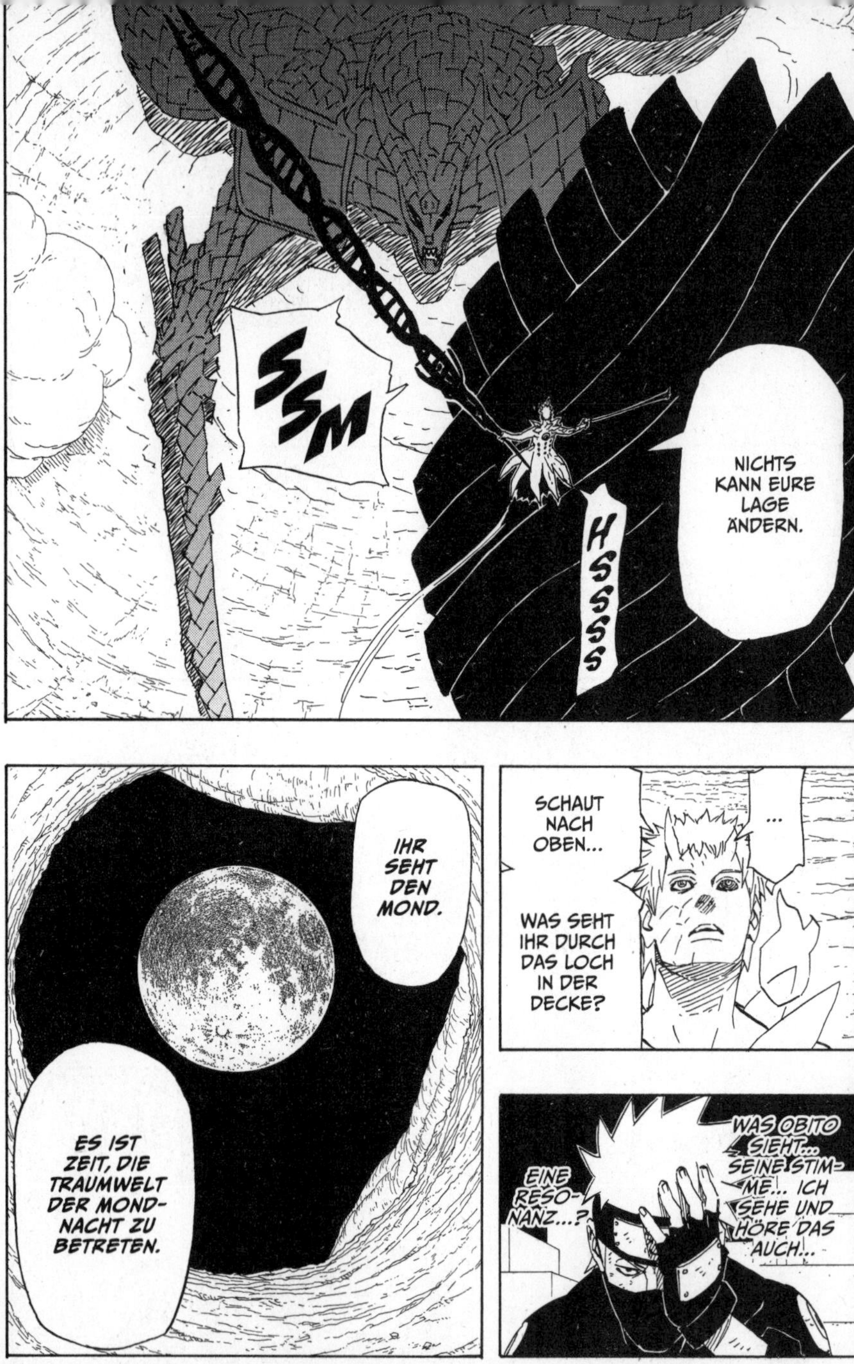

NICHTS KANN EURE LAGE ÄNDERN.
HSSSS
SSM
SCHAUT NACH OBEN...
...
WAS SEHT IHR DURCH DAS LOCH IN DER DECKE?
IHR SEHT DEN MOND.
ES IST ZEIT, DIE TRAUMWELT DER MONDNACHT ZU BETRETEN.
WAS OBITO SIEHT... SEINE STIMME... ICH SEHE UND HÖRE DAS AUCH...
EINE RESONANZ...?

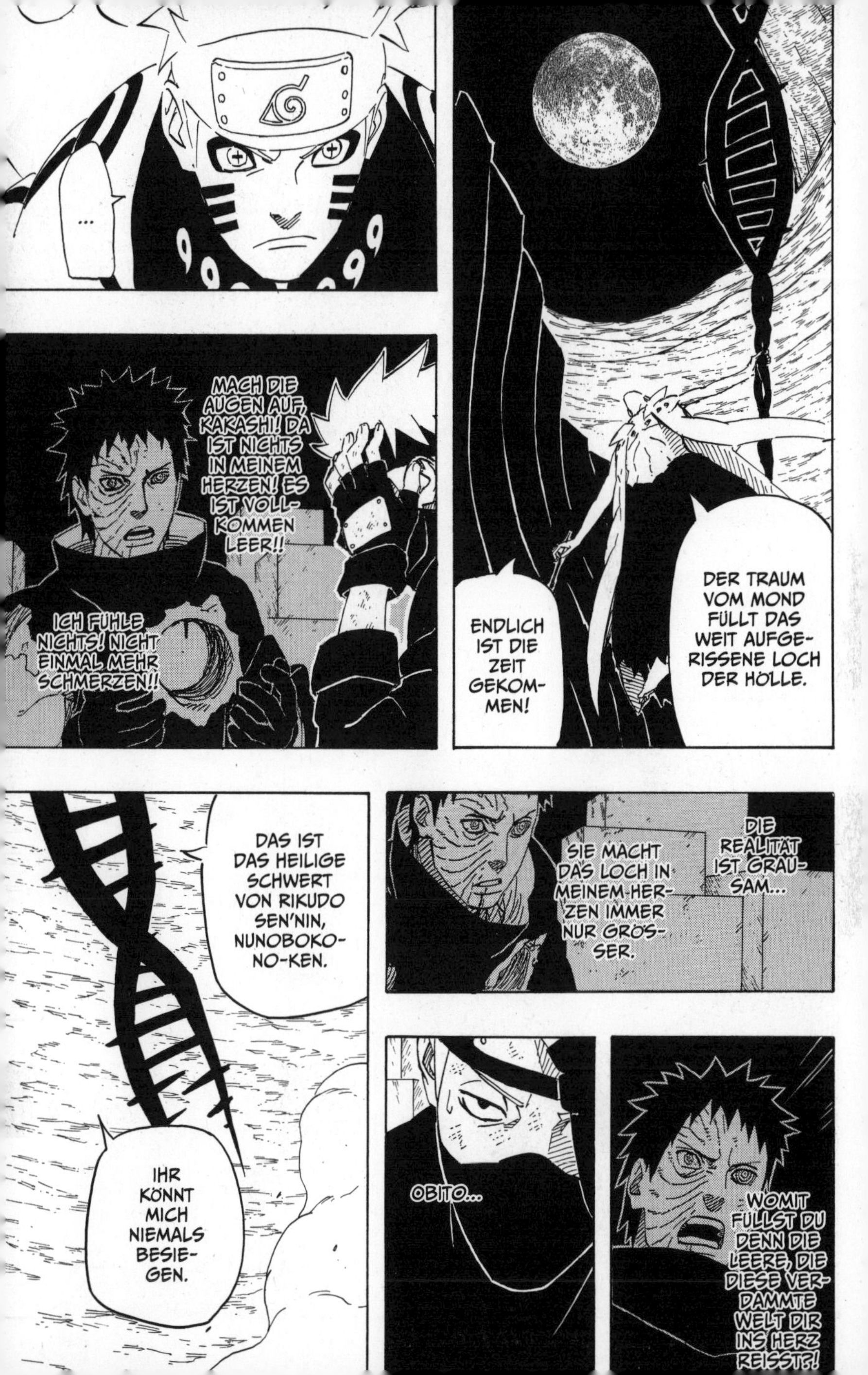

DER TRAUM VOM MOND FÜLLT DAS WEIT AUFGERISSENE LOCH DER HÖLLE.
ENDLICH IST DIE ZEIT GEKOMMEN!
...
MACH DIE AUGEN AUF, KAKASHI! DA IST NICHTS IN MEINEM HERZEN! ES IST VOLLKOMMEN LEER!!
ICH FÜHLE NICHTS! NICHT EINMAL MEHR SCHMERZEN!!
DIE REALITÄT IST GRAUSAM...
SIE MACHT DAS LOCH IN MEINEM HERZEN IMMER NUR GROSSER.
DAS IST DAS HEILIGE SCHWERT VON RIKUDO SEN'NIN, NUNOBOKO-NO-KEN.
IHR KÖNNT MICH NIEMALS BESIEGEN.
WOMIT FÜLLST DU DENN DIE LEERE, DIE DIESE VERDAMMTE WELT DIR INS HERZ REISST?!
OBITO...

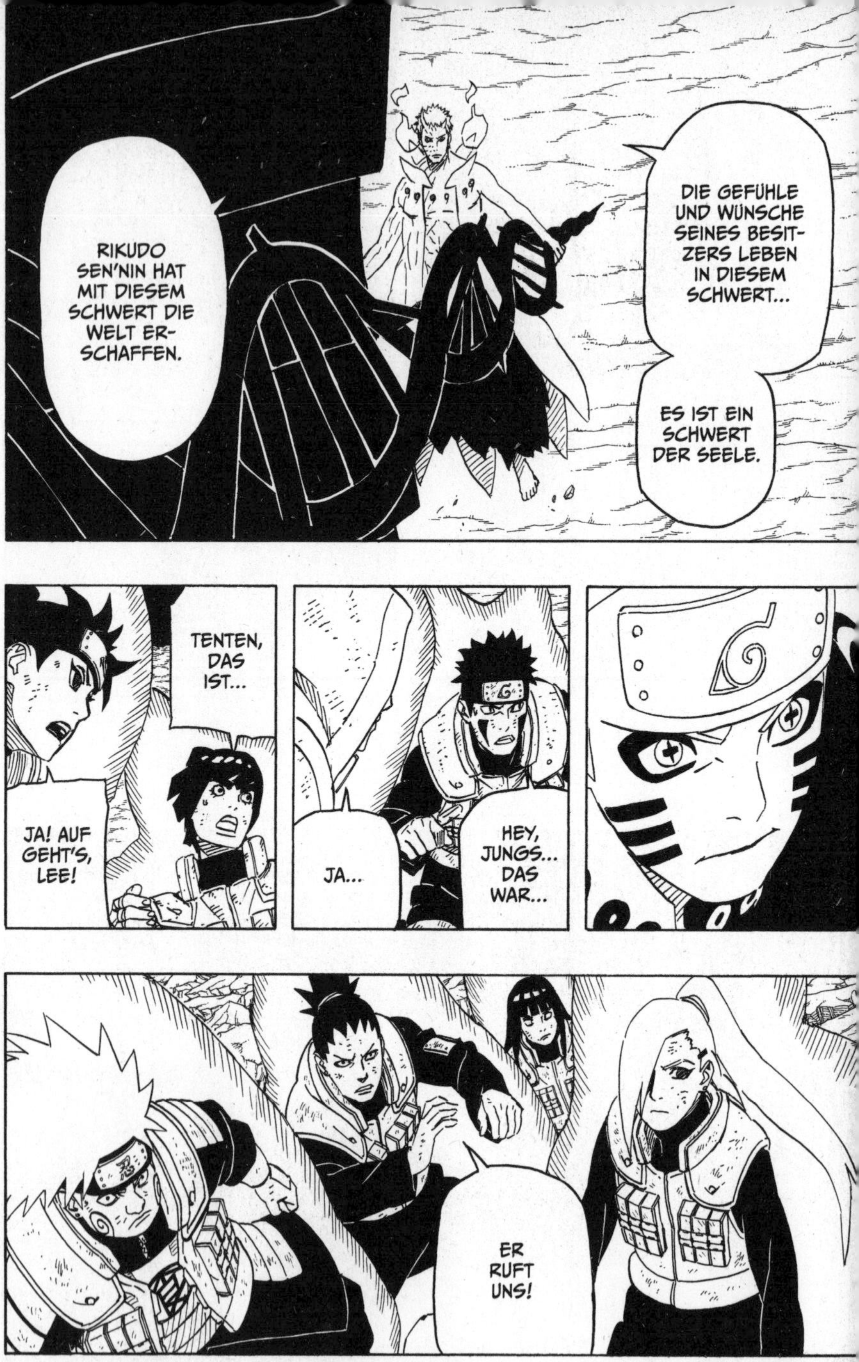
DIE GEFÜHLE UND WÜNSCHE SEINES BESITZERS LEBEN IN DIESEM SCHWERT...
ES IST EIN SCHWERT DER SEELE.
RIKUDO SEN'NIN HAT MIT DIESEM SCHWERT DIE WELT ERSCHAFFEN.
HEY, JUNGS... DAS WAR...
JA...
TENTEN, DAS IST...
JA! AUF GEHT'S, LEE!
ER RUFT UNS!

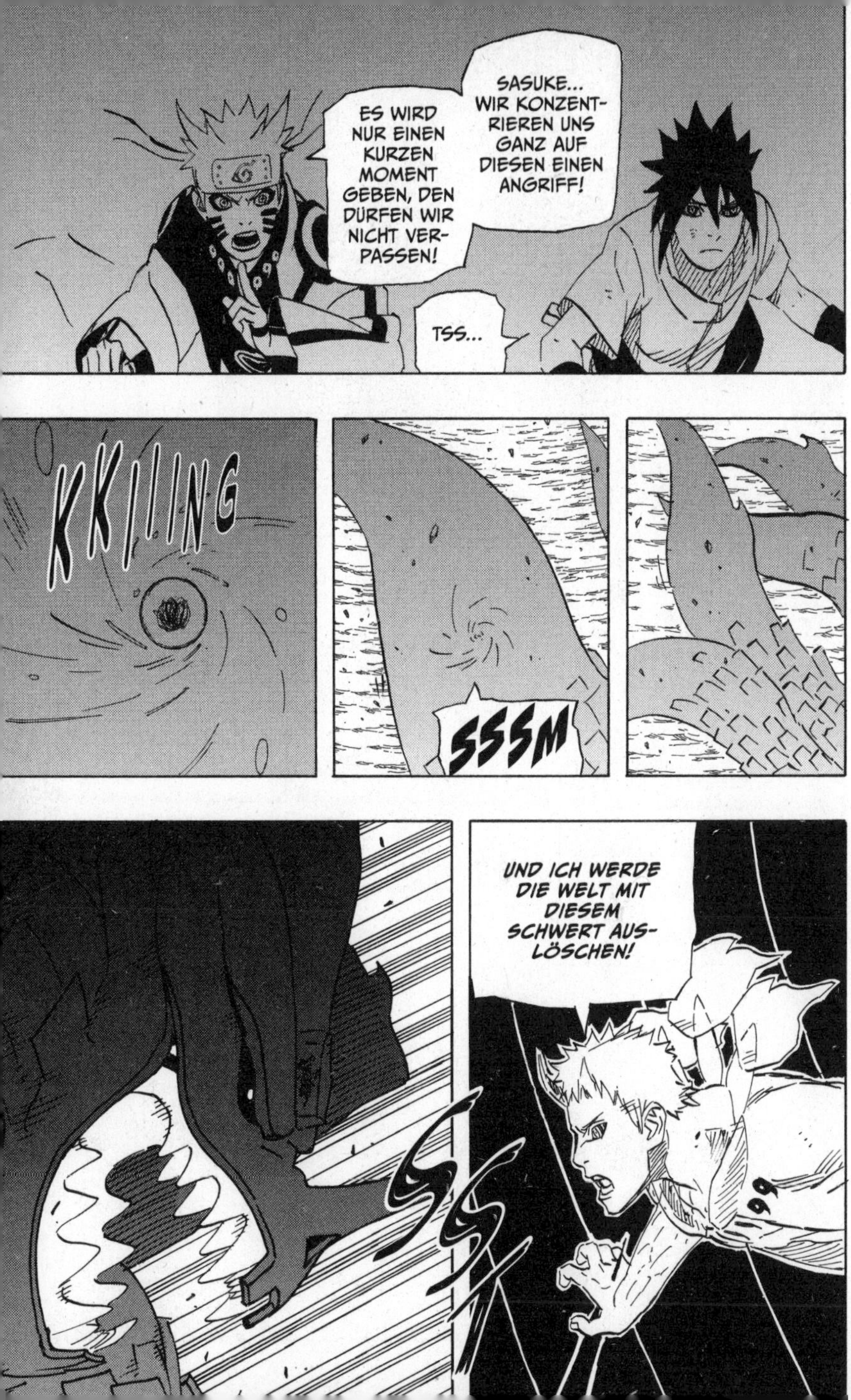
SASUKE... WIR KONZENT-RIEREN UNS GANZ AUF DIESEN EINEN ANGRIFF!
ES WIRD NUR EINEN KURZEN MOMENT GEBEN, DEN DÜRFEN WIR NICHT VER-PASSEN!
TSS...
KKIING
SSSM
UND ICH WERDE DIE WELT MIT DIESEM SCHWERT AUS-LÖSCHEN!

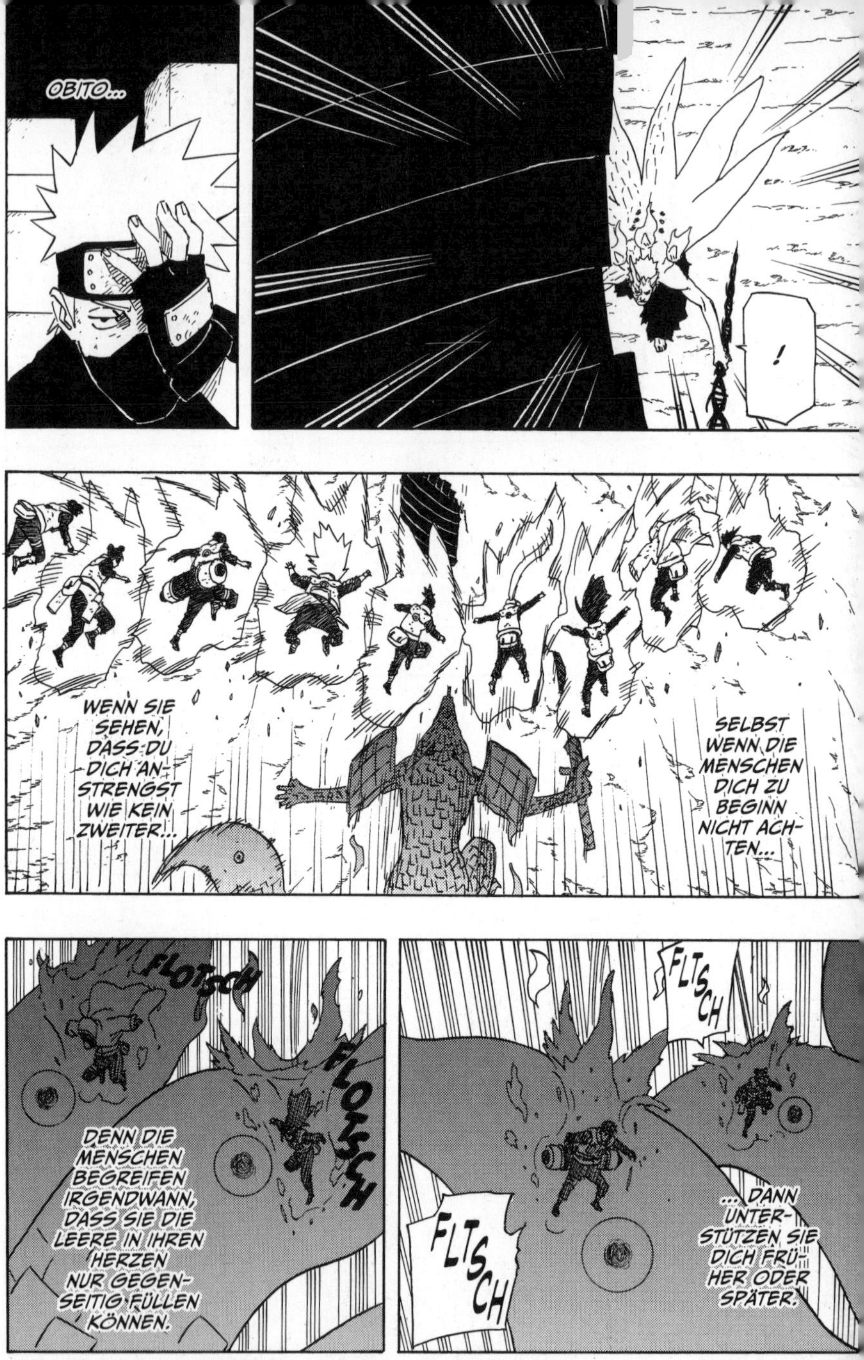
!
OBITO…
SELBST WENN DIE MENSCHEN DICH ZU BEGINN NICHT ACHTEN…
WENN SIE SEHEN, DASS DU DICH ANSTRENGST WIE KEIN ZWEITER…
FLTSCH
FLTSCH
…DANN UNTERSTÜTZEN SIE DICH FRÜHER ODER SPÄTER.
FLOTSCH
FLOTSCH
DENN DIE MENSCHEN BEGREIFEN IRGENDWANN, DASS SIE DIE LEERE IN IHREN HERZEN NUR GEGENSEITIG FÜLLEN KÖNNEN.

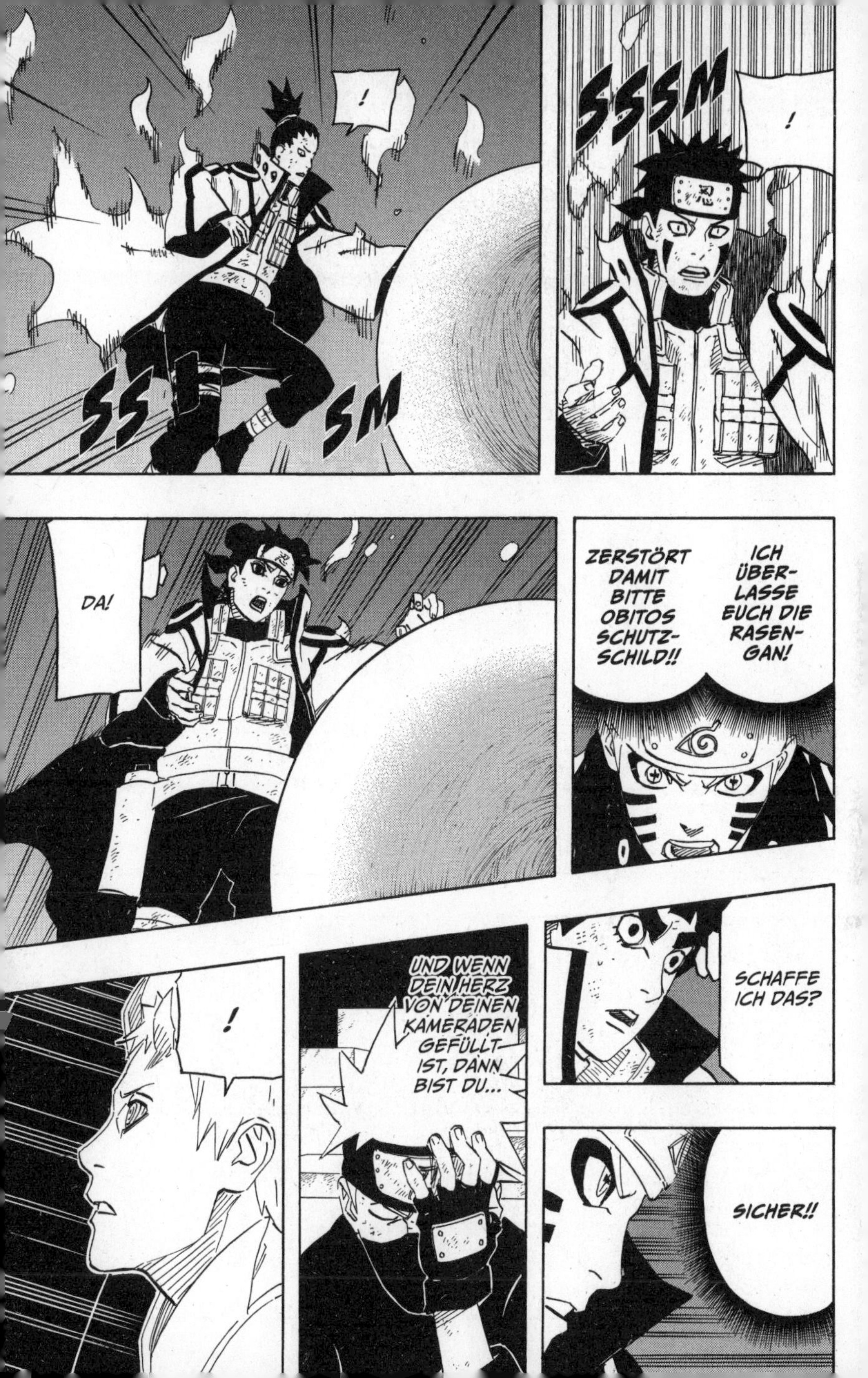
SSSM
!
!
SS
SM
ICH ÜBER-LASSE EUCH DIE RASEN-GAN!
ZERSTÖRT DAMIT BITTE OBITOS SCHUTZ-SCHILD!!
DA!
SCHAFFE ICH DAS?
UND WENN DEIN HERZ VON DEINEN KAMERADEN GEFÜLLT IST, DANN BIST DU...
!
SICHER!!

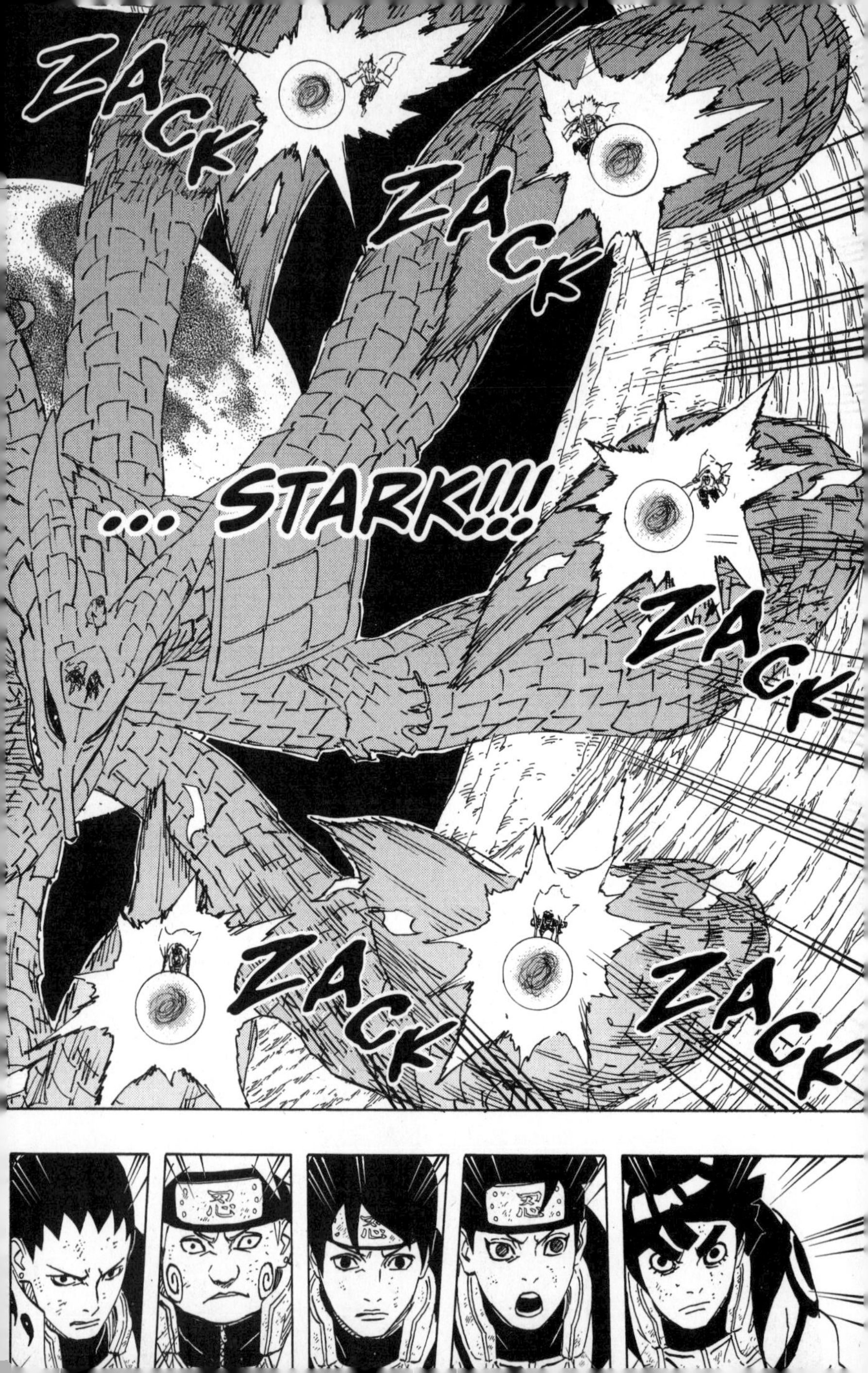
ZACK
ZACK
... STARK!!!
ZACK
ZACK
ZACK

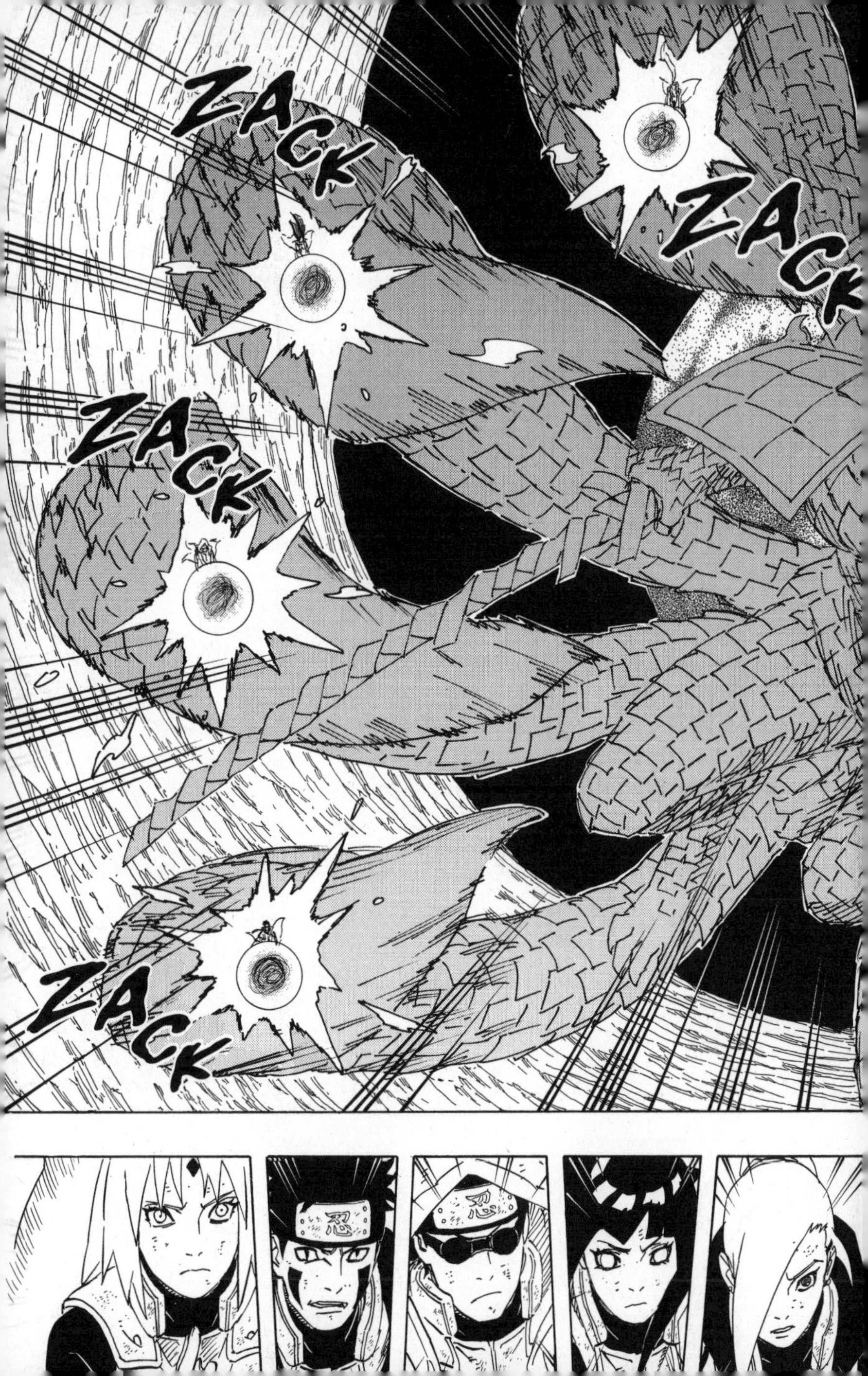
ZACK
ZACK
ZACK
ZACK

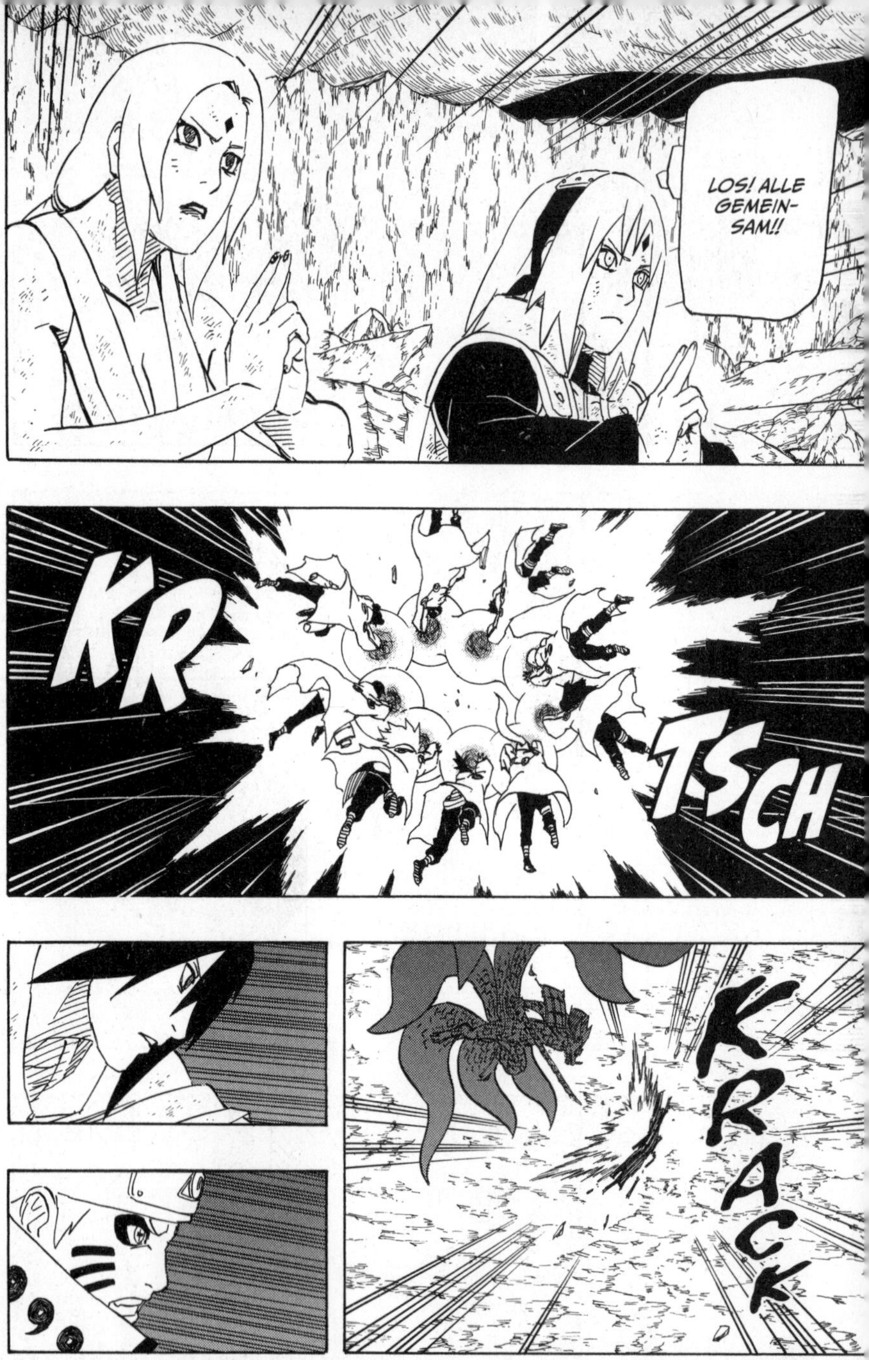
LOS! ALLE GEMEIN-SAM!!
KR
TSCH
KRACK

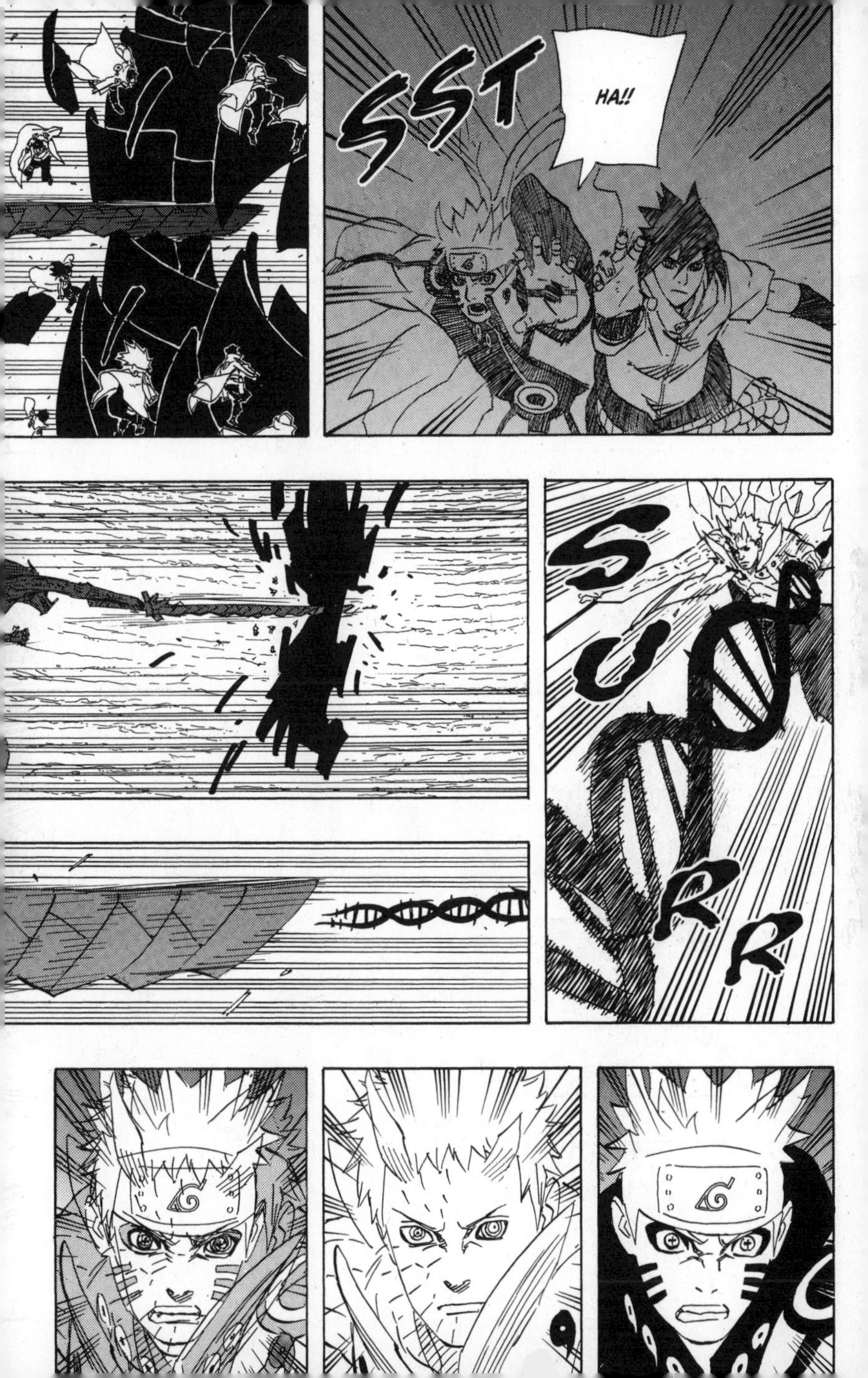

HA!!
SST
SURRR

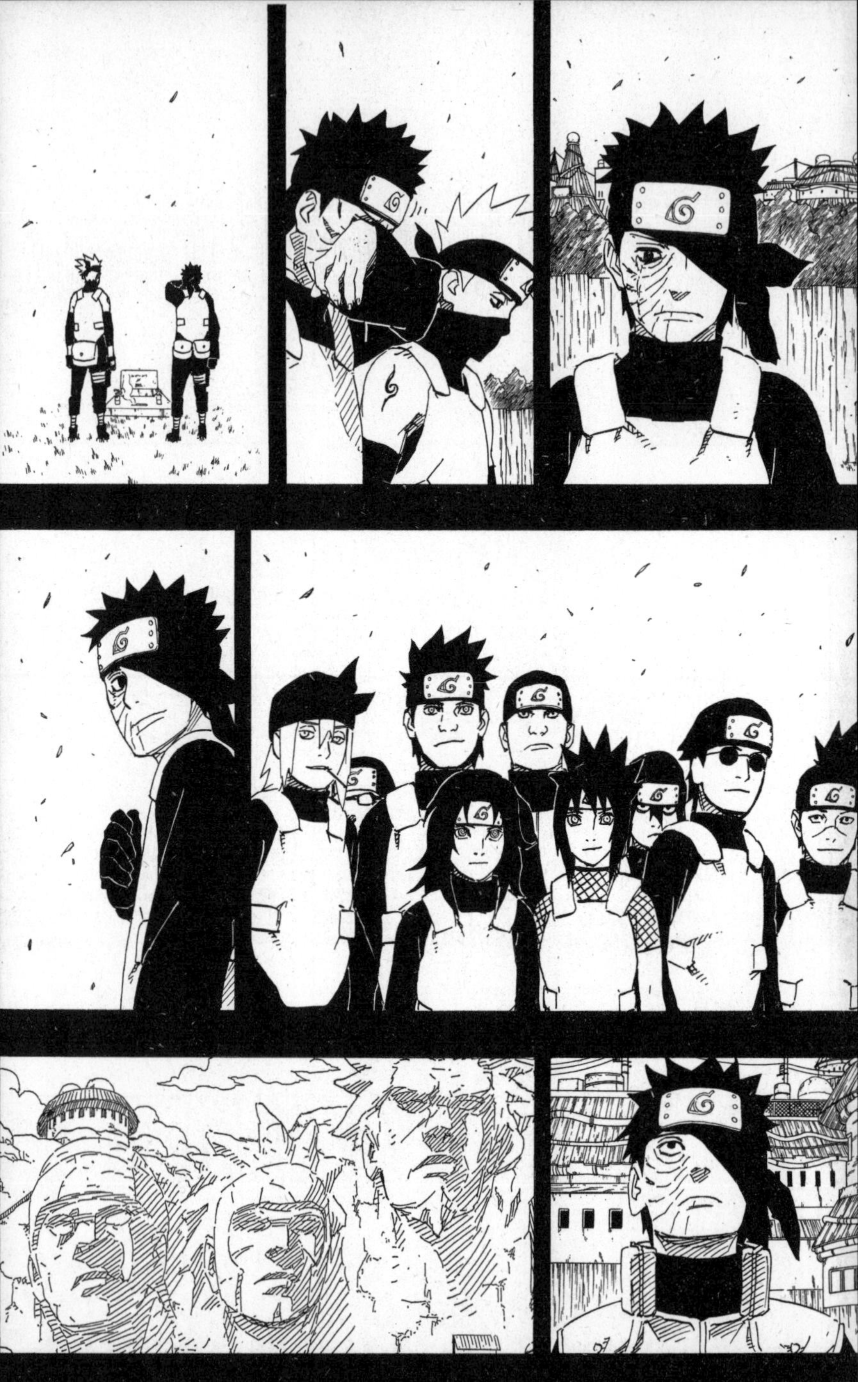

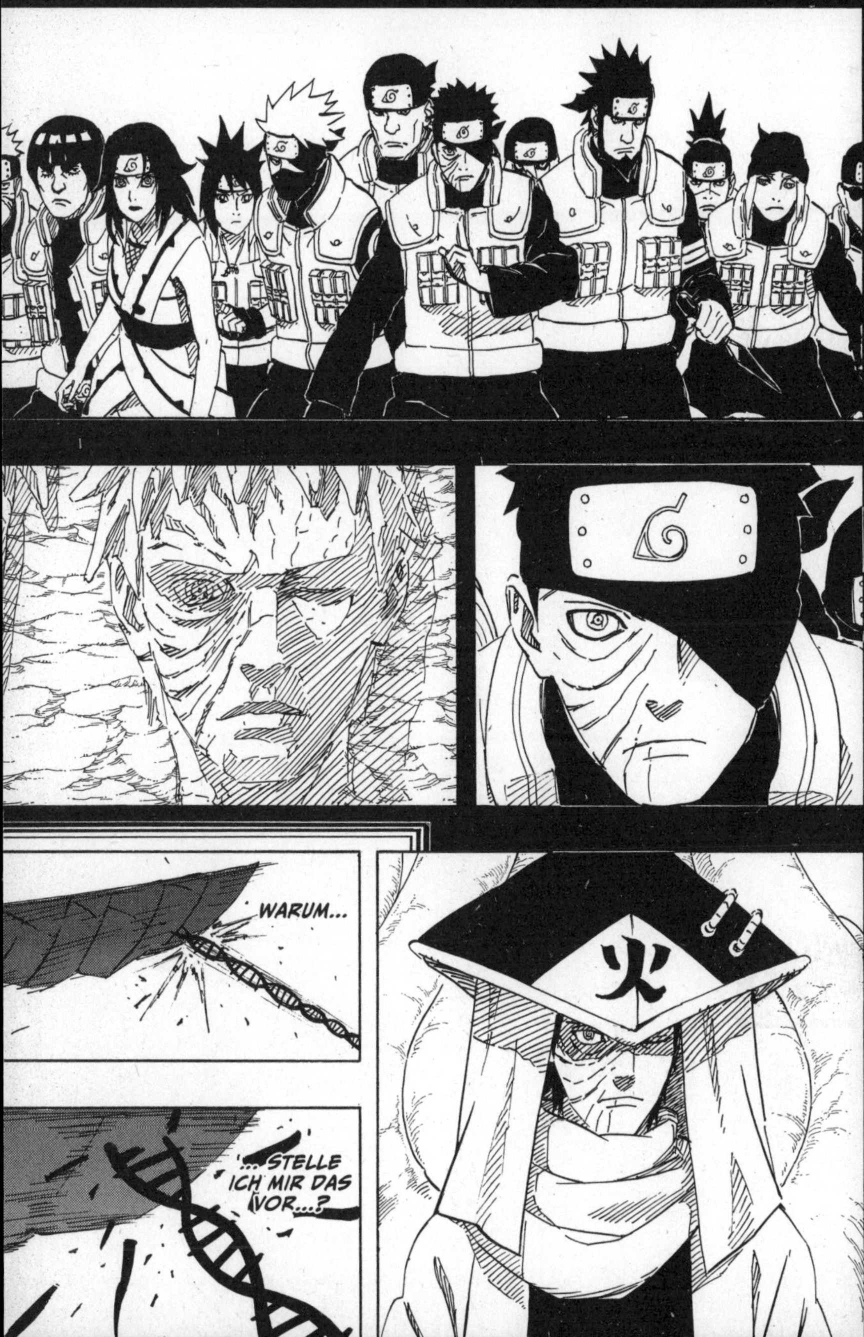
WARUM...
...STELLE ICH MIR DAS VOR...?

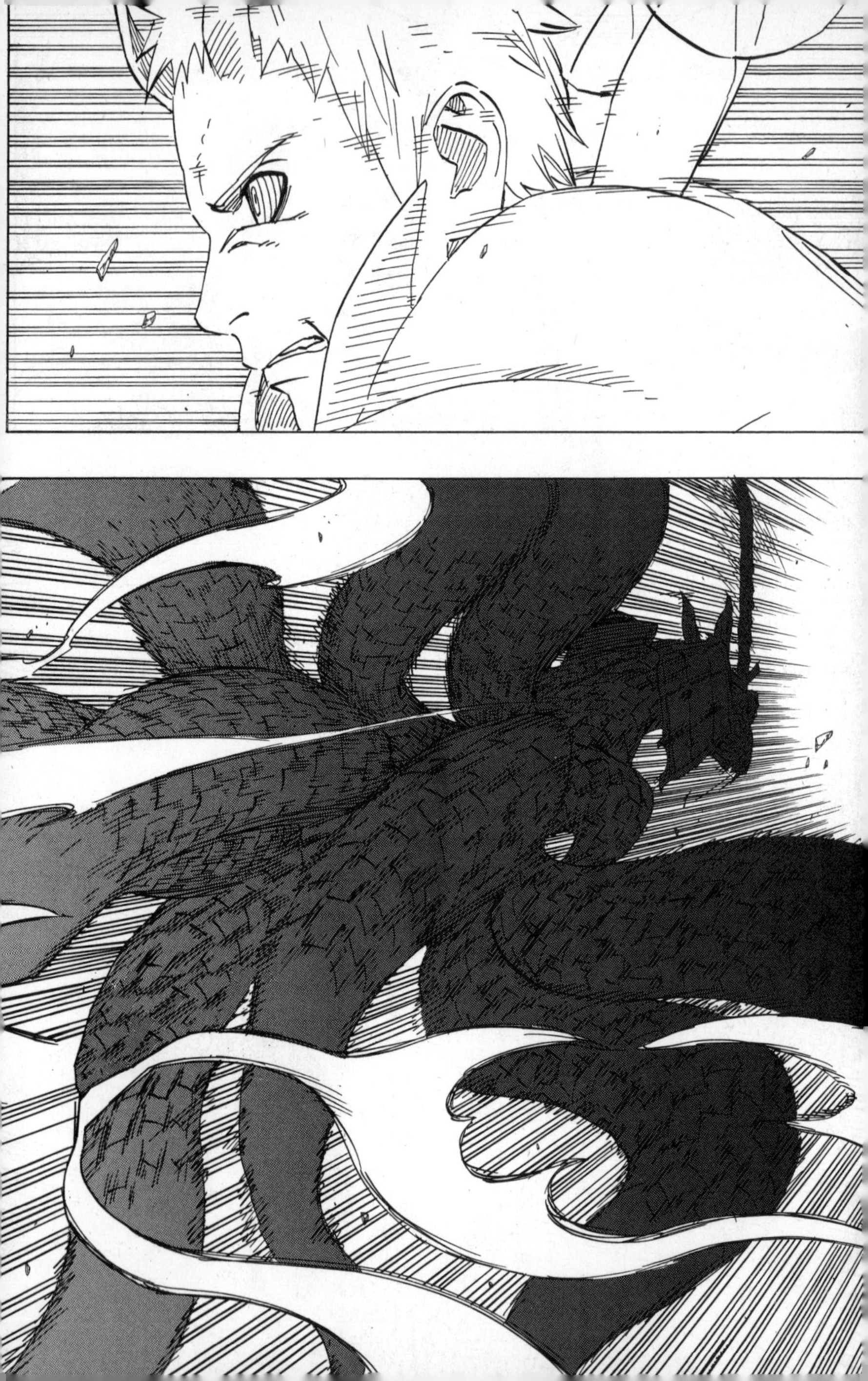

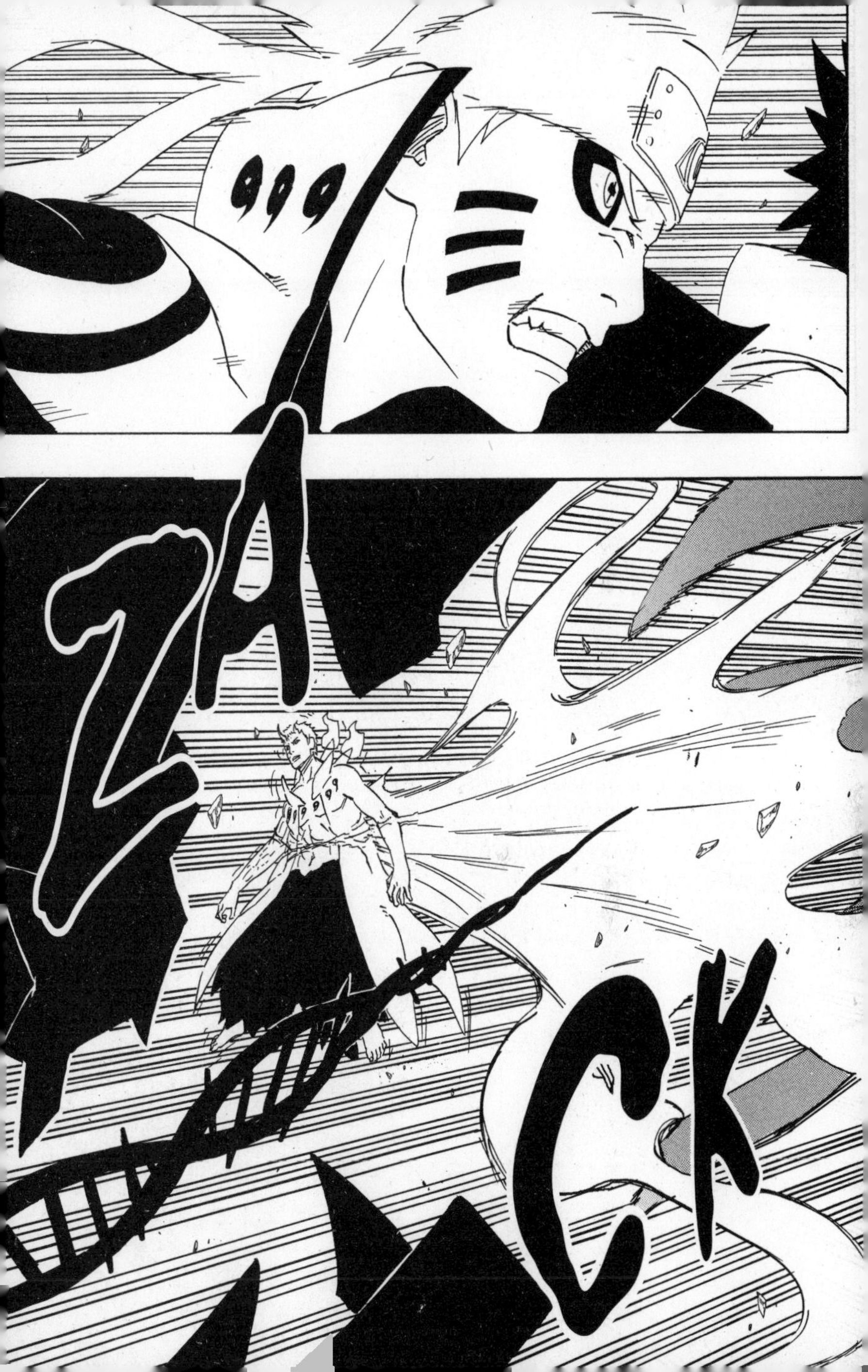
ZA
CK

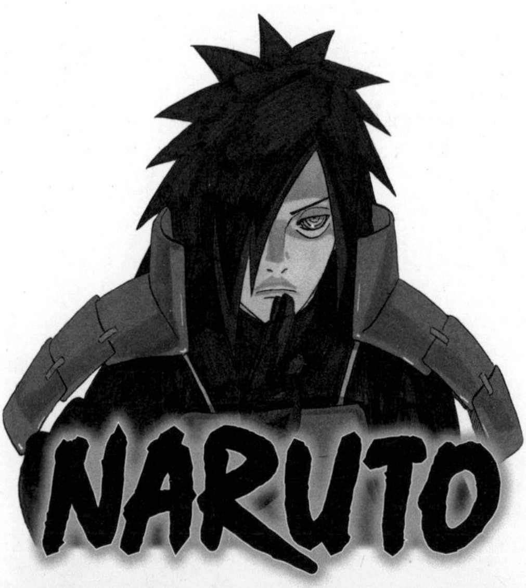
NARUTO

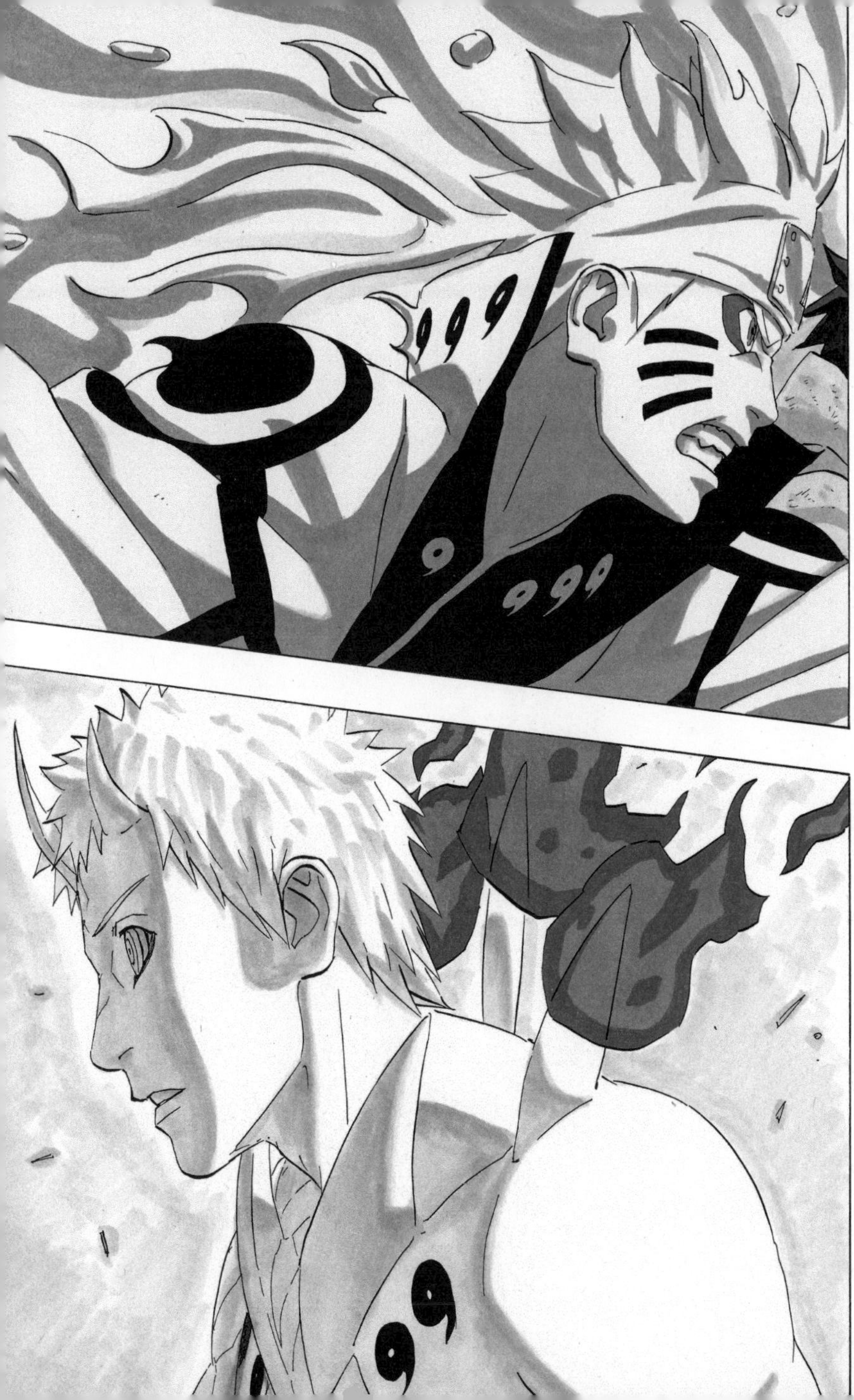

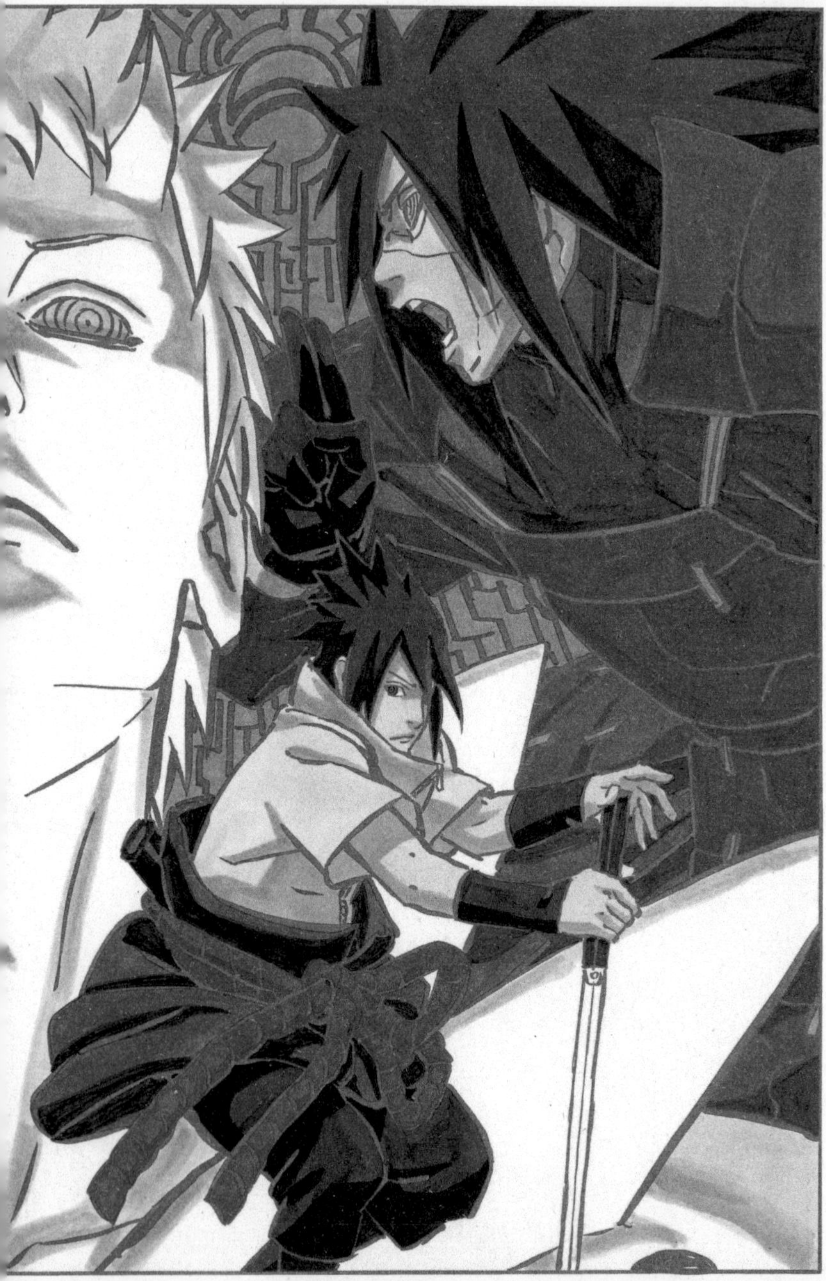

652. Kapitel: Narutos Spur

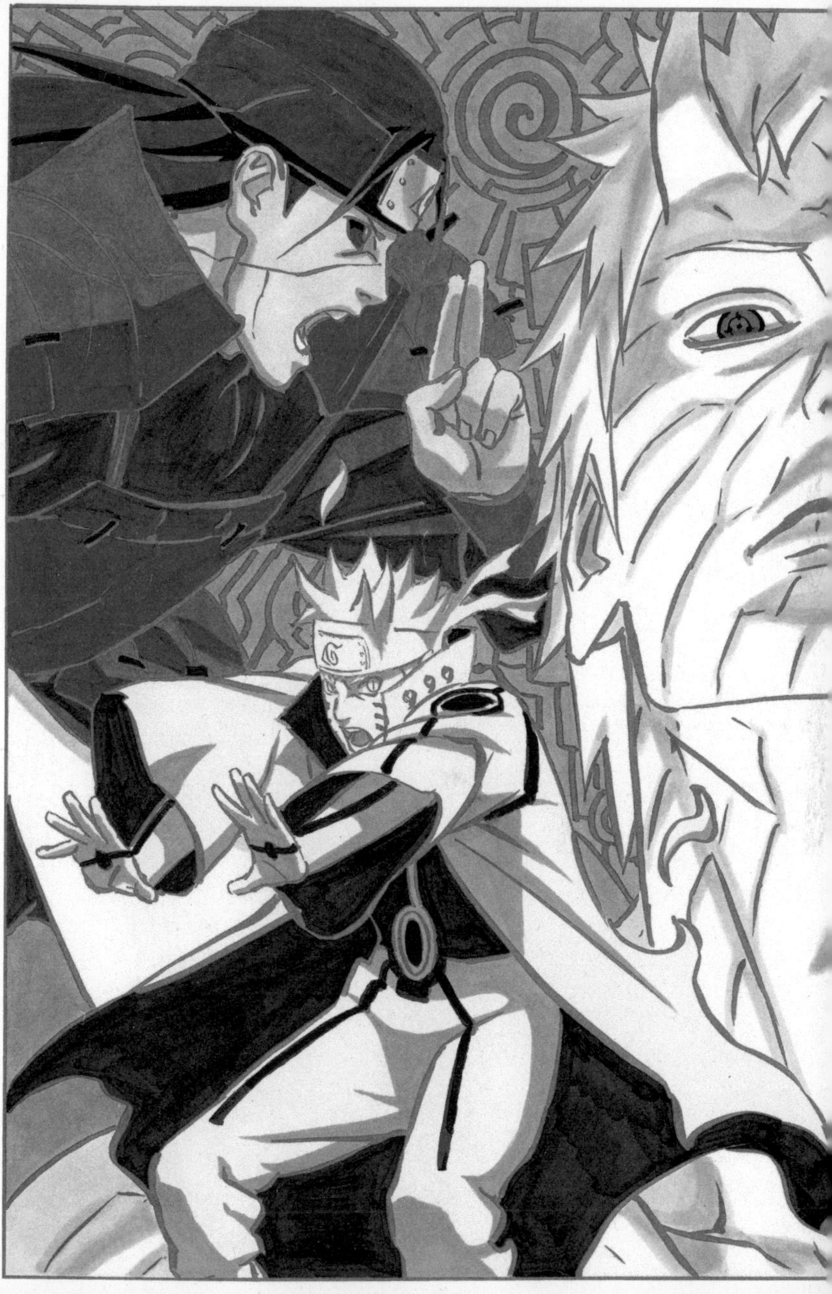

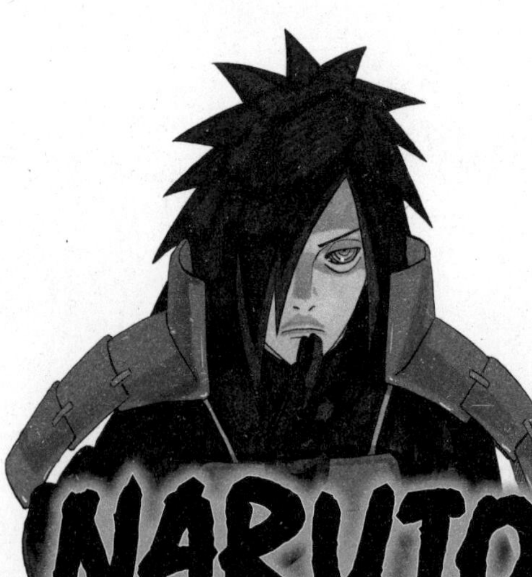
NARUTO

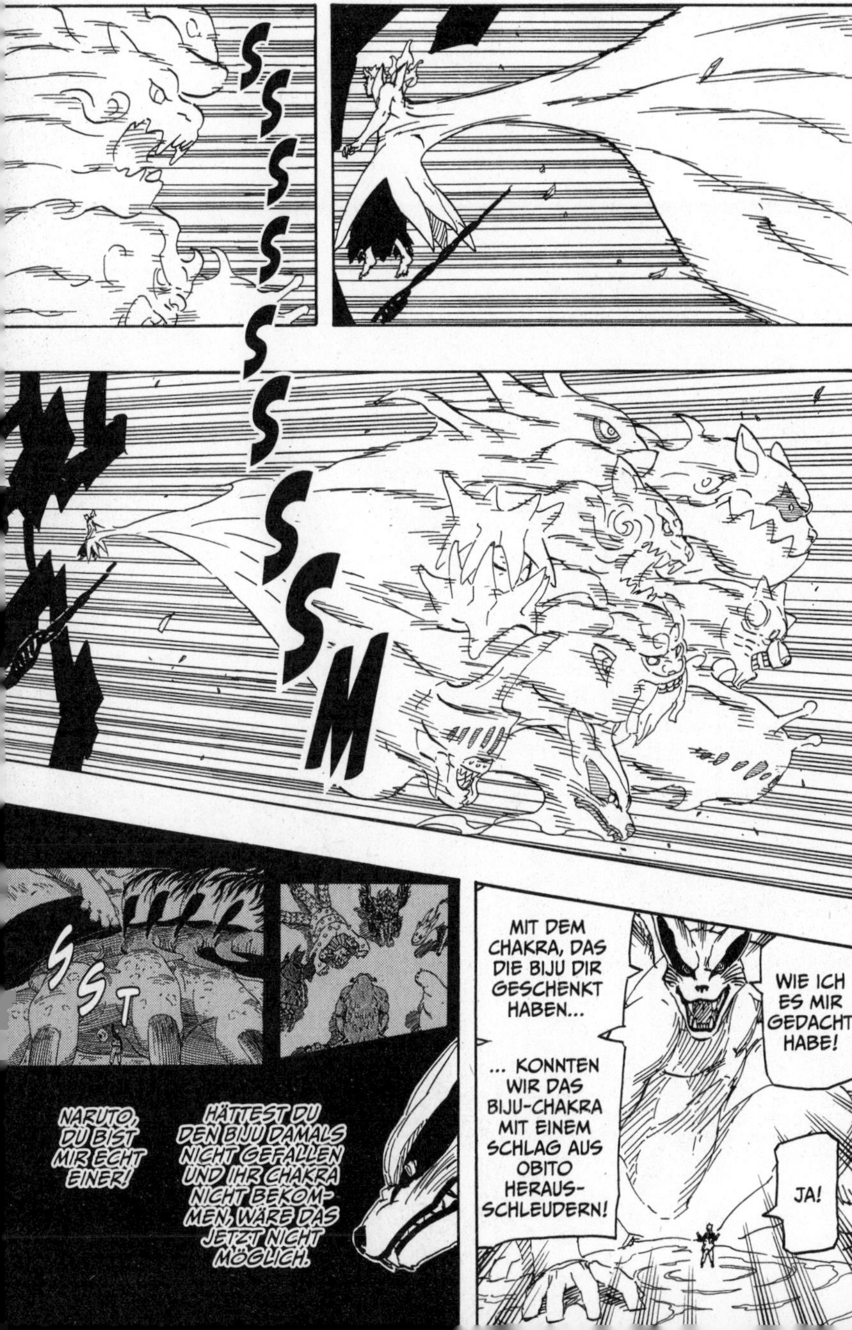
SSSSSSSSM
SST
WIE ICH ES MIR GEDACHT HABE!
MIT DEM CHAKRA, DAS DIE BIJU DIR GESCHENKT HABEN...
... KONNTEN WIR DAS BIJU-CHAKRA MIT EINEM SCHLAG AUS OBITO HERAUSSCHLEUDERN!
JA!
HÄTTEST DU DEN BIJU DAMALS NICHT GEFALLEN UND IHR CHAKRA NICHT BEKOMMEN, WÄRE DAS JETZT NICHT MÖGLICH.
NARUTO, DU BIST MIR ECHT EINER!

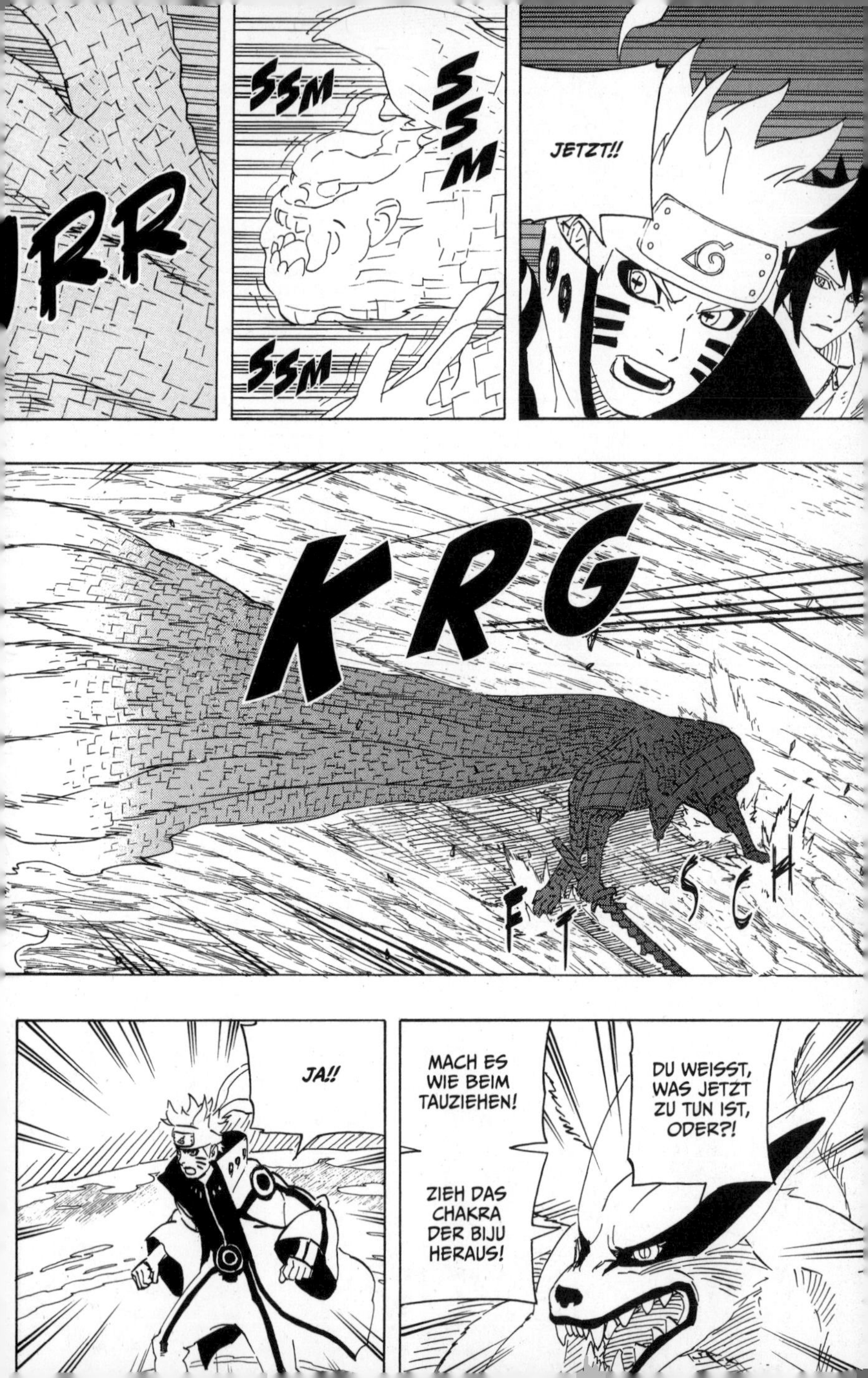
JETZT!!
SSM
SSM
SSM
RR
KRG
FTSCH
DU WEISST, WAS JETZT ZU TUN IST, ODER?!
MACH ES WIE BEIM TAUZIEHEN!
ZIEH DAS CHAKRA DER BIJU HERAUS!
JA!!

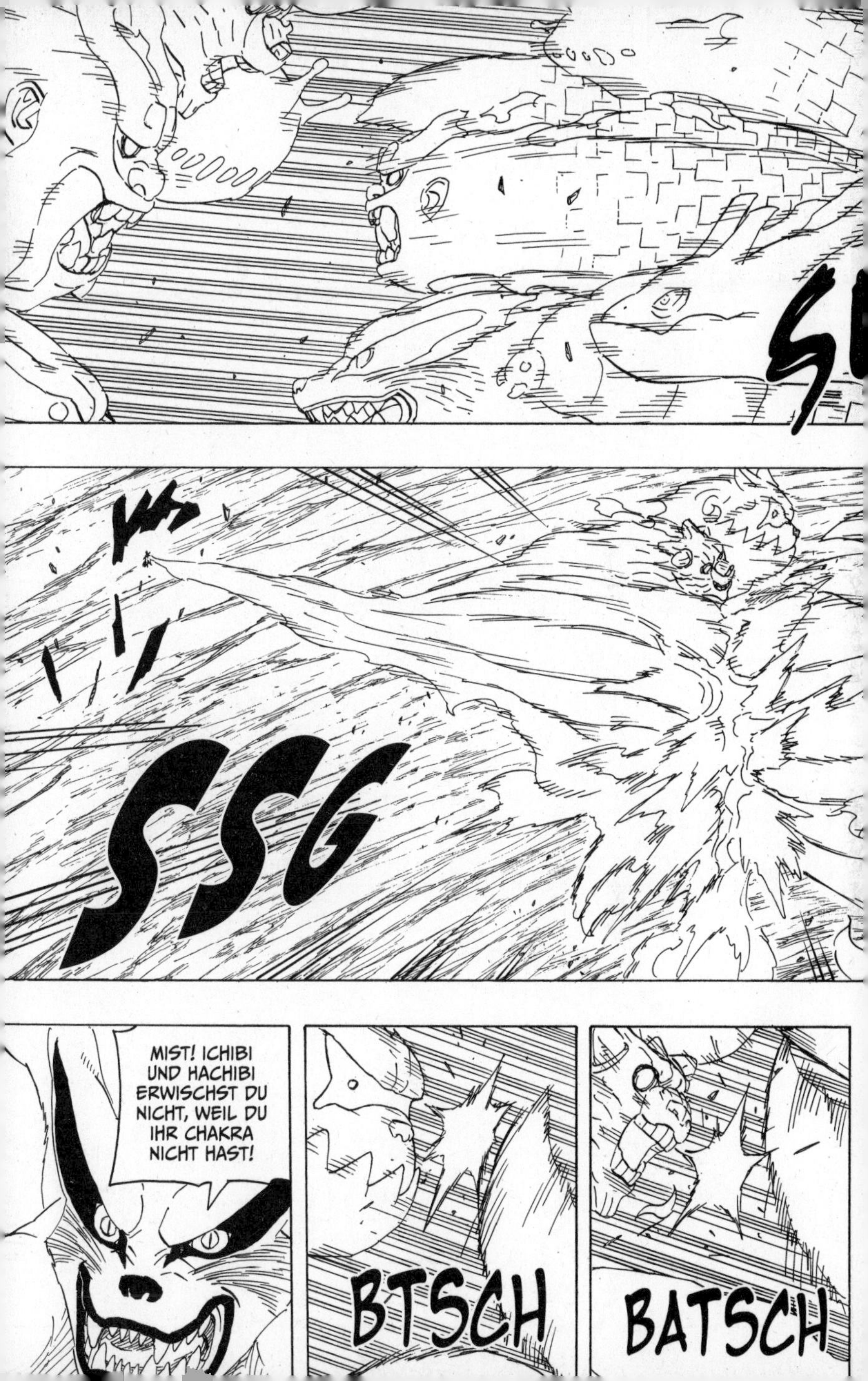
SSG
MIST! ICHIBI UND HACHIBI ERWISCHST DU NICHT, WEIL DU IHR CHAKRA NICHT HAST!
BTSCH
BATSCH

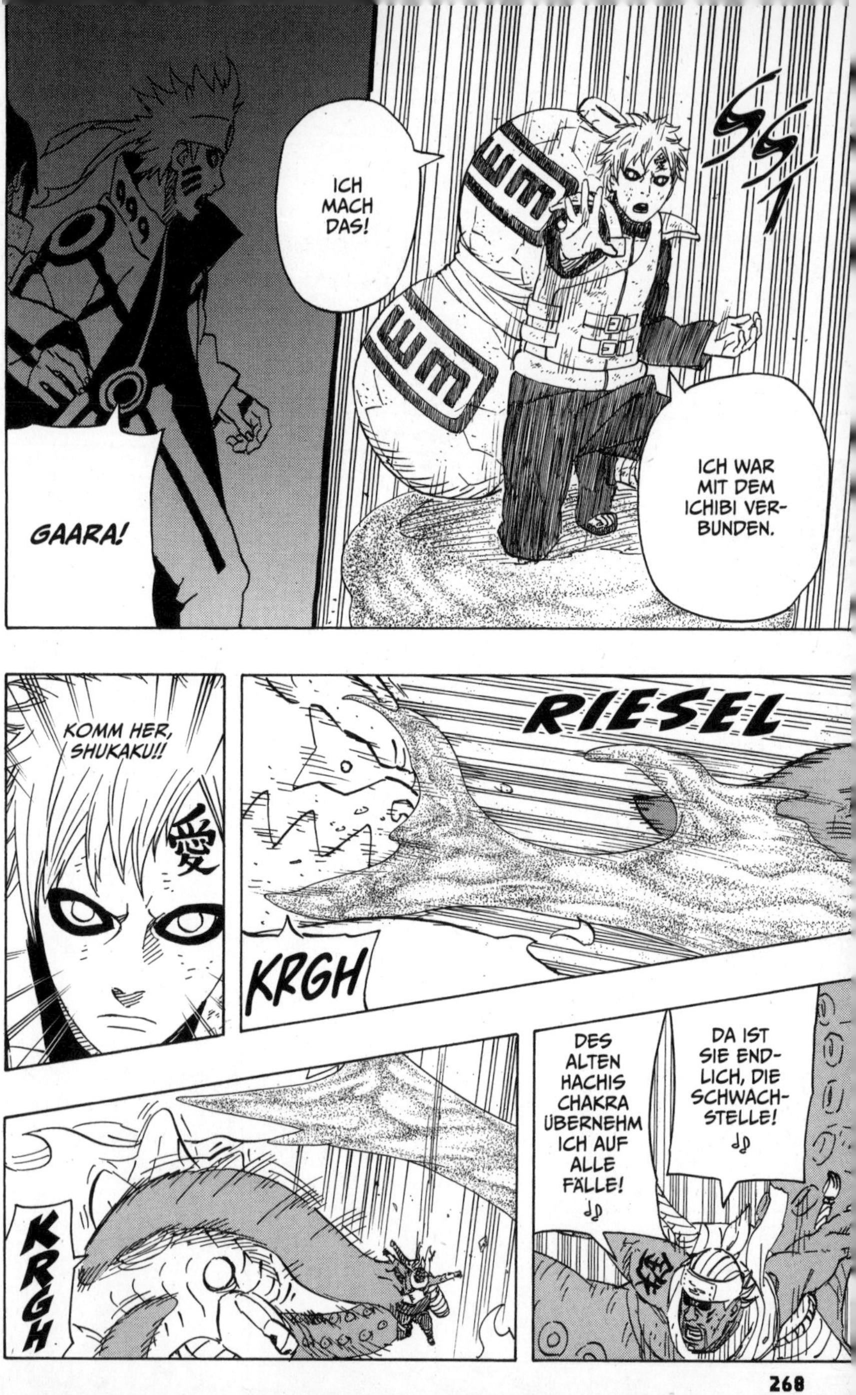
SSI
ICH MACH DAS!
ICH WAR MIT DEM ICHIBI VERBUNDEN.
GAARA!
RIESEL
KRGH
KOMM HER, SHUKAKU!!
DA IST SIE ENDLICH, DIE SCHWACHSTELLE! ♪
DES ALTEN HACHIS CHAKRA ÜBERNEHM ICH AUF ALLE FÄLLE! ♪
KRGH

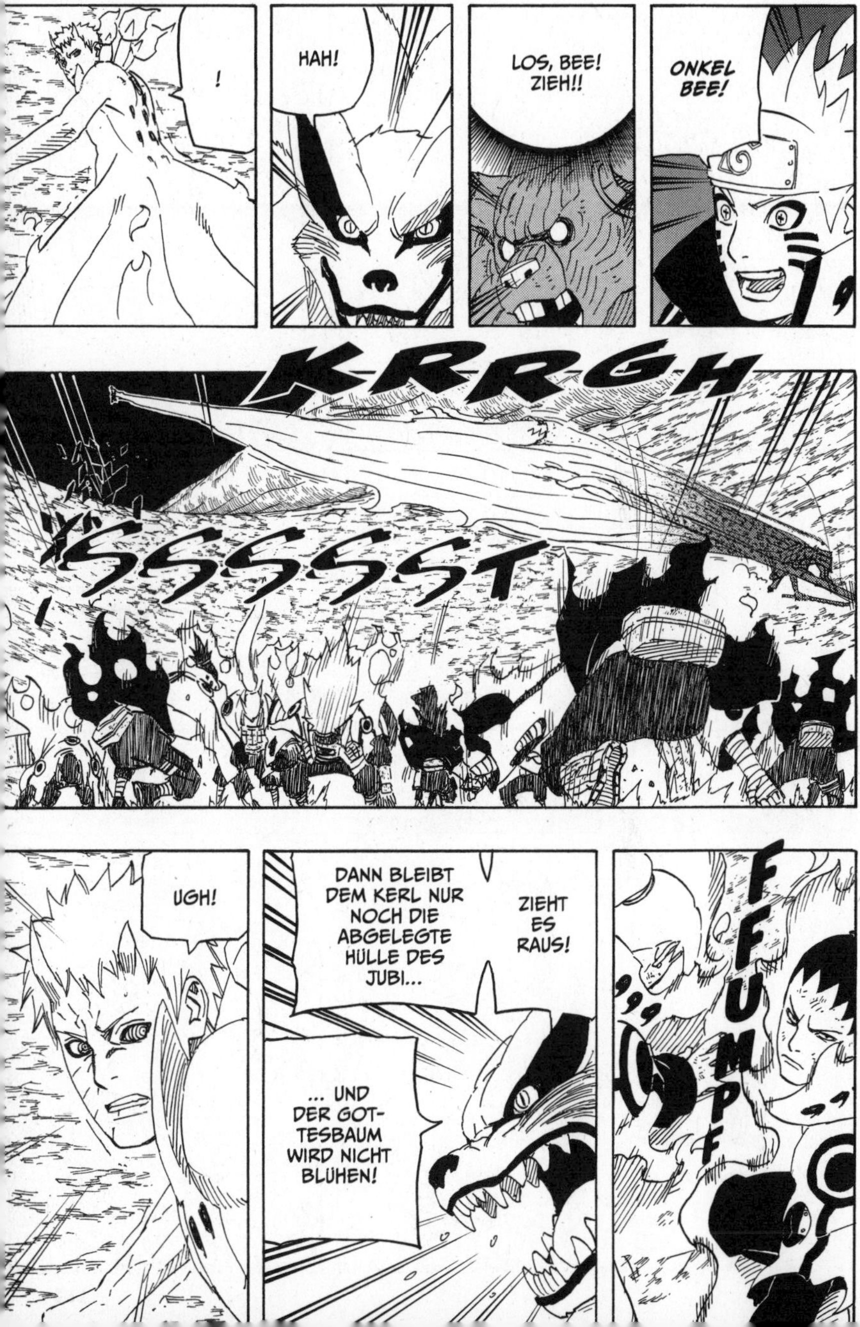
ONKEL BEE!
LOS, BEE! ZIEH!!
HAH!
!
KRRGH
ZSSSSST
FFUMMPF
ZIEHT ES RAUS!
DANN BLEIBT DEM KERL NUR NOCH DIE ABGELEGTE HÜLLE DES JUBI...
... UND DER GOTTESBAUM WIRD NICHT BLÜHEN!
UGH!

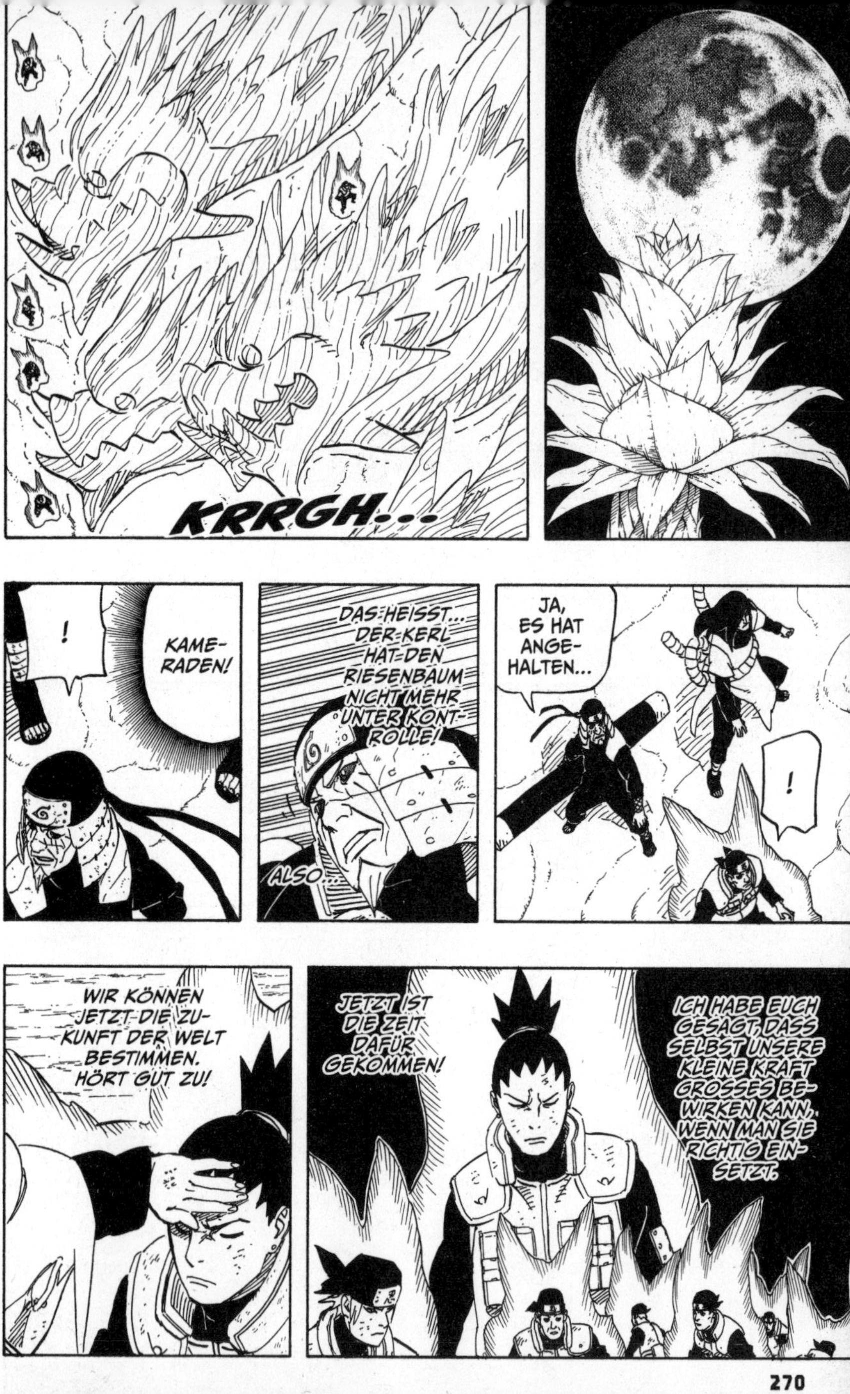
KRRGH...
JA, ES HAT ANGEHALTEN...
!
DAS HEISST... DER KERL HAT DEN RIESENBAUM NICHT MEHR UNTER KONTROLLE!
ALSO...
!
KAMERADEN!
ICH HABE EUCH GESAGT, DASS SELBST UNSERE KLEINE KRAFT GROSSES BEWIRKEN KANN, WENN MAN SIE RICHTIG EINSETZT.
JETZT IST DIE ZEIT DAFÜR GEKOMMEN!
WIR KÖNNEN JETZT DIE ZUKUNFT DER WELT BESTIMMEN. HÖRT GUT ZU!

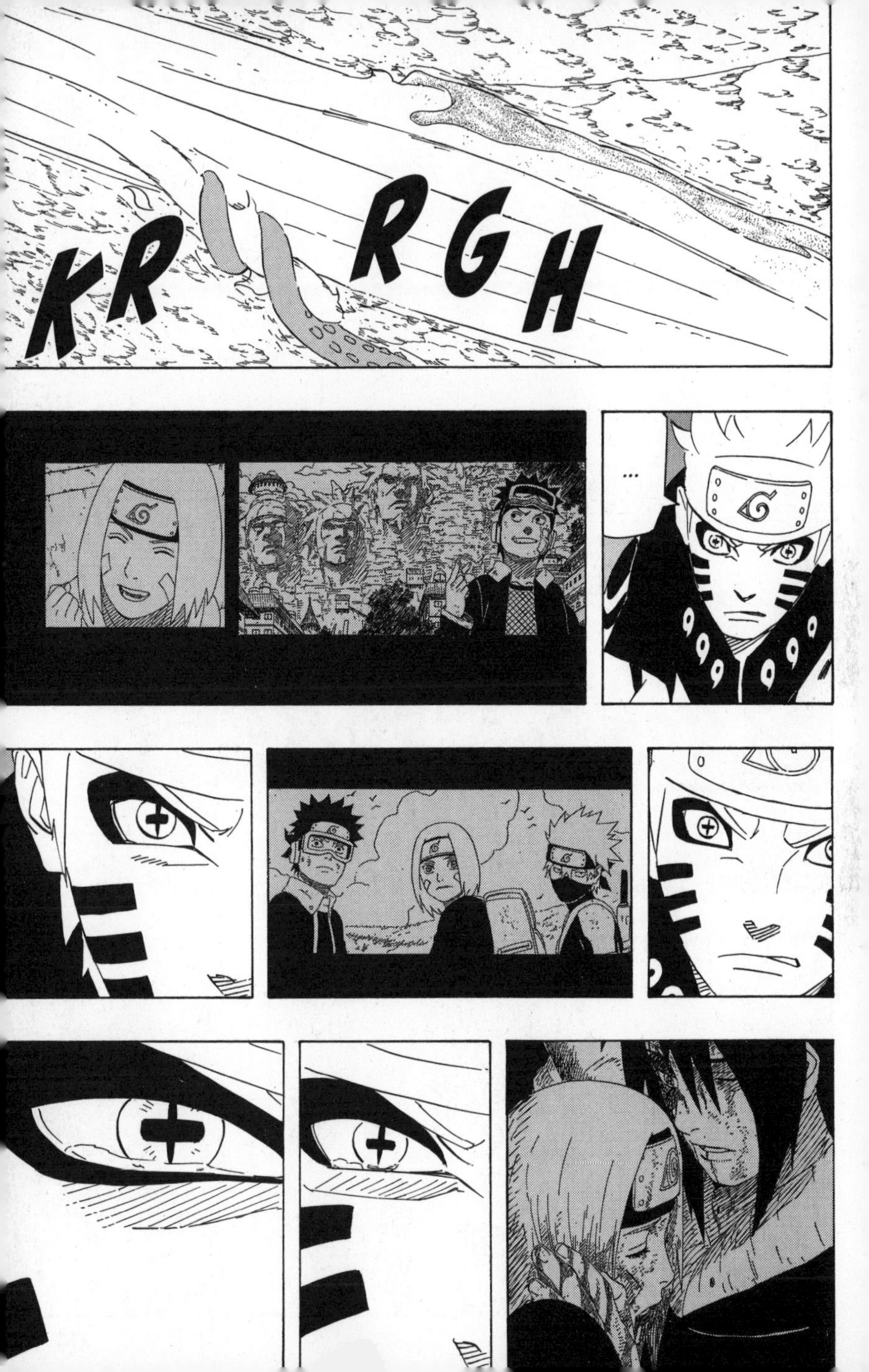
KRRGH
...

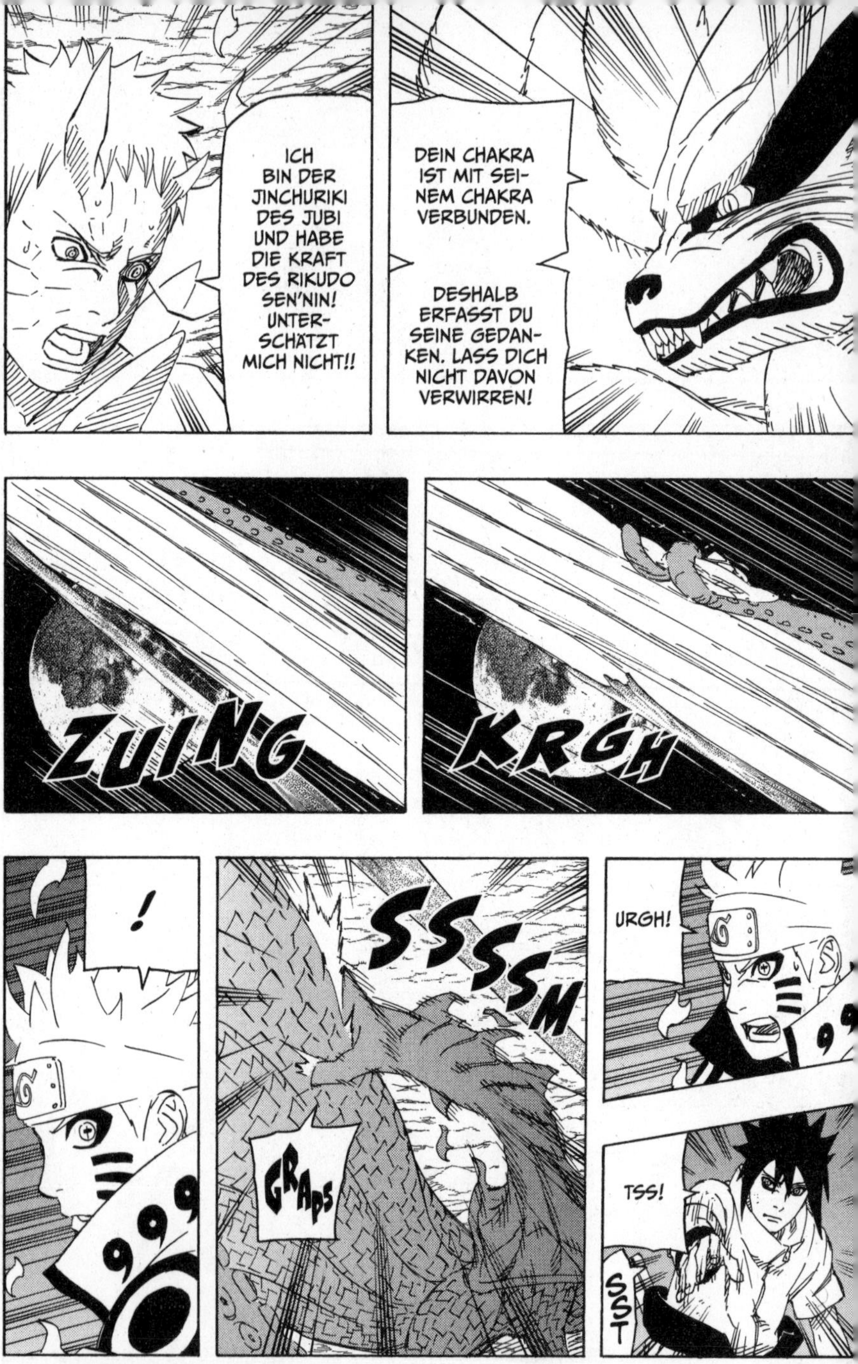
DEIN CHAKRA IST MIT SEINEM CHAKRA VERBUNDEN.
DESHALB ERFASST DU SEINE GEDANKEN. LASS DICH NICHT DAVON VERWIRREN!
ICH BIN DER JINCHURIKI DES JUBI UND HABE DIE KRAFT DES RIKUDO SEN'NIN! UNTERSCHÄTZT MICH NICHT!!
KRGH
ZUING
URGH!
TSS!
SST
SSSSM
GRAPS
!

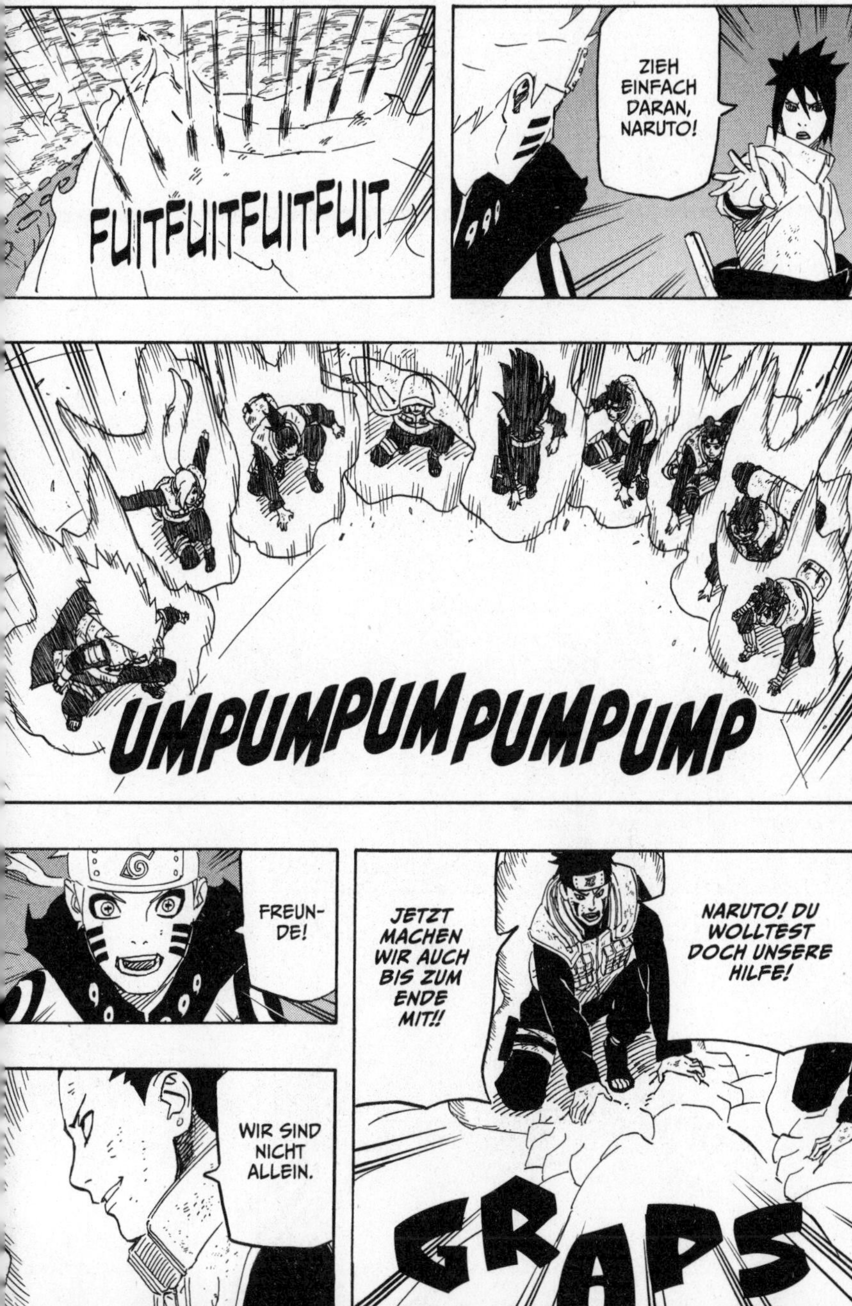

ZIEH EINFACH DARAN, NARUTO!
FUITFUITFUITFUIT
UMPUMPUMPUMPUMP
NARUTO! DU WOLLTEST DOCH UNSERE HILFE!
JETZT MACHEN WIR AUCH BIS ZUM ENDE MIT!!
GRAPS
FREUNDE!
WIR SIND NICHT ALLEIN.

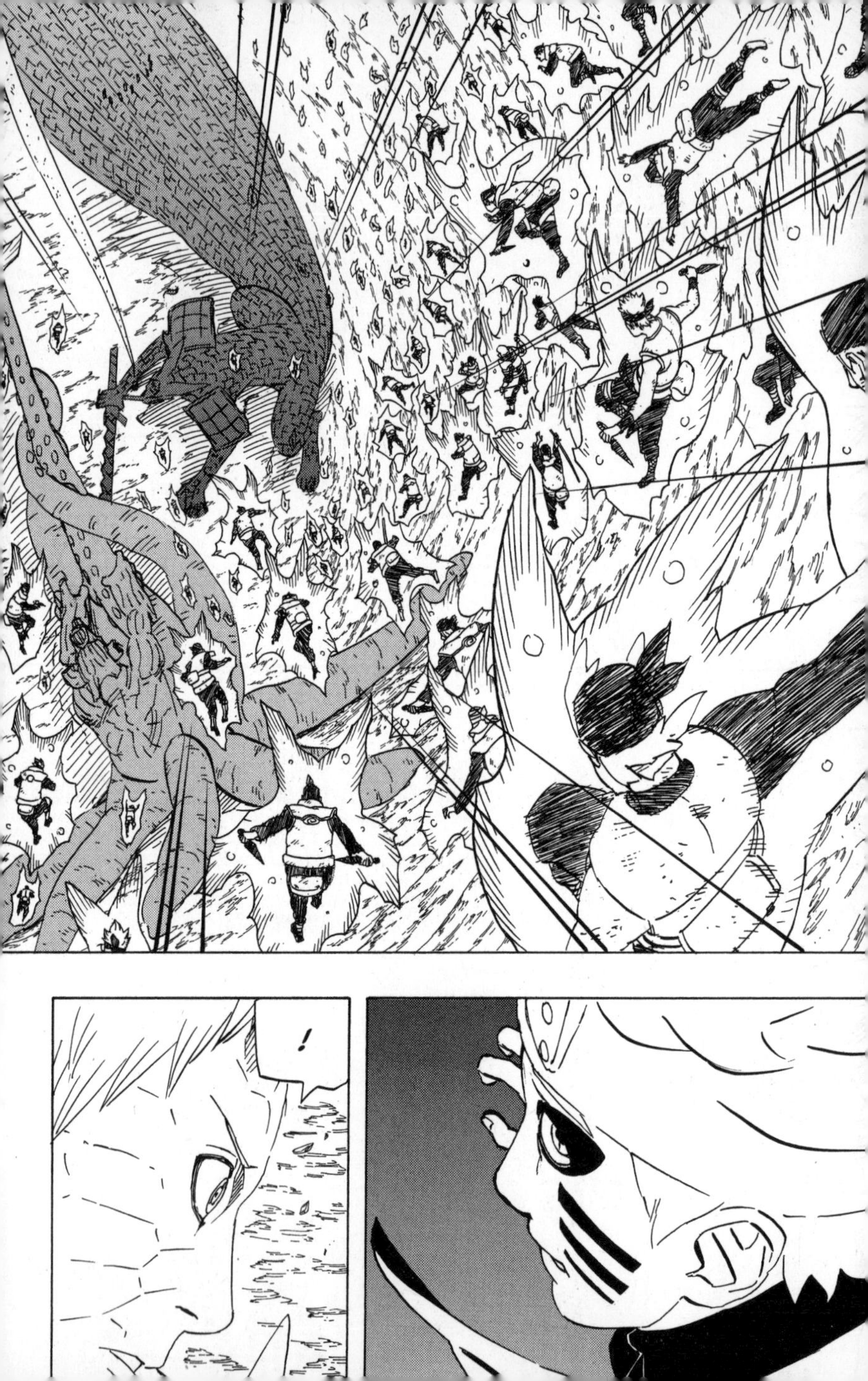

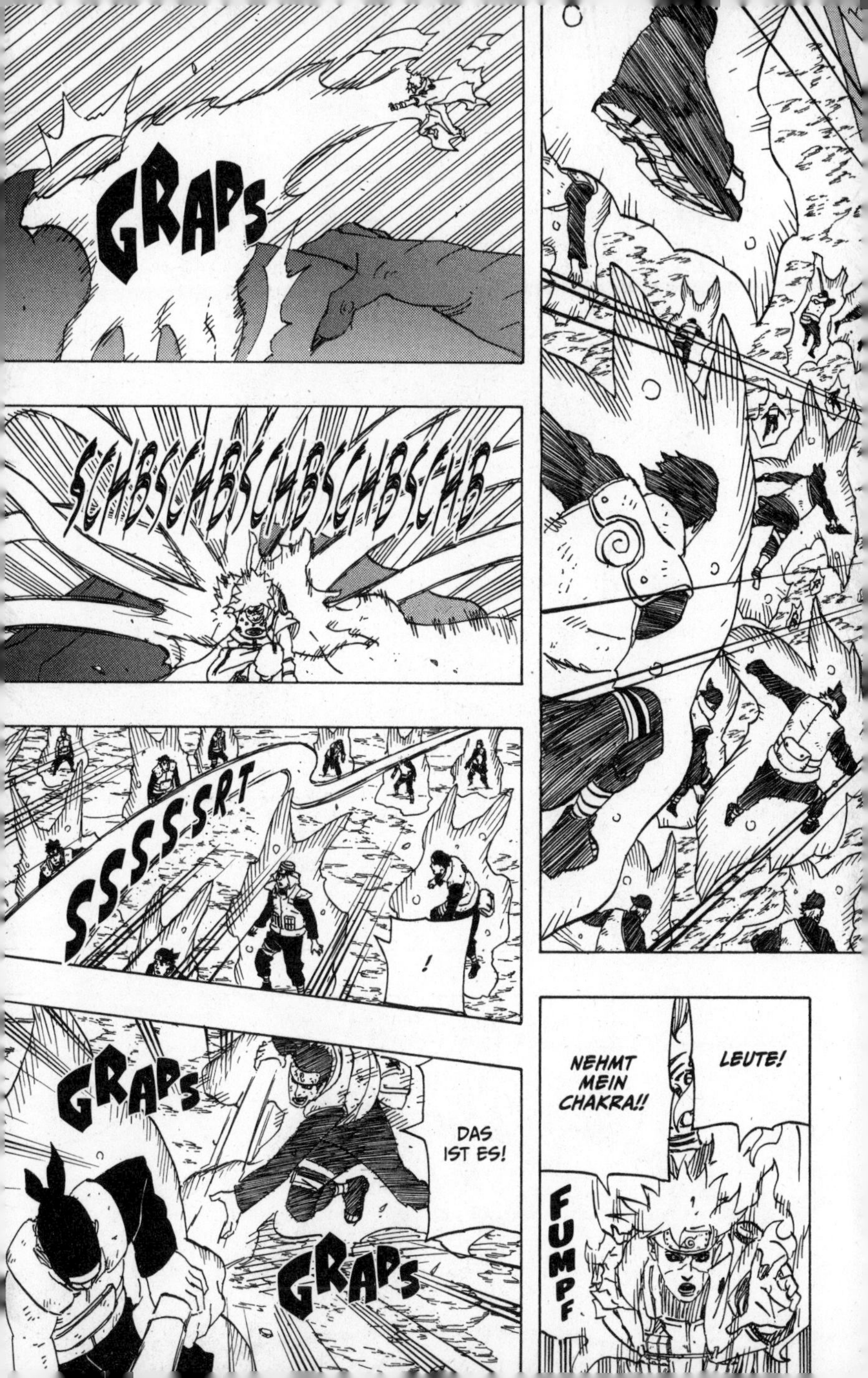
GRAPS
SCHBSCHBSCHBSCHBSCHB
SSSSSRT
!
LEUTE!
NEHMT MEIN CHAKRA!!
FUMPF
DAS IST ES!
GRAPS
GRAPS

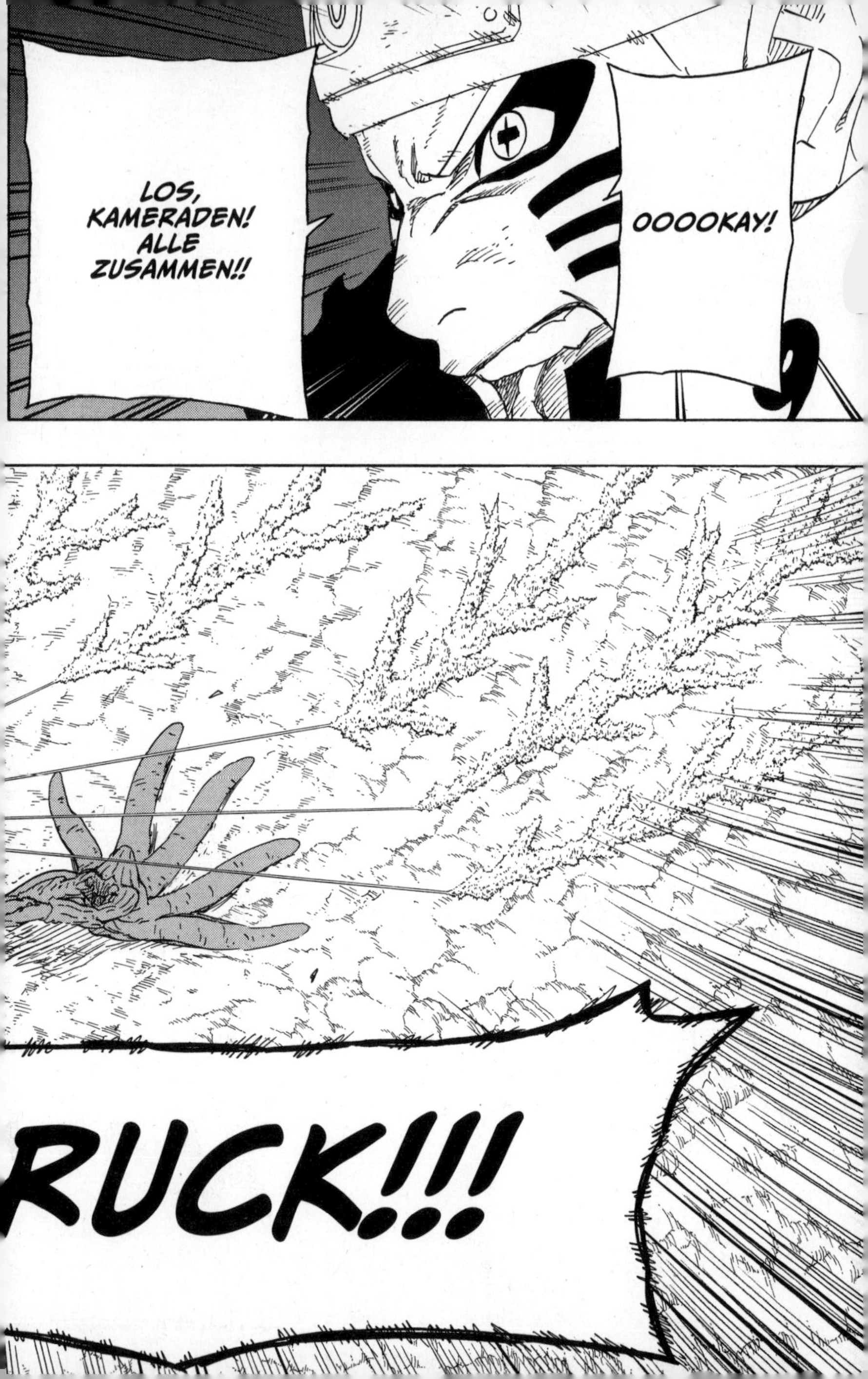

LOS, KAMERADEN! ALLE ZUSAMMEN!!
OOOOKAY!
RUCK!!!

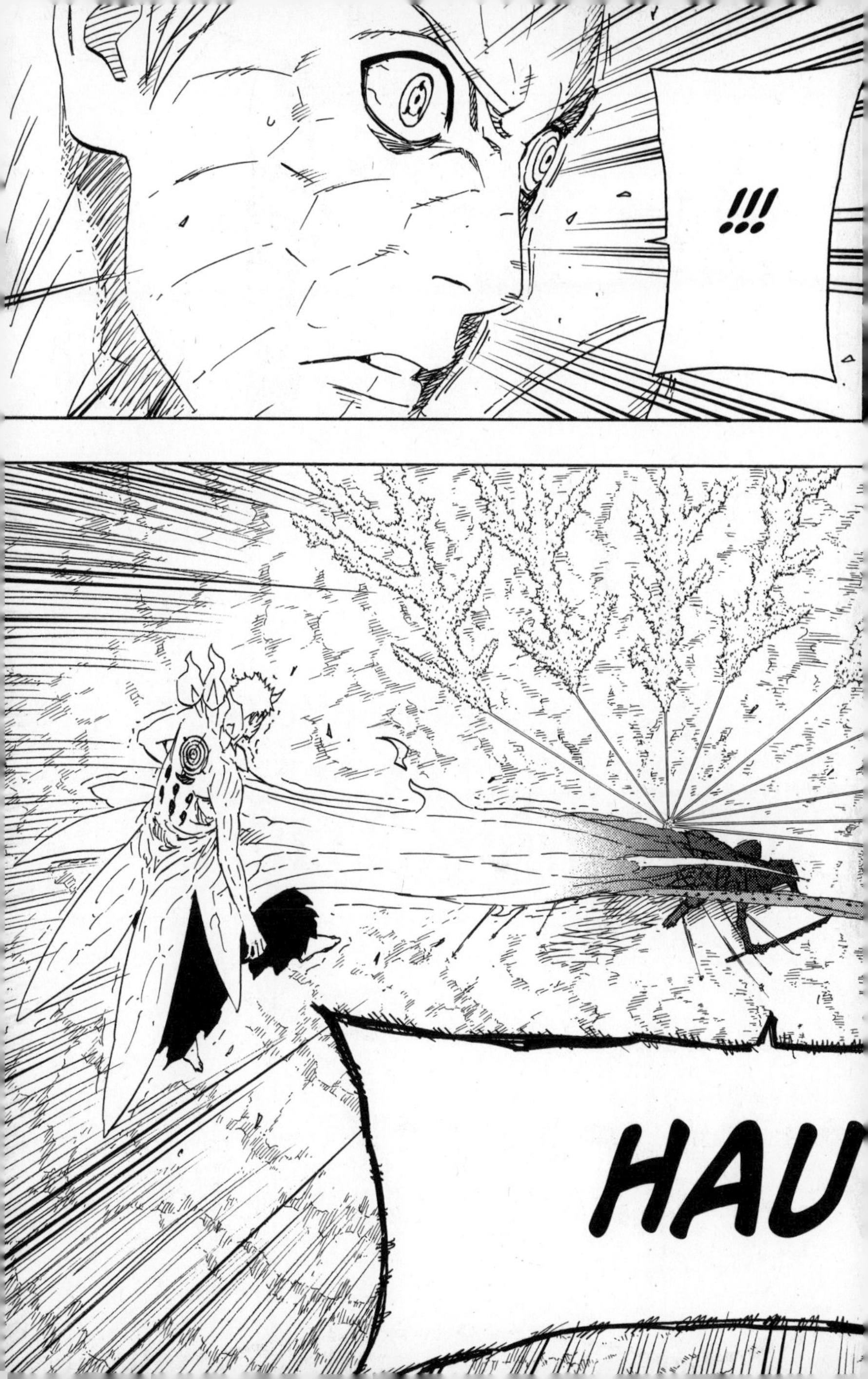
!!!
HAU

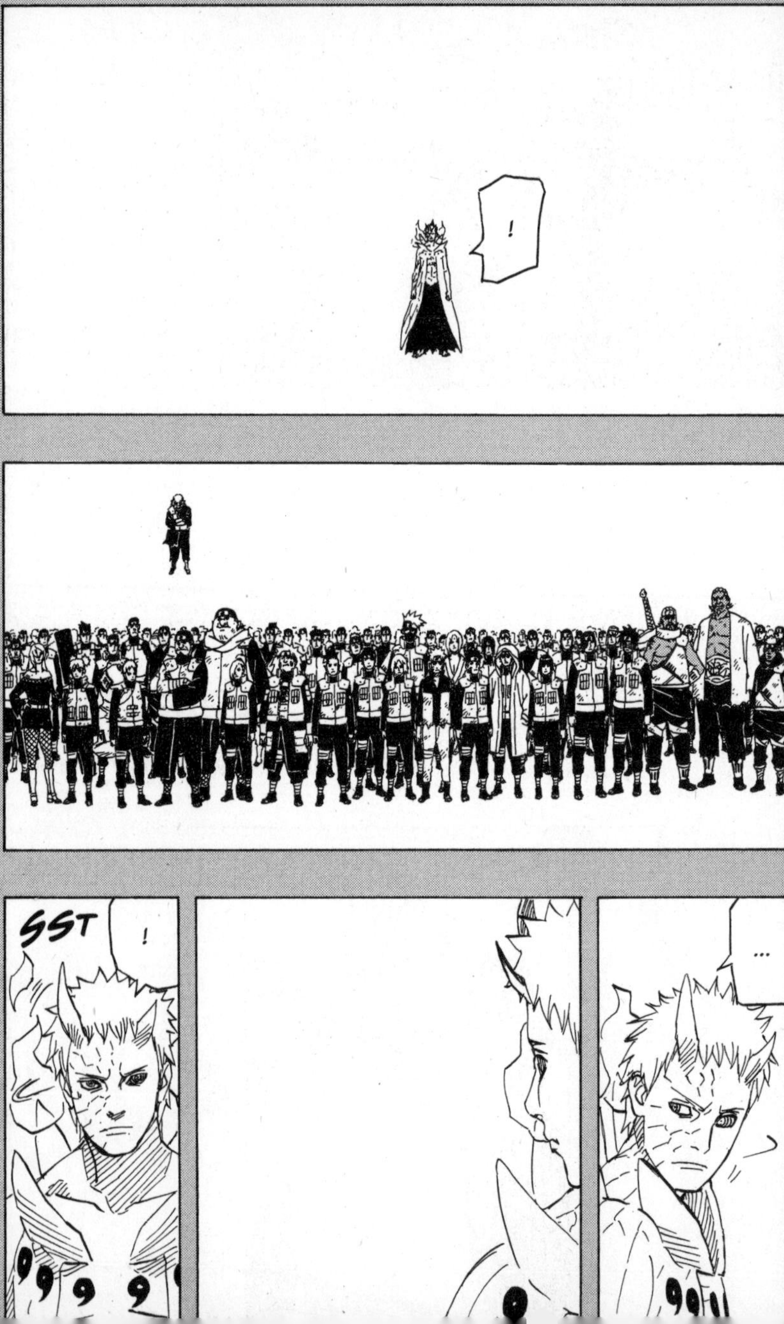
!
!
SST
...

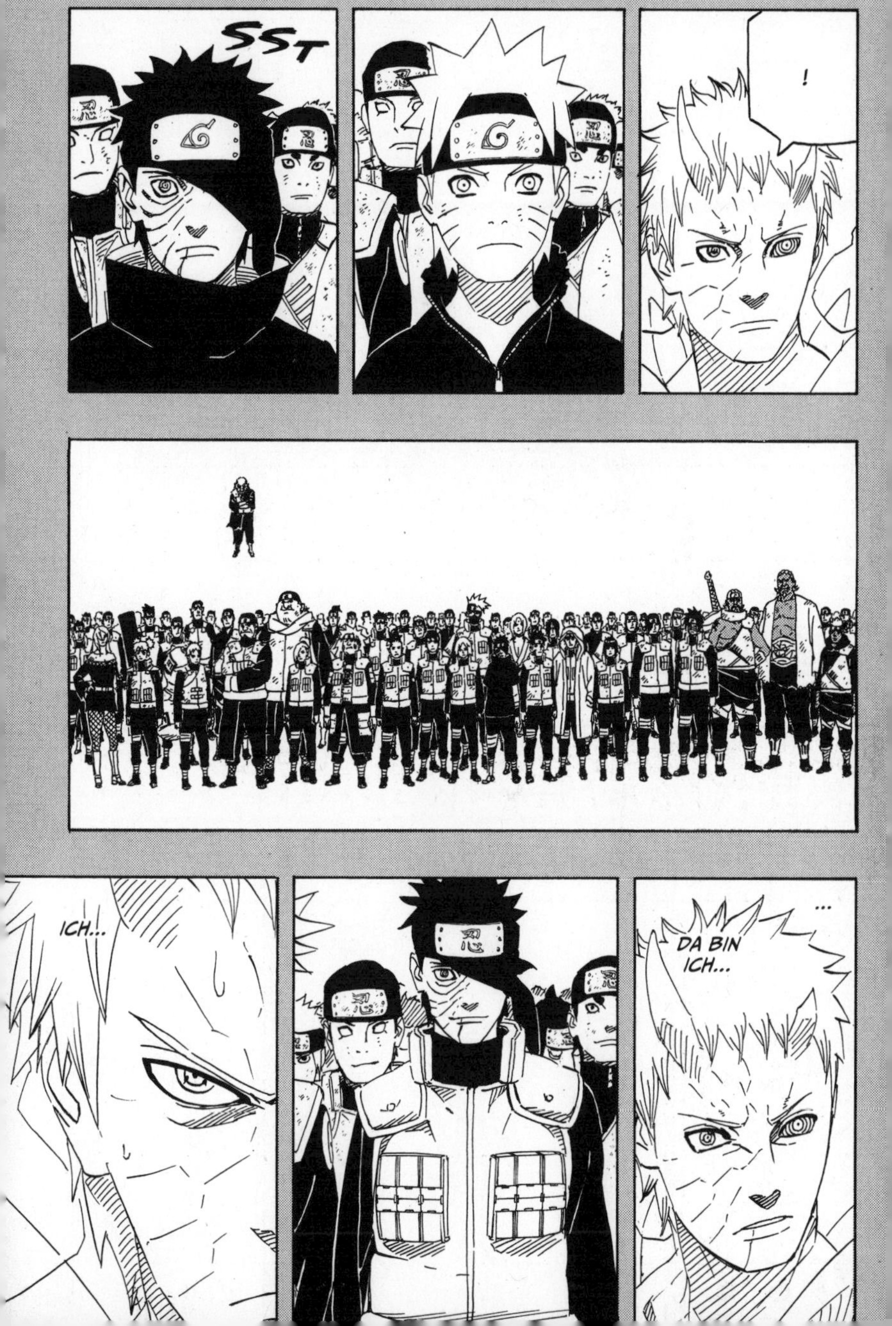
SST
!
ICH...
DA BIN ICH...
...

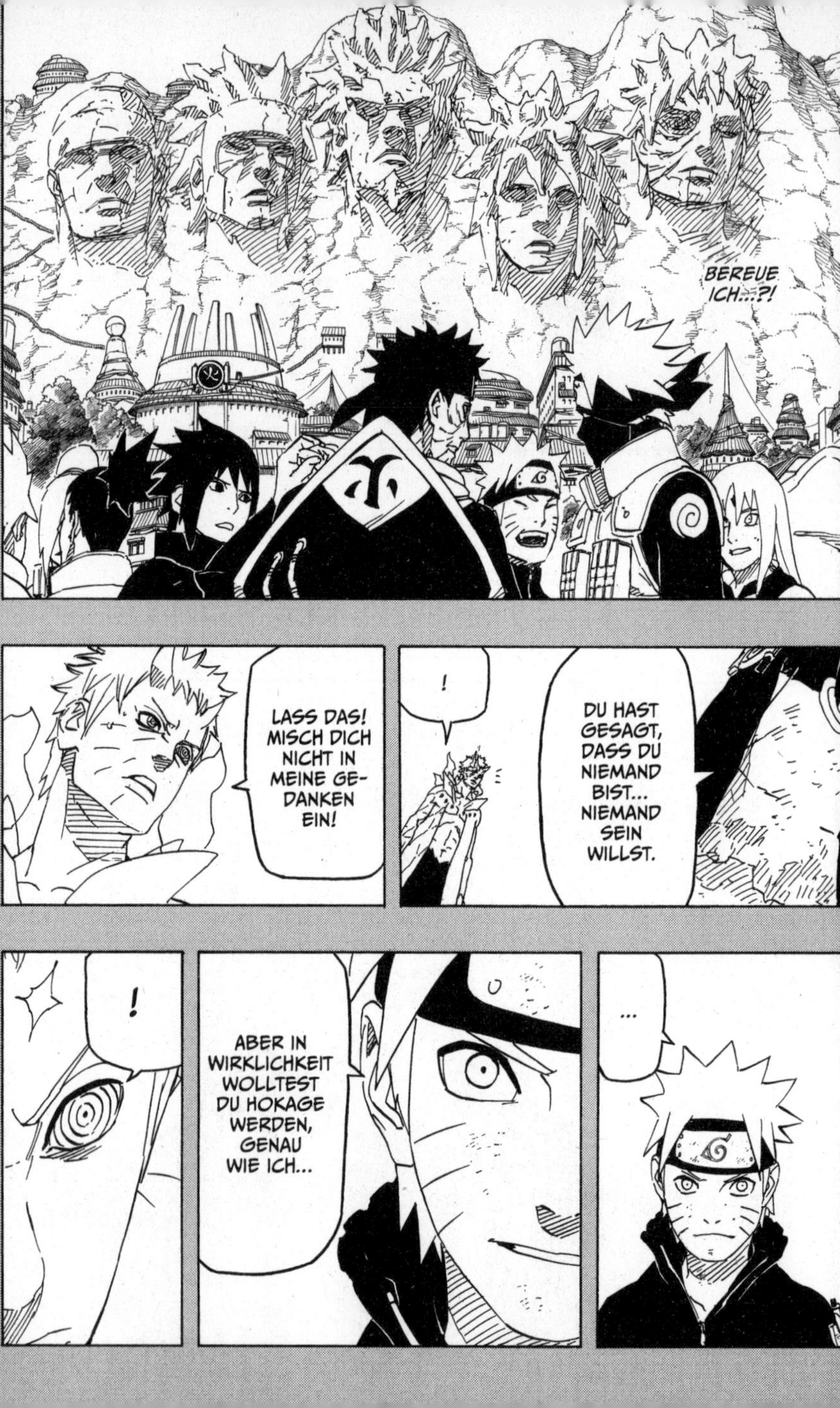
BEREUE ICH...?!
LASS DAS! MISCH DICH NICHT IN MEINE GE-DANKEN EIN!
!
DU HAST GESAGT, DASS DU NIEMAND BIST... NIEMAND SEIN WILLST.
!
ABER IN WIRKLICHKEIT WOLLTEST DU HOKAGE WERDEN, GENAU WIE ICH...
...

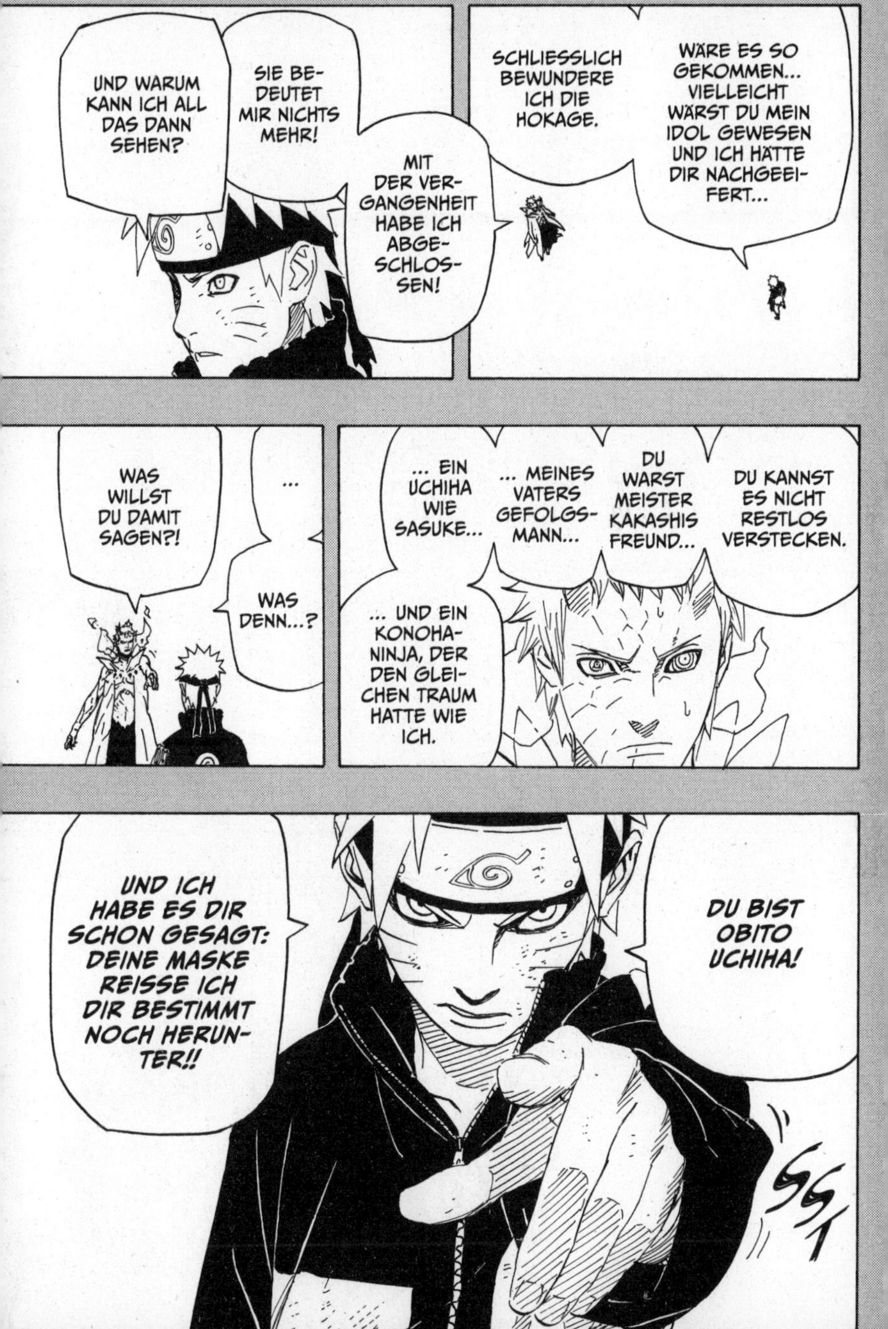

WÄRE ES SO GEKOMMEN... VIELLEICHT WÄRST DU MEIN IDOL GEWESEN UND ICH HÄTTE DIR NACHGEEIFERT...
SCHLIESSLICH BEWUNDERE ICH DIE HOKAGE.
MIT DER VERGANGENHEIT HABE ICH ABGESCHLOSSEN!
SIE BEDEUTET MIR NICHTS MEHR!
UND WARUM KANN ICH ALL DAS DANN SEHEN?
DU KANNST ES NICHT RESTLOS VERSTECKEN.
DU WARST MEISTER KAKASHIS FREUND...
... MEINES VATERS GEFOLGSMANN...
... EIN UCHIHA WIE SASUKE...
... UND EIN KONOHA-NINJA, DER DEN GLEICHEN TRAUM HATTE WIE ICH.
...
WAS DENN...?
WAS WILLST DU DAMIT SAGEN?!
DU BIST OBITO UCHIHA!
UND ICH HABE ES DIR SCHON GESAGT: DEINE MASKE REISSE ICH DIR BESTIMMT NOCH HERUNTER!!
SST

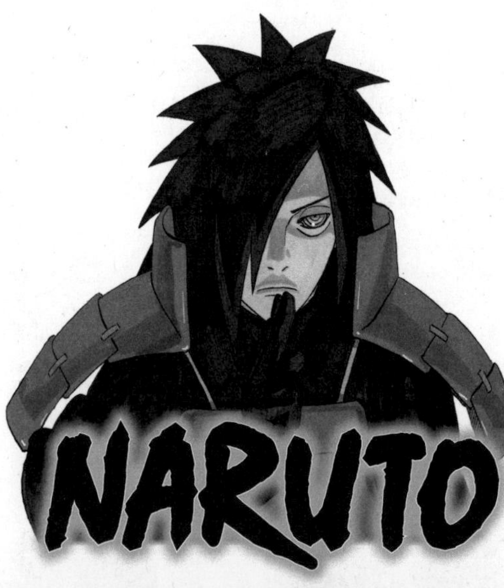
NARUTO

653. Kapitel: Ich schaue immer nach dir

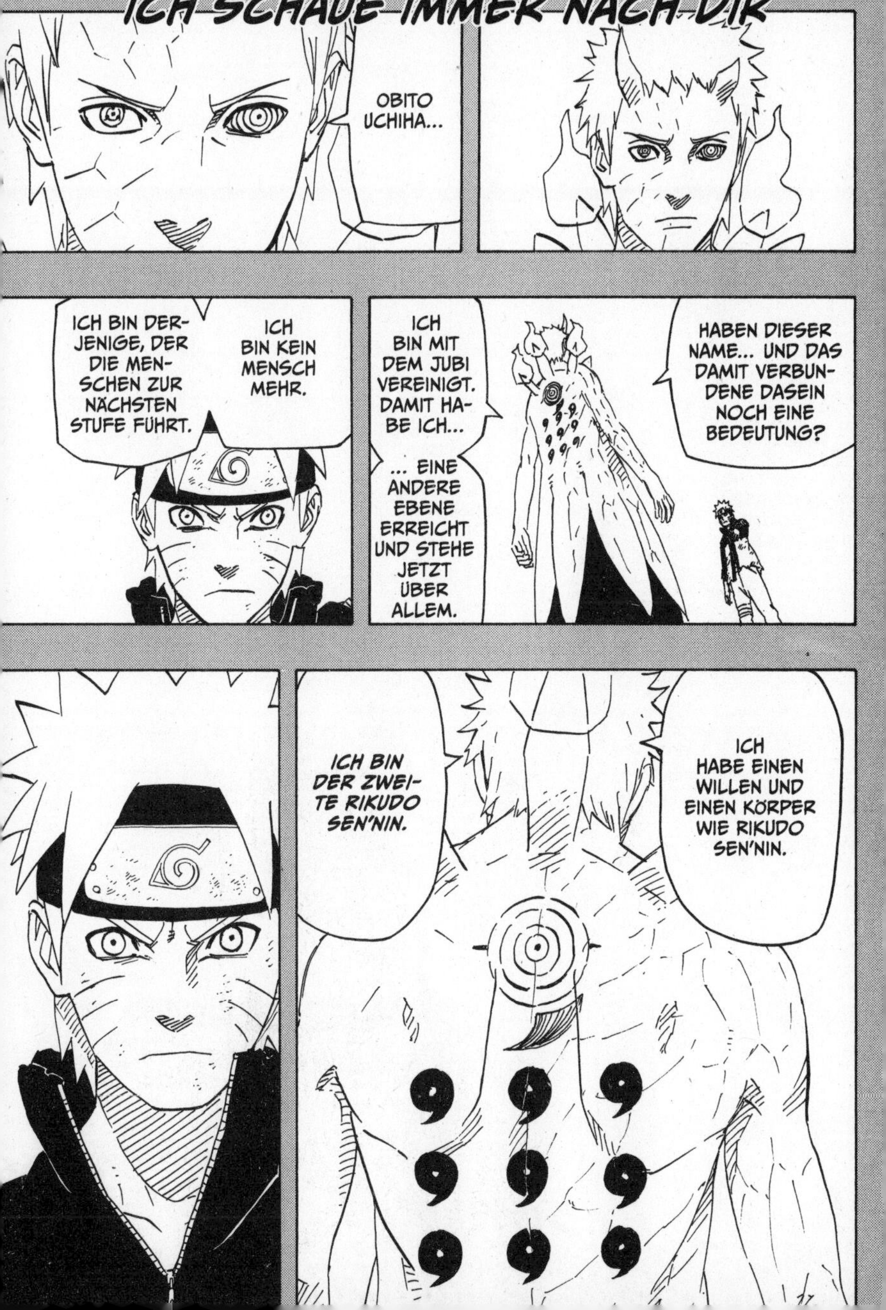

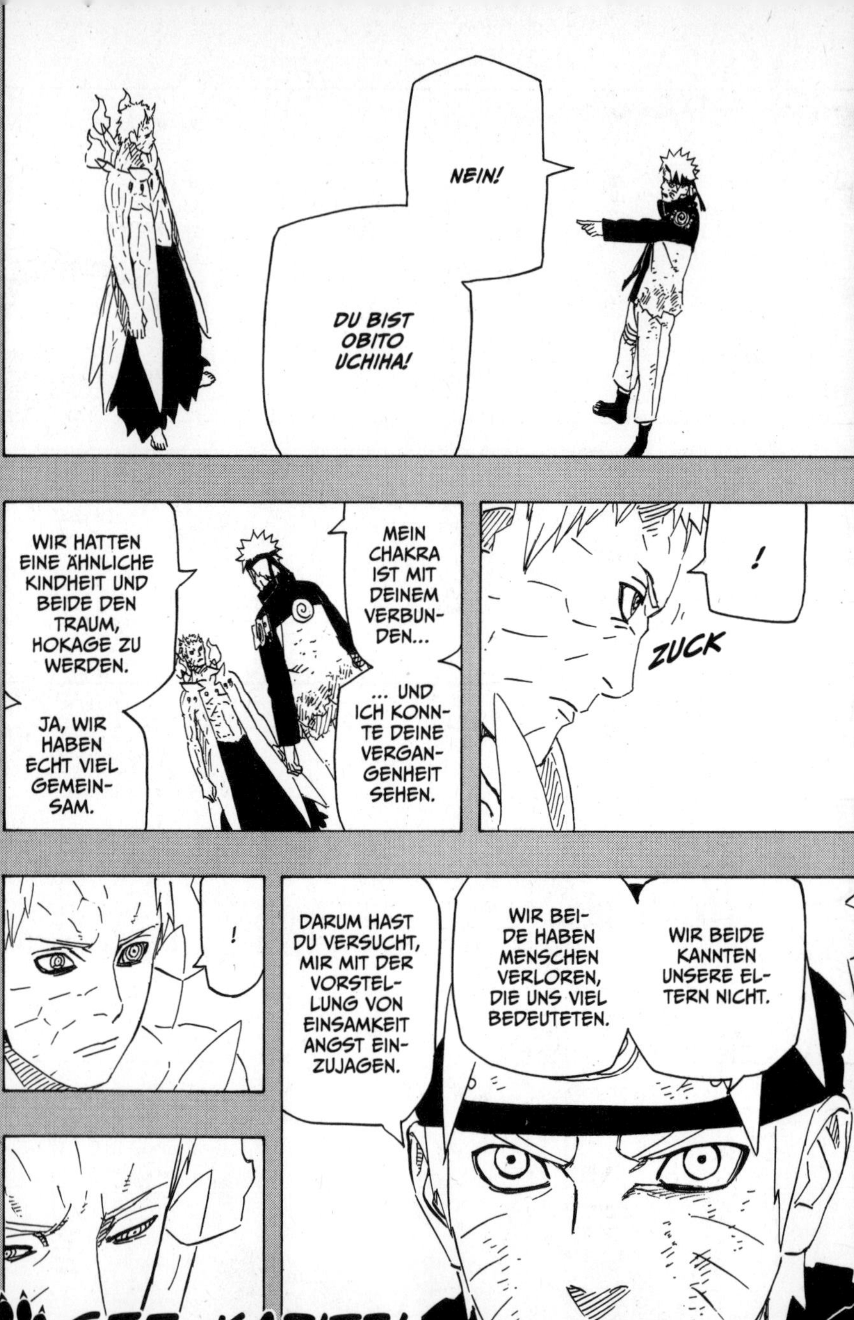

653. KAPITEL: ICH SCHAUE IMMER NACH DIR

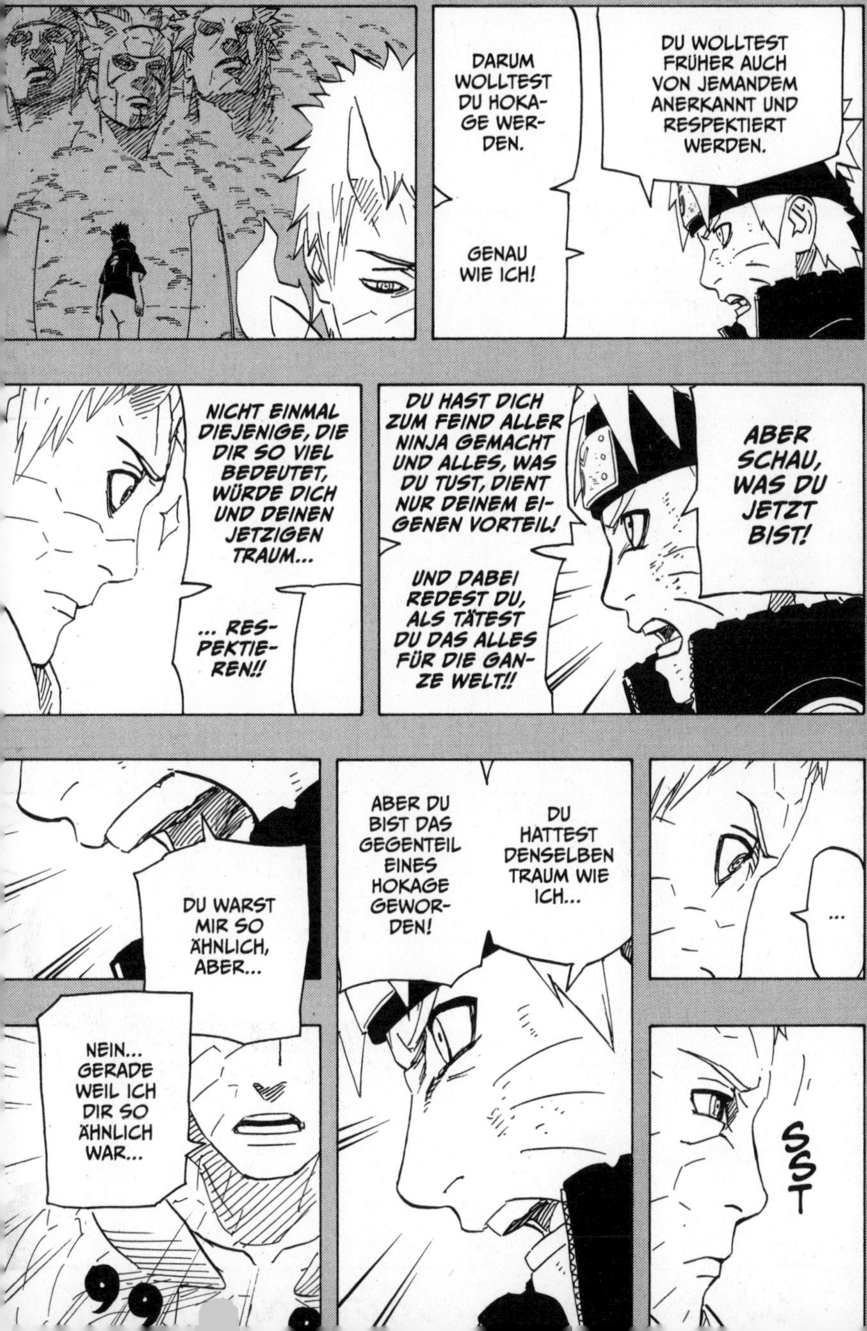

DU WOLLTEST FRÜHER AUCH VON JEMANDEM ANERKANNT UND RESPEKTIERT WERDEN.
DARUM WOLLTEST DU HOKAGE WERDEN.
GENAU WIE ICH!
ABER SCHAU, WAS DU JETZT BIST!
DU HAST DICH ZUM FEIND ALLER NINJA GEMACHT UND ALLES, WAS DU TUST, DIENT NUR DEINEM EIGENEN VORTEIL!
UND DABEI REDEST DU, ALS TÄTEST DU DAS ALLES FÜR DIE GANZE WELT!!
NICHT EINMAL DIEJENIGE, DIE DIR SO VIEL BEDEUTET, WÜRDE DICH UND DEINEN JETZIGEN TRAUM...
... RESPEKTIEREN!!
...
DU HATTEST DENSELBEN TRAUM WIE ICH...
ABER DU BIST DAS GEGENTEIL EINES HOKAGE GEWORDEN!
DU WARST MIR SO ÄHNLICH, ABER...
SST
NEIN... GERADE WEIL ICH DIR SO ÄHNLICH WAR...

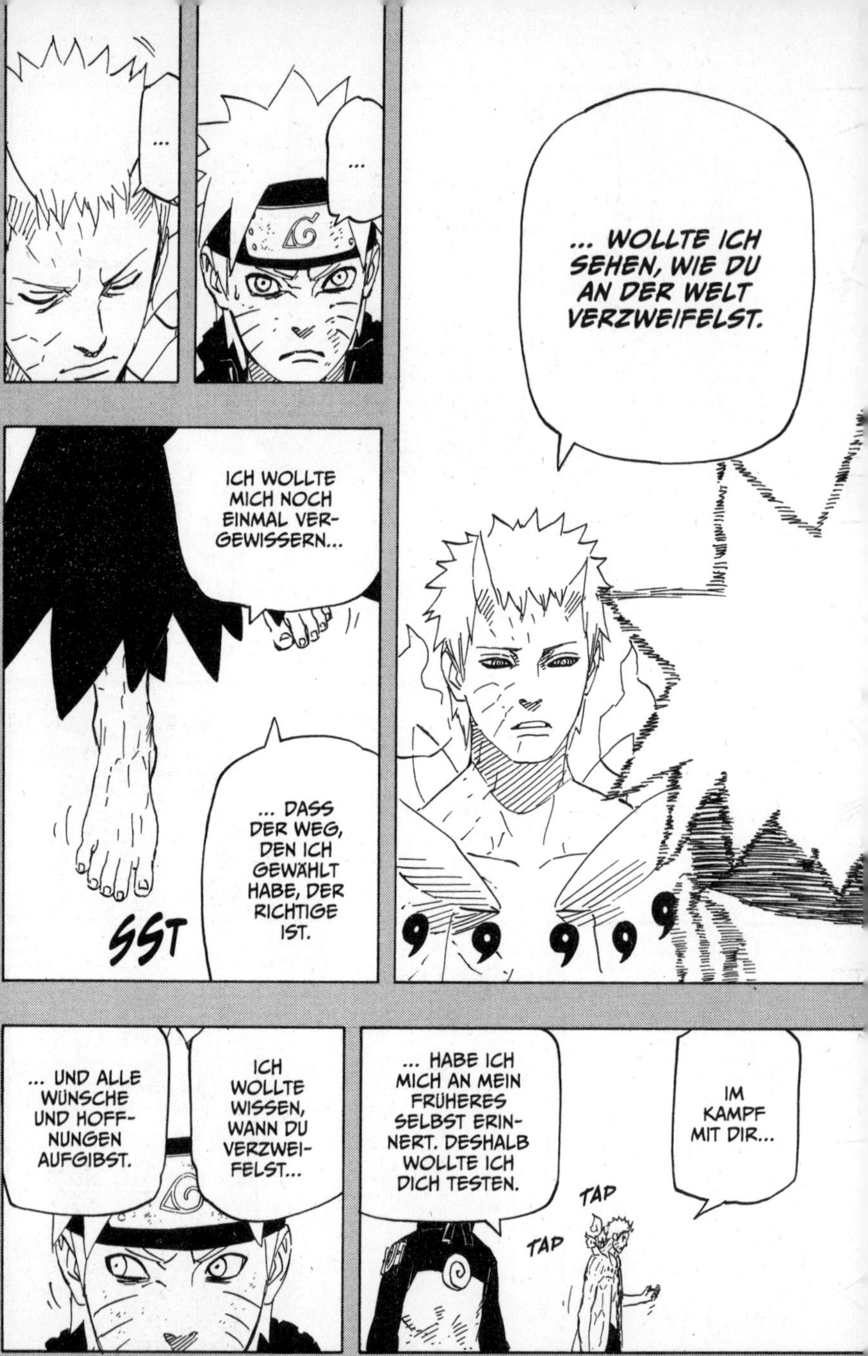
... WOLLTE ICH SEHEN, WIE DU AN DER WELT VERZWEIFELST.
...
...
ICH WOLLTE MICH NOCH EINMAL VER-GEWISSERN...
... DASS DER WEG, DEN ICH GEWÄHLT HABE, DER RICHTIGE IST.
SST
IM KAMPF MIT DIR...
TAP
TAP
... HABE ICH MICH AN MEIN FRÜHERES SELBST ERIN-NERT. DESHALB WOLLTE ICH DICH TESTEN.
ICH WOLLTE WISSEN, WANN DU VERZWEI-FELST...
... UND ALLE WÜNSCHE UND HOFF-NUNGEN AUFGIBST.

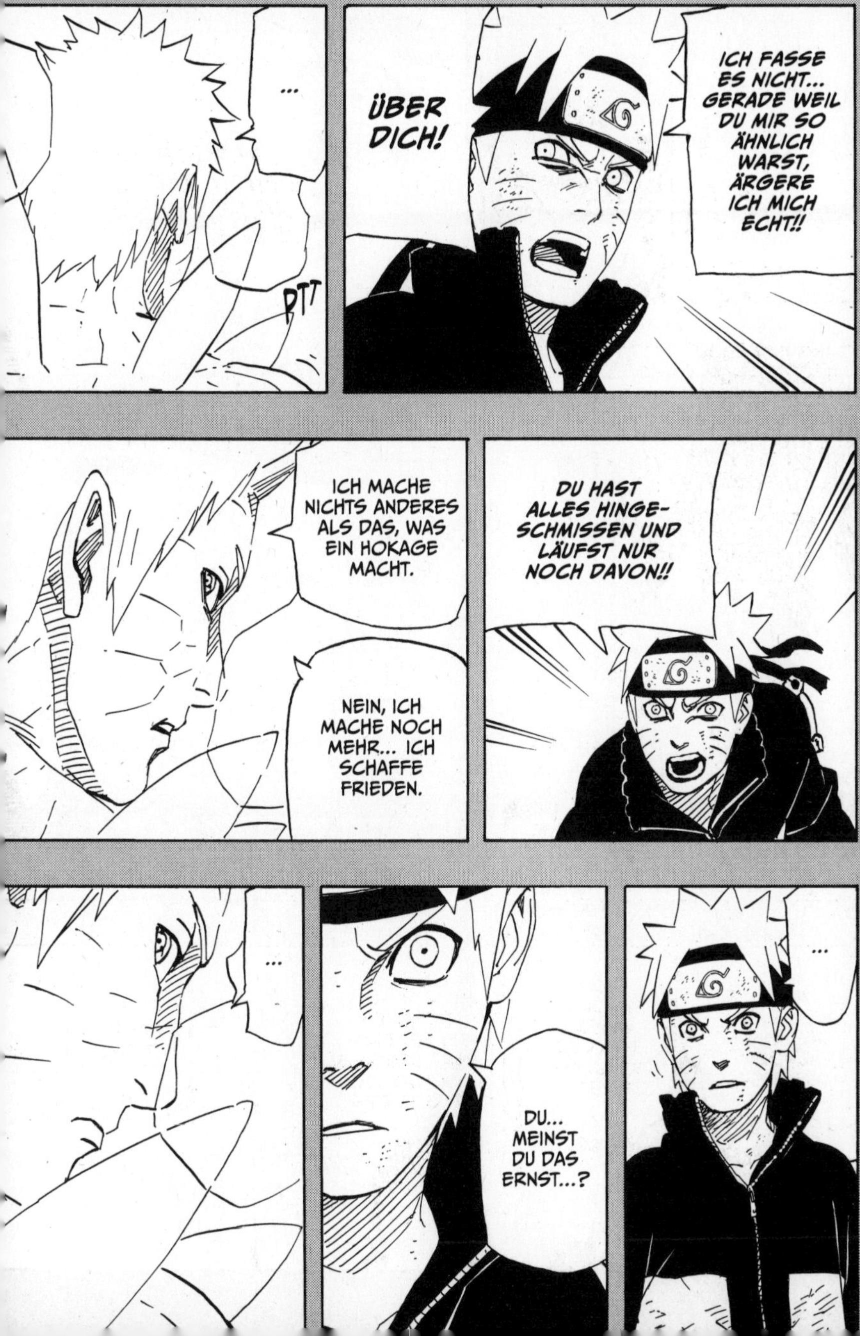
ICH FASSE ES NICHT... GERADE WEIL DU MIR SO ÄHNLICH WARST, ÄRGERE ICH MICH ECHT!!
ÜBER DICH!
...
DTT
DU HAST ALLES HINGE-SCHMISSEN UND LÄUFST NUR NOCH DAVON!!
ICH MACHE NICHTS ANDERES ALS DAS, WAS EIN HOKAGE MACHT.
NEIN, ICH MACHE NOCH MEHR... ICH SCHAFFE FRIEDEN.
...
DU... MEINST DU DAS ERNST...?
...

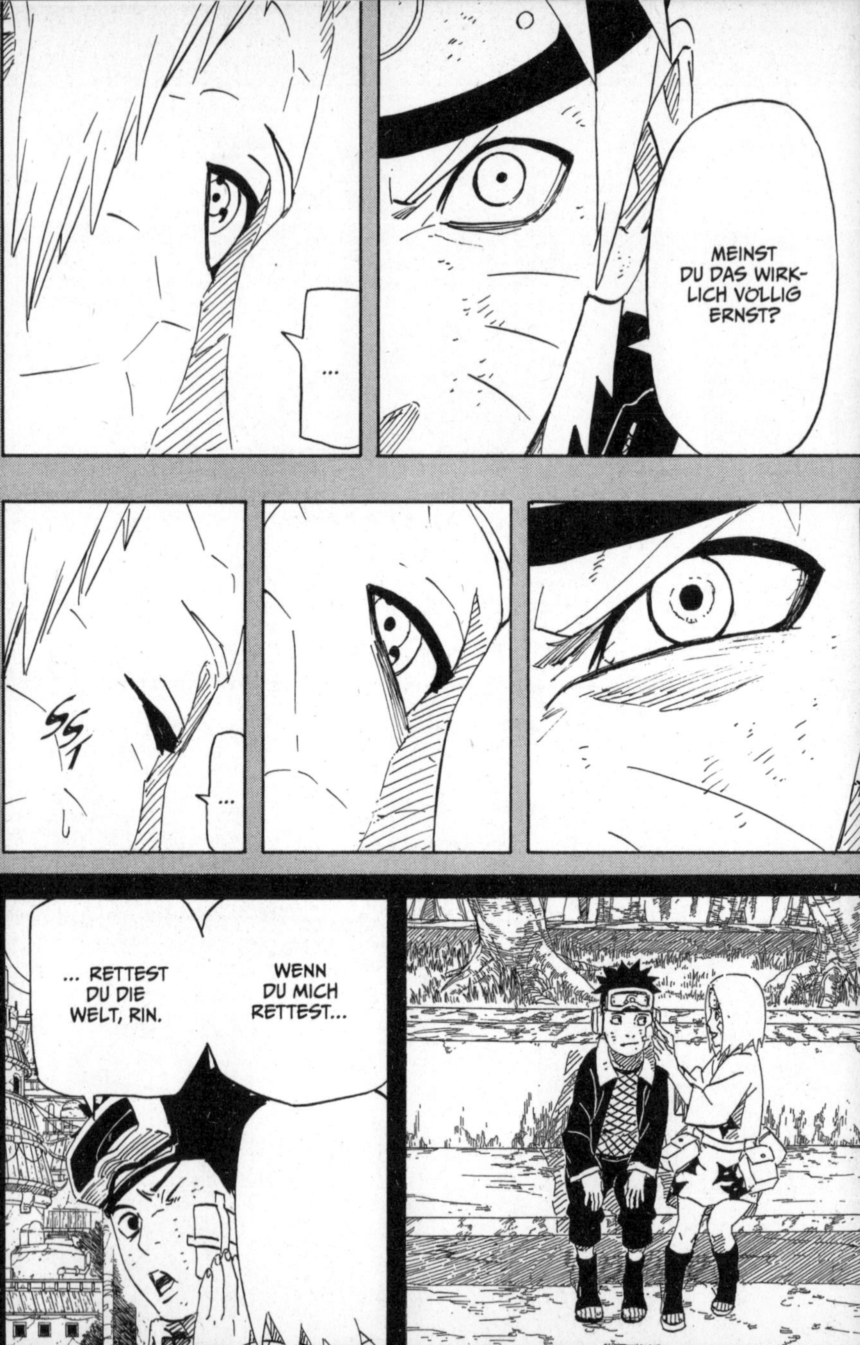
MEINST DU DAS WIRK-LICH VÖLLIG ERNST?
...
...
WENN DU MICH RETTEST...
... RETTEST DU DIE WELT, RIN.

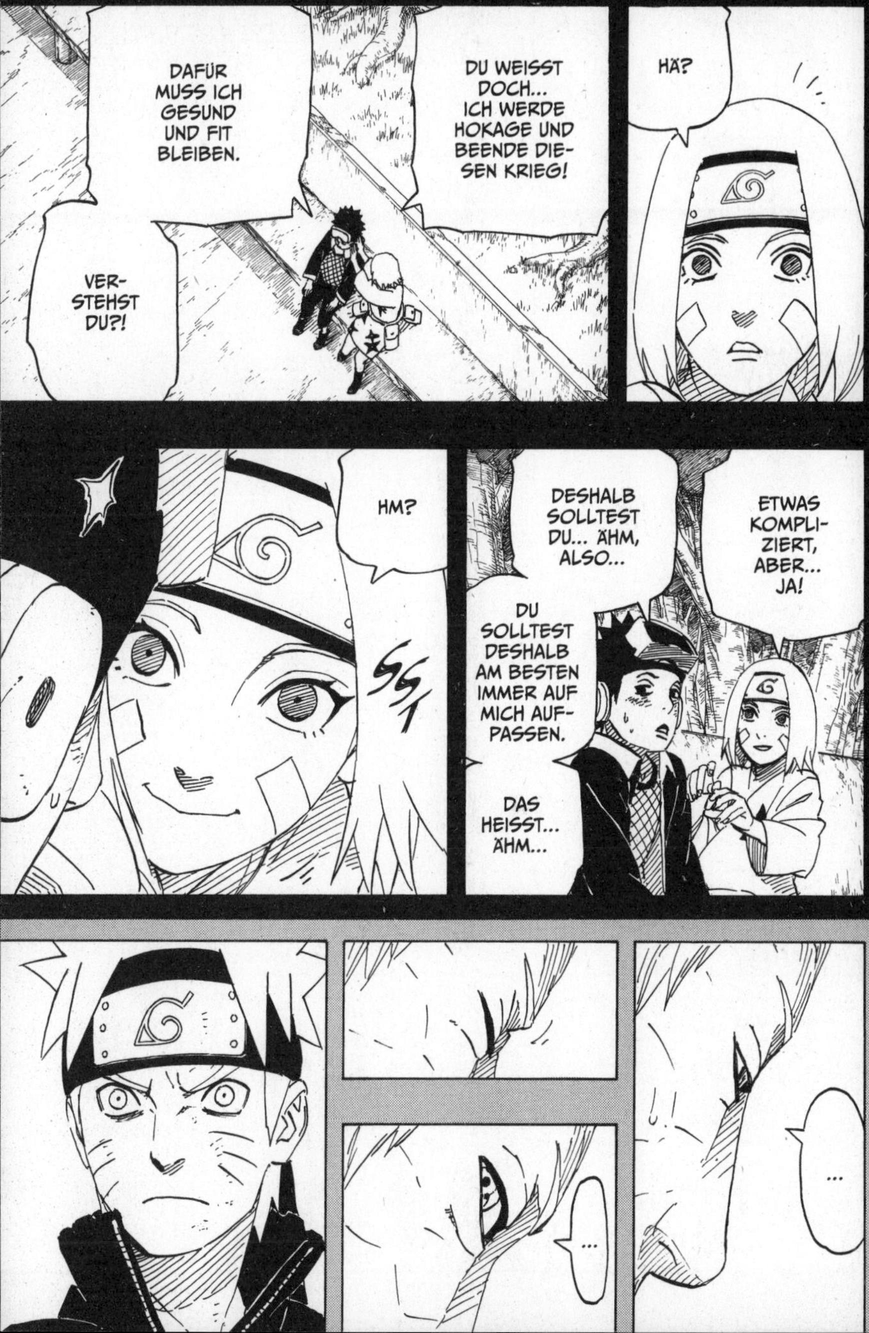
HÄ?
DU WEISST DOCH... ICH WERDE HOKAGE UND BEENDE DIESEN KRIEG!
DAFÜR MUSS ICH GESUND UND FIT BLEIBEN.
VERSTEHST DU?!
ETWAS KOMPLIZIERT, ABER... JA!
DESHALB SOLLTEST DU... ÄHM, ALSO...
DU SOLLTEST DESHALB AM BESTEN IMMER AUF MICH AUFPASSEN.
DAS HEISST... ÄHM...
HM?
...
...

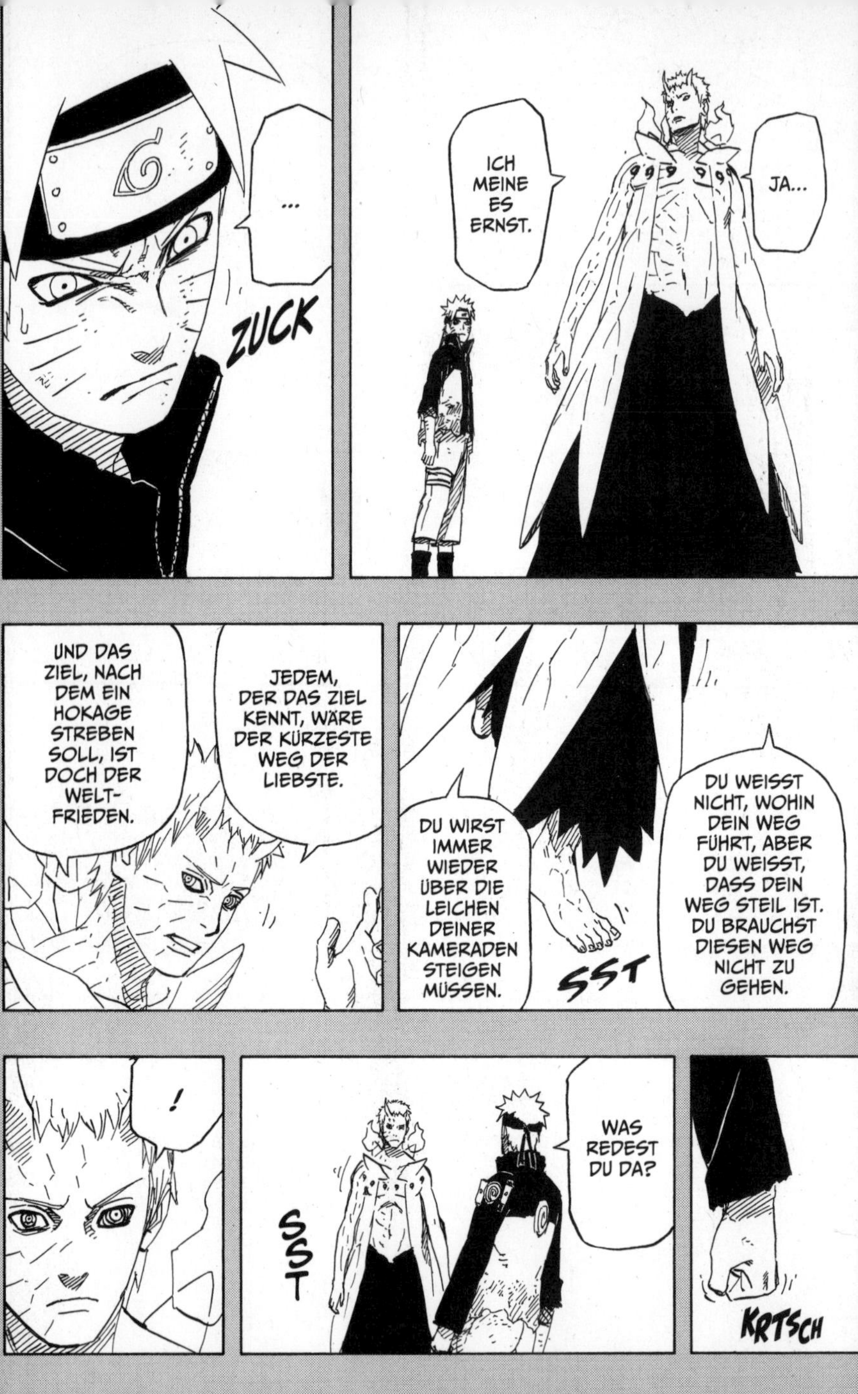
JA...
ICH MEINE ES ERNST.
...
ZUCK
DU WEISST NICHT, WOHIN DEIN WEG FÜHRT, ABER DU WEISST, DASS DEIN WEG STEIL IST. DU BRAUCHST DIESEN WEG NICHT ZU GEHEN.
DU WIRST IMMER WIEDER ÜBER DIE LEICHEN DEINER KAMERADEN STEIGEN MÜSSEN.
SST
JEDEM, DER DAS ZIEL KENNT, WÄRE DER KÜRZESTE WEG DER LIEBSTE.
UND DAS ZIEL, NACH DEM EIN HOKAGE STREBEN SOLL, IST DOCH DER WELT-FRIEDEN.
KRTSCH
WAS REDEST DU DA?
SST
!

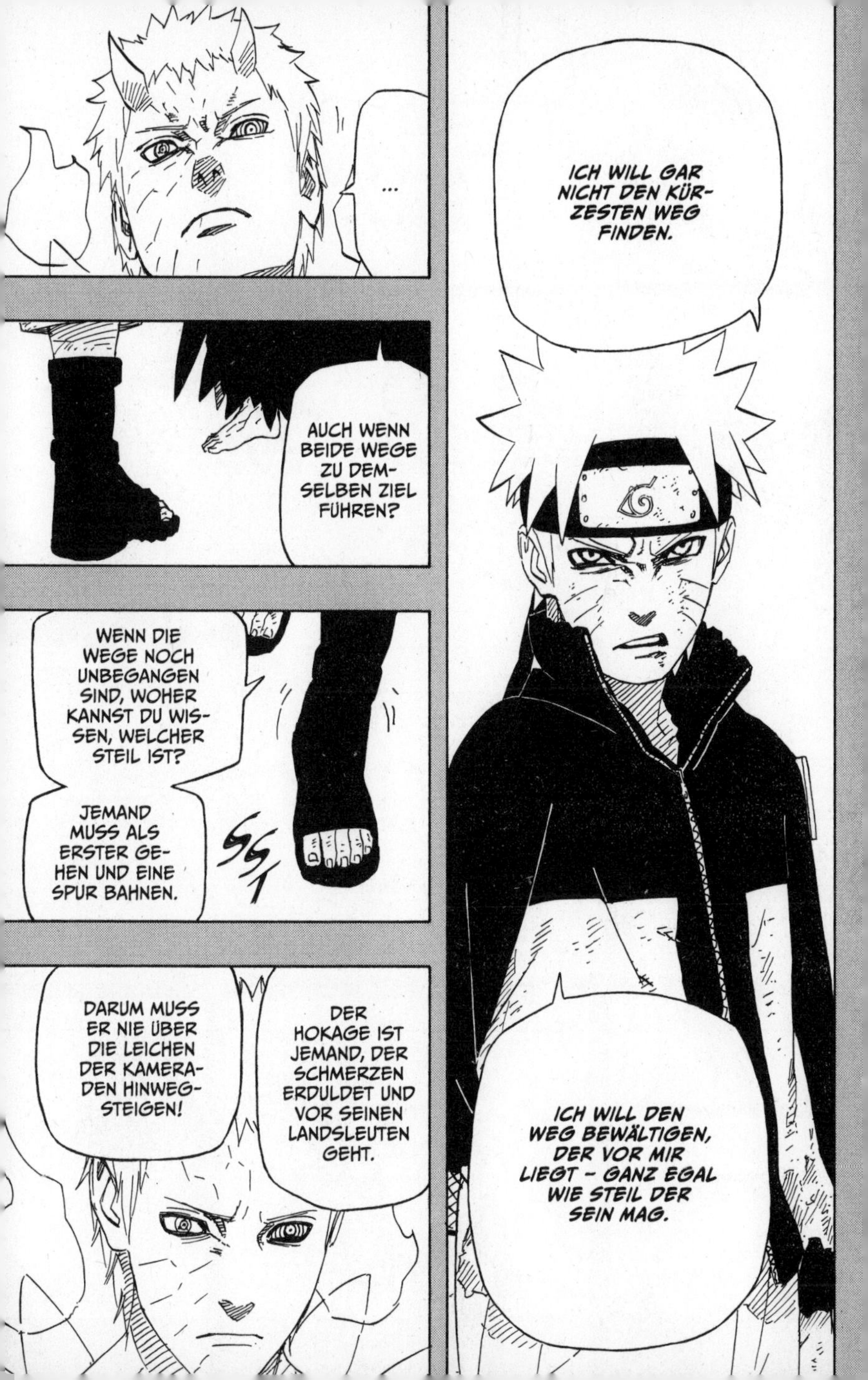
ICH WILL GAR NICHT DEN KÜRZESTEN WEG FINDEN.
ICH WILL DEN WEG BEWÄLTIGEN, DER VOR MIR LIEGT – GANZ EGAL WIE STEIL DER SEIN MAG.
...
AUCH WENN BEIDE WEGE ZU DEMSELBEN ZIEL FÜHREN?
WENN DIE WEGE NOCH UNBEGANGEN SIND, WOHER KANNST DU WISSEN, WELCHER STEIL IST?
JEMAND MUSS ALS ERSTER GEHEN UND EINE SPUR BAHNEN.
DER HOKAGE IST JEMAND, DER SCHMERZEN ERDULDET UND VOR SEINEN LANDSLEUTEN GEHT.
DARUM MUSS ER NIE ÜBER DIE LEICHEN DER KAMERADEN HINWEGSTEIGEN!

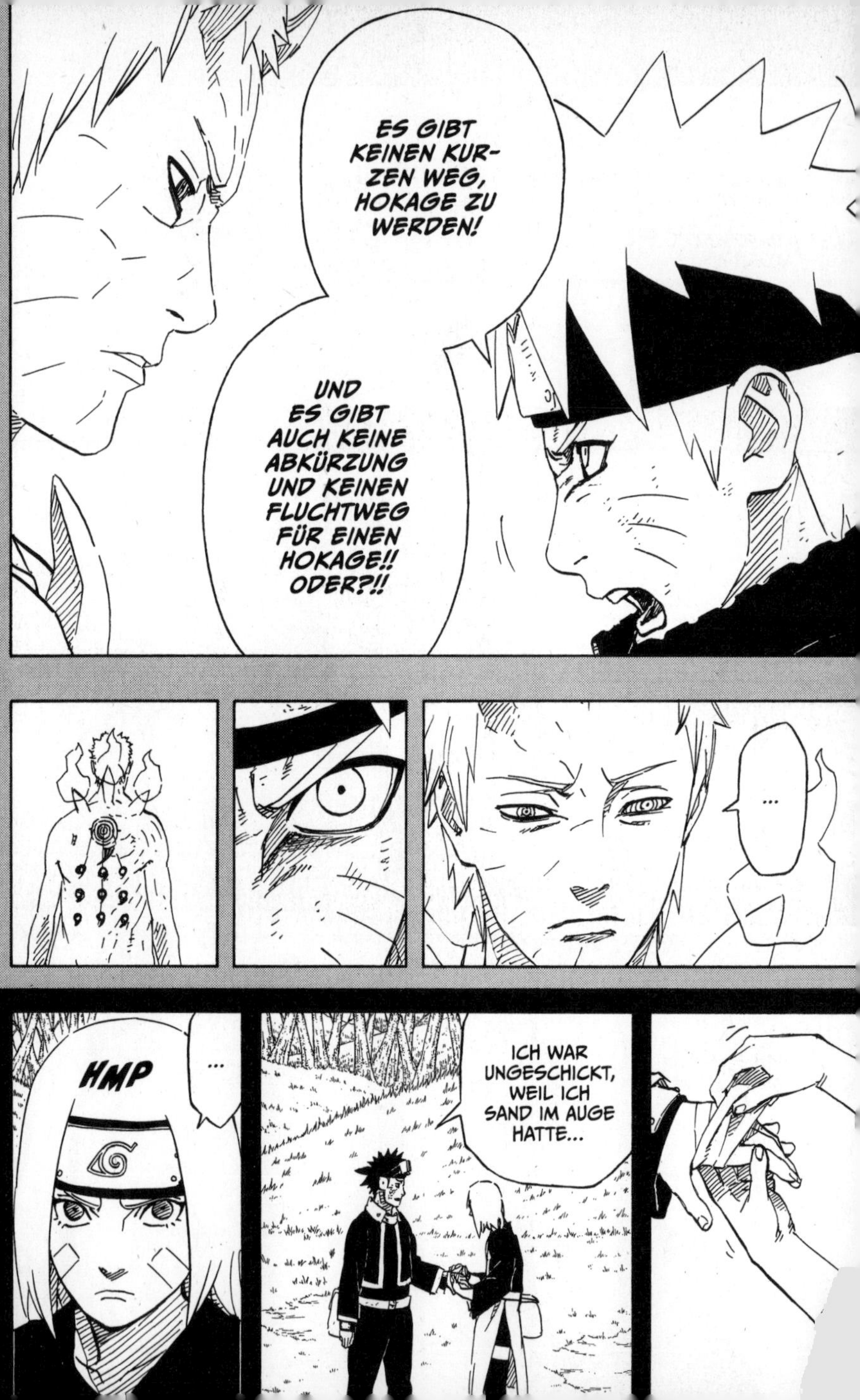
ES GIBT KEINEN KURZEN WEG, HOKAGE ZU WERDEN!
UND ES GIBT AUCH KEINE ABKÜRZUNG UND KEINEN FLUCHTWEG FÜR EINEN HOKAGE!! ODER?!!
...
...
HMP
ICH WAR UNGESCHICKT, WEIL ICH SAND IM AUGE HATTE...

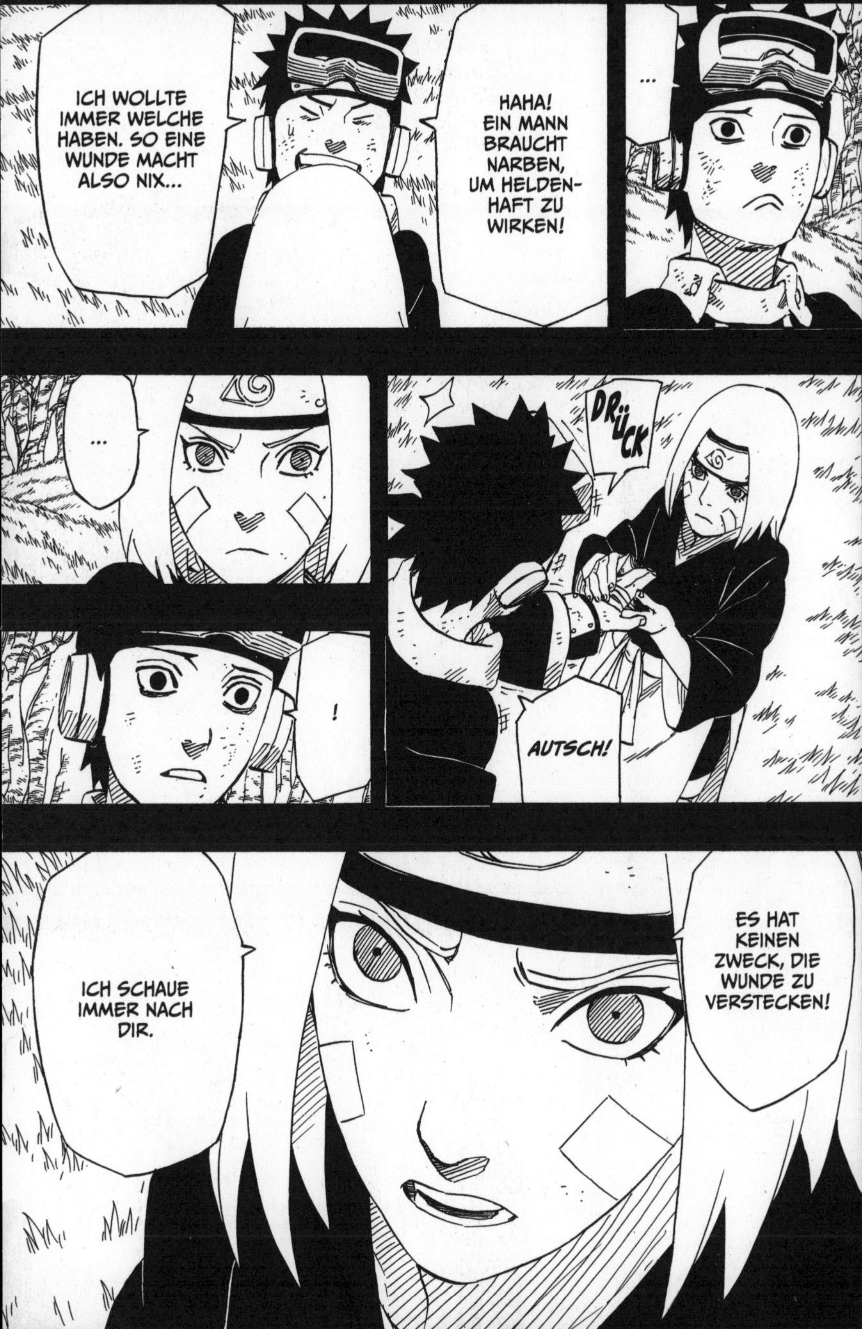

...
HAHA! EIN MANN BRAUCHT NARBEN, UM HELDEN-HAFT ZU WIRKEN!
ICH WOLLTE IMMER WELCHE HABEN. SO EINE WUNDE MACHT ALSO NIX...
DRÜCK
...
AUTSCH!
!
ES HAT KEINEN ZWECK, DIE WUNDE ZU VERSTECKEN!
ICH SCHAUE IMMER NACH DIR.

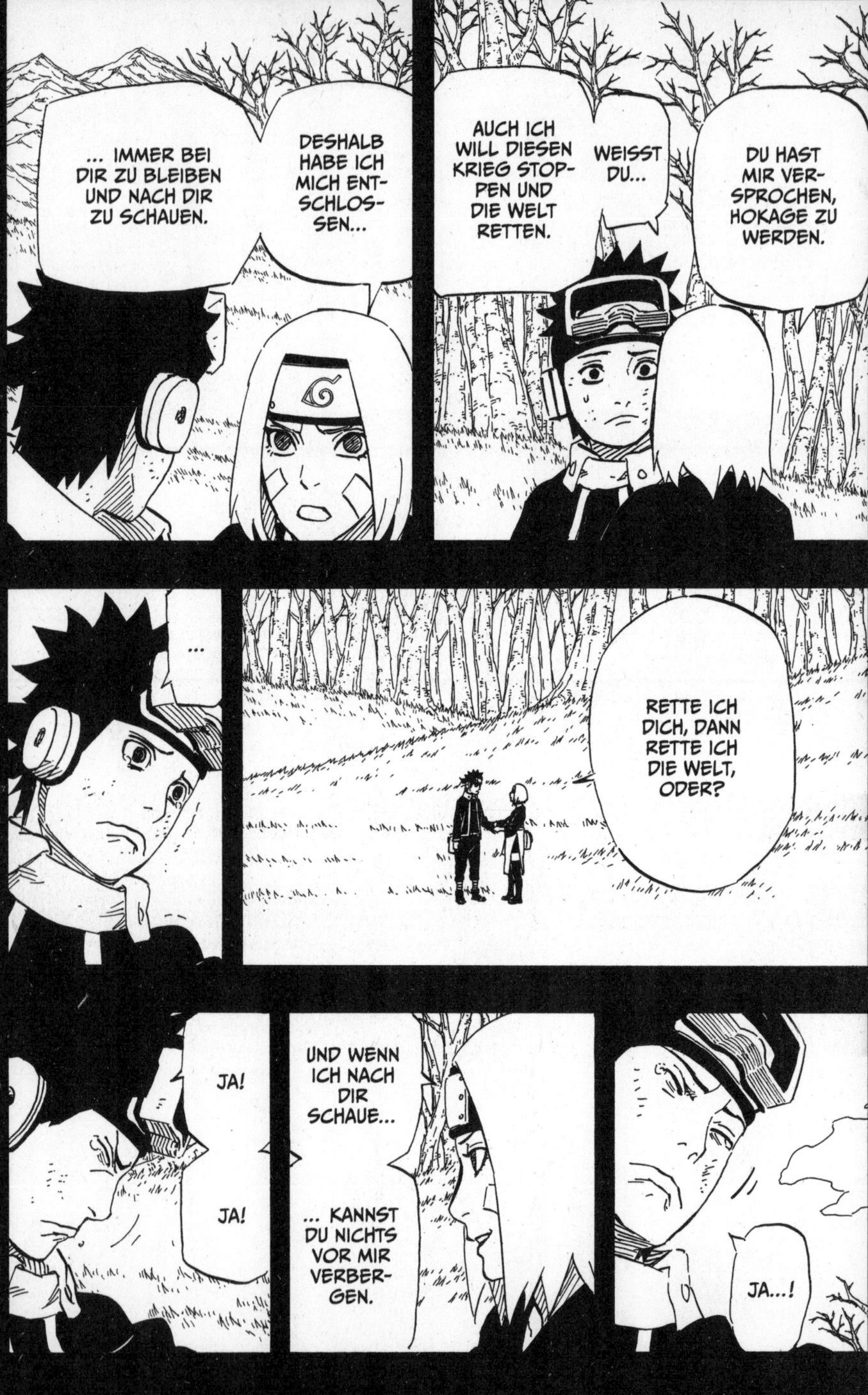
DU HAST MIR VERSPROCHEN, HOKAGE ZU WERDEN.
WEISST DU...
AUCH ICH WILL DIESEN KRIEG STOPPEN UND DIE WELT RETTEN.
DESHALB HABE ICH MICH ENTSCHLOSSEN...
... IMMER BEI DIR ZU BLEIBEN UND NACH DIR ZU SCHAUEN.
RETTE ICH DICH, DANN RETTE ICH DIE WELT, ODER?
...
JA...!
UND WENN ICH NACH DIR SCHAUE...
... KANNST DU NICHTS VOR MIR VERBERGEN.
JA!
JA!

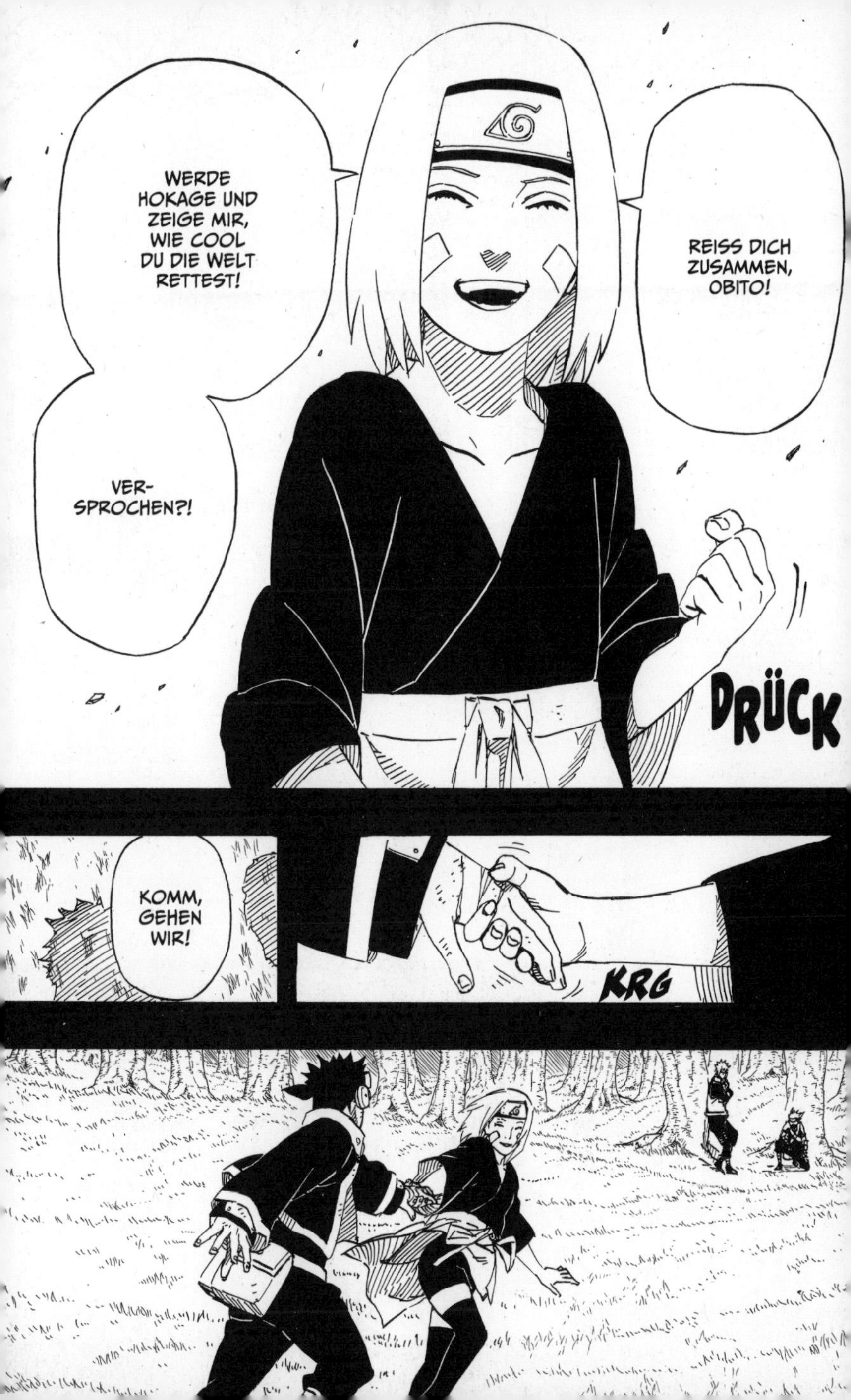
REISS DICH ZUSAMMEN, OBITO!
WERDE HOKAGE UND ZEIGE MIR, WIE COOL DU DIE WELT RETTEST!
VER-SPROCHEN?!
DRÜCK
KRG
KOMM, GEHEN WIR!

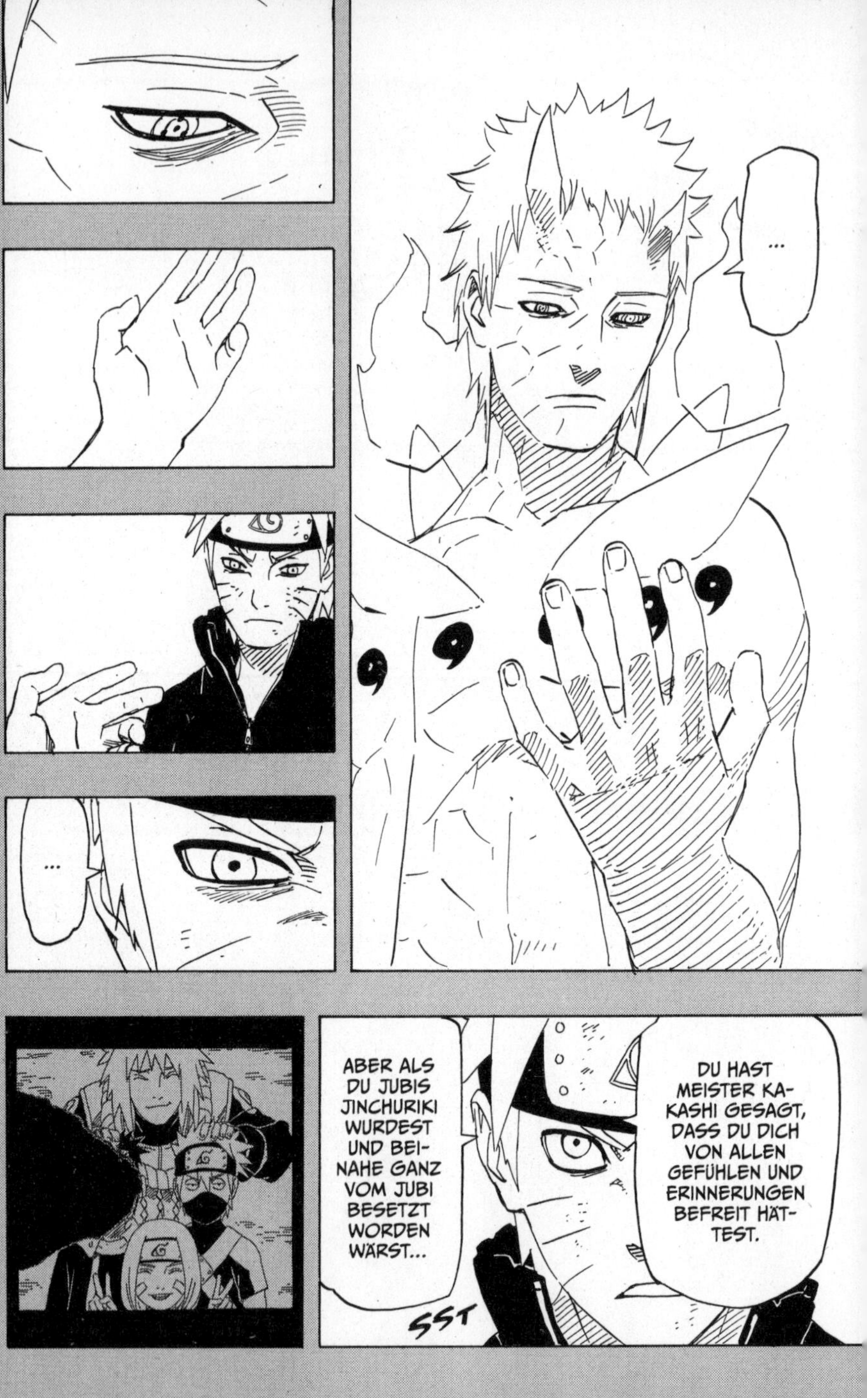
...
...
DU HAST MEISTER KA-KASHI GESAGT, DASS DU DICH VON ALLEN GEFÜHLEN UND ERINNERUNGEN BEFREIT HÄT-TEST.
ABER ALS DU JUBIS JINCHURIKI WURDEST UND BEI-NAHE GANZ VOM JUBI BESETZT WORDEN WÄRST...
SST

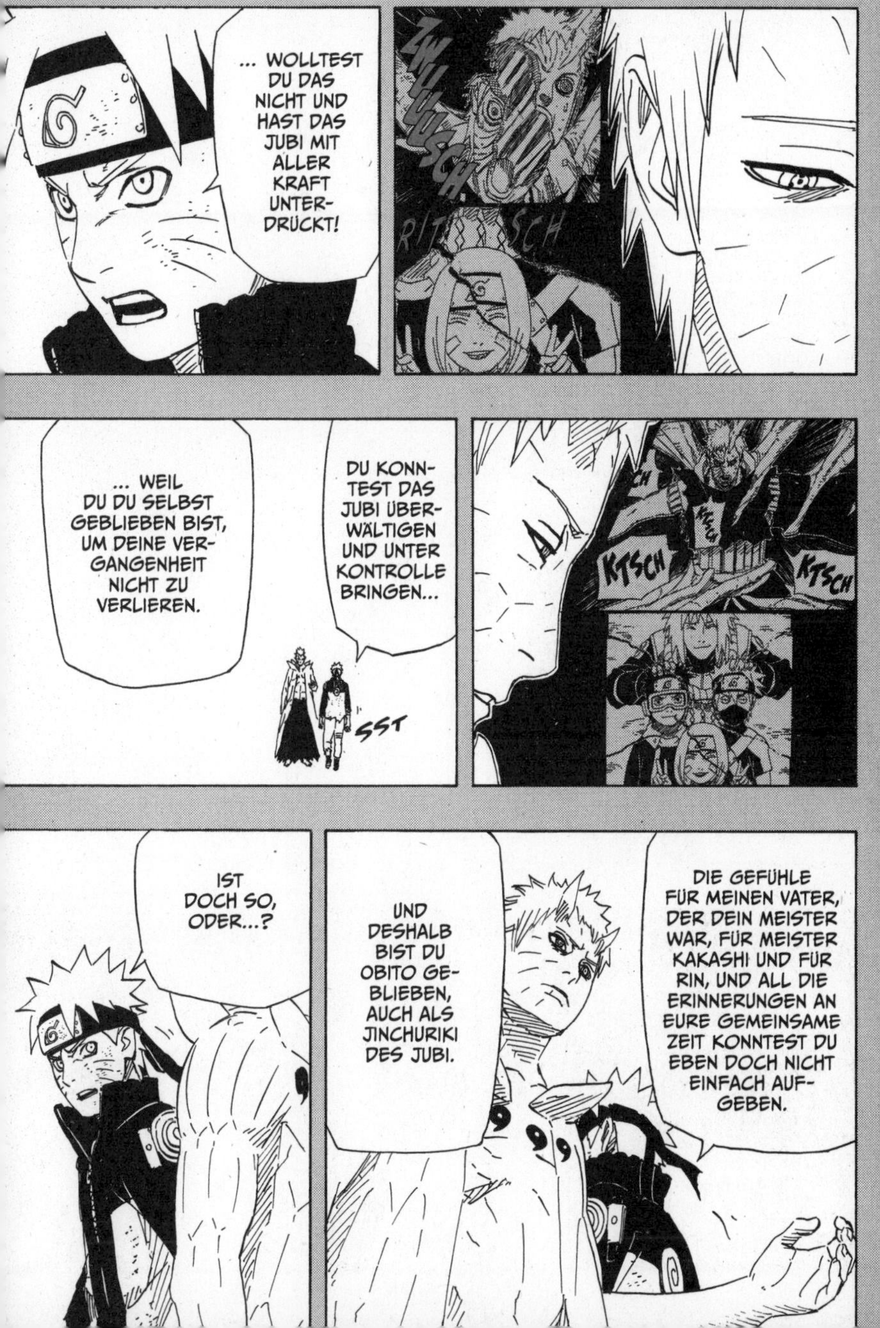

ZWUUUSCH
RITSCH
... WOLLTEST DU DAS NICHT UND HAST DAS JUBI MIT ALLER KRAFT UNTER-DRÜCKT!
KTSCH
KTSCH
DU KONN-TEST DAS JUBI ÜBER-WÄLTIGEN UND UNTER KONTROLLE BRINGEN...
... WEIL DU DU SELBST GEBLIEBEN BIST, UM DEINE VER-GANGENHEIT NICHT ZU VERLIEREN.
SST
DIE GEFÜHLE FÜR MEINEN VATER, DER DEIN MEISTER WAR, FÜR MEISTER KAKASHI UND FÜR RIN, UND ALL DIE ERINNERUNGEN AN EURE GEMEINSAME ZEIT KONNTEST DU EBEN DOCH NICHT EINFACH AUF-GEBEN.
UND DESHALB BIST DU OBITO GE-BLIEBEN, AUCH ALS JINCHURIKI DES JUBI.
IST DOCH SO, ODER...?

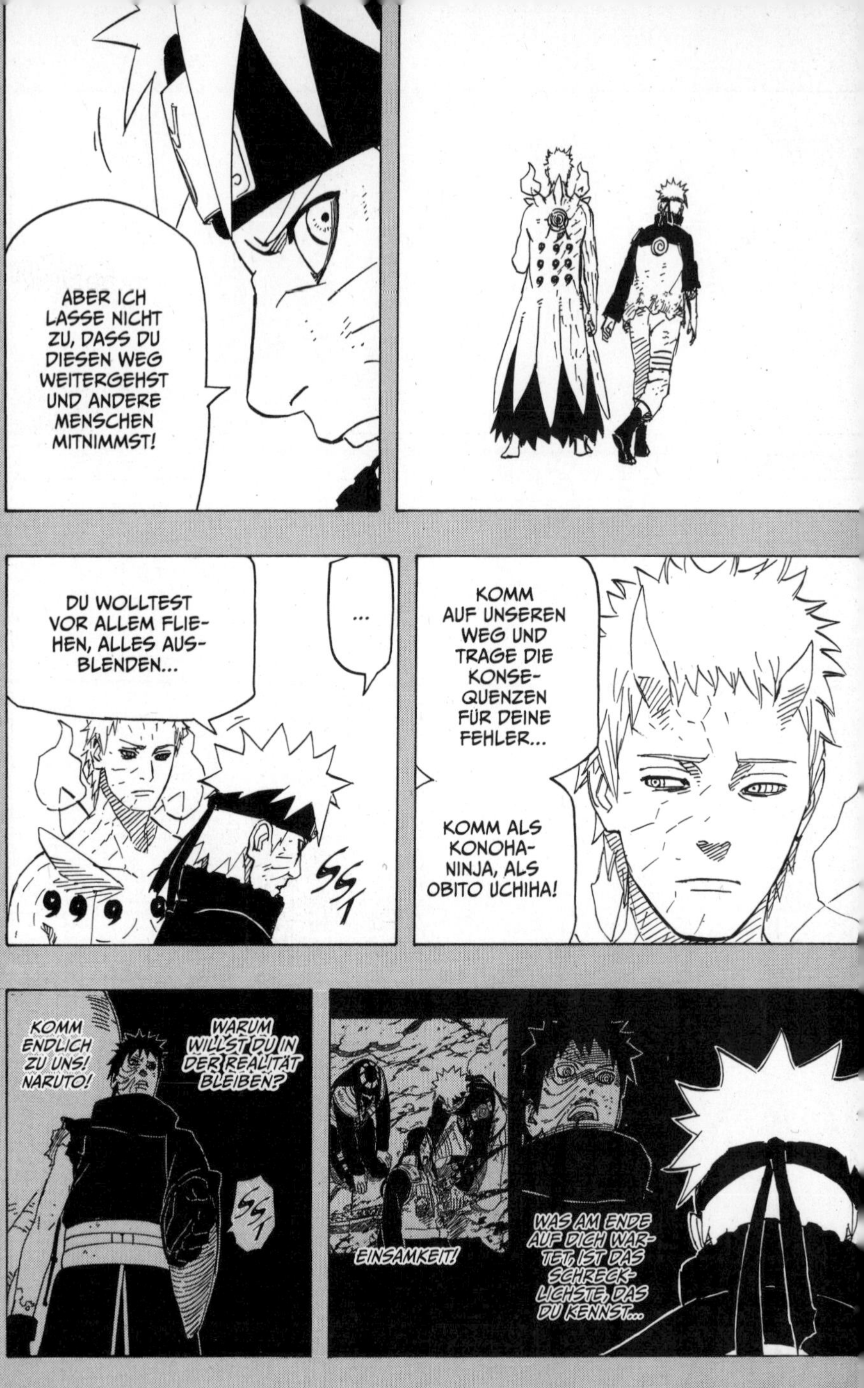
ABER ICH LASSE NICHT ZU, DASS DU DIESEN WEG WEITERGEHST UND ANDERE MENSCHEN MITNIMMST!
KOMM AUF UNSEREN WEG UND TRAGE DIE KONSE-QUENZEN FÜR DEINE FEHLER...
KOMM ALS KONOHA-NINJA, ALS OBITO UCHIHA!
...
DU WOLLTEST VOR ALLEM FLIE-HEN, ALLES AUS-BLENDEN...
WAS AM ENDE AUF DICH WAR-TET, IST DAS SCHRECK-LICHSTE, DAS DU KENNST...
EINSAMKEIT!
WARUM WILLST DU IN DER REALITÄT BLEIBEN?
KOMM ENDLICH ZU UNS! NARUTO!

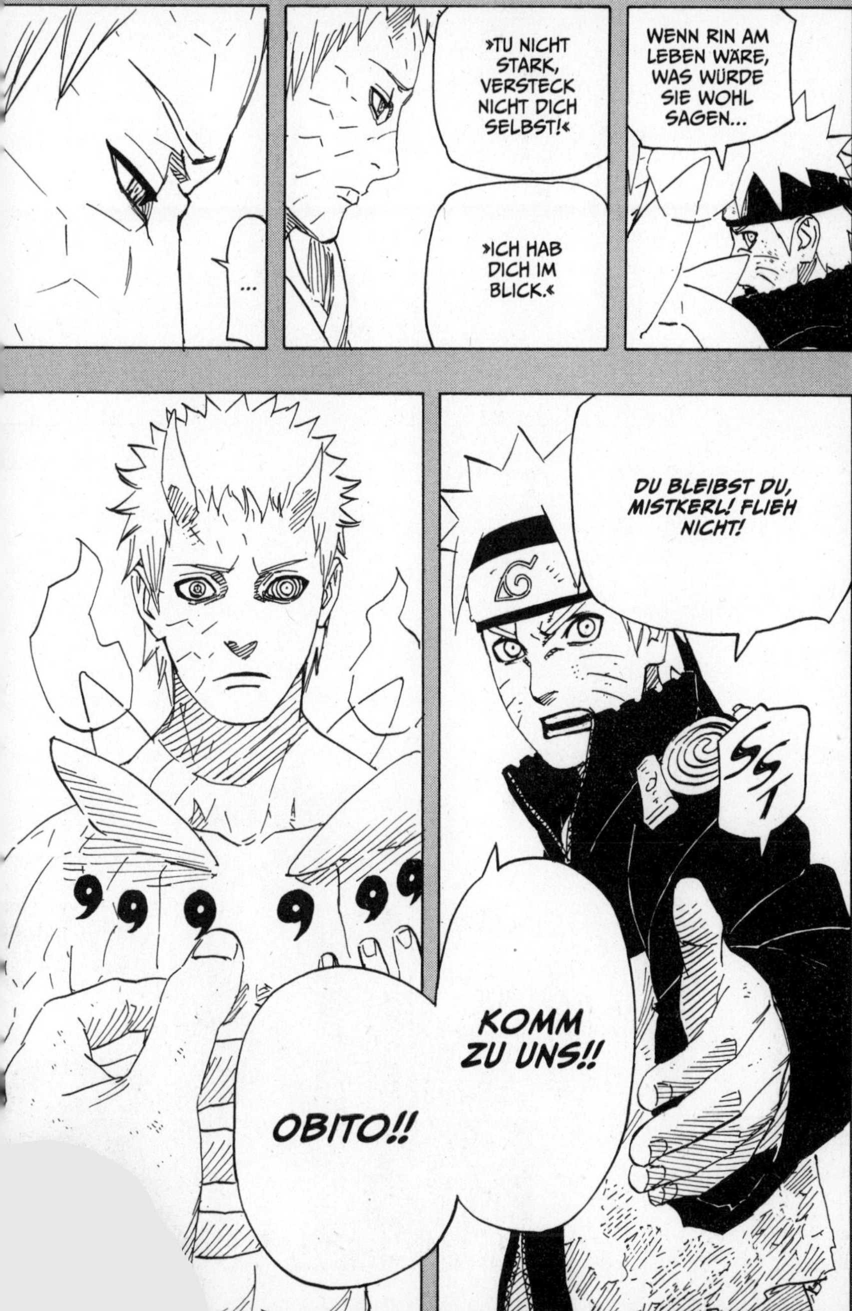
WENN RIN AM LEBEN WÄRE, WAS WÜRDE SIE WOHL SAGEN...
»TU NICHT STARK, VERSTECK NICHT DICH SELBST!«
»ICH HAB DICH IM BLICK.«
...
DU BLEIBST DU, MISTKERL! FLIEH NICHT!
SST
KOMM ZU UNS!!
OBITO!!

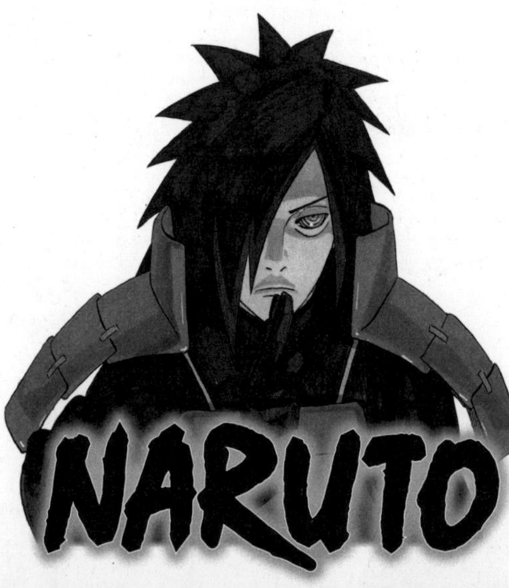
NARUTO

654. Kapitel: Du bist Obito Uchiha!

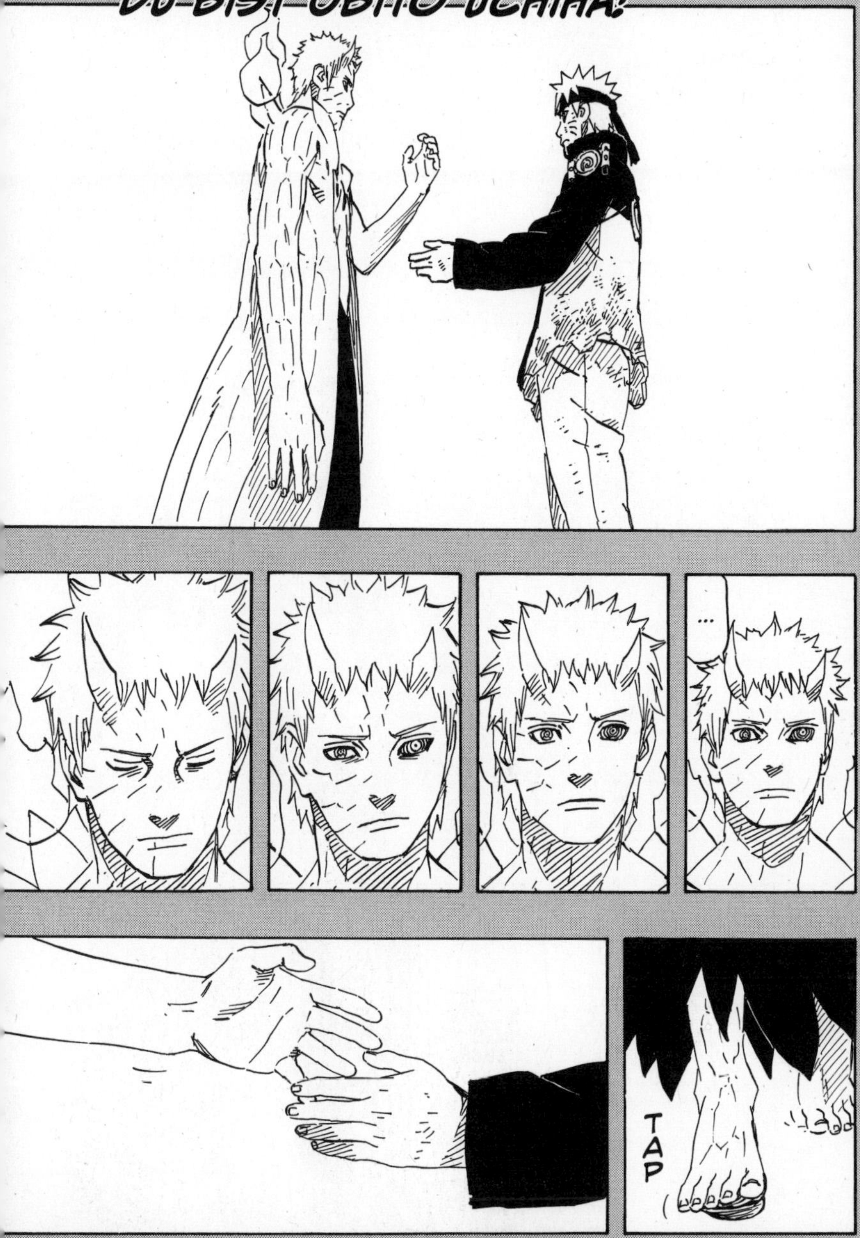

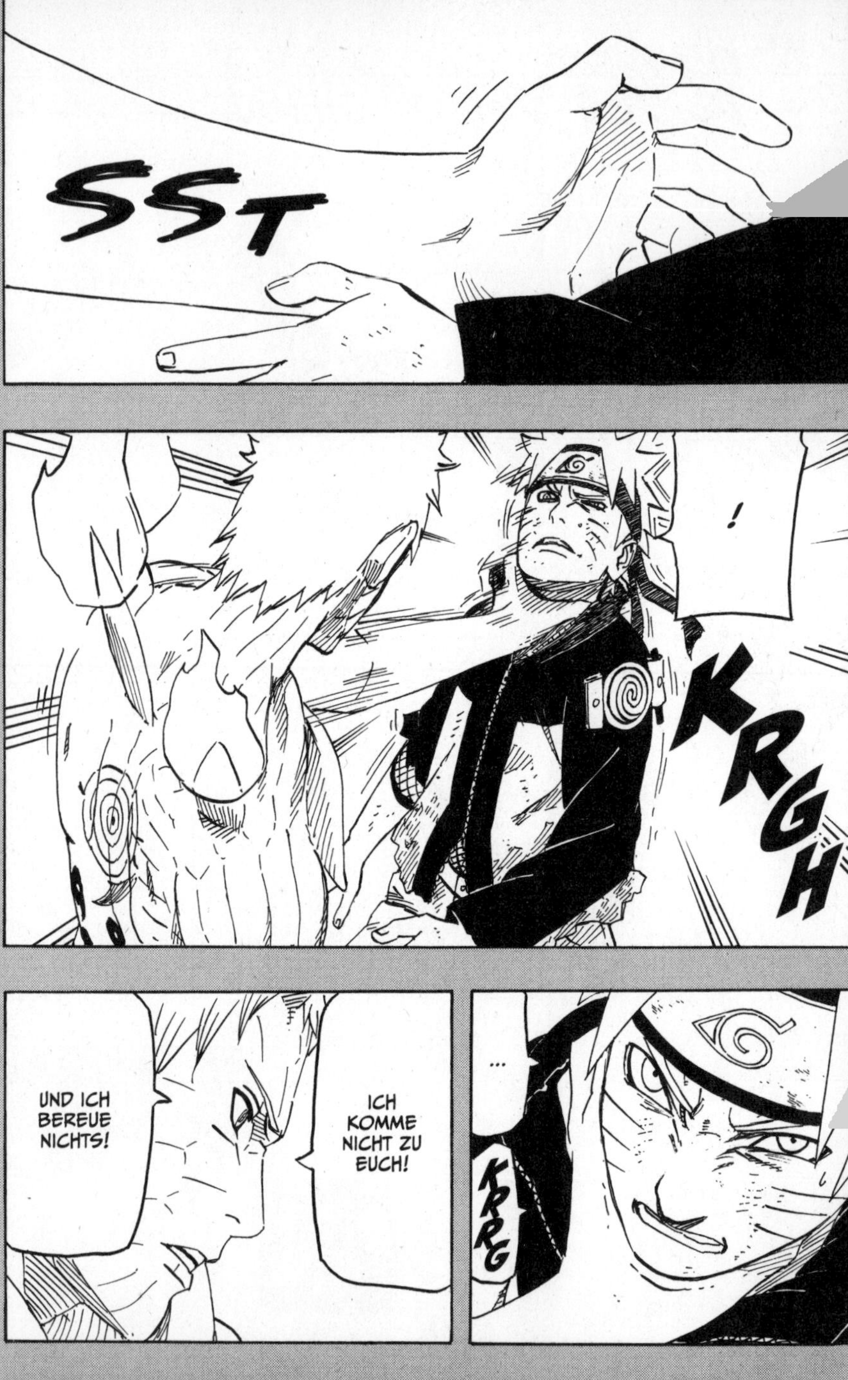
SST
!
KRGH
...
KRRG
ICH KOMME NICHT ZU EUCH!
UND ICH BEREUE NICHTS!

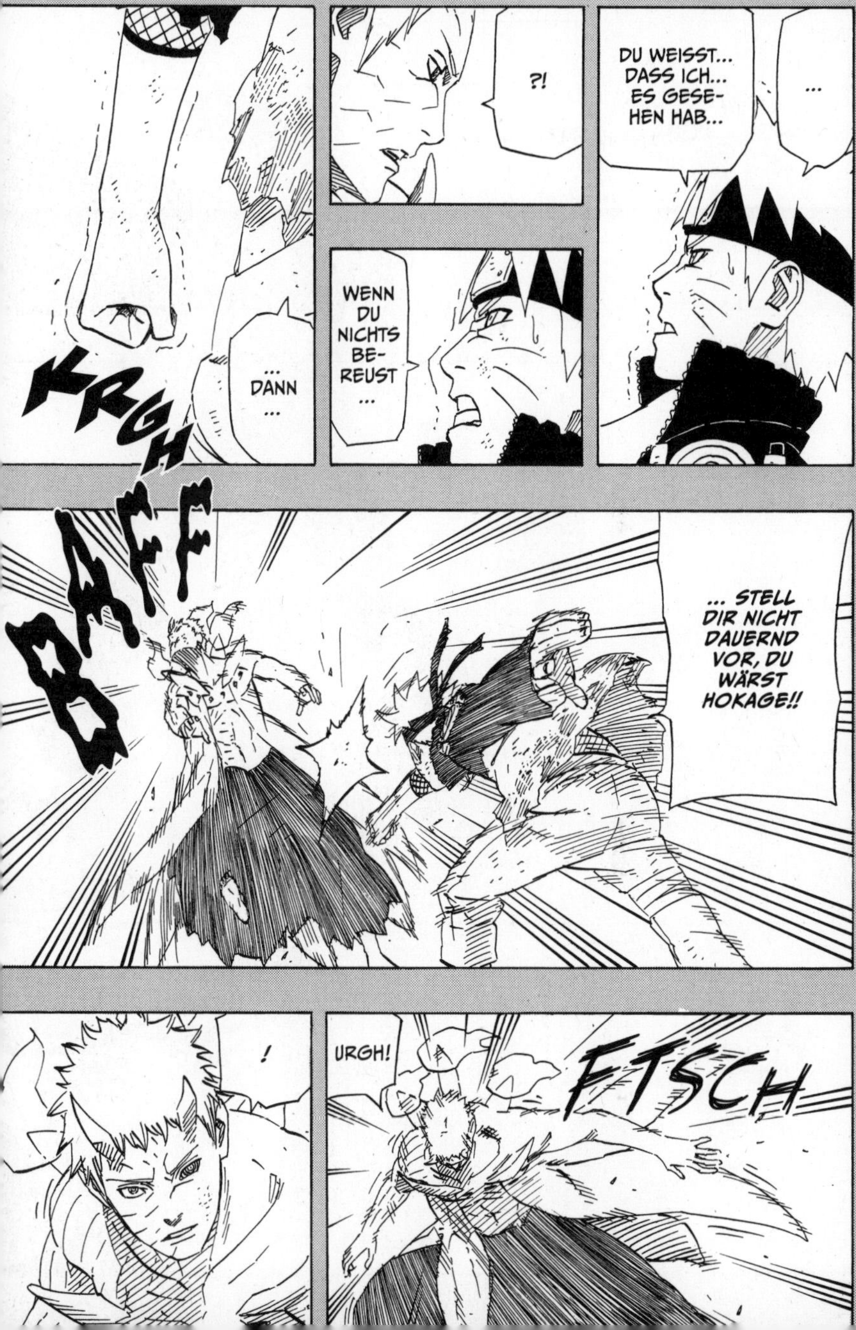
...
DU WEISST... DASS ICH... ES GESEHEN HAB...
?!
WENN DU NICHTS BEREUST ...
... DANN ...
KRGH
BAFF
... STELL DIR NICHT DAUERND VOR, DU WÄRST HOKAGE!!
FTSCH
URGH!
!

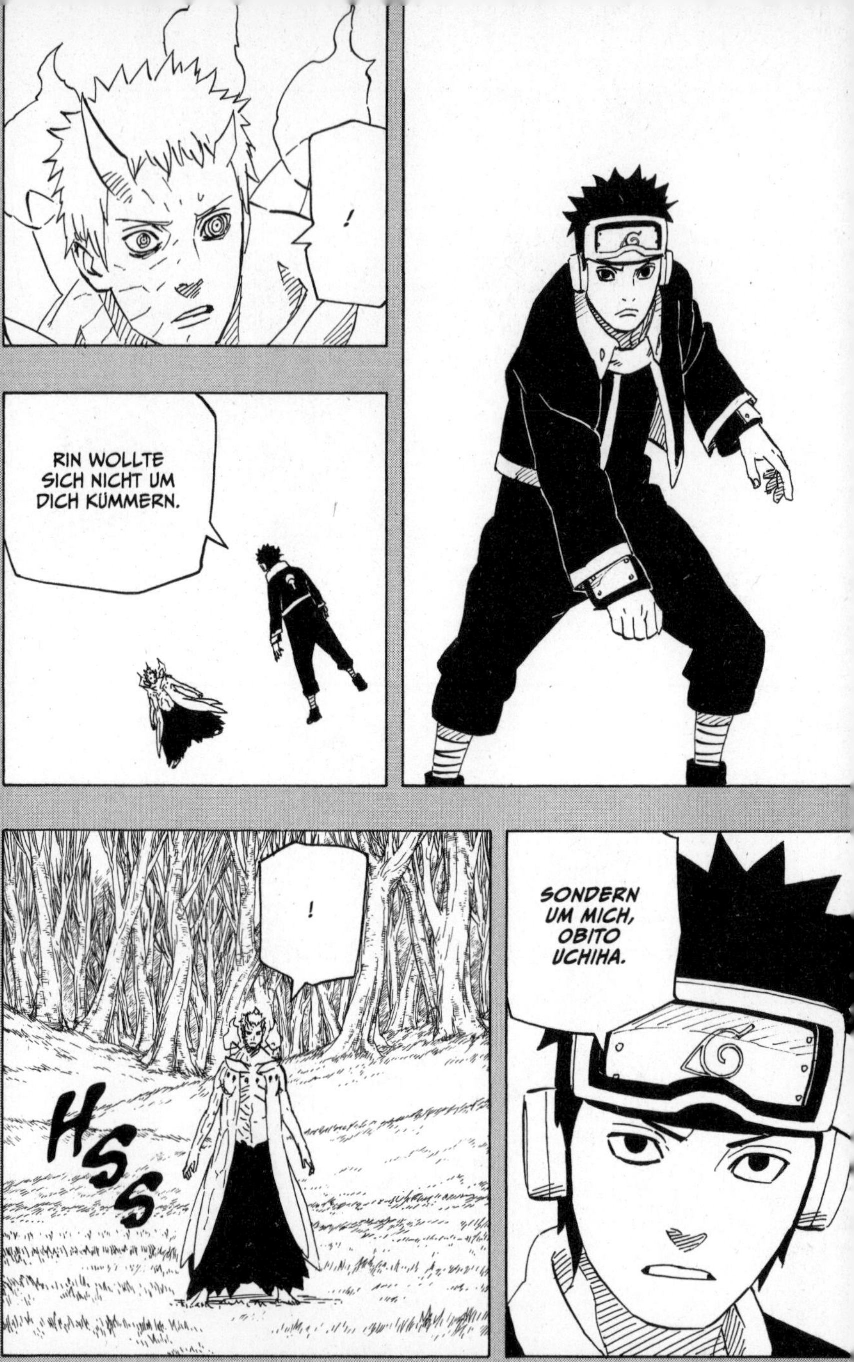
!
RIN WOLLTE SICH NICHT UM DICH KÜMMERN.
SONDERN UM MICH, OBITO UCHIHA.
!
HSS

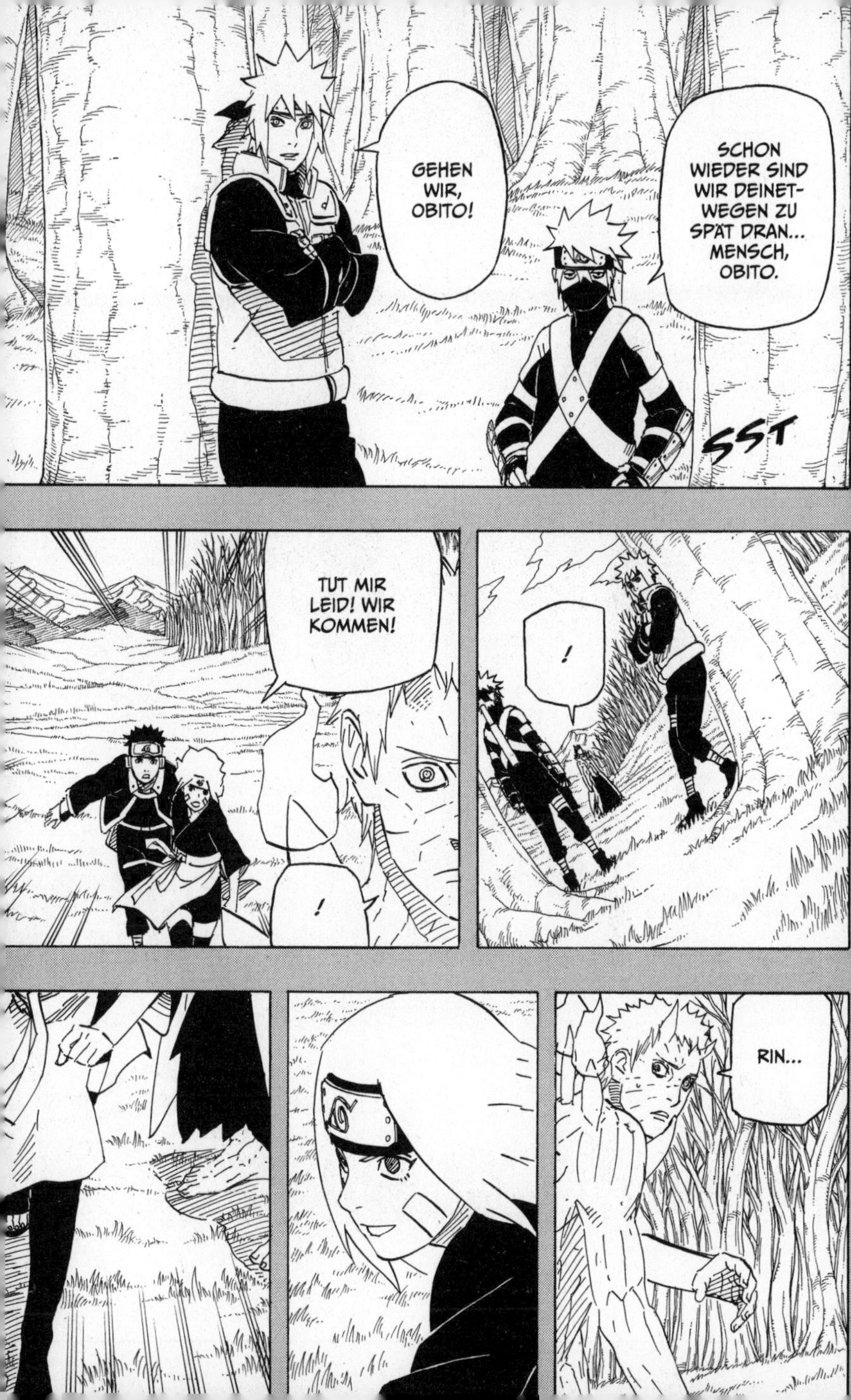
SCHON WIEDER SIND WIR DEINETWEGEN ZU SPÄT DRAN... MENSCH, OBITO.
GEHEN WIR, OBITO!
SST
!
TUT MIR LEID! WIR KOMMEN!
!
RIN...

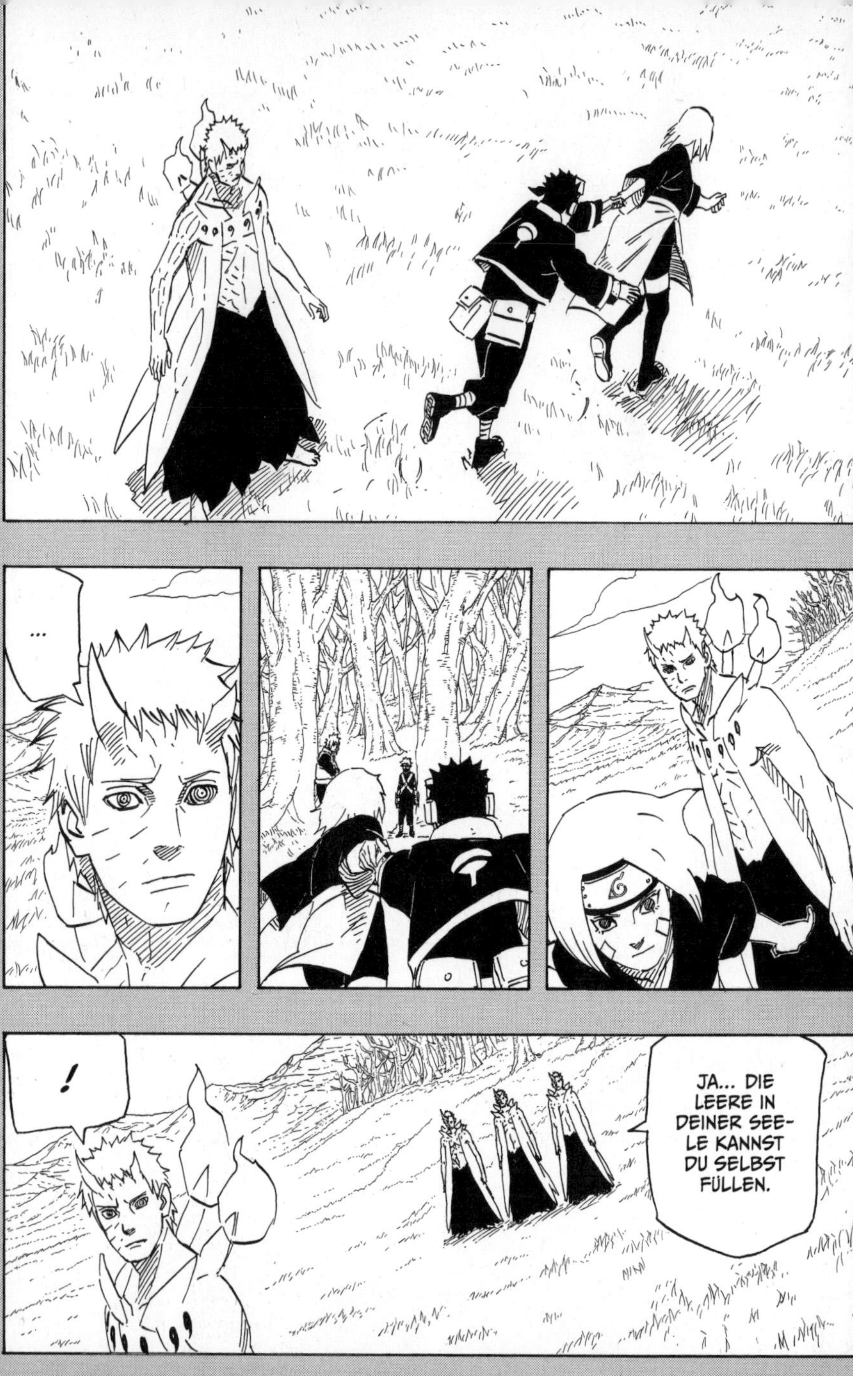
...
JA... DIE LEERE IN DEINER SEELE KANNST DU SELBST FÜLLEN.
!

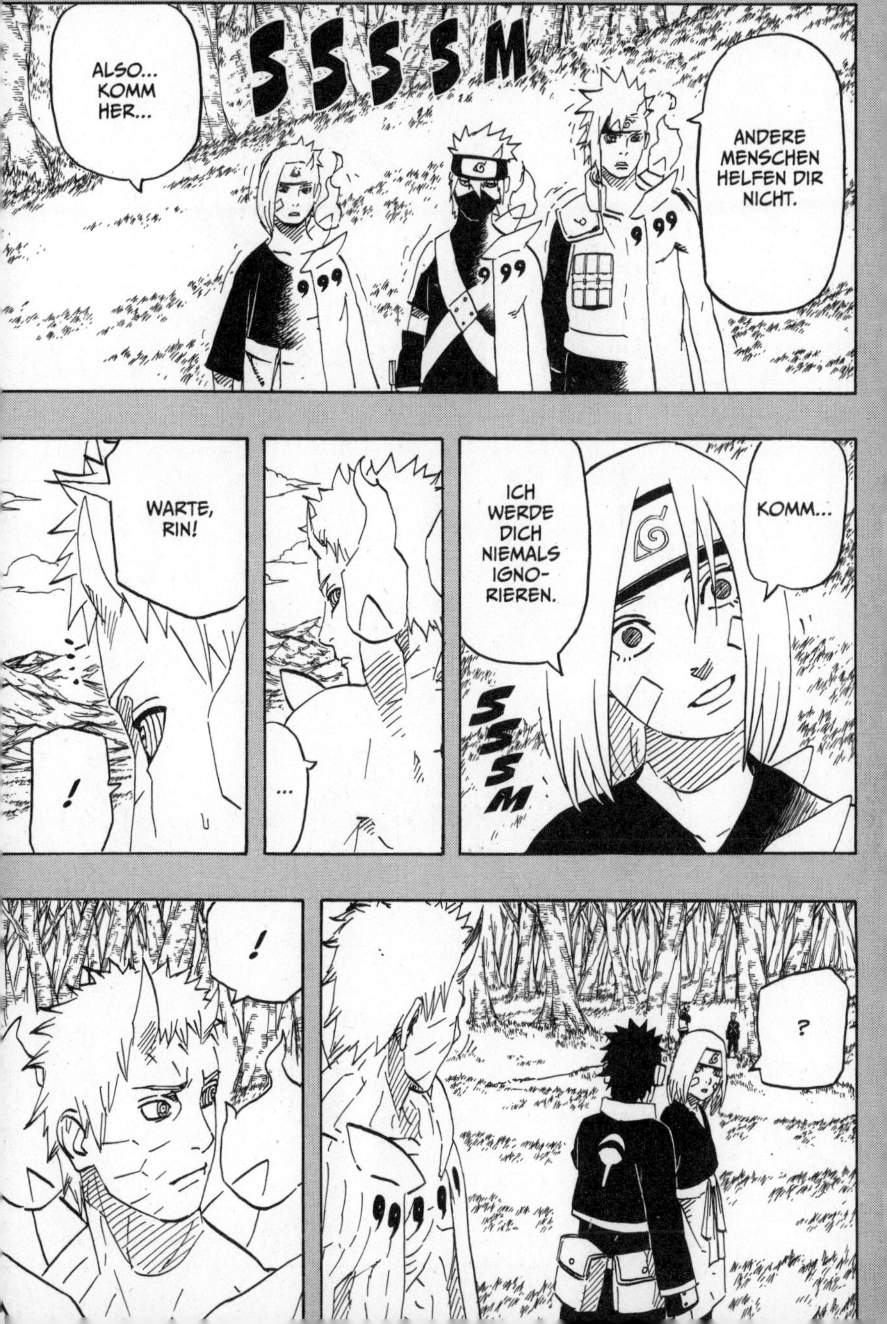
ANDERE MENSCHEN HELFEN DIR NICHT.
SSSSSM
ALSO... KOMM HER...
KOMM...
ICH WERDE DICH NIEMALS IGNORIEREN.
SSSM
...
WARTE, RIN!
!
!
?

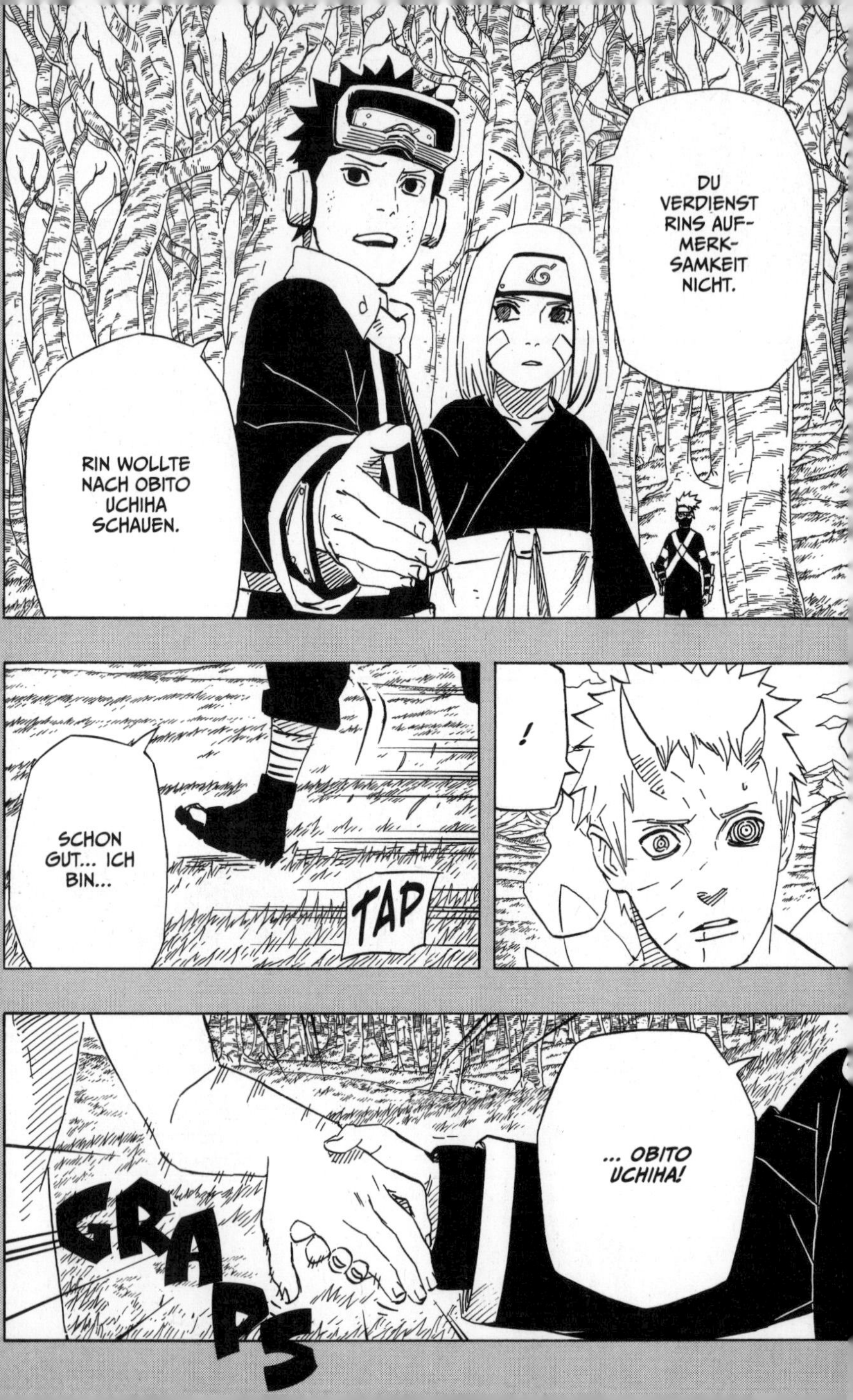
DU VERDIENST RINS AUF-MERK-SAMKEIT NICHT.
RIN WOLLTE NACH OBITO UCHIHA SCHAUEN.
!
SCHON GUT... ICH BIN...
TAP
... OBITO UCHIHA!
GRAPS

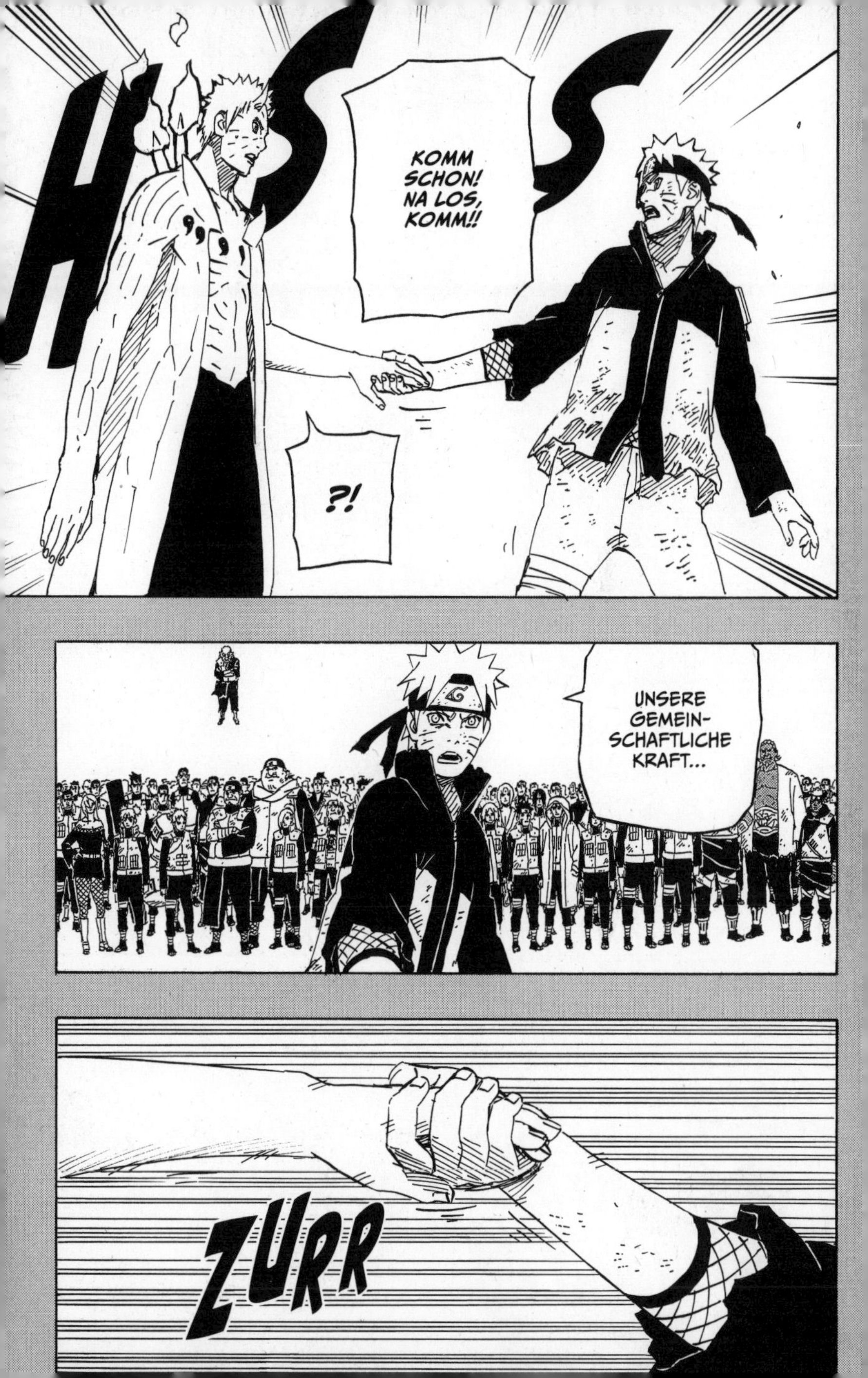
HISS
KOMM SCHON! NA LOS, KOMM!!
?!
UNSERE GEMEIN-SCHAFTLICHE KRAFT...
ZURR

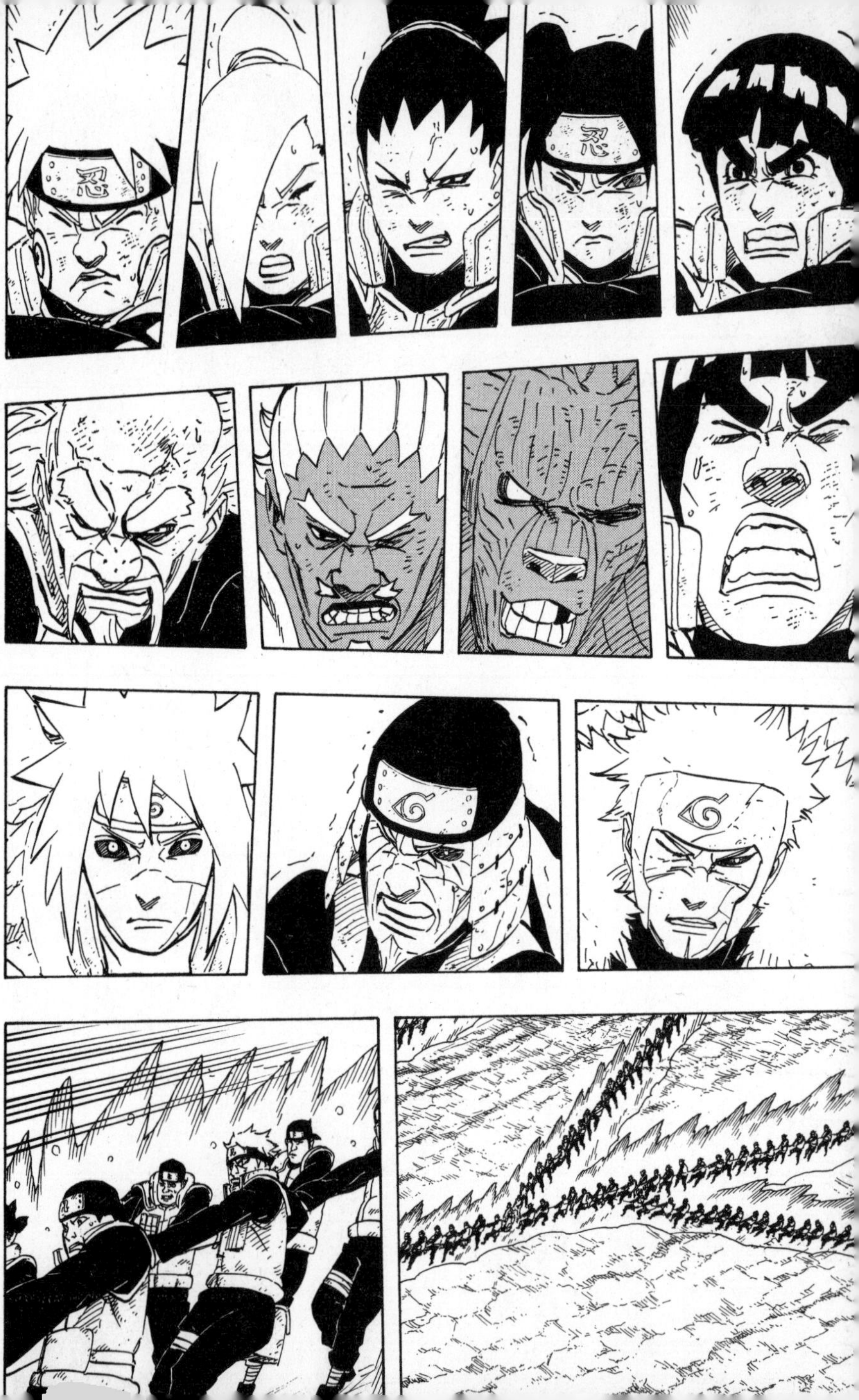

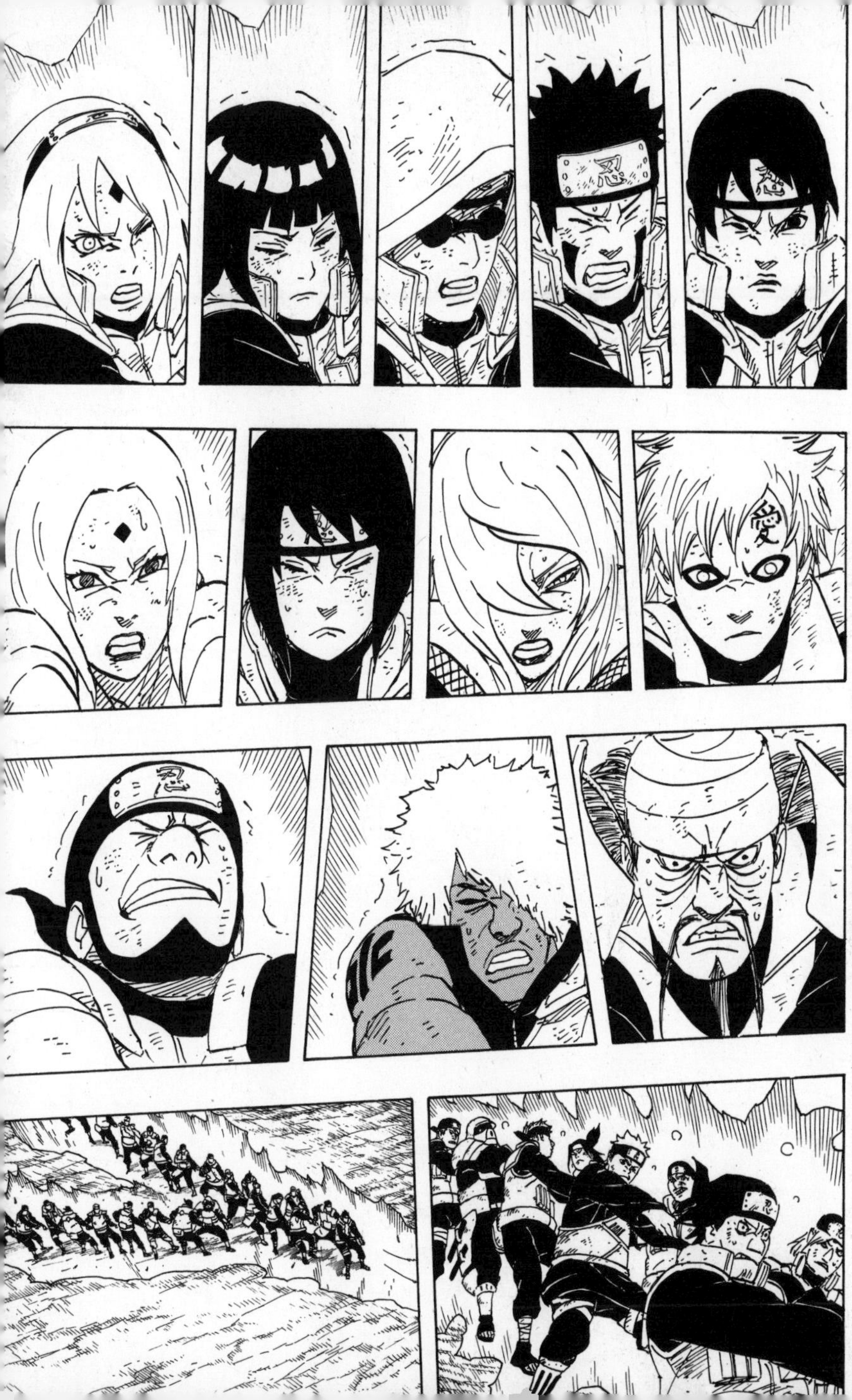

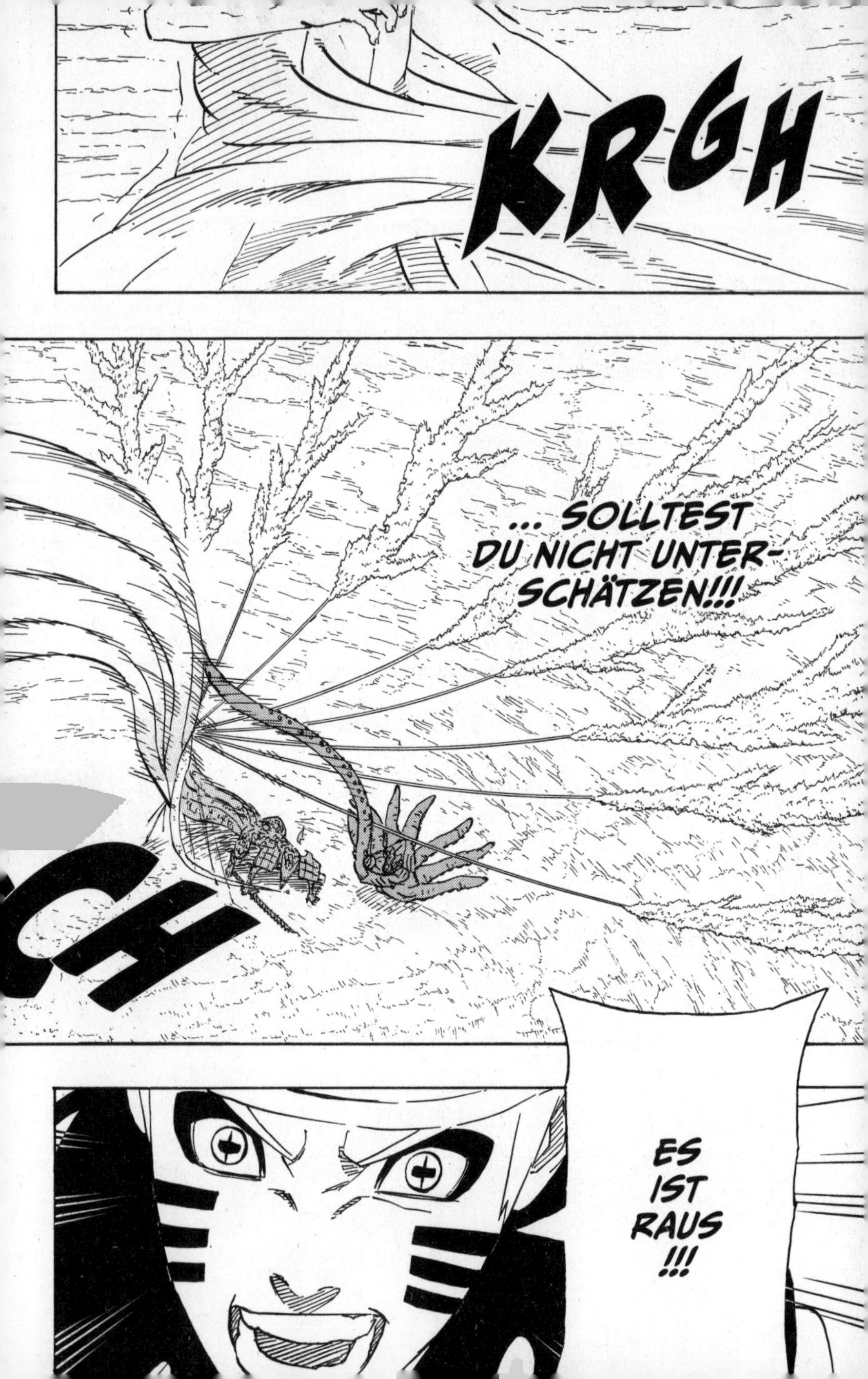
KRGH
... SOLLTEST DU NICHT UNTER-SCHÄTZEN!!!
CH
ES IST RAUS !!!

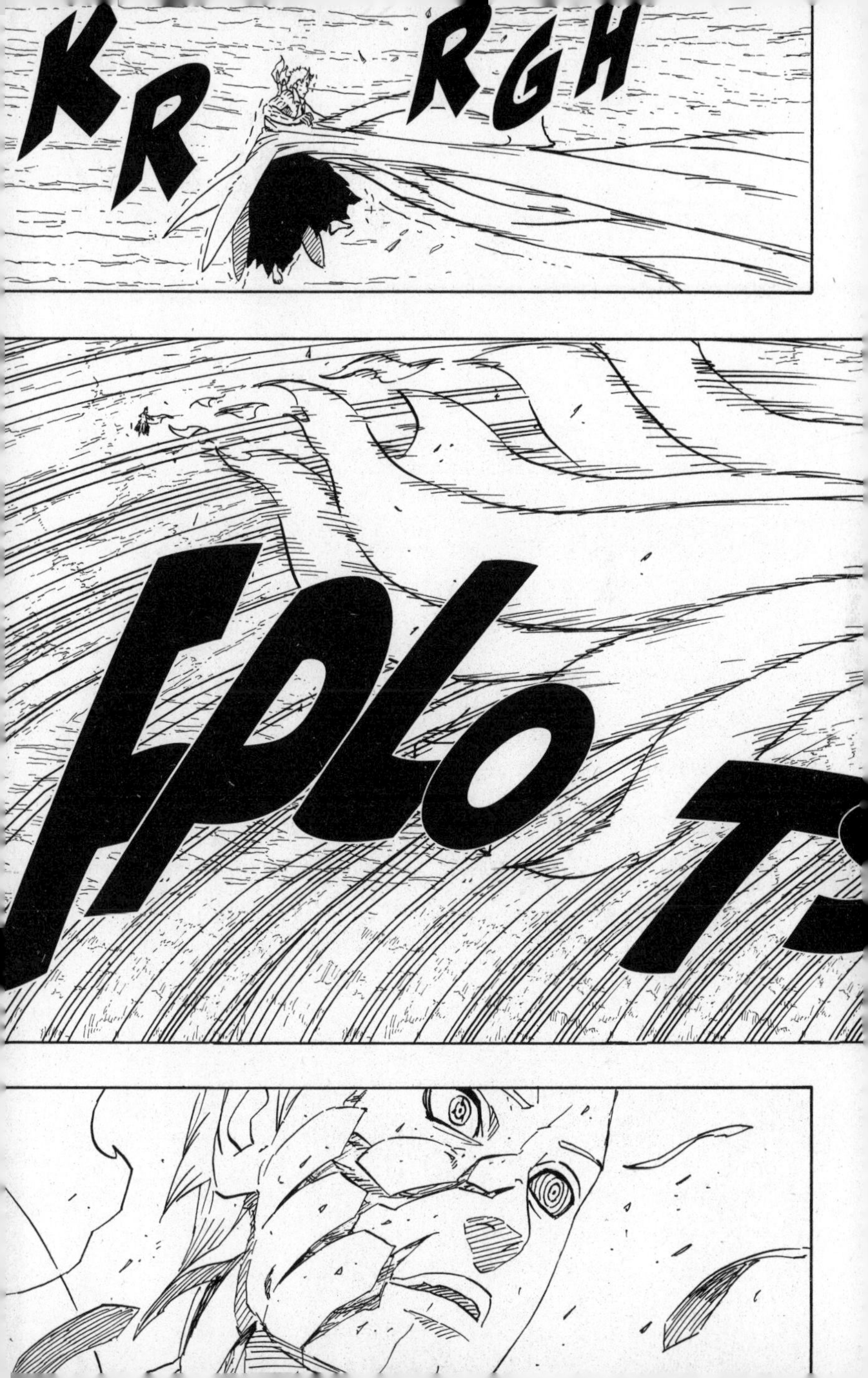
KRRGH
FPLOT

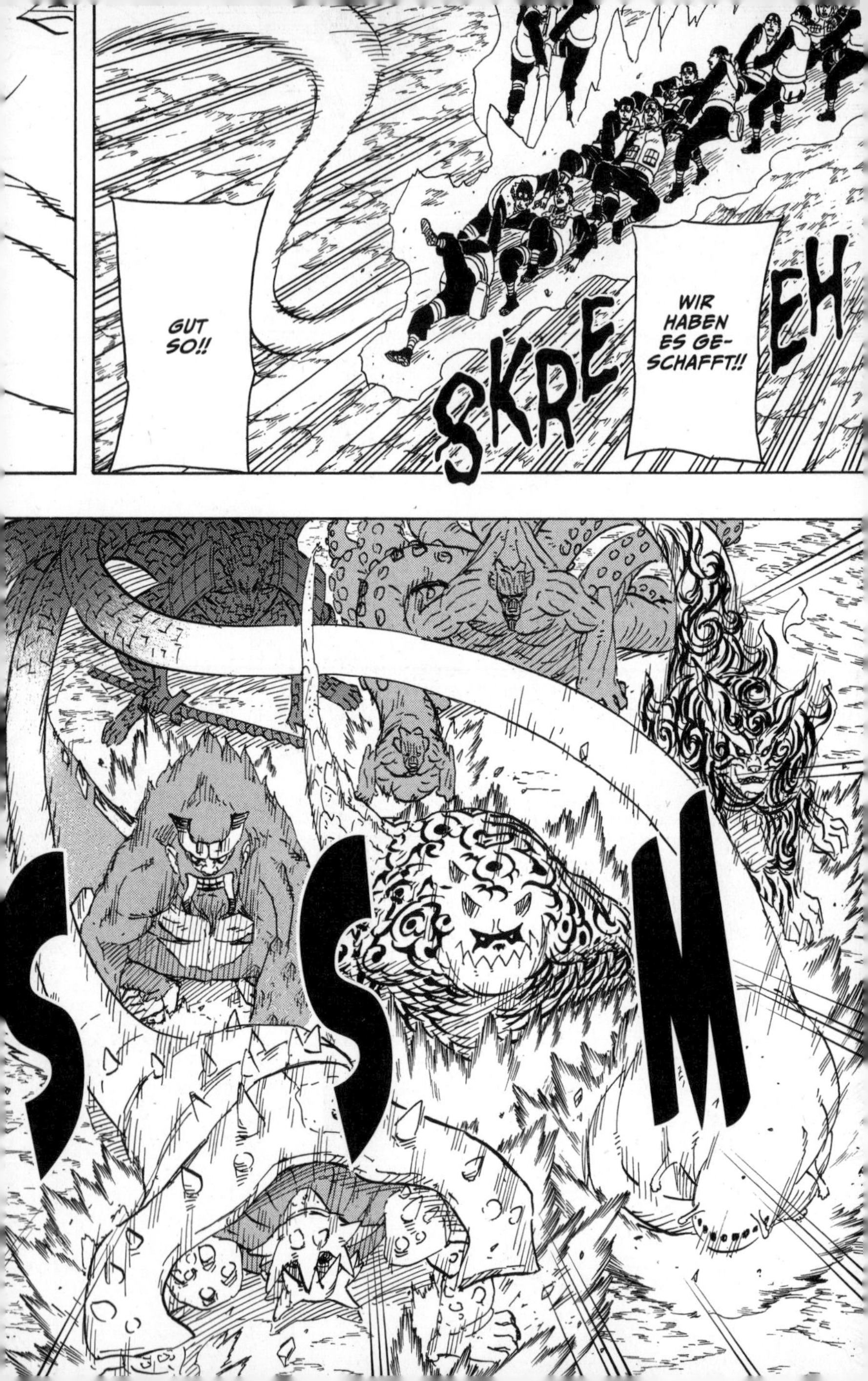
WIR HABEN ES GE-SCHAFFT!!
SKREEH
GUT SO!!
SSM

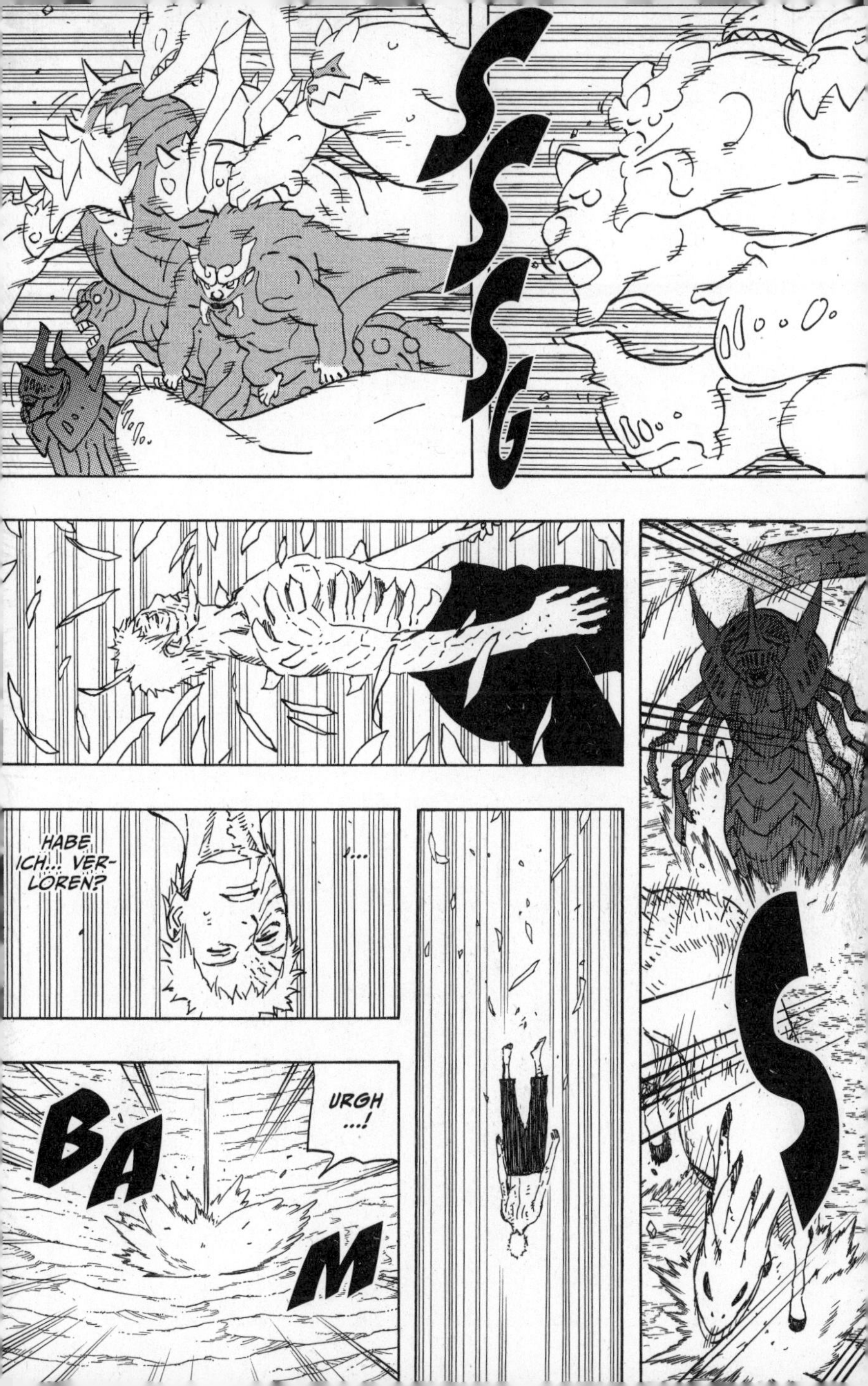
SSSG
S
...
HABE ICH... VER-LOREN?
URGH ...!
BAM

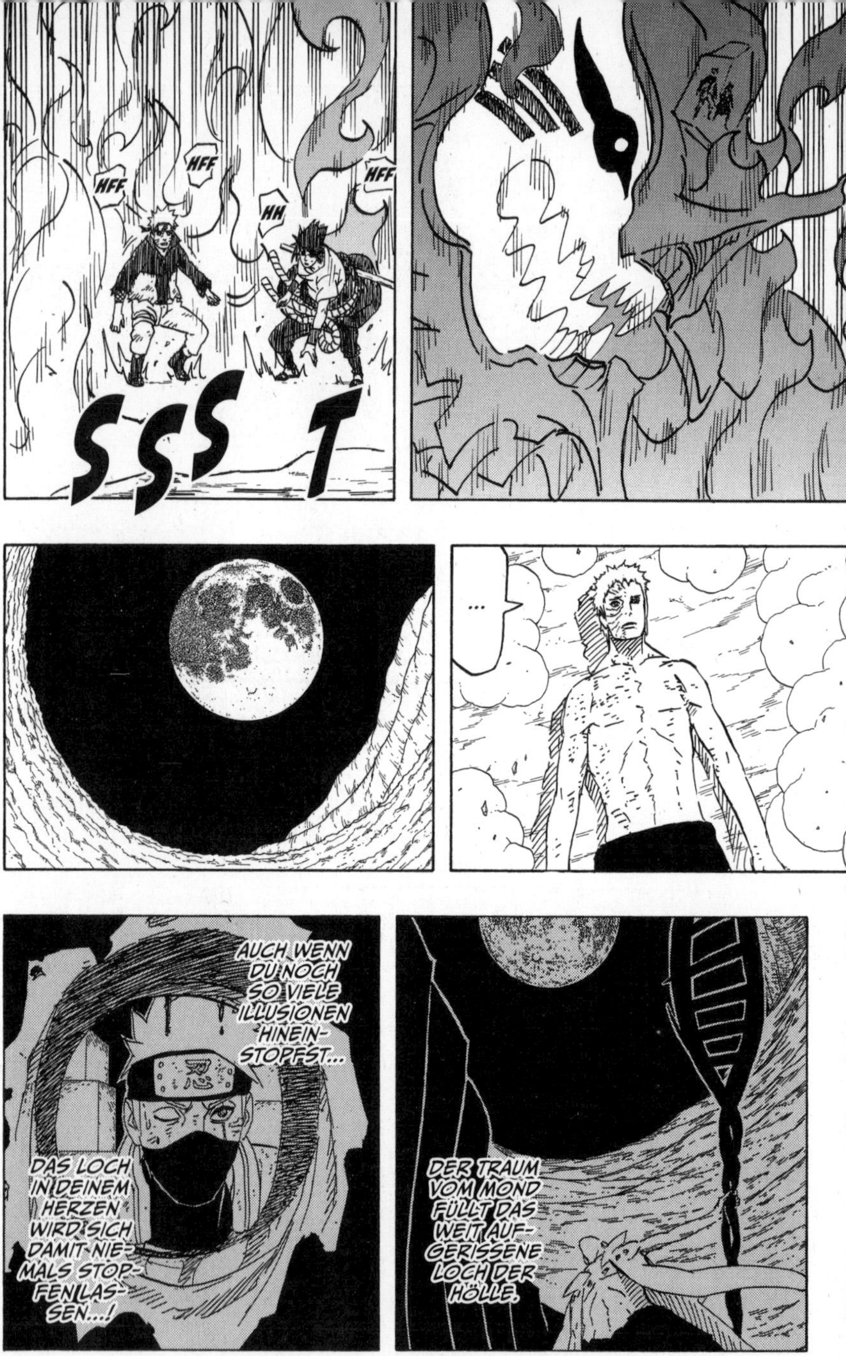
HFF
HFF
HH
HFF
SSST
...
DER TRAUM VOM MOND FÜLLT DAS WEIT AUF-GERISSENE LOCH DER HÖLLE.
AUCH WENN DU NOCH SO VIELE ILLUSIONEN HINEIN-STOPFST...
DAS LOCH IN DEINEM HERZEN WIRD SICH DAMIT NIE-MALS STOPFEN LAS-SEN...!

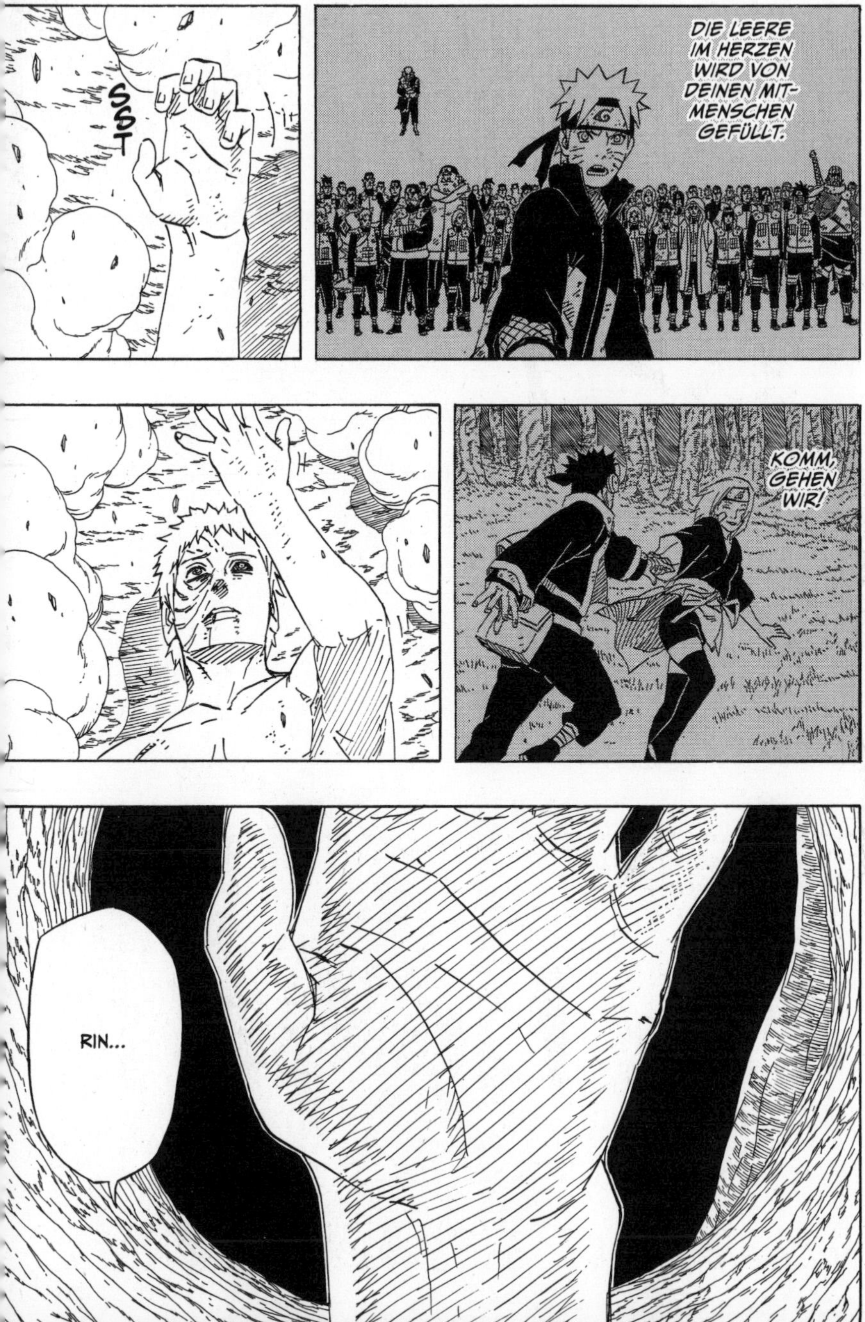
DIE LEERE IM HERZEN WIRD VON DEINEN MIT-MENSCHEN GEFÜLLT.
SST
KOMM, GEHEN WIR!
RIN...

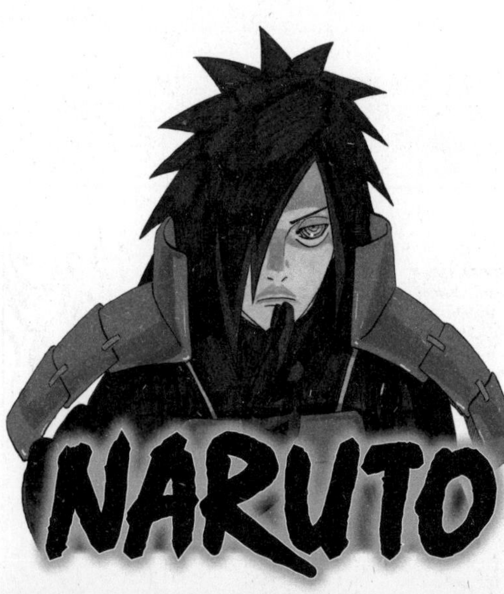
NARUTO

655. KAPITEL: DIE SPUR

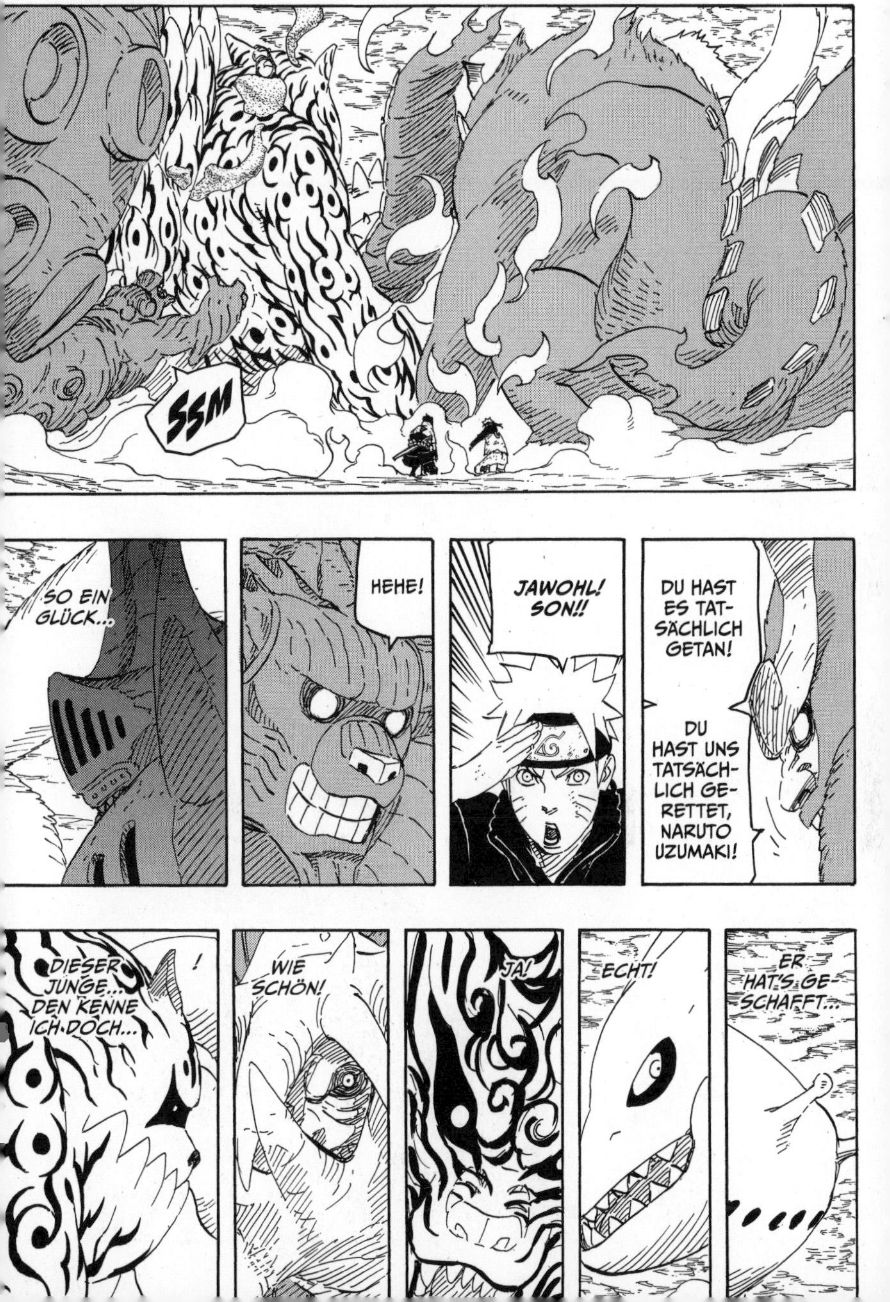

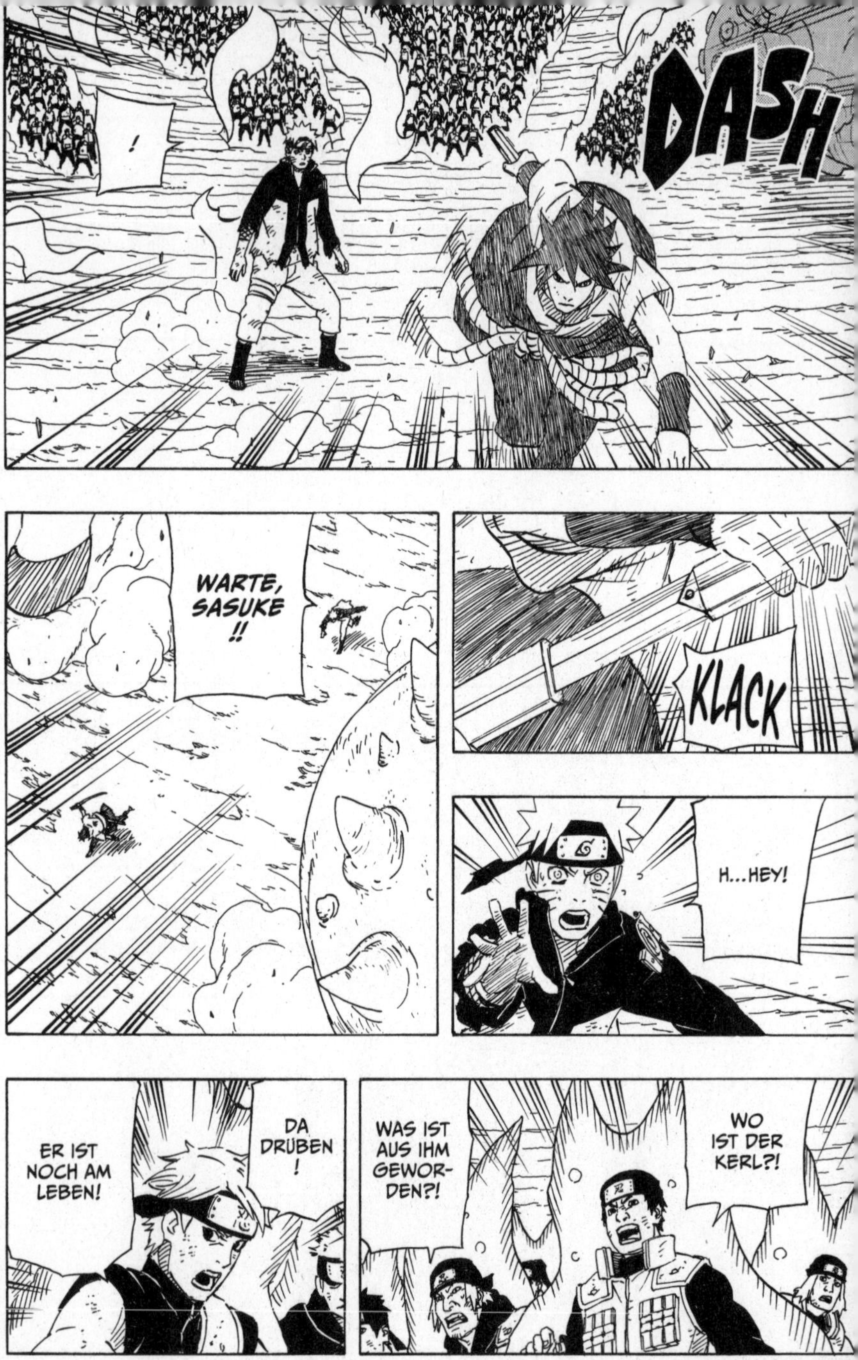
DASH
!
KLACK
WARTE, SASUKE !!
H...HEY!
WO IST DER KERL?!
WAS IST AUS IHM GEWORDEN?!
DA DRÜBEN !
ER IST NOCH AM LEBEN!

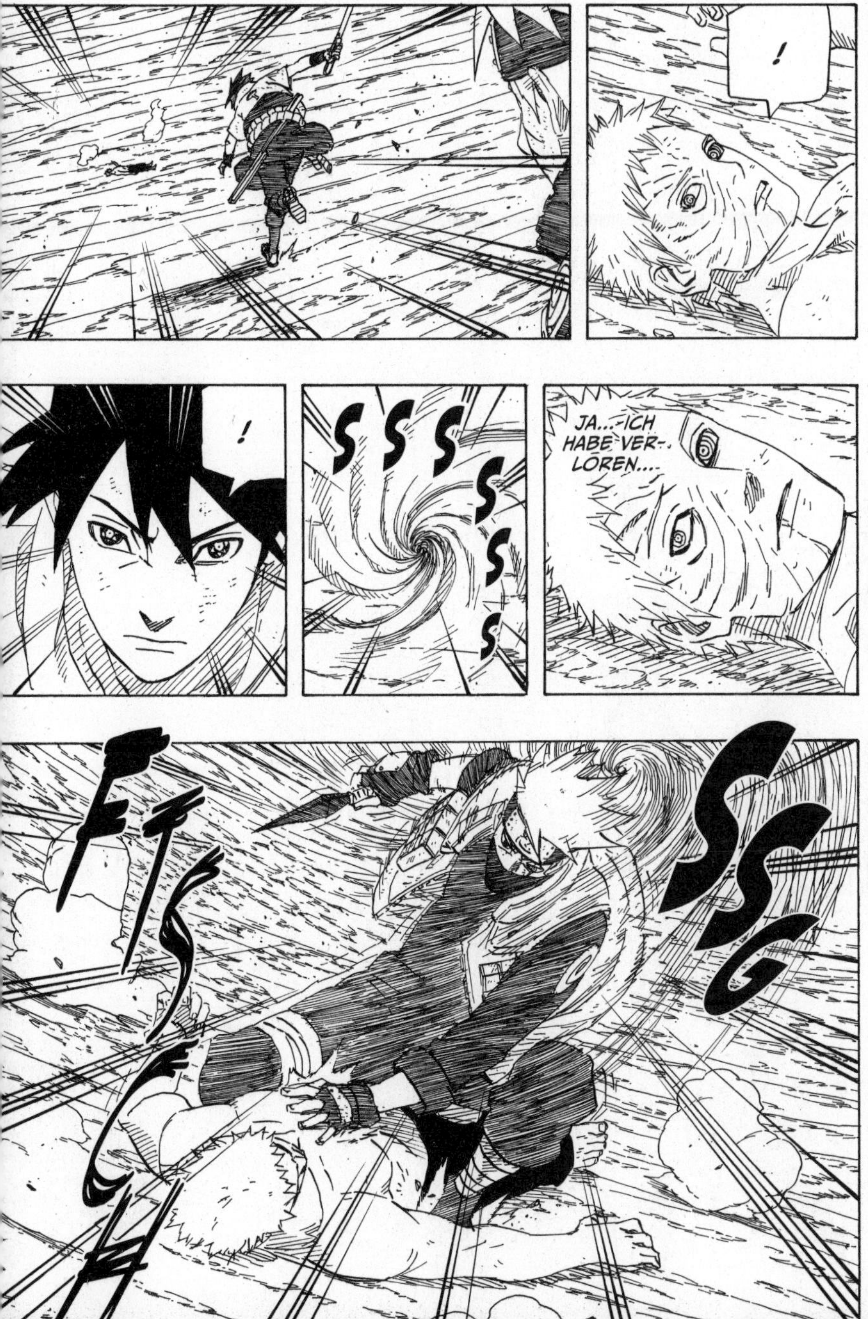
!
JA... ICH HABE VER-LOREN....
SSSSSSS
!
SSG

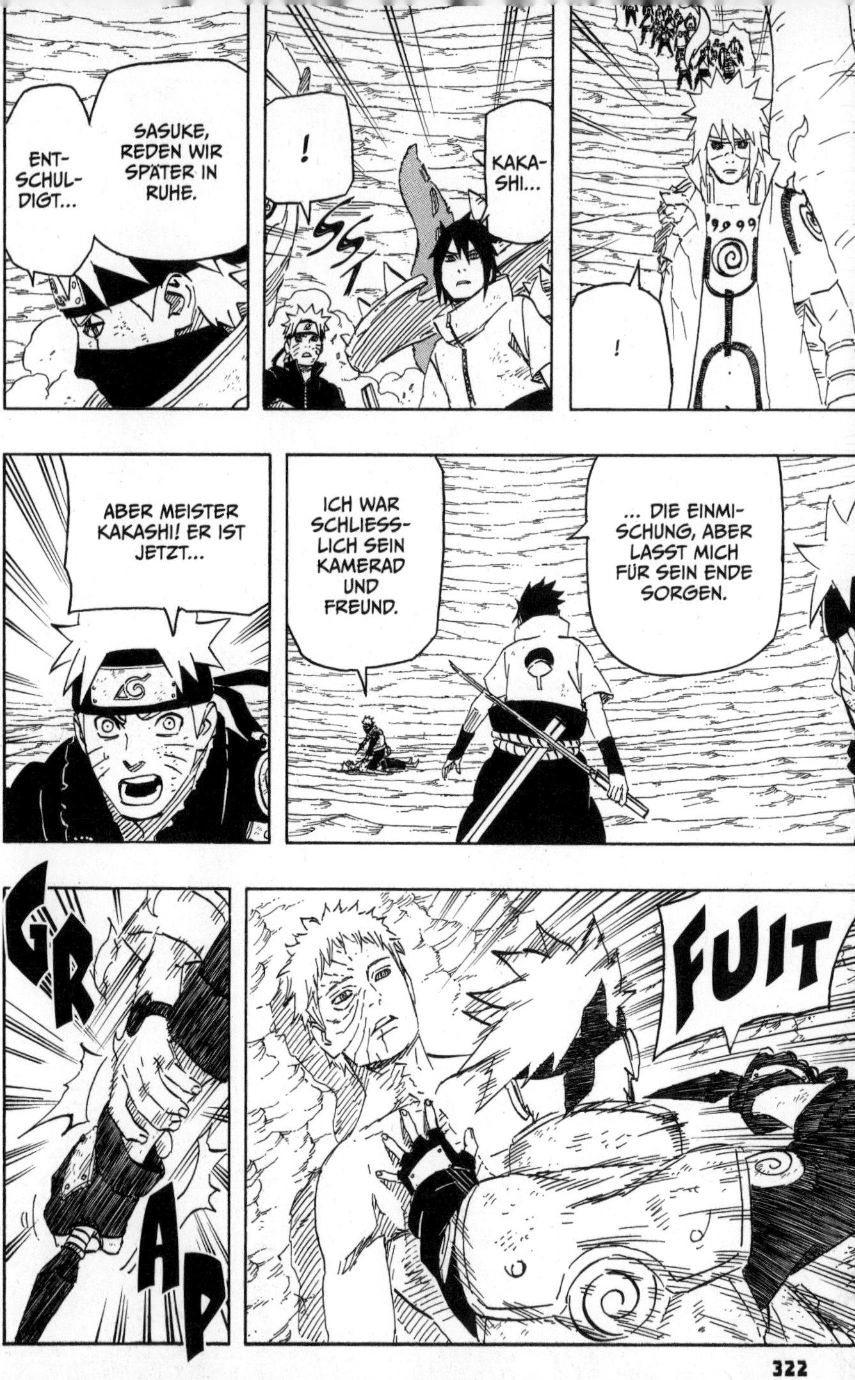
!
KAKA-
SHI...
!
SASUKE, REDEN WIR SPÄTER IN RUHE.
ENT-
SCHUL-
DIGT...
... DIE EINMI-
SCHUNG, ABER LASST MICH FÜR SEIN ENDE SORGEN.
ICH WAR SCHLIESS-
LICH SEIN KAMERAD UND FREUND.
ABER MEISTER KAKASHI! ER IST JETZT...
FUIT
GRAP

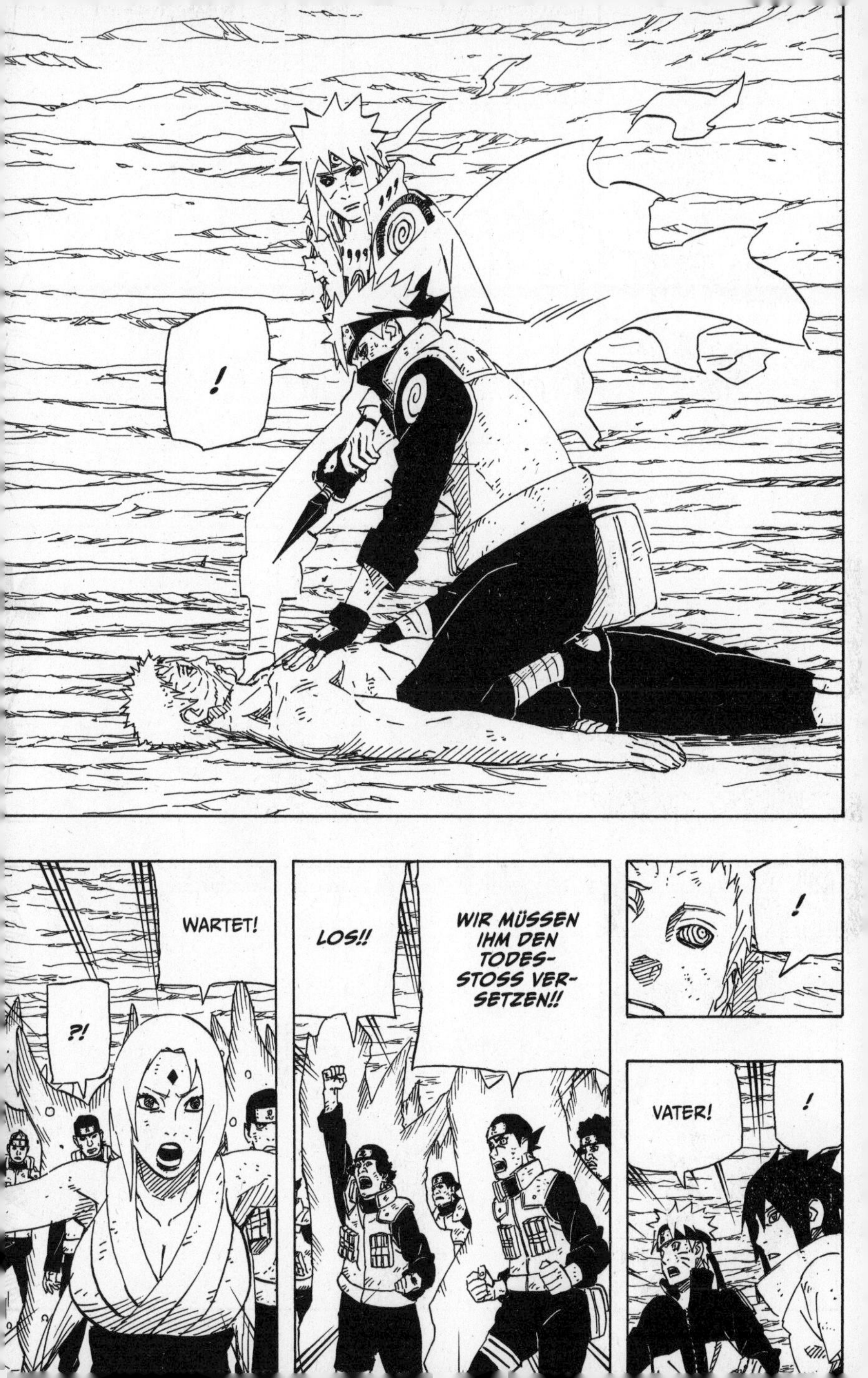
!
!
!
VATER!
WIR MÜSSEN IHM DEN TODES-STOSS VER-SETZEN!!
LOS!!
WARTET!
?!

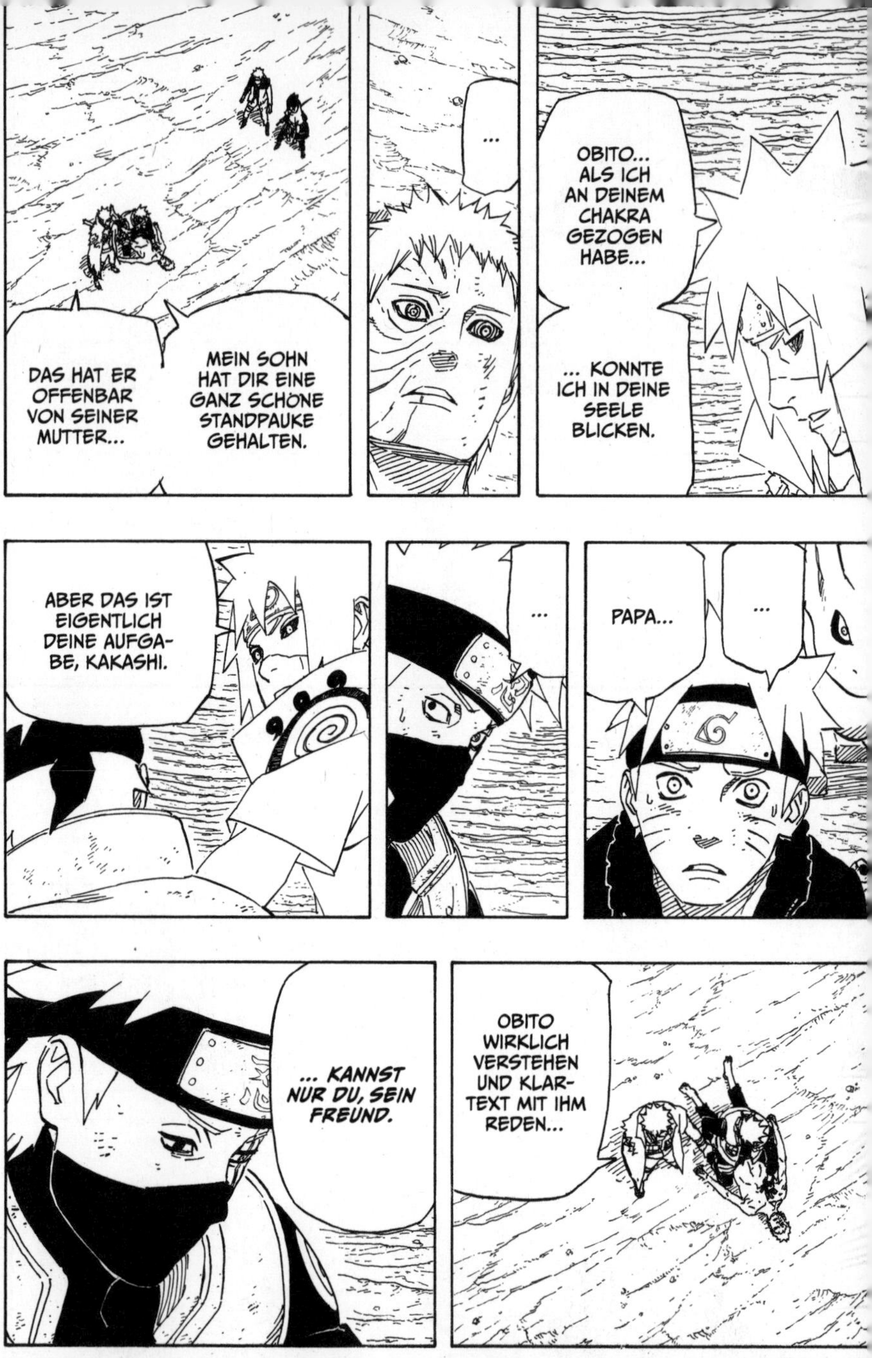
OBITO… ALS ICH AN DEINEM CHAKRA GEZOGEN HABE…
… KONNTE ICH IN DEINE SEELE BLICKEN.
…
MEIN SOHN HAT DIR EINE GANZ SCHÖNE STANDPAUKE GEHALTEN.
DAS HAT ER OFFENBAR VON SEINER MUTTER…
…
PAPA…
…
ABER DAS IST EIGENTLICH DEINE AUFGA-BE, KAKASHI.
OBITO WIRKLICH VERSTEHEN UND KLAR-TEXT MIT IHM REDEN…
… KANNST NUR DU, SEIN FREUND.

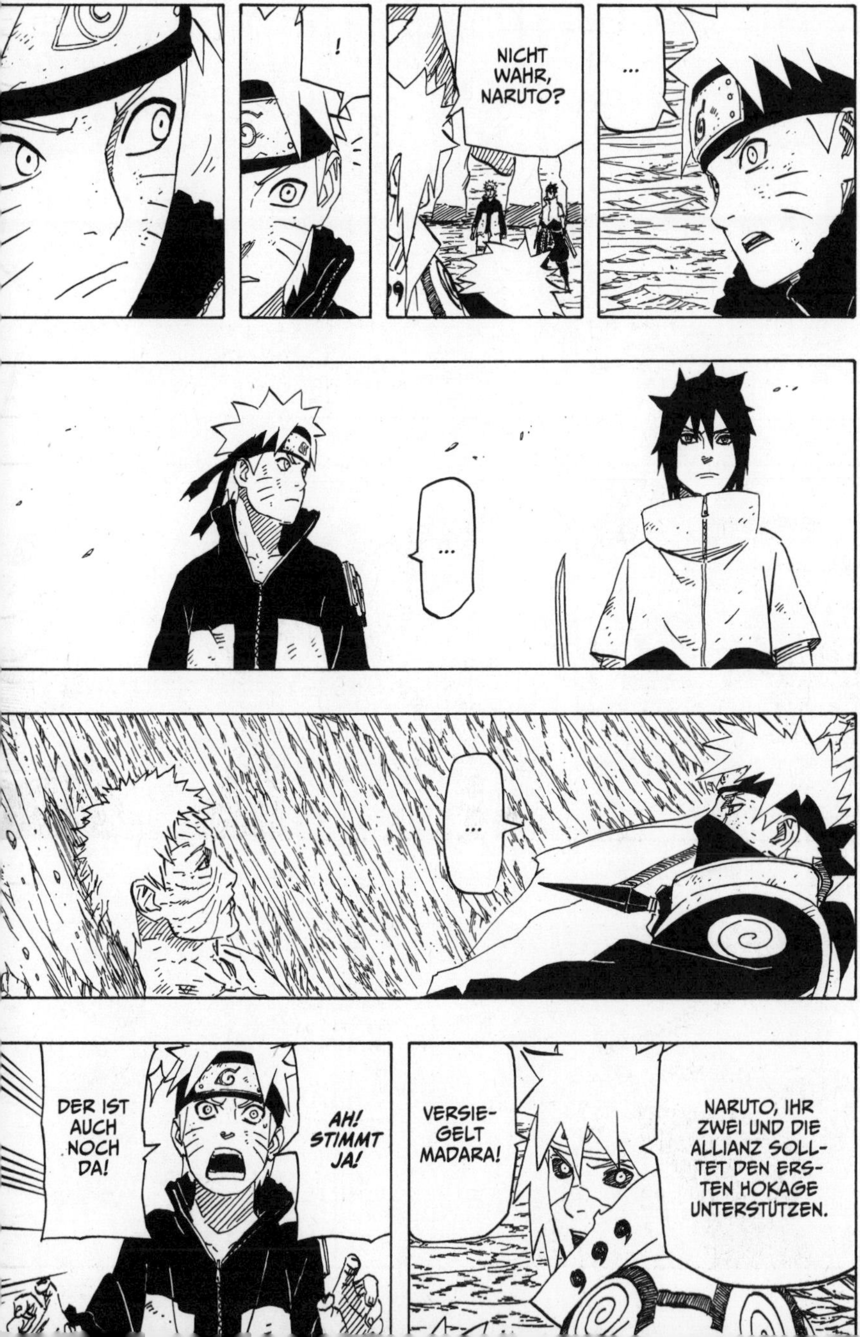
...
NICHT WAHR, NARUTO?
!
...
...
NARUTO, IHR ZWEI UND DIE ALLIANZ SOLLTET DEN ERSTEN HOKAGE UNTERSTÜTZEN.
VERSIEGELT MADARA!
AH! STIMMT JA!
DER IST AUCH NOCH DA!

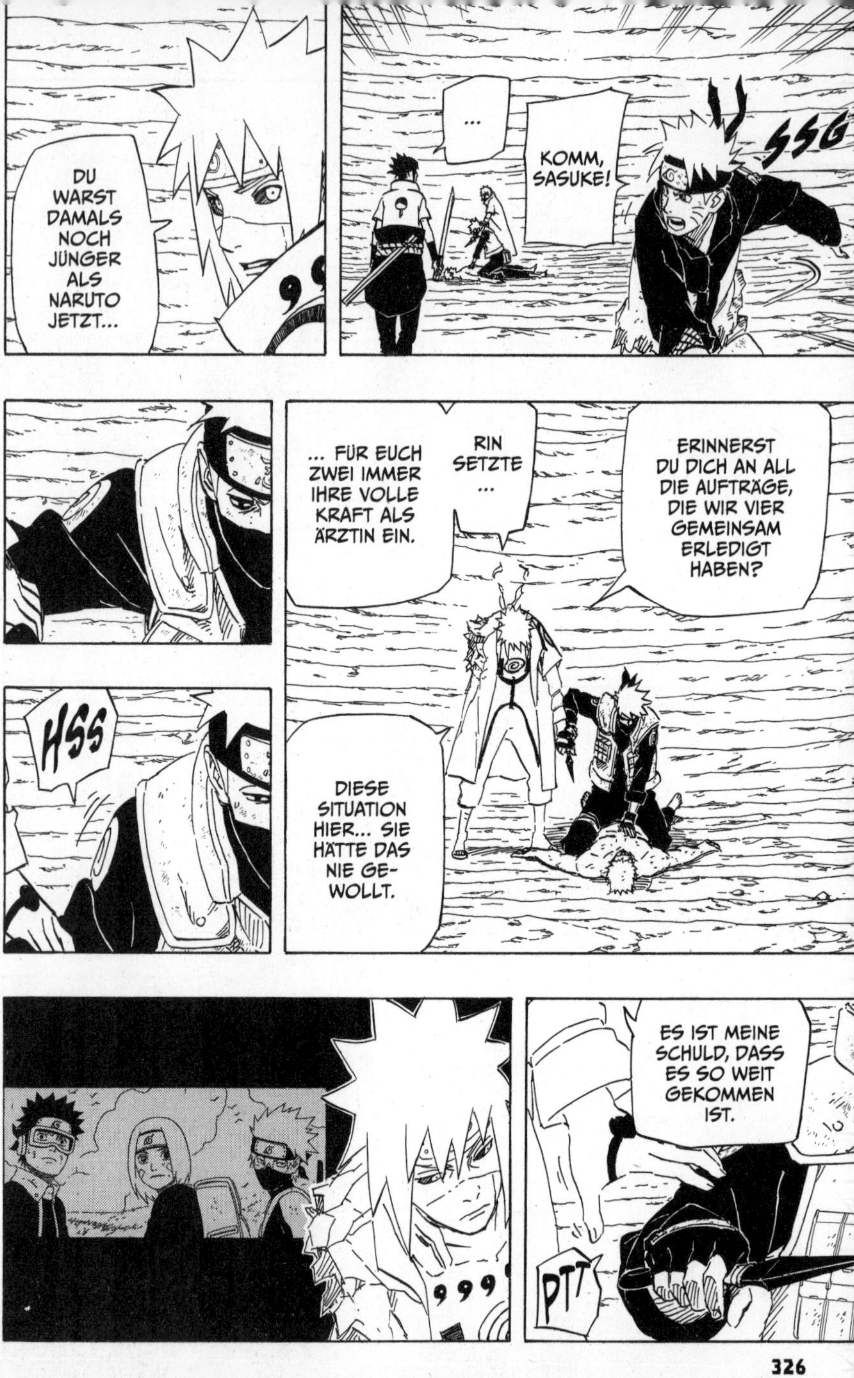
SSG
KOMM, SASUKE!
...
DU WARST DAMALS NOCH JÜNGER ALS NARUTO JETZT...
ERINNERST DU DICH AN ALL DIE AUFTRÄGE, DIE WIR VIER GEMEINSAM ERLEDIGT HABEN?
RIN SETZTE ...
... FÜR EUCH ZWEI IMMER IHRE VOLLE KRAFT ALS ÄRZTIN EIN.
DIESE SITUATION HIER... SIE HÄTTE DAS NIE GE-WOLLT.
HSS
ES IST MEINE SCHULD, DASS ES SO WEIT GEKOMMEN IST.
PTT

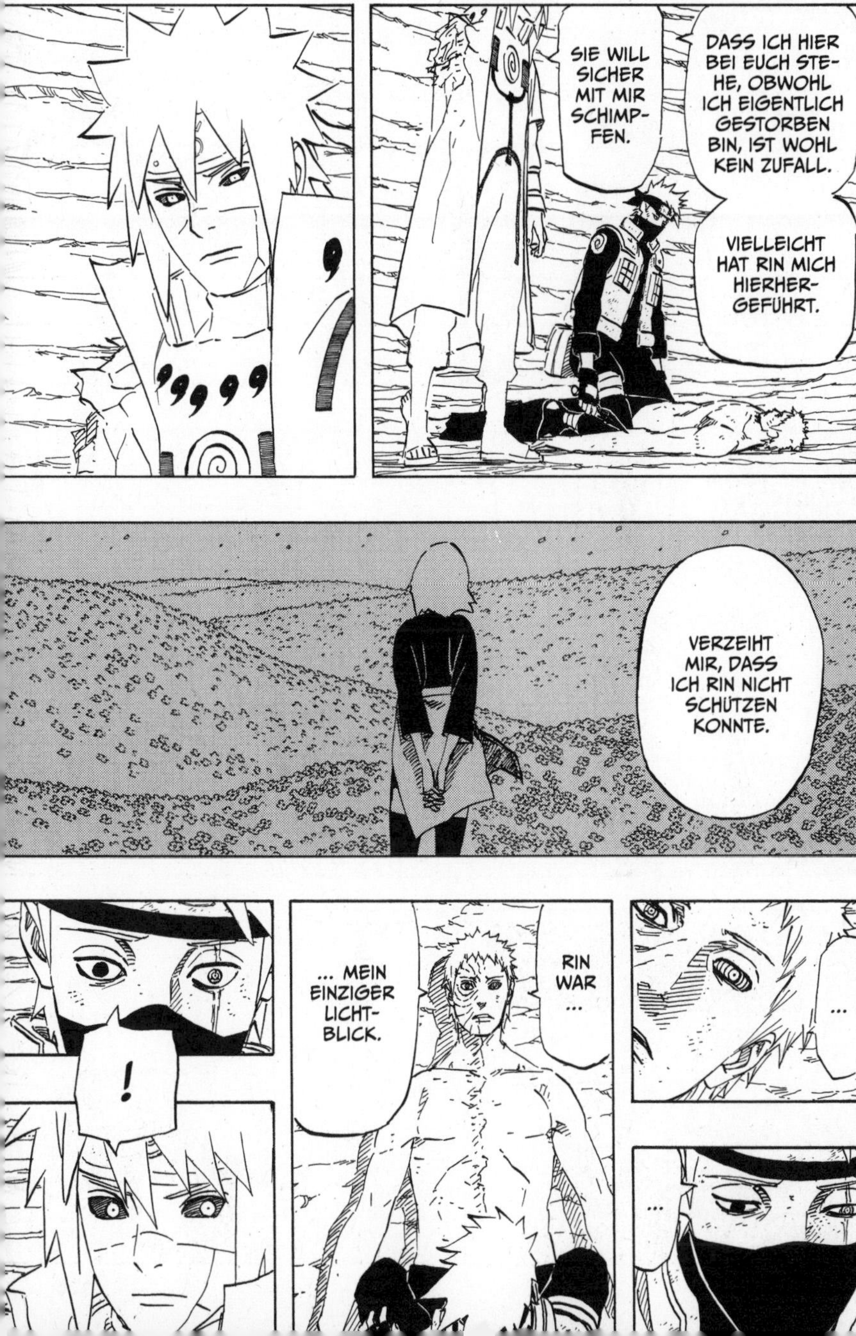
DASS ICH HIER BEI EUCH STE-HE, OBWOHL ICH EIGENTLICH GESTORBEN BIN, IST WOHL KEIN ZUFALL.
VIELLEICHT HAT RIN MICH HIERHER-GEFÜHRT.
SIE WILL SICHER MIT MIR SCHIMP-FEN.
VERZEIHT MIR, DASS ICH RIN NICHT SCHÜTZEN KONNTE.
...
RIN WAR ...
... MEIN EINZIGER LICHT-BLICK.
!
...

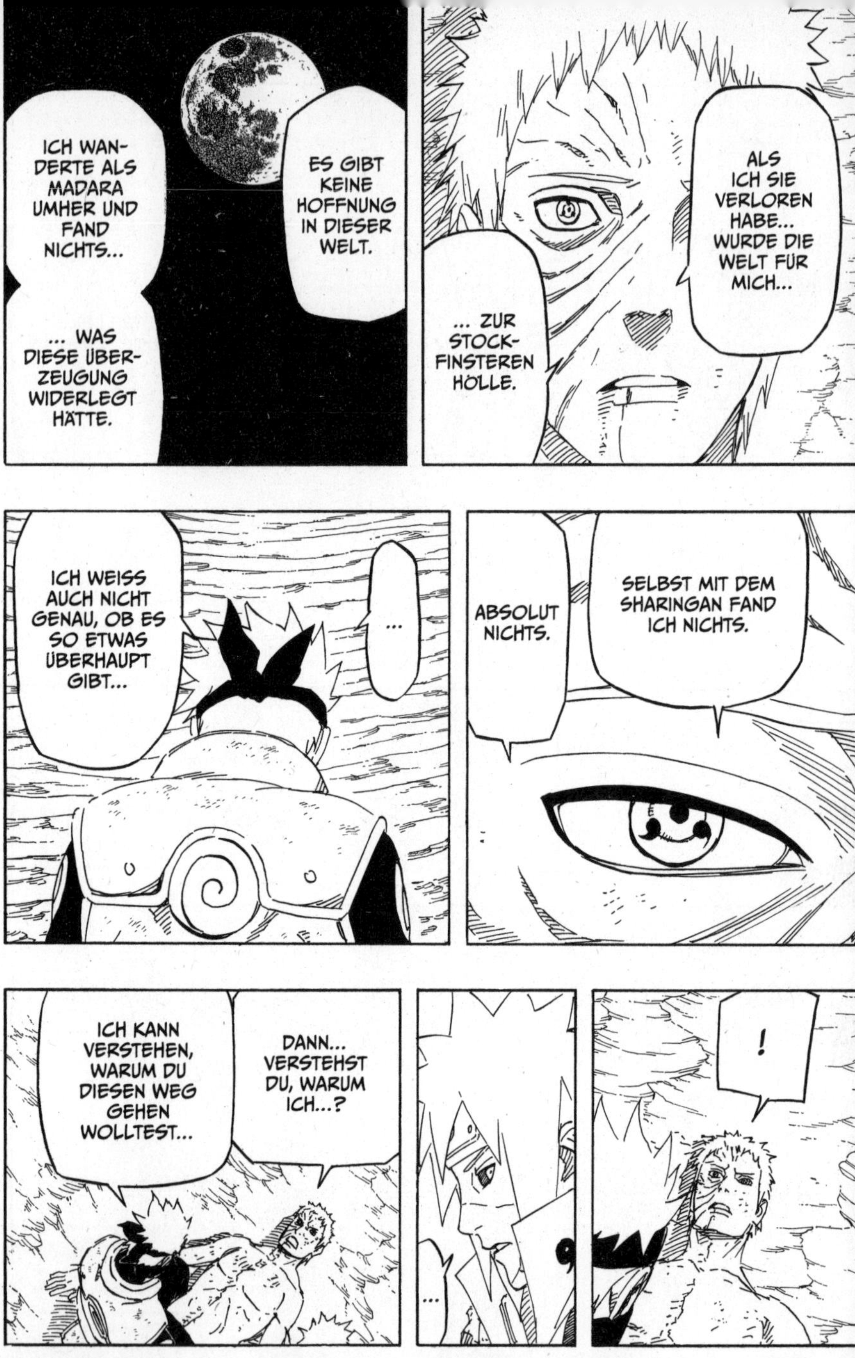
ALS ICH SIE VERLOREN HABE... WURDE DIE WELT FÜR MICH...
... ZUR STOCKFINSTEREN HÖLLE.
ES GIBT KEINE HOFFNUNG IN DIESER WELT.
ICH WANDERTE ALS MADARA UMHER UND FAND NICHTS...
... WAS DIESE ÜBERZEUGUNG WIDERLEGT HÄTTE.
SELBST MIT DEM SHARINGAN FAND ICH NICHTS.
ABSOLUT NICHTS.
...
ICH WEISS AUCH NICHT GENAU, OB ES SO ETWAS ÜBERHAUPT GIBT...
!
...
DANN... VERSTEHST DU, WARUM ICH...?
ICH KANN VERSTEHEN, WARUM DU DIESEN WEG GEHEN WOLLTEST...

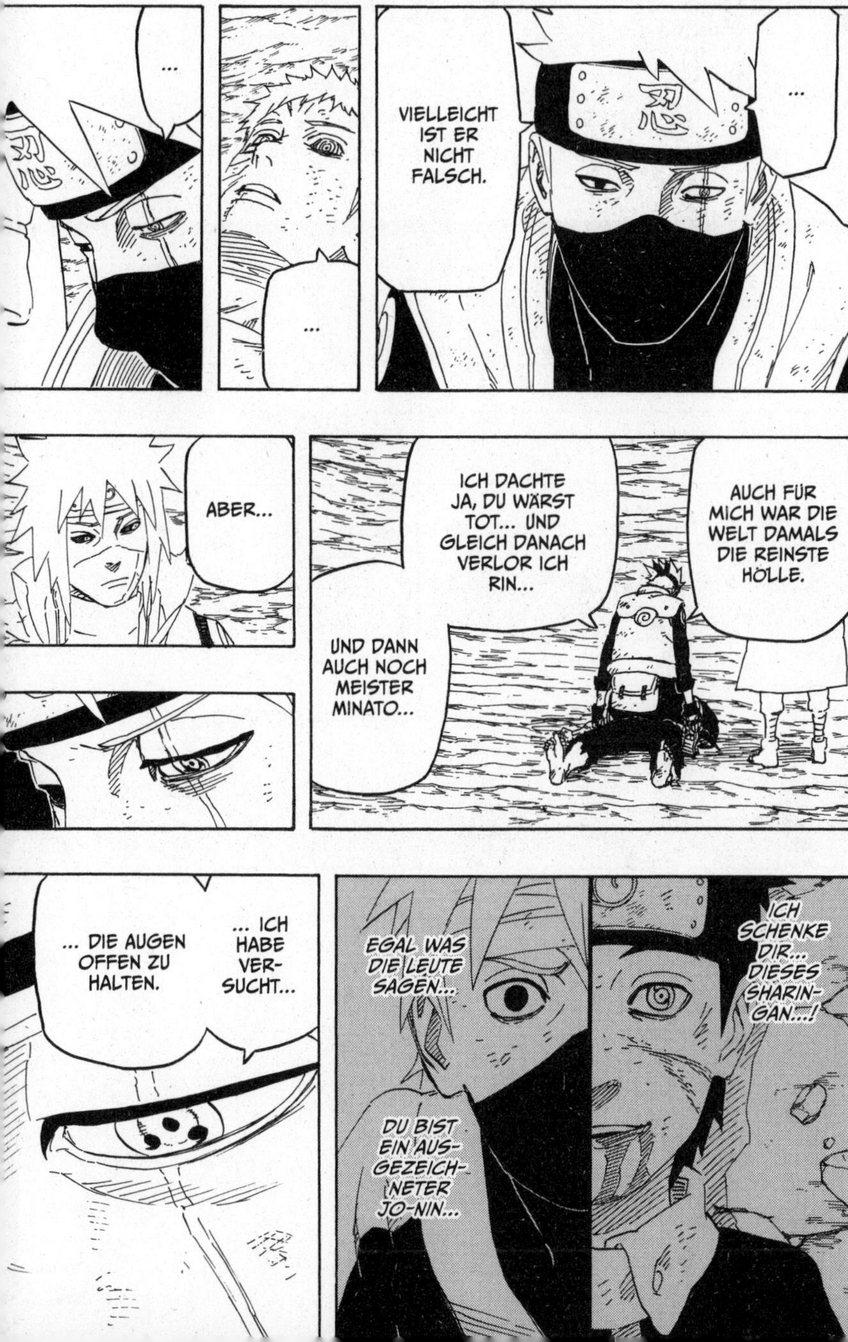
...
VIELLEICHT IST ER NICHT FALSCH.
...
...
AUCH FÜR MICH WAR DIE WELT DAMALS DIE REINSTE HÖLLE.
ICH DACHTE JA, DU WÄRST TOT... UND GLEICH DANACH VERLOR ICH RIN...
UND DANN AUCH NOCH MEISTER MINATO...
ABER...
ICH SCHENKE DIR... DIESES SHARIN-GAN...!
EGAL WAS DIE LEUTE SAGEN...
DU BIST EIN AUS-GEZEICH-NETER JO-NIN...
... ICH HABE VER-SUCHT...
... DIE AUGEN OFFEN ZU HALTEN.

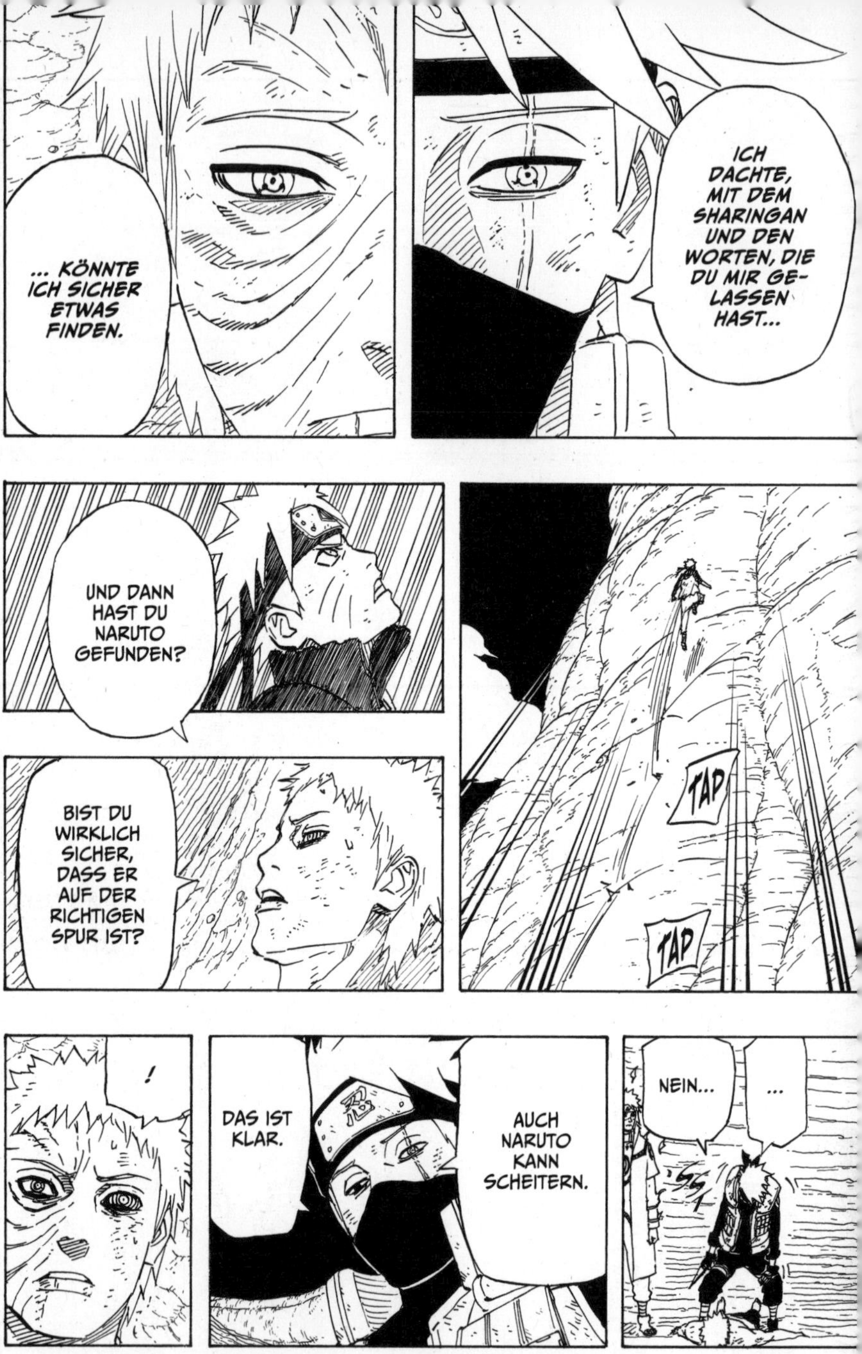
ICH DACHTE, MIT DEM SHARINGAN UND DEN WORTEN, DIE DU MIR GELASSEN HAST...
... KÖNNTE ICH SICHER ETWAS FINDEN.
UND DANN HAST DU NARUTO GEFUNDEN?
TAP
TAP
BIST DU WIRKLICH SICHER, DASS ER AUF DER RICHTIGEN SPUR IST?
...
NEIN...
AUCH NARUTO KANN SCHEITERN.
DAS IST KLAR.
!

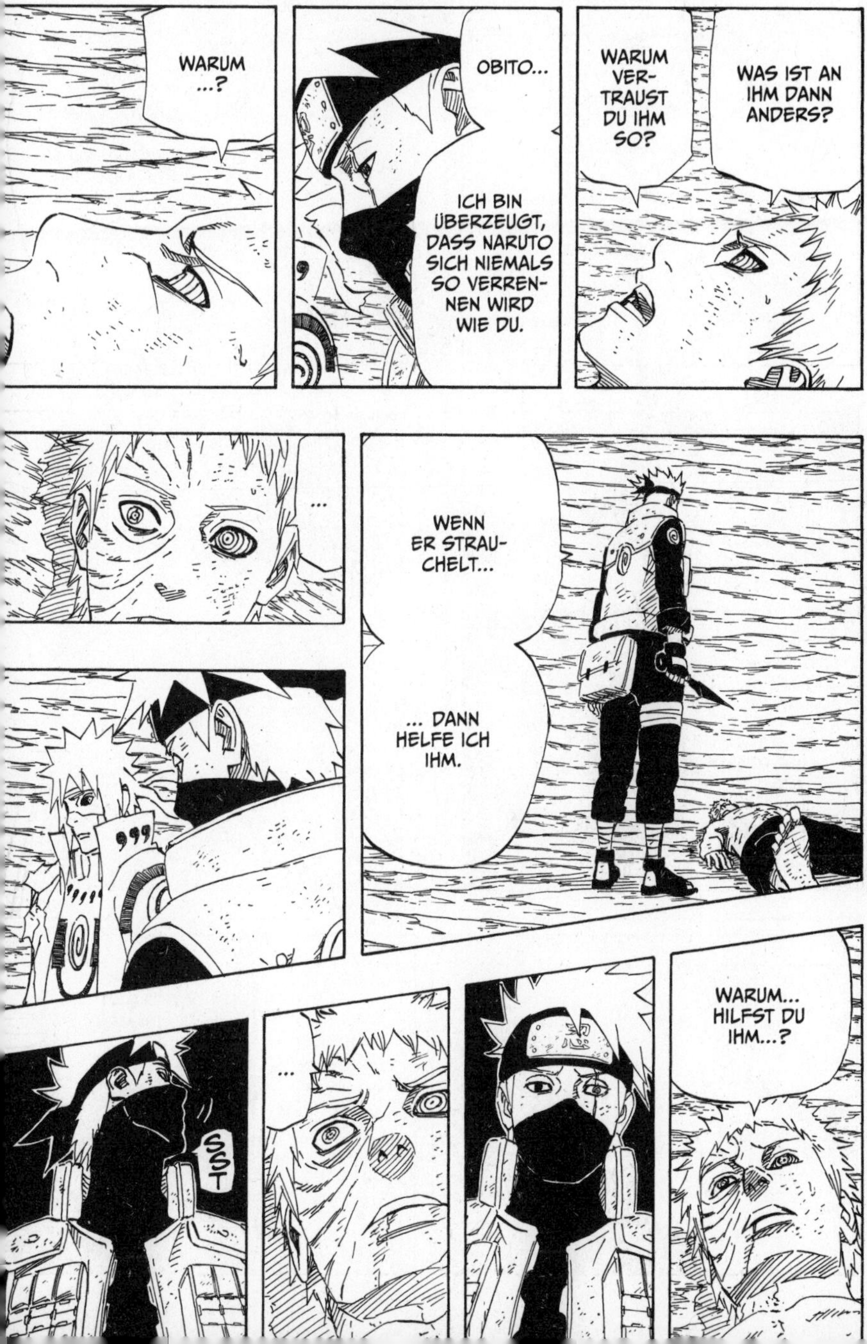
WAS IST AN IHM DANN ANDERS?
WARUM VER-TRAUST DU IHM SO?
OBITO...
ICH BIN ÜBERZEUGT, DASS NARUTO SICH NIEMALS SO VERREN-NEN WIRD WIE DU.
WARUM ...?
WENN ER STRAU-CHELT...
... DANN HELFE ICH IHM.
...
WARUM... HILFST DU IHM...?
...
SST

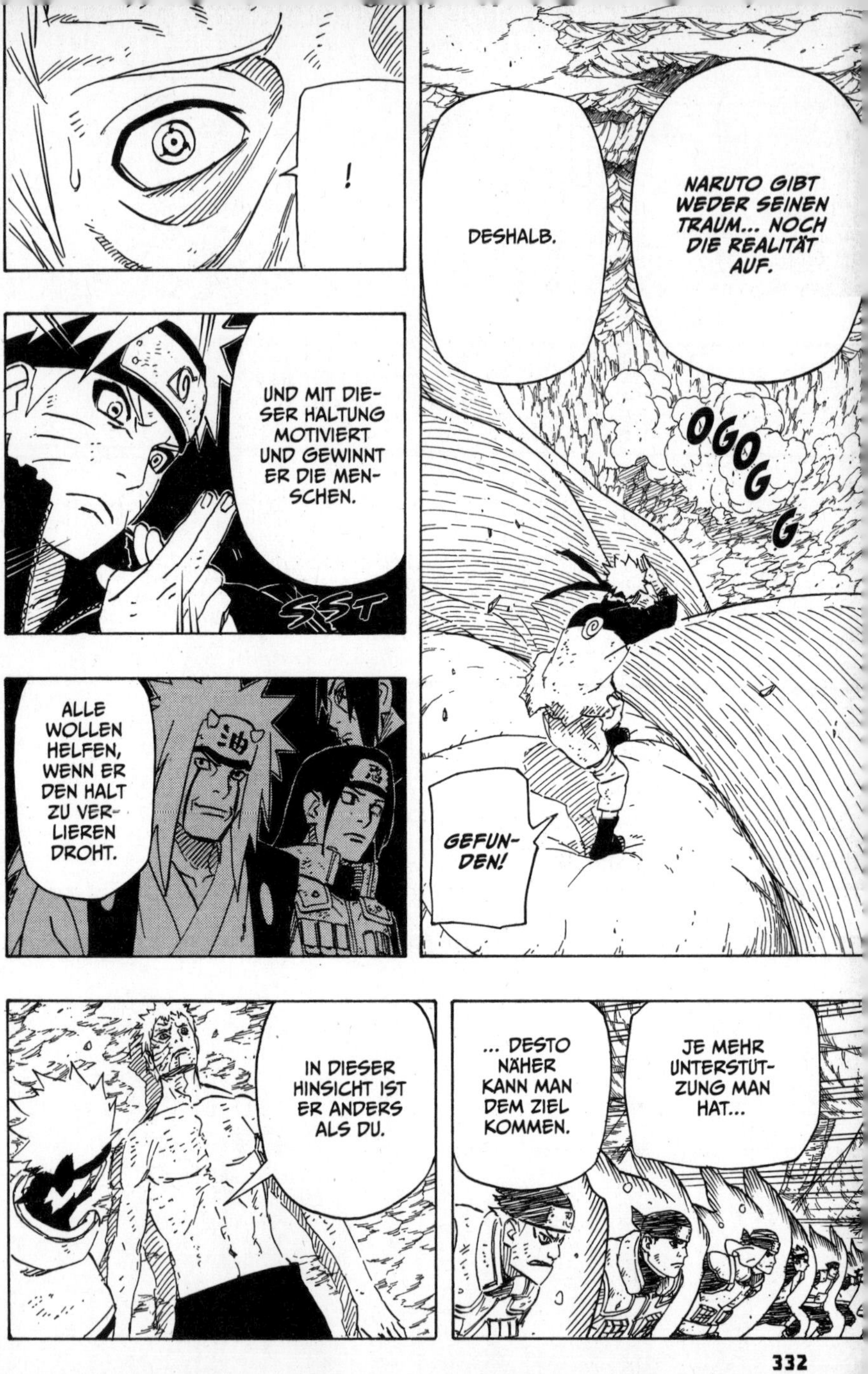
NARUTO GIBT WEDER SEINEN TRAUM... NOCH DIE REALITÄT AUF.
DESHALB.
OGOGG
GEFUNDEN!
!
UND MIT DIESER HALTUNG MOTIVIERT UND GEWINNT ER DIE MENSCHEN.
SST
ALLE WOLLEN HELFEN, WENN ER DEN HALT ZU VERLIEREN DROHT.
JE MEHR UNTERSTÜTZUNG MAN HAT...
... DESTO NÄHER KANN MAN DEM ZIEL KOMMEN.
IN DIESER HINSICHT IST ER ANDERS ALS DU.

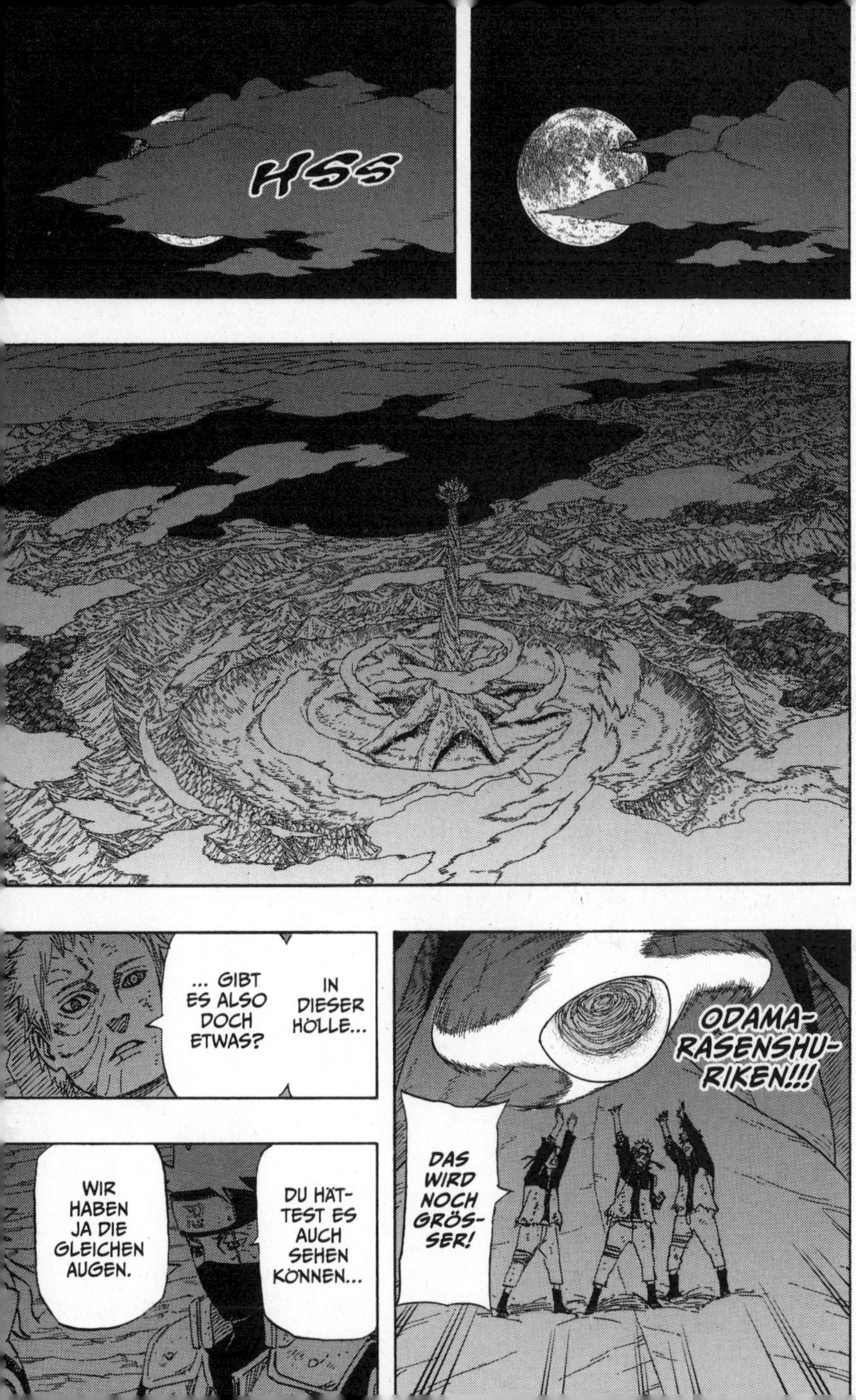
HSS
ODAMA-RASENSHURIKEN!!!
DAS WIRD NOCH GRÖSSER!
IN DIESER HÖLLE...
... GIBT ES ALSO DOCH ETWAS?
DU HÄTTEST ES AUCH SEHEN KÖNNEN...
WIR HABEN JA DIE GLEICHEN AUGEN.

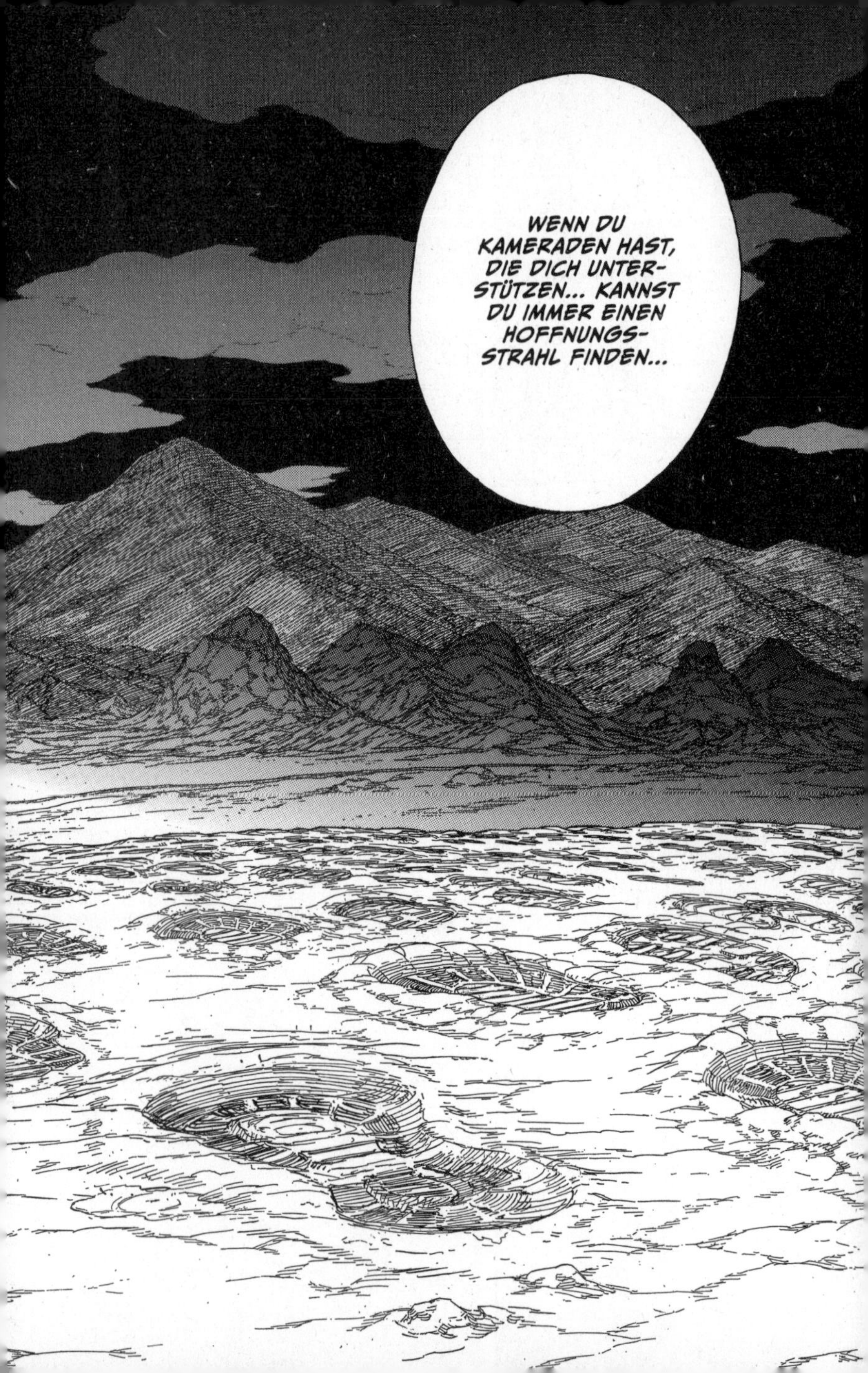
WENN DU KAMERADEN HAST, DIE DICH UNTERSTÜTZEN... KANNST DU IMMER EINEN HOFFNUNGSSTRAHL FINDEN...

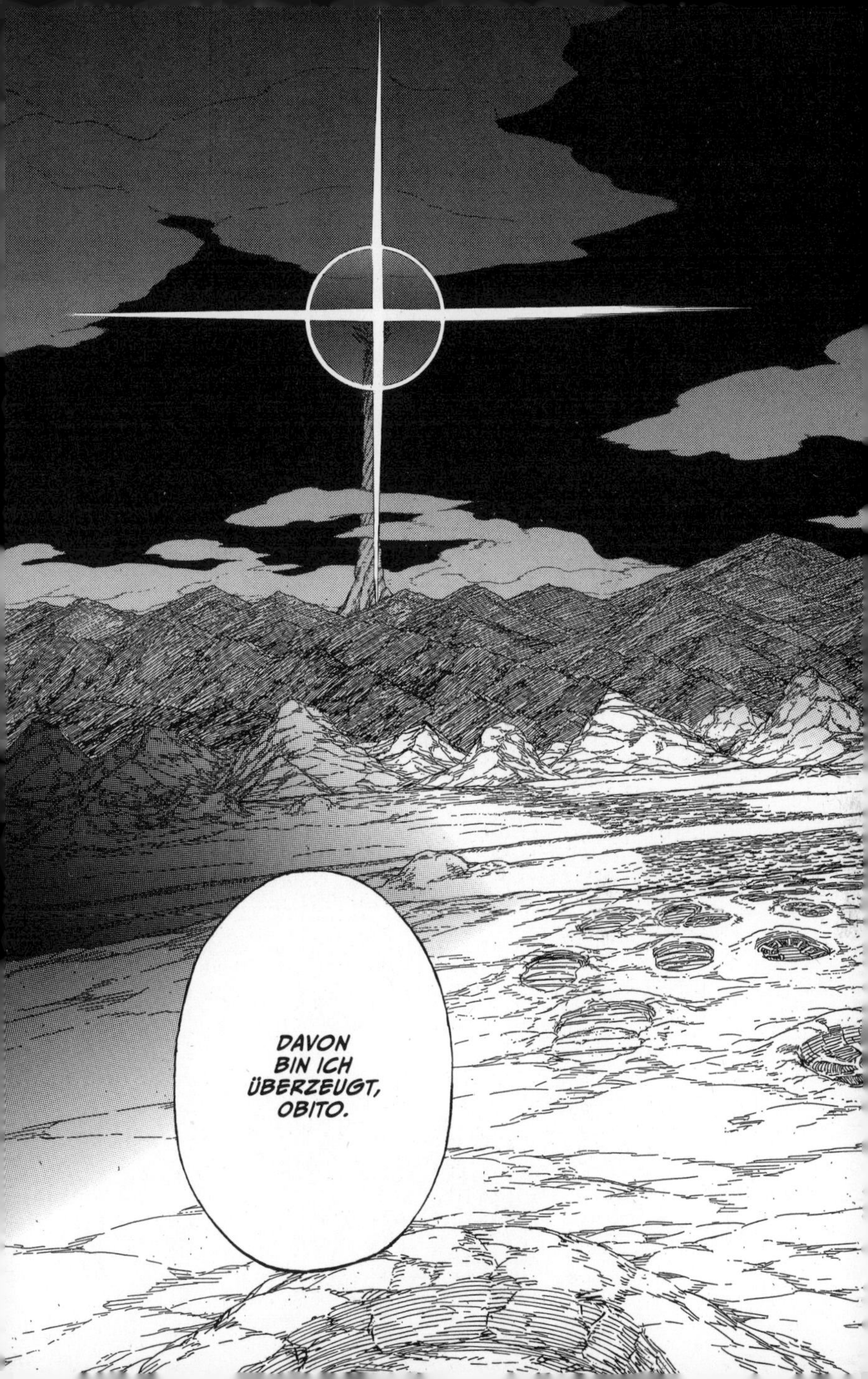
DAVON BIN ICH ÜBERZEUGT, OBITO.

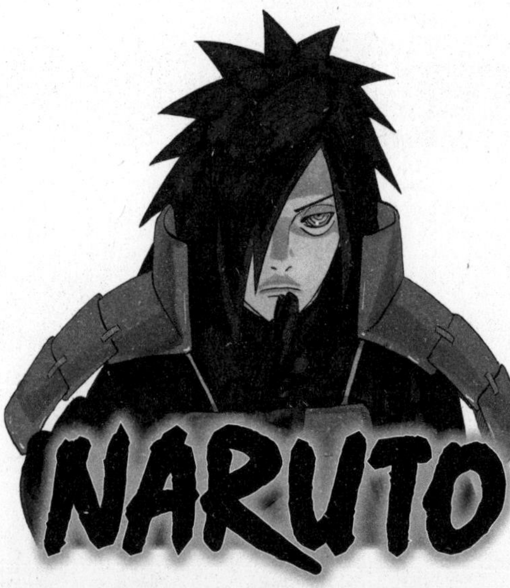
NARUTO

656. Kapitel: Der Tausch

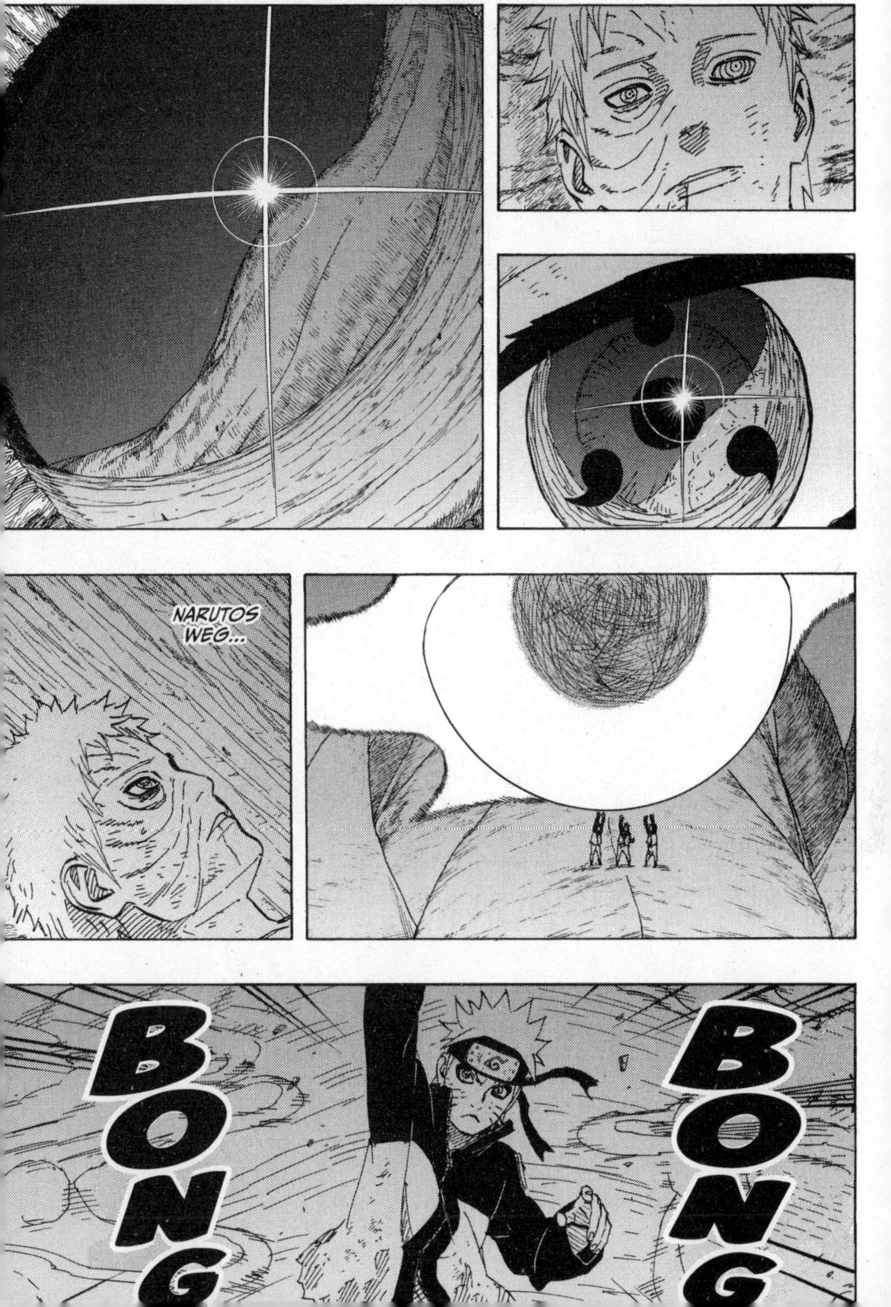

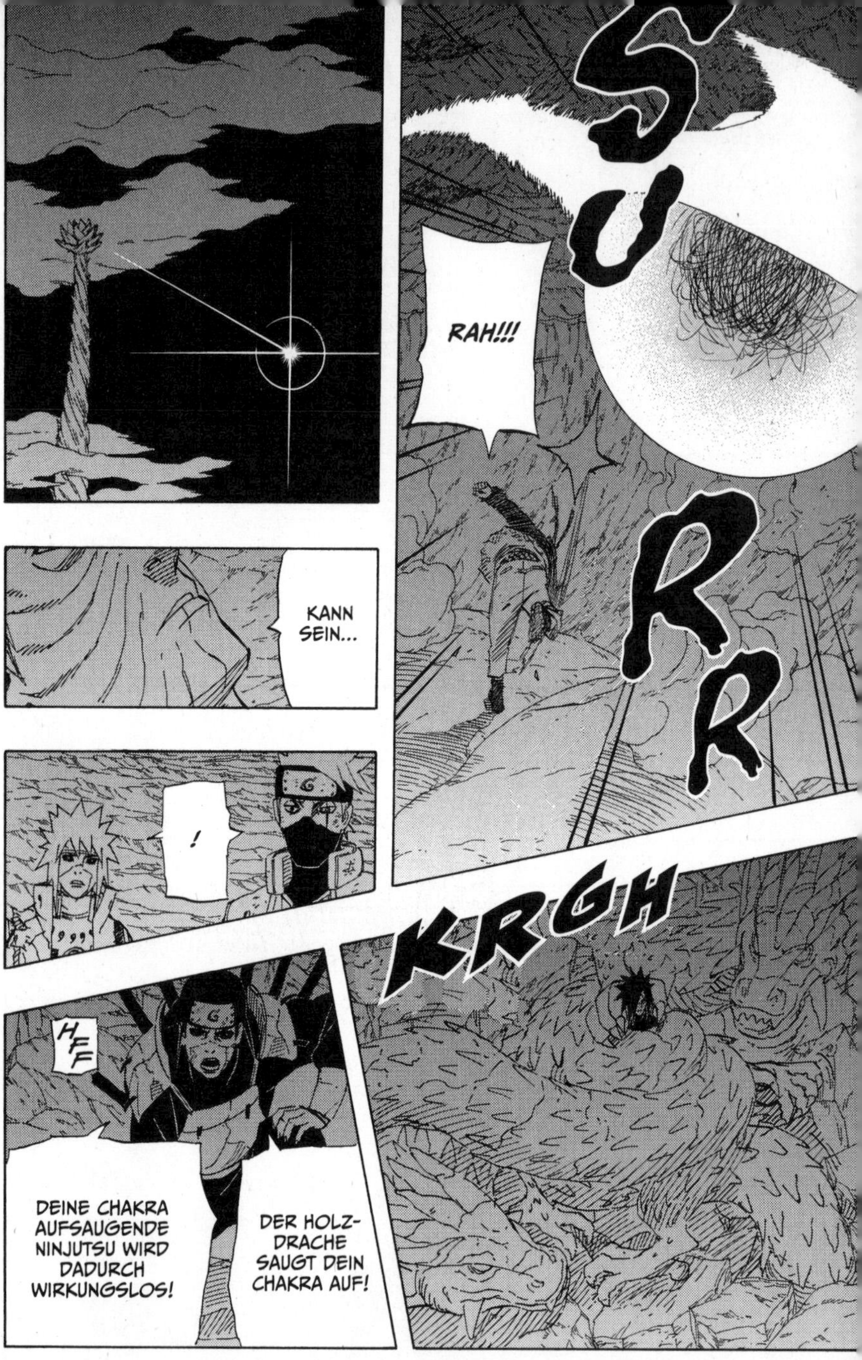
SURR
RAH!!!
KANN SEIN...
!
KRGH
HFF
DER HOLZ-DRACHE SAUGT DEIN CHAKRA AUF!
DEINE CHAKRA AUFSAUGENDE NINJUTSU WIRD DADURCH WIRKUNGSLOS!

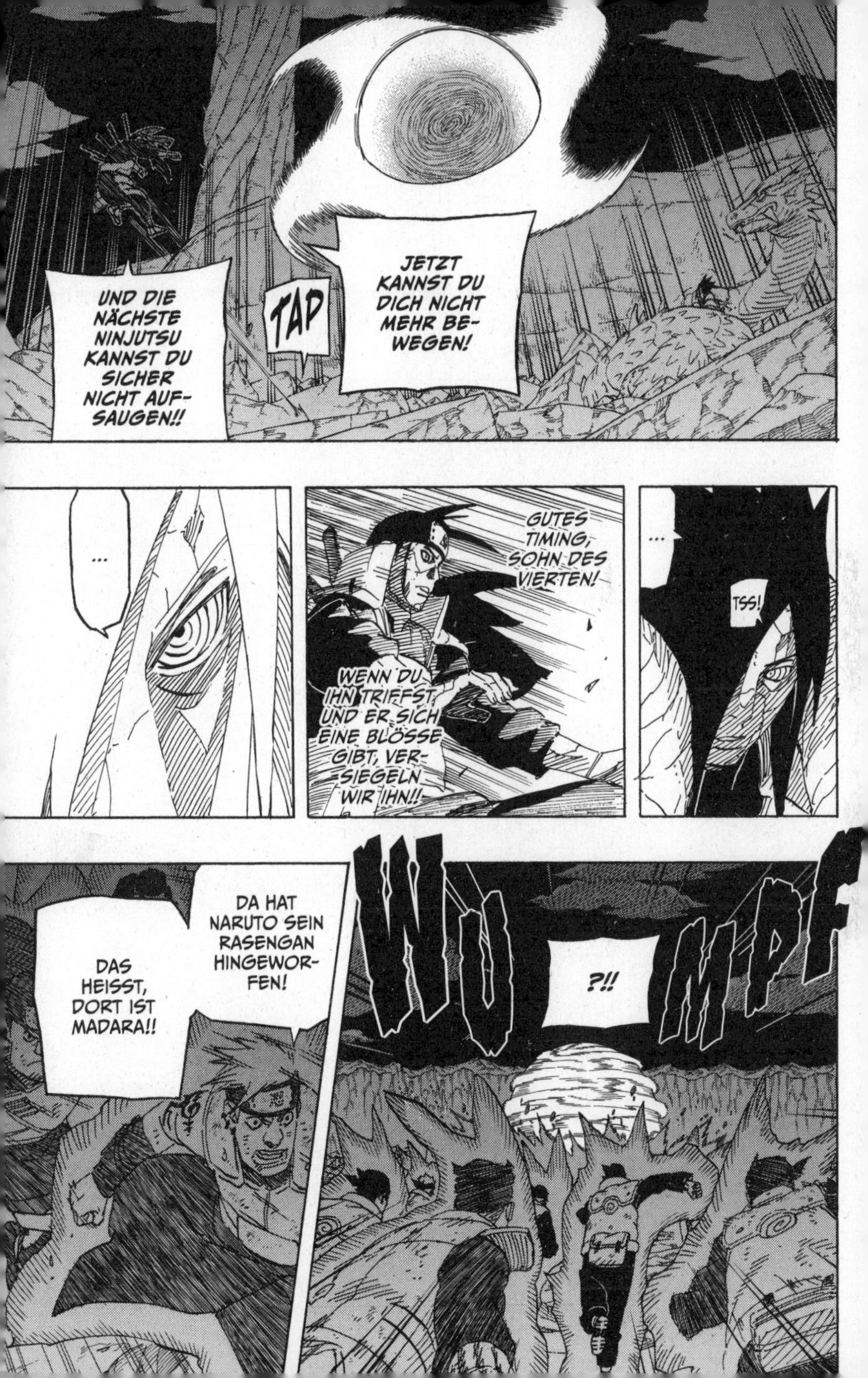

JETZT KANNST DU DICH NICHT MEHR BEWEGEN!
TAP
UND DIE NÄCHSTE NINJUTSU KANNST DU SICHER NICHT AUFSAUGEN!!
...
TSS!
GUTES TIMING, SOHN DES VIERTEN!
WENN DU IHN TRIFFST UND ER SICH EINE BLÖSSE GIBT, VERSIEGELN WIR IHN!!
...
WUMPF
?!!
DA HAT NARUTO SEIN RASENGAN HINGEWORFEN!
DAS HEISST, DORT IST MADARA!!

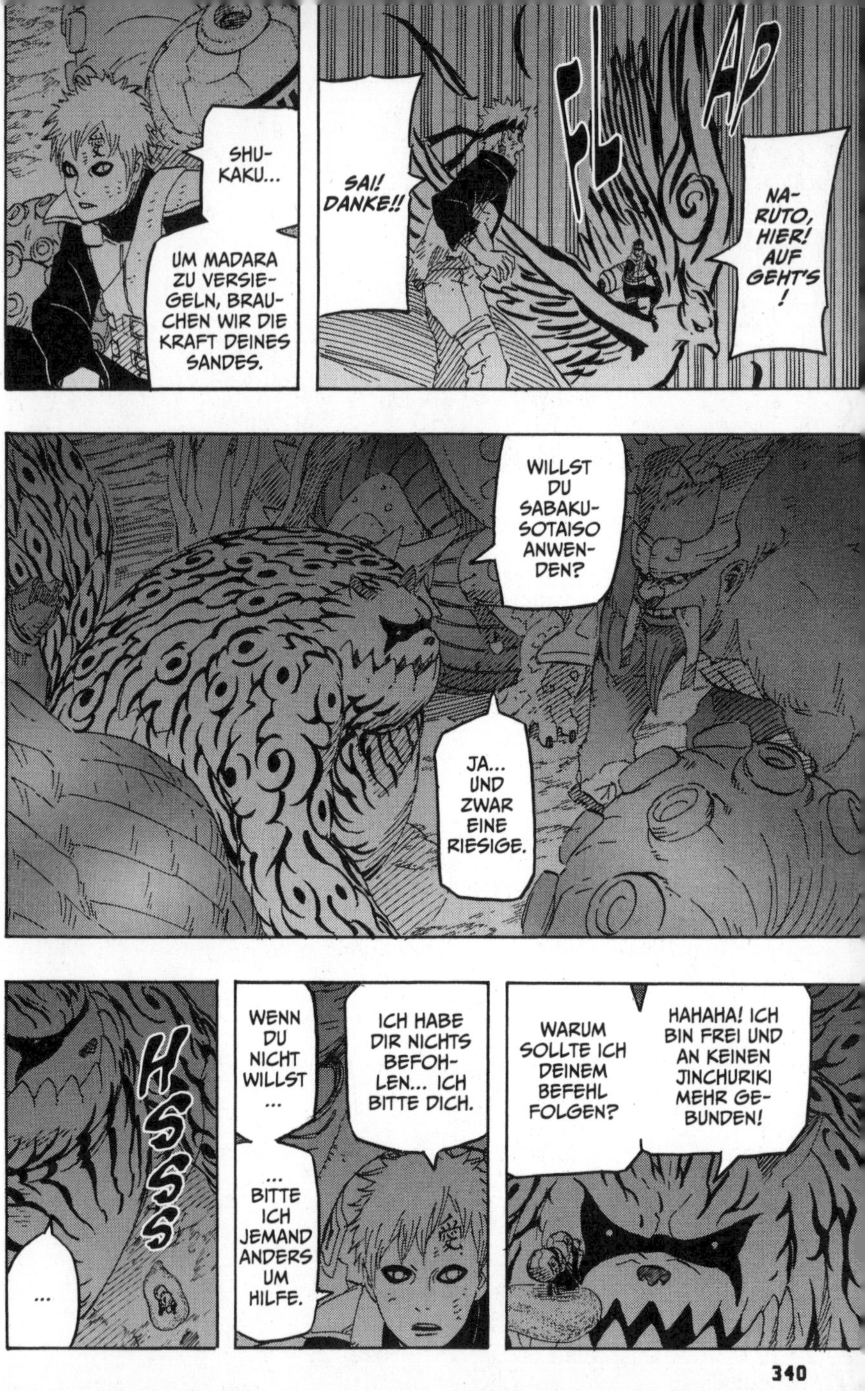
FLAP
NA-RUTO, HIER! AUF GEHT'S!
SAI! DANKE!!
SHU-KAKU...
UM MADARA ZU VERSIE-GELN, BRAU-CHEN WIR DIE KRAFT DEINES SANDES.
WILLST DU SABAKU-SOTAISO ANWEN-DEN?
JA... UND ZWAR EINE RIESIGE.
HAHAHA! ICH BIN FREI UND AN KEINEN JINCHURIKI MEHR GE-BUNDEN!
WARUM SOLLTE ICH DEINEM BEFEHL FOLGEN?
ICH HABE DIR NICHTS BEFOH-LEN... ICH BITTE DICH.
WENN DU NICHT WILLST ...
... BITTE ICH JEMAND ANDERS UM HILFE.
HSSS
...

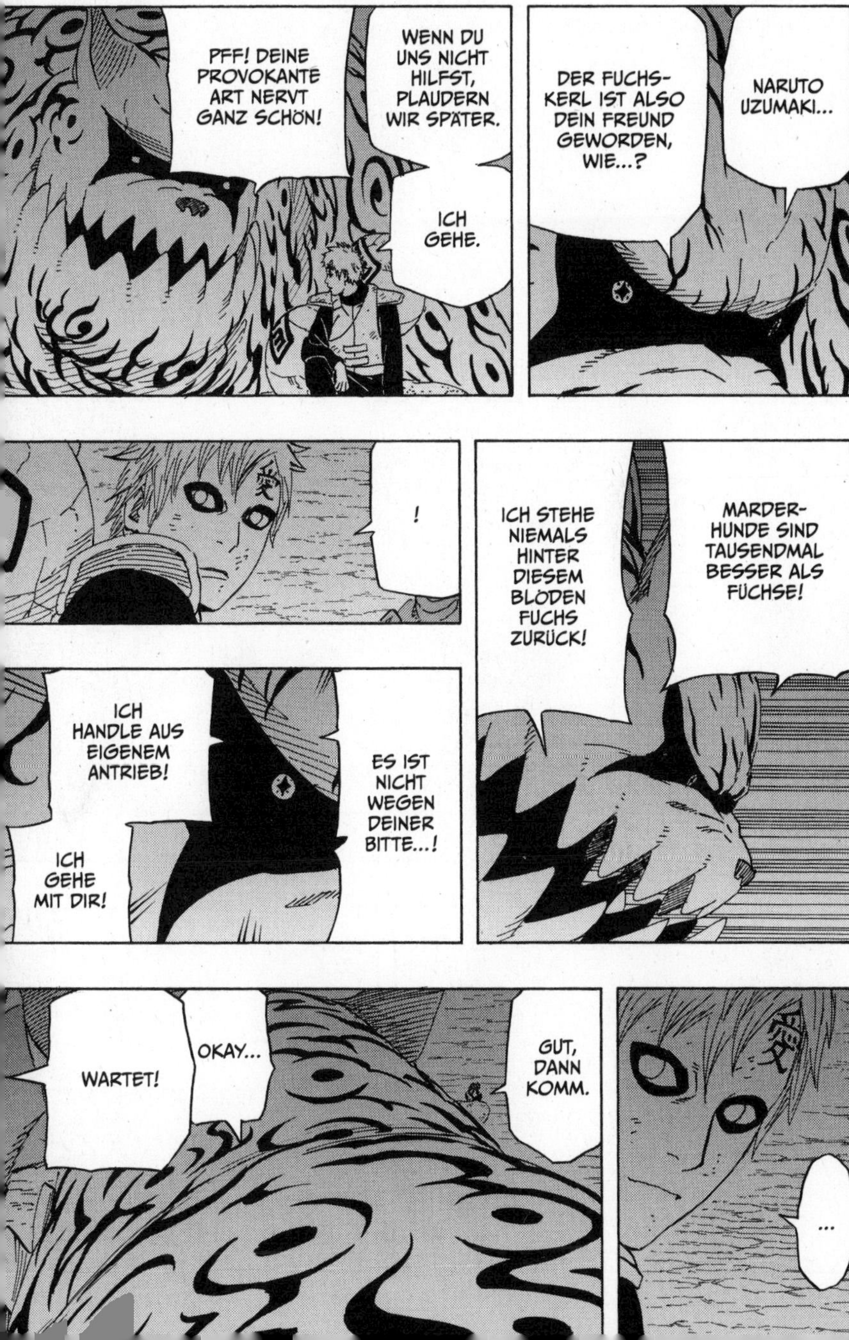
NARUTO UZUMAKI...
DER FUCHS-KERL IST ALSO DEIN FREUND GEWORDEN, WIE...?
WENN DU UNS NICHT HILFST, PLAUDERN WIR SPÄTER.
ICH GEHE.
PFF! DEINE PROVOKANTE ART NERVT GANZ SCHÖN!
MARDERHUNDE SIND TAUSENDMAL BESSER ALS FÜCHSE!
ICH STEHE NIEMALS HINTER DIESEM BLÖDEN FUCHS ZURÜCK!
!
ES IST NICHT WEGEN DEINER BITTE...!
ICH HANDLE AUS EIGENEM ANTRIEB!
ICH GEHE MIT DIR!
...
GUT, DANN KOMM.
OKAY...
WARTET!

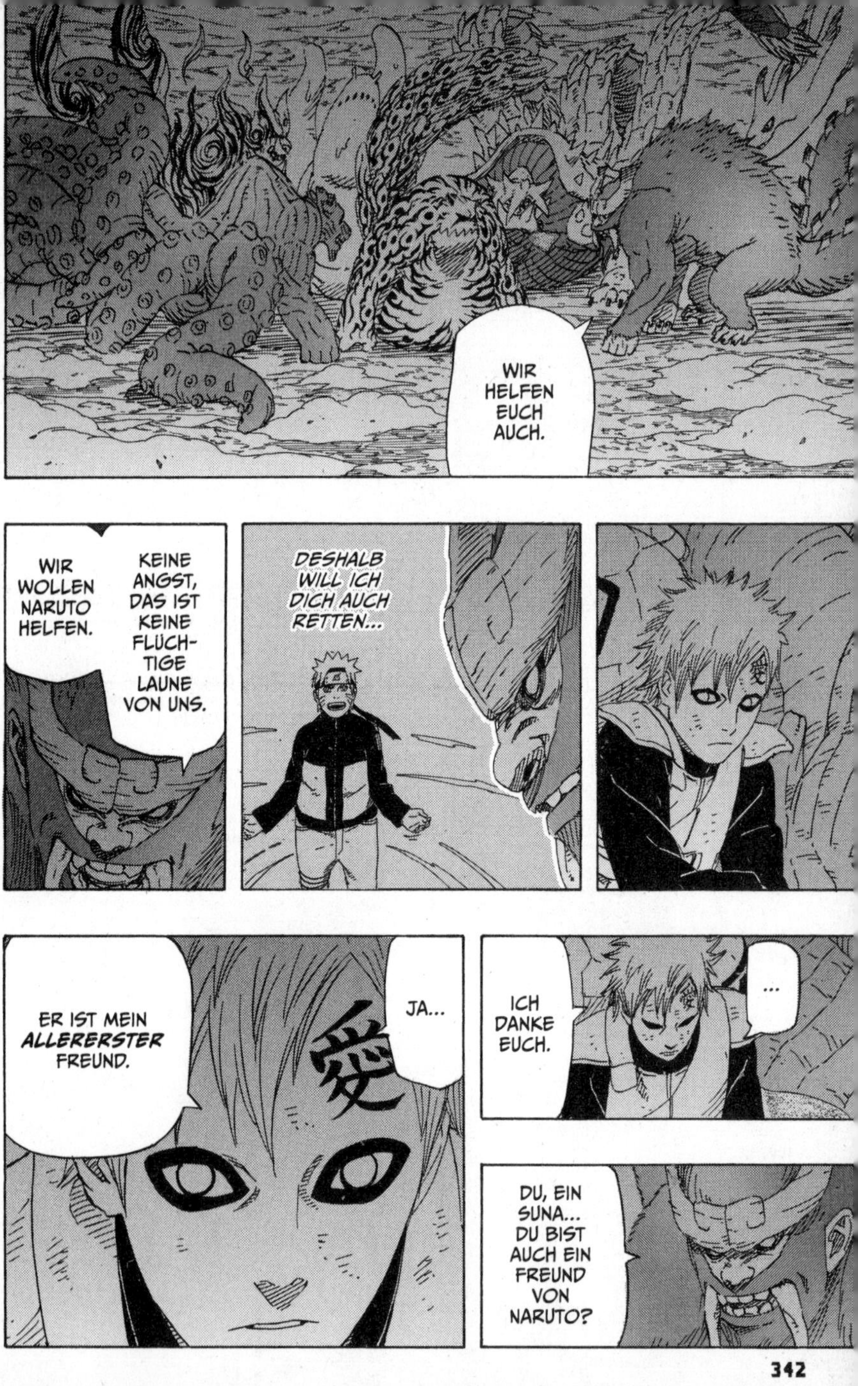
WIR HELFEN EUCH AUCH.
DESHALB WILL ICH DICH AUCH RETTEN...
KEINE ANGST, DAS IST KEINE FLÜCHTIGE LAUNE VON UNS.
WIR WOLLEN NARUTO HELFEN.
...
ICH DANKE EUCH.
DU, EIN SUNA... DU BIST AUCH EIN FREUND VON NARUTO?
JA...
ER IST MEIN ALLERERSTER FREUND.

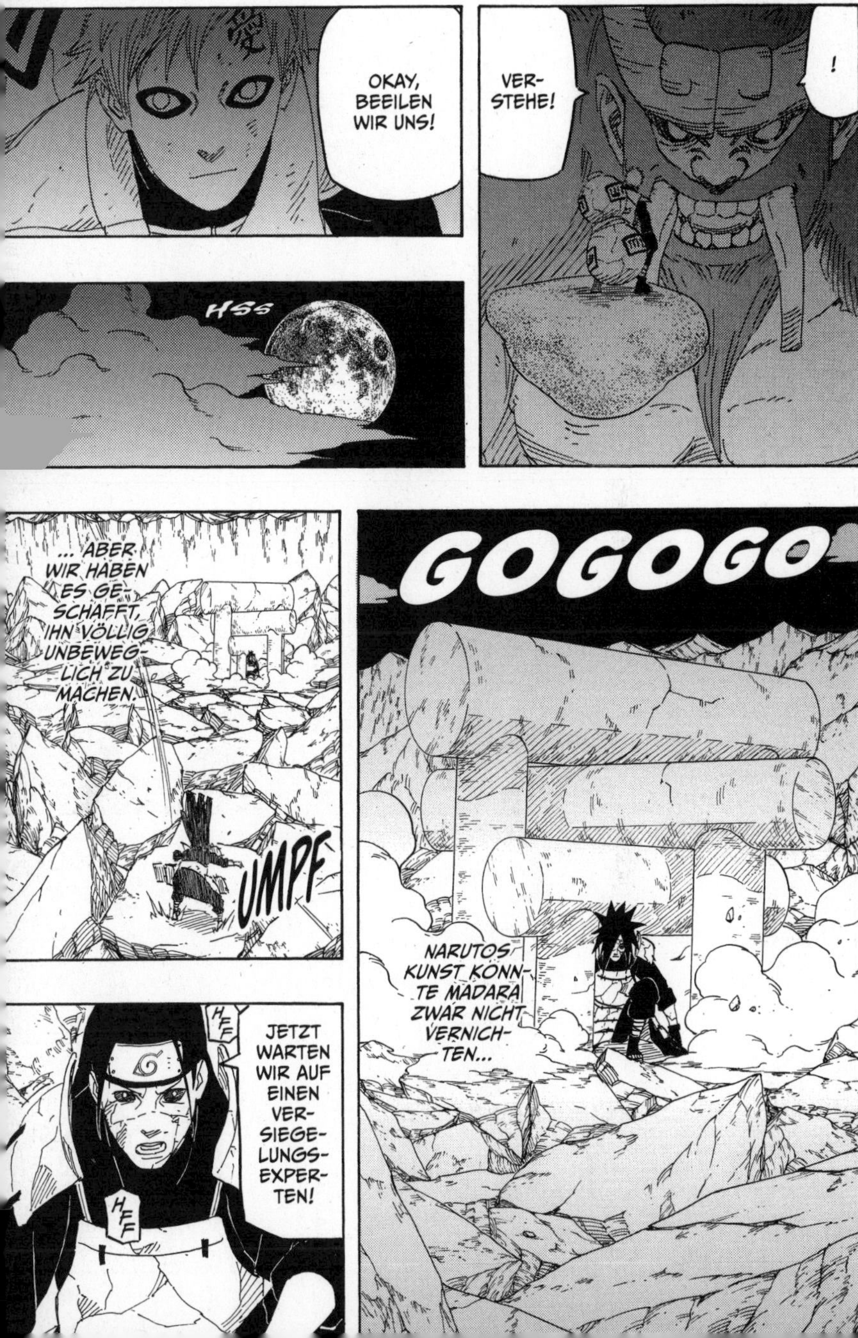
!
VER-
STEHE!
OKAY,
BEEILEN
WIR UNS!
HSS
GOGOGO
NARUTOS
KUNST KONN-
TE MADARA
ZWAR NICHT
VERNICH-
TEN...
... ABER
WIR HABEN
ES GE-
SCHAFFT,
IHN VÖLLIG
UNBEWEG-
LICH ZU
MACHEN.
UMPF
HFF
JETZT
WARTEN
WIR AUF
EINEN
VER-
SIEGE-
LUNGS-
EXPER-
TEN!
HFF

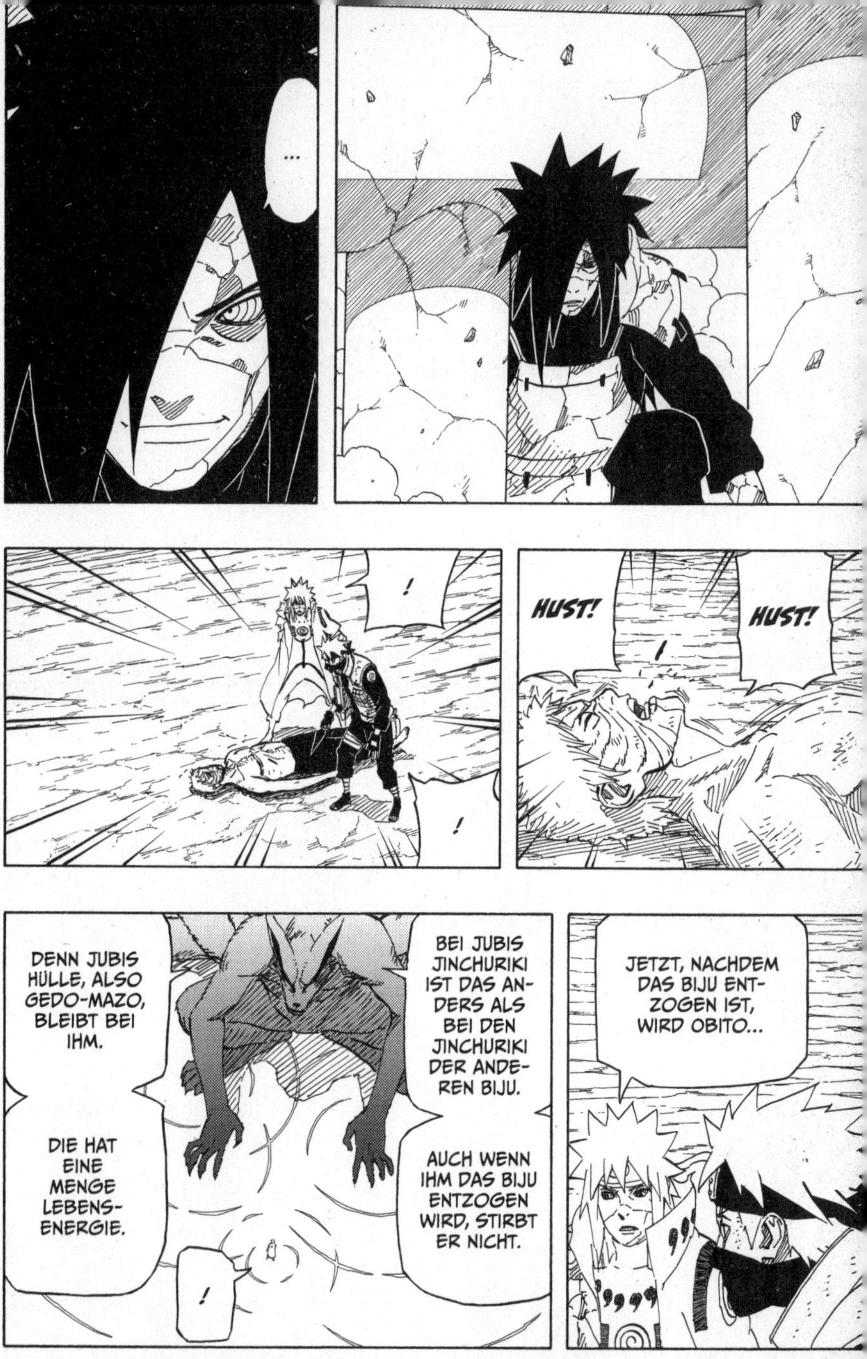
...
HUST!
HUST!
!
!
!
JETZT, NACHDEM DAS BIJU ENTZOGEN IST, WIRD OBITO...
BEI JUBIS JINCHURIKI IST DAS ANDERS ALS BEI DEN JINCHURIKI DER ANDEREN BIJU.
AUCH WENN IHM DAS BIJU ENTZOGEN WIRD, STIRBT ER NICHT.
DENN JUBIS HÜLLE, ALSO GEDO-MAZO, BLEIBT BEI IHM.
DIE HAT EINE MENGE LEBENSENERGIE.
!

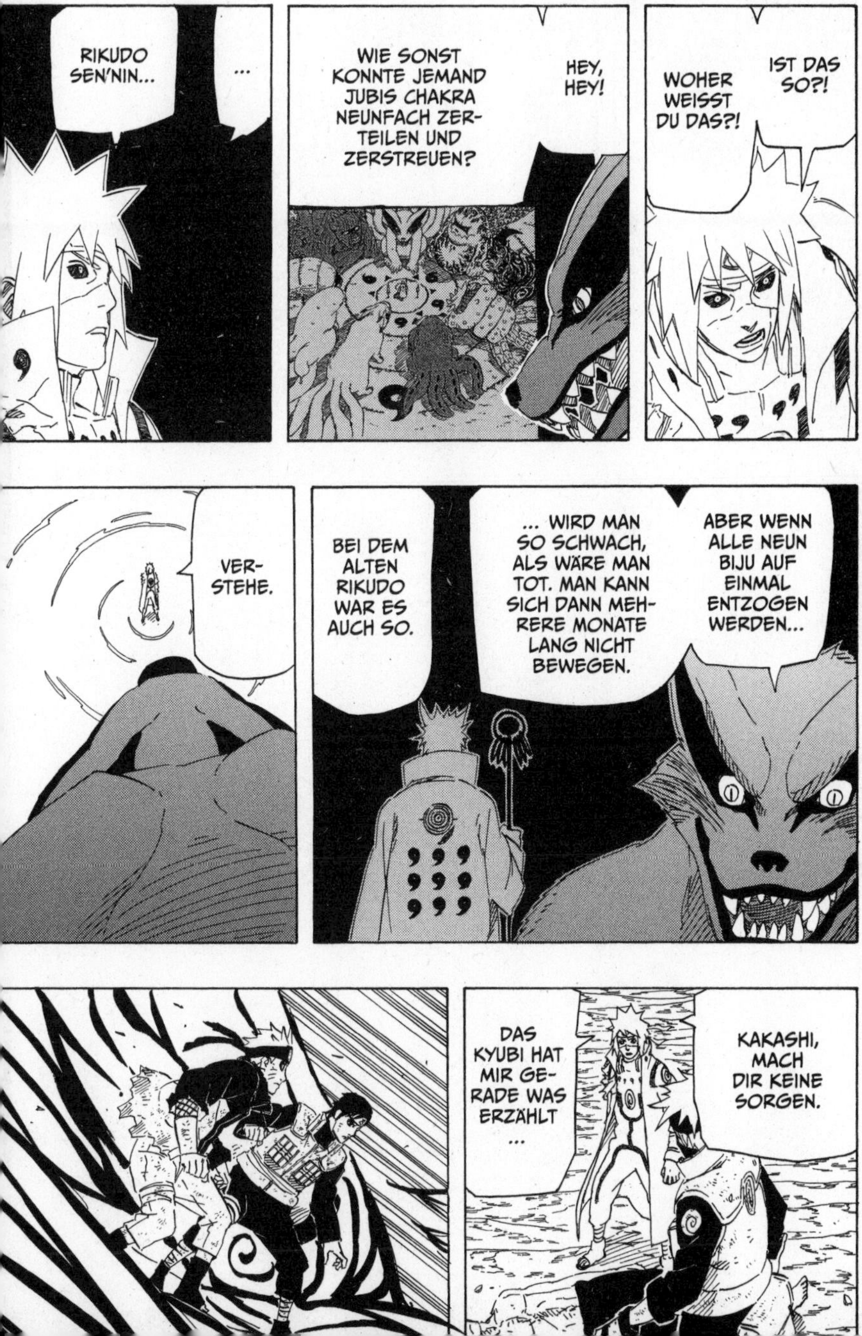
IST DAS SO?!
WOHER WEISST DU DAS?!
HEY, HEY!
WIE SONST KONNTE JEMAND JUBIS CHAKRA NEUNFACH ZERTEILEN UND ZERSTREUEN?
...
RIKUDO SEN'NIN...
ABER WENN ALLE NEUN BIJU AUF EINMAL ENTZOGEN WERDEN...
... WIRD MAN SO SCHWACH, ALS WÄRE MAN TOT. MAN KANN SICH DANN MEHRERE MONATE LANG NICHT BEWEGEN.
BEI DEM ALTEN RIKUDO WAR ES AUCH SO.
VERSTEHE.
KAKASHI, MACH DIR KEINE SORGEN.
DAS KYUBI HAT MIR GERADE WAS ERZÄHLT ...

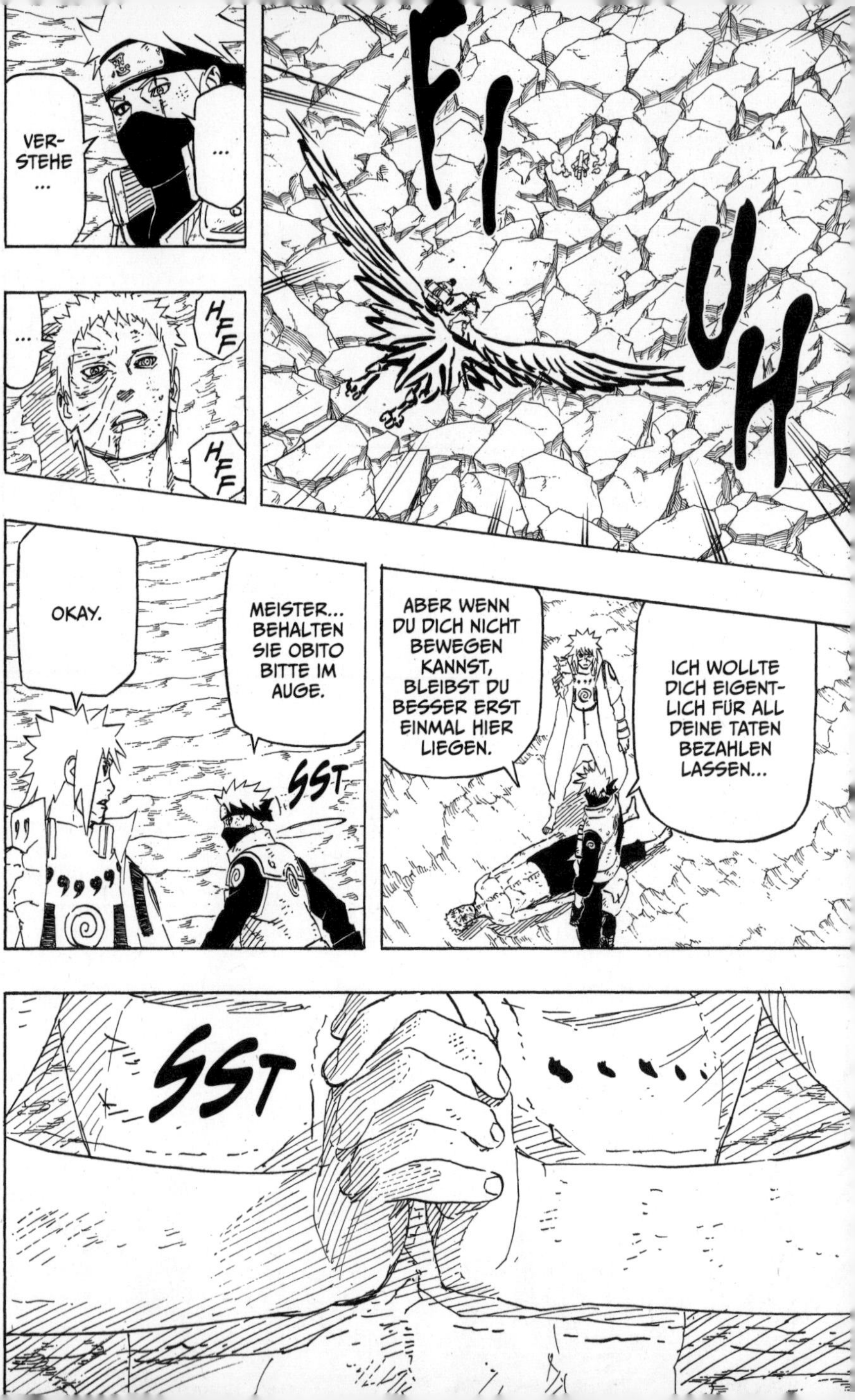

FIUH
...
VER-STEHE ...
HFF
...
HFF
ICH WOLLTE DICH EIGENTLICH FÜR ALL DEINE TATEN BEZAHLEN LASSEN...
ABER WENN DU DICH NICHT BEWEGEN KANNST, BLEIBST DU BESSER ERST EINMAL HIER LIEGEN.
MEISTER... BEHALTEN SIE OBITO BITTE IM AUGE.
SST
OKAY.
SST
....

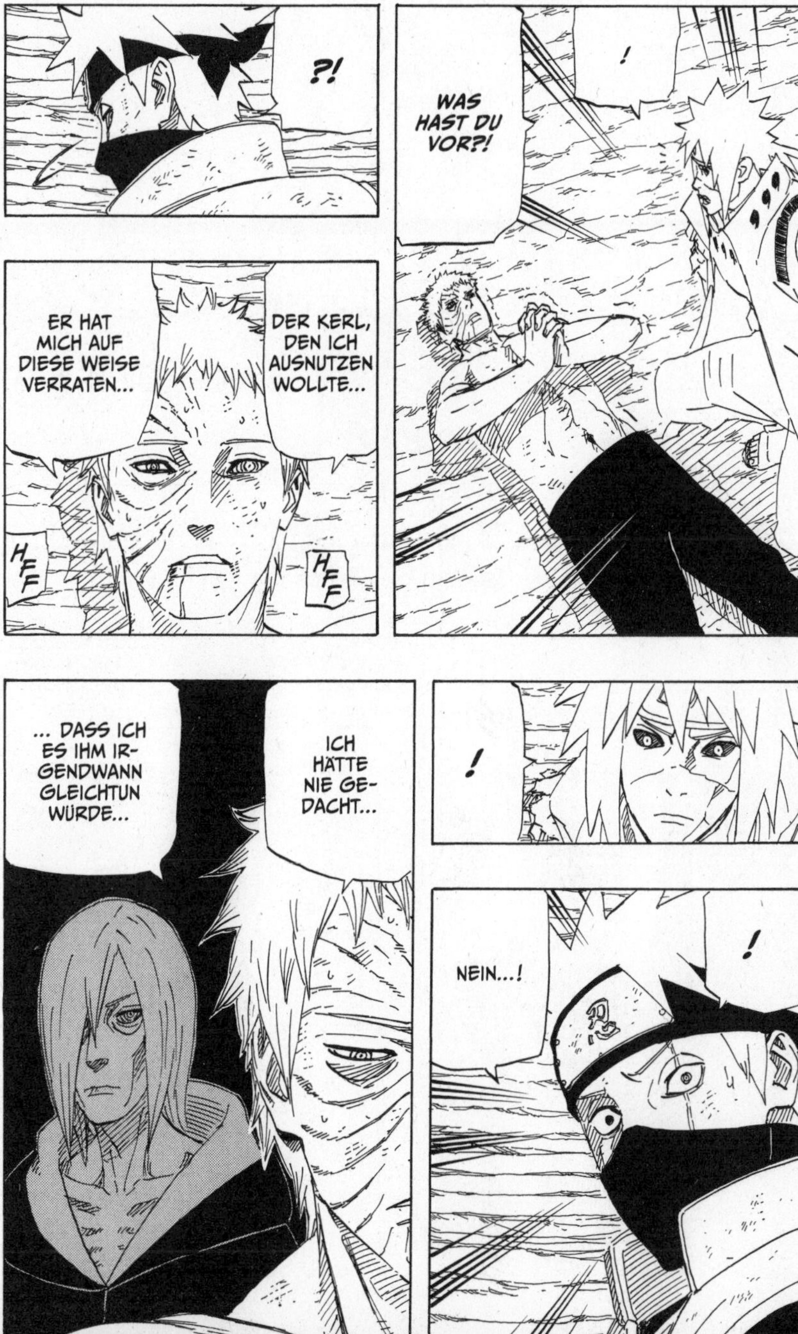
!
WAS HAST DU VOR?!
?!
DER KERL, DEN ICH AUSNUTZEN WOLLTE...
ER HAT MICH AUF DIESE WEISE VERRATEN...
HFF
HFF
!
ICH HÄTTE NIE GEDACHT...
... DASS ICH ES IHM IRGENDWANN GLEICHTUN WÜRDE...
!
NEIN...!

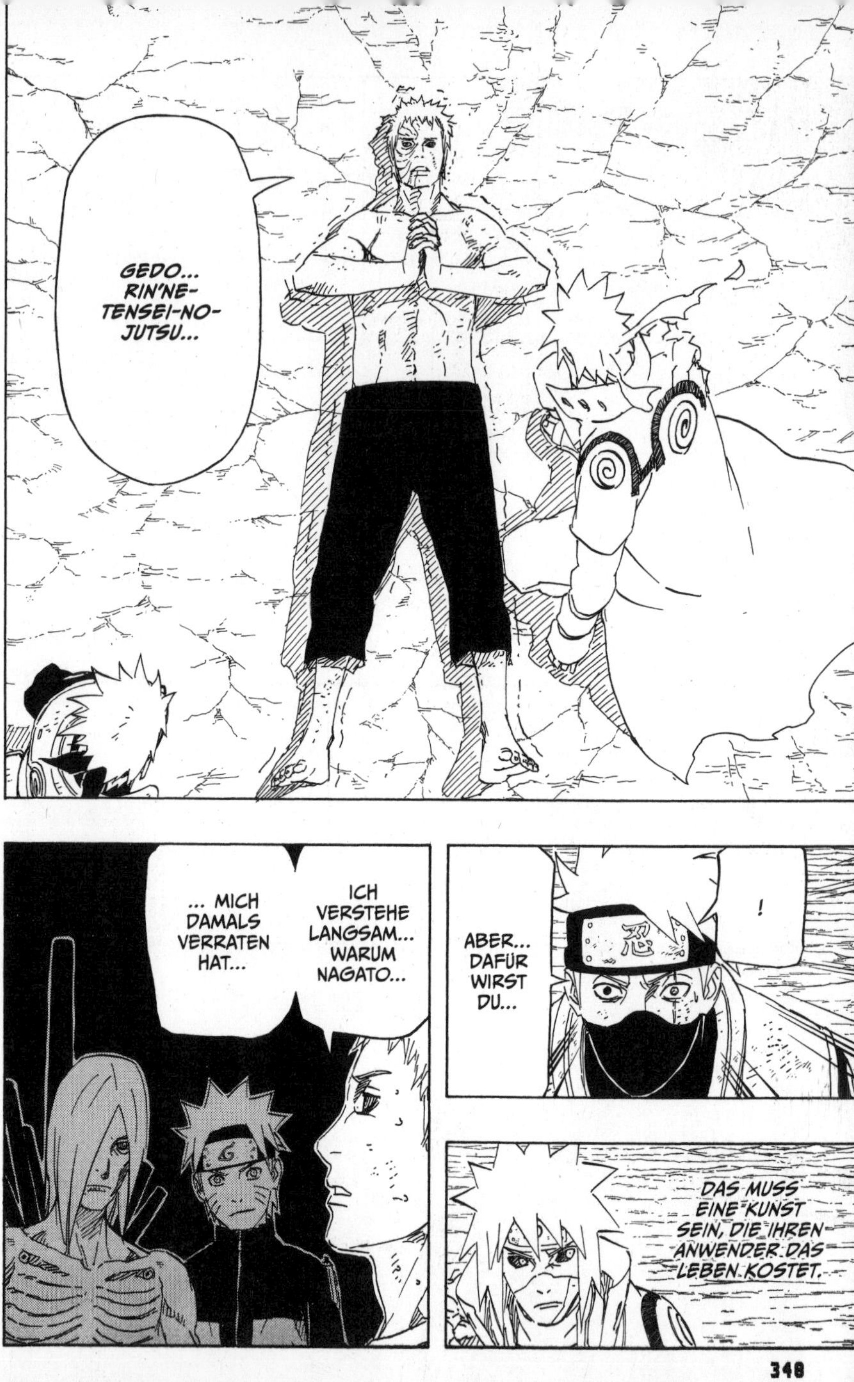
GEDO... RIN'NE-TENSEI-NO-JUTSU...
!
ABER... DAFÜR WIRST DU...
DAS MUSS EINE KUNST SEIN, DIE IHREN ANWENDER DAS LEBEN KOSTET.
ICH VERSTEHE LANGSAM... WARUM NAGATO...
... MICH DAMALS VERRATEN HAT...

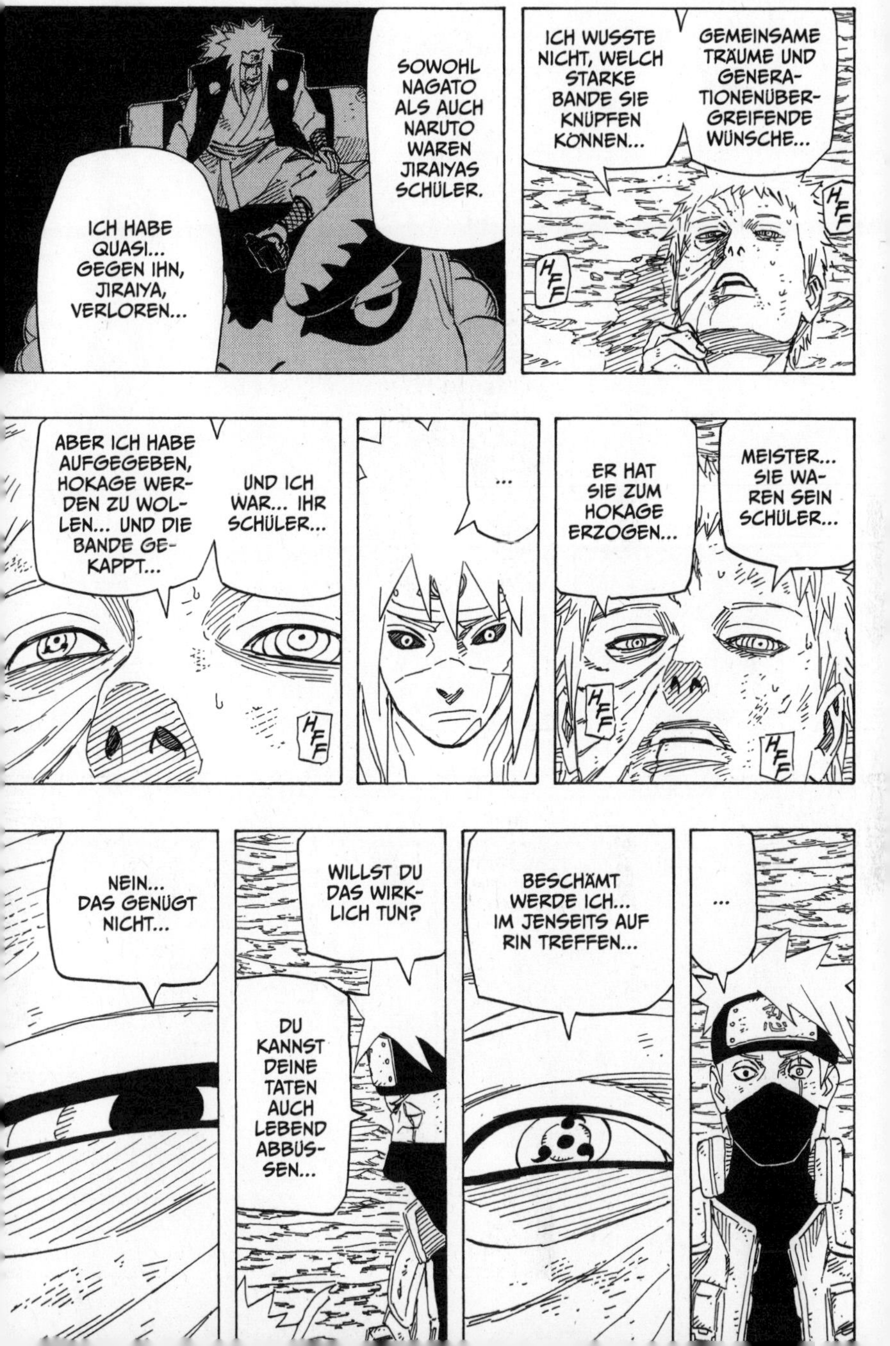
GEMEINSAME TRÄUME UND GENERATIONENÜBERGREIFENDE WÜNSCHE...
ICH WUSSTE NICHT, WELCH STARKE BANDE SIE KNÜPFEN KÖNNEN...
HFF
HFF
SOWOHL NAGATO ALS AUCH NARUTO WAREN JIRAIYAS SCHÜLER.
ICH HABE QUASI... GEGEN IHN, JIRAIYA, VERLOREN...
MEISTER... SIE WAREN SEIN SCHÜLER...
ER HAT SIE ZUM HOKAGE ERZOGEN...
HFF
HFF
...
UND ICH WAR... IHR SCHÜLER...
ABER ICH HABE AUFGEGEBEN, HOKAGE WERDEN ZU WOLLEN... UND DIE BANDE GEKAPPT...
HFF
...
BESCHÄMT WERDE ICH... IM JENSEITS AUF RIN TREFFEN...
WILLST DU DAS WIRKLICH TUN?
DU KANNST DEINE TATEN AUCH LEBEND ABBÜSSEN...
NEIN... DAS GENÜGT NICHT...

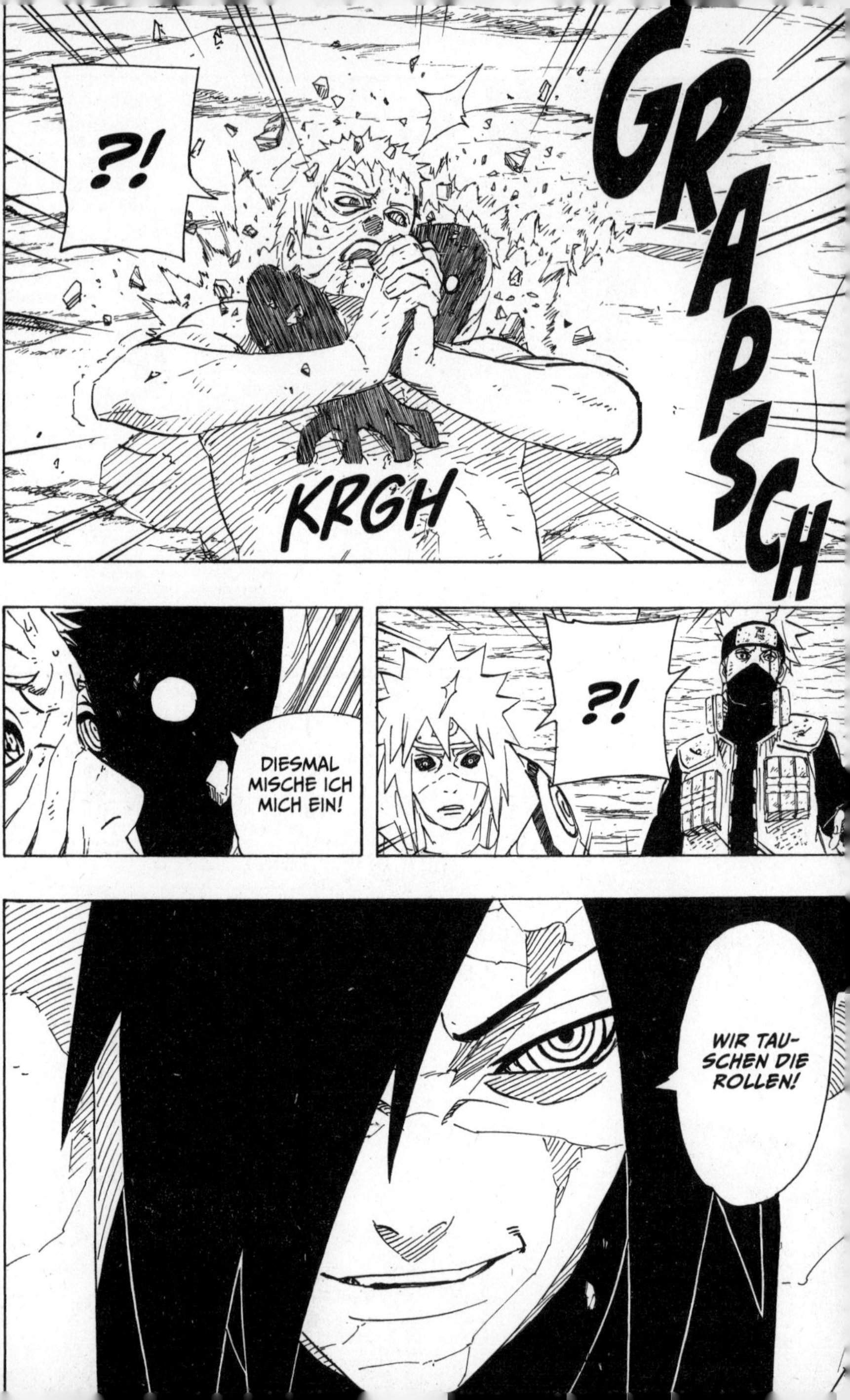

GRAPSCH
?!
KRGH
?!
DIESMAL MISCHE ICH MICH EIN!
WIR TAUSCHEN DIE ROLLEN!

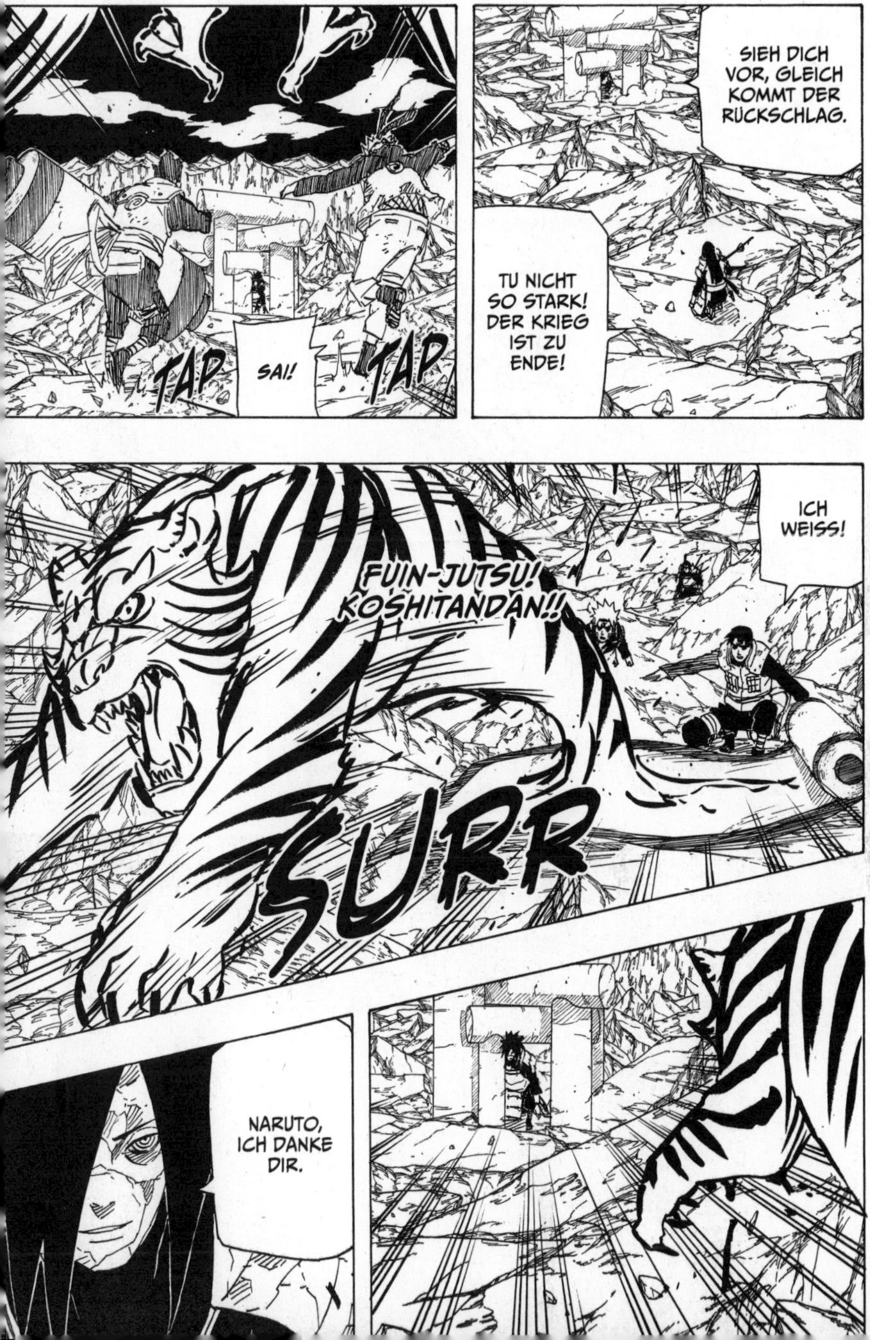
SIEH DICH VOR, GLEICH KOMMT DER RÜCKSCHLAG.
TU NICHT SO STARK! DER KRIEG IST ZU ENDE!
TAP
SAI!
TAP
ICH WEISS!
FUIN-JUTSU! KOSHITANDAN!!
SURR
NARUTO, ICH DANKE DIR.

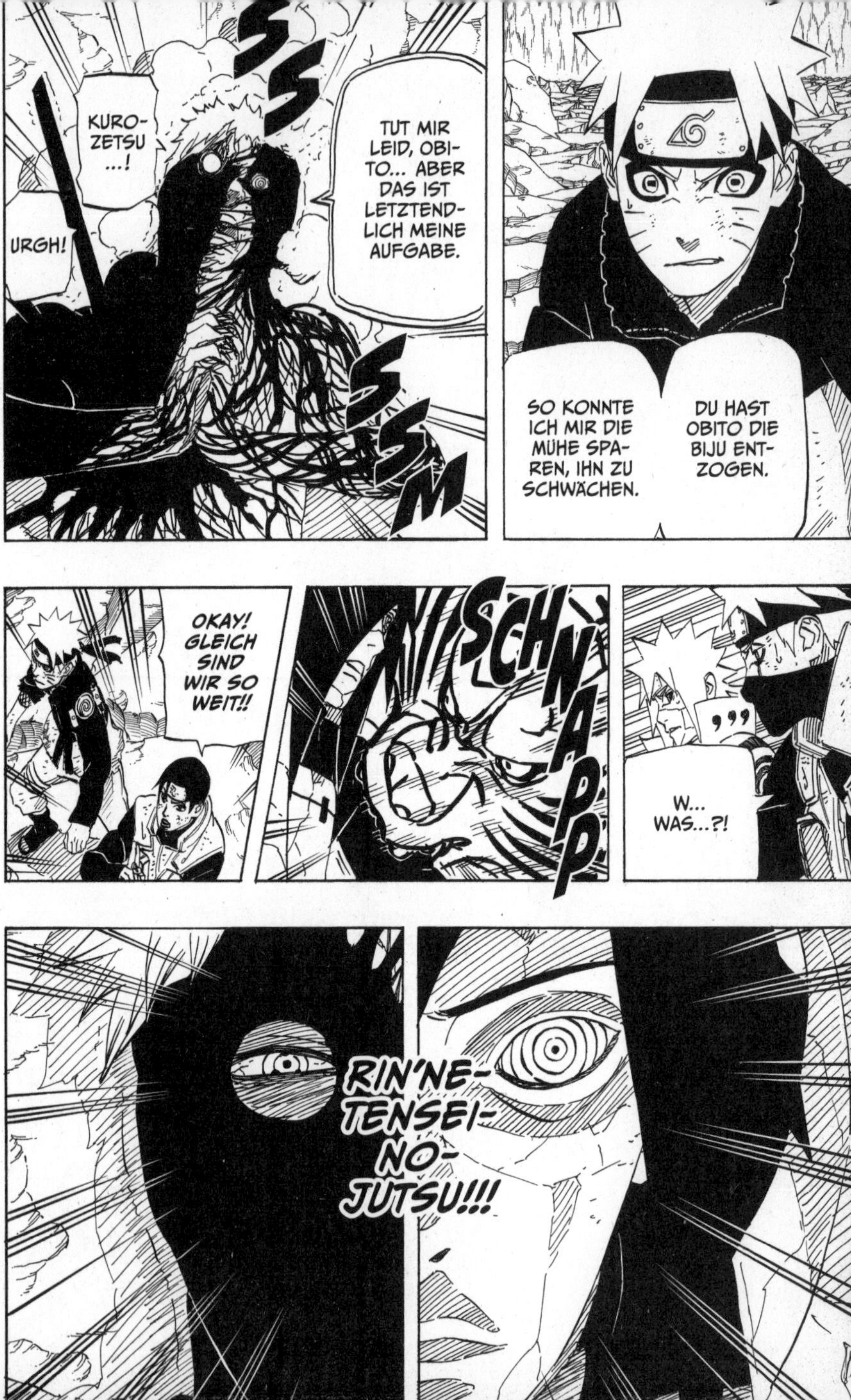
DU HAST OBITO DIE BIJU ENTZOGEN.
SO KONNTE ICH MIR DIE MÜHE SPAREN, IHN ZU SCHWÄCHEN.
TUT MIR LEID, OBITO... ABER DAS IST LETZTENDLICH MEINE AUFGABE.
KUROZETSU ...!
URGH!
SS
SSSM
W... WAS...?!
SCHNAPP
OKAY! GLEICH SIND WIR SO WEIT!!
RIN'NE-TENSEI-NO-JUTSU!!!

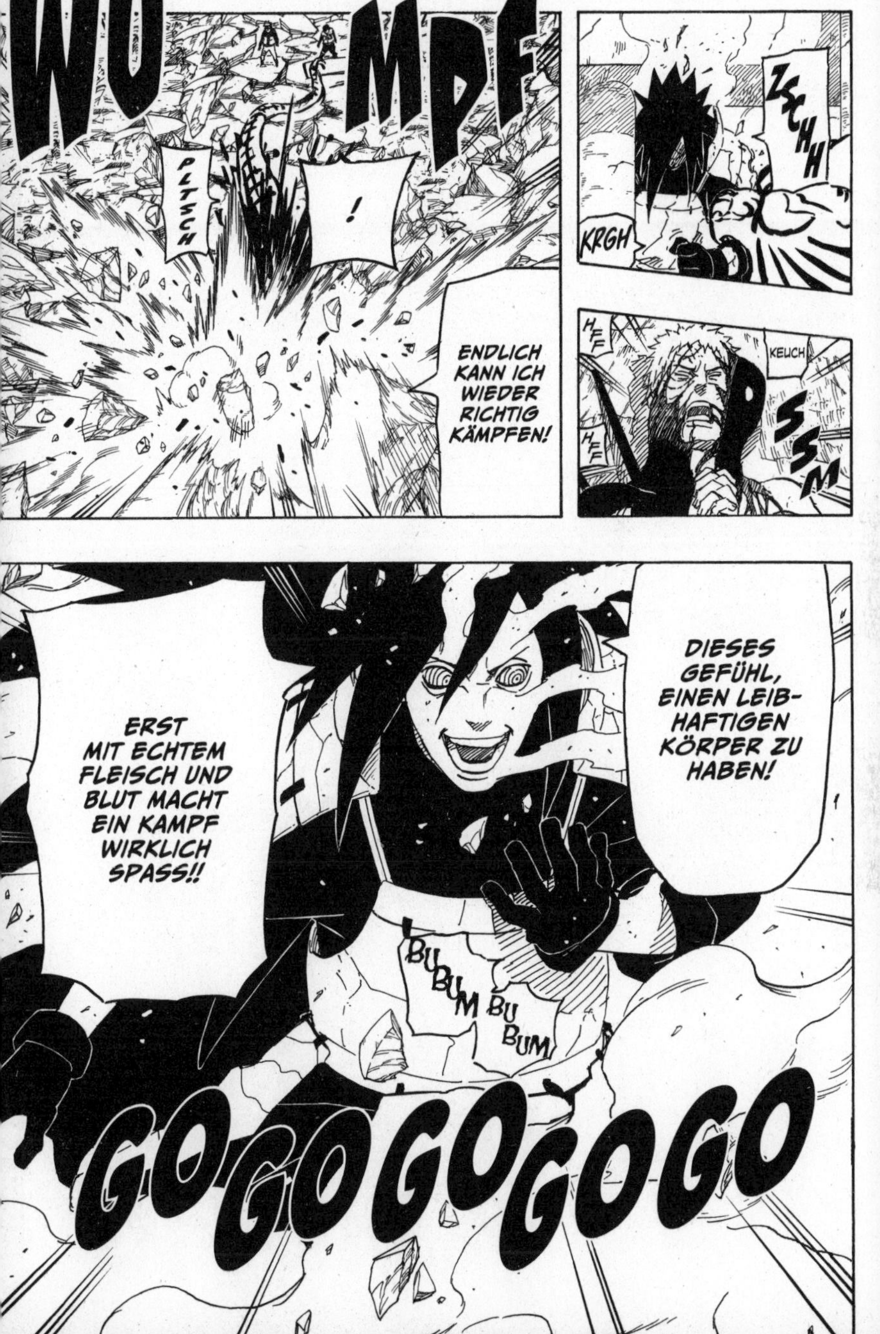
WUMPF
ZSCHHH
KRGH
PLTSCH
!
HFF
KEUCH
SSM
HFF
ENDLICH KANN ICH WIEDER RICHTIG KÄMPFEN!
DIESES GEFÜHL, EINEN LEIBHAFTIGEN KÖRPER ZU HABEN!
ERST MIT ECHTEM FLEISCH UND BLUT MACHT EIN KAMPF WIRKLICH SPASS!!
BUBUM BUBUM
GOGOGOGOGOGOGOGO

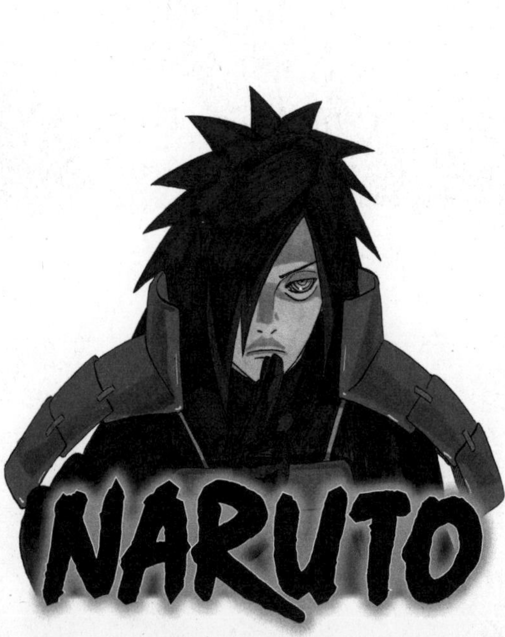
NARUTO

657. Kapitel: Madara Uchiha ist zurück!

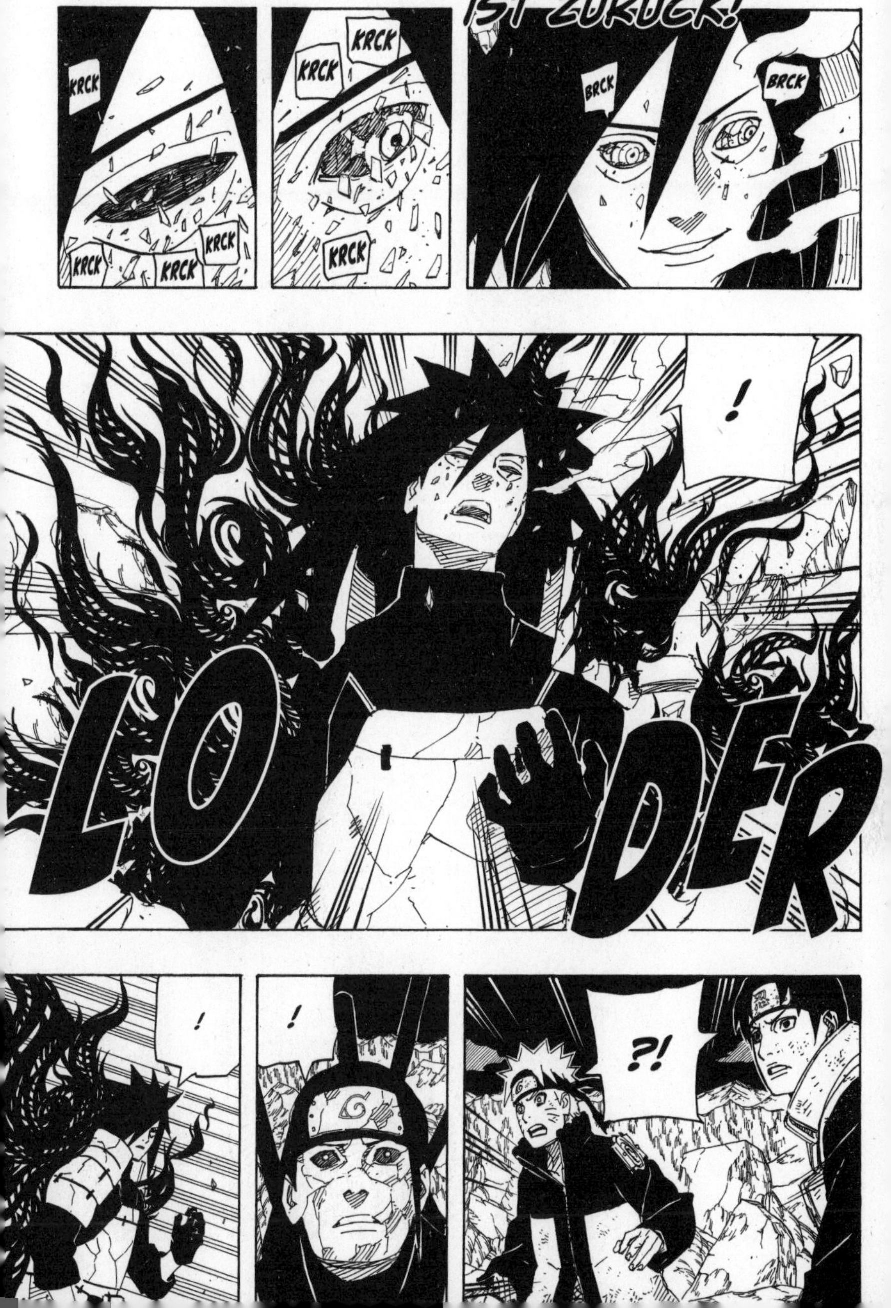

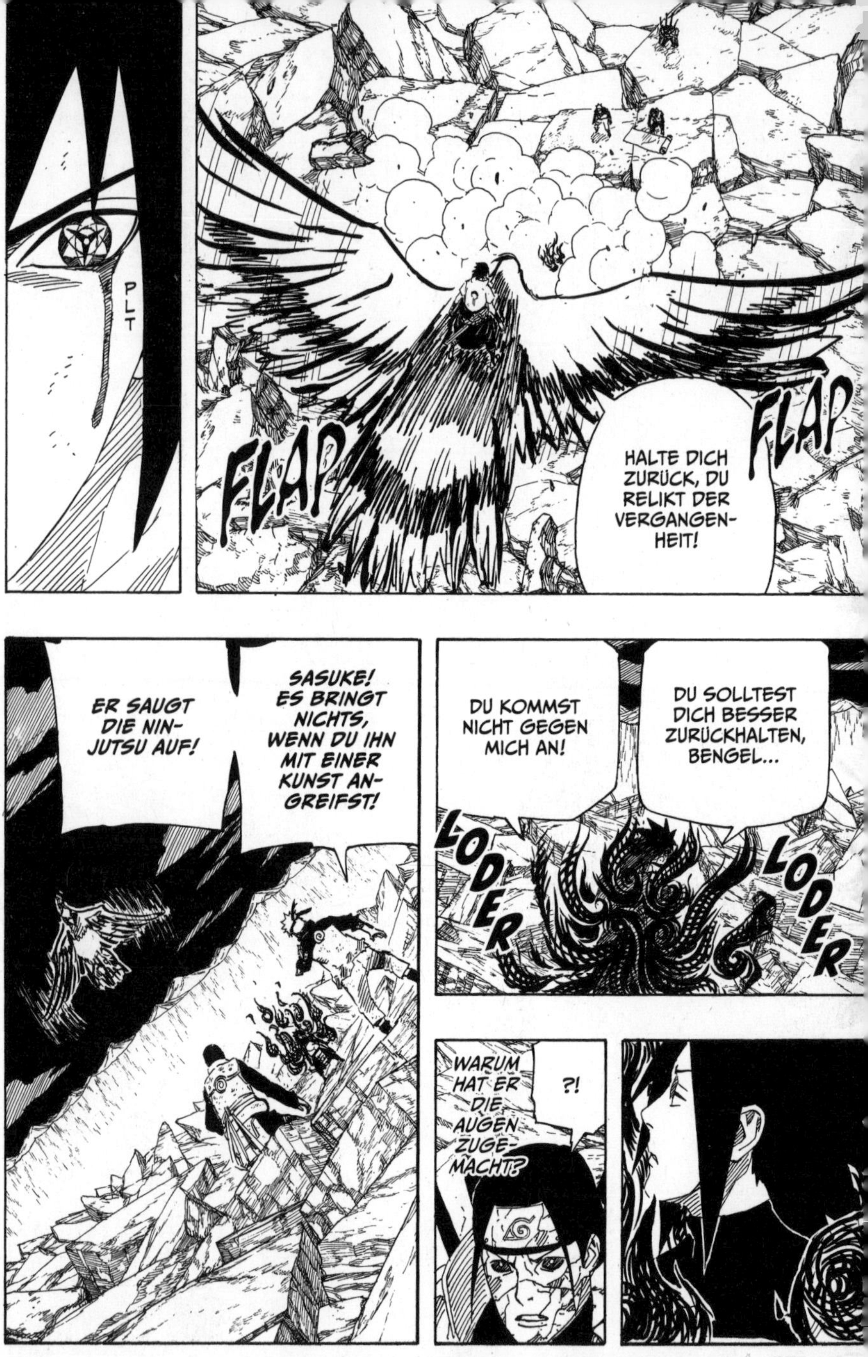

FLAP
FLAP
HALTE DICH ZURÜCK, DU RELIKT DER VERGANGEN-HEIT!
PLT
DU SOLLTEST DICH BESSER ZURÜCKHALTEN, BENGEL...
DU KOMMST NICHT GEGEN MICH AN!
LODER
LODER
SASUKE! ES BRINGT NICHTS, WENN DU IHN MIT EINER KUNST AN-GREIFST!
ER SAUGT DIE NIN-JUTSU AUF!
?!
WARUM HAT ER DIE AUGEN ZUGE-MACHT?

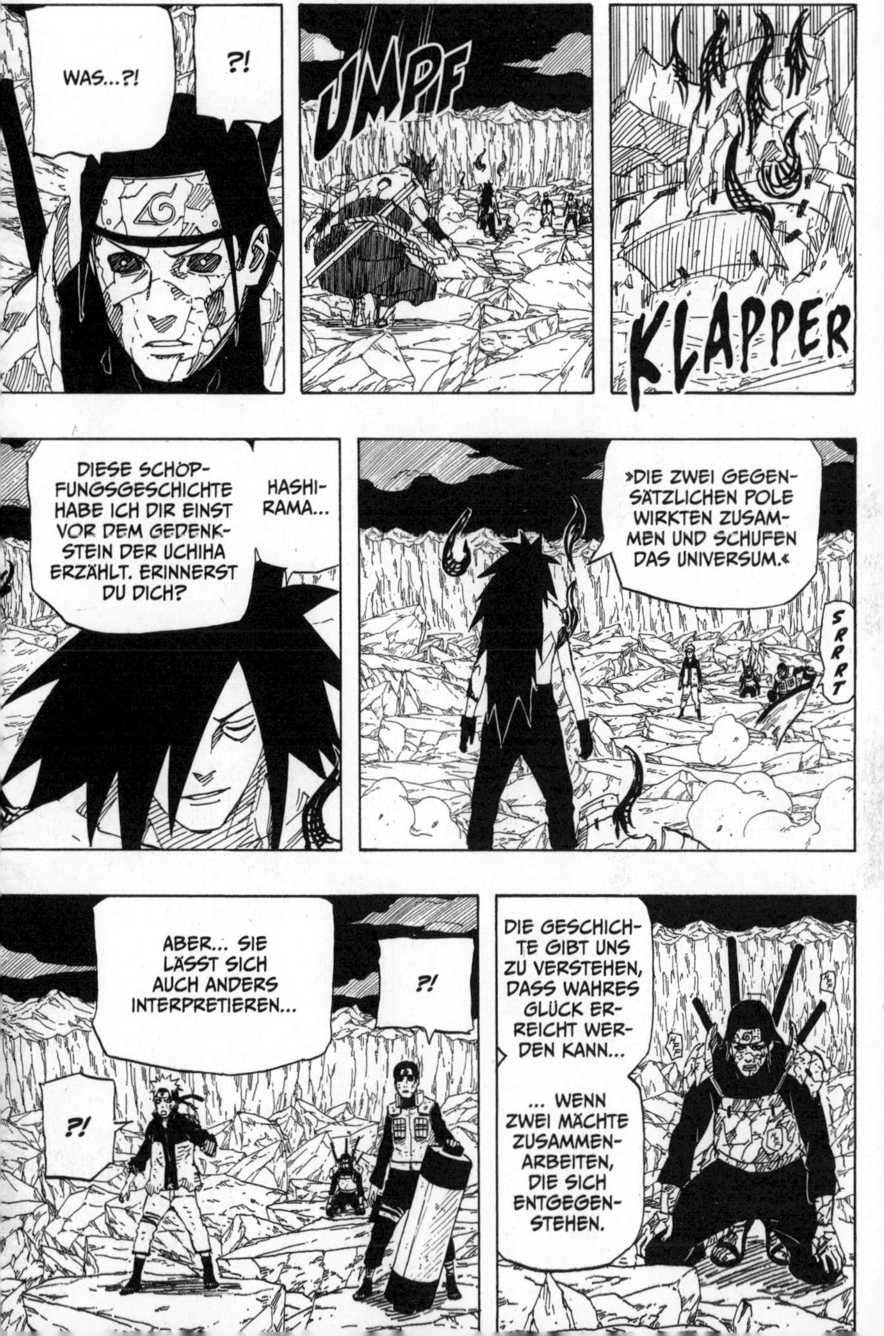
KLAPPER
UMPF
?!
WAS...?!
»DIE ZWEI GEGENSÄTZLICHEN POLE WIRKTEN ZUSAMMEN UND SCHUFEN DAS UNIVERSUM.«
SRRRT
HASHIRAMA...
DIESE SCHÖPFUNGSGESCHICHTE HABE ICH DIR EINST VOR DEM GEDENKSTEIN DER UCHIHA ERZÄHLT. ERINNERST DU DICH?
DIE GESCHICHTE GIBT UNS ZU VERSTEHEN, DASS WAHRES GLÜCK ERREICHT WERDEN KANN...
... WENN ZWEI MÄCHTE ZUSAMMENARBEITEN, DIE SICH ENTGEGENSTEHEN.
?!
ABER... SIE LÄSST SICH AUCH ANDERS INTERPRETIEREN...
?!

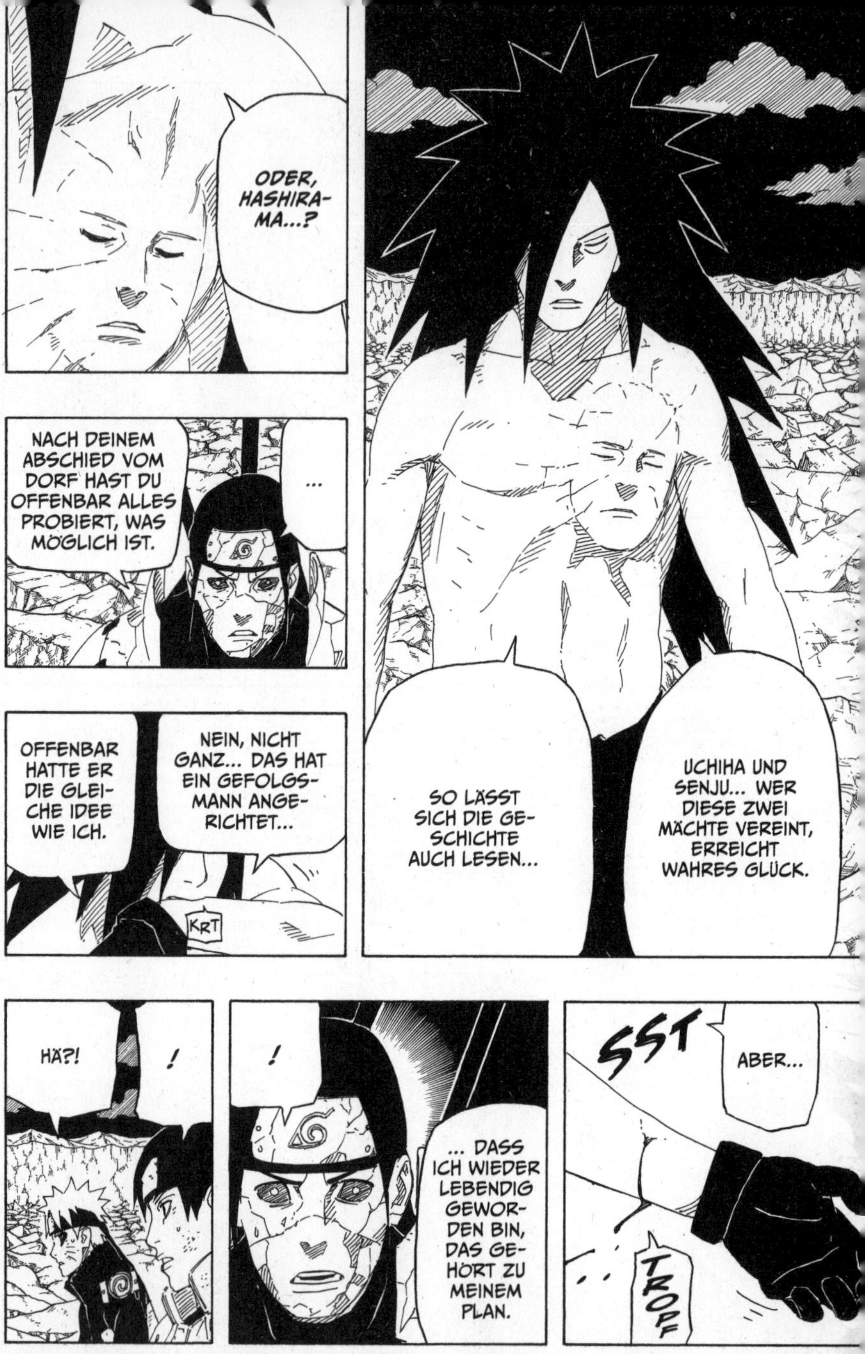
UCHIHA UND SENJU... WER DIESE ZWEI MÄCHTE VEREINT, ERREICHT WAHRES GLÜCK.
SO LÄSST SICH DIE GESCHICHTE AUCH LESEN...
ODER, HASHIRAMA...?
...
NACH DEINEM ABSCHIED VOM DORF HAST DU OFFENBAR ALLES PROBIERT, WAS MÖGLICH IST.
NEIN, NICHT GANZ... DAS HAT EIN GEFOLGSMANN ANGERICHTET...
OFFENBAR HATTE ER DIE GLEICHE IDEE WIE ICH.
KRT
SST
ABER...
TROPF
... DASS ICH WIEDER LEBENDIG GEWORDEN BIN, DAS GEHÖRT ZU MEINEM PLAN.
!
!
HÄ?!

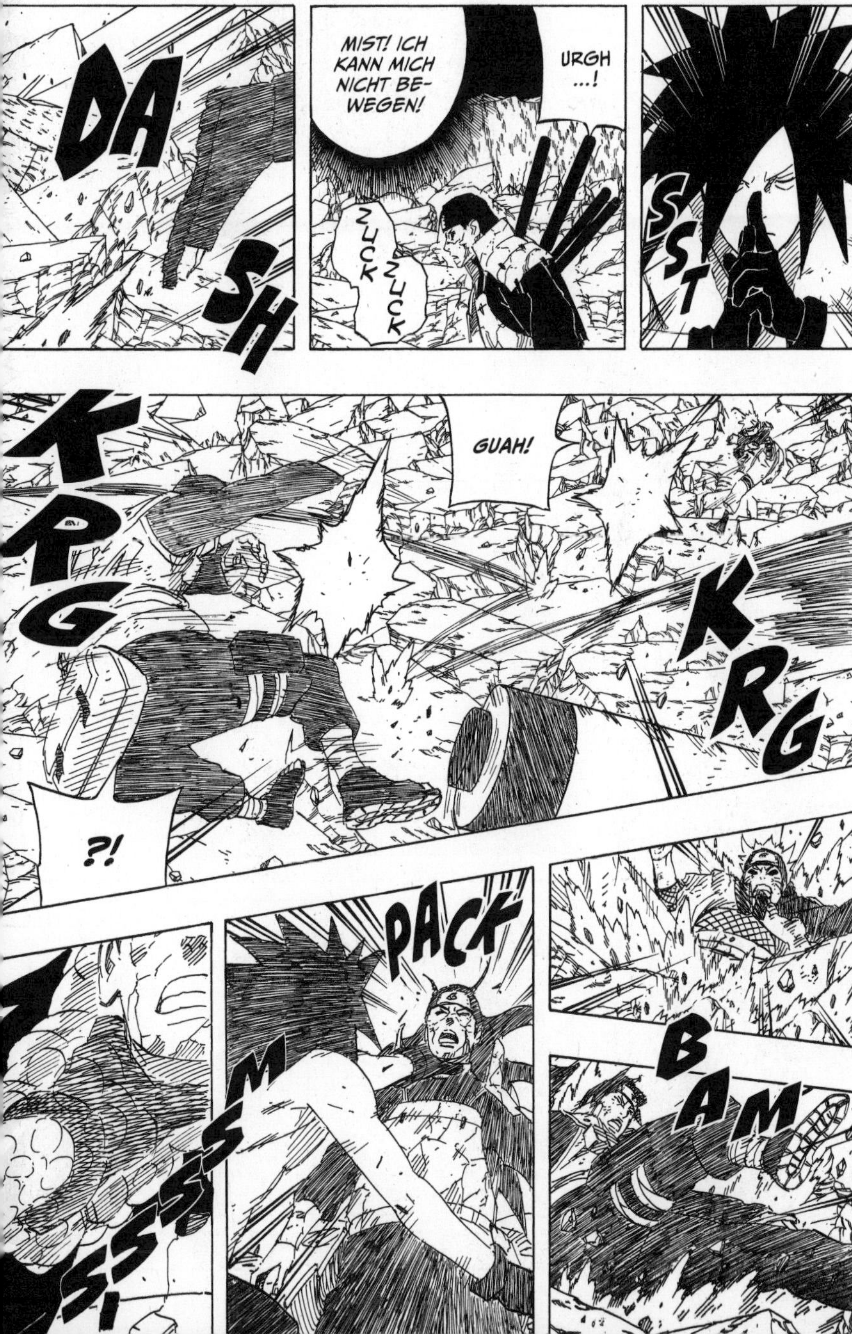
SSST
URGH ...!
MIST! ICH KANN MICH NICHT BE-WEGEN!
ZUCK ZUCK
DASH
KRG
GUAH!
KRG
?!
BAM
PACK
SSSSM

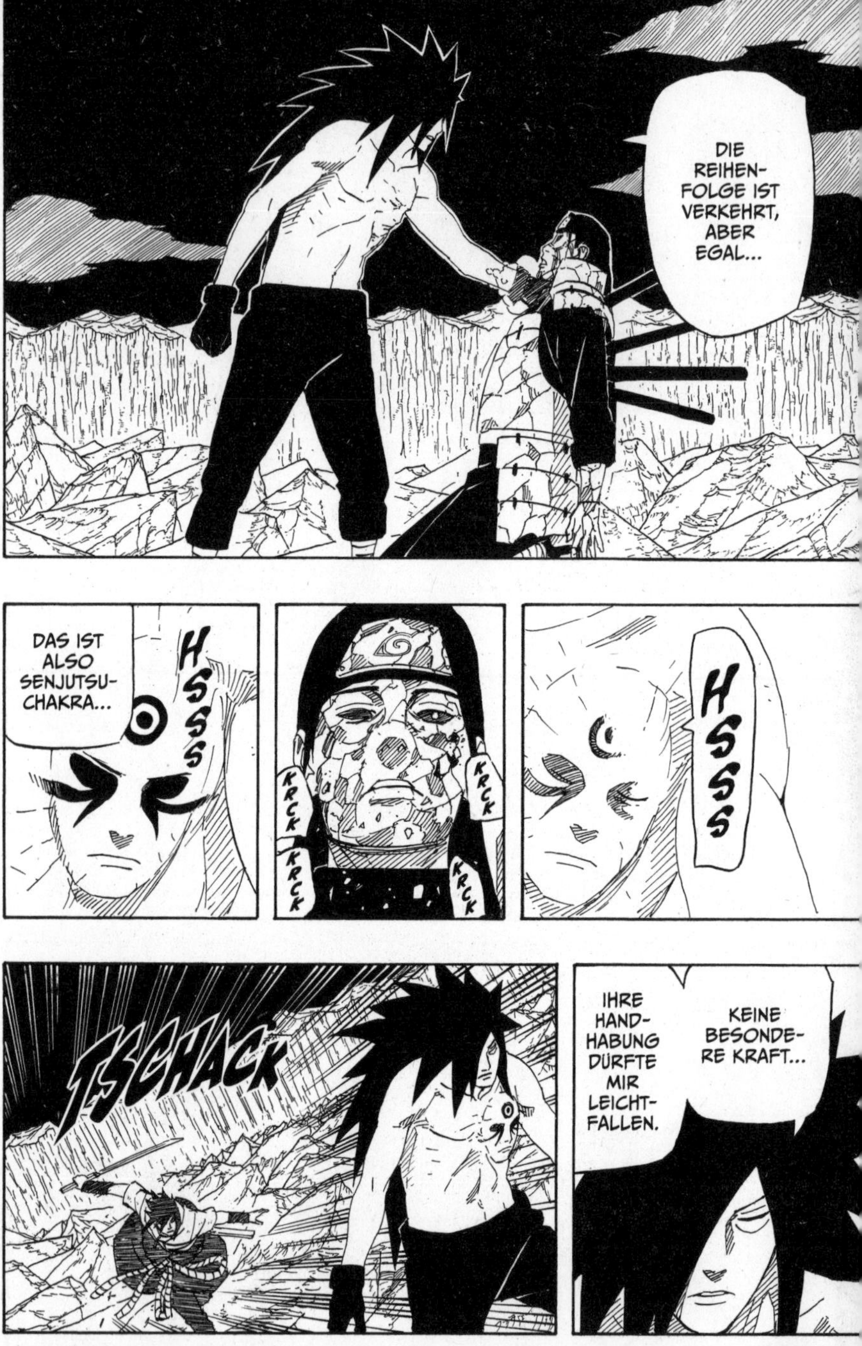
DIE REIHENFOLGE IST VERKEHRT, ABER EGAL...
HSSS
KRCK KRCK
KRCK KRCK
HSSS
DAS IST ALSO SENJUTSU-CHAKRA...
KEINE BESONDERE KRAFT...
IHRE HANDHABUNG DÜRFTE MIR LEICHTFALLEN.
TSCHACK

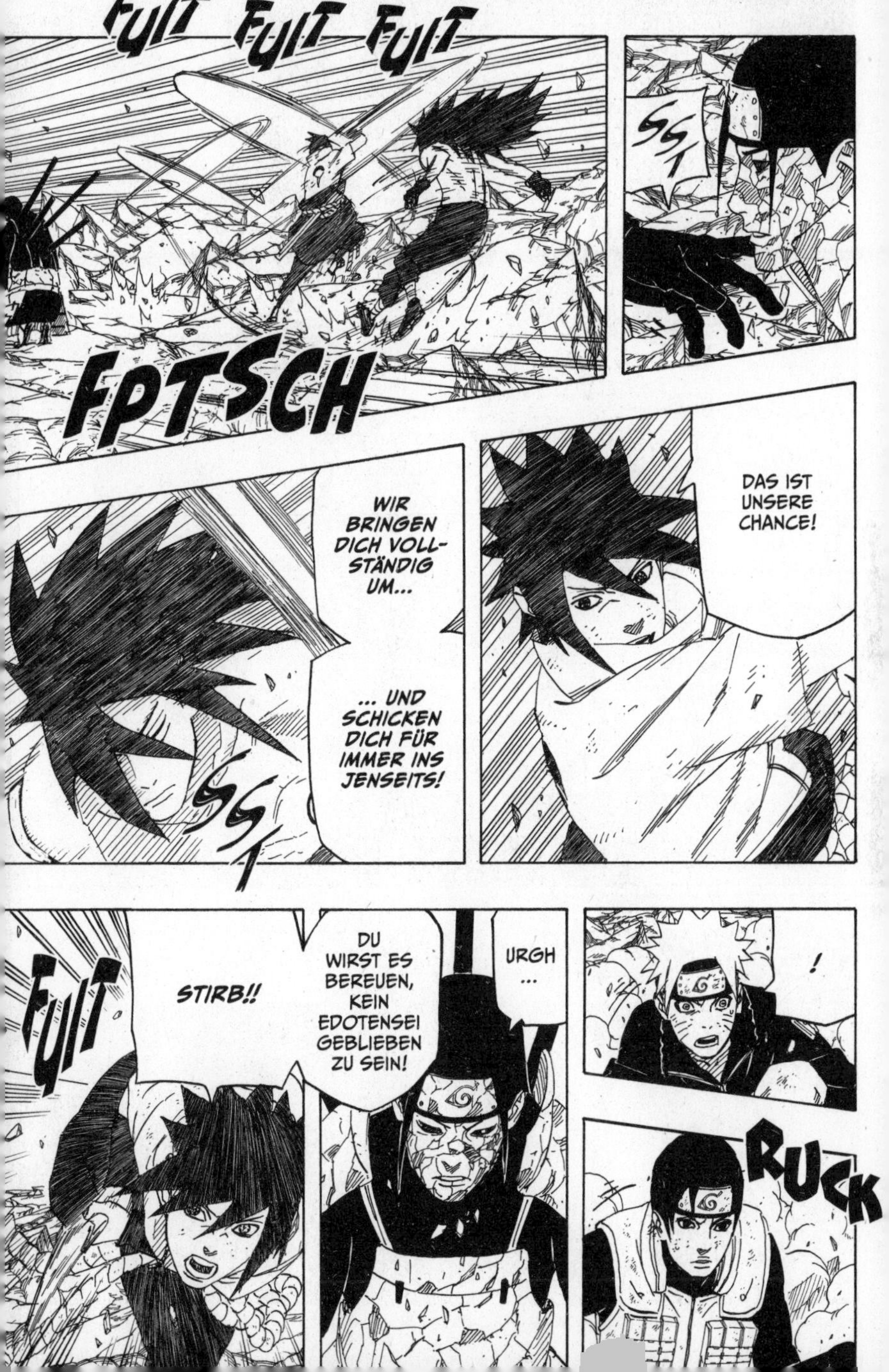
FUIT FUIT FUIT
SST
FPTSCH
DAS IST UNSERE CHANCE!
WIR BRINGEN DICH VOLL-STÄNDIG UM...
... UND SCHICKEN DICH FÜR IMMER INS JENSEITS!
SST
!
URGH ...
DU WIRST ES BEREUEN, KEIN EDOTENSEI GEBLIEBEN ZU SEIN!
STIRB!!
FUIT
RUCK

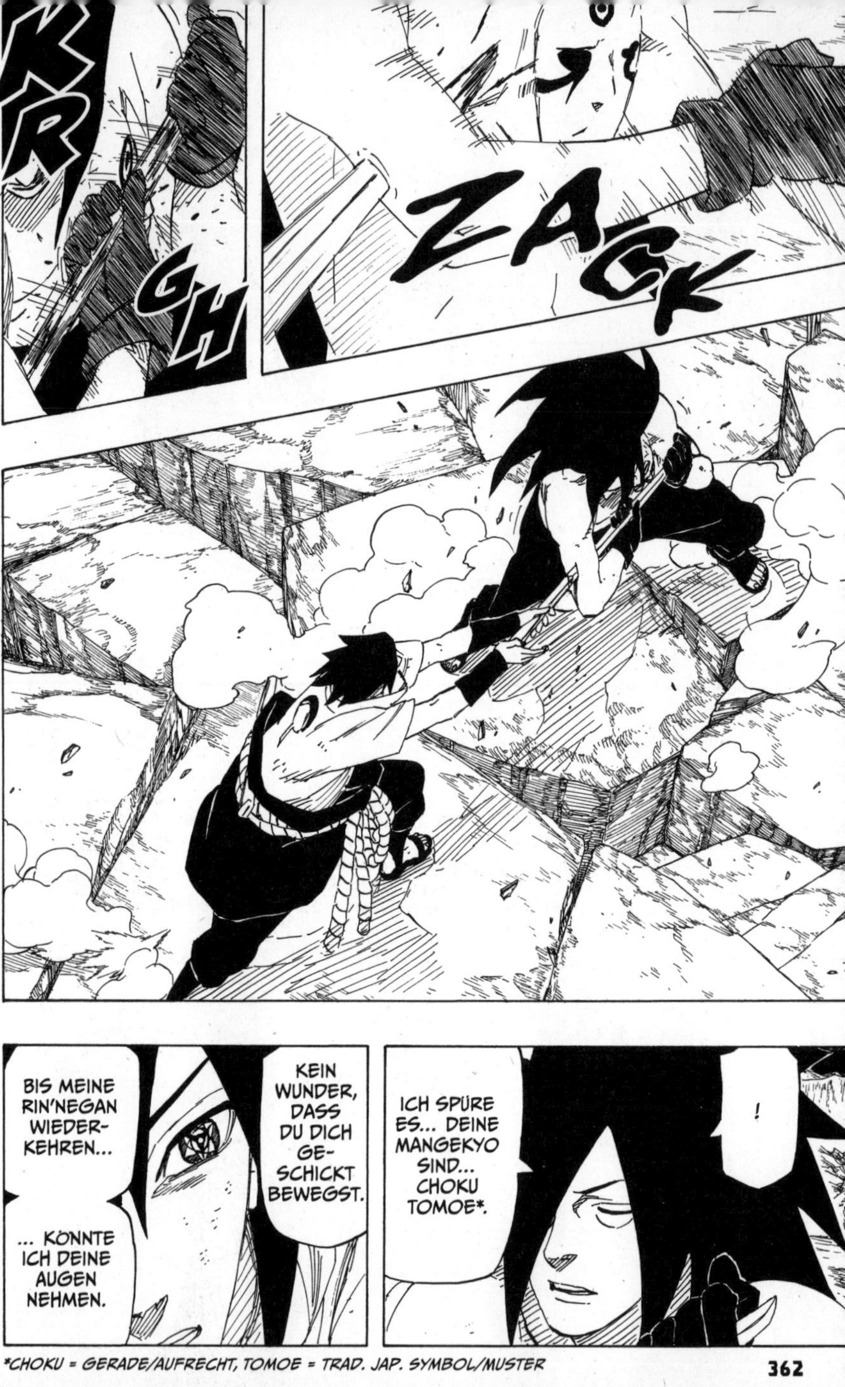

*CHOKU = GERADE/AUFRECHT, TOMOE = TRAD. JAP. SYMBOL/MUSTER

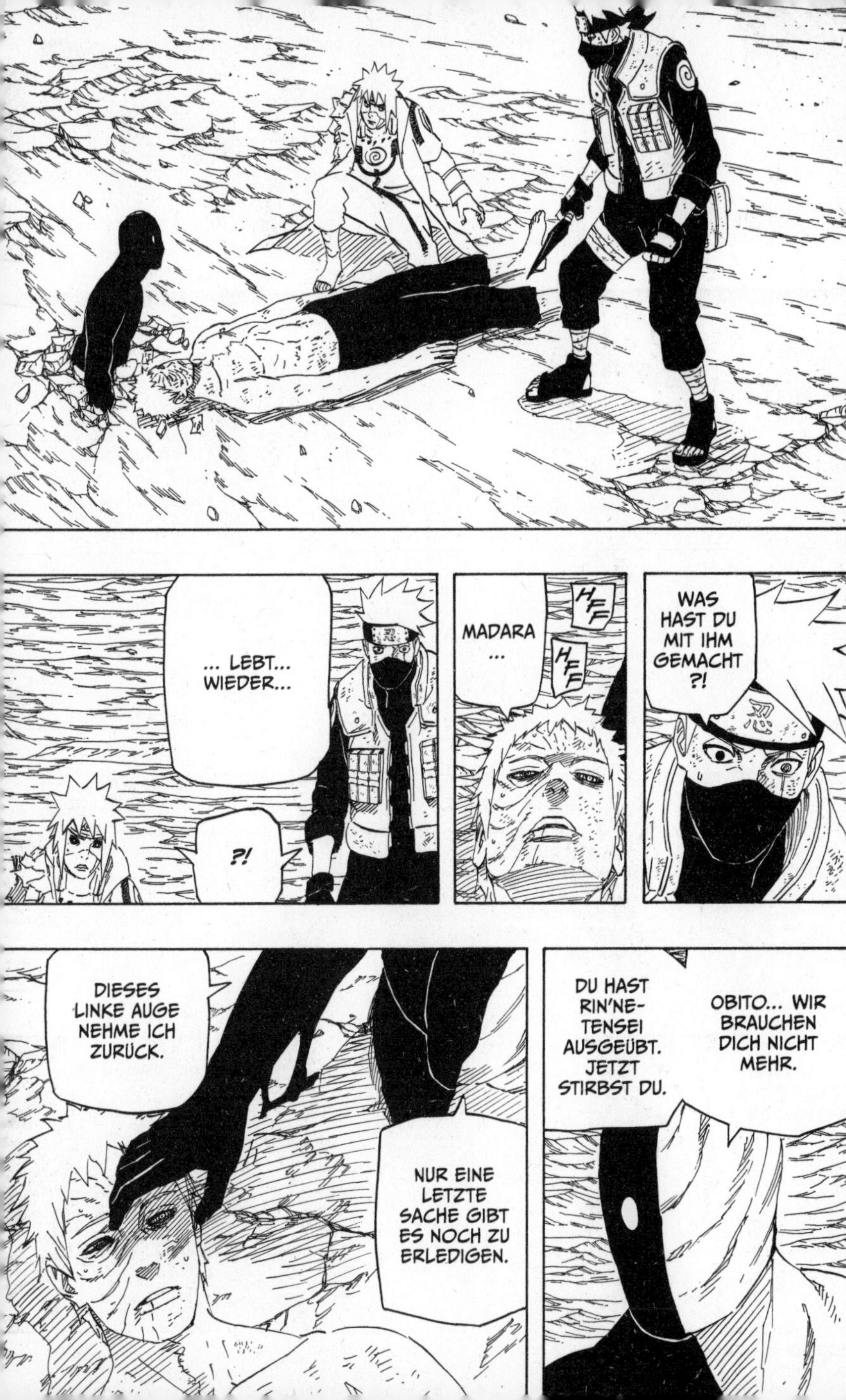
WAS HAST DU MIT IHM GEMACHT ?!
MADARA ...
HFF
HFF
... LEBT... WIEDER...
?!
OBITO... WIR BRAUCHEN DICH NICHT MEHR.
DU HAST RIN'NE-TENSEI AUSGEÜBT. JETZT STIRBST DU.
DIESES LINKE AUGE NEHME ICH ZURÜCK.
NUR EINE LETZTE SACHE GIBT ES NOCH ZU ERLEDIGEN.

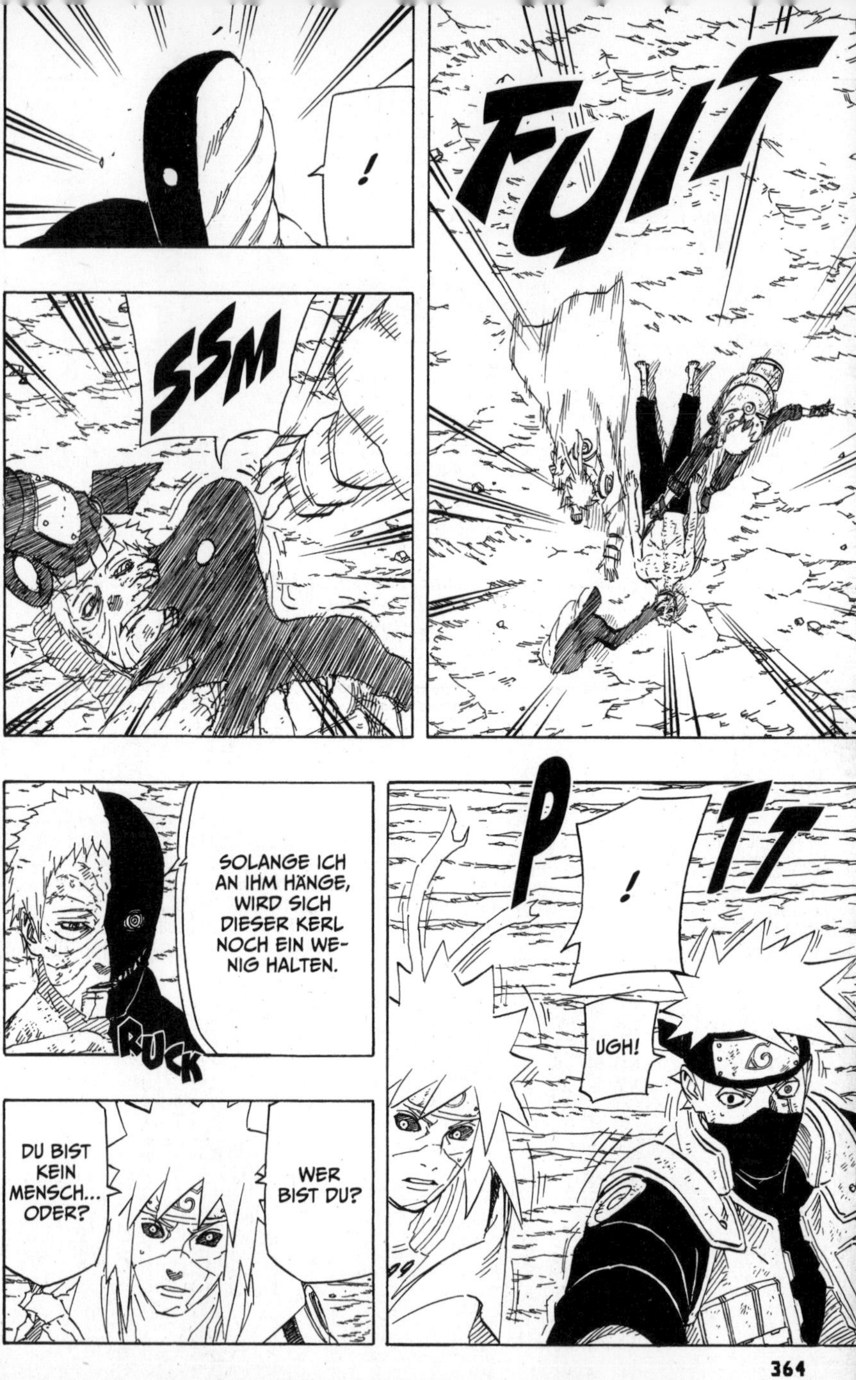
FUIT
!
SSM
P
!
TT
UGH!
SOLANGE ICH AN IHM HÄNGE, WIRD SICH DIESER KERL NOCH EIN WENIG HALTEN.
RUCK
WER BIST DU?
DU BIST KEIN MENSCH... ODER?

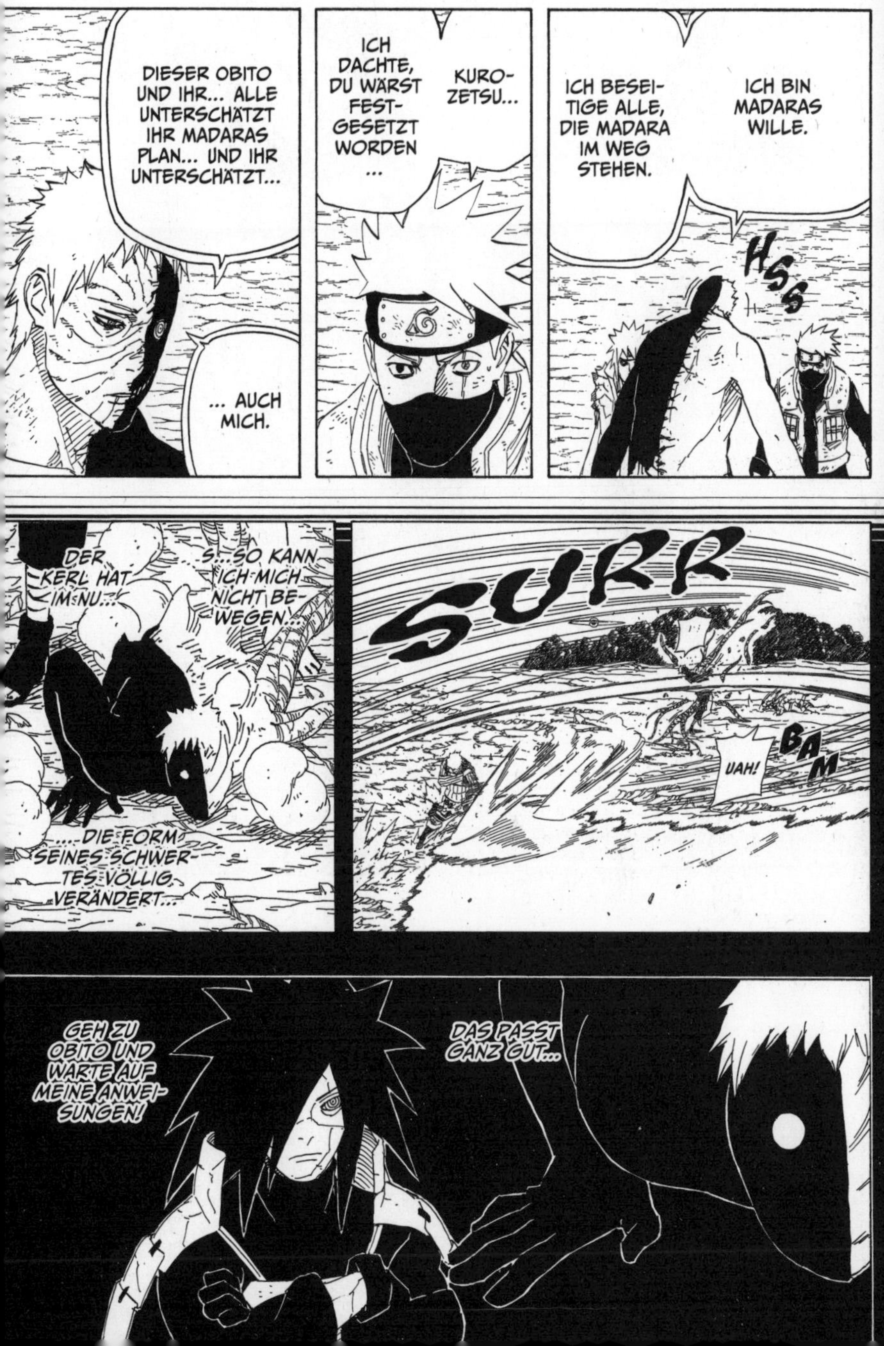
ICH BIN MADARAS WILLE.
ICH BESEITIGE ALLE, DIE MADARA IM WEG STEHEN.
KURO-ZETSU...
ICH DACHTE, DU WÄRST FESTGESETZT WORDEN ...
DIESER OBITO UND IHR... ALLE UNTERSCHÄTZT IHR MADARAS PLAN... UND IHR UNTERSCHÄTZT...
... AUCH MICH.
HSS
SURR
UAH!
BAM
S... SO KANN ICH MICH NICHT BEWEGEN...
DER KERL HAT IM NU...
... DIE FORM SEINES SCHWERTES VÖLLIG VERÄNDERT...
DAS PASST GANZ GUT...
GEH ZU OBITO UND WARTE AUF MEINE ANWEISUNGEN!

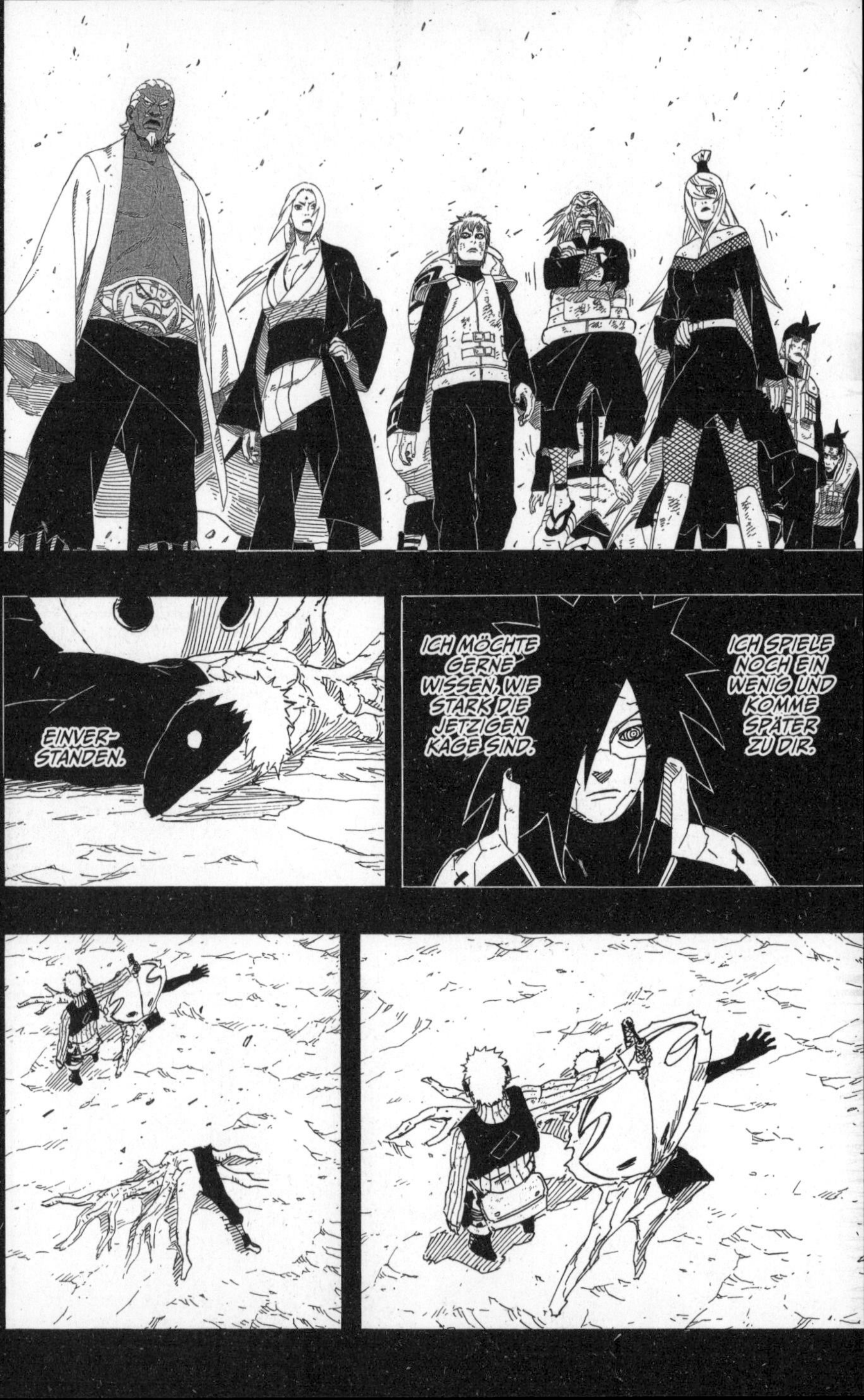
ICH SPIELE NOCH EIN WENIG UND KOMME SPÄTER ZU DIR.
ICH MÖCHTE GERNE WISSEN, WIE STARK DIE JETZIGEN KAGE SIND.
EINVER-STANDEN.

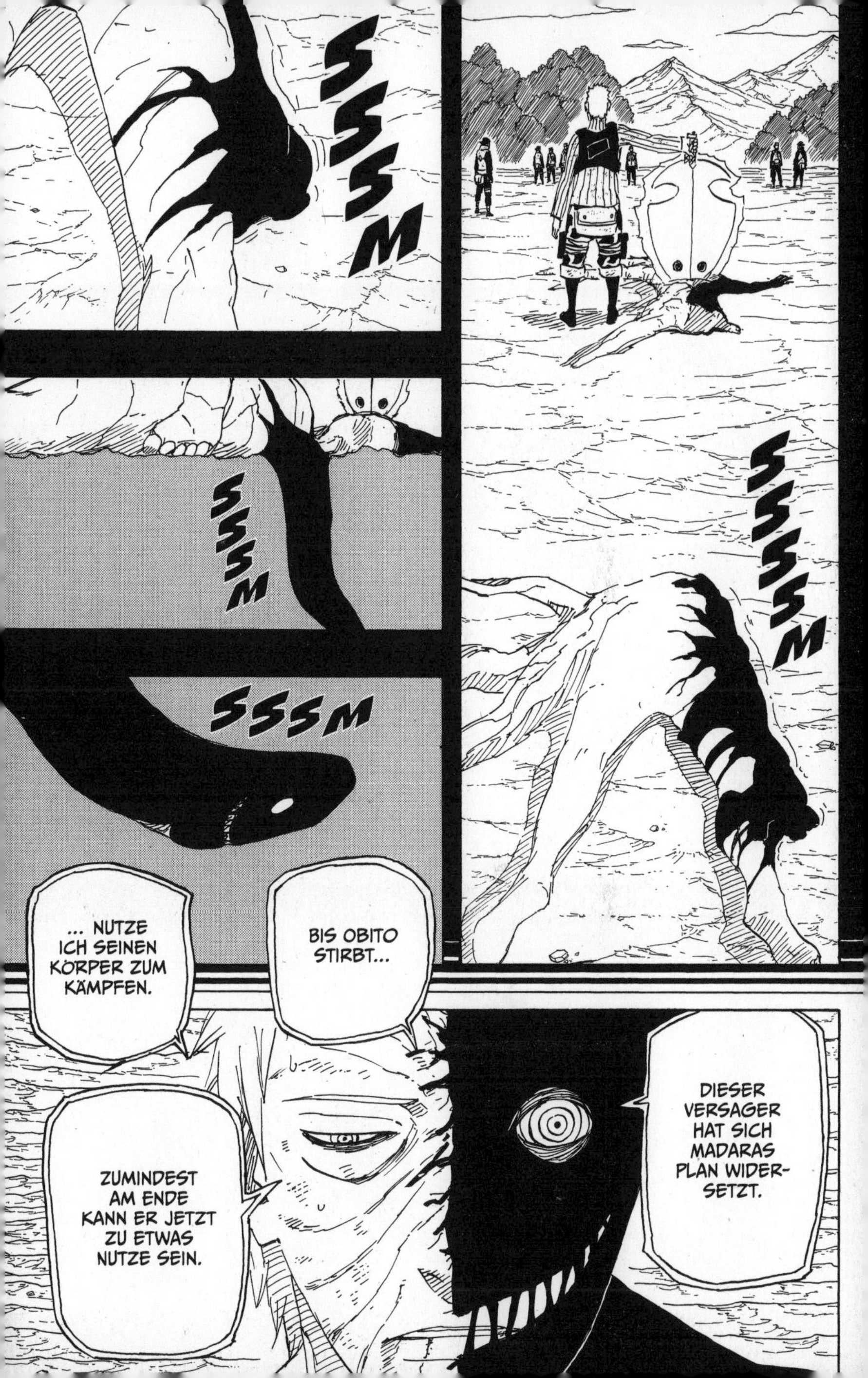
SSSM
SSSSM
SSSM
SSSM
BIS OBITO STIRBT...
... NUTZE ICH SEINEN KÖRPER ZUM KÄMPFEN.
DIESER VERSAGER HAT SICH MADARAS PLAN WIDER-SETZT.
ZUMINDEST AM ENDE KANN ER JETZT ZU ETWAS NUTZE SEIN.

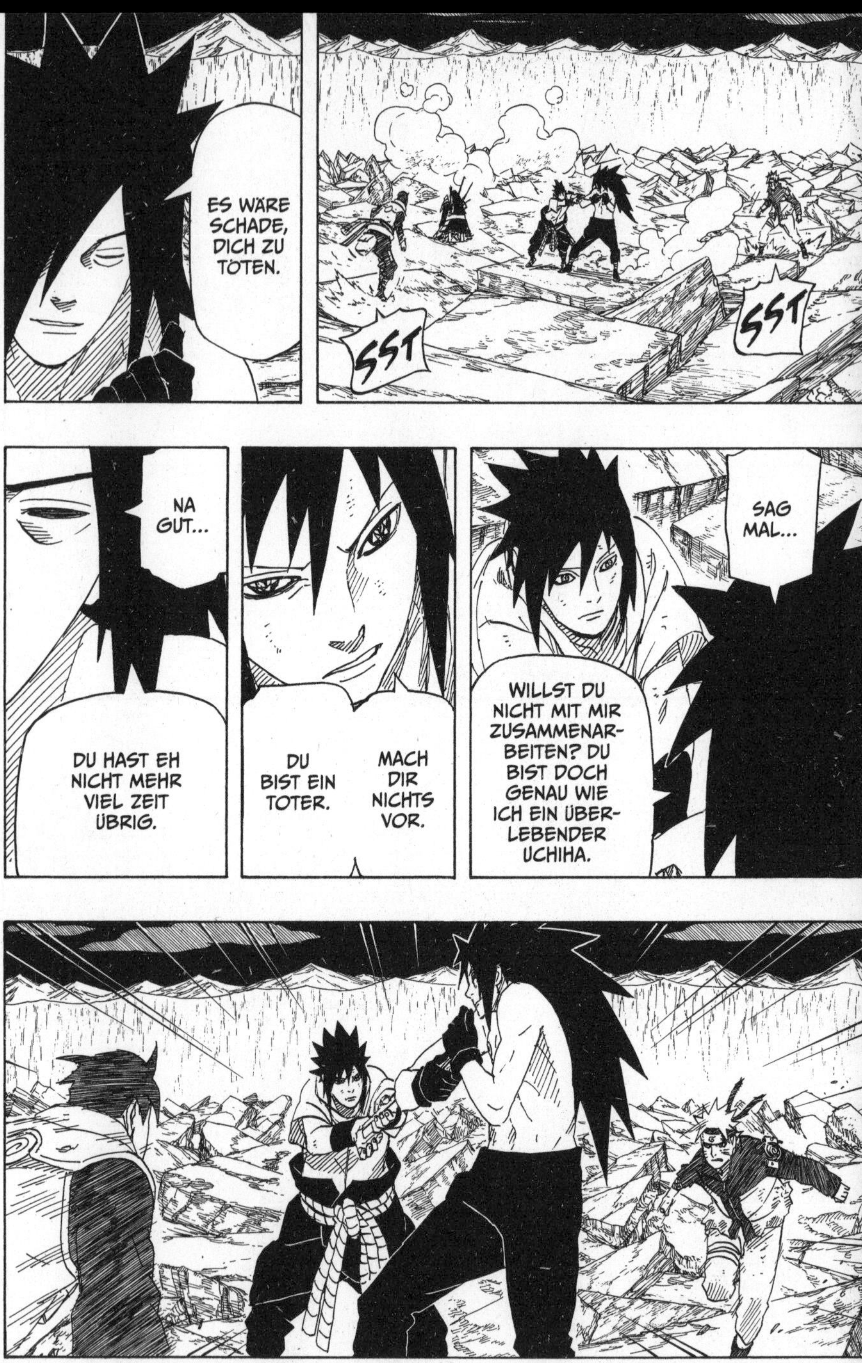
SST
SST
ES WÄRE SCHADE, DICH ZU TOTEN.
SAG MAL...
WILLST DU NICHT MIT MIR ZUSAMMENARBEITEN? DU BIST DOCH GENAU WIE ICH EIN ÜBERLEBENDER UCHIHA.
MACH DIR NICHTS VOR.
DU BIST EIN TOTER.
NA GUT...
DU HAST EH NICHT MEHR VIEL ZEIT ÜBRIG.

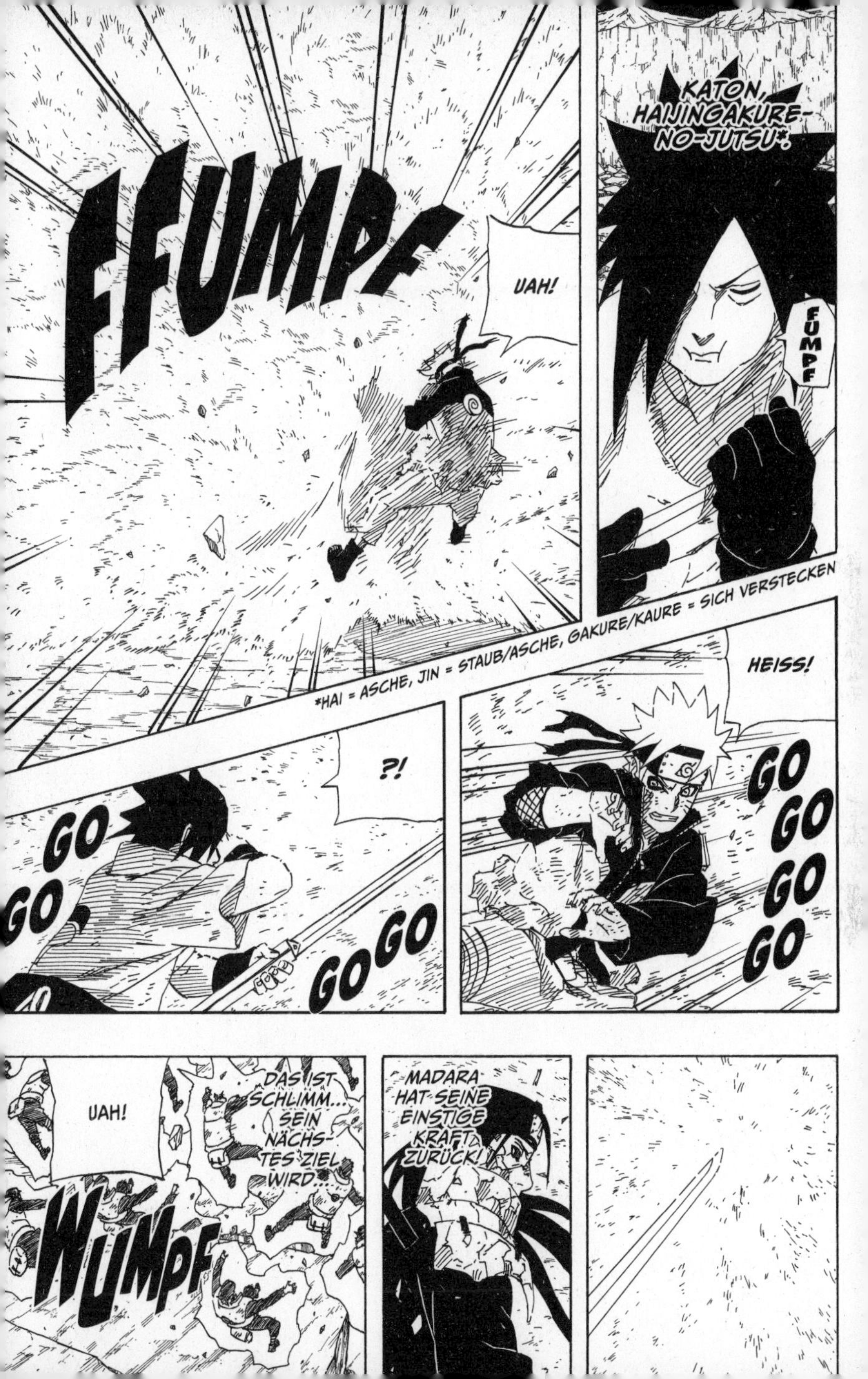
KATON, HAIJINGAKURE-NO-JUTSU*.
FUMPF
UAH!
FFUMPF
*HAI = ASCHE, JIN = STAUB/ASCHE, GAKURE/KAURE = SICH VERSTECKEN
HEISS!
GO GO GO GO GO
?!
GO GO GO GO
MADARA HAT SEINE EINSTIGE KRAFT ZURÜCK!
DAS IST SCHLIMM... SEIN NÄCHSTES ZIEL WIRD...
UAH!
WUMPF

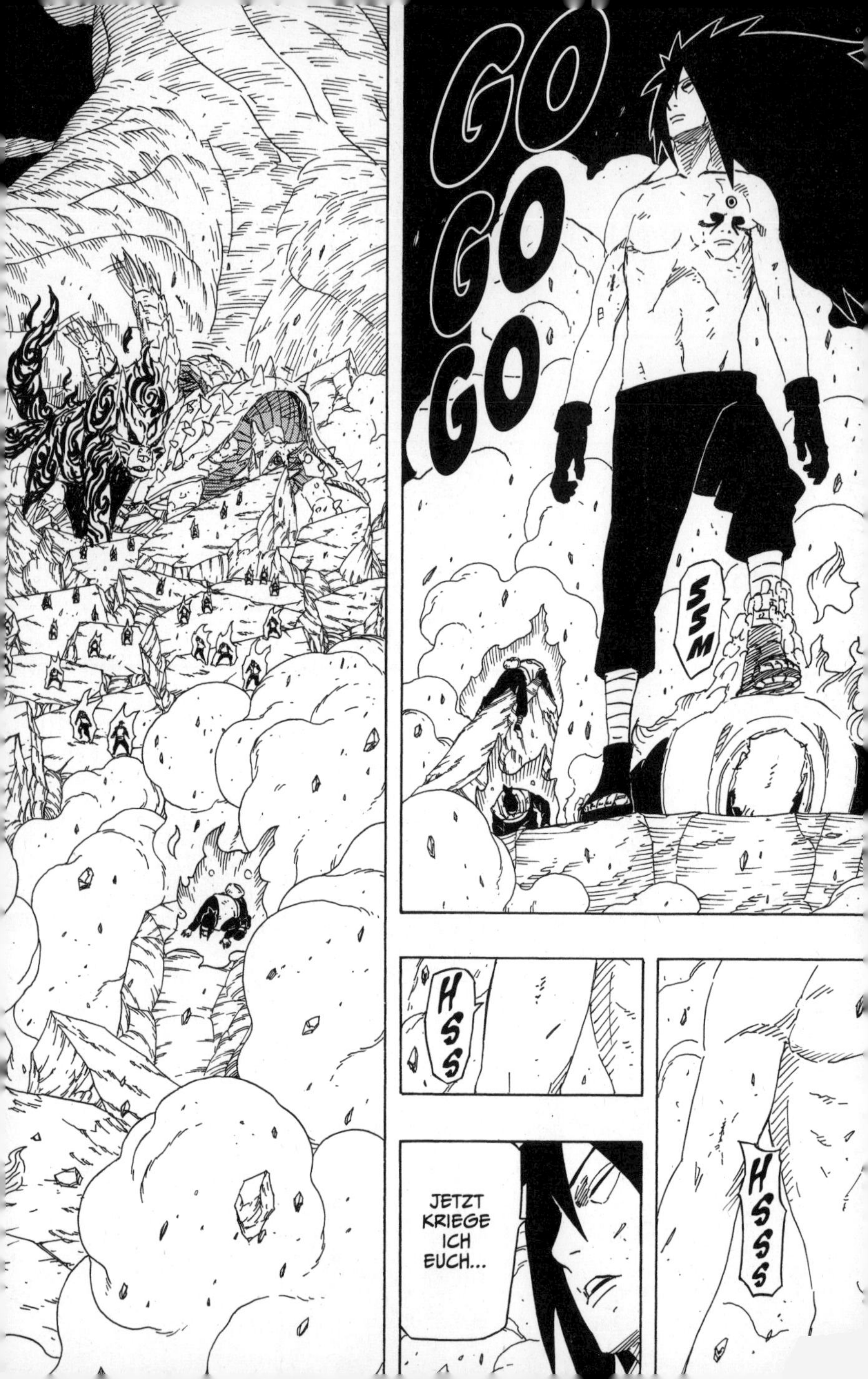
GO GO GO GO GO GO
SSM
HSSS
HSS
JETZT KRIEGE ICH EUCH...

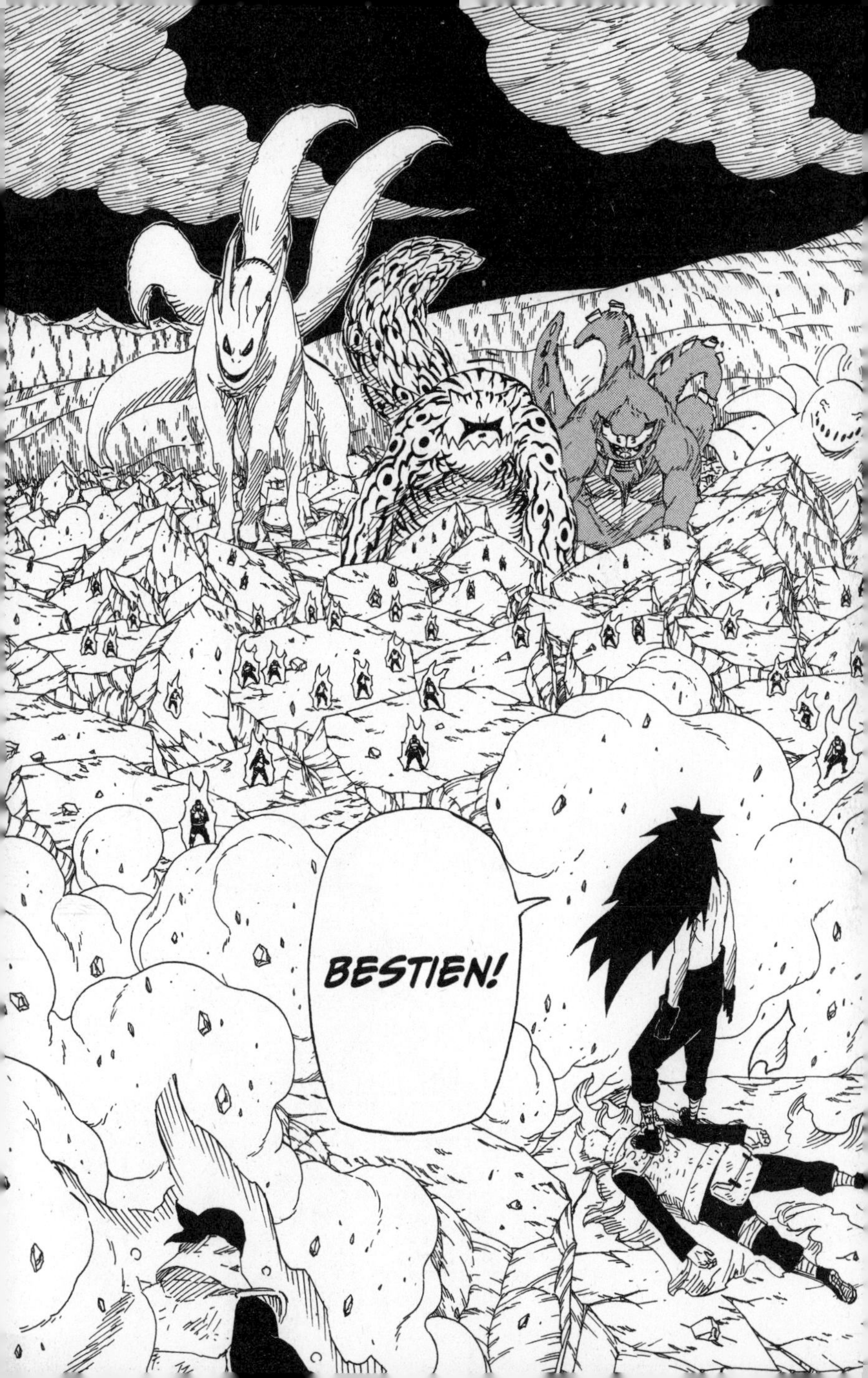
BESTIEN!

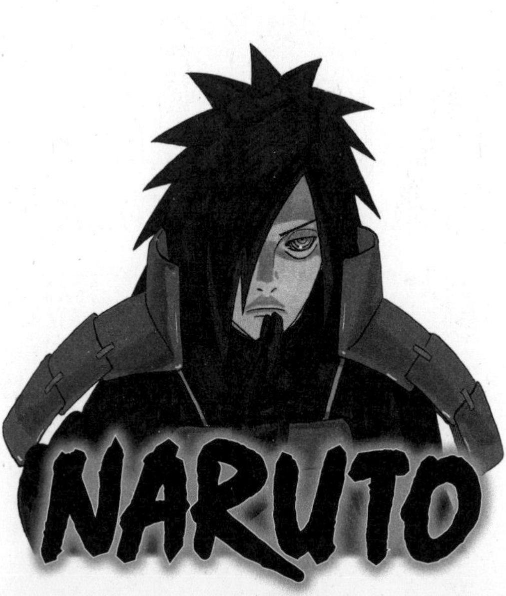
NARUTO

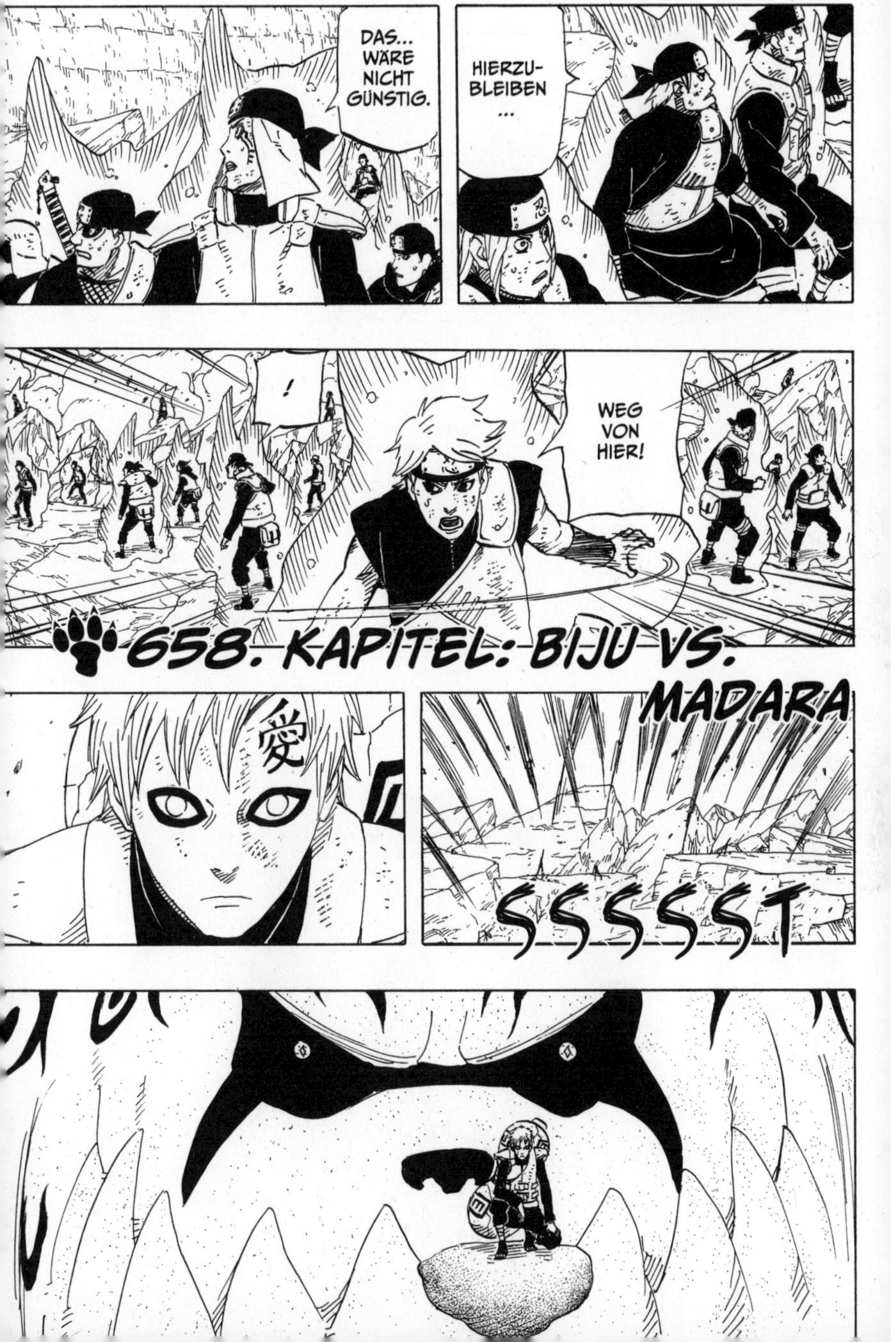

HIERZU-
BLEIBEN
...
DAS...
WÄRE
NICHT
GÜNSTIG.
WEG
VON
HIER!
!
658. KAPITEL: BIJU VS. MADARA
SSSSST

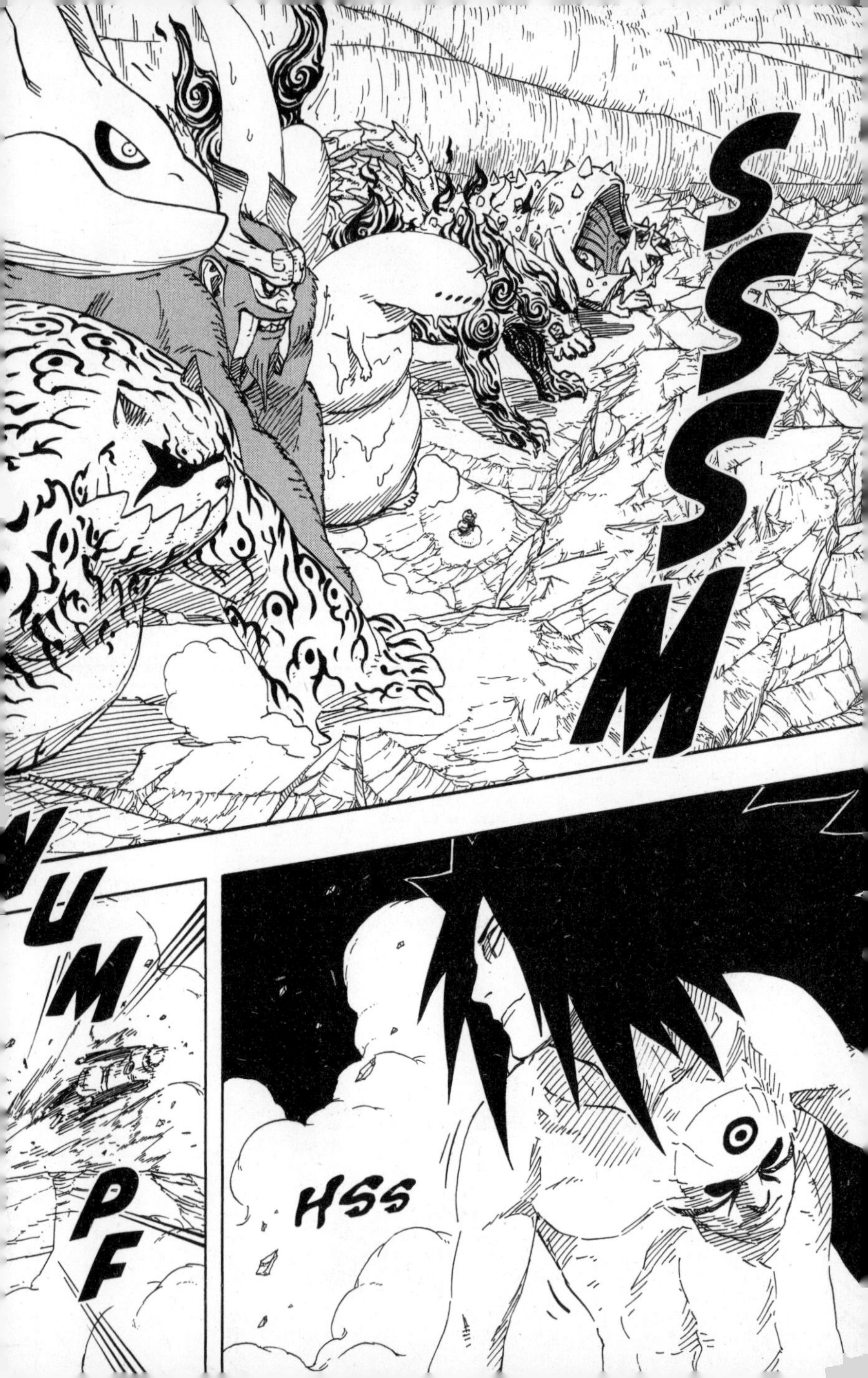
SSSM
HSS
WUMPF

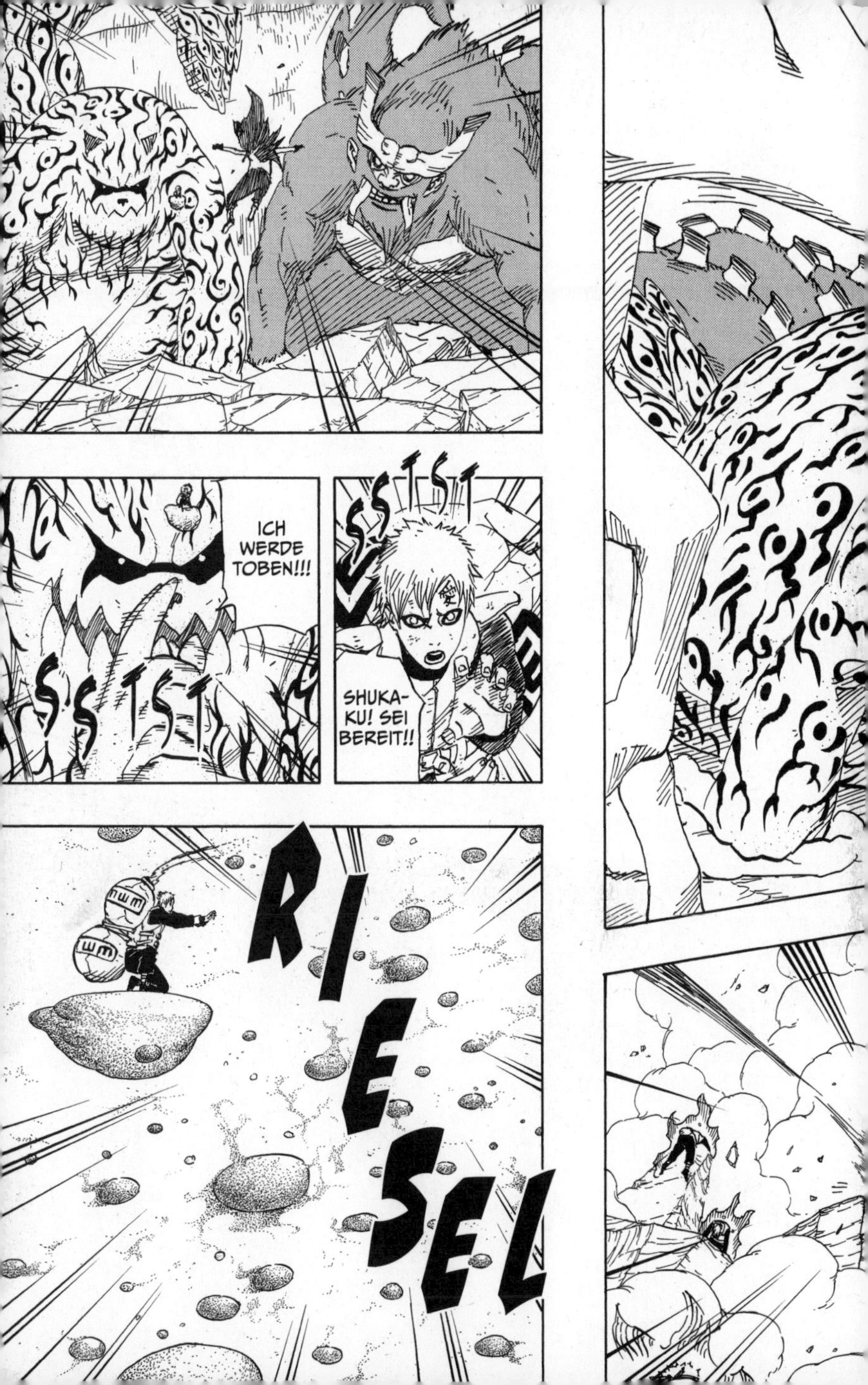
ICH WERDE TOBEN!!!
SHUKAKU! SEI BEREIT!!
RIESEL

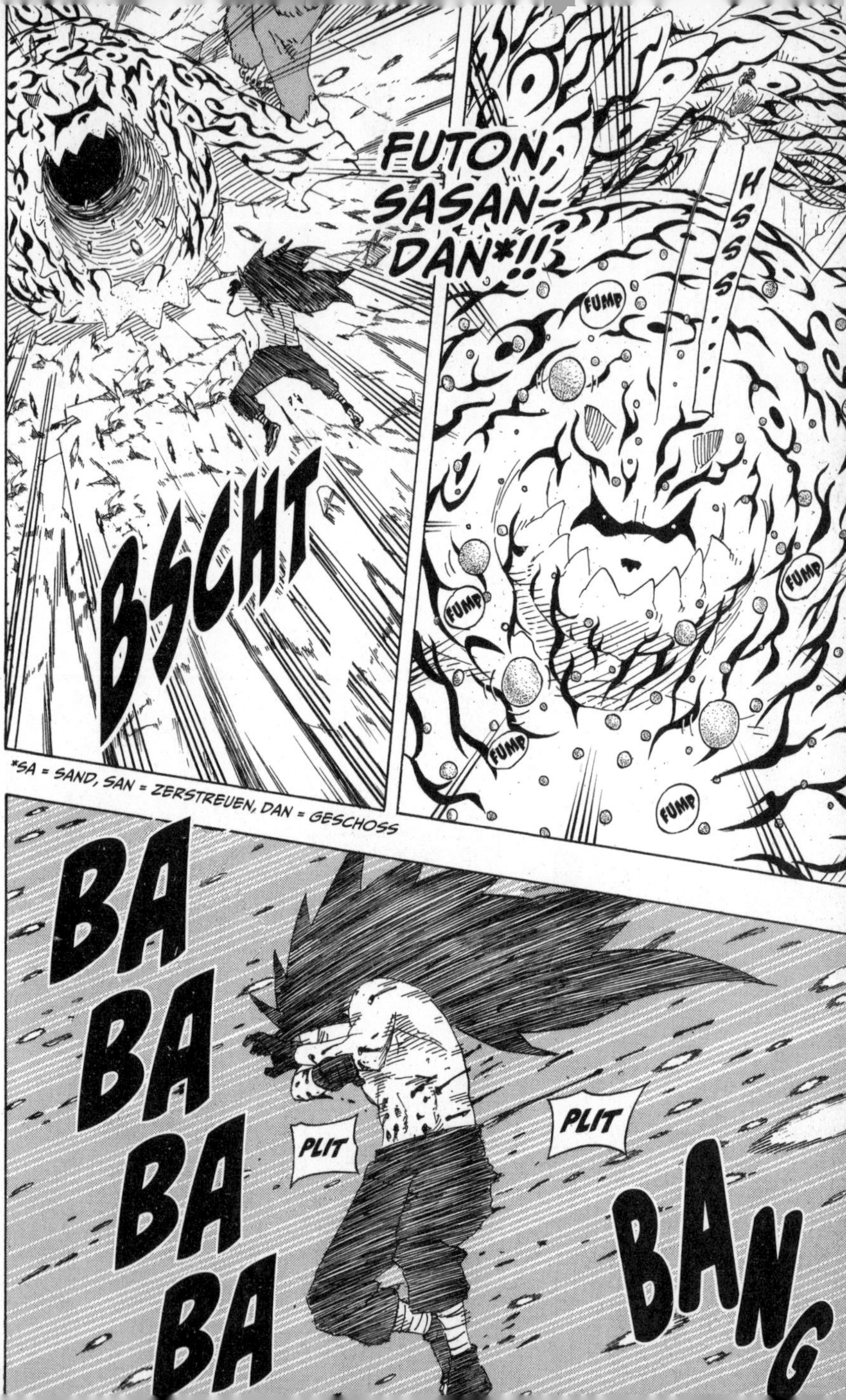

*SA = SAND, SAN = ZERSTREUEN, DAN = GESCHOSS

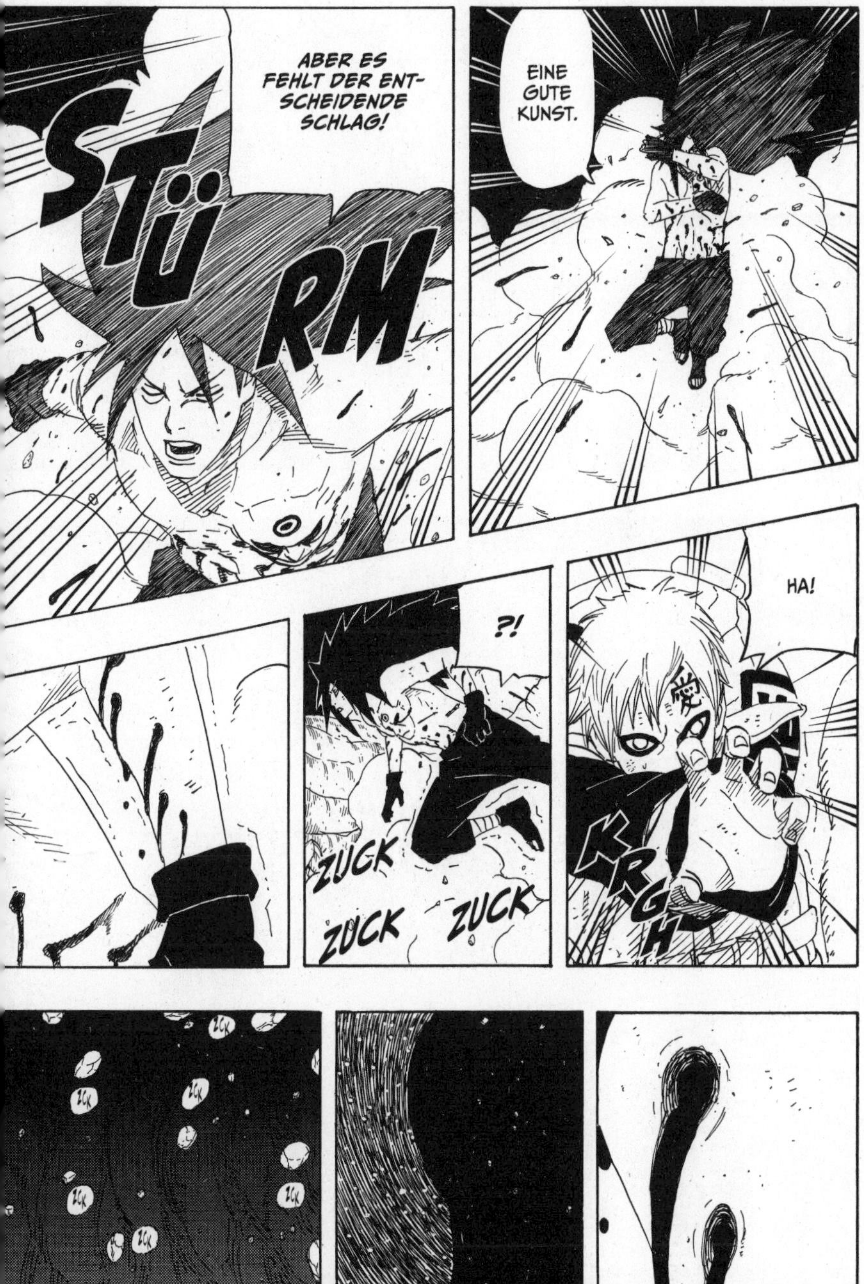
EINE GUTE KUNST.
ABER ES FEHLT DER ENT-SCHEIDENDE SCHLAG!
STÜRM
HA!
KRGH
?!
ZUCK
ZUCK
ZUCK

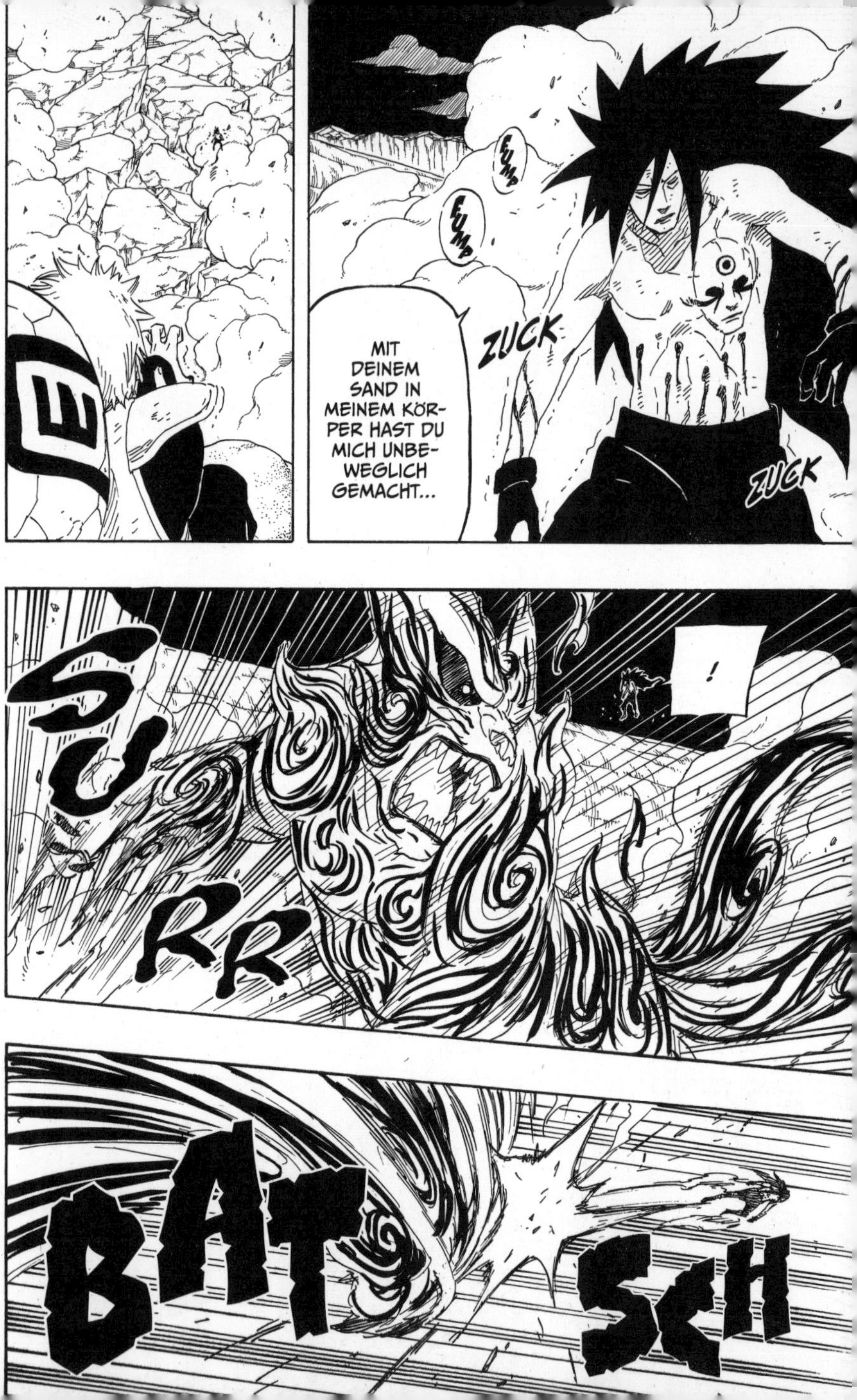

FUMP
FUMP
MIT DEINEM SAND IN MEINEM KÖRPER HAST DU MICH UNBEWEGLICH GEMACHT...
ZUCK
ZUCK
!
SURRR
BATSCH

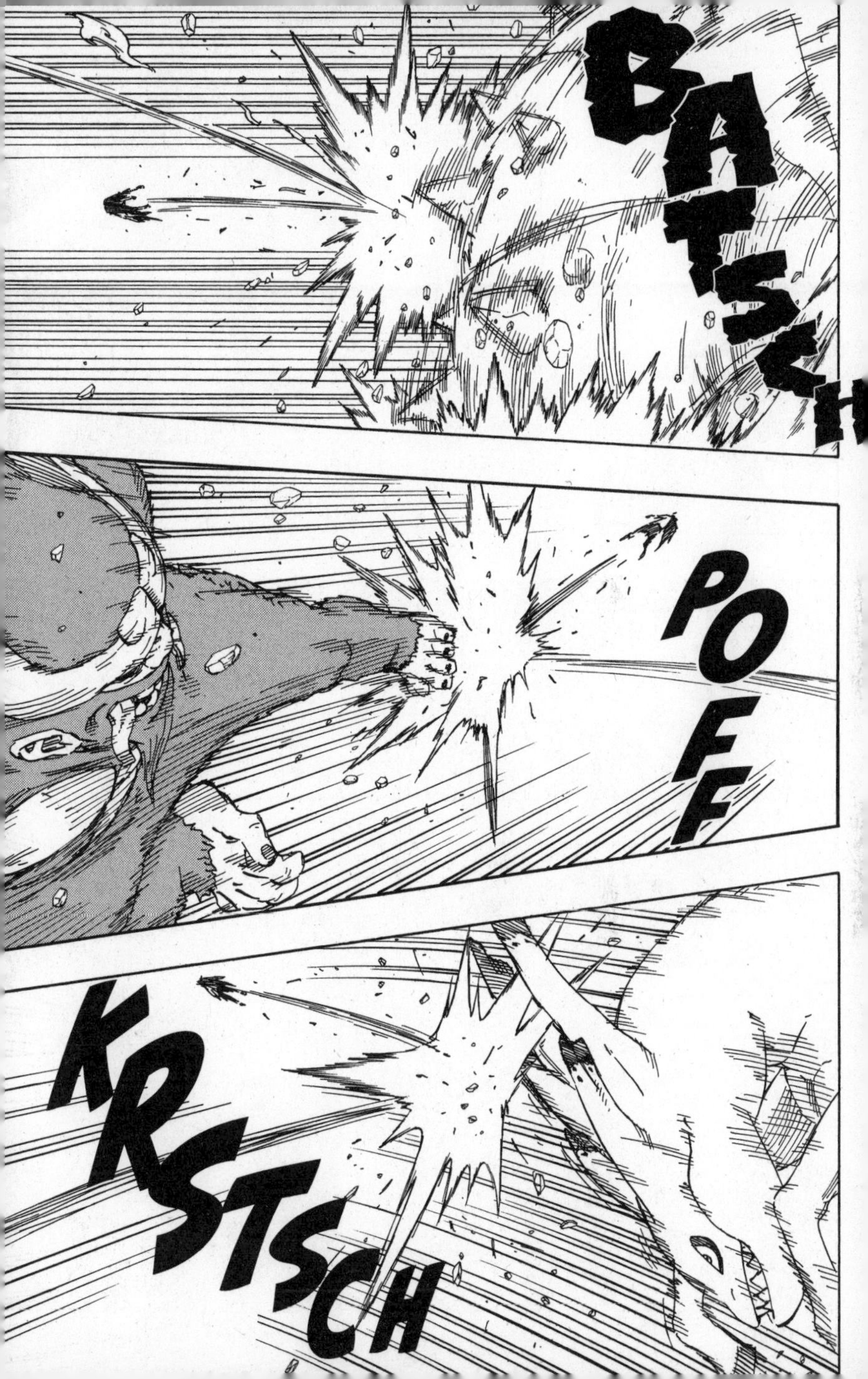
BATSCH
POFF
KRSTSCH

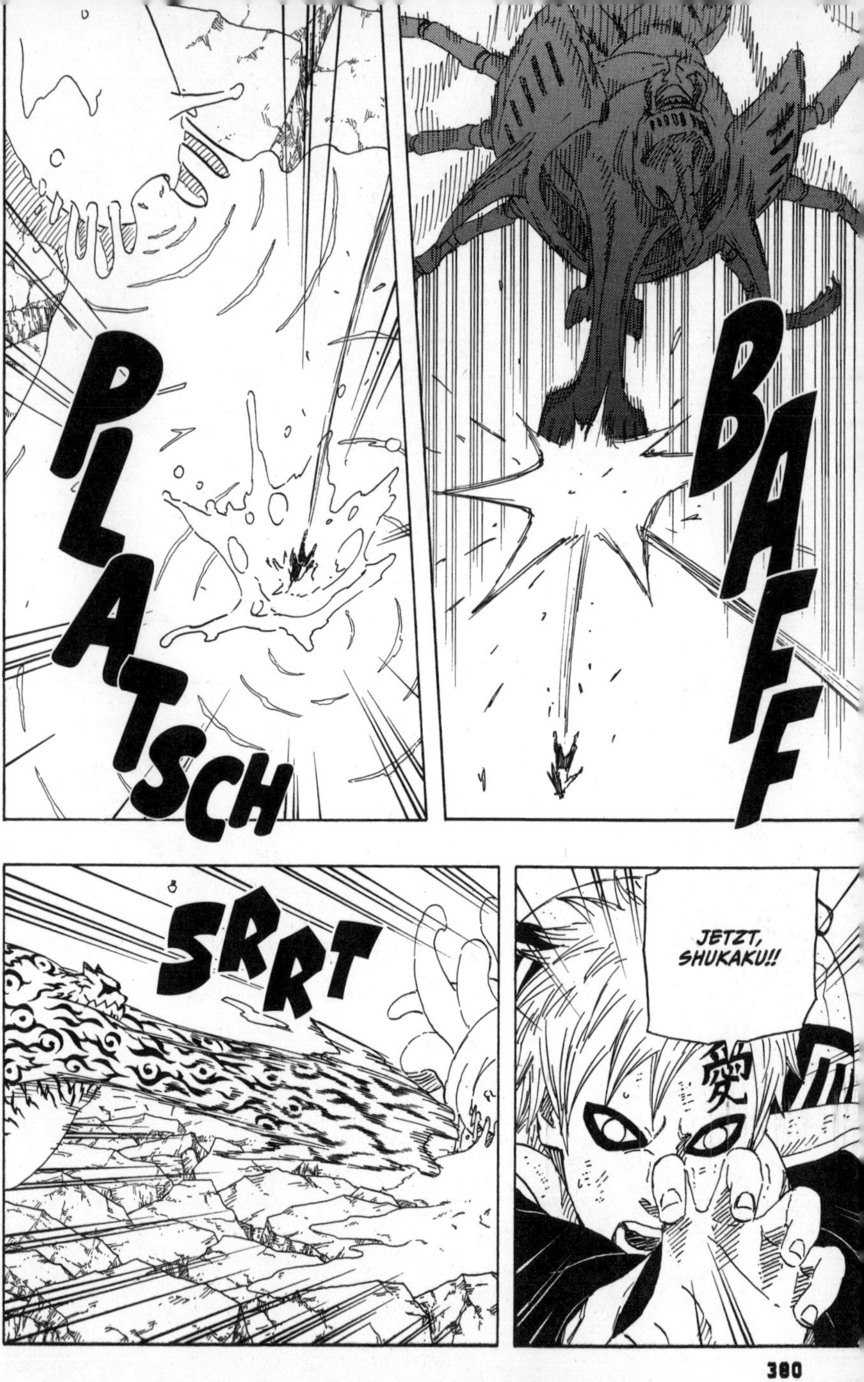
PLATSCH
BAFFF
SRRT
JETZT, SHUKAKU!!
愛

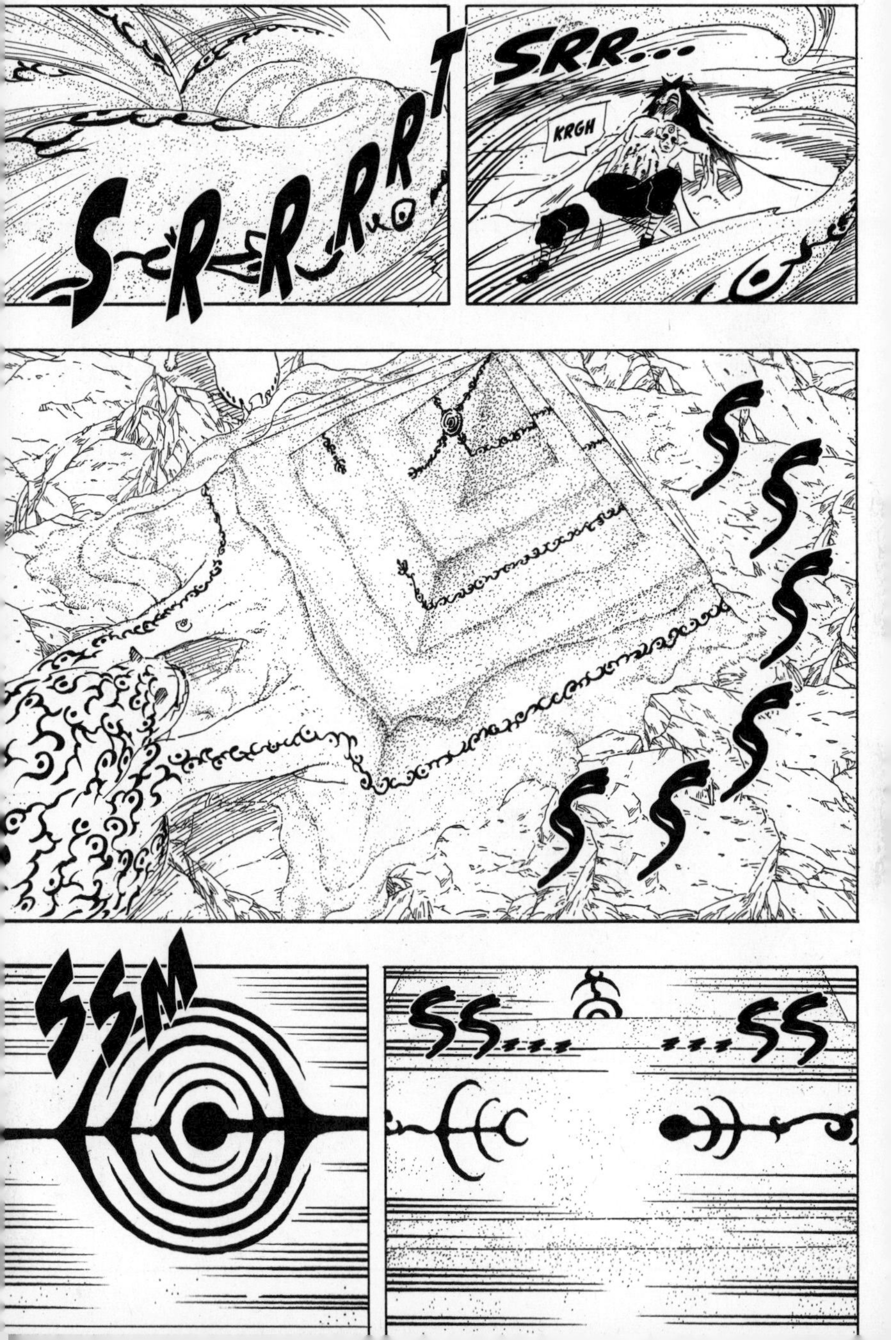
SRR...
KRGH
S-R-R-R-RT
SSM
SS...
...SS

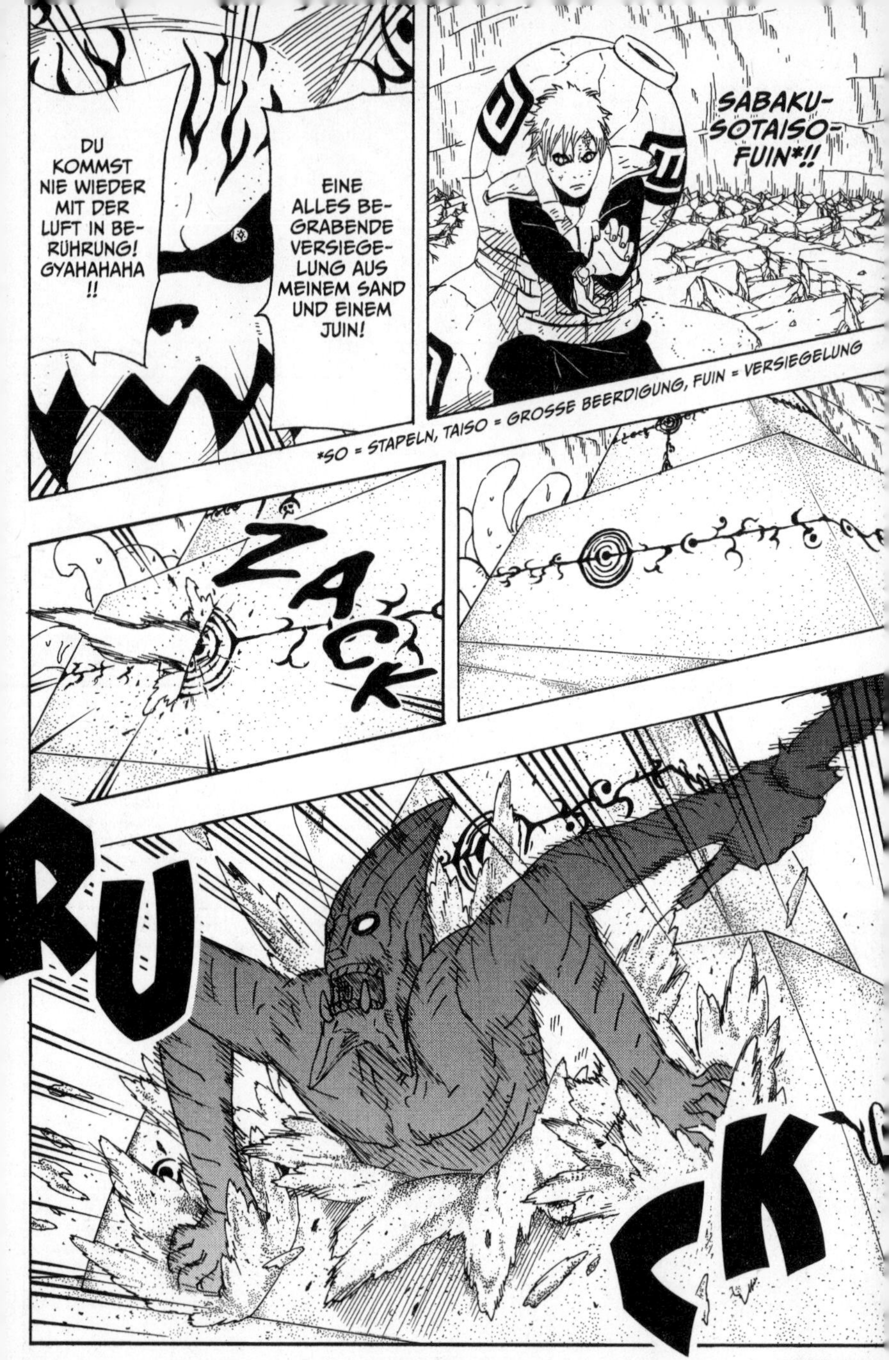
SABAKU-SOTAISO-FUIN*!!
EINE ALLES BEGRABENDE VERSIEGELUNG AUS MEINEM SAND UND EINEM JUIN!
DU KOMMST NIE WIEDER MIT DER LUFT IN BERÜHRUNG! GYAHAHAHA!!
*SO = STAPELN, TAISO = GROSSE BEERDIGUNG, FUIN = VERSIEGELUNG
ZACK
RUCK

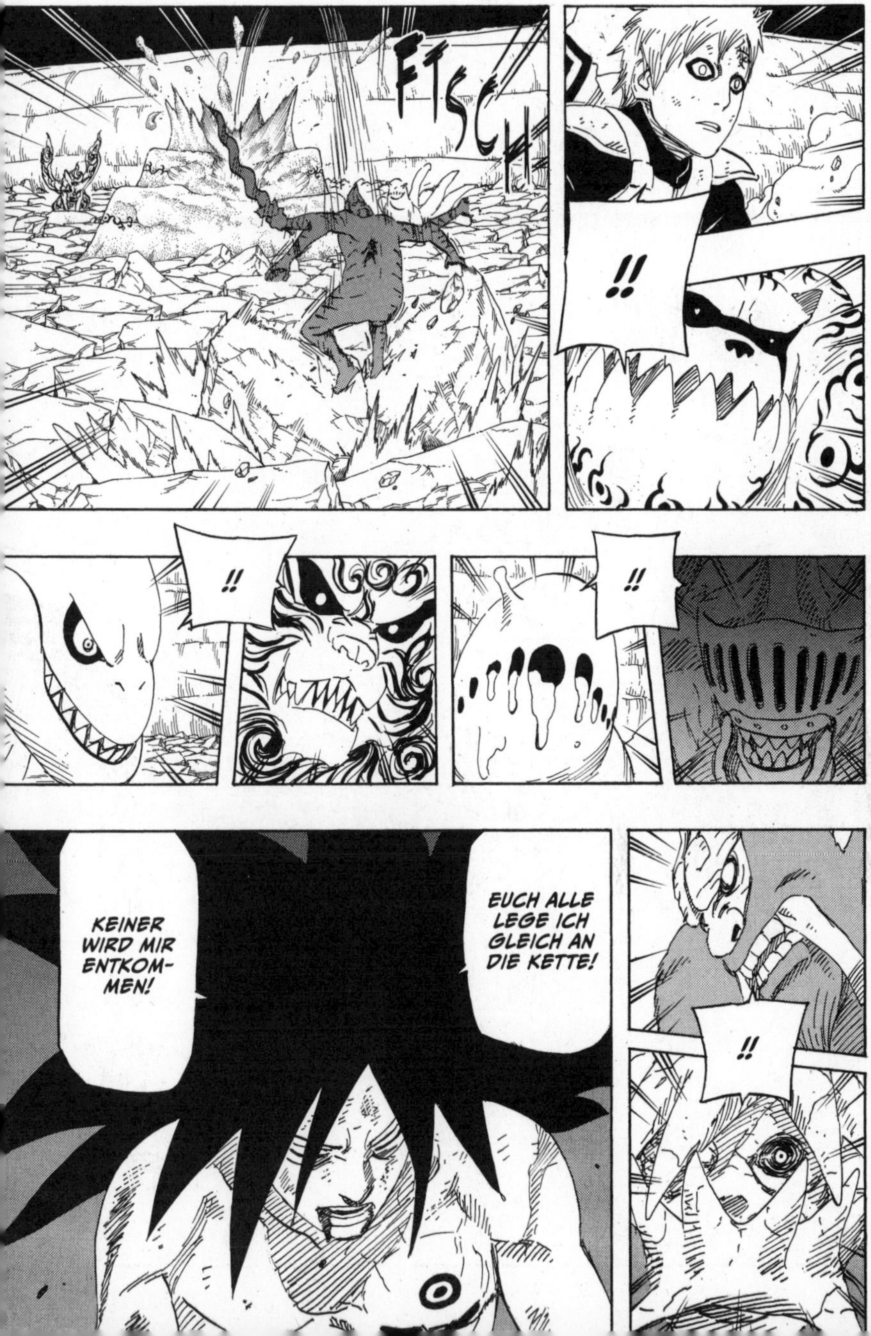
FTSCH
!!
!!
!!
!!
EUCH ALLE LEGE ICH GLEICH AN DIE KETTE!
KEINER WIRD MIR ENTKOM-MEN!

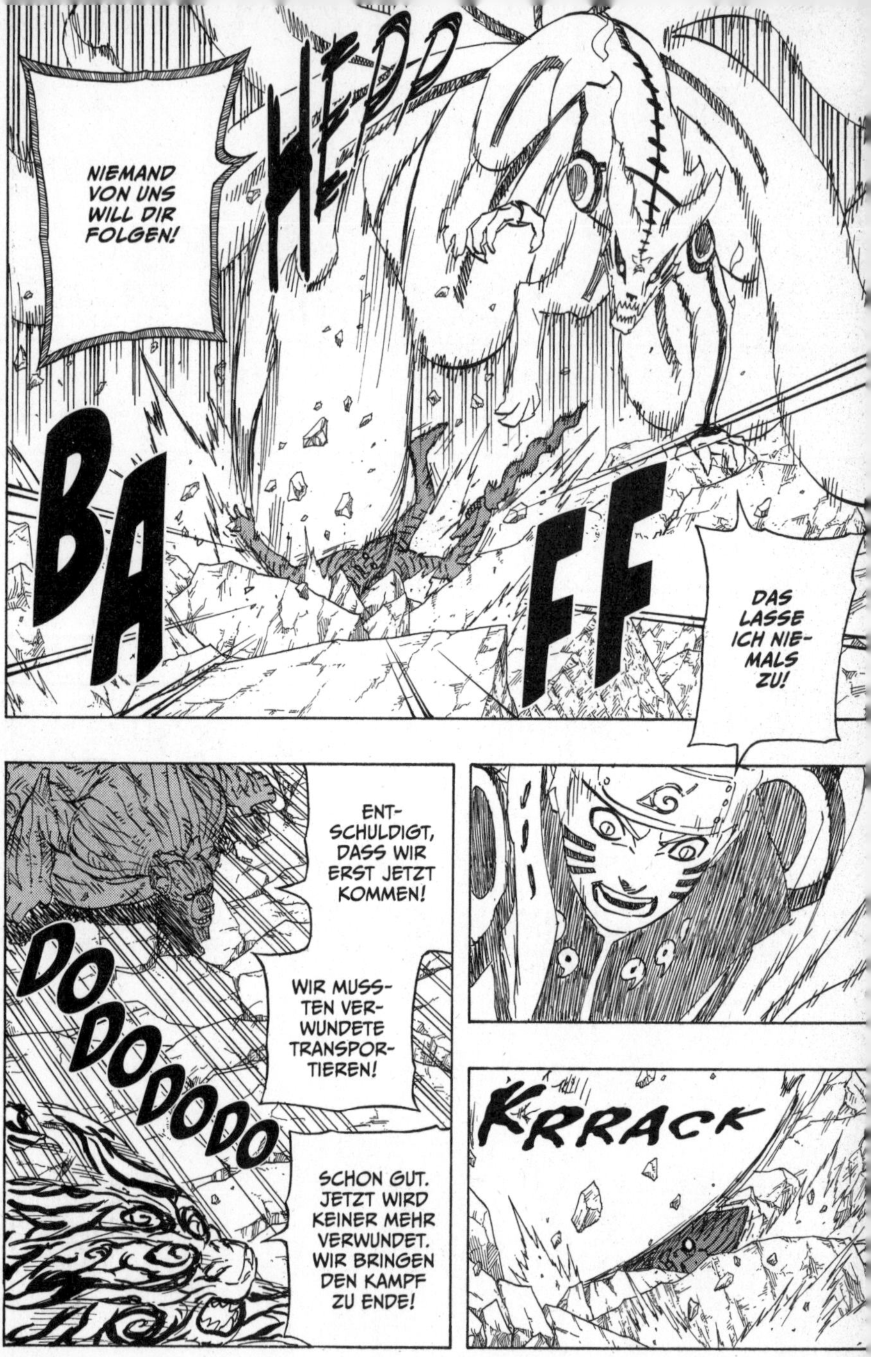
NIEMAND VON UNS WILL DIR FOLGEN!
BAFF
DAS LASSE ICH NIE-MALS ZU!
KRRACK
ENT-SCHULDIGT, DASS WIR ERST JETZT KOMMEN!
WIR MUSS-TEN VER-WUNDETE TRANSPOR-TIEREN!
DODODODO
SCHON GUT. JETZT WIRD KEINER MEHR VERWUNDET. WIR BRINGEN DEN KAMPF ZU ENDE!

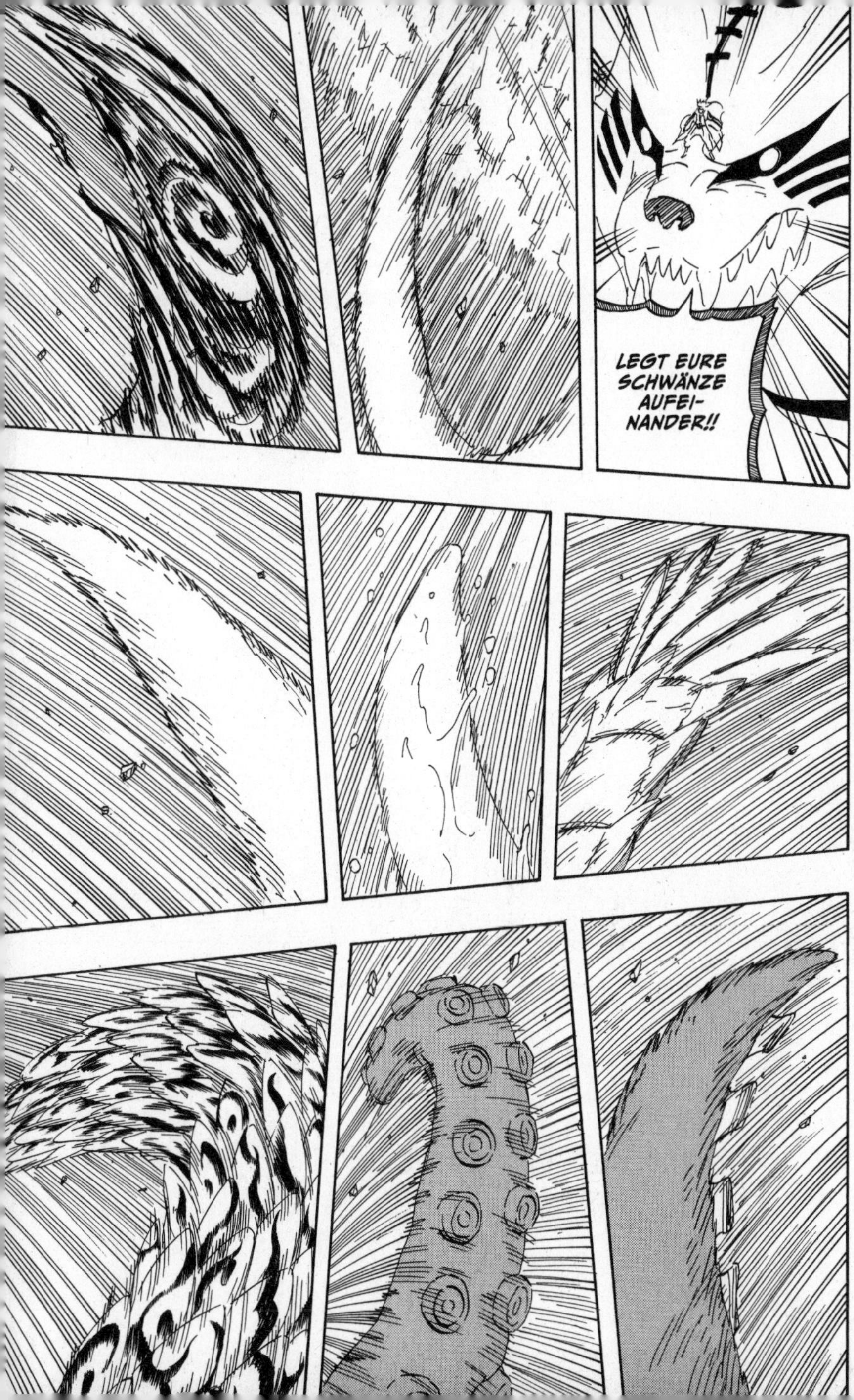
LEGT EURE SCHWÄNZE AUFEI-NANDER!!

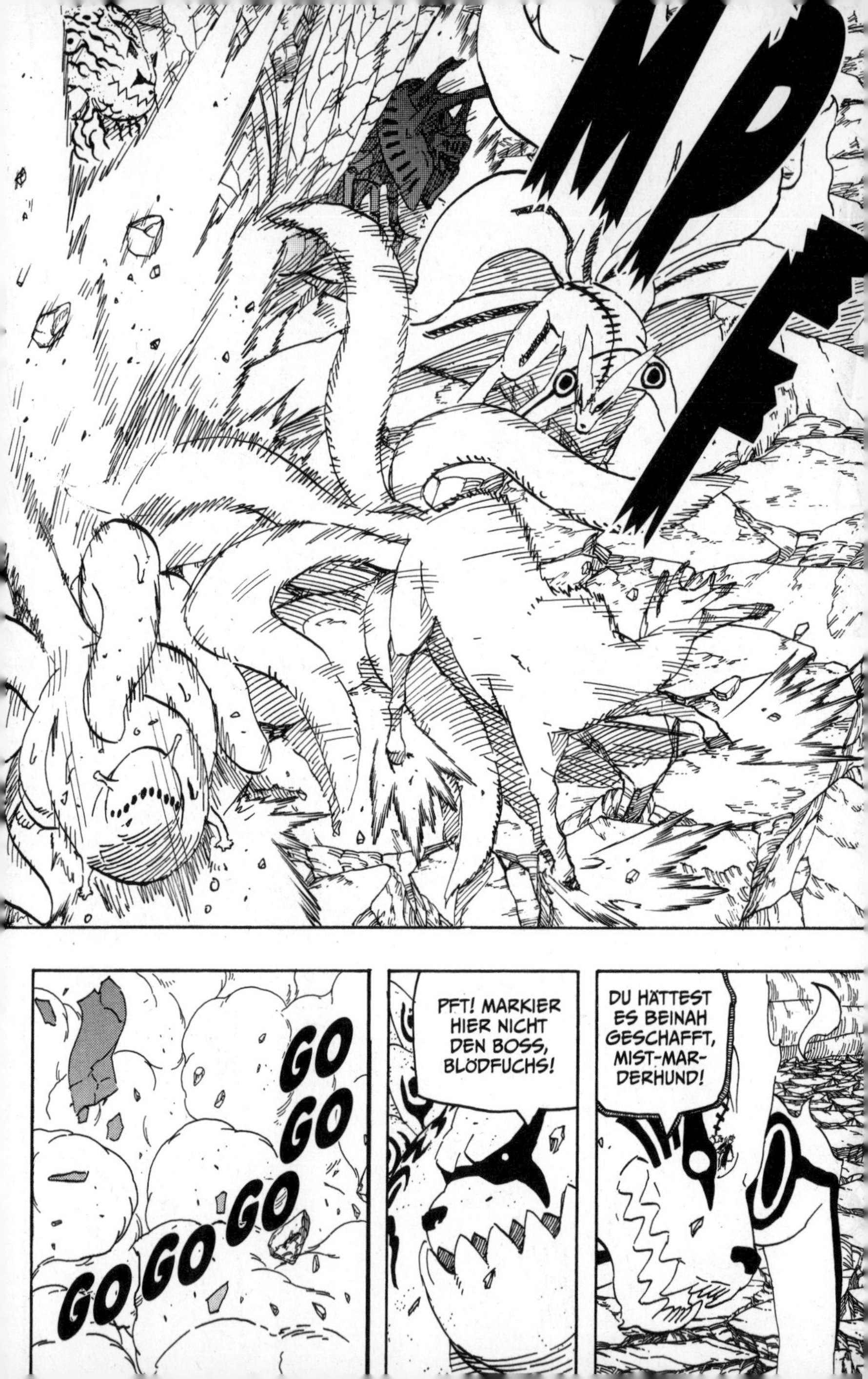

GO GO GO GO GO GO
PFT! MARKIER HIER NICHT DEN BOSS, BLÖDFUCHS!
DU HÄTTEST ES BEINAH GESCHAFFT, MIST-MARDERHUND!

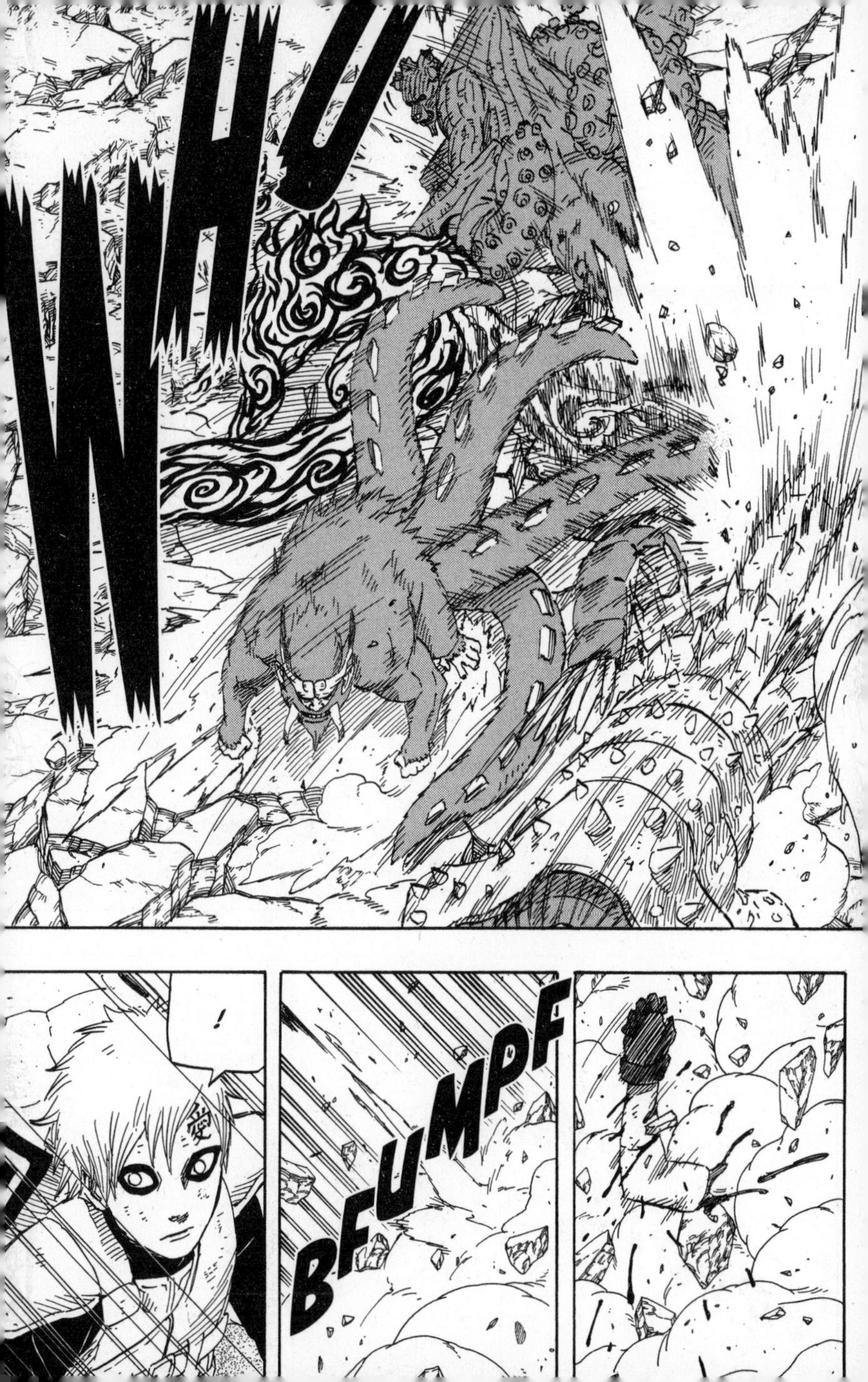
WHUU
!
BFUMPF

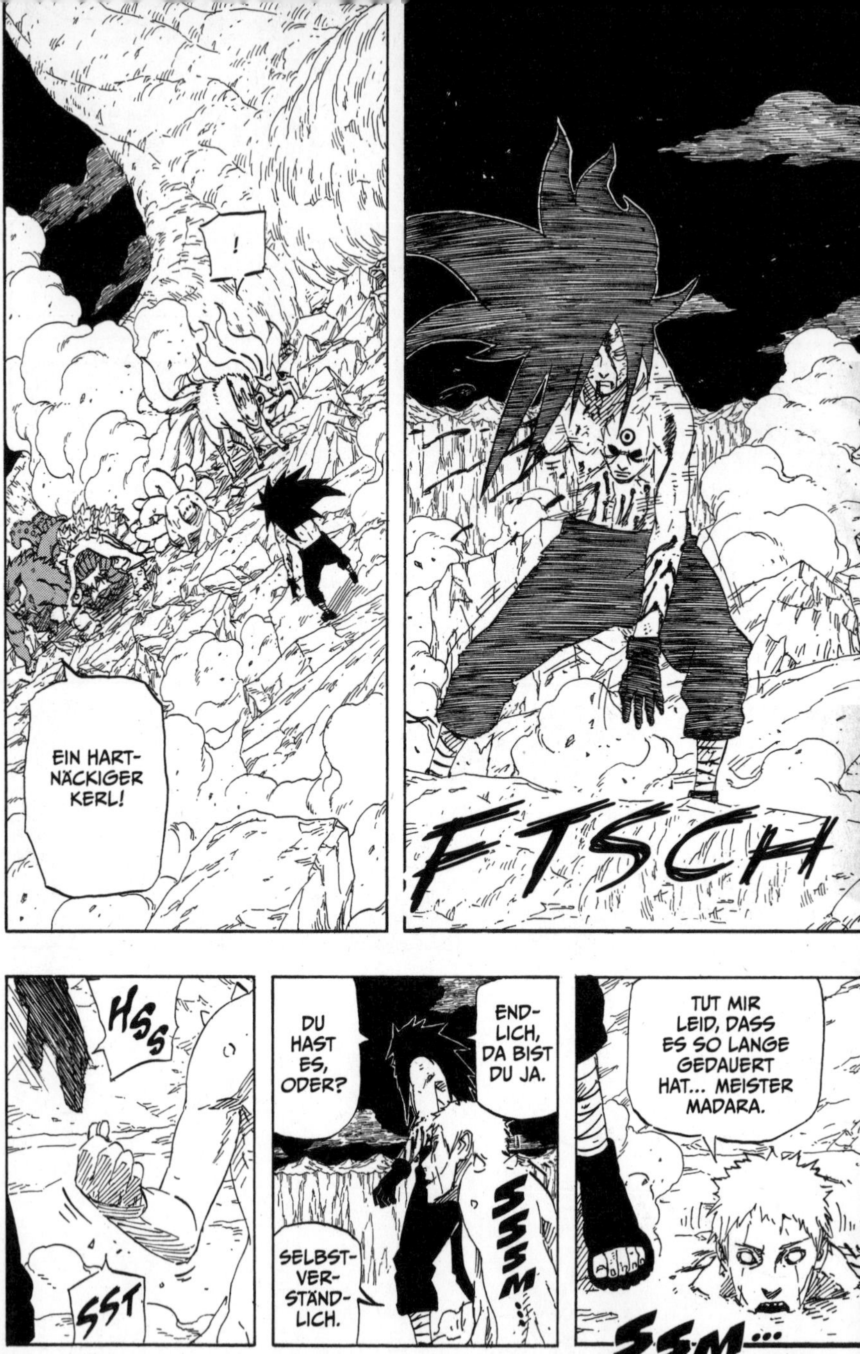
FTSCH
!
EIN HART-
NÄCKIGER
KERL!
TUT MIR
LEID, DASS
ES SO LANGE
GEDAUERT
HAT... MEISTER
MADARA.
S-S-M...
END-
LICH,
DA BIST
DU JA.
DU
HAST
ES,
ODER?
SSSM...
SELBST-
VER-
STÄND-
LICH.
HSS
SST

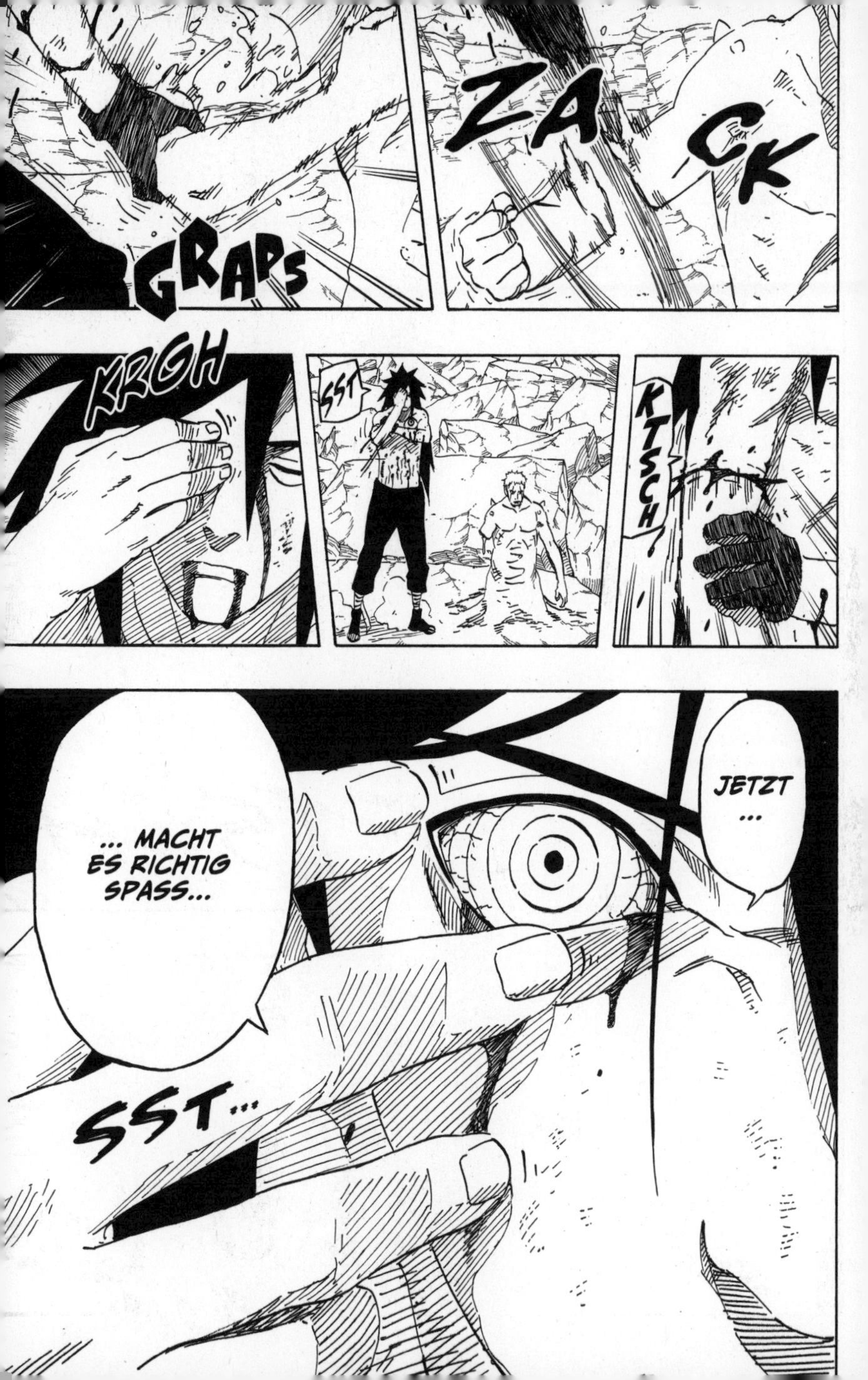
ZACK
GRAPS
KTSCH
SST
KRGH
JETZT ...
... MACHT ES RICHTIG SPASS...
SST...

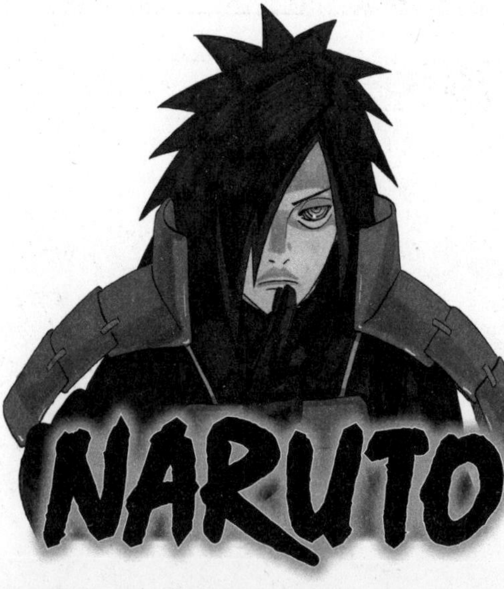
NARUTO

659. Kapitel: Rinbo-Hengoku

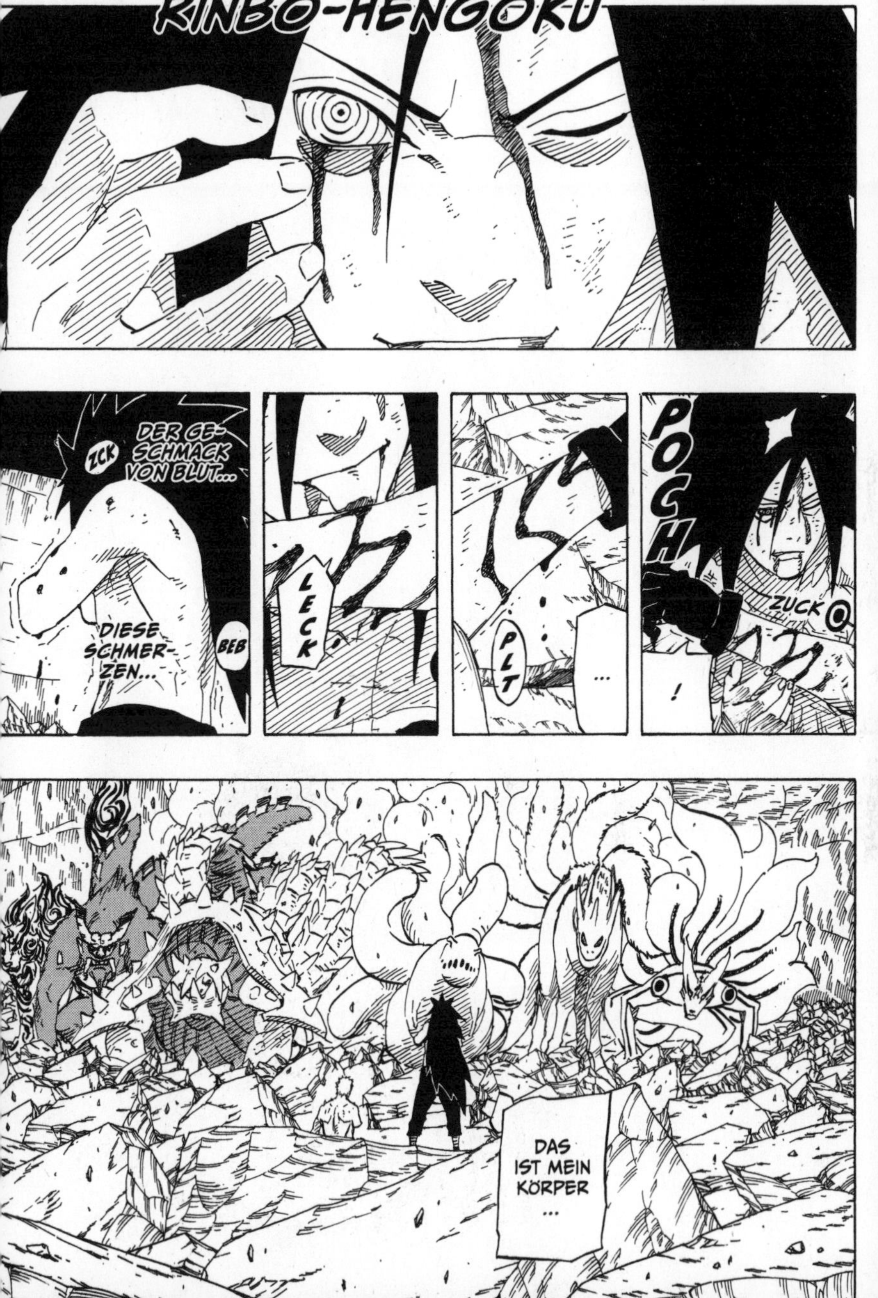

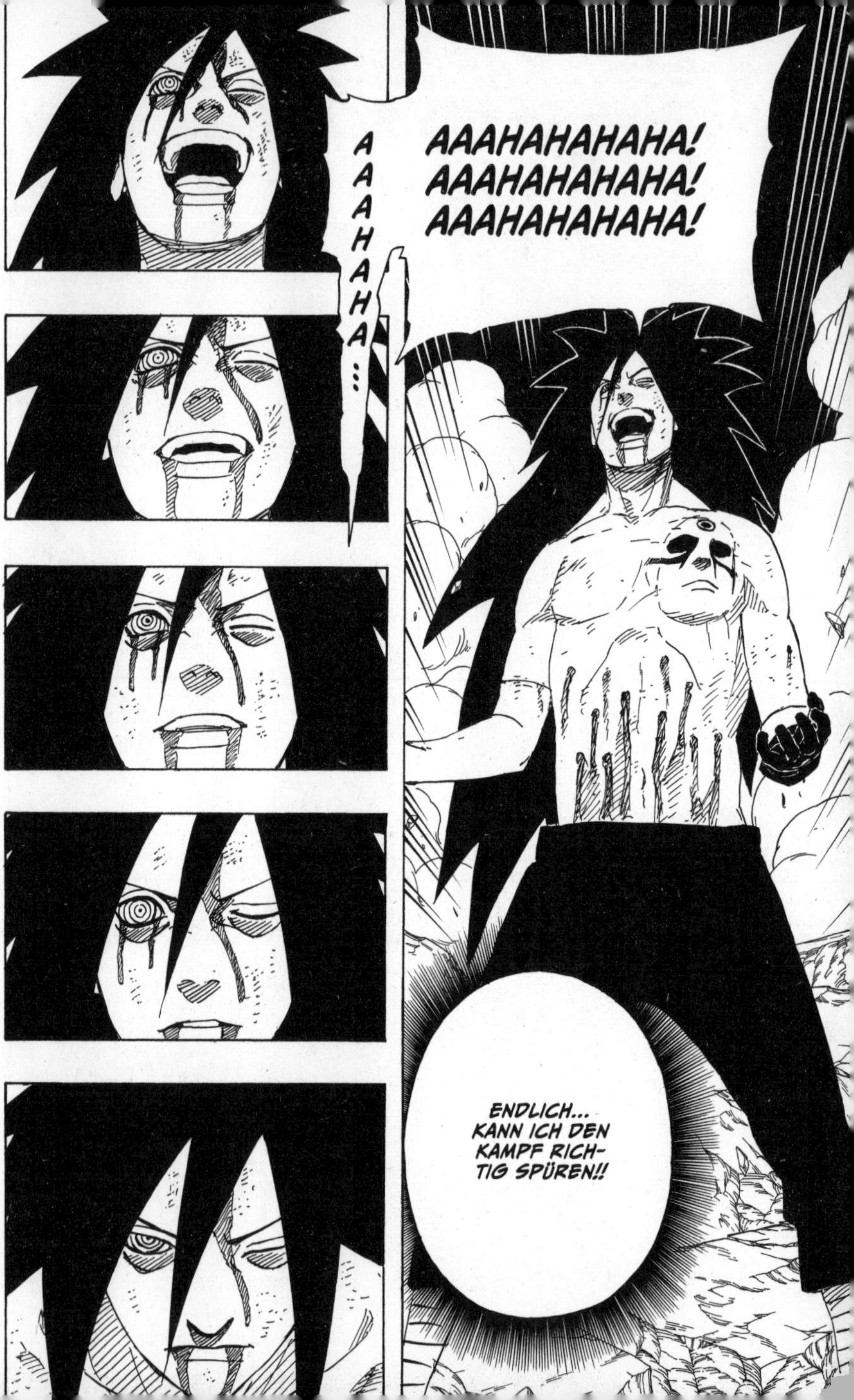
AAAHAHAHAHA!
AAAHAHAHAHA!
AAAHAHAHAHA!
AAAHAHAHA...
ENDLICH... KANN ICH DEN KAMPF RICH-TIG SPÜREN!!

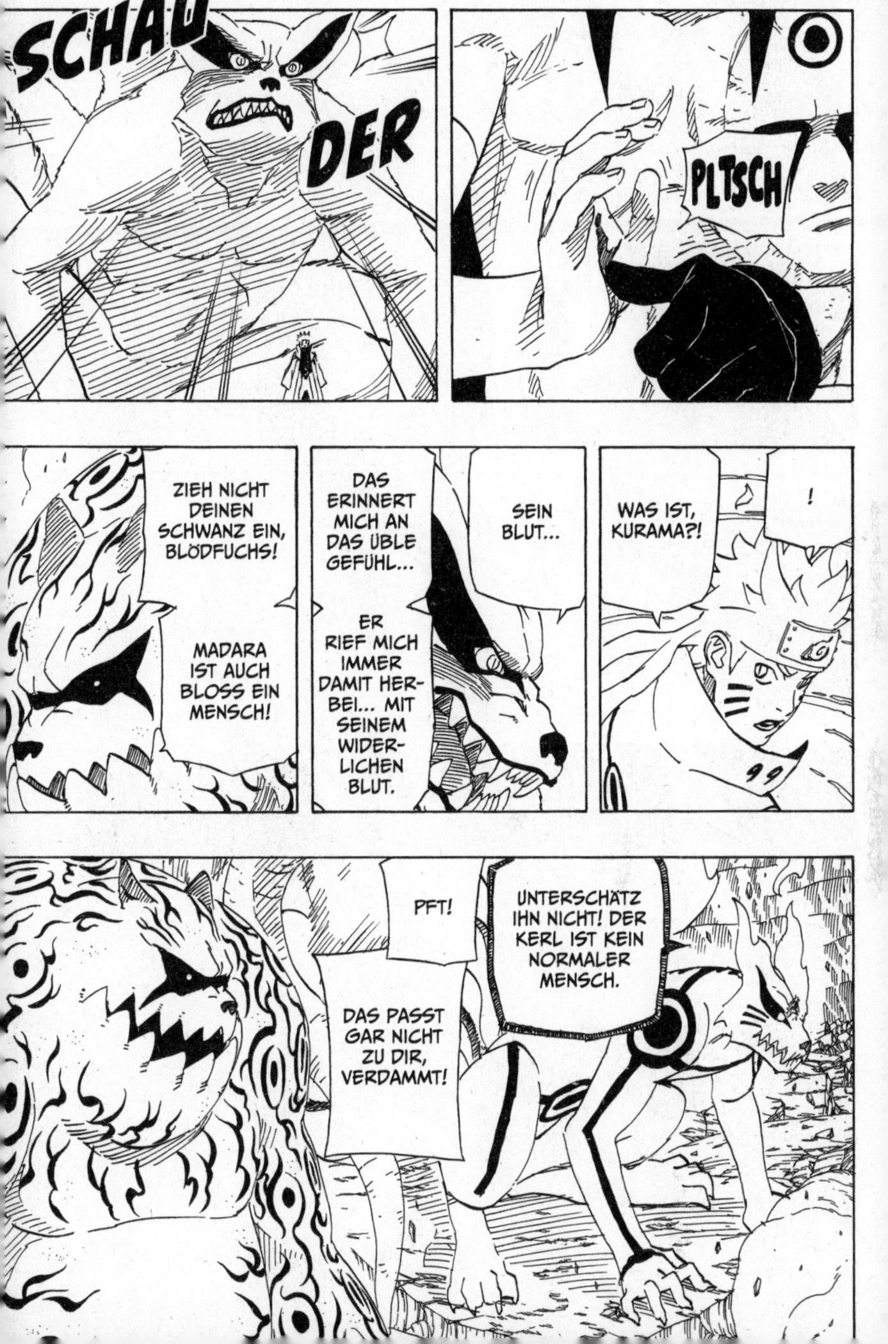

SCHAUDER
PLTSCH
!
WAS IST, KURAMA?!
SEIN BLUT...
DAS ERINNERT MICH AN DAS ÜBLE GEFÜHL...
ER RIEF MICH IMMER DAMIT HERBEI... MIT SEINEM WIDERLICHEN BLUT.
ZIEH NICHT DEINEN SCHWANZ EIN, BLÖDFUCHS!
MADARA IST AUCH BLOSS EIN MENSCH!
UNTERSCHÄTZ IHN NICHT! DER KERL IST KEIN NORMALER MENSCH.
PFT!
DAS PASST GAR NICHT ZU DIR, VERDAMMT!

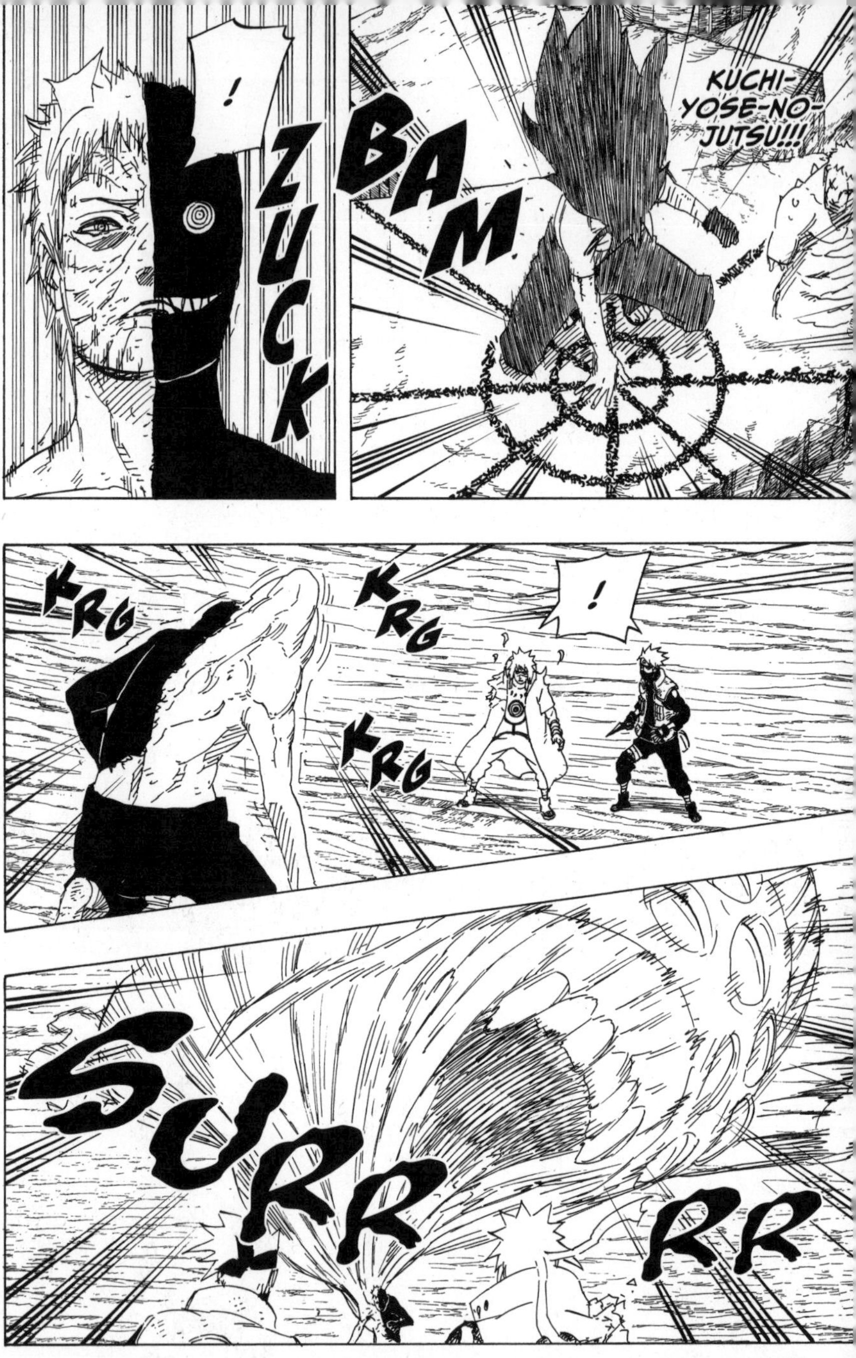
KUCHI-YOSE-NO-JUTSU!!!
BAM
!
ZUCK
!
KRG
KRG
KRG
SURR
RR

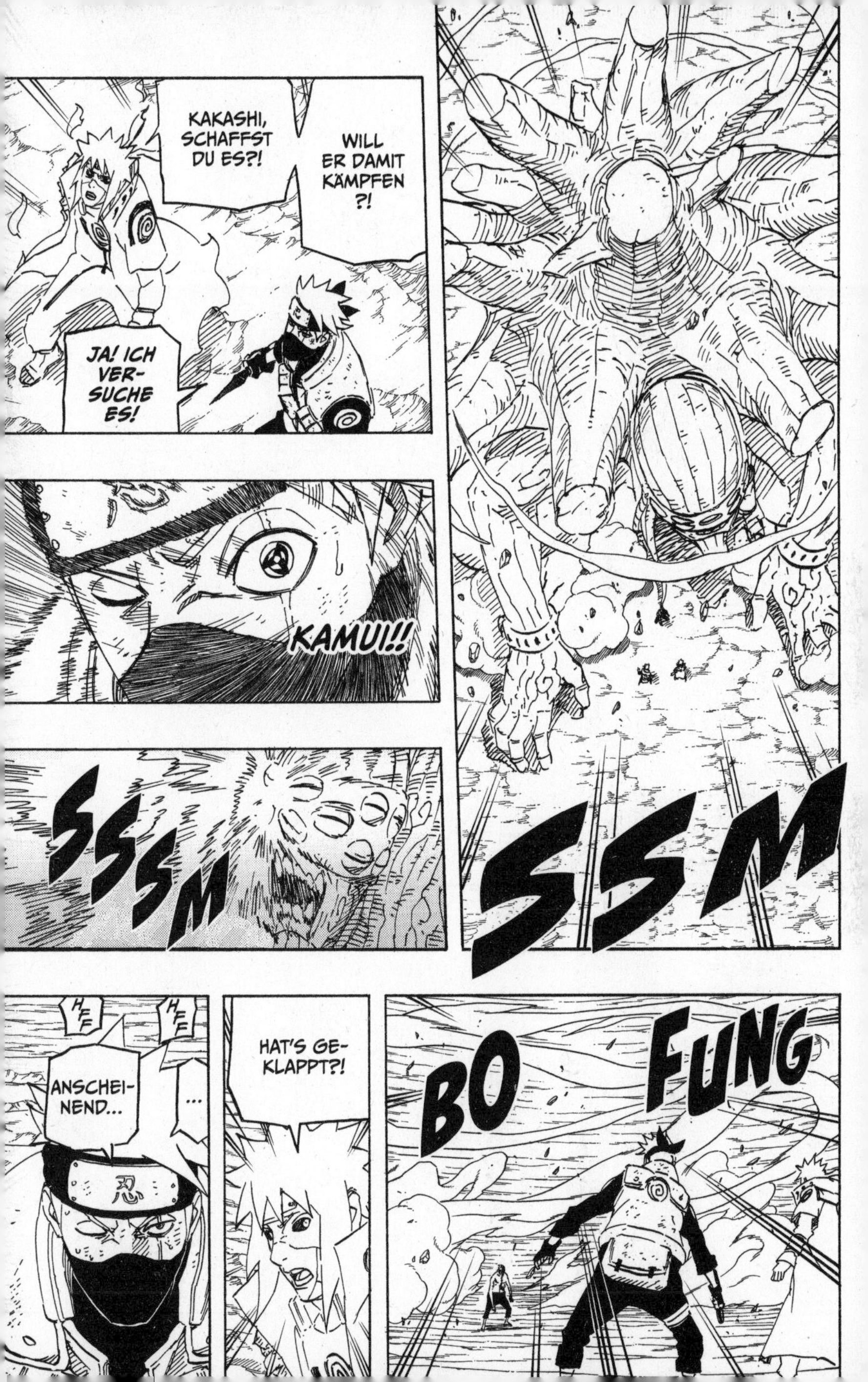

WILL ER DAMIT KÄMPFEN ?!
KAKASHI, SCHAFFST DU ES?!
JA! ICH VER-SUCHE ES!
KAMUI!!
SSSM
SSSM
BO FUNG
HAT'S GE-KLAPPT?!
HFF
HFF
...
ANSCHEI-NEND...

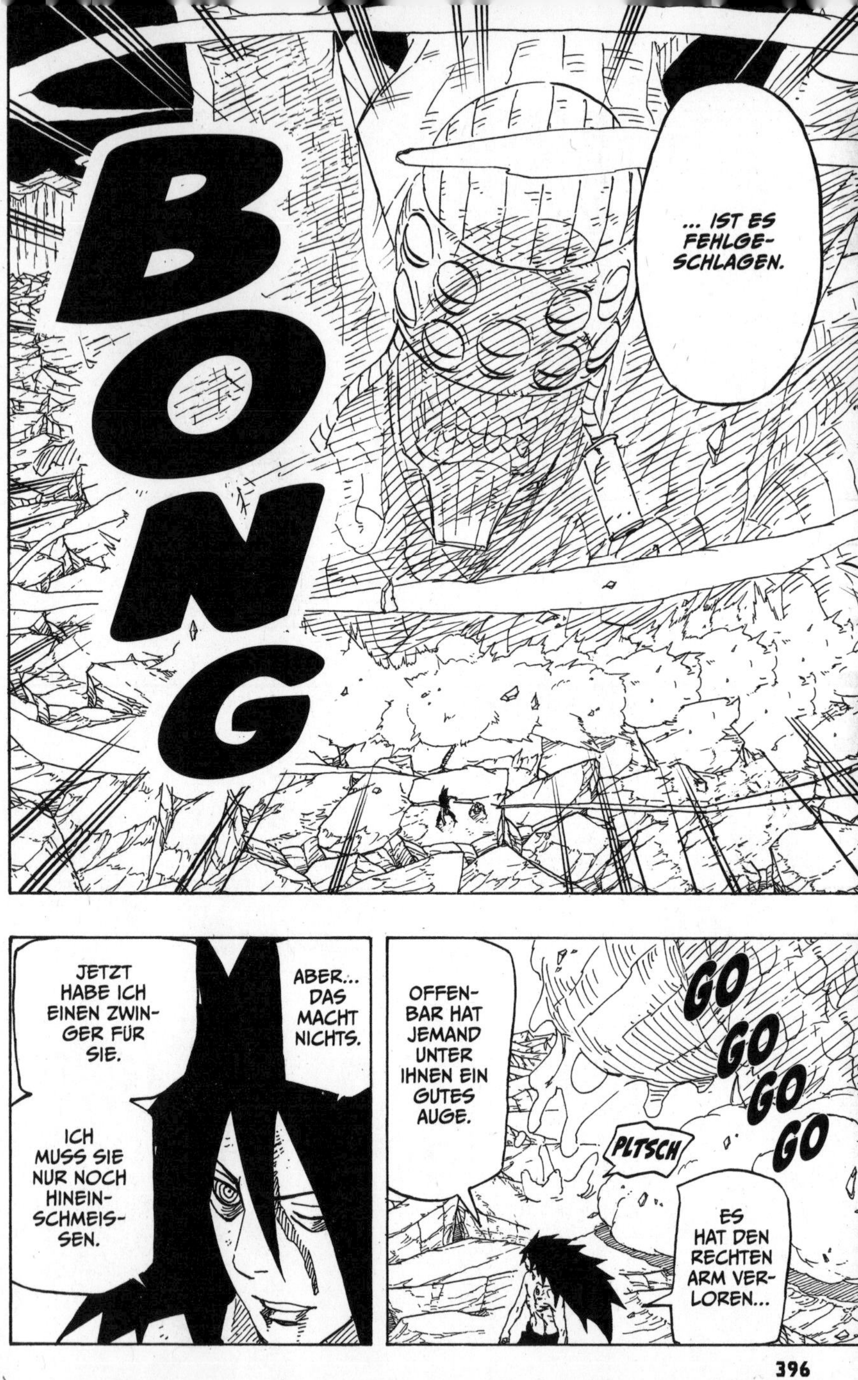
BONG
... IST ES FEHLGESCHLAGEN.
GO GO GO GO
PLTSCH
ES HAT DEN RECHTEN ARM VERLOREN...
OFFENBAR HAT JEMAND UNTER IHNEN EIN GUTES AUGE.
ABER... DAS MACHT NICHTS.
JETZT HABE ICH EINEN ZWINGER FÜR SIE.
ICH MUSS SIE NUR NOCH HINEINSCHMEISSEN.

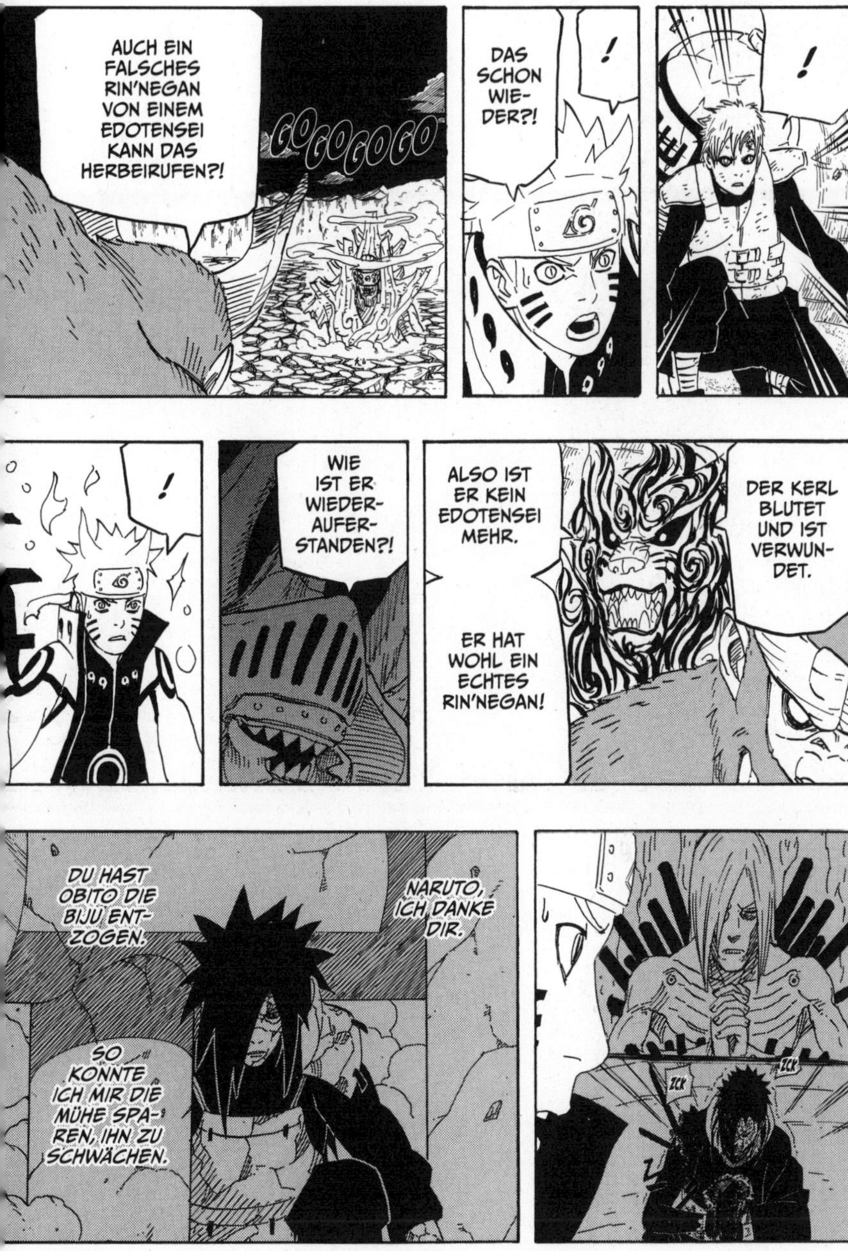
!
!
DAS SCHON WIE-DER?!
GOGOGOGO
AUCH EIN FALSCHES RIN'NEGAN VON EINEM EDOTENSEI KANN DAS HERBEIRUFEN?!
DER KERL BLUTET UND IST VERWUN-DET.
ALSO IST ER KEIN EDOTENSEI MEHR.
ER HAT WOHL EIN ECHTES RIN'NEGAN!
WIE IST ER WIEDER-AUFER-STANDEN?!
!
ZCK
ZCK
NARUTO, ICH DANKE DIR.
DU HAST OBITO DIE BIJU ENT-ZOGEN.
SO KONNTE ICH MIR DIE MÜHE SPA-REN, IHN ZU SCHWÄCHEN.

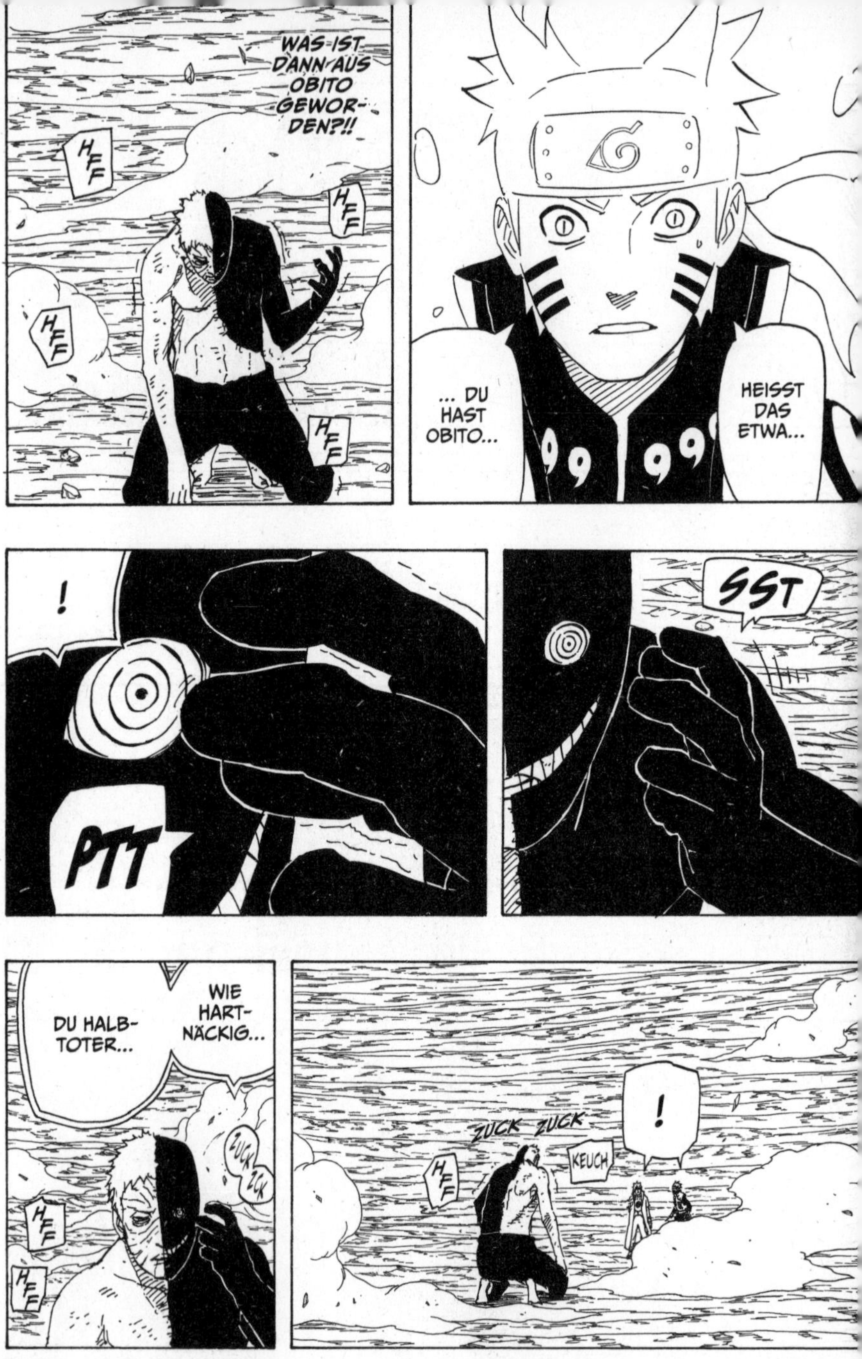
HEISST DAS ETWA...
... DU HAST OBITO...
WAS IST DANN AUS OBITO GEWORDEN?!!
HFF
HFF
HFF
HFF
SST
!
PTT
!
ZUCK ZUCK
KEUCH
HFF
WIE HART-NÄCKIG...
DU HALB-TOTER...
ZUCK ZUCK
HFF
HFF

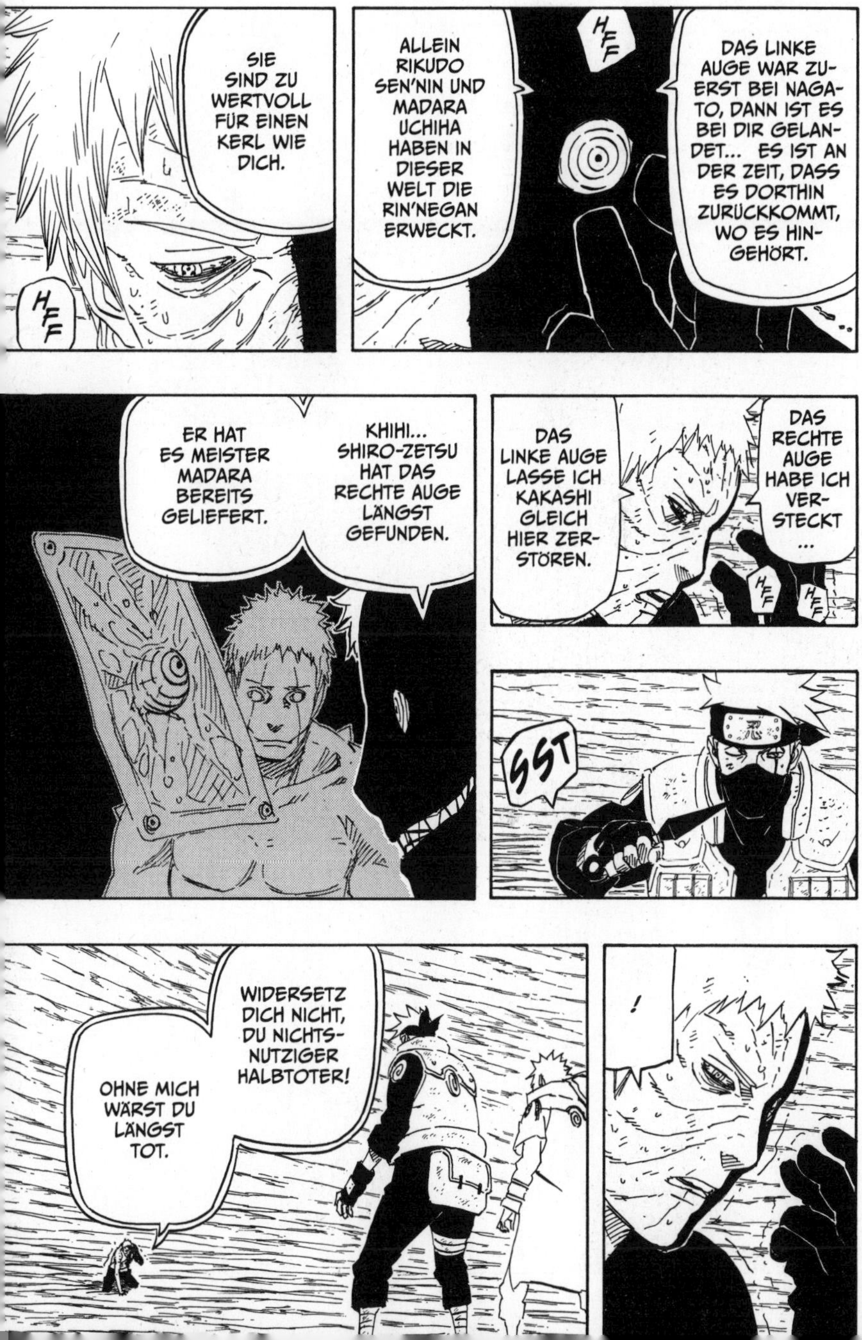
HFF
DAS LINKE AUGE WAR ZUERST BEI NAGATO, DANN IST ES BEI DIR GELANDET... ES IST AN DER ZEIT, DASS ES DORTHIN ZURÜCKKOMMT, WO ES HINGEHÖRT.
ALLEIN RIKUDO SEN'NIN UND MADARA UCHIHA HABEN IN DIESER WELT DIE RIN'NEGAN ERWECKT.
SIE SIND ZU WERTVOLL FÜR EINEN KERL WIE DICH.
HFF
DAS RECHTE AUGE HABE ICH VERSTECKT ...
DAS LINKE AUGE LASSE ICH KAKASHI GLEICH HIER ZERSTÖREN.
HFF
HFF
SST
KHIHI... SHIRO-ZETSU HAT DAS RECHTE AUGE LÄNGST GEFUNDEN.
ER HAT ES MEISTER MADARA BEREITS GELIEFERT.
!
WIDERSETZ DICH NICHT, DU NICHTSNUTZIGER HALBTOTER!
OHNE MICH WÄRST DU LÄNGST TOT.

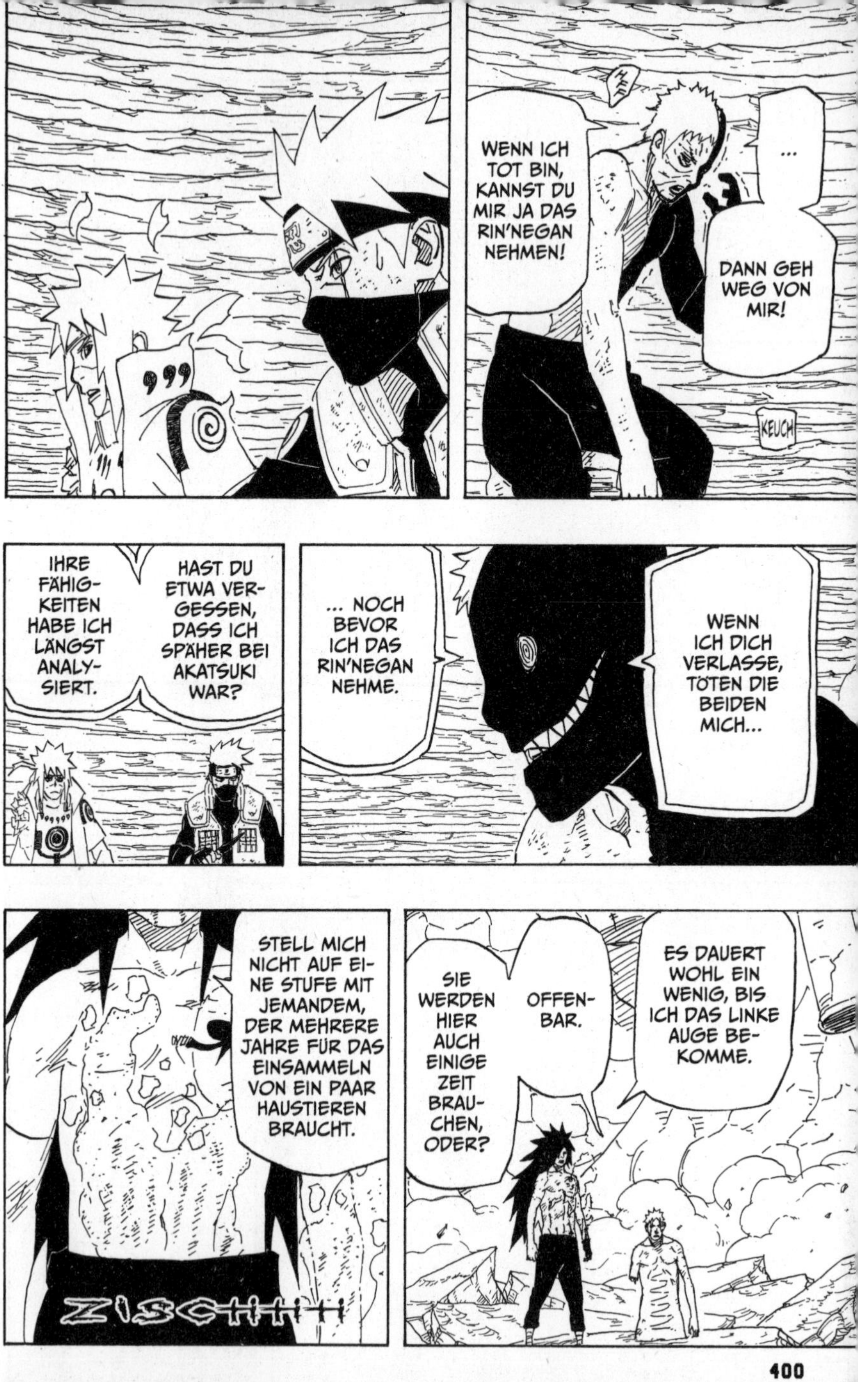
...
DANN GEH WEG VON MIR!
WENN ICH TOT BIN, KANNST DU MIR JA DAS RIN'NEGAN NEHMEN!
KEUCH
WENN ICH DICH VERLASSE, TÖTEN DIE BEIDEN MICH...
... NOCH BEVOR ICH DAS RIN'NEGAN NEHME.
HAST DU ETWA VERGESSEN, DASS ICH SPÄHER BEI AKATSUKI WAR?
IHRE FÄHIGKEITEN HABE ICH LÄNGST ANALYSIERT.
ES DAUERT WOHL EIN WENIG, BIS ICH DAS LINKE AUGE BEKOMME.
OFFENBAR.
SIE WERDEN HIER AUCH EINIGE ZEIT BRAUCHEN, ODER?
STELL MICH NICHT AUF EINE STUFE MIT JEMANDEM, DER MEHRERE JAHRE FÜR DAS EINSAMMELN VON EIN PAAR HAUSTIEREN BRAUCHT.
ZISCHHH

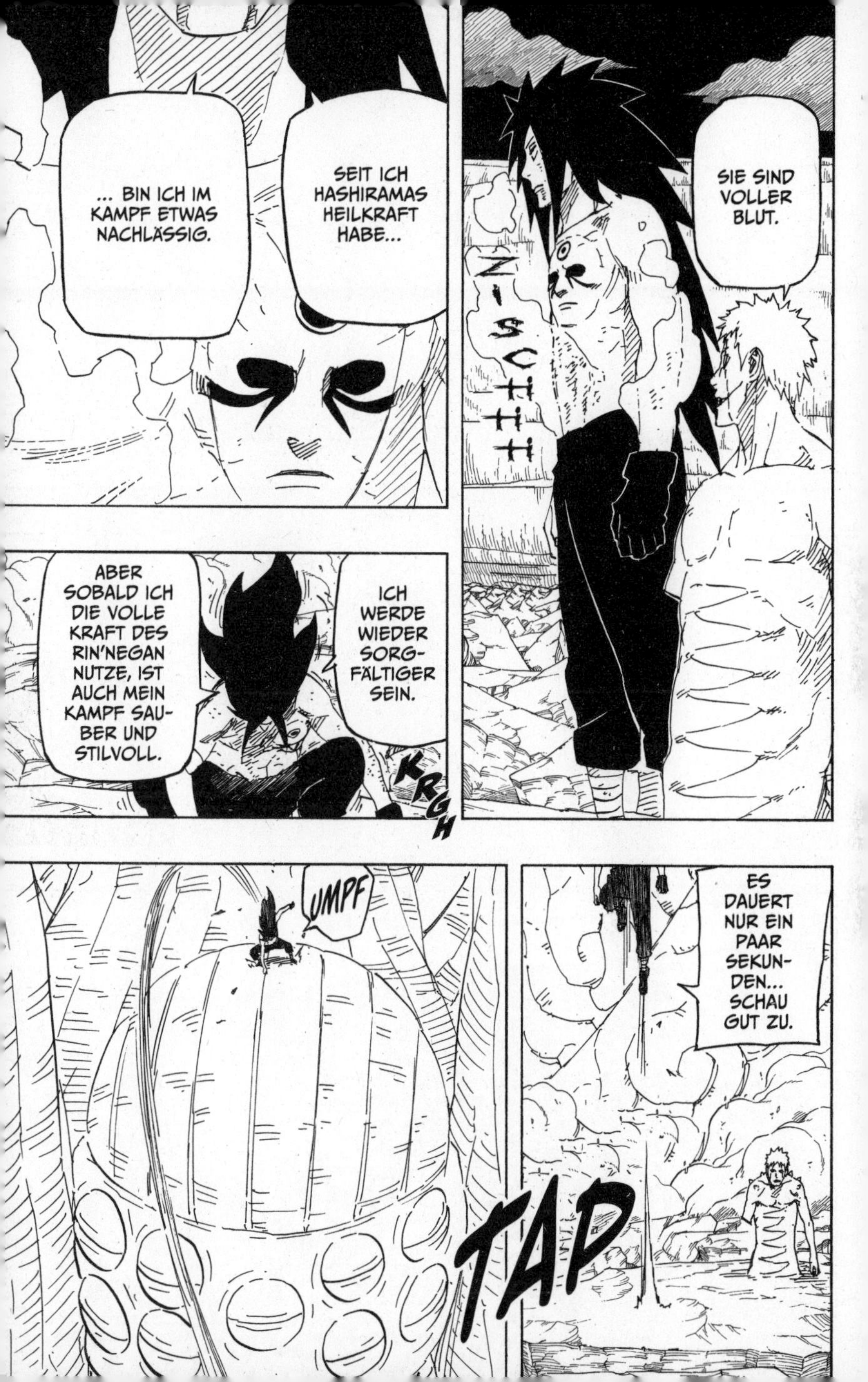

SIE SIND VOLLER BLUT.
ZISCHHH
SEIT ICH HASHIRAMAS HEILKRAFT HABE…
… BIN ICH IM KAMPF ETWAS NACHLÄSSIG.
ICH WERDE WIEDER SORG-FÄLTIGER SEIN.
ABER SOBALD ICH DIE VOLLE KRAFT DES RIN'NEGAN NUTZE, IST AUCH MEIN KAMPF SAU-BER UND STILVOLL.
KRGH
ES DAUERT NUR EIN PAAR SEKUN-DEN… SCHAU GUT ZU.
TAP
UMPF

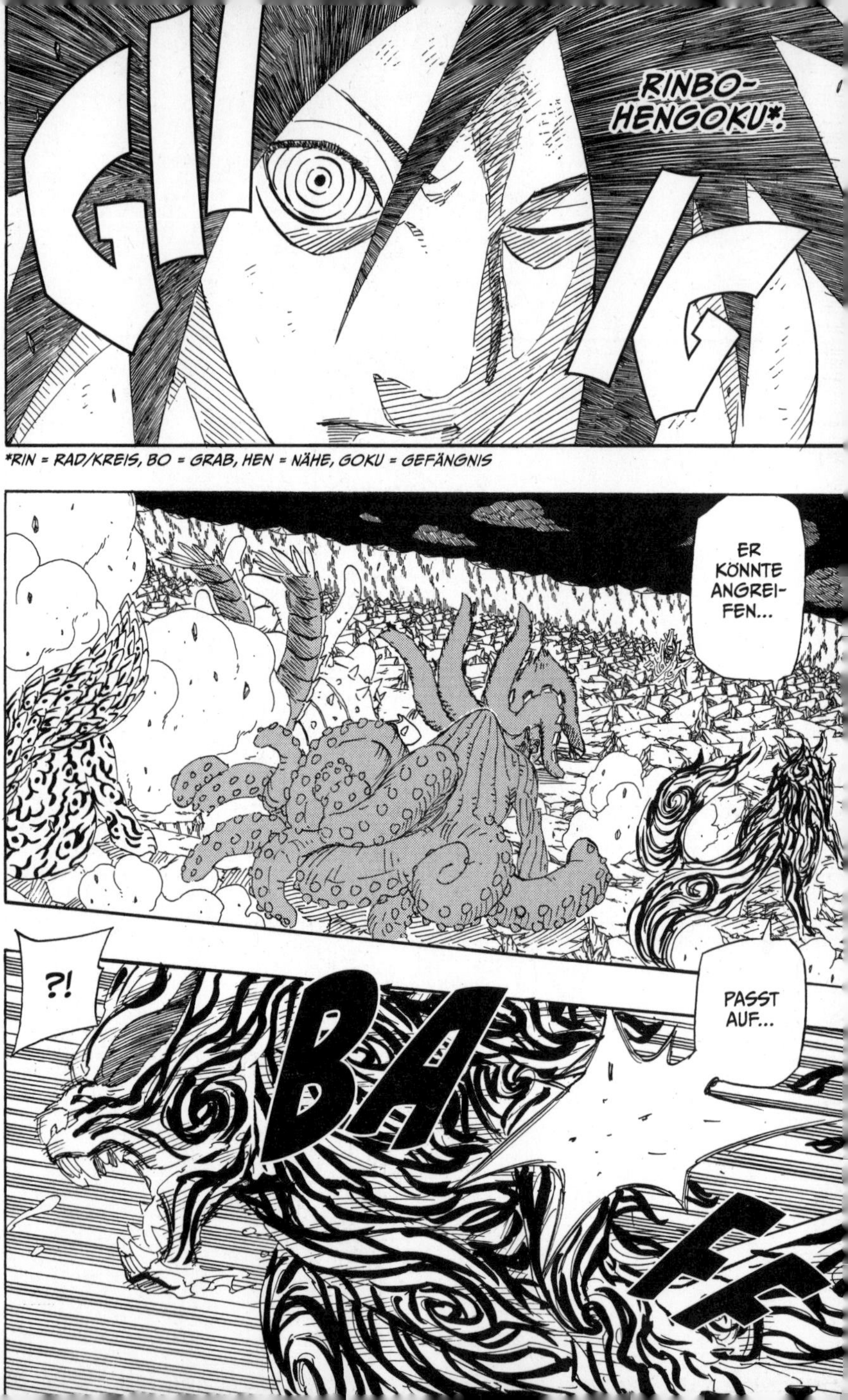

*RIN = RAD/KREIS, BO = GRAB, HEN = NÄHE, GOKU = GEFÄNGNIS

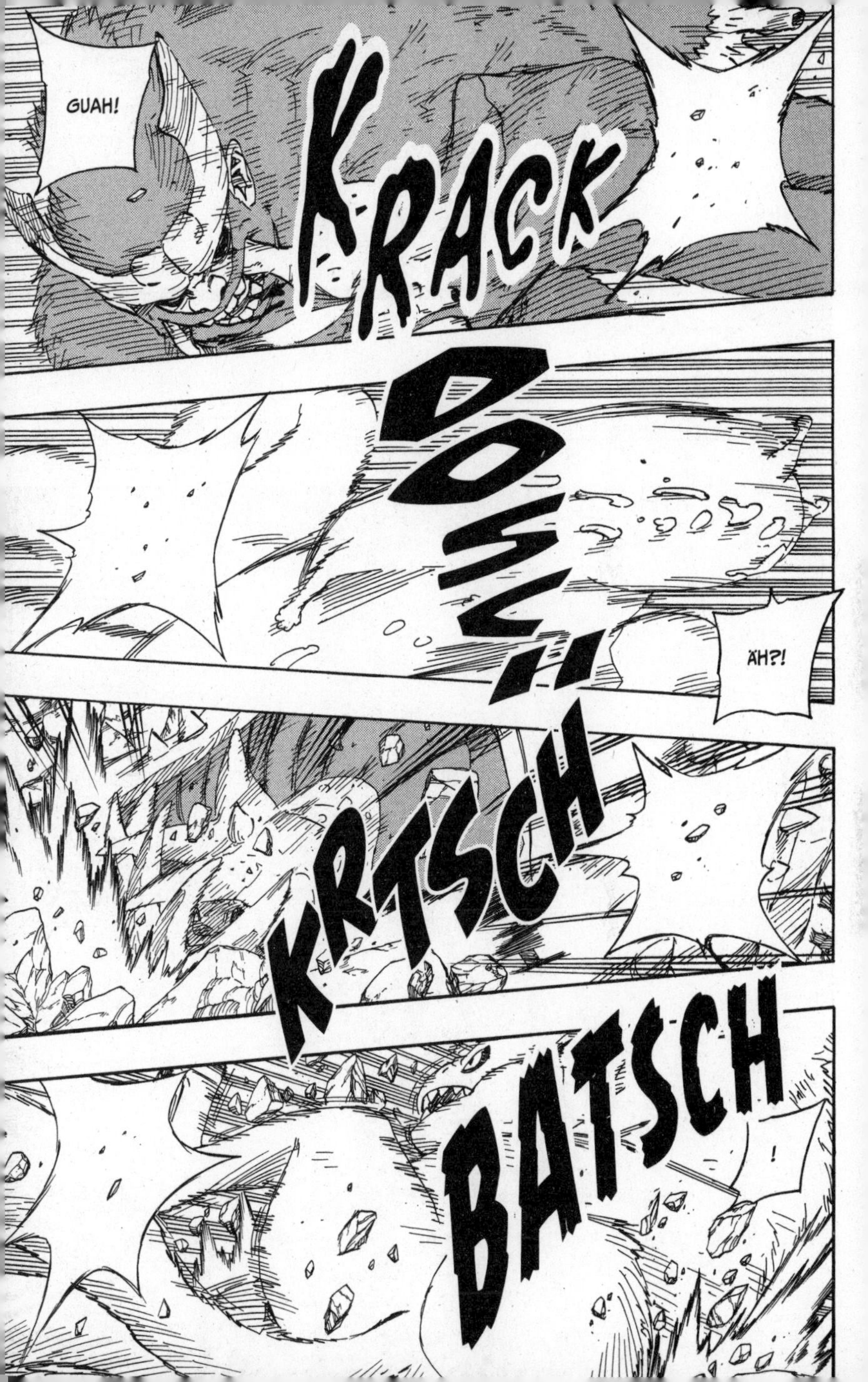
GUAH!
KRACK
DOMM
ÄH?!
KRTSCH
BATSCH

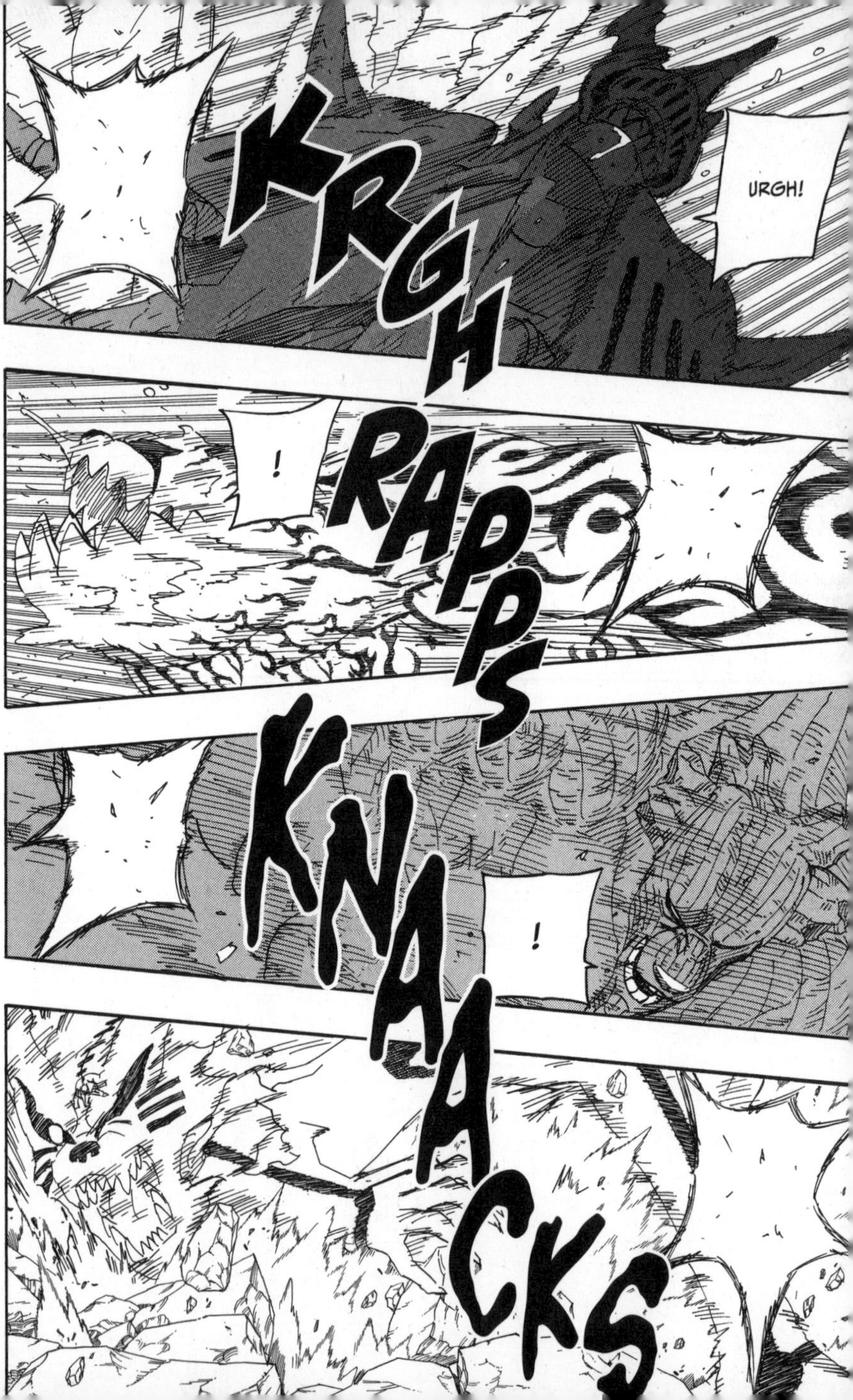

URGH!
KRGH
!
RAPPS
!
KNAAACKS

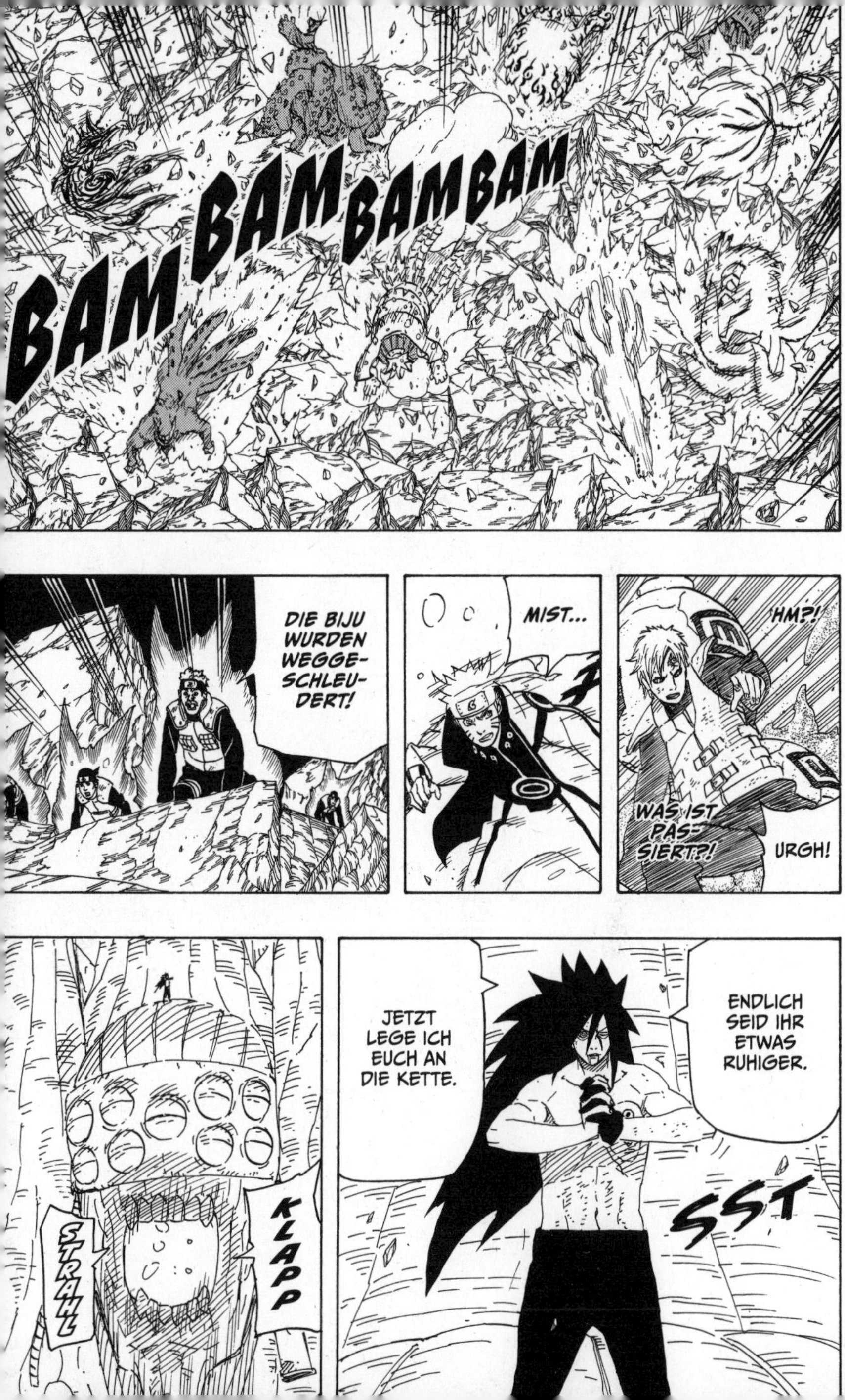
BAM BAM BAMBAM
HM?!
WAS IST PASSIERT?!
URGH!
MIST...
DIE BIJU WURDEN WEGGESCHLEUDERT!
ENDLICH SEID IHR ETWAS RUHIGER.
JETZT LEGE ICH EUCH AN DIE KETTE.
SST
KLAPP
STRAHL

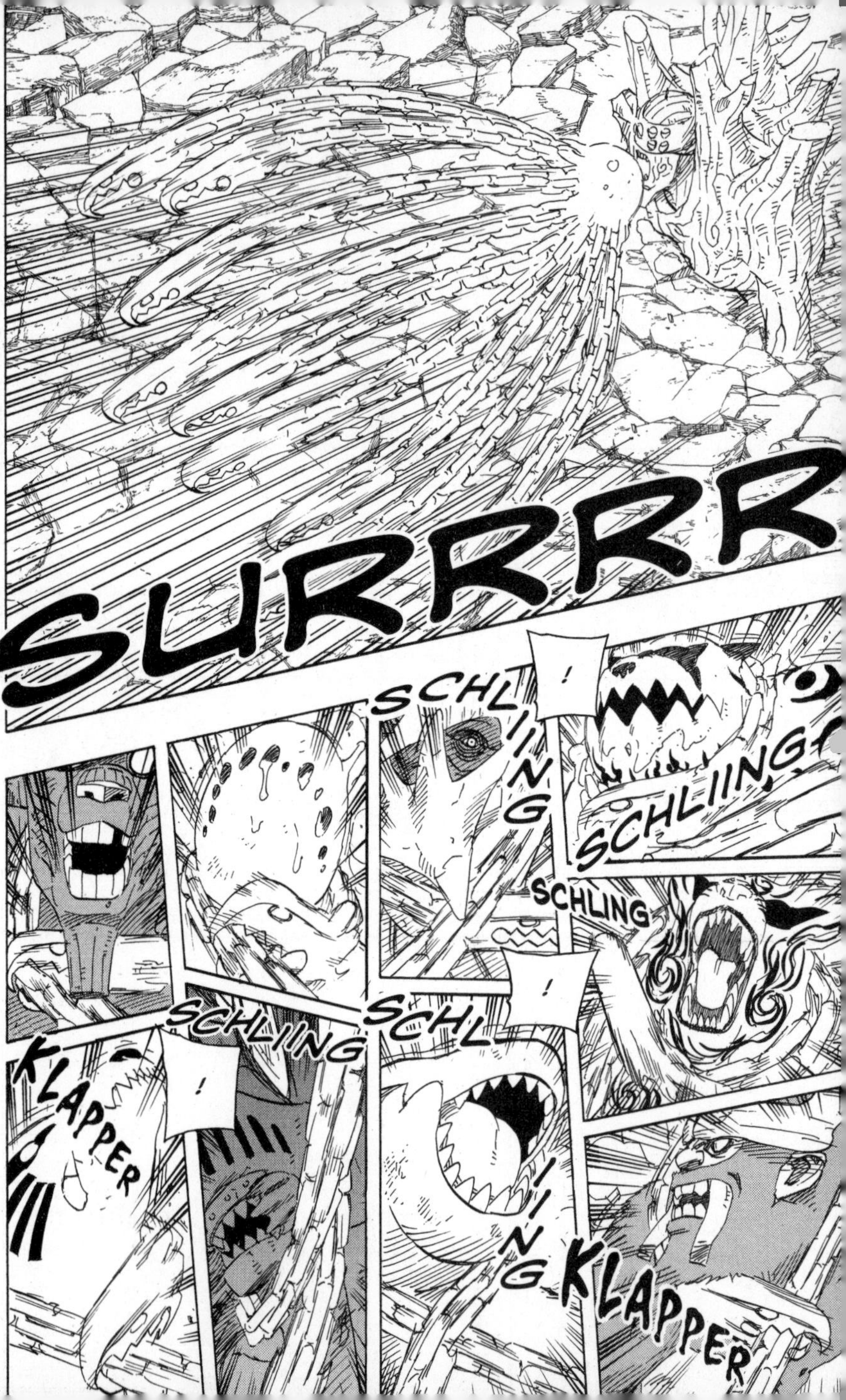
SURRRR
!
SCHLIING
SCHLIING
SCHLING
!
KLAPPER
SCHLIIING
SCHLIING
!
KLAPPER

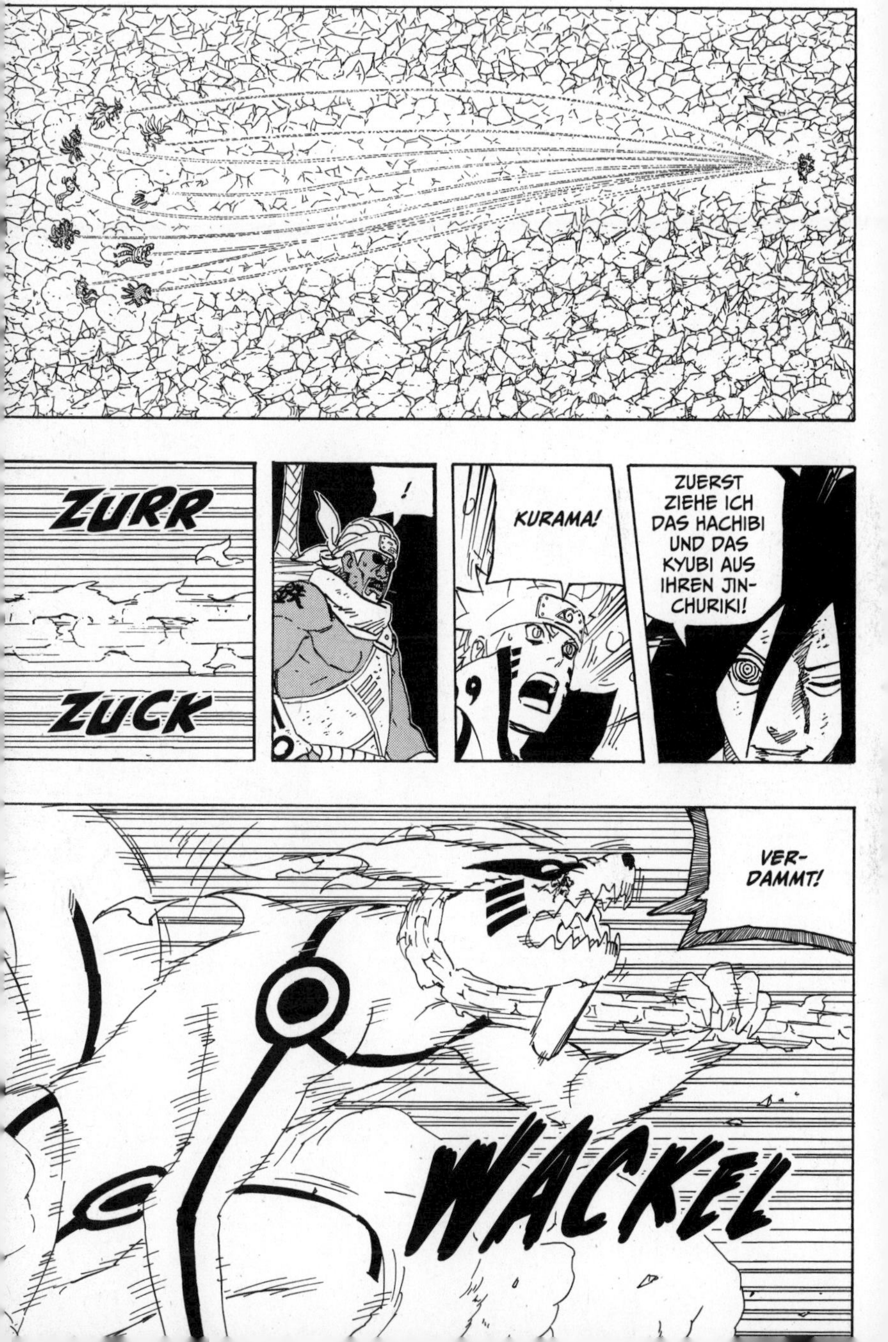
ZUERST ZIEHE ICH DAS HACHIBI UND DAS KYUBI AUS IHREN JIN-CHURIKI!
KURAMA!
!
ZURR
ZUCK
VER-DAMMT!
WACKEL

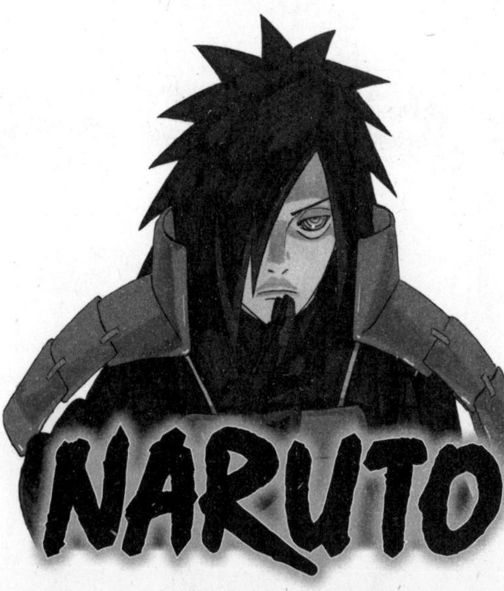
NARUTO

660. Kapitel: Das verborgene Herz

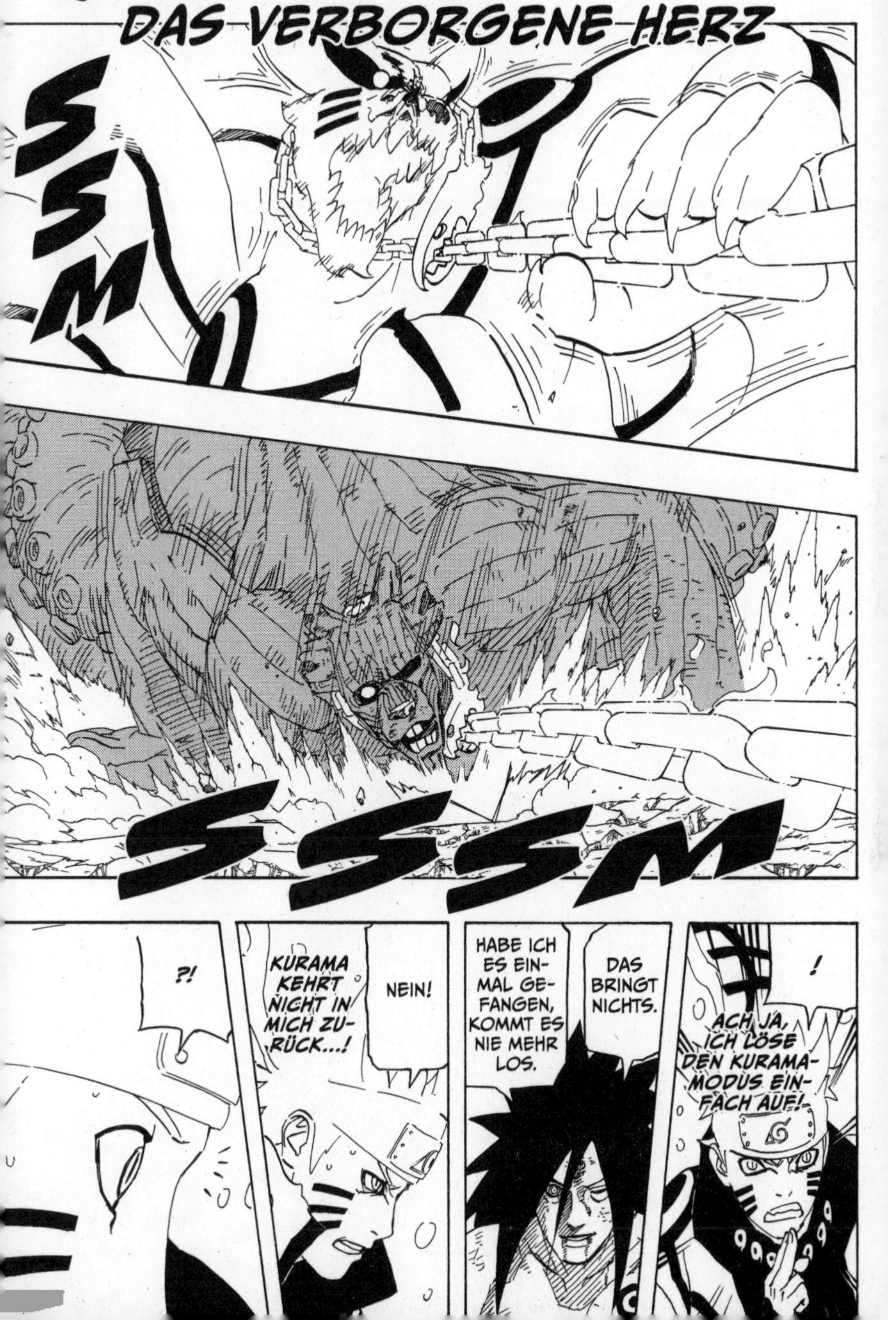

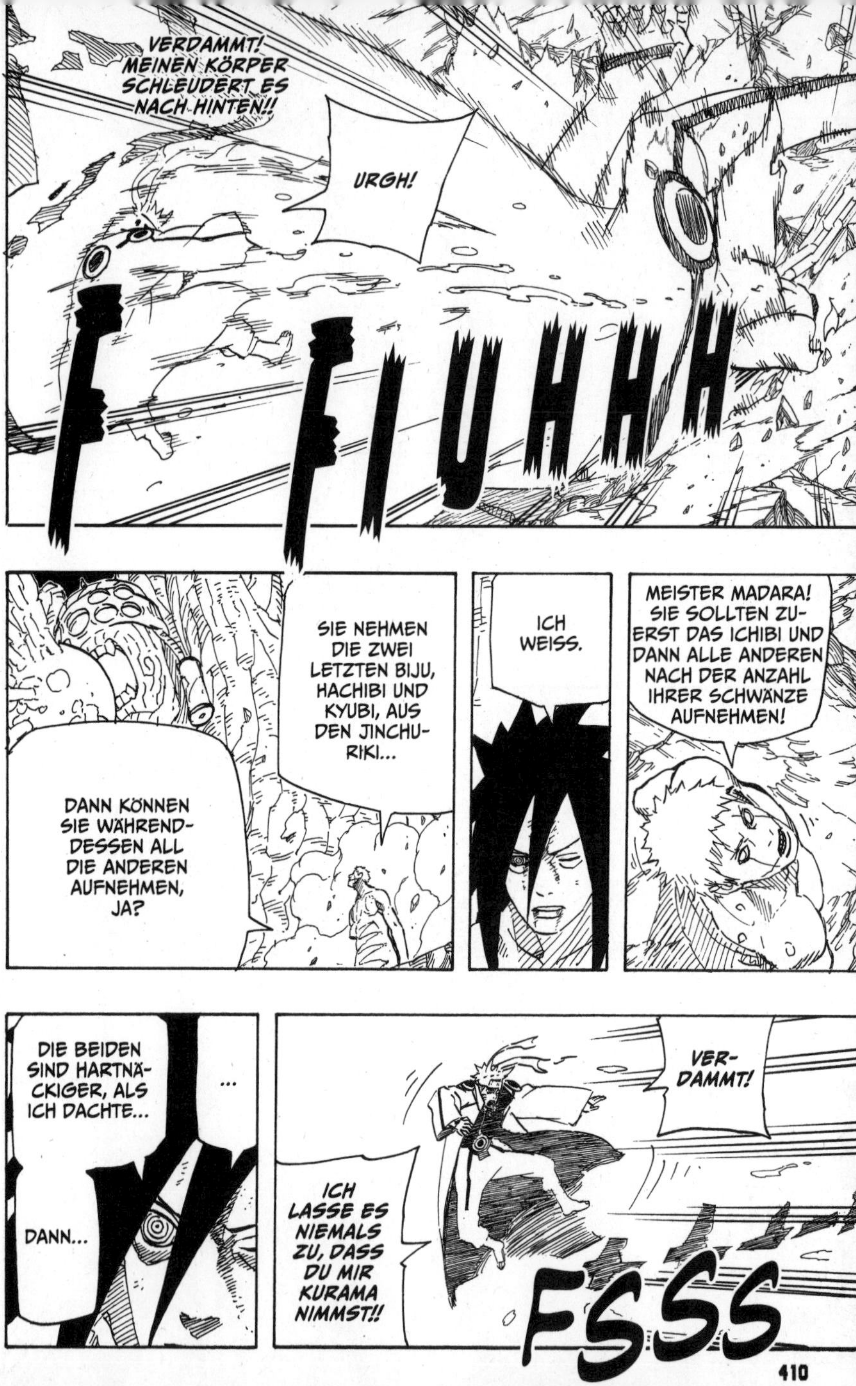
URGH!
VERDAMMT! MEINEN KÖRPER SCHLEUDERT ES NACH HINTEN!!
FIUHHH
MEISTER MADARA! SIE SOLLTEN ZUERST DAS ICHIBI UND DANN ALLE ANDEREN NACH DER ANZAHL IHRER SCHWÄNZE AUFNEHMEN!
ICH WEISS.
SIE NEHMEN DIE ZWEI LETZTEN BIJU, HACHIBI UND KYUBI, AUS DEN JINCHURIKI...
DANN KÖNNEN SIE WÄHRENDDESSEN ALL DIE ANDEREN AUFNEHMEN, JA?
VERDAMMT!
ICH LASSE ES NIEMALS ZU, DASS DU MIR KURAMA NIMMST!!
FSSS
DIE BEIDEN SIND HARTNÄCKIGER, ALS ICH DACHTE...
...
DANN...

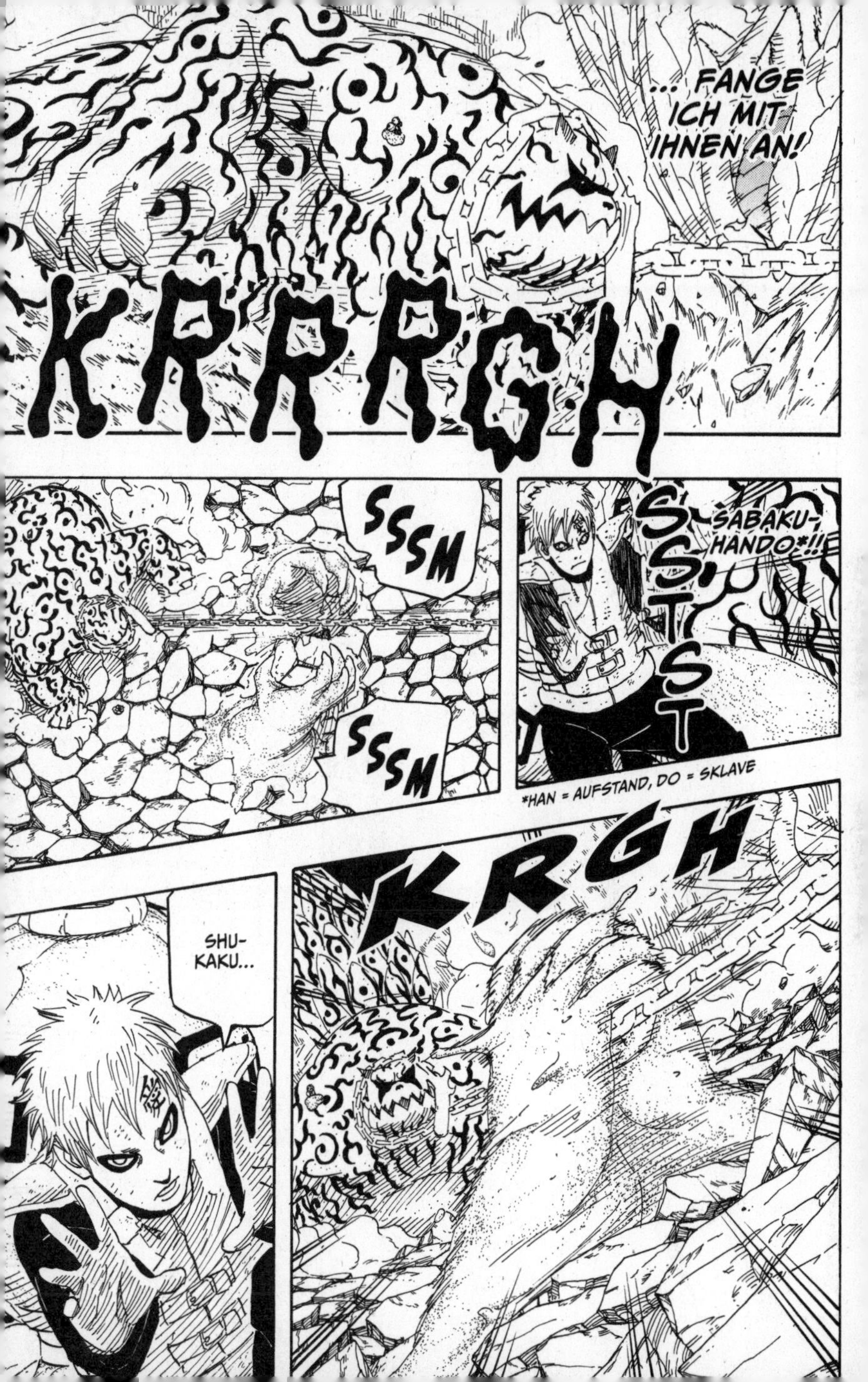

... FANGE ICH MIT IHNEN AN!
KRRRGH
SABAKU-HANDO*!!
S S S T S T
SSSM
SSSM
*HAN = AUFSTAND, DO = SKLAVE
KRGH
SHU-KAKU...

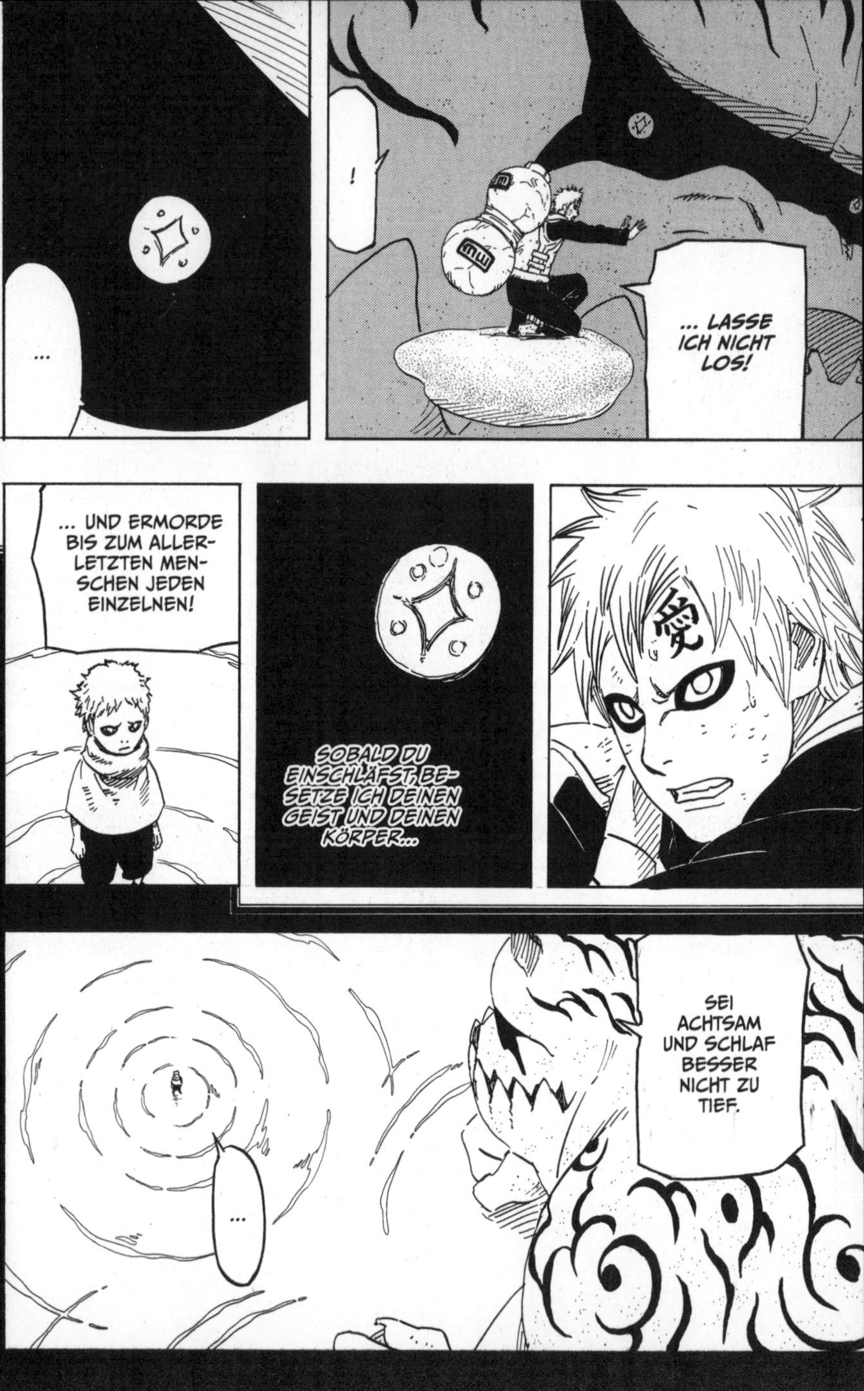

... LASSE ICH NICHT LOS!
!
...
SOBALD DU EINSCHLÄFST, BESETZE ICH DEINEN GEIST UND DEINEN KÖRPER...
... UND ERMORDE BIS ZUM ALLERLETZTEN MENSCHEN JEDEN EINZELNEN!
SEI ACHTSAM UND SCHLAF BESSER NICHT ZU TIEF.
...

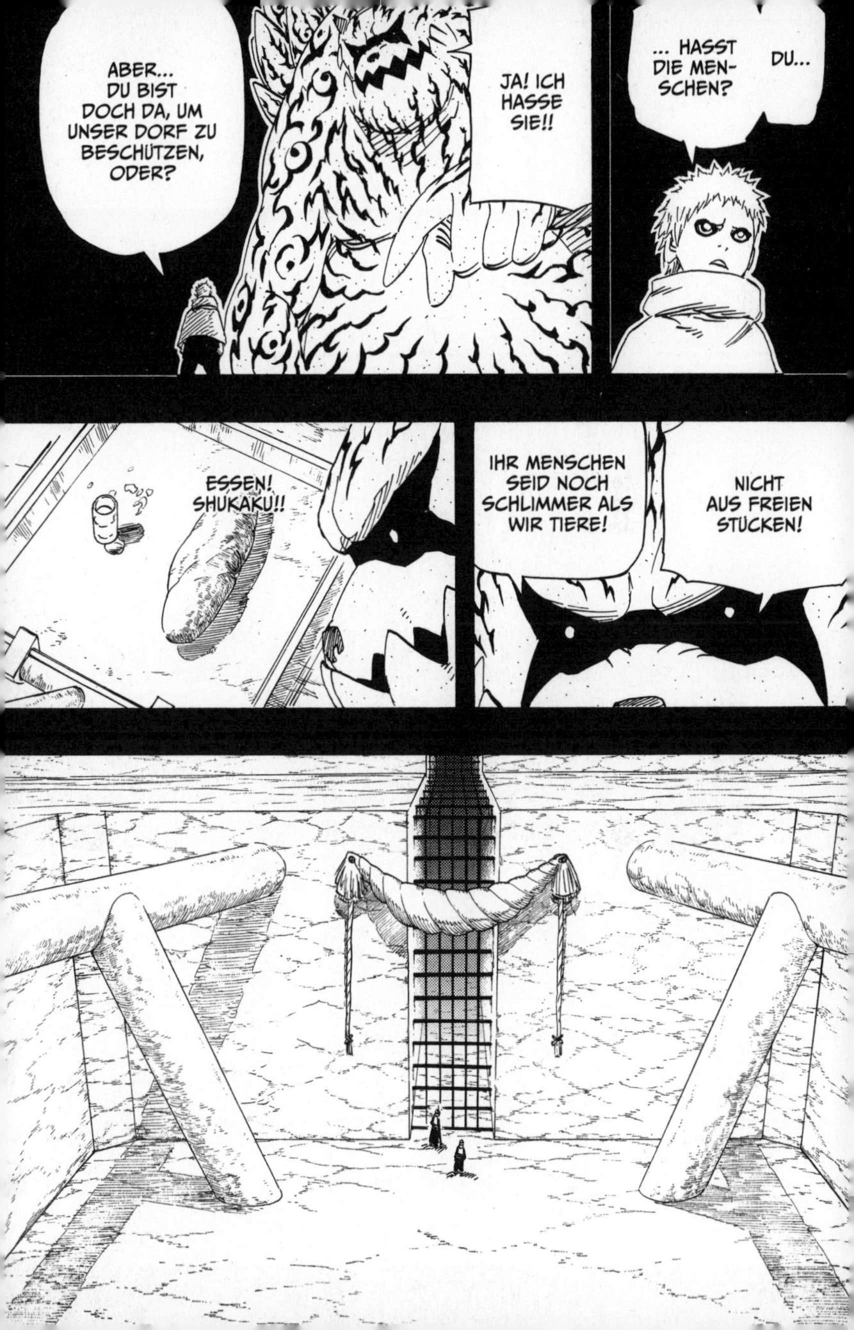
DU...
... HASST DIE MEN-SCHEN?
JA! ICH HASSE SIE!!
ABER... DU BIST DOCH DA, UM UNSER DORF ZU BESCHÜTZEN, ODER?
NICHT AUS FREIEN STÜCKEN!
IHR MENSCHEN SEID NOCH SCHLIMMER ALS WIR TIERE!
ESSEN! SHUKAKU!!

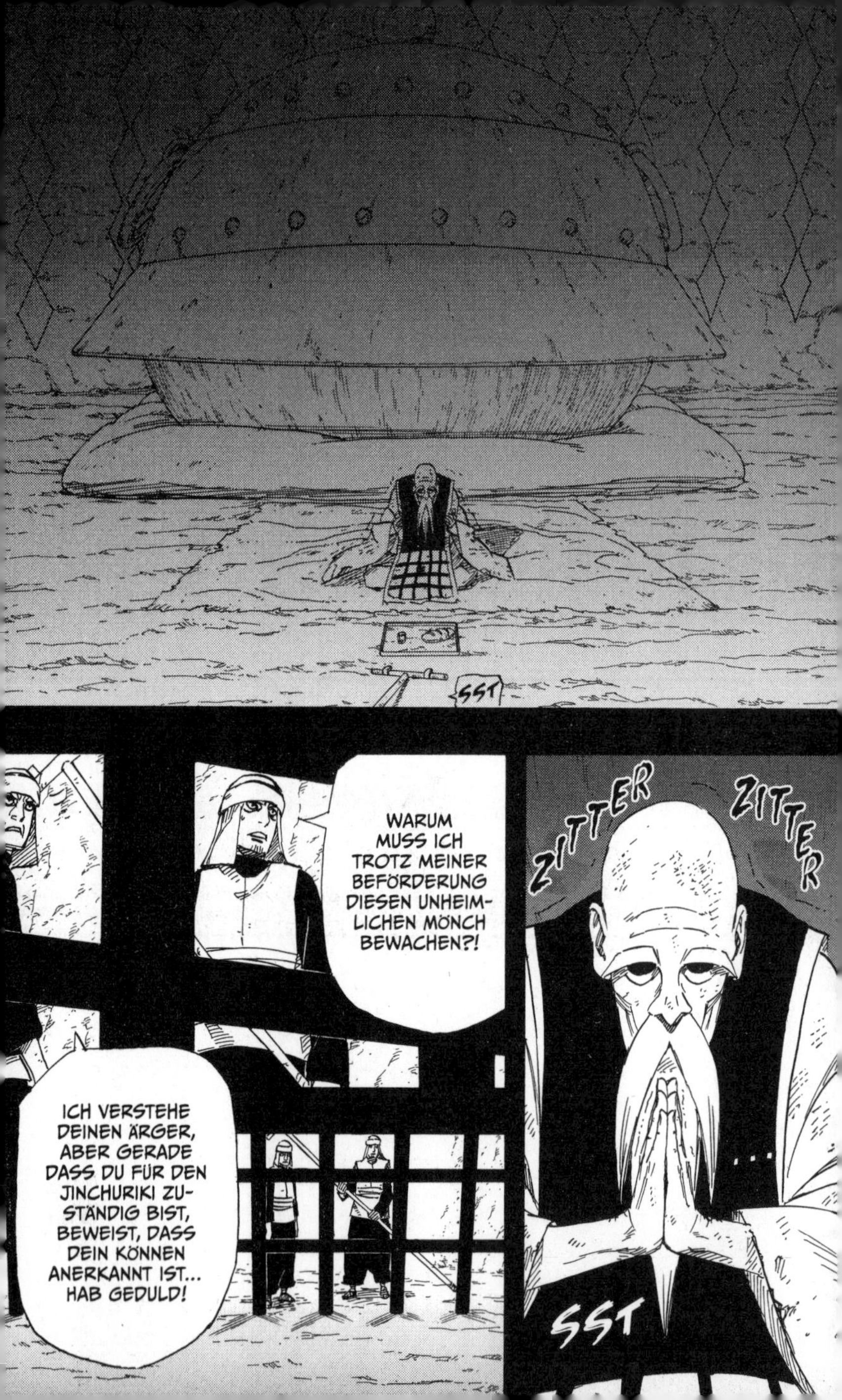
SST
WARUM MUSS ICH TROTZ MEINER BEFÖRDERUNG DIESEN UNHEIMLICHEN MÖNCH BEWACHEN?!
ICH VERSTEHE DEINEN ÄRGER, ABER GERADE DASS DU FÜR DEN JINCHURIKI ZUSTÄNDIG BIST, BEWEIST, DASS DEIN KÖNNEN ANERKANNT IST... HAB GEDULD!
ZITTER ZITTER
...
SST

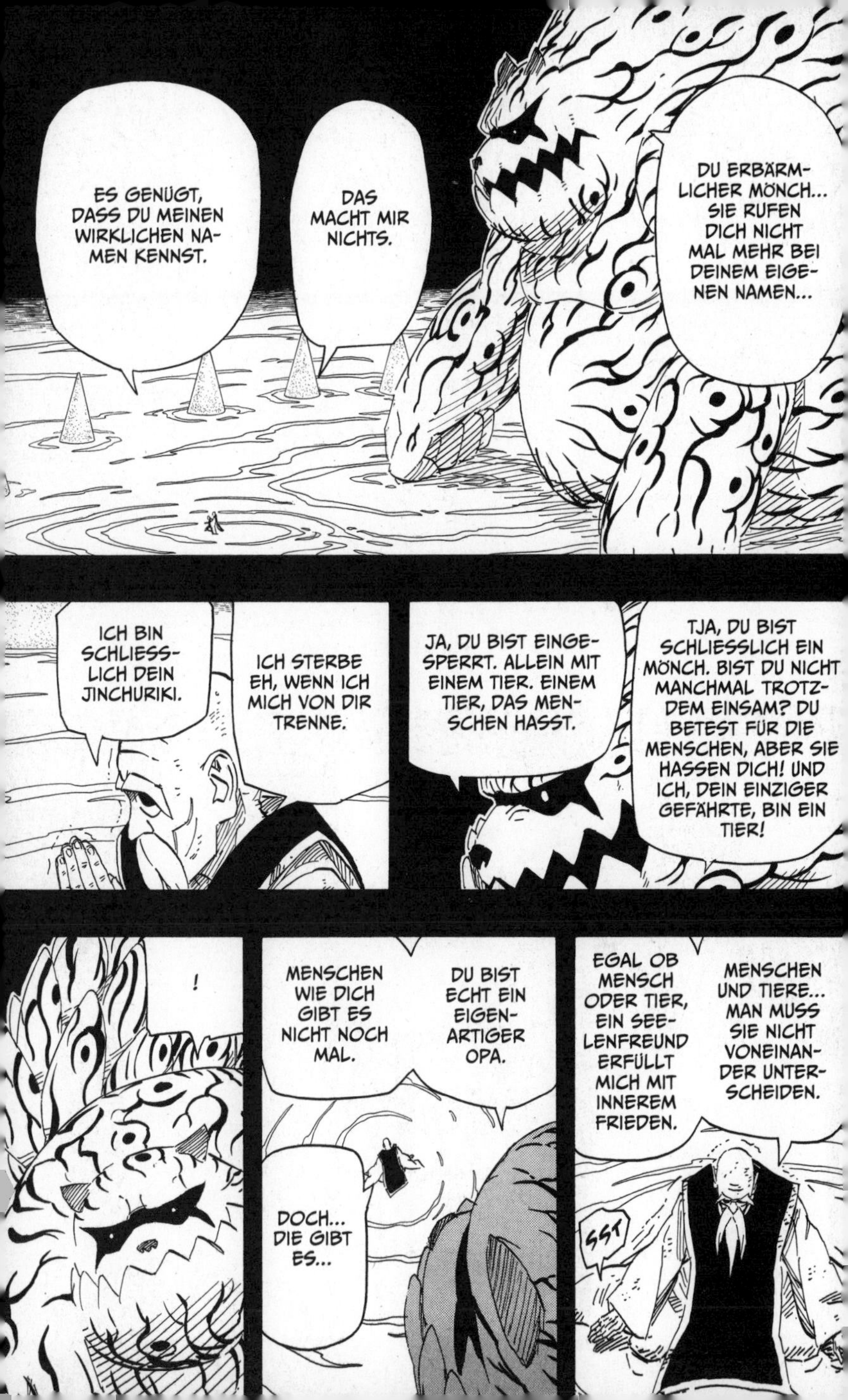
DU ERBÄRMLICHER MÖNCH... SIE RUFEN DICH NICHT MAL MEHR BEI DEINEM EIGENEN NAMEN...
DAS MACHT MIR NICHTS.
ES GENÜGT, DASS DU MEINEN WIRKLICHEN NAMEN KENNST.
TJA, DU BIST SCHLIESSLICH EIN MÖNCH. BIST DU NICHT MANCHMAL TROTZDEM EINSAM? DU BETEST FÜR DIE MENSCHEN, ABER SIE HASSEN DICH! UND ICH, DEIN EINZIGER GEFÄHRTE, BIN EIN TIER!
JA, DU BIST EINGESPERRT. ALLEIN MIT EINEM TIER. EINEM TIER, DAS MENSCHEN HASST.
ICH STERBE EH, WENN ICH MICH VON DIR TRENNE.
ICH BIN SCHLIESSLICH DEIN JINCHURIKI.
MENSCHEN UND TIERE... MAN MUSS SIE NICHT VONEINANDER UNTERSCHEIDEN.
EGAL OB MENSCH ODER TIER, EIN SEELENFREUND ERFÜLLT MICH MIT INNEREM FRIEDEN.
SST
DU BIST ECHT EIN EIGENARTIGER OPA.
MENSCHEN WIE DICH GIBT ES NICHT NOCH MAL.
DOCH... DIE GIBT ES...
!

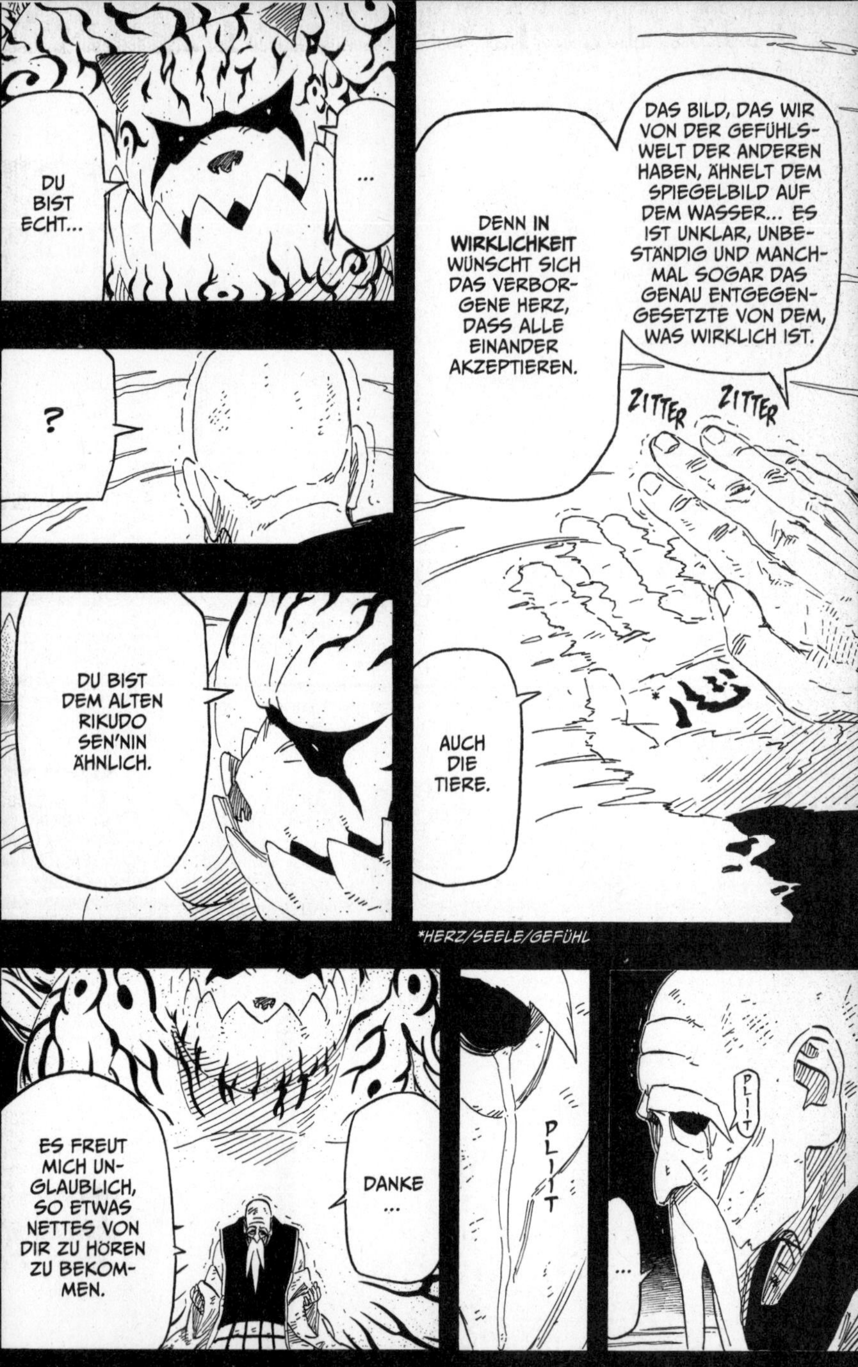

*HERZ/SEELE/GEFÜHL

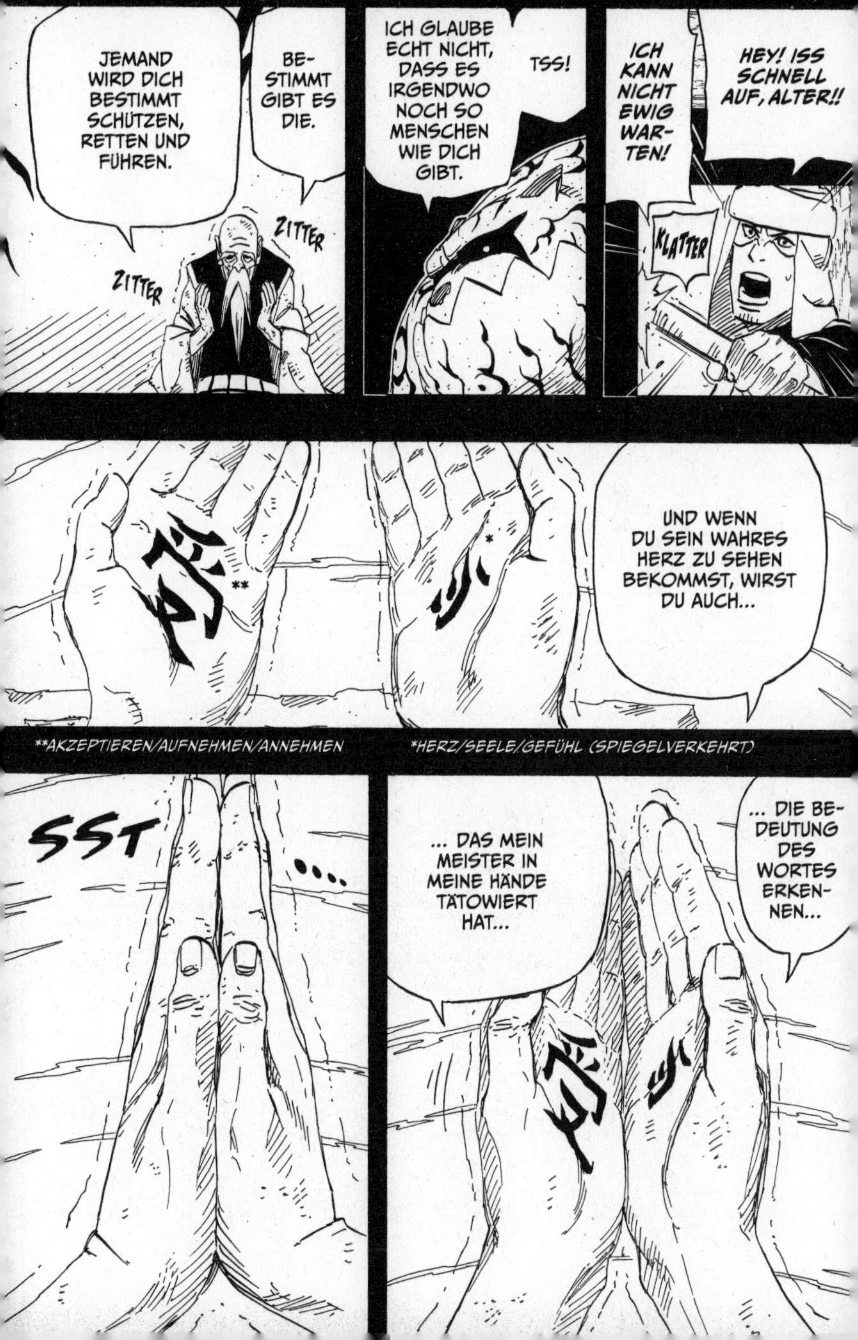
HEY! ISS SCHNELL AUF, ALTER!!
ICH KANN NICHT EWIG WARTEN!
KLATTER
TSS!
ICH GLAUBE ECHT NICHT, DASS ES IRGENDWO NOCH SO MENSCHEN WIE DICH GIBT.
BESTIMMT GIBT ES DIE.
JEMAND WIRD DICH BESTIMMT SCHÜTZEN, RETTEN UND FÜHREN.
ZITTER
ZITTER
UND WENN DU SEIN WAHRES HERZ ZU SEHEN BEKOMMST, WIRST DU AUCH...
*HERZ/SEELE/GEFÜHL (SPIEGELVERKEHRT)
**AKZEPTIEREN/AUFNEHMEN/ANNEHMEN
... DIE BEDEUTUNG DES WORTES ERKENNEN...
... DAS MEIN MEISTER IN MEINE HÄNDE TÄTOWIERT HAT...
...
SST

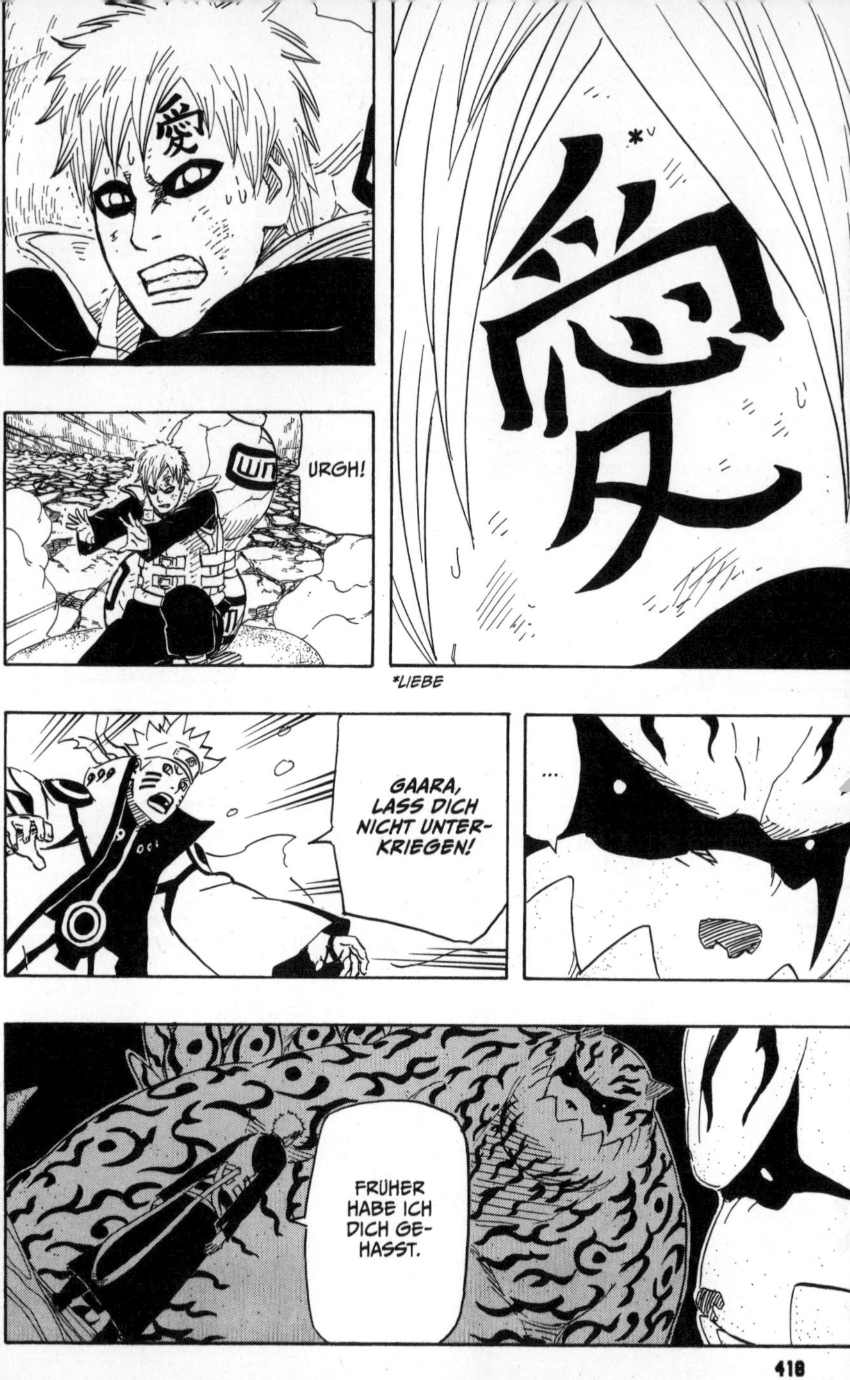
愛*
URGH!
*LIEBE
...
GAARA, LASS DICH NICHT UNTER-KRIEGEN!
FRÜHER HABE ICH DICH GE-HASST.

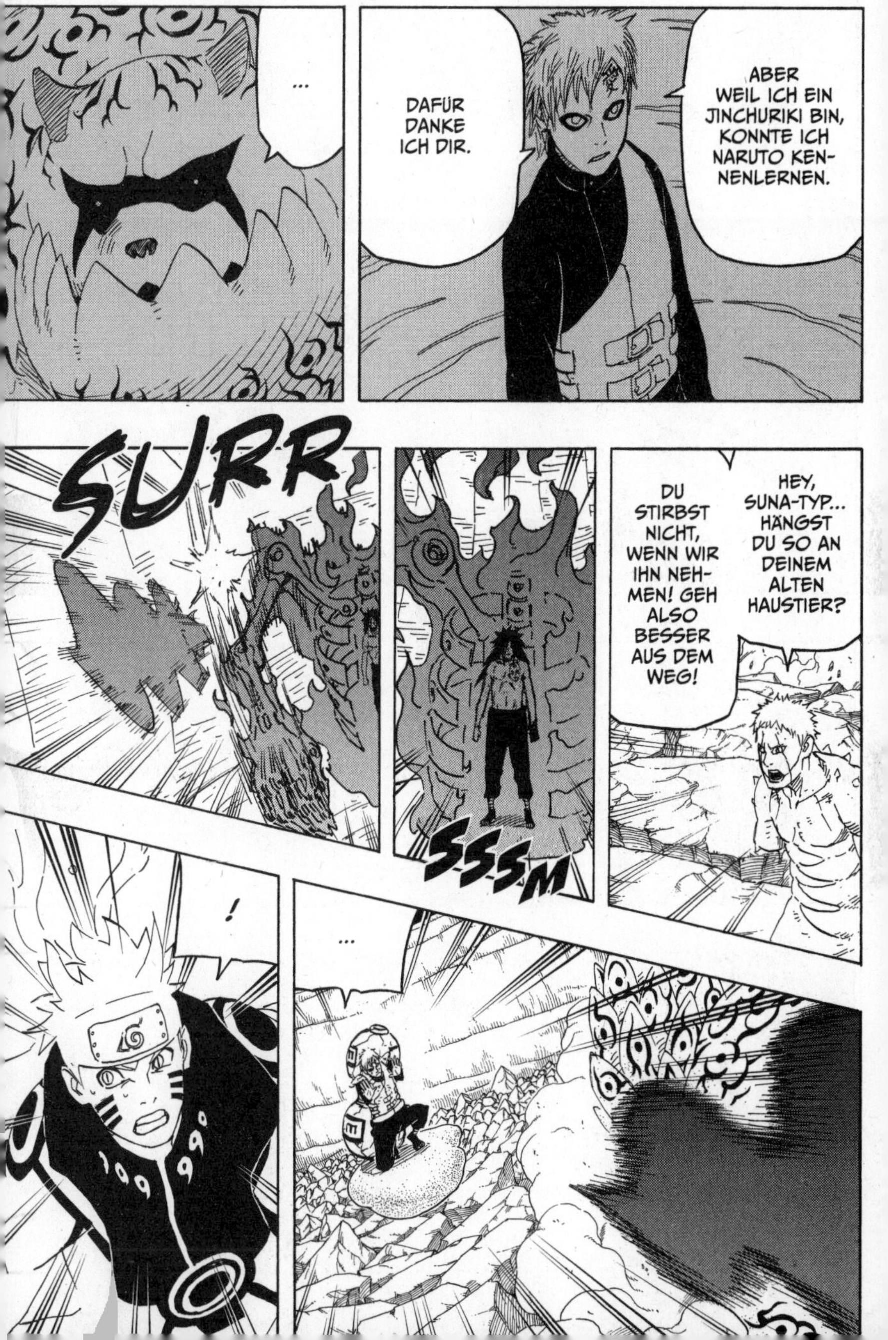
ABER WEIL ICH EIN JINCHURIKI BIN, KONNTE ICH NARUTO KENNENLERNEN.
DAFÜR DANKE ICH DIR.
...
HEY, SUNA-TYP... HÄNGST DU SO AN DEINEM ALTEN HAUSTIER?
DU STIRBST NICHT, WENN WIR IHN NEHMEN! GEH ALSO BESSER AUS DEM WEG!
SSSSM
SURR
...
!

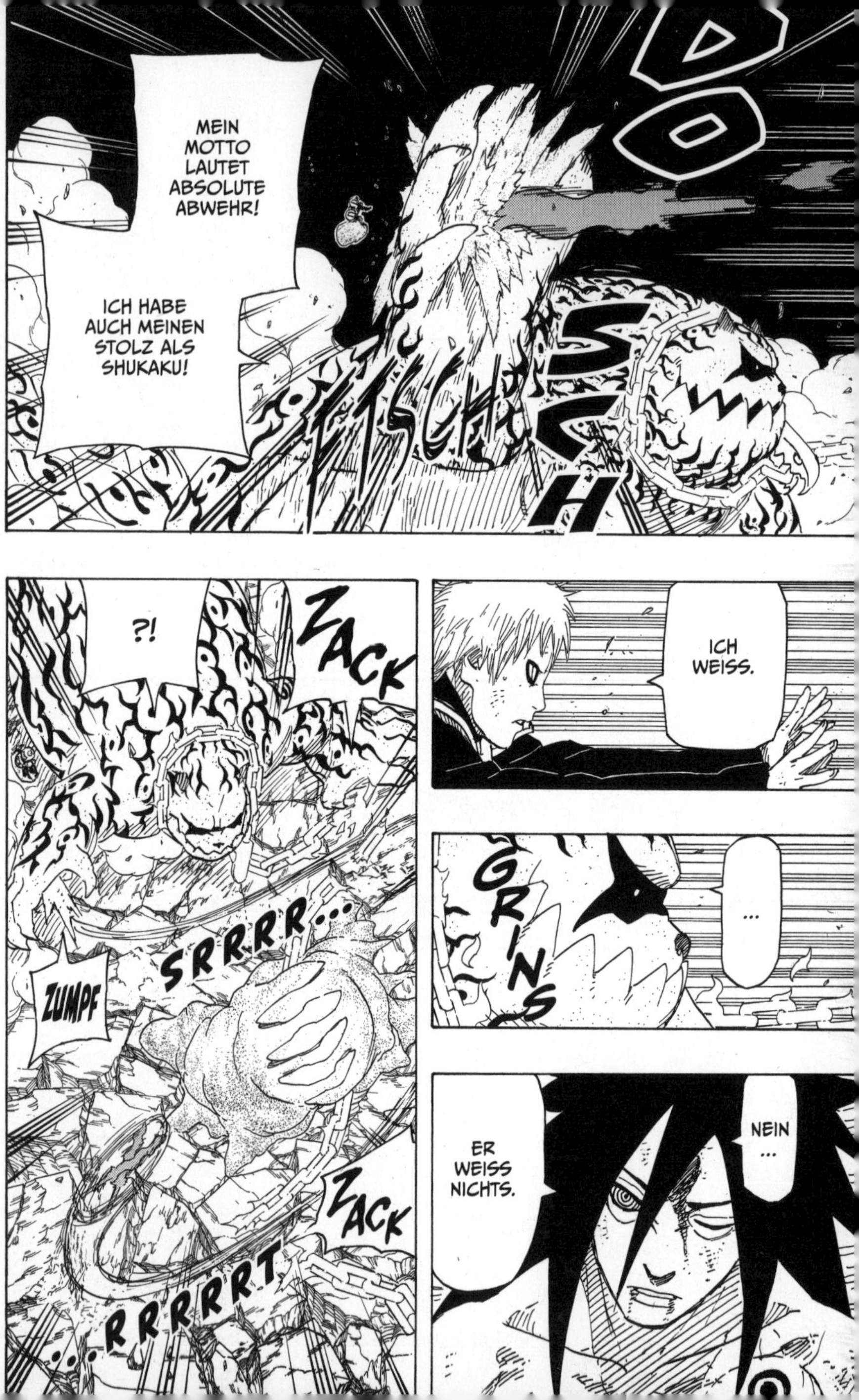
DO
MEIN MOTTO LAUTET ABSOLUTE ABWEHR!
ICH HABE AUCH MEINEN STOLZ ALS SHUKAKU!
ICH WEISS.
...
GRINS
NEIN ...
ER WEISS NICHTS.
?!
ZACK
SRRRRR...
ZUMPF
ZACK
...RRRRRRT

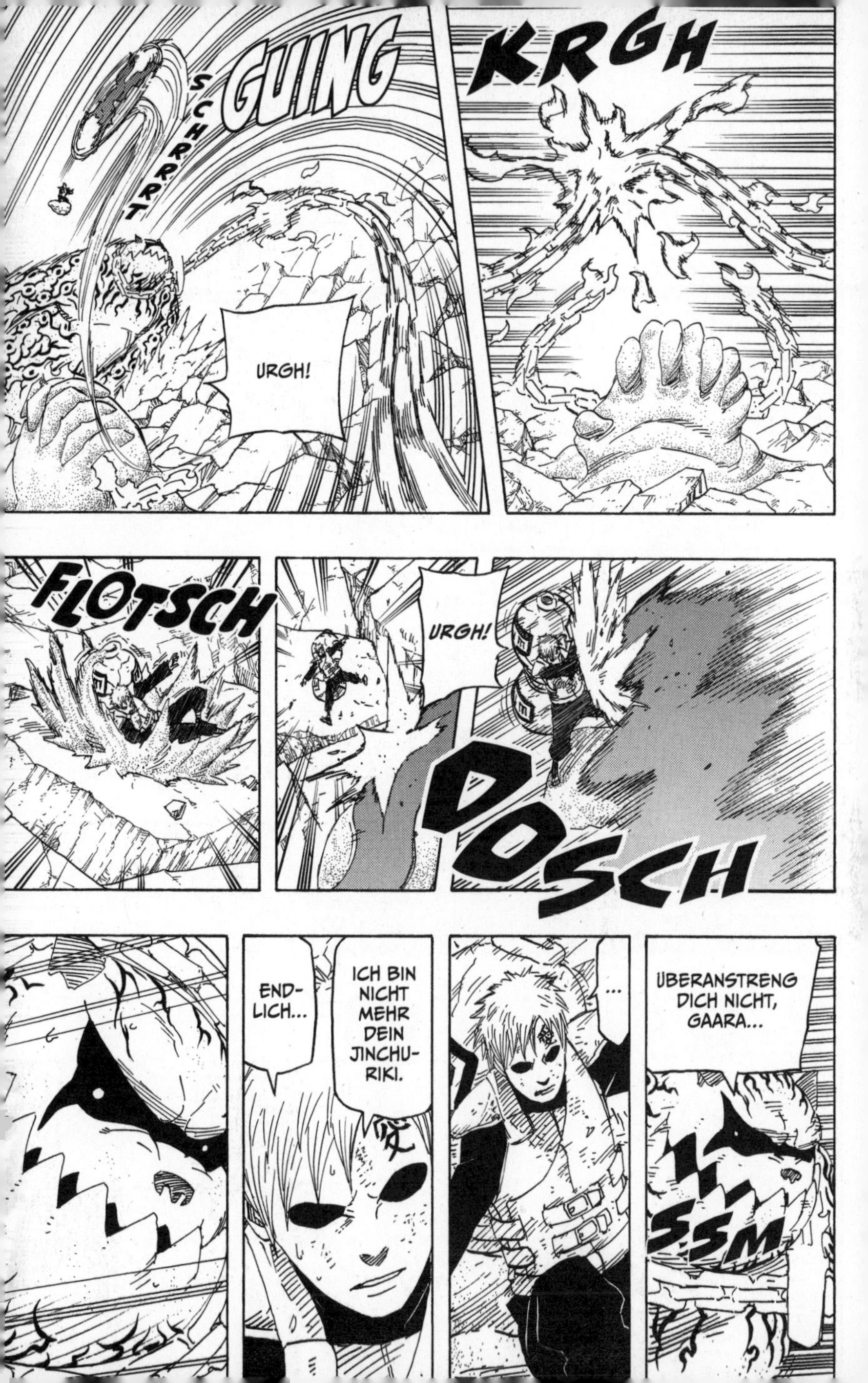

KRGH
GUING
SCHRRRT
URGH!
DOSCH
URGH!
FLOTSCH
ÜBERANSTRENG DICH NICHT, GAARA…
…
ICH BIN NICHT MEHR DEIN JINCHURIKI.
END-LICH…
SSM

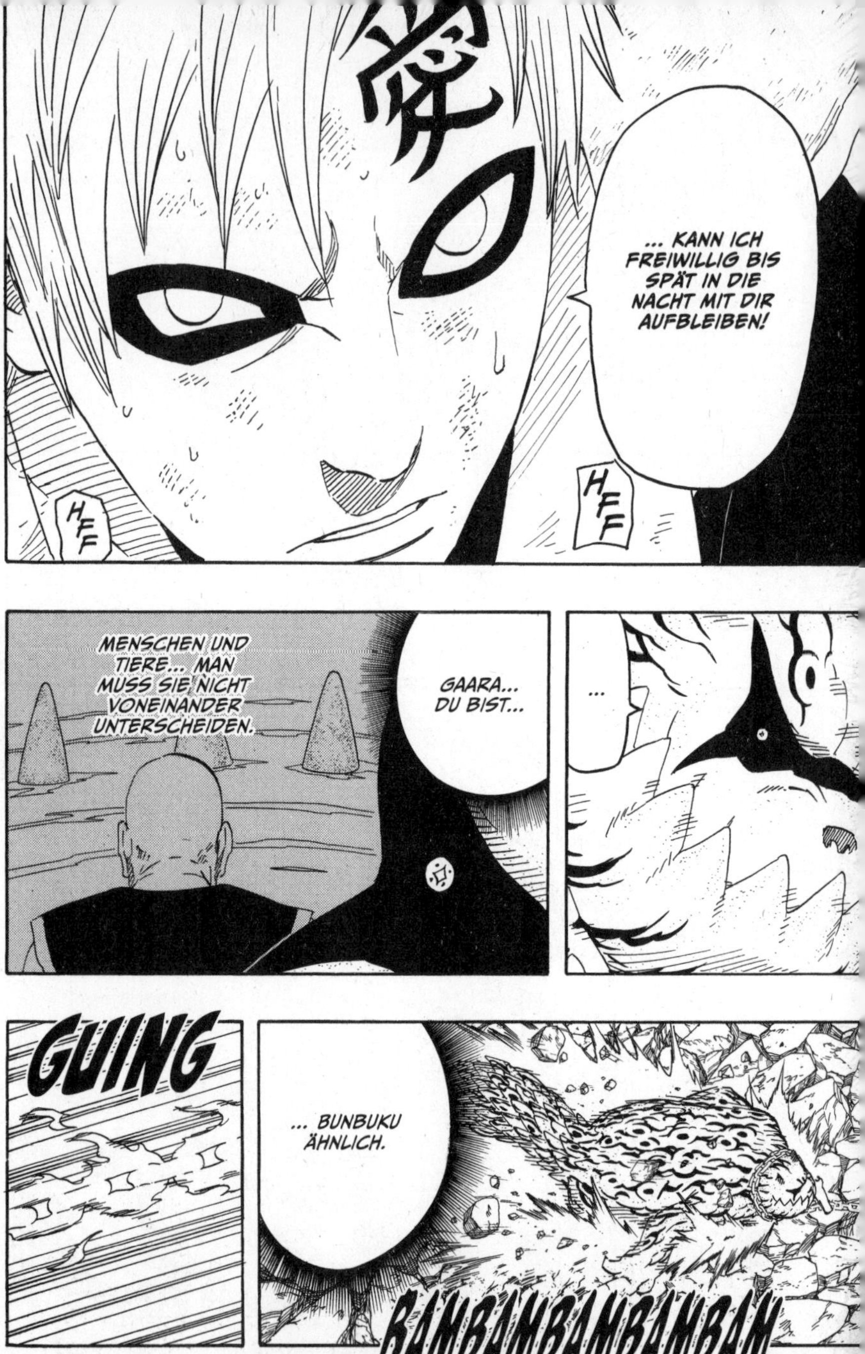

... KANN ICH FREIWILLIG BIS SPÄT IN DIE NACHT MIT DIR AUFBLEIBEN!
HFF
HFF
...
GAARA... DU BIST...
MENSCHEN UND TIERE... MAN MUSS SIE NICHT VONEINANDER UNTERSCHEIDEN.
... BUNBUKU ÄHNLICH.
GUING
BAMBAMBAMBAMBAM

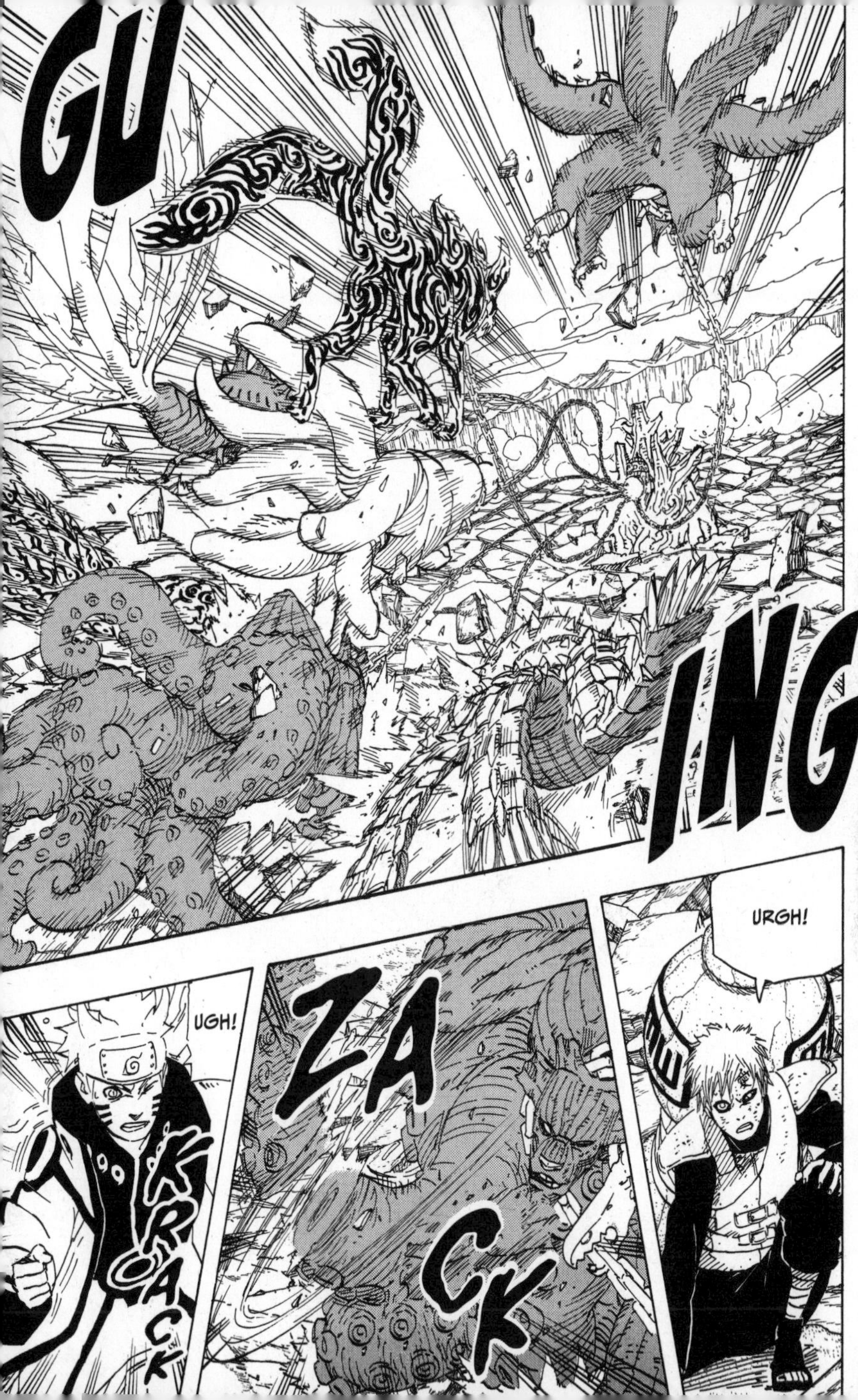
GU
ING
URGH!
ZA
CK
UGH!
KRACK

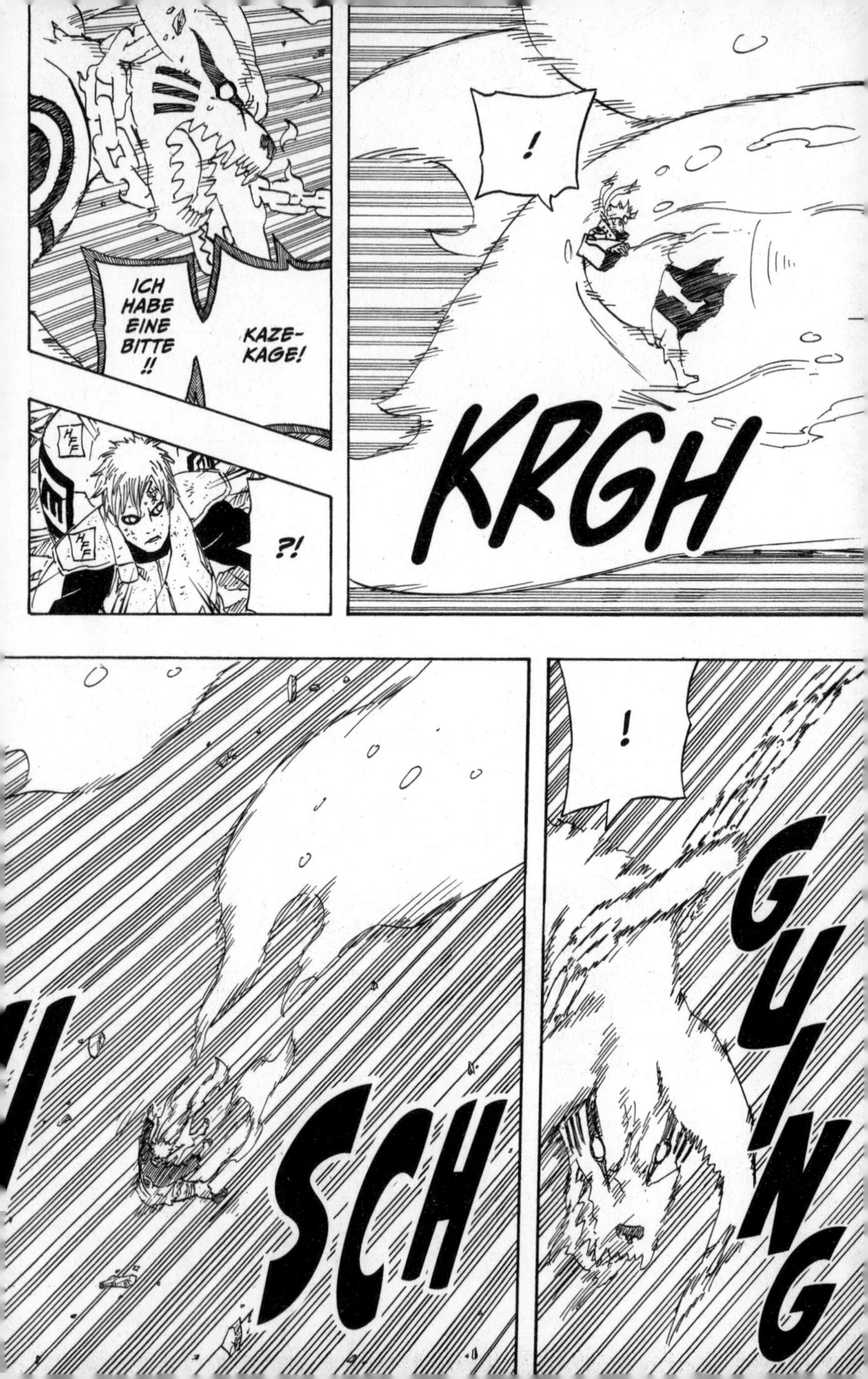
!
KRGH
KAZE-KAGE!
ICH HABE EINE BITTE !!
HEF
HEF
?!
!
GUING
SCH

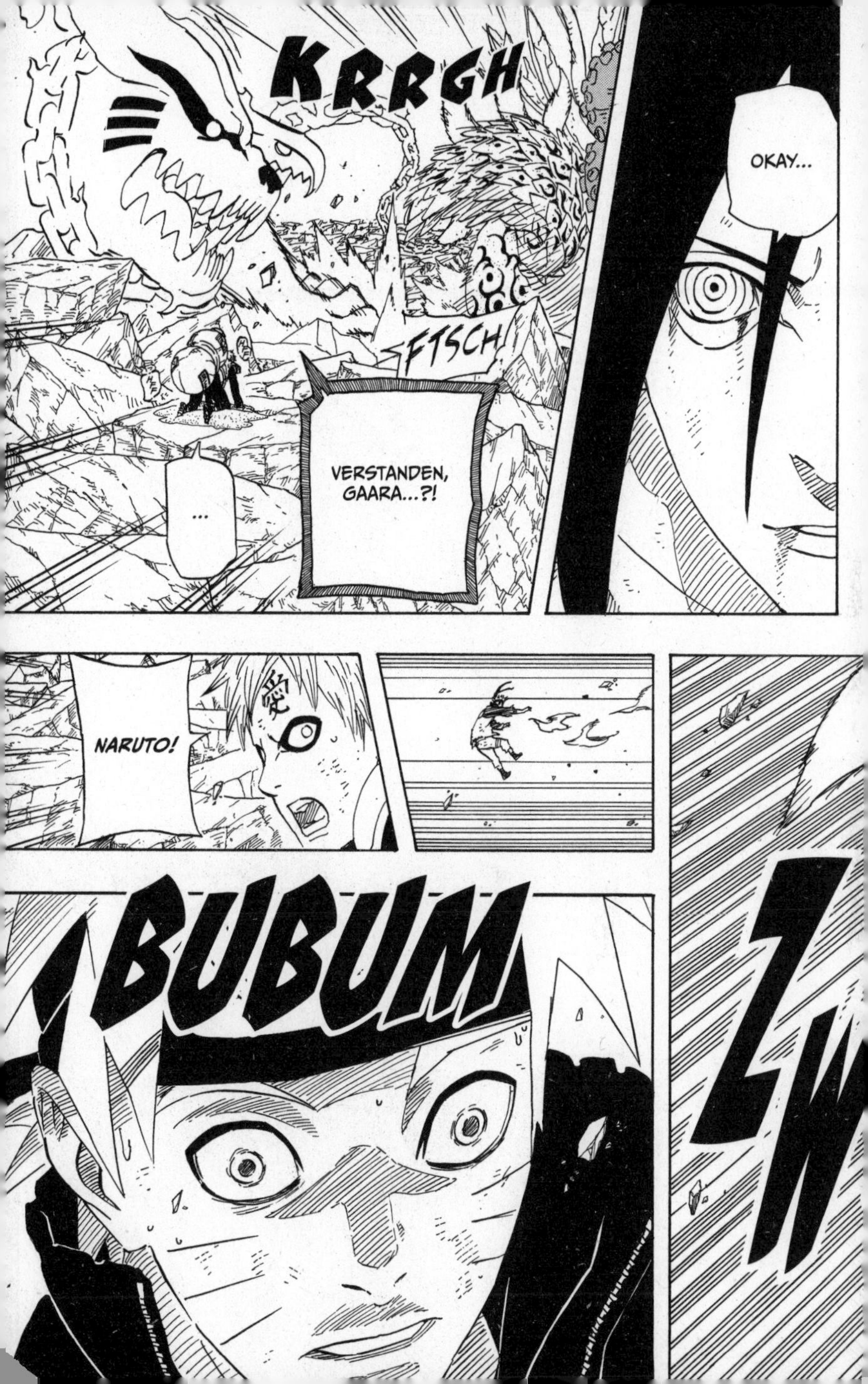
OKAY...
KRRGH
FTSCH
VERSTANDEN, GAARA...?!
...
NARUTO!
BUBUM

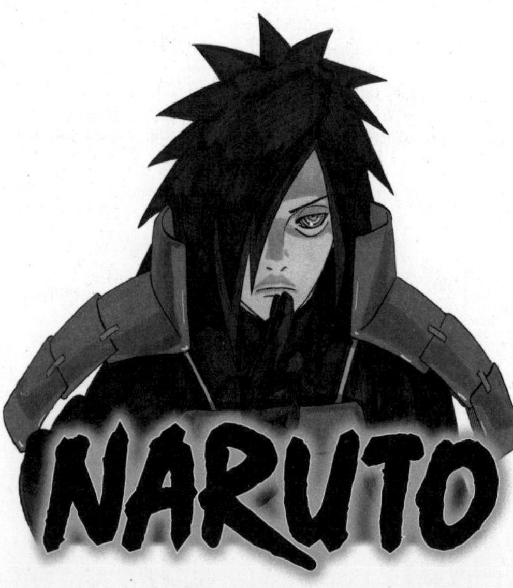
NARUTO

661. Kapitel: Die misslungene Welt

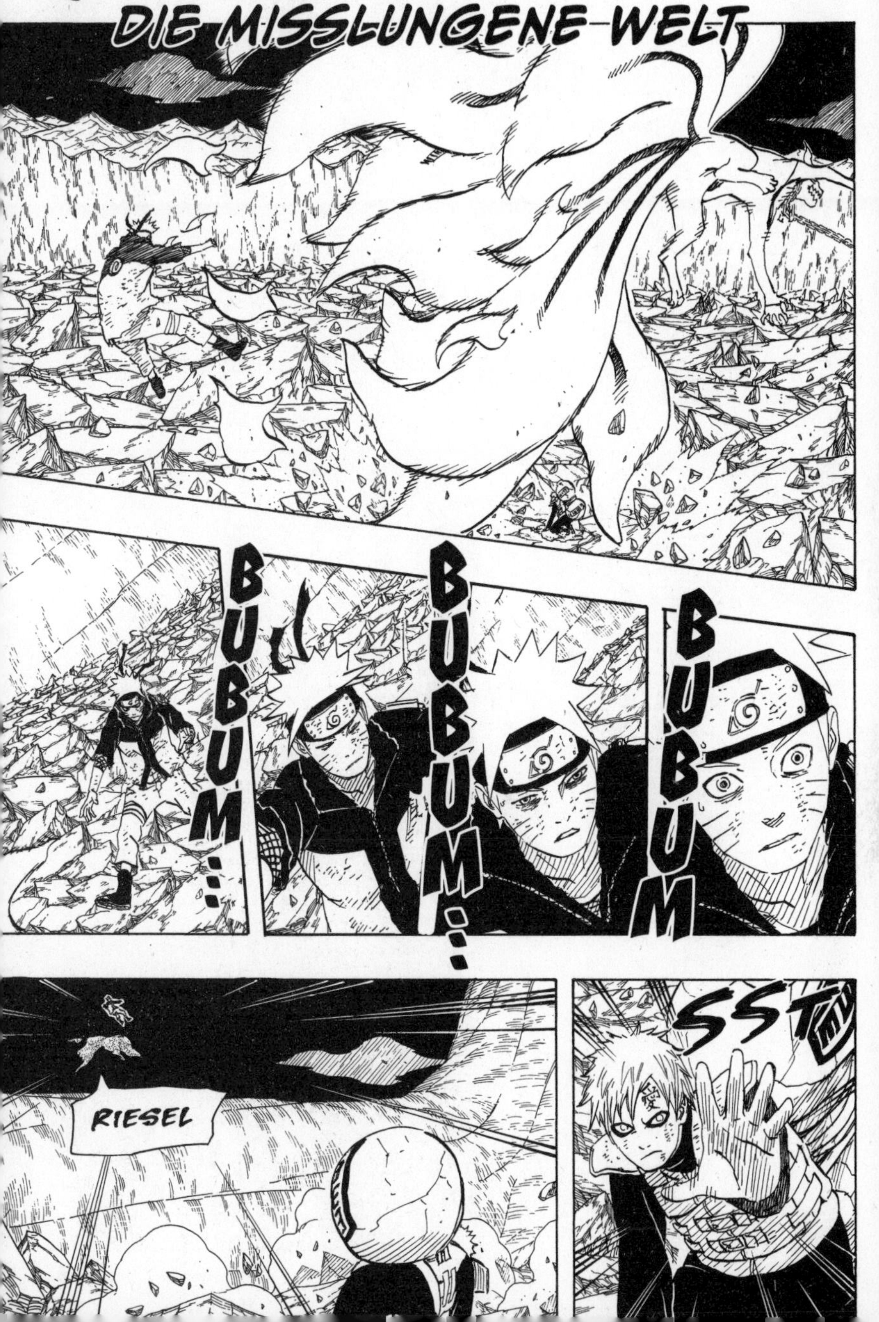

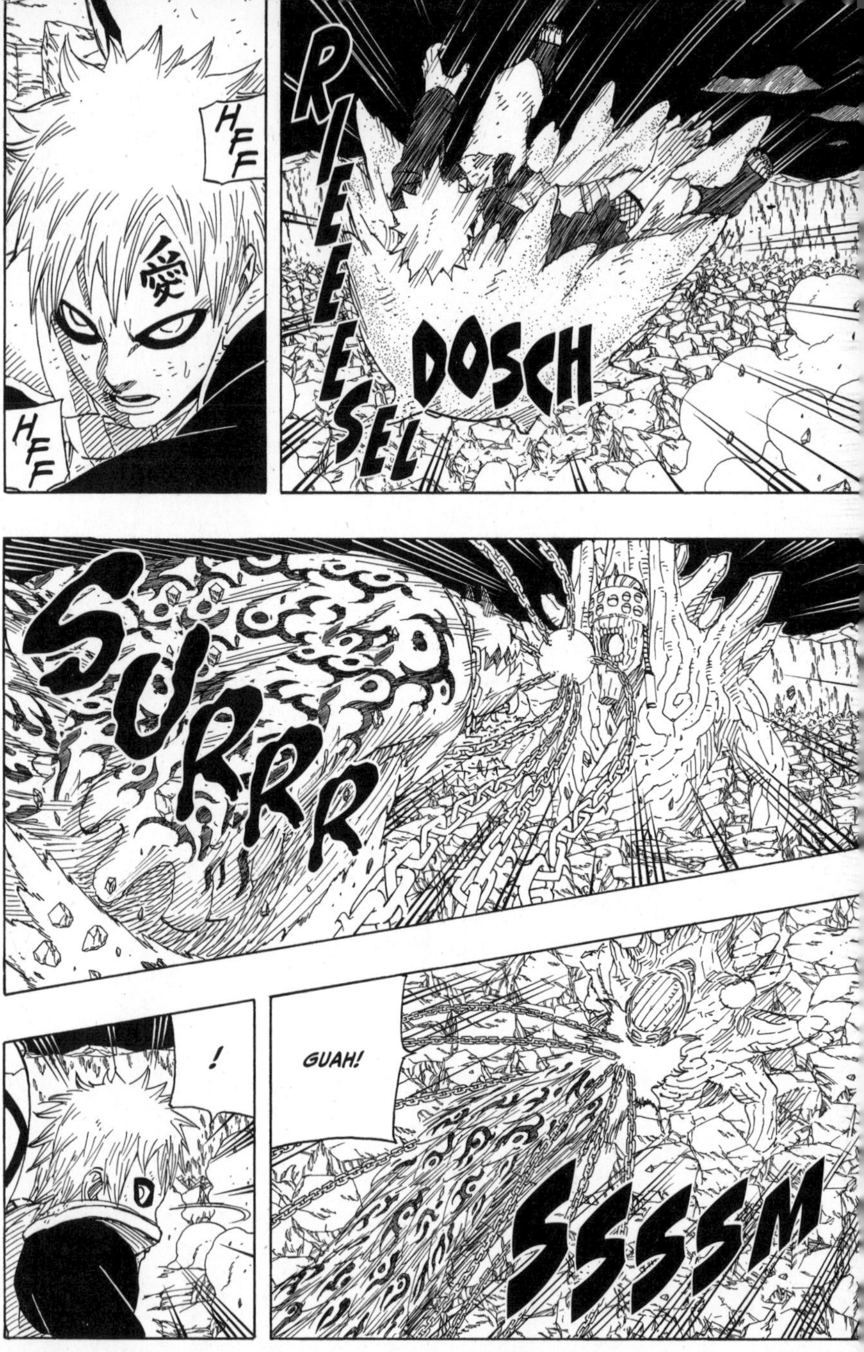
DOSCH
RIEEEESEL
HFF
HFF
SURRR
GUAH!
!
SSSSM

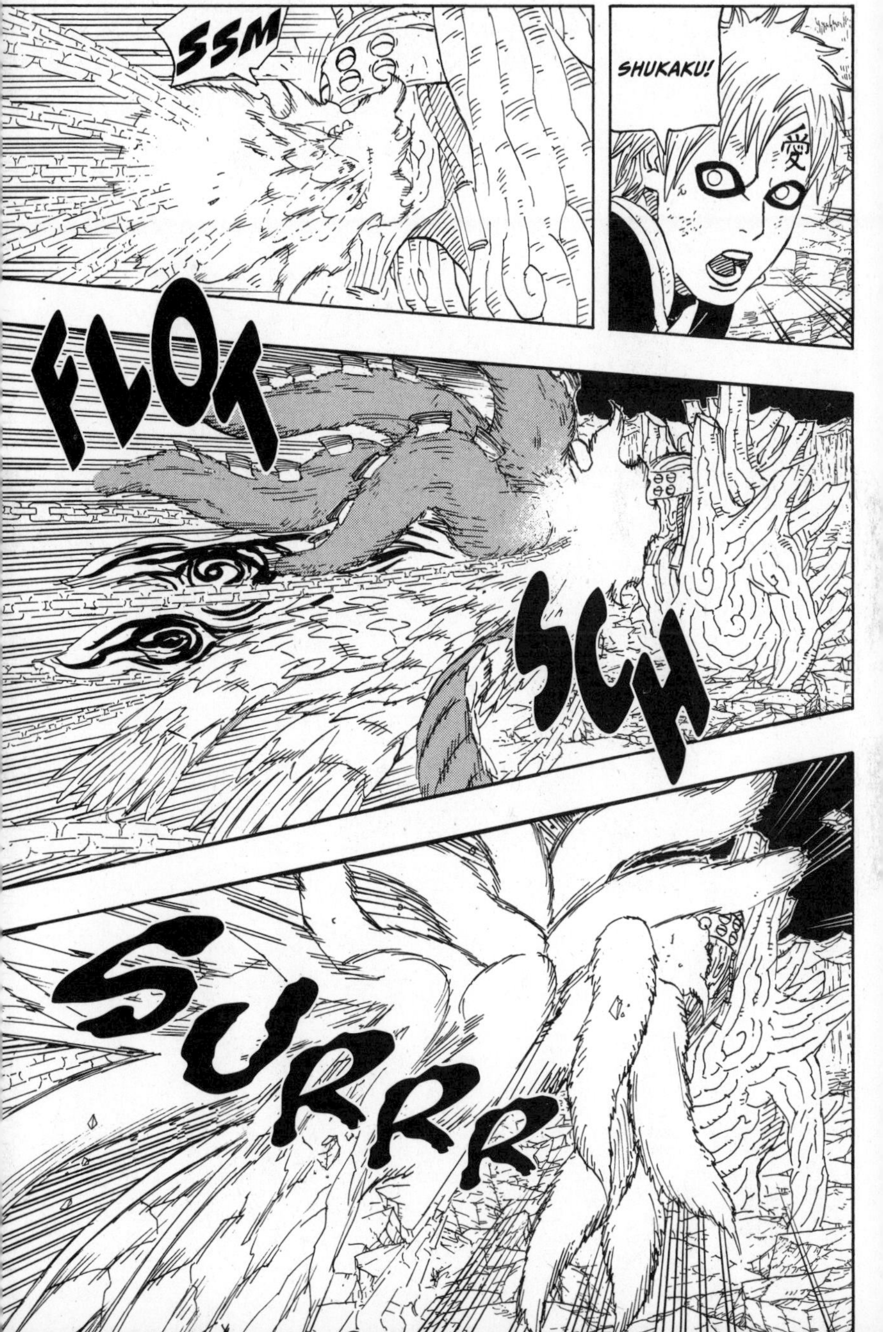
SHUKAKU!
SSM
FLOP
SCH
SURRR

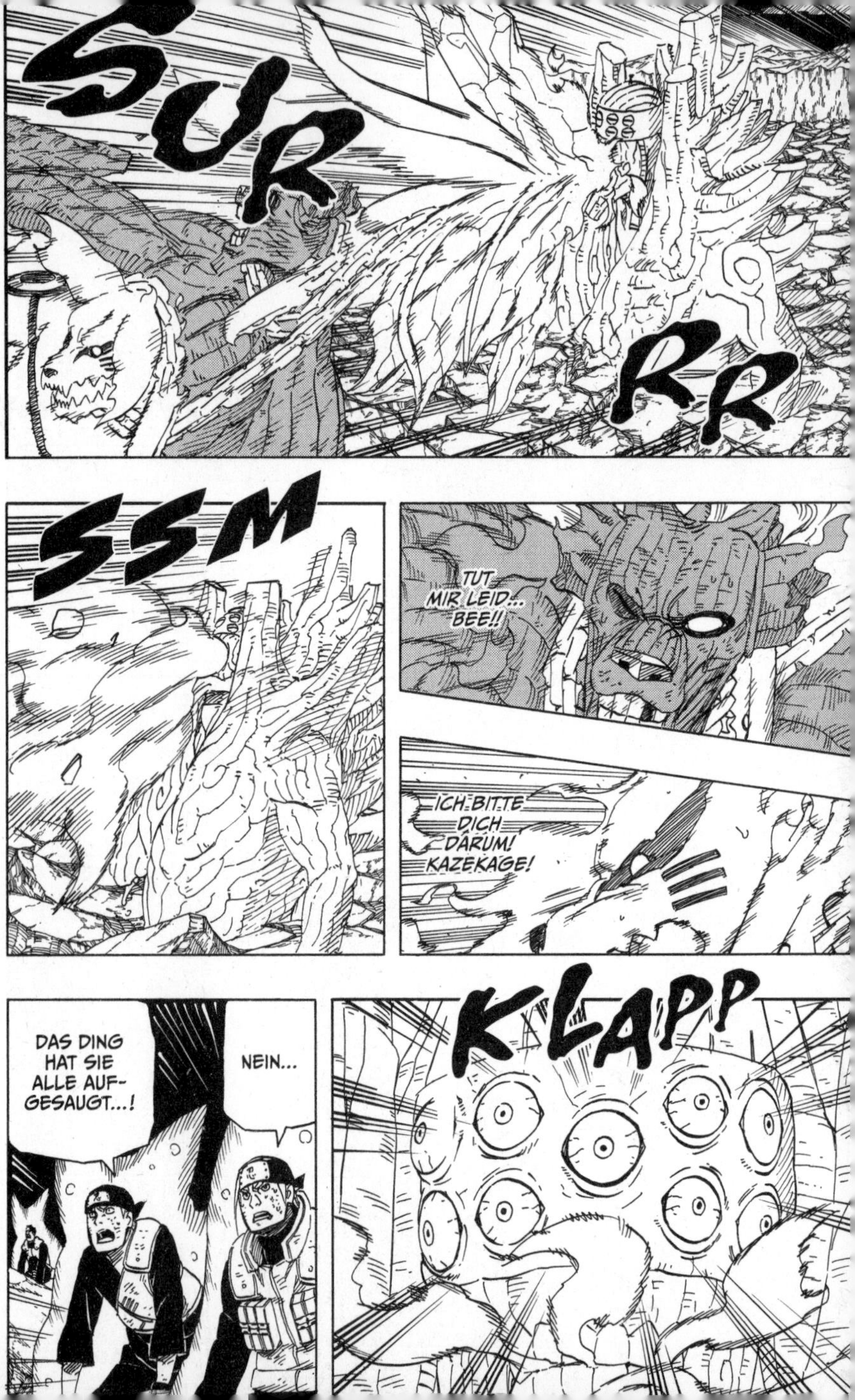
SUR
RR
TUT MIR LEID... BEE!!
SSM
ICH BITTE DICH DARUM! KAZEKAGE!
KLAPP
NEIN...
DAS DING HAT SIE ALLE AUF-GESAUGT...!

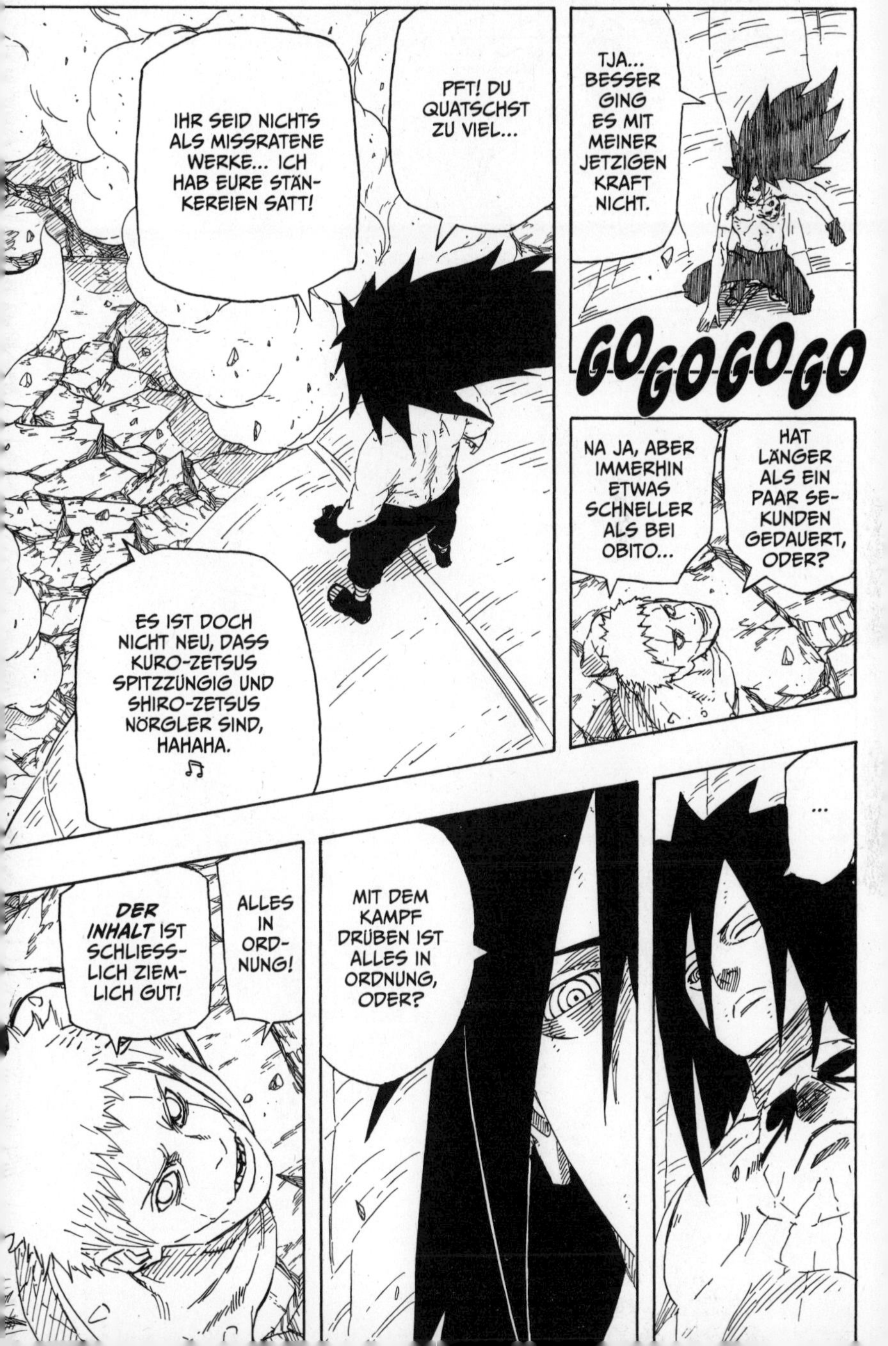
TJA... BESSER GING ES MIT MEINER JETZIGEN KRAFT NICHT.
GOGOGOGOGO
HAT LÄNGER ALS EIN PAAR SE-KUNDEN GEDAUERT, ODER?
NA JA, ABER IMMERHIN ETWAS SCHNELLER ALS BEI OBITO...
PFT! DU QUATSCHST ZU VIEL...
IHR SEID NICHTS ALS MISSRATENE WERKE... ICH HAB EURE STÄN-KEREIEN SATT!
ES IST DOCH NICHT NEU, DASS KURO-ZETSUS SPITZZÜNGIG UND SHIRO-ZETSUS NÖRGLER SIND, HAHAHA. ♫
...
MIT DEM KAMPF DRÜBEN IST ALLES IN ORDNUNG, ODER?
ALLES IN ORD-NUNG!
DER INHALT IST SCHLIESS-LICH ZIEM-LICH GUT!

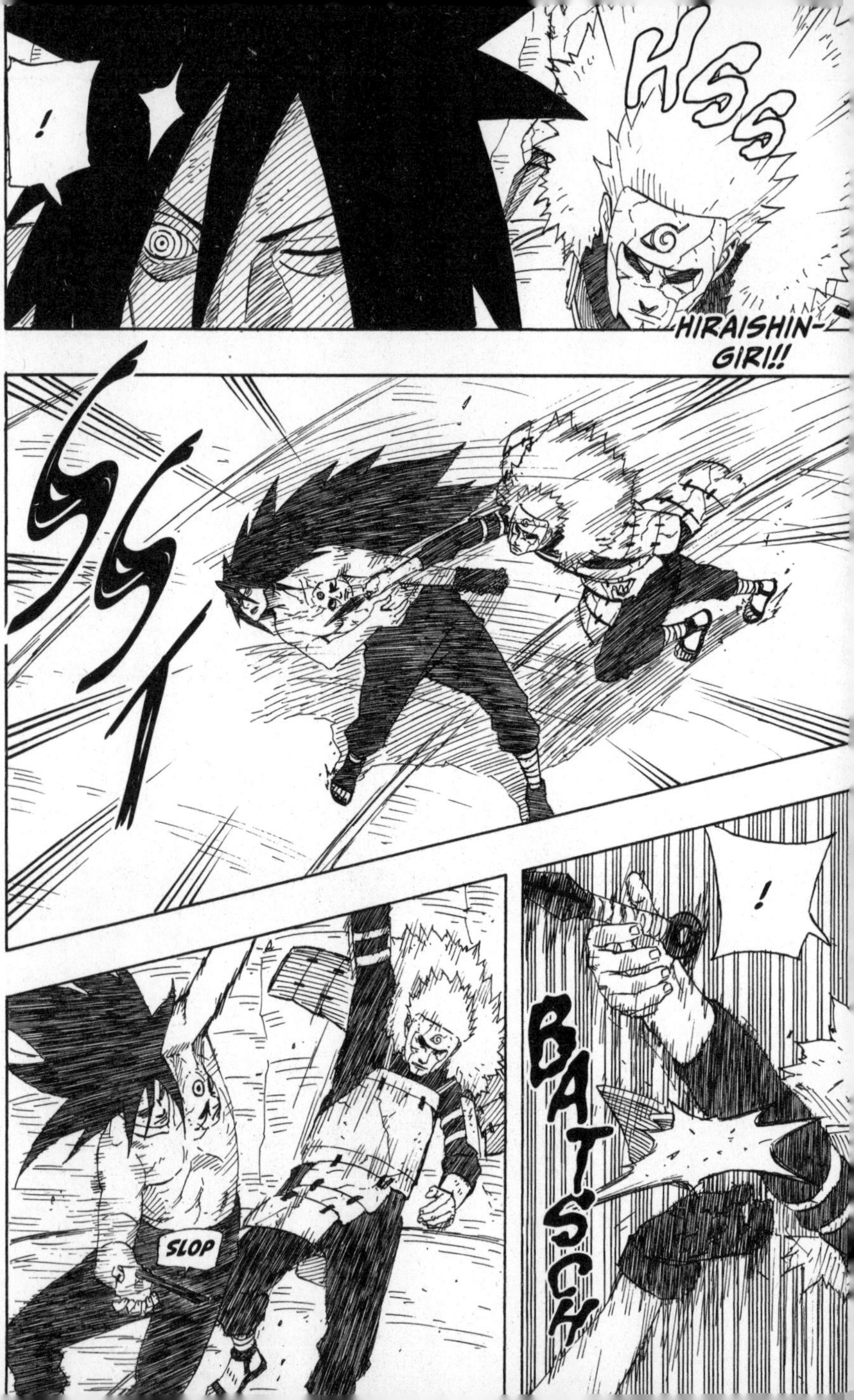

HSS
!
HIRAISHIN-GIRI!!
!
BATSCH
SLOP

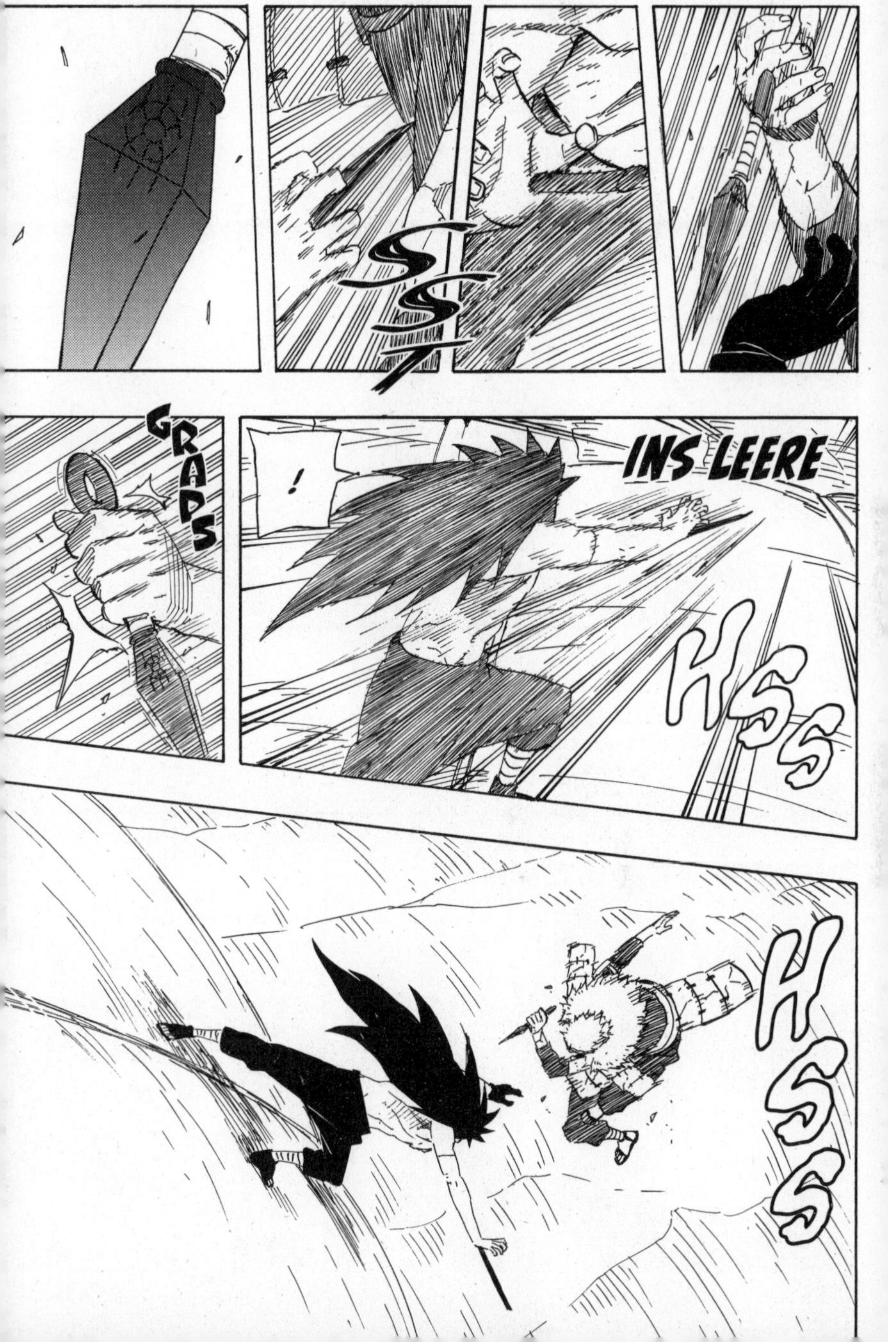
SST
GRAPS
INS LEERE
!
HSS
HSS

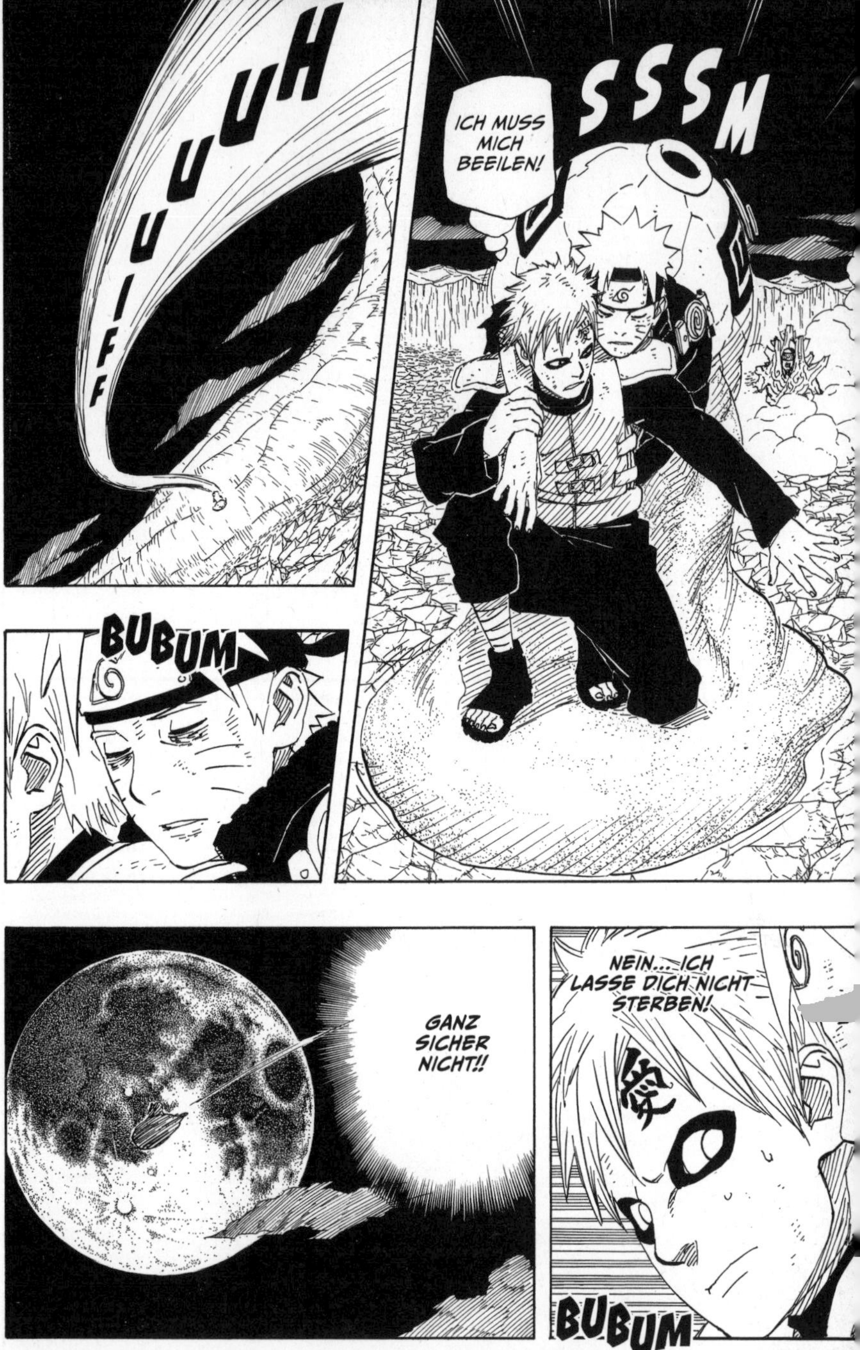

SSSM
ICH MUSS MICH BEEILEN!
UUUUH
IFFF
BUBUM
NEIN... ICH LASSE DICH NICHT STERBEN!
BUBUM
GANZ SICHER NICHT!!

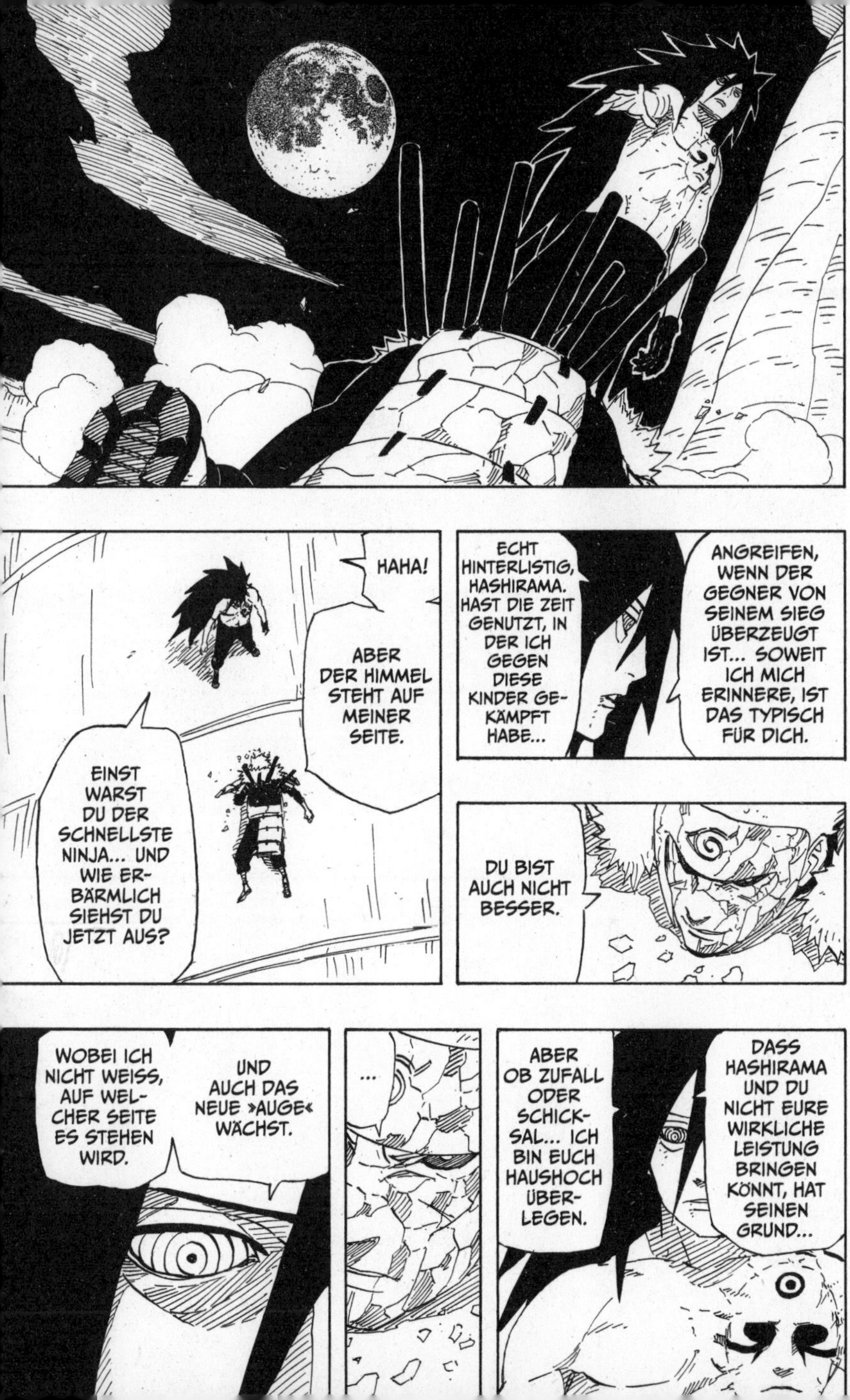
ANGREIFEN, WENN DER GEGNER VON SEINEM SIEG ÜBERZEUGT IST... SOWEIT ICH MICH ERINNERE, IST DAS TYPISCH FÜR DICH.
ECHT HINTERLISTIG, HASHIRAMA. HAST DIE ZEIT GENUTZT, IN DER ICH GEGEN DIESE KINDER GE-KÄMPFT HABE...
DU BIST AUCH NICHT BESSER.
HAHA!
ABER DER HIMMEL STEHT AUF MEINER SEITE.
EINST WARST DU DER SCHNELLSTE NINJA... UND WIE ER-BÄRMLICH SIEHST DU JETZT AUS?
DASS HASHIRAMA UND DU NICHT EURE WIRKLICHE LEISTUNG BRINGEN KÖNNT, HAT SEINEN GRUND...
ABER OB ZUFALL ODER SCHICK-SAL... ICH BIN EUCH HAUSHOCH ÜBER-LEGEN.
...
UND AUCH DAS NEUE »AUGE« WÄCHST.
WOBEI ICH NICHT WEISS, AUF WEL-CHER SEITE ES STEHEN WIRD.

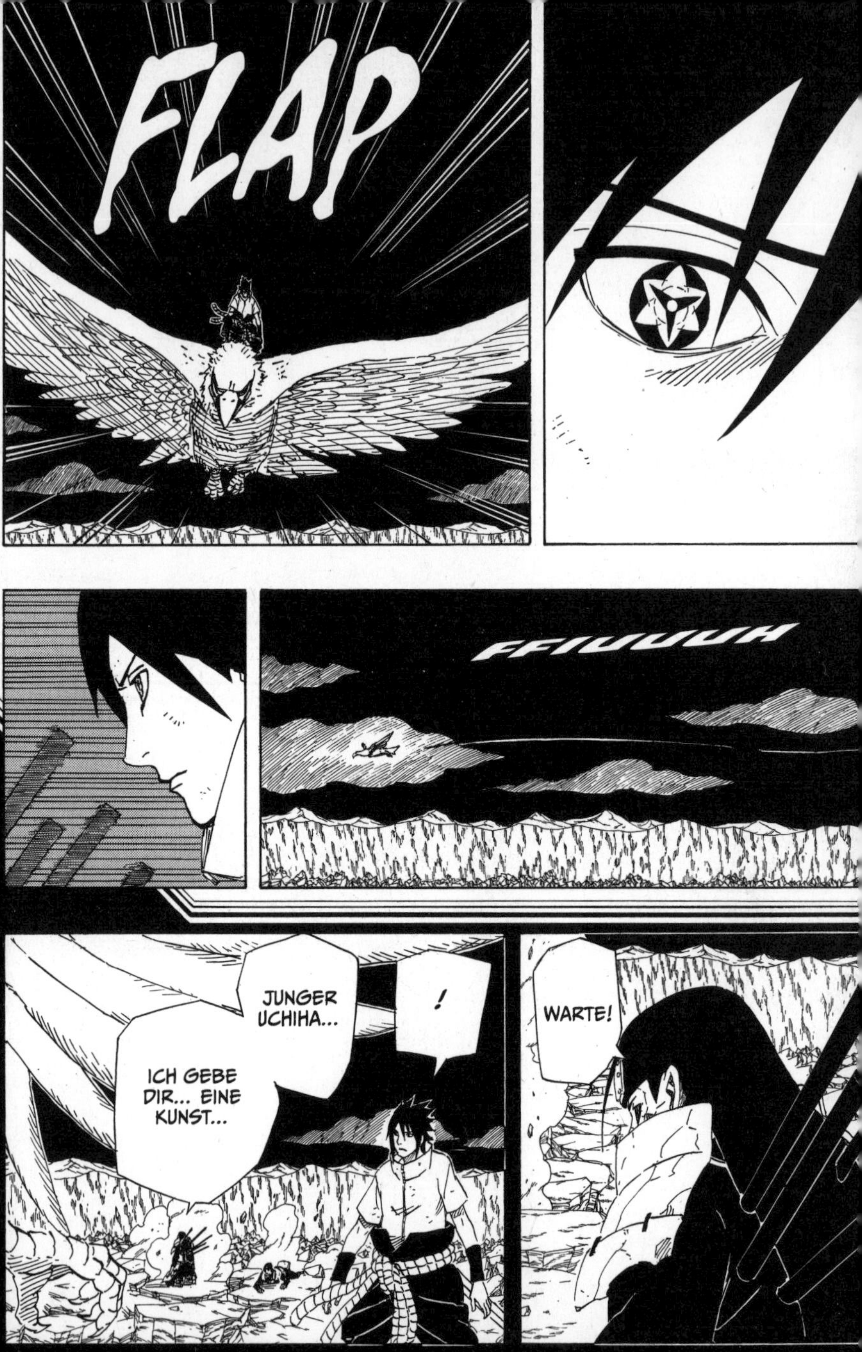
FLAP
FFIUUUUH
WARTE!
!
JUNGER UCHIHA...
ICH GEBE DIR... EINE KUNST...

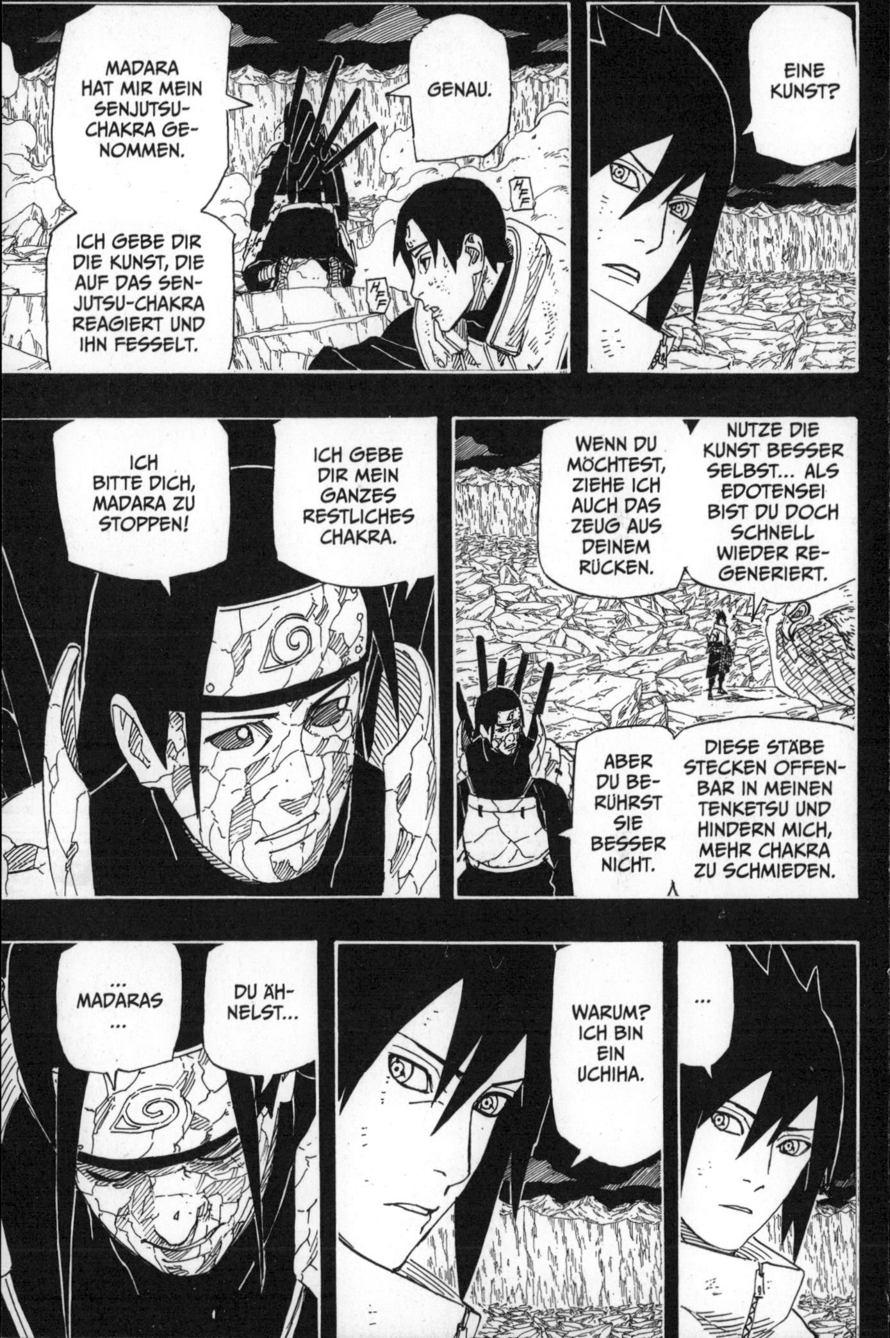
EINE KUNST?
GENAU.
HEF
HEF
MADARA HAT MIR MEIN SENJUTSU-CHAKRA GENOMMEN.
ICH GEBE DIR DIE KUNST, DIE AUF DAS SENJUTSU-CHAKRA REAGIERT UND IHN FESSELT.
NUTZE DIE KUNST BESSER SELBST... ALS EDOTENSEI BIST DU DOCH SCHNELL WIEDER REGENERIERT.
WENN DU MÖCHTEST, ZIEHE ICH AUCH DAS ZEUG AUS DEINEM RÜCKEN.
DIESE STÄBE STECKEN OFFENBAR IN MEINEN TENKETSU UND HINDERN MICH, MEHR CHAKRA ZU SCHMIEDEN.
ABER DU BERÜHRST SIE BESSER NICHT.
ICH GEBE DIR MEIN GANZES RESTLICHES CHAKRA.
ICH BITTE DICH, MADARA ZU STOPPEN!
...
WARUM? ICH BIN EIN UCHIHA.
DU ÄHNELST...
... MADARAS ...

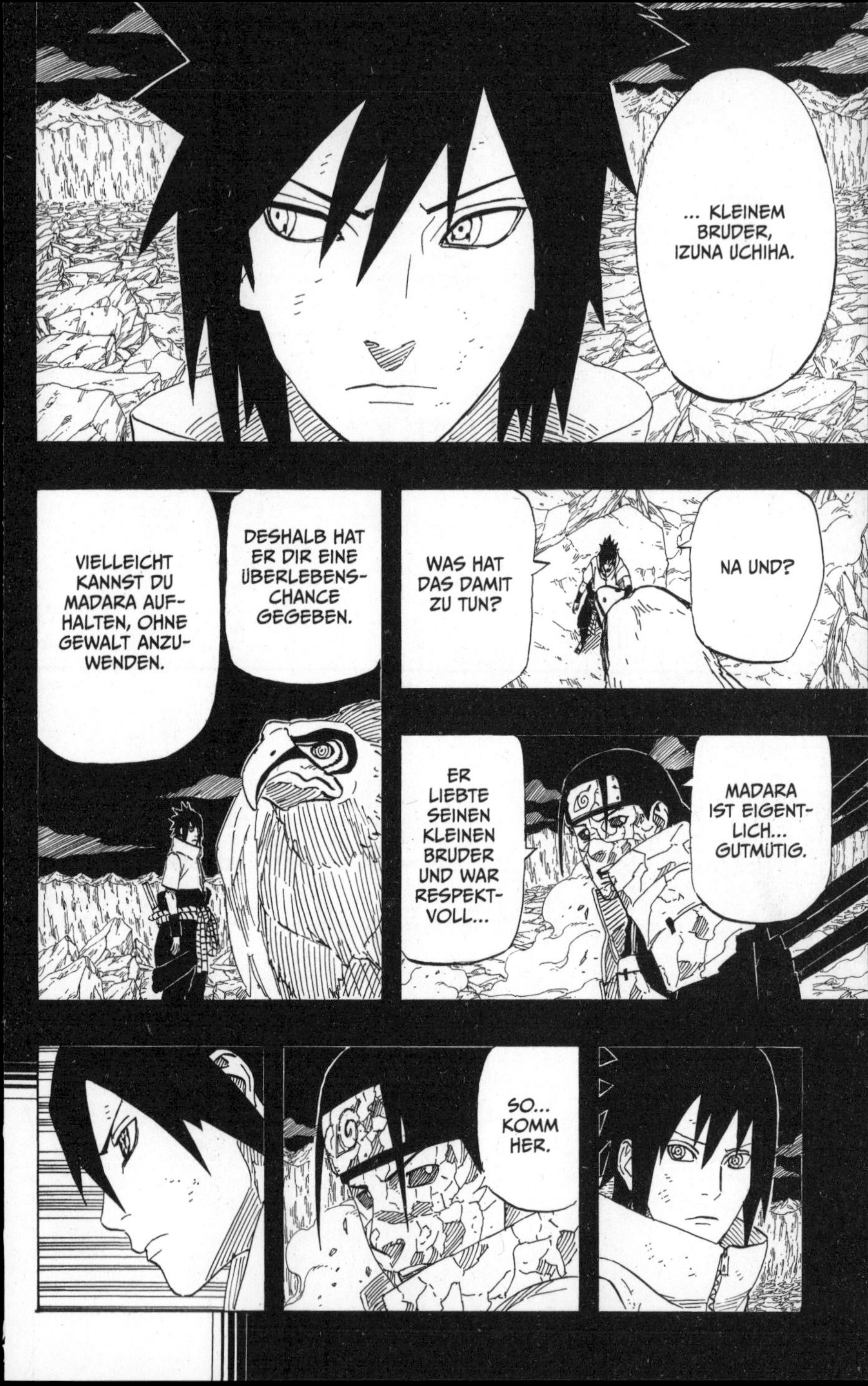

... KLEINEM BRUDER, IZUNA UCHIHA.
NA UND?
WAS HAT DAS DAMIT ZU TUN?
MADARA IST EIGENTLICH... GUTMÜTIG.
ER LIEBTE SEINEN KLEINEN BRUDER UND WAR RESPEKTVOLL...
DESHALB HAT ER DIR EINE ÜBERLEBENSCHANCE GEGEBEN.
VIELLEICHT KANNST DU MADARA AUFHALTEN, OHNE GEWALT ANZUWENDEN.
SO... KOMM HER.

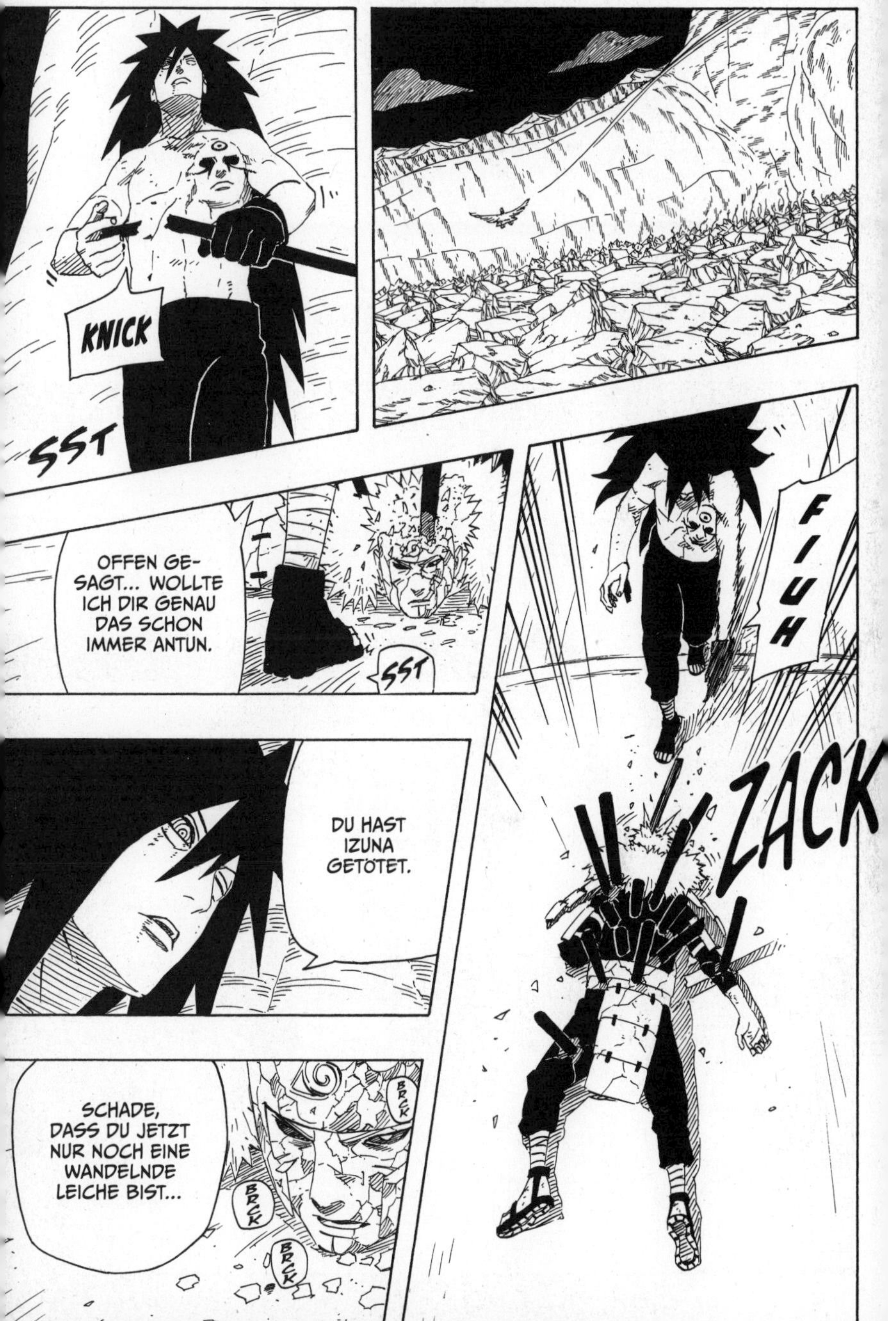
KNICK
SST
FIUH
ZACK
OFFEN GE-SAGT... WOLLTE ICH DIR GENAU DAS SCHON IMMER ANTUN.
SST
DU HAST IZUNA GETÖTET.
SCHADE, DASS DU JETZT NUR NOCH EINE WANDELNDE LEICHE BIST...
BRCK
BRCK
BRCK

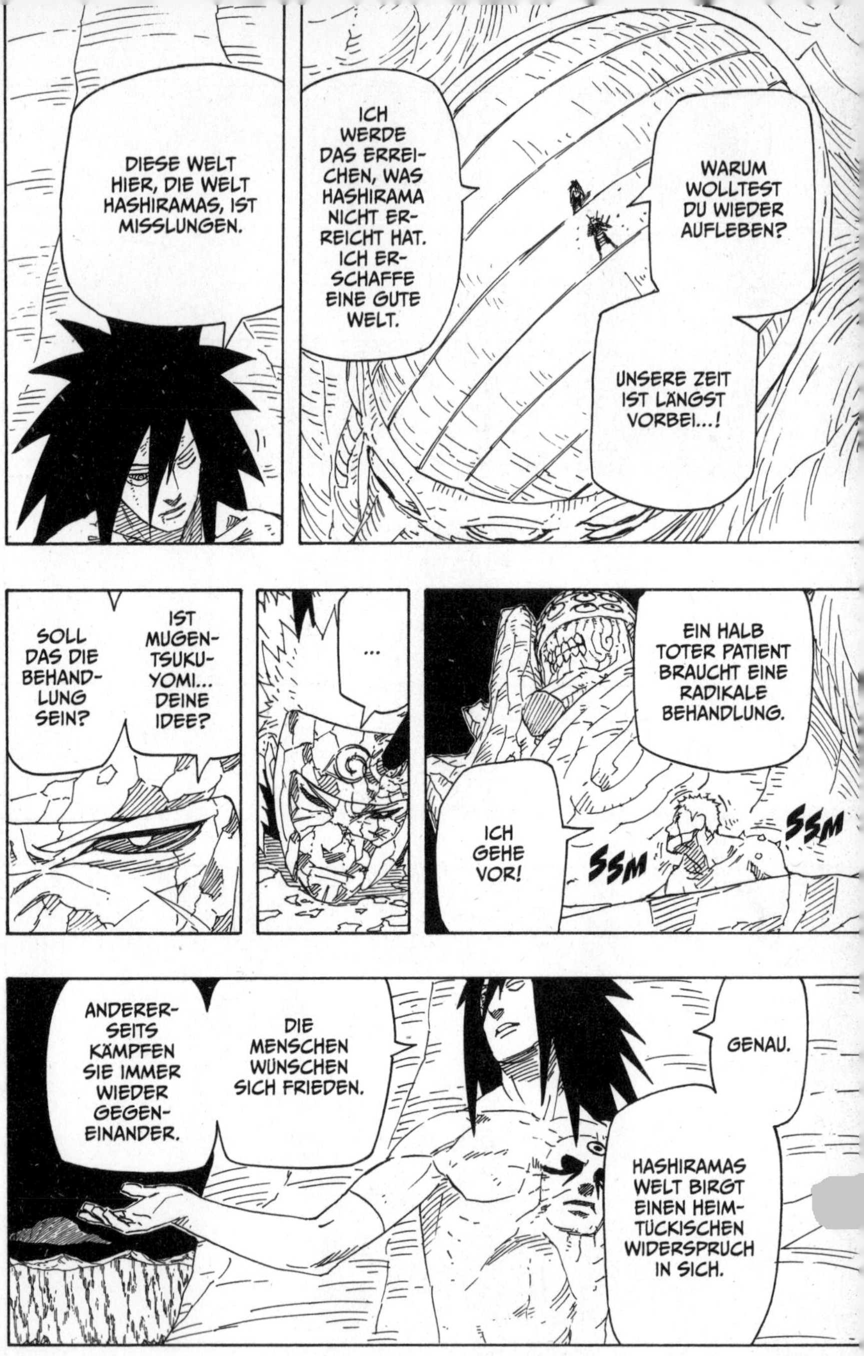
WARUM WOLLTEST DU WIEDER AUFLEBEN?
UNSERE ZEIT IST LÄNGST VORBEI...!
ICH WERDE DAS ERREICHEN, WAS HASHIRAMA NICHT ERREICHT HAT. ICH ERSCHAFFE EINE GUTE WELT.
DIESE WELT HIER, DIE WELT HASHIRAMAS, IST MISSLUNGEN.
EIN HALB TOTER PATIENT BRAUCHT EINE RADIKALE BEHANDLUNG.
ICH GEHE VOR!
SSM
SSM
...
IST MUGEN-TSUKUYOMI... DEINE IDEE?
SOLL DAS DIE BEHANDLUNG SEIN?
GENAU.
HASHIRAMAS WELT BIRGT EINEN HEIMTÜCKISCHEN WIDERSPRUCH IN SICH.
DIE MENSCHEN WÜNSCHEN SICH FRIEDEN.
ANDERERSEITS KÄMPFEN SIE IMMER WIEDER GEGENEINANDER.

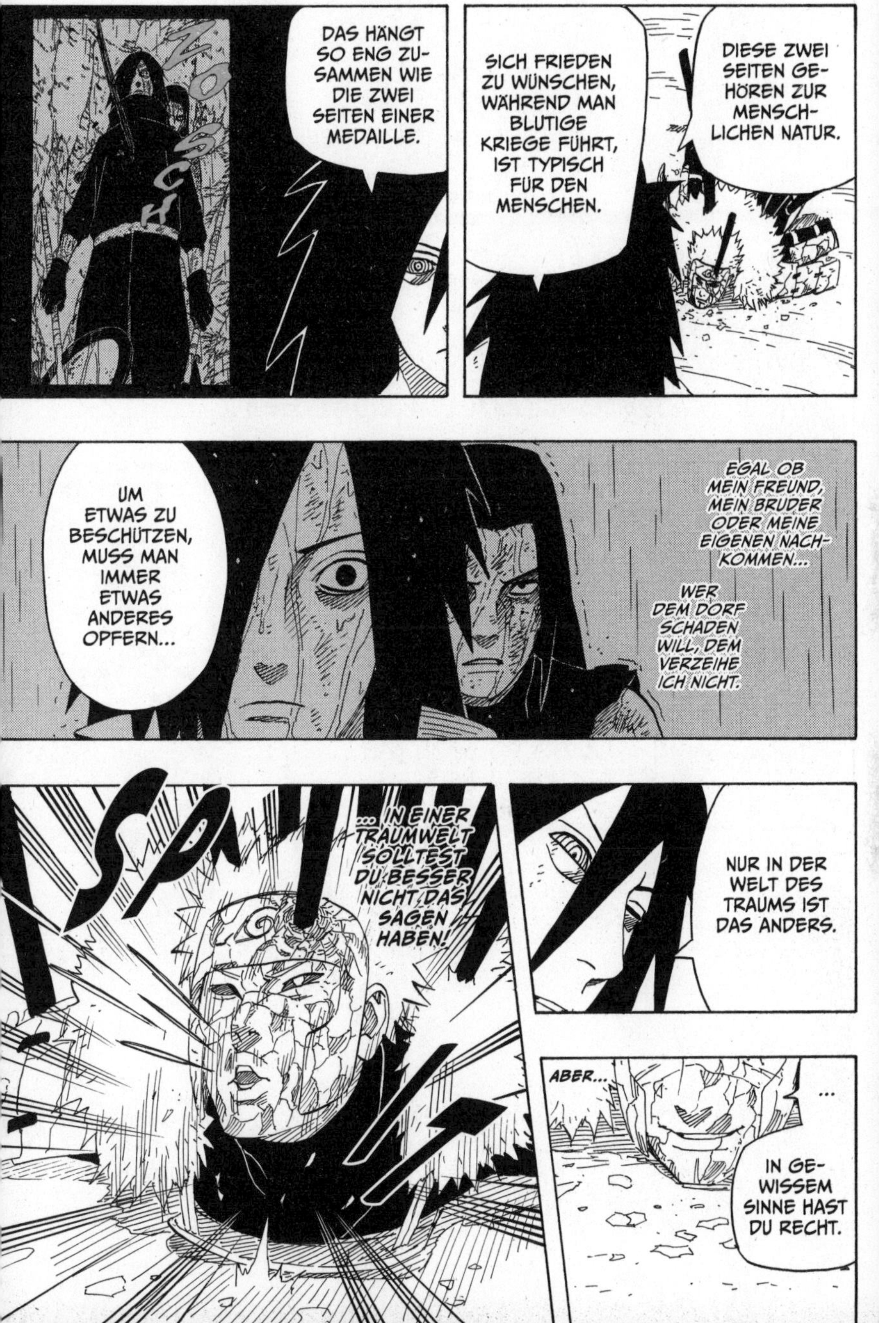
DIESE ZWEI SEITEN GEHÖREN ZUR MENSCHLICHEN NATUR.
SICH FRIEDEN ZU WÜNSCHEN, WÄHREND MAN BLUTIGE KRIEGE FÜHRT, IST TYPISCH FÜR DEN MENSCHEN.
DAS HÄNGT SO ENG ZUSAMMEN WIE DIE ZWEI SEITEN EINER MEDAILLE.
ZOSCH
EGAL OB MEIN FREUND, MEIN BRUDER ODER MEINE EIGENEN NACHKOMMEN...
WER DEM DORF SCHADEN WILL, DEM VERZEIHE ICH NICHT.
UM ETWAS ZU BESCHÜTZEN, MUSS MAN IMMER ETWAS ANDERES OPFERN...
NUR IN DER WELT DES TRAUMS IST DAS ANDERS.
...
IN GEWISSEM SINNE HAST DU RECHT.
ABER...
... IN EINER TRAUMWELT SOLLTEST DU BESSER NICHT DAS SAGEN HABEN!

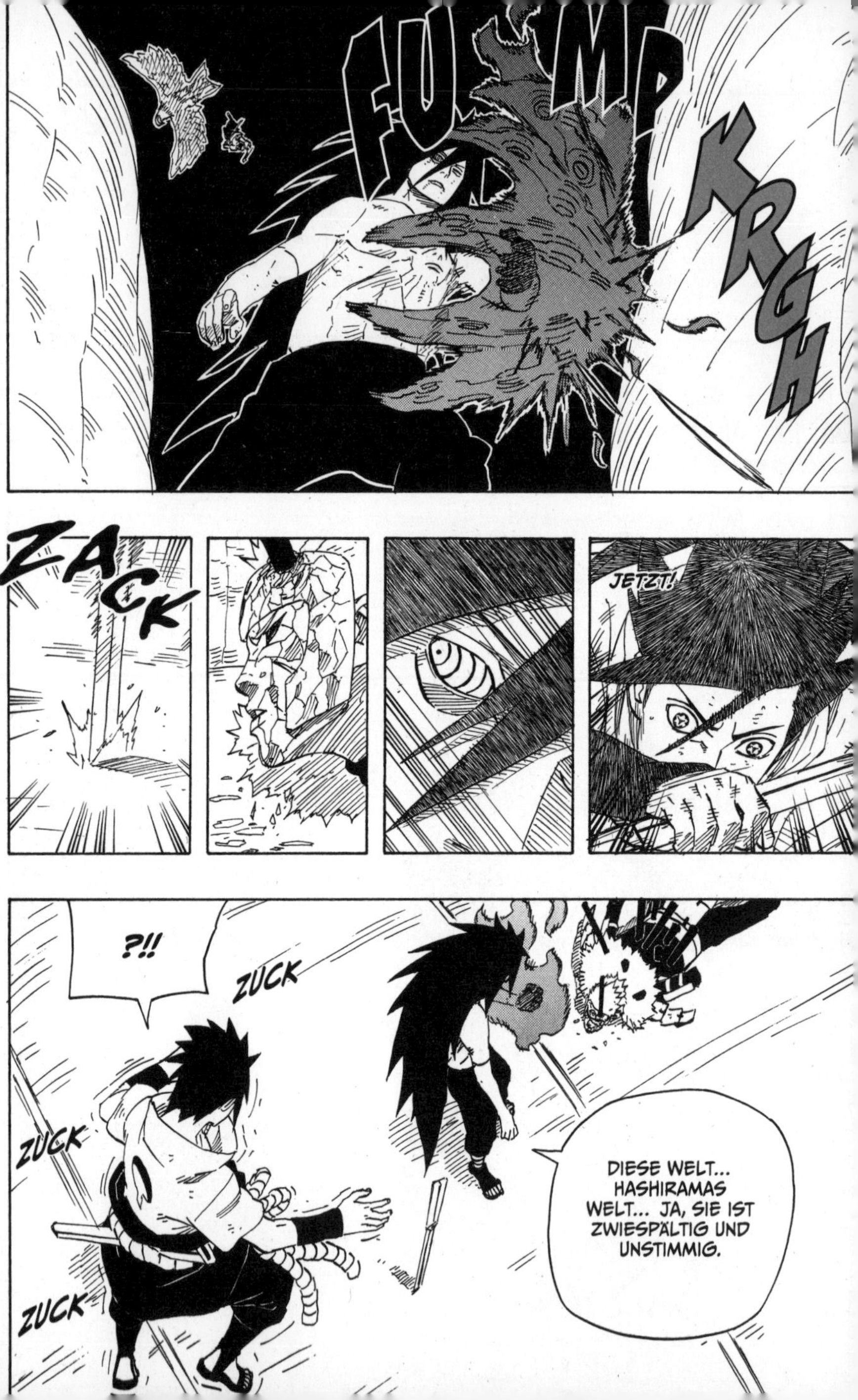

KRGH
FUMP
JETZT!
ZACK
DIESE WELT... HASHIRAMAS WELT... JA, SIE IST ZWIESPÄLTIG UND UNSTIMMIG.
ZUCK
?!!
ZUCK
ZUCK

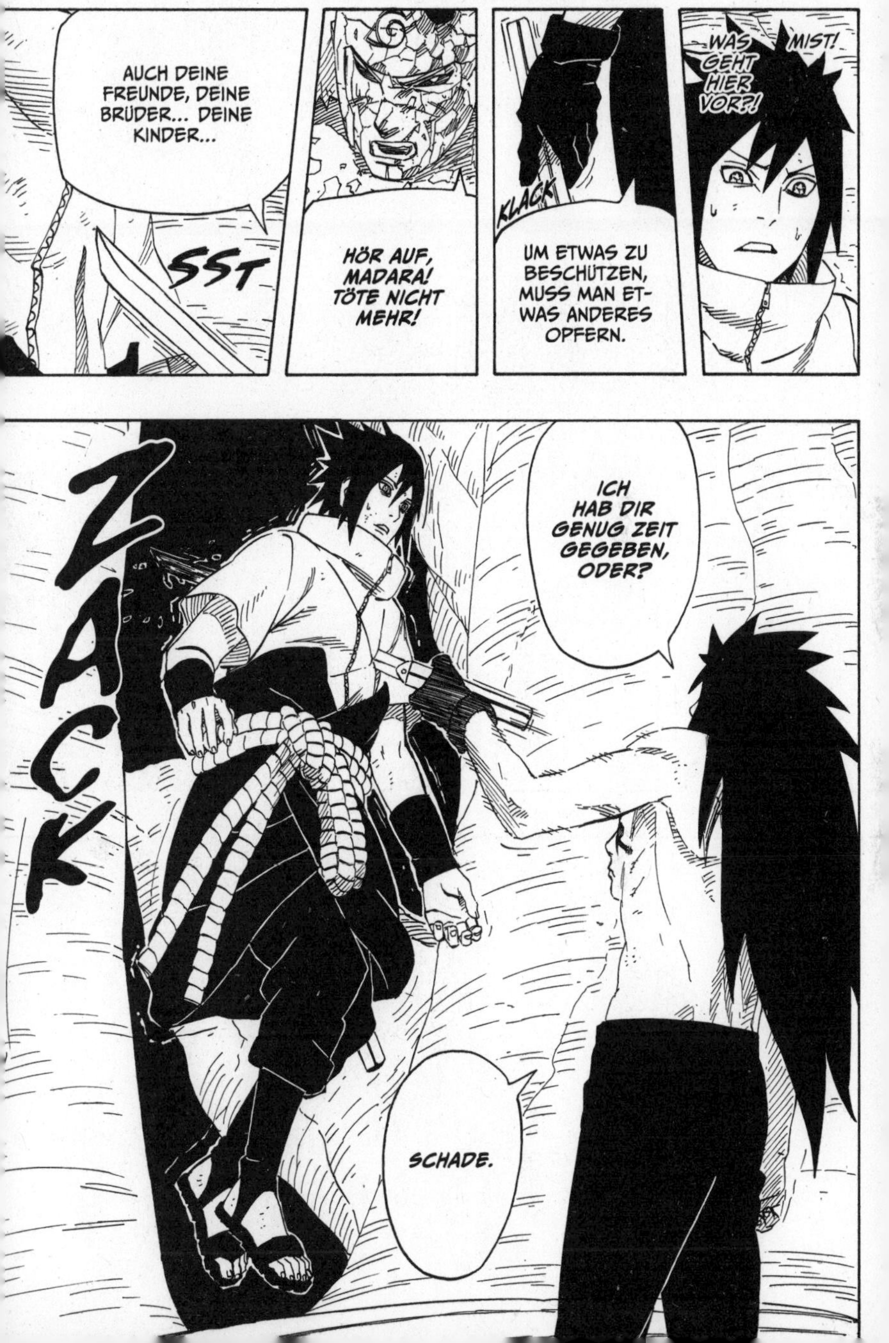
MIST!
WAS GEHT HIER VOR?!
KLACK
UM ETWAS ZU BESCHÜTZEN, MUSS MAN ET-WAS ANDERES OPFERN.
HÖR AUF, MADARA! TÖTE NICHT MEHR!
AUCH DEINE FREUNDE, DEINE BRÜDER... DEINE KINDER...
SST
ICH HAB DIR GENUG ZEIT GEGEBEN, ODER?
ZACK
SCHADE.

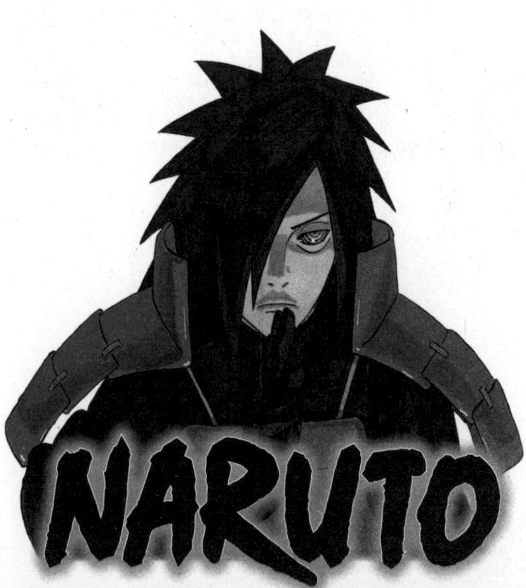
NARUTO

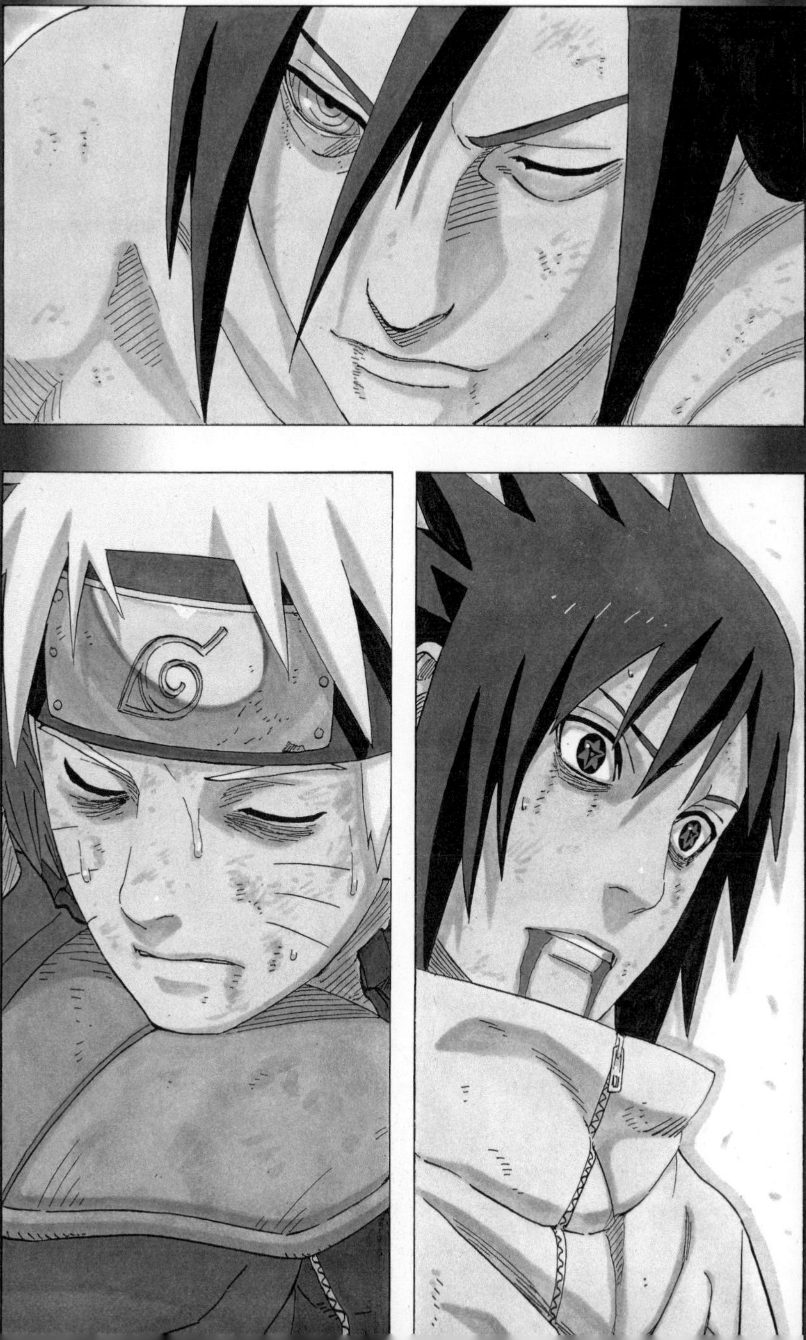

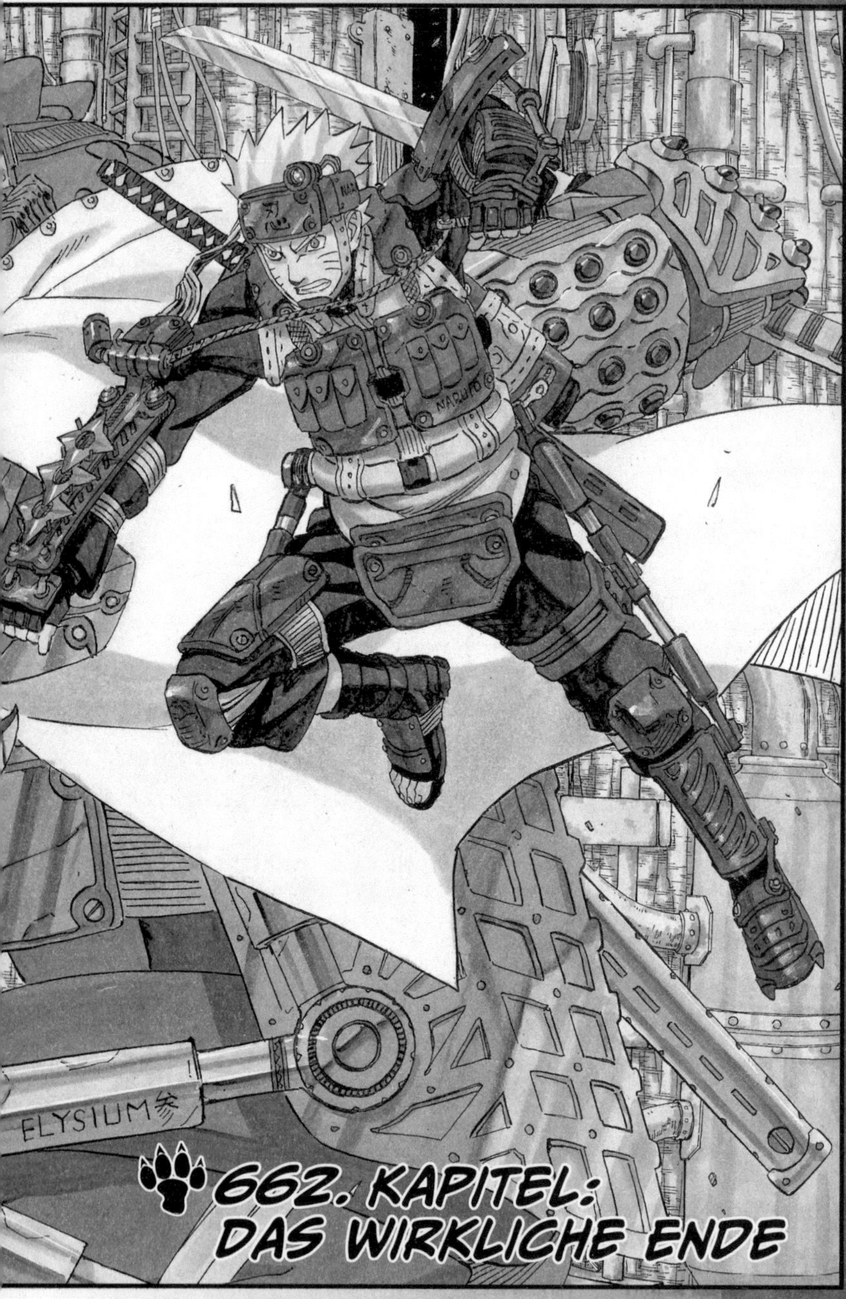
NARUTO
ELYSIUM
662. KAPITEL:
DAS WIRKLICHE ENDE

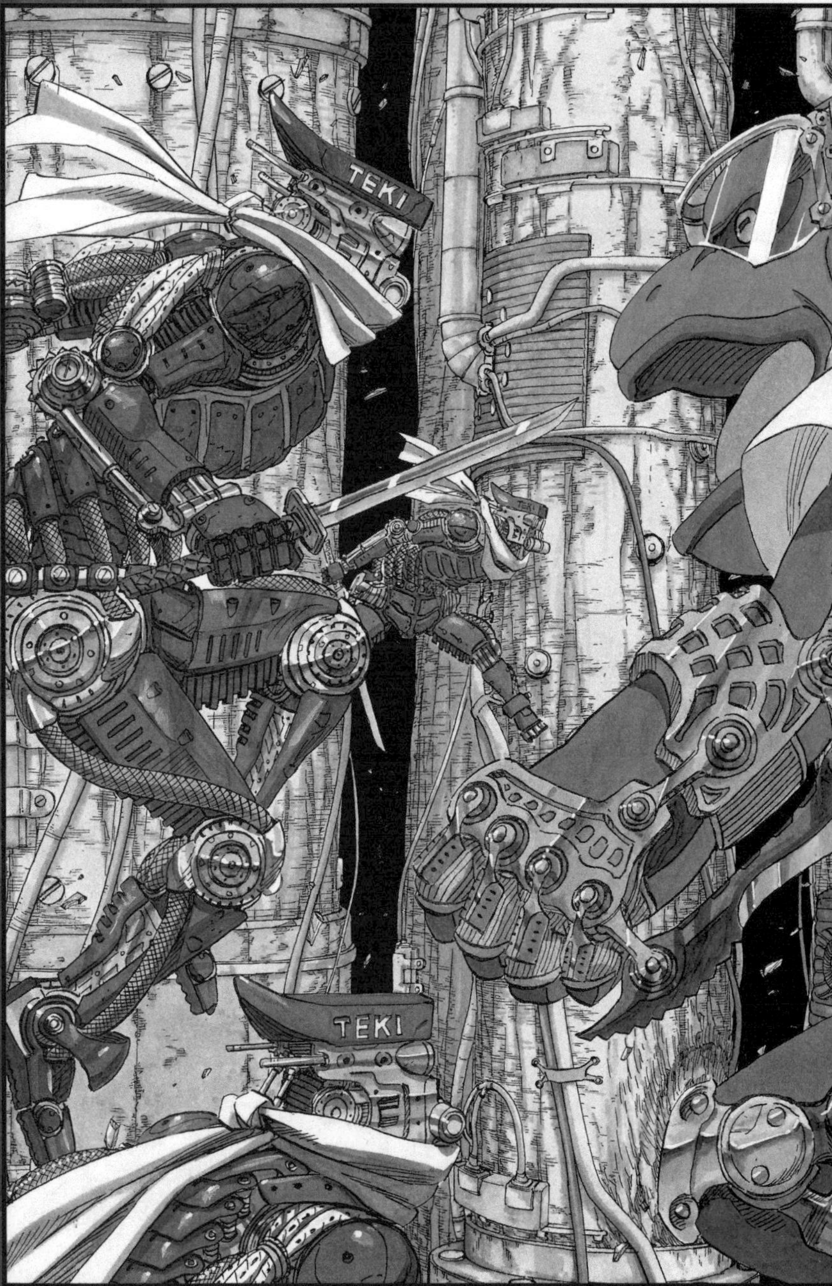
TEKI
TEKI

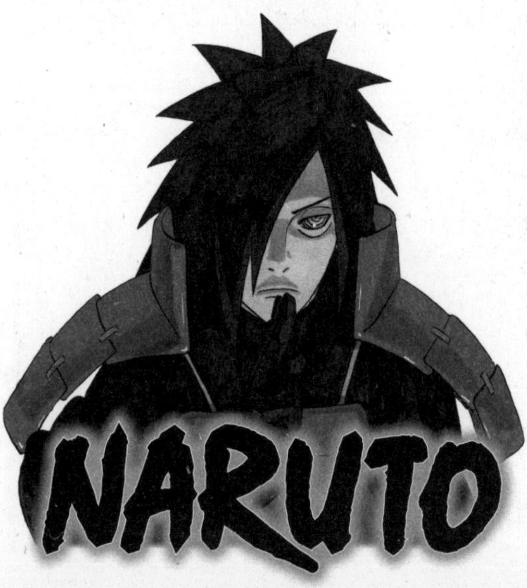
NARUTO

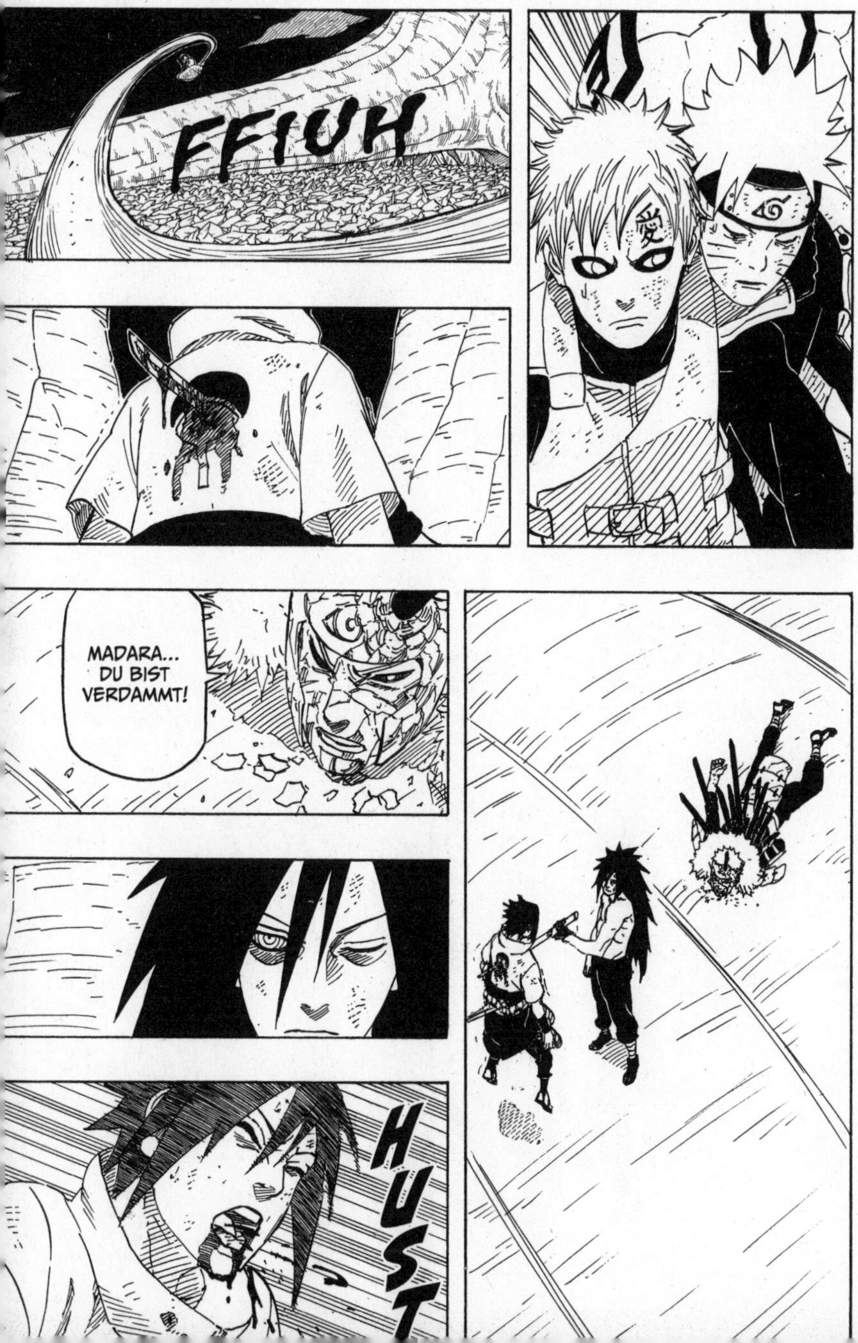
FFIUH
MADARA... DU BIST VERDAMMT!
HUST

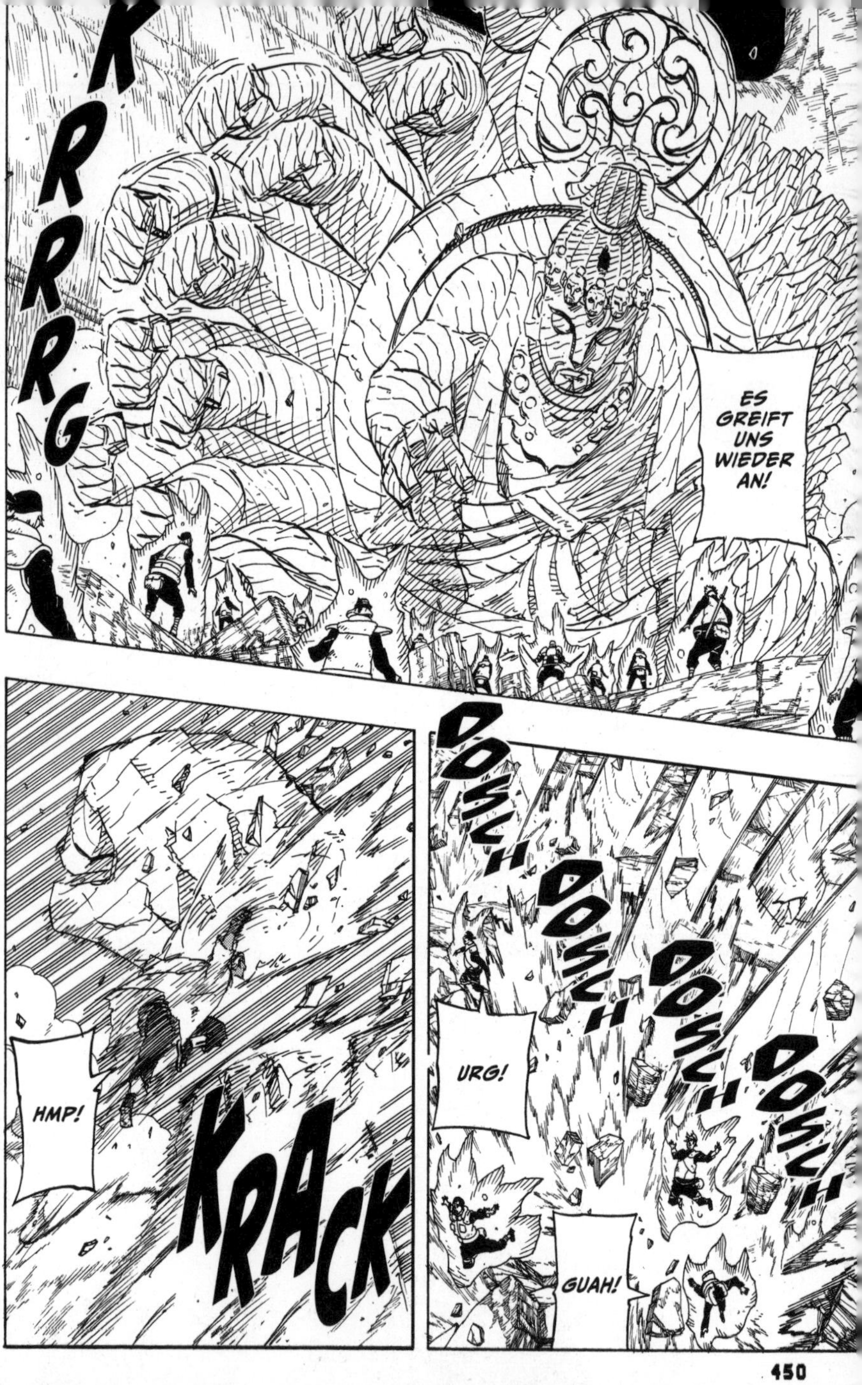
KRRRRG
ES GREIFT UNS WIEDER AN!
DOSHH
DOSHH
DOSHH
DOSHH
URG!
GUAH!
HMP!
KRACK

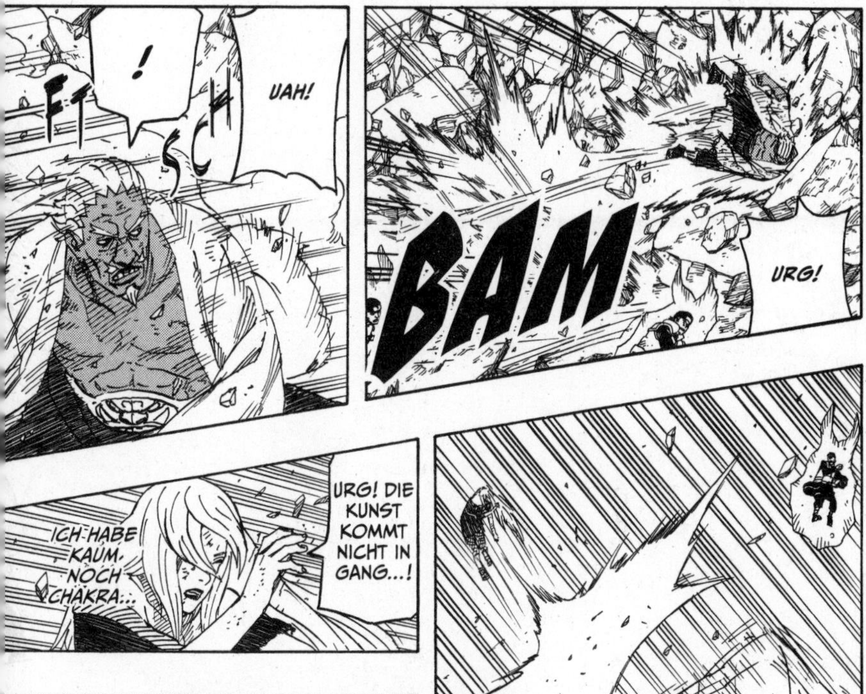

* TSUCHIKAGE, KUROTSUCHI, AKATSUCHI UND KITSUCHI SPRECHEN EINEN LÄNDLICH KLINGENDEN NORDJAPANISCHEN DIALEKT, BEI UNS PLATTDEUTSCH. AUF S. 670 FINDET IHR EINE ÜBERSETZUNGSHILFE.

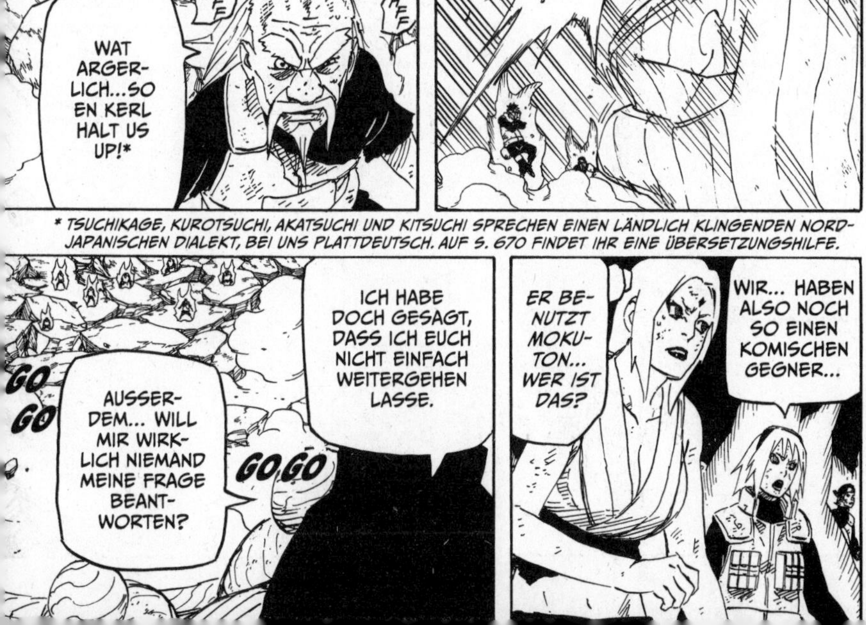

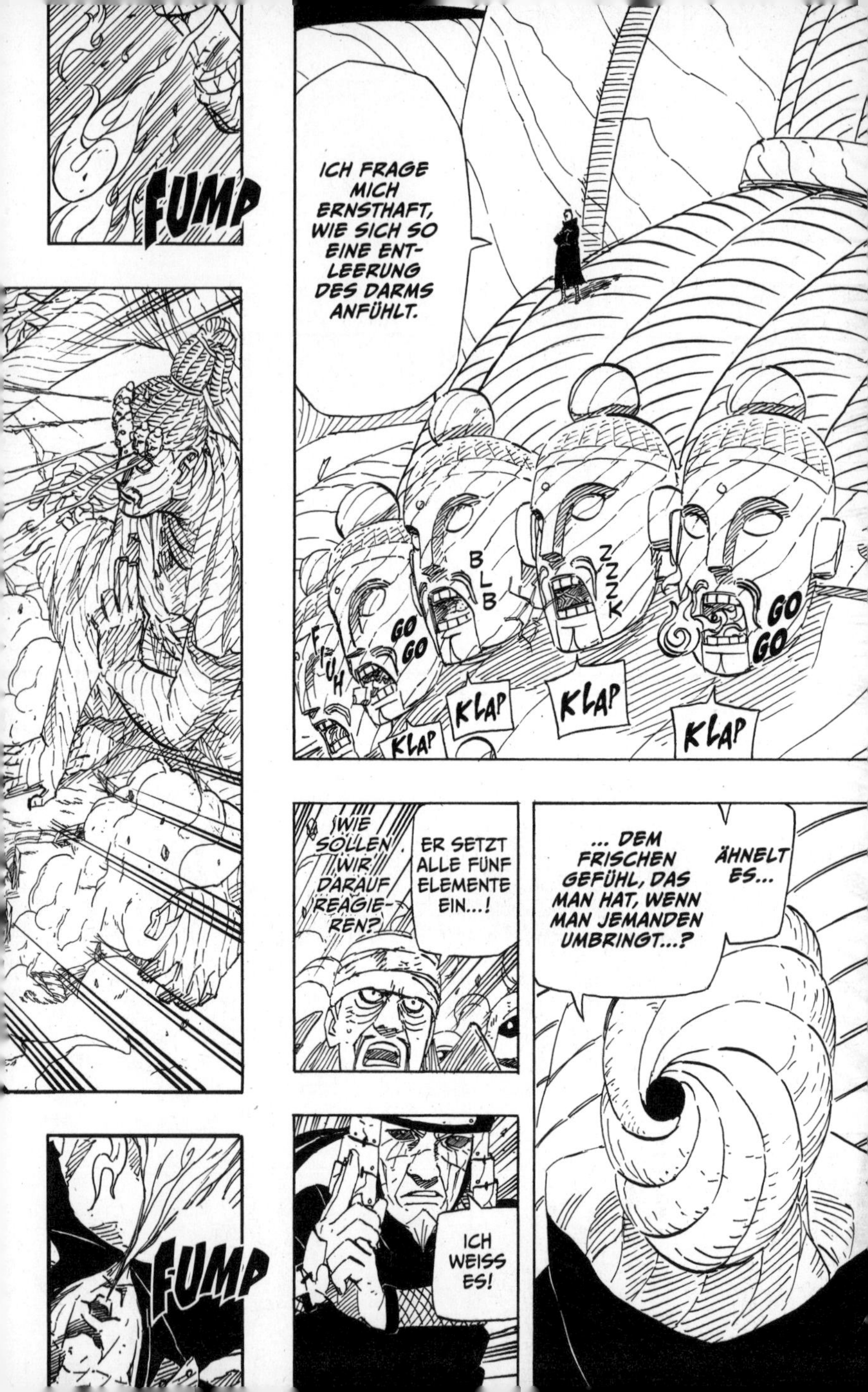
ICH FRAGE MICH ERNSTHAFT, WIE SICH SO EINE ENT-LEERUNG DES DARMS ANFÜHLT.
BLB
ZZZK
GO GO
GO GO
FÜH
KLAP
KLAP
KLAP
KLAP
ÄHNELT ES...
... DEM FRISCHEN GEFÜHL, DAS MAN HAT, WENN MAN JEMANDEN UMBRINGT...?
ER SETZT ALLE FÜNF ELEMENTE EIN...!
WIE SOLLEN WIR DARAUF REAGIE-REN?
ICH WEISS ES!
FUMP
FUMP

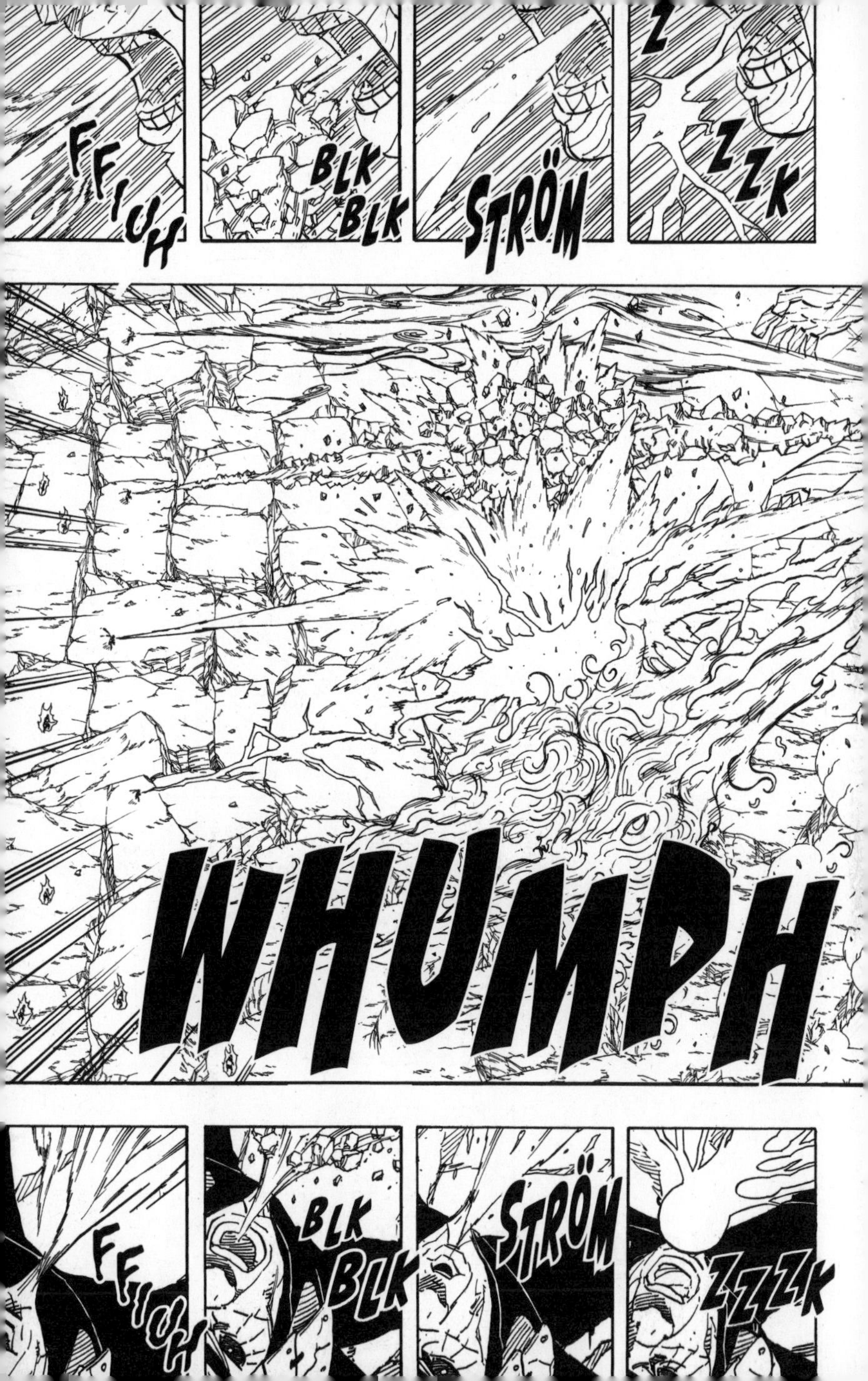
FFIUH
BLK BLK
STRÖM
ZZZK
WHUMPH
FFIUH
BLK BLK
STRÖM
ZZZK

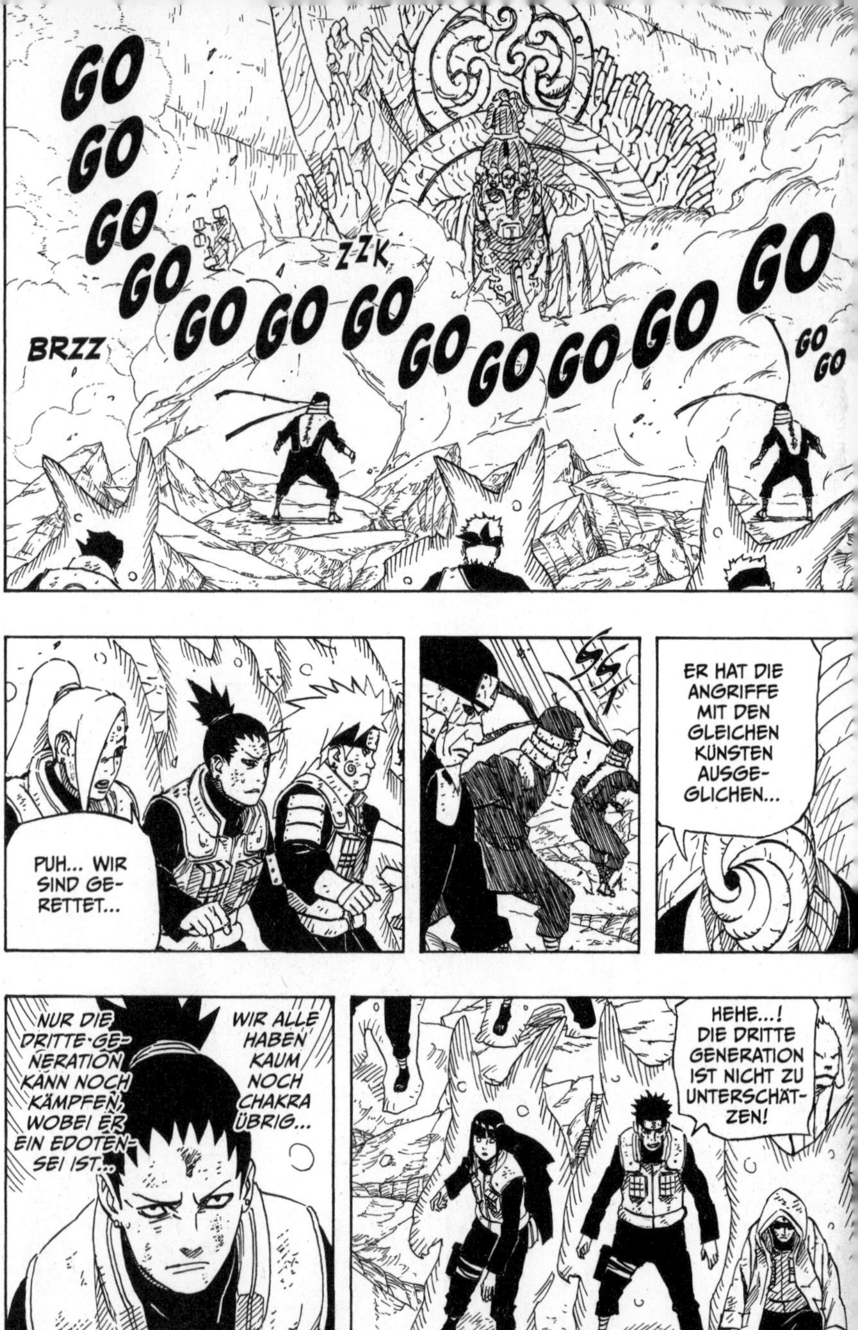
GO GO GO GO GO GO GO GO GO GO GO GO GO GO GO
ZZK
BRZZ
ER HAT DIE ANGRIFFE MIT DEN GLEICHEN KÜNSTEN AUSGEGLICHEN...
PUH... WIR SIND GERETTET...
HEHE...! DIE DRITTE GENERATION IST NICHT ZU UNTERSCHÄTZEN!
WIR ALLE HABEN KAUM NOCH CHAKRA ÜBRIG...
NUR DIE DRITTE-GENERATION KANN NOCH KÄMPFEN, WOBEI ER EIN EDOTENSEI IST...

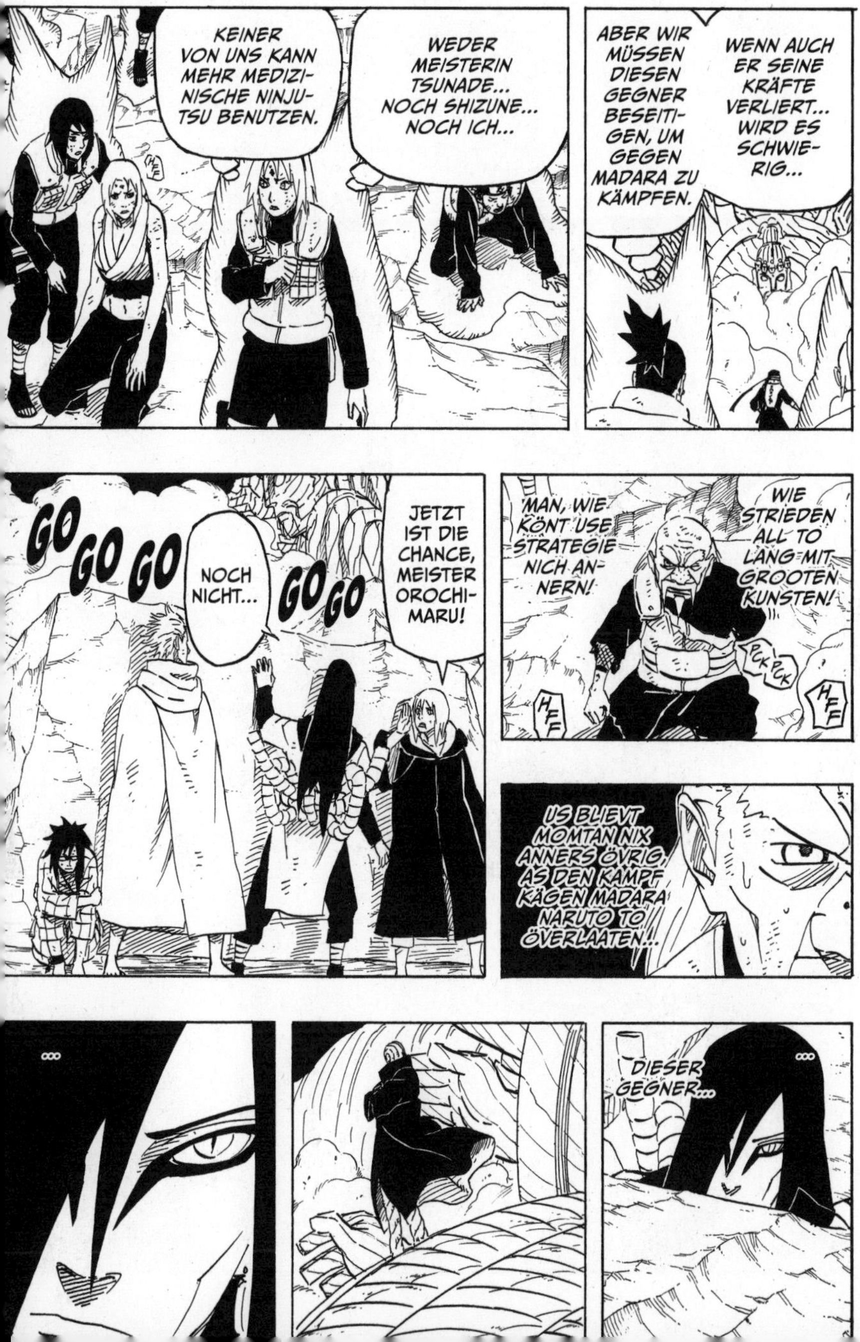
WENN AUCH ER SEINE KRÄFTE VERLIERT... WIRD ES SCHWIERIG...
ABER WIR MÜSSEN DIESEN GEGNER BESEITIGEN, UM GEGEN MADARA ZU KÄMPFEN.
WEDER MEISTERIN TSUNADE... NOCH SHIZUNE... NOCH ICH...
KEINER VON UNS KANN MEHR MEDIZINISCHE NINJUTSU BENUTZEN.
HE
WIE STRIEDEN ALL TO LÄNG MIT GROOTEN KUNSTEN!
MAN, WIE KÖNT USE STRATEGIE NICH ANNERN!
PCK PCK
HFF
HFF
US BLIEVT MOMTAN NIX ANNERS ÖVRIG, AS DEN KAMPF KÄGEN MADARA NARUTO TO ÖVERLAATEN...
JETZT IST DIE CHANCE, MEISTER OROCHIMARU!
GO GO
NOCH NICHT...
GO GO GO
DIESER GEGNER...
...

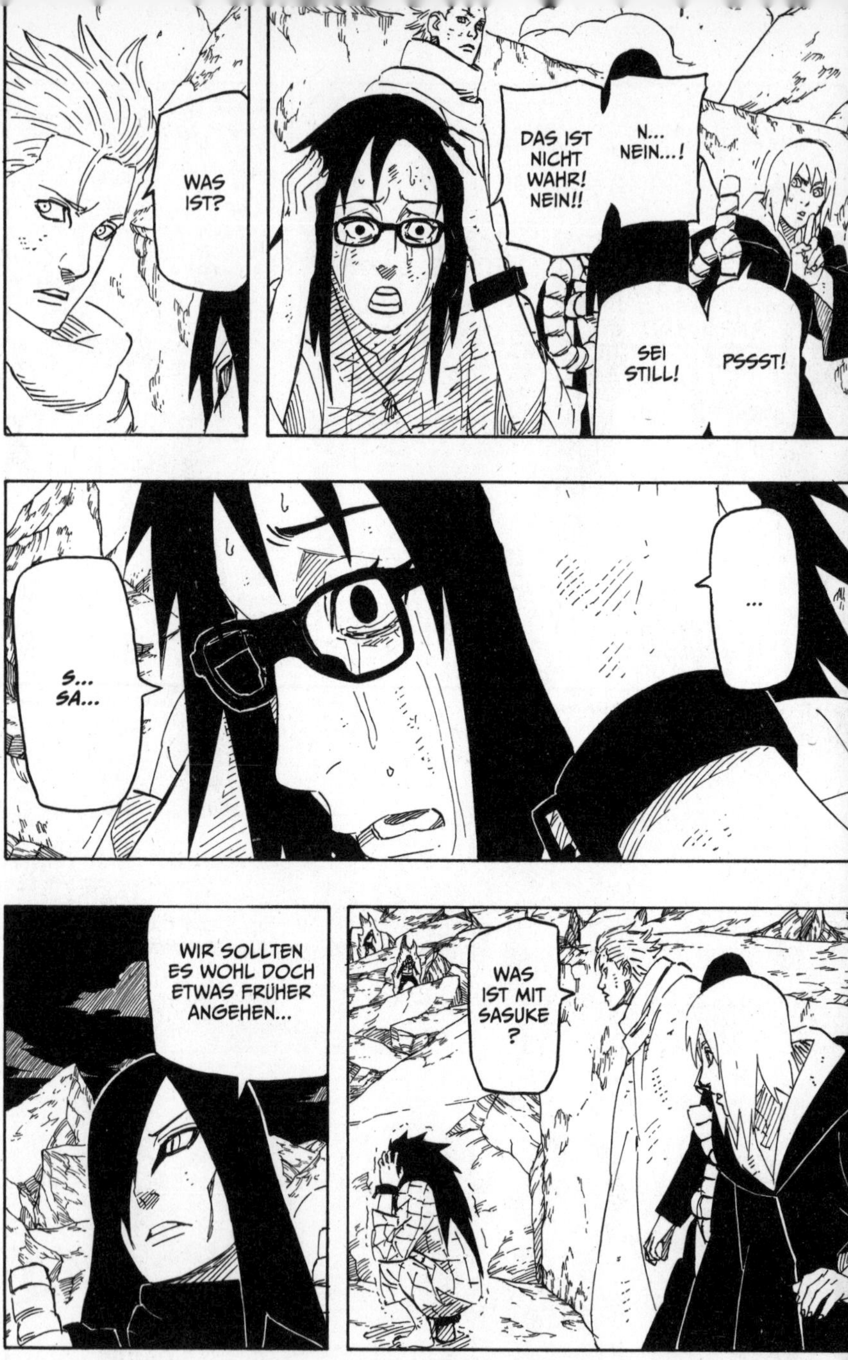
N... NEIN...!
DAS IST NICHT WAHR! NEIN!!
PSSST!
SEI STILL!
WAS IST?
...
S... SA...
WAS IST MIT SASUKE ?
WIR SOLLTEN ES WOHL DOCH ETWAS FRÜHER ANGEHEN...

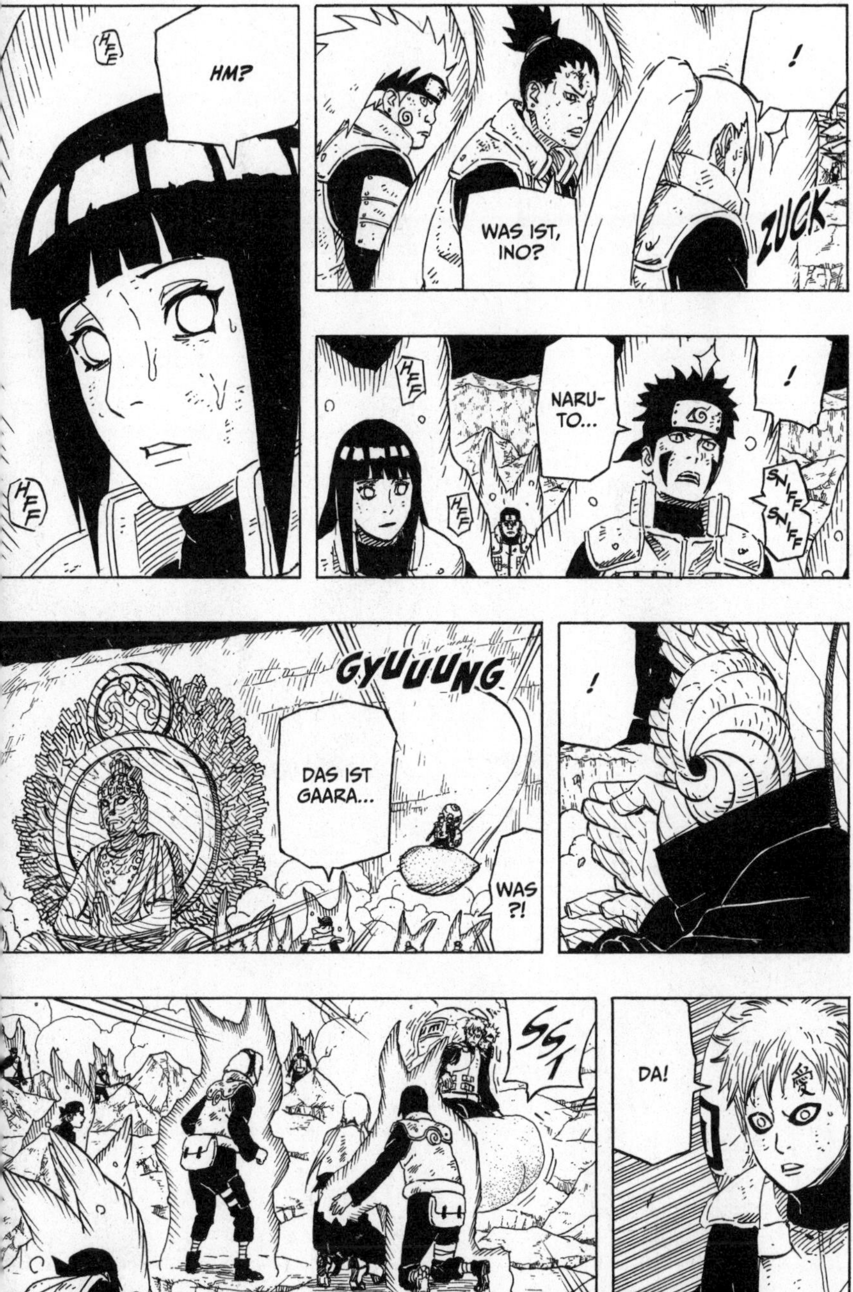
!
ZUCK
WAS IST, INO?
HM?
HFF
HFF
!
SNIFF SNIFF
NARU-TO...
HFF
HFF
!
GYUUUNG
WAS ?!
DAS IST GAARA...
DA!
SSS

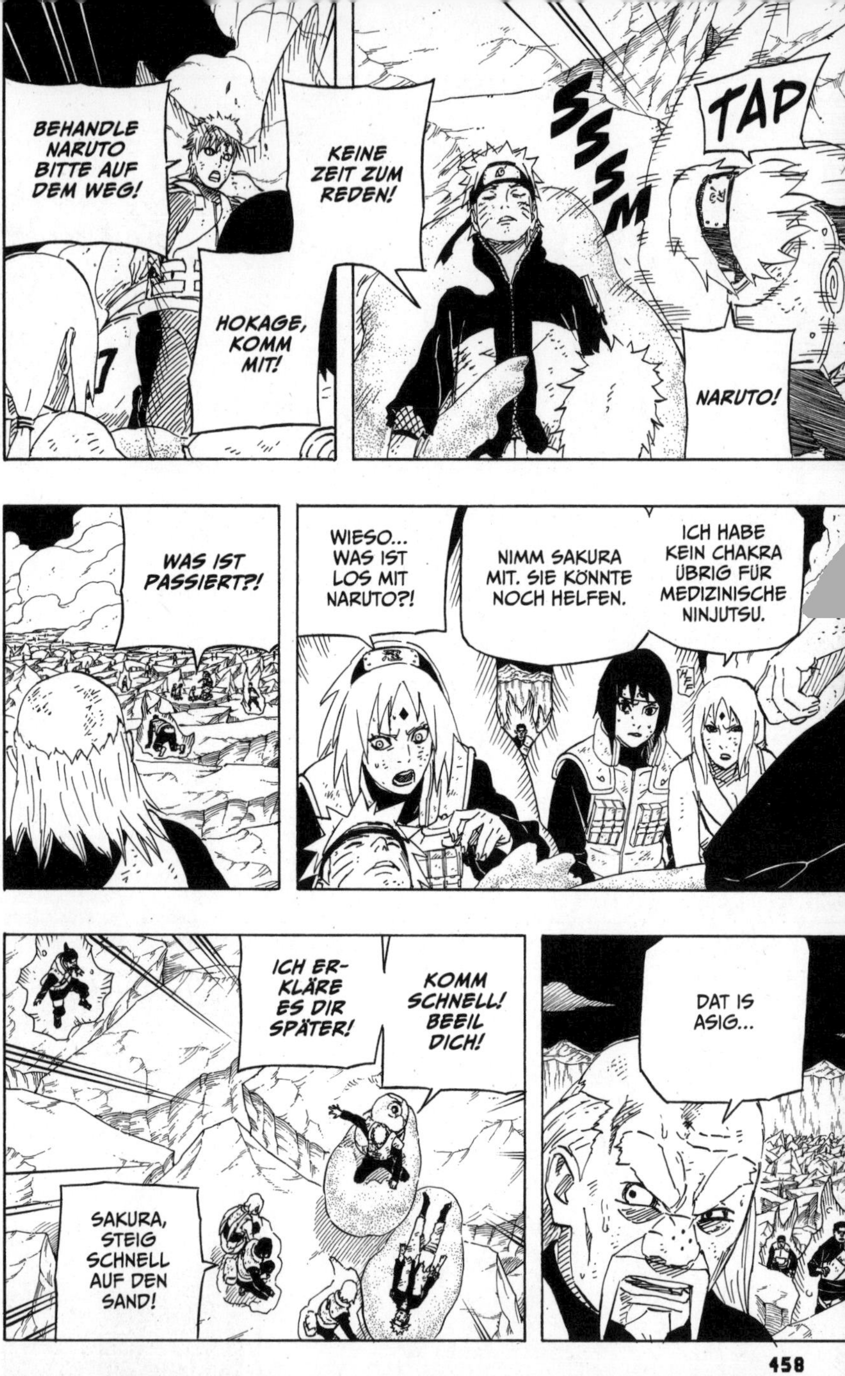
TAP
NARUTO!
SSSM
KEINE ZEIT ZUM REDEN!
BEHANDLE NARUTO BITTE AUF DEM WEG!
HOKAGE, KOMM MIT!
ICH HABE KEIN CHAKRA ÜBRIG FÜR MEDIZINISCHE NINJUTSU.
NIMM SAKURA MIT. SIE KÖNNTE NOCH HELFEN.
WIESO... WAS IST LOS MIT NARUTO?!
WAS IST PASSIERT?!
DAT IS ASIG...
KOMM SCHNELL! BEEIL DICH!
ICH ERKLÄRE ES DIR SPÄTER!
SAKURA, STEIG SCHNELL AUF DEN SAND!

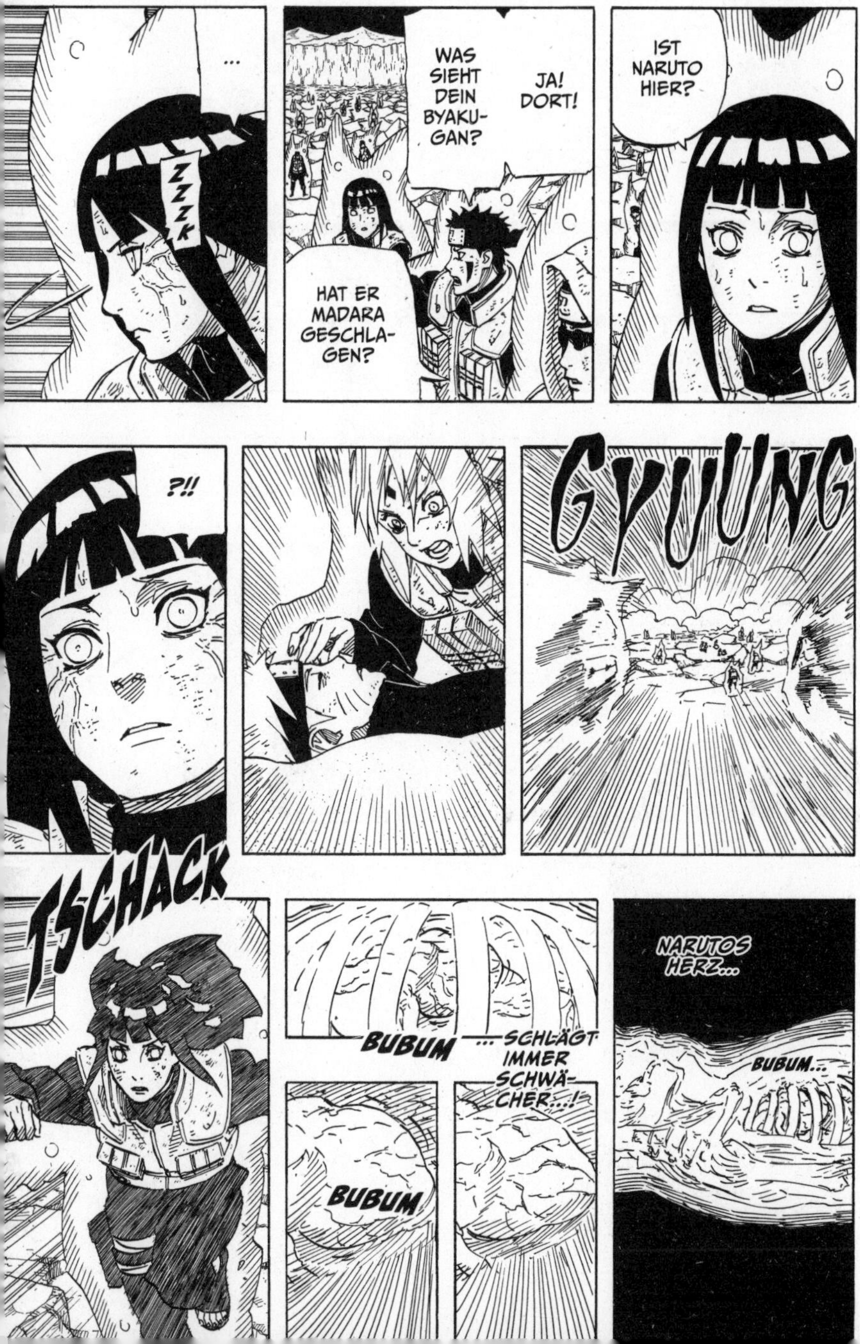

IST NARUTO HIER?
WAS SIEHT DEIN BYAKUGAN?
JA! DORT!
HAT ER MADARA GESCHLAGEN?
...
ZZZK
GYUUNG
?!!
NARUTOS HERZ...
BUBUM...
BUBUM
...SCHLÄGT IMMER SCHWÄCHER...!
BUBUM
TSCHACK

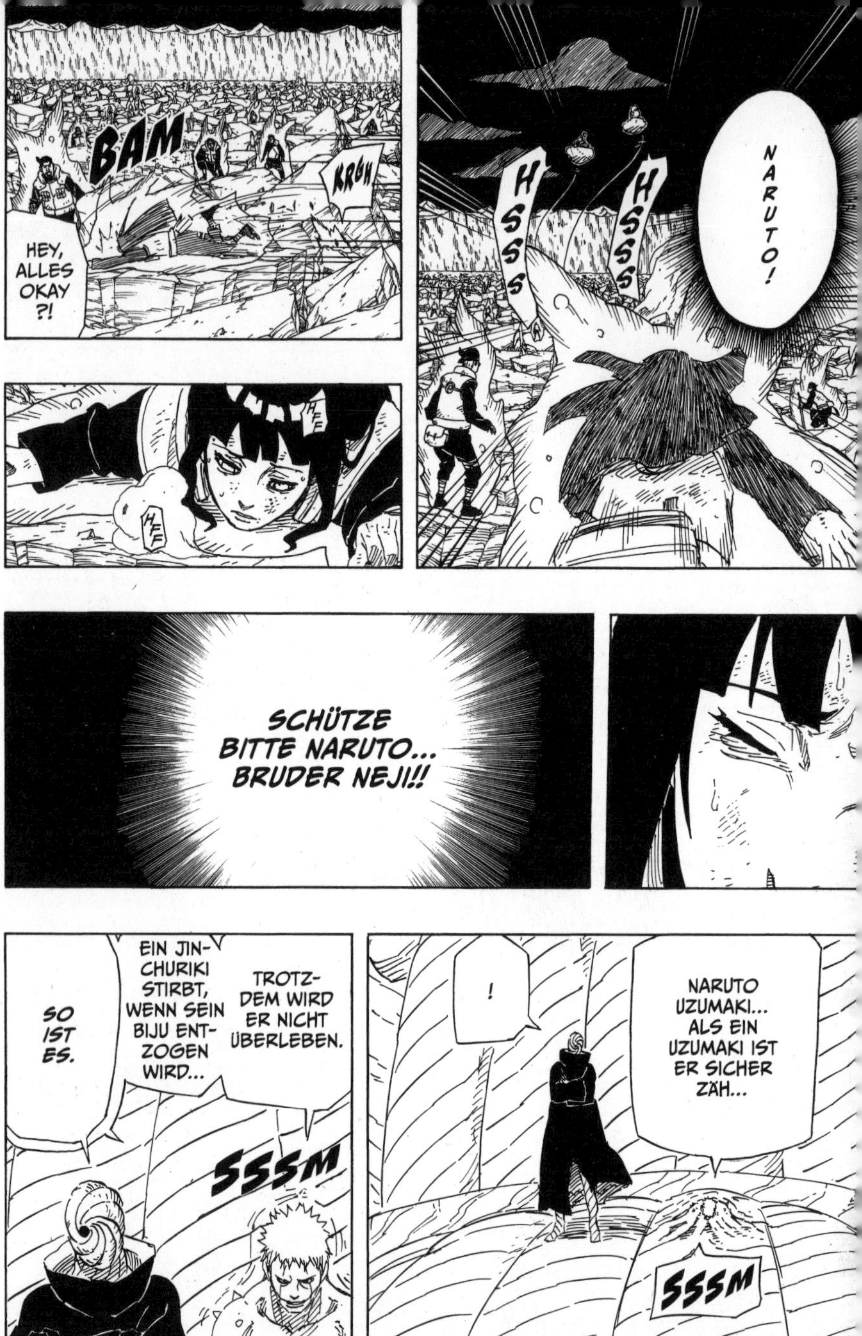
NARUTO!
HSSS
HSSS
KRUH
BAM
HEY, ALLES OKAY ?!
HFF
HFF
SCHÜTZE BITTE NARUTO... BRUDER NEJI!!
NARUTO UZUMAKI... ALS EIN UZUMAKI IST ER SICHER ZÄH...
!
SSSM
TROTZDEM WIRD ER NICHT ÜBERLEBEN.
EIN JINCHURIKI STIRBT, WENN SEIN BIJU ENTZOGEN WIRD...
SO IST ES.
SSSM

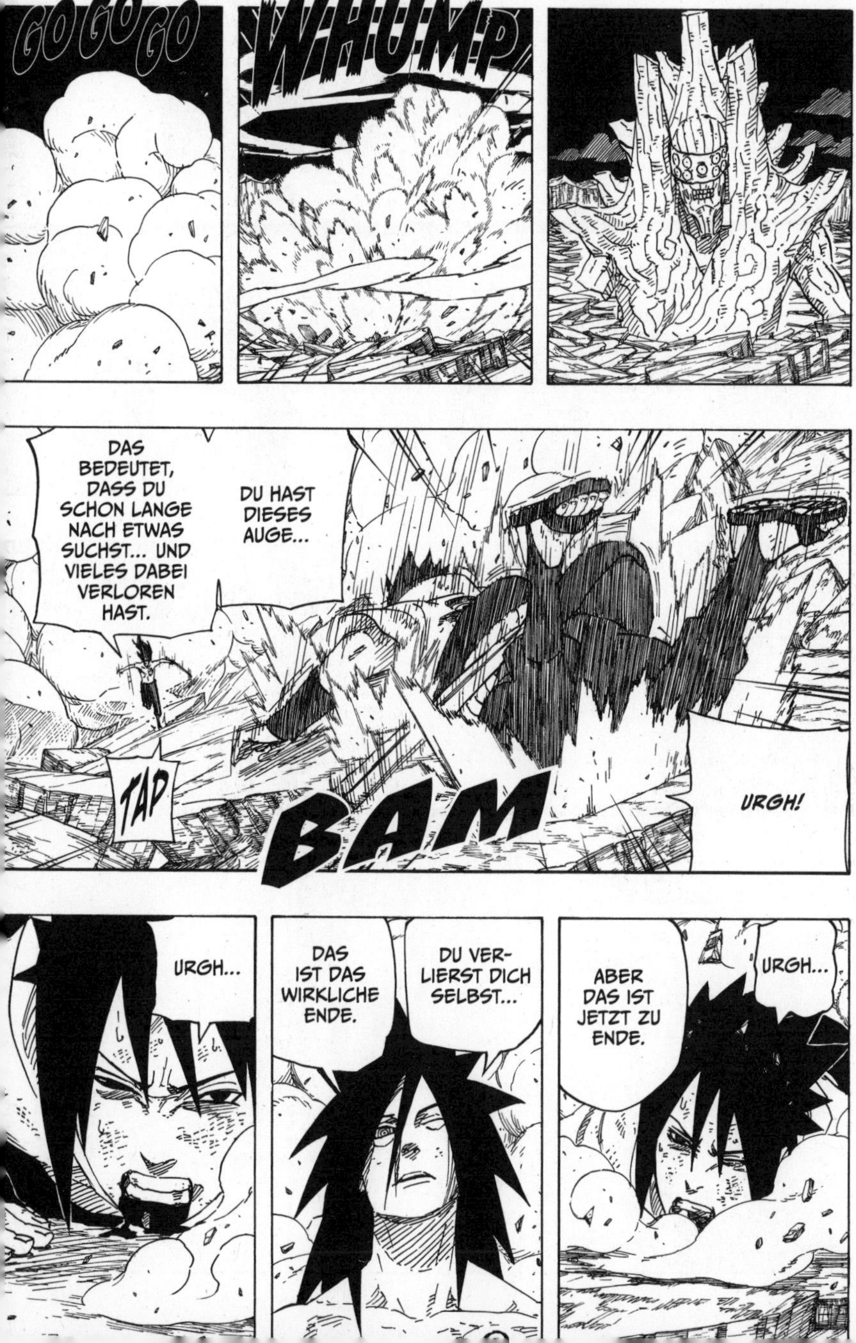
WHUMP
GOGOGO
URGH!
BAM
DU HAST DIESES AUGE...
DAS BEDEUTET, DASS DU SCHON LANGE NACH ETWAS SUCHST... UND VIELES DABEI VERLOREN HAST.
TAP
URGH...
ABER DAS IST JETZT ZU ENDE.
DU VERLIERST DICH SELBST...
DAS IST DAS WIRKLICHE ENDE.
URGH...

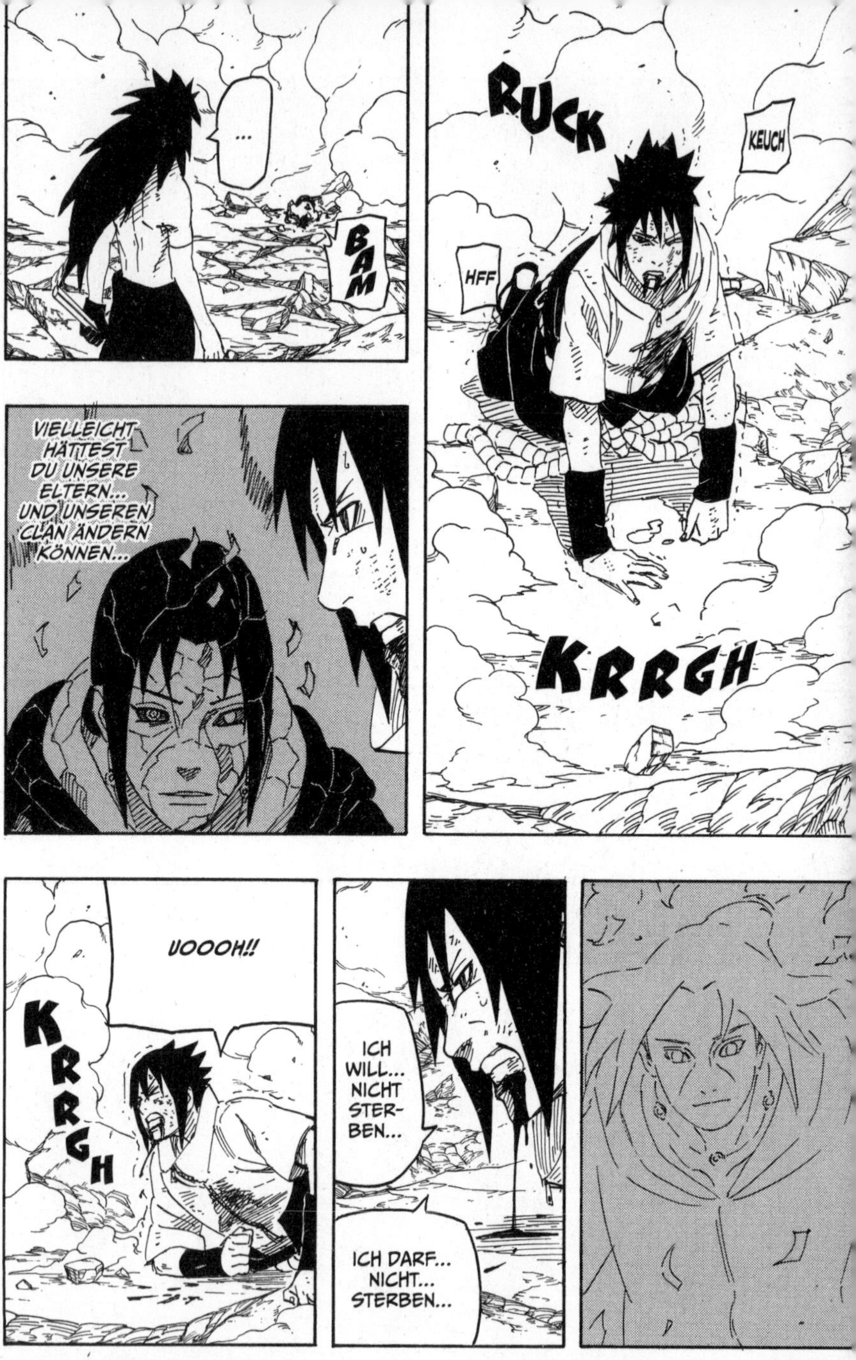
RUCK
KEUCH
HFF
KRRGH
...
BAM
VIELLEICHT HÄTTEST DU UNSERE ELTERN... UND UNSEREN CLAN ÄNDERN KÖNNEN...
ICH WILL... NICHT STER-BEN...
ICH DARF... NICHT... STERBEN...
UOOOH!!
KRRGH

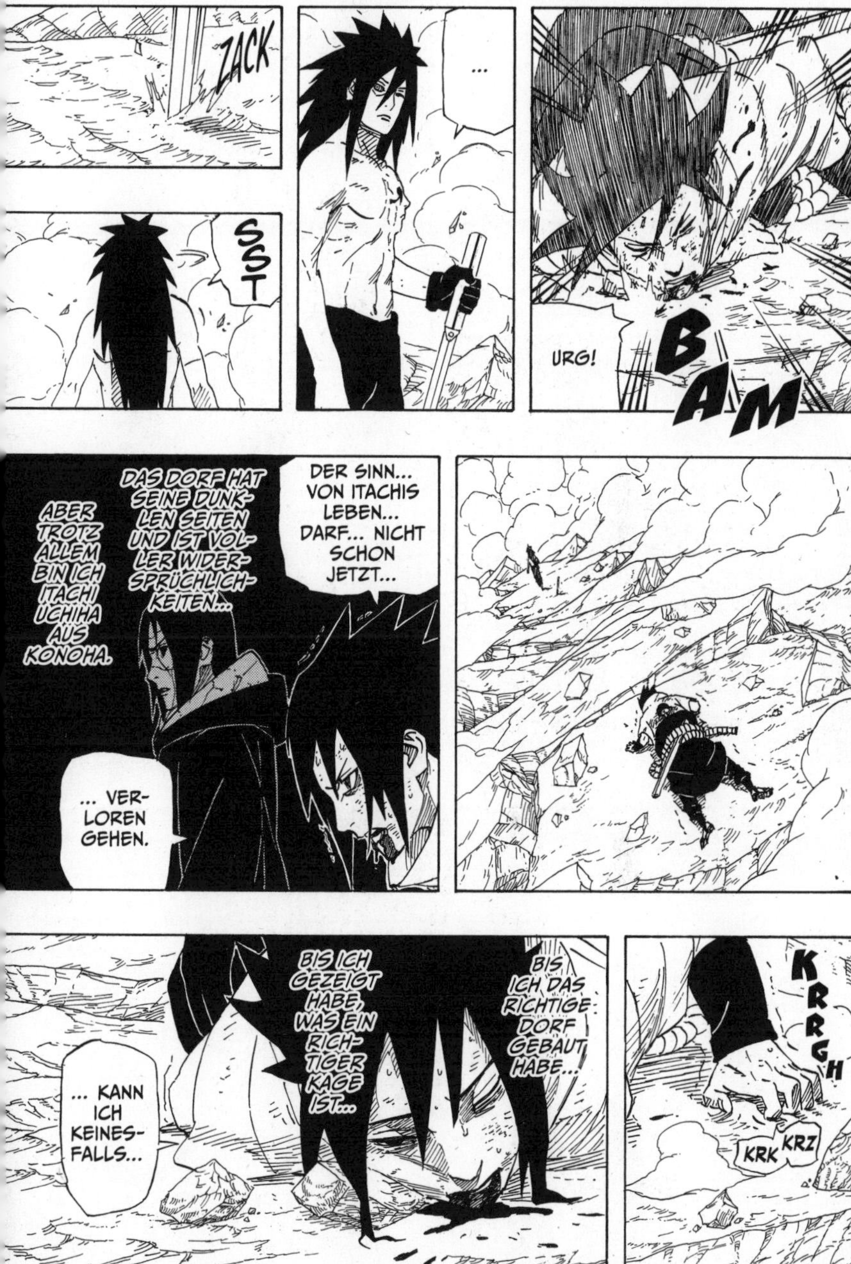

ZACK
...
SST
URG!
BAM
DER SINN... VON ITACHIS LEBEN... DARF... NICHT SCHON JETZT...
DAS DORF HAT SEINE DUNKLEN SEITEN UND IST VOLLER WIDERSPRÜCHLICHKEITEN...
ABER TROTZ ALLEM BIN ICH ITACHI UCHIHA AUS KONOHA.
... VERLOREN GEHEN.
KRRGH
KRZ
KRK
BIS ICH DAS RICHTIGE DORF GEBAUT HABE...
BIS ICH GEZEIGT HABE, WAS EIN RICHTIGER KAGE IST...
... KANN ICH KEINESFALLS...

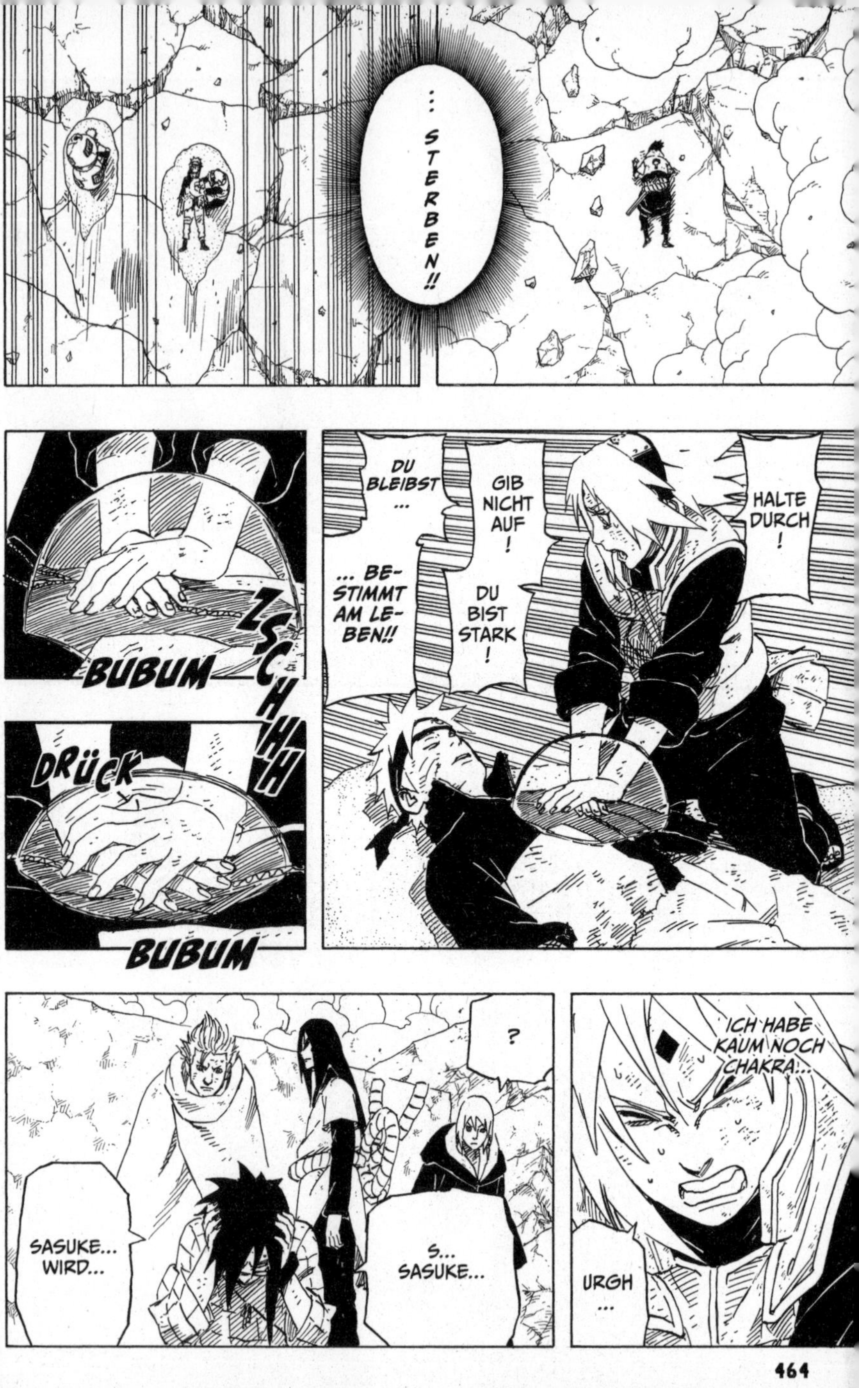
... STERBEN!!
HALTE DURCH!
GIB NICHT AUF!
DU BIST STARK!
DU BLEIBST ...
... BESTIMMT AM LEBEN!!
ZSCHHHH
BUBUM
DRÜCK
BUBUM
ICH HABE KAUM NOCH CHAKRA...
URGH ...
?
S... SASUKE...
SASUKE... WIRD...

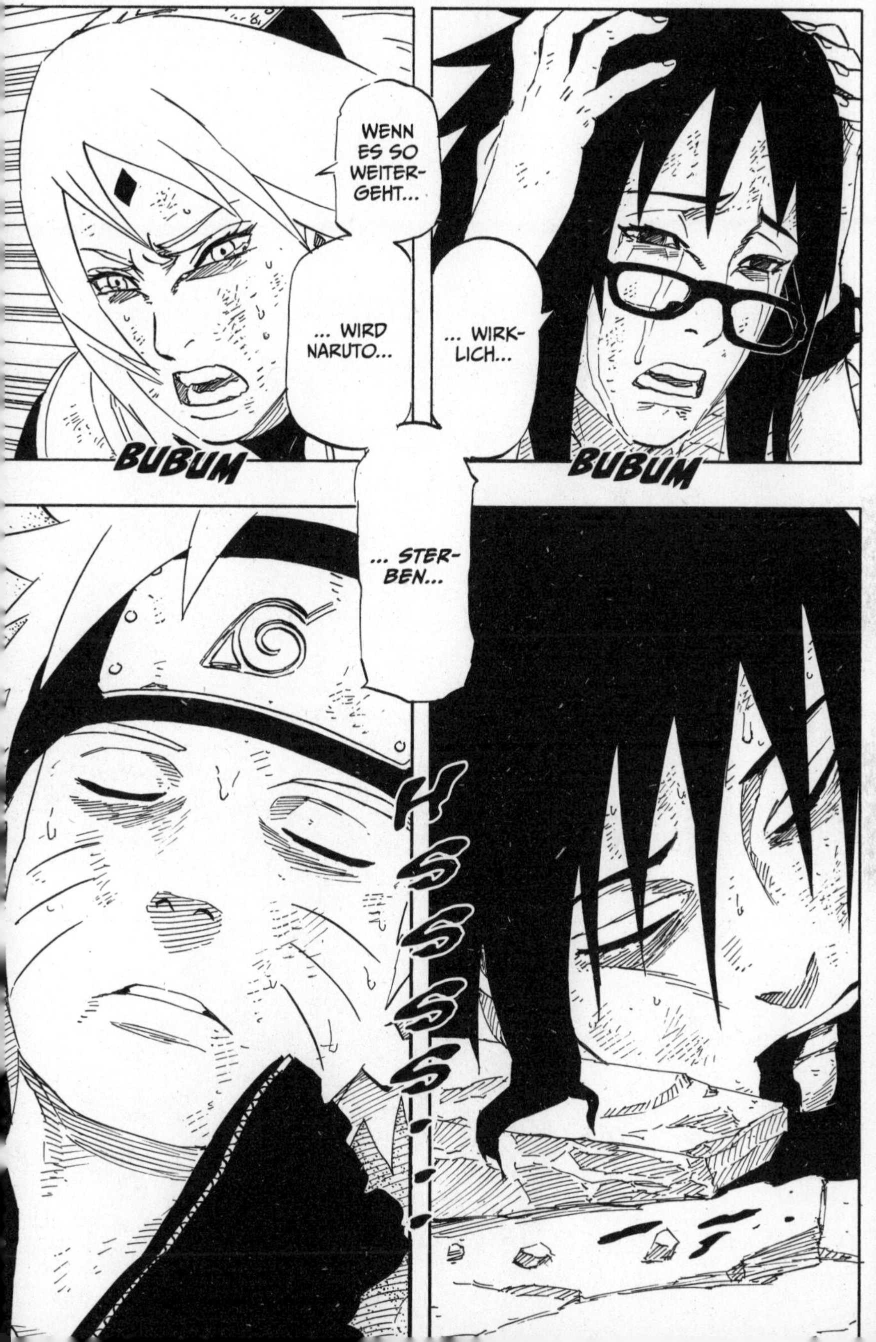

WENN ES SO WEITER-GEHT...
... WIRK-LICH...
BUBUM
... WIRD NARUTO...
BUBUM
... STER-BEN...
HSSSSS...

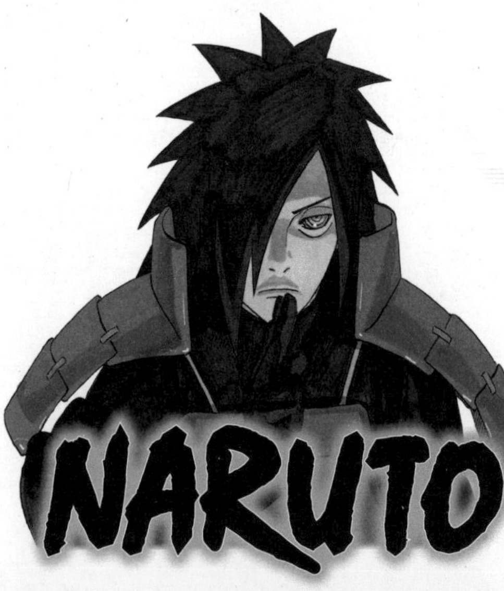
NARUTO

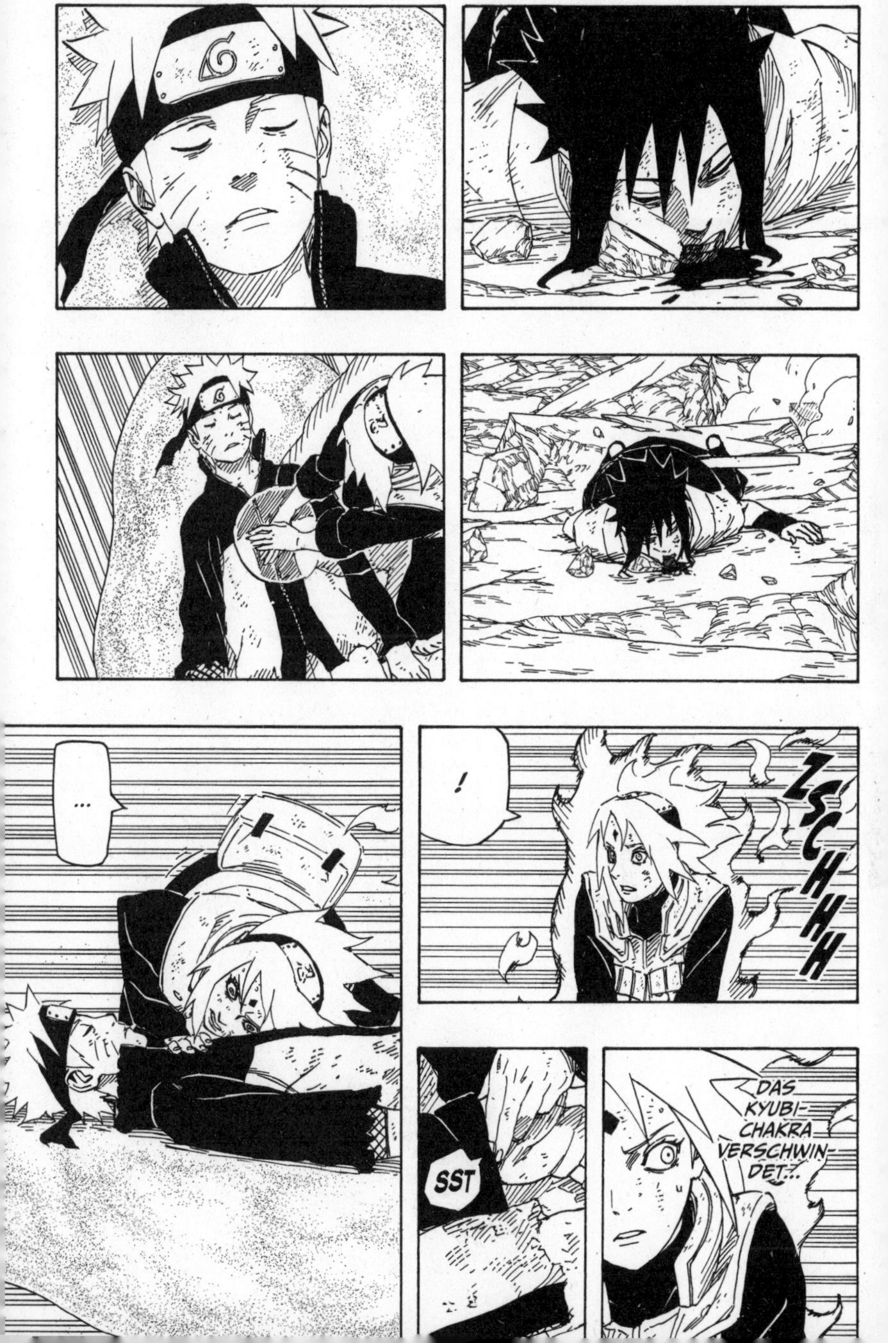
!
...
ZSCHHH
DAS KYUBI-CHAKRA VERSCHWINDET...
SST

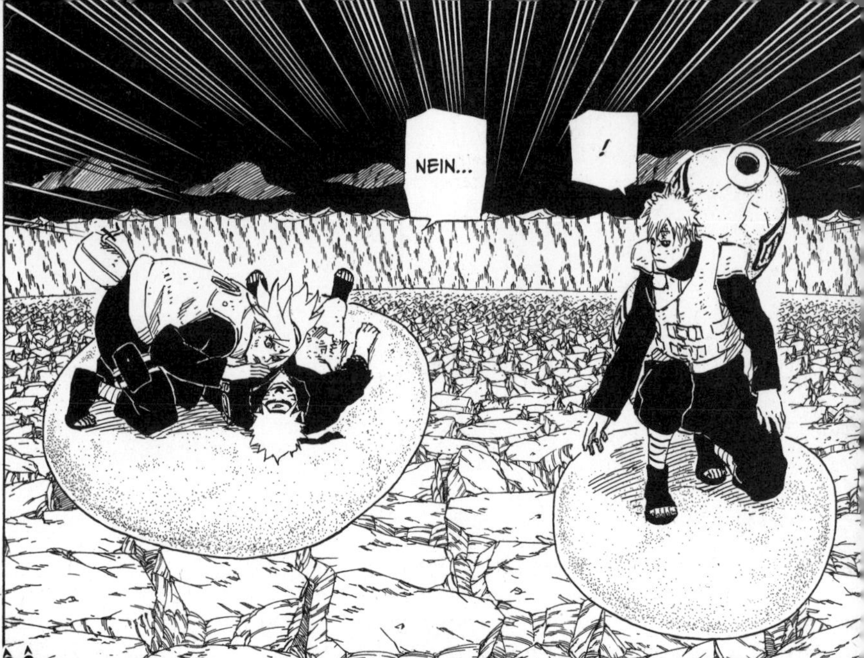

663. Kapitel: Keinesfalls!

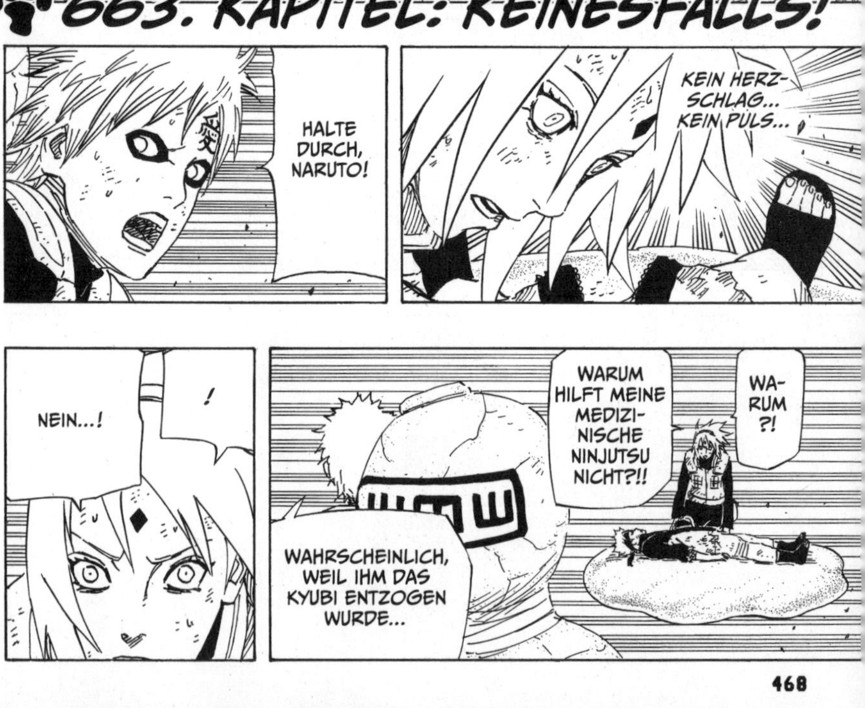

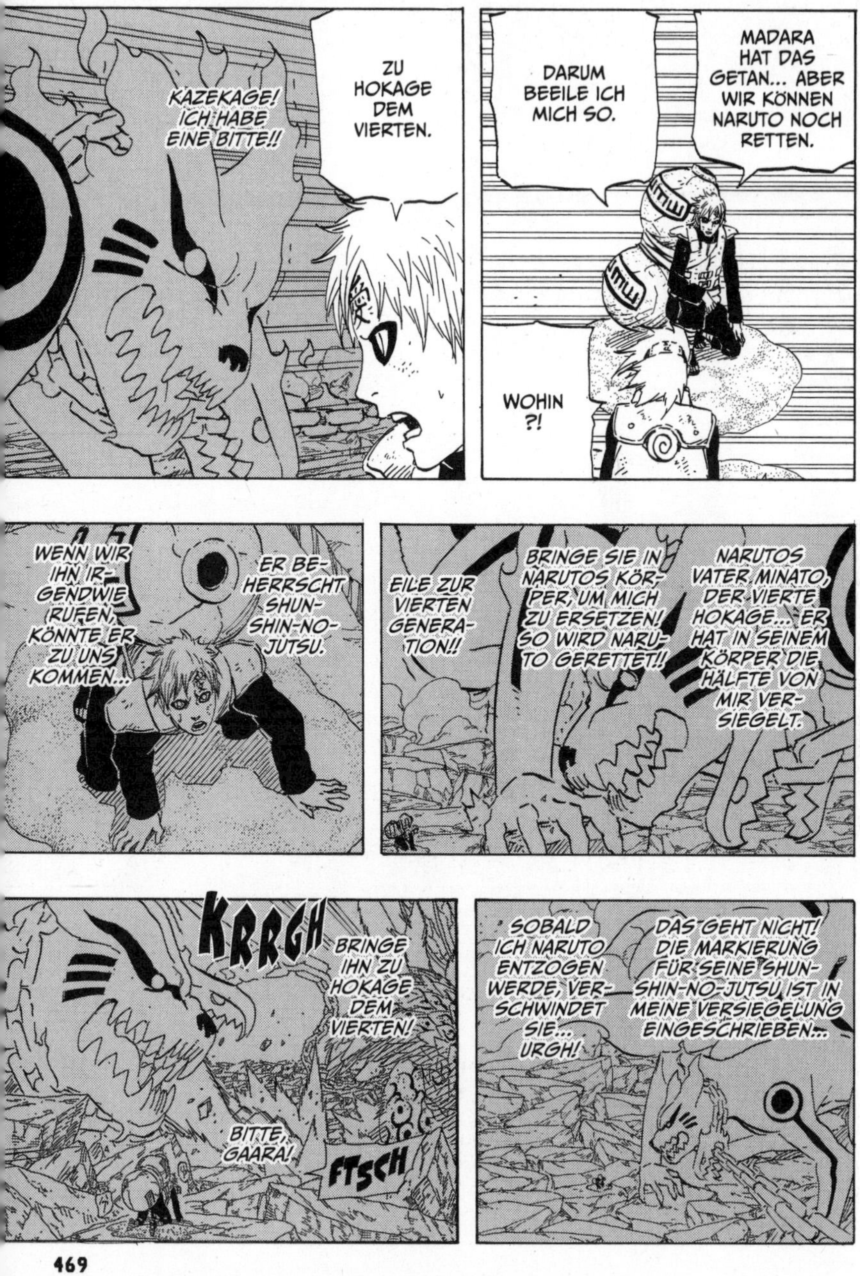
MADARA HAT DAS GETAN... ABER WIR KÖNNEN NARUTO NOCH RETTEN.
DARUM BEEILE ICH MICH SO.
WOHIN ?!
KAZEKAGE! ICH HABE EINE BITTE!!
ZU HOKAGE DEM VIERTEN.
NARUTOS VATER MINATO, DER VIERTE HOKAGE... ER HAT IN SEINEM KÖRPER DIE HÄLFTE VON MIR VERSIEGELT.
BRINGE SIE IN NARUTOS KÖRPER, UM MICH ZU ERSETZEN! SO WIRD NARUTO GERETTET!!
EILE ZUR VIERTEN GENERATION!!
ER BEHERRSCHT SHUNSHIN-NO-JUTSU.
WENN WIR IHN IRGENDWIE RUFEN, KÖNNTE ER ZU UNS KOMMEN...
DAS GEHT NICHT! DIE MARKIERUNG FÜR SEINE SHUNSHIN-NO-JUTSU IST IN MEINE VERSIEGELUNG EINGESCHRIEBEN...
SOBALD ICH NARUTO ENTZOGEN WERDE, VERSCHWINDET SIE... URGH!
KRRGH
BRINGE IHN ZU HOKAGE DEM VIERTEN!
BITTE, GAARA!
FTSCH

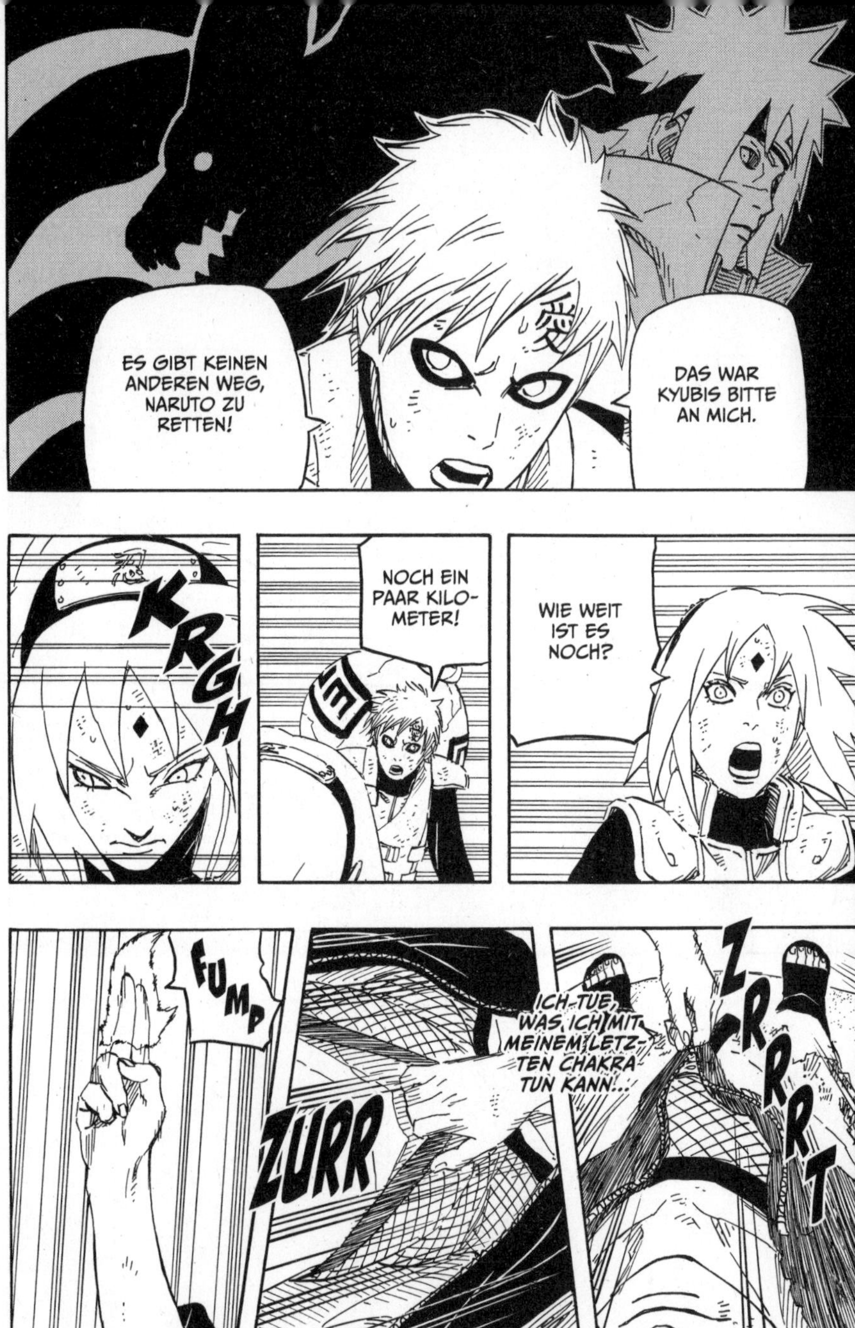
DAS WAR KYUBIS BITTE AN MICH.
ES GIBT KEINEN ANDEREN WEG, NARUTO ZU RETTEN!
WIE WEIT IST ES NOCH?
NOCH EIN PAAR KILOMETER!
KRGH
ZRRRRT
ICH TUE, WAS ICH MIT MEINEM LETZTEN CHAKRA TUN KANN...
ZURR
FUMP

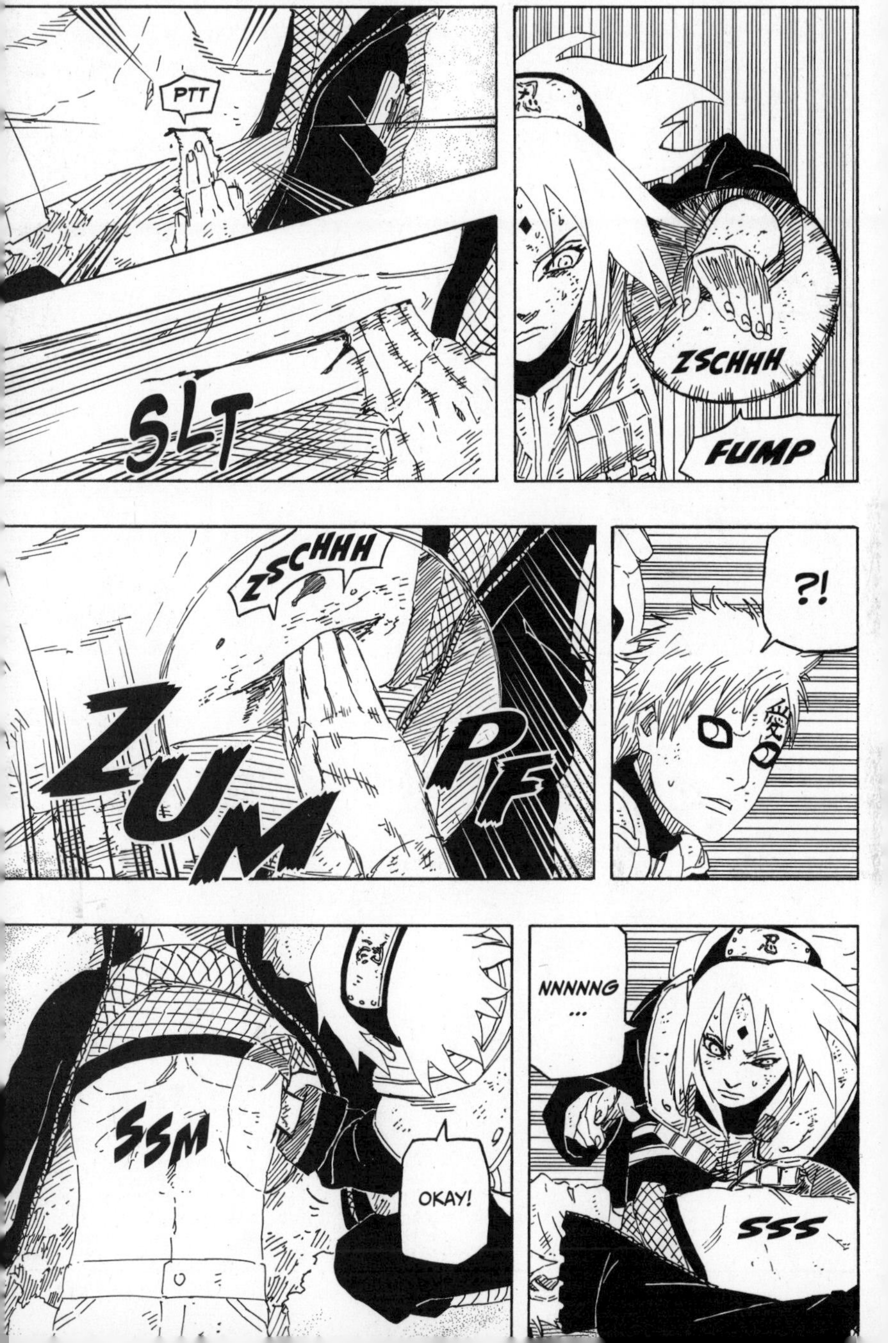
ZSCHHH
FUMP
PTT
SLT
?!
ZSCHHH
ZUMPF
NNNNNG ...
SSS
SSM
OKAY!

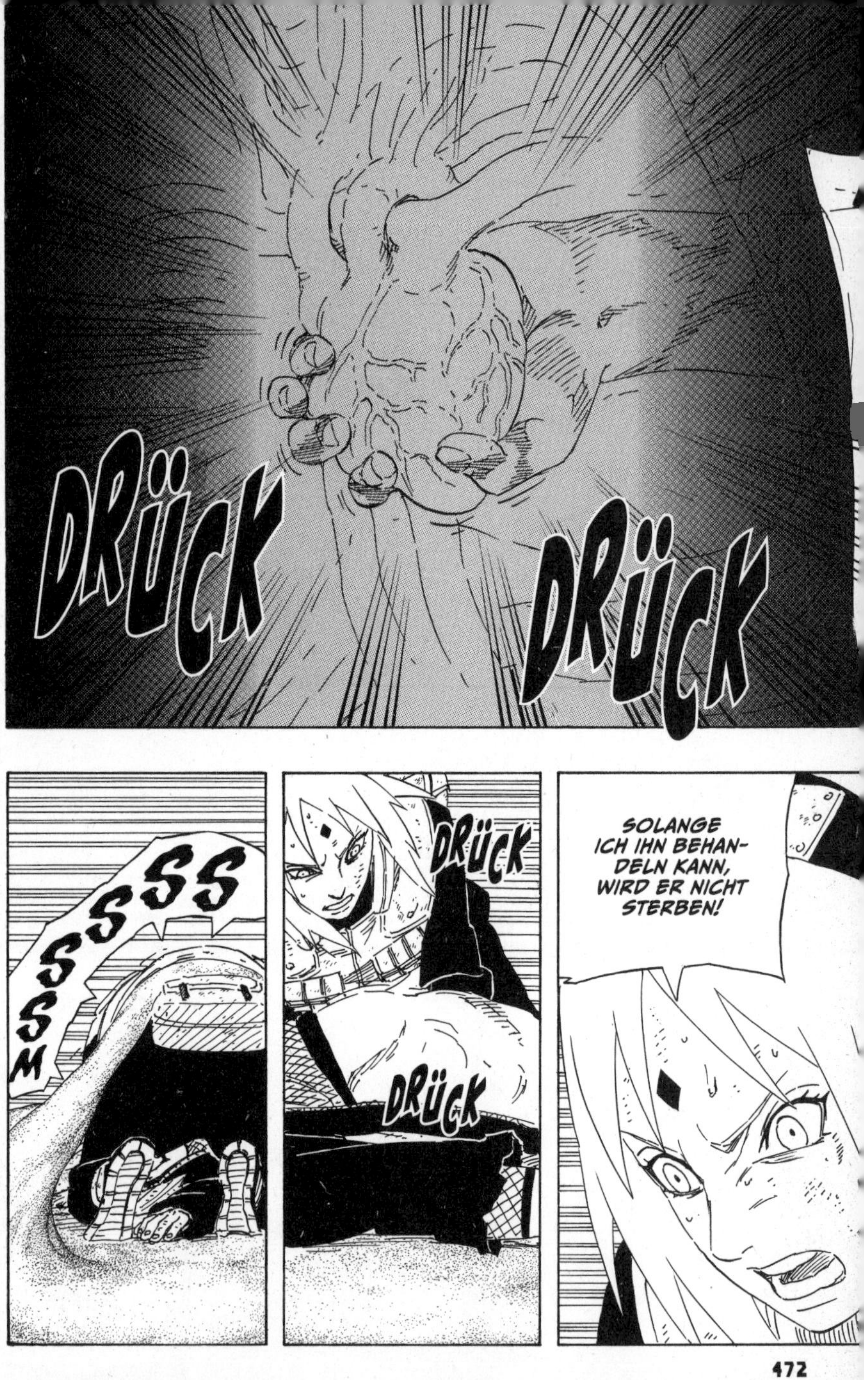
DRÜCK
DRÜCK
SOLANGE ICH IHN BEHAN-DELN KANN, WIRD ER NICHT STERBEN!
DRÜCK
DRÜCK
SSSSSSSM

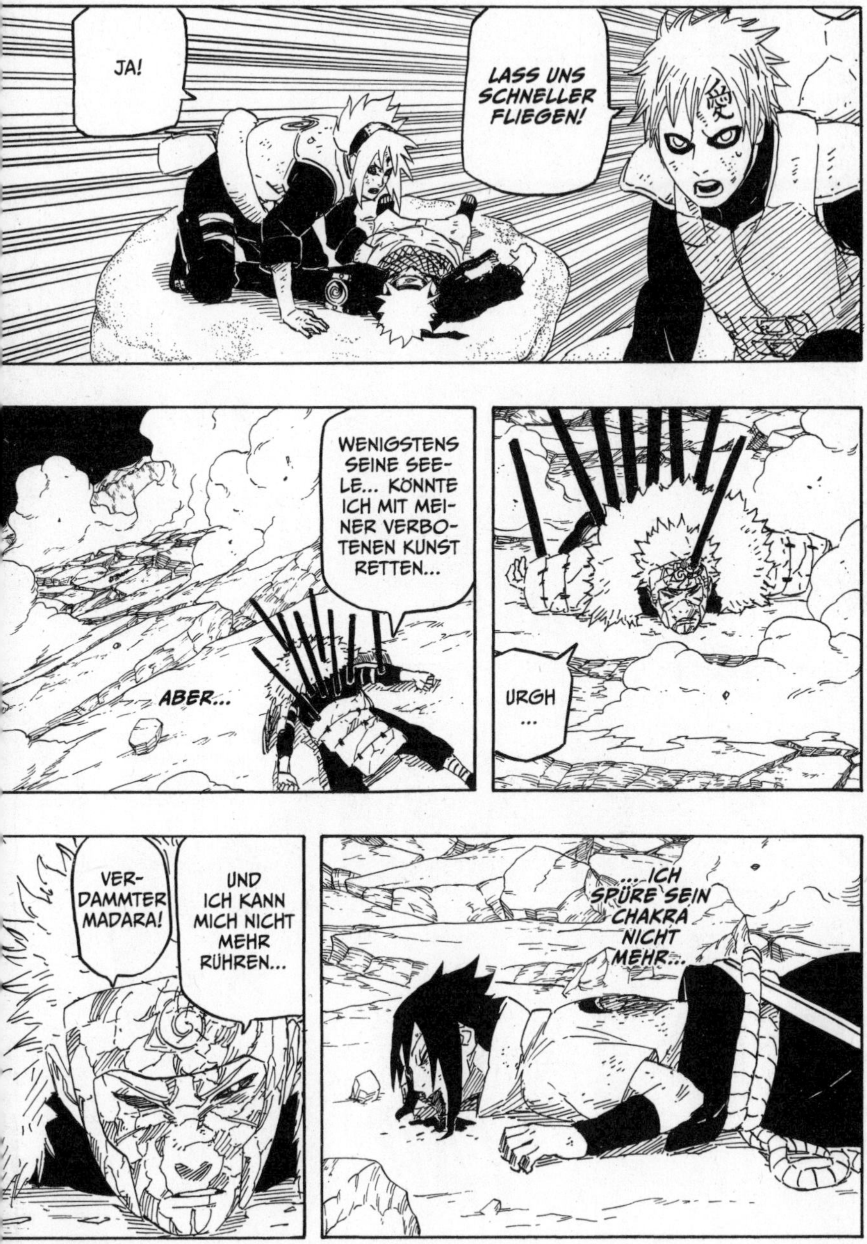
LASS UNS SCHNELLER FLIEGEN!
JA!
WENIGSTENS SEINE SEELE... KÖNNTE ICH MIT MEINER VERBOTENEN KUNST RETTEN...
ABER...
URGH ...
... ICH SPÜRE SEIN CHAKRA NICHT MEHR...
UND ICH KANN MICH NICHT MEHR RÜHREN...
VERDAMMTER MADARA!

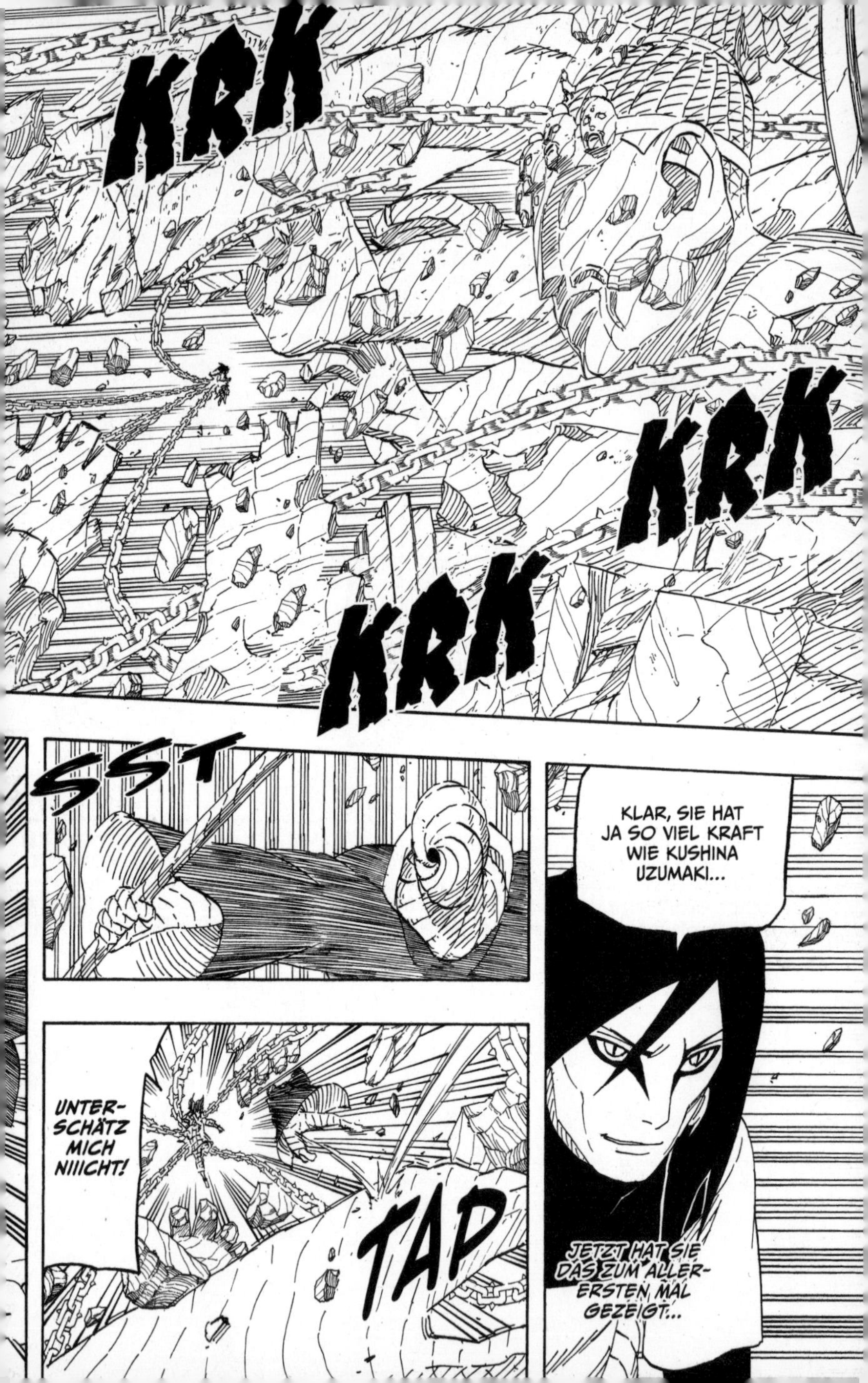
KRK
KRK
KRK
KLAR, SIE HAT JA SO VIEL KRAFT WIE KUSHINA UZUMAKI...
SST
JETZT HAT SIE DAS ZUM ALLER-ERSTEN MAL GEZEIGT...
TAP
UNTER-SCHÄTZ MICH NIIICHT!

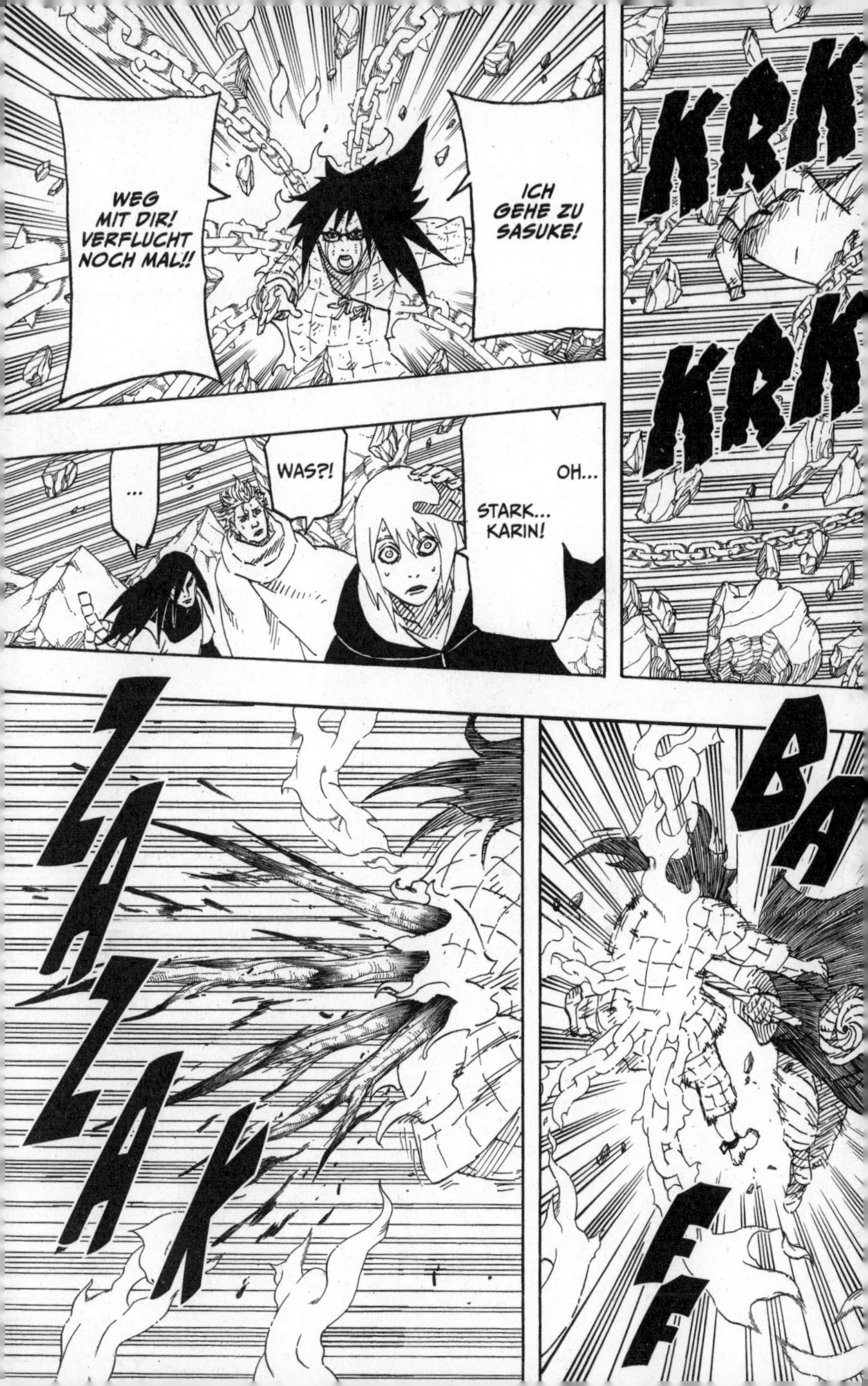
KRK
KRK
ICH GEHE ZU SASUKE!
WEG MIT DIR! VERFLUCHT NOCH MAL!!
OH... STARK... KARIN!
WAS?!
...

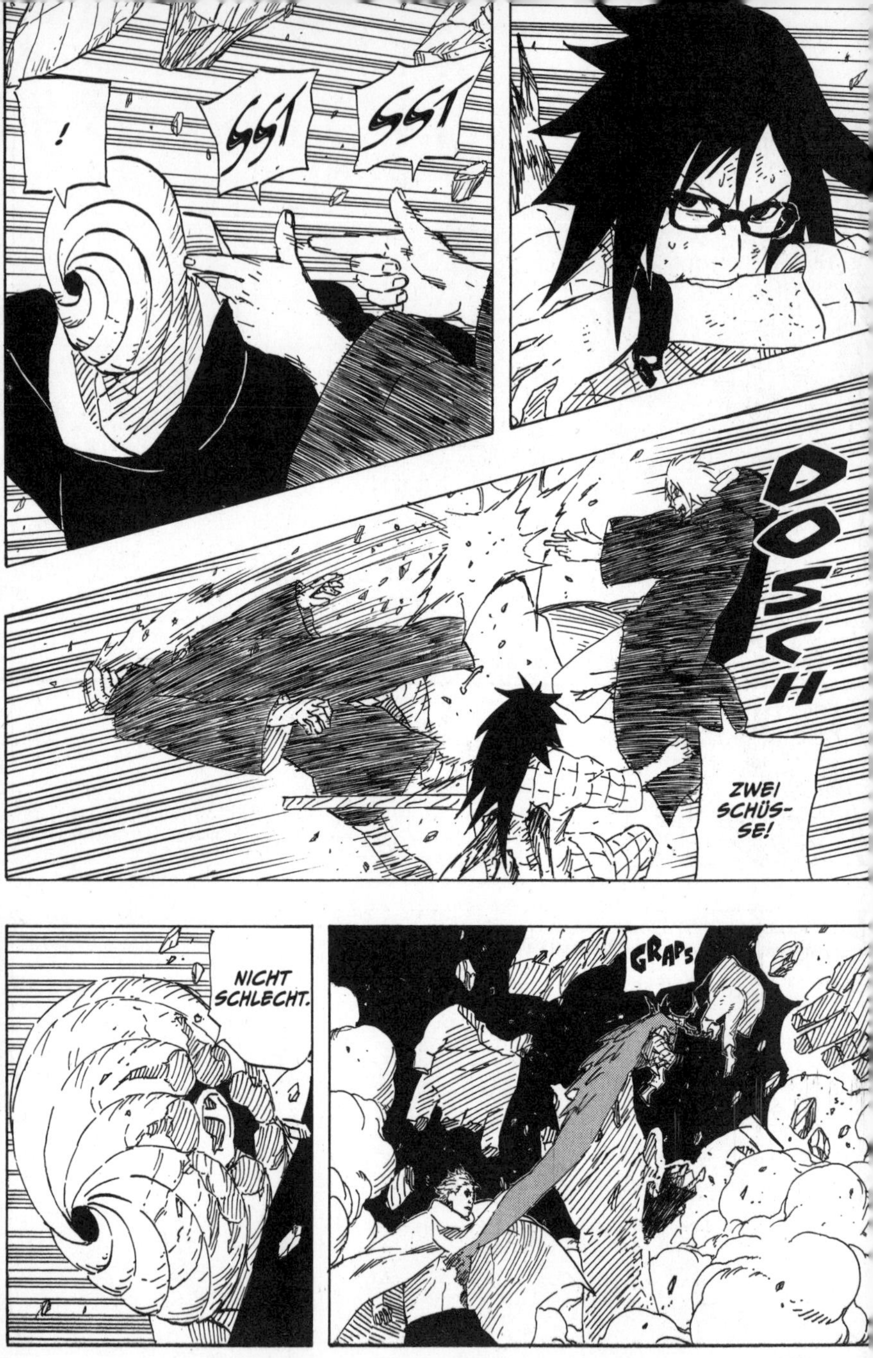
SST
SST
!
DOSCH
ZWEI SCHÜS-SE!
GRAPS
NICHT SCHLECHT.

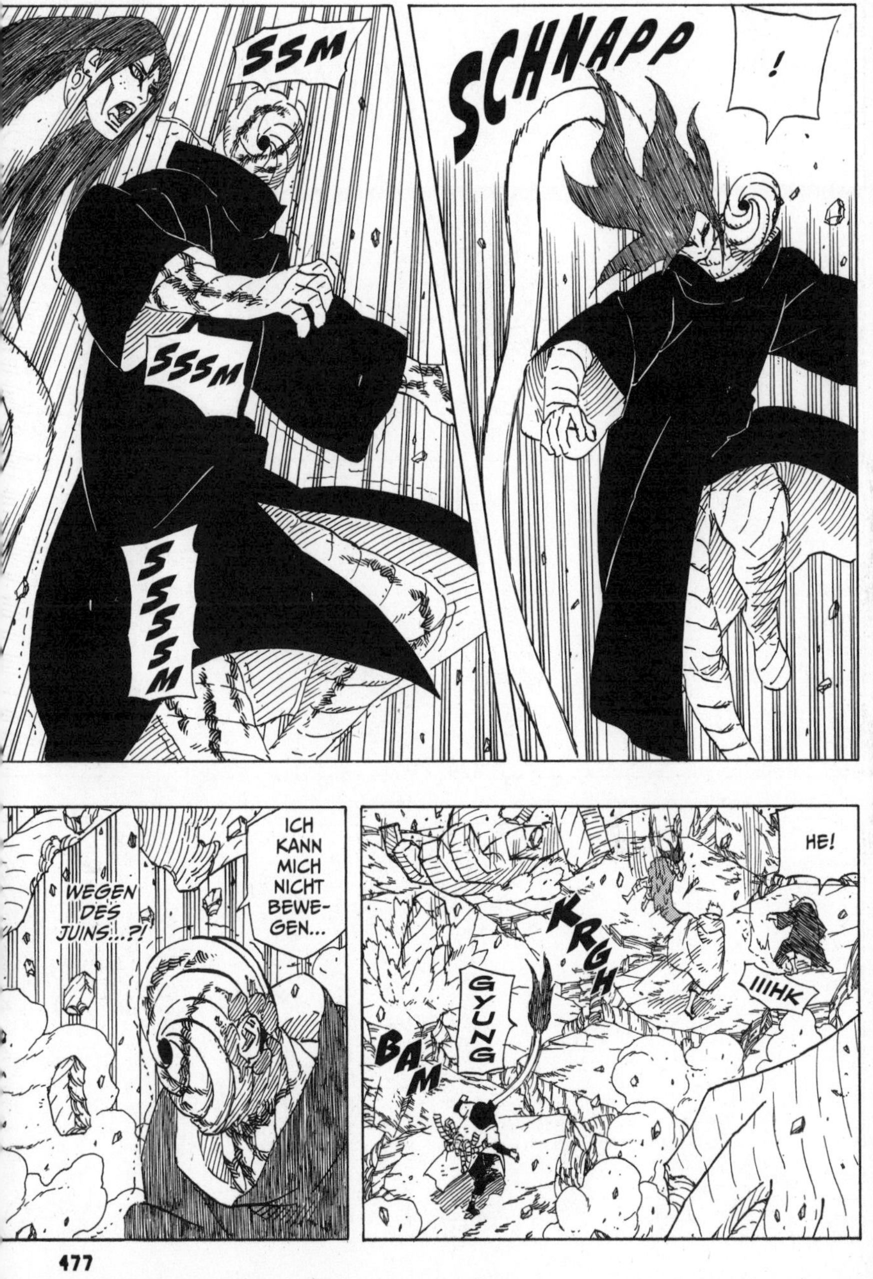

SCHNAPP
!
SSM
SSSM
SSSSM
HE!
KRGH
IIIHK
GYUNG
BAM
ICH KANN MICH NICHT BEWEGEN...
WEGEN DES JUINS...?!

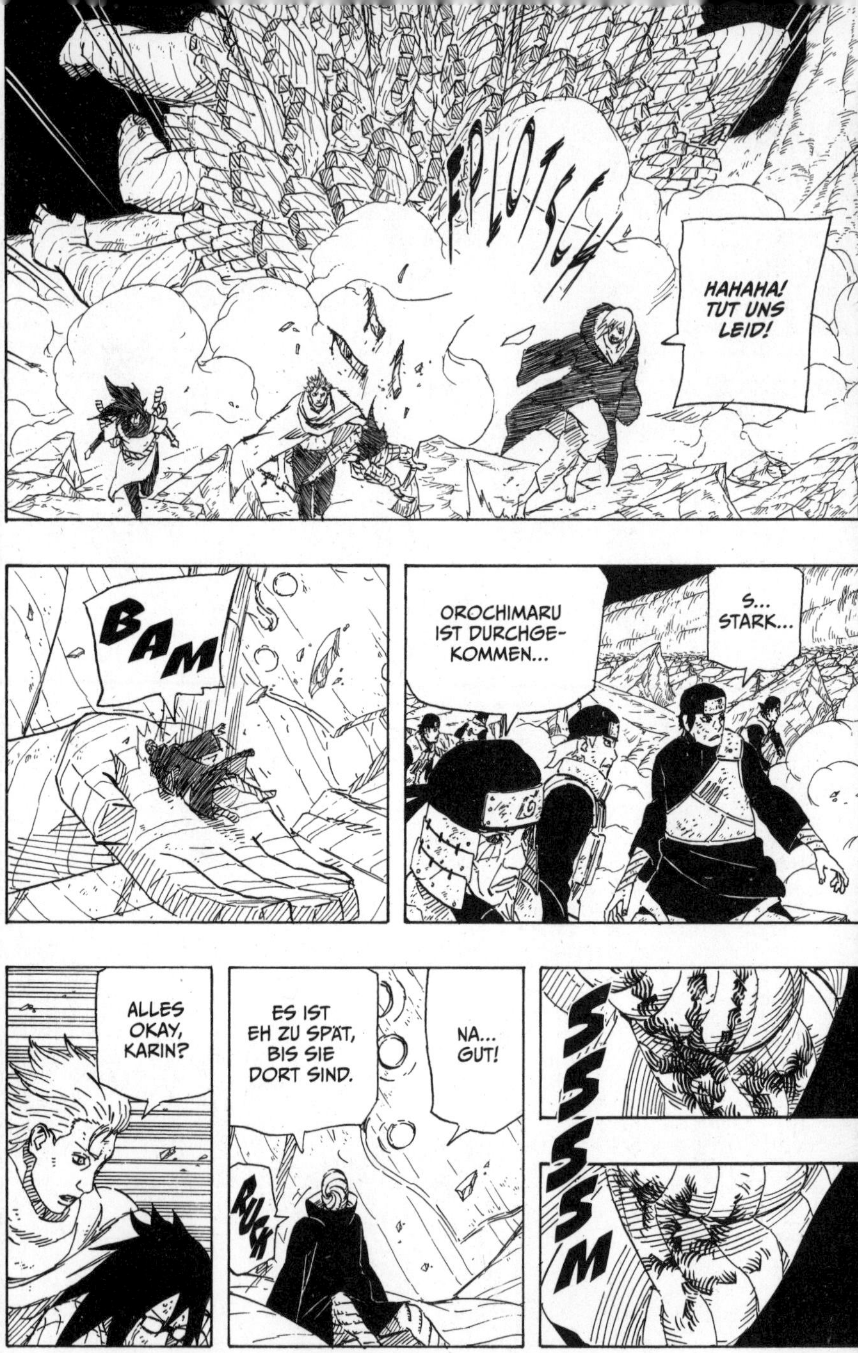

PLOTSCH
HAHAHA! TUT UNS LEID!
S... STARK...
OROCHIMARU IST DURCHGE-KOMMEN...
BAM
NA... GUT!
ES IST EH ZU SPÄT, BIS SIE DORT SIND.
ALLES OKAY, KARIN?
SSSSSM
RUCK

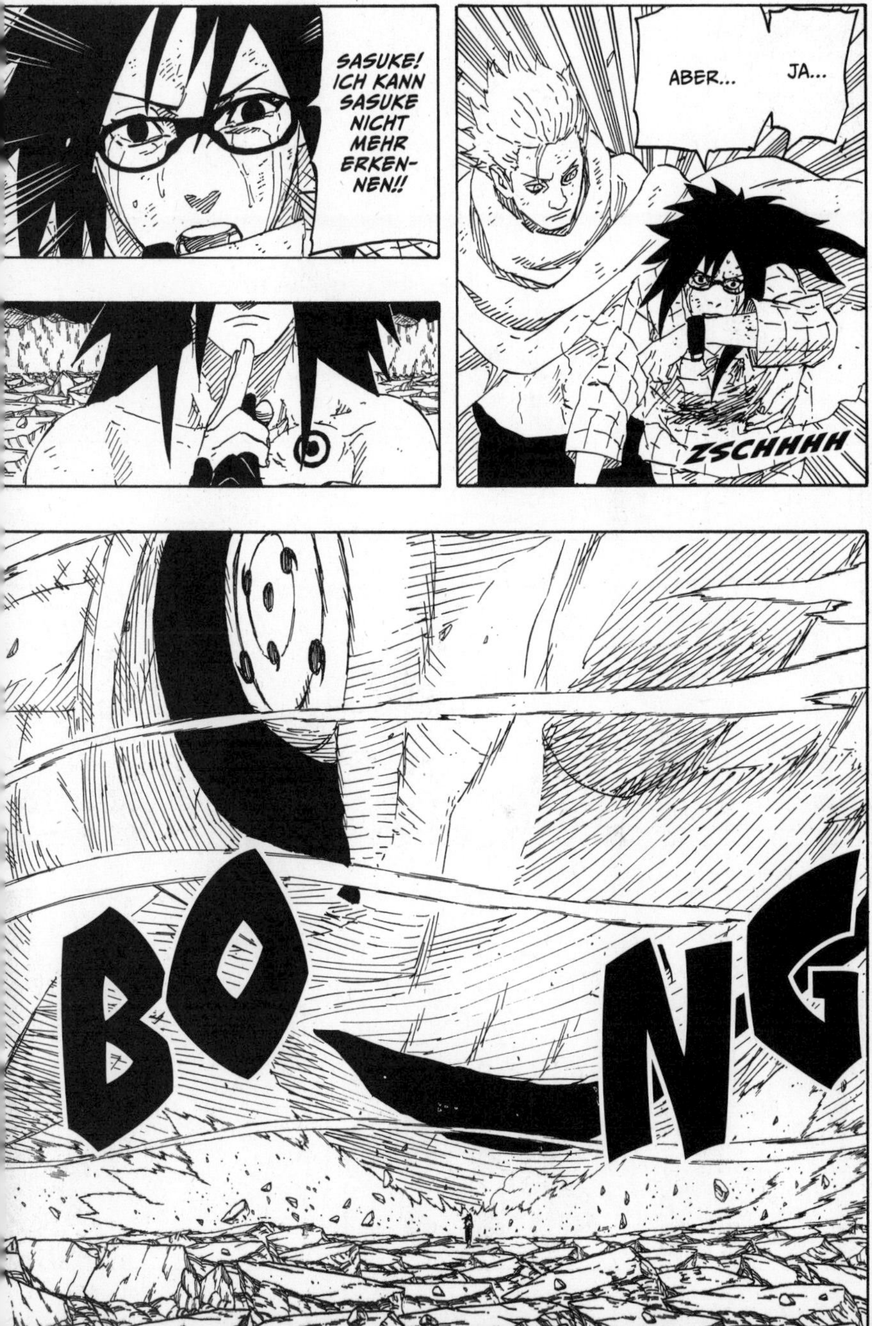
JA...
ABER...
ZSCHHHH
SASUKE! ICH KANN SASUKE NICHT MEHR ERKEN-NEN!!
BO NG

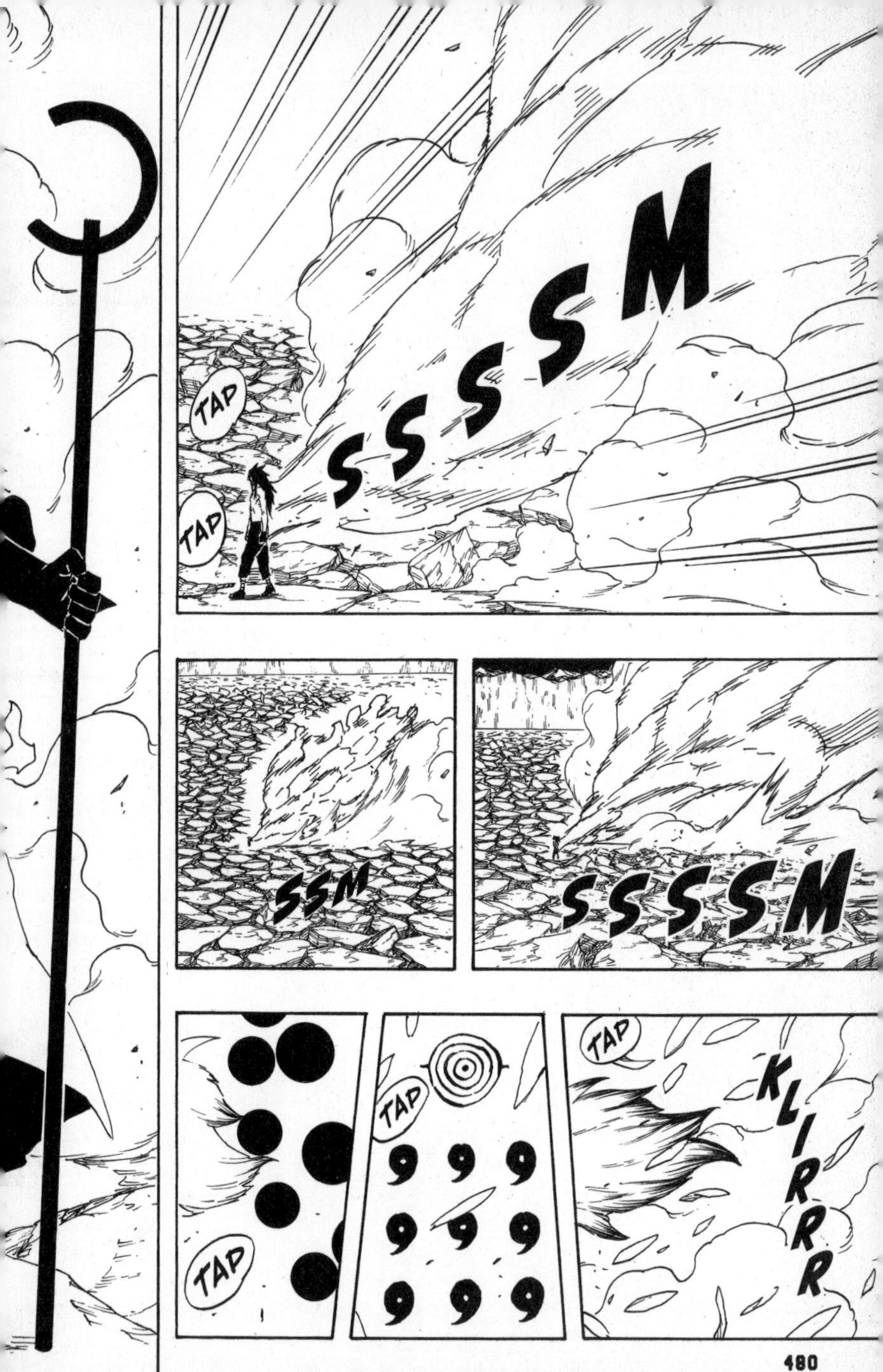
SSSSSM
TAP
TAP
SSM
SSSSM
TAP
KLIRRR
TAP
TAP

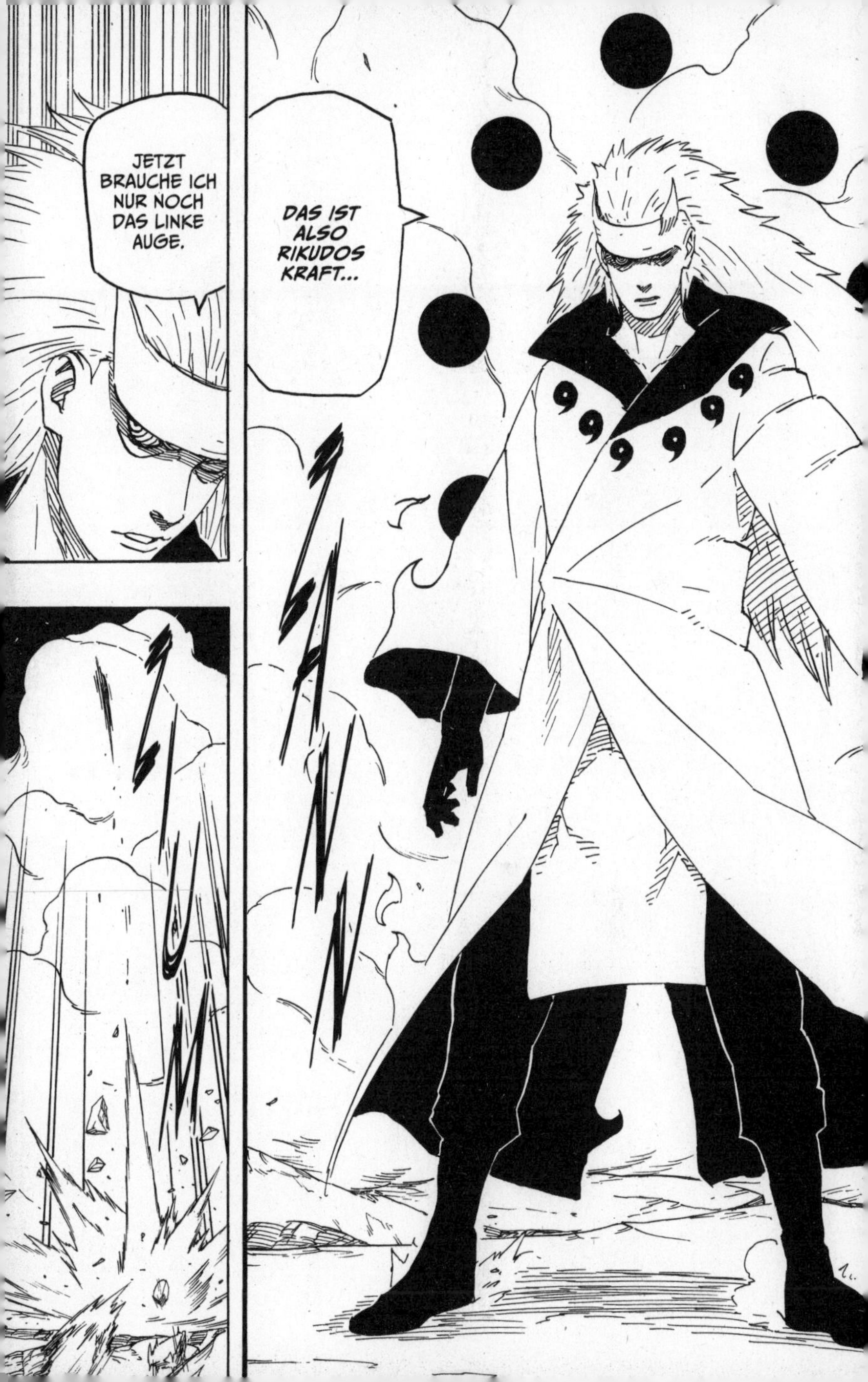
DAS IST ALSO RIKUDOS KRAFT...
JETZT BRAUCHE ICH NUR NOCH DAS LINKE AUGE.

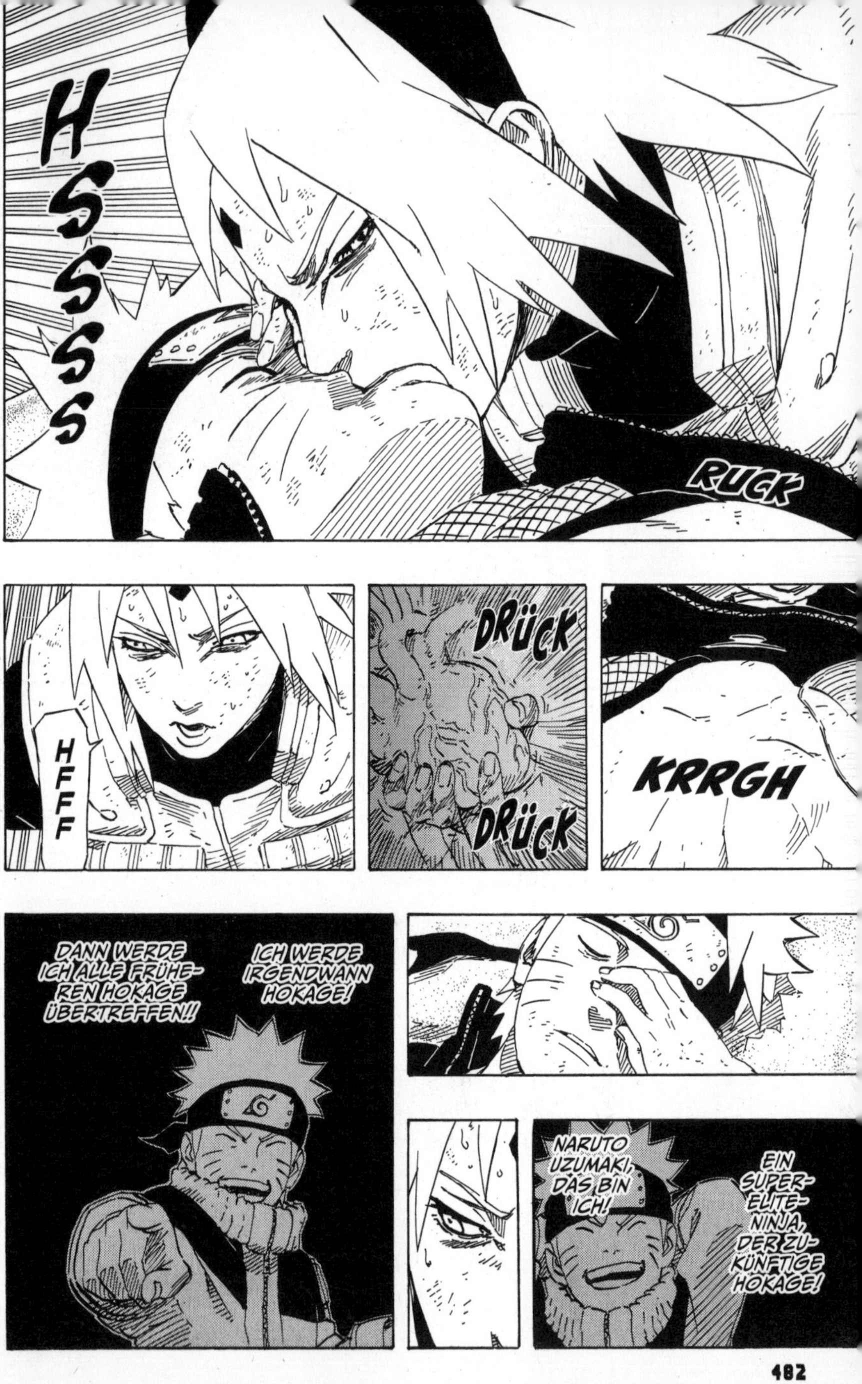
RUCK
HSSSSS
KRRGH
DRÜCK
DRÜCK
HFFF
EIN SUPER-ELITE-NINJA, DER ZUKÜNFTIGE HOKAGE!
NARUTO UZUMAKI, DAS BIN ICH!
ICH WERDE IRGENDWANN HOKAGE!
DANN WERDE ICH ALLE FRÜHEREN HOKAGE ÜBERTREFFEN!!

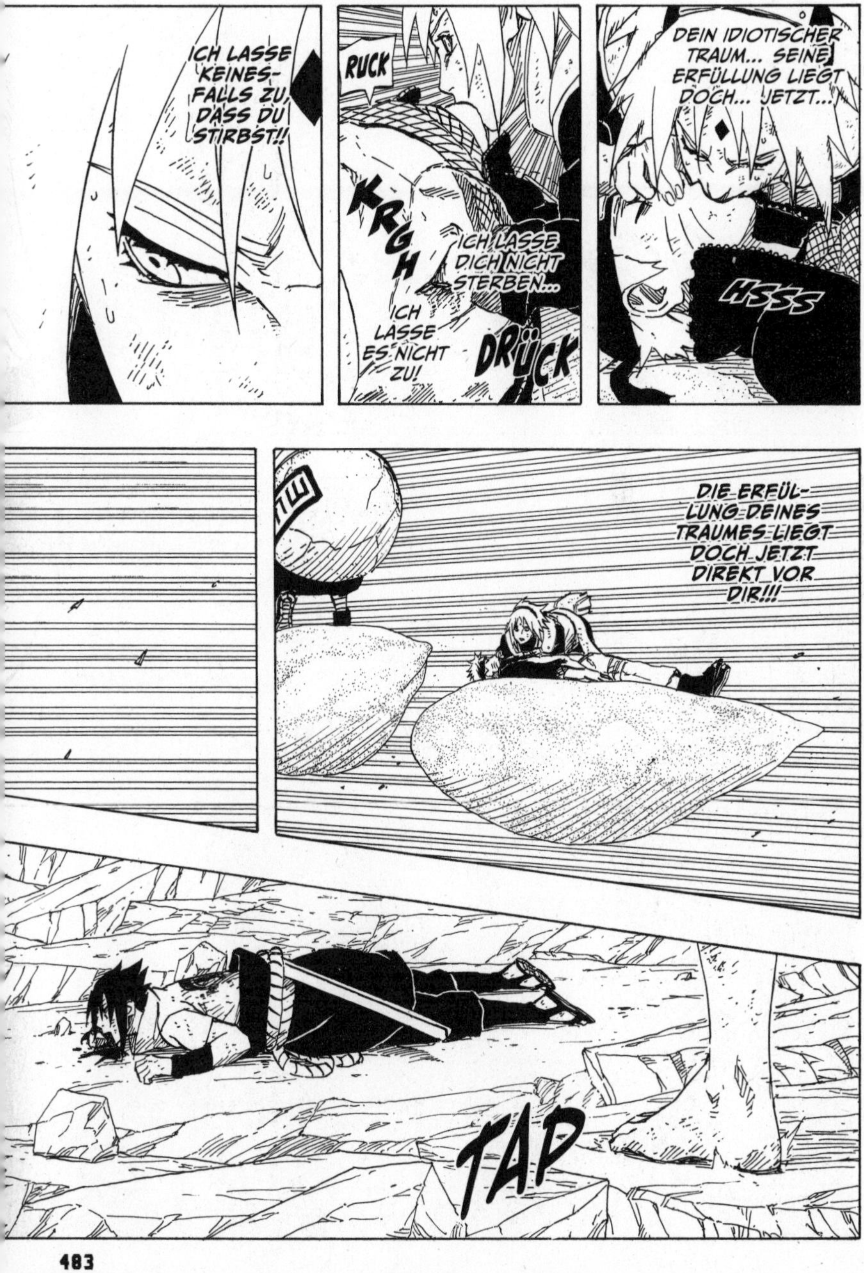
DEIN IDIOTISCHER TRAUM... SEINE ERFÜLLUNG LIEGT DOCH... JETZT...
HSSS
RUCK
KRGH
ICH LASSE DICH NICHT STERBEN...
ICH LASSE ES NICHT ZU!
DRÜCK
ICH LASSE KEINES-FALLS ZU, DASS DU STIRBST!!
DIE ERFÜL-LUNG DEINES TRAUMES LIEGT DOCH JETZT DIREKT VOR DIR!!!
TAP

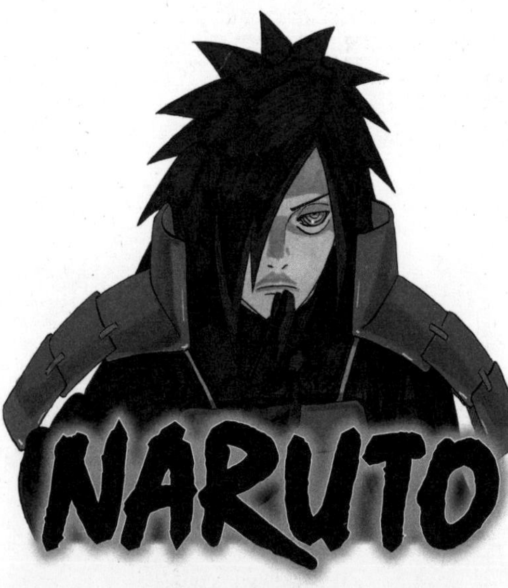
NARUTO

664. Kapitel: Weil ich sein Vater bin!

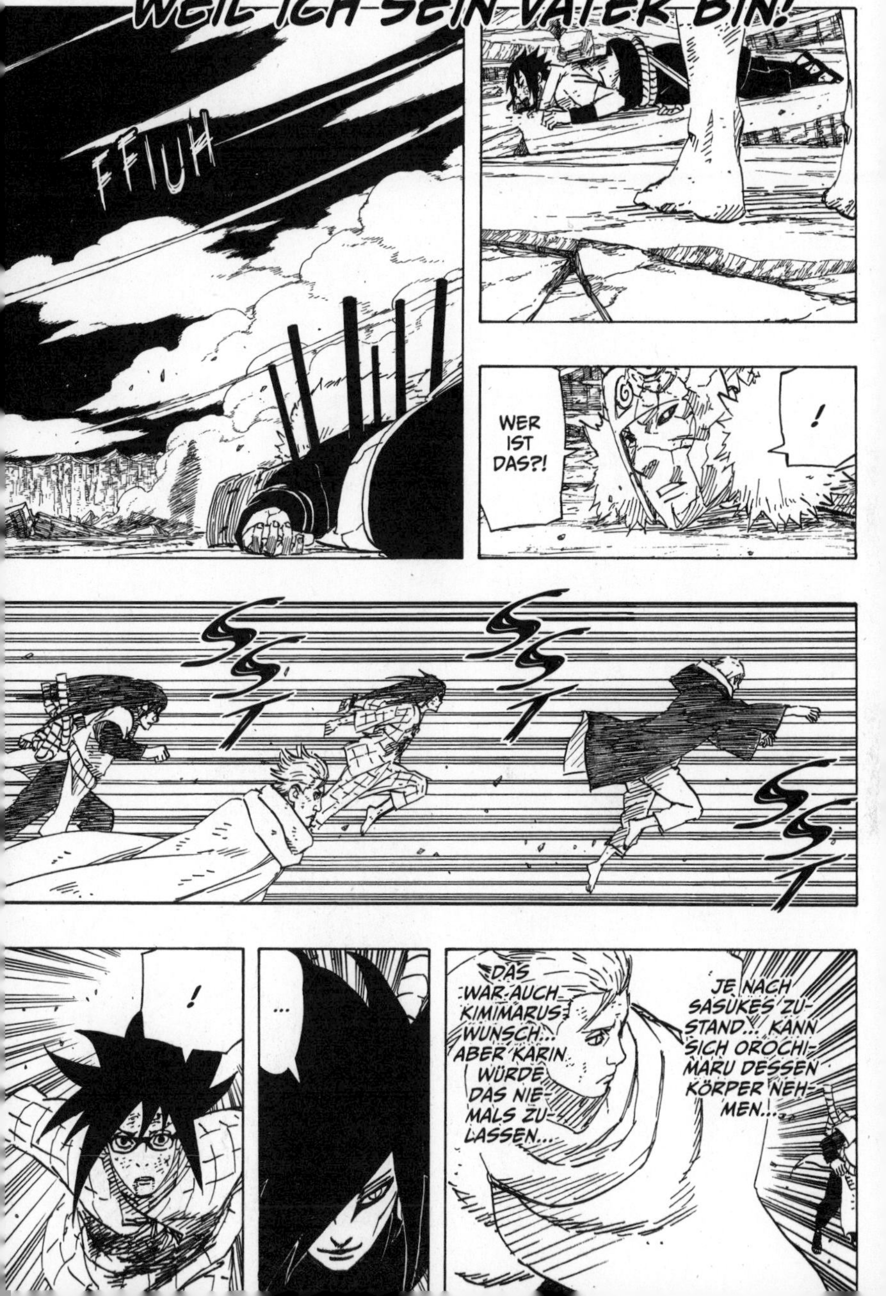

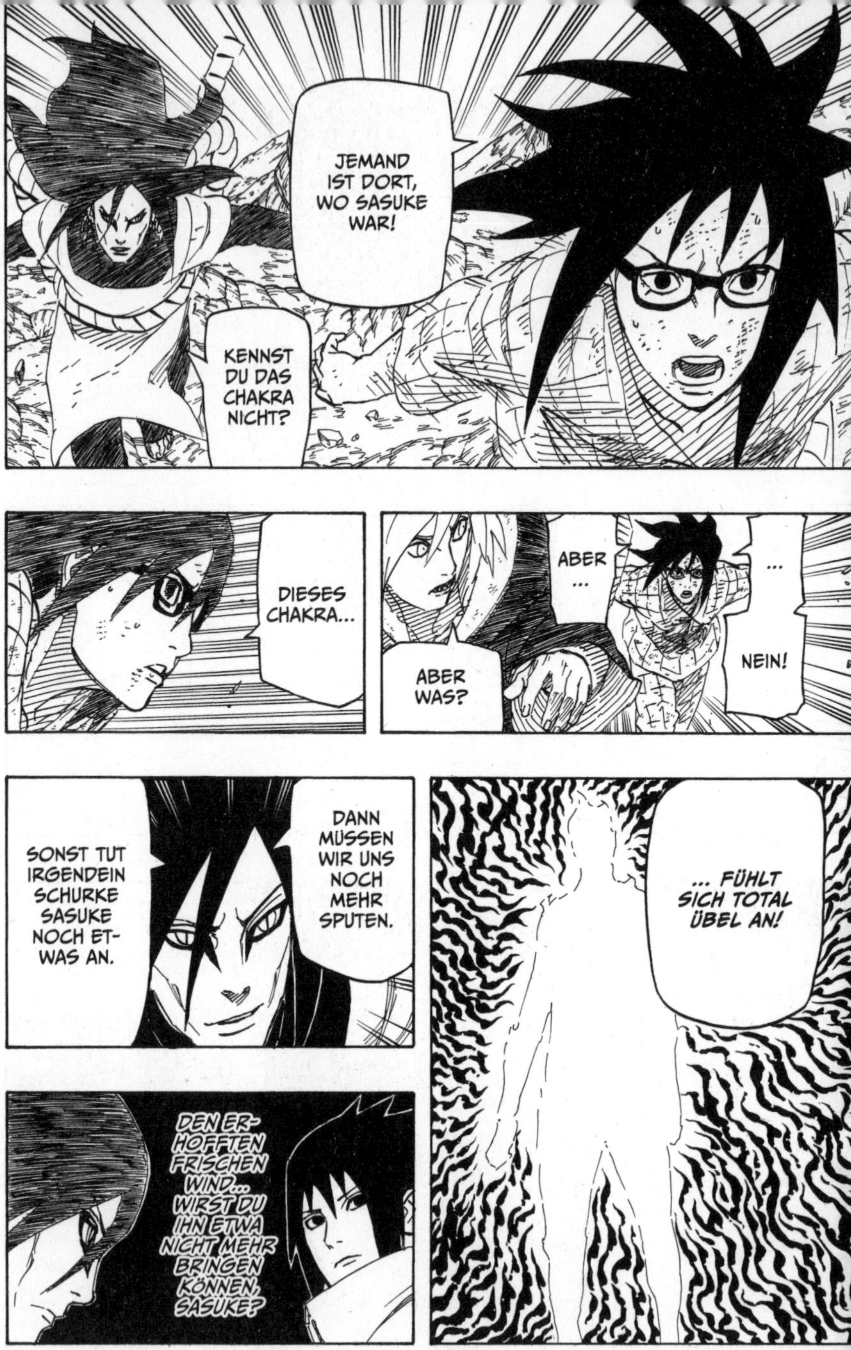
JEMAND IST DORT, WO SASUKE WAR!
KENNST DU DAS CHAKRA NICHT?
... NEIN!
ABER ...
ABER WAS?
DIESES CHAKRA...
... FÜHLT SICH TOTAL ÜBEL AN!
DANN MÜSSEN WIR UNS NOCH MEHR SPUTEN.
SONST TUT IRGENDEIN SCHURKE SASUKE NOCH ET-WAS AN.
DEN ER-HOFFTEN FRISCHEN WIND... WIRST DU IHN ETWA NICHT MEHR BRINGEN KÖNNEN, SASUKE?

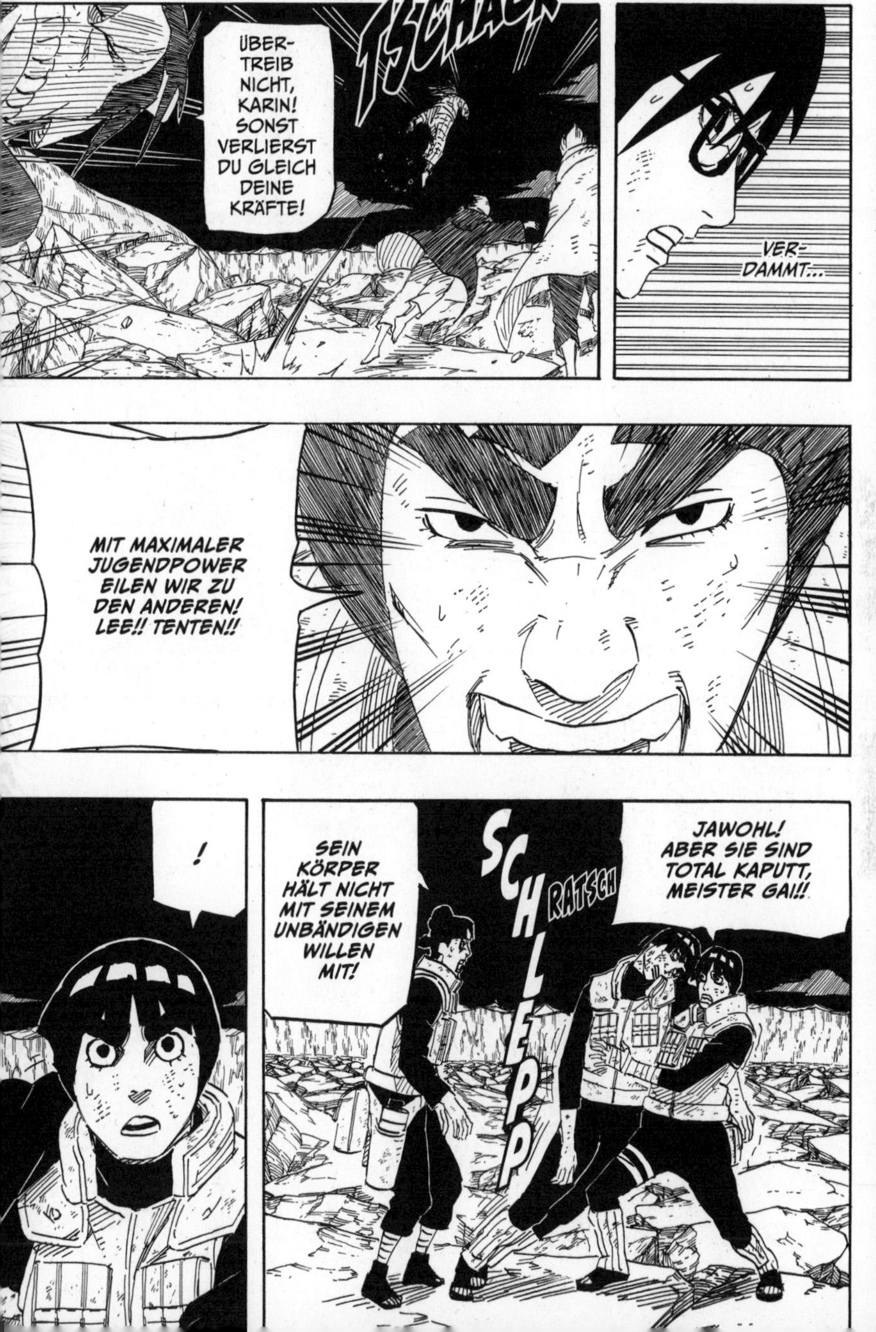
TSCHACK
VER-DAMMT...
ÜBER-TREIB NICHT, KARIN! SONST VERLIERST DU GLEICH DEINE KRÄFTE!
MIT MAXIMALER JUGENDPOWER EILEN WIR ZU DEN ANDEREN! LEE!! TENTEN!!
JAWOHL! ABER SIE SIND TOTAL KAPUTT, MEISTER GAI!!
RATSCH
SCHLEPP
SEIN KÖRPER HÄLT NICHT MIT SEINEM UNBÄNDIGEN WILLEN MIT!
!

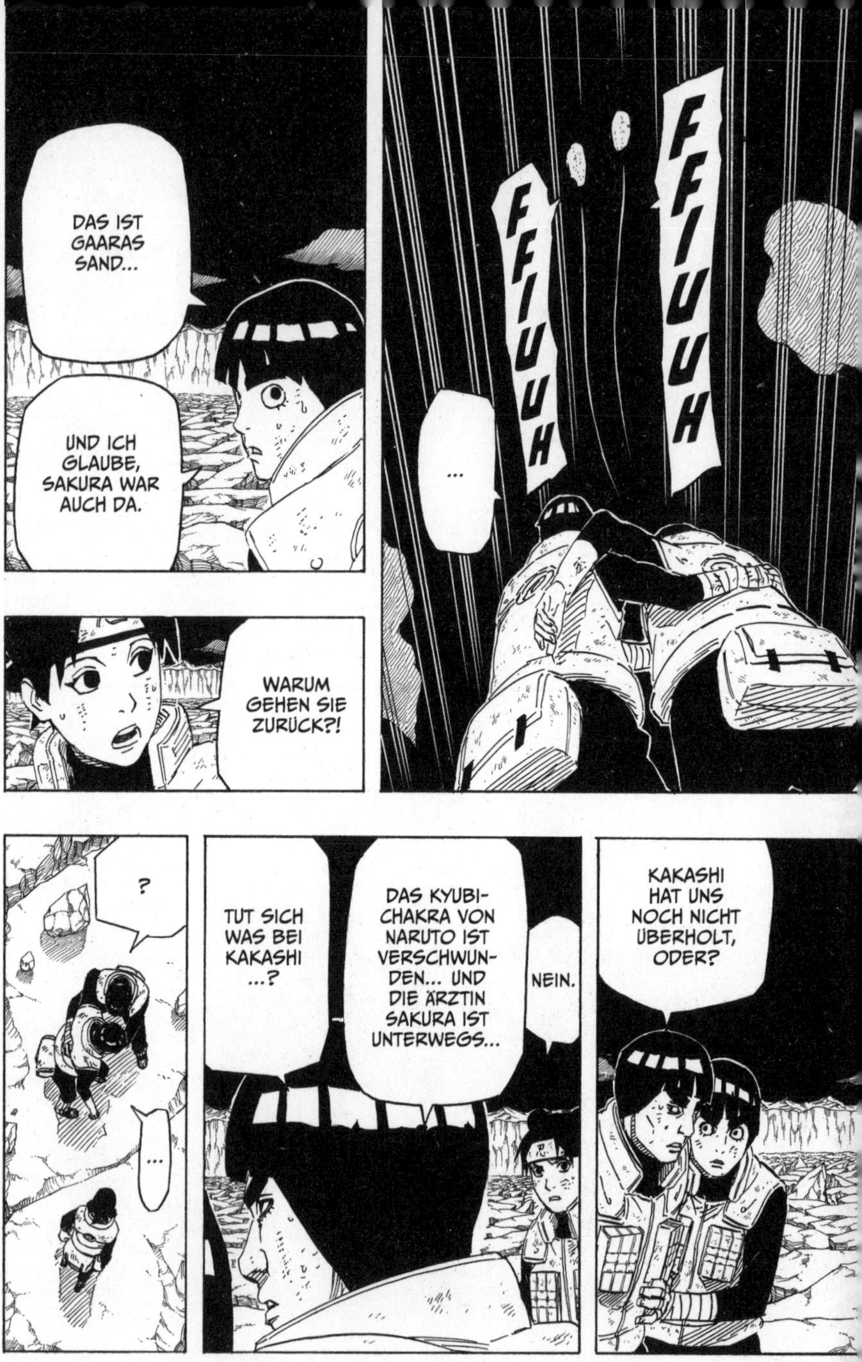

FFIUUH
FFIUUH
...
DAS IST GAARAS SAND...
UND ICH GLAUBE, SAKURA WAR AUCH DA.
WARUM GEHEN SIE ZURÜCK?!
KAKASHI HAT UNS NOCH NICHT ÜBERHOLT, ODER?
NEIN.
DAS KYUBI-CHAKRA VON NARUTO IST VERSCHWUN-DEN... UND DIE ÄRZTIN SAKURA IST UNTERWEGS...
TUT SICH WAS BEI KAKASHI ...?
?
...

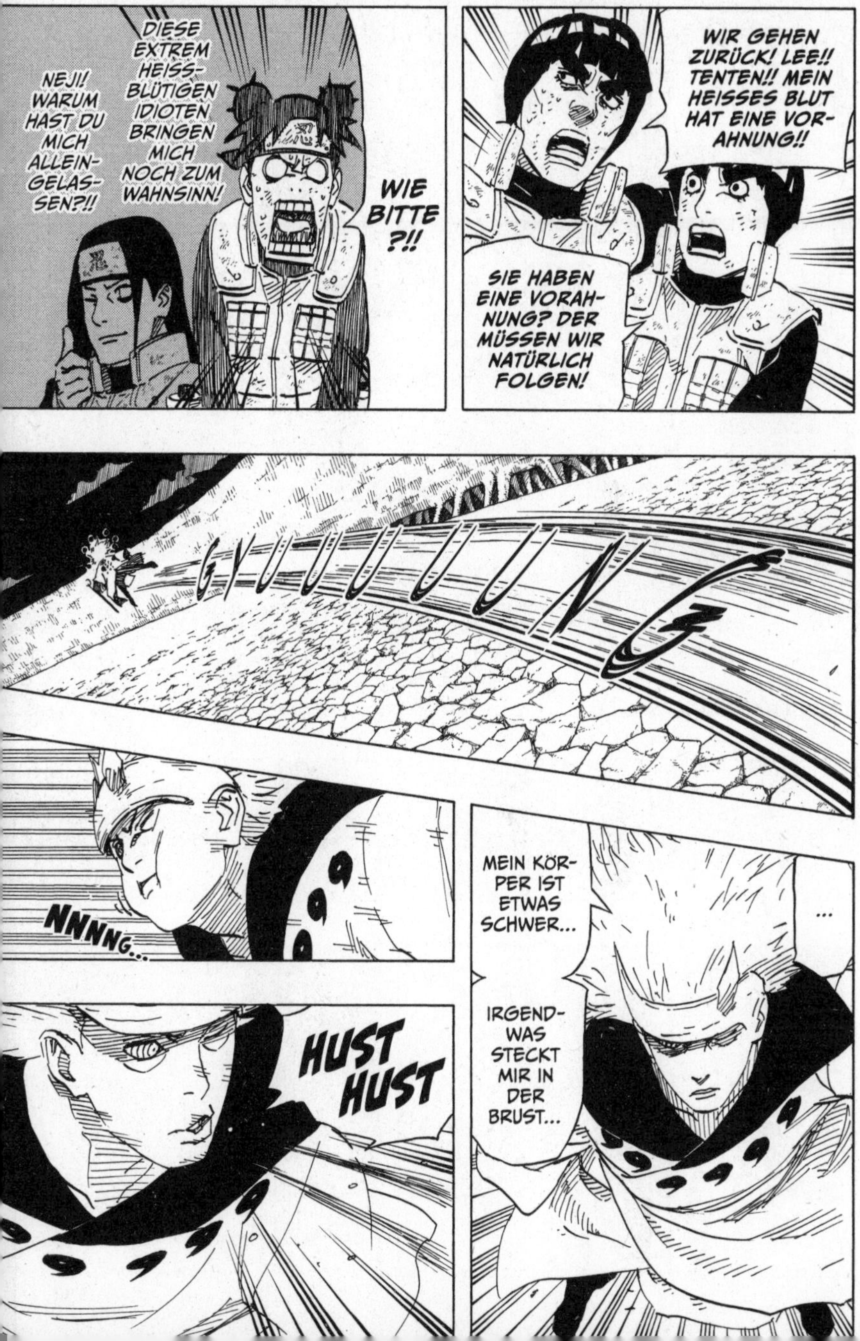
WIR GEHEN ZURÜCK! LEE!! TENTEN!! MEIN HEISSES BLUT HAT EINE VORAHNUNG!!
SIE HABEN EINE VORAHNUNG? DER MÜSSEN WIR NATÜRLICH FOLGEN!
WIE BITTE ?!!
DIESE EXTREM HEISSBLÜTIGEN IDIOTEN BRINGEN MICH NOCH ZUM WAHNSINN!
NEJI! WARUM HAST DU MICH ALLEINGELASSEN?!!
GYUUUUUUNG
...
MEIN KÖRPER IST ETWAS SCHWER...
NNNNG...
IRGENDWAS STECKT MIR IN DER BRUST...
HUST HUST

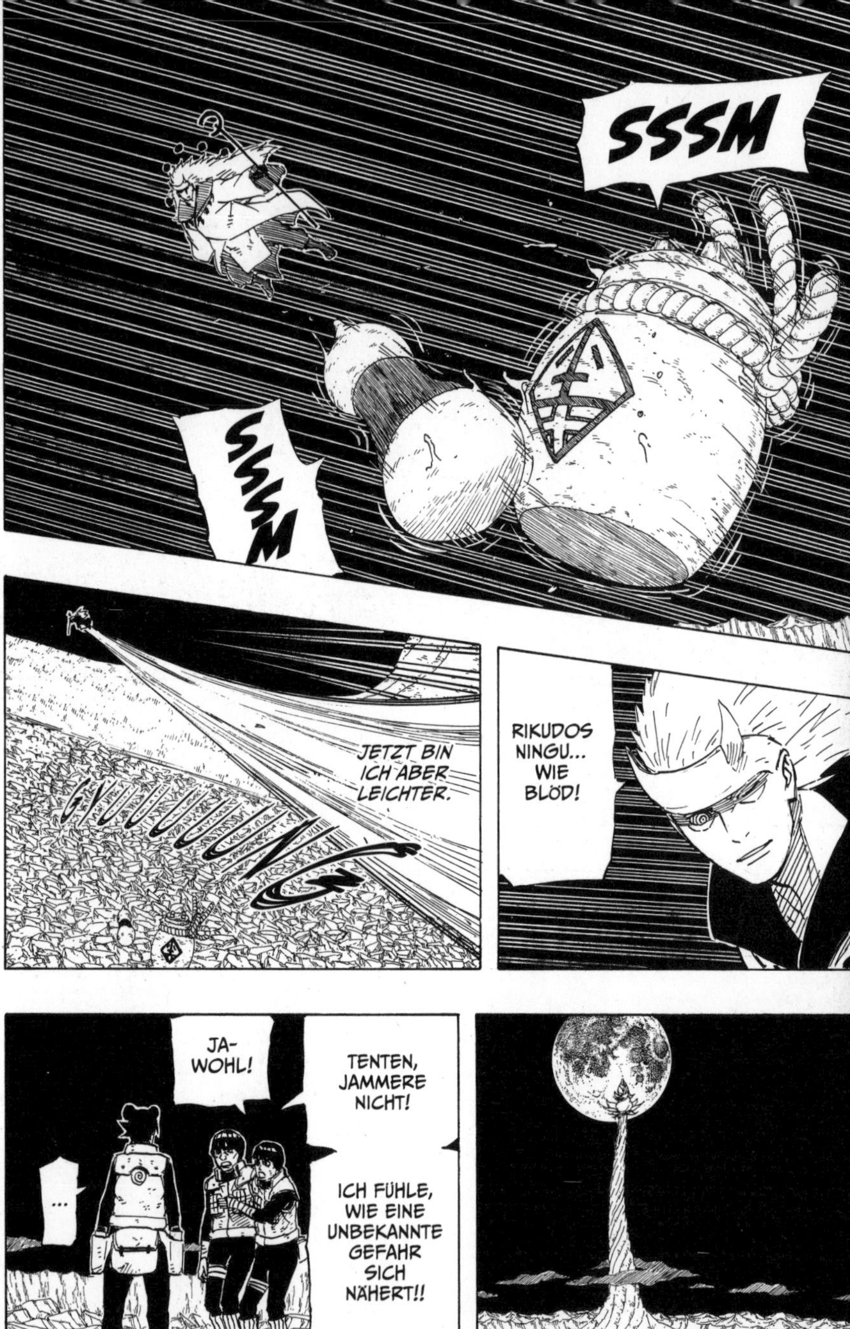
SSSM
SSSM
RIKUDOS NINGU... WIE BLÖD!
JETZT BIN ICH ABER LEICHTER.
GYUUUUUNG
TENTEN, JAMMERE NICHT!
JA-WOHL!
ICH FÜHLE, WIE EINE UNBEKANNTE GEFAHR SICH NÄHERT!!
...

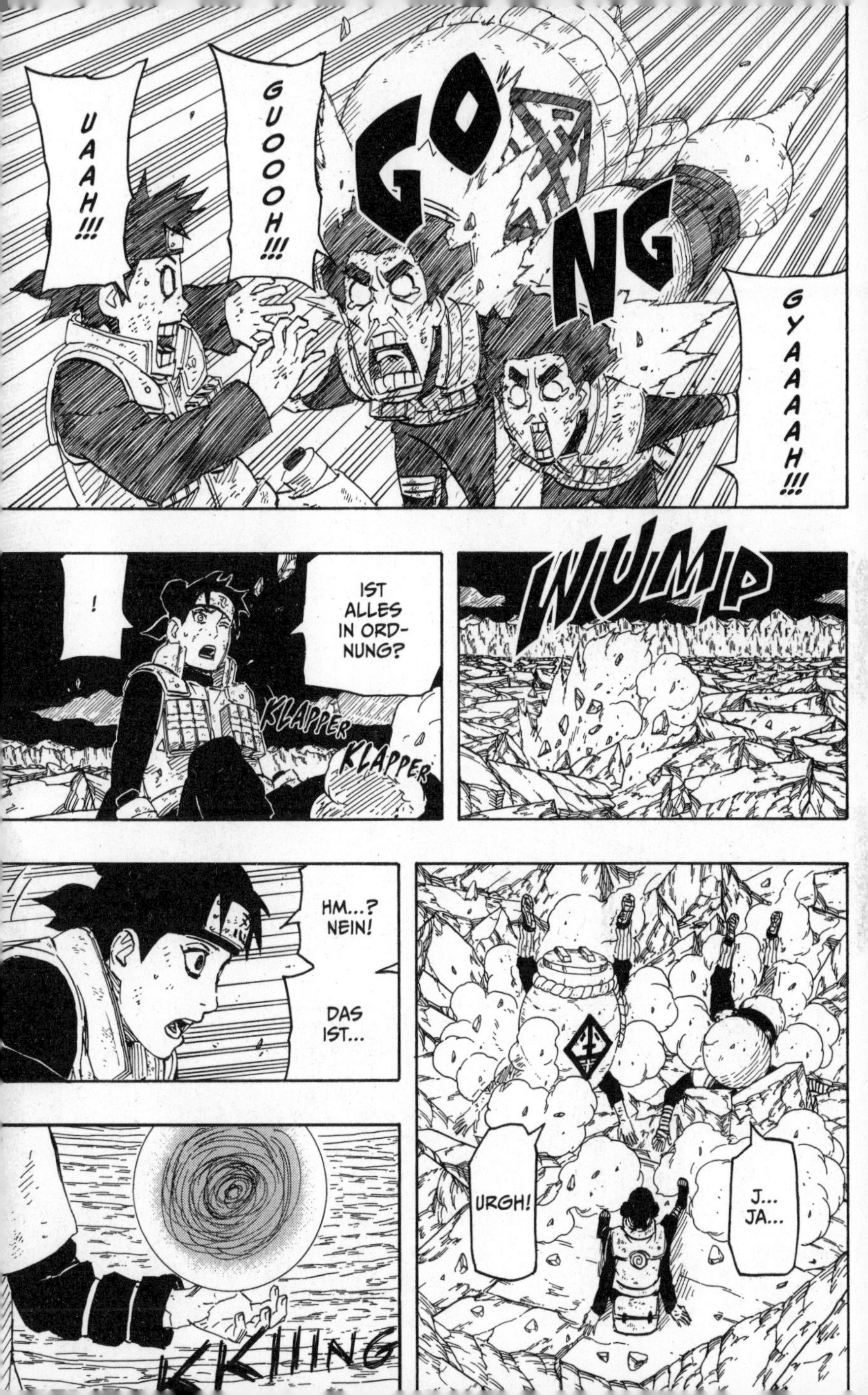
GYAAAAAH!!!
GONG
GUOOOH!!!
UAAH!!!
WUMP
IST ALLES IN ORDNUNG?
!
KLAPPER KLAPPER
J... JA...
URGH!
HM...? NEIN!
DAS IST...
KKIIING

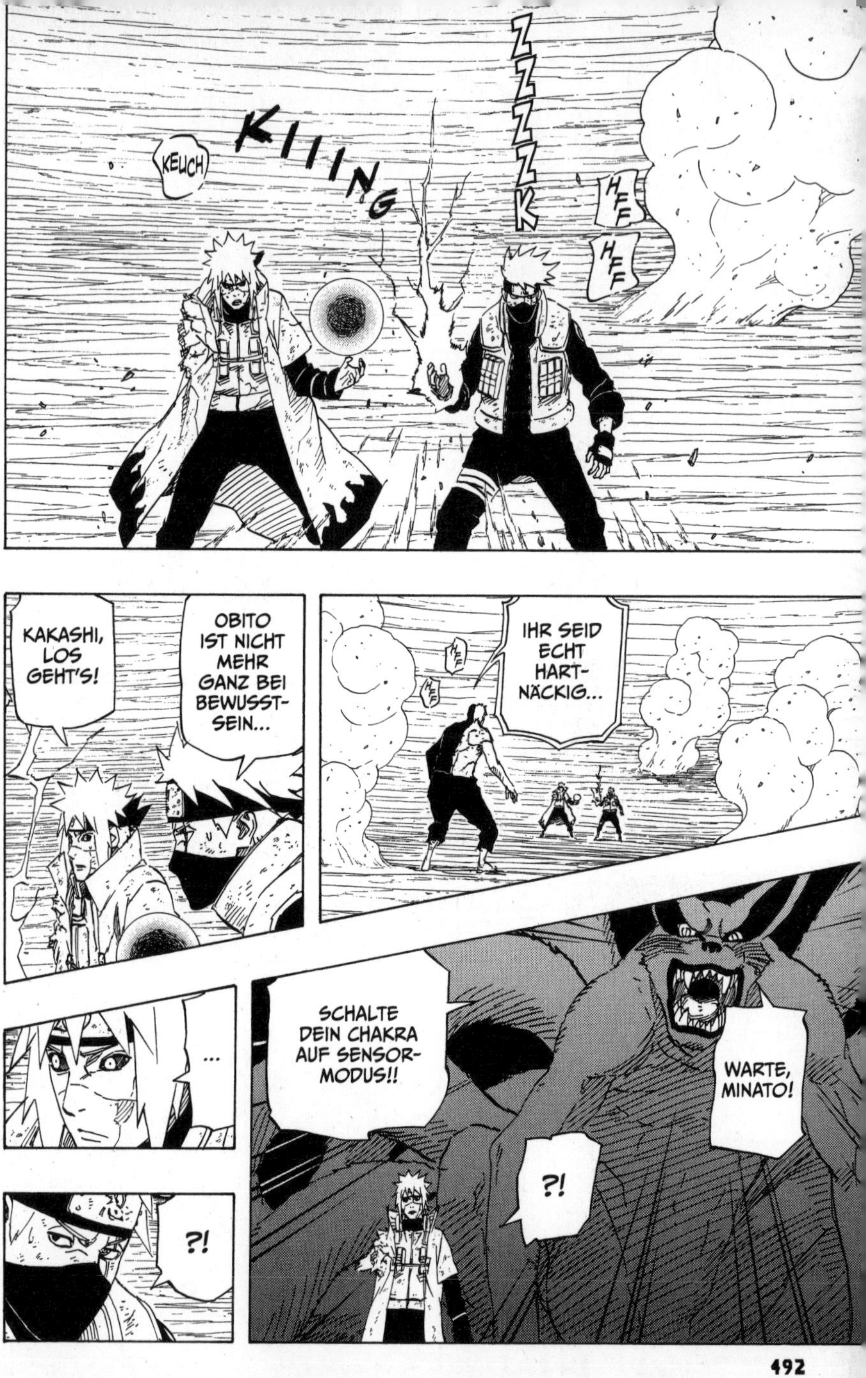
ZZZZK
HFF
HFF
KIIING
KEUCH
HFF
HFF
IHR SEID ECHT HART-NÄCKIG...
OBITO IST NICHT MEHR GANZ BEI BEWUSST-SEIN...
KAKASHI, LOS GEHT'S!
WARTE, MINATO!
?!
SCHALTE DEIN CHAKRA AUF SENSOR-MODUS!!
...
?!

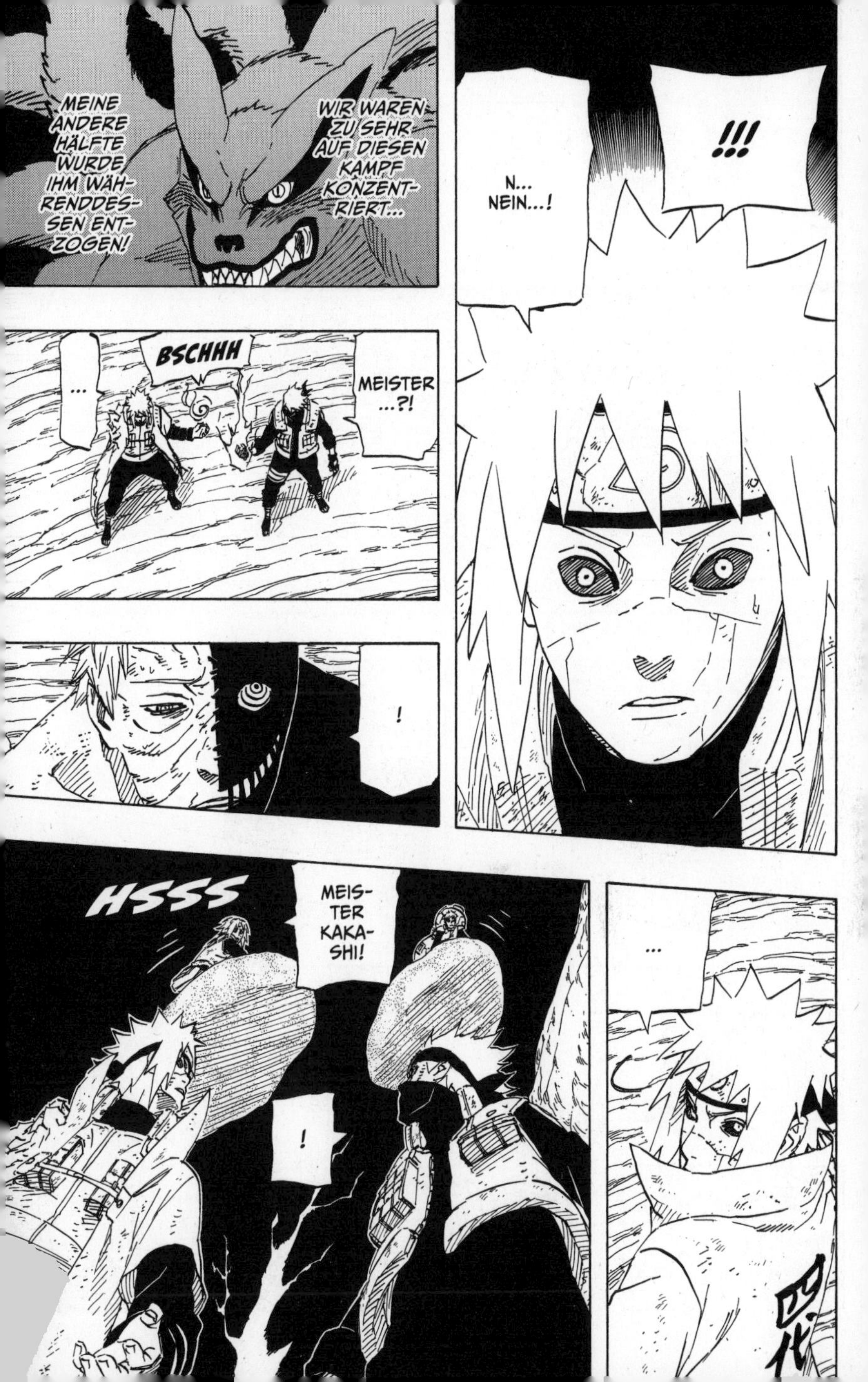

WIR WAREN ZU SEHR AUF DIESEN KAMPF KONZENTRIERT...
MEINE ANDERE HÄLFTE WURDE IHM WÄHRENDDESSEN ENTZOGEN!
!!!
N... NEIN...!
MEISTER ...?!
BSCHHH
...
!
MEISTER KAKASHI!
HSSSS
!
...

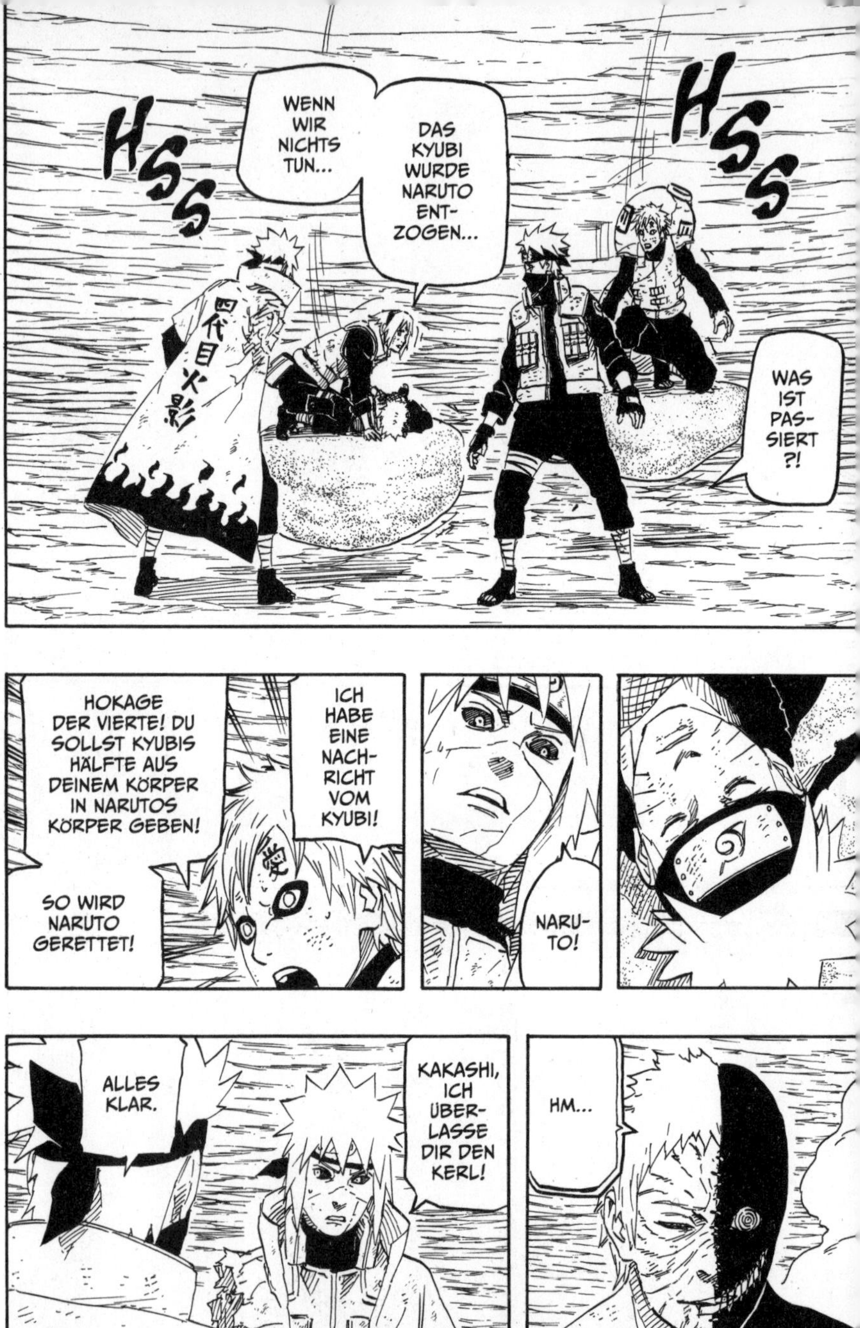
HSS
HSS
WAS IST PAS-SIERT?!
DAS KYUBI WURDE NARUTO ENT-ZOGEN...
WENN WIR NICHTS TUN...
NARU-TO!
ICH HABE EINE NACH-RICHT VOM KYUBI!
HOKAGE DER VIERTE! DU SOLLST KYUBIS HÄLFTE AUS DEINEM KÖRPER IN NARUTOS KÖRPER GEBEN!
SO WIRD NARUTO GERETTET!
HM...
KAKASHI, ICH ÜBER-LASSE DIR DEN KERL!
ALLES KLAR.

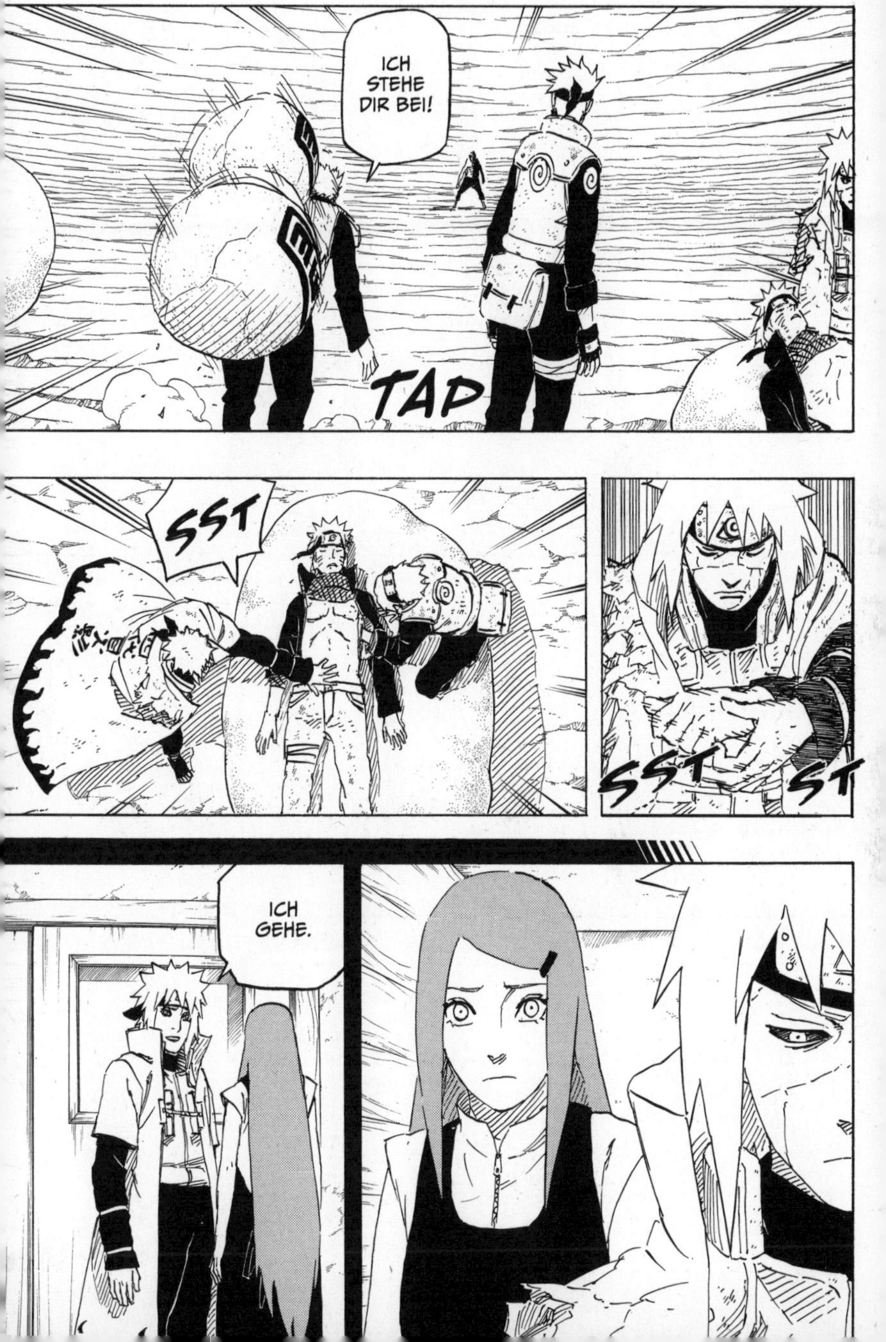
ICH STEHE DIR BEI!
TAP
SST ST
SST
ICH GEHE.

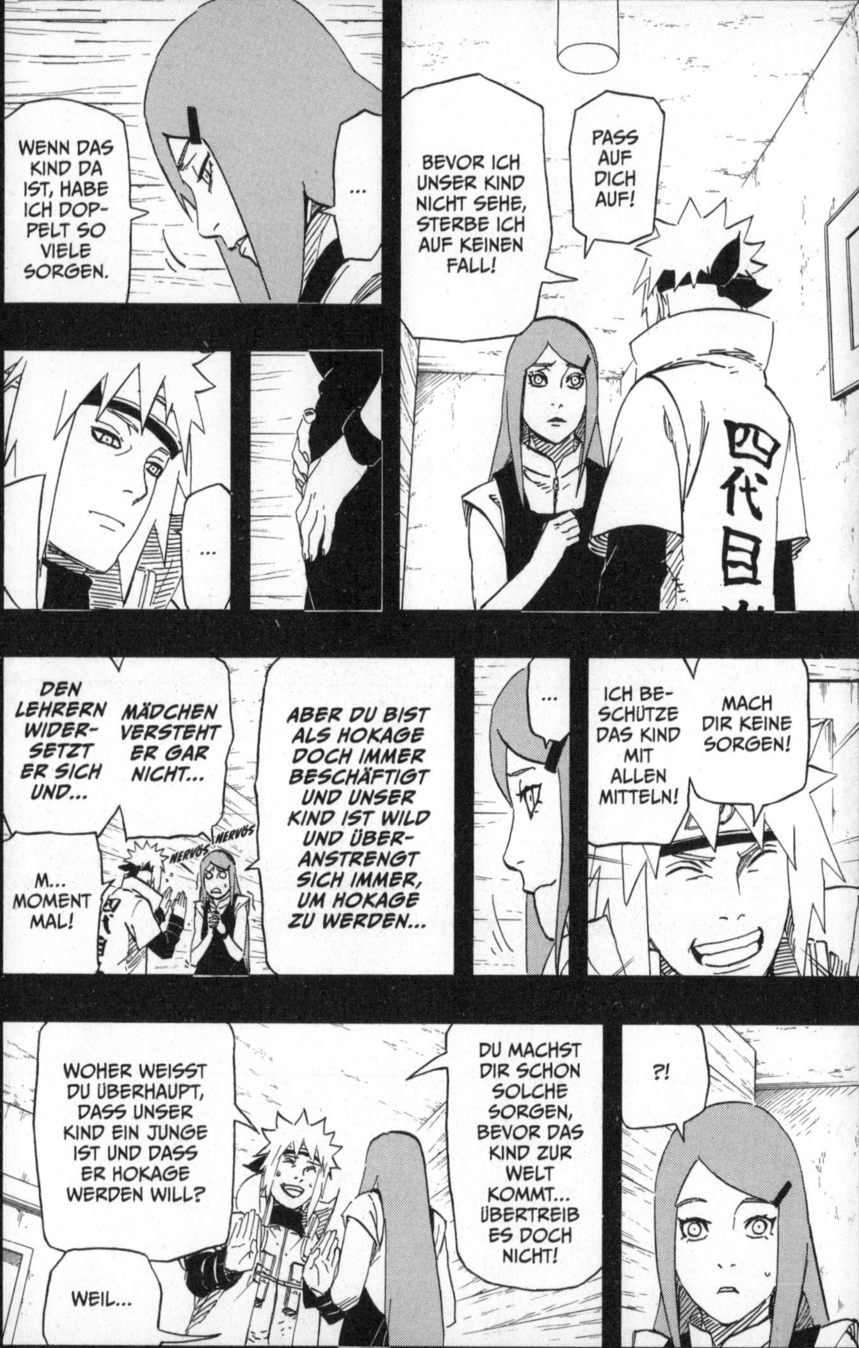
PASS AUF DICH AUF!
BEVOR ICH UNSER KIND NICHT SEHE, STERBE ICH AUF KEINEN FALL!
...
WENN DAS KIND DA IST, HABE ICH DOPPELT SO VIELE SORGEN.
...
MACH DIR KEINE SORGEN!
ICH BESCHÜTZE DAS KIND MIT ALLEN MITTELN!
...
ABER DU BIST ALS HOKAGE DOCH IMMER BESCHÄFTIGT UND UNSER KIND IST WILD UND ÜBERANSTRENGT SICH IMMER, UM HOKAGE ZU WERDEN...
MÄDCHEN VERSTEHT ER GAR NICHT...
DEN LEHRERN WIDERSETZT ER SICH UND...
NERVÖS
NERVÖS
M... MOMENT MAL!
?!
DU MACHST DIR SCHON SOLCHE SORGEN, BEVOR DAS KIND ZUR WELT KOMMT... ÜBERTREIB ES DOCH NICHT!
WOHER WEISST DU ÜBERHAUPT, DASS UNSER KIND EIN JUNGE IST UND DASS ER HOKAGE WERDEN WILL?
WEIL...

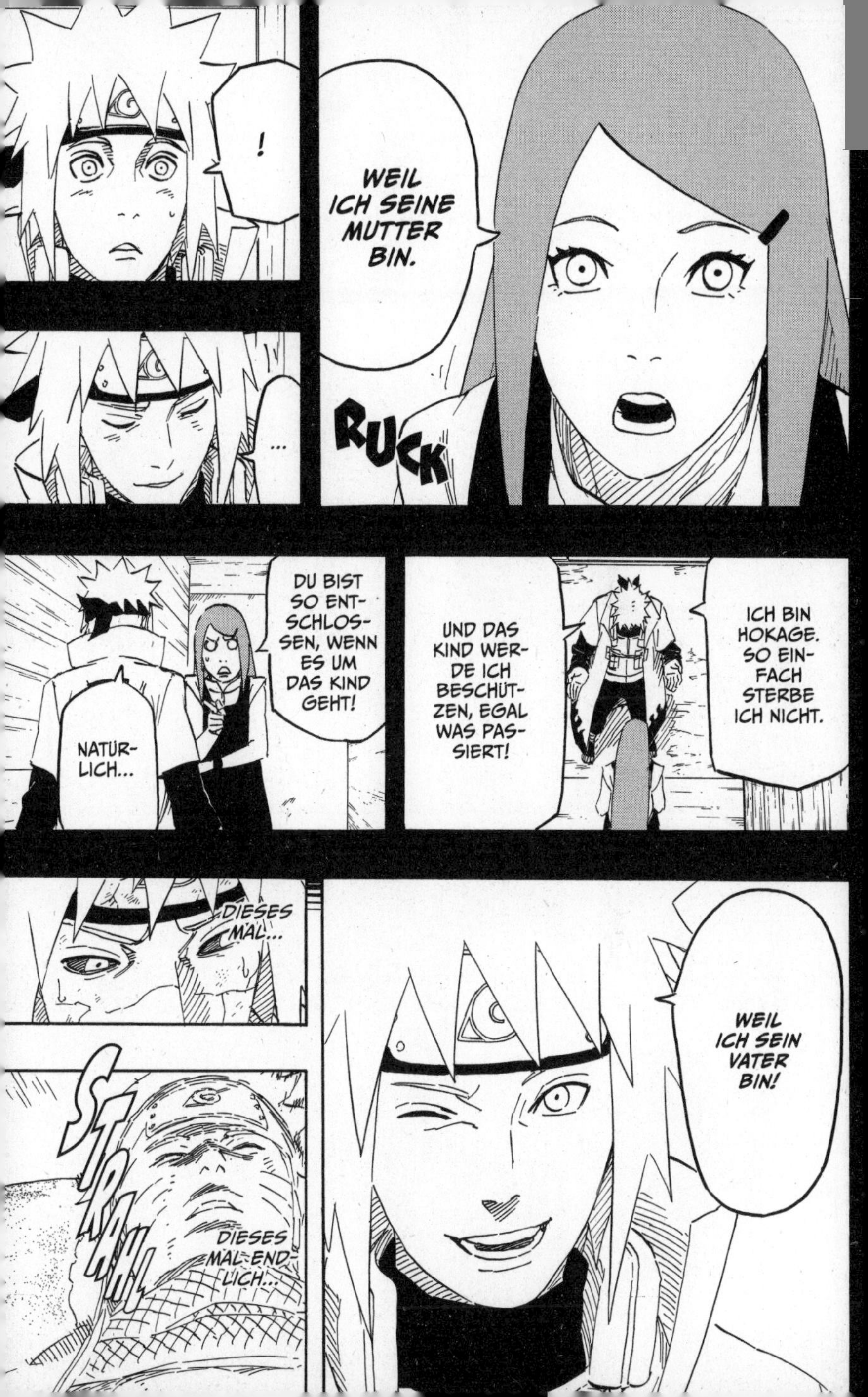
WEIL ICH SEINE MUTTER BIN.
RUCK
!
...
ICH BIN HOKAGE. SO EINFACH STERBE ICH NICHT.
UND DAS KIND WERDE ICH BESCHÜTZEN, EGAL WAS PASSIERT!
DU BIST SO ENTSCHLOSSEN, WENNS UM DAS KIND GEHT!
NATÜRLICH...
WEIL ICH SEIN VATER BIN!
DIESES MAL...
STRAHL
DIESES MAL ENDLICH...

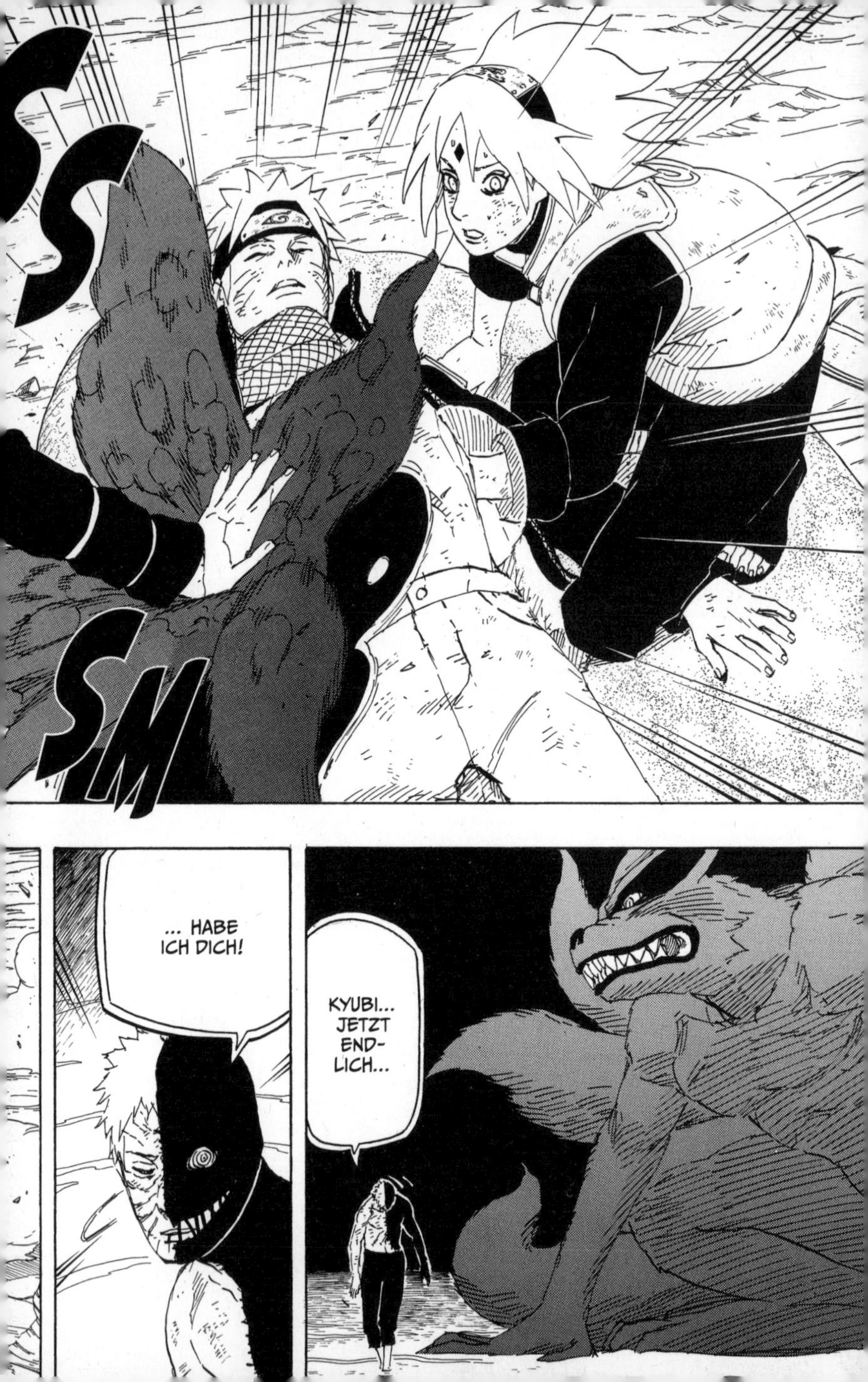
SS
SM
KYUBI... JETZT END-LICH...
... HABE ICH DICH!

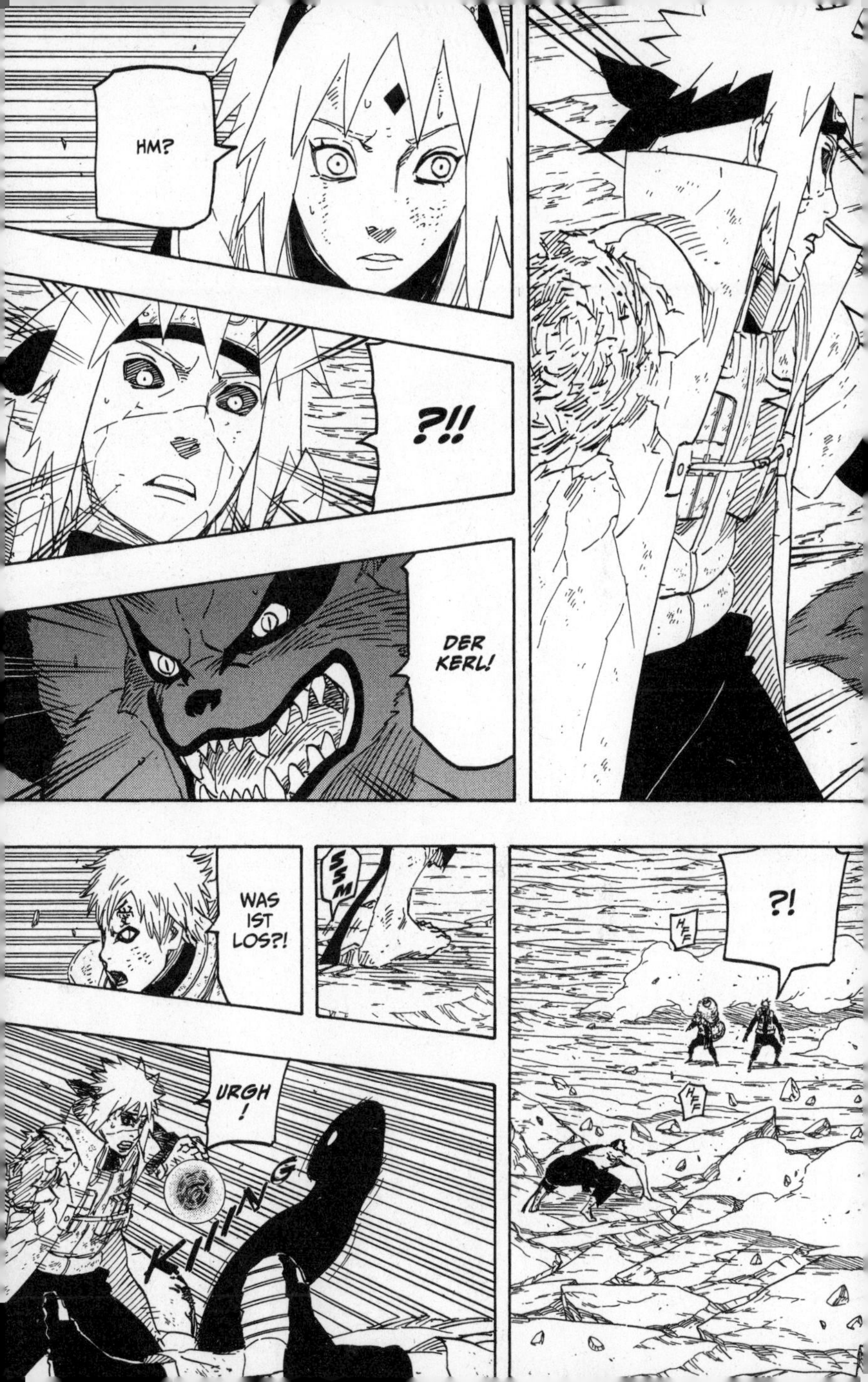
HM?
?!!
DER KERL!
?!
HEF
HEF
SSM
WAS IST LOS?!
URGH!
KIIING

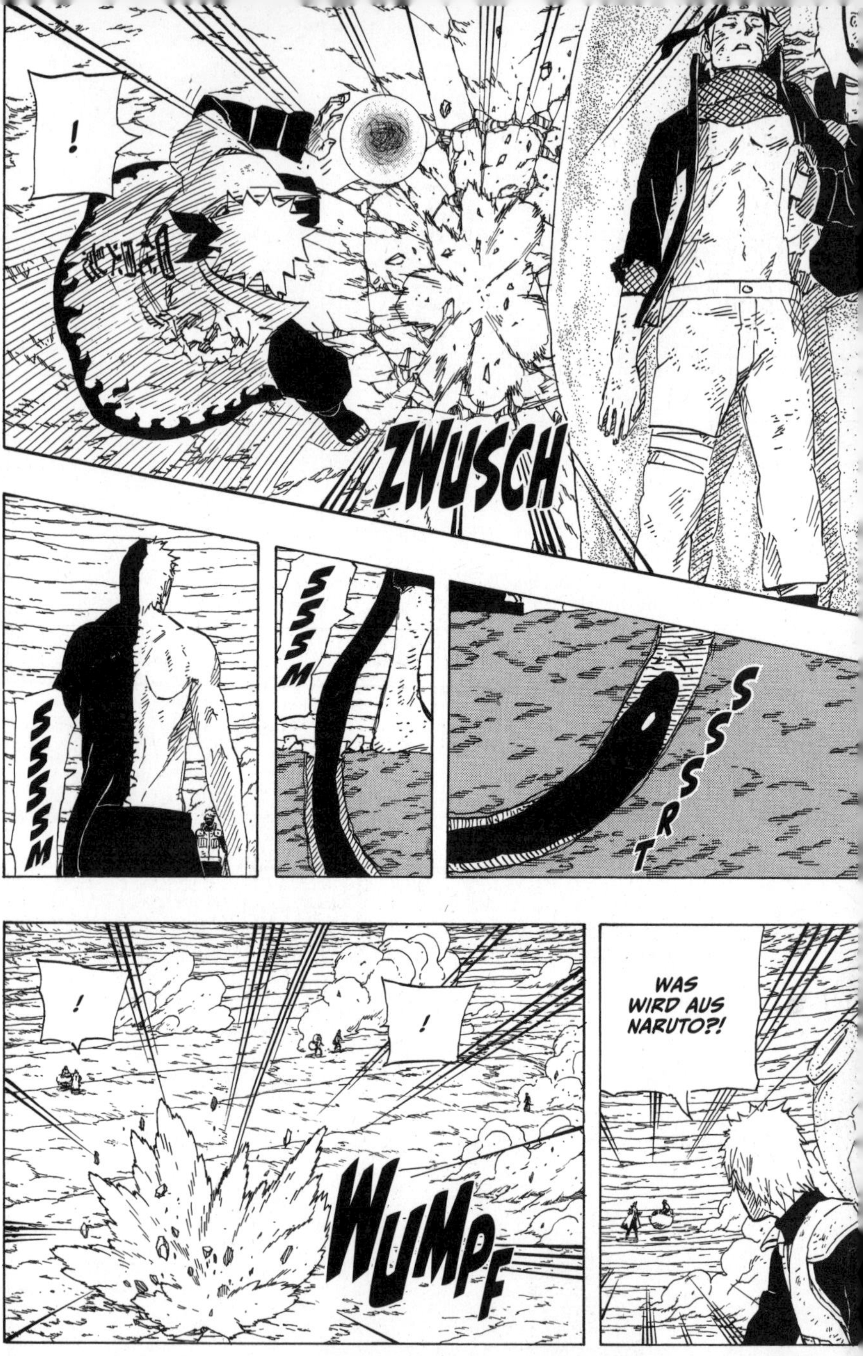
!
ZWUSCH
SSSSM
SSSM
SSSSRT
!
!
WUMPF
WAS WIRD AUS NARUTO?!

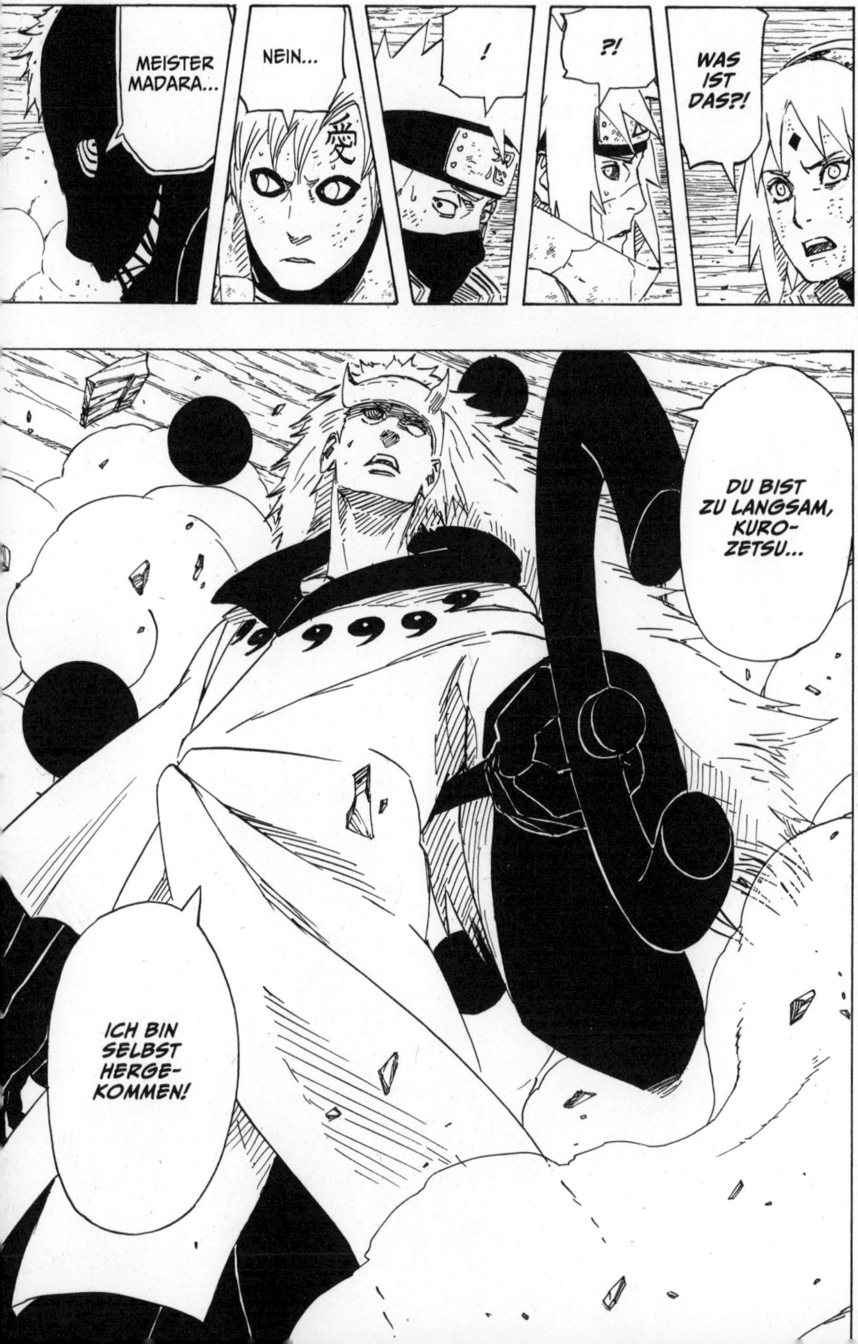
WAS IST DAS?!
?!
!
NEIN...
MEISTER MADARA...
DU BIST ZU LANGSAM, KURO-ZETSU...
ICH BIN SELBST HERGE-KOMMEN!

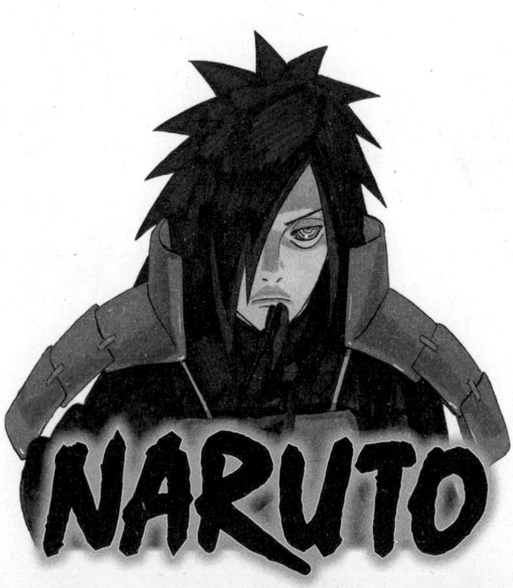
NARUTO

665. Kapitel: Jetzt bin ich.

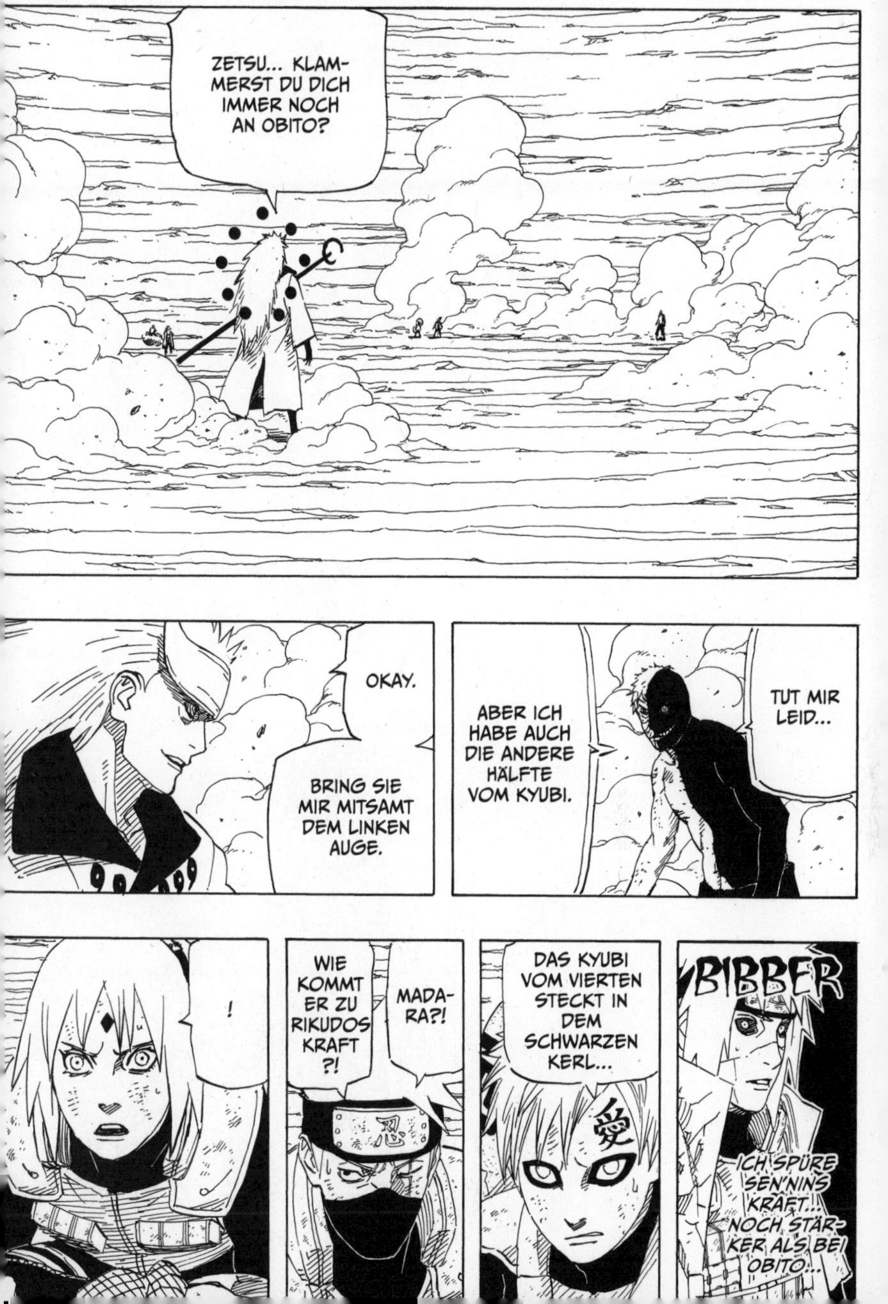

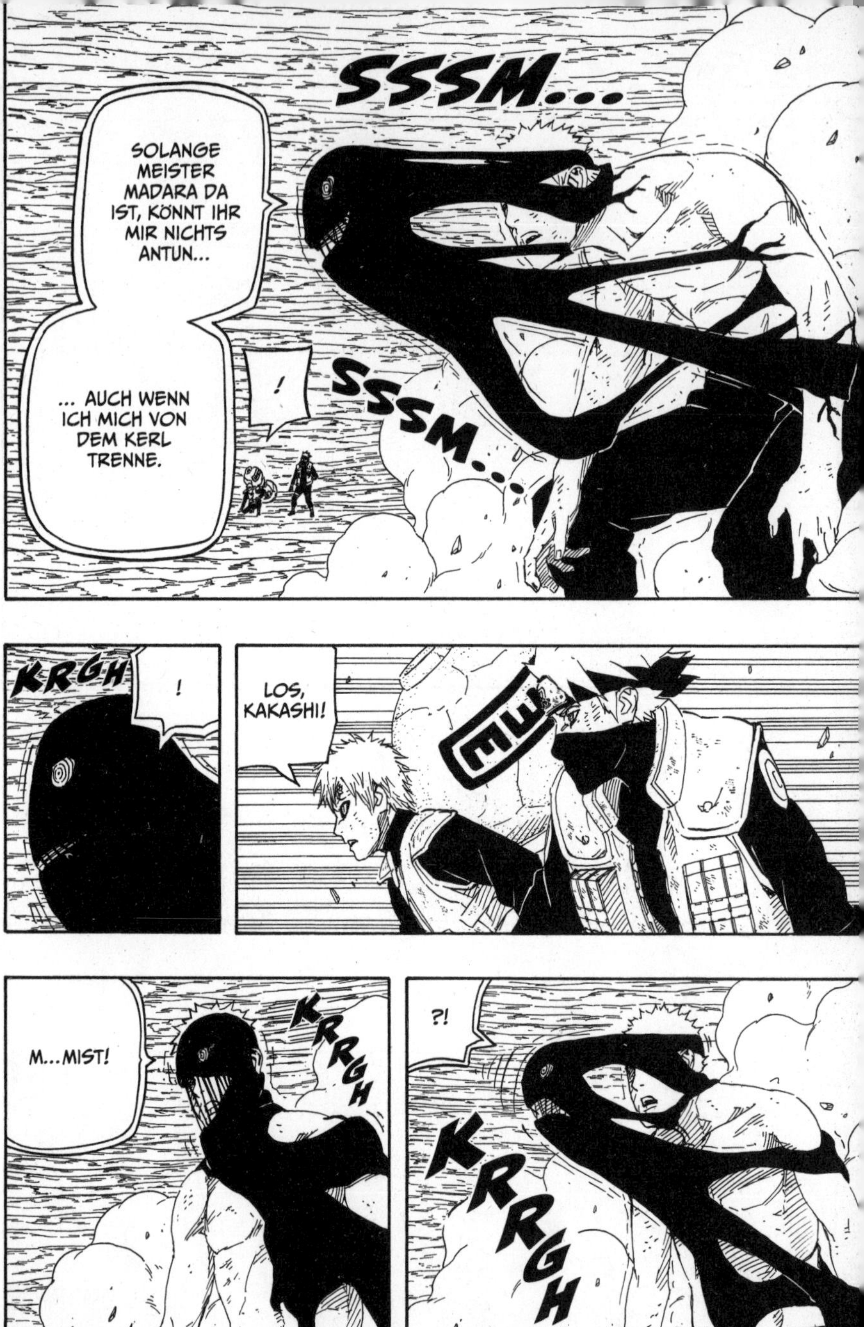
SSSM...
SOLANGE MEISTER MADARA DA IST, KÖNNT IHR MIR NICHTS ANTUN...
... AUCH WENN ICH MICH VON DEM KERL TRENNE.
!
SSSM...
LOS, KAKASHI!
!
KRGH
?!
KRRGH
M...MIST!
KRRGH

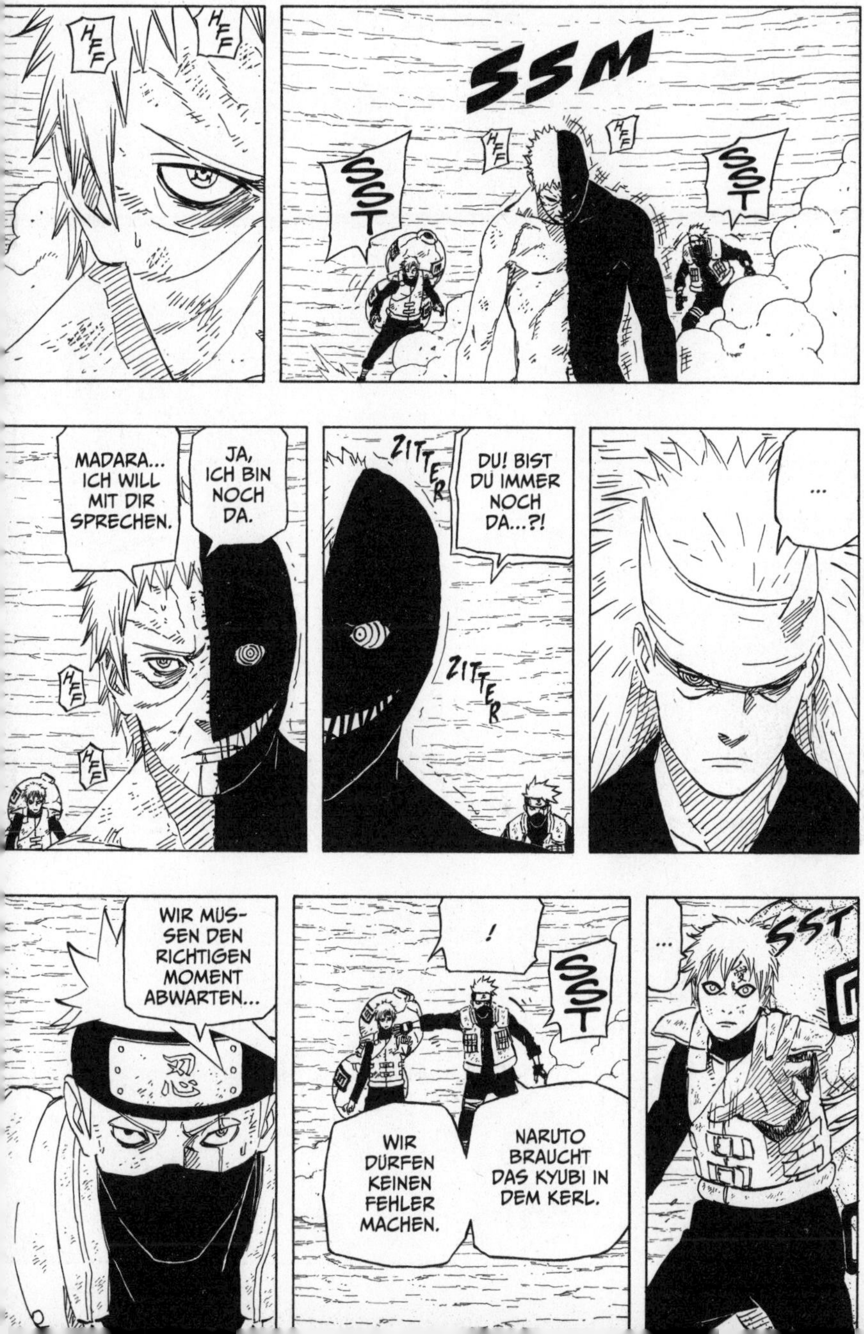
SSM
HFF
HFF
SST
SST
HFF
HFF
...
DU! BIST DU IMMER NOCH DA...?!
ZITTER
ZITTER
JA, ICH BIN NOCH DA.
MADARA... ICH WILL MIT DIR SPRECHEN.
HFF
HFF
SST
...
!
SST
NARUTO BRAUCHT DAS KYUBI IN DEM KERL.
WIR DÜRFEN KEINEN FEHLER MACHEN.
WIR MÜSSEN DEN RICHTIGEN MOMENT ABWARTEN...

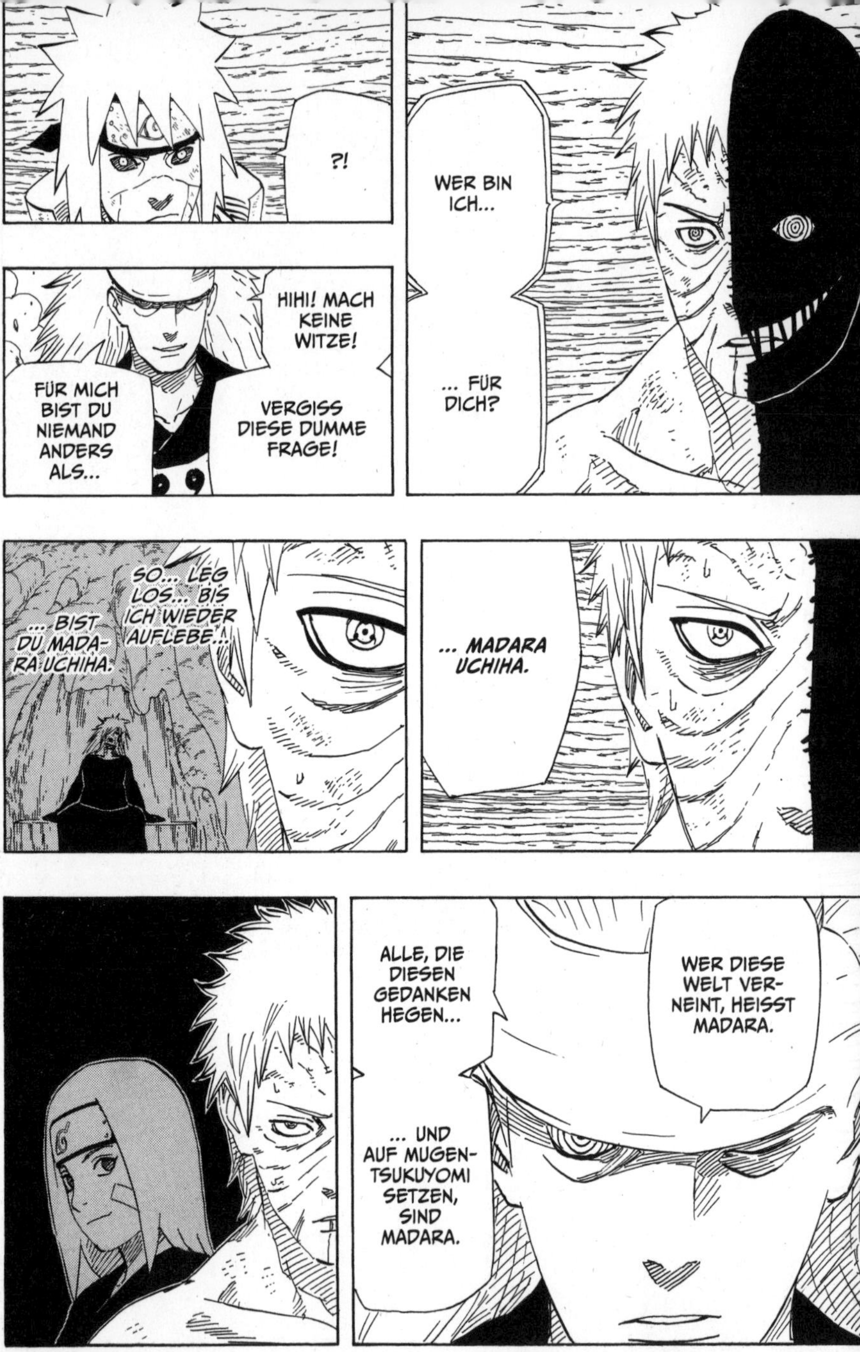
WER BIN ICH...
... FÜR DICH?
?!
HIHI! MACH KEINE WITZE!
VERGISS DIESE DUMME FRAGE!
FÜR MICH BIST DU NIEMAND ANDERS ALS...
... MADARA UCHIHA.
SO... LEG LOS... BIS ICH WIEDER AUFLEBE...
... BIST DU MADA-RA UCHIHA.
WER DIESE WELT VER-NEINT, HEISST MADARA.
ALLE, DIE DIESEN GEDANKEN HEGEN...
... UND AUF MUGEN-TSUKUYOMI SETZEN, SIND MADARA.

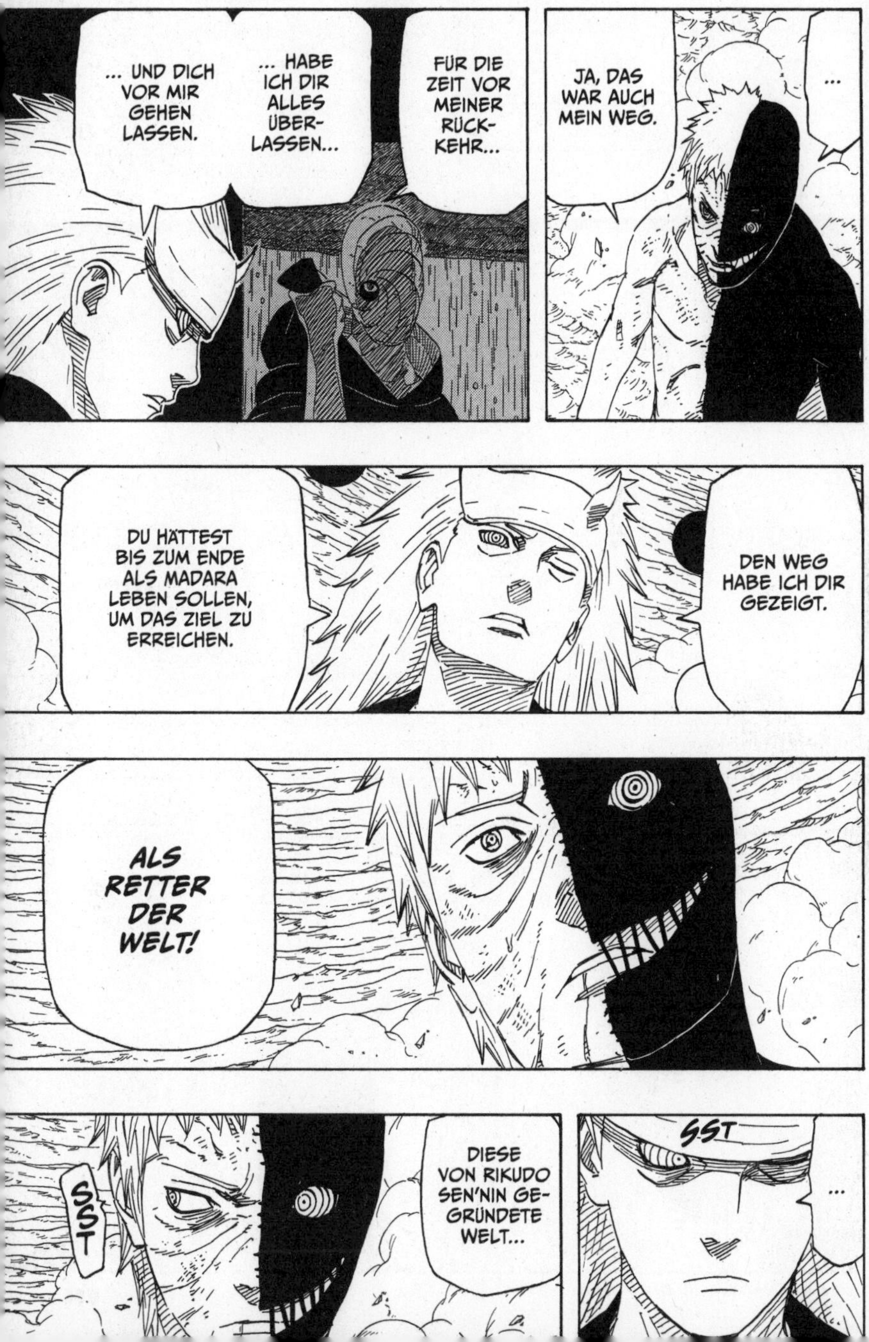
...
JA, DAS WAR AUCH MEIN WEG.
FÜR DIE ZEIT VOR MEINER RÜCK-KEHR...
... HABE ICH DIR ALLES ÜBER-LASSEN...
... UND DICH VOR MIR GEHEN LASSEN.
DEN WEG HABE ICH DIR GEZEIGT.
DU HÄTTEST BIS ZUM ENDE ALS MADARA LEBEN SOLLEN, UM DAS ZIEL ZU ERREICHEN.
ALS RETTER DER WELT!
SST
...
DIESE VON RIKUDO SEN'NIN GE-GRÜNDETE WELT...
SST

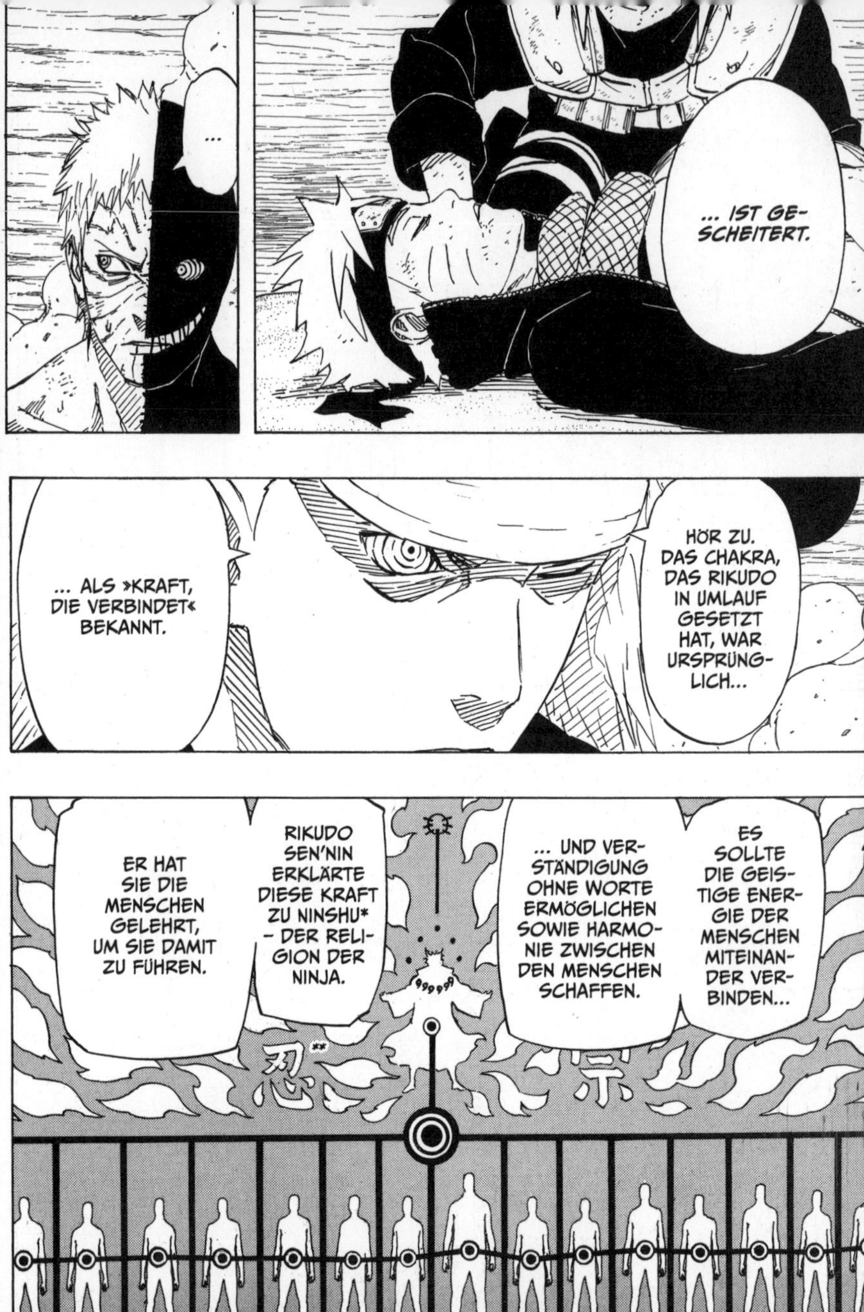

*NIN = DULDEN/SICH VERSTECKEN, SHU = LEHRE/RELIGION
**NINSHU

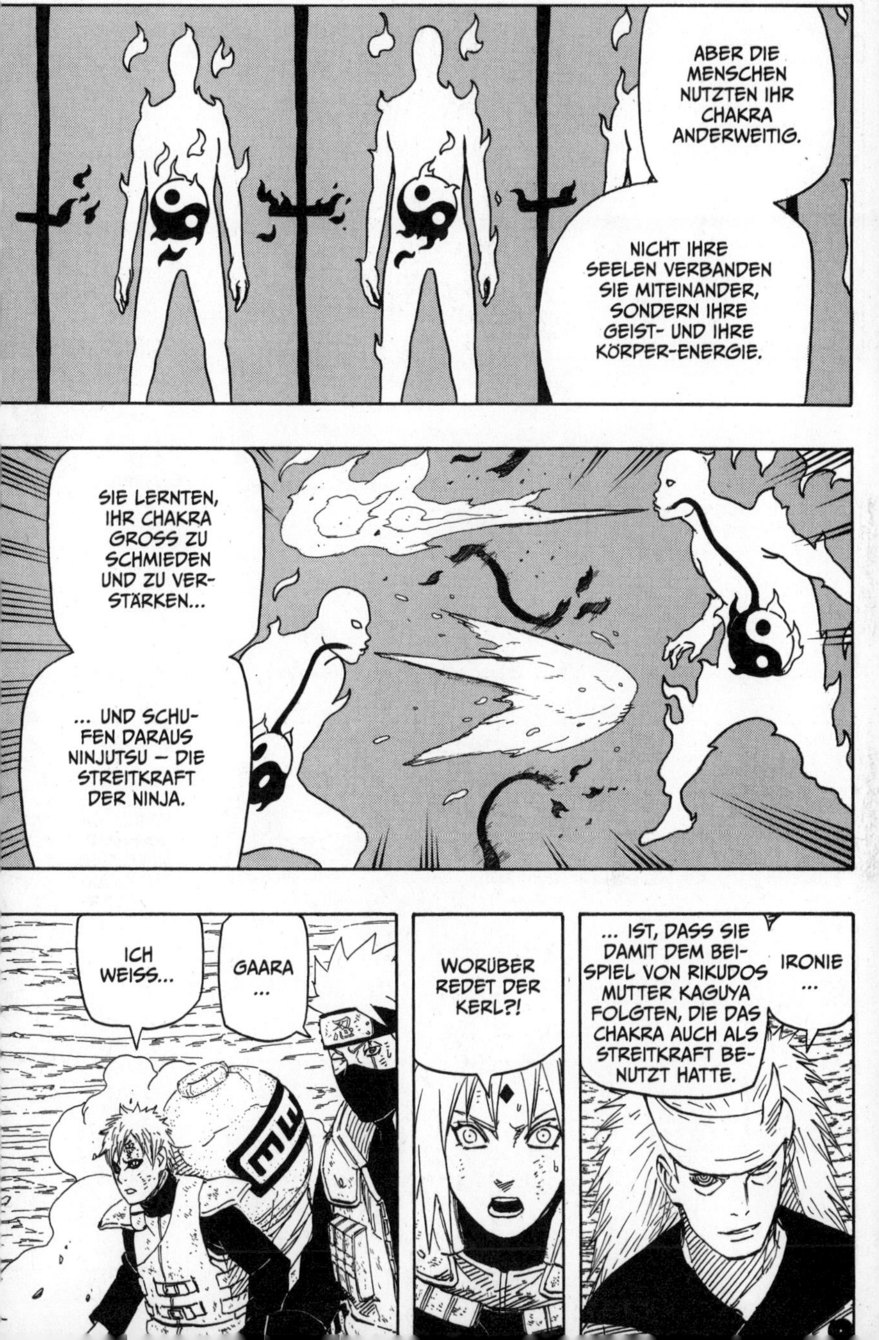
ABER DIE MENSCHEN NUTZTEN IHR CHAKRA ANDERWEITIG.
NICHT IHRE SEELEN VERBANDEN SIE MITEINANDER, SONDERN IHRE GEIST- UND IHRE KÖRPER-ENERGIE.
SIE LERNTEN, IHR CHAKRA GROSS ZU SCHMIEDEN UND ZU VERSTÄRKEN...
... UND SCHUFEN DARAUS NINJUTSU – DIE STREITKRAFT DER NINJA.
IRONIE ...
... IST, DASS SIE DAMIT DEM BEISPIEL VON RIKUDOS MUTTER KAGUYA FOLGTEN, DIE DAS CHAKRA AUCH ALS STREITKRAFT BENUTZT HATTE.
WORÜBER REDET DER KERL?!
GAARA ...
ICH WEISS...

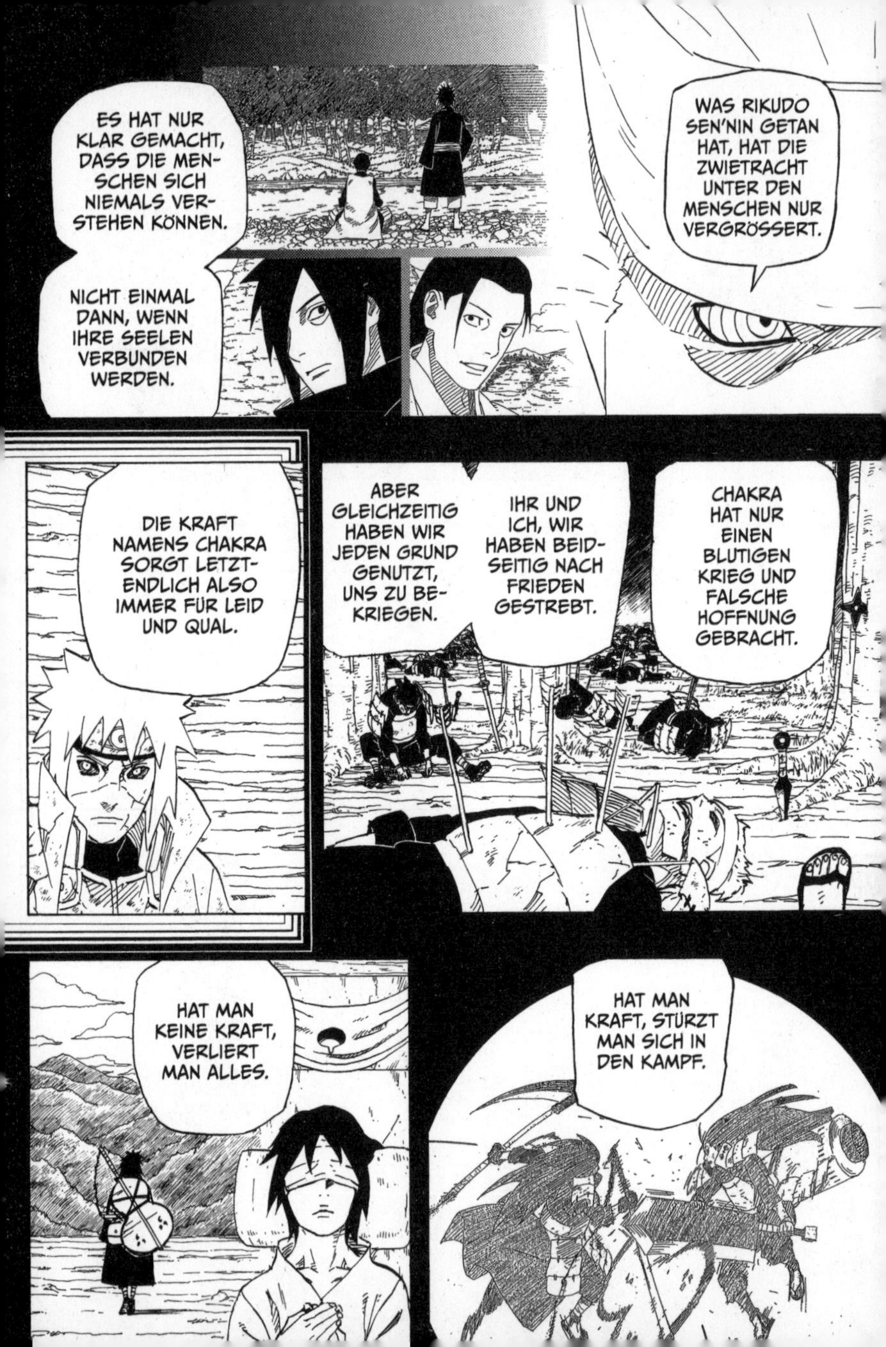
WAS RIKUDO SEN'NIN GETAN HAT, HAT DIE ZWIETRACHT UNTER DEN MENSCHEN NUR VERGRÖSSERT.
ES HAT NUR KLAR GEMACHT, DASS DIE MENSCHEN SICH NIEMALS VERSTEHEN KÖNNEN.
NICHT EINMAL DANN, WENN IHRE SEELEN VERBUNDEN WERDEN.
CHAKRA HAT NUR EINEN BLUTIGEN KRIEG UND FALSCHE HOFFNUNG GEBRACHT.
IHR UND ICH, WIR HABEN BEIDSEITIG NACH FRIEDEN GESTREBT.
ABER GLEICHZEITIG HABEN WIR JEDEN GRUND GENUTZT, UNS ZU BEKRIEGEN.
DIE KRAFT NAMENS CHAKRA SORGT LETZTENDLICH ALSO IMMER FÜR LEID UND QUAL.
HAT MAN KRAFT, STÜRZT MAN SICH IN DEN KAMPF.
HAT MAN KEINE KRAFT, VERLIERT MAN ALLES.

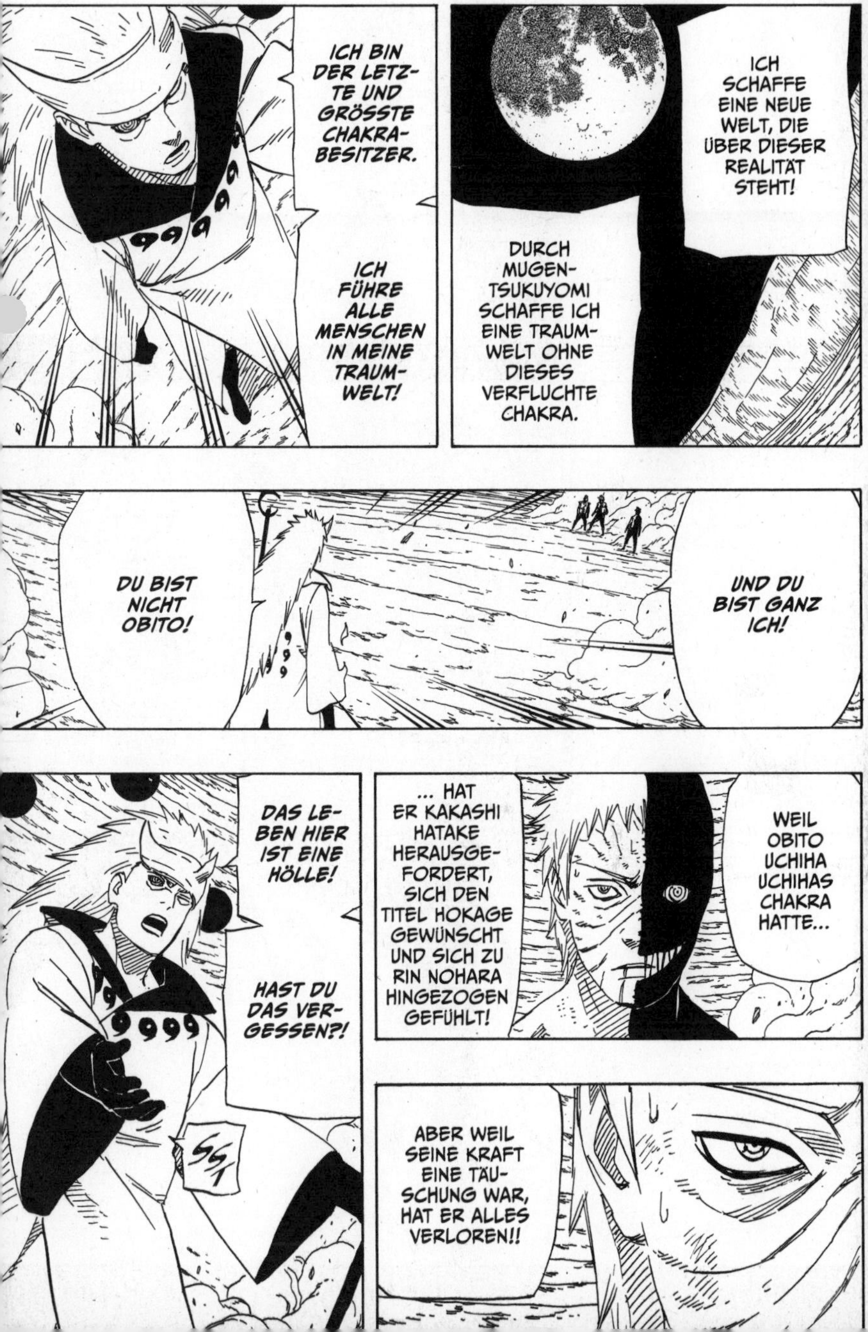
ICH SCHAFFE EINE NEUE WELT, DIE ÜBER DIESER REALITÄT STEHT!
DURCH MUGEN-TSUKUYOMI SCHAFFE ICH EINE TRAUM-WELT OHNE DIESES VERFLUCHTE CHAKRA.
ICH BIN DER LETZ-TE UND GRÖSSTE CHAKRA-BESITZER.
ICH FÜHRE ALLE MENSCHEN IN MEINE TRAUM-WELT!
UND DU BIST GANZ ICH!
DU BIST NICHT OBITO!
WEIL OBITO UCHIHA UCHIHAS CHAKRA HATTE...
... HAT ER KAKASHI HATAKE HERAUSGE-FORDERT, SICH DEN TITEL HOKAGE GEWÜNSCHT UND SICH ZU RIN NOHARA HINGEZOGEN GEFÜHLT!
DAS LE-BEN HIER IST EINE HÖLLE!
HAST DU DAS VER-GESSEN?!
AUSSER WEIL SEINE KRAFT EINE TÄU-SCHUNG WAR, HAT ER ALLES VERLOREN!!

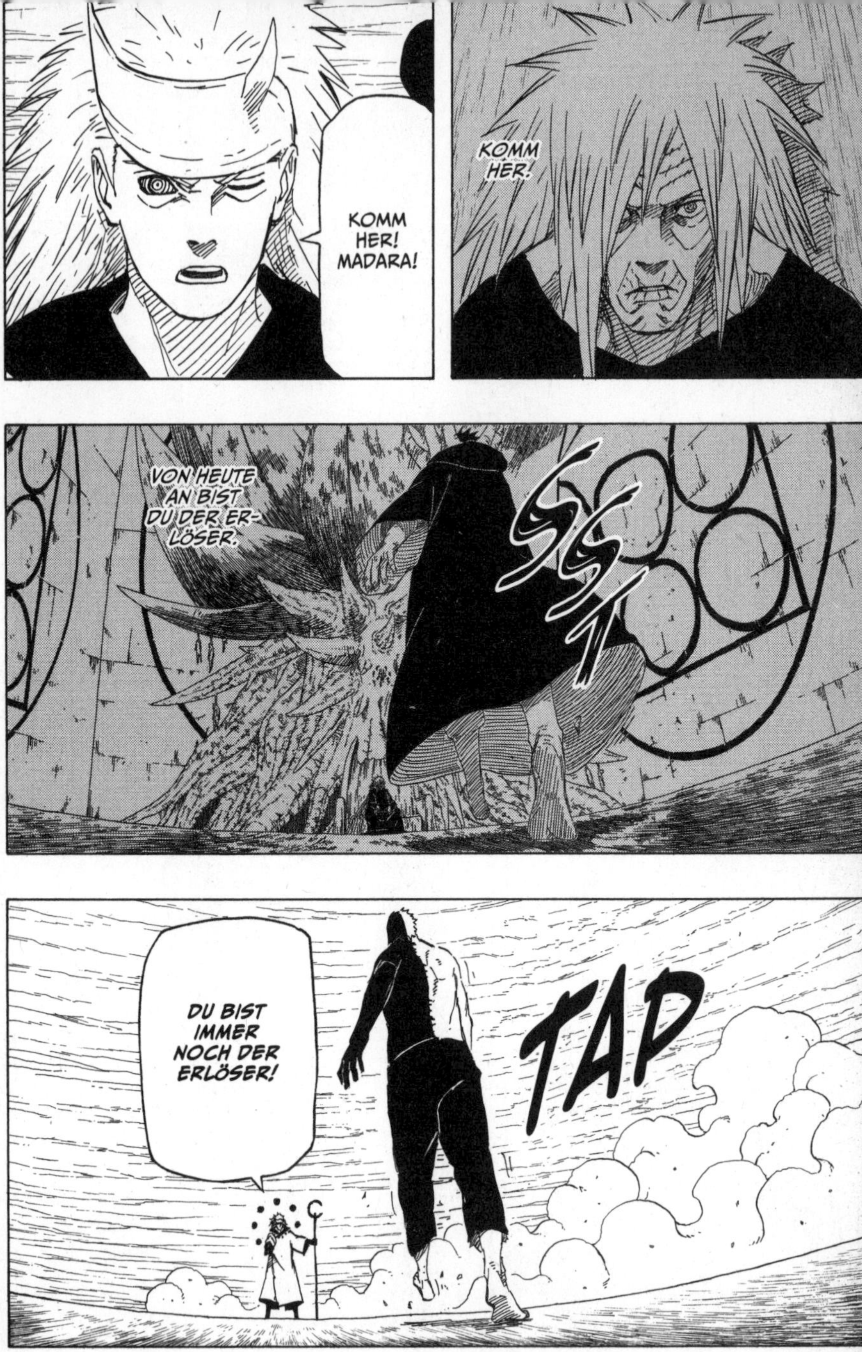

KOMM HER.
KOMM HER! MADARA!
SST
VON HEUTE AN BIST DU DER ERLÖSER.
TAP
DU BIST IMMER NOCH DER ERLÖSER!

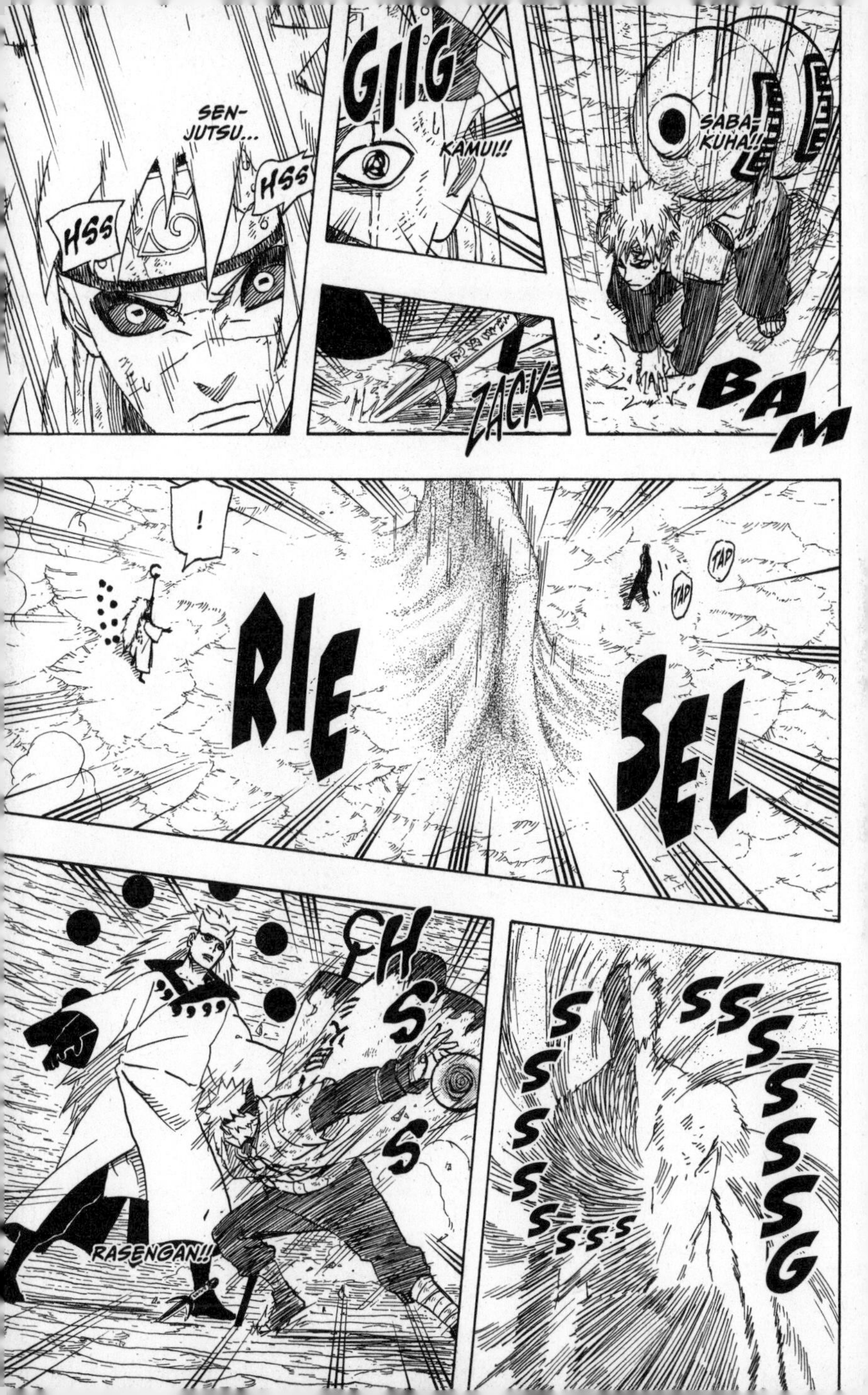

SABA-KUHA!!
BAM
GIIG
KAMUI!!
ZACK
SEN-JUTSU...
HSS
HSS
TAP
TAP
RIE SEL
!
SSSSSSG
SSSSSSSSS
CH
S
S
RASENGAN!!

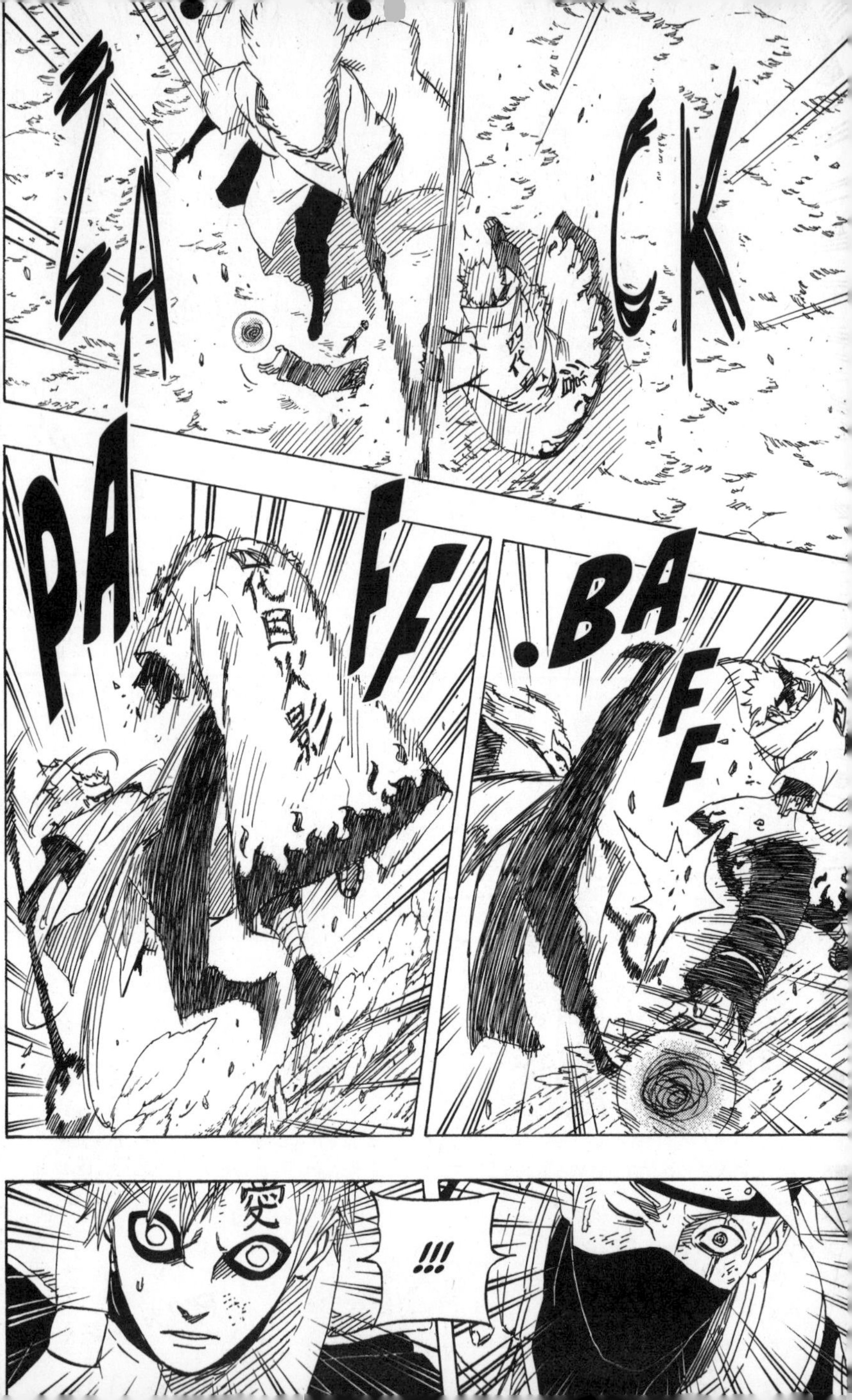
ZACK
PAFF
BAFF
!!!

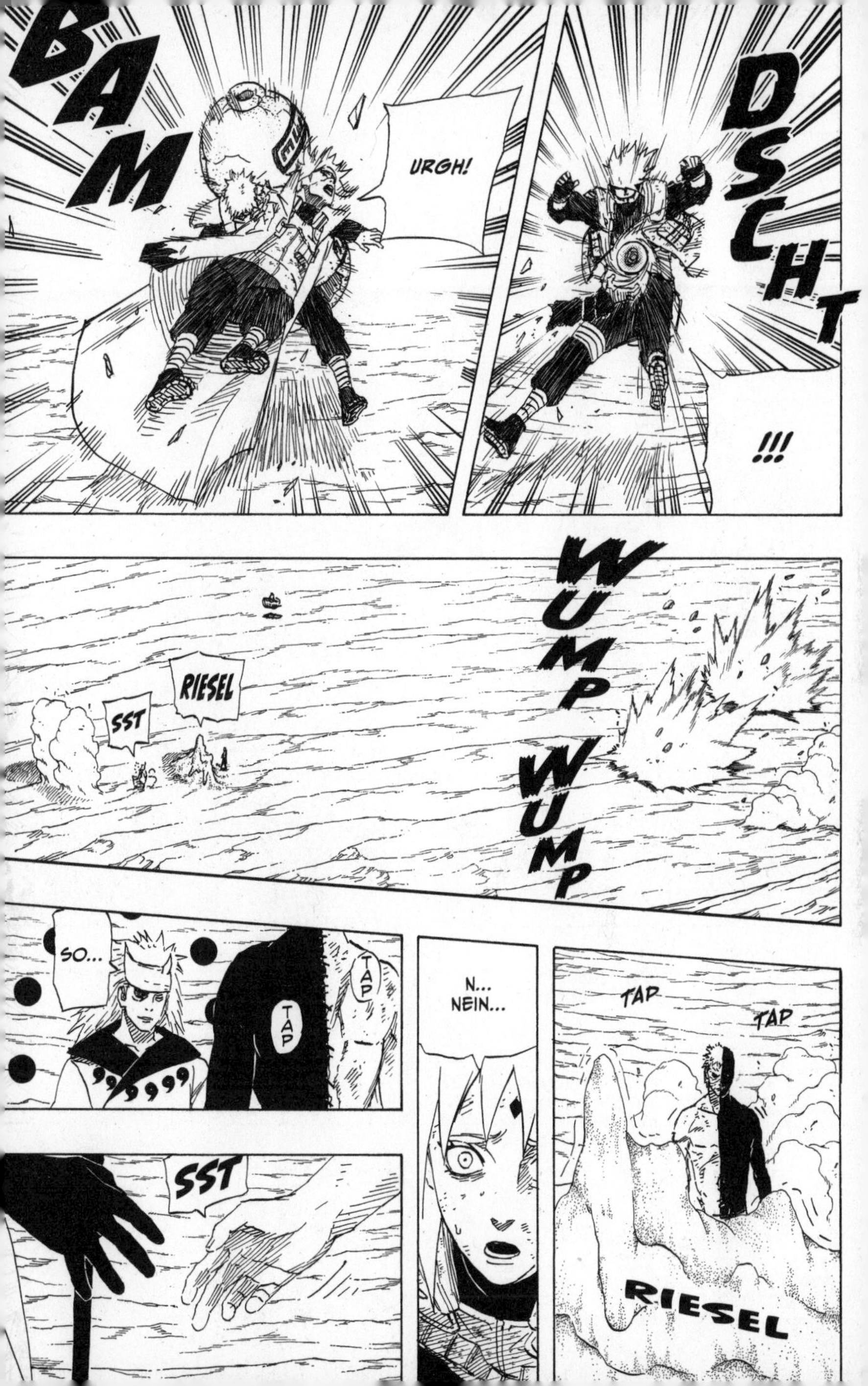
DSCHT
!!!
URGH!
BAM
WUMP
WUMP
RIESEL
SST
SO...
TAP
TAP
TAP
TAP
RIESEL
N... NEIN...
SST

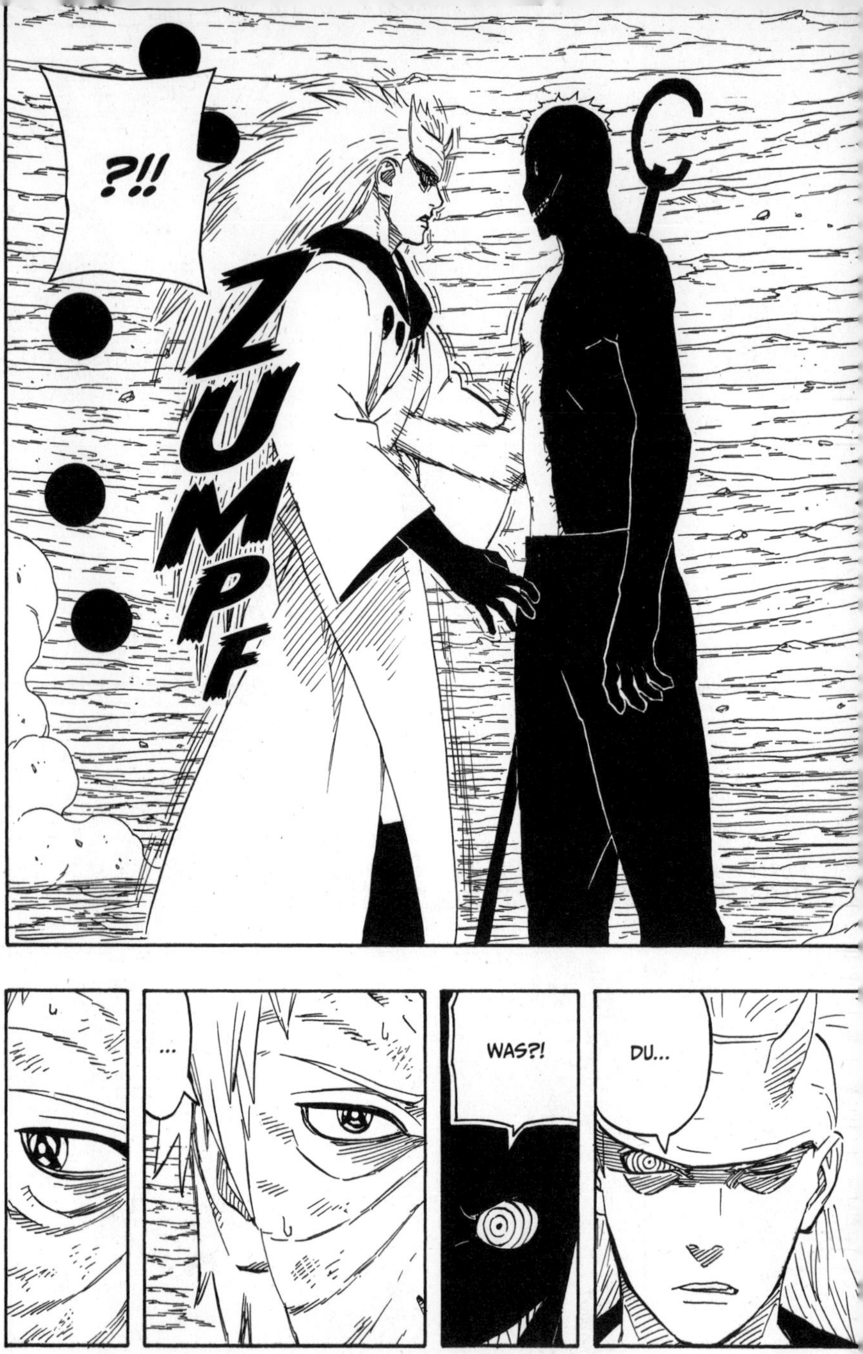
?!!
ZUMPF
WAS?!
DU...
...

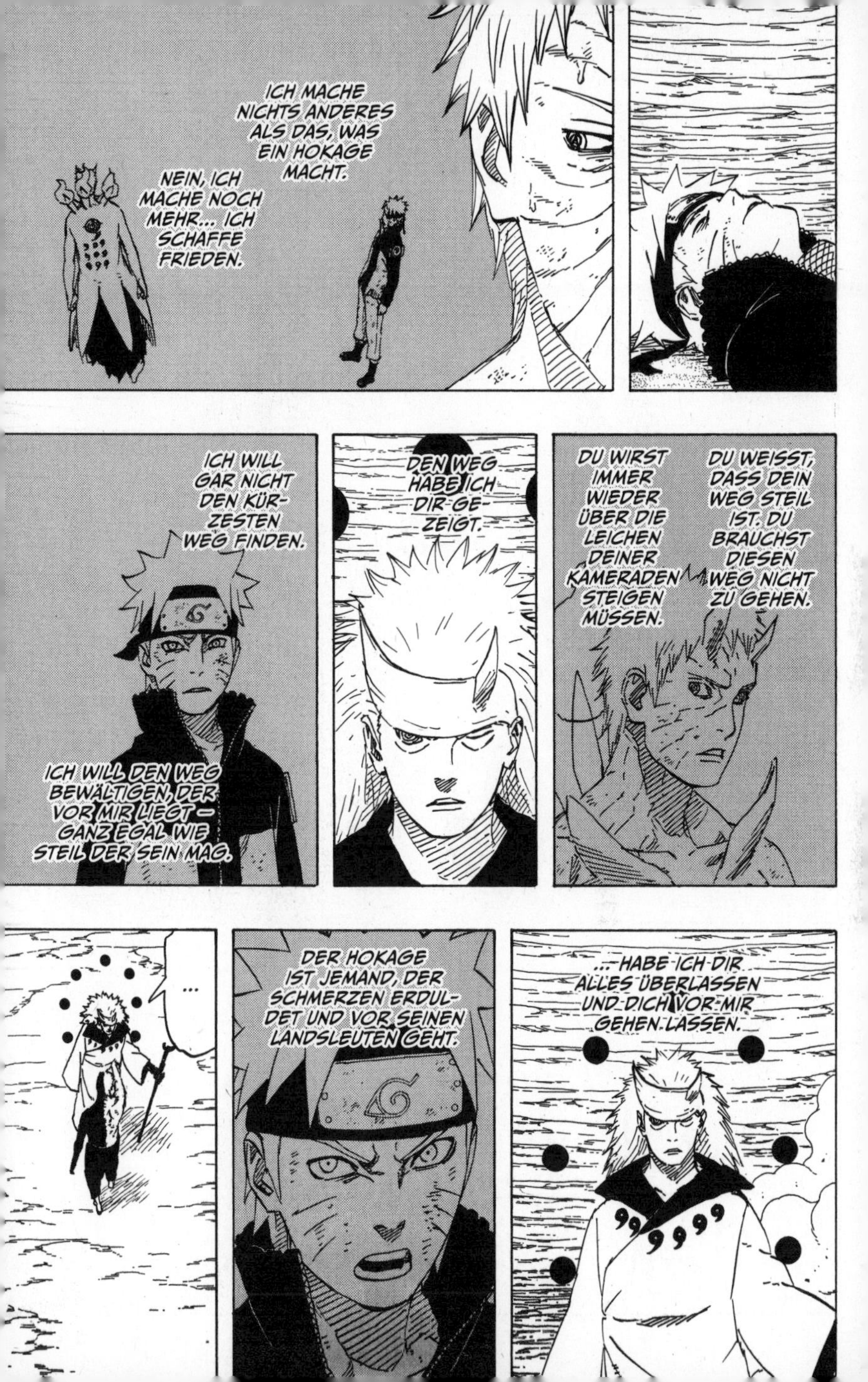
ICH MACHE NICHTS ANDERES ALS DAS, WAS EIN HOKAGE MACHT.
NEIN, ICH MACHE NOCH MEHR... ICH SCHAFFE FRIEDEN.
DU WEISST, DASS DEIN WEG STEIL IST. DU BRAUCHST DIESEN WEG NICHT ZU GEHEN.
DU WIRST IMMER WIEDER ÜBER DIE LEICHEN DEINER KAMERADEN STEIGEN MÜSSEN.
DEN WEG HABE ICH DIR GEZEIGT.
ICH WILL GAR NICHT DEN KÜRZESTEN WEG FINDEN.
ICH WILL DEN WEG BEWÄLTIGEN, DER VOR MIR LIEGT – GANZ EGAL WIE STEIL DER SEIN MAG.
... HABE ICH DIR ALLES ÜBERLASSEN UND DICH VOR MIR GEHEN LASSEN.
DER HOKAGE IST JEMAND, DER SCHMERZEN ERDULDET UND VOR SEINEN LANDSLEUTEN GEHT.
...

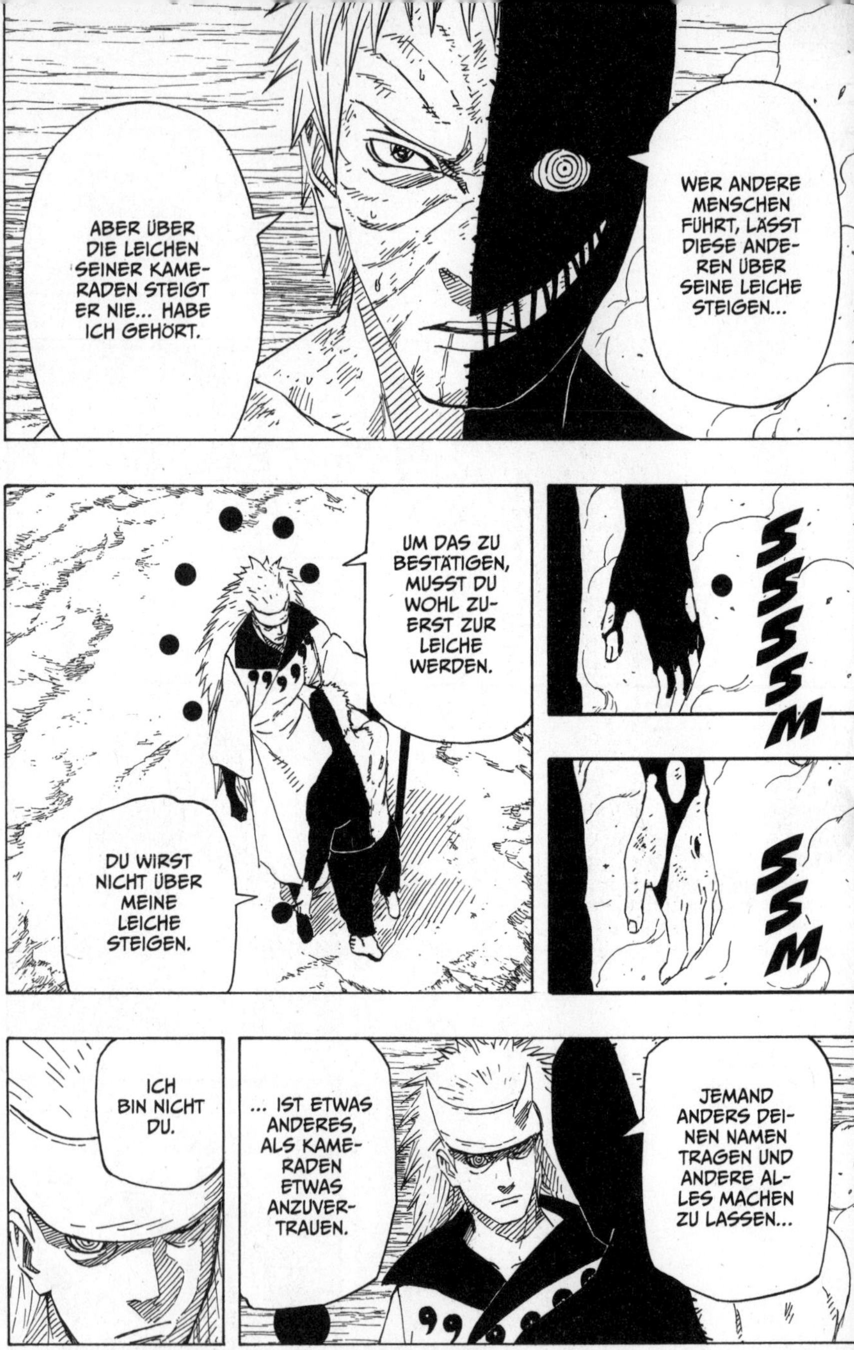
WER ANDERE MENSCHEN FÜHRT, LÄSST DIESE ANDEREN ÜBER SEINE LEICHE STEIGEN...
ABER ÜBER DIE LEICHEN SEINER KAMERADEN STEIGT ER NIE... HABE ICH GEHÖRT.
SSSM
SSM
UM DAS ZU BESTÄTIGEN, MUSST DU WOHL ZUERST ZUR LEICHE WERDEN.
DU WIRST NICHT ÜBER MEINE LEICHE STEIGEN.
JEMAND ANDERS DEINEN NAMEN TRAGEN UND ANDERE ALLES MACHEN ZU LASSEN...
... IST ETWAS ANDERES, ALS KAMERADEN ETWAS ANZUVERTRAUEN.
ICH BIN NICHT DU.

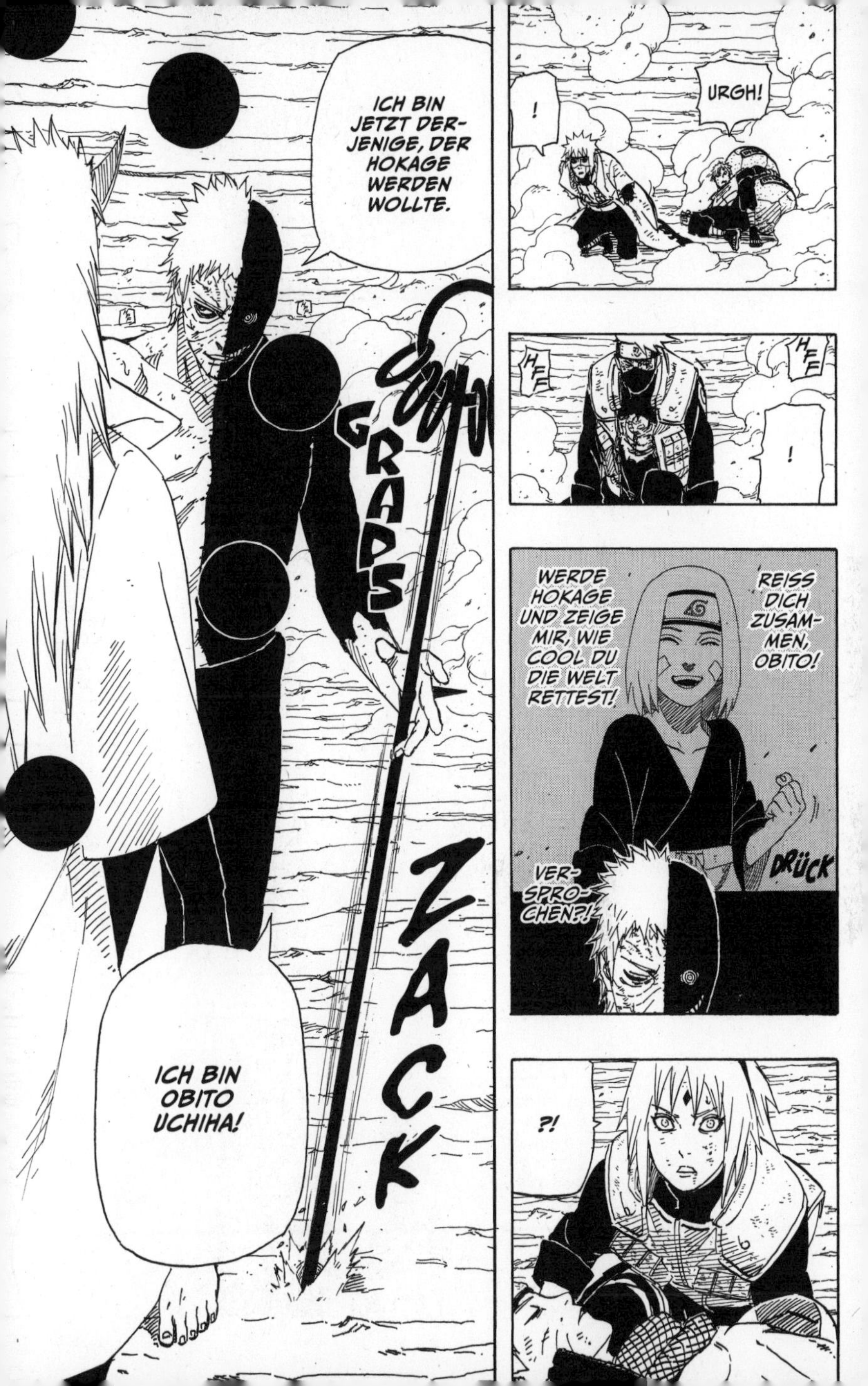
URGH!
!
HFF
HFF
!
REISS DICH ZUSAMMEN, OBITO!
WERDE HOKAGE UND ZEIGE MIR, WIE COOL DU DIE WELT RETTEST!
DRÜCK
VERSPROCHEN?!
?!
ICH BIN JETZT DERJENIGE, DER HOKAGE WERDEN WOLLTE.
GRADS
ZACK
ICH BIN OBITO UCHIHA!

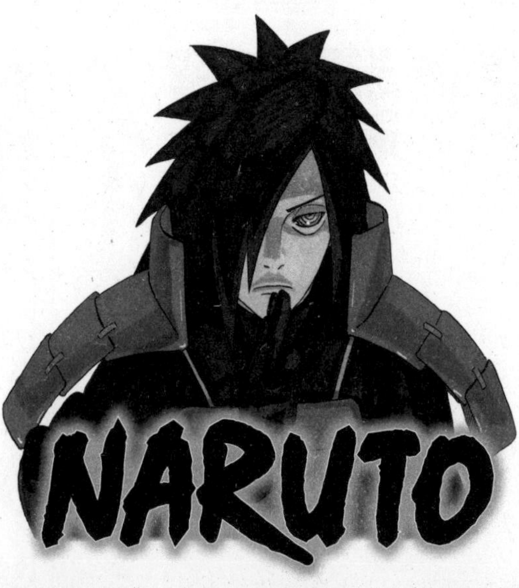
NARUTO

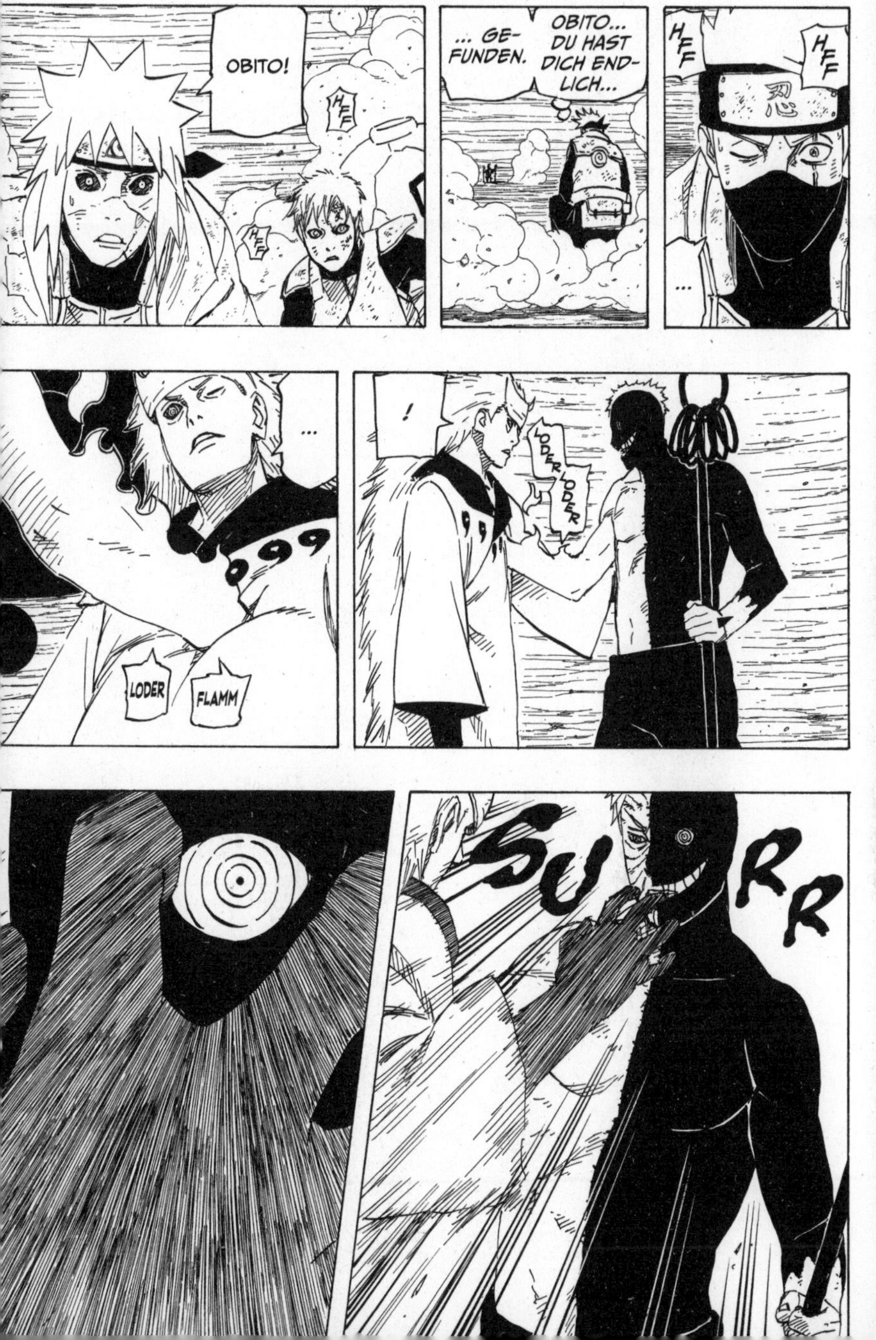

HFF
HFF
...
OBITO... DU HAST DICH ENDLICH...
... GEFUNDEN.
OBITO!
HFF
HFF
!
LODER LODER
...
LODER
FLAMM
SURR

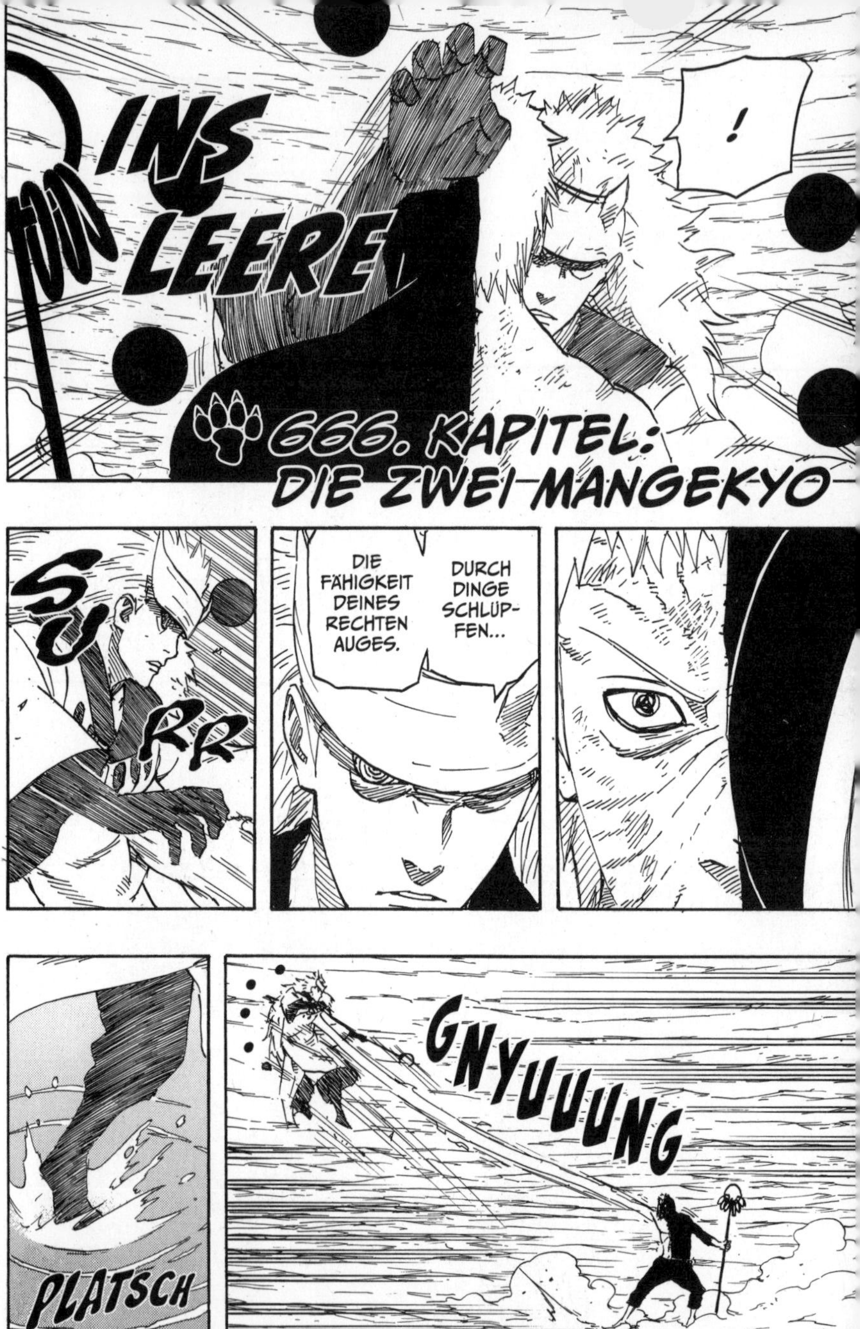
!
INS LEERE
666. KAPITEL: DIE ZWEI MANGEKYO
DURCH DINGE SCHLÜPFEN...
DIE FÄHIGKEIT DEINES RECHTEN AUGES.
SURR
GNYUUUNG
PLATSCH

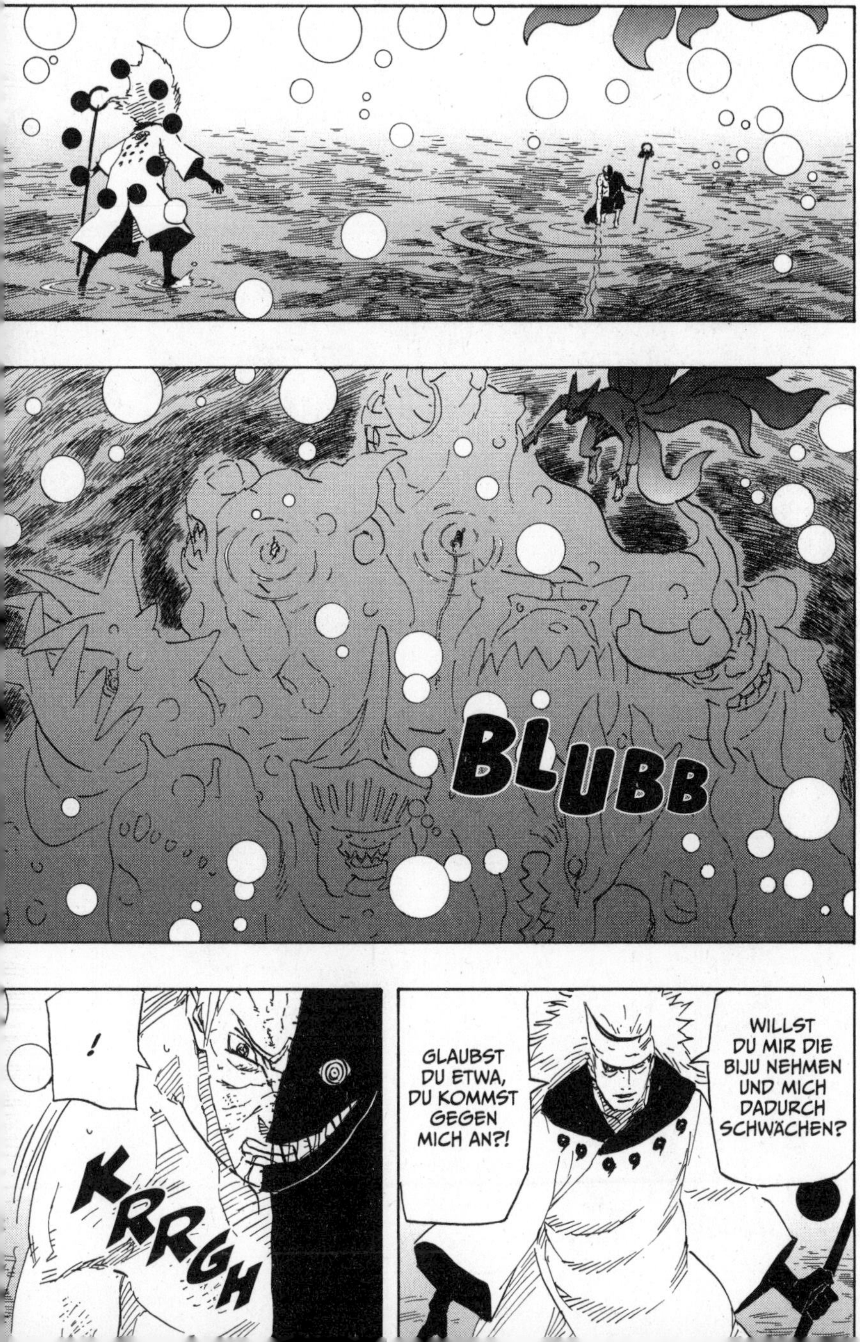
BLUBB
WILLST DU MIR DIE BIJU NEHMEN UND MICH DADURCH SCHWÄCHEN?
GLAUBST DU ETWA, DU KOMMST GEGEN MICH AN?!
!
KRRGH

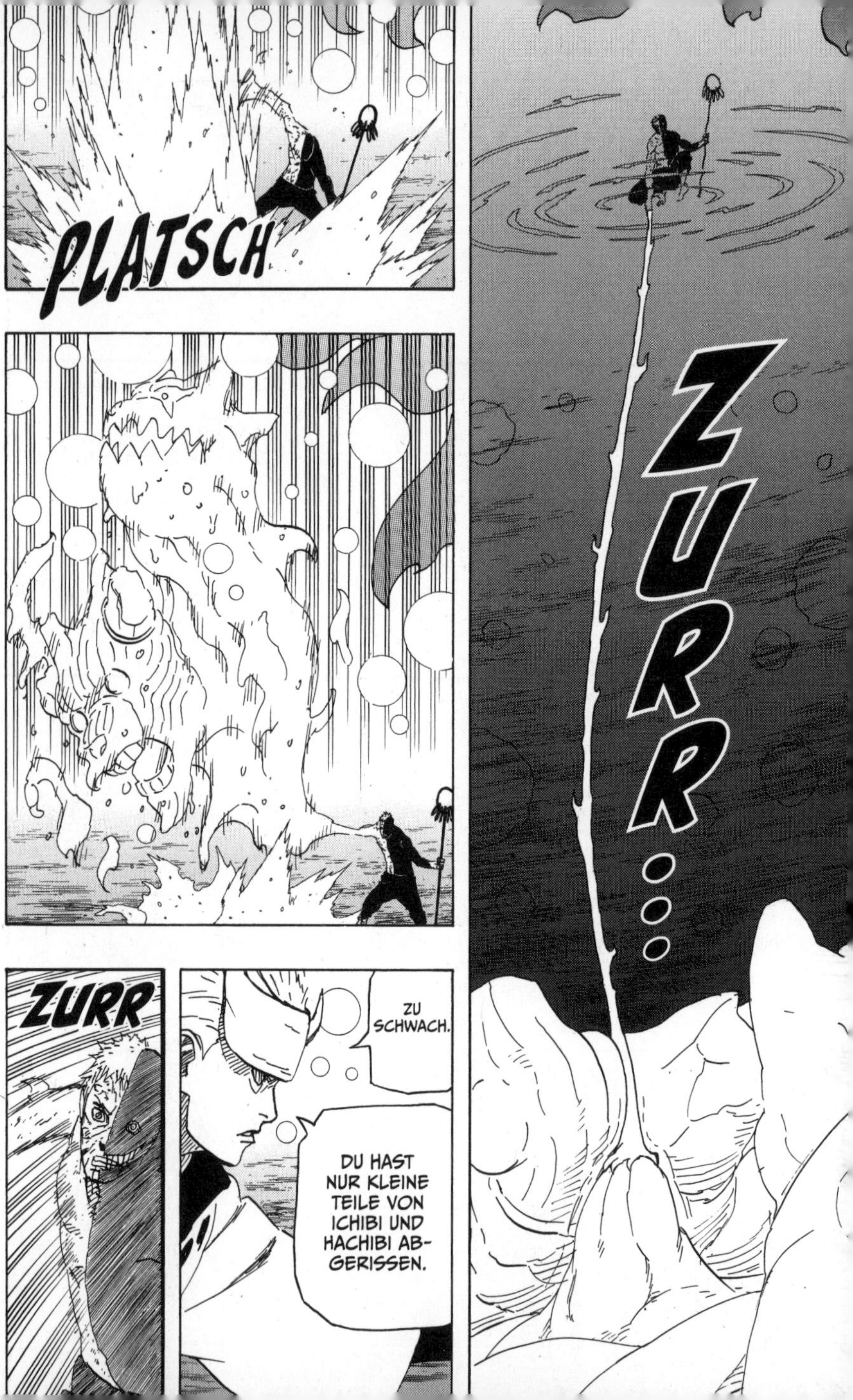
ZURR...
PLATSCH
ZU SCHWACH.
DU HAST NUR KLEINE TEILE VON ICHIBI UND HACHIBI ABGERISSEN.
ZURR

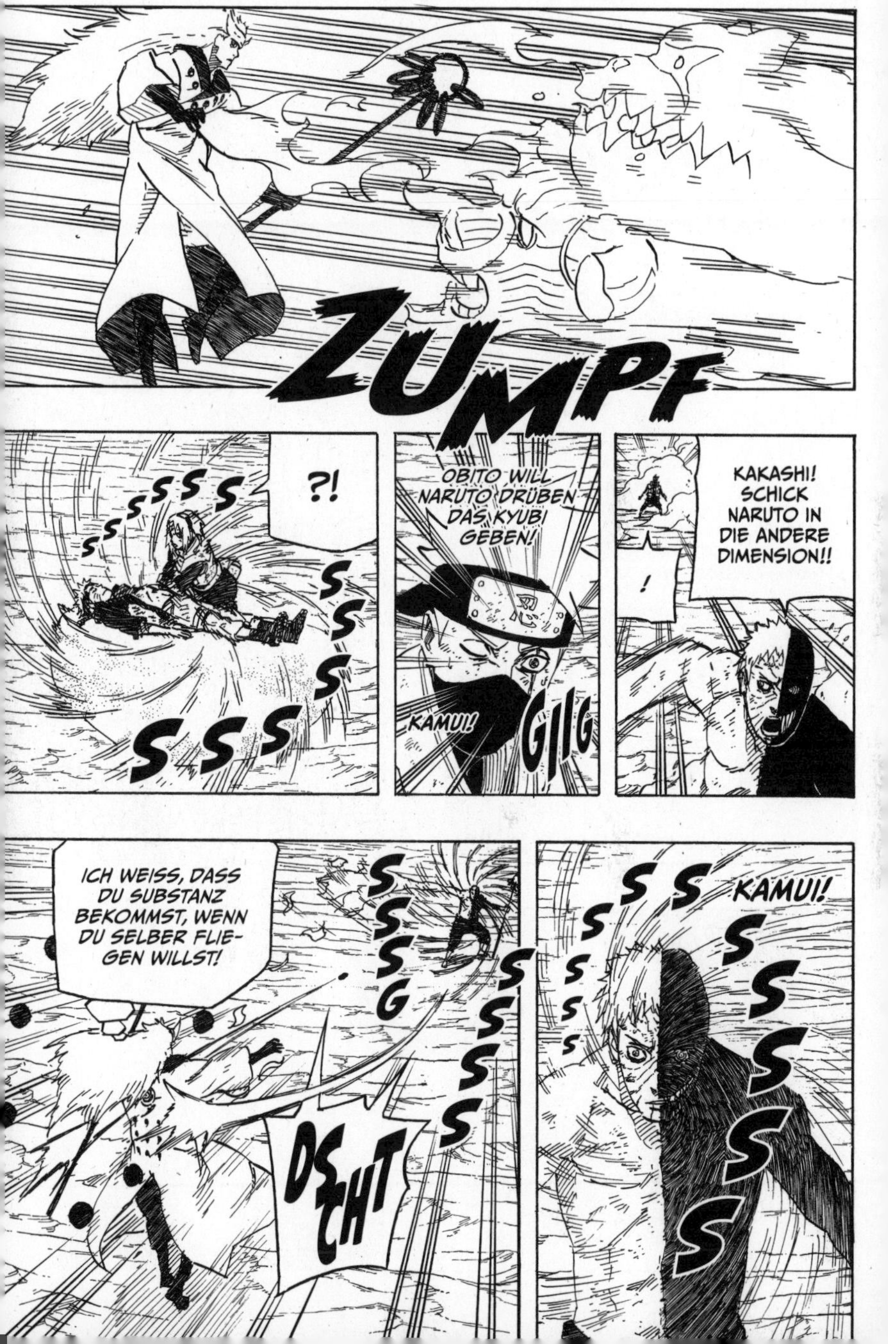
ZUMPF
KAKASHI! SCHICK NARUTO IN DIE ANDERE DIMENSION!!
!
OBITO WILL NARUTO DRÜBEN DAS KYUBI GEBEN!
KAMUI!
GIIG
?!
SSSSSS
SSS
SSS
KAMUI!
SSSSSSSS
SSSSS
ICH WEISS, DASS DU SUBSTANZ BEKOMMST, WENN DU SELBER FLIEGEN WILLST!
SSSG
SSSSS
DSCHT

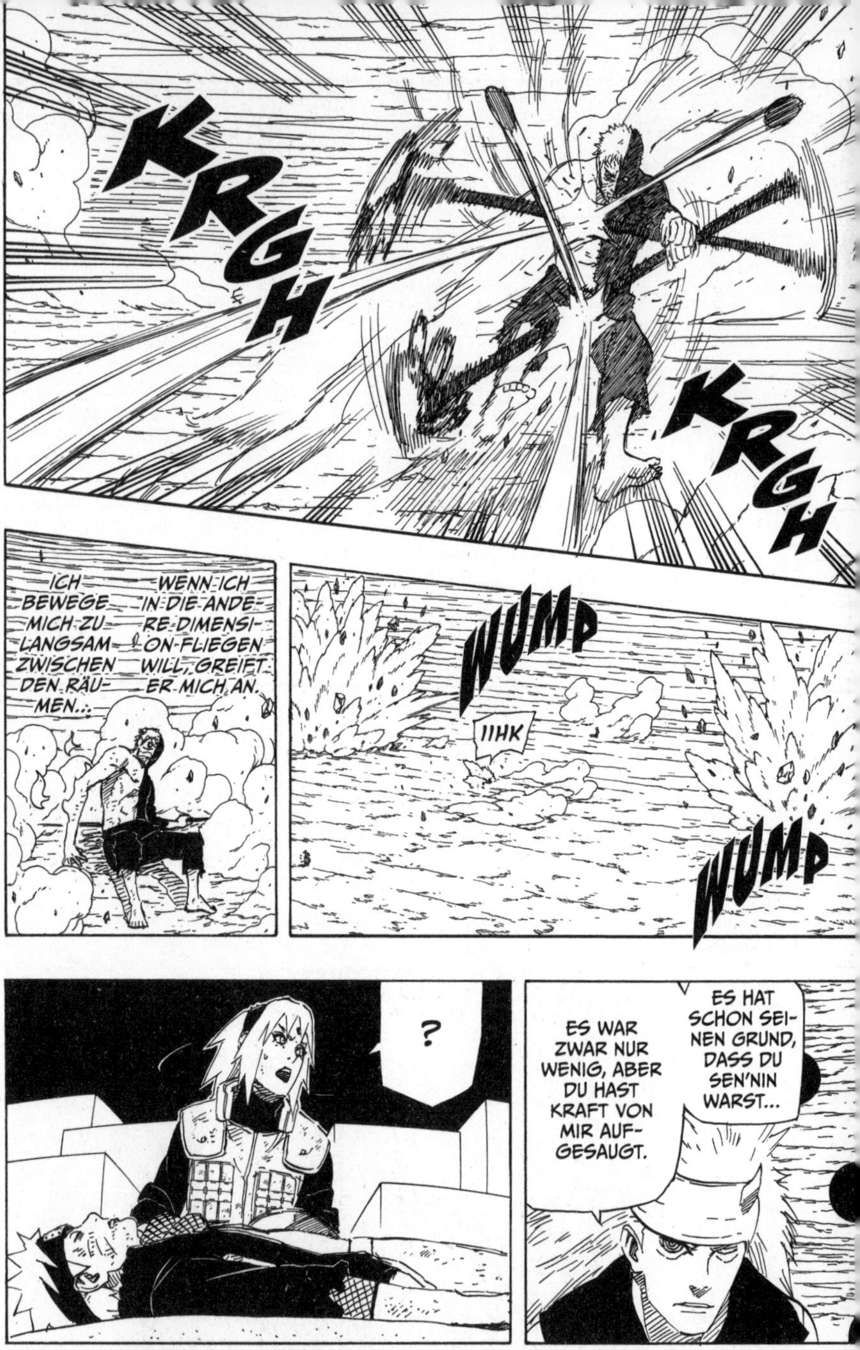
KRGH
KRGH
ICH BEWEGE MICH ZU LANGSAM ZWISCHEN DEN RÄUMEN...
WENN ICH IN DIE ANDERE DIMENSION FLIEGEN WILL, GREIFT ER MICH AN.
WUMP
IIHK
WUMP
ES HAT SCHON SEINEN GRUND, DASS DU SEN'NIN WARST...
ES WAR ZWAR NUR WENIG, ABER DU HAST KRAFT VON MIR AUFGESAUGT.
?

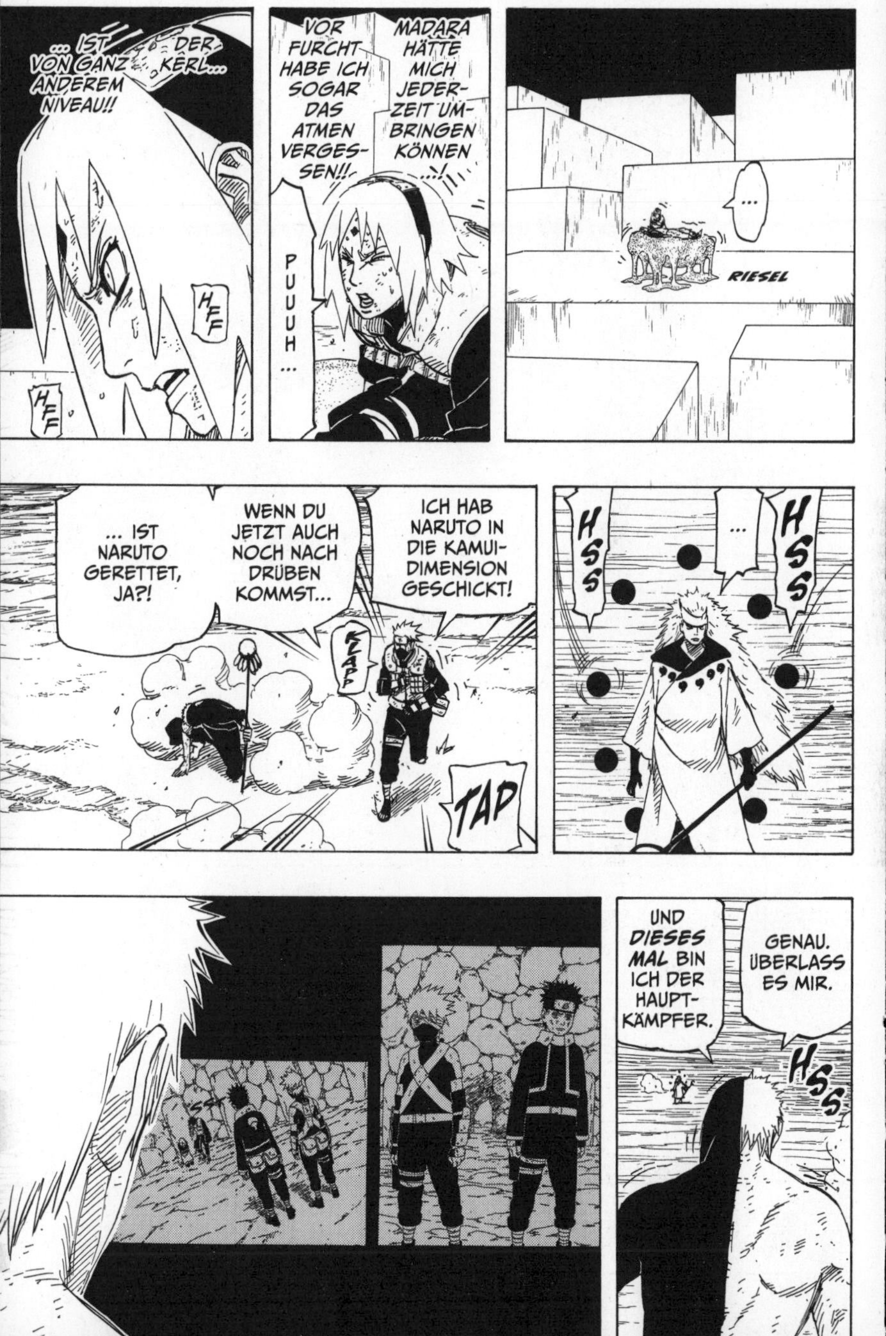
...
RIESEL
MADARA HÄTTE MICH JEDERZEIT UMBRINGEN KÖNNEN ...!
VOR FURCHT HABE ICH SOGAR DAS ATMEN VERGESSEN!!
PUUUH ...
DER KERL...
... IST VON GANZ ANDEREM NIVEAU!!
HFF
HFF
HSS
...
HSS
TAP
ICH HAB NARUTO IN DIE KAMUI-DIMENSION GESCHICKT!
KLAPP
WENN DU JETZT AUCH NOCH NACH DRÜBEN KOMMST...
... IST NARUTO GERETTET, JA?!
GENAU. ÜBERLASS ES MIR.
UND DIESES MAL BIN ICH DER HAUPTKÄMPFER.
HSS

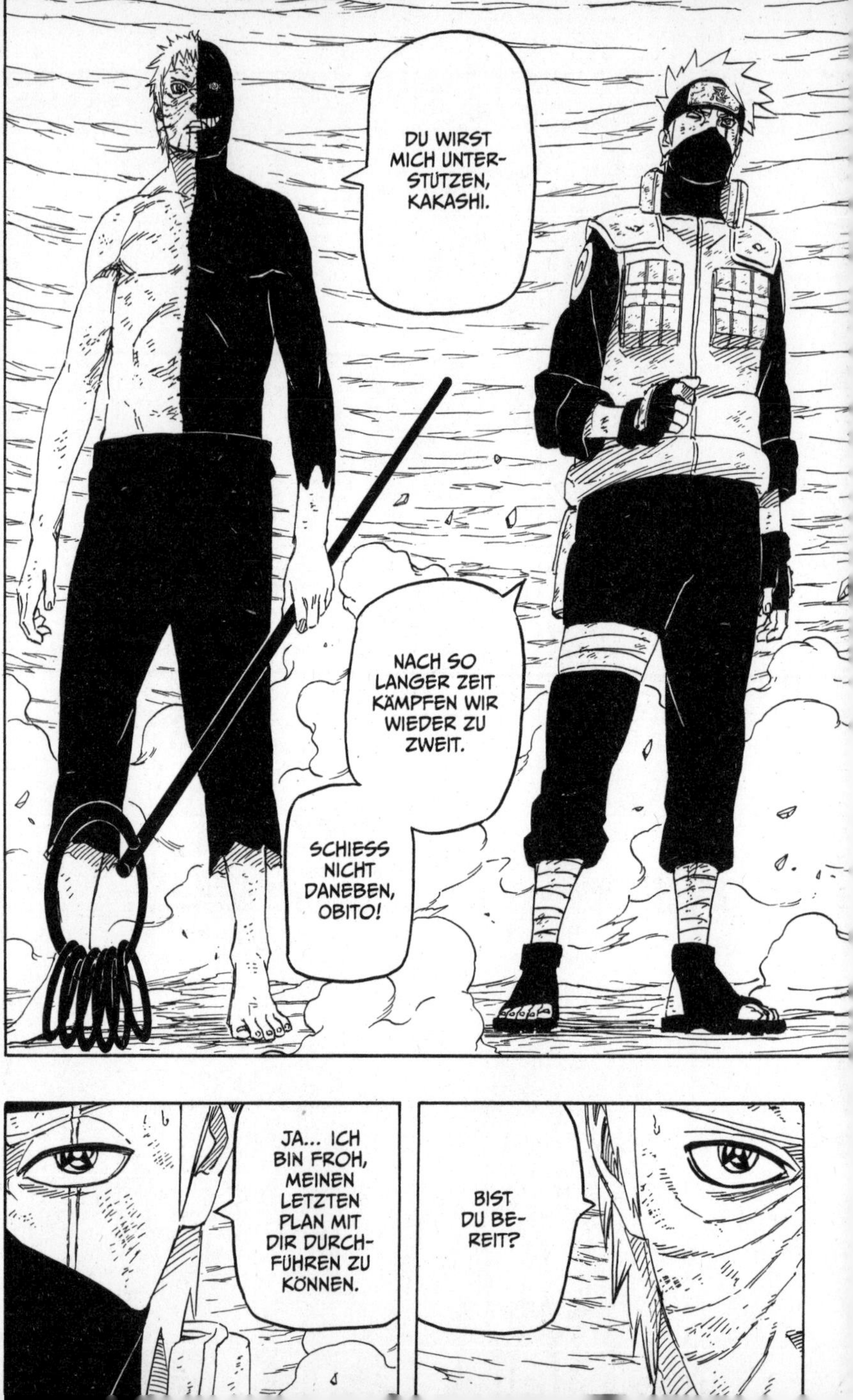
DU WIRST MICH UNTERSTÜTZEN, KAKASHI.
NACH SO LANGER ZEIT KÄMPFEN WIR WIEDER ZU ZWEIT.
SCHIESS NICHT DANEBEN, OBITO!
BIST DU BEREIT?
JA... ICH BIN FROH, MEINEN LETZTEN PLAN MIT DIR DURCHFÜHREN ZU KÖNNEN.

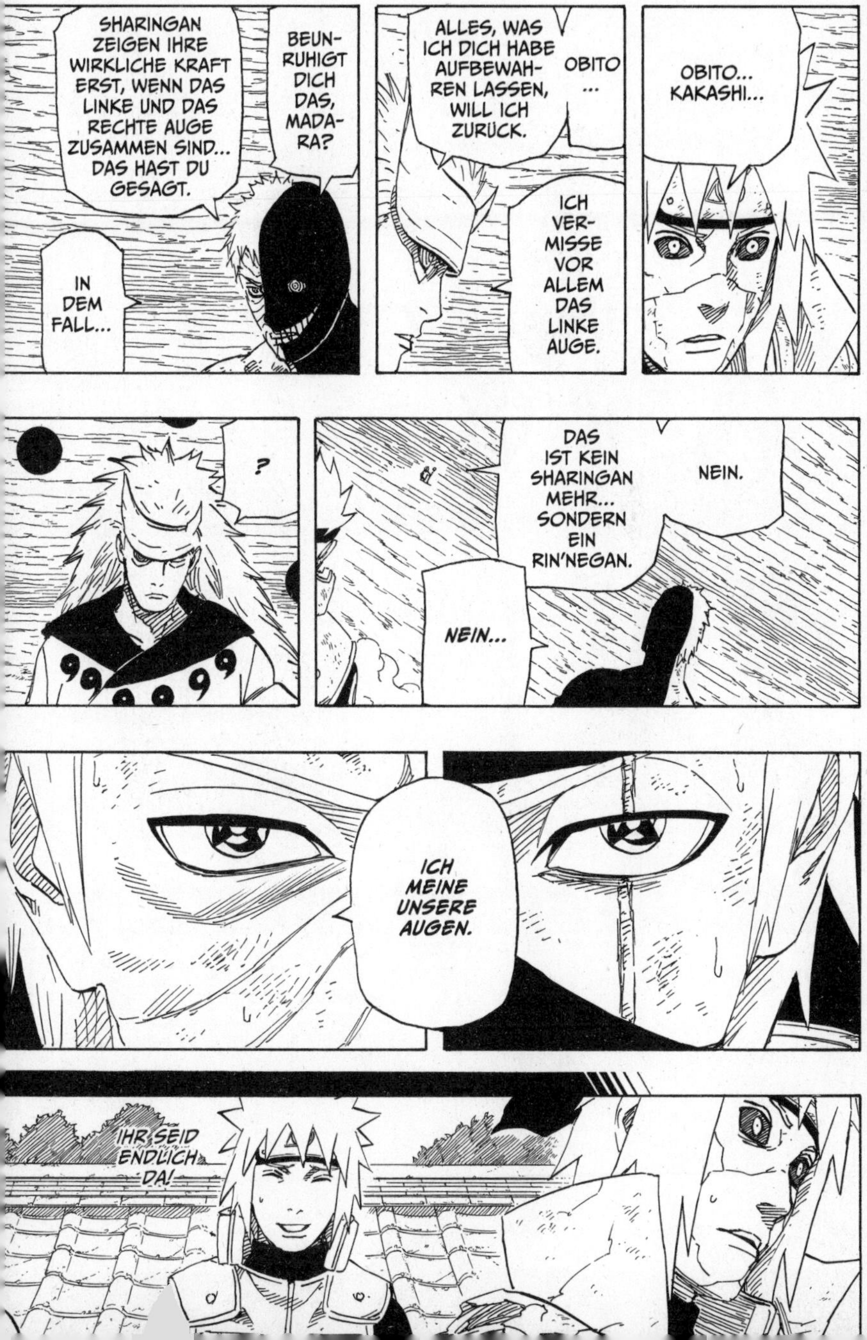
SHARINGAN ZEIGEN IHRE WIRKLICHE KRAFT ERST, WENN DAS LINKE UND DAS RECHTE AUGE ZUSAMMEN SIND... DAS HAST DU GESAGT.
BEUN-RUHIGT DICH DAS, MADA-RA?
IN DEM FALL...
ALLES, WAS ICH DICH HABE AUFBEWAH-REN LASSEN, WILL ICH ZURÜCK.
OBITO ...
ICH VER-MISSE VOR ALLEM DAS LINKE AUGE.
OBITO... KAKASHI...
?
DAS IST KEIN SHARINGAN MEHR... SONDERN EIN RIN'NEGAN.
NEIN.
NEIN...
ICH MEINE UNSERE AUGEN.
IHR SEID ENDLICH DA!

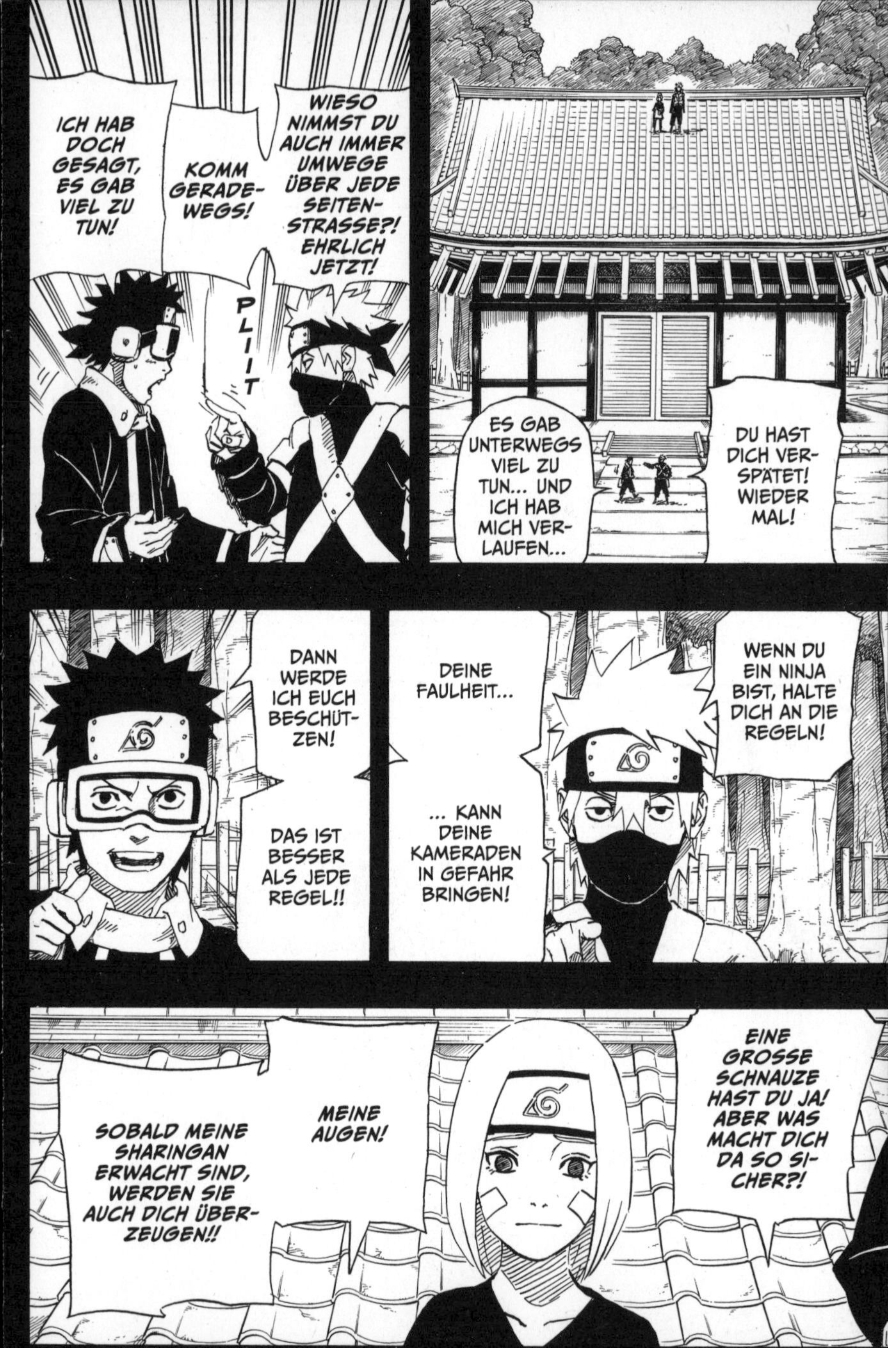
DU HAST DICH VERSPÄTET! WIEDER MAL!
ES GAB UNTERWEGS VIEL ZU TUN... UND ICH HAB MICH VERLAUFEN...
WIESO NIMMST DU AUCH IMMER UMWEGE ÜBER JEDE SEITENSTRASSE?! EHRLICH JETZT!
KOMM GERADEWEGS!
ICH HAB DOCH GESAGT, ES GAB VIEL ZU TUN!
PLIIT
WENN DU EIN NINJA BIST, HALTE DICH AN DIE REGELN!
DEINE FAULHEIT...
... KANN DEINE KAMERADEN IN GEFAHR BRINGEN!
DANN WERDE ICH EUCH BESCHÜTZEN!
DAS IST BESSER ALS JEDE REGEL!!
EINE GROSSE SCHNAUZE HAST DU JA! ABER WAS MACHT DICH DA SO SICHER?!
MEINE AUGEN!
SOBALD MEINE SHARINGAN ERWACHT SIND, WERDEN SIE AUCH DICH ÜBERZEUGEN!!

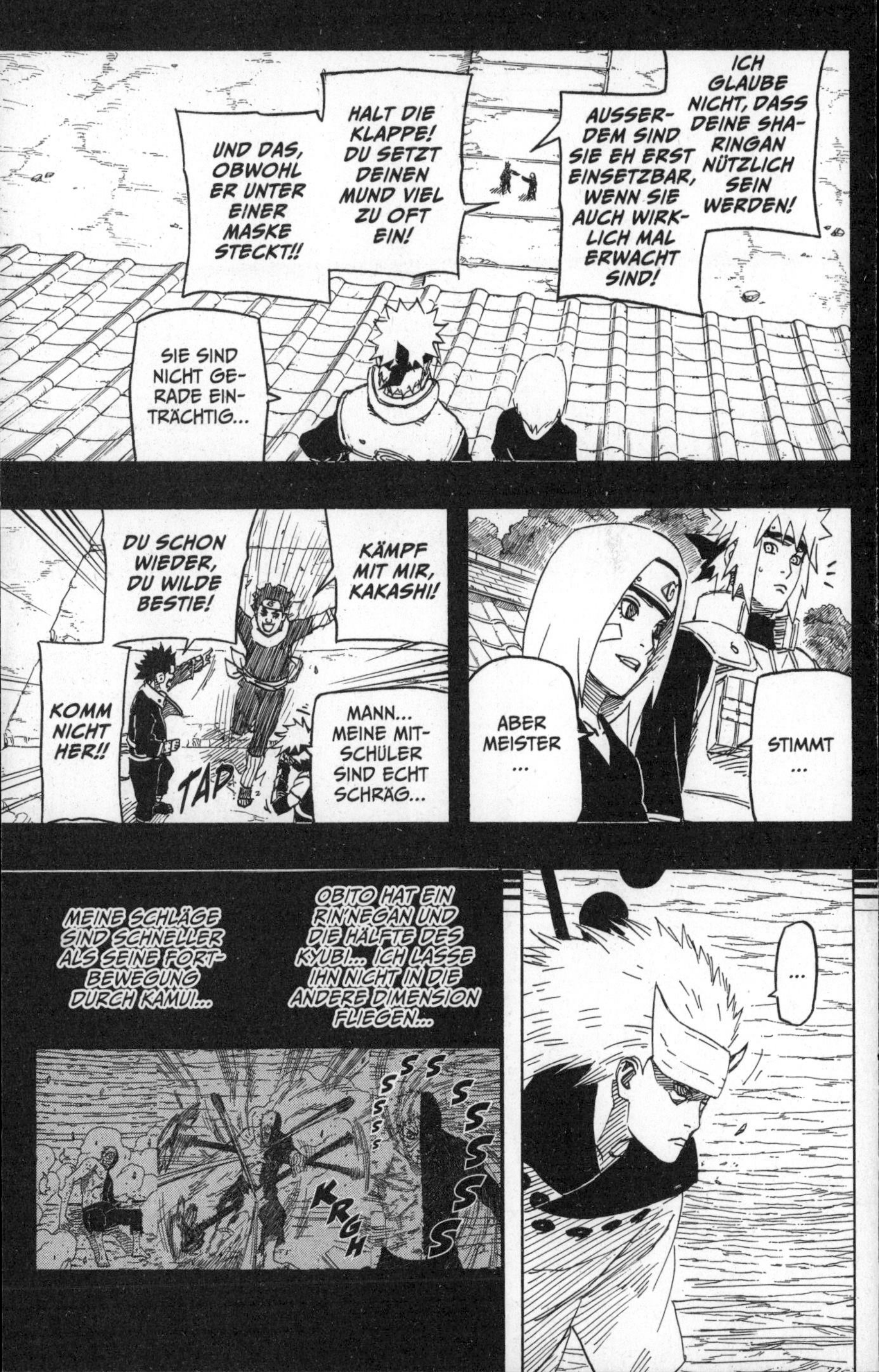
ICH GLAUBE NICHT, DASS DEINE SHARINGAN NÜTZLICH SEIN WERDEN!
AUSSERDEM SIND SIE EH ERST EINSETZBAR, WENN SIE AUCH WIRKLICH MAL ERWACHT SIND!
HALT DIE KLAPPE! DU SETZT DEINEN MUND VIEL ZU OFT EIN!
UND DAS, OBWOHL ER UNTER EINER MASKE STECKT!!
SIE SIND NICHT GERADE EINTRÄCHTIG...
STIMMT ...
ABER MEISTER ...
KÄMPF MIT MIR, KAKASHI!
DU SCHON WIEDER, DU WILDE BESTIE!
MANN... MEINE MITSCHÜLER SIND ECHT SCHRÄG...
TAP
KOMM NICHT HER!!
...
OBITO HAT EIN RIN'NEGAN UND DIE HÄLFTE DES KYUBI... ICH LASSE IHN NICHT IN DIE ANDERE DIMENSION FLIEGEN...
MEINE SCHLÄGE SIND SCHNELLER ALS SEINE FORTBEWEGUNG DURCH KAMUI...
KRGH

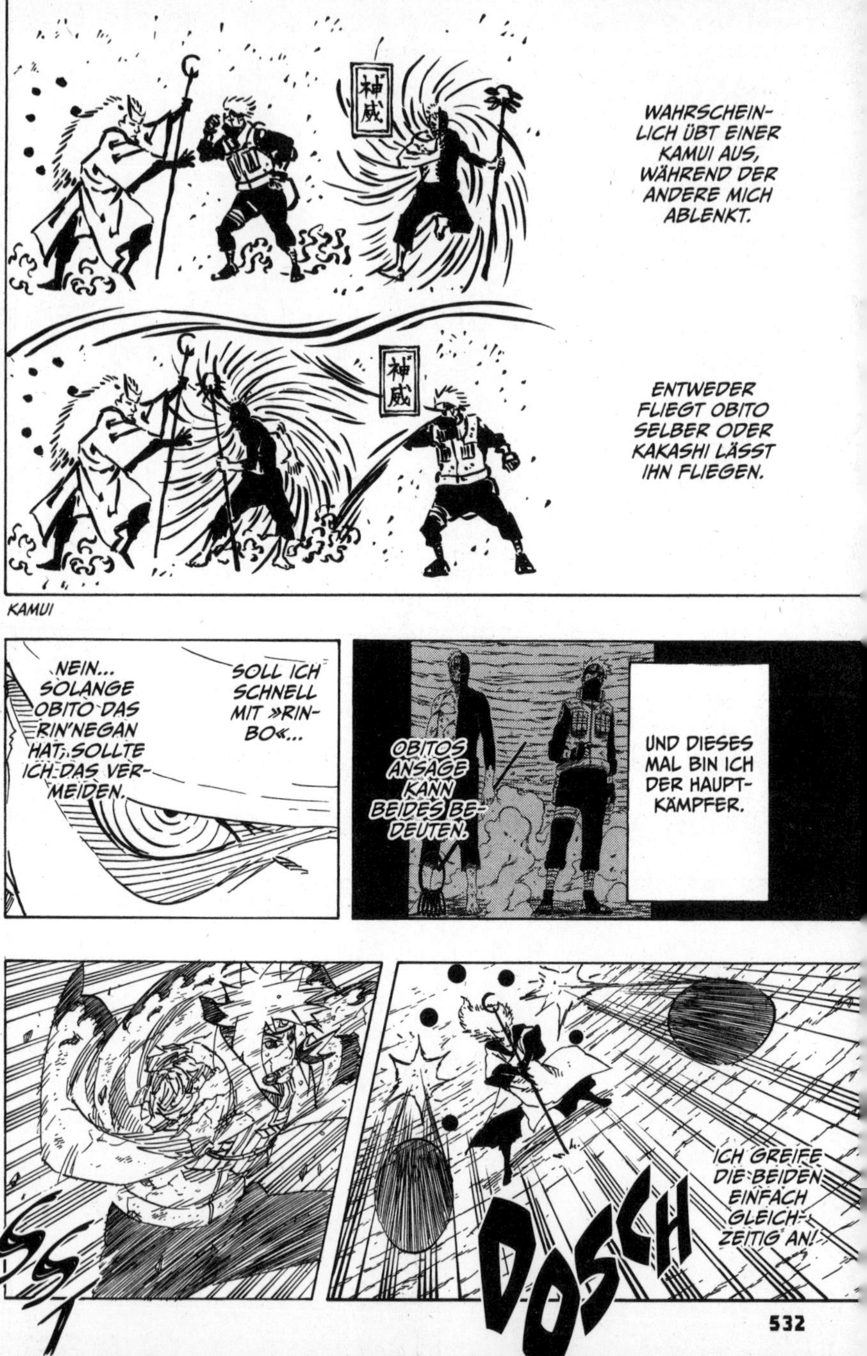
WAHRSCHEIN-LICH ÜBT EINER KAMUI AUS, WÄHREND DER ANDERE MICH ABLENKT.
神威
ENTWEDER FLIEGT OBITO SELBER ODER KAKASHI LÄSST IHN FLIEGEN.
神威
KAMUI
UND DIESES MAL BIN ICH DER HAUPT-KÄMPFER.
OBITOS ANSAGE KANN BEIDES BE-DEUTEN.
SOLL ICH SCHNELL MIT »RIN-BO«...
NEIN... SOLANGE OBITO DAS RIN'NEGAN HAT, SOLLTE ICH DAS VER-MEIDEN.
ICH GREIFE DIE BEIDEN EINFACH GLEICH-ZEITIG AN!
DOSCH

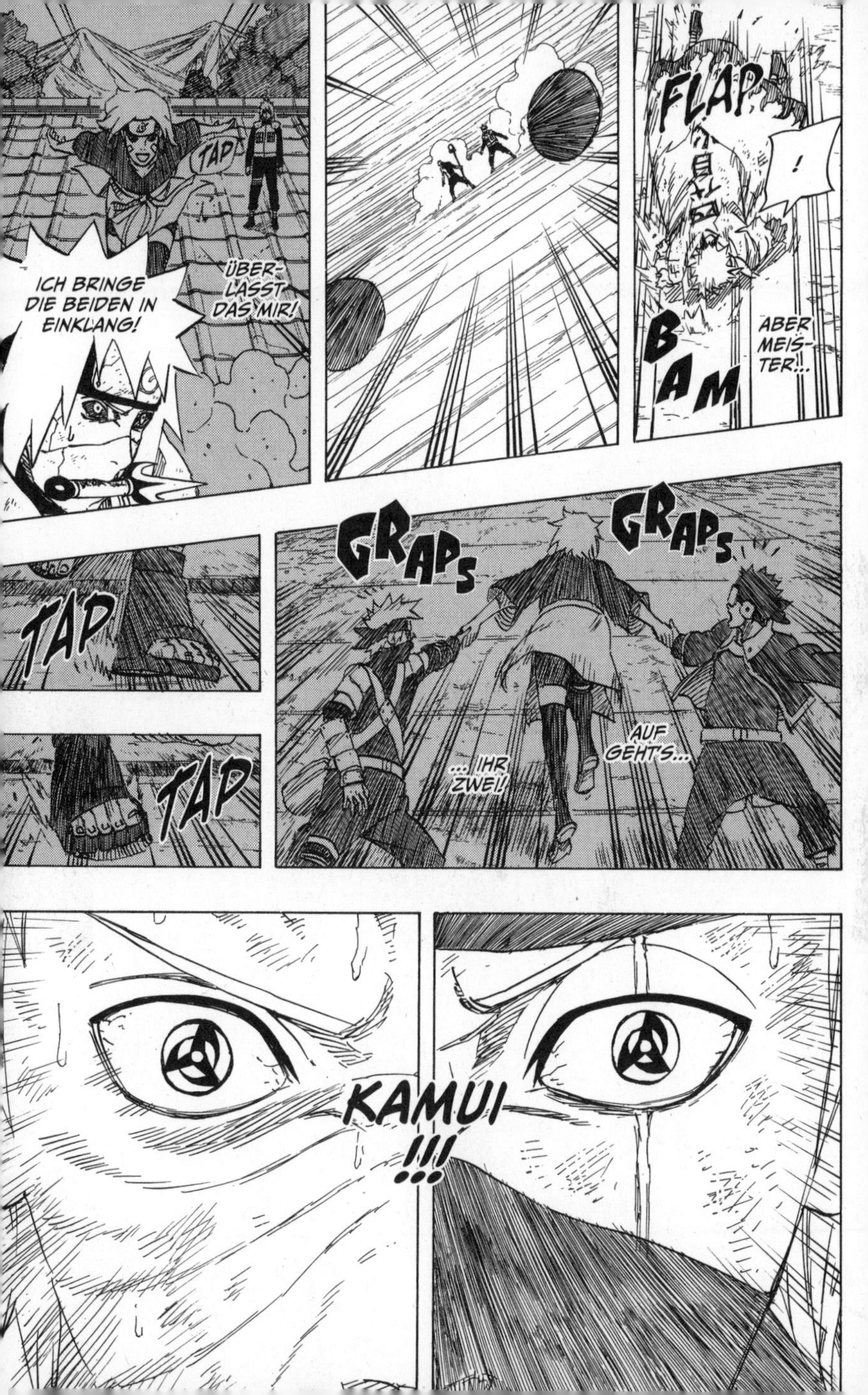

TAP
ÜBER-LASST DAS MIR!
ICH BRINGE DIE BEIDEN IN EINKLANG!
FLAP
!
BAM
ABER MEIS-TER...
GRAPS
GRAPS
TAP
TAP
AUF GEHTS...
... IHR ZWEI!
KAMUI !!!

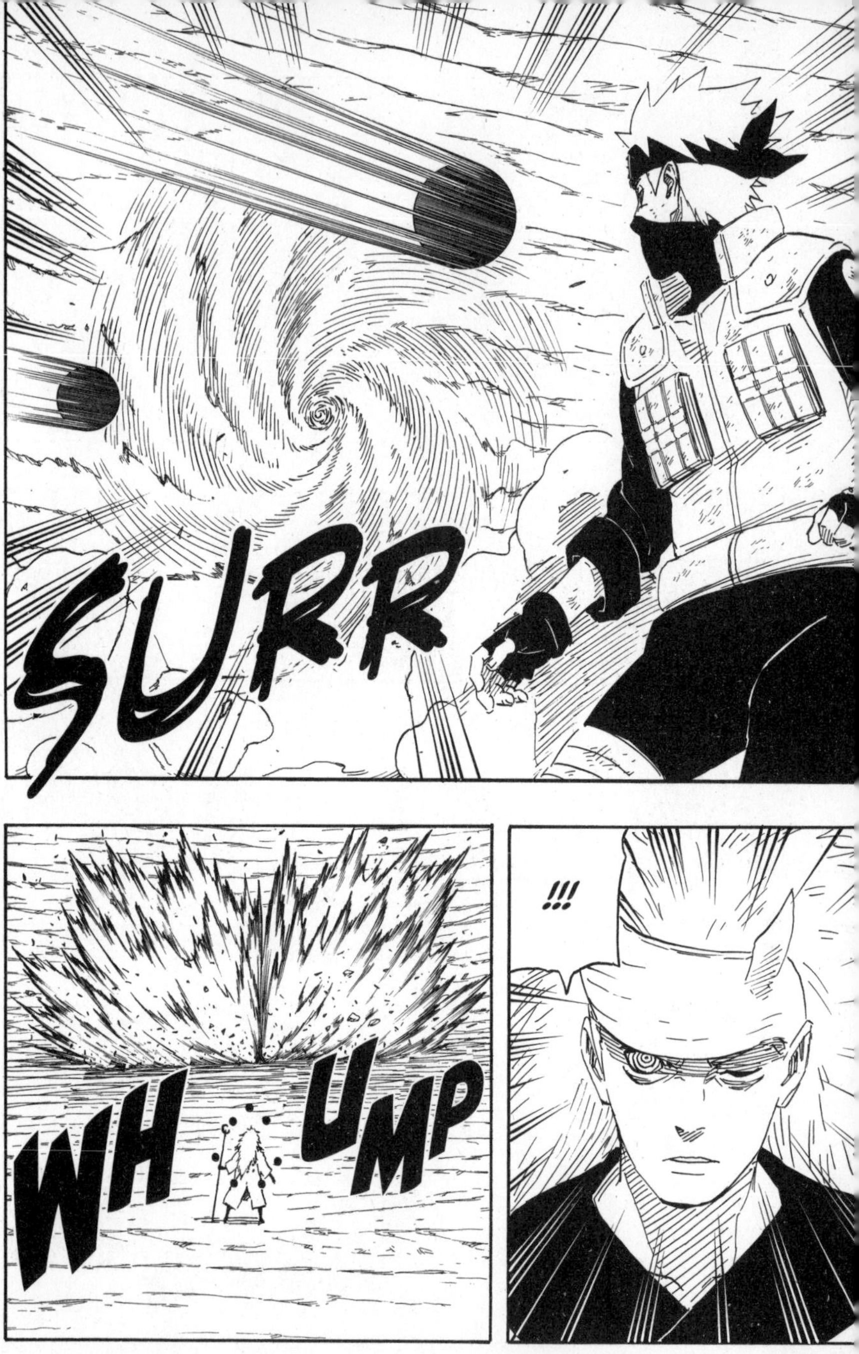
SURR
!!!
WH UMP

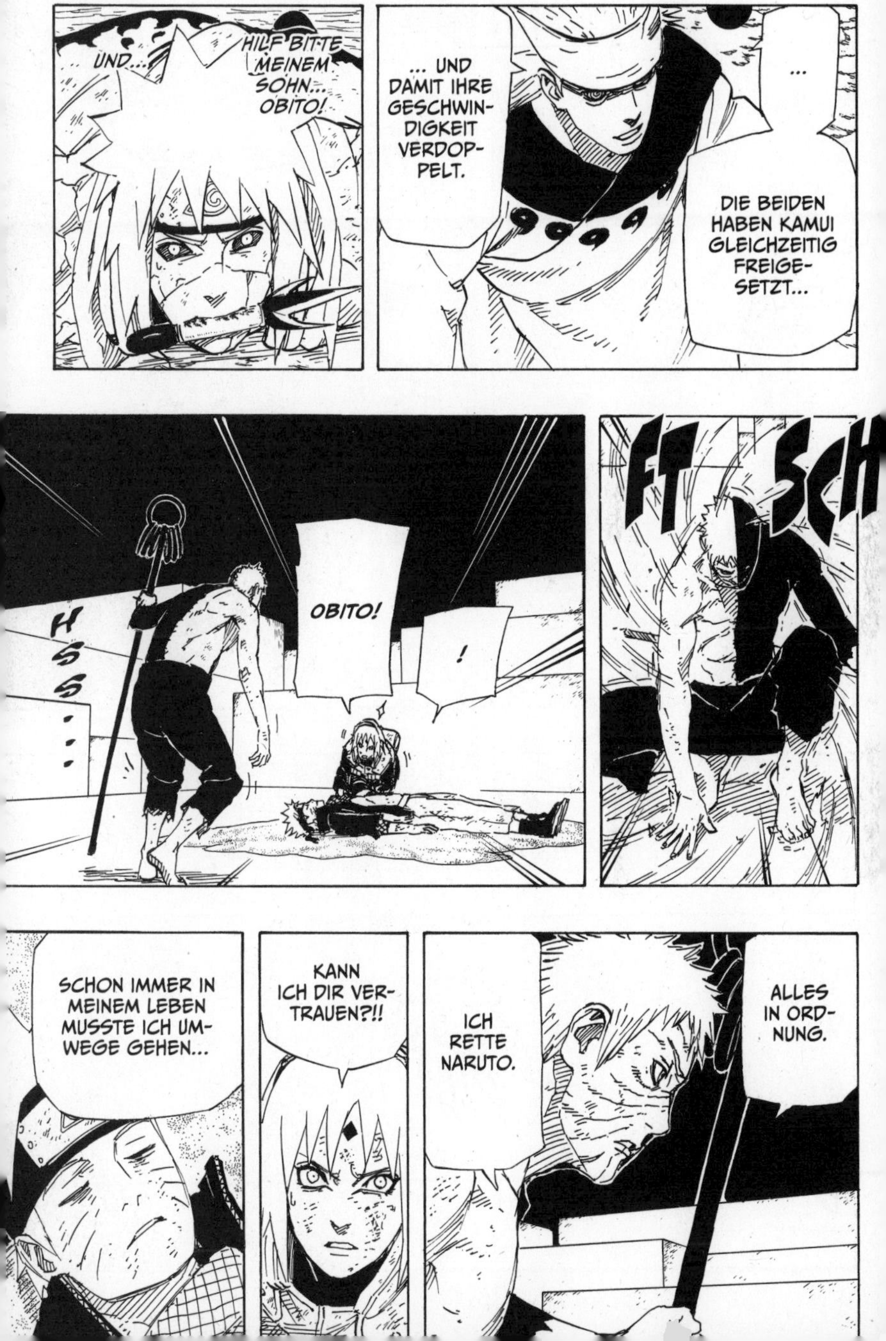
...
DIE BEIDEN HABEN KAMUI GLEICHZEITIG FREIGESETZT...
... UND DAMIT IHRE GESCHWINDIGKEIT VERDOPPELT.
HILF BITTE MEINEM SOHN... OBITO!
UND...
FT SCH
!
OBITO!
HSS...
ALLES IN ORDNUNG.
ICH RETTE NARUTO.
KANN ICH DIR VERTRAUEN?!!
SCHON IMMER IN MEINEM LEBEN MUSSTE ICH UMWEGE GEHEN...

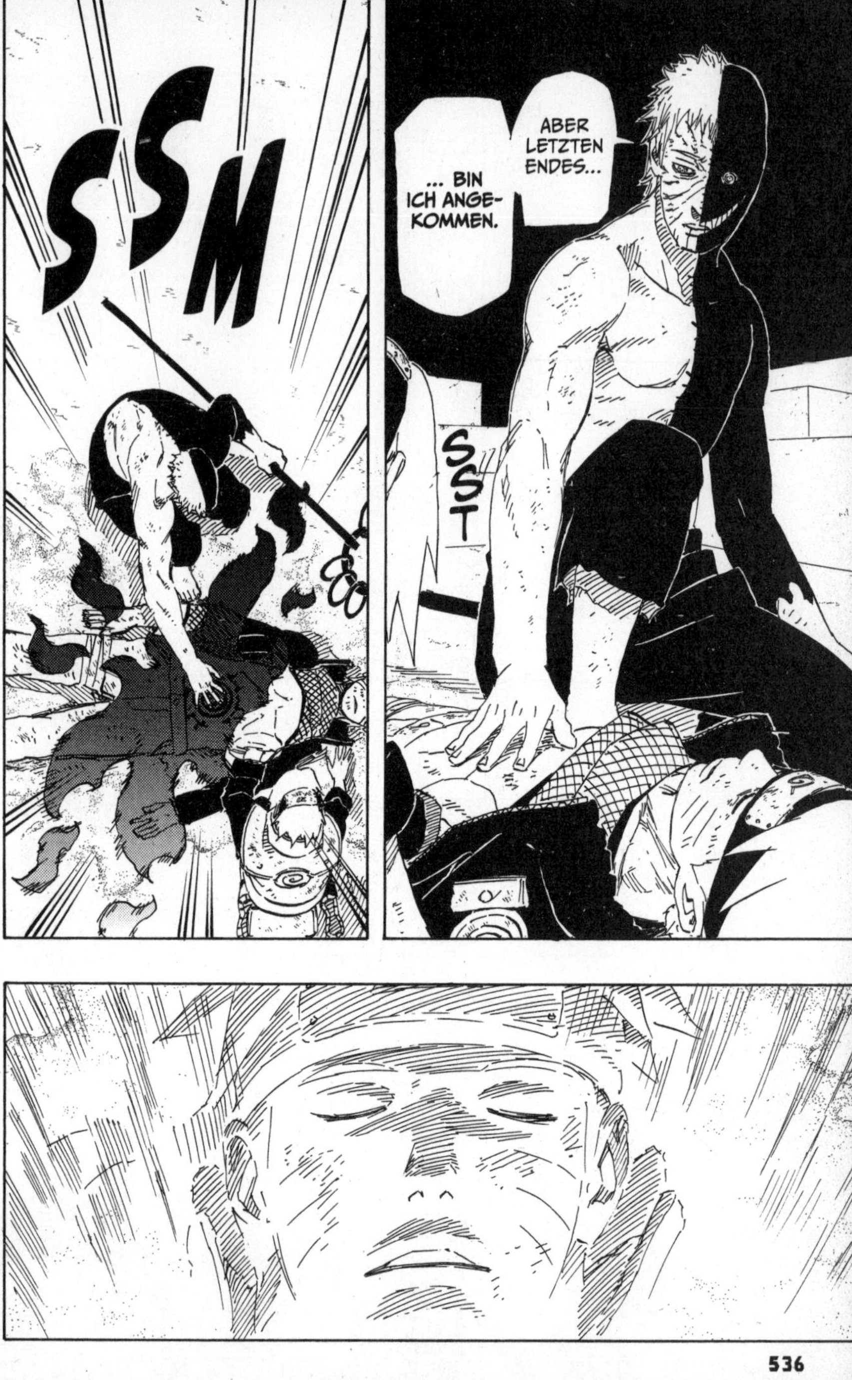
ABER LETZTEN ENDES...
... BIN ICH ANGE-KOMMEN.
SST
SSM

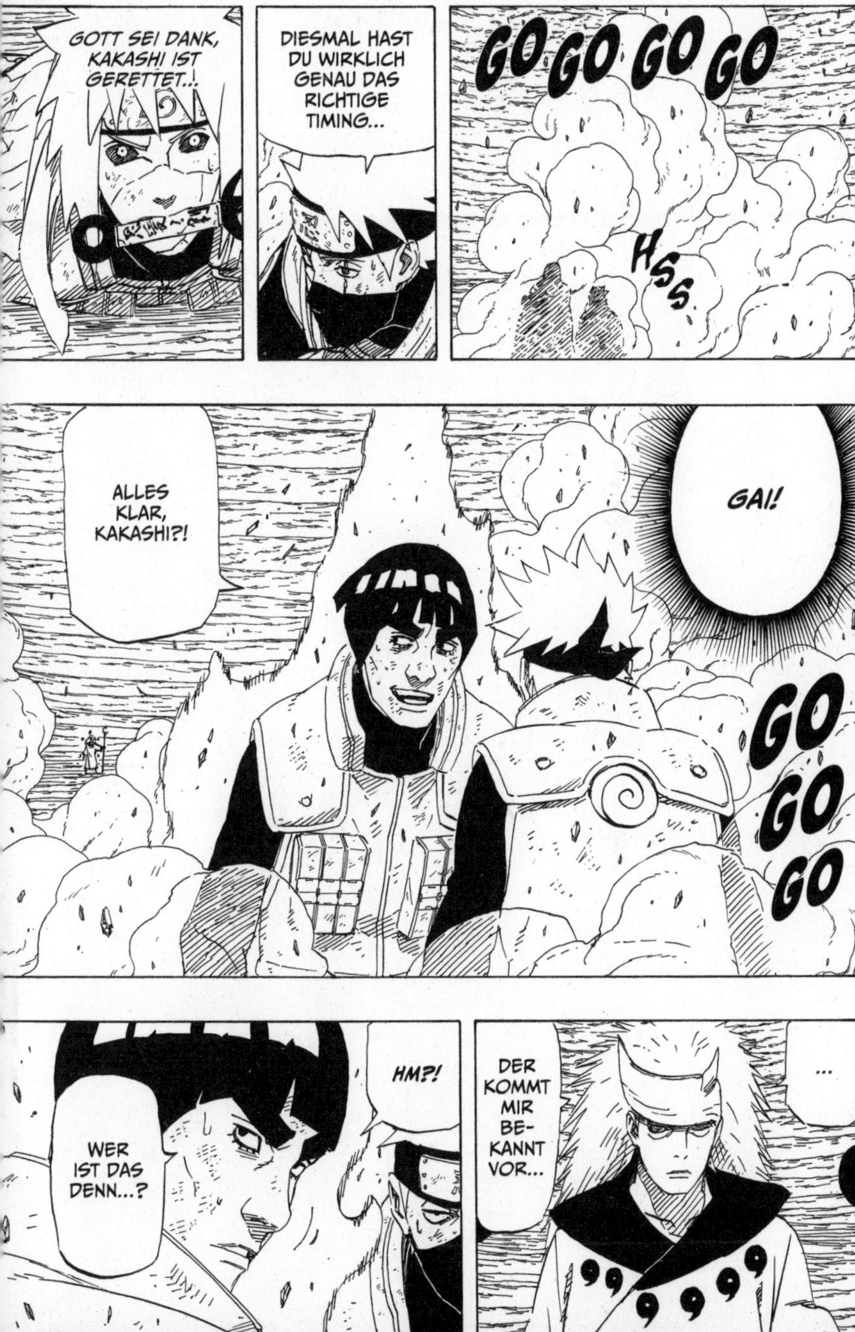
GO GO GO GO
HSS
DIESMAL HAST DU WIRKLICH GENAU DAS RICHTIGE TIMING...
GOTT SEI DANK, KAKASHI IST GERETTET...!
GAI!
GO GO GO
ALLES KLAR, KAKASHI?!
...
DER KOMMT MIR BE-KANNT VOR...
HM?!
WER IST DAS DENN...?

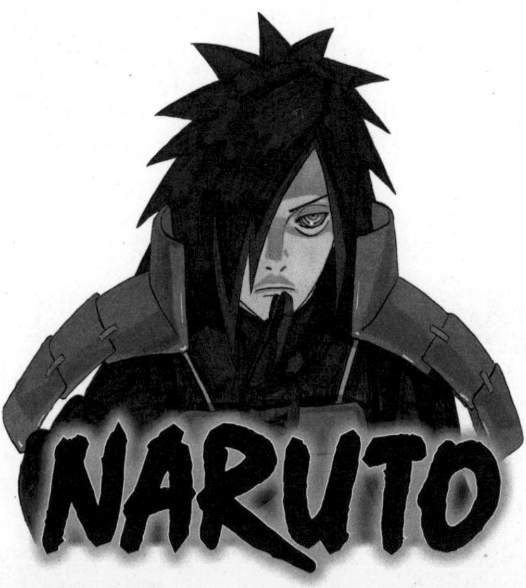
NARUTO

667. Kapitel: Das Ende der grünen Zeit

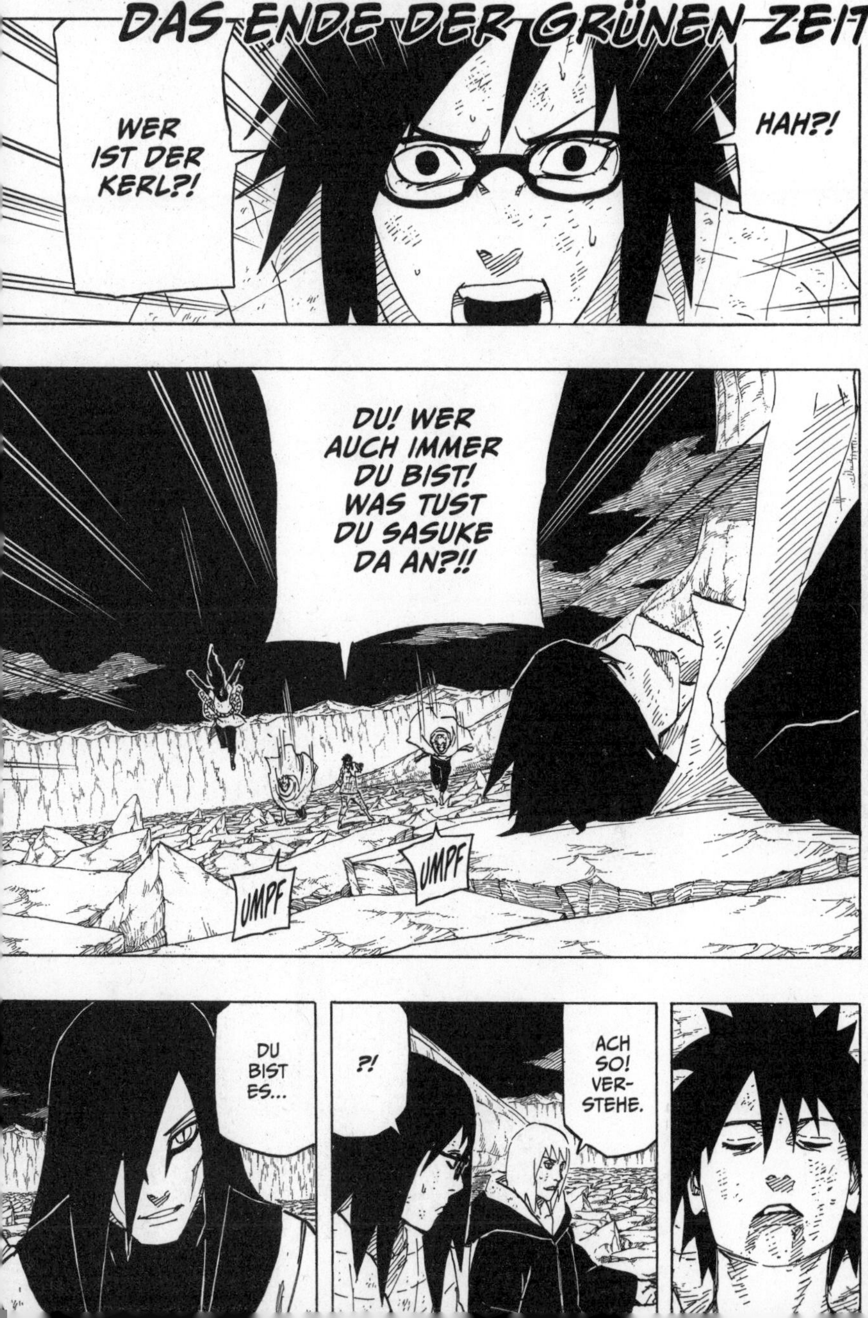

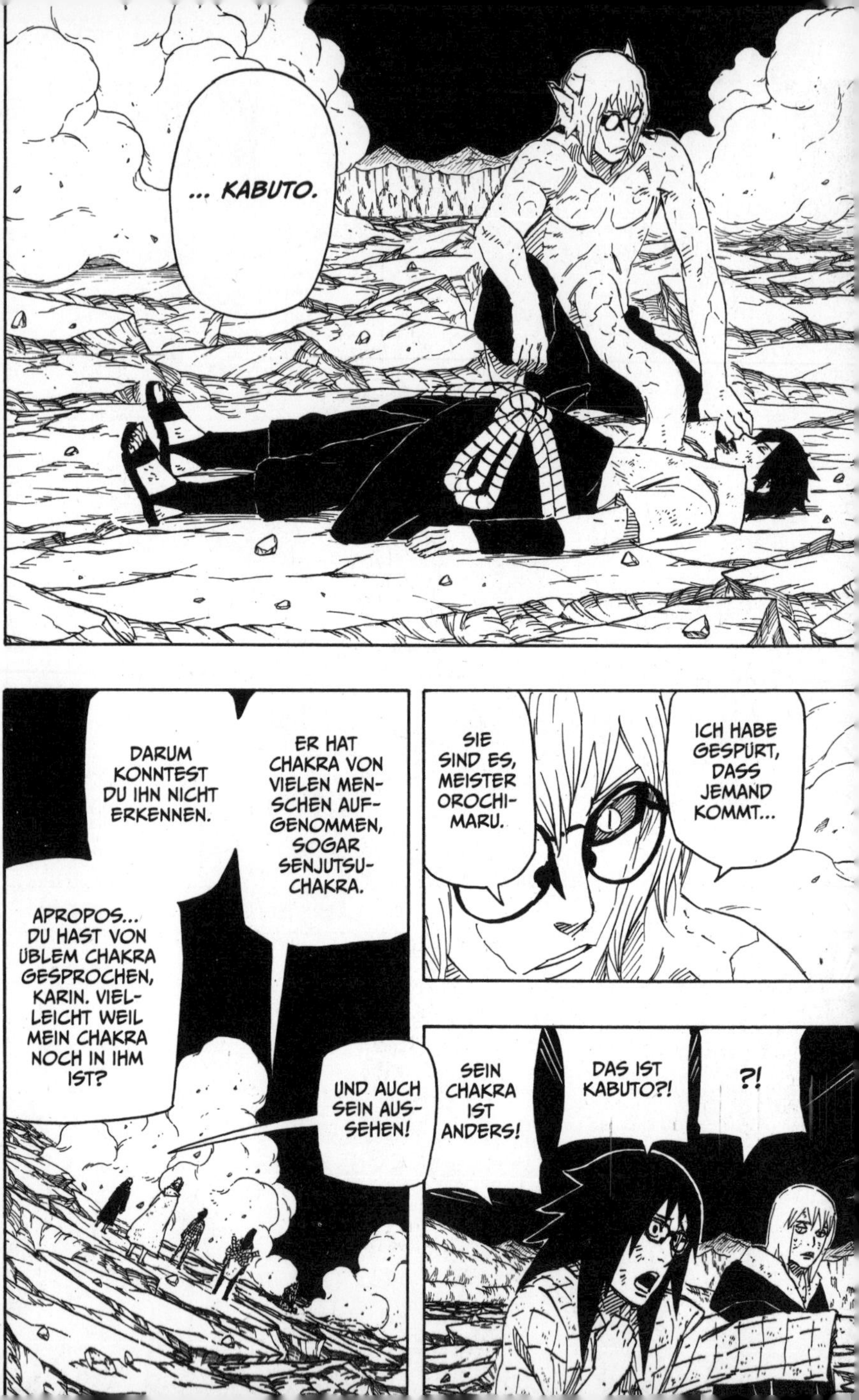
... KABUTO.
ICH HABE GESPÜRT, DASS JEMAND KOMMT...
SIE SIND ES, MEISTER OROCHIMARU.
?!
DAS IST KABUTO?!
SEIN CHAKRA IST ANDERS!
UND AUCH SEIN AUSSEHEN!
ER HAT CHAKRA VON VIELEN MENSCHEN AUFGENOMMEN, SOGAR SENJUTSU-CHAKRA.
DARUM KONNTEST DU IHN NICHT ERKENNEN.
APROPOS... DU HAST VON ÜBLEM CHAKRA GESPROCHEN, KARIN. VIELLEICHT WEIL MEIN CHAKRA NOCH IN IHM IST?

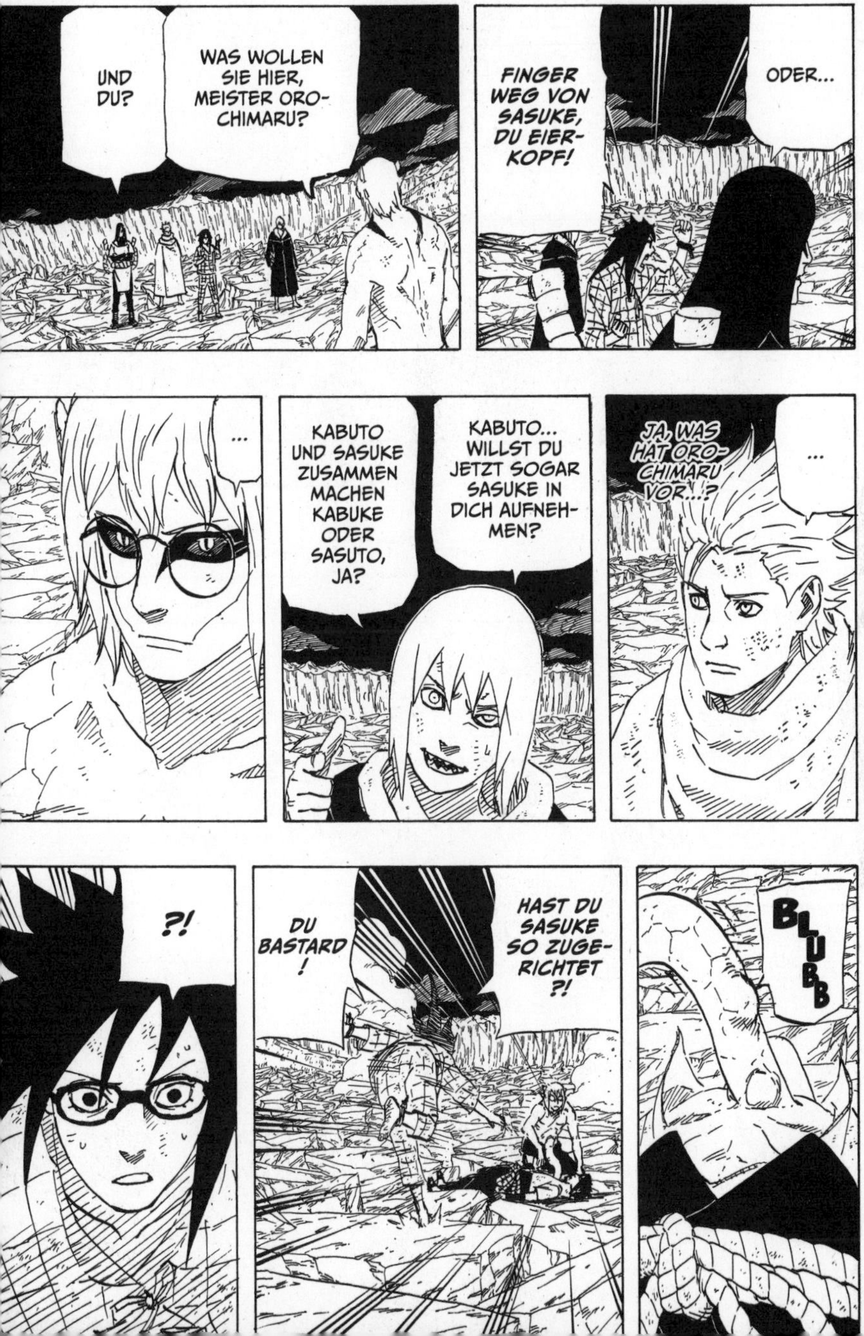

ODER...
FINGER WEG VON SASUKE, DU EIER-KOPF!
WAS WOLLEN SIE HIER, MEISTER ORO-CHIMARU?
UND DU?
...
JA, WAS HAT ORO-CHIMARU VOR...?
KABUTO... WILLST DU JETZT SOGAR SASUKE IN DICH AUFNEH-MEN?
KABUTO UND SASUKE ZUSAMMEN MACHEN KABUKE ODER SASUTO, JA?
...
BLUBB
HAST DU SASUKE SO ZUGE-RICHTET ?!
DU BASTARD !
?!

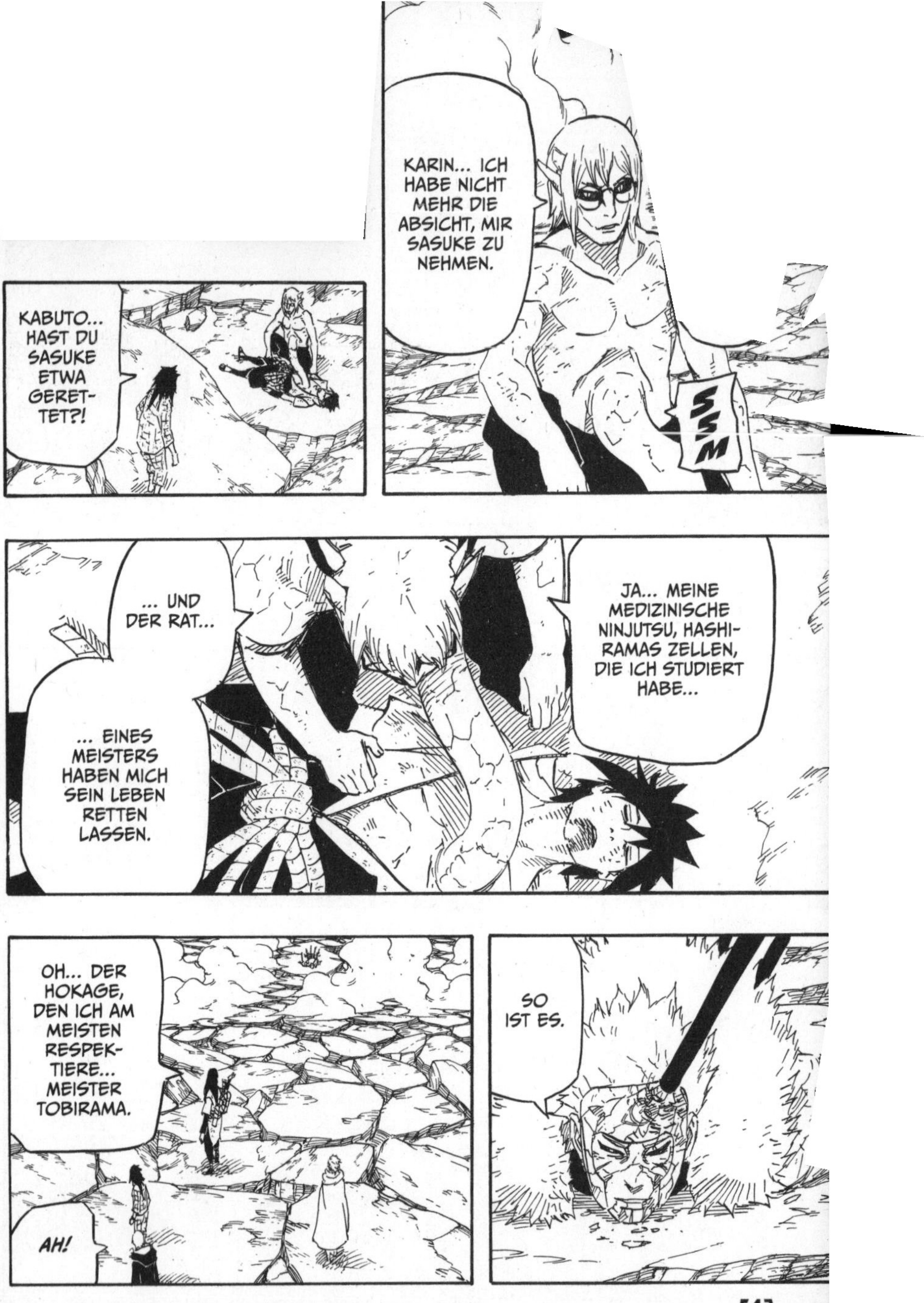
KARIN... ICH HABE NICHT MEHR DIE ABSICHT, MIR SASUKE ZU NEHMEN.
SSM
KABUTO... HAST DU SASUKE ETWA GERETTET?!
JA... MEINE MEDIZINISCHE NINJUTSU, HASHI-RAMAS ZELLEN, DIE ICH STUDIERT HABE...
... UND DER RAT...
... EINES MEISTERS HABEN MICH SEIN LEBEN RETTEN LASSEN.
SO IST ES.
OH... DER HOKAGE, DEN ICH AM MEISTEN RESPEK-TIERE... MEISTER TOBIRAMA.
AH!

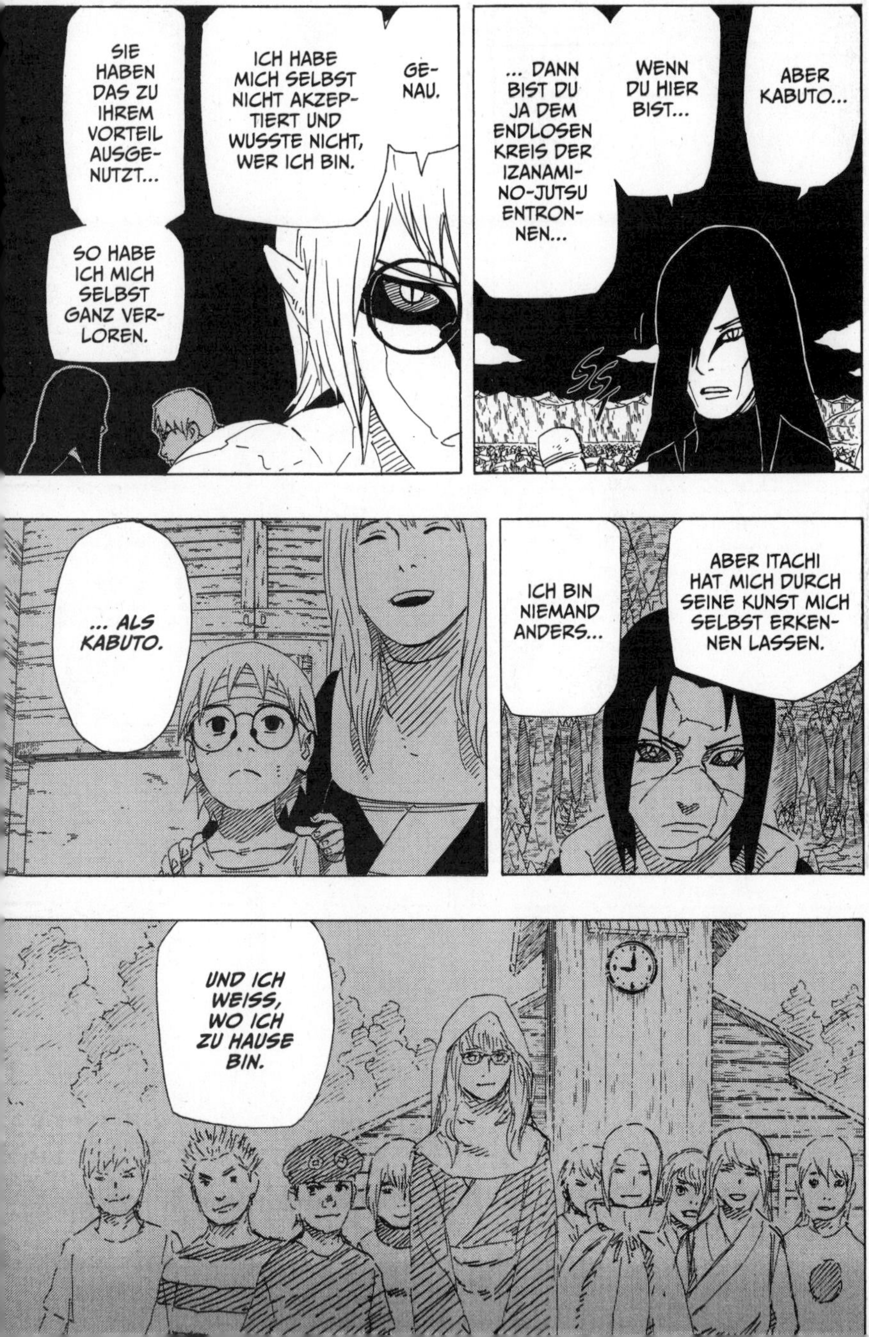
ABER KABUTO...
WENN DU HIER BIST...
... DANN BIST DU JA DEM ENDLOSEN KREIS DER IZANAMI-NO-JUTSU ENTRONNEN...
GENAU.
ICH HABE MICH SELBST NICHT AKZEPTIERT UND WUSSTE NICHT, WER ICH BIN.
SIE HABEN DAS ZU IHREM VORTEIL AUSGENUTZT...
SO HABE ICH MICH SELBST GANZ VERLOREN.
ABER ITACHI HAT MICH DURCH SEINE KUNST MICH SELBST ERKENNEN LASSEN.
ICH BIN NIEMAND ANDERS...
... ALS KABUTO.
UND ICH WEISS, WO ICH ZU HAUSE BIN.

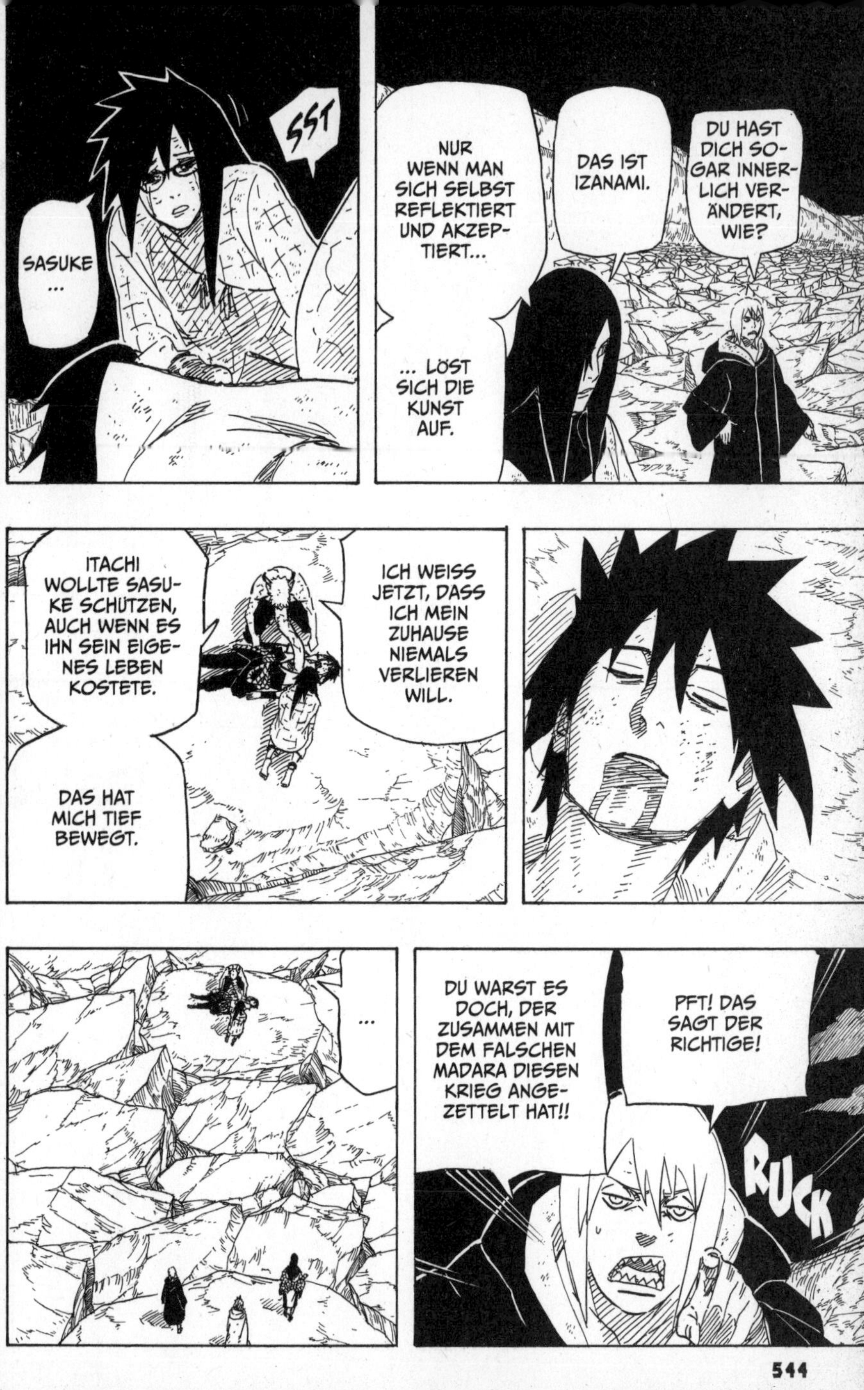
DU HAST DICH SOGAR INNERLICH VERÄNDERT, WIE?
DAS IST IZANAMI.
NUR WENN MAN SICH SELBST REFLEKTIERT UND AKZEPTIERT...
... LÖST SICH DIE KUNST AUF.
SST
SASUKE ...
ICH WEISS JETZT, DASS ICH MEIN ZUHAUSE NIEMALS VERLIEREN WILL.
ITACHI WOLLTE SASUKE SCHÜTZEN, AUCH WENN ES IHN SEIN EIGENES LEBEN KOSTETE.
DAS HAT MICH TIEF BEWEGT.
PFT! DAS SAGT DER RICHTIGE!
DU WARST ES DOCH, DER ZUSAMMEN MIT DEM FALSCHEN MADARA DIESEN KRIEG ANGEZETTELT HAT!!
RUCK
...

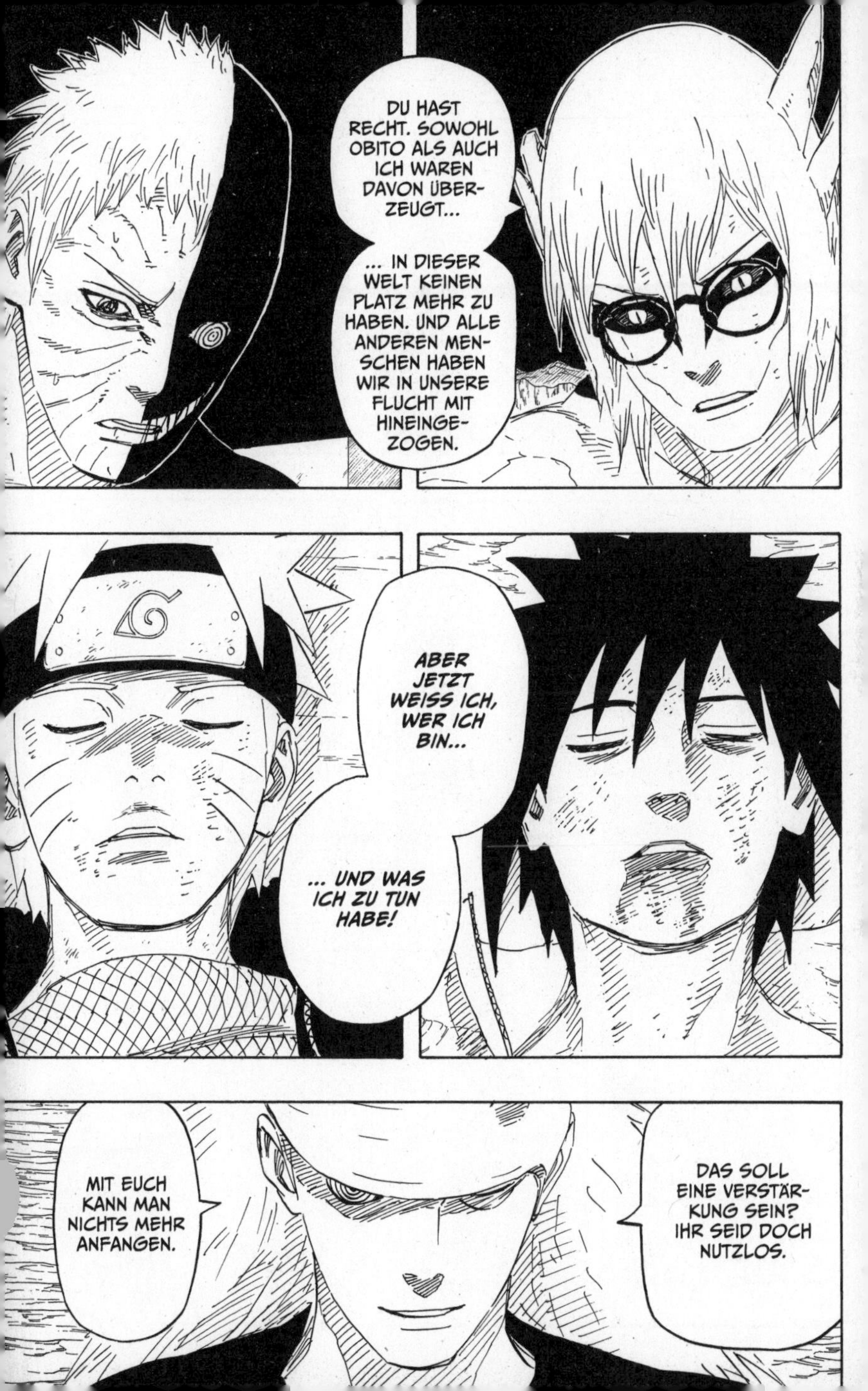
DU HAST RECHT. SOWOHL OBITO ALS AUCH ICH WAREN DAVON ÜBERZEUGT...
... IN DIESER WELT KEINEN PLATZ MEHR ZU HABEN. UND ALLE ANDEREN MENSCHEN HABEN WIR IN UNSERE FLUCHT MIT HINEINGEZOGEN.
ABER JETZT WEISS ICH, WER ICH BIN...
... UND WAS ICH ZU TUN HABE!
DAS SOLL EINE VERSTÄRKUNG SEIN? IHR SEID DOCH NUTZLOS.
MIT EUCH KANN MAN NICHTS MEHR ANFANGEN.

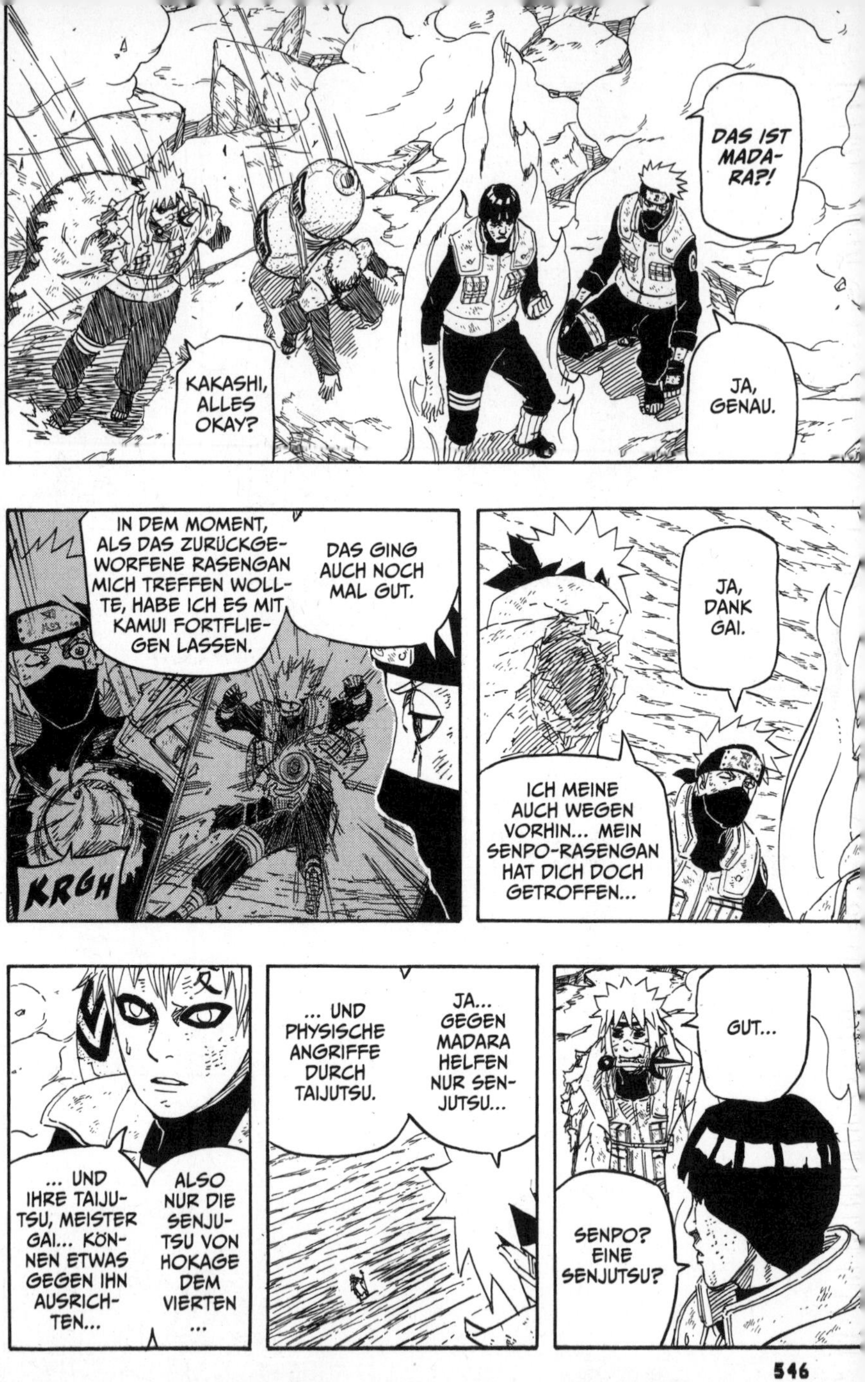
DAS IST MADA-RA?!
JA, GENAU.
KAKASHI, ALLES OKAY?
JA, DANK GAI.
ICH MEINE AUCH WEGEN VORHIN... MEIN SENPO-RASENGAN HAT DICH DOCH GETROFFEN...
DAS GING AUCH NOCH MAL GUT.
IN DEM MOMENT, ALS DAS ZURÜCKGE-WORFENE RASENGAN MICH TREFFEN WOLL-TE, HABE ICH ES MIT KAMUI FORTFLIE-GEN LASSEN.
KRGH
GUT...
SENPO? EINE SENJUTSU?
JA... GEGEN MADARA HELFEN NUR SEN-JUTSU...
... UND PHYSISCHE ANGRIFFE DURCH TAIJUTSU.
ALSO NUR DIE SENJU-TSU VON HOKAGE DEM VIERTEN ...
... UND IHRE TAIJU-TSU, MEISTER GAI... KÖN-NEN ETWAS GEGEN IHN AUSRICH-TEN...

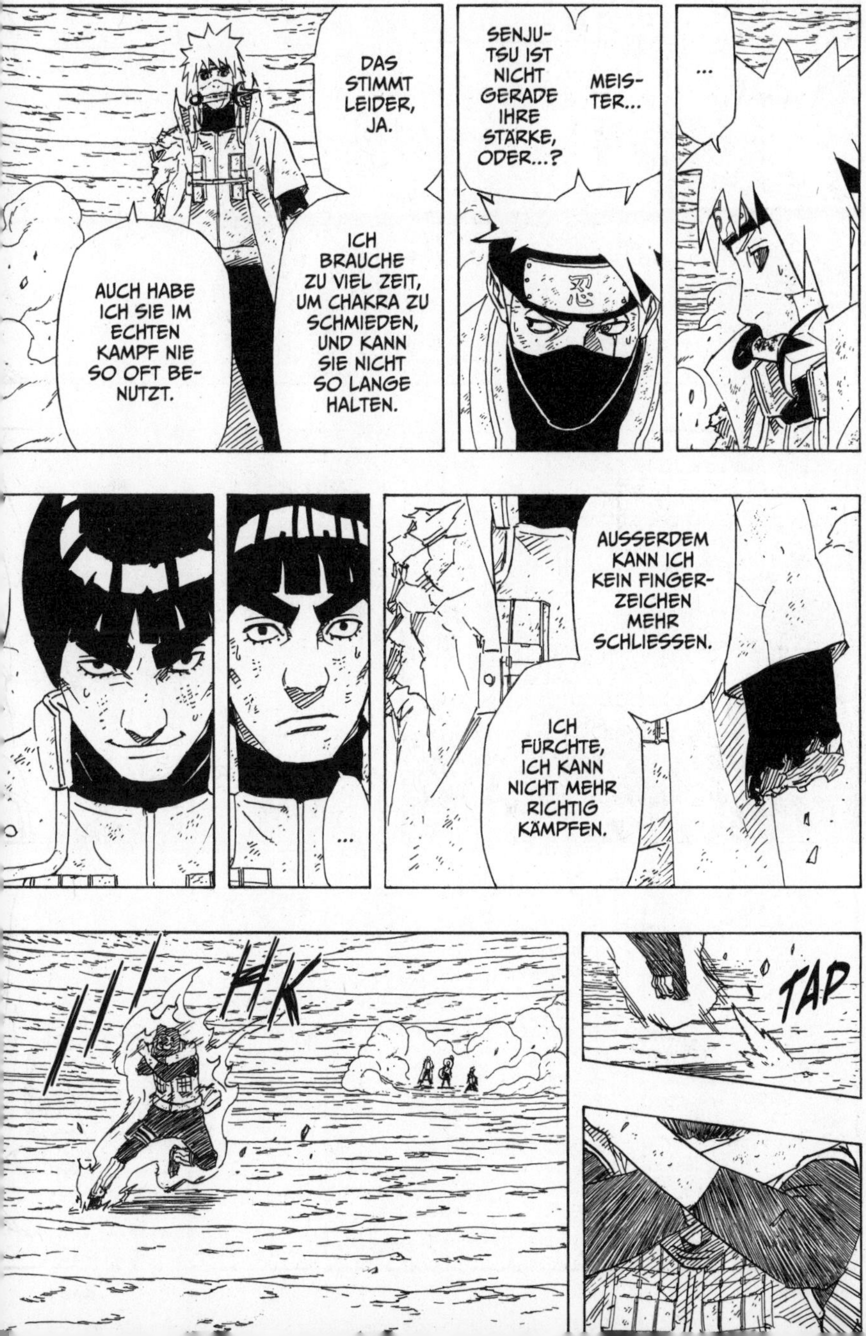
...
MEISTER...
SENJUTSU IST NICHT GERADE IHRE STÄRKE, ODER...?
DAS STIMMT LEIDER, JA.
ICH BRAUCHE ZU VIEL ZEIT, UM CHAKRA ZU SCHMIEDEN, UND KANN SIE NICHT SO LANGE HALTEN.
AUCH HABE ICH SIE IM ECHTEN KAMPF NIE SO OFT BENUTZT.
AUSSERDEM KANN ICH KEIN FINGERZEICHEN MEHR SCHLIESSEN.
ICH FÜRCHTE, ICH KANN NICHT MEHR RICHTIG KÄMPFEN.
...
TAP
HK

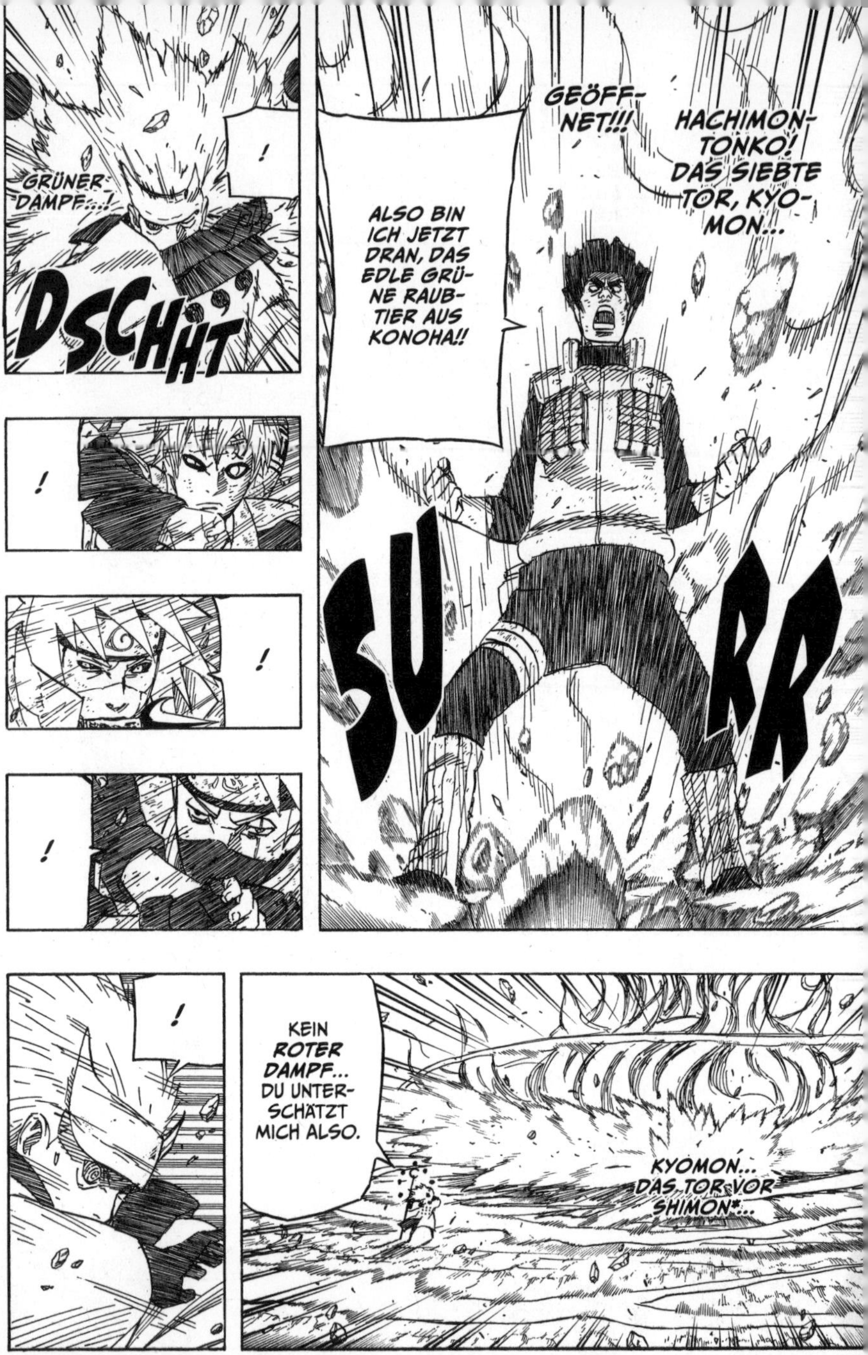
HACHIMON-TONKO! DAS SIEBTE TOR, KYOMON...
GEÖFFNET!!!
ALSO BIN ICH JETZT DRAN, DAS EDLE GRÜNE RAUBTIER AUS KONOHA!!
SURR
!
GRÜNER DAMPF...!
DSCHHT
!
!
!
KYOMON... DAS TOR VOR SHIMON*...
KEIN ROTER DAMPF... DU UNTERSCHÄTZT MICH ALSO.
!

*SHI = TOD

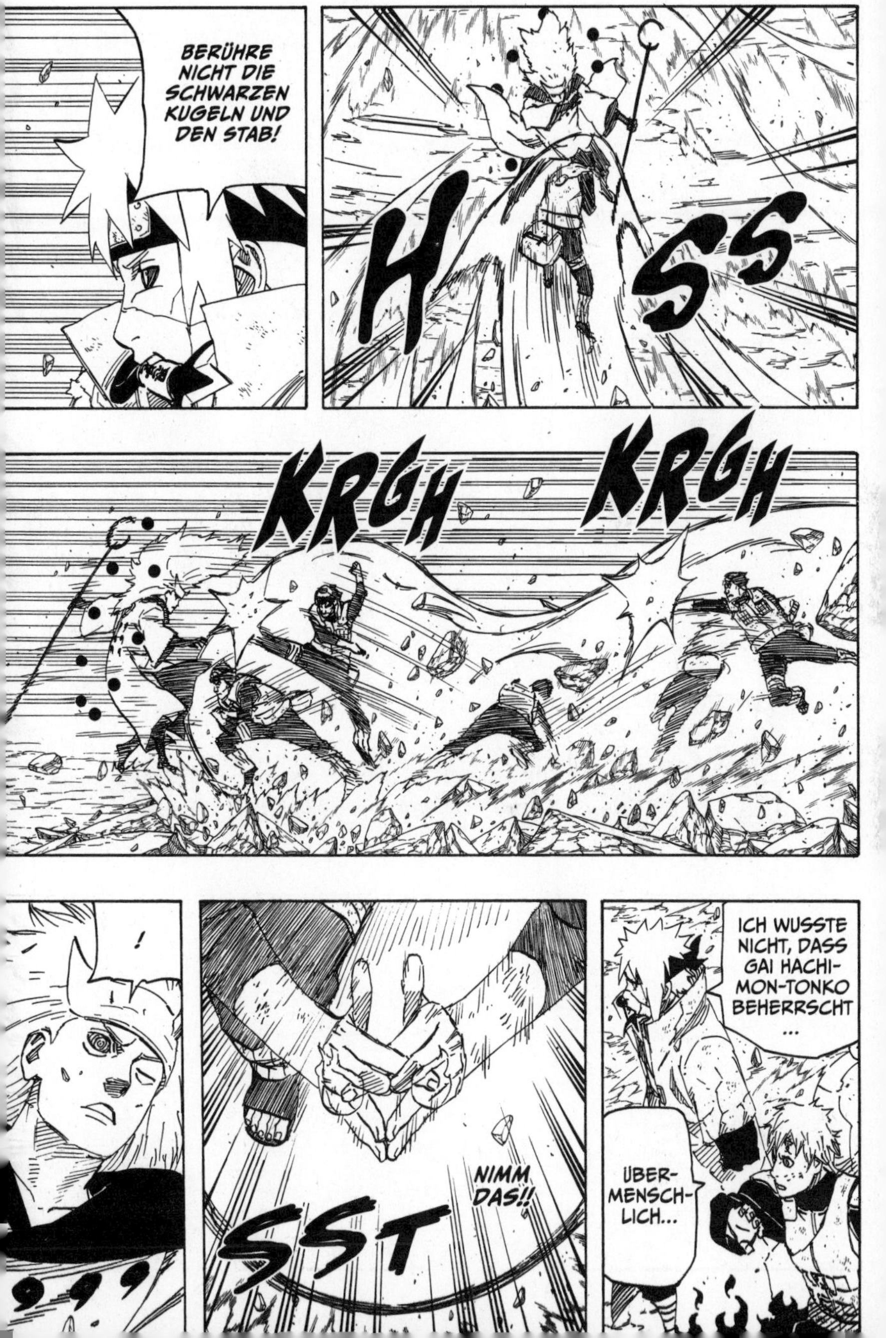

HSS
BERÜHRE NICHT DIE SCHWARZEN KUGELN UND DEN STAB!
KRGH KRGH
ICH WUSSTE NICHT, DASS GAI HACHIMON-TONKO BEHERRSCHT ...
ÜBERMENSCHLICH...
NIMM DAS!!
SST
!

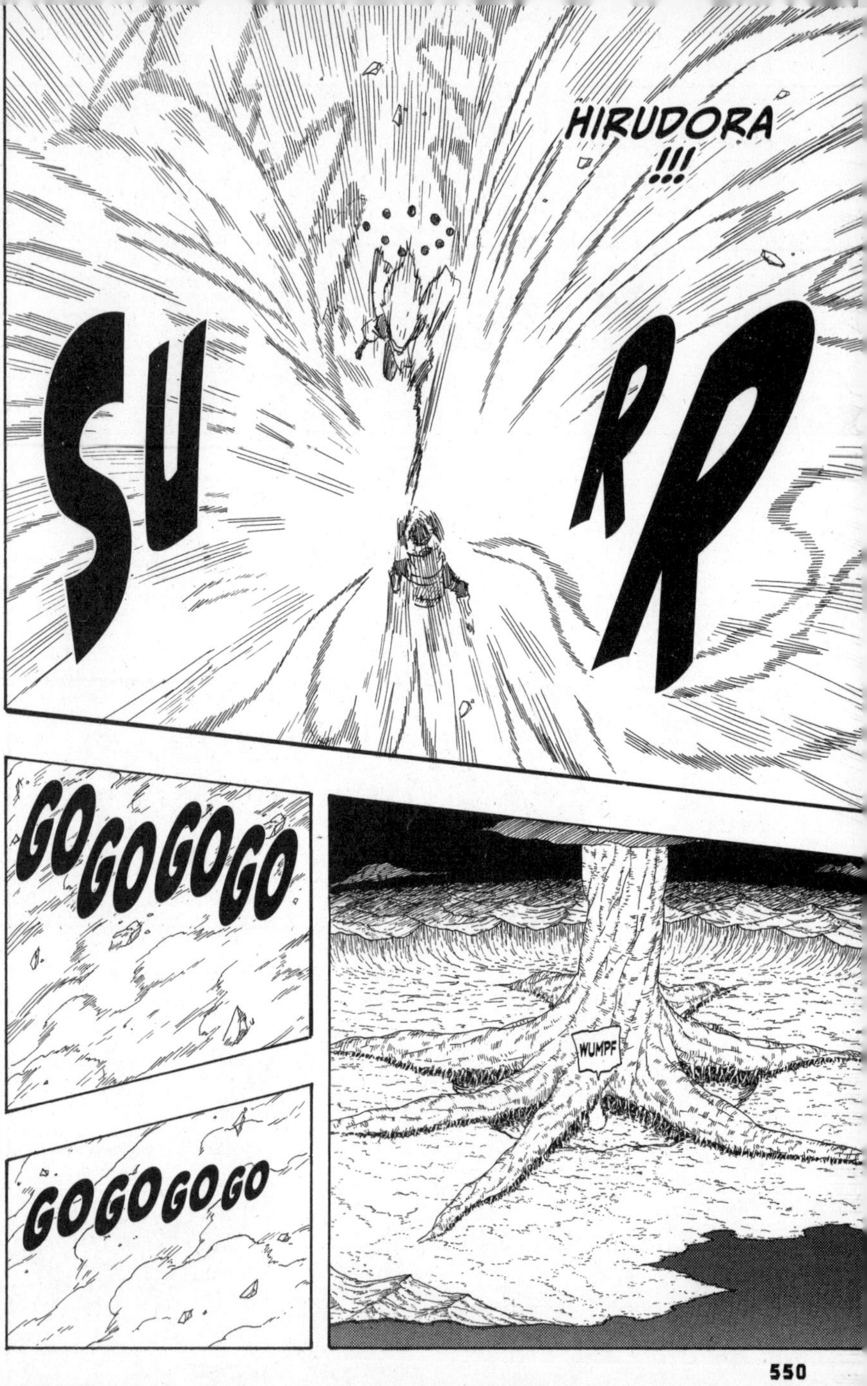
HIRUDORA !!!
SURR
WUMPF
GOGOGOGOGO
GOGOGOGOGO

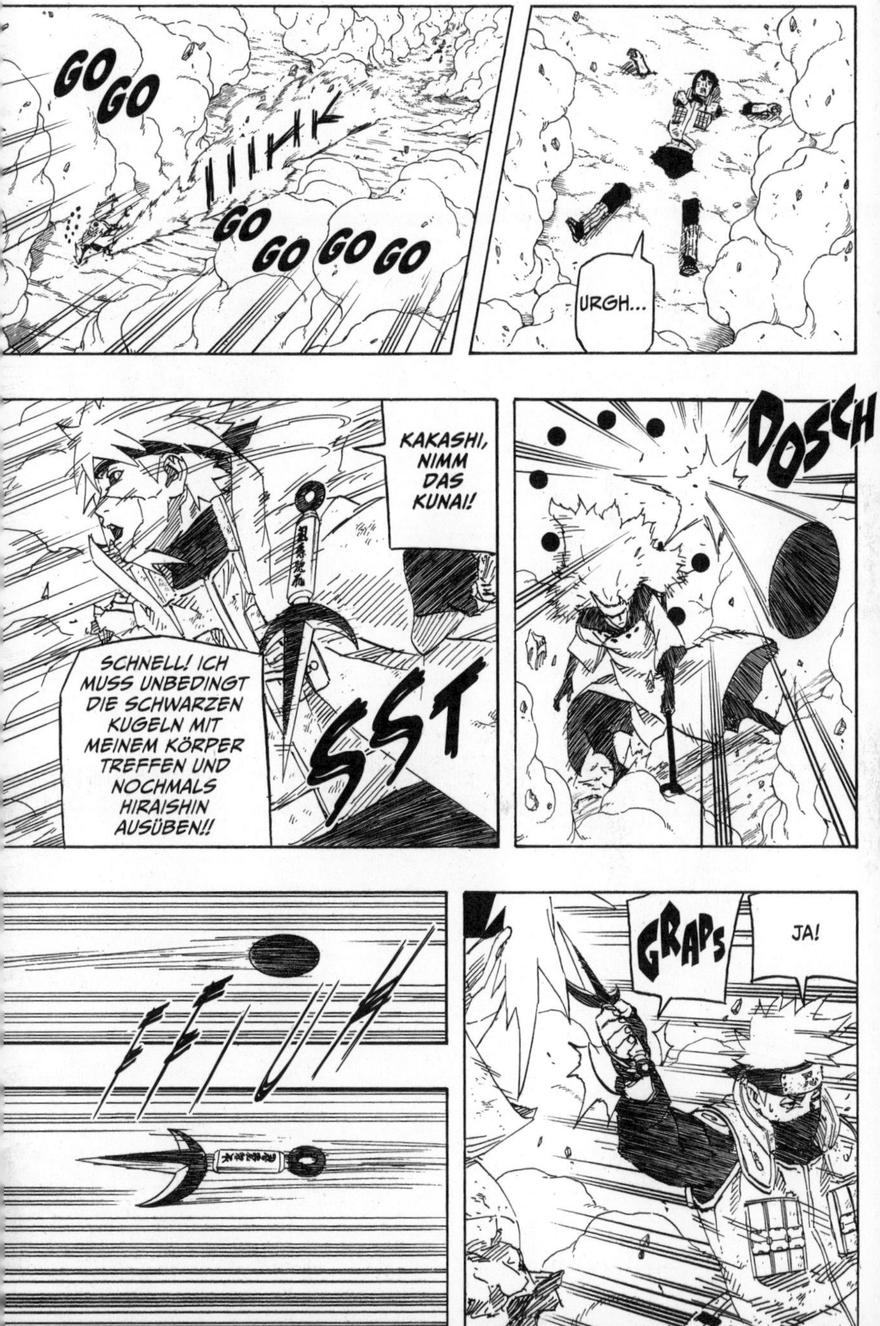
URGH...
GO GO
GO GO GO GO
DOSCH
KAKASHI, NIMM DAS KUNAI!
SCHNELL! ICH MUSS UNBEDINGT DIE SCHWARZEN KUGELN MIT MEINEM KÖRPER TREFFEN UND NOCHMALS HIRAISHIN AUSÜBEN!!
SST
GRAPS
JA!

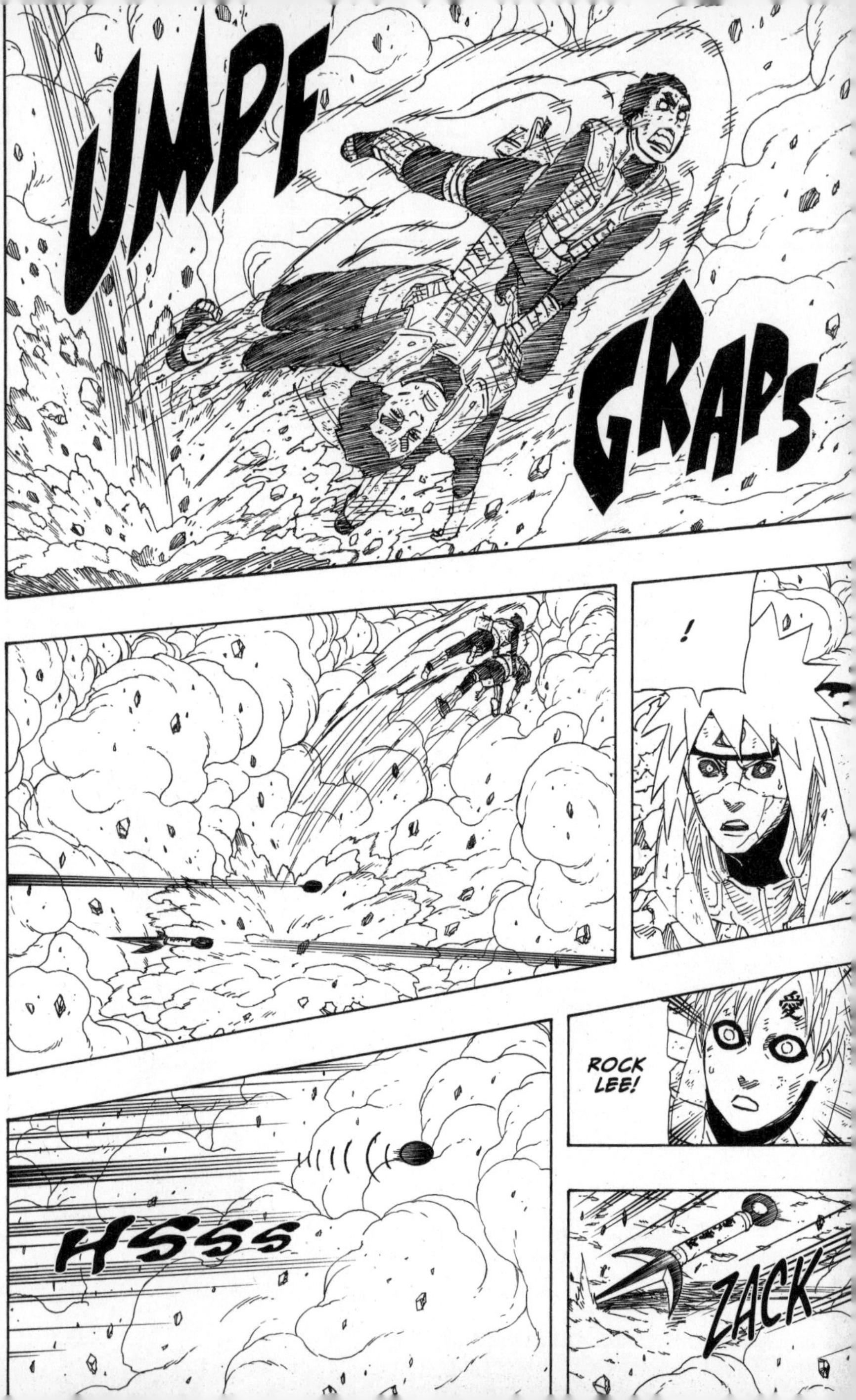

UMPF
GRAPS
!
ROCK LEE!
HSSS
ZACK

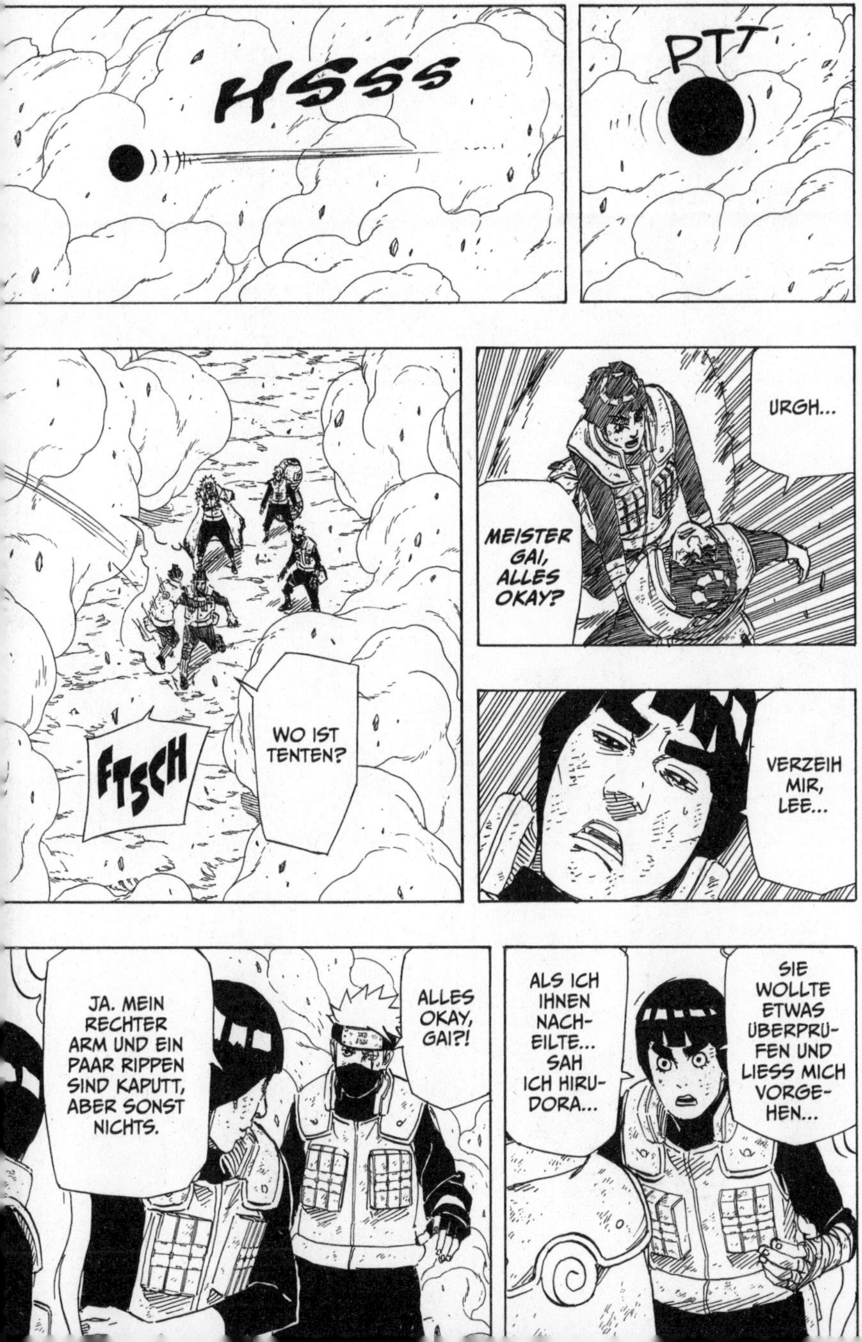
PTT
HSSS
URGH...
MEISTER GAI, ALLES OKAY?
VERZEIH MIR, LEE...
WO IST TENTEN?
FTSCH
SIE WOLLTE ETWAS ÜBERPRÜFEN UND LIESS MICH VORGEHEN...
ALS ICH IHNEN NACHEILTE... SAH ICH HIRUDORA...
ALLES OKAY, GAI?!
JA. MEIN RECHTER ARM UND EIN PAAR RIPPEN SIND KAPUTT, ABER SONST NICHTS.

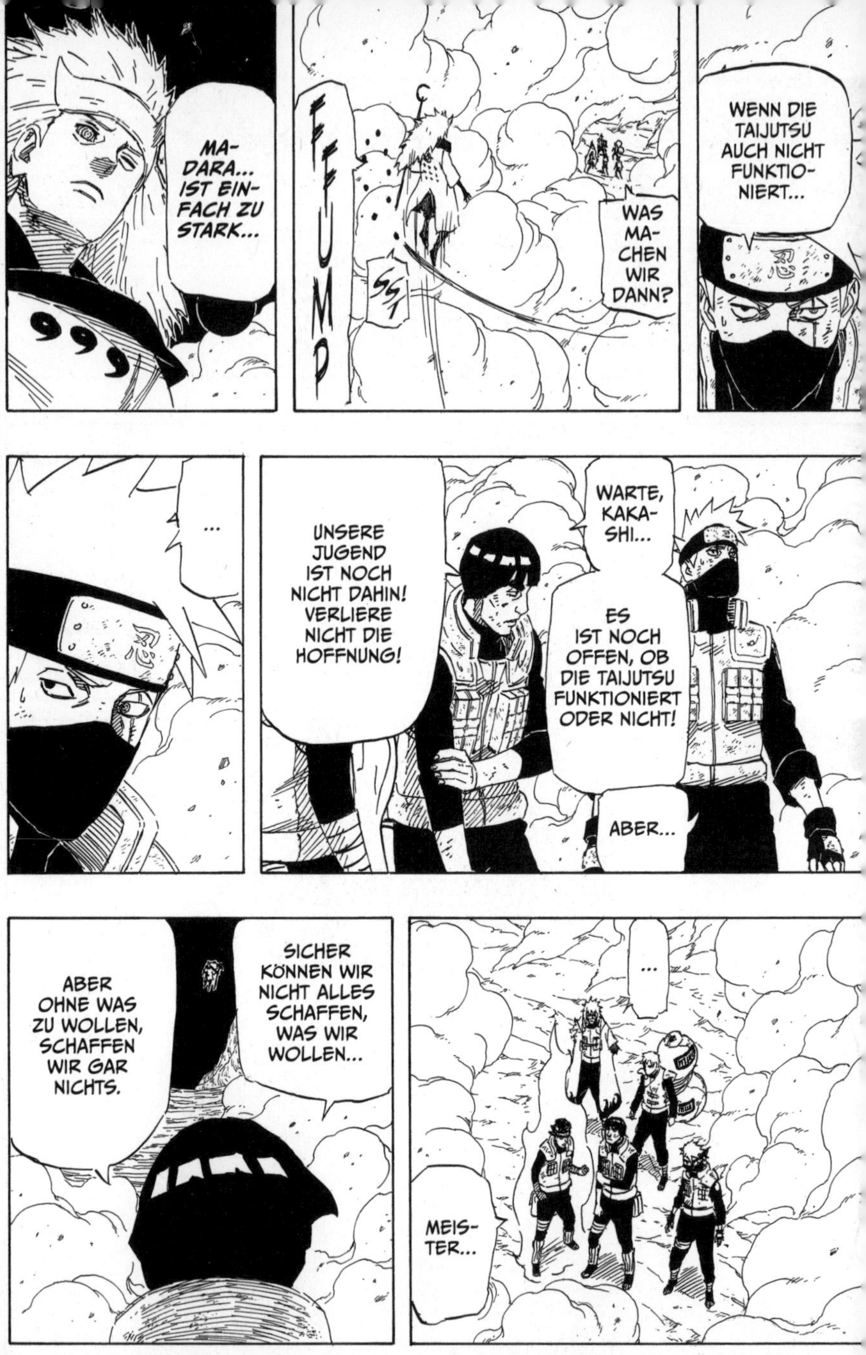
WENN DIE TAIJUTSU AUCH NICHT FUNKTIONIERT...
WAS MACHEN WIR DANN?
FFFUMP
SS
MADARA... IST EINFACH ZU STARK...
WARTE, KAKASHI...
ES IST NOCH OFFEN, OB DIE TAIJUTSU FUNKTIONIERT ODER NICHT!
ABER...
UNSERE JUGEND IST NOCH NICHT DAHIN! VERLIERE NICHT DIE HOFFNUNG!
...
...
MEISTER...
SICHER KÖNNEN WIR NICHT ALLES SCHAFFEN, WAS WIR WOLLEN...
ABER OHNE WAS ZU WOLLEN, SCHAFFEN WIR GAR NICHTS.

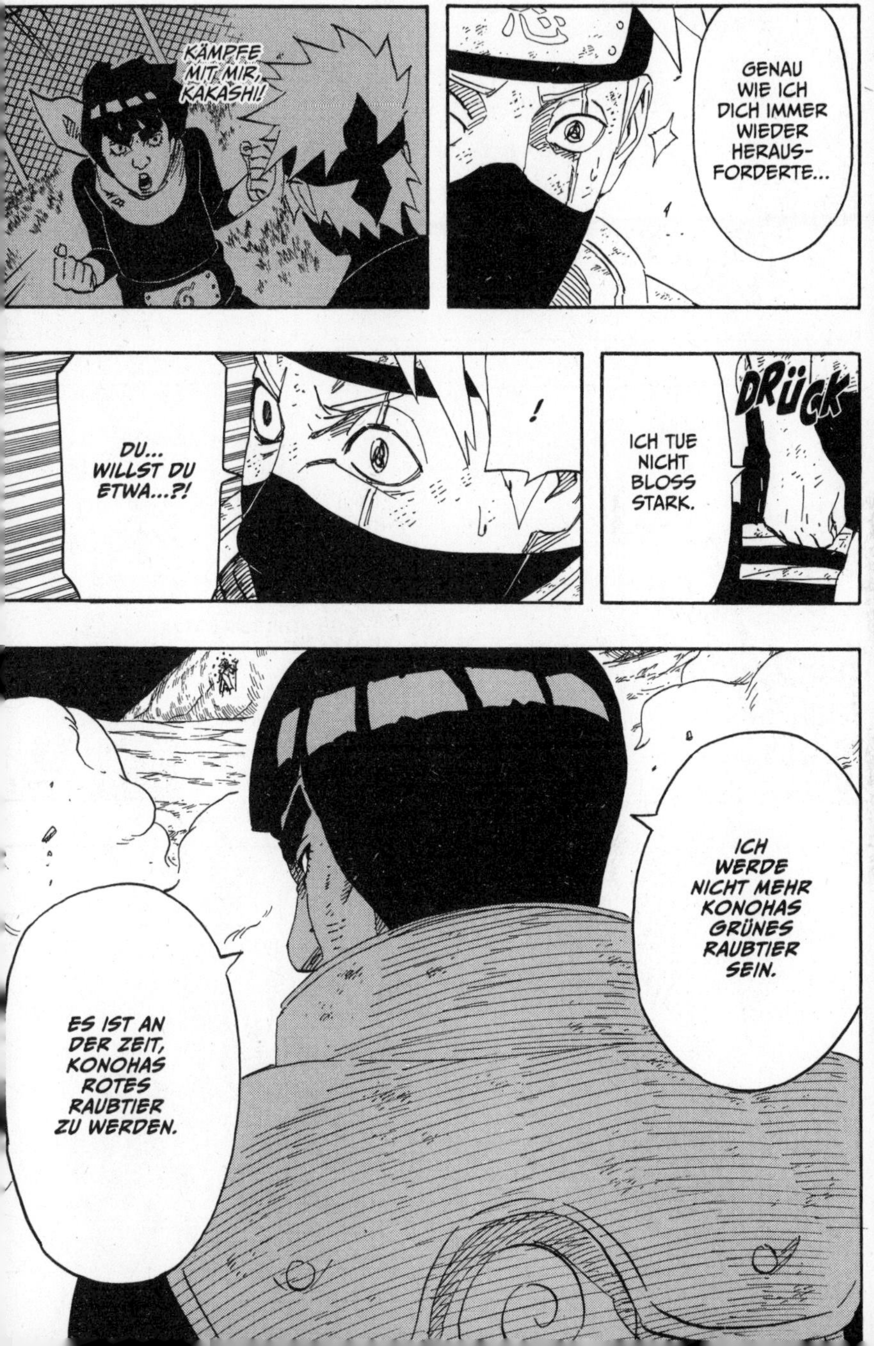
GENAU WIE ICH DICH IMMER WIEDER HERAUS-FORDERTE...
KÄMPFE MIT MIR, KAKASHI!
DRÜCK
ICH TUE NICHT BLOSS STARK.
DU... WILLST DU ETWA...?!
ICH WERDE NICHT MEHR KONOHAS GRÜNES RAUBTIER SEIN.
ES IST AN DER ZEIT, KONOHAS ROTES RAUBTIER ZU WERDEN.

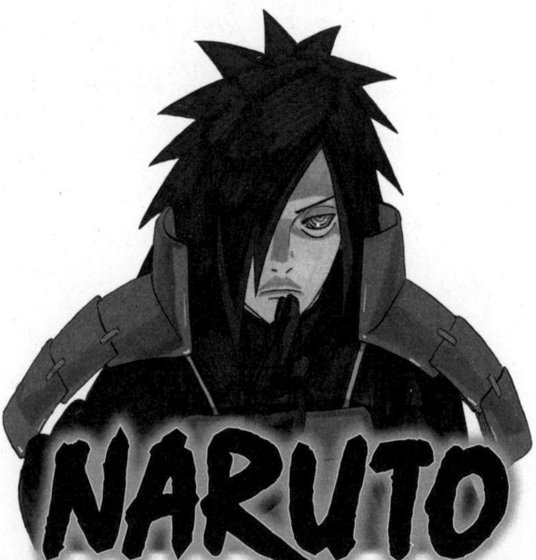
NARUTO

668. Kapitel: Der Beginn des roten Frühlings

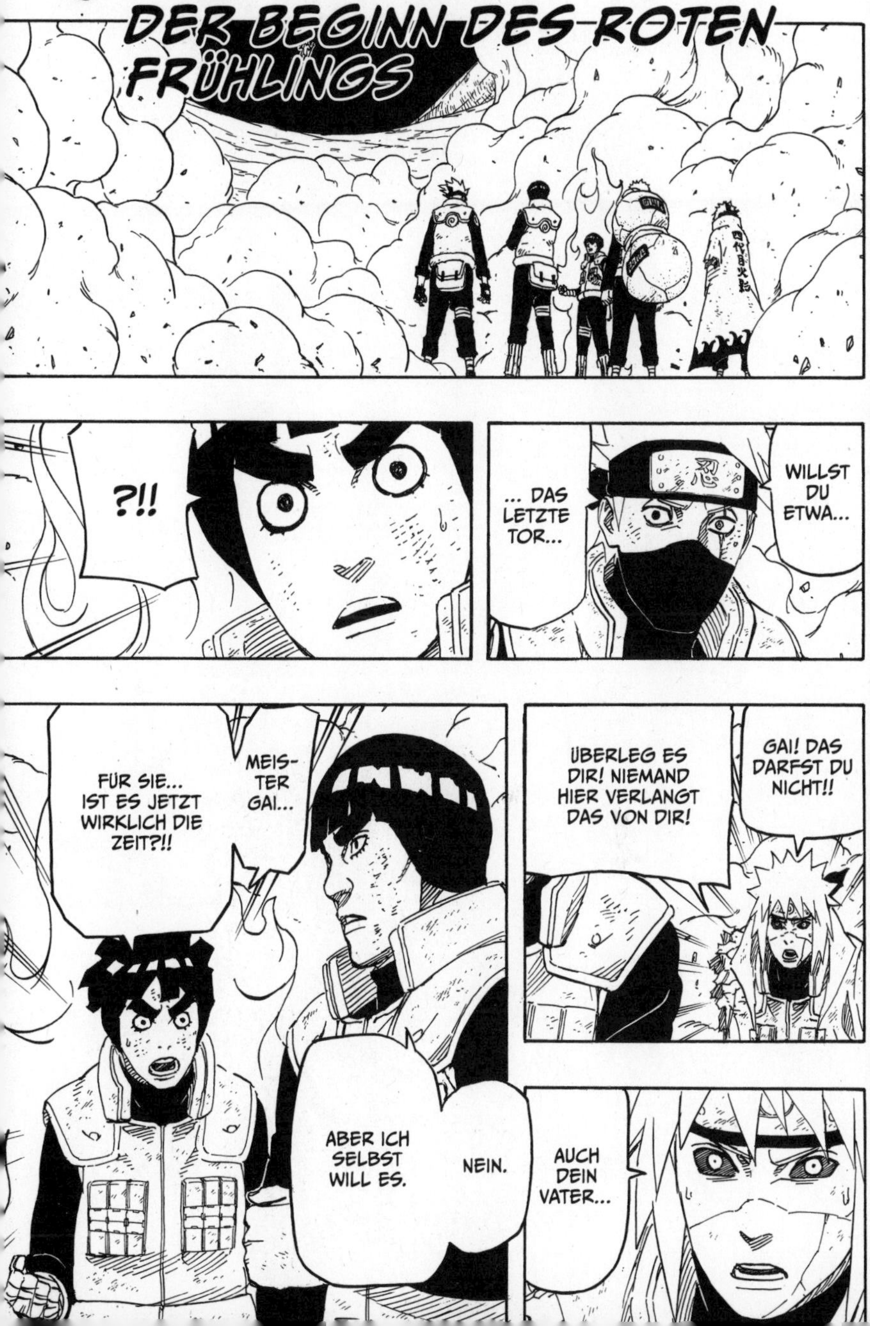

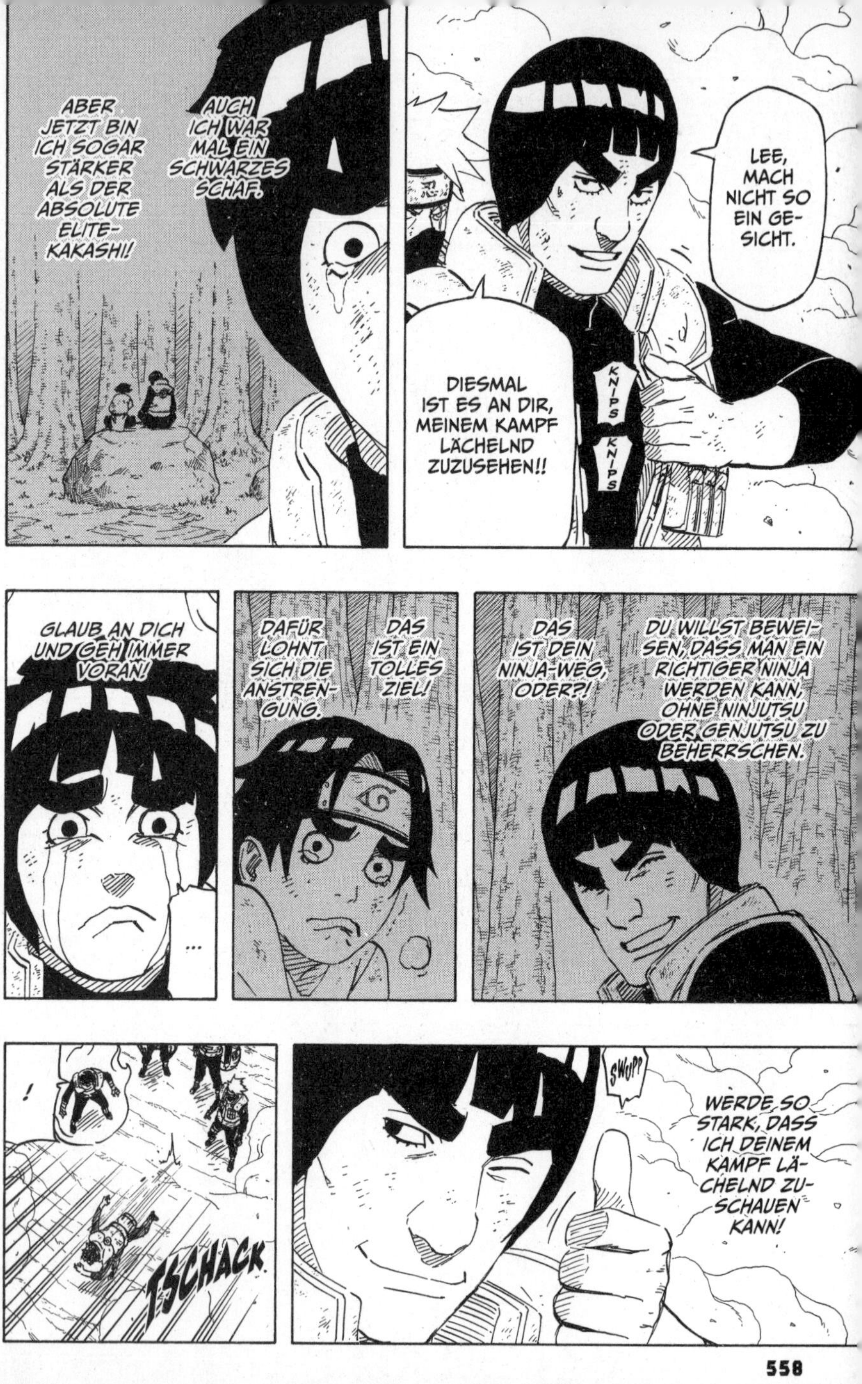
LEE, MACH NICHT SO EIN GESICHT.
DIESMAL IST ES AN DIR, MEINEM KAMPF LÄCHELND ZUZUSEHEN!!
KNIPS
KNIPS
AUCH ICH WAR MAL EIN SCHWARZES SCHAF.
ABER JETZT BIN ICH SOGAR STÄRKER ALS DER ABSOLUTE ELITE-KAKASHI!
DU WILLST BEWEISEN, DASS MAN EIN RICHTIGER NINJA WERDEN KANN, OHNE NINJUTSU ODER GENJUTSU ZU BEHERRSCHEN.
DAS IST DEIN NINJA-WEG, ODER?!
DAS IST EIN TOLLES ZIEL!
DAFÜR LOHNT SICH DIE ANSTRENGUNG.
GLAUB AN DICH UND GEH IMMER VORAN!
...
SWUPP
WERDE SO STARK, DASS ICH DEINEM KAMPF LÄCHELND ZUSCHAUEN KANN!
!
TSCHACK

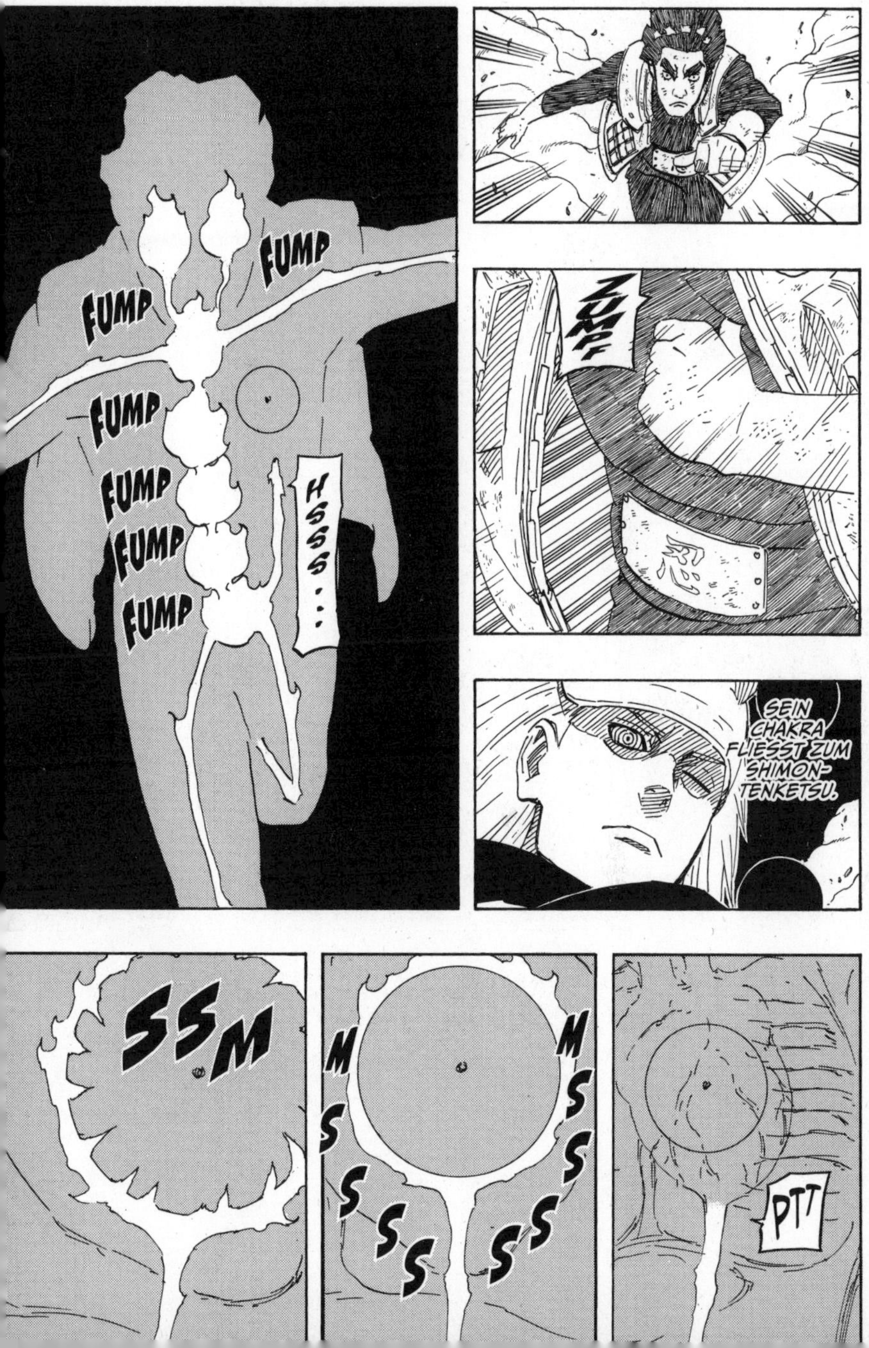

ZUMPF
SEIN CHAKRA FLIESST ZUM SHIMON-TENKETSU.
FUMP
FUMP
FUMP
FUMP
FUMP
FUMP
HSSS...
PTT
MSSSSS
MSSSS
SSM

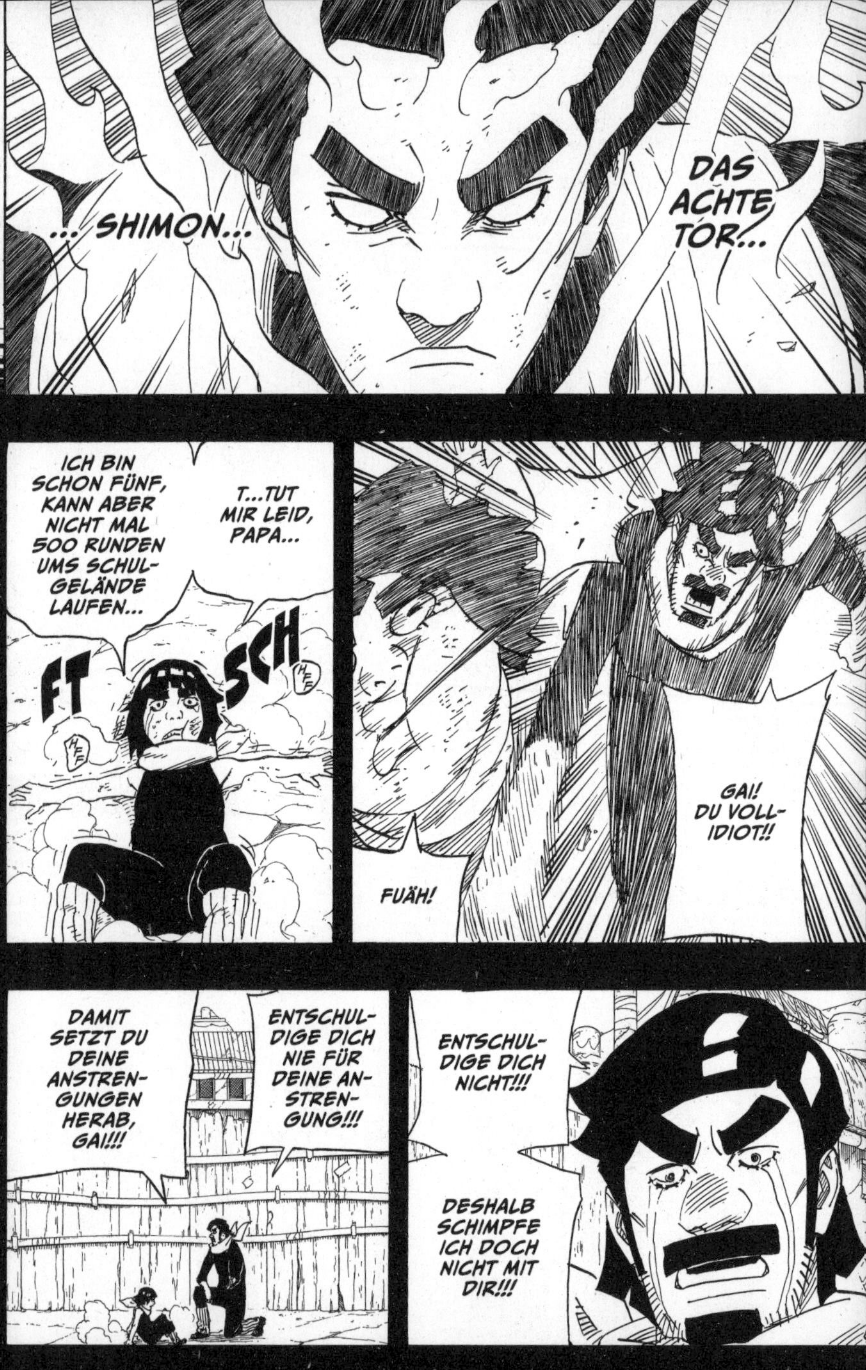
DAS ACHTE TOR...
... SHIMON...
GAI! DU VOLLIDIOT!!
FUÄH!
T...TUT MIR LEID, PAPA...
ICH BIN SCHON FÜNF, KANN ABER NICHT MAL 500 RUNDEN UMS SCHULGELÄNDE LAUFEN...
FT
SCH
HEF
HEF
ENTSCHULDIGE DICH NICHT!!!
DESHALB SCHIMPFE ICH DOCH NICHT MIT DIR!!!
ENTSCHULDIGE DICH NIE FÜR DEINE ANSTRENGUNG!!!
DAMIT SETZT DU DEINE ANSTRENGUNGEN HERAB, GAI!!!

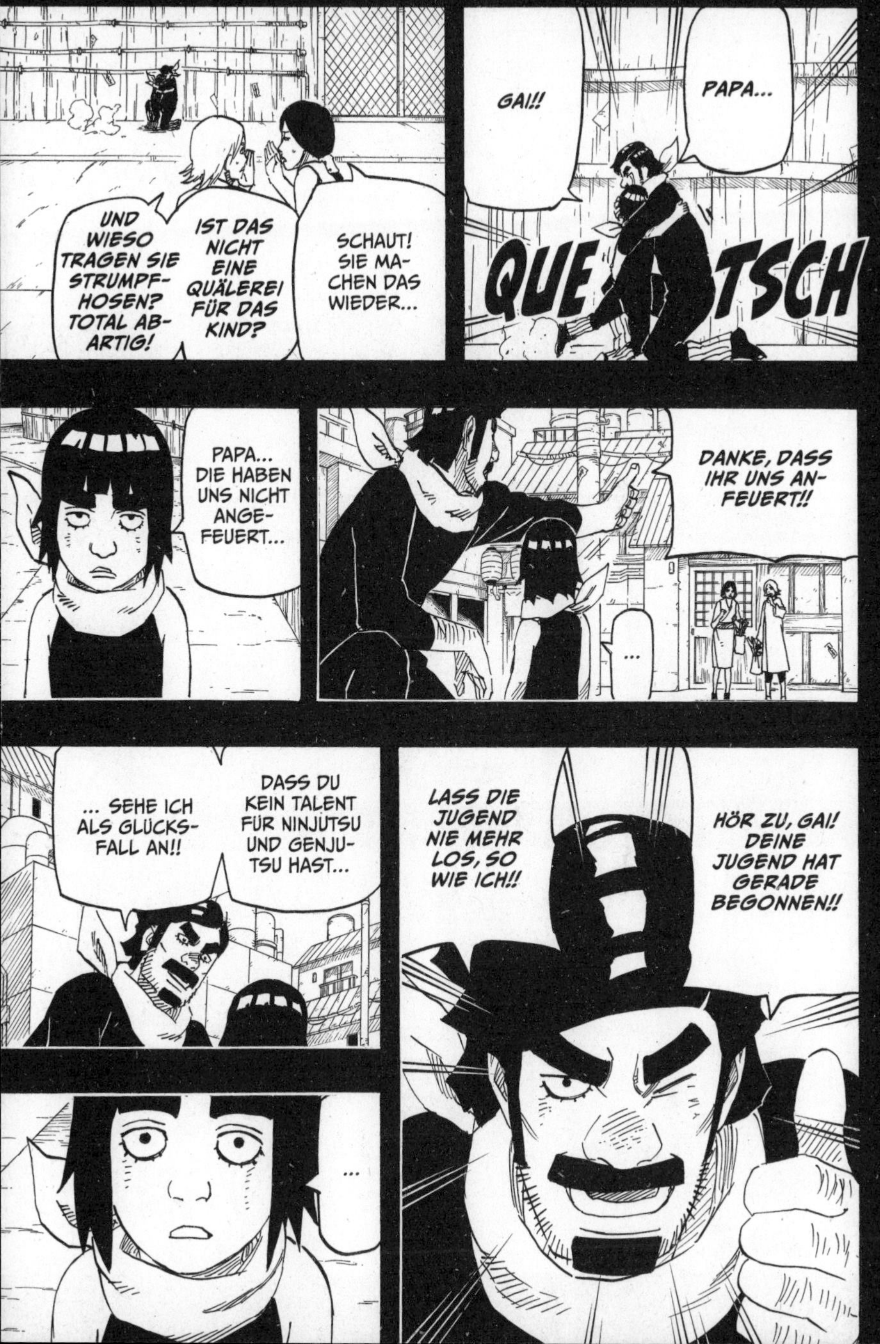
PAPA...
GAI!!
QUE TSCH
SCHAUT! SIE MACHEN DAS WIEDER...
IST DAS NICHT EINE QUÄLEREI FÜR DAS KIND?
UND WIESO TRAGEN SIE STRUMPFHOSEN? TOTAL ABARTIG!
DANKE, DASS IHR UNS ANFEUERT!!
...
PAPA... DIE HABEN UNS NICHT ANGEFEUERT...
HÖR ZU, GAI! DEINE JUGEND HAT GERADE BEGONNEN!!
LASS DIE JUGEND NIE MEHR LOS, SO WIE ICH!!
DASS DU KEIN TALENT FÜR NINJUTSU UND GENJUTSU HAST...
... SEHE ICH ALS GLÜCKSFALL AN!!
...

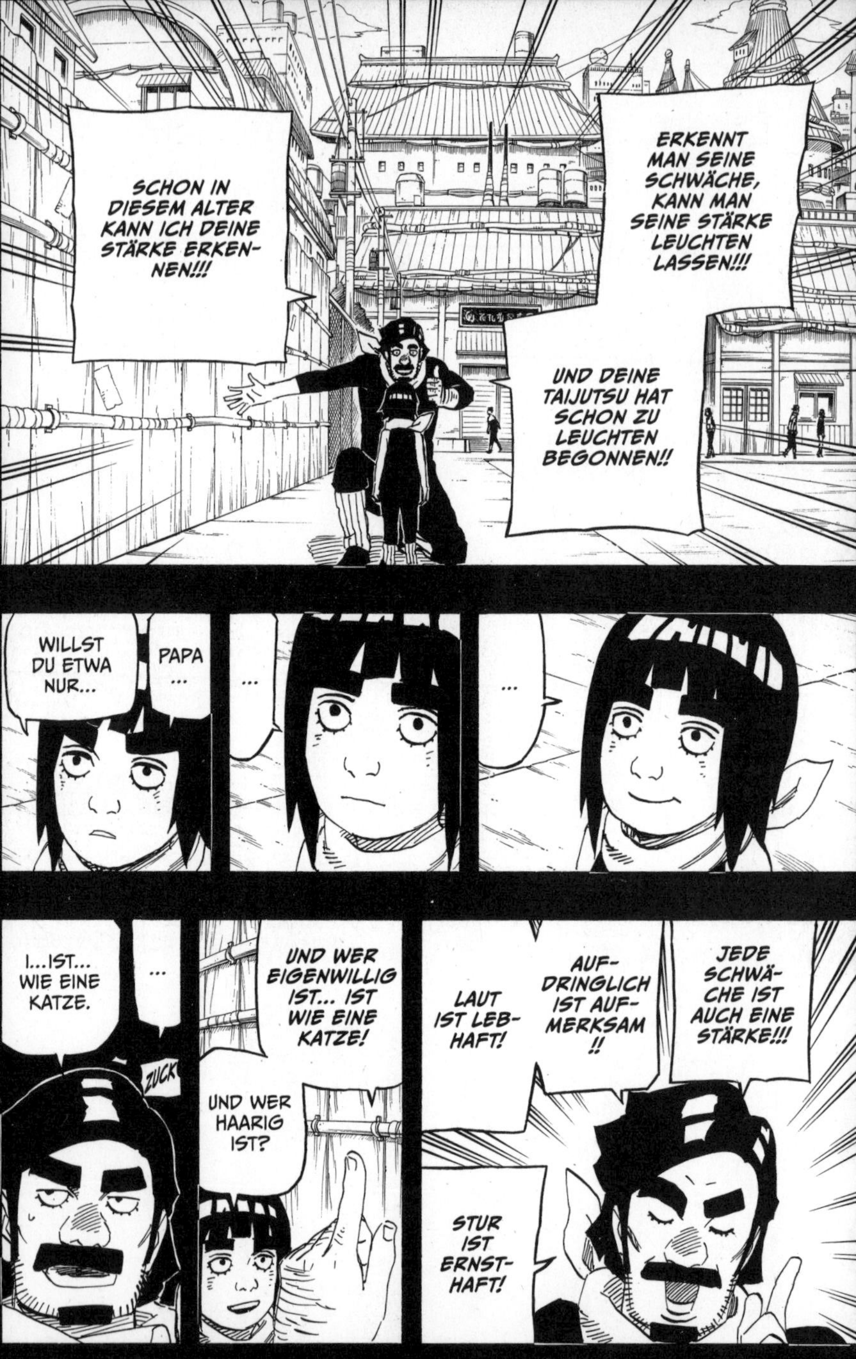
ERKENNT MAN SEINE SCHWÄCHE, KANN MAN SEINE STÄRKE LEUCHTEN LASSEN!!!
UND DEINE TAIJUTSU HAT SCHON ZU LEUCHTEN BEGONNEN!!
SCHON IN DIESEM ALTER KANN ICH DEINE STÄRKE ERKENNEN!!!
...
...
PAPA ...
WILLST DU ETWA NUR...
JEDE SCHWÄCHE IST AUCH EINE STÄRKE!!!
AUFDRINGLICH IST AUFMERKSAM!!
LAUT IST LEBHAFT!
STUR IST ERNSTHAFT!
UND WER EIGENWILLIG IST... IST WIE EINE KATZE!
UND WER HAARIG IST?
ZUCK
...
I...IST... WIE EINE KATZE.

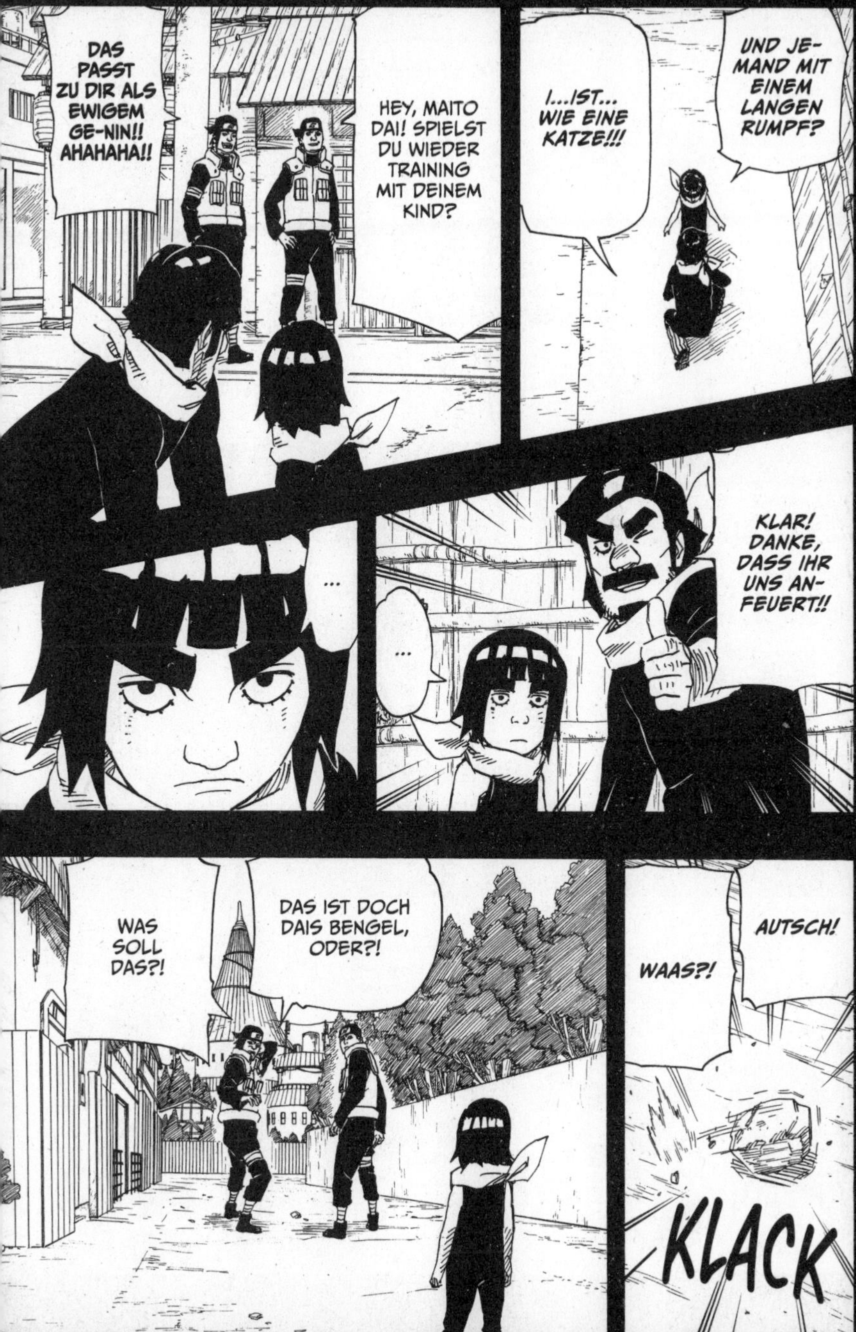
UND JE-MAND MIT EINEM LANGEN RUMPF?
I...IST... WIE EINE KATZE!!!
HEY, MAITO DAI! SPIELST DU WIEDER TRAINING MIT DEINEM KIND?
DAS PASST ZU DIR ALS EWIGEM GE-NIN!! AHAHAHA!!
KLAR! DANKE, DASS IHR UNS AN-FEUERT!!
...
...
AUTSCH!
WAAS?!
KLACK
DAS IST DOCH DAIS BENGEL, ODER?!
WAS SOLL DAS?!

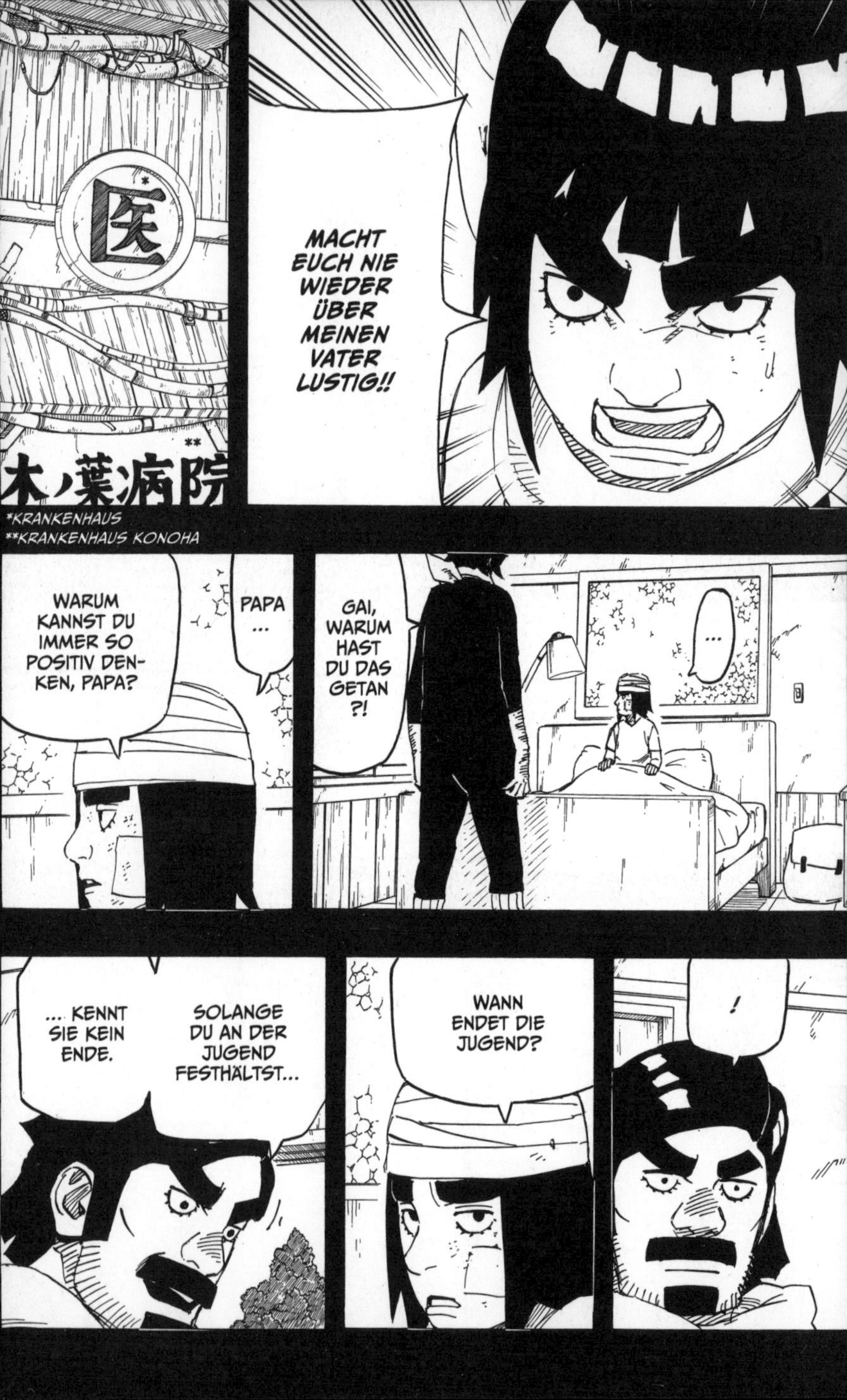

*KRANKENHAUS
**KRANKENHAUS KONOHA

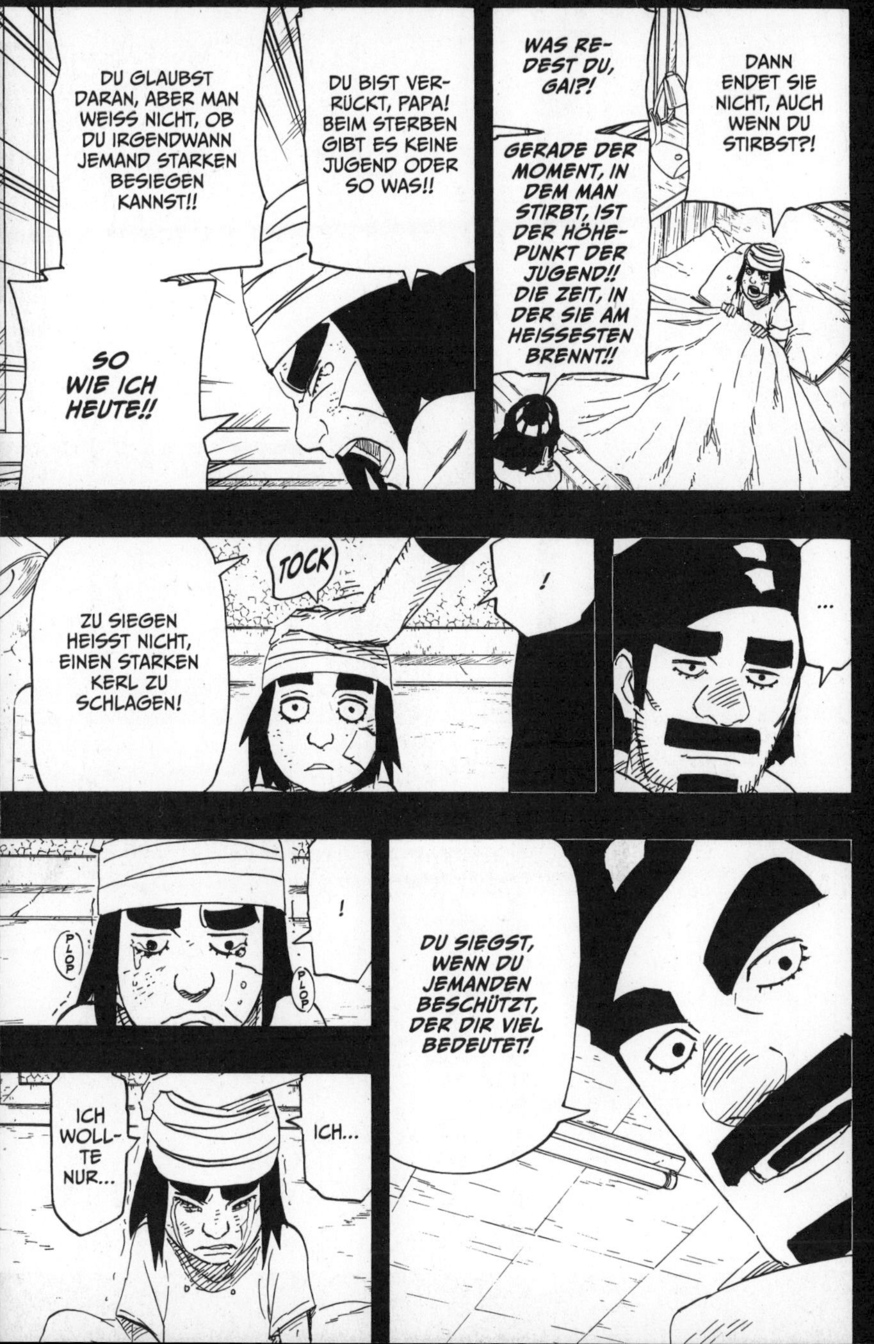

DANN ENDET SIE NICHT, AUCH WENN DU STIRBST?!
WAS REDEST DU, GAI?!
GERADE DER MOMENT, IN DEM MAN STIRBT, IST DER HÖHEPUNKT DER JUGEND!! DIE ZEIT, IN DER SIE AM HEISSESTEN BRENNT!!
DU BIST VERRÜCKT, PAPA! BEIM STERBEN GIBT ES KEINE JUGEND ODER SO WAS!!
DU GLAUBST DARAN, ABER MAN WEISS NICHT, OB DU IRGENDWANN JEMAND STARKEN BESIEGEN KANNST!!
SO WIE ICH HEUTE!!
...
!
TOCK
ZU SIEGEN HEISST NICHT, EINEN STARKEN KERL ZU SCHLAGEN!
DU SIEGST, WENN DU JEMANDEN BESCHÜTZT, DER DIR VIEL BEDEUTET!
!
PLOP
PLOP
ICH...
ICH WOLLTE NUR...

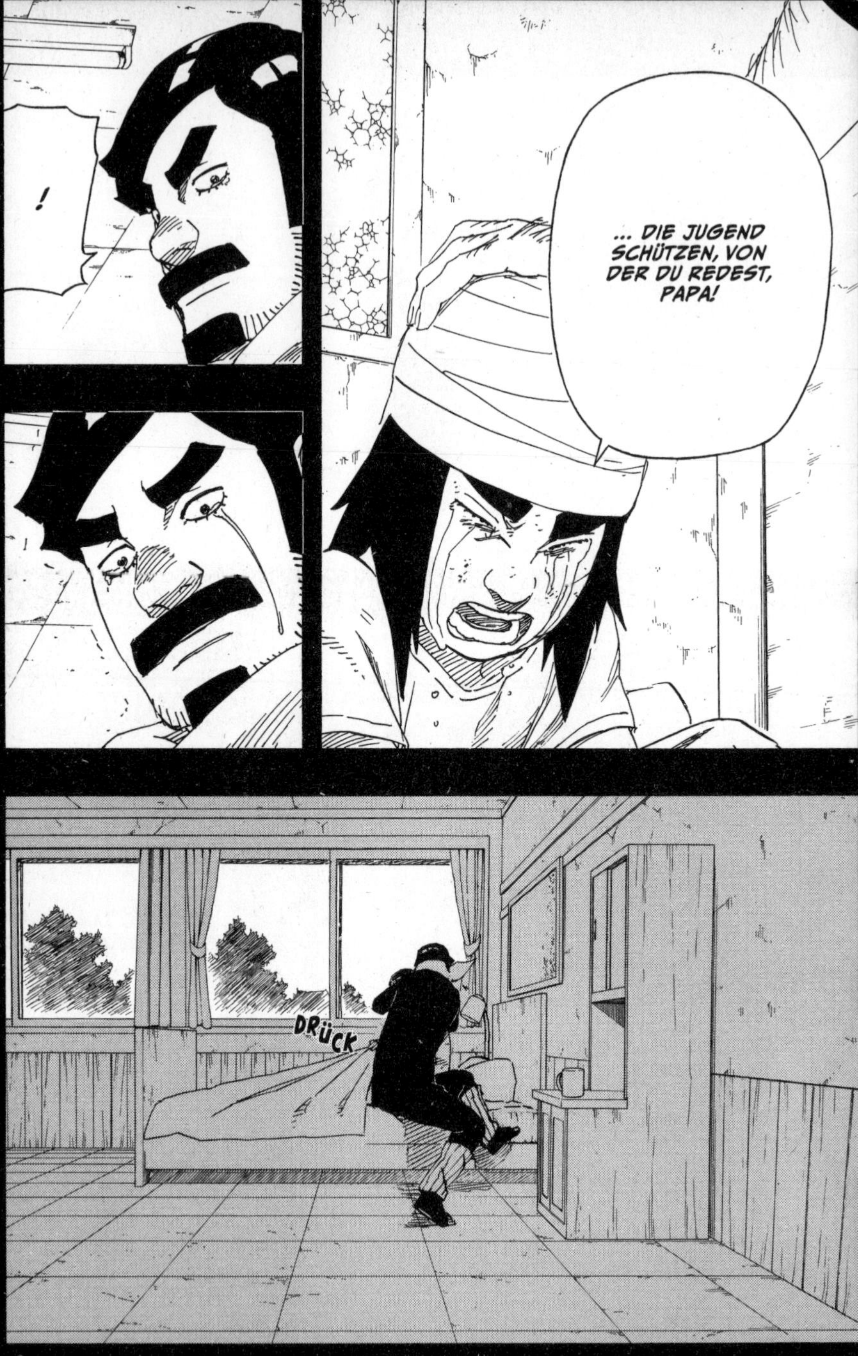
!
... DIE JUGEND SCHÜTZEN, VON DER DU REDEST, PAPA!
DRÜCK

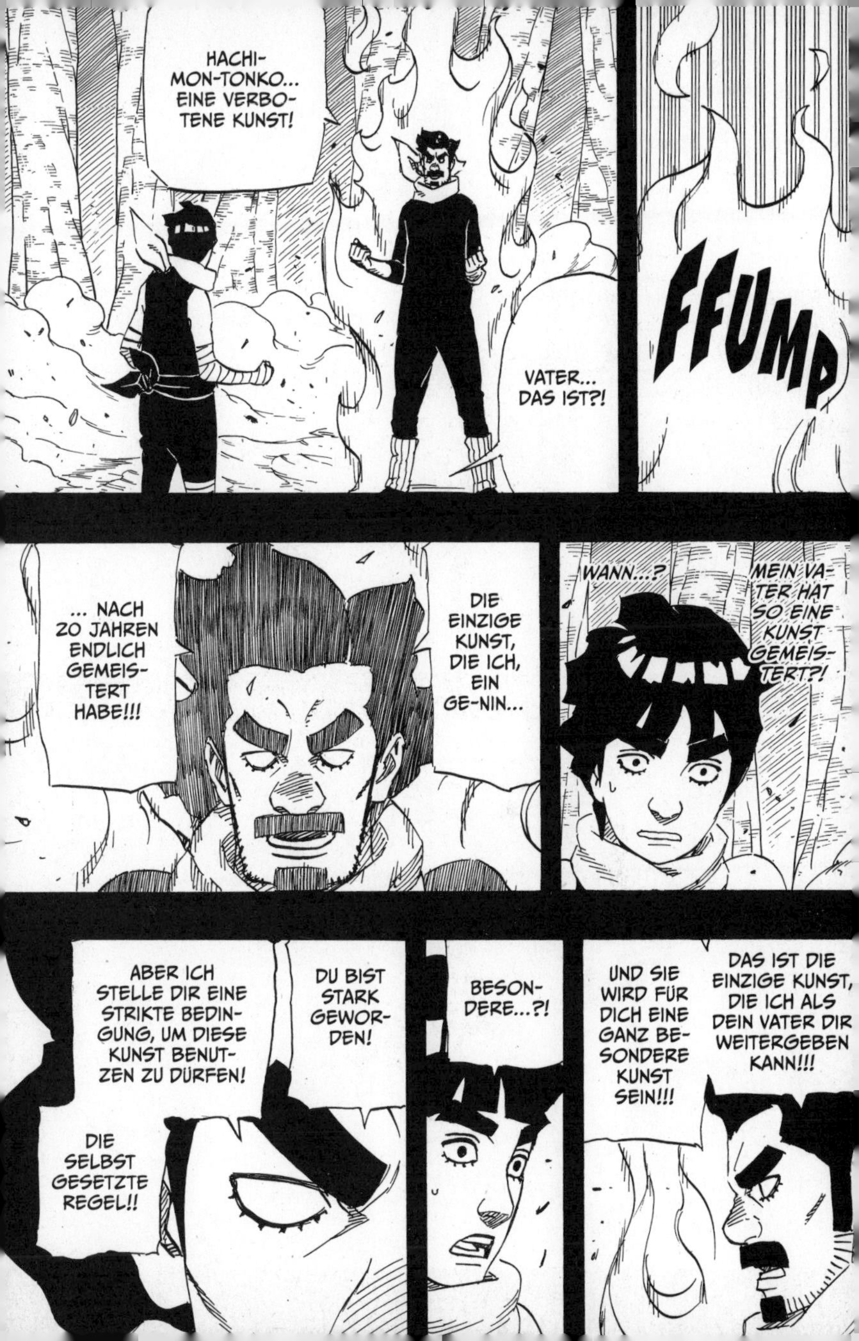
FFUMP
VATER... DAS IST?!
HACHIMON-TONKO... EINE VERBOTENE KUNST!
MEIN VATER HAT SO EINE KUNST GEMEISTERT?!
WANN...?
DIE EINZIGE KUNST, DIE ICH, EIN GE-NIN...
... NACH 20 JAHREN ENDLICH GEMEISTERT HABE!!!
DAS IST DIE EINZIGE KUNST, DIE ICH ALS DEIN VATER DIR WEITERGEBEN KANN!!!
UND SIE WIRD FÜR DICH EINE GANZ BESONDERE KUNST SEIN!!!
BESONDERE...?!
DU BIST STARK GEWORDEN!
ABER ICH STELLE DIR EINE STRIKTE BEDINGUNG, UM DIESE KUNST BENUTZEN ZU DÜRFEN!
DIE SELBST GESETZTE REGEL!!

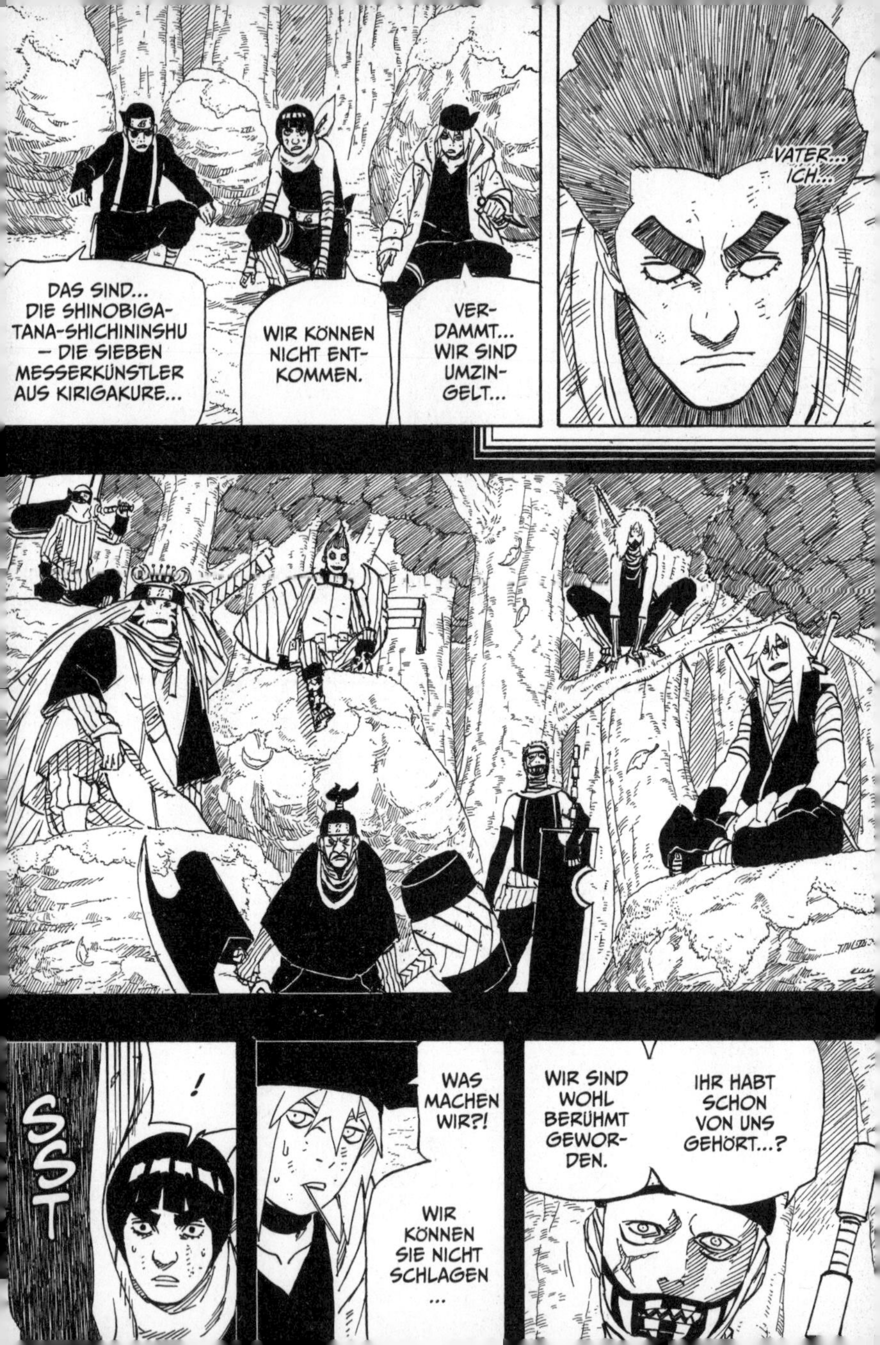
VATER... ICH...
VER-DAMMT... WIR SIND UMZIN-GELT...
WIR KÖNNEN NICHT ENT-KOMMEN.
DAS SIND... DIE SHINOBIGA-TANA-SHICHININSHU – DIE SIEBEN MESSERKÜNSTLER AUS KIRIGAKURE...
IHR HABT SCHON VON UNS GEHÖRT...?
WIR SIND WOHL BERÜHMT GEWOR-DEN.
WAS MACHEN WIR?!
WIR KÖNNEN SIE NICHT SCHLAGEN ...
!
SST

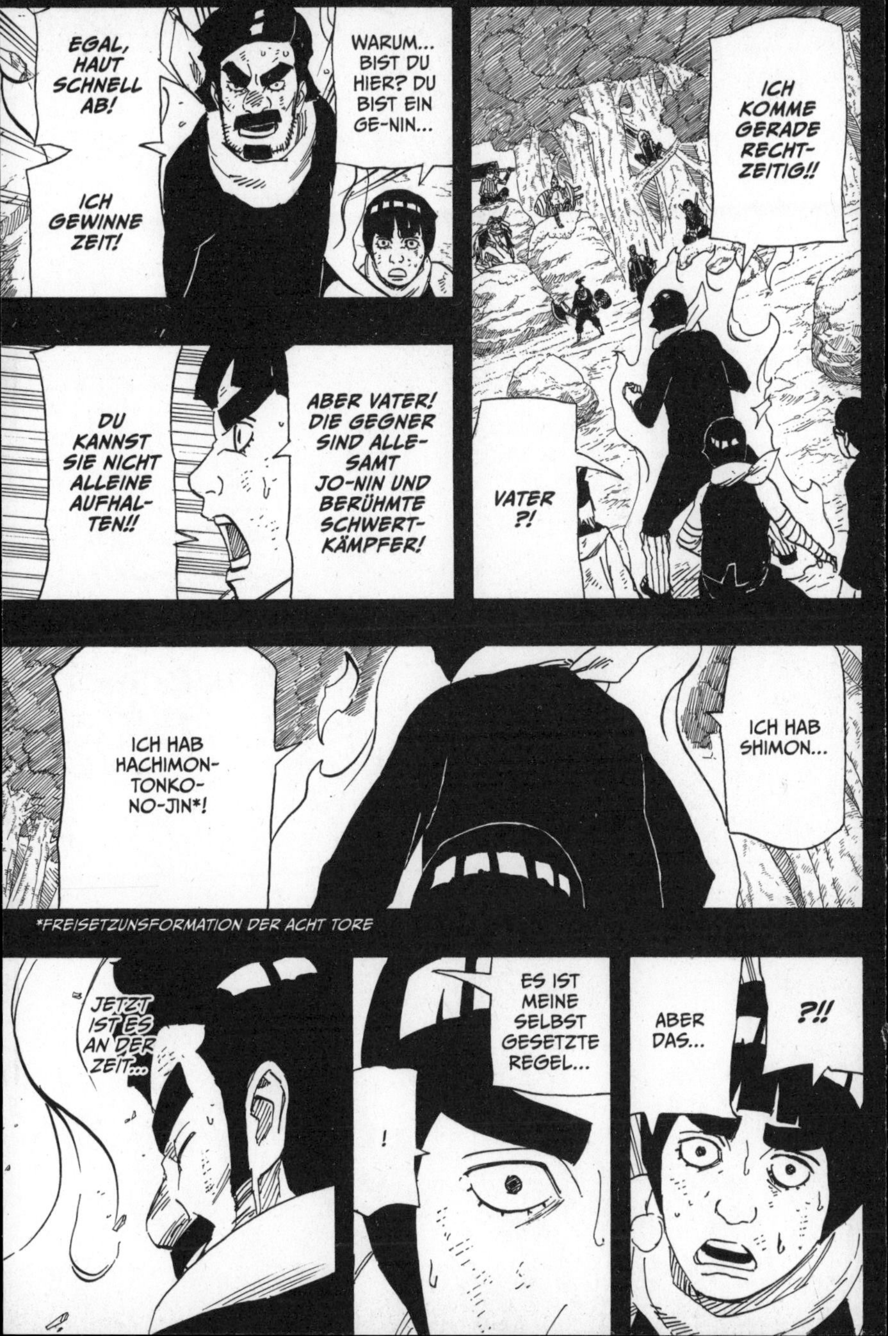

*FREISETZUNSFORMATION DER ACHT TORE

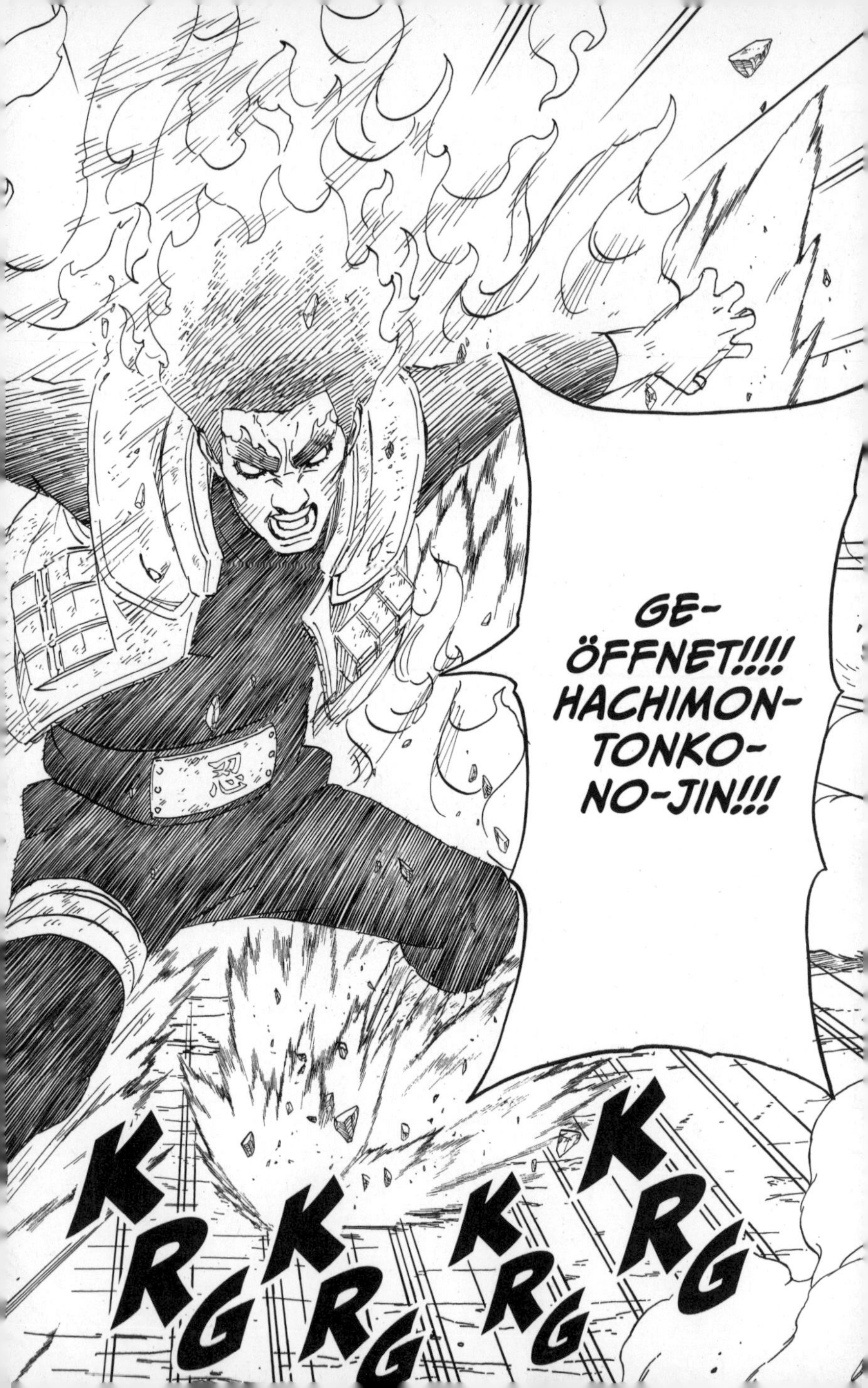
GE-
ÖFFNET!!!!
HACHIMON-
TONKO-
NO-JIN!!!
KRG KRG KRG KRG

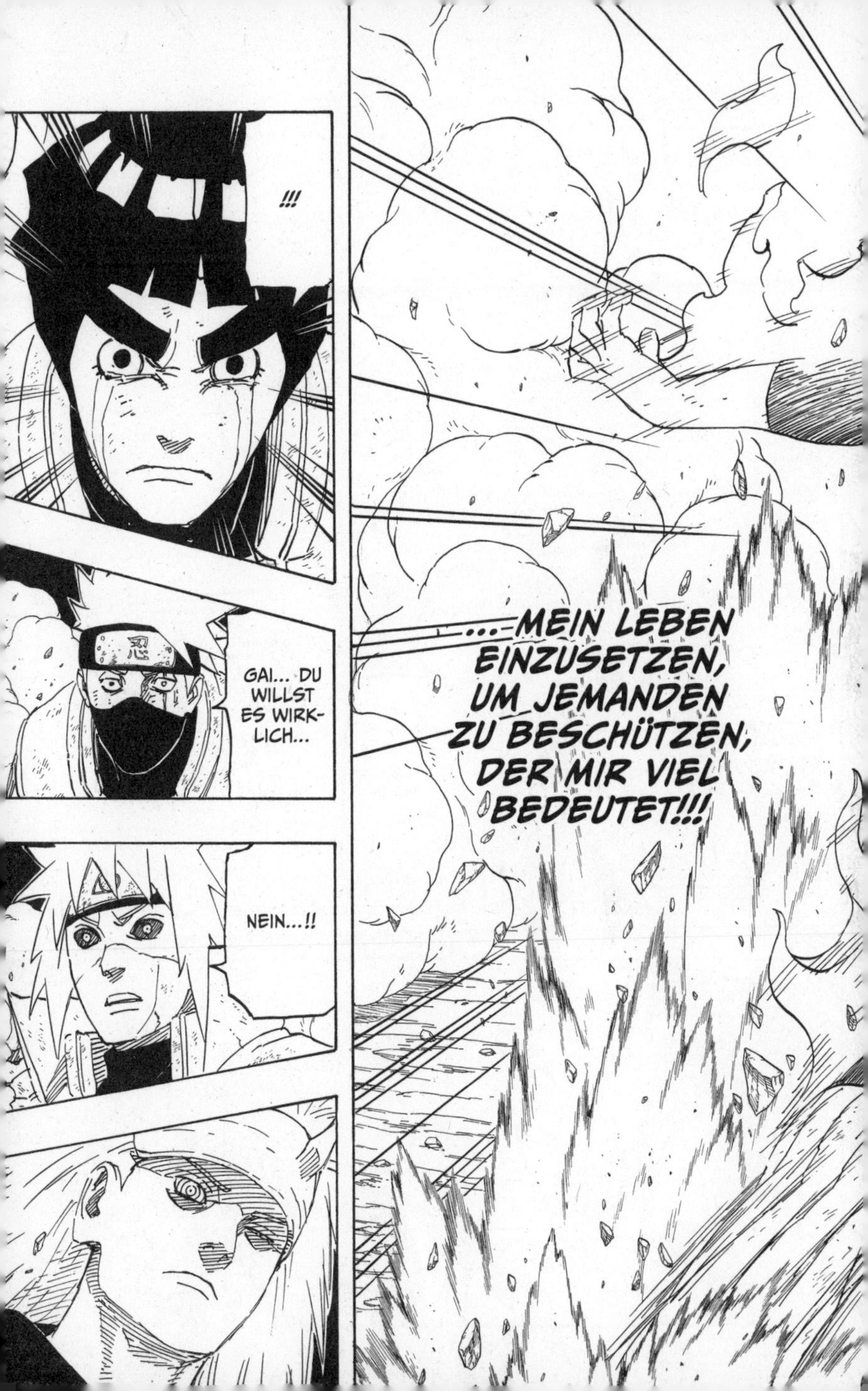
...MEIN LEBEN EINZUSETZEN, UM JEMANDEN ZU BESCHÜTZEN, DER MIR VIEL BEDEUTET!!!
!!!
GAI... DU WILLST ES WIRKLICH...
NEIN...!!

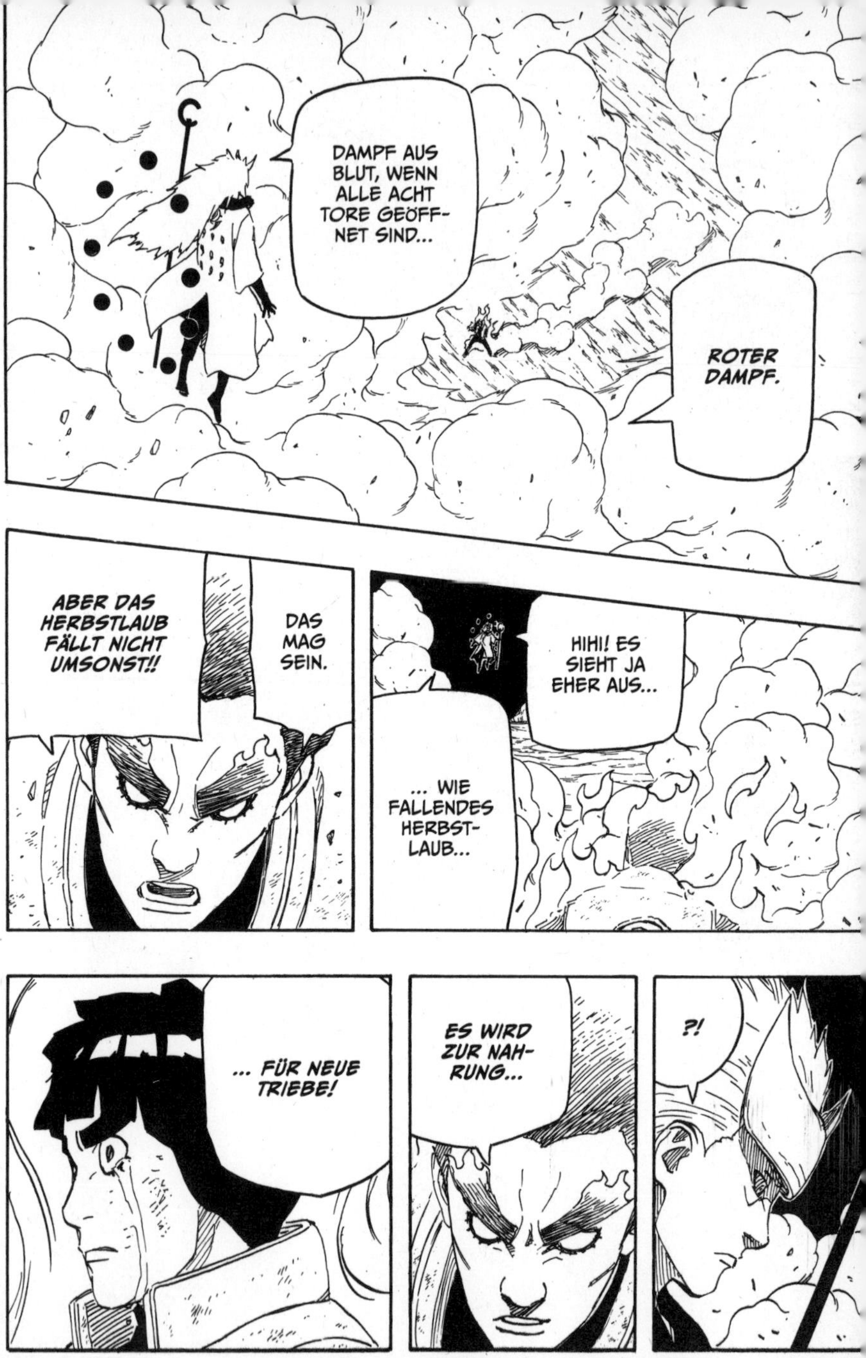
ROTER DAMPF.
DAMPF AUS BLUT, WENN ALLE ACHT TORE GEÖFFNET SIND...
HIHI! ES SIEHT JA EHER AUS...
... WIE FALLENDES HERBSTLAUB...
DAS MAG SEIN.
ABER DAS HERBSTLAUB FÄLLT NICHT UMSONST!!
?!
ES WIRD ZUR NAHRUNG...
... FÜR NEUE TRIEBE!

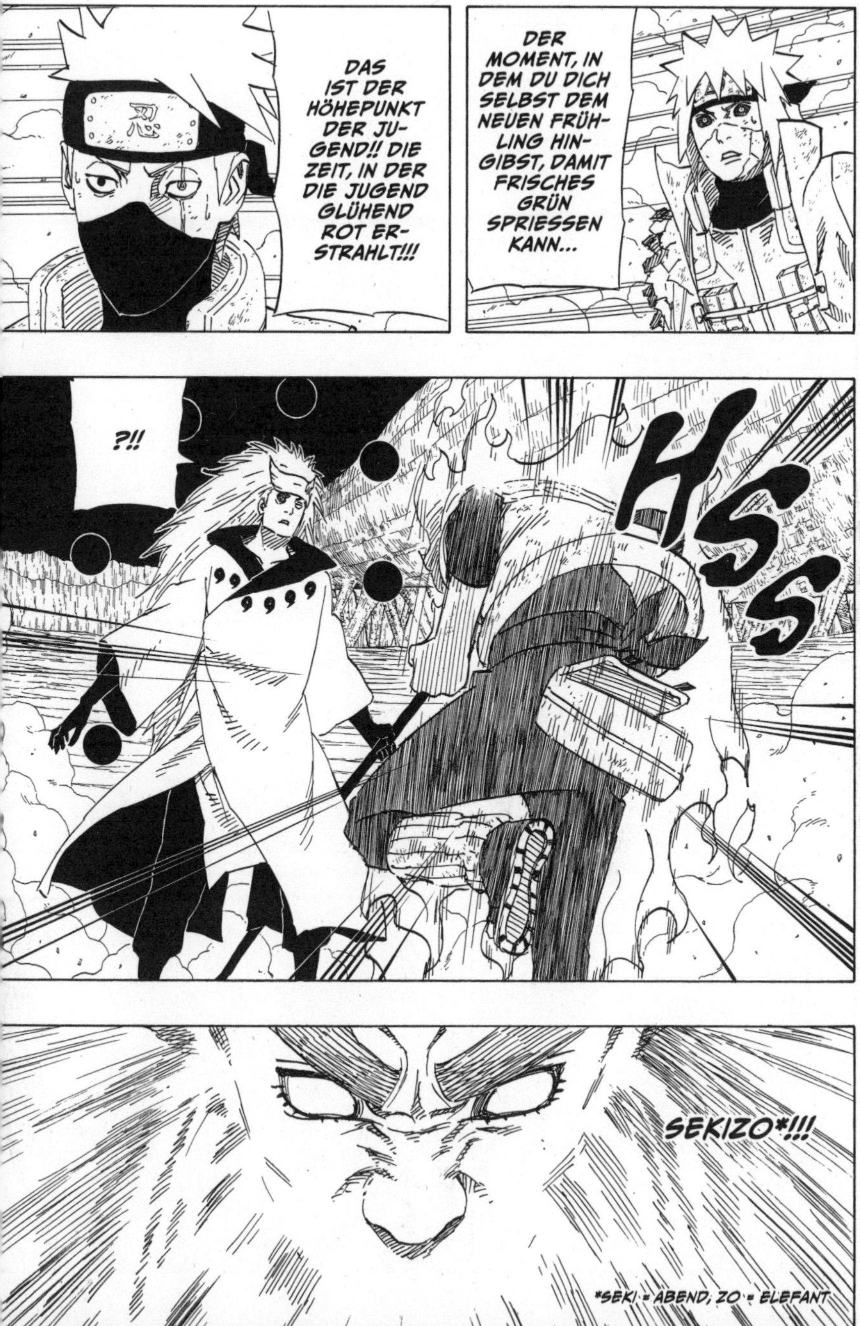

DER MOMENT, IN DEM DU DICH SELBST DEM NEUEN FRÜHLING HINGIBST, DAMIT FRISCHES GRÜN SPRIESSEN KANN...
DAS IST DER HÖHEPUNKT DER JUGEND!! DIE ZEIT, IN DER DIE JUGEND GLÜHEND ROT ERSTRAHLT!!!
?!!
HSSS
SEKIZO*!!!
*SEKI = ABEND; ZO = ELEFANT

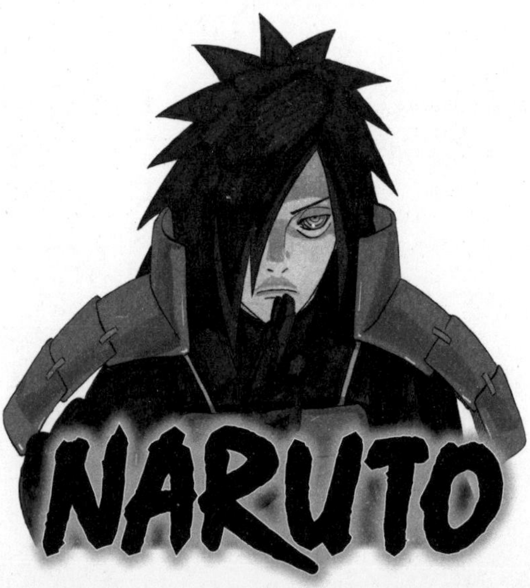
NARUTO

669. KAPITEL: HACHIMON-TONKO-NO-JIN

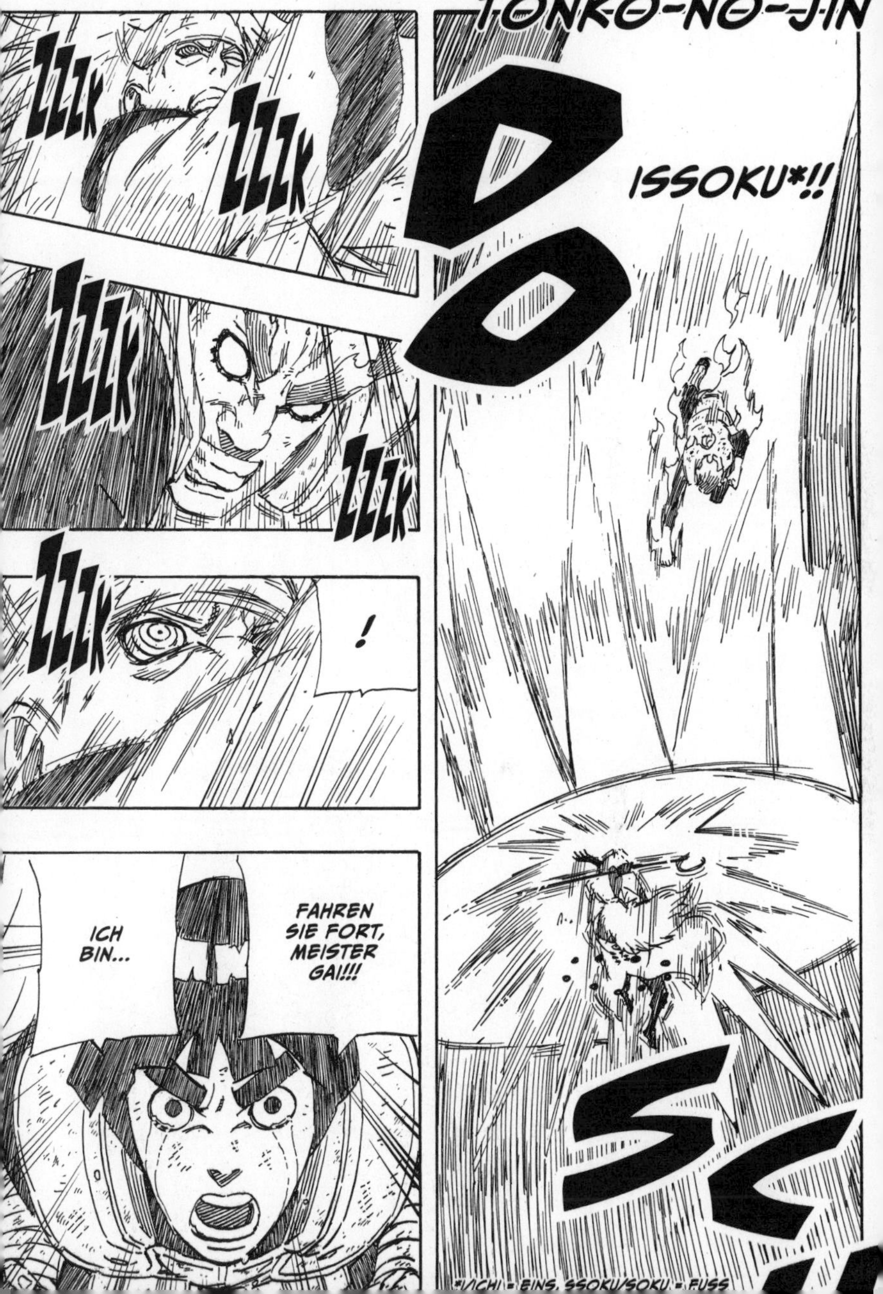

*I/ICHI = EINS, SSOKU/SOKU = FUSS

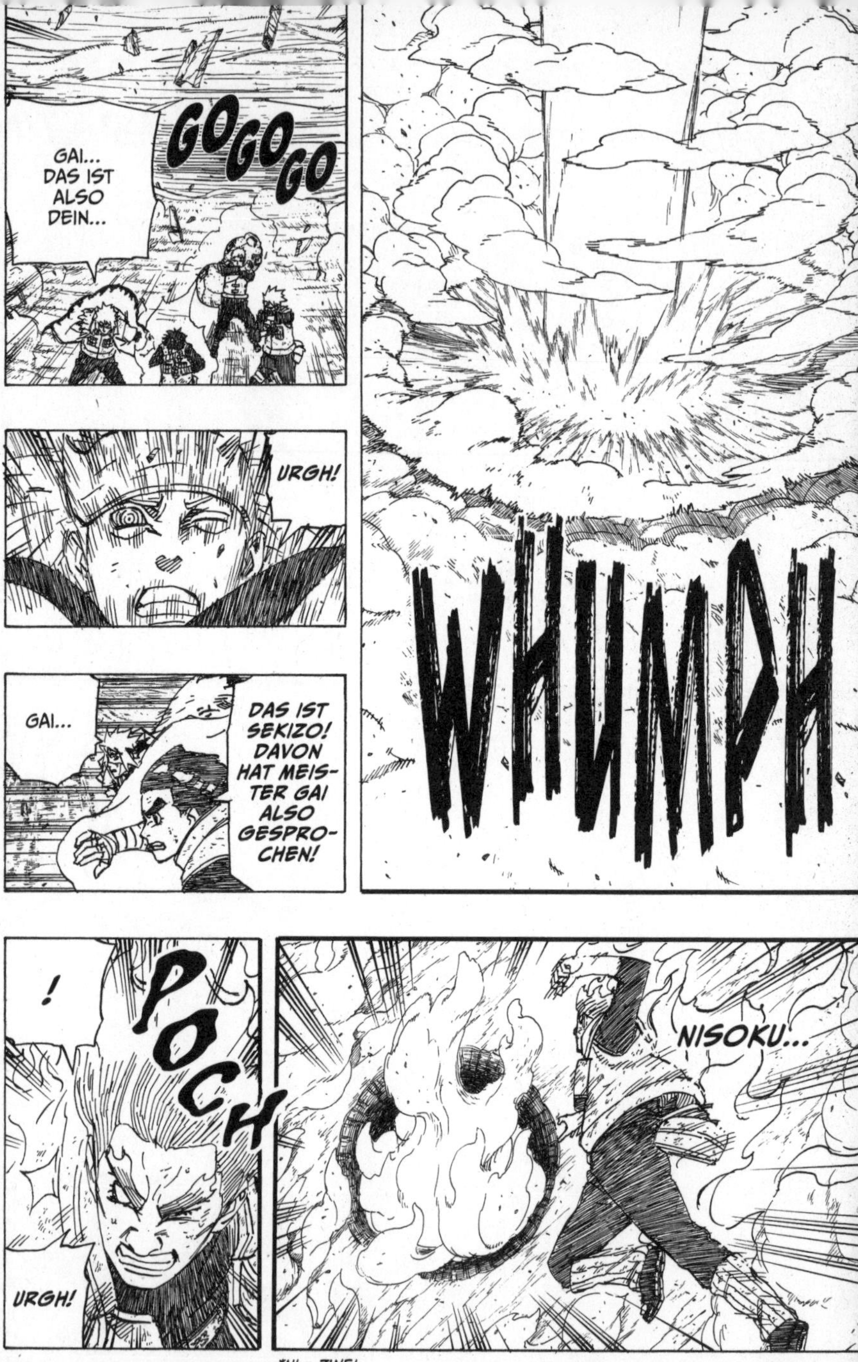
WHUMPH
GOGOGO
GAI... DAS IST ALSO DEIN...
URGH!
DAS IST SEKIZO! DAVON HAT MEISTER GAI ALSO GESPROCHEN!
GAI...
NISOKU...
POCH
!
URGH!

*NI = ZWEI

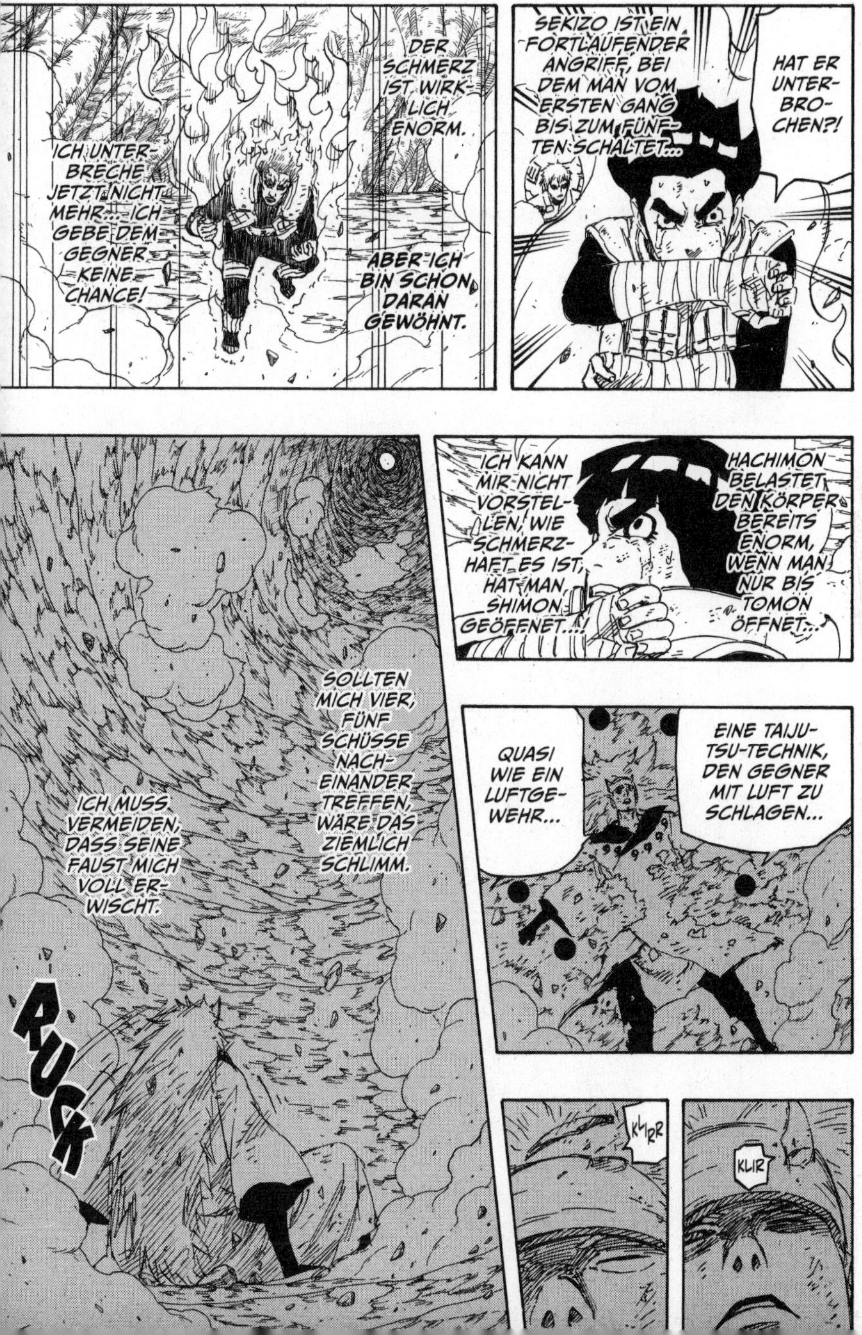
HAT ER UNTERBROCHEN?!
SEKIZO IST EIN FORTLAUFENDER ANGRIFF, BEI DEM MAN VOM ERSTEN GANG BIS ZUM FÜNFTEN SCHALTET...
DER SCHMERZ IST WIRKLICH ENORM.
ABER ICH BIN SCHON DARAN GEWÖHNT.
ICH UNTERBRECHE JETZT NICHT MEHR... ICH GEBE DEM GEGNER KEINE CHANCE!
HACHIMON BELASTET DEN KÖRPER BEREITS ENORM, WENN MAN NUR BIS TOMON ÖFFNET...
ICH KANN MIR NICHT VORSTELLEN, WIE SCHMERZHAFT ES IST, HAT MAN SHIMON GEÖFFNET...!
EINE TAIJUTSU-TECHNIK, DEN GEGNER MIT LUFT ZU SCHLAGEN...
QUASI WIE EIN LUFTGEWEHR...
SOLLTEN MICH VIER, FÜNF SCHÜSSE NACHEINANDER TREFFEN, WÄRE DAS ZIEMLICH SCHLIMM.
ICH MUSS VERMEIDEN, DASS SEINE FAUST MICH VOLL ERWISCHT.
RUCK
KLIRR
KLIR

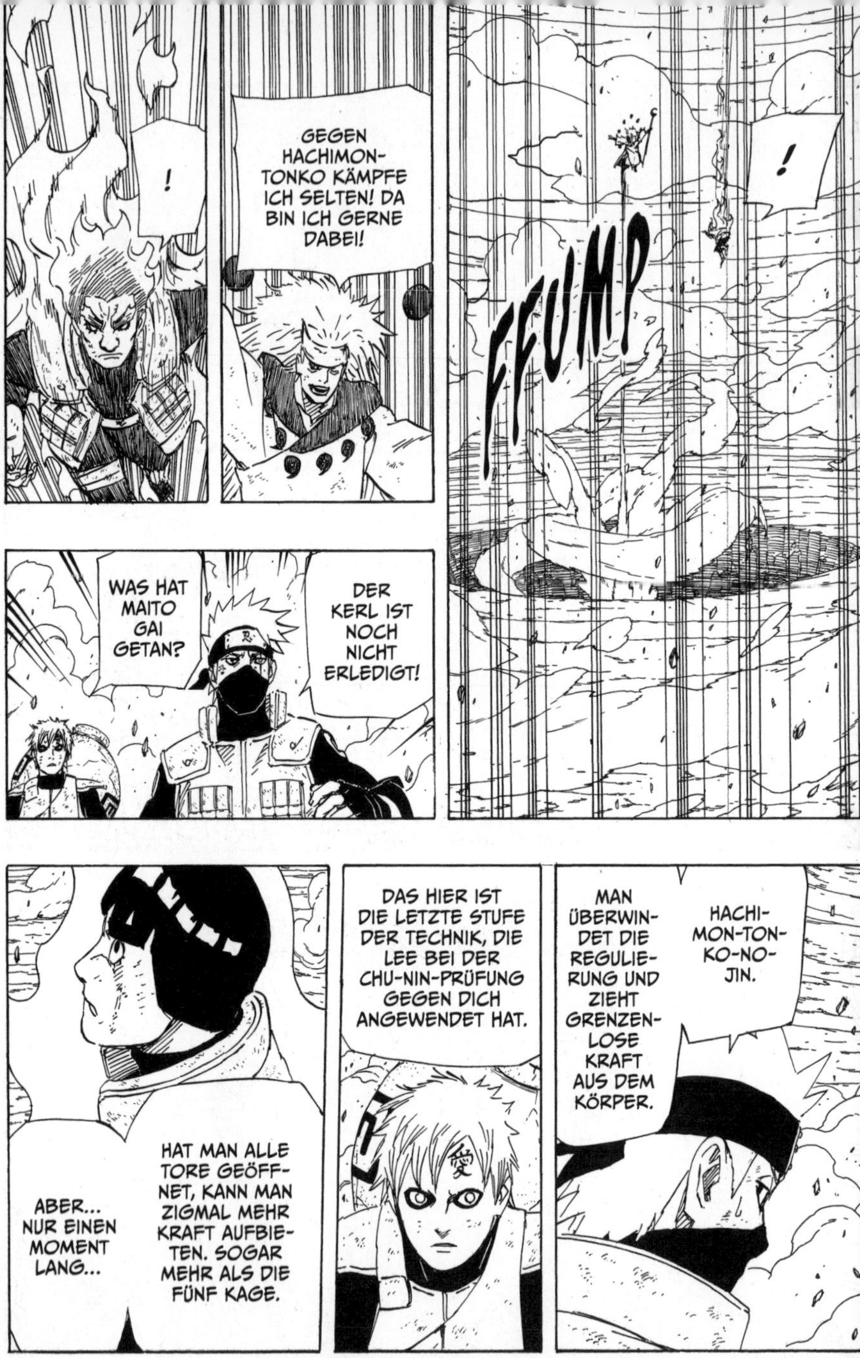
!
FFUMP
GEGEN HACHIMON-TONKO KÄMPFE ICH SELTEN! DA BIN ICH GERNE DABEI!
!
DER KERL IST NOCH NICHT ERLEDIGT!
WAS HAT MAITO GAI GETAN?
HACHI-MON-TON-KO-NO-JIN.
MAN ÜBERWIN-DET DIE REGULIE-RUNG UND ZIEHT GRENZEN-LOSE KRAFT AUS DEM KÖRPER.
DAS HIER IST DIE LETZTE STUFE DER TECHNIK, DIE LEE BEI DER CHU-NIN-PRÜFUNG GEGEN DICH ANGEWENDET HAT.
HAT MAN ALLE TORE GEÖFF-NET, KANN MAN ZIGMAL MEHR KRAFT AUFBIE-TEN. SOGAR MEHR ALS DIE FÜNF KAGE.
ABER... NUR EINEN MOMENT LANG...

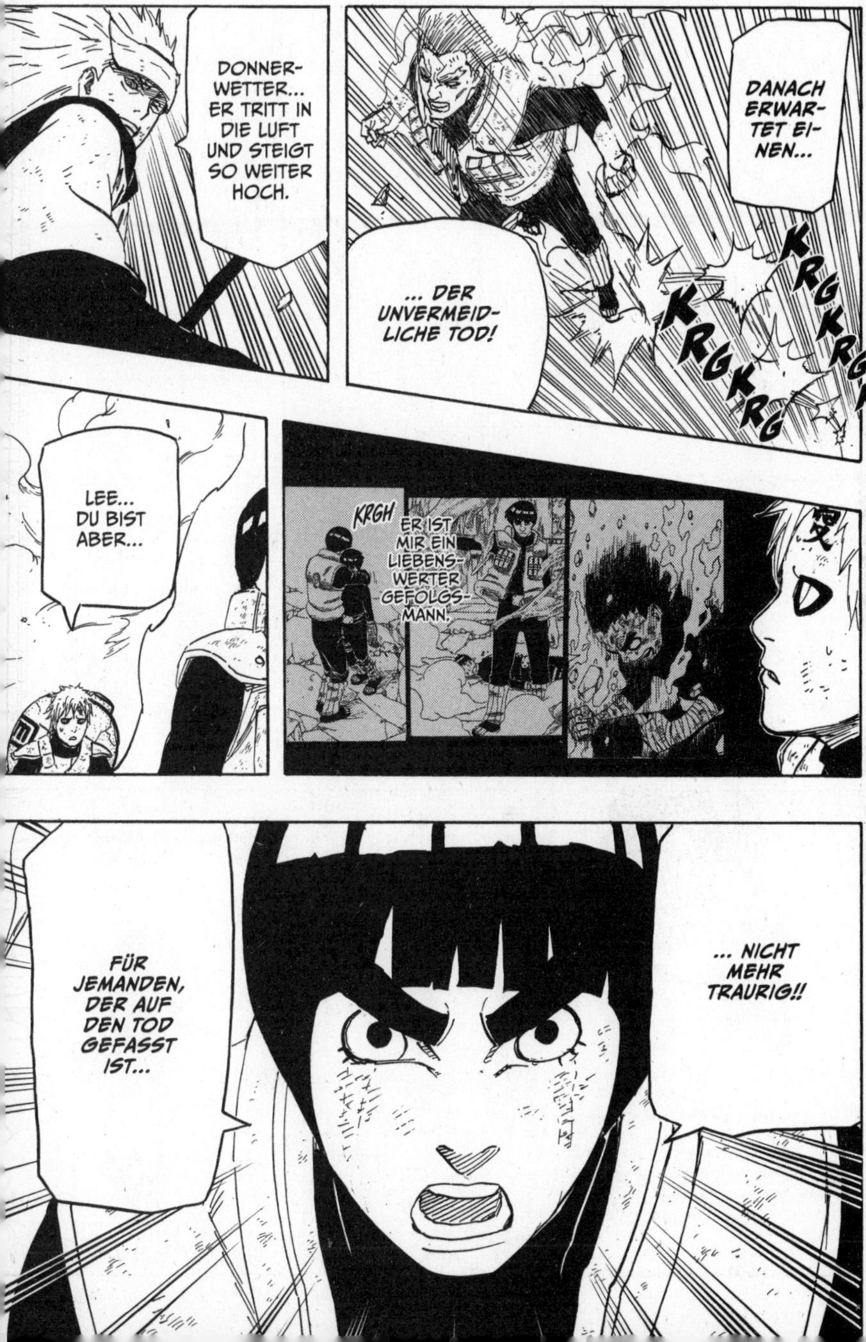
DANACH ERWAR-TET EI-NEN...
... DER UNVERMEID-LICHE TOD!
KRGKRGKRGKRG
KRGKRG
DONNER-WETTER... ER TRITT IN DIE LUFT UND STEIGT SO WEITER HOCH.
KRGH
ER IST MIR EIN LIEBENS-WERTER GEFOLGS-MANN.
LEE... DU BIST ABER...
FÜR JEMANDEN, DER AUF DEN TOD GEFASST IST...
... NICHT MEHR TRAURIG!!

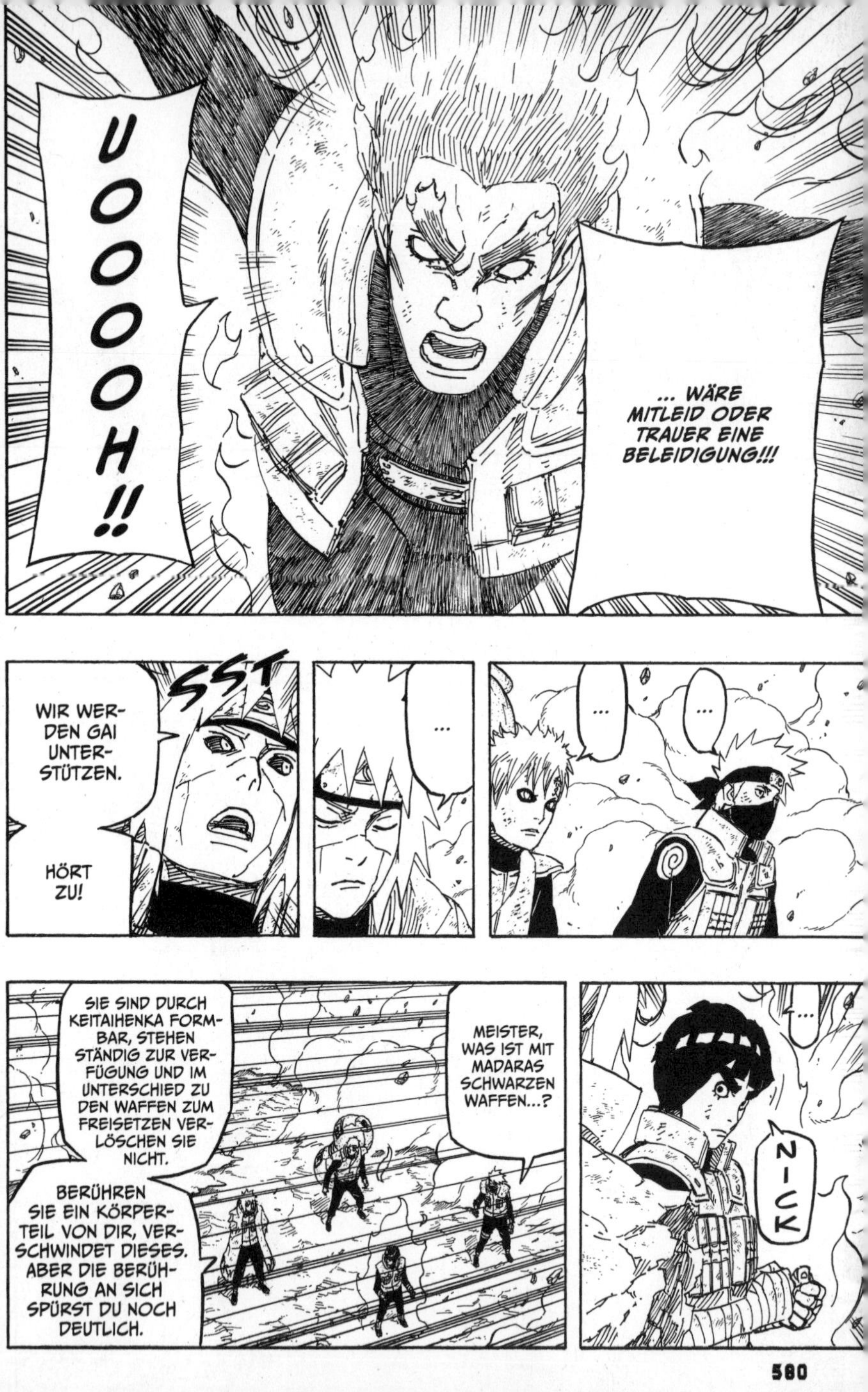

... WÄRE MITLEID ODER TRAUER EINE BELEIDIGUNG!!!
UOOOOOH!!
SST
WIR WERDEN GAI UNTERSTÜTZEN.
HÖRT ZU!
...
...
...
MEISTER, WAS IST MIT MADARAS SCHWARZEN WAFFEN...?
SIE SIND DURCH KEITAIHENKA FORMBAR, STEHEN STÄNDIG ZUR VERFÜGUNG UND IM UNTERSCHIED ZU DEN WAFFEN ZUM FREISETZEN VERLÖSCHEN SIE NICHT.
BERÜHREN SIE EIN KÖRPERTEIL VON DIR, VERSCHWINDET DIESES. ABER DIE BERÜHRUNG AN SICH SPÜRST DU NOCH DEUTLICH.
...
NICK

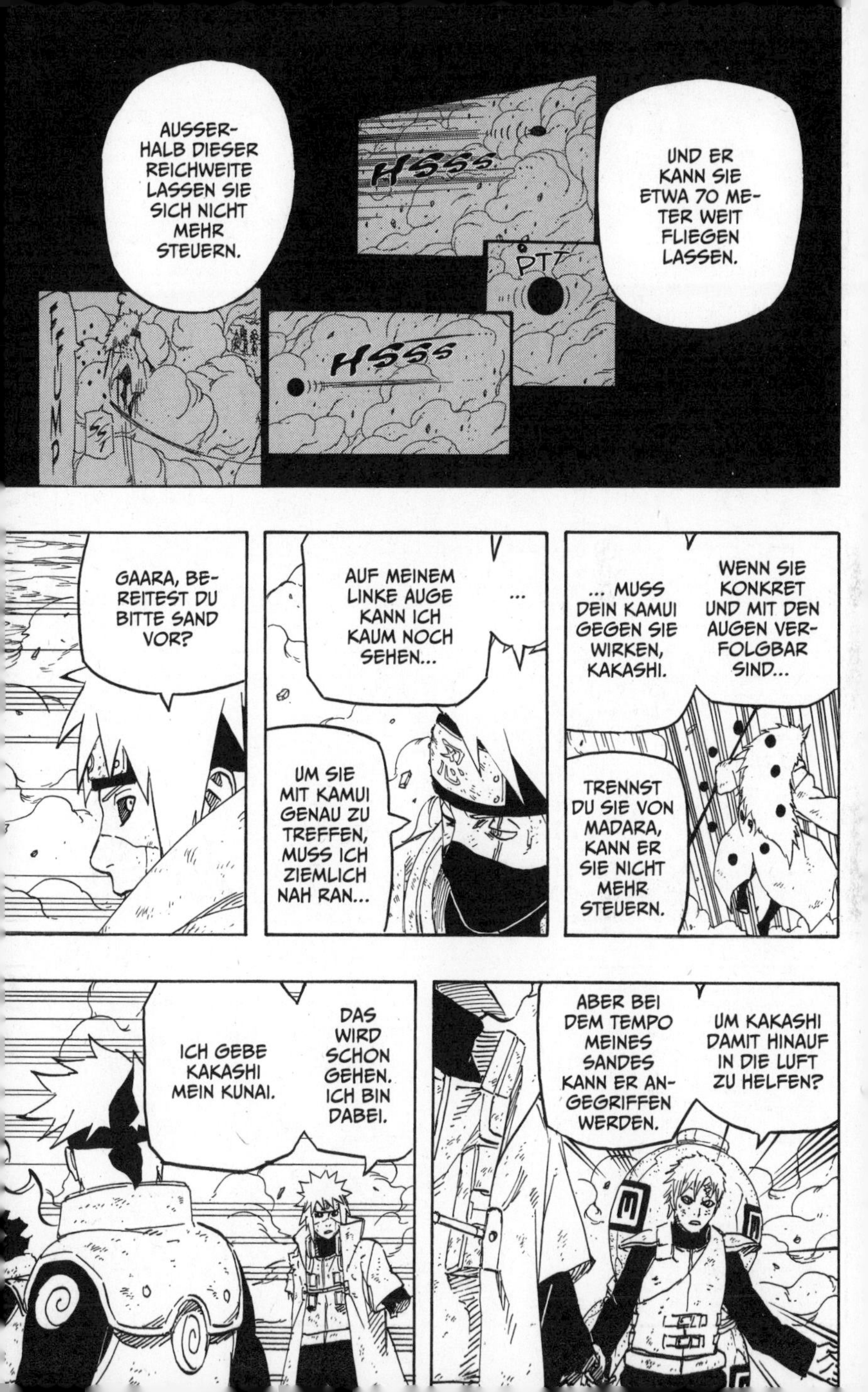
UND ER KANN SIE ETWA 70 METER WEIT FLIEGEN LASSEN.
HSSS
PTT
HSSS
AUSSERHALB DIESER REICHWEITE LASSEN SIE SICH NICHT MEHR STEUERN.
FFUMP
SS
WENN SIE KONKRET UND MIT DEN AUGEN VERFOLGBAR SIND...
... MUSS DEIN KAMUI GEGEN SIE WIRKEN, KAKASHI.
TRENNST DU SIE VON MADARA, KANN ER SIE NICHT MEHR STEUERN.
...
AUF MEINEM LINKE AUGE KANN ICH KAUM NOCH SEHEN...
UM SIE MIT KAMUI GENAU ZU TREFFEN, MUSS ICH ZIEMLICH NAH RAN...
GAARA, BEREITEST DU BITTE SAND VOR?
UM KAKASHI DAMIT HINAUF IN DIE LUFT ZU HELFEN?
ABER BEI DEM TEMPO MEINES SANDES KANN ER ANGEGRIFFEN WERDEN.
DAS WIRD SCHON GEHEN. ICH BIN DABEI.
ICH GEBE KAKASHI MEIN KUNAI.

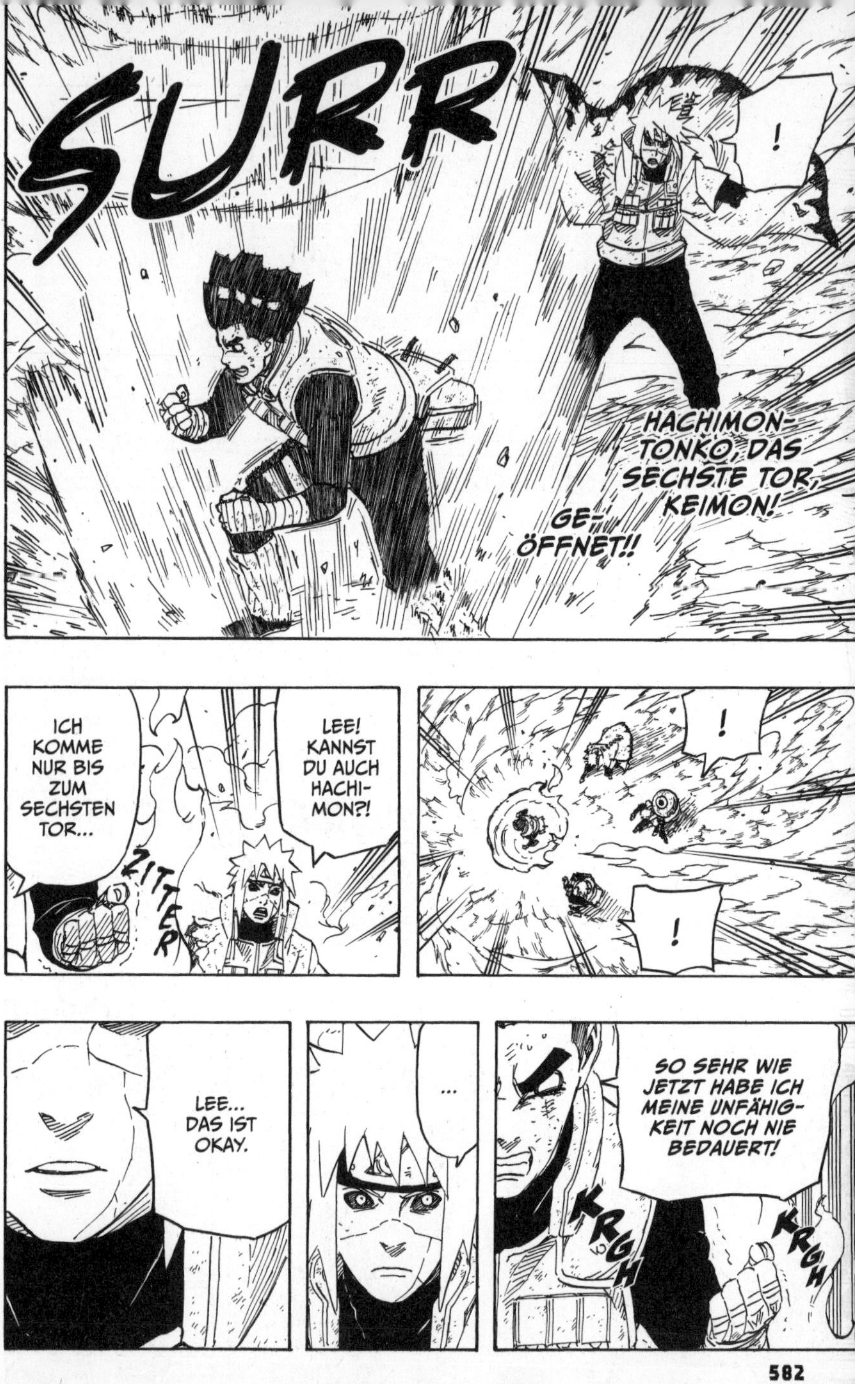
SURR
!
HACHIMON-TONKO, DAS SECHSTE TOR, KEIMON!
GE-ÖFFNET!!
!
!
LEE! KANNST DU AUCH HACHIMON?!
ICH KOMME NUR BIS ZUM SECHSTEN TOR...
ZITTER
SO SEHR WIE JETZT HABE ICH MEINE UNFÄHIGKEIT NOCH NIE BEDAUERT!
KRGH
KRGH
...
LEE... DAS IST OKAY.

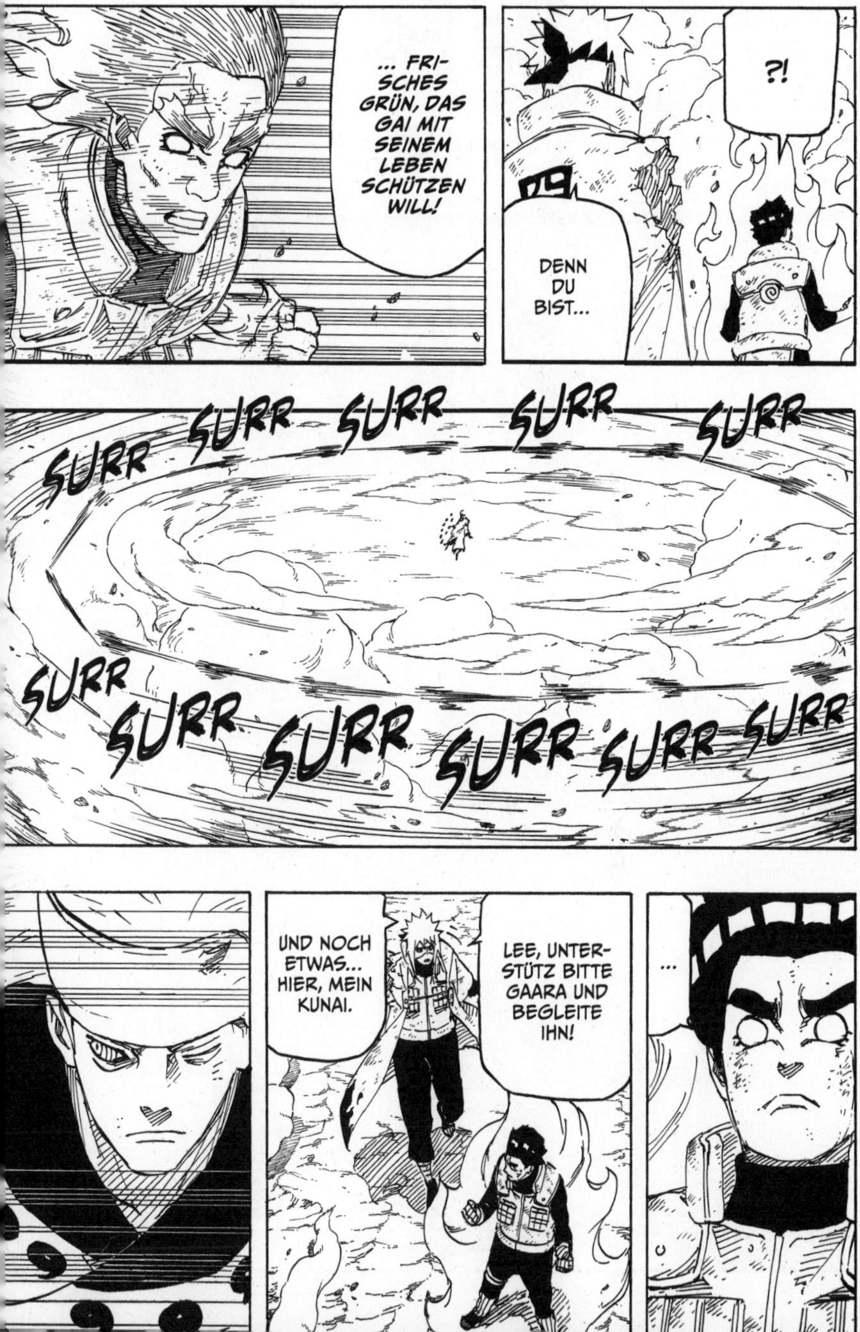
?!
DENN DU BIST...
... FRI-SCHES GRÜN, DAS GAI MIT SEINEM LEBEN SCHÜTZEN WILL!
SURR SURR SURR SURR SURR
SURR SURR SURR SURR SURR SURR
...
LEE, UNTER-STÜTZ BITTE GAARA UND BEGLEITE IHN!
UND NOCH ETWAS... HIER, MEIN KUNAI.

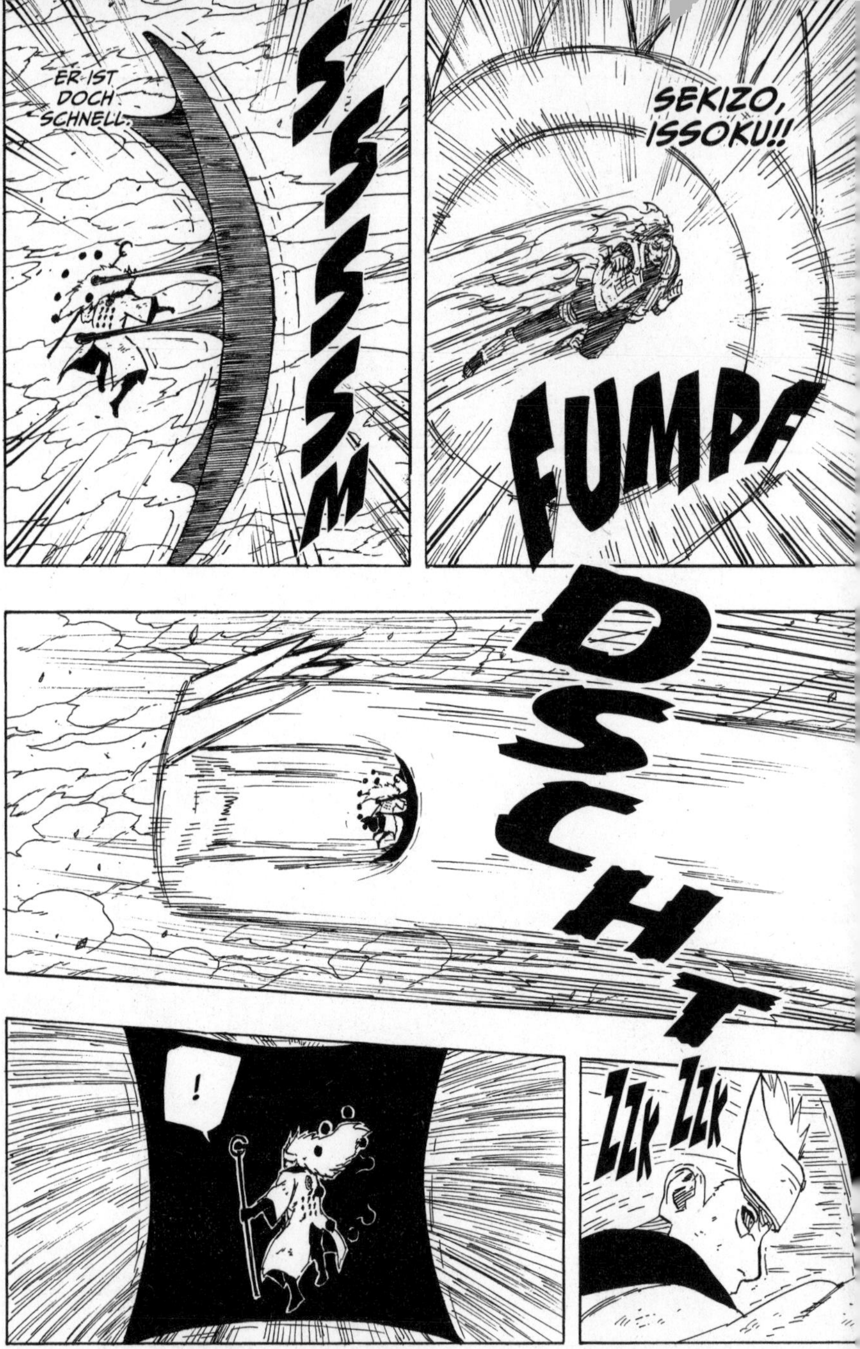
SEKIZO, ISSOKU!!
FUMPF
ER IST DOCH SCHNELL.
SSSSM
DSCHT
!
ZZK ZZK

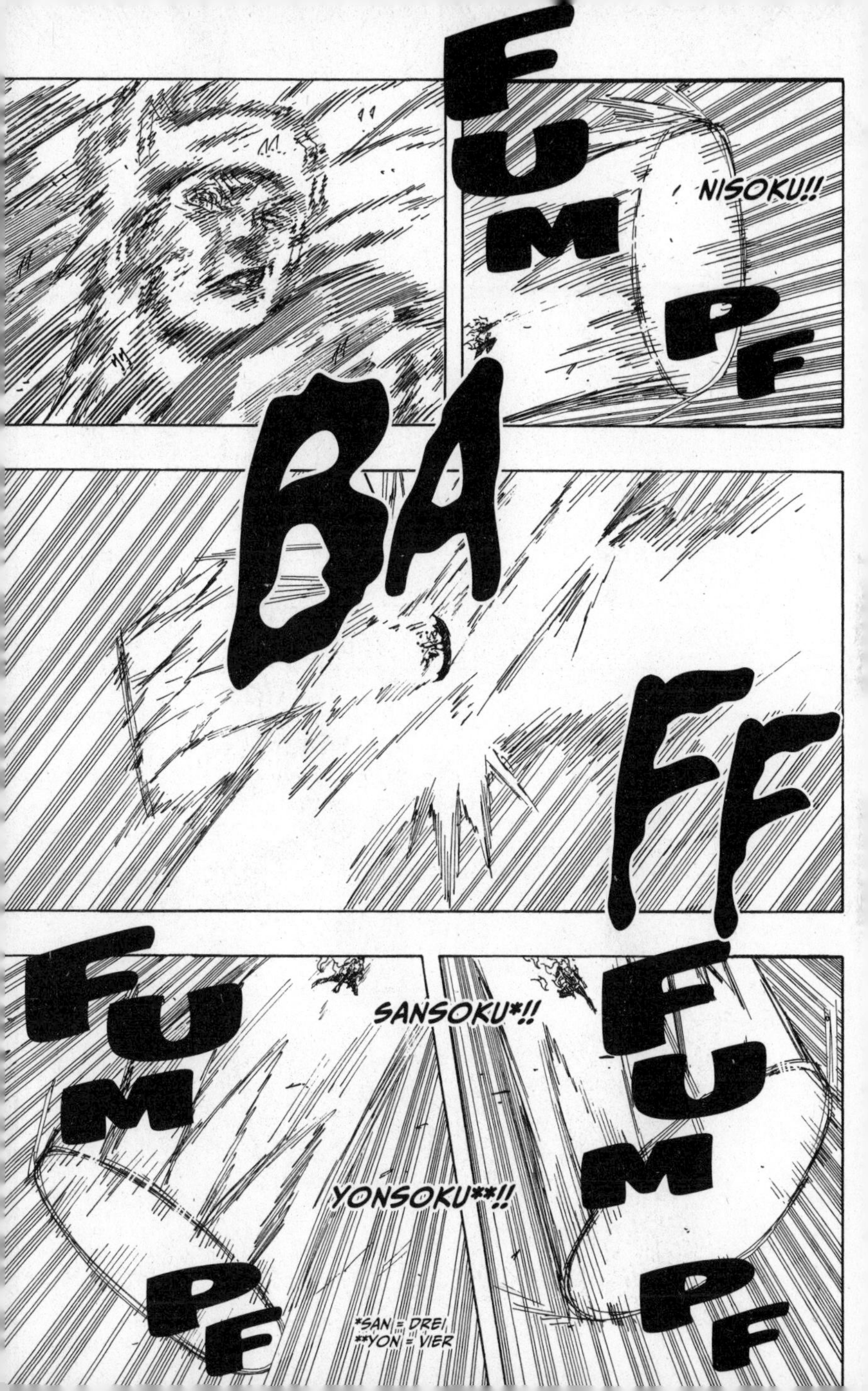
FUMPF
NISOKU!!
BAFF
SANSOKU*!!
FUMPF
FUMPF
YONSOKU**!!
*SAN = DREI
**YON = VIER

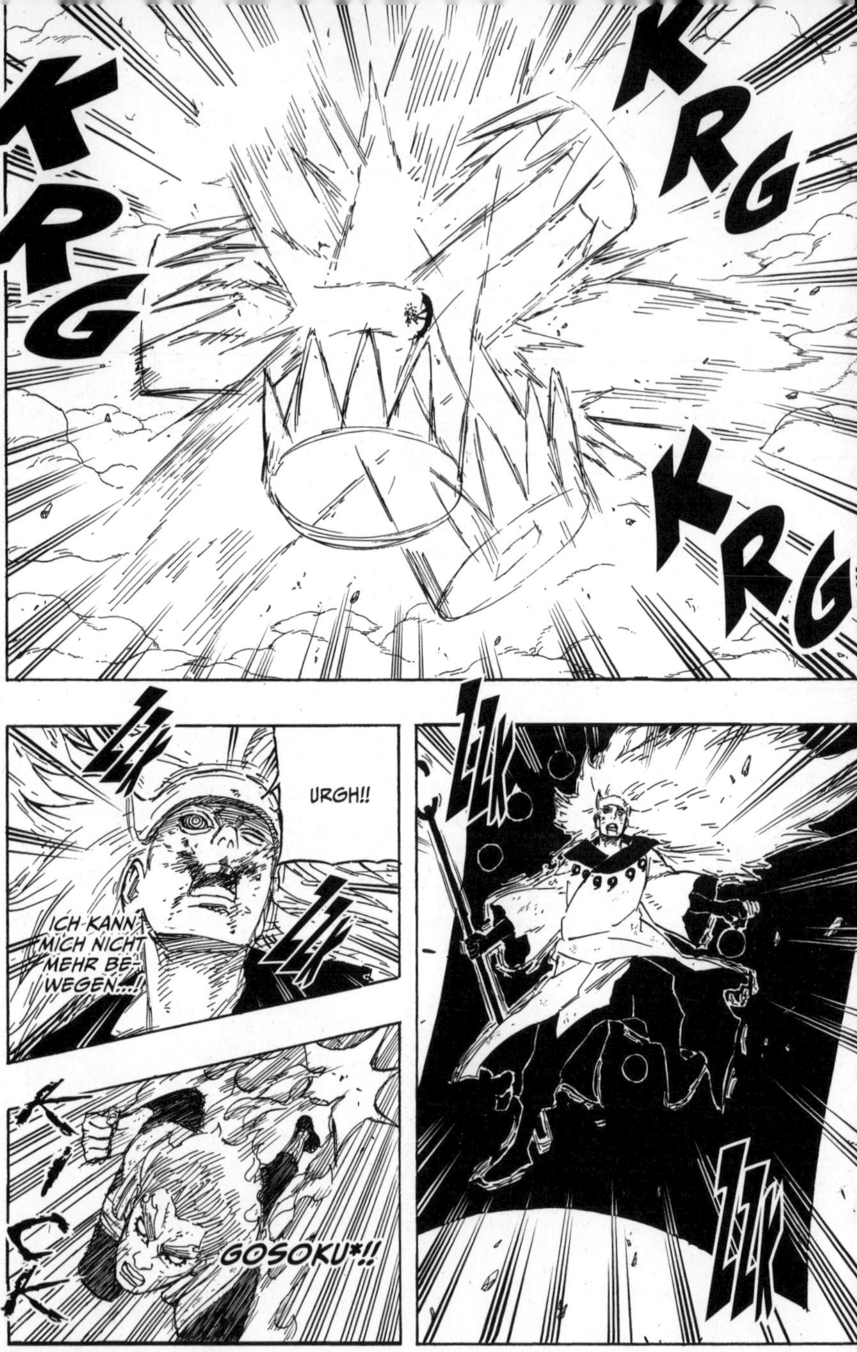

*GO = FÜNF

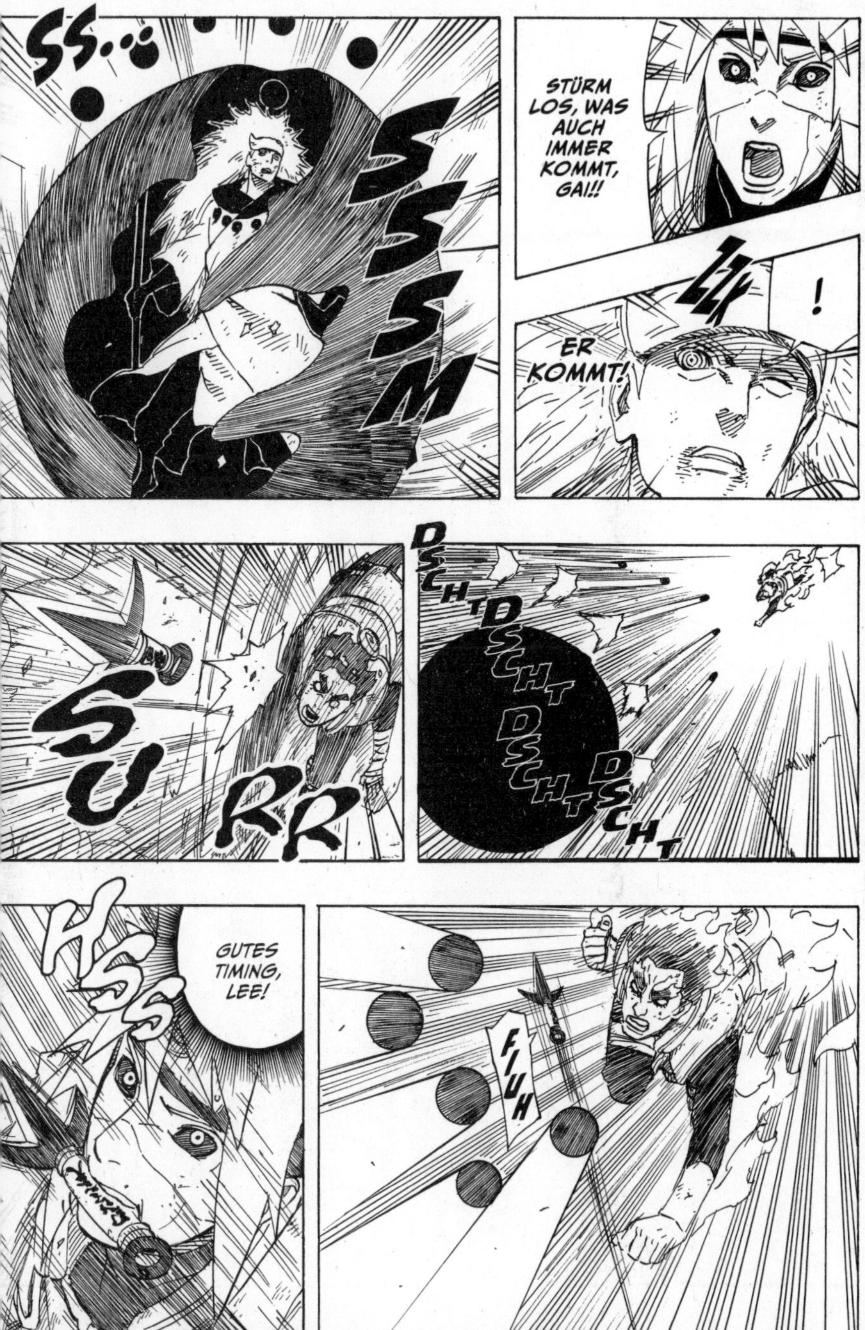
STÜRM LOS, WAS AUCH IMMER KOMMT, GAI!!
!
ER KOMMT!
SS...
SSSM
DSCHT
DSCHT
DSCHT
DSCHT
SURR
FIUH
HSS
GUTES TIMING, LEE!

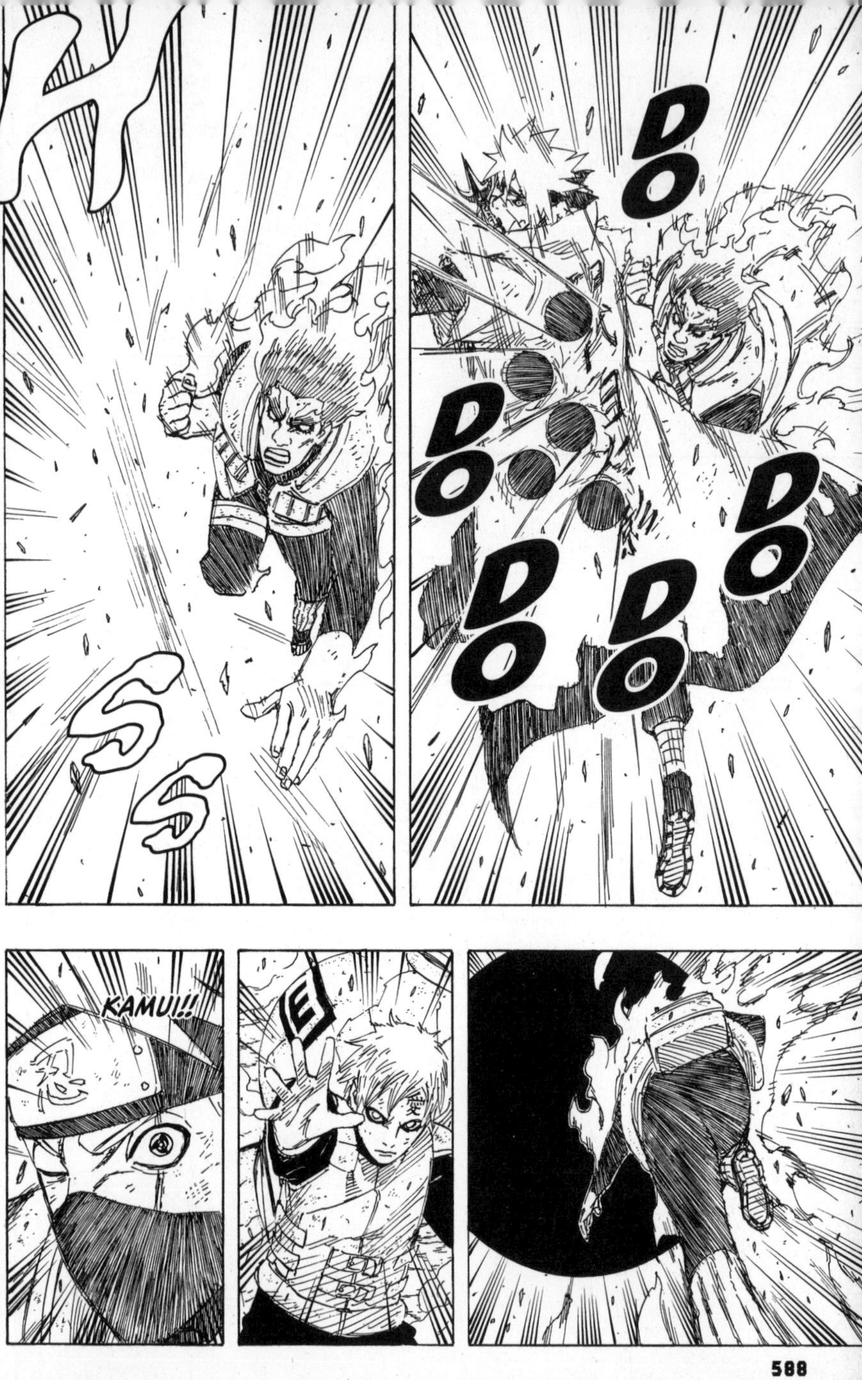
DO
DO
DO
DO
DO
H
S
S
KAMUI!!

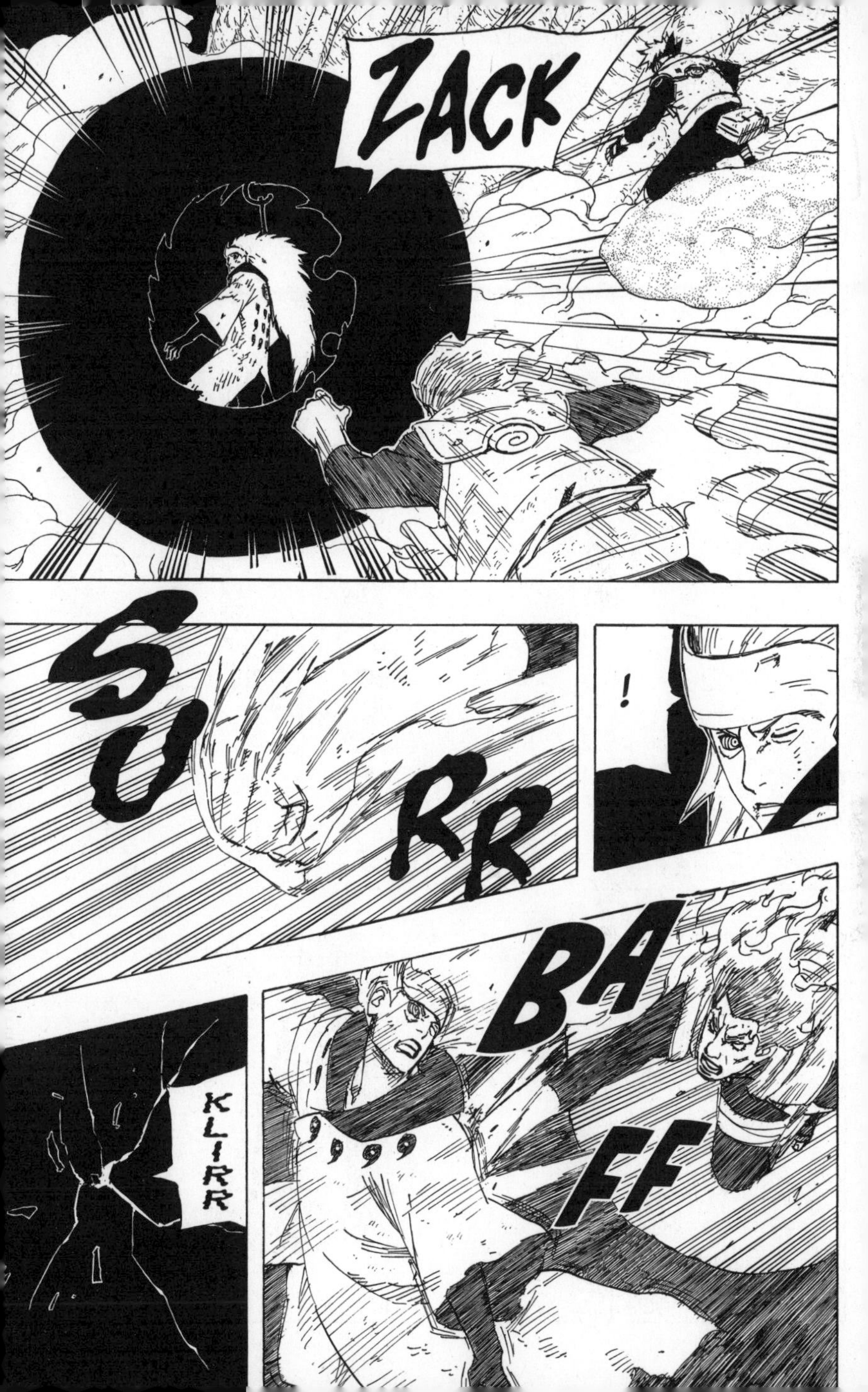
ZACK
SURR
!
BAFF
KLIRR

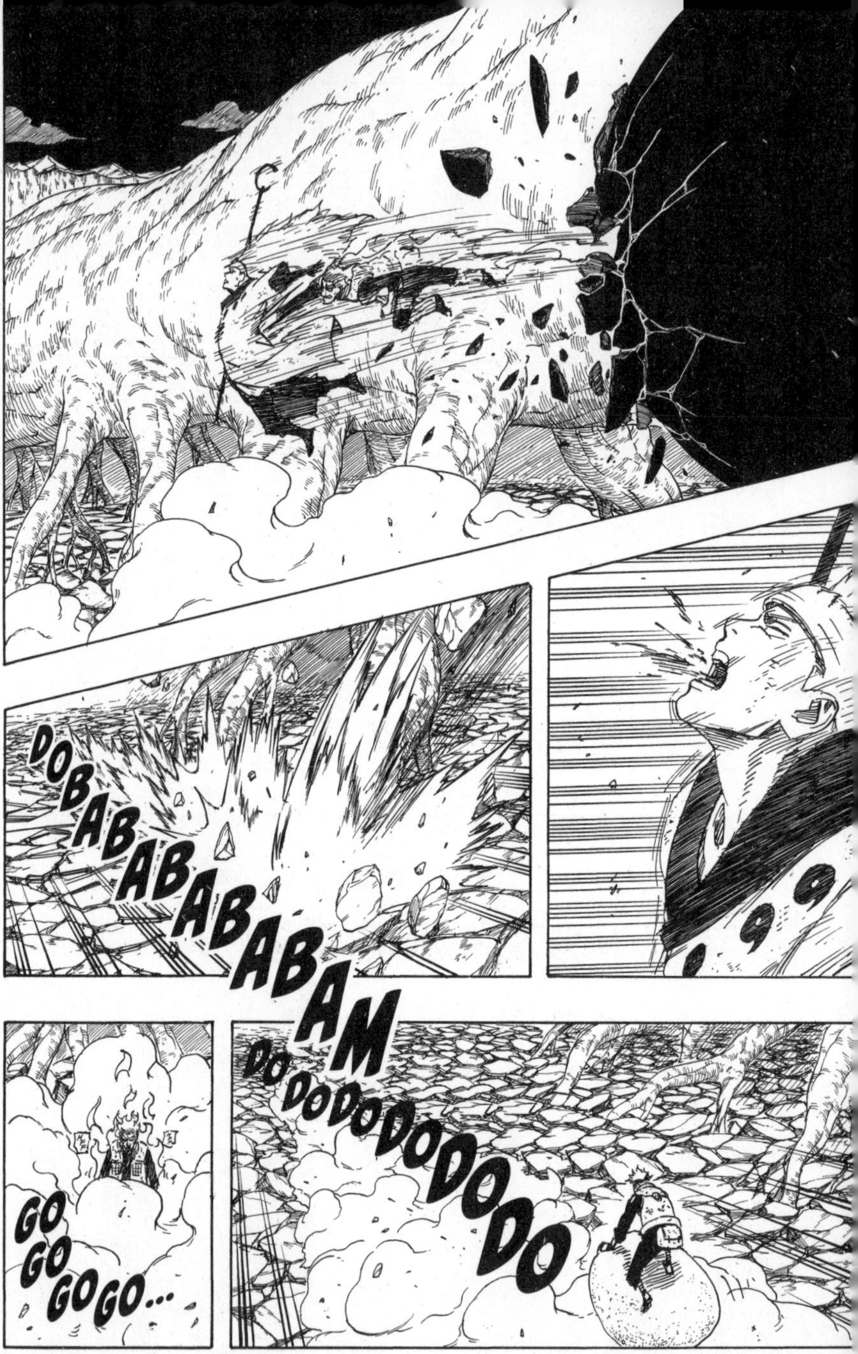
DOBABABABABABAM
DODODODODODODODO
GO GO GOGO...

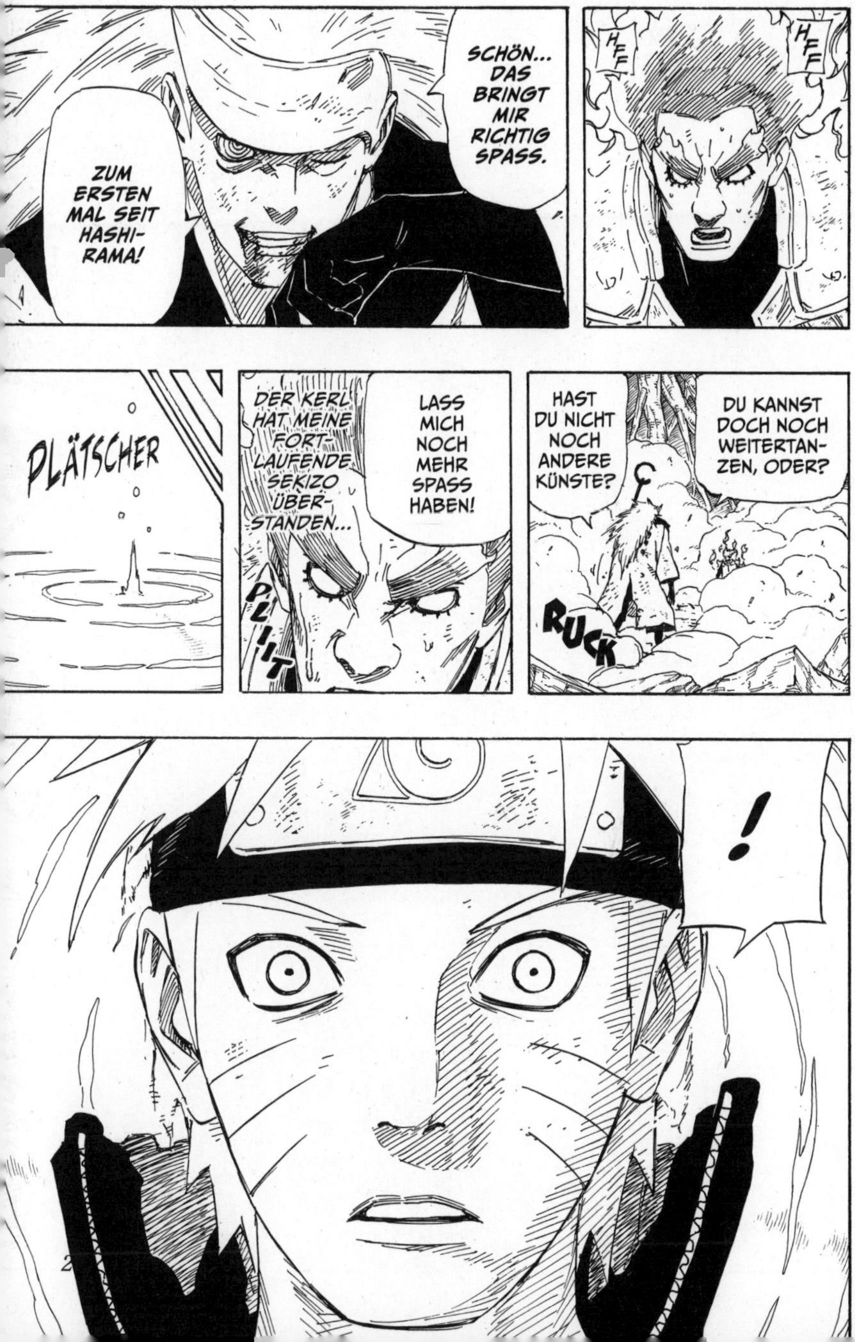
HFF
HFF
SCHÖN... DAS BRINGT MIR RICHTIG SPASS.
ZUM ERSTEN MAL SEIT HASHI-RAMA!
DU KANNST DOCH NOCH WEITERTAN-ZEN, ODER?
HAST DU NICHT NOCH ANDERE KÜNSTE?
RUCK
LASS MICH NOCH MEHR SPASS HABEN!
DER KERL HAT MEINE FORT-LAUFENDE SEKIZO ÜBER-STANDEN...
PLIIT
PLÄTSCHER
!

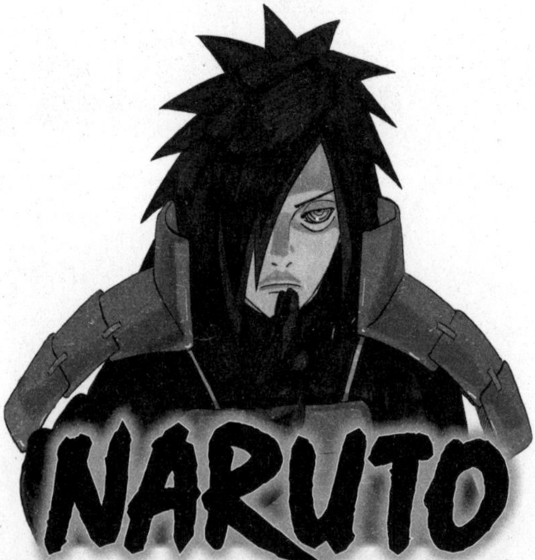
NARUTO

670. Kapitel: Der Anfang

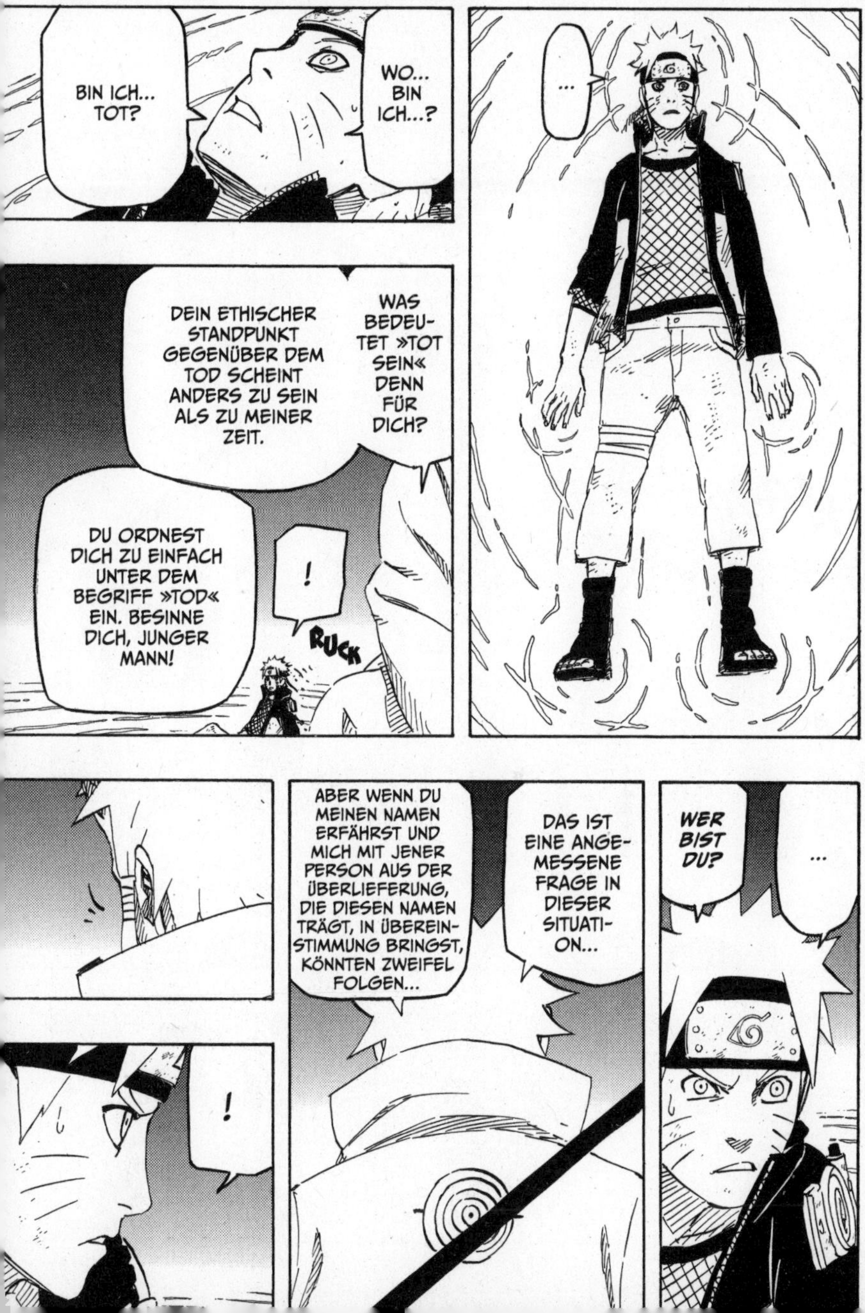

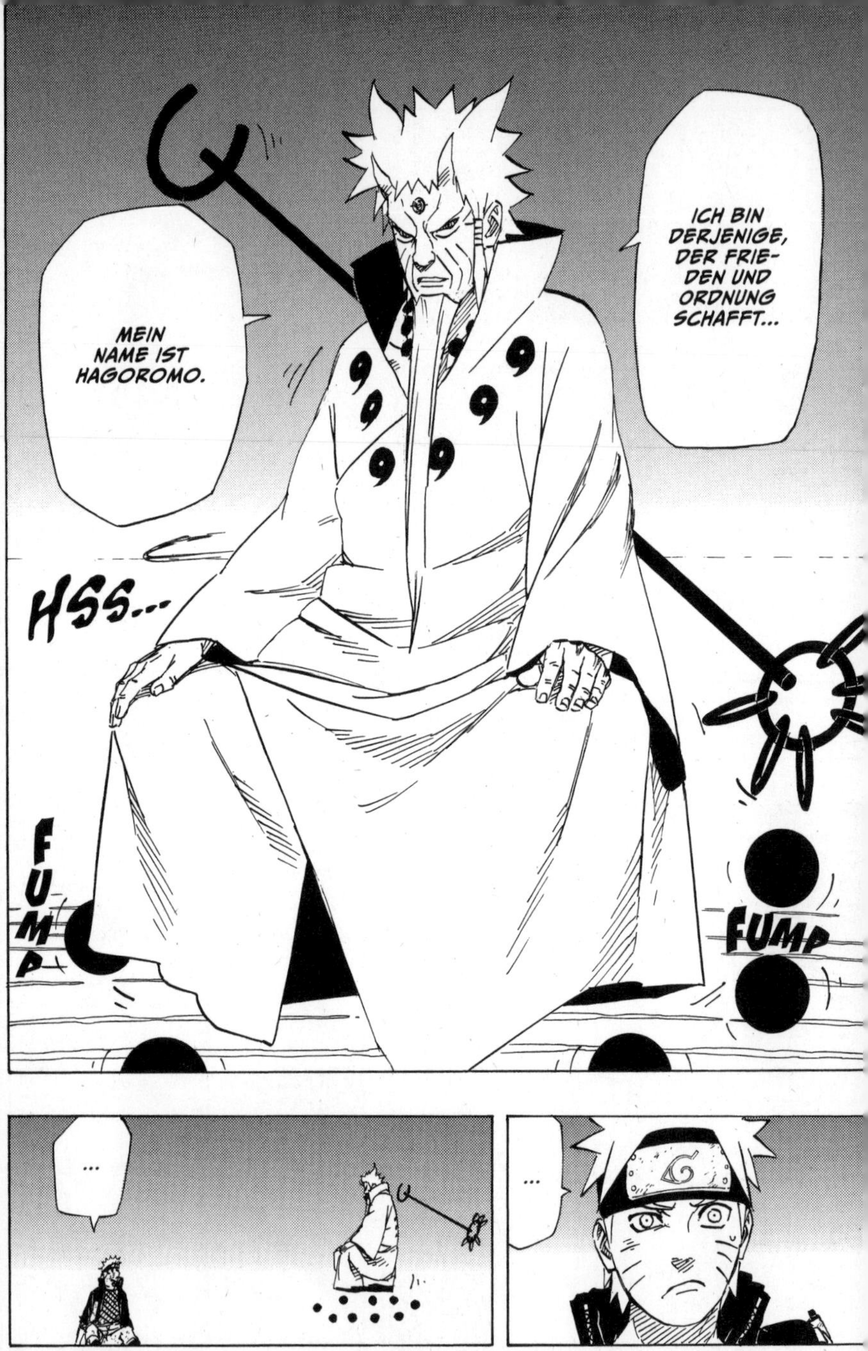
ICH BIN DERJENIGE, DER FRIE-DEN UND ORDNUNG SCHAFFT...
MEIN NAME IST HAGOROMO.
HSS...
FUMP
FUMP
...
...

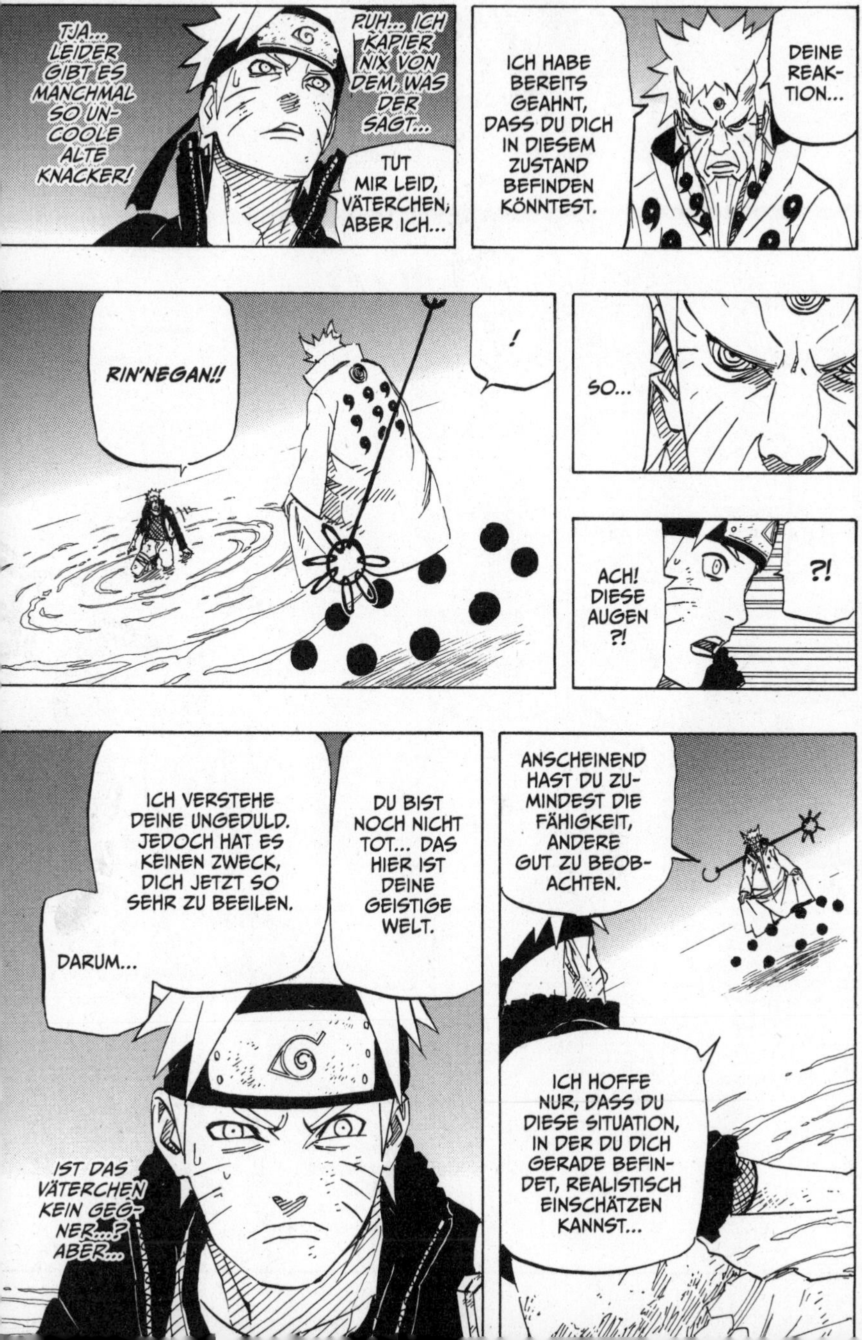
DEINE REAKTION...
ICH HABE BEREITS GEAHNT, DASS DU DICH IN DIESEM ZUSTAND BEFINDEN KÖNNTEST.
PUH... ICH KAPIER NIX VON DEM, WAS DER SAGT...
TUT MIR LEID, VÄTERCHEN, ABER ICH...
TJA... LEIDER GIBT ES MANCHMAL SO UNCOOLE ALTE KNACKER!
SO...
?!
ACH! DIESE AUGEN ?!
!
RIN'NEGAN!!
ANSCHEINEND HAST DU ZUMINDEST DIE FÄHIGKEIT, ANDERE GUT ZU BEOBACHTEN.
ICH HOFFE NUR, DASS DU DIESE SITUATION, IN DER DU DICH GERADE BEFINDET, REALISTISCH EINSCHÄTZEN KANNST...
DU BIST NOCH NICHT TOT... DAS HIER IST DEINE GEISTIGE WELT.
ICH VERSTEHE DEINE UNGEDULD. JEDOCH HAT ES KEINEN ZWECK, DICH JETZT SO SEHR ZU BEEILEN.
DARUM...
IST DAS VÄTERCHEN KEIN GEGNER...? ABER...

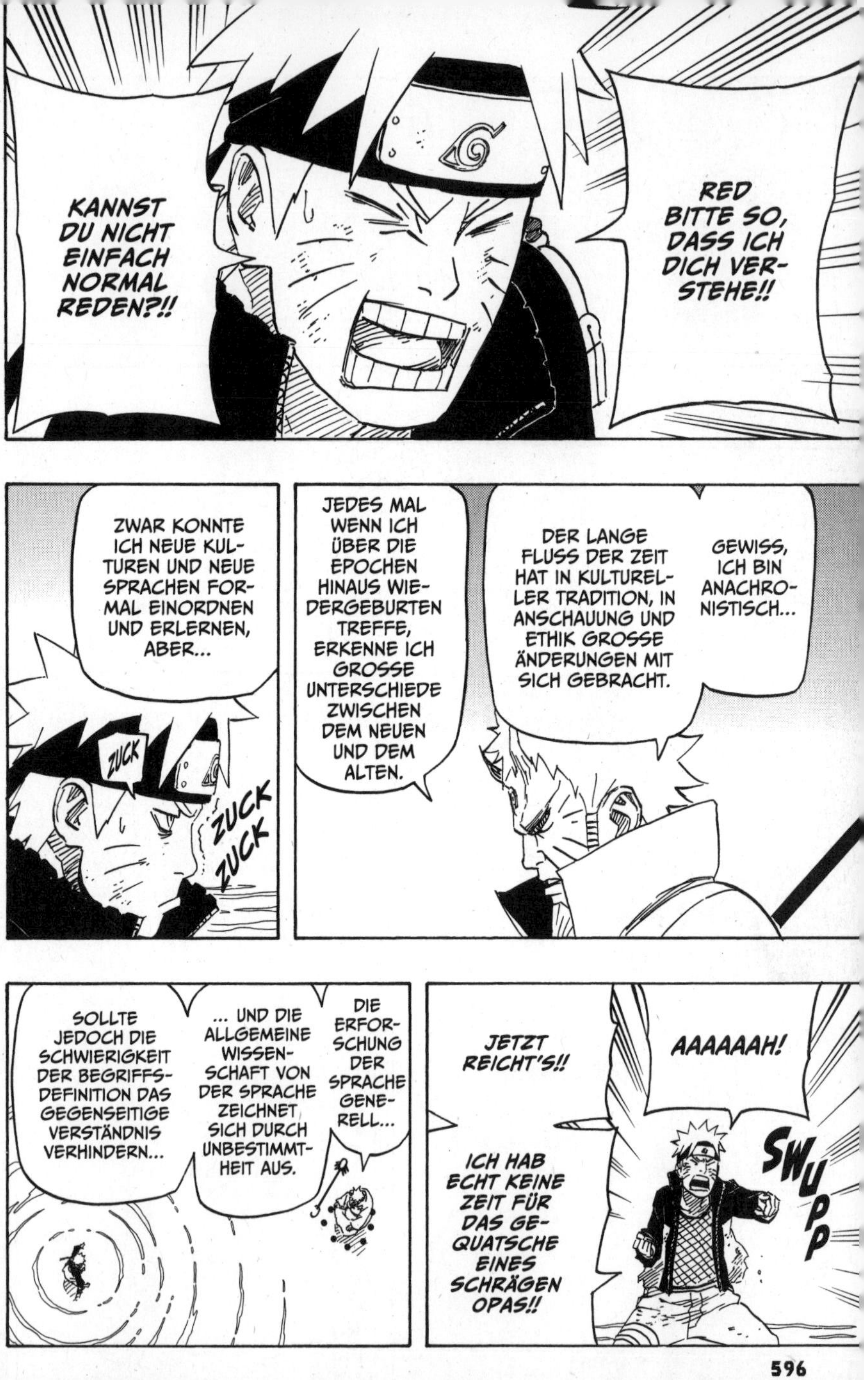

RED BITTE SO, DASS ICH DICH VERSTEHE!!
KANNST DU NICHT EINFACH NORMAL REDEN?!!
GEWISS, ICH BIN ANACHRONISTISCH...
DER LANGE FLUSS DER ZEIT HAT IN KULTURELLER TRADITION, IN ANSCHAUUNG UND ETHIK GROSSE ÄNDERUNGEN MIT SICH GEBRACHT.
JEDES MAL WENN ICH ÜBER DIE EPOCHEN HINAUS WIEDERGEBURTEN TREFFE, ERKENNE ICH GROSSE UNTERSCHIEDE ZWISCHEN DEM NEUEN UND DEM ALTEN.
ZWAR KONNTE ICH NEUE KULTUREN UND NEUE SPRACHEN FORMAL EINORDNEN UND ERLERNEN, ABER...
ZUCK
ZUCK ZUCK
AAAAAAH!
JETZT REICHT'S!!
ICH HAB ECHT KEINE ZEIT FÜR DAS GEQUATSCHE EINES SCHRÄGEN OPAS!!
SWUPP
DIE ERFORSCHUNG DER SPRACHE GENERELL...
... UND DIE ALLGEMEINE WISSENSCHAFT VON DER SPRACHE ZEICHNET SICH DURCH UNBESTIMMTHEIT AUS.
SOLLTE JEDOCH DIE SCHWIERIGKEIT DER BEGRIFFSDEFINITION DAS GEGENSEITIGE VERSTÄNDNIS VERHINDERN...

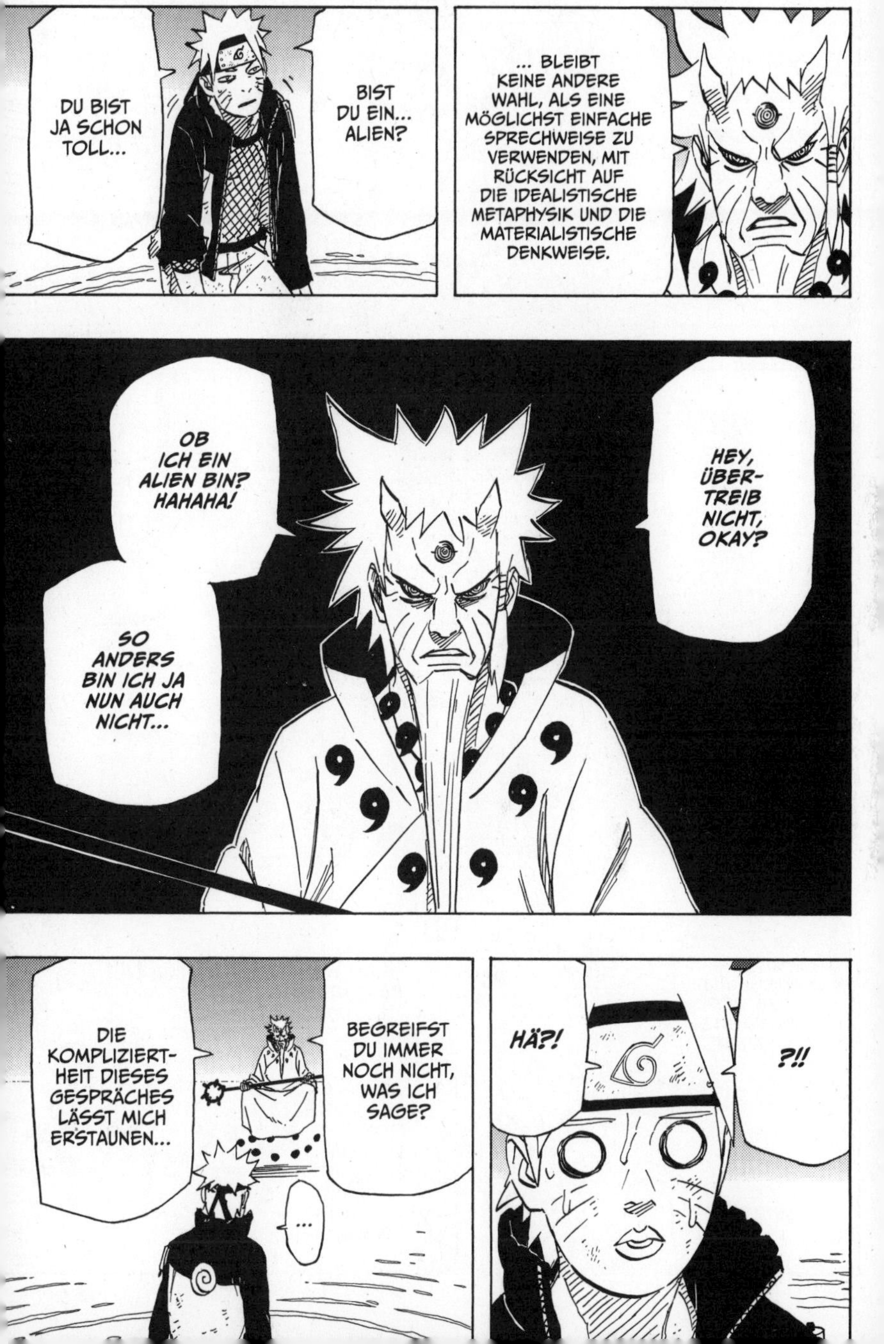
... BLEIBT KEINE ANDERE WAHL, ALS EINE MÖGLICHST EINFACHE SPRECHWEISE ZU VERWENDEN, MIT RÜCKSICHT AUF DIE IDEALISTISCHE METAPHYSIK UND DIE MATERIALISTISCHE DENKWEISE.
BIST DU EIN... ALIEN?
DU BIST JA SCHON TOLL...
HEY, ÜBER-TREIB NICHT, OKAY?
OB ICH EIN ALIEN BIN? HAHAHA!
SO ANDERS BIN ICH JA NUN AUCH NICHT...
?!!
HÄ?!
BEGREIFST DU IMMER NOCH NICHT, WAS ICH SAGE?
...
DIE KOMPLIZIERT-HEIT DIESES GESPRÄCHES LÄSST MICH ERSTAUNEN...

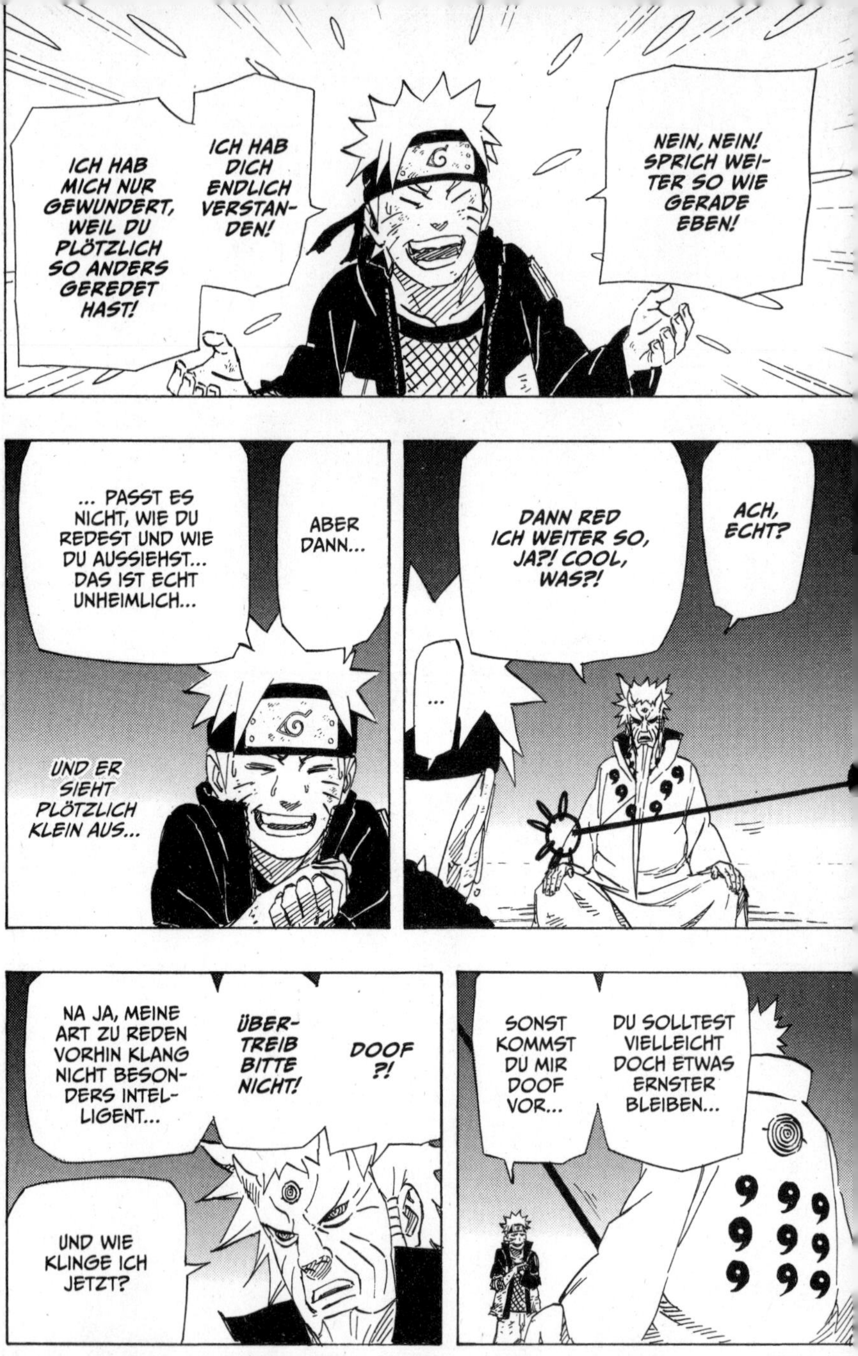
NEIN, NEIN! SPRICH WEITER SO WIE GERADE EBEN!
ICH HAB DICH ENDLICH VERSTANDEN!
ICH HAB MICH NUR GEWUNDERT, WEIL DU PLÖTZLICH SO ANDERS GEREDET HAST!
ACH, ECHT?
DANN RED ICH WEITER SO, JA?! COOL, WAS?!
...
ABER DANN...
... PASST ES NICHT, WIE DU REDEST UND WIE DU AUSSIEHST... DAS IST ECHT UNHEIMLICH...
UND ER SIEHT PLÖTZLICH KLEIN AUS...
DU SOLLTEST VIELLEICHT DOCH ETWAS ERNSTER BLEIBEN...
SONST KOMMST DU MIR DOOF VOR...
DOOF?!
ÜBERTREIB BITTE NICHT!
NA JA, MEINE ART ZU REDEN VORHIN KLANG NICHT BESONDERS INTELLIGENT...
UND WIE KLINGE ICH JETZT?

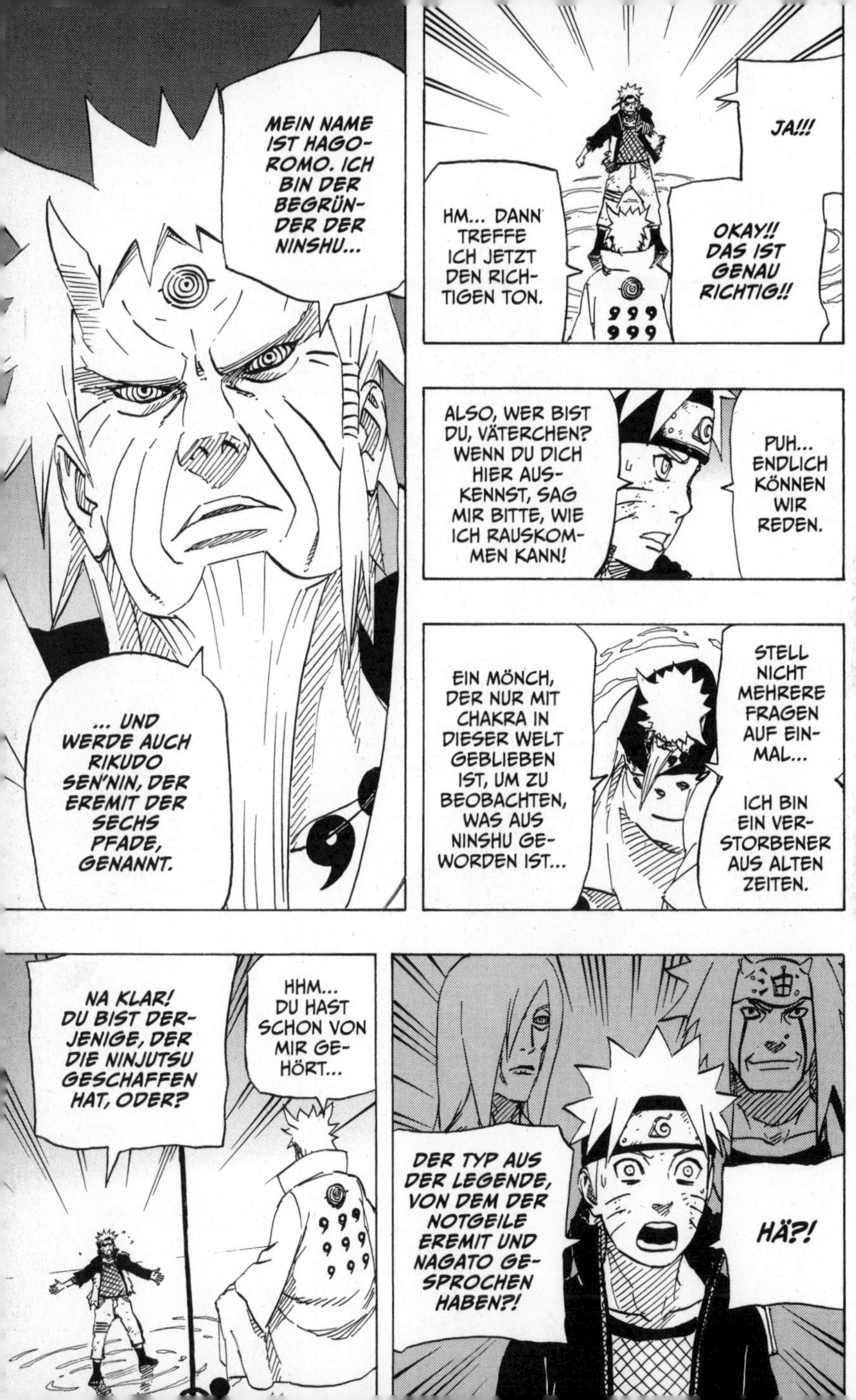
JA!!!
OKAY!! DAS IST GENAU RICHTIG!!
HM... DANN TREFFE ICH JETZT DEN RICHTIGEN TON.
PUH... ENDLICH KÖNNEN WIR REDEN.
ALSO, WER BIST DU, VÄTERCHEN? WENN DU DICH HIER AUSKENNST, SAG MIR BITTE, WIE ICH RAUSKOMMEN KANN!
STELL NICHT MEHRERE FRAGEN AUF EINMAL...
ICH BIN EIN VERSTORBENER AUS ALTEN ZEITEN.
EIN MÖNCH, DER NUR MIT CHAKRA IN DIESER WELT GEBLIEBEN IST, UM ZU BEOBACHTEN, WAS AUS NINSHU GEWORDEN IST...
MEIN NAME IST HAGOROMO. ICH BIN DER BEGRÜNDER DER NINSHU...
... UND WERDE AUCH RIKUDO SEN'NIN, DER EREMIT DER SECHS PFADE, GENANNT.
HÄ?!
DER TYP AUS DER LEGENDE, VON DEM DER NOTGEILE EREMIT UND NAGATO GESPROCHEN HABEN?!
NA KLAR! DU BIST DERJENIGE, DER DIE NINJUTSU GESCHAFFEN HAT, ODER?
HHM... DU HAST SCHON VON MIR GEHÖRT...

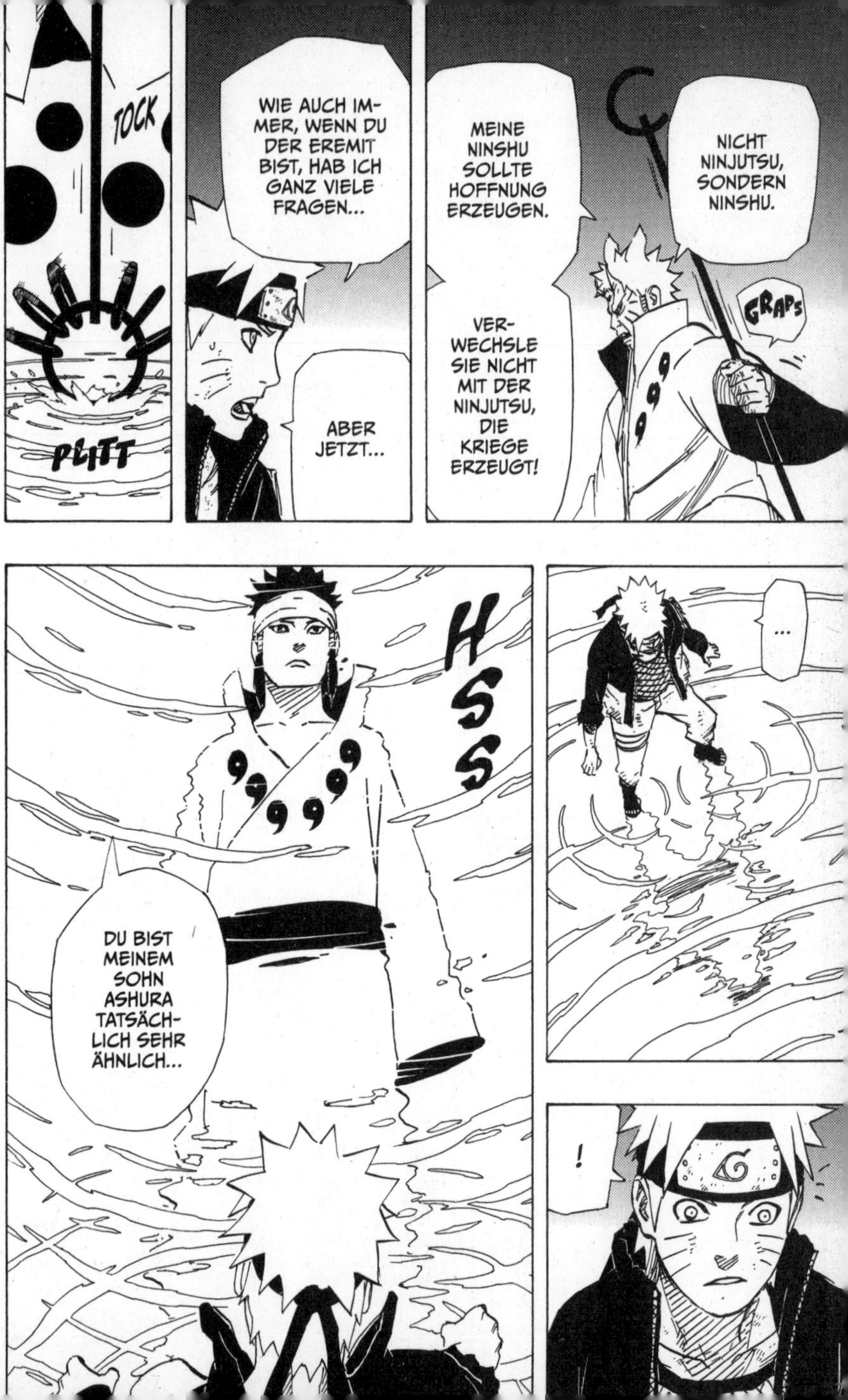

NICHT NINJUTSU, SONDERN NINSHU.
GRAPS
MEINE NINSHU SOLLTE HOFFNUNG ERZEUGEN.
VERWECHSLE SIE NICHT MIT DER NINJUTSU, DIE KRIEGE ERZEUGT!
WIE AUCH IMMER, WENN DU DER EREMIT BIST, HAB ICH GANZ VIELE FRAGEN…
ABER JETZT…
TOCK
PLITT
…
HSS
DU BIST MEINEM SOHN ASHURA TATSÄCHLICH SEHR ÄHNLICH…
!

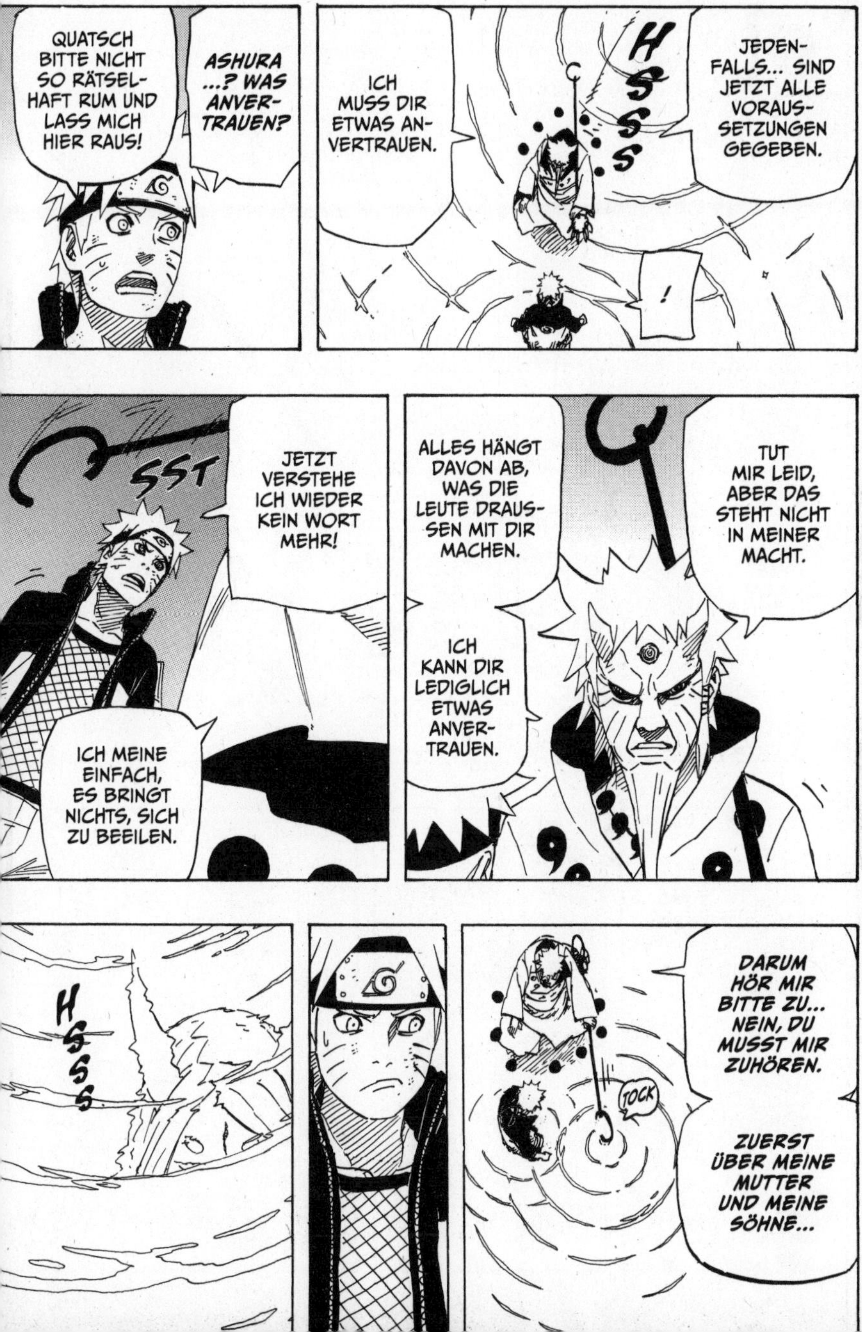
JEDENFALLS... SIND JETZT ALLE VORAUSSETZUNGEN GEGEBEN.
HSSS
!
ICH MUSS DIR ETWAS ANVERTRAUEN.
ASHURA ...? WAS ANVERTRAUEN?
QUATSCH BITTE NICHT SO RÄTSELHAFT RUM UND LASS MICH HIER RAUS!
TUT MIR LEID, ABER DAS STEHT NICHT IN MEINER MACHT.
ALLES HÄNGT DAVON AB, WAS DIE LEUTE DRAUSSEN MIT DIR MACHEN.
ICH KANN DIR LEDIGLICH ETWAS ANVERTRAUEN.
SST
JETZT VERSTEHE ICH WIEDER KEIN WORT MEHR!
ICH MEINE EINFACH, ES BRINGT NICHTS, SICH ZU BEEILEN.
DARUM HÖR MIR BITTE ZU... NEIN, DU MUSST MIR ZUHÖREN.
TOCK
ZUERST ÜBER MEINE MUTTER UND MEINE SÖHNE...
HSSS

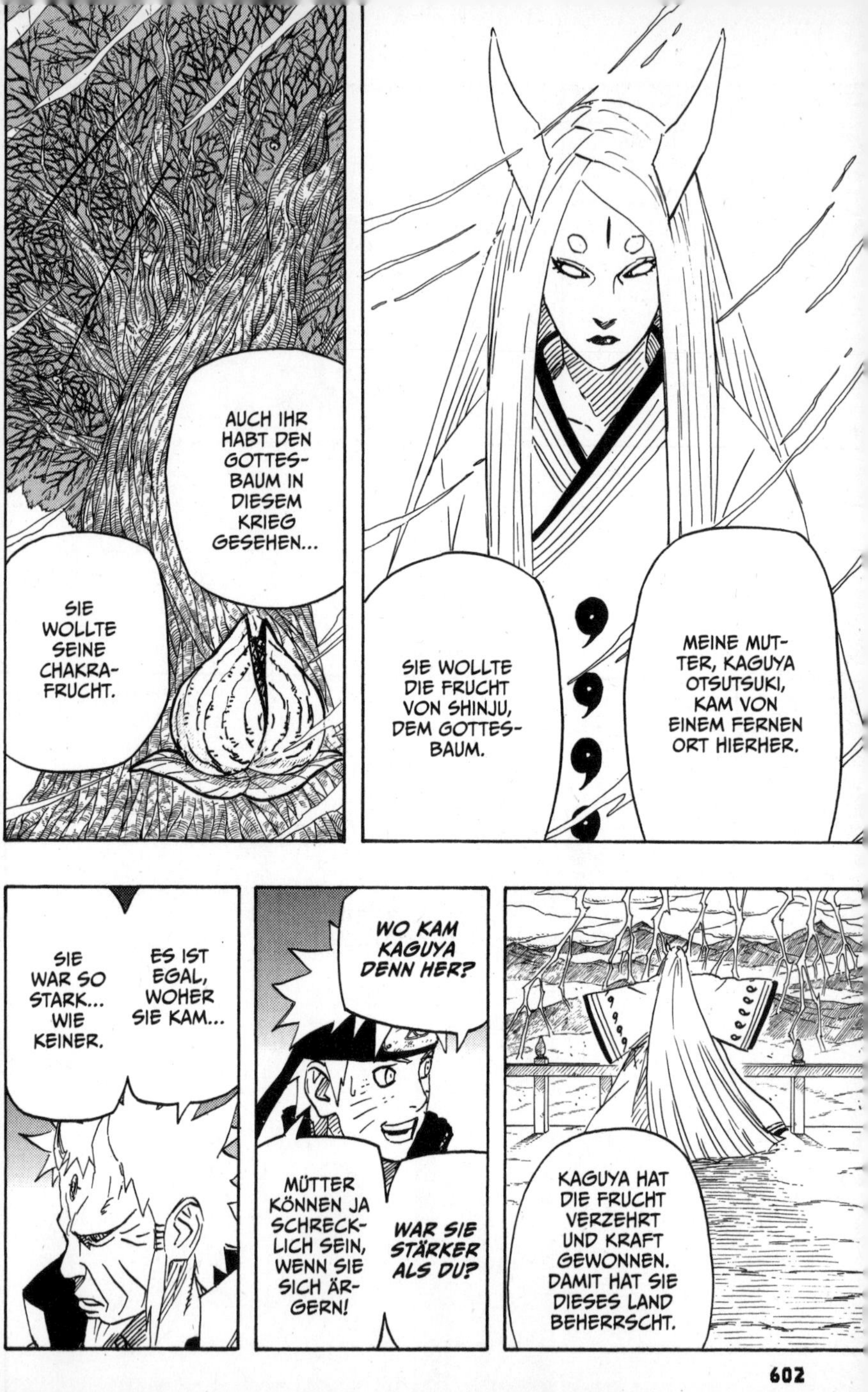
MEINE MUTTER, KAGUYA OTSUTSUKI, KAM VON EINEM FERNEN ORT HIERHER.
SIE WOLLTE DIE FRUCHT VON SHINJU, DEM GOTTESBAUM.
AUCH IHR HABT DEN GOTTESBAUM IN DIESEM KRIEG GESEHEN...
SIE WOLLTE SEINE CHAKRAFRUCHT.
KAGUYA HAT DIE FRUCHT VERZEHRT UND KRAFT GEWONNEN. DAMIT HAT SIE DIESES LAND BEHERRSCHT.
WO KAM KAGUYA DENN HER?
WAR SIE STÄRKER ALS DU?
MÜTTER KÖNNEN JA SCHRECKLICH SEIN, WENN SIE SICH ÄRGERN!
ES IST EGAL, WOHER SIE KAM...
SIE WAR SO STARK... WIE KEINER.

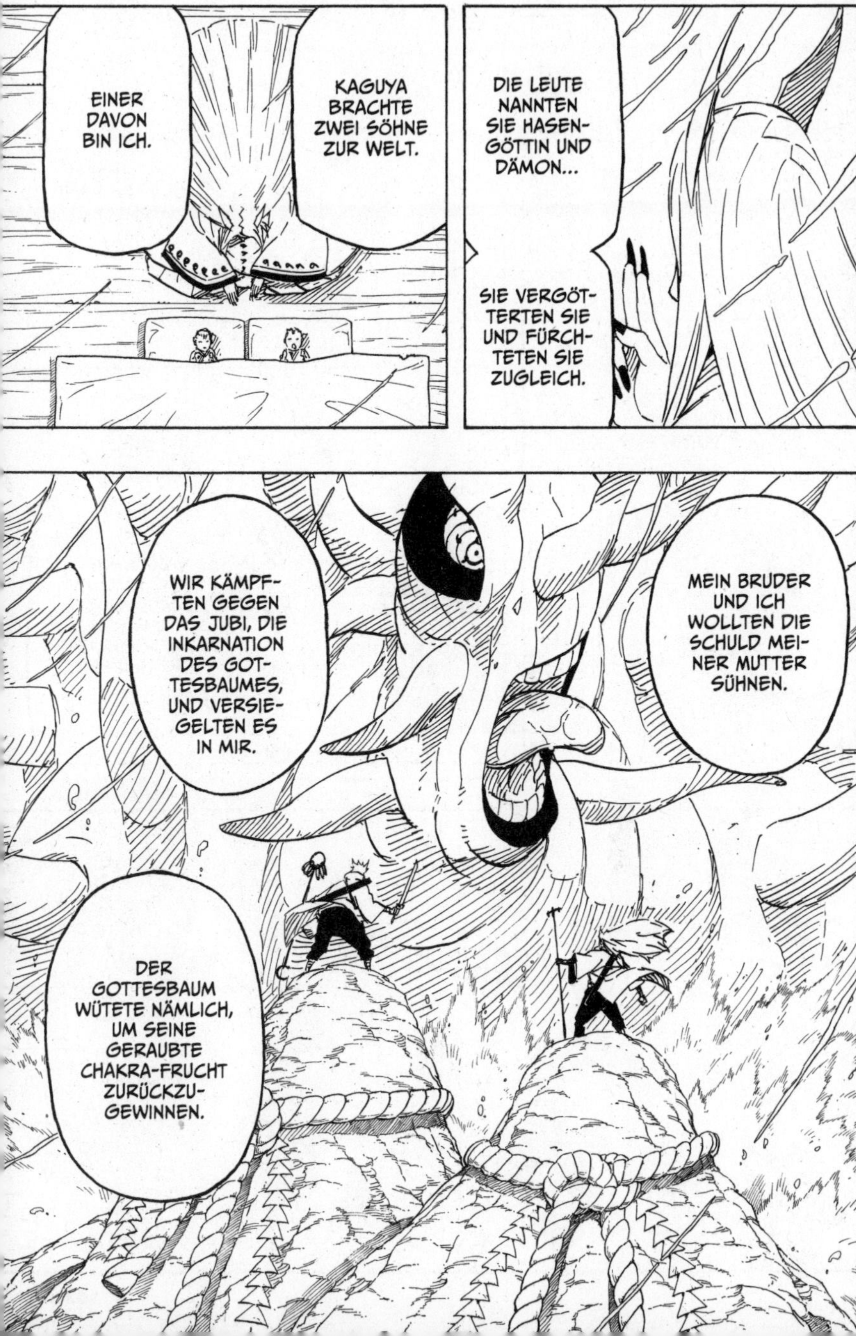
DIE LEUTE NANNTEN SIE HASEN-GÖTTIN UND DÄMON...
SIE VERGÖTTERTEN SIE UND FÜRCHTETEN SIE ZUGLEICH.
KAGUYA BRACHTE ZWEI SÖHNE ZUR WELT.
EINER DAVON BIN ICH.
MEIN BRUDER UND ICH WOLLTEN DIE SCHULD MEINER MUTTER SÜHNEN.
WIR KÄMPFTEN GEGEN DAS JUBI, DIE INKARNATION DES GOTTESBAUMES, UND VERSIEGELTEN ES IN MIR.
DER GOTTESBAUM WÜTETE NÄMLICH, UM SEINE GERAUBTE CHAKRA-FRUCHT ZURÜCKZUGEWINNEN.

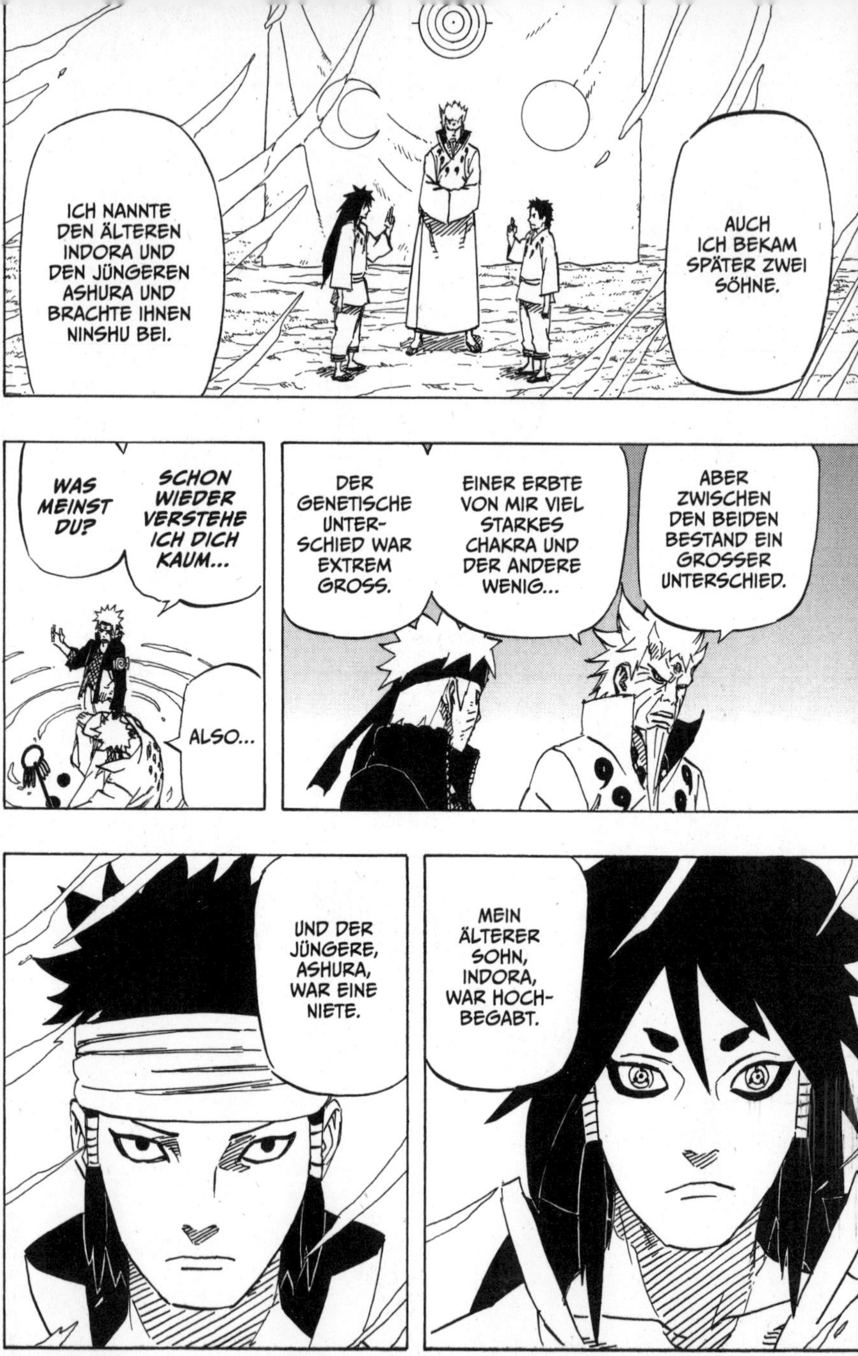
AUCH ICH BEKAM SPÄTER ZWEI SÖHNE.
ICH NANNTE DEN ÄLTEREN INDORA UND DEN JÜNGEREN ASHURA UND BRACHTE IHNEN NINSHU BEI.
ABER ZWISCHEN DEN BEIDEN BESTAND EIN GROSSER UNTERSCHIED.
EINER ERBTE VON MIR VIEL STARKES CHAKRA UND DER ANDERE WENIG...
DER GENETISCHE UNTER-SCHIED WAR EXTREM GROSS.
SCHON WIEDER VERSTEHE ICH DICH KAUM...
WAS MEINST DU?
ALSO...
MEIN ÄLTERER SOHN, INDORA, WAR HOCH-BEGABT.
UND DER JÜNGERE, ASHURA, WAR EINE NIETE.

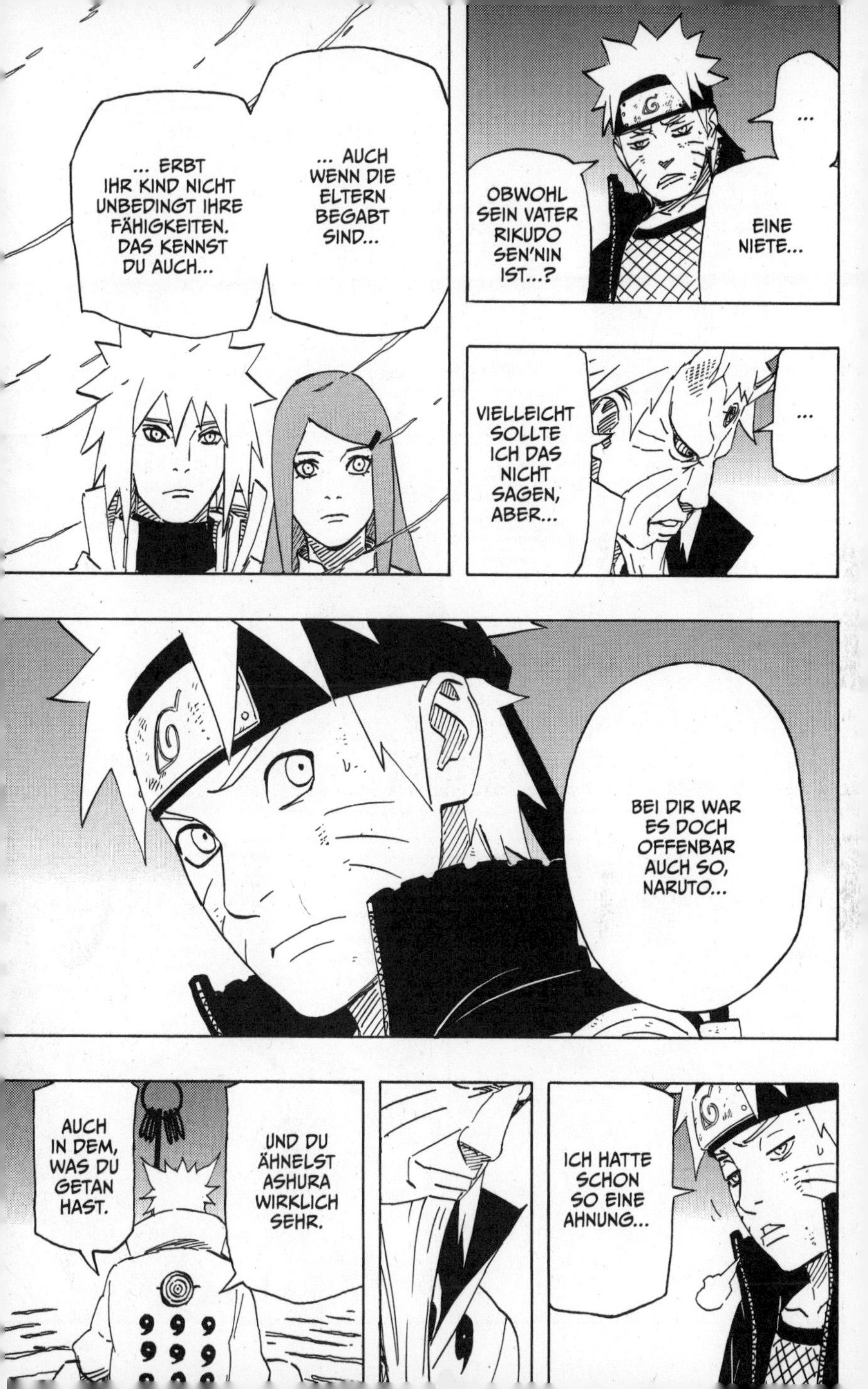
...
EINE NIETE...
OBWOHL SEIN VATER RIKUDO SEN'NIN IST...?
...
VIELLEICHT SOLLTE ICH DAS NICHT SAGEN, ABER...
... AUCH WENN DIE ELTERN BEGABT SIND...
... ERBT IHR KIND NICHT UNBEDINGT IHRE FÄHIGKEITEN. DAS KENNST DU AUCH...
BEI DIR WAR ES DOCH OFFENBAR AUCH SO, NARUTO...
ICH HATTE SCHON SO EINE AHNUNG...
UND DU ÄHNELST ASHURA WIRKLICH SEHR.
AUCH IN DEM, WAS DU GETAN HAST.

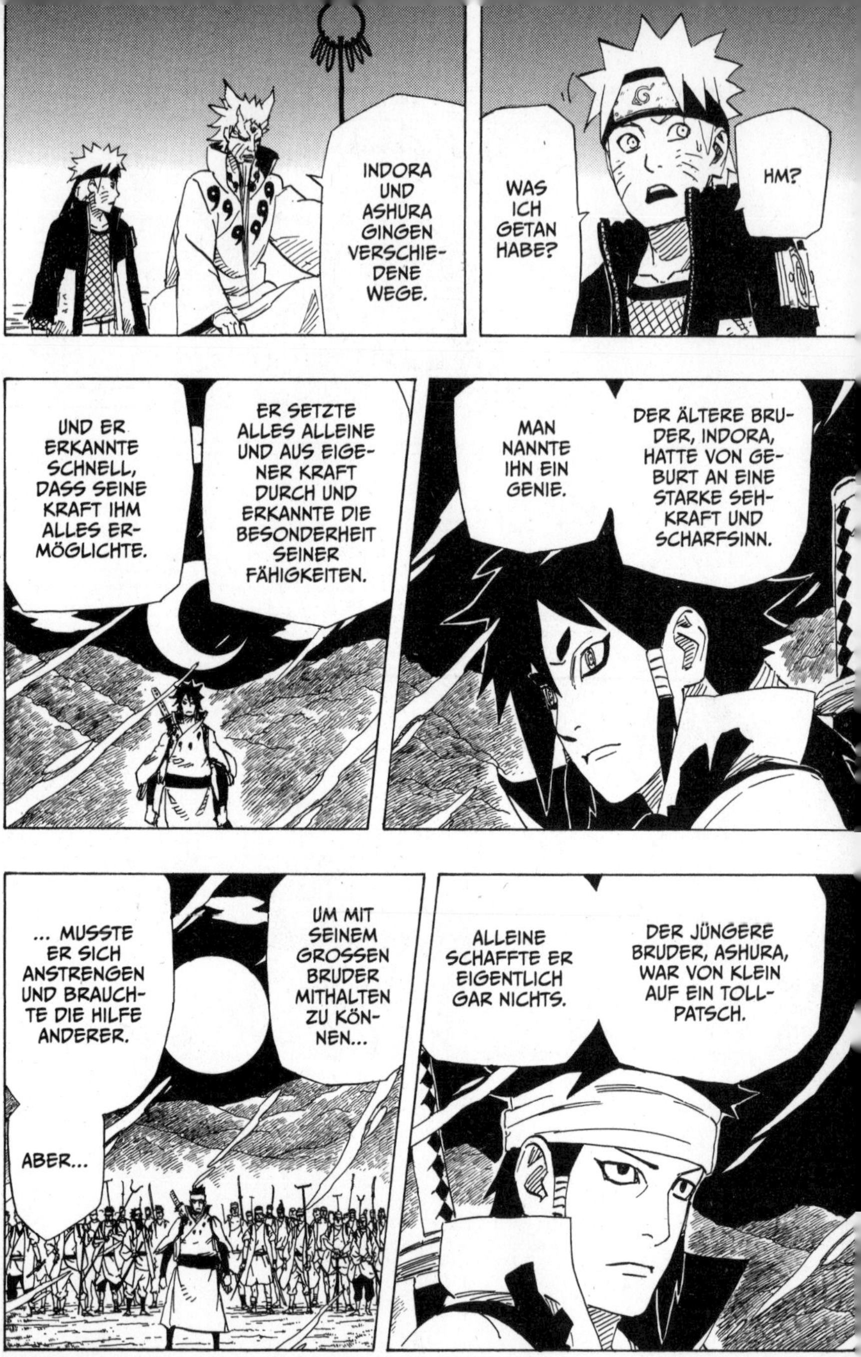
HM?
WAS ICH GETAN HABE?
INDORA UND ASHURA GINGEN VERSCHIEDENE WEGE.
DER ÄLTERE BRUDER, INDORA, HATTE VON GEBURT AN EINE STARKE SEHKRAFT UND SCHARFSINN.
MAN NANNTE IHN EIN GENIE.
ER SETZTE ALLES ALLEINE UND AUS EIGENER KRAFT DURCH UND ERKANNTE DIE BESONDERHEIT SEINER FÄHIGKEITEN.
UND ER ERKANNTE SCHNELL, DASS SEINE KRAFT IHM ALLES ERMÖGLICHTE.
DER JÜNGERE BRUDER, ASHURA, WAR VON KLEIN AUF EIN TOLLPATSCH.
ALLEINE SCHAFFTE ER EIGENTLICH GAR NICHTS.
UM MIT SEINEM GROSSEN BRUDER MITHALTEN ZU KÖNNEN...
ABER...
... MUSSTE ER SICH ANSTRENGEN UND BRAUCHTE DIE HILFE ANDERER.

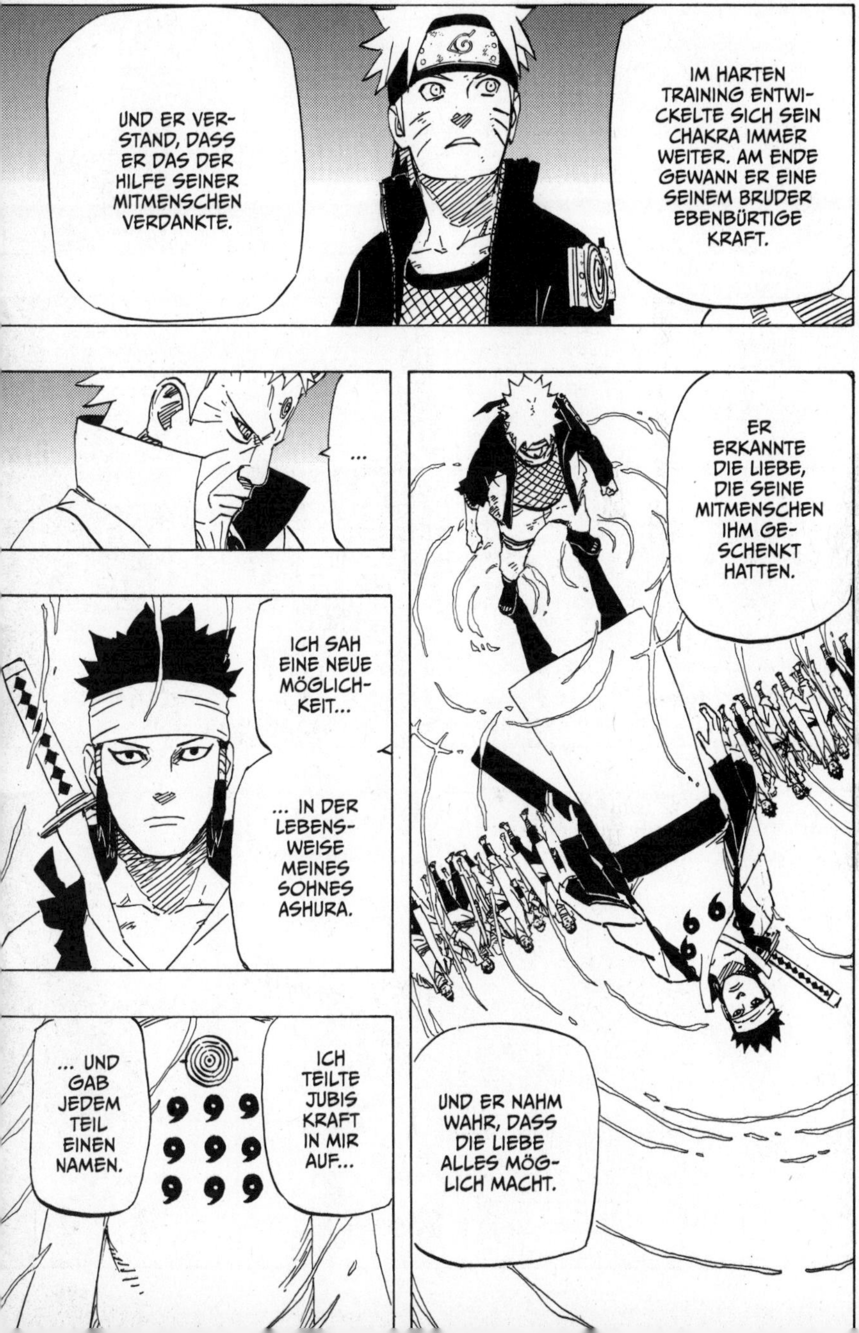
IM HARTEN TRAINING ENTWICKELTE SICH SEIN CHAKRA IMMER WEITER. AM ENDE GEWANN ER EINE SEINEM BRUDER EBENBÜRTIGE KRAFT.
UND ER VERSTAND, DASS ER DAS DER HILFE SEINER MITMENSCHEN VERDANKTE.
ER ERKANNTE DIE LIEBE, DIE SEINE MITMENSCHEN IHM GESCHENKT HATTEN.
UND ER NAHM WAHR, DASS DIE LIEBE ALLES MÖGLICH MACHT.
...
ICH SAH EINE NEUE MÖGLICHKEIT...
... IN DER LEBENSWEISE MEINES SOHNES ASHURA.
ICH TEILTE JUBIS KRAFT IN MIR AUF...
... UND GAB JEDEM TEIL EINEN NAMEN.

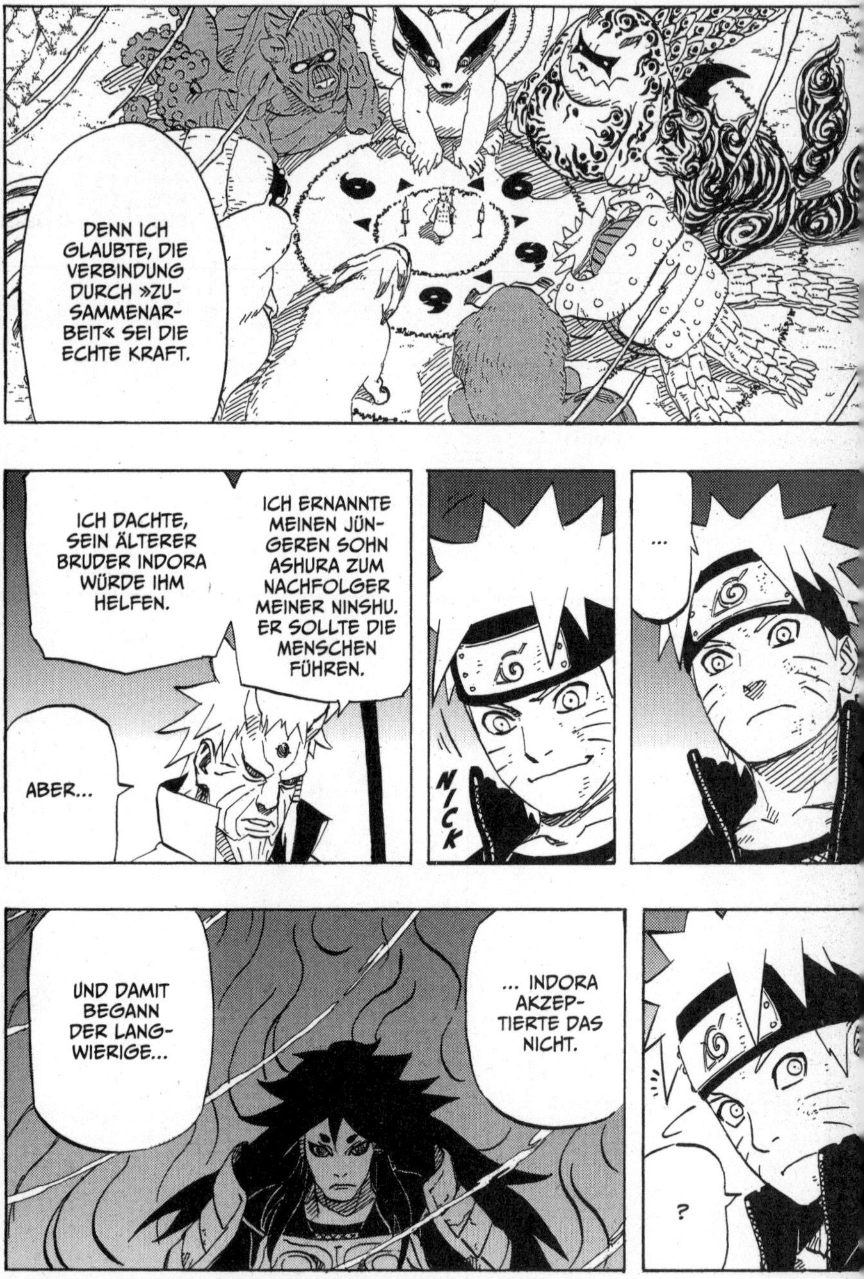
DENN ICH GLAUBTE, DIE VERBINDUNG DURCH »ZUSAMMENARBEIT« SEI DIE ECHTE KRAFT.
...
NICK
ICH ERNANNTE MEINEN JÜNGEREN SOHN ASHURA ZUM NACHFOLGER MEINER NINSHU. ER SOLLTE DIE MENSCHEN FÜHREN.
ICH DACHTE, SEIN ÄLTERER BRUDER INDORA WÜRDE IHM HELFEN.
ABER...
?
... INDORA AKZEPTIERTE DAS NICHT.
UND DAMIT BEGANN DER LANGWIERIGE...

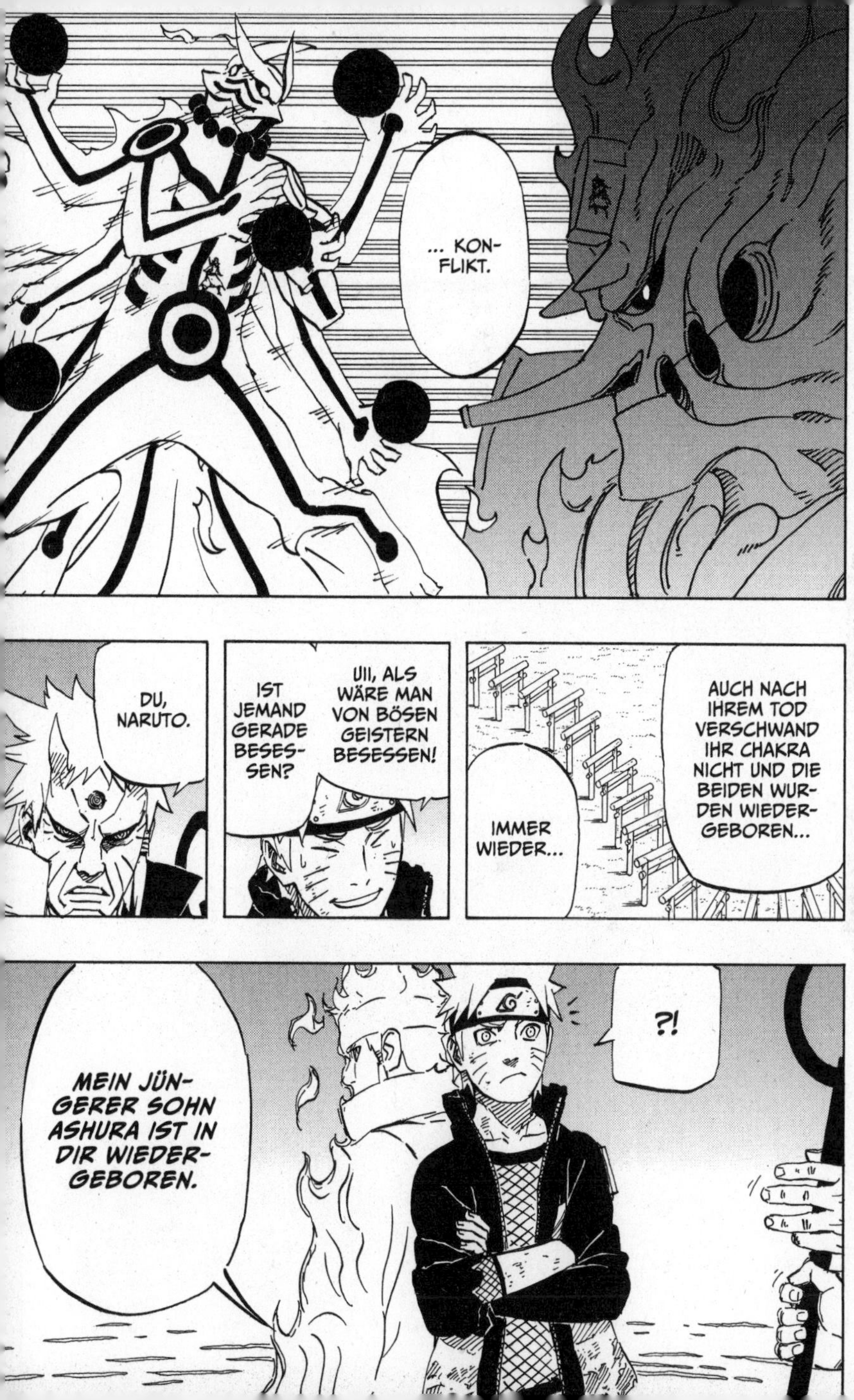
... KON-FLIKT.
AUCH NACH IHREM TOD VERSCHWAND IHR CHAKRA NICHT UND DIE BEIDEN WURDEN WIEDERGEBOREN...
IMMER WIEDER...
UII, ALS WÄRE MAN VON BÖSEN GEISTERN BESESSEN!
IST JEMAND GERADE BESESSEN?
DU, NARUTO.
?!
MEIN JÜNGERER SOHN ASHURA IST IN DIR WIEDERGEBOREN.

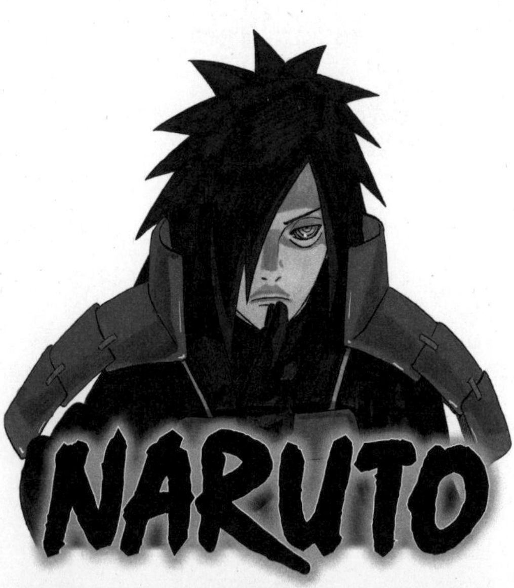
NARUTO

671. Kapitel: Naruto und Rikudo Sen'nin

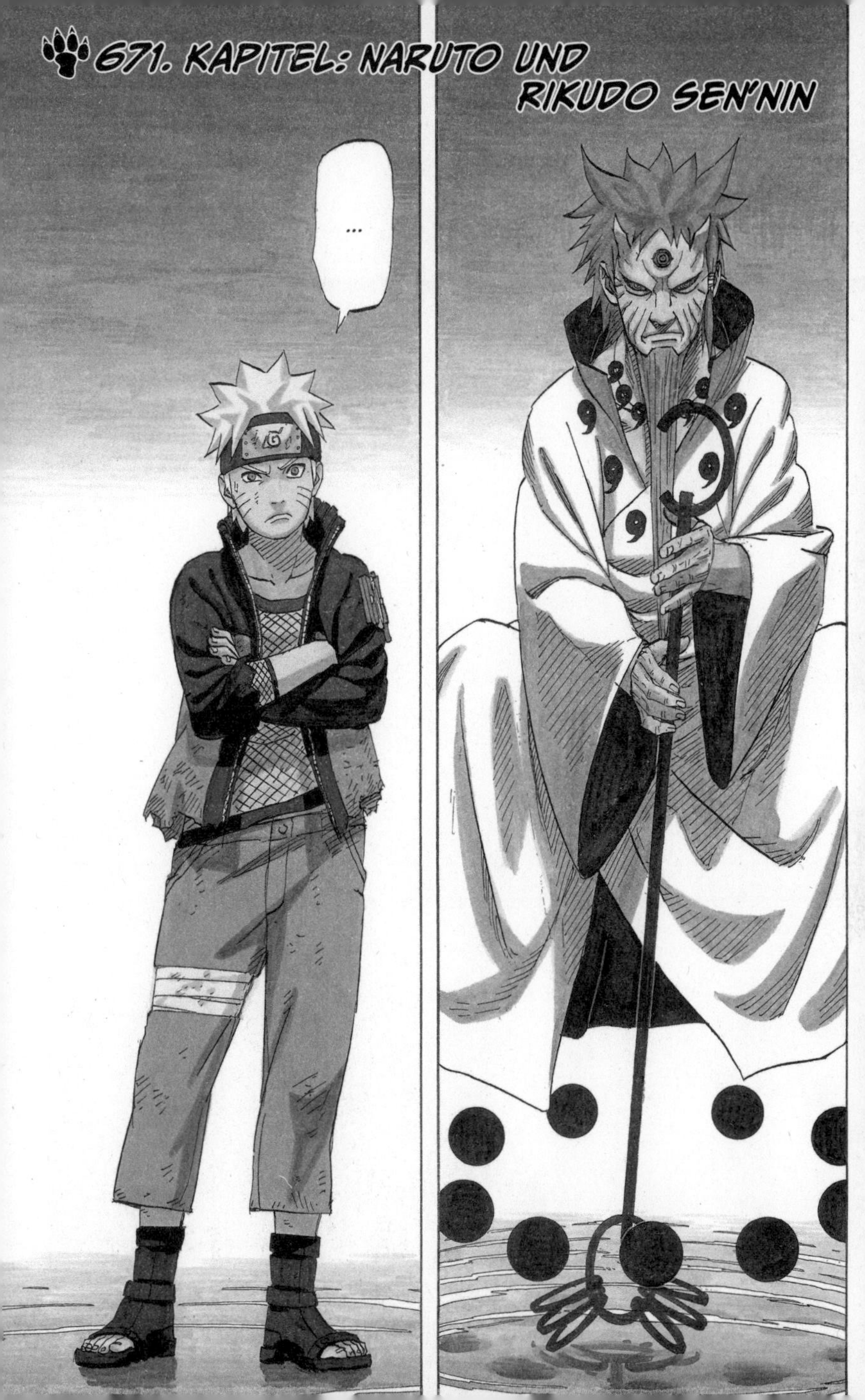

RIKUDO SEN'NIN

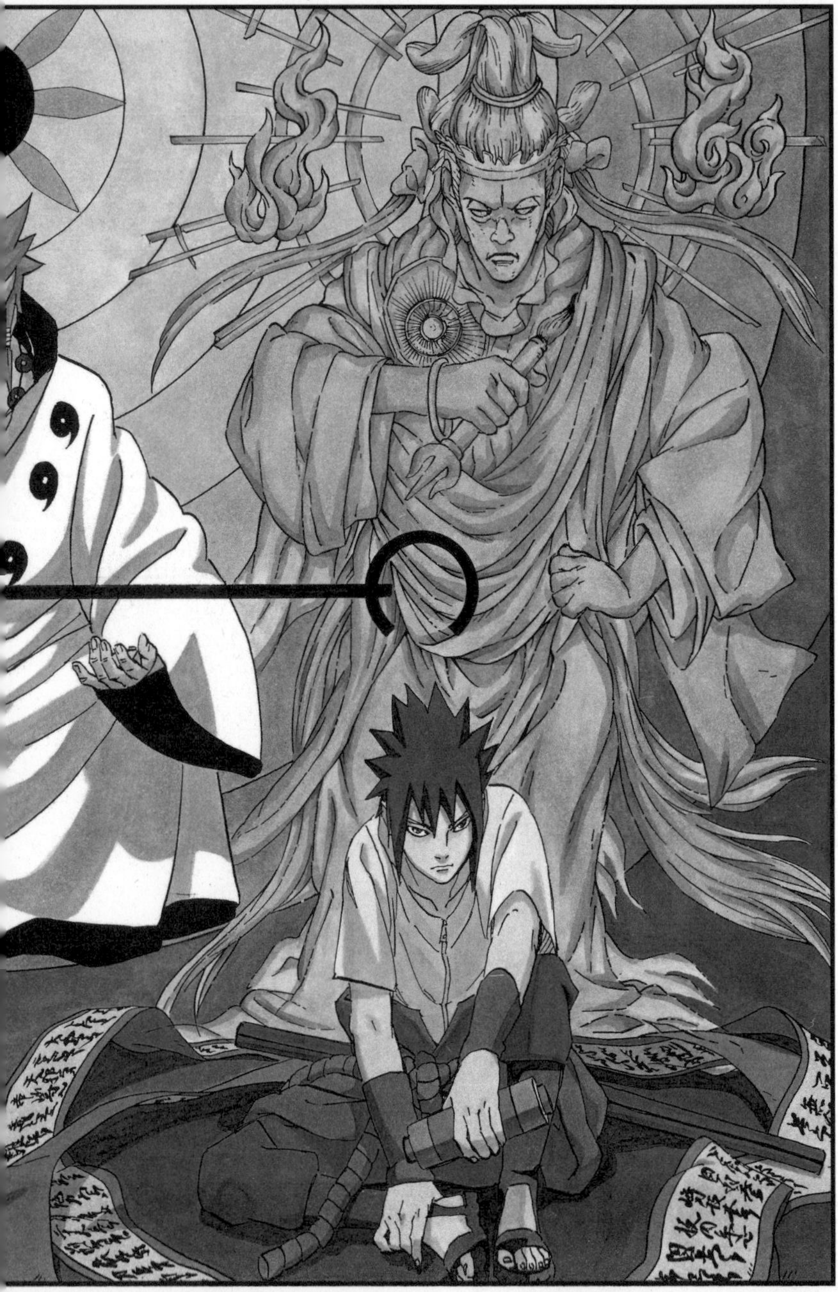

671. Kapitel: Naruto und

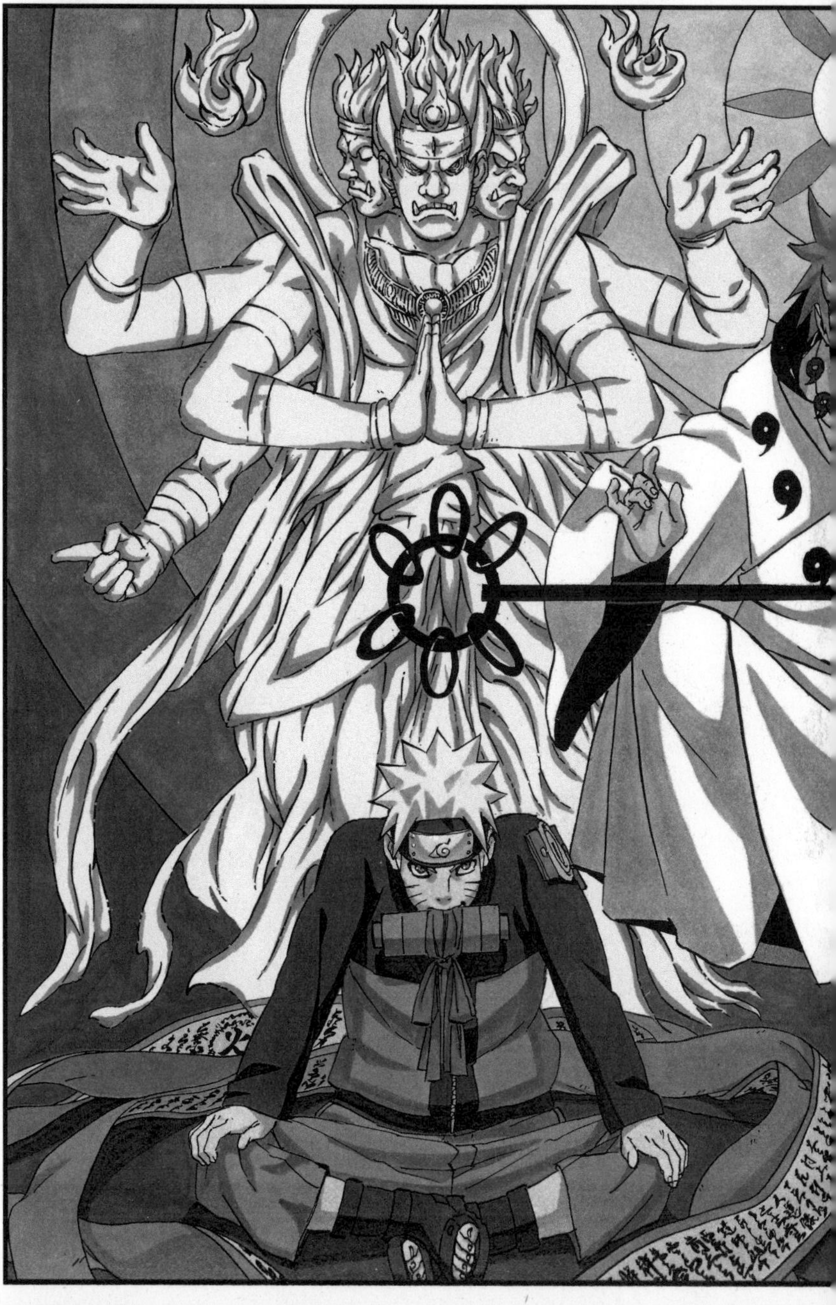

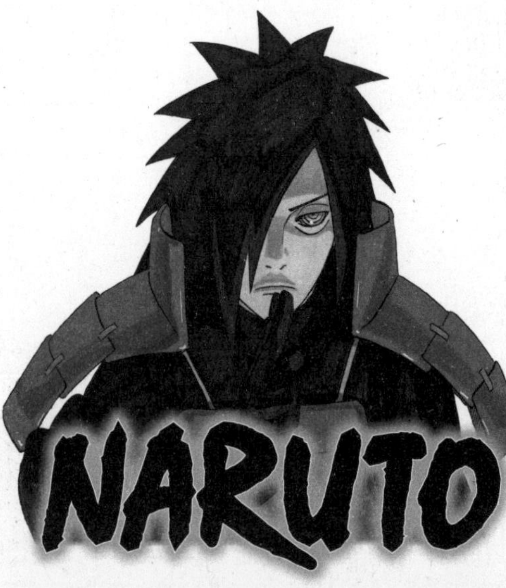
NARUTO

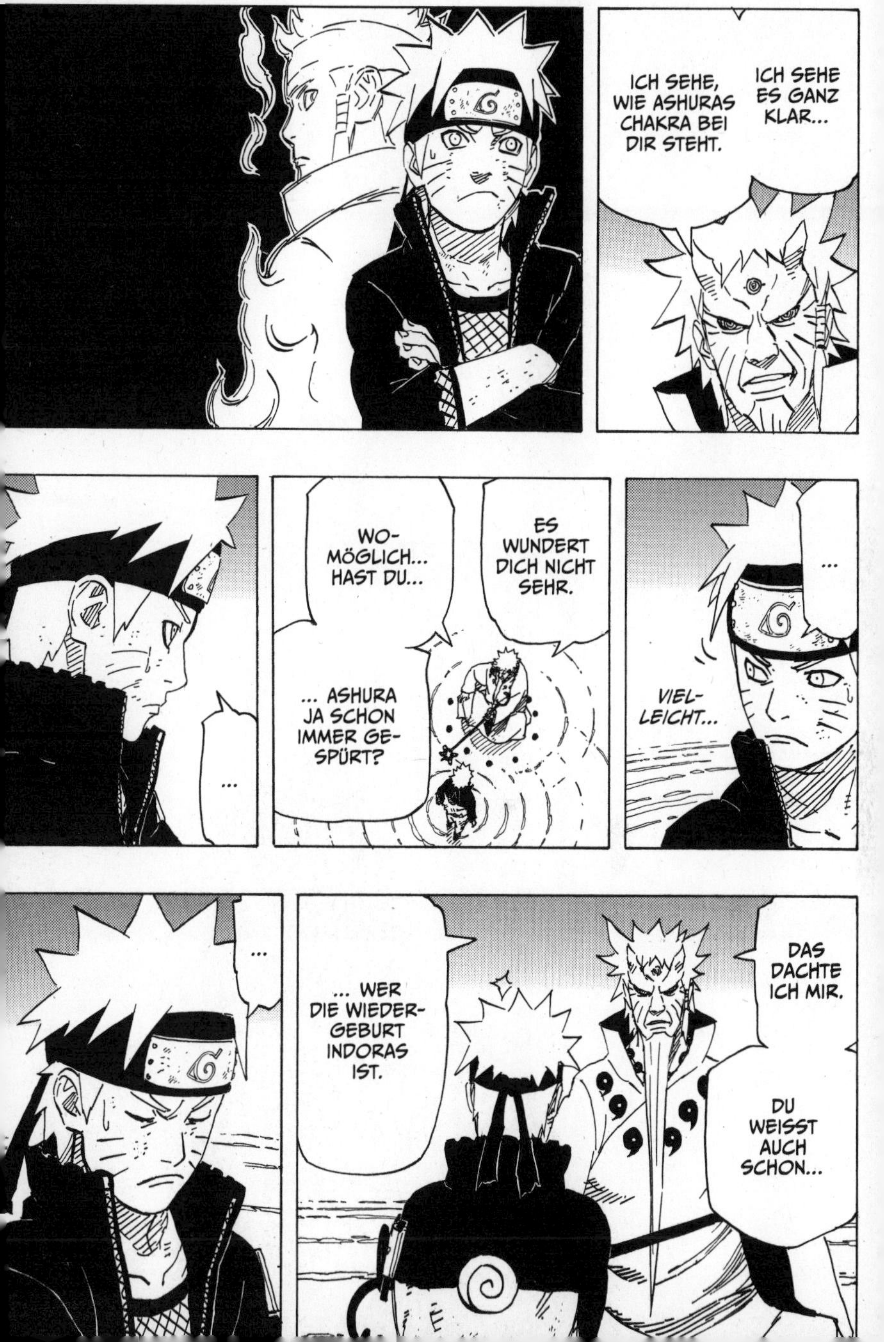
ICH SEHE ES GANZ KLAR...
ICH SEHE, WIE ASHURAS CHAKRA BEI DIR STEHT.
...
VIEL-LEICHT...
ES WUNDERT DICH NICHT SEHR.
WO-MÖGLICH... HAST DU...
... ASHURA JA SCHON IMMER GE-SPÜRT?
...
DAS DACHTE ICH MIR.
DU WEISST AUCH SCHON...
... WER DIE WIEDER-GEBURT INDORAS IST.
...

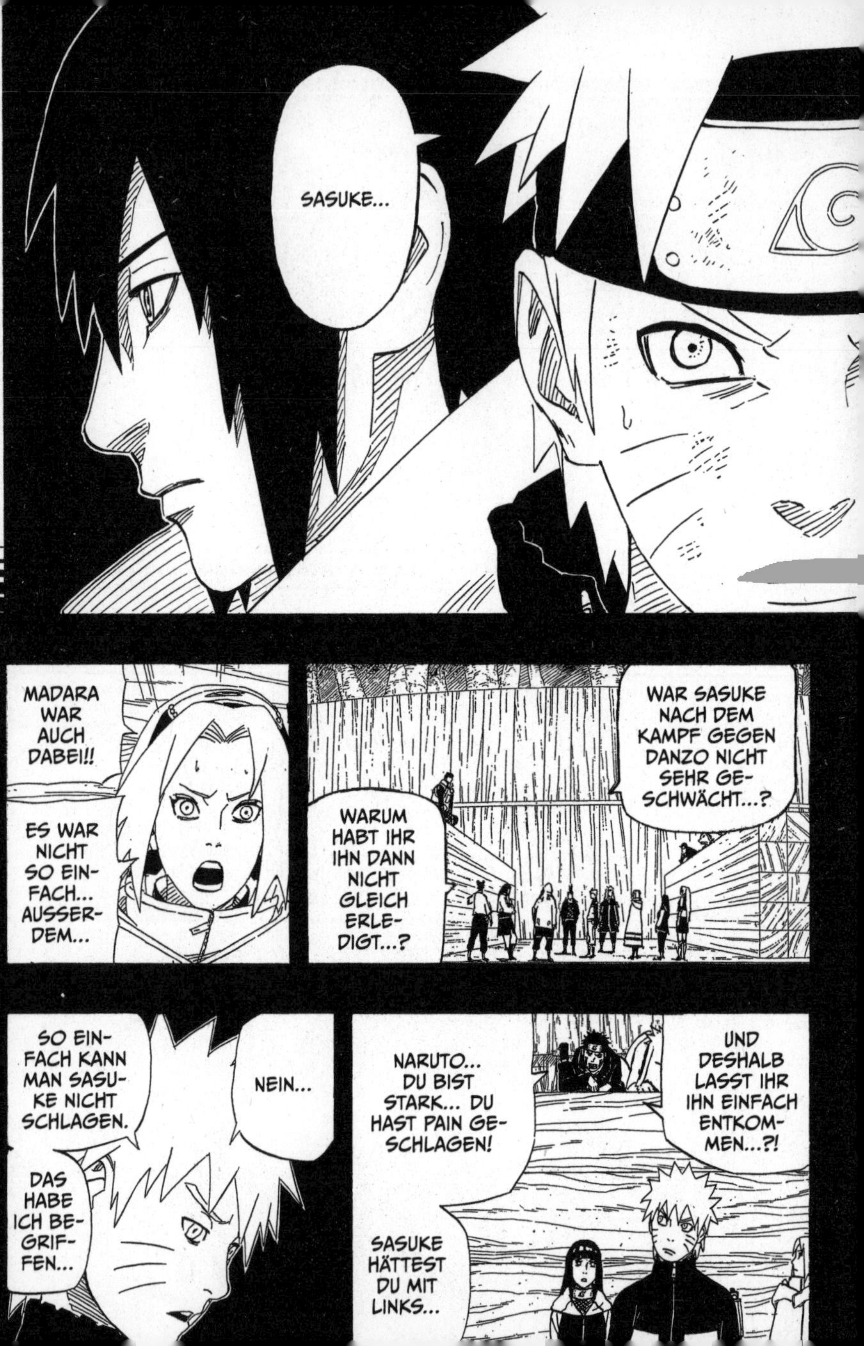
SASUKE...
WAR SASUKE NACH DEM KAMPF GEGEN DANZO NICHT SEHR GESCHWÄCHT...?
WARUM HABT IHR IHN DANN NICHT GLEICH ERLEDIGT...?
MADARA WAR AUCH DABEI!!
ES WAR NICHT SO EINFACH... AUSSERDEM...
UND DESHALB LASST IHR IHN EINFACH ENTKOMMEN...?!
NARUTO... DU BIST STARK... DU HAST PAIN GESCHLAGEN!
SASUKE HÄTTEST DU MIT LINKS...
NEIN...
SO EINFACH KANN MAN SASUKE NICHT SCHLAGEN.
DAS HABE ICH BEGRIFFEN...

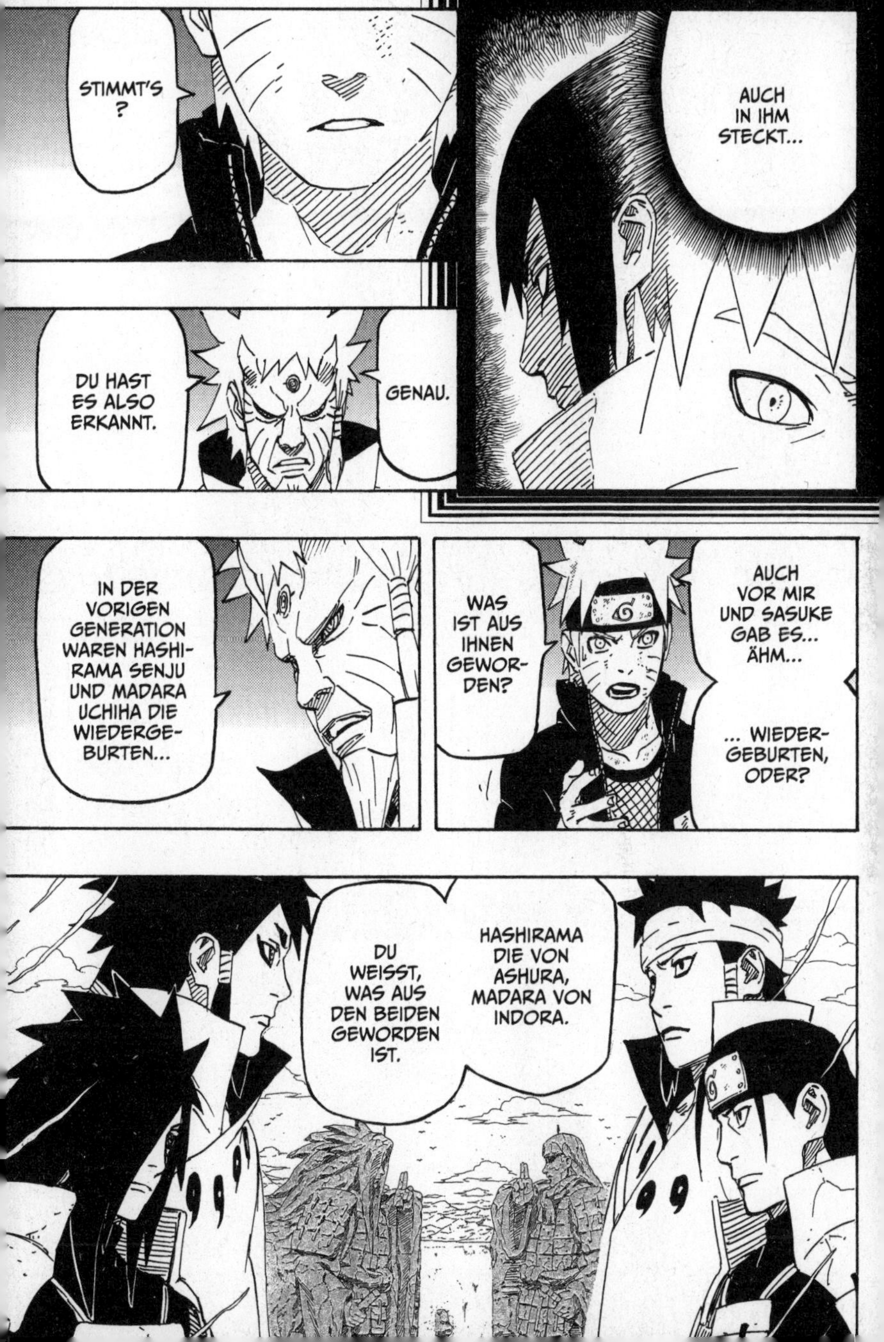

AUCH IN IHM STECKT...
STIMMT'S?
GENAU.
DU HAST ES ALSO ERKANNT.
AUCH VOR MIR UND SASUKE GAB ES... ÄHM...
... WIEDERGEBURTEN, ODER?
WAS IST AUS IHNEN GEWORDEN?
IN DER VORIGEN GENERATION WAREN HASHIRAMA SENJU UND MADARA UCHIHA DIE WIEDERGEBURTEN...
HASHIRAMA DIE VON ASHURA, MADARA VON INDORA.
DU WEISST, WAS AUS DEN BEIDEN GEWORDEN IST.

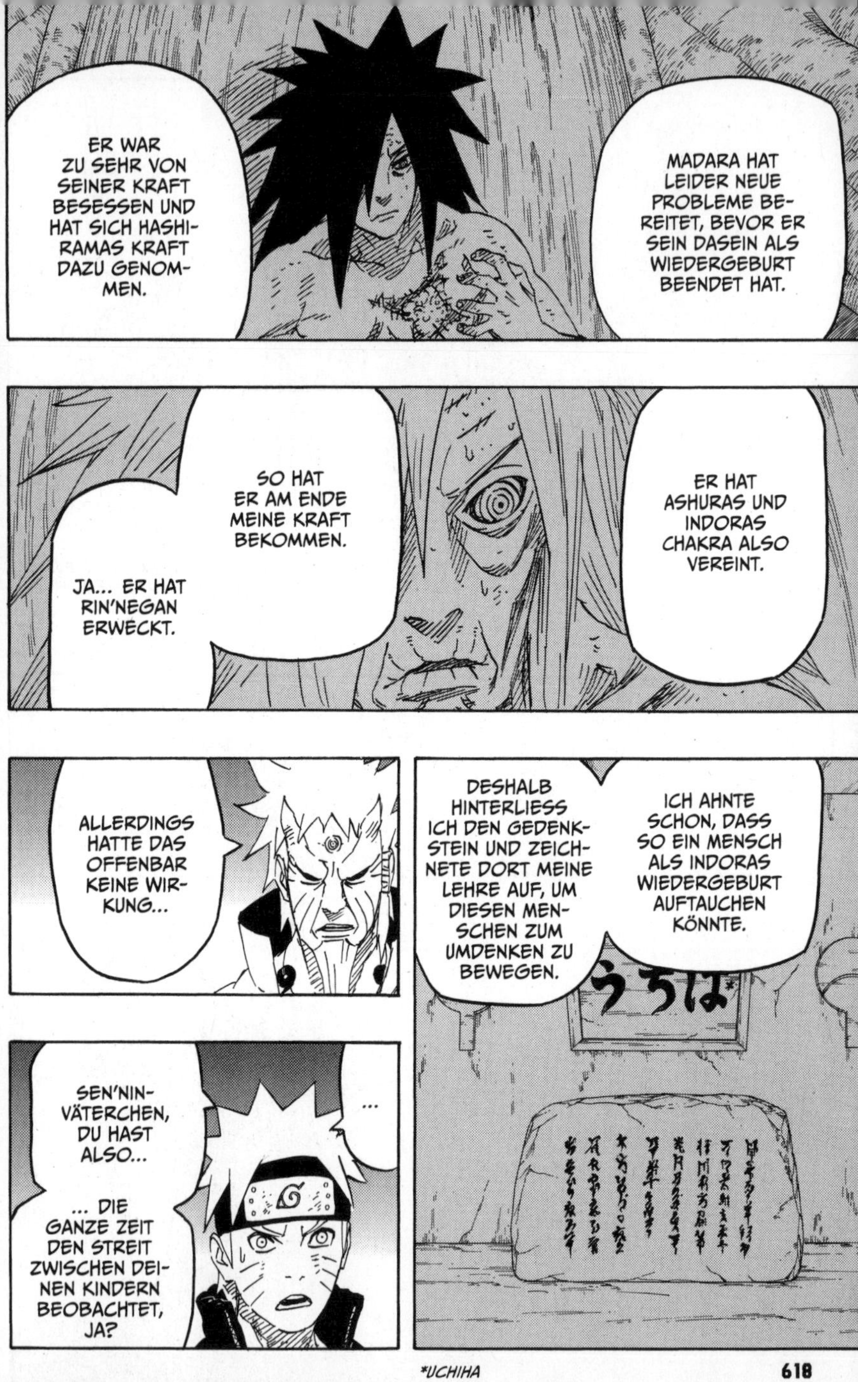
MADARA HAT LEIDER NEUE PROBLEME BEREITET, BEVOR ER SEIN DASEIN ALS WIEDERGEBURT BEENDET HAT.
ER WAR ZU SEHR VON SEINER KRAFT BESESSEN UND HAT SICH HASHIRAMAS KRAFT DAZU GENOMMEN.
ER HAT ASHURAS UND INDORAS CHAKRA ALSO VEREINT.
SO HAT ER AM ENDE MEINE KRAFT BEKOMMEN.
JA... ER HAT RIN'NEGAN ERWECKT.
ICH AHNTE SCHON, DASS SO EIN MENSCH ALS INDORAS WIEDERGEBURT AUFTAUCHEN KÖNNTE.
DESHALB HINTERLIESS ICH DEN GEDENKSTEIN UND ZEICHNETE DORT MEINE LEHRE AUF, UM DIESEN MENSCHEN ZUM UMDENKEN ZU BEWEGEN.
うちは*
ALLERDINGS HATTE DAS OFFENBAR KEINE WIRKUNG...
...
SEN'NIN-VÄTERCHEN, DU HAST ALSO...
... DIE GANZE ZEIT DEN STREIT ZWISCHEN DEINEN KINDERN BEOBACHTET, JA?

*UCHIHA

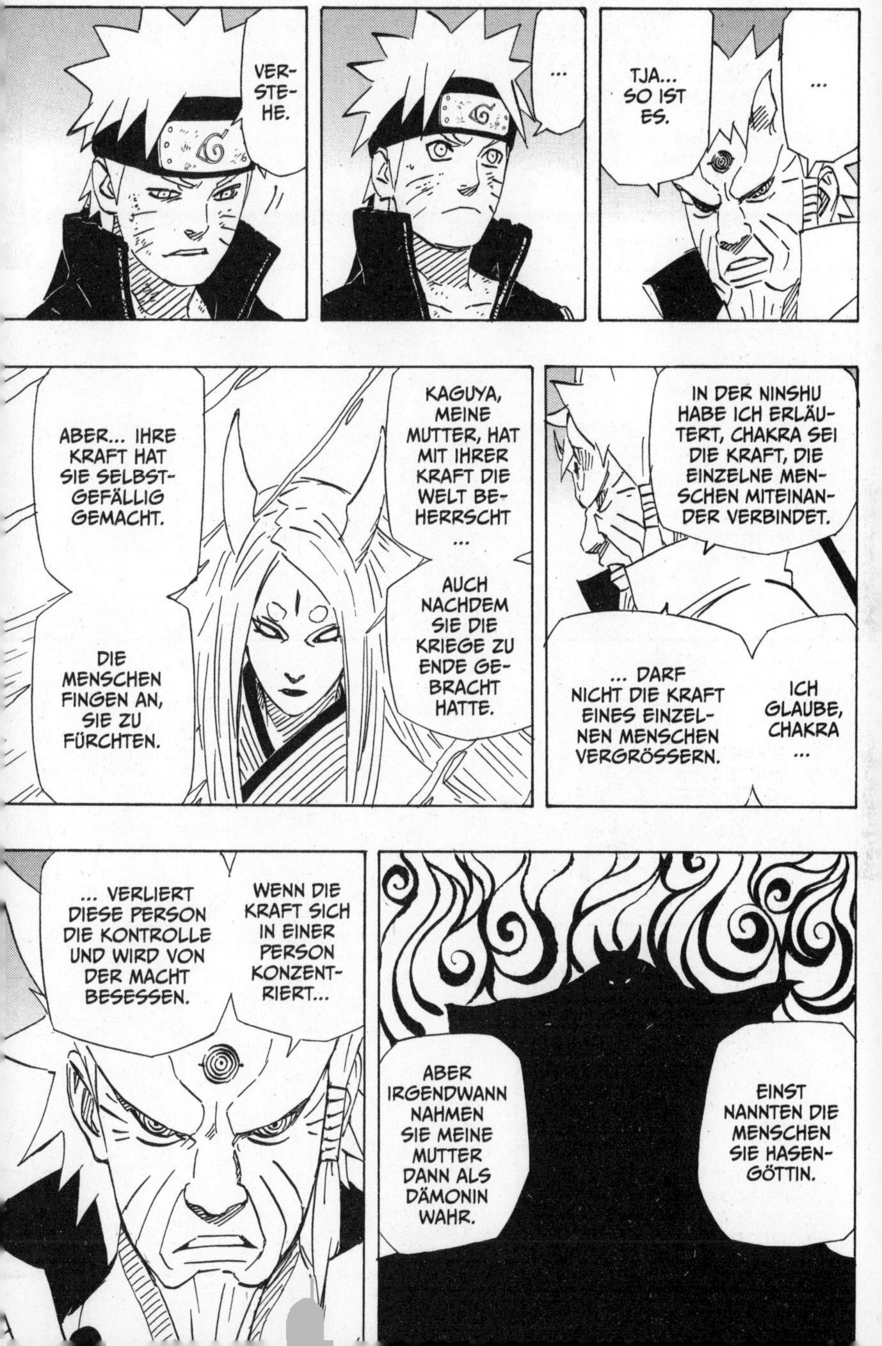
...
TJA... SO IST ES.
...
VERSTEHE.
IN DER NINSHU HABE ICH ERLÄUTERT, CHAKRA SEI DIE KRAFT, DIE EINZELNE MENSCHEN MITEINANDER VERBINDET.
ICH GLAUBE, CHAKRA ...
... DARF NICHT DIE KRAFT EINES EINZELNEN MENSCHEN VERGRÖSSERN.
WENN DIE KRAFT SICH IN EINER PERSON KONZENTRIERT...
... VERLIERT DIESE PERSON DIE KONTROLLE UND WIRD VON DER MACHT BESESSEN.
KAGUYA, MEINE MUTTER, HAT MIT IHRER KRAFT DIE WELT BEHERRSCHT ...
AUCH NACHDEM SIE DIE KRIEGE ZU ENDE GEBRACHT HATTE.
ABER... IHRE KRAFT HAT SIE SELBSTGEFÄLLIG GEMACHT.
DIE MENSCHEN FINGEN AN, SIE ZU FÜRCHTEN.
EINST NANNTEN DIE MENSCHEN SIE HASENGÖTTIN.
ABER IRGENDWANN NAHMEN SIE MEINE MUTTER DANN ALS DÄMONIN WAHR.

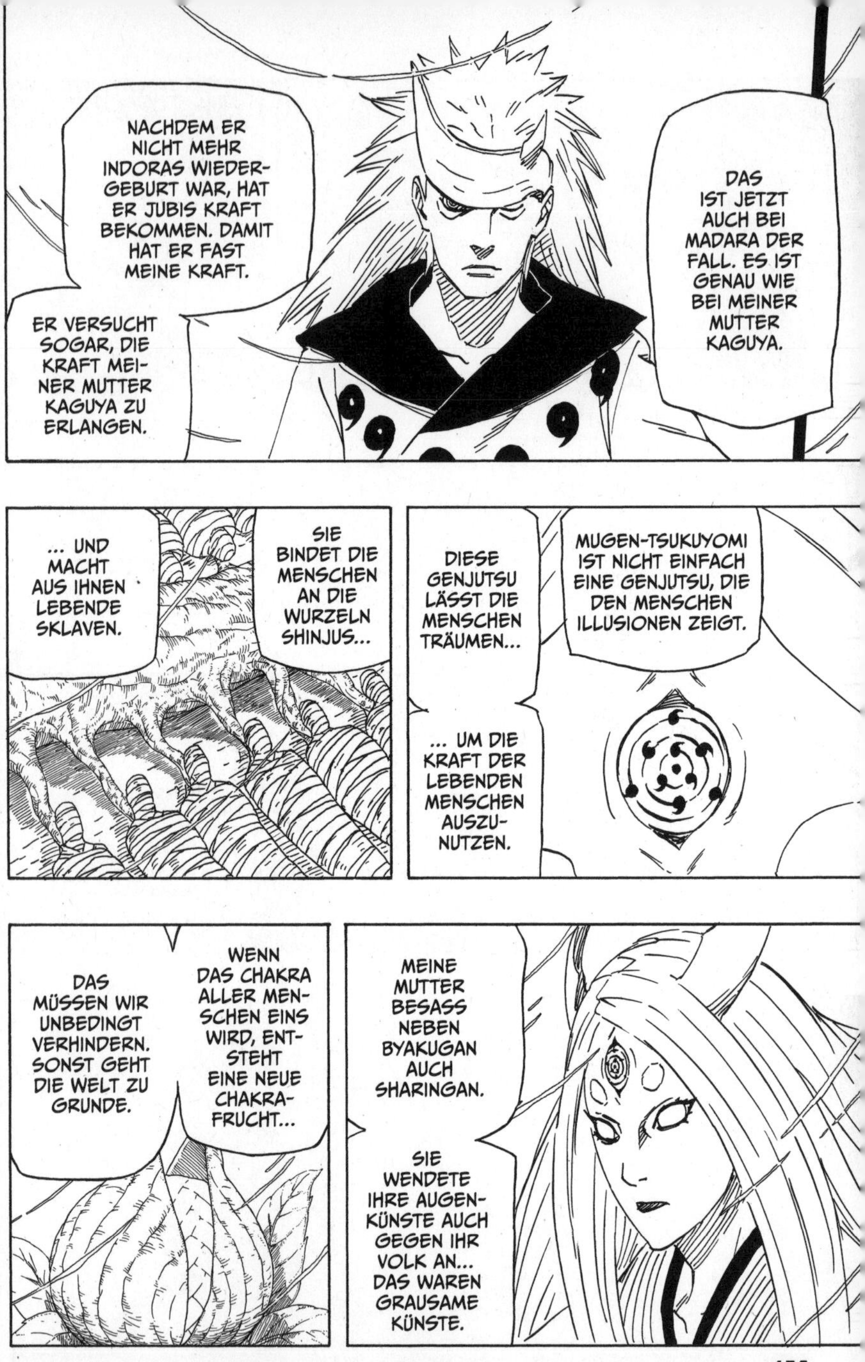
DAS IST JETZT AUCH BEI MADARA DER FALL. ES IST GENAU WIE BEI MEINER MUTTER KAGUYA.
NACHDEM ER NICHT MEHR INDORAS WIEDER-GEBURT WAR, HAT ER JUBIS KRAFT BEKOMMEN. DAMIT HAT ER FAST MEINE KRAFT.
ER VERSUCHT SOGAR, DIE KRAFT MEI-NER MUTTER KAGUYA ZU ERLANGEN.
MUGEN-TSUKUYOMI IST NICHT EINFACH EINE GENJUTSU, DIE DEN MENSCHEN ILLUSIONEN ZEIGT.
DIESE GENJUTSU LÄSST DIE MENSCHEN TRÄUMEN...
... UM DIE KRAFT DER LEBENDEN MENSCHEN AUSZU-NUTZEN.
SIE BINDET DIE MENSCHEN AN DIE WURZELN SHINJUS...
... UND MACHT AUS IHNEN LEBENDE SKLAVEN.
MEINE MUTTER BESASS NEBEN BYAKUGAN AUCH SHARINGAN.
SIE WENDETE IHRE AUGEN-KÜNSTE AUCH GEGEN IHR VOLK AN... DAS WAREN GRAUSAME KÜNSTE.
WENN DAS CHAKRA ALLER MEN-SCHEN EINS WIRD, ENT-STEHT EINE NEUE CHAKRA-FRUCHT...
DAS MÜSSEN WIR UNBEDINGT VERHINDERN. SONST GEHT DIE WELT ZU GRUNDE.

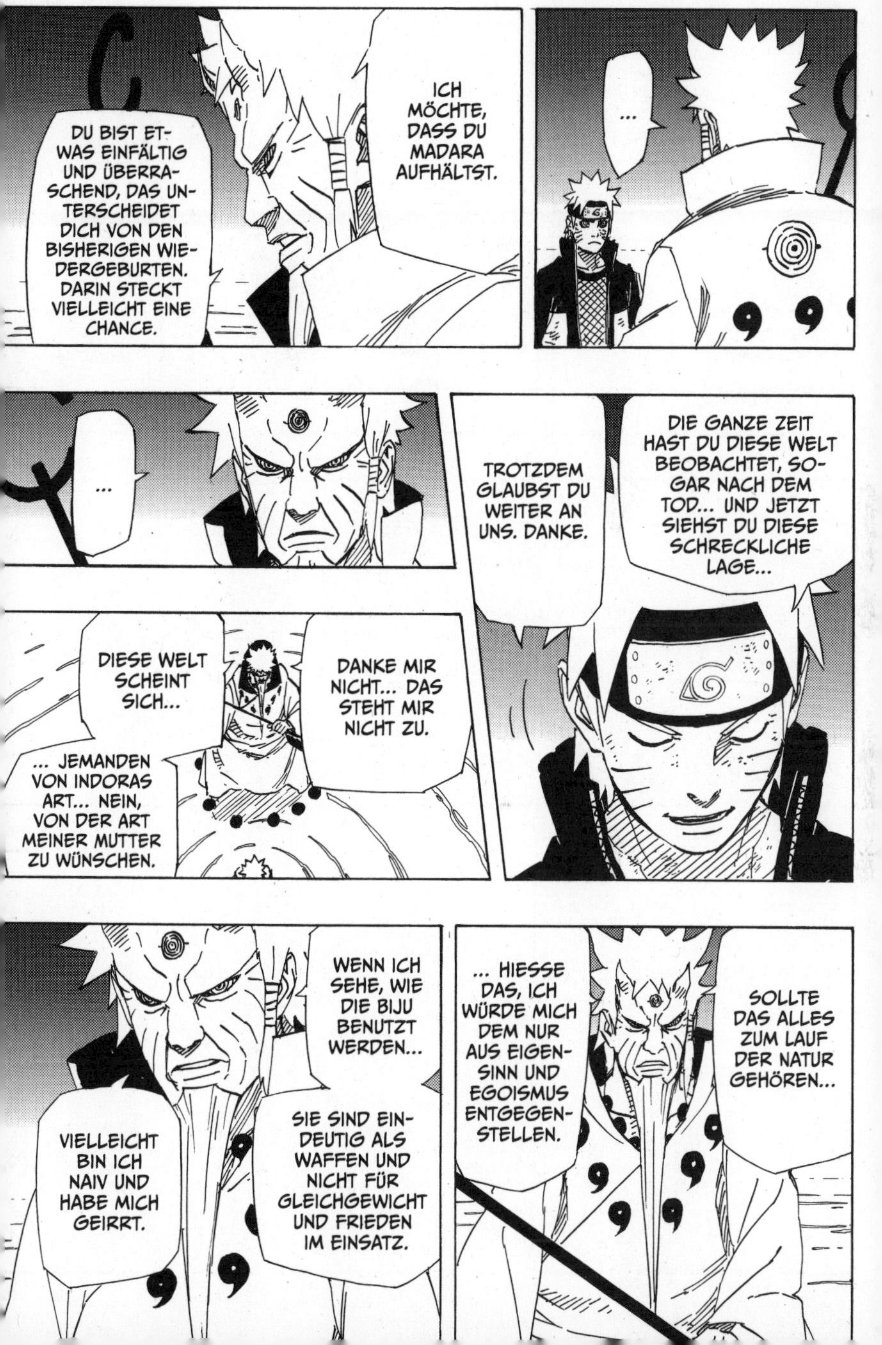
...
DU BIST ETWAS EINFÄLTIG UND ÜBERRASCHEND, DAS UNTERSCHEIDET DICH VON DEN BISHERIGEN WIEDERGEBURTEN. DARIN STECKT VIELLEICHT EINE CHANCE.
ICH MÖCHTE, DASS DU MADARA AUFHÄLTST.
DIE GANZE ZEIT HAST DU DIESE WELT BEOBACHTET, SOGAR NACH DEM TOD... UND JETZT SIEHST DU DIESE SCHRECKLICHE LAGE...
TROTZDEM GLAUBST DU WEITER AN UNS. DANKE.
...
DANKE MIR NICHT... DAS STEHT MIR NICHT ZU.
DIESE WELT SCHEINT SICH...
... JEMANDEN VON INDORAS ART... NEIN, VON DER ART MEINER MUTTER ZU WÜNSCHEN.
SOLLTE DAS ALLES ZUM LAUF DER NATUR GEHÖREN...
... HIESSE DAS, ICH WÜRDE MICH DEM NUR AUS EIGENSINN UND EGOISMUS ENTGEGENSTELLEN.
WENN ICH SEHE, WIE DIE BIJU BENUTZT WERDEN...
SIE SIND EINDEUTIG ALS WAFFEN UND NICHT FÜR GLEICHGEWICHT UND FRIEDEN IM EINSATZ.
VIELLEICHT BIN ICH NAIV UND HABE MICH GEIRRT.

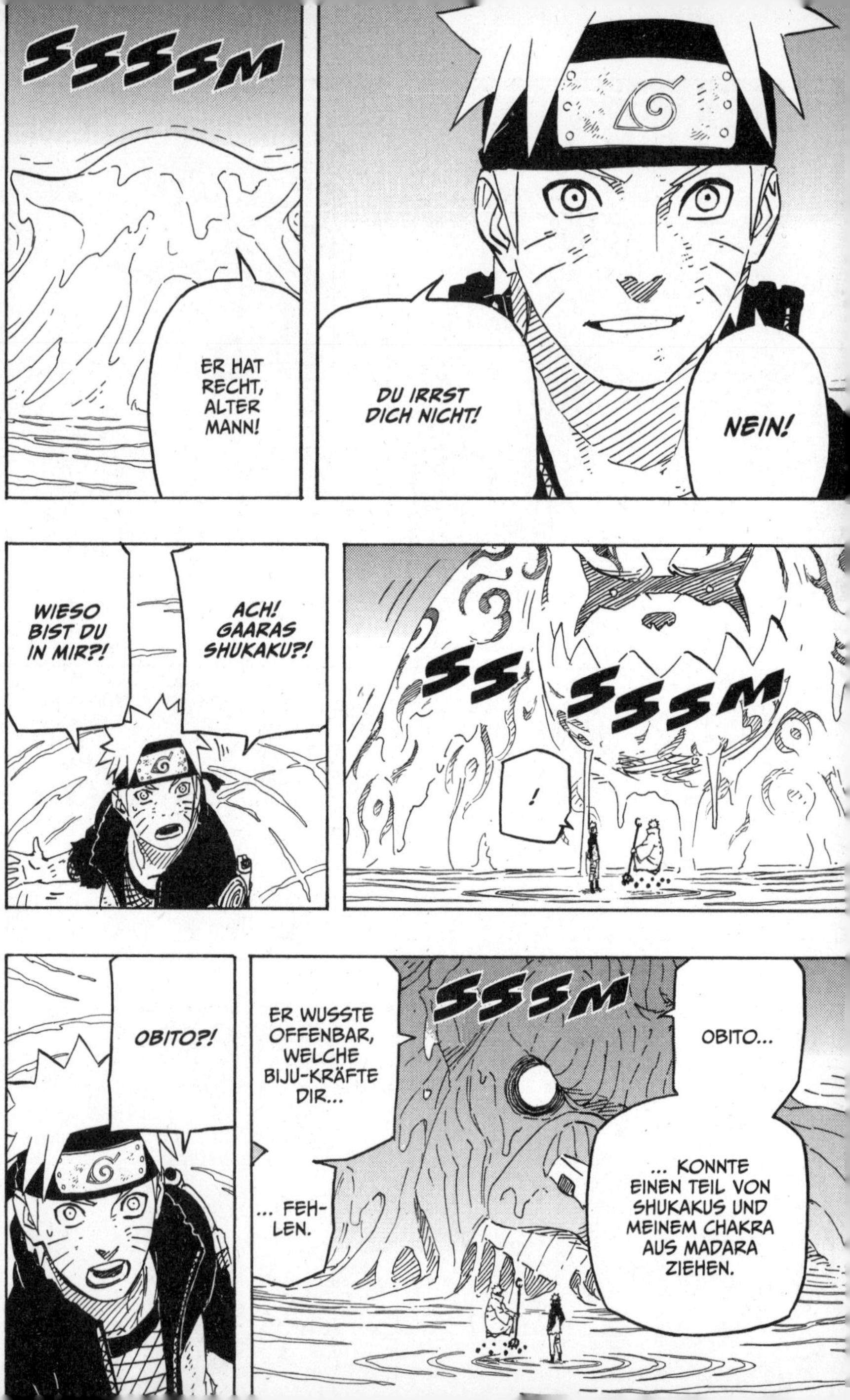
NEIN!
DU IRRST DICH NICHT!
SSSSM
ER HAT RECHT, ALTER MANN!
SS SSSM
!
ACH! GAARAS SHUKAKU?!
WIESO BIST DU IN MIR?!
SSSM
OBITO...
... KONNTE EINEN TEIL VON SHUKAKUS UND MEINEM CHAKRA AUS MADARA ZIEHEN.
ER WUSSTE OFFENBAR, WELCHE BIJU-KRÄFTE DIR...
... FEH-LEN.
OBITO?!

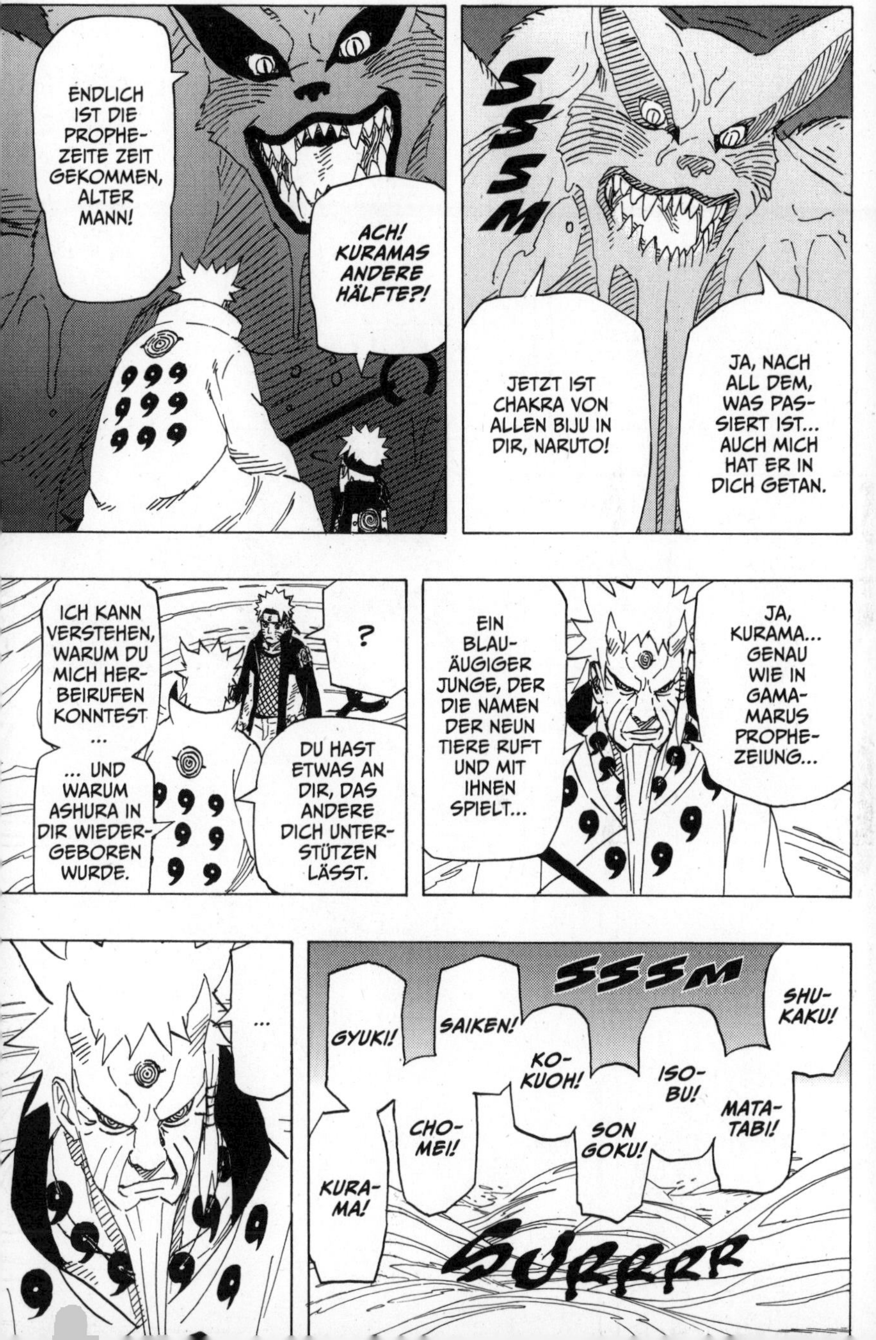

JA, NACH ALL DEM, WAS PASSIERT IST... AUCH MICH HAT ER IN DICH GETAN.
JETZT IST CHAKRA VON ALLEN BIJU IN DIR, NARUTO!
SSSM
ACH! KURAMAS ANDERE HÄLFTE?!
ENDLICH IST DIE PROPHEZEITE ZEIT GEKOMMEN, ALTER MANN!
JA, KURAMA... GENAU WIE IN GAMAMARUS PROPHEZEIUNG...
EIN BLAUÄUGIGER JUNGE, DER DIE NAMEN DER NEUN TIERE RUFT UND MIT IHNEN SPIELT...
?
DU HAST ETWAS AN DIR, DAS ANDERE DICH UNTERSTÜTZEN LÄSST.
ICH KANN VERSTEHEN, WARUM DU MICH HERBEIRUFEN KONNTEST ...
... UND WARUM ASHURA IN DIR WIEDERGEBOREN WURDE.
SSSM
SHUKAKU!
MATATABI!
ISOBU!
SON GOKU!
KOKUOH!
SAIKEN!
CHOMEI!
GYUKI!
KURAMA!
SURRRR
...

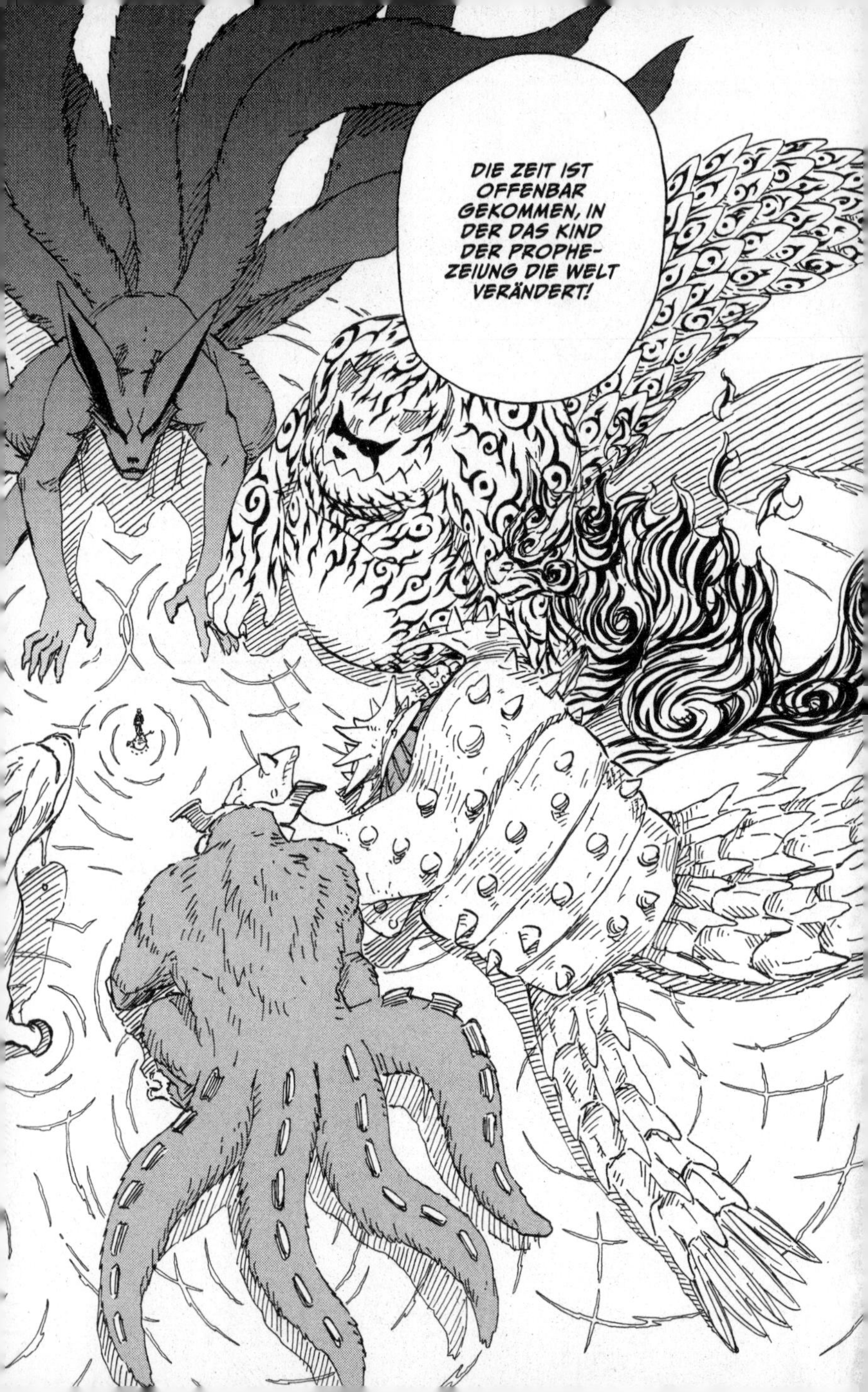
DIE ZEIT IST OFFENBAR GEKOMMEN, IN DER DAS KIND DER PROPHE-ZEIUNG DIE WELT VERÄNDERT!

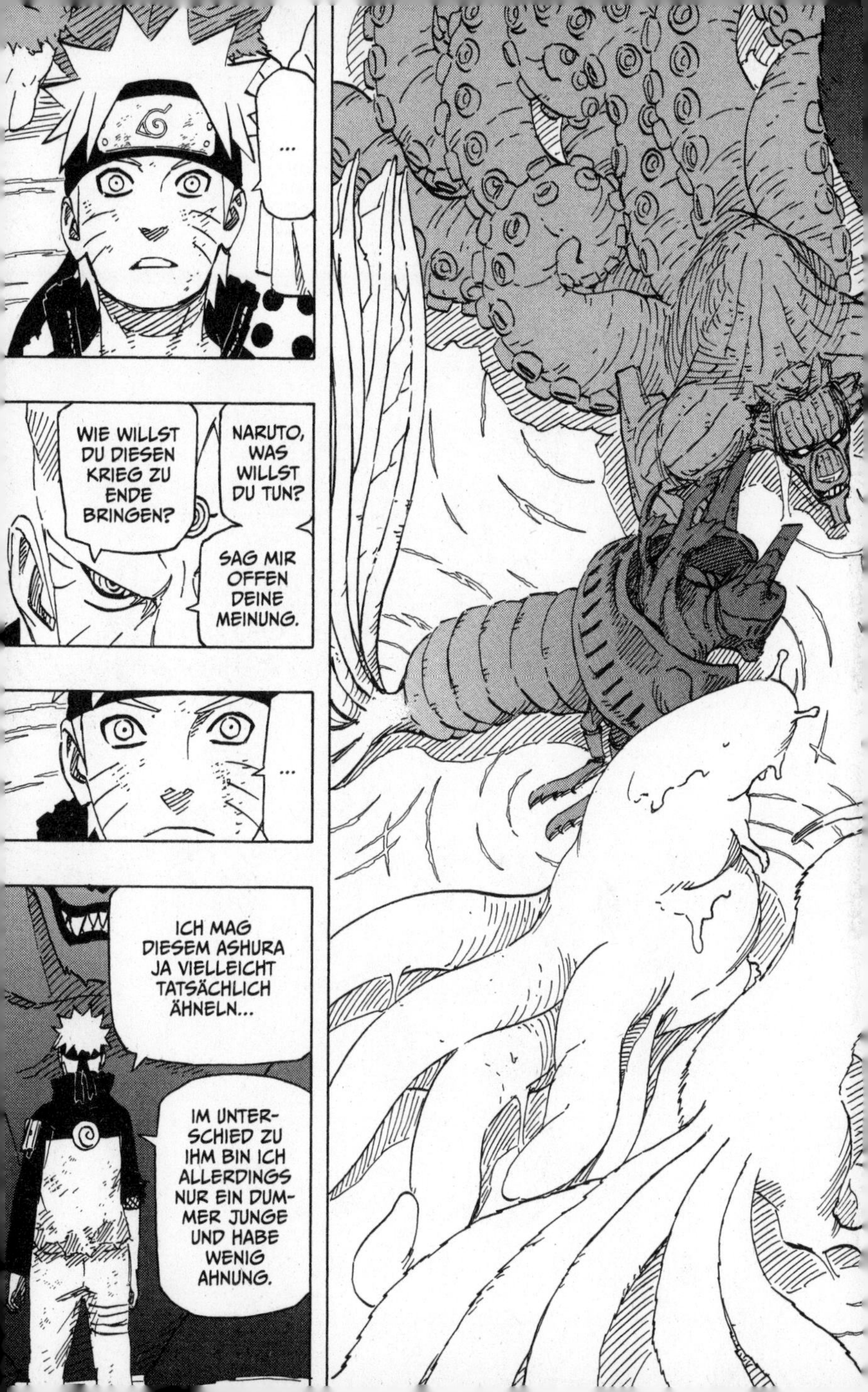
...
NARUTO, WAS WILLST DU TUN?
WIE WILLST DU DIESEN KRIEG ZU ENDE BRINGEN?
SAG MIR OFFEN DEINE MEINUNG.
...
ICH MAG DIESEM ASHURA JA VIELLEICHT TATSÄCHLICH ÄHNELN...
IM UNTERSCHIED ZU IHM BIN ICH ALLERDINGS NUR EIN DUMMER JUNGE UND HABE WENIG AHNUNG.

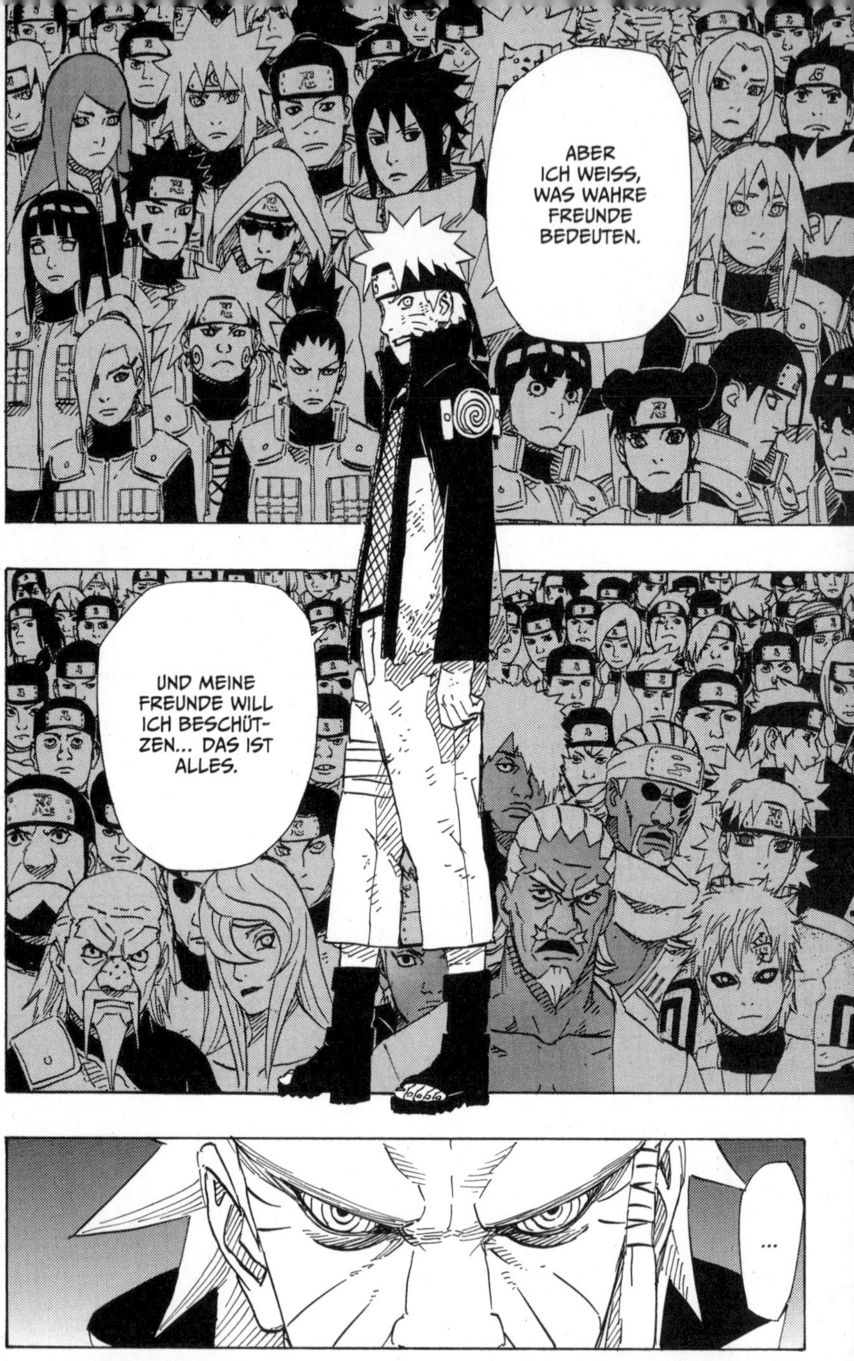
ABER ICH WEISS, WAS WAHRE FREUNDE BEDEUTEN.
UND MEINE FREUNDE WILL ICH BESCHÜTZEN... DAS IST ALLES.
...

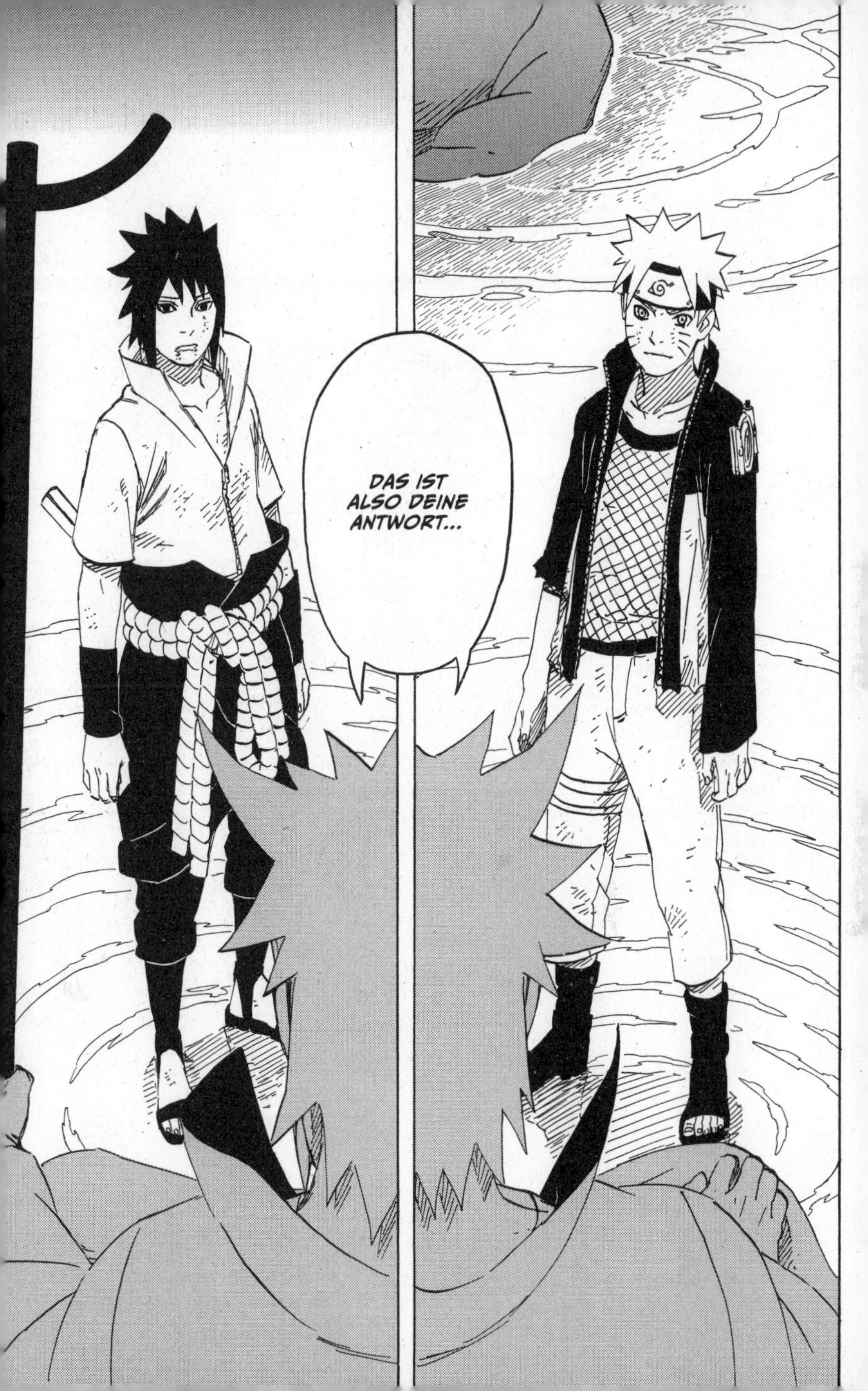
DAS IST ALSO DEINE ANTWORT...

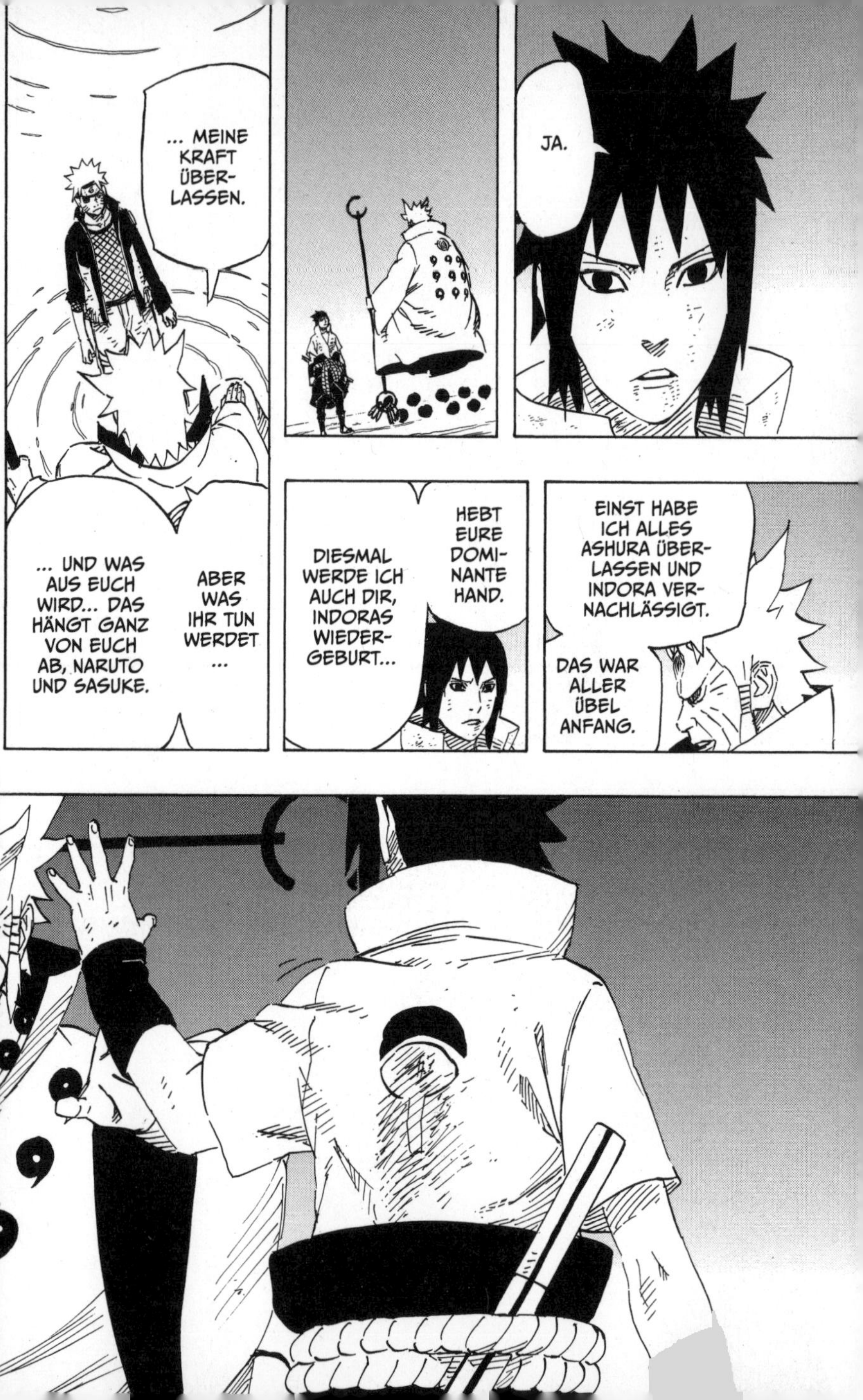
JA.
EINST HABE ICH ALLES ASHURA ÜBERLASSEN UND INDORA VERNACHLÄSSIGT.
DAS WAR ALLER ÜBEL ANFANG.
HEBT EURE DOMINANTE HAND.
DIESMAL WERDE ICH AUCH DIR, INDORAS WIEDERGEBURT...
... MEINE KRAFT ÜBERLASSEN.
ABER WAS IHR TUN WERDET ...
... UND WAS AUS EUCH WIRD... DAS HÄNGT GANZ VON EUCH AB, NARUTO UND SASUKE.

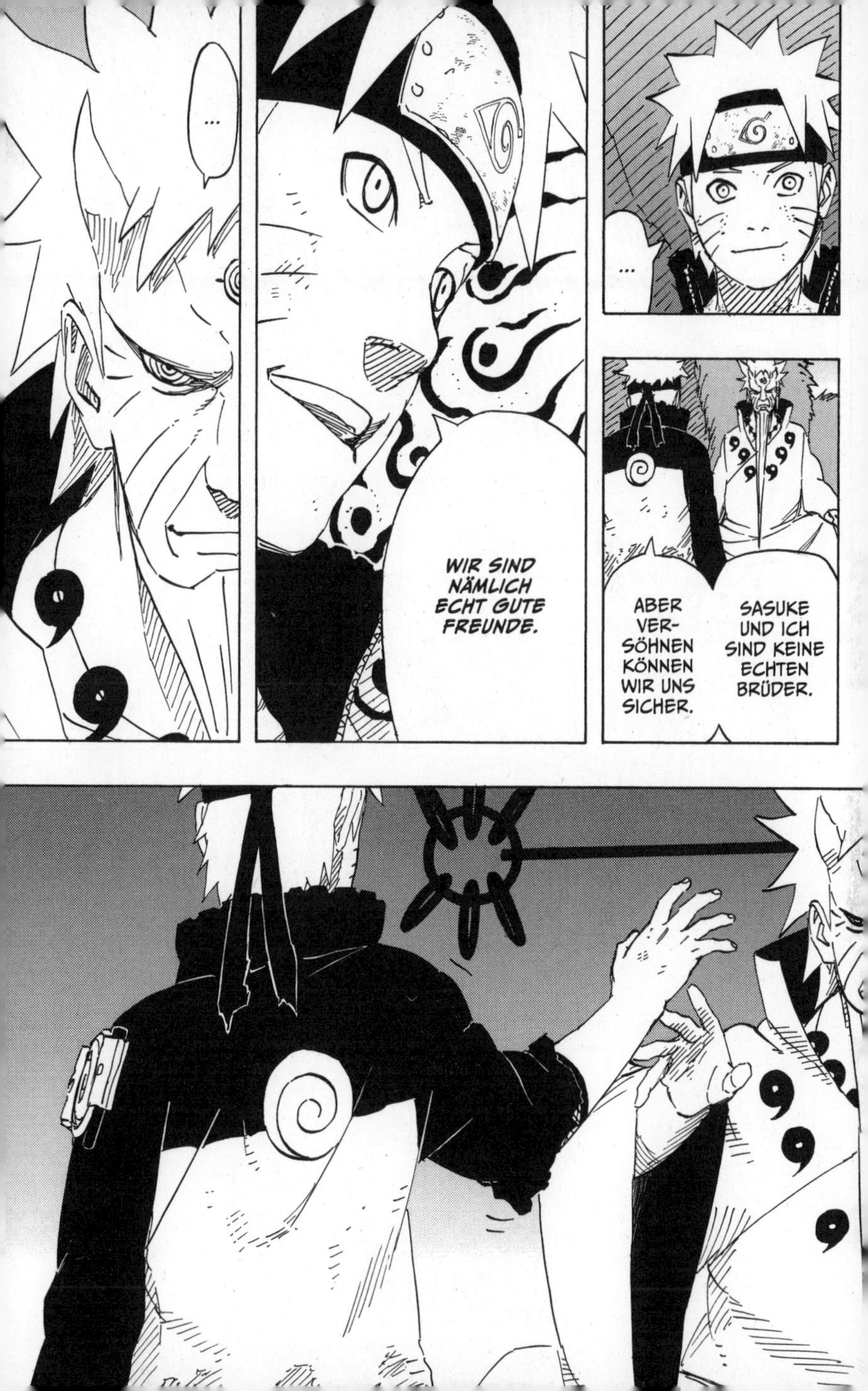
...
SASUKE UND ICH SIND KEINE ECHTEN BRÜDER.
ABER VERSÖHNEN KÖNNEN WIR UNS SICHER.
WIR SIND NÄMLICH ECHT GUTE FREUNDE.
...

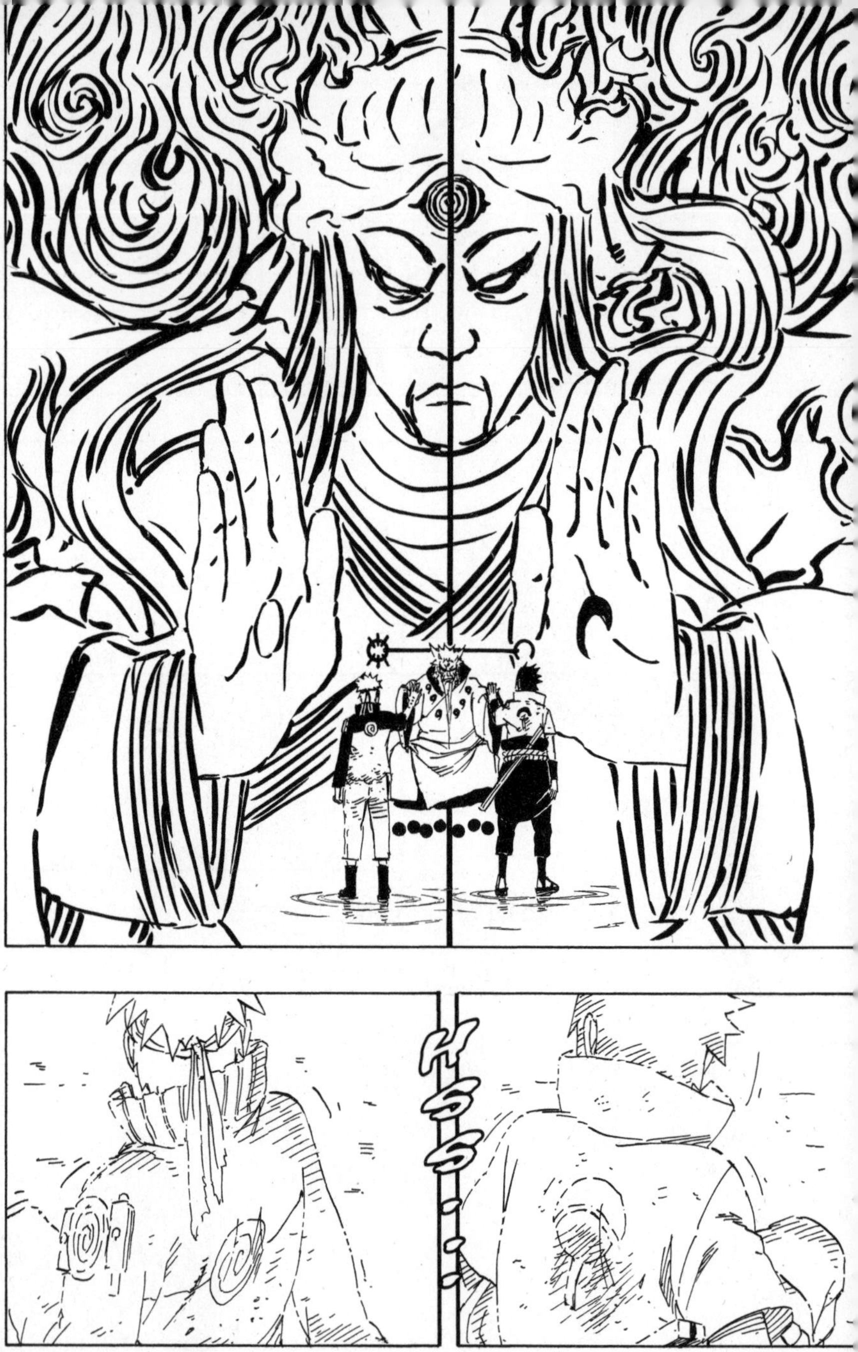

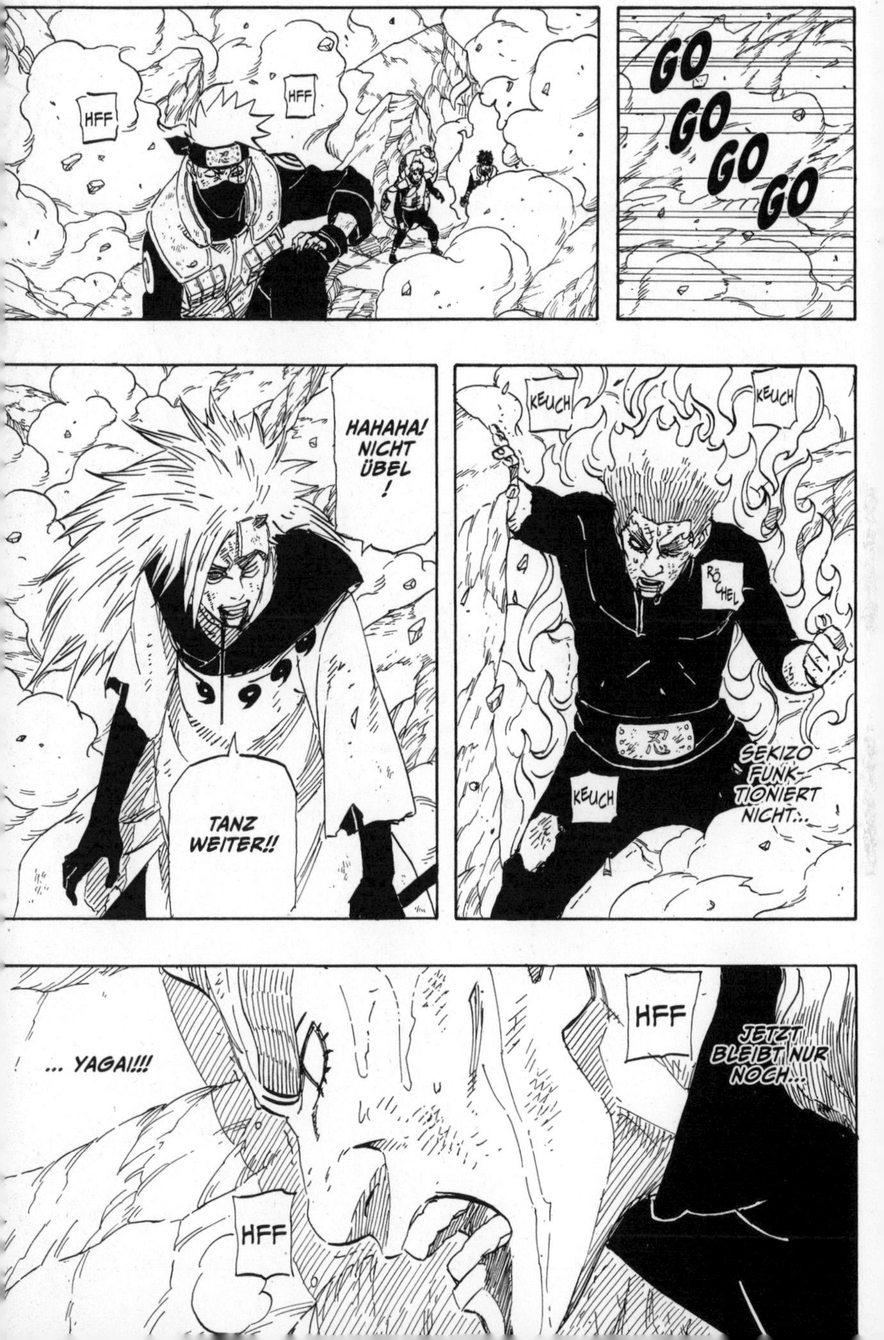
GO
GO
GO
GO
HFF
HFF
HAHAHA! NICHT ÜBEL!
TANZ WEITER!!
KEUCH
KEUCH
RÖCHEL
SEKIZO FUNK-TIONIERT NICHT...
KEUCH
HFF
JETZT BLEIBT NUR NOCH...
... YAGAI!!!
HFF

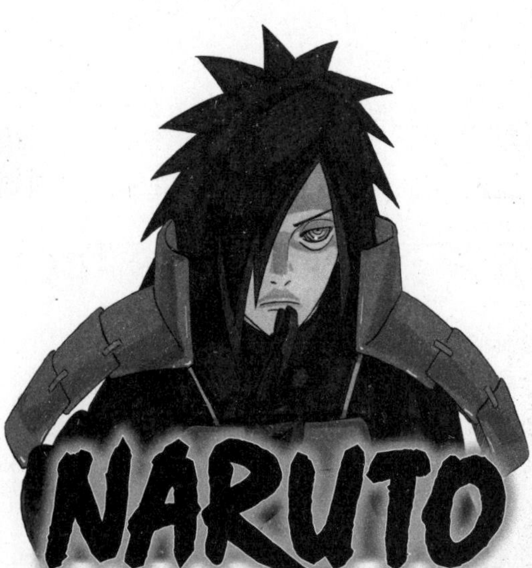
NARUTO

672. KAPITEL: YAGAI

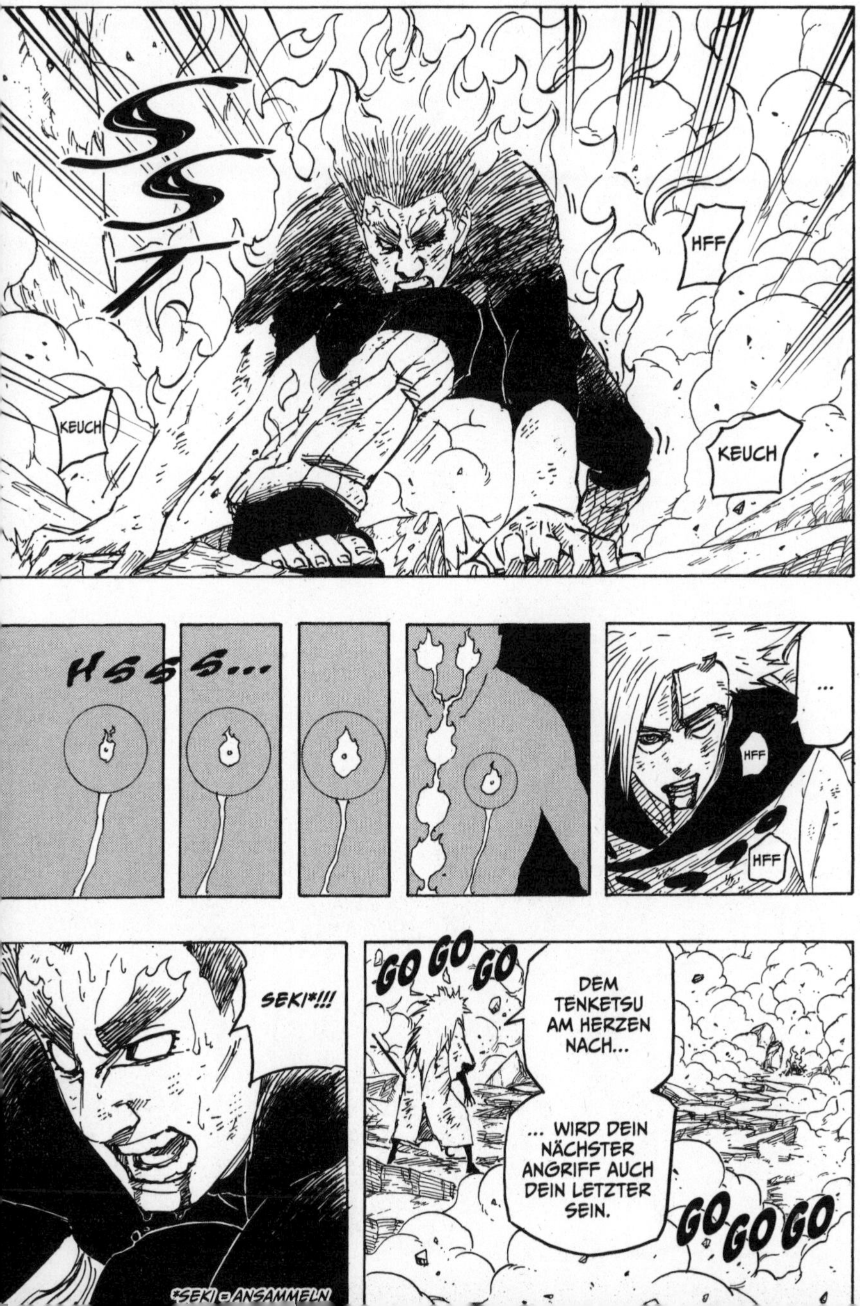

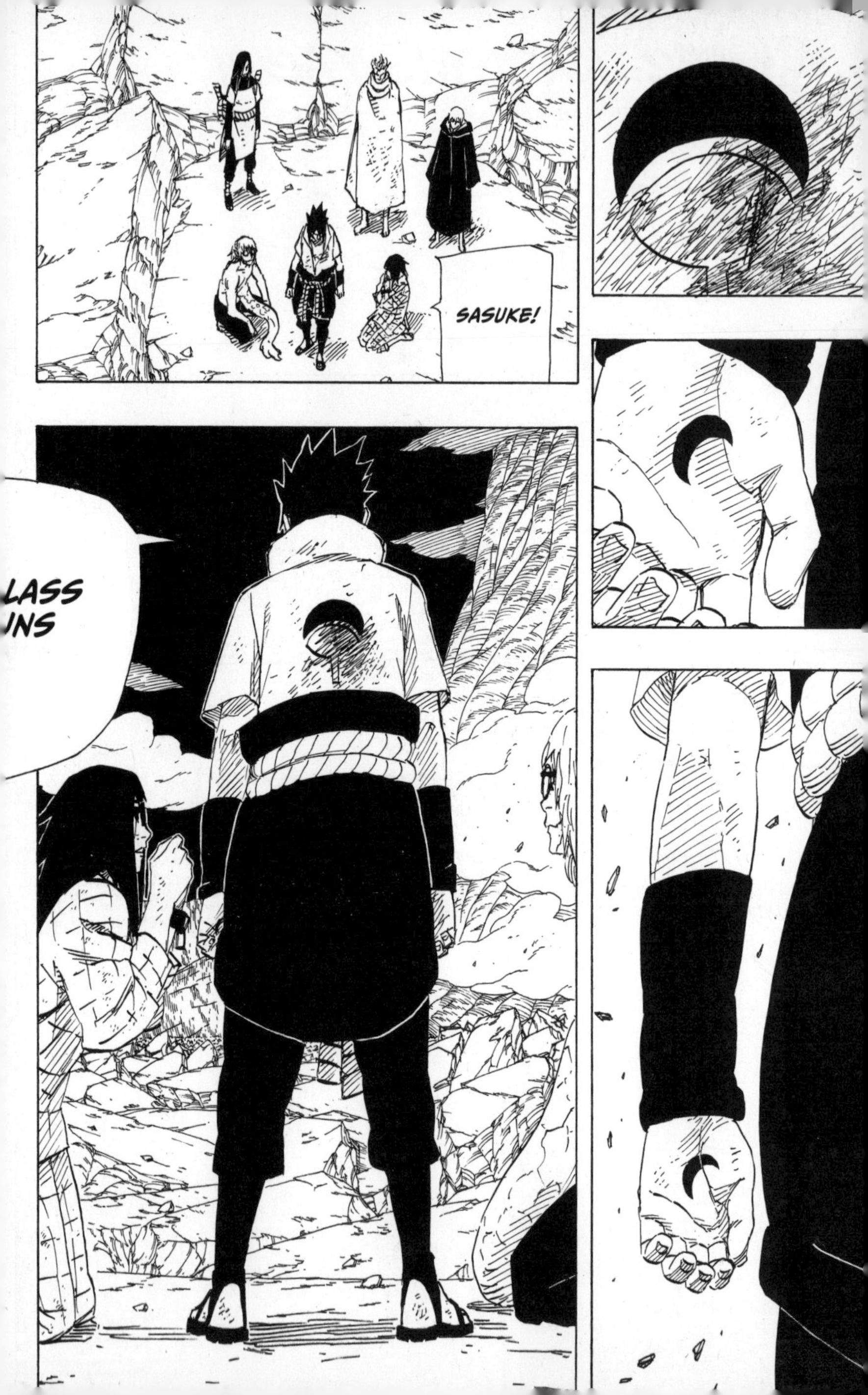
SASUKE!
LASS
INS

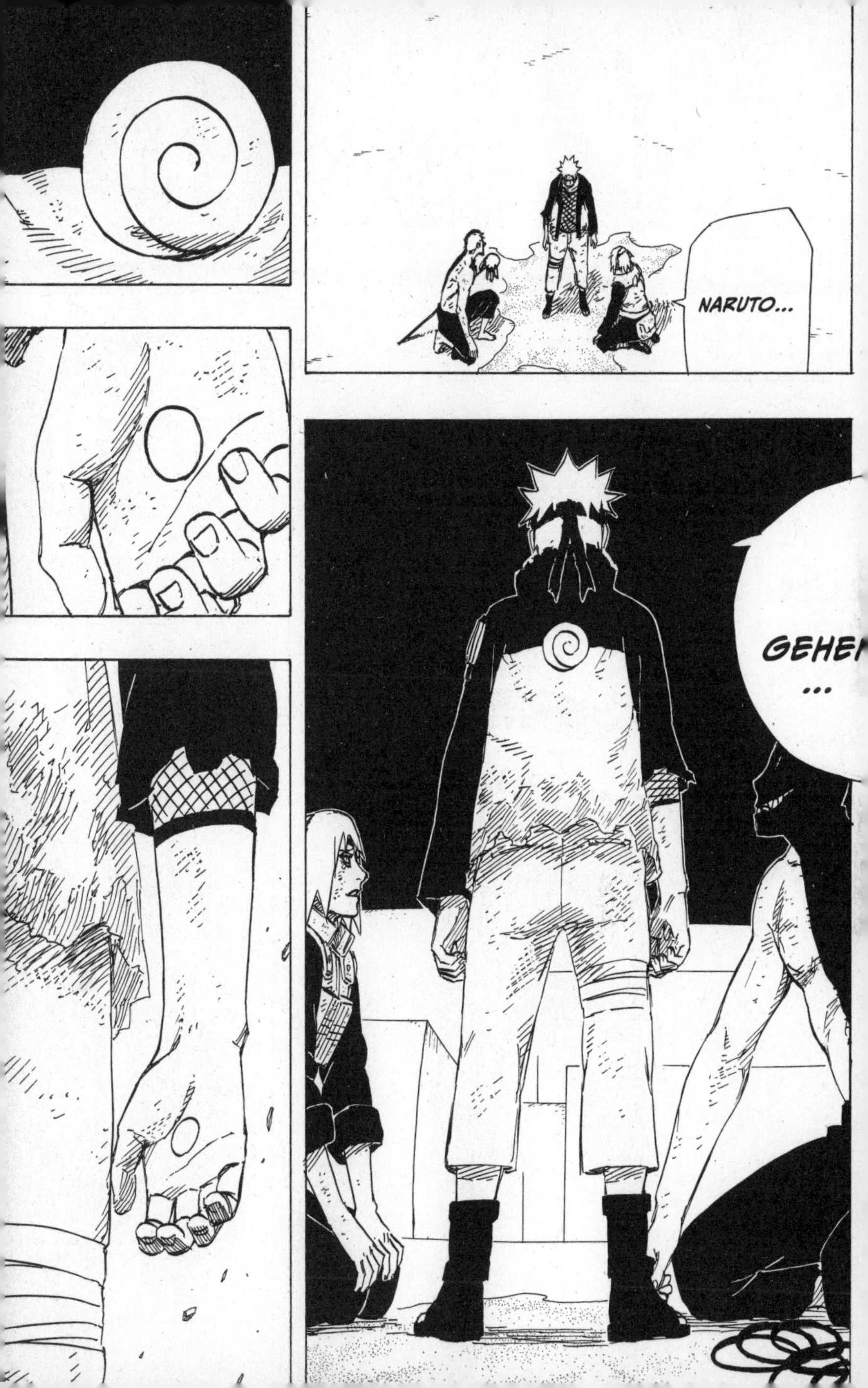
NARUTO...
GEHE
...

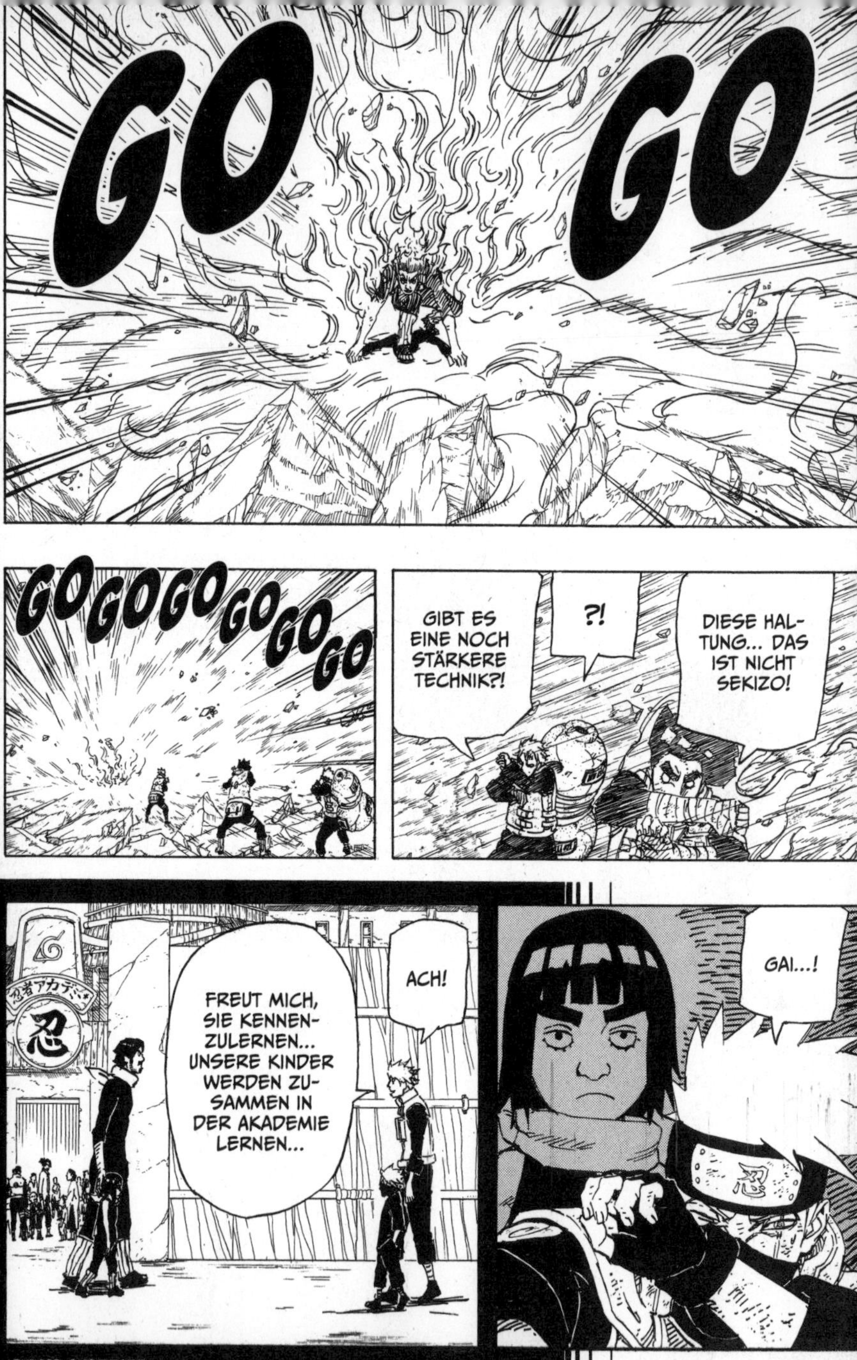

*NINJA-AKADEMIE

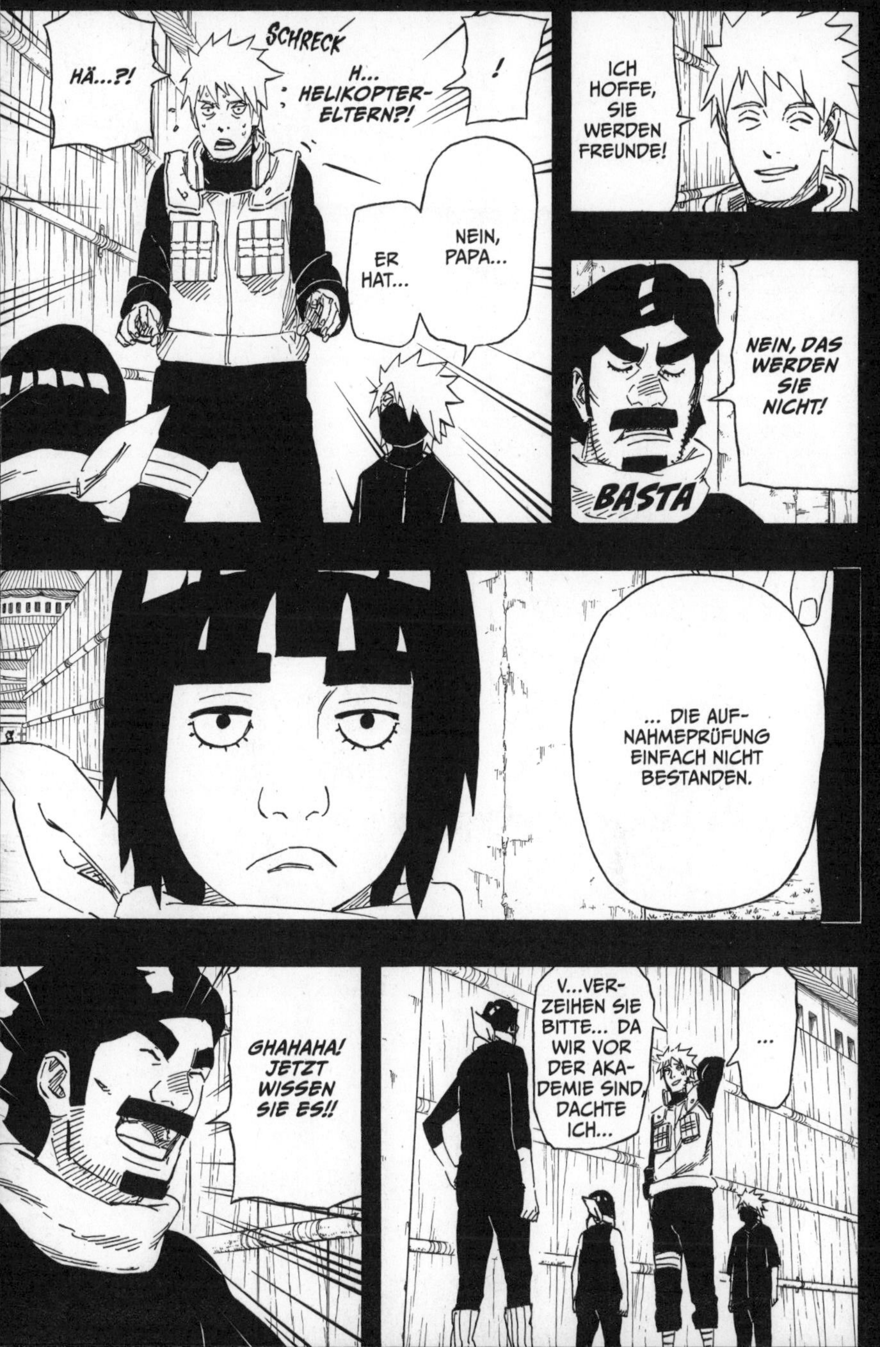
ICH HOFFE, SIE WERDEN FREUNDE!
NEIN, DAS WERDEN SIE NICHT!
BASTA
!
H... HELIKOPTER-ELTERN?!
SCHRECK
HÄ...?!
NEIN, PAPA...
ER HAT...
... DIE AUFNAHMEPRÜFUNG EINFACH NICHT BESTANDEN.
...
V...VERZEIHEN SIE BITTE... DA WIR VOR DER AKADEMIE SIND, DACHTE ICH...
GHAHAHA! JETZT WISSEN SIE ES!!

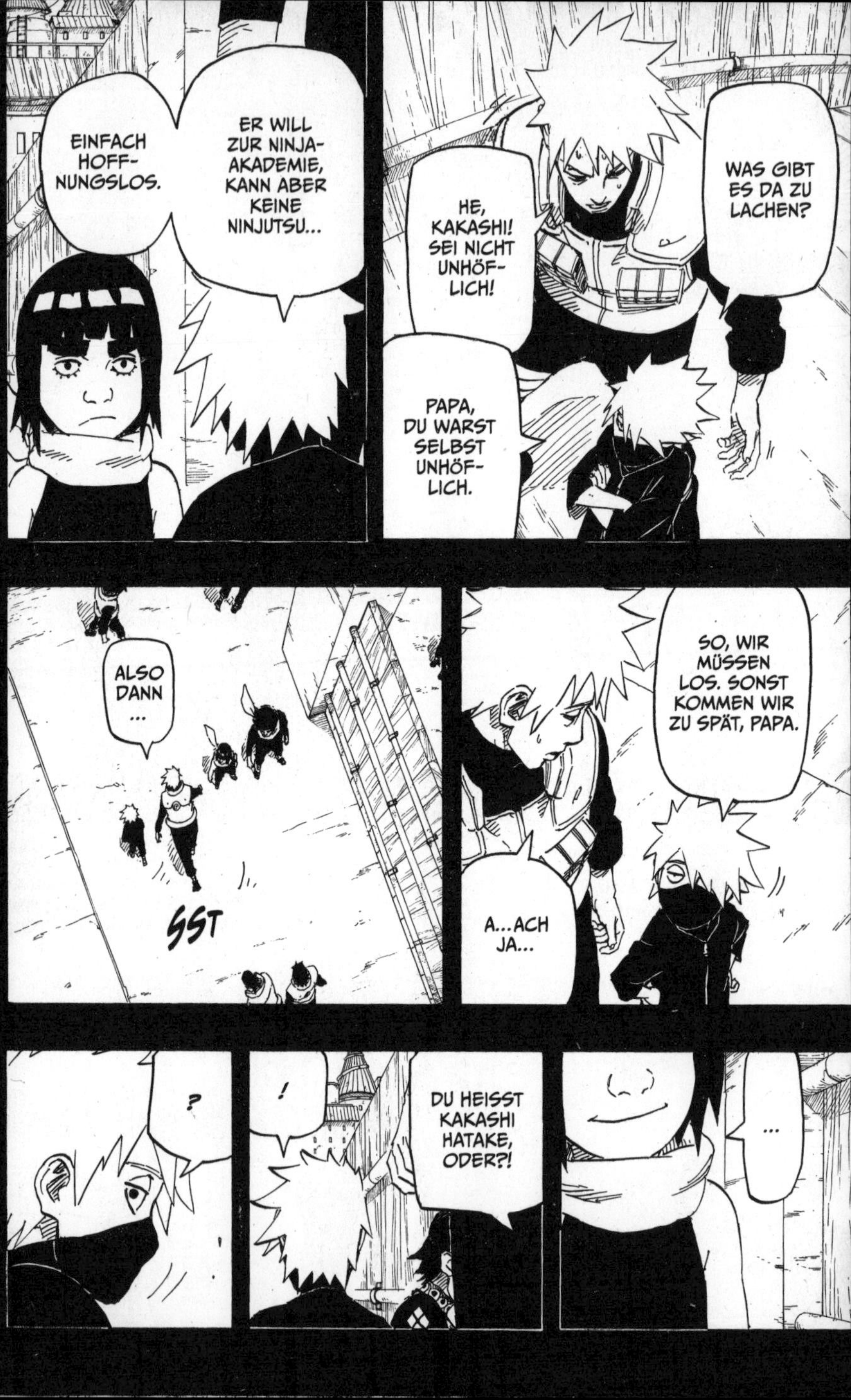

WAS GIBT ES DA ZU LACHEN?
HE, KAKASHI! SEI NICHT UNHÖFLICH!
PAPA, DU WARST SELBST UNHÖFLICH.
ER WILL ZUR NINJA-AKADEMIE, KANN ABER KEINE NINJUTSU...
EINFACH HOFF-NUNGSLOS.
SO, WIR MÜSSEN LOS. SONST KOMMEN WIR ZU SPÄT, PAPA.
A...ACH JA...
ALSO DANN ...
SST
...
DU HEISST KAKASHI HATAKE, ODER?!
!
?

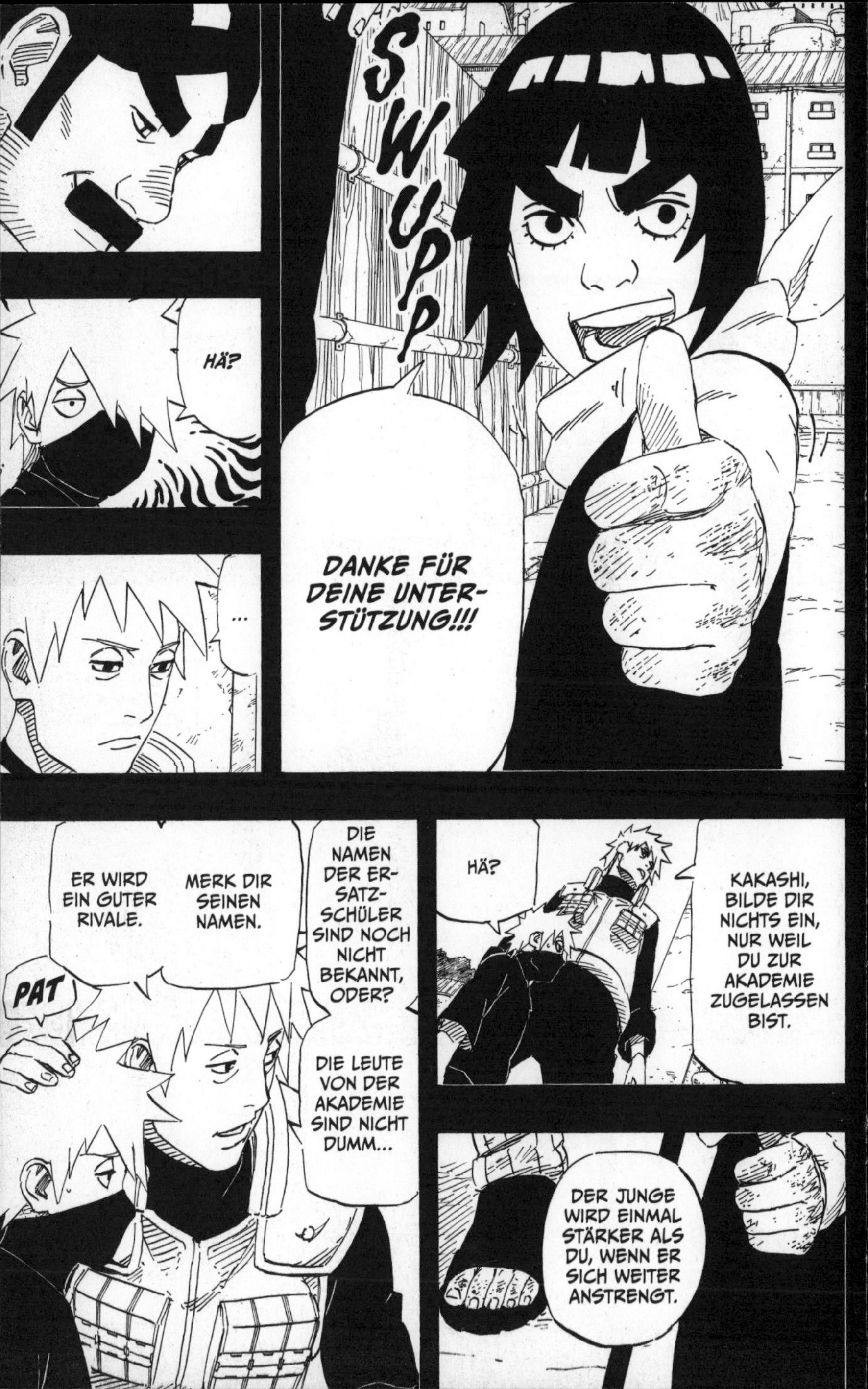
SWUPP
DANKE FÜR DEINE UNTER-STÜTZUNG!!!
HÄ?
...
KAKASHI, BILDE DIR NICHTS EIN, NUR WEIL DU ZUR AKADEMIE ZUGELASSEN BIST.
HÄ?
DER JUNGE WIRD EINMAL STÄRKER ALS DU, WENN ER SICH WEITER ANSTRENGT.
DIE NAMEN DER ER-SATZ-SCHÜLER SIND NOCH NICHT BEKANNT, ODER?
DIE LEUTE VON DER AKADEMIE SIND NICHT DUMM...
MERK DIR SEINEN NAMEN.
ER WIRD EIN GUTER RIVALE.
PAT

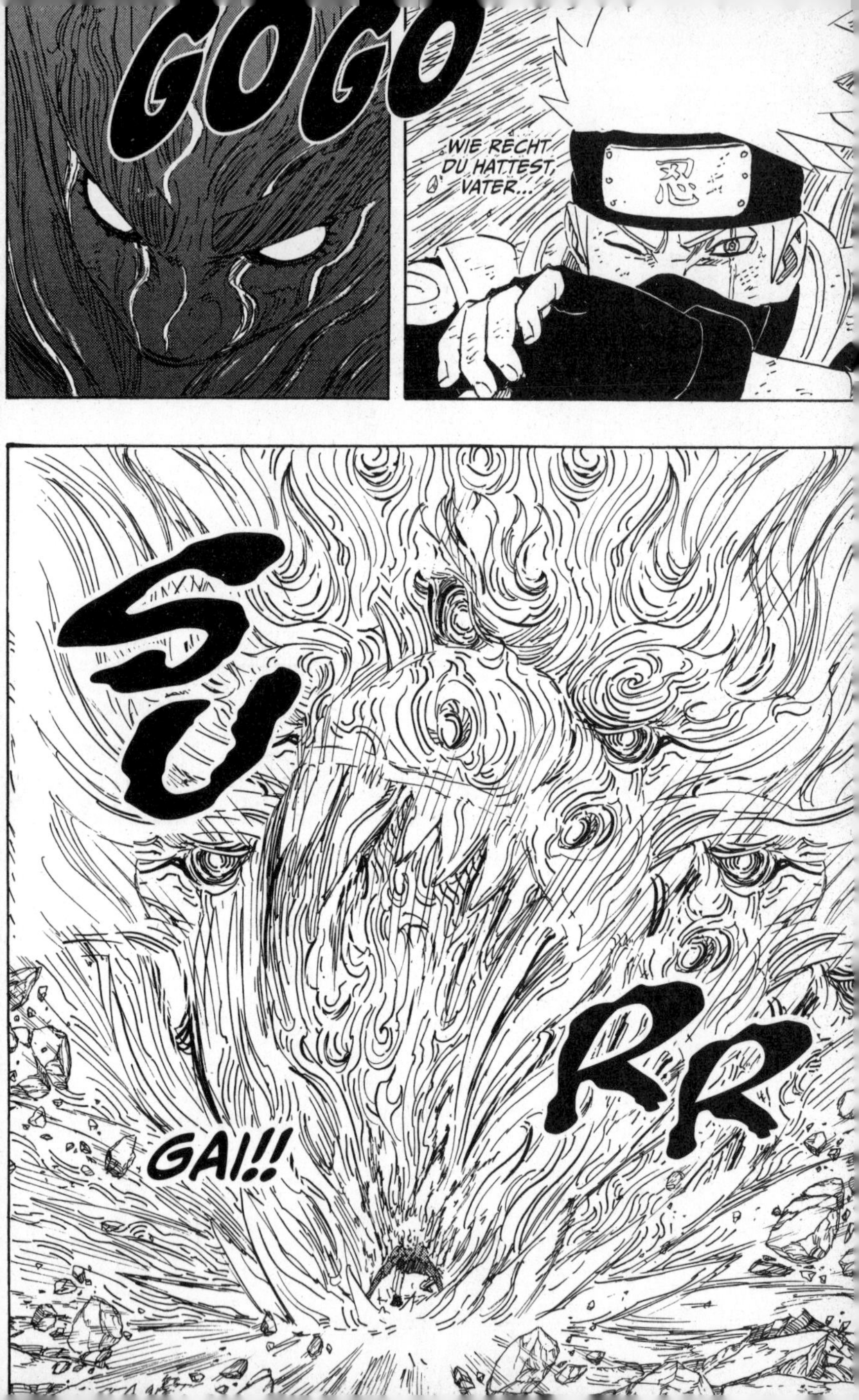
GOGO
WIE RECHT DU HATTEST, VATER...
SU
RR
GAI!!

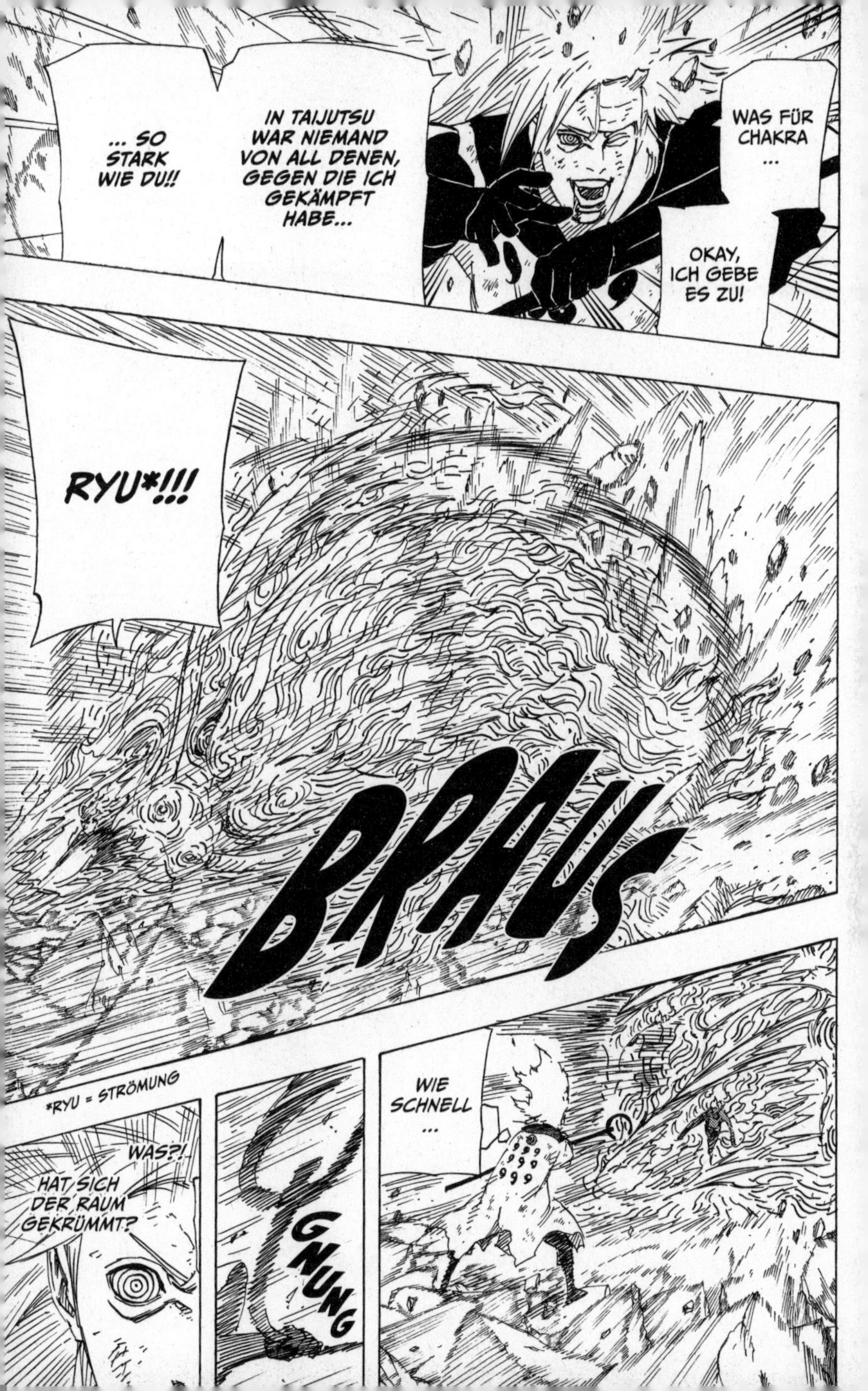

*RYU = STRÖMUNG

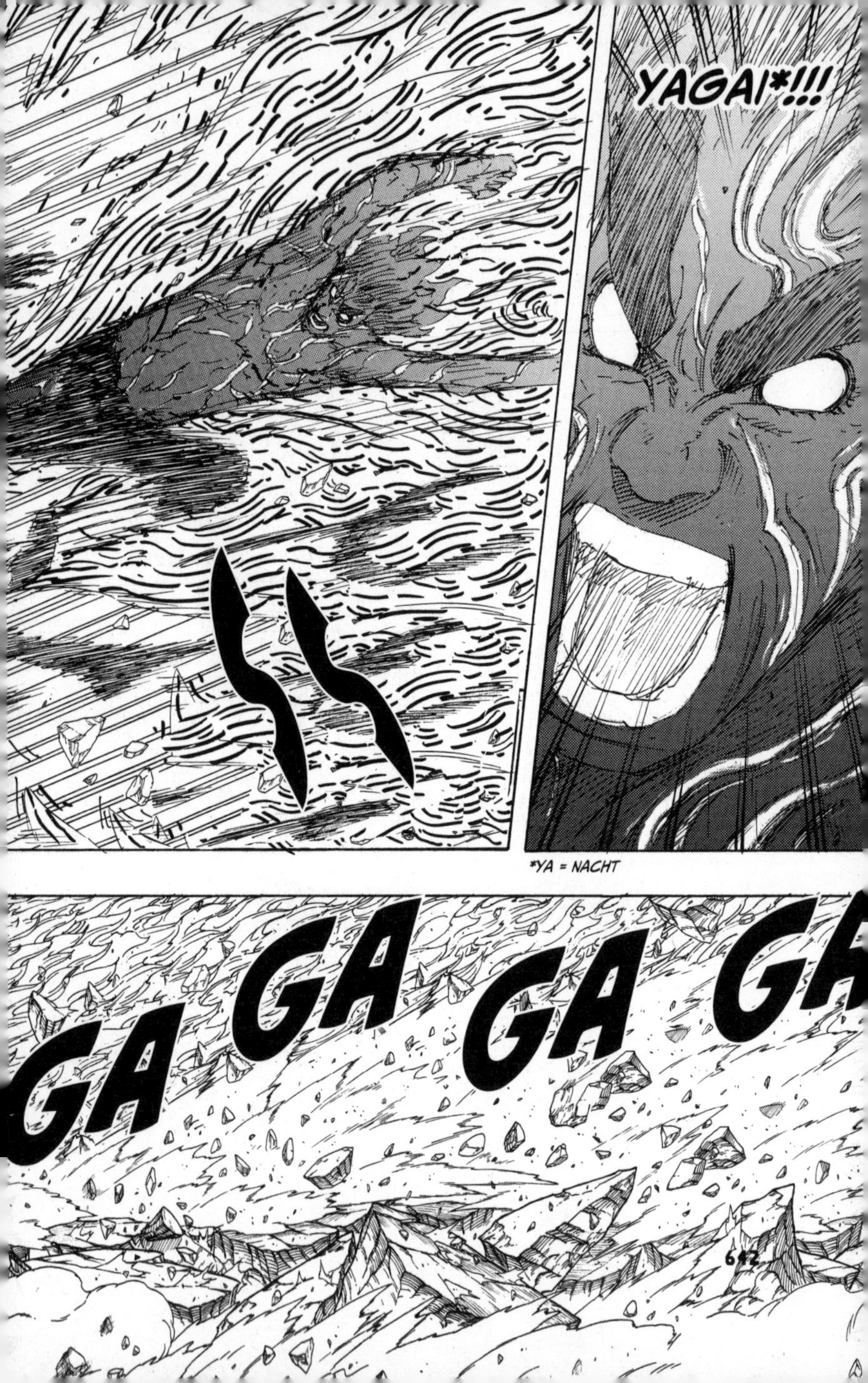
YAGAI*!!!
*YA = NACHT
GA GA GA GA

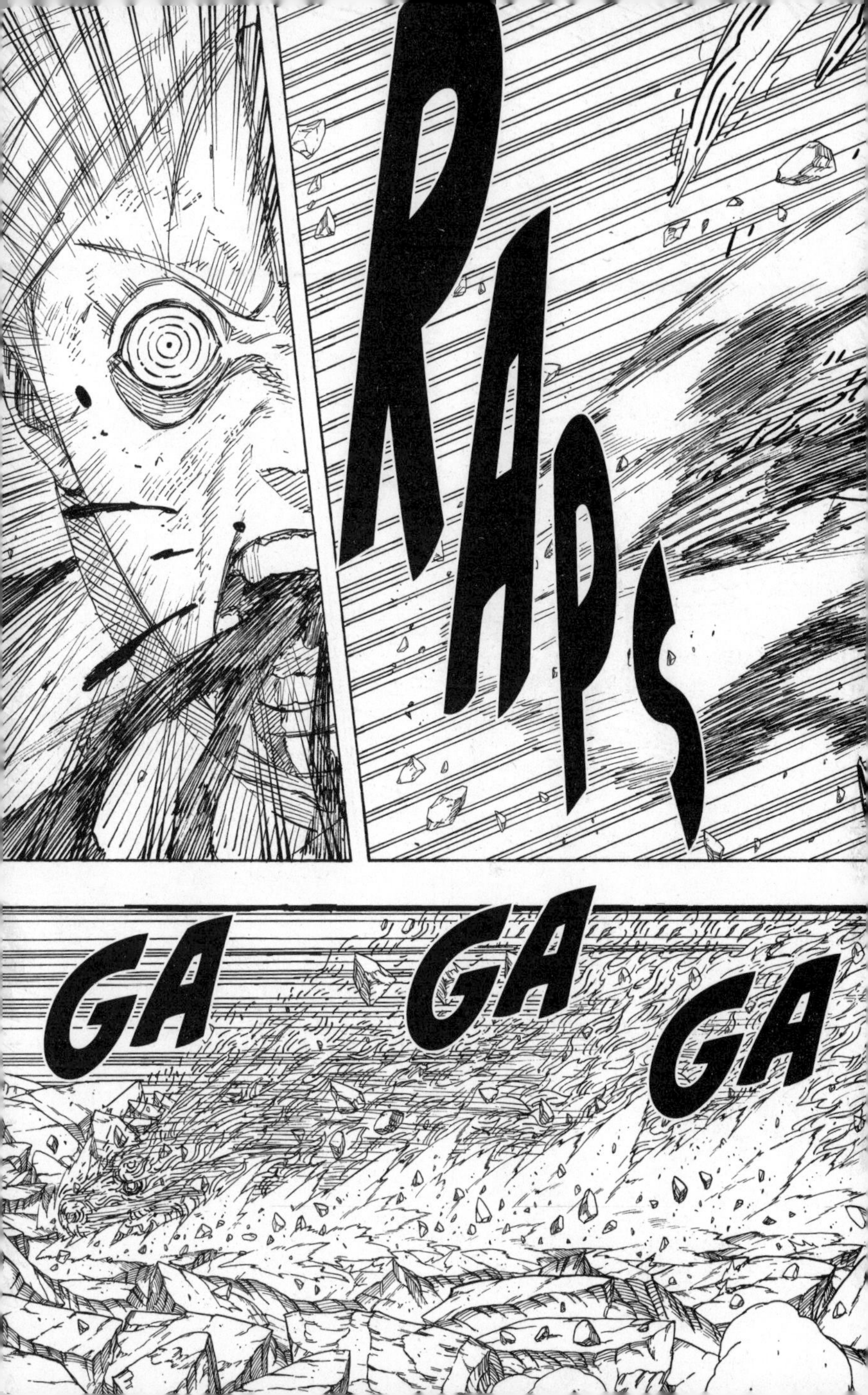

DRAPS
GA
GA
GA

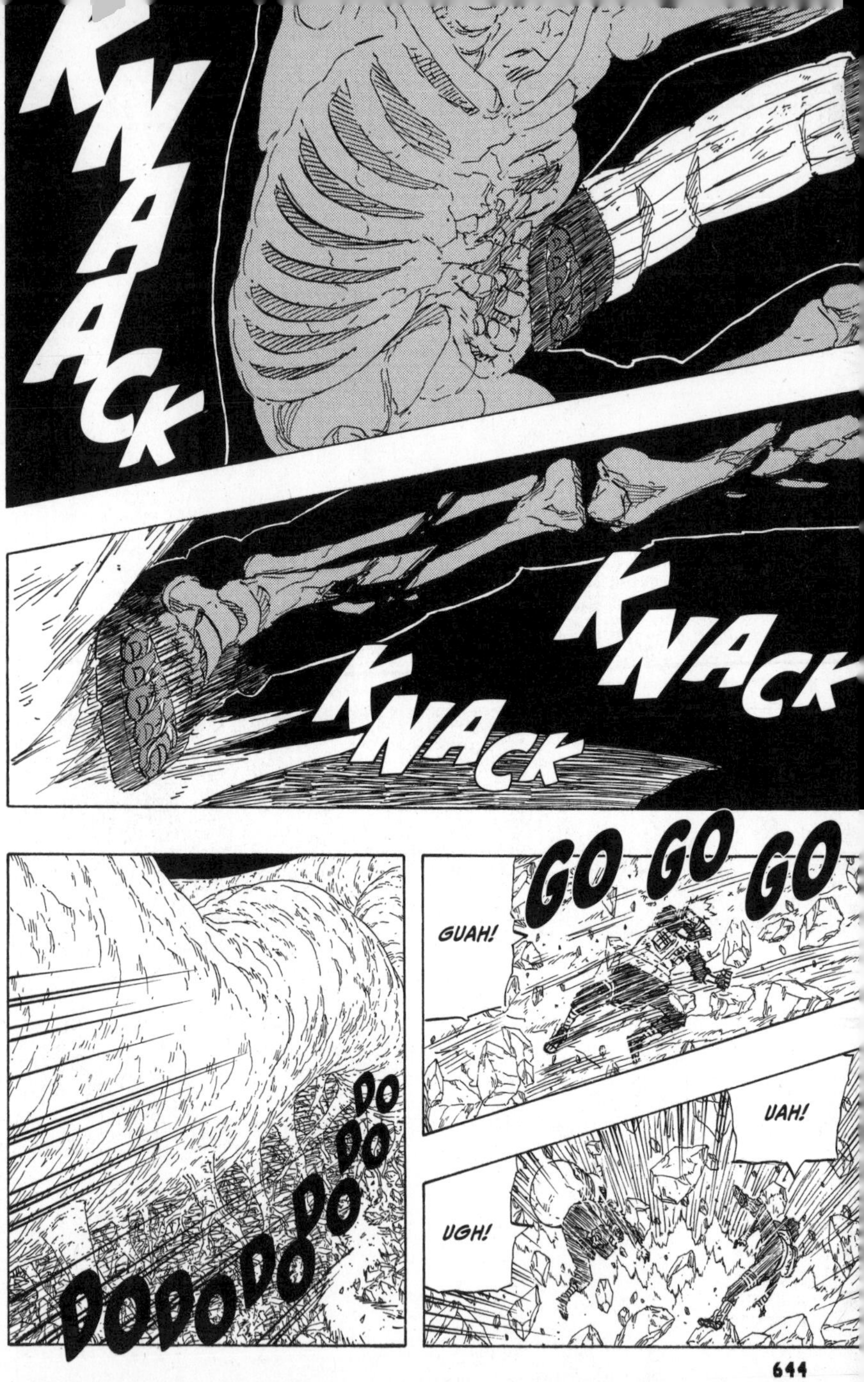
KNACK
KNACK
KNACK
GO GO GO
GUAH!
UAH!
UGH!
DODODODODODO

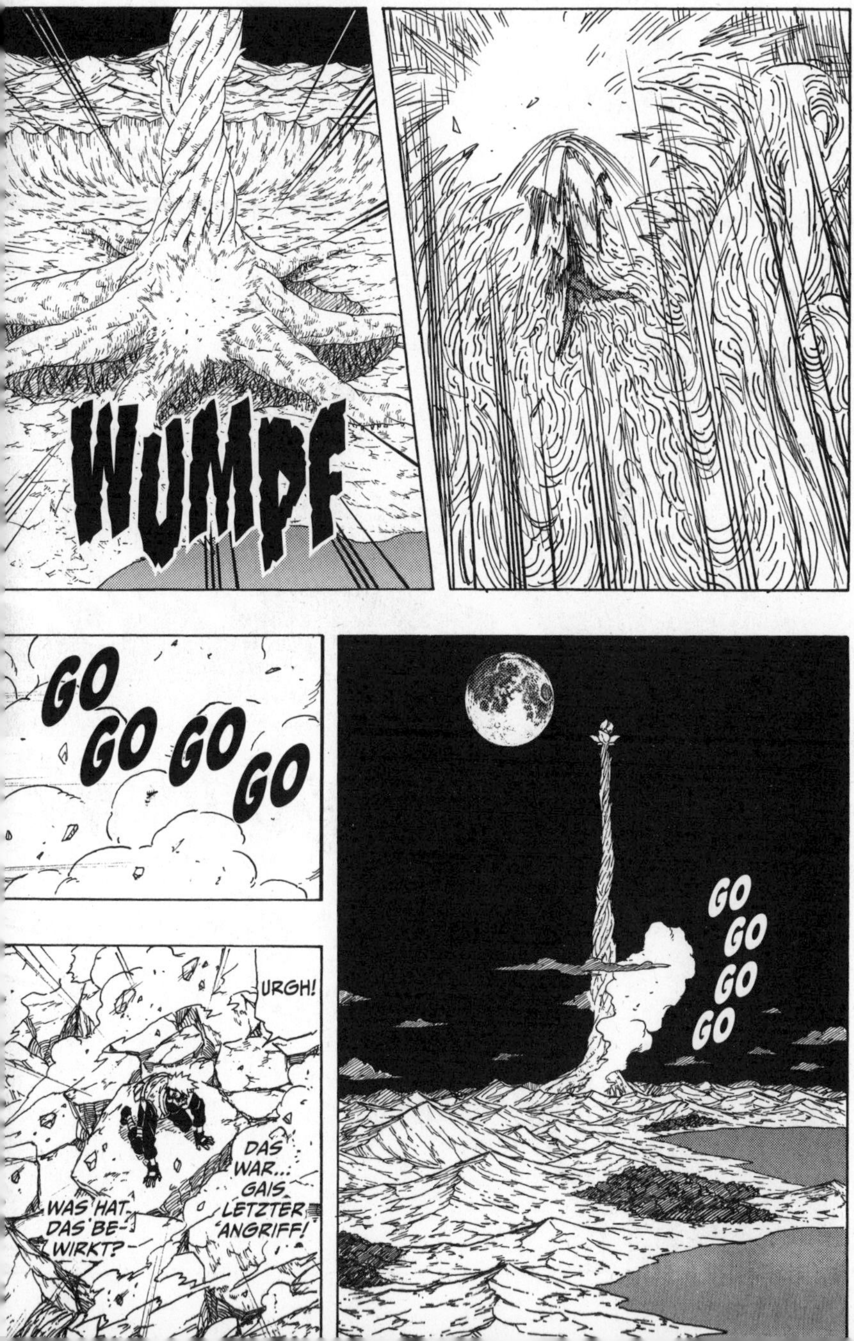
WUMPF
GO GO GO GO
GO GO GO GO
URGH!
DAS WAR... GAIS LETZTER ANGRIFF!
WAS HAT DAS BE-WIRKT?

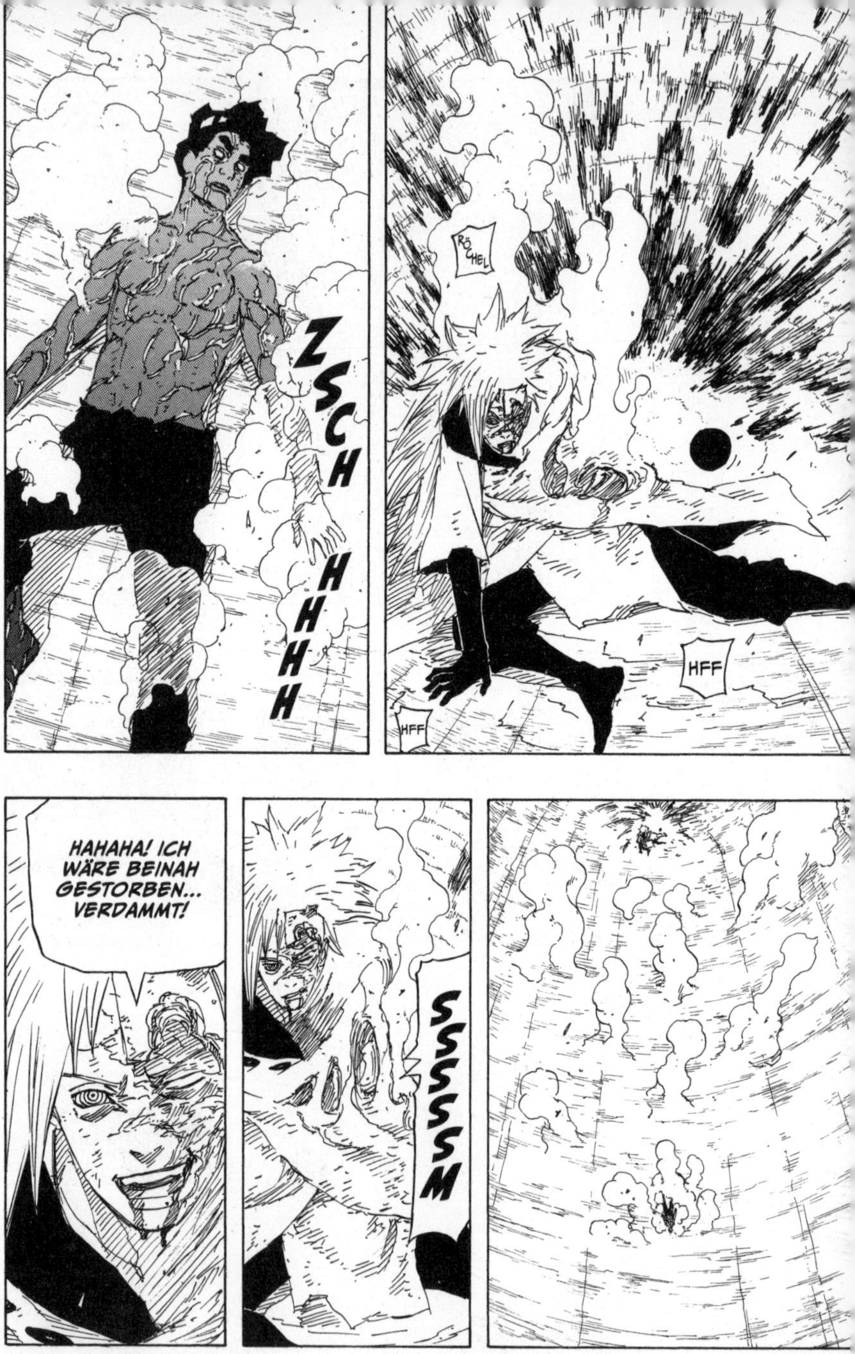
RÖCHEL
HFF
HFF
ZSCHHHHHH
SSSSSM
HAHAHA! ICH WÄRE BEINAH GESTORBEN... VERDAMMT!

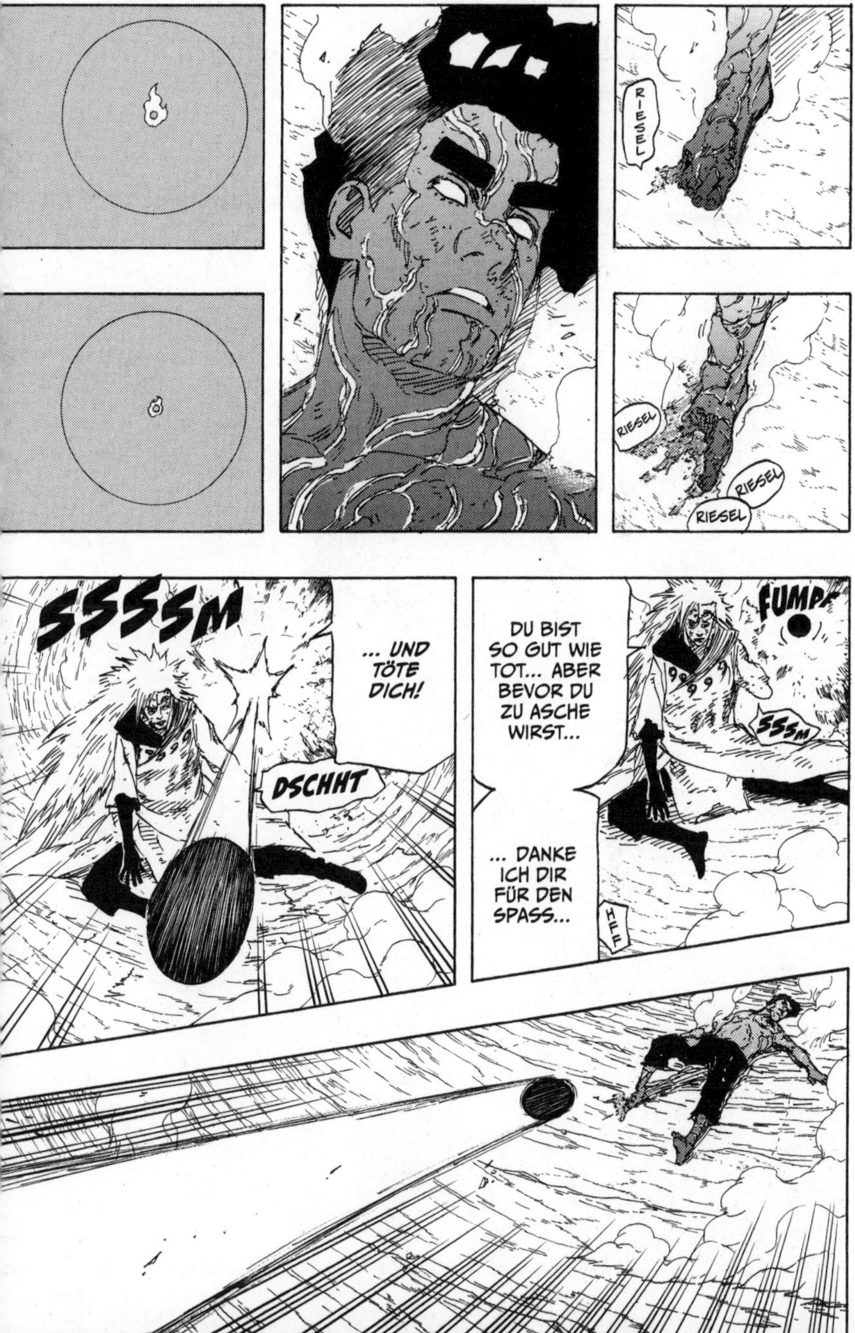
RIESEL
RIESEL
RIESEL
RIESEL
FUMPF
SSSm
DU BIST SO GUT WIE TOT... ABER BEVOR DU ZU ASCHE WIRST...
... DANKE ICH DIR FÜR DEN SPASS...
HFF
SSSSM
... UND TÖTE DICH!
DSCHHT

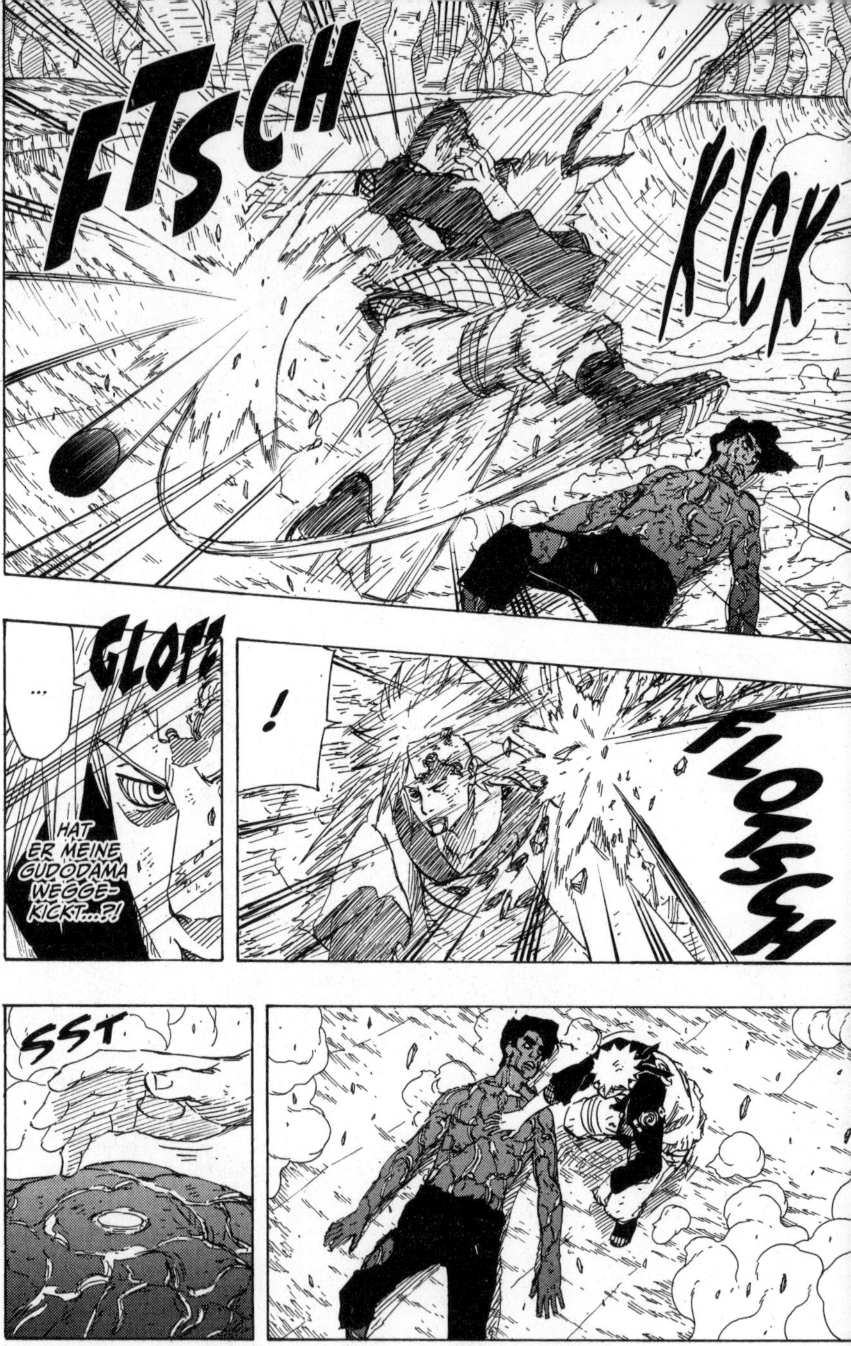
KICK
FTSCH
!
FLOTSCH
...
HAT ER MEINE GUDODAMA WEGGE-KICKT...?!
SST

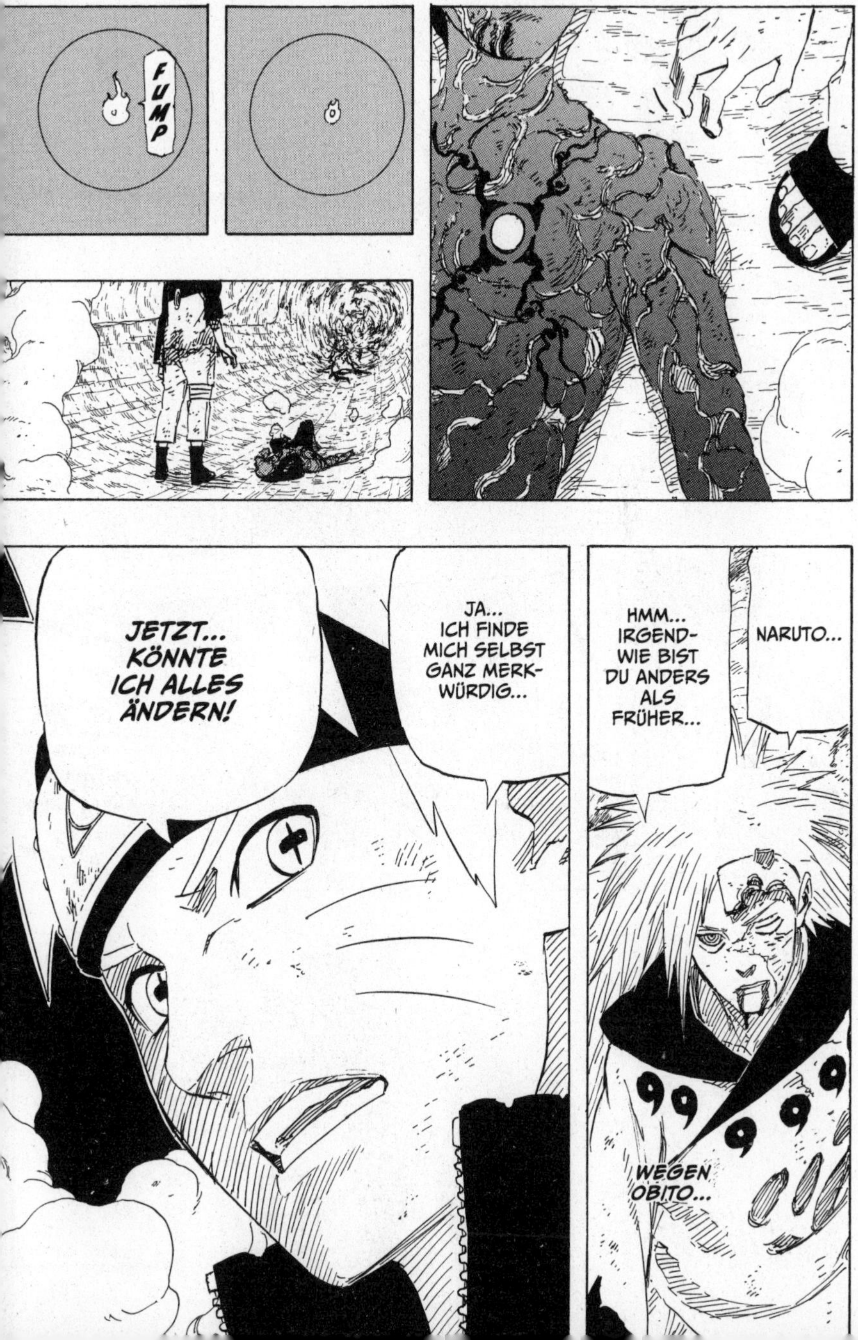
FUMP
NARUTO...
HMM... IRGENDWIE BIST DU ANDERS ALS FRÜHER...
WEGEN OBITO...
JA... ICH FINDE MICH SELBST GANZ MERKWÜRDIG...
JETZT... KÖNNTE ICH ALLES ÄNDERN!

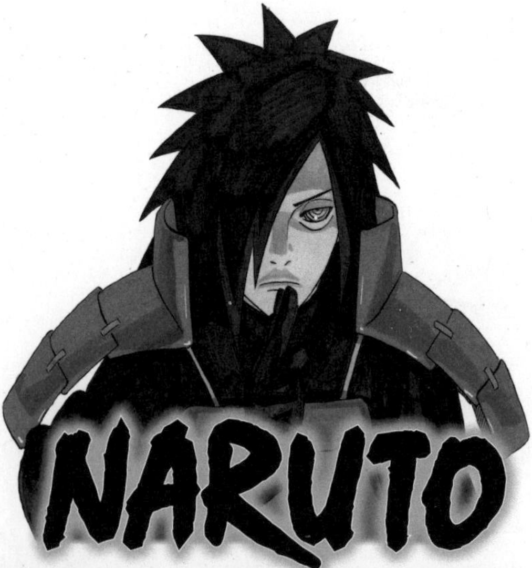
NARUTO

673. Kapitel: Wir zusammen

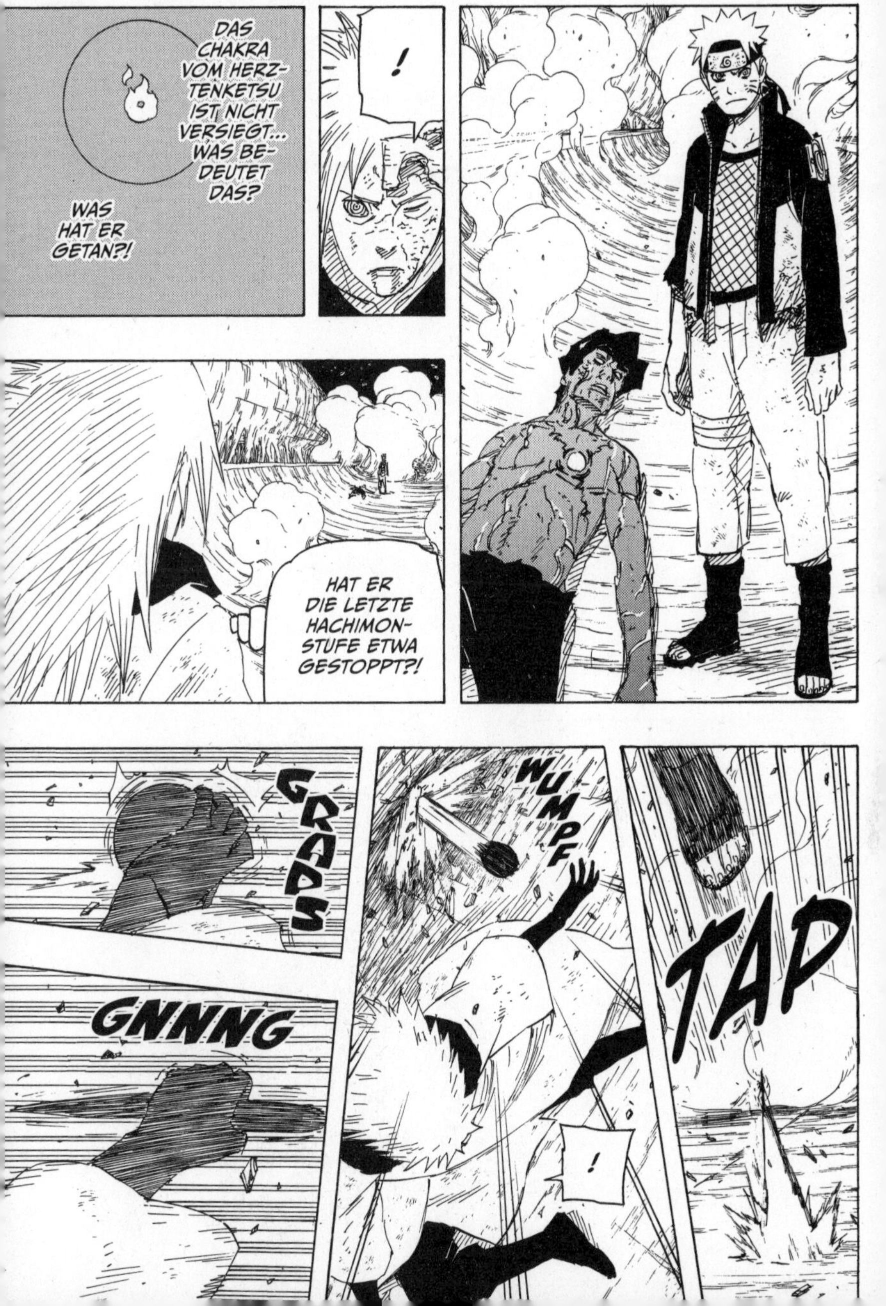

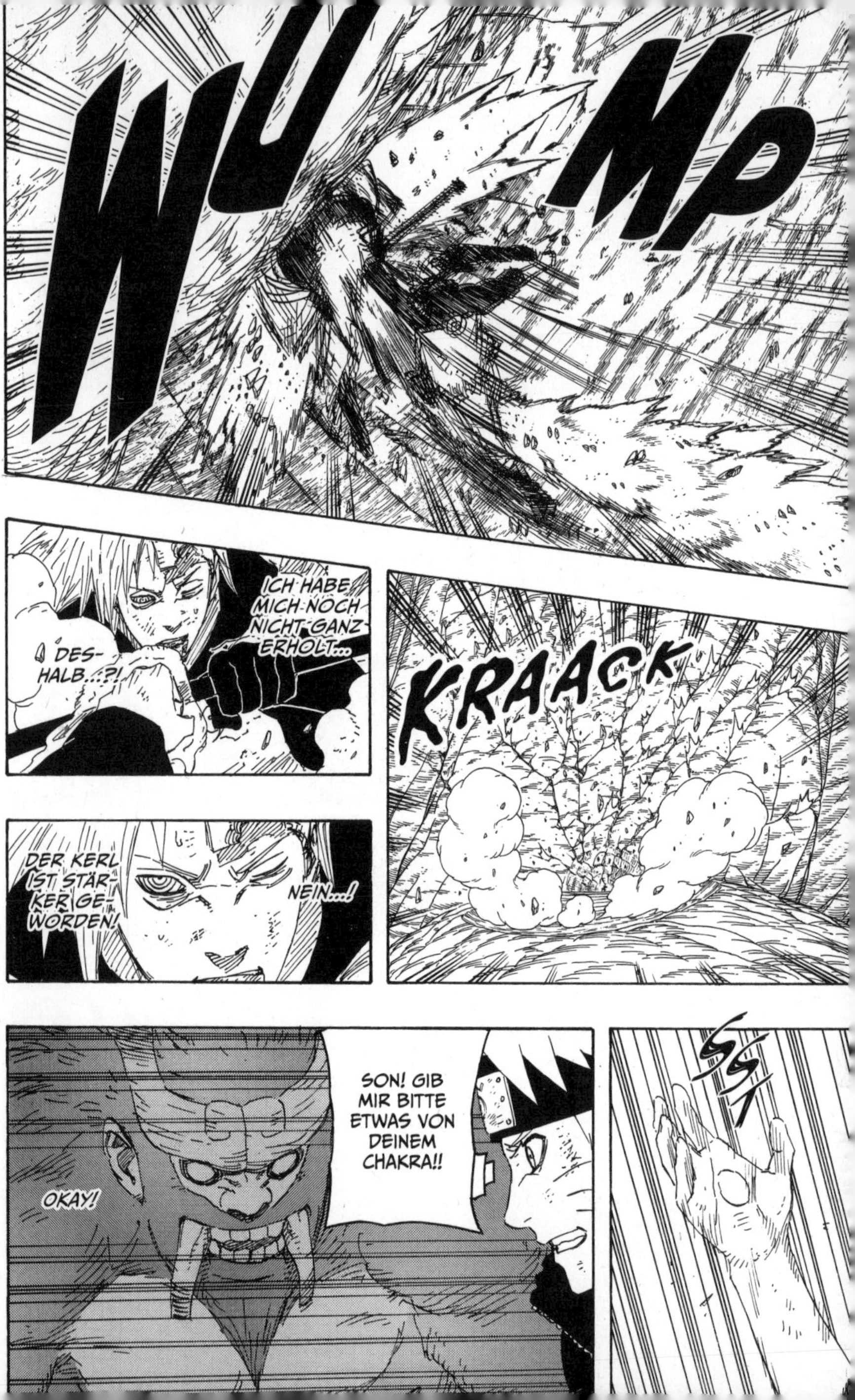
WUMP
ICH HABE MICH NOCH NICHT GANZ ERHOLT...
DES-HALB...?!
KRAACK
NEIN...!
DER KERL IST STÄR-KER GE-WORDEN!
SSS
SON! GIB MIR BITTE ETWAS VON DEINEM CHAKRA!!
OKAY!

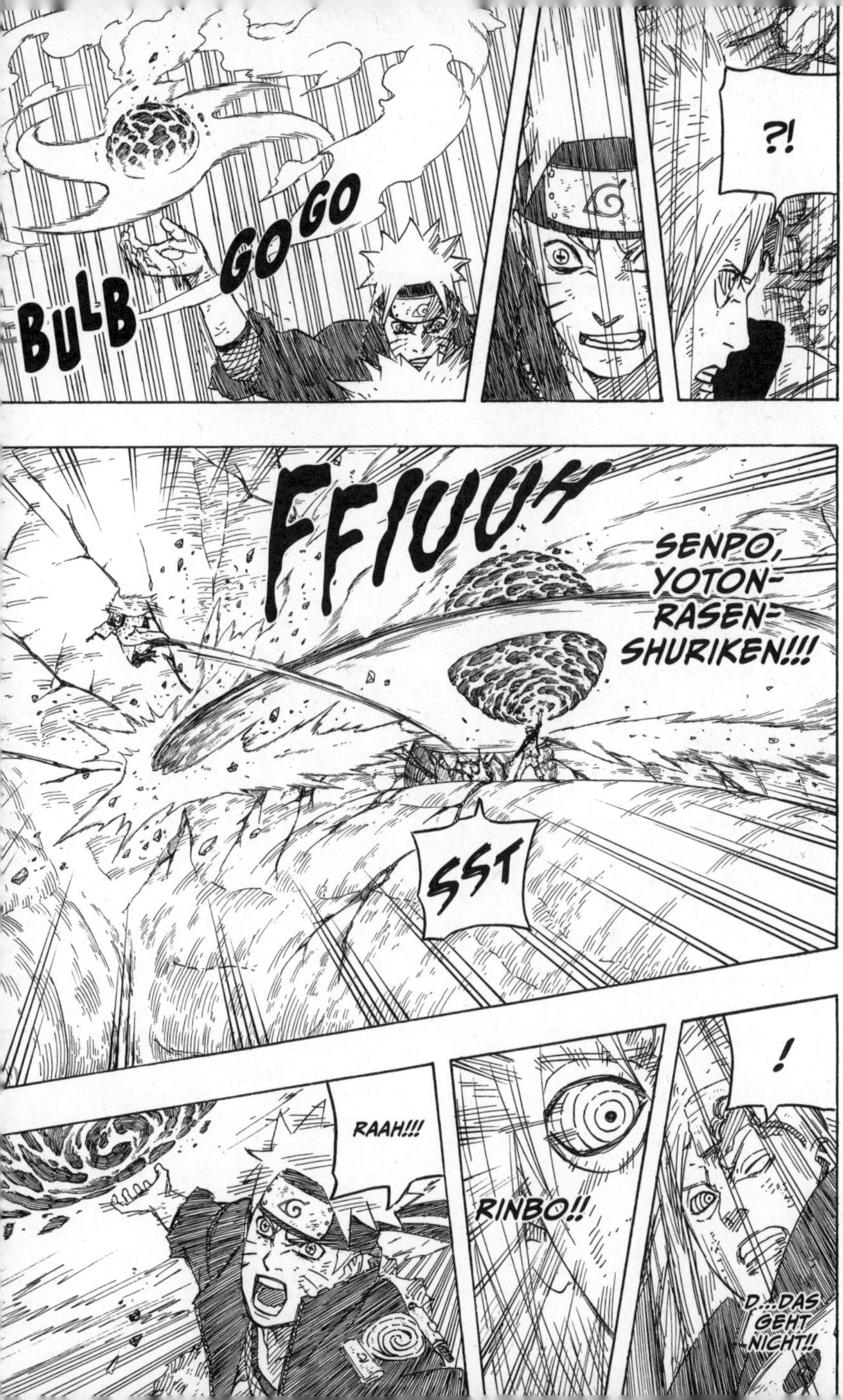
?!
BULB
GOGO
FFIUUH
SENPO, YOTON-RASEN-SHURIKEN!!!
SST
!
D...DAS GEHT NICHT!!
RINBO!!
RAAH!!!

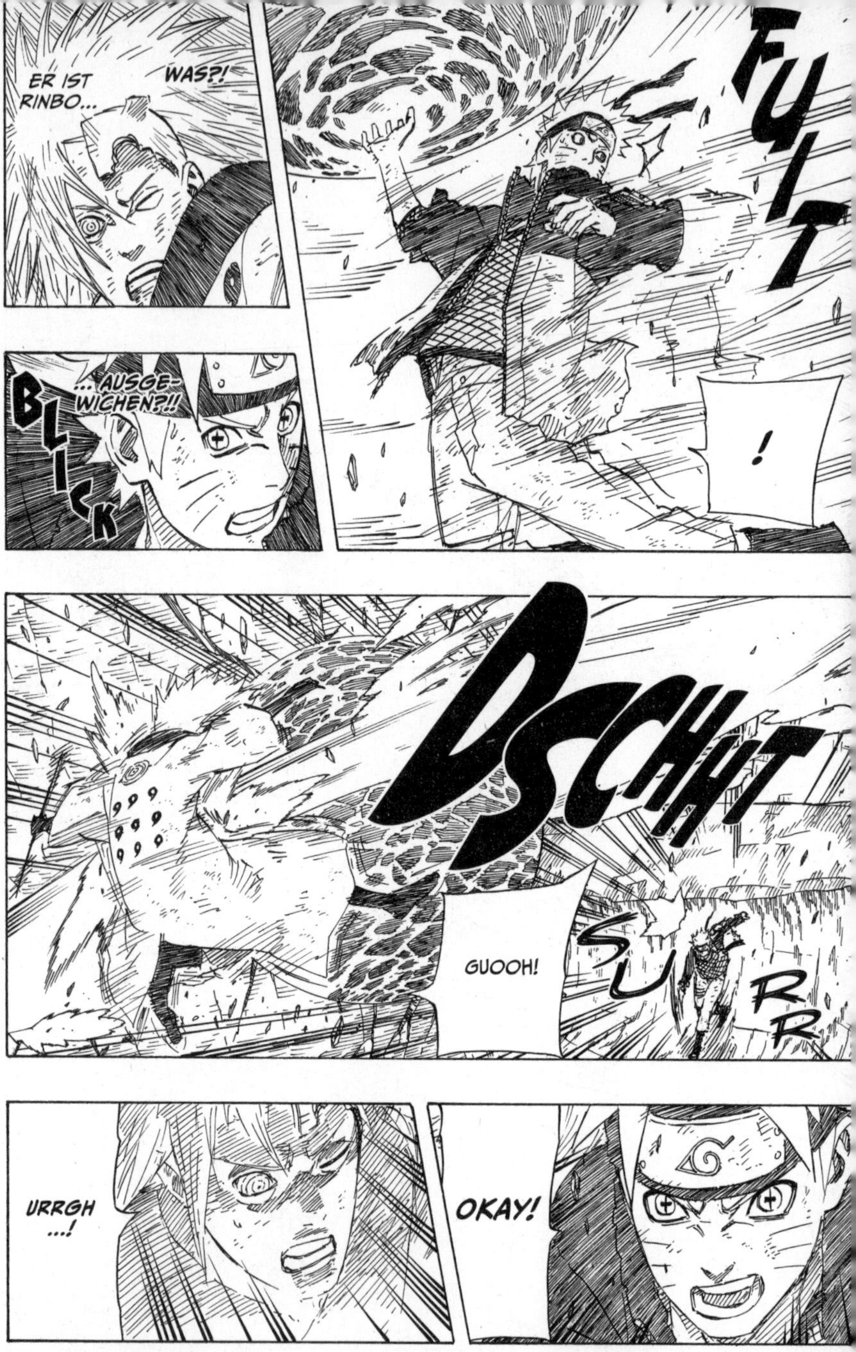

FUIT
!
WAS?!
ER IST RINBO...
BLICK
... AUSGE-WICHEN?!!
DSCHIT
GUOOH!
SURRR
OKAY!
URRGH ...!

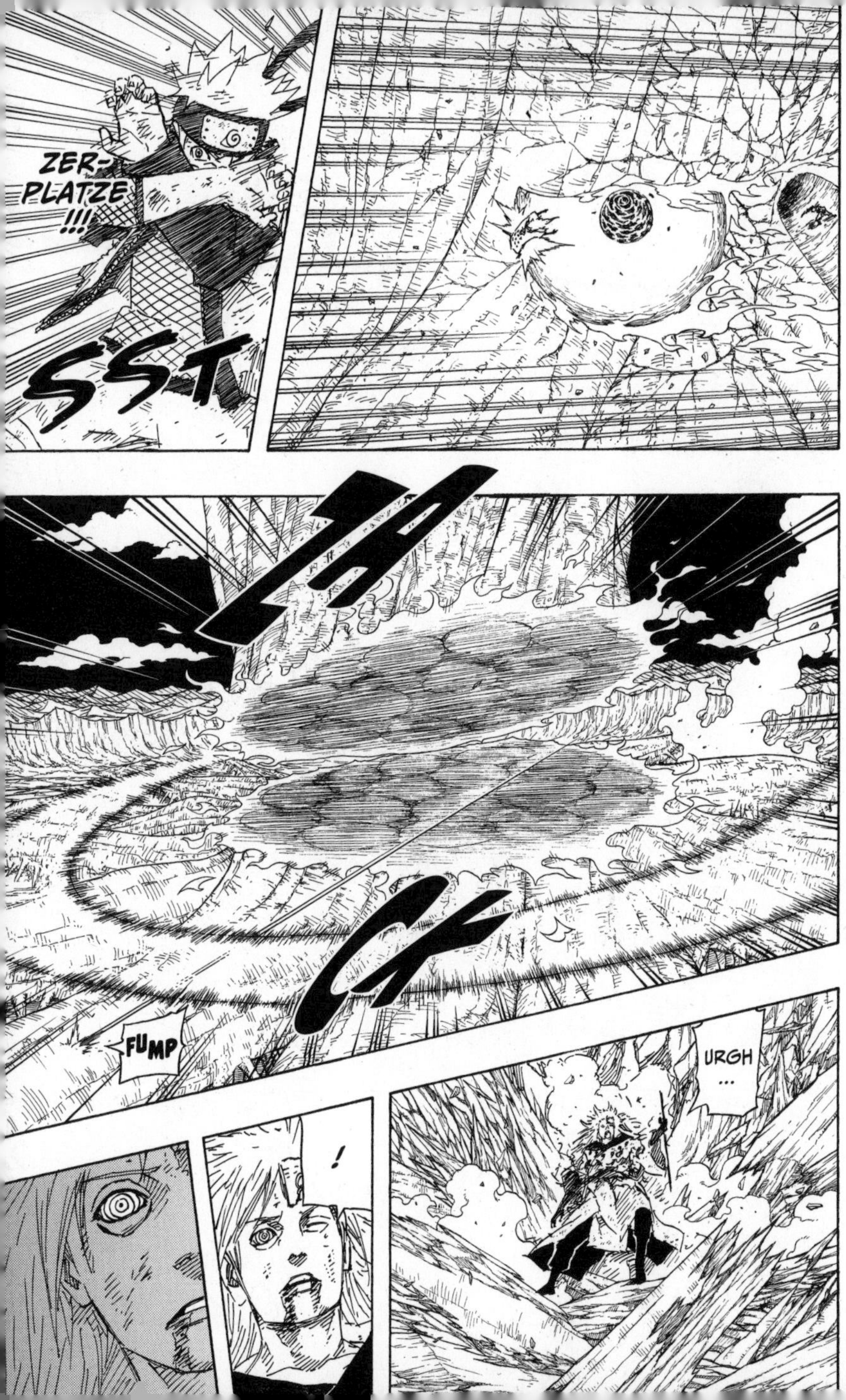

ZER-
PLATZE
!!!
SST
ZACK
FUMP
URGH
...
!

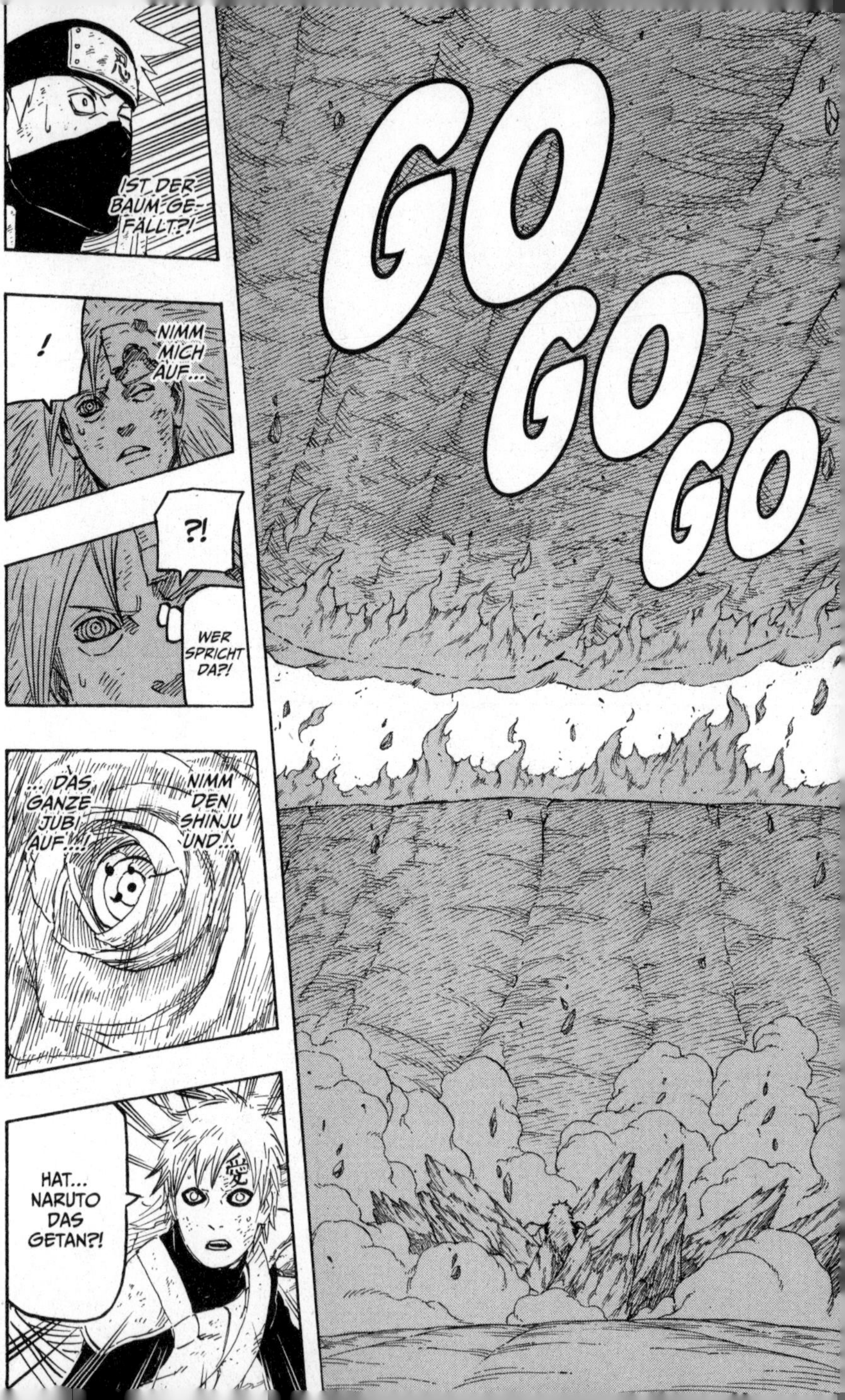
GO GO GO
IST DER BAUM GEFÄLLT?!
!
NIMM MICH AUF...
?!
WER SPRICHT DA?!
NIMM DEN SHINJU UND...
...DAS GANZE JUBI AUF...!
HAT... NARUTO DAS GETAN?!

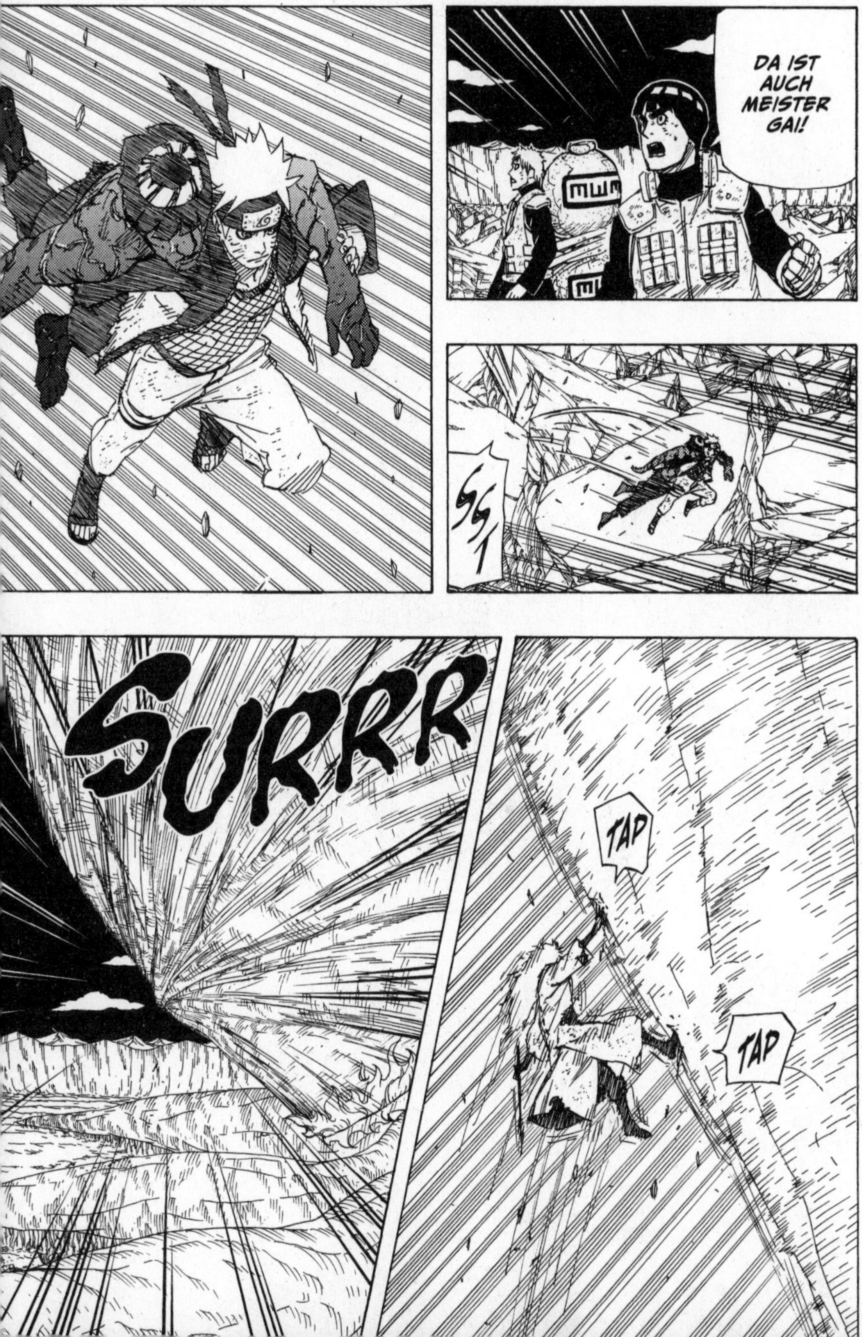
DA IST AUCH MEISTER GAI!
TAP
TAP
SURRR

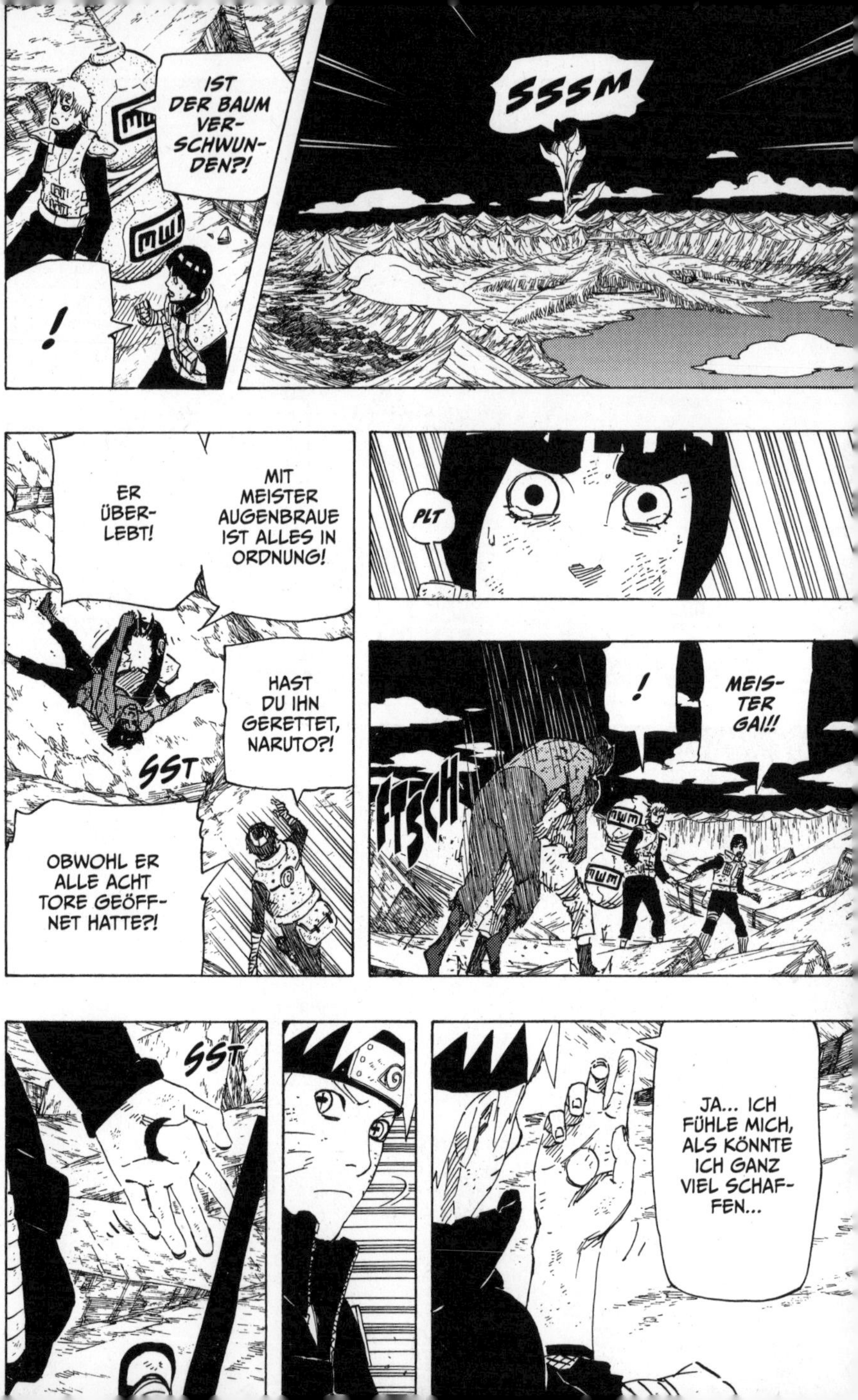
SSSM
IST DER BAUM VERSCHWUNDEN?!
!
PLT
MIT MEISTER AUGENBRAUE IST ALLES IN ORDNUNG!
ER ÜBERLEBT!
!
MEISTER GAI!!
FTSCH
HAST DU IHN GERETTET, NARUTO?!
SST
OBWOHL ER ALLE ACHT TORE GEÖFFNET HATTE?!
JA... ICH FÜHLE MICH, ALS KÖNNTE ICH GANZ VIEL SCHAFFEN...
SST

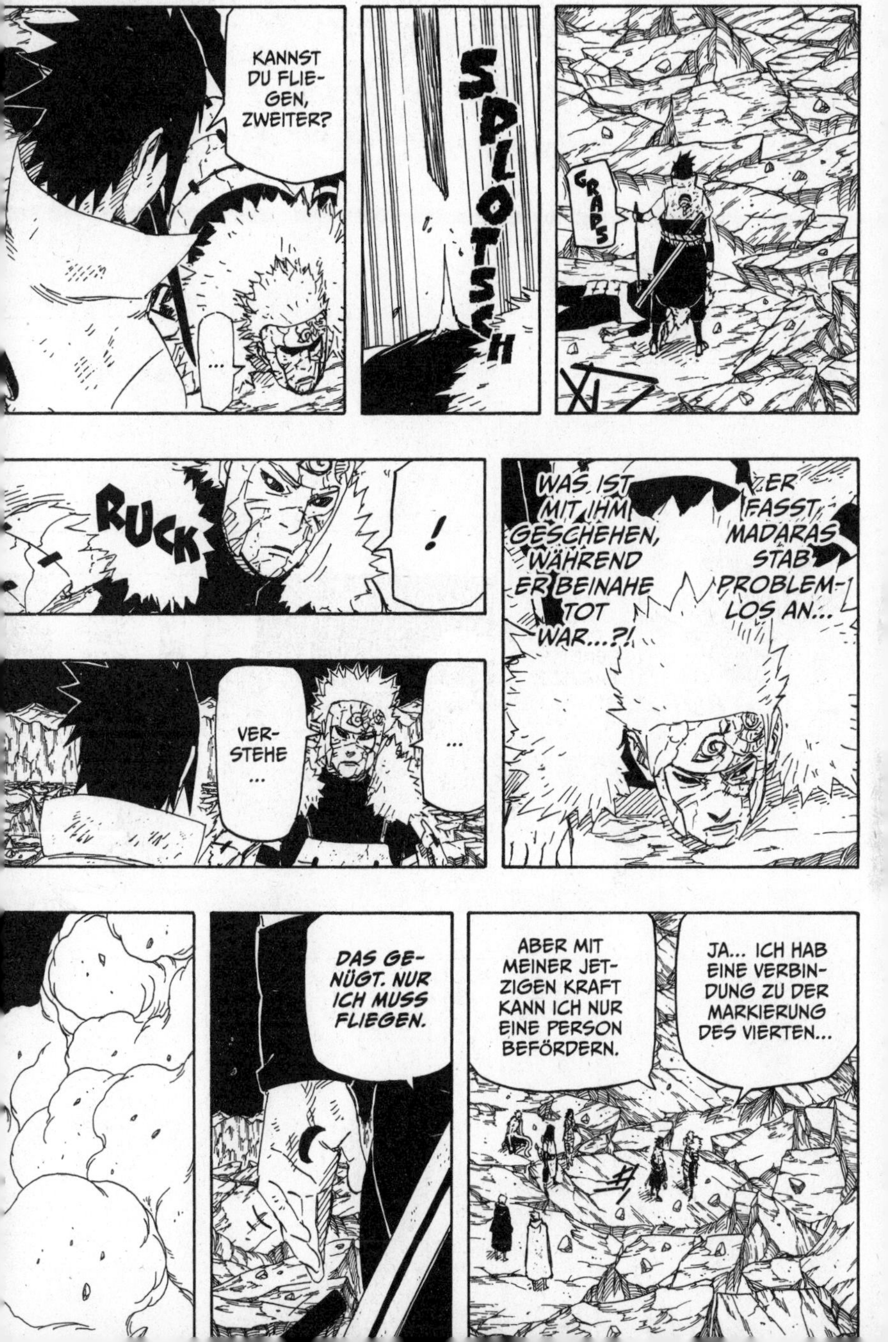
GRAPS
SPLOTSCH
KANNST DU FLIE-GEN, ZWEITER?
...
!
RUCK
ER FASST MADARAS STAB PROBLEM-LOS AN...
WAS IST MIT IHM GESCHEHEN, WÄHREND ER BEINAHE TOT WAR...?!
...
VER-STEHE ...
JA... ICH HAB EINE VERBIN-DUNG ZU DER MARKIERUNG DES VIERTEN...
ABER MIT MEINER JET-ZIGEN KRAFT KANN ICH NUR EINE PERSON BEFÖRDERN.
DAS GE-NÜGT. NUR ICH MUSS FLIEGEN.

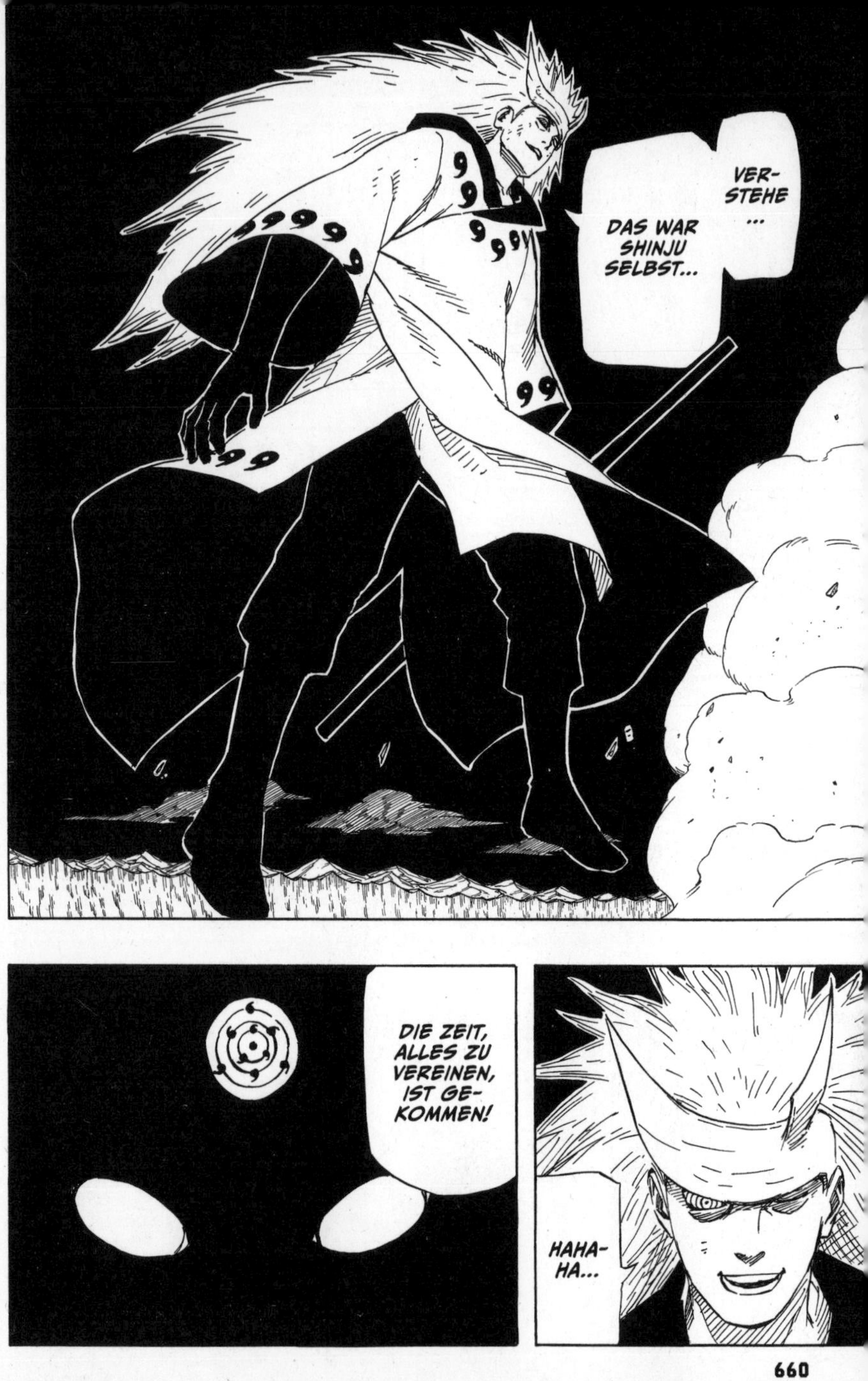
VER-
STEHE
...
DAS WAR
SHINJU
SELBST...
HAHA-
HA...
DIE ZEIT,
ALLES ZU
VEREINEN,
IST GE-
KOMMEN!

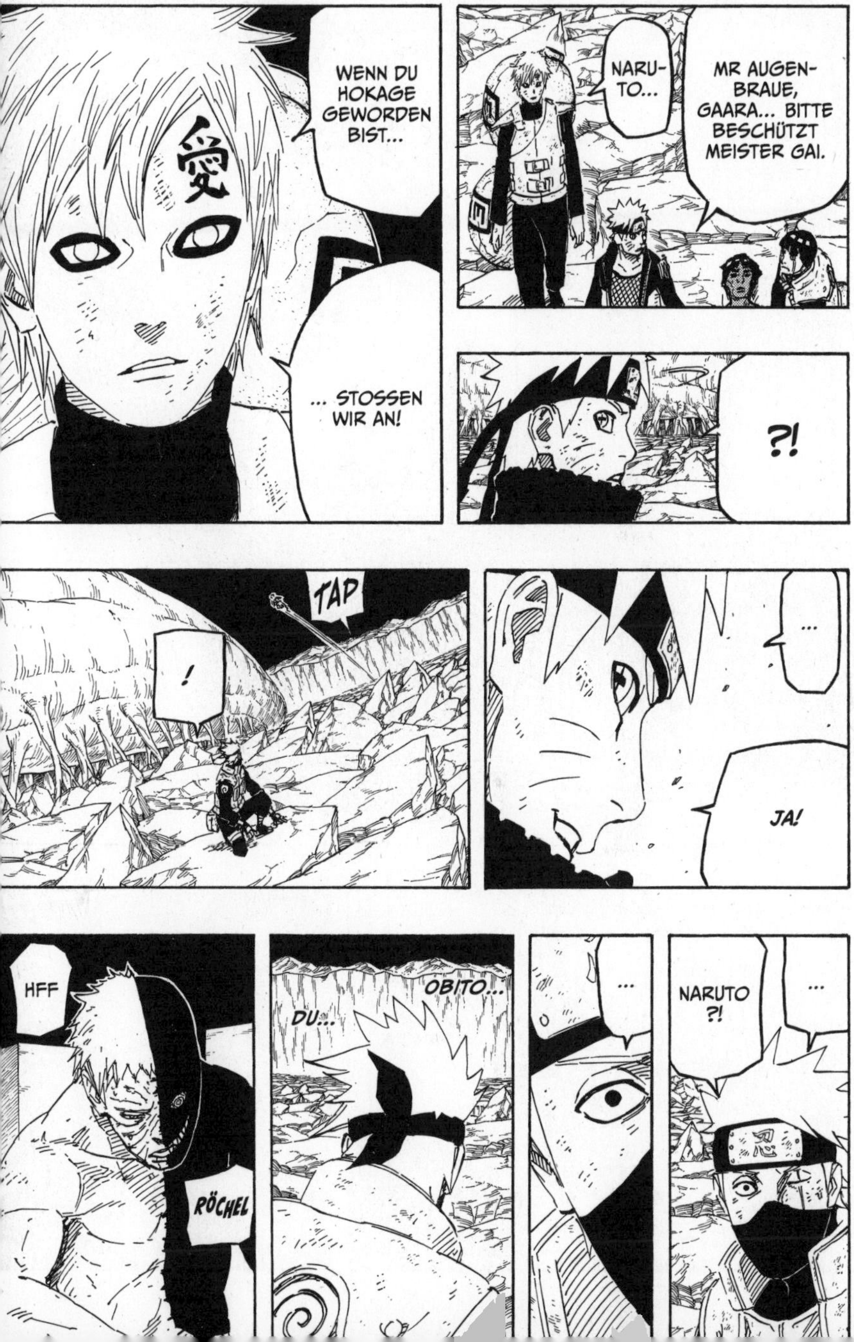
MR AUGENBRAUE, GAARA... BITTE BESCHÜTZT MEISTER GAI.
NARUTO...
WENN DU HOKAGE GEWORDEN BIST...
... STOSSEN WIR AN!
?!
...
JA!
TAP
!
...
NARUTO ?!
...
OBITO...
DU...
HFF
RÖCHEL

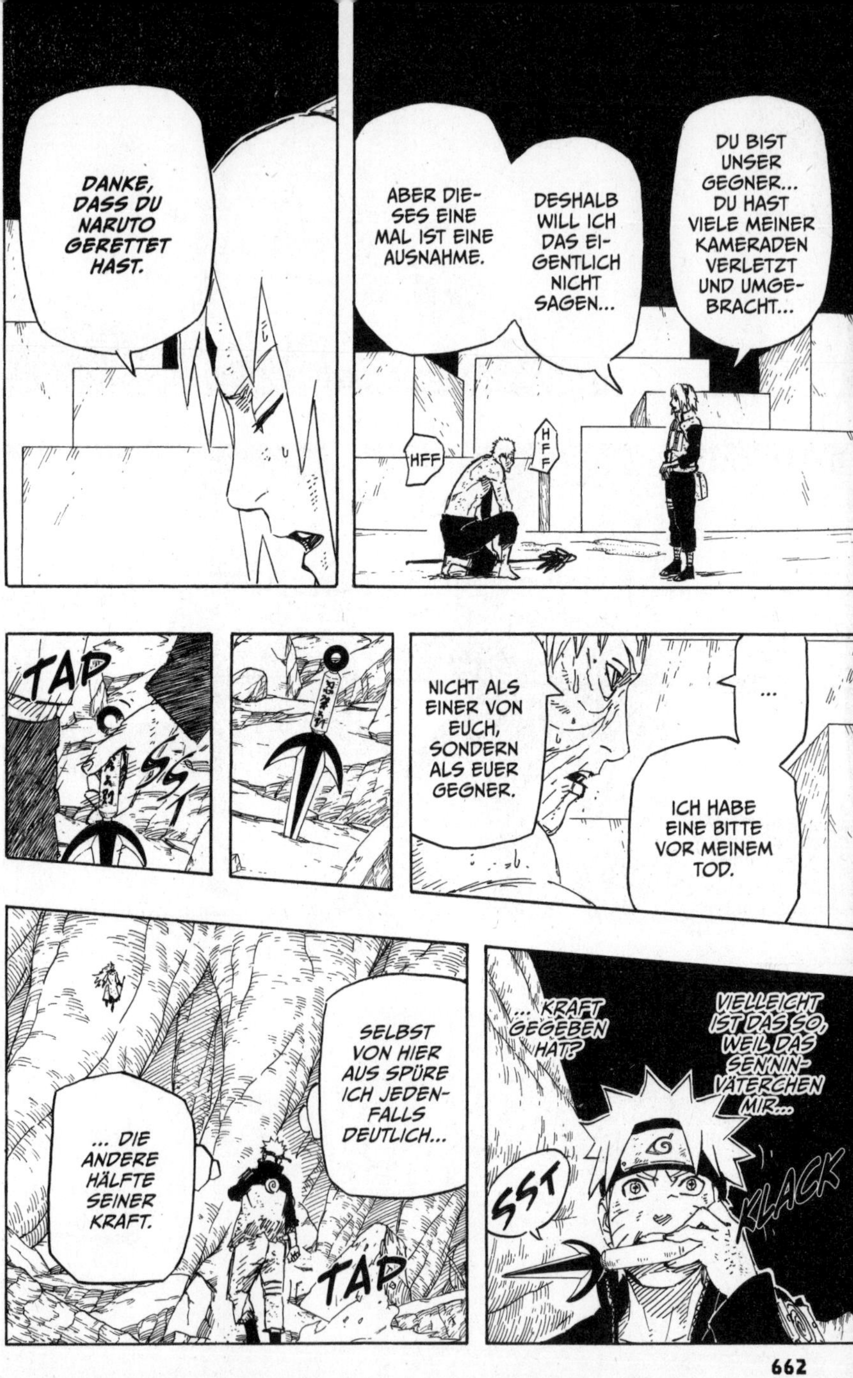

DU BIST UNSER GEGNER... DU HAST VIELE MEINER KAMERADEN VERLETZT UND UMGEBRACHT...
DESHALB WILL ICH DAS EIGENTLICH NICHT SAGEN...
ABER DIESES EINE MAL IST EINE AUSNAHME.
HFF
HFF
DANKE, DASS DU NARUTO GERETTET HAST.
...
ICH HABE EINE BITTE VOR MEINEM TOD.
NICHT ALS EINER VON EUCH, SONDERN ALS EUER GEGNER.
TAP
SS
VIELLEICHT IST DAS SO, WEIL DAS SEN'NIN-VÄTERCHEN MIR...
... KRAFT GEGEBEN HAT?
KLACK
SST
SELBST VON HIER AUS SPÜRE ICH JEDENFALLS DEUTLICH...
... DIE ANDERE HÄLFTE SEINER KRAFT.
TAP

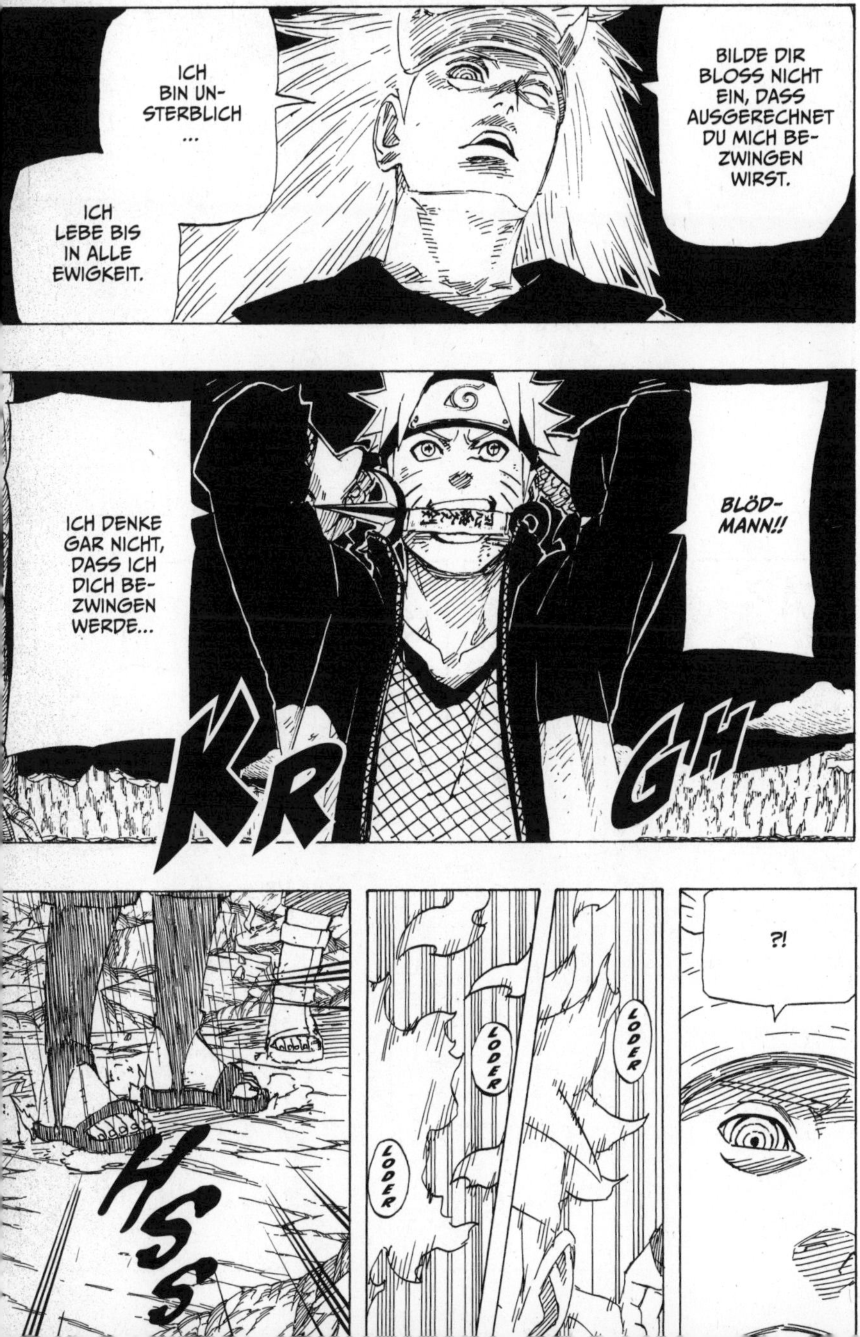
BILDE DIR BLOSS NICHT EIN, DASS AUSGERECHNET DU MICH BE-ZWINGEN WIRST.
ICH BIN UN-STERBLICH ...
ICH LEBE BIS IN ALLE EWIGKEIT.
BLÖD-MANN!!
ICH DENKE GAR NICHT, DASS ICH DICH BE-ZWINGEN WERDE...
KRGH
?!
LODER
LODER
LODER
HSS

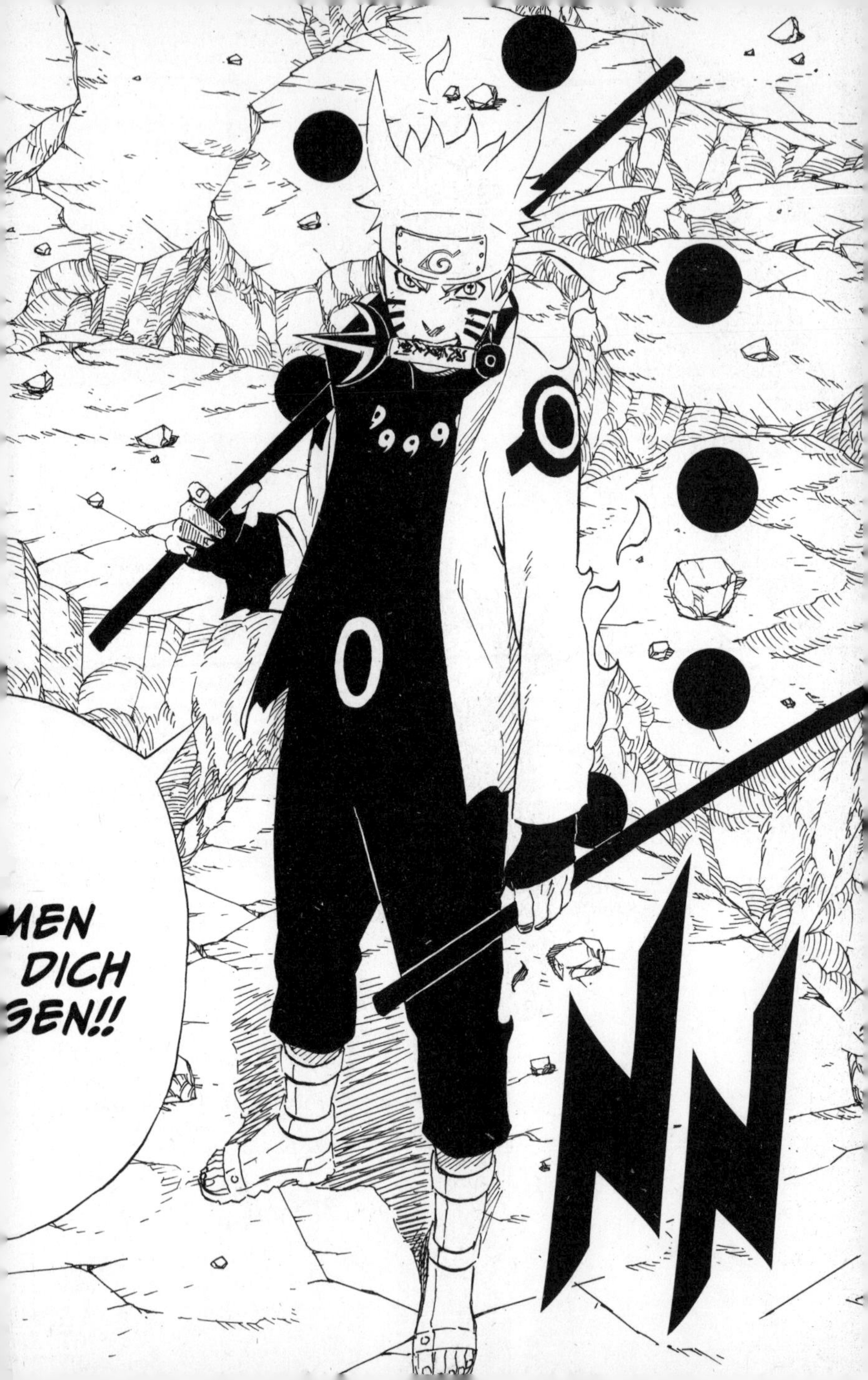
MEN
DICH
GEN!!

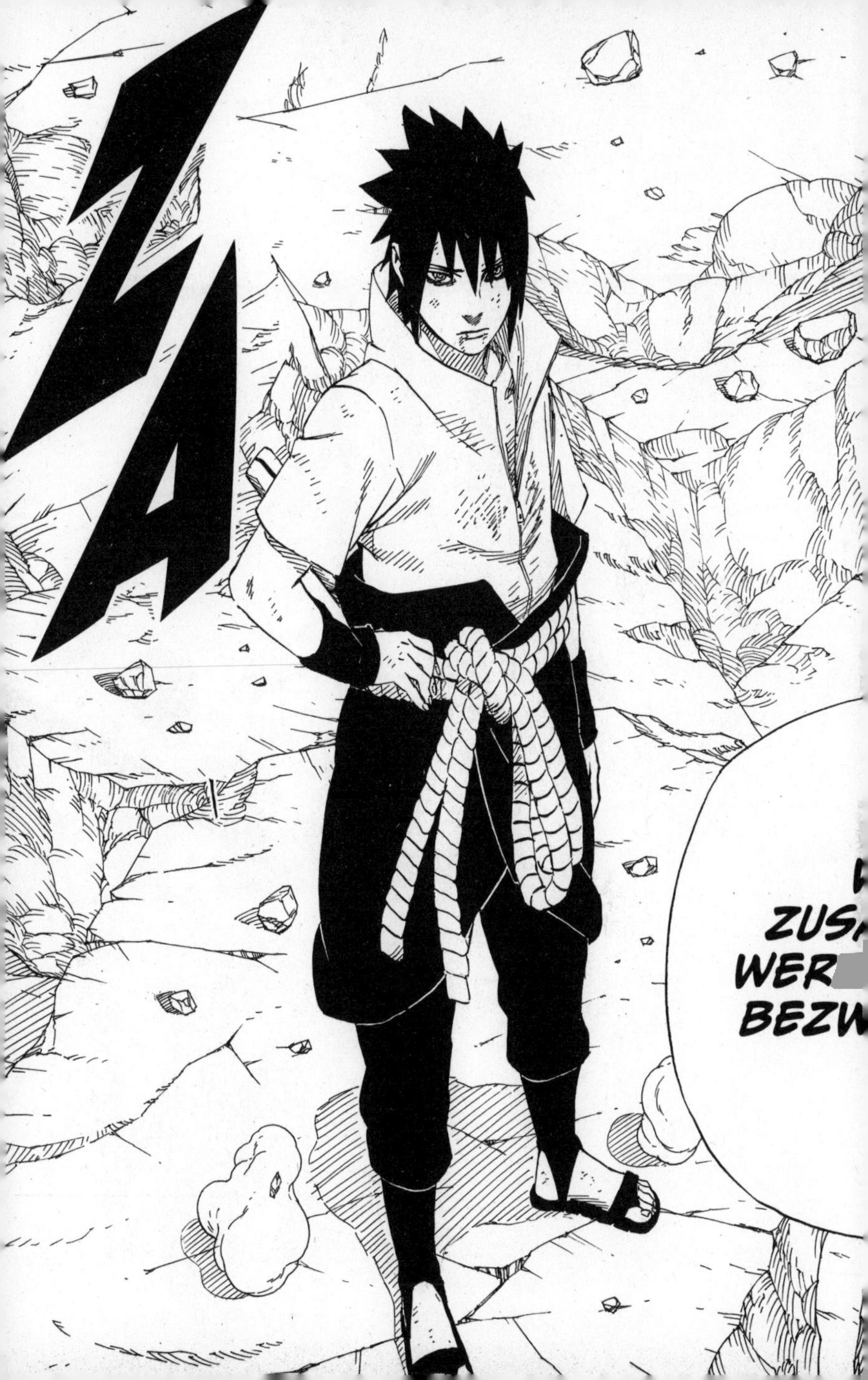
ZA
ZUS
WER
BEZW

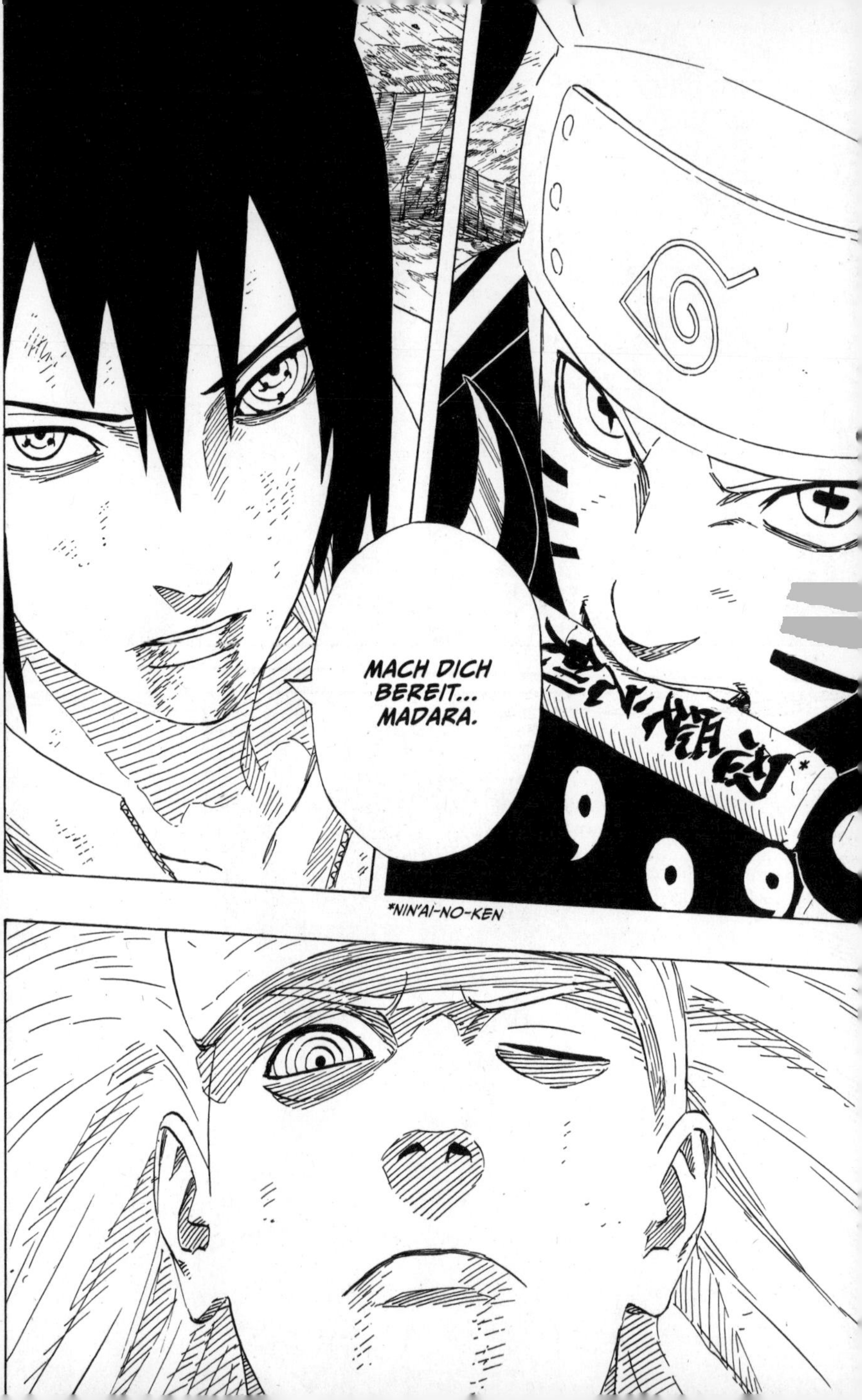
MACH DICH
BEREIT...
MADARA.
*NIN'AI-NO-KEN

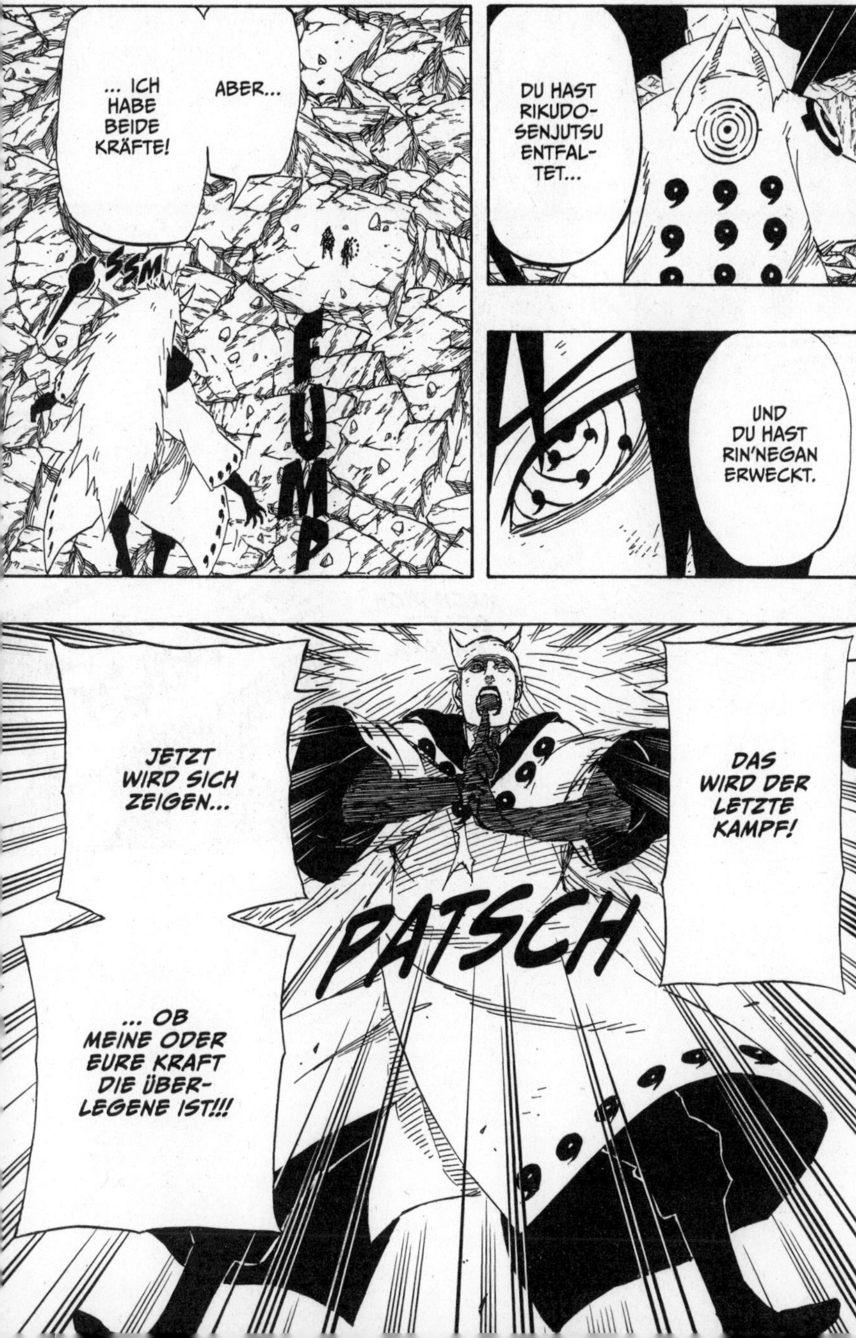
DU HAST RIKUDO-SENJUTSU ENTFALTET...
UND DU HAST RIN'NEGAN ERWECKT.
ABER...
... ICH HABE BEIDE KRÄFTE!
SSM
FUMP
DAS WIRD DER LETZTE KAMPF!
PATSCH
JETZT WIRD SICH ZEIGEN...
... OB MEINE ODER EURE KRAFT DIE ÜBER-LEGENE IST!!!

GLOSSAR

S. 451

Wat argerlich…So en Kerl halt us up!
Wie ärgerlich… So ein Kerl hält uns auf!

S. 455

Wie strieden all to lang mit grooten Kunsten!
Wir kämpfen schon zu lange mit großen Künsten!

Man wie könt use Strategie nich annern!
Aber wir können unsere Strategie nicht mehr ändern…

Us blievt momtan nix anners övrig as den Kampf kägen Madara Naruto to överlaaten…
Es bleibt uns momentan nichts anderes übrig, als den Kampf gegen Madara Naruto zu überlassen…

S. 458

Dat is asig…
Das ist übel…

S. 101

Sümms, wenn all Doton-Shoheki buen, kamt de Deckung nich ut…
Selbst wenn alle Doton-Shoheki bauen reicht die Deckung nicht…

Dat bünnt to veele!
Das sind zu viele!

S. 176

Twiefellos, das is Meester Hashirama!
Zweifellos, das ist Meister Hashirama!

S. 200

Jau… dat geev dann uk een paar lütte Kabbeleien, man se kamt oevereens.
Ja… Es gab dann wohl noch ein paar kleine Streitigkeiten, aber man wurde sich einig.

S. 207

Kloar.
Klar.

Man, wenn wi den Krieg nich winnen, dann is de Droom utdräumet.
Aber wenn wir den Krieg nicht gewinnen, ist der Traum ausgeträumt!

S. 220

Egol wie groot de boom uk is…
Egal wie groß der Baum auch ist…

He is kleen im Vergliek to de Eerd.
Er ist klein im Vergleich zu dieser Erde!

Un düsse Eerd steit up use Siet!
Und diese Erde steht auf unserer Seite!!

Jau!!!!
Jaaaa!!

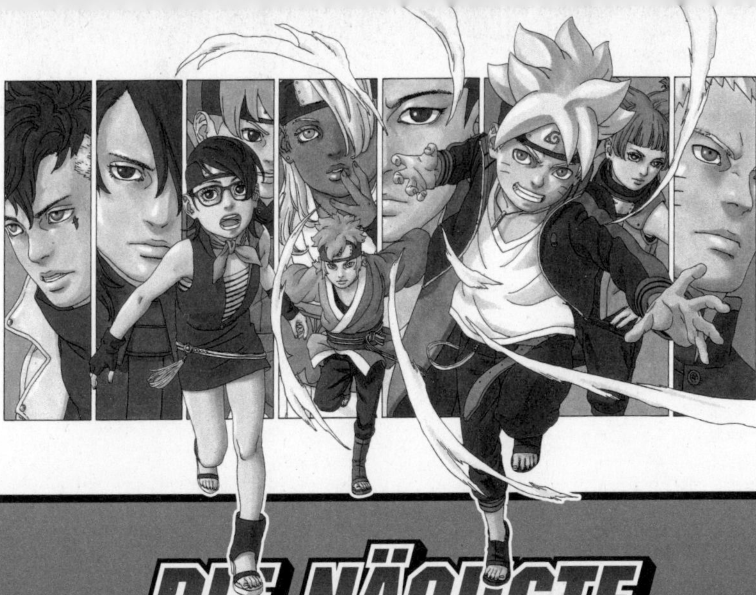

DIE NÄCHSTE NINJA-GENERATION!

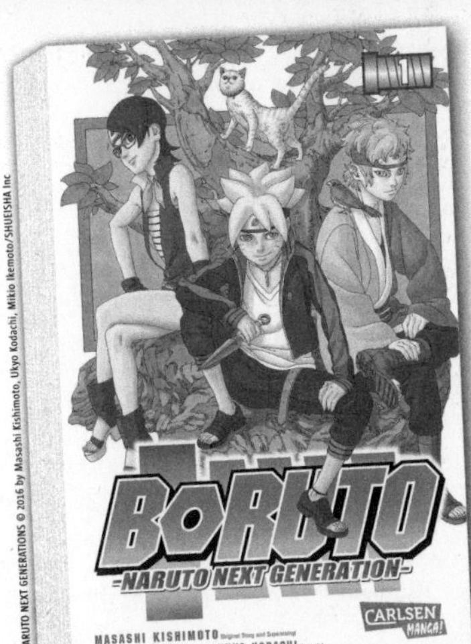

BORUTO: NARUTO NEXT GENERATIONS © 2016 by Masashi Kishimoto, Ukyo Kodachi, Mikio Ikemoto/SHUEISHA Inc

Naruto Uzumaki ist endlich Hokage und stolzer Vater von zwei Kindern. Sein Sohn Boruto gilt als Wunderkind und ist genauso rebellisch wie einst sein Vater. Boruto ist total genervt von seinem Vater, der nichts außer die Arbeit zu kennen scheint.
Er beschließt gegen die veraltete Denkweise der Ninja zu rebellieren und bittet Sasuke ihn zu trainieren, um ein besserer Ninja als Naruto zu werden ...

CARLSEN MANGA!

www.carlsenmanga.de

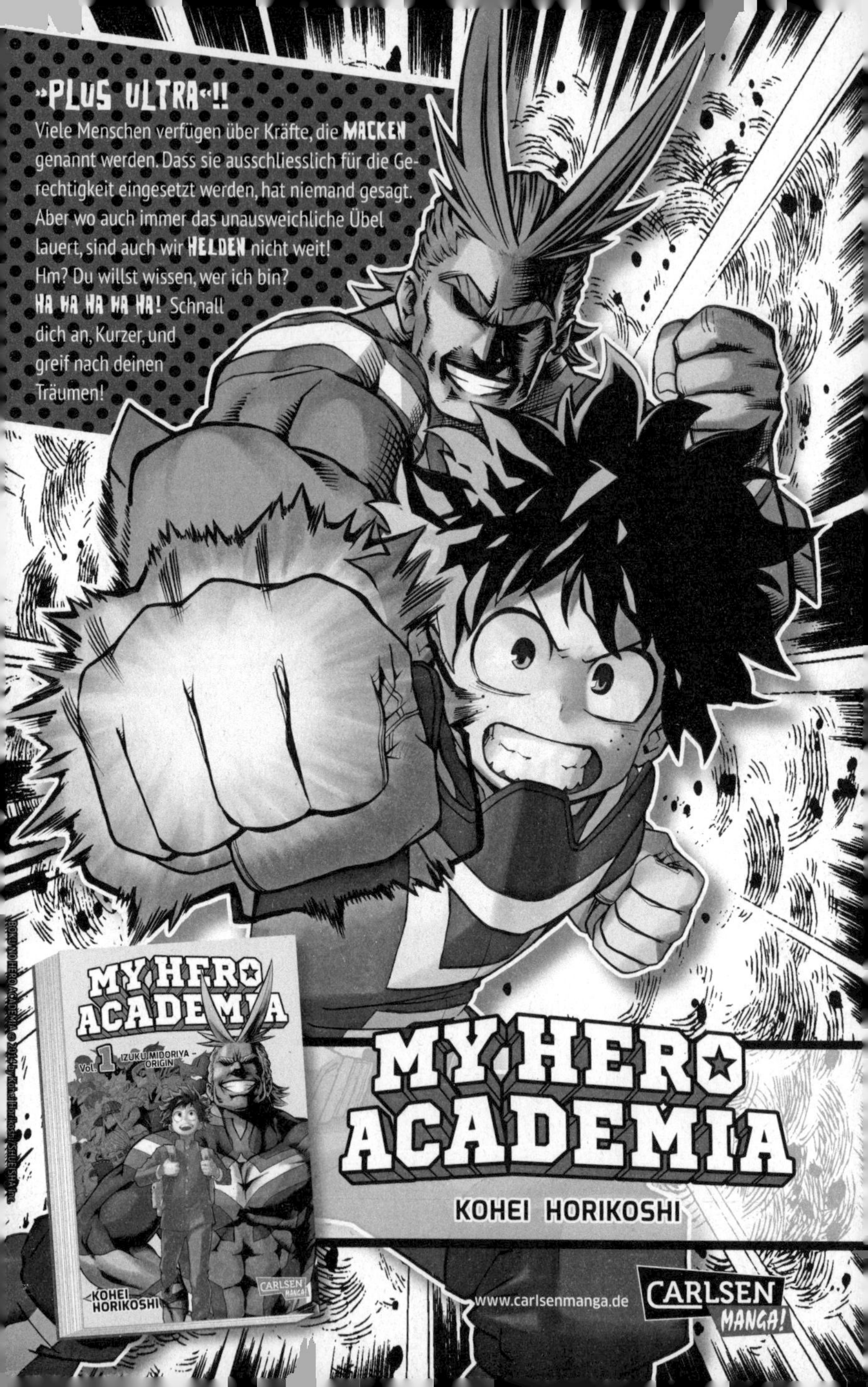
»PLUS ULTRA«!!
Viele Menschen verfügen über Kräfte, die MACKEN genannt werden. Dass sie ausschliesslich für die Gerechtigkeit eingesetzt werden, hat niemand gesagt. Aber wo auch immer das unausweichliche Übel lauert, sind auch wir HELDEN nicht weit! Hm? Du willst wissen, wer ich bin? HA HA HA HA HA! Schnall dich an, Kurzer, und greif nach deinen Träumen!
MY HERO ACADEMIA
Vol. 1 IZUKU MIDORIYA – ORIGIN
KOHEI HORIKOSHI
CARLSEN MANGA!
MY HERO ACADEMIA
KOHEI HORIKOSHI
www.carlsenmanga.de
CARLSEN MANGA!
BOKU NO HERO ACADEMIA © 2014 by Kohei Horikoshi/SHUEISHA Inc.

Papier | Fördert gute Waldnutzung
FSC® C083411

CARLSEN MANGA! NEWS
jeden Monat neu per E-Mail
www.carlsenmanga.de
www.carlsen.de

Wir behalten uns die Nutzung unserer Inhalte für
Text- und Data-Mining im Sinne von § 44b UrhG ausdrücklich vor.

CARLSEN MANGA
Deutsche Ausgabe/German Edition
© 2019 Carlsen Verlag GmbH, Völckersstraße 14-20, 22765 Hamburg
Aus dem Japanischen von Miyuki Tsuji
SHUEISHA JUMP REMIX NARUTO © 1999 by Masashi Kishimoto
All rights reserved.
First published in Japan in 1999 by SHUEISHA Inc., Tokyo.
German translation rights in Germany, Austria, Luxembourg and German-speaking Switzerland
arranged by SHUEISHA Inc. through VME PLB SAS, France.
Redaktion: Anne Berling, Jonas Blaumann
Textbearbeitung: Ina Schiele
Herstellung: Gunta Lauck & Ronny Willisch
Alle deutschen Rechte vorbehalten
Bei Fragen zum Produkt: carlsen.de/kontakt
ISBN 978-3-551-79549-6

HALT!

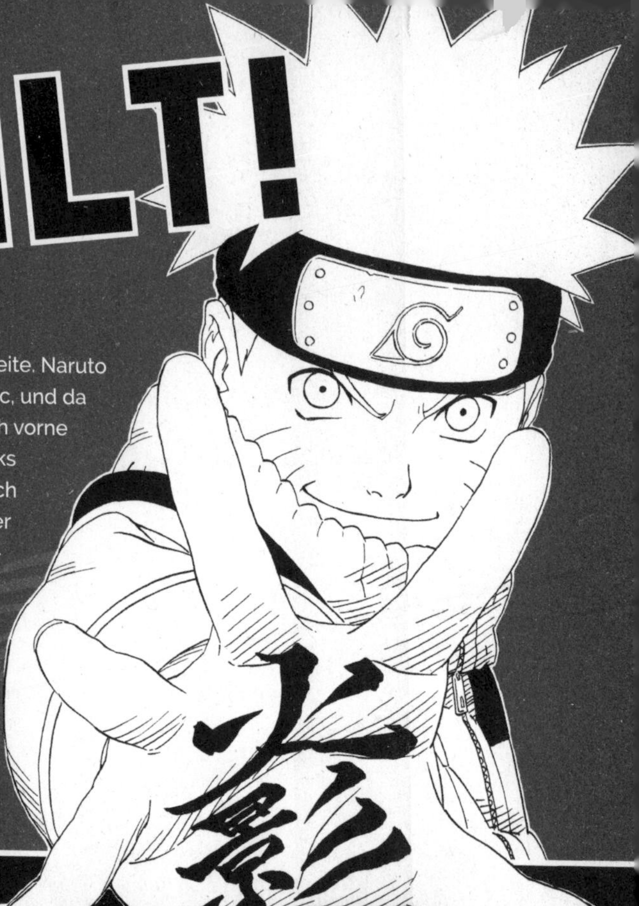

Das ist nicht die erste Seite. Naruto ist ein japanischer Comic, und da in Japan von hinten nach vorne und von rechts nach links gelesen wird, musst auch du diesen Comic von der anderen Seite aufschlagen und von hinten nach vorne lesen.

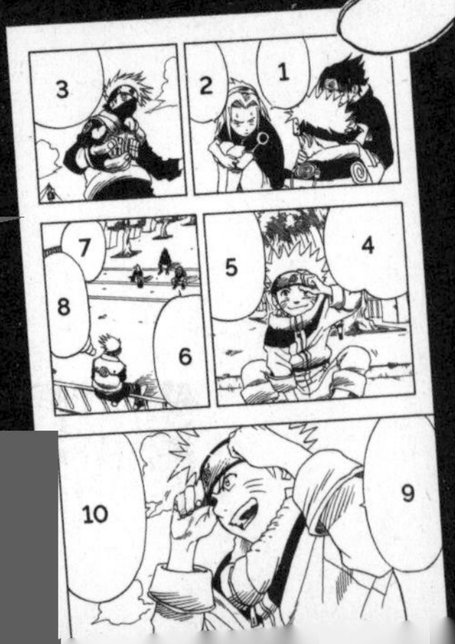

Auch die Bilder und Sprechblasen werden von rechts oben nach links unten gelesen, so wie es die Grafik hier zeigt. Schwer? Zuerst ungewohnt, doch es bringt richtig Spaß. Probiert es aus!

Viel Vergnügen mit **NARUTO** und der ganzen Ninja-Bande!